Manual dos CRIME$ CONTRA O ERÁRIO

Anotados e Comentados

CONFORME NOVO CPC

Manual dos CRIME$ CONTRA O ERÁRIO

Anotados e Comentados

ALUIZIO BEZERRA FILHO

2017

EDITORA *Jus*PODIVM
www.editorajuspodivm.com.br

EDITORA
*Jus*PODIVM
www.editorajuspodivm.com.br

Rua Mato Grosso, 175 – Pituba, CEP: 41830-151 – Salvador – Bahia
Tel: (71) 3363-8617 / Fax: (71) 3363-5050
Contato: https://www.editorajuspodivm.com.br/sac

Capa e Diagramação: Marcelo S. Brandão (santibrando@gmail.com)

F478m Filho, Aluizio Bezerra.
Manual dos crimes contra o erário/ Aluizio Bezerra Filho – Salvador: Ed. JusPODIVM, 2017.
928 p.

Bibliografia.
ISBN 978-85-442-1351-3.

1. Crimes contra o erário. I. Filho, Aluizio Bezerra. II. Título.

CDD 341.532

Dedico esta obra à Lúcia, minha esposa, e aos meus filhos Lucas, Matheus, Felipe e Yasmin (in memoriam), simplesmente, pela felicidade de uma família.

PREFÁCIO

Meu conhecimento com Dr. Aluízio Bezerra Filho remonta à década de noventa, quando, então, acompanhava seus escritos sobre matéria jurídica em um dos jornais de grande circulação desta cidade de João Pessoa.

Desde então passei a admirar o jovem e talentoso bacharel em Direito, que expunha seu ponto de vista com simplicidade e objetividade, de modo que por todos fosse entendido sem maior esforço, como recomenda a boa técnica da comunicação.

Mais tarde, quando o século XX já recalcitrava em dar lugar a um novo milênio, e eu me aproximava da Capital do Estado, a galgar seguros degraus ascendentes nas entrâncias da magistratura local, conheci pessoalmente o autor do livro de que tenho a honra de prefaciar. Tratava-se de um jovem e talentoso juiz de Direito deste Estado, preocupado com o cumprimento dos princípios constitucionais insculpidos no art. 37, *caput,* da Carta da República, sobretudo os da moralidade e da eficiência, mesmo quando este último ainda não integrava o texto da Lei Maior, que só veio a ocorrer com promulgação da Emenda Constitucional de 1998.

Foi nesse cenário, de aprimoramento e avanço da ordem constitucional de nosso País, que o autor desta obra publicou vários livros sobre diversos temas no campo do Direito Penal, redirecionando, em seguida, sua produção literária, para o palpitante tema de improbidade administrativa, iniciando por publicar compêndio sob o título "Atos de Improbidade Administrativa", que foi sequenciado por esta obra.

Honrado e surpreso pelo convite que me foi feito para prefaciar este livro, logo pus-me a lê-lo dentro do exíguo tempo que nos permite a atividade judicante, cioso da imensa responsabilidade que se me impõe a nobre tarefa.

Ao concluir a leitura, convenci-me de que estava diante de uma obra didática e bem sistematizada, escrita em linguagem simples e direta, versando de forma concisa sobre cada tema, mas com uma densidade e clareza que impressionam.

Como doutrinador moderno que o considero, o autor preocupou-se em não se limitar a discorrer sobre os crimes contra o erário, tratado no início de seu livro, em sede de considerações gerais, mas em dissecá-los singularmente conforme seus tipos penais inseridos no Estatuto Punitivo e na legislação extravagante, e ainda analisar, com competência, temas referentes ao Processo Penal e à Execução Penal.

Assim, na parte geral da obra o autor apresenta um conceito lapidar de corrupção. Diz ele: "Corrupção é uma praga que destrói o bem comum para construção de riquezas ilícitas." Põe em destaque a diferença entre associação criminosa e organização criminosa nos crimes contra o erário. Discorre sobre a corrupção, demonstrando cuidar-se de uma prática antiga que se mantém hodierna, e enumera os procedimentos administrativos mais utilizados pelos maus administradores para a sua prática, a saber, os contratos relativos à aquisição de produtos e bens, as contratações de serviços e a concessão de serviços públicos. Trata sobre a banalização da corrupção em razão de seu espectro endêmico e longevidade histórica.

Avançando nas suas considerações gerais sobre o tema, no item que trata de atos de improbidade administrativa o autor destaca as diversas práticas que caracterizam esse ilícito, norteando-se no princípio da moralidade. Nessa linha de raciocínio, ao comungar com o pensamento do economista sueco Grunnar Myrdal, Prêmio Nobel da Paz no ano de 1974, afirma que a ideia de que a corrupção é geral alimenta sua prática.

Em passo além, ao versar sobre a ação penal de improbidade, pontua, com precisão, que a mesma conduta ilícita pode gerar uma ação civil, pública no caso, e uma ação penal. Por isso, conclui: tanto o juiz cível, que preside a ação civil pública de improbidade administrativa, quanto o juiz criminal que preside a ação penal relativa a crime contra a administração pública e finanças, devem remeter ao órgão do Ministério Público competente, cópias das peças necessárias para os fins de direito.

Na parte especial, ao discorrer sobre os tipos penais específicos, o autor o faz de forma concisa, mas densa, analisando cada elemento do tipo. Ao final dessa análise apresenta um rol de casos típicos e, por vezes, de atípicos, todos ilustrados por pertinente jurisprudência.

Ao discorrer sobre os Crimes de Responsabilidade de Prefeitos, enfrenta, com sabedoria e segurança, dois temas que considero atuais e que têm gerado debates jurídicos interessantes: a contratação temporária de servidores e a exigência de dolo específico para a configuração do delito de dispensa indevida de licitação.

Enfim, o autor somou o seu conhecimento teórico sobre a matéria, com a experiência acumulada no cargo de juiz de Direito, em função do qual, nos últimos anos, tem sido designado para coordenar grupo de trabalho com o objetivo de sentenciar processos que versem sobre improbidade administrativa, para nos brindar com esta obra, escrita em linguagem objetiva e sem rebuscamento, a servir como fonte de consulta segura e eficiente, a estudantes e operadores jurídicos.

João Benedito da Silva
Desembargador do Tribunal de Justiça
do Estado da Paraíba

SUMÁRIO

CAPÍTULO II

DOS CRIMES CONTRA A ADMINISTRAÇÃO PÚBLICA

CAPÍTULO II-A

CAPÍTULO III

CAPÍTULO IV

CAPÍTULO V

CAPÍTULO VI

CAPÍTULO VII

TÍTULO II

CAPÍTULO I

DO CRIME

CAPÍTULO II

DA PRESCRIÇÃO

TÍTULO III

CAPÍTULO I

PROCESSO PENAL APLICADO

CAPÍTULO II

DA APLICAÇÃO DA PENA

CAPÍTULO III

EXECUÇÃO PENAL

TÍTULO IV

CAPÍTULO I

AÇÕES DE IMPUGNAÇÃO

CAPÍTULO II

DOS RECURSOS EM GERAL

CAPÍTULO III

SÚMULAS DOS TRIBUNAIS SUPERIORES

DOS CRIMES CONTRA O ERÁRIO – CONSIDERAÇÕES GERAIS

1. CRIMES CONTRA O ERÁRIO

Erário é o conjunto de bens, direitos ou valores pertencentes ao Estado. É a expressão jurídica mais completa de uma sociedade organizada politicamente na formação de um povo, assim, o Estado é toda a sociedade, enquanto o erário ou tesouro público é a reunião de suas riquezas acumuladas.

Para a temática estudada neste compêndio, compreendem-se crimes contra o erário os delitos contra a administração pública por agente público ou particular, as infrações contra as finanças públicas, os crimes contra a lei de licitação e os de responsabilidade de prefeitos, assim como aqueles que se configuram no tipo de organização criminosa.

Os crimes contra o erário são aqueles que importam em condutas típicas violadoras dos princípios norteadores da administração pública que resultem em prejuízos econômicos ou financeiros para o patrimônio público, com o objetivo de apropriação dos valores provenientes dessa oneração para fins de enriquecimento ilícito de agentes públicos ou de terceiros, sejam pessoas físicas ou jurídicas.

Caracterizam-se pela apropriação ou uso indevido de bens públicos, o desvio de condutas de agentes públicos e violação ideológica da lei, conquanto, é admissível que atuem nos limites de sua competência, mas cometendo atos com fins diversos dos exigidos pelo interesse público, desviando-se da finalidade para satisfazer interesse pessoal próprio ou favorecer terceiro com a transferência de bens, direitos ou valores.

A conduta típica do agente público poderá ser manifestada pela vontade livre e consciente do ato antijurídico ou fazer observar ardilosamente todas as formalidades preceituadas pela norma para dar aparente regularidade, mas com a manipulação direcionada no sentido de favorecimento indevido ou articulado com pessoas interessadas ou terceiros interpostos.

Nesse contexto de ilicitude estão as licitações dirigidas ou combinação prévia entre licitantes privilegiados para escolha de empresa a ser contemplada, frustrando, assim, o caráter competitivo do procedimento licitatório para a seleção de proposta mais vantajosa para a administração pública.

Os procedimentos administrativos de compra de produtos ou bens, contratação de serviços, concessão de serviços públicos ou na alienação de bens públicos, são os caminhos mais utilizados para a prática de corrupção neste país, especialmente na área da infraestrutura, saúde e educação.

Verifica-se, assim, que agentes públicos, servidores efetivos ou comissionados, agentes políticos, como os prefeitos, são sujeitos ativos desta conduta típica de prática de crime próprio, porquanto, somente as autoridades constituídas dispõem de acesso à gestão pública para manejar os procedimentos administrativos necessários aos seus objetivos ilícitos.

Deve-se registrar que, devido a segmentação de atribuições e competências dentro de uma estrutura organizacional estatal, em que esses procedimentos transitam em diversos setores, somente com a participação de um grupo de servidores públicos é possível a operacionalização de atos que importem em crime contra o erário.

Tratando-se da participação ou concurso de agentes públicos no exercício compartilhado de tarefas e atividades funcionais, atuando para alcançar um objetivo ilícito em detrimento do interesse da administração pública, constitui-se de forma evidente numa organização criminosa quando envolver pelo menos quatro pessoas, e abaixo deste número, no caso três, em associação criminosa.

Nesse cenário, os crimes contra o erário compreendem aqueles cometidos em desfavor da administração pública, sejam praticados por agentes públicos ou por particulares, contra as finanças públicas e as licitações, os de responsabilidade de prefeitos e, por fim, o crime de organização criminosa.

De forma sintetizada, os crimes contra o erário provêm da corrupção, um vício cultural que desvia recursos financeiros públicos da sua destinação original de atender na sua inteireza ao bem comum. Esta subtração é redirecionada para o favorecimento de pessoas físicas ou jurídicas particulares que auferem vantagens ilegais, contemplando, assim, o enriquecimento ilícito do patrimônio privado destes beneficiados.

Como se vê, a corrupção significa o abuso do poder pela autoridade para obtenção de vantagens indevidas, fazendo uso do dinheiro público para interesse pessoal ou de terceiro. O ônus é do poder público e o bônus do agente público ímprobo. É o abuso do poder público para favorecer o particular.

Nesse aspecto, qualquer brinde ou mimo que relacione o cargo ou função pública, fica questionado, pois "O núcleo da corrupção radica [...] no "mercadejar com o cargo" a vulnerar para além do óbice legal à percepção de qualquer vantagem extrínseca atinente ao desempenho do cargo, a objetividade decisional do Estado, fulcral à consecução do bem comum" (BIDINO, MELO, SANTOS; 2009, p.166)[1].

No Brasil a corrupção vem desde a época colonial, desenvolvida pelo desdobramento de vontade do poder político e econômico, sempre primando pelo desvio de conduta para alcance de favorecimento privado ou pessoal à custa do poder público.

Na lição de Marcos Otávio Bezerra[2], são três os tipos de definição mais utilizados para a corrupção:

> "a baseada no ofício público, a definição baseada no mercado e a baseada na ideia do bem público. Para a definição baseada no ofício público, existe corrupção quando há desvio, por parte dos funcionários públicos, dos seus deveres formais com o intento de obter benefícios para si ou para outrem; a definição centrada no mercado considera corrupção o ato do funcionário público que tenha como objetivo a maximização de sua renda pessoal; por fim, a definição centrada na ideia de bem público visualiza a corrupção como sendo a violação do interesse público em função da preocupação com ganhos particulares".

A corrupção é tão característica da política brasileira que ganhou contorno de banalidade devido a seu espectro endêmico de pilhagem do dinheiro público pela sua pulverização em sucessivas esferas de poder e a sua longevidade histórica.

Entretanto, com a evolução dos órgãos de controle de contas públicas, que se encontram melhor aparelhados, e avanços no processo de transparência da despesa pública, tem havido uma reação da sociedade brasileira a esse escambo e mercancia com cargo ou função pública.

Nessa ótica, preleciona o doutrinador Marcos Fernandes Gonçalves[3]:

> "A corrupção é um fenômeno histórico que, portanto, retrocede aos períodos mais remotos da história. No entanto, a tolerância e a legitimidade associadas à corrupção diminuem sensivelmente com a evolução institucional de determinadas sociedades ocidentais, evolução essa que é congruente com a formação das

1. BIDINO, Cláudio; MELO, Thaís de; SANTOS, Cláudia Cruz dos – **A corrupção**: Ed. Coimbra, 2009.
2. BEZERRA, Marcos Otávio. **Corrupção: um estudo sobre poder público e relações pessoais no Brasil**. Rio de Janeiro: Relume-Dumará, 1995
3. SILVA, Marcos Fernandes Gonçalves de. **A economia política da corrupção no Brasil**. São Paulo: Senac, 2001, p. 44.

modernas burocracias, com a generalização das relações econômicas de mercados e das democracias constitucionais".

Os malfeitos da corrupção sempre foram reprovados pelos mais diversos segmentos da civilização, pois "Na Lei das XII Tábuas já havia censura para os juízes que incorressem em desvio de conduta. Antônio Pagliaro e José da Costa Jr. recordam que "a lei mosaica punia o juiz corrupto com a flagelação, e a grega, com a morte", e apontam exemplos esdrúxulos de punições na Antiguidade, por exemplo, quando "*Cambises mandou esfolar vivo um juiz corrupto, utilizando sua própria pele para recobrir a cadeira que iria ser ocupada por seu sucessor*" ou mesmo quando "*Dario fez pregar numa cruz um juiz julgado corrupto*" (PAGLIARO; DA COSTA JR; 2009, p. 99).

Mais adiante, Aristóteles[4] se dedicou a analisar as causas da corrupção naquele tempo, notadamente no que tange à corrupção dos magistrados. Para ele "[...] é evidente que o excesso e a ambição de bens materiais são a principal origem das revoltas políticas. Com efeito, muitas vezes, elas nascem devido a prepotência dos magistrados que abusam dos cargos por serem demasiado ambiciosos, sublevando-se uns contra os outros, ou contra o regime que lhes concedeu a autoridade. Na verdade, a ambição desmedida dos magistrados deriva, algumas vezes, das riquezas privadas, outras, do erário".

A repreensão divina à corrupção está inserida até mesmo na Bíblia[5] com passagens que indicam atemorização aos que agem com desonestidade, tais como: "Não torcerás a justiça, nem farás acepção de pessoas. Não tomarás subornos, pois o suborno cega os olhos dos sábios, e perverte as palavras dos justos. Segue a justiça, e só a justiça, para que vivas e possuas a terra que o Senhor teu Deus te dá". (Deuteronômio 16:19-20) ou "Os teus príncipes são rebeldes, companheiros de ladrões; cada um deles ama o suborno, e corre atrás de presentes. Não fazem justiça ao órfão, e não chega perante eles a causa das viúvas". (Isaías 1:23)

Ainda na linha religiosa de repúdio à corrupção, merece realce a pregação do Padre Antônio Vieira[6] com "*O Sermão do Bom Ladrão:* "Não são só os ladrões, diz o Santo, os que cortam bolsas, ou espreitam os que se vão banhar, para lhes colher a roupa; os ladrões que mais própria e dignamente merecem este título são aqueles a quem os reis encomendam os exércitos e legiões, ou o governo das províncias, ou a administração das cidades, os quais já com manha, já com força, roubam e despojam os povos. Os outros ladrões roubam um homem, estes roubam cidades e reinos; os outros furtam debaixo do risco,

4. ARISTÓTELES. **A Política**. Rio de Janeiro.Coleção Universidade, Edições Ediouro.
5. BIBLIA. Português. **Bíblia sagrada.** Tradução: Centro Bíblico Católico. 34. ed rev. São Paulo: Ave Maria, 1982.
6. ANTÔNIO VIEIRA, **Sermões: obras completas**, Erechim, Edelbra, 1998

estes sem temor, nem perigo; os outros, se furtam, são enforcados, estes furtam e enforcam."

Nas Idades Média e Moderna, Nicolau Maquiavel[7], com sua visão do exercício do poder, comparava a corrupção como uma tuberculose, em que a cada dia cresce a dificuldade de se obter a cura:

> "[...] no início, é fácil de curar e difícil de diagnosticar. Com o passar do tempo, não tendo sido reconhecida nem medicada, se torna fácil o diagnóstico e difícil sua cura. Nos assuntos de Estado, acontece a mesma coisa. Prevendo os males que nascem, o que só é permitido a um sábio, estes são curados rapidamente. Mas quando se permitem que cresçam, por não havê-los previsto, todos o reconhecem, porém não há mais remédio".

Como se vê, a corrupção é um processo degenerativo da riqueza pública que causa empobrecimento das camadas sociais mais necessitadas dos serviços públicos típicos do estado, como saúde, segurança e educação. É uma praga que destrói o bem comum para construção de riquezas ilícitas.

A maior causa do nível de subdesenvolvimento da sociedade brasileira tem origem na corrupção, pois impede a sua transformação e desenvolvimento social, que lhe permitiria acesso aos bens da civilização moderna.

É importante assinalar que o agente público quando incorre numa conduta típica de crime contra o erário, também, de forma simultânea, está cometendo um ato de improbidade administrativa.

É uma atitude de dúplices efeitos antijurídicos já que produz a violação à norma penal cuja reprimenda é a privação da liberdade e pena de multa, enquanto no aspecto político-administrativo, está sujeita às sanções da perda da função pública, pena de multa civil, suspensão de direitos políticos, proibição de contratar com o poder público e sua responsabilização civil com o ressarcimento dos prejuízos causados ao patrimônio púbico.

Com efeito, é cabível a propositura de ação penal pública incondicionada e a ação civil pública de improbidade administrativa, nos termos da Lei nº 8.429/1992.

Assim, são oportunas algumas considerações sobre atos de improbidade administrativa no item seguinte.

2. ATOS DE IMPROBIDADE ADMINISTRATIVA

O ato de improbidade retrata a noção de desonestidade, de má-fé e ilegalidade que importa no auferimento de vantagem ilícita ou que resulta em

7. MAQUIAVEL, Nicolau. **O Princípe.** Tradução de Maria Lúcia Cumo. 2 ed. Rio de Janeiro: Paz e Terra.

prejuízo ao erário ou atenta contra os princípios norteadores da administração pública, preleciona Aluizio Bezerra[8].

Trata-se do ato de improbidade de autoria exclusiva de agente público ou político no exercício de suas funções públicas, atuando de forma antijurídica em benefício pessoal ou em favor de outrem, mas sempre em desfavor do interesse e do patrimônio público, conforme já evidenciado.

O interesse público é aquele, submetido a um regime jurídico de ordem pública, resguardado por normas que primam pela preeminência do interesse público sobre o particular e, principalmente, pela indisponibilidade do direito vindicado.

Infirma-se, assim, que os atos administrativos necessariamente deverão ser primados pela escorreita formação legal, desinfluente de qualquer eiva de vício formal, material ou subjetivo na sua consecução acoimada na cogência e inderrogabilidade das normas incumbidas de proteger os interesses públicos, proteção que se justifica à medida que transcendem a individualidade, fazendo repercutir sua satisfação sobre o todo da coletividade, fazem com que todos, indistintamente, sejam destinatários de seus preceitos.

A Constituição da República, quando estabelece, dentre os princípios norteadores da administração pública, a moralidade, prescreve que o agente público ou político tem o poder-dever de agir focado nas condições impostas pelo órgão público a que presta serviços visando exclusivamente ao bem comum, em favor do interesse da coletividade.

Por conseguinte, sendo a moralidade pública de caráter normativo conquanto é tirada do conjunto de deveres imputados funcionalmente dentro das regras de condutas pela própria administração, ao se afastar destas obrigações estatutárias, estará incorrendo em conduta definidora de improbidade por atentar contra os princípios gerais da administração pública.

Acrescente-se que, ao atentar contra o conjunto normativo regulatório da sua atividade funcional, esse comportamento antijurídico resulta na obtenção de vantagem indevida ou enriquecimento ilícito, estará incorrendo numa gradação mais gravosa da sua conduta ímproba.

Note-se que, além de violar os regramentos normativos com fins de auferir benefício ou proveito pessoal de natureza patrimonial, afetar o nível de riqueza do erário, causando-lhe prejuízo ou diminuição de suas grandezas, estará circunscrito no grau mais elevado da sua conduta de improbidade administrativa.

Como se vê, a caracterização da conduta de improbidade reúne elementos subjetivos da vontade humana para a sua concretização, que por ação ou omissão, dolo ou culpa, mas que implique afetação ao interesse da administração

8. In Ato de Improbidade Administrativa, 2ª edição. Curitiba: Juruá, 2014, p. 17.

pública, seja jurídico ou material, pois a moralidade pública exige do agente o seu esforço incondicional em favor do bem coletivo.

Toda ação ou conduta de um agente público que não venha agregar valor jurídico ou econômico ao interesse público se constitui em ato de improbidade administrativa considerando-se a norma de regência, pois a postura ética inerente ao homem público e à moralidade pública está articulada com o princípio constitucional da eficiência.

Aliás, a mensuração do trabalho desenvolvido pelo agente público ou político é exigido pela Carta Política ao inferir dentre os seus princípios luminares da coisa pública, a prática e o resultado da eficiência, consistente na realização das atribuições funcionais com presteza, perfeição e rendimento positivo; exige assim melhores resultados com menos recursos, é a otimização dos valores postos à disposição para alcançar boa performance e atendimento satisfatório das necessidades do seu destinatário, o cidadão que paga elevados tributos com a sua força de trabalho, integrante ativo da sociedade contributiva dos recursos financeiros colocados nas mãos daqueles que mereceram a confiança de todos e têm o dever imperioso de lealdade para geri-los gerir da forma mais eficaz e traduzi-los em bons serviços à população, especialmente àquele de menor poder aquisitivo que não tem acesso aos bens da civilização.

Quando se fala em ética, deve-se vislumbrar que a mesma traduz o que é bom ou o melhor para o indivíduo e para o coletivo ou à comunidade, que deve ser observada como sendo a garantia do interesse público acima de qualquer outro destinatário menor; quando se prima pela legalidade e o interesse público, o produto dessa ação gera utilidade e bem-estar à coletividade.

Os atos de improbidade administrativa são aqueles que importam em enriquecimento ilícito, ou os que causam prejuízo ao erário e os que atentam contra os princípios da administração pública.

É invariável que os atos que importam em enriquecimento ilícito geram invariavelmente danos ao patrimônio público, pois o produto financeiro que alimenta aquele decorre do desfalque, de alguma forma, dos cofres públicos.

A situação mais comum é o sobrepreço ou superfaturamento de preços de obras, produtos ou serviços para poder haver a subtração do valor que irá resultar no enriquecimento sem causa.

Outra modalidade bem catalogada pelos registros das Cortes de Conta é o pagamento de serviços não prestados ou bens, produtos ou equipamentos, de qualidade inferior ao licitado.

Consigne-se que o preço da propina é tirado dos cofres públicos; o corruptor não tem despesa alguma, ele apenas repassa o que lhe foi transferido pelo sobrepreço por qualquer forma ou manipulação de desvio de verba pública.

Mesmo que não haja prejuízo para o Poder Público, a violação dos princípios que orientam, de forma vinculada, os atos de gestão estão sujeitos à sanção pela lei de improbidade administrativa independente daquela efetiva ocorrência danosa.

Por isso, é importante assinalar que a moralidade infere-se em pressuposto de toda a atuação do agente público ou político para lhe conferir legitimidade aos atos por ele praticados.

Não basta apenas cumprir a lei para seguir dentro da legalidade; hoje, além de legal, o ato deve atender ao princípio da moralidade.

A moralidade administrativa está intimamente ligada ao conceito do "bom administrador", que, no dizer autorizado de Franco Sobrinho:

> "é aquele que usando de sua competência legal, se determina não só pelos preceitos vigentes, mas também pela moral comum". Há que conhecer, assim, as fronteiras do lícito e do ilícito, do justo e do injusto nos seus efeitos, é para admitir a lei como regra comum e medida ajustada. Falando, contudo de boa administração, referimo-nos subjetivamente a critérios morais que, de uma maneira ou de outra, dão valor jurídico à vontade psicológica do administrador9.

É de expressiva objetividade assinalar que a moralidade administrativa integra o direito como elemento indissociável na sua aplicação e na sua finalidade, erigindo-se em fator de legalidade. Daí por que o Tribunal de Justiça de São Paulo decidiu que "*o controle jurisdicional se restringe ao exame da legalidade do ato administrativo; mas, por legalidade ou legitimidade se entende não só a conformação do ato com a lei, como também com a moral administrativa e com o interesse coletivo*"[10].

Com esse julgado pioneiro, a moralidade administrativa ficou consagrada pela Justiça, como necessária à validade da conduta do administrador público.

Com efeito, ao incorrer em ato de improbidade atentando contra os princípios impostos à gestão da coisa pública, ou gerando enriquecimento ilícito ou dano ao erário, a consequência é aviltar o princípio constitucional da moralidade, elemento integrativo da legalidade do ato administrativo, a ilegalidade é manifesta.

Dessa forma, a legalidade do ato está condicionada à sua comunhão com a moralidade, sem a qual incorre em ilegalidade.

Afora a relevância da defesa da moralidade pública, deve-se afigurar de destaque que a honestidade constitui-se num dever de estado permanente do agente público ou político, deflui do princípio da moralidade para representar critério essencial para a aferição da conduta daquele no exercício da sua atividade funcional, isso porque a honestidade, conjugada com a eficiência e a lealdade às instituições públicas é o mínimo que se espera dos agentes públicos.

9. FRANCO SOBRINHO, Manoel de Oliveira. *In:* **O Controle da Moralidade Administrativa**. São Paulo: Saraiva, 1974. p.11.

10. TJSP, RDA 89/134.

A gravidade da improbidade na administração pública, em todas as suas esferas de poder, vem se disseminando e impõe uma política mais rígida de controle, assim definida por Miguel Reale: "*aos olhos do homem comum o Direito é lei e ordem, isto é, um conjunto de regras obrigatórias que garante a convivência social graças ao estabelecimento de limites à ação de cada um de seus membros*"[11].

Merece registro o fato da atuação dos Tribunais de Contas e do Ministério Público quanto à apuração de atos de improbidade em prol da moralidade administrativa e da defesa do patrimônio público, mas se sabe que o esforço que o Ministério Público tem desenvolvido com a finalidade de recompor o patrimônio público e moralizar a administração, lamentavelmente, tem enfrentado óbice no âmbito do Poder Judiciário pela sua morosidade judicante aliada ao formalismo processual e à falta de priorização na tramitação de feitos dessa natureza.

Outro aspecto a ser enfocado sobre a desonestidade ou corrupção nos órgãos da administração pública brasileira tem a ver com a cultura que se formou ao longo dos tempos, aliás, desde o império, matriz de todas as mazelas da vida pública nacional.

Ora, a conduta de improbidade não pode ser tida por costumeira e, por isso, legitimada com a impunidade num passado ou com tolerância do presente.

Gunnar Myrdal, economista sueco, Prêmio Nobel de 1974, já em 1968 proclamava e denunciava o conceito de "folclore da corrupção". Ele demonstrou, em estudo que não cabe reproduzir aqui, que, numa sociedade em mudança, a construção de uma ideia imperfeita e fatalista da extensão das roubalheiras termina por prejudicar a moralidade pública e os esforços de servidores honrados.

É o seguinte: A ideia é que, quanto mais se divulga e se passa a ideia de que a corrupção é geral, mais a corrupção aumenta. Ou, em outros termos, o folclore sobre a corrupção só interessa ao corrupto.

Por isso, certamente, é que, no Brasil, mais e mais pessoas praticam a corrupção, exatamente porque se tornou comum - e natural - dizer que "a roubalheira é geral".

O Judiciário não pode ceder a tal despropósito.

Segundo Hely Lopes Meirelles[12]:

> A moralidade administrativa constitui, hoje em dia, pressuposto de validade de todo ato da administração pública (CF, art. 37, **caput**). Não se trata - diz Hauriou, o sistematizador de tal conceito - da moral comum, mas se de uma moral jurídica, entendida como "o conjunto de regras de conduta tiradas da disciplina interior da Administração". Desenvolvendo sua doutrina, explica o mesmo autor que o agente administrativo, como ser humano dotado da capacidade de atuar, deve, necessariamente, distinguir o Bem do Mal, o honesto do desonesto. E, ao

11. **Lições Preliminares de Direito**. 19. ed. São Paulo: Saraiva, 1991. p. 1-2.
12. **Direito Administrativo Brasileiro**. 27. ed. São Paulo: Malheiros, 2002. p. 87-88.

atuar, não poderá desprezar o elemento ético de sua conduta. Assim, não terá de decidir somente entre o legal e o ilegal, o justo e o injusto, o conveniente e o inconveniente, o oportuno e o inoportuno, mas também entre o honesto e o desonesto.

E conclui:

O certo é que a moralidade do ato administrativo juntamente com a sua legalidade e finalidade, além da sua adequação aos demais princípios, constituem pressupostos de validade sem os quais toda atividade pública será ilegítima. Já disse notável Jurista luso - Antônio José Brandão - que 'a atividade dos administradores, além de traduzir a vontade de obter o máximo de eficiência administrativa, terá ainda de corresponder à vontade constante de viver honestamente, de não prejudicar outrem e de dar a cada um o que lhe pertence - princípios de Direito Natural já lapidarmente formulados pelos jurisconsultos romanos.

Depreende-se, portanto, que a moralidade pública deve predominar sobre todos os outros pontos de vista quando da aferição dos atos dos agentes públicos ou políticos, visto que, se não agregou valor ao interesse público, merece tratamento conservador de defesa.

2.1. Regramento constitucional

A fonte originária que descreve conduta típica de ato de improbidade administrativa de agente público à frente da gestão da coisa pública é a Constituição da República, a lei fundamental do Estado brasileiro, a base de todas as demais leis.

A Carta Política no seu art. 14, § 9º, prescreve que:

lei complementar estabelecerá outros casos de inelegibilidade e os prazos de sua cessação, a fim de proteger a probidade administrativa, a moralidade para o exercício do mandato, considerada a vida pregressa do candidato, e a normalidade e legitimidade das eleições contra a influência do poder econômico ou o abuso do exercício de função, cargo ou emprego na administração direta ou indireta.

Trata-se, pois, da primeira manifestação da nossa Carta na defesa do patrimônio público e dos valores morais, legais e éticos no trato dos interesses da administração pública em nosso país.

Essa proteção que emana da ossatura constitucional tem como escopo resguardar o patrimônio do povo brasileiro, os bens públicos e as riquezas nacionais, construídas, mantidas e financiadas com o esforço do trabalho das pessoas físicas e os serviços das empresas na formação do nosso produto interno bruto.

O produto e o resultado dessa mobilização de forças da sociedade brasileira na perquirição do desenvolvimento nacional exigem um elevado grau de responsabilidade pública na gestão dos recursos públicos para serem otimizados na sua aplicação e que redunde em serviços públicos eficientes para a população, assim como os investimentos na infraestrutura do país sejam implementados com eficácia, almejando atingir os melhores níveis de aproveitamento, rendimento e desenvolvimento econômico e social.

Saliente-se que o brasileiro tem uma carga tributária semelhante à dos países do primeiro mundo, mas os serviços públicos postos à sua disposição, num padrão do continente africano, tudo por conta da atuação ímproba de expressivo número de agentes públicos no exercício de cargos executivos nas esferas federal, estadual e municipal.

O desperdício de verbas aplicadas em obras, produtos ou serviços desnecessários, de pouca utilidade ou de insignificante alcance social, associado ao desvio de recursos públicos com superfaturamentos, licitações forjadas ou viciadas, acrescendo-se a prática acintosa da corrupção para subtrair do patrimônio público os seus valores, têm como reflexos diretos a exclusão de direitos básicos à população de baixa renda, como: saúde, educação e segurança pública.

A pobreza do nosso povo e a miséria da maioria da população são resultado da cultura nociva da desonestidade, ganância e egoísmo daqueles que desfrutam da confiança popular através do sufrágio do voto, com promessas nunca cumpridas e dos seus elencos de auxiliares de malfeitores que executam as políticas públicas voltadas apenas para interesses escusos e enriquecimento próprio, razão pela qual o constituinte de 1988 fez uma opção em desfavor dos agentes públicos desonestos, de forma direta e abrangente, para penalizá-los, recuperar e repatriar os pertences do erário.

O princípio da moralidade previsto no art. 37 da Carta Política, é a matriz dos pilares de sustentação e proteção da administração pública. Pretende a Lei Maior, na incontestada lição de Celso Antônio Bandeira de Mello, "*inibir que a administração se conduza perante o administrado de modo caviloso, com astúcia ou malícia preordenadas a submergir-lhe direitos ou embaraçar-lhes o exercício e, reversamente, impor-lhe um comportamento franco, sincero, leal*"[13].

Manoel de Oliveira Franco Sobrinho assim ensina:

> De um modo geral, a moralidade administrativa passou a constituir pressuposto de validade de todo ato da administração pública. Não se trata, contudo, da moral comum, mas sim da moral jurídica. E para a qual prevalece a necessária distinção entre o bem e o mal, o honesto e o desonesto, o justo e o injusto, o conveniente, o oportuno e o inoportuno, o legal e o ilegal. Não obedecendo o ato administrativo somente à lei jurídica*14*.

13. BANDEIRA DE MELLO, Celso Antônio. **Direito Administrativo na Constituição de 1988**. São Paulo: Revista dos Tribunais, 1991. p. 37.
14. FRANCO SOBRINHO, Manoel de Oliveira. *In:* **O Controle da Moralidade Administrativa**.São Paulo: Saraiva, 1974. p. 207.

Segundo a cátedra de Marino Pazzaglini Filho,

> A imoralidade exsurge, pois, do próprio objeto do ato administrativo, quando esta afronta a honestidade, a boa-fé, as normas de conduta aceitas como legítimas pelos administrados, a dignidade humana e a ética. Resulta de um confronto lógico entre os meios de que se vale o *agente* público e os fins colimados com o ato. Adequação, compatibilidade, em uma palavra: proporcionalidade. A conduta administrativa deve ser eficiente, à medida que ao *agente* público é exigível o dever da boa administração, o que não significa apenas honestidade, mas, também, produtividade, profissionalismo e adequação técnica do exercício funcional às metas administrativas e a legalidade*15* .

Desse modo, qualquer conduta ilegal, ainda que omissiva, dolosa ou culposa, que acarrete lesão ao erário, importa na aplicação desta norma. A reprimenda à improbidade administrativa instituiu a teoria da purificação, para, assim, excluir da vida pública ou política, aqueles, flagrados em ilicitude, com a perda da função e a suspensão dos direitos políticos.

A deslealdade dos agentes públicos ou políticos com suas fraquezas morais e cívicas impõe a responsabilização civil, política e administrativa visando à proteção da coisa pública e do interesse da coletividade.

Deslembram-se esses incautos agentes do subdesenvolvimento cultural de suas práticas delituosas contra o patrimônio público, a lição de Georges Ripert[16] de que "*o dever de não fazer mal injustamente aos outros é o fundamento do princípio da responsabilidade civil*"; o que aniquila a lei de Gerson neste país de levar vantagem em tudo, especialmente o enriquecimento sem causa, que, à luz da norma de regência, tem o alcance de reaver todos os valores desviados, saqueados ou malversados, até dos herdeiros daqueles considerados ímprobos.

Com efeito, o espírito da lei é a composição saudável de categorias de agentes públicos idôneos que desempenhem suas atividades funcionais com eficiência e fidelidade aos princípios norteadores da administração pública, com vistas a alcançar resultados positivos na gestão administrativa em favor do bem comum.

3. AÇÃO PENAL E DE IMPROBIDADE ADMINISTRATIVA

Os atos de improbidade administrativa consumados não se restringem apenas às sanções da seara do art. 12 da Lei nº 8.429/1992, que penalizam os agentes públicos declarados ímprobos com a perda dos bens ou valores acrescidos ilicitamente ao patrimônio, ressarcimento integral do dano, quando houver perda da função pública, suspensão dos direitos políticos, pagamento de multa civil e proibição de contratar com o Poder Público ou receber benefícios ou

---

15. PAZZAGLINI FILHO, Marino. **Improbidade** Administrativa. São Paulo: Atlas, 1996. p. 50.
16. Regra Moral nas Obrigações Civis, p. 24.

incentivos fiscais ou creditícios, direta ou indiretamente, ainda que por intermédio de pessoa jurídica da qual seja sócio majoritário.

As referidas condutas descritas na referida norma especial resultam em danos ao patrimônio público ou violação aos princípios norteadores da administração pública, circunstância jurídica que conduzem os agentes ou funcionários na prática de crimes contra a administração pública.

Também se admite que essa conduta ímproba importe no cometimento dos crimes contra as finanças públicas em relação aos agentes públicos inseridos na condição de gestores ou ordenadores de despesas públicas.

Além das condutas tipificadas nos crimes contra a administração pública, de forma isolada ou cumulada com as definidas de crimes contra as finanças públicas, tantos funcionários ou agentes públicos, de igual forma, podem ser responsabilizados penalmente pelos crimes previstos pela Lei nº 8.666/1993, a Lei das Licitações.

Registre-se que a condenação por ato de improbidade administrativa se opera na esfera civil, política e administrativa, que é autônoma em relação ao campo penal, não se configurando, por conseguinte, a hipótese de duplicidade de penas pelo mesmo fato, porque são de diferentes ramos do direito.

Essa diferenciação se apresenta clara quando uma norma protege probidade administrativa e a integridade do patrimônio público com aplicação de sanção que suspende direitos políticos para afastar o indigitado agente público do âmbito da vida política e administrativa, confere a garantia ao direito imprescritível de perquirir o ressarcimento ao erário da subtração efetivada, a sua proibição de contratar com o Poder Público, inclusive na condição de pessoa jurídica da qual seja sócio majoritário, o pagamento de multa civil e a perda da sua função pública, enquanto no campo criminal a pena de reclusão e de multa, portanto, privativa do direito de liberdade ou, ainda, pena de detenção ou restritivas de direito.

Essa distinção entre sancionamento por ato de improbidade administrativa e a reprimenda penal está delineada pela Constituição Federal cujo dispositivo está assim redigido:

> **Art. 37.** A administração pública direta e indireta de qualquer dos Poderes da União, dos Estados, do Distrito Federal e dos Municípios obedecerá aos princípios de legalidade, impessoalidade, moralidade, publicidade e eficiência e, também, ao seguinte:
>
> § [...]
>
> § 4º – Os atos de improbidade administrativa importarão a suspensão dos direitos políticos, a perda da função pública, a indisponibilidade dos bens e o ressarcimento ao erário, na forma e gradação previstas em lei, sem prejuízo da ação penal cabível.

O texto constitucional não permite outra leitura literal no sentido de que a lei especial preceitua as sanções de suspensão dos direitos políticos, a perda da função pública, a indisponibilidade dos bens e o ressarcimento ao erário, medidas repressivas no campo civil, administrativo e do direito político para aqueles que se conduzirem de forma desonesta ou com má-fé no trato da coisa pública, sem prejuízo da ação penal cabível. Portanto, a conduta ilícita reclama a ação político-administrativa e a criminal.

Sobre a temática de validade das sanções civis previstas na aludida norma, o STF assim decidiu:

> "As sanções civis impostas pelo art. 12 da Lei 8.429/1992 aos atos de improbidade administrativa estão em sintonia com os princípios constitucionais que regem a administração pública." (RE 598.588-AgR, Rel. Min. Eros Grau, julgamento em 2-2-2010, Segunda Turma, *DJE* de 26-2-2010.)

Dessa forma, a Carta Política ao estabelecer, além das reprimendas no âmbito civil, administrativo e dos direitos políticos, na forma e gradação previstas em lei, no caso, tratando das sanções aos atos de improbidade administrativa descreve as condutas e situações para sua aplicação, que *"sem prejuízo da ação penal cabível"*, para instituir autonomia na responsabilização penal derivada do malfeito cometido.

Aqui o legislador constituinte acresceu que, além das sanções civis, o agente público flagrado em malfeitos na administração pública responde também na esfera da ilicitude penal pela conduta imputa assemelhada tipificada por norma criminal, seja do Código Penal ou de lei especial ou esparsa vigente no ordenamento jurídico.

Como se vê, é a própria Constituição que define a responsabilização do ato de improbidade perpetrado com sanções civis, sem prejuízo da ação penal cabível oriunda do mesmo ato ou conduta do agente ou funcionário público, cuja tipificação se enquadre na norma penal ordinária ou especial.

Com efeito, havendo identidade dos ilícitos administrativos com as condutas penais, descritas no rol dos crimes contra a Administração Pública, crimes contra as finanças públicas e a aquelas definidas na Lei de Licitação, é dever do órgão do Ministério Público promover a ação penal pública incondicional, denunciando os autores do ato de improbidade administrativo.

Diferentemente das sanções civis, políticas ou patrimoniais impostas pela procedência da ação de improbidade administrativa, a ação penal importará na aplicação da pena privativa de liberdade, além de multa, portanto, são resultados da mesma conduta fática, mas com reprimendas revestidas de conteúdos expiatórios diferenciados em campos de aplicação diversos.

3.1. Ação penal e de improbidade administrativa: autônomas

Os princípios constitucionais norteadores da administração pública inferidos no art. 37 da Constituição da República constituem-se na tutela da probidade administrativa, um pressuposto de agir em consonância dos valores da honestidade, eficiência e moralidade, imposto a todo agente público no exercício de suas funções públicas.

Convém ressaltar que a prerrogativa da discricionariedade compreendida na essência da liberdade de ação administrativa na escolha de sua conveniência, oportunidade e conteúdo, deve-se portar dentro dos limites da permissibilidade normativa, de modo a atentar para se revestir da moldura jurídica da moralidade e da legalidade, visto que, mesmo sendo legal, é imprescindível que seja moral.

Nesse sentido, segundo Maria Sylvia Zanella Di Pietro:

> Quando se exige probidade ou moralidade administrativa, isso significa que não basta a legalidade formal, restrita, da atuação administrativa, com observância da lei; é preciso também a observância de princípios éticos, de lealdade, de boa-fé, de regras que assegurem a boa administração e a disciplina interna na Administração Pública. (DI PIETRO, 2008, p. 763)

No mesmo sentido, De Plácido e Silva (2004, p. 715) ensina que o vocábulo improbidade, do latim *improbitas,* tem o significado de desonestidade, má fama, incorreção, má conduta, má índole, mau caráter, e "revela a qualidade do homem que não procede bem, por não ser honesto, que age indignamente, por não ter caráter, que não atua com a decência, por ser amoral" e "[...] sem capacidade ou idoneidade para a prática de certos atos".

Em nosso país têm sido habituais as reprovações de contas públicas de gestores federais, estaduais e municipais, pelo Tribunal de Contas da União e também dos Estados, imputando-lhes multas e determinando o ressarcimento de despesas públicas irregulares, num atestado de proclamado ato de improbidade administrativa, crimes contra a administração pública e das finanças públicas, além de ofensa à lei de licitação.

Pela sistemática judiciária e jurídica, essas decisões das Cortes de Contas são encaminhadas para o Ministério Público, que, na qualidade de fiscal da lei e defensor da sociedade, tem legitimidade e dever de promover as respectivas demandas no âmbito civil, com relação aos atos de improbidade administrativa, e no campo criminal, as ações penais.

Contudo, em virtude da atuação distinta dos órgãos ministeriais, tem ocorrido que, mesmo se tratando de único evento ilícito, quando se ajuíza a ação penal, não se propõe a ação civil pública por ato de improbidade administrativa.

É relevante assinalar que a ilegalidade do ato ou fato administrativo submete o seu autor a responder simultaneamente por ato de improbidade administrativa e pelos crimes que guardarem similitude na normatividade penal; as ações são autônomas e independentes.

Essa dedução provém da Constituição Federal (§ 4º do art. 37) quando preceitua que *"os atos de improbidade administrativa importarão a suspensão dos direitos políticos, a perda da função, a indisponibilidade dos bens e o ressarcimento ao erário, na forma e gradação previstas em lei, sem prejuízo da ação penal cabível"*.

Note-se que o dispositivo, ao mencionar as sanções relativas à improbidade administrativa, ressalta que "sem prejuízo da ação penal cabível".

Com efeito, o agente público enquadrado na figura de ímprobo, além de sofrer as sanções da lei de improbidade administrativa, responde penalmente pelo seu ato de ilicitude no exercício de emprego, cargo ou função pública.

Como se vê, a Carta Magna distinguiu com clareza jurídica que um ato ilícito cometido pelo agente público proporcionará a sua responsabilização por improbidade administrativa, e também penal.

É oportuno abrir espaço para uma suposta invocação do art. 200 do Código Civil que preconiza «*quando a ação se originar de fato que deva ser apurado no juízo criminal, não correrá a prescrição antes da respectiva sentença definitiva*", criando uma relação de subordinação necessária entre o fato a ser provado na ação penal e o desenvolvimento regular da ação cível.

A hipótese desse dispositivo ocorre quando for proposta ação indenizatória por danos decorrentes de fato que redunde, primeiro, na responsabilidade penal; não é o caso da ação civil pública de improbidade e a ação criminal, pois são independente uma da outra.

Mas, retornando à simultaneidade dessas demandas, registre-se, a título de ilustração, que várias condutas previstas na lei de improbidade administrativa guardam identidade com os tipos penais relativos à administração e finanças públicas, assim como a norma licitatória, razão pela qual as persecuções judiciais caminham em igual passo na reprovação administrativa e penal.

Note-se, também, que o objetivo da lei de improbidade administrativa é punir os responsáveis por malfeitos na administração pública, assim como o é o Código Penal e a norma especial de licitações; ambas têm em comum proteger o patrimônio público com aplicação de penalidades aos autores de ilicitude administrativa.

Outra percepção evidente da diferença entre os objetivos das ações de improbidade administrativa e penal, sob a ótica acima enfocada, que a primeira sanciona os ímprobos com suspensão de direitos políticos, perda da função pública, multa civil e proibição de contratar com o Poder Público, inclusive a pessoa jurídica da qual possa integrar, enquanto a ação penal pune o infrator com pena de detenção ou privativa de liberdade e multa penal.

Logo, verifica-se facilmente que não se vislumbra a hipótese de *bis in idem*, ou seja, a mesma coisa aplicada mais de uma vez; merece destacar que o agente público está subordinado à responsabilidade administrativa, civil e criminal.

A responsabilização administrativa está subordinada ao seu estatuto e às disposições complementares fixadas em lei. A obrigação de reparar o dano causado à administração pública por culpa ou dolo no desempenho de suas funções provém do § 6º do art. 37 da Constituição Federal, e por último, a responsabilidade criminal está contida no Titulo XI - Dos Crimes contra a Administração Pública do Código Penal.

Mais ainda, as responsabilidades administrativa e civil são complementadas com a lei de improbidade administrativa, em norma regulamentadora das sanções conceituadas pela Constituição da República.

3.2. Dever do juiz remeter peças ao Ministério Público

Expostas as situações constituídas na consecução de atos de improbidade administrativa, que são passíveis de sanções civis e penais, necessário se faz vislumbrar o momento oportuno em que o juiz deverá encaminhar as peças do processo para o representante do Ministério Público, para, a seu juízo, promover a denúncia contra o agente ou funcionário público representado.

É por ocasião do juízo de admissibilidade positivo da representação que deverá ser remetidas as peças do processo para o órgão ministerial.

Essa dedução se depreende do fato de que é nesse momento em que o juiz, ao examinar os argumentos expendidos pela petição inicial e da defesa escrita, à luz dos documentos que instrumentalizam o processo, concluirá que há elementos informativos que assegurem a viabilidade e êxito da demanda proposta.

Vale assinalar que, nessa análise sumária, para o acatamento da representação basta a simples presunção da existência dos fatos com a qualificação da ilicitude, eiva da imoralidade administrativa ou conduta desidiosa do agente público. De modo que, nessa avaliação jurídica do conjunto probatório preliminar que suscite a incerteza quanto à veracidade do fato administrativo ou a culpabilidade do agente, prevalece o princípio *dubio pro societate* em detrimento do princípio *in dubio pro reo*; impondo-se, assim, o recebimento da representação.

Com o recebimento da petição inicial na fase de prelibação o agente deixa de ser considerado indiciado, e passa para a condição de representado; há evidências favoráveis ao sucesso da demanda, e presunção de culpabilidade, circunstâncias que perdurarão até a manifestação judiciosa definitiva. De forma que a ocasião adequada para o encaminhamento das peças processuais para o órgão ministerial é aquela no momento em que o juiz, em despacho fundamentado, recebe a representação (art. 17, § 9º) da norma de regência.

Diante dessa circunstância de probabilidade de acolhimento do pedido da petição inicial no todo ou em parte, é oportuno que o juiz adote o procedimento imperativo contido no art. 40 do Código de Processo Penal, assim escrito:

> **Art. 40.** Quando, em autos ou papéis de que conhecerem, os juízes ou tribunais verificarem a existência de crime de ação pública, remeterão ao Ministério Público as cópias e os documentos necessários ao oferecimento da denúncia.

Este dispositivo refere-se a qualquer tipo de autos ou papéis que lhe são apresentados, na esfera civil ou penal ou na jurisdição voluntária.

É importante consignar que "verificar a existência" significa que sendo positivo o juízo de admissibilidade da ação de improbidade administrativa, implica que o processo contém provas e documentos suficientes a ensejar a propositura de uma denúncia de ação penal pública incondicionada, visto que há indícios e evidências da ocorrência de ilicitude administrativa que guarda semelhança com as condutas típicas dos crimes contra a Administração Pública, as finanças públicas e a Lei de Licitação, em princípio, de forma cumulativa ou isoladamente.

Quando a norma acima afirma "remeterão" está impondo ao juiz ou ao tribunal o poder-dever de proceder a remessa em consequência de sua função e em razão do que determina a lei. Não se trata, pois, de faculdade ou liberalidade, mas um poder-dever de agir da autoridade conforme preconiza a lei.

Nesse aspecto, menciona-se que o juiz cível que preside a ação civil pública de improbidade administrativa deve remeter de forma imperativa as peças processuais para o representante do Ministério Público criminal, e também o juiz criminal que se depara com uma ação penal de crimes contra a administração e finanças públicas, e ainda, lei de licitações, tem o dever de encaminhar para o *parquet* que trata da defesa do patrimônio público, o envio de peças e documentos que ensejariam uma ação civil pública.

Esse poder-dever do juízo criminal é imposto pelo art. 7º da Lei nº Lei nº 7.347/1985, assim redigido:

> Art. 7º Se, no exercício de suas funções, os juízes e tribunais tiverem conhecimento de fatos que possam ensejar a propositura da ação civil, remeterão peças ao Ministério Público para as providências cabíveis.

Desse modo, que o juiz criminal, ao prolatar o despacho de recebimento de denúncias envolvendo crimes contra a administração pública, contra as finanças públicas ou violando a lei de licitações, tem nesta oportunidade o dever de remeter peças do processo ao representante ministerial para que este adote as providências que lhe são conferidas no exercício do seu *munus*. Idêntica providência deve ser adotada pelo desembargador-relator quando a denúncia for recebida pelo Tribunal de Justiça Estadual ou Federal.

Assim é que esse poder-dever de atuar da autoridade judiciária constitui-se dentre outros deveres impostos aos juízes previstos na LOMAN – o Estatuto da Magistratura – quando no seu art. 35 dispõe:

> **Art. 35.** São deveres do magistrado:
>
> I – cumprir e fazer cumprir, com independência, serenidade e exatidão, as disposições legais e os atos de ofício.

Esses atos de ofício são aqueles por dever do cargo que se realizam sem provocação das partes ou de terceiros, mas por iniciativa da própria autoridade dentro do prazo previsto na lei ou de imediato quando toma conhecimento para adotar o procedimento determinado pela regência normativa.

Quando a LOMAN estabelece que são deveres do magistrado cumprir e fazer as disposições legais e os atos de ofício, cabe-lhe adotar o preceituado no seu poder-dever, sob pena de incorrer em prevaricação administrativa ou penal.

Mais ainda, a conduta de prevaricação administrativa conduz o agente público a incorrer em ofensa ao art. 4º desta Lei que estabelece a obrigatoriedade dos agentes públicos de qualquer nível ou hierarquia a velar pela estrita observância dos princípios da legalidade, impessoalidade, moralidade e publicidade no trato dos assuntos que lhe são afetos.

Retardar ou deixar de cumprir ato de ofício nos prazos estabelecidos pela legislação ou regulamentos resulta na vulneração do aludido dispositivo compulsório aos atos de oficio, além de atentar contra o princípio constitucional da eficiência.

A omissão ou retardamento deve ser feito indevidamente, revelando um comportamento anormal devido à conduta omissiva se apresentar indevida, injusta ou ilegal.

Vale assinalar que a Lei federal 8.429/92, dispondo sobre a improbidade administrativa, no seu art. 4º, preceitua que *"os agentes públicos de qualquer nível ou hierarquia são obrigados a velar pela estrita observância dos princípios da legalidade, impessoalidade, moralidade e publicidade no trato dos assuntos que lhe são afetos"*.

A prevaricação administrativa consiste na infidelidade ao dever de ofício devido ao nosso ordenamento jurídico considerar a omissão de ato funcional, o retardamento e a prática negativa, contrários à lei, pois o objeto jurídico é o interesse da administração pública que repele prejuízo, dano ou qualidade inferior ao desenvolvimento normal e regular da atividade pública.

- "A abertura de vista ao Ministério Público para eventual instauração de procedimento criminal, após a verificação nos autos, pelo magistrado, da existência de indícios de crime de ação penal pública, não é suficiente ao cumprimento do disposto no art. 40 do CPP. Isso porque o referido artigo impõe ao magistrado, nessa hipótese, o dever de remeter ao Ministério Público as cópias e os documentos necessários ao oferecimento da denúncia, não podendo o Estado-juiz se eximir da obrigação por se tratar de ato de ofício a ele imposto pela lei. Precedente citado: (STJ - HC 20.948-BA, Quinta Turma, DJ 26/9/2005. REsp 1.360.534-RS, Rel. Min. Humberto Martins, julgado em 7/3/2013.

4. FORO PRIVILEGIADO

A Constituição da República estabelece que determinadas pessoas, que exercem certos cargos públicos, somente podem ser processadas e julgadas perante os tribunais por ela definidos. Trata-se de foro privilegiado por prerrogativa de função, fixada pela lei fundamental e suprema.

A prerrogativa de foro visa garantir o exercício do cargo ou do mandato, e não, o de proteger quem o exerce. O foro privilegiado, tribunal de exceção, ou foro por prerrogativa de função, é, como o próprio nome diz, um privilégio concedido às autoridades políticas de serem julgadas por um órgão judicial diferente da primeira instância, onde é julgada a maioria dos brasileiros que comete crimes.

No Brasil, tais prerrogativas estritamente pessoais foram abolidas em 1823 pela Constituição Política do Império do Brasil, que no art. 179, § 16, determinava: "*Ficam abolidos todos os privilégios que não forem essencial e intimamente ligados aos cargos por utilidade pública*".

O foro privilegiado é uma herança deixada pela política adotada no tempo em que o Brasil era uma colônia portuguesa, embora não sobrevivesse à Constituição de 1824 que já dispunha de cláusulas isonômica das pessoas perante a lei. Seu art. 179, XVII já dizia: "*À excepção das causas, que por sua natureza pertencem a juízos particulares, na conformidade das Leis, não haverá foro privilegiado, nem comissões especiais nas causas cíveis, ou crimes*".

A primeira Constituição republicana de 1891 também vedava o instituto do foro privilegiado quando, de forma taxativa, determinava que "*À excepção das causas, que, por sua natureza, pertencem a juízos especiaes, não haverá foro privilegiado*" (Art. 179, XVII).

A Carta Política de 1934, no seu art. 113, n. 25, a vedação de tribunais de exceção: "*Não haverá foro privilegiado nem tribunaes de excepção*", assim como a de 1946 preceituava no seu art. 141, § 26, a explicitação da proibição ao foro: "*não haverá foro privilegiado nem juízes e tribunais de exceção*".

O regime militar de 1964 manteve a proibição, nos seguintes termos: "*A lei assegurará aos acusados ampla defesa, com os recursos a ela inerentes. Não haverá foro privilegiado nem tribunais de exceção*", inalterado pela Emenda Constitucional 1 de 1969.

Entretanto, a Constituição da República de 1988, em pleno regime democrático, ao contrário do regime militar, além de inserir o foro privilegiado estabeleceu em função dos cargos ou funções públicas, às autoridades blindadas com esse direito especial em razão da prerrogativa de suas titularidades funcionais.

Desde então, no sistema constitucional brasileiro não se admite a existência de privilégios processuais de natureza pessoal, mas exclusivamente em razão do exercício da atividade funcional do titular do cargo ou função pública.

Nesse caso, a competência é fundada pela natureza do cargo ou função pública consideradas de especial relevância para o Estado, devendo as pessoas investidas nesses cargos ou funções serem julgadas por órgãos superiores da Justiça, como medida de preservar a representação dos titulares da administração pública superior dos Poderes da República, guardando simetria da Carta Magna as Constituições estaduais nas definições dos agentes públicos e políticos contemplados com essa prerrogativa funcional.

Cabe assinalar que essas prerrogativas funcionais são definidas pela própria Constituição Federal, que menciona especificamente os cargos e funções cujos titulares serão processados e julgados pelos correspondentes tribunais.

A Constituição Federal definiu que são da alçada do Superior Tribunal de Justiça processar e julgar, originalmente, as seguintes autoridades que estão nominadas no seu art. 105, I, assim redigido:

> **Art. 105.** Compete ao Superior Tribunal de Justiça:
>
> I – processar e julgar, originariamente:
>
> a) nos crimes comuns, os Governadores dos Estados e do Distrito Federal, e, nestes e nos de responsabilidade, os desembargadores dos Tribunais de Justiça dos Estados e do Distrito Federal, os membros dos Tribunais de Contas dos Estados e do Distrito Federal, os dos Tribunais Regionais Federais, dos Tribunais Regionais Eleitorais e do Trabalho, os membros dos Conselhos ou Tribunais de Contas dos Municípios e os do Ministério Público da União que oficiem perante tribunais;
>
> b) [...]
>
> c) os habeas corpus, quando o coator ou paciente for qualquer das pessoas mencionadas na alínea "a", ou quando o coator for tribunal sujeito à sua jurisdição, Ministro de Estado ou Comandante da Marinha, do Exército ou da Aeronáutica, ressalvada a competência da Justiça Eleitoral;
>
> e) as revisões criminais e as ações rescisórias de seus julgados;

No que se refere ao Supremo Tribunal Federal, a Carta Magna estabeleceu que são por este processados e julgados os titulares dos cargos da alta administração pública da República, a seguir expressas no seu art. 102, I:

> **Art. 102.** Compete ao Supremo Tribunal Federal, precipuamente, a guarda da Constituição, cabendo-lhe:
>
> I – processar e julgar, originariamente:
>
> a) [...]

b) nas infrações penais comuns, o Presidente da República, o Vice-Presidente, os membros do Congresso Nacional, seus próprios Ministros e o Procurador-Geral da República;

c) nas infrações penais comuns e nos crimes de responsabilidade, os Ministros de Estado e os Comandantes da Marinha, do Exército e da Aeronáutica, ressalvado o disposto no art. 52, I, os membros dos Tribunais Superiores, os do Tribunal de Contas da União e os chefes de missão diplomática de caráter permanente;

d) o "habeas-corpus", sendo paciente qualquer das pessoas referidas nas alíneas anteriores; o mandado de segurança e o "habeas-data" contra atos do Presidente da República, das Mesas da Câmara dos Deputados e do Senado Federal, do Tribunal de Contas da União, do Procurador-Geral da República e do próprio Supremo Tribunal Federal;

e) [...]

i) o habeas corpus, quando o coator for Tribunal Superior ou quando o coator ou o paciente for autoridade ou funcionário cujos atos estejam sujeitos diretamente à jurisdição do Supremo Tribunal Federal, ou se trate de crime sujeito à mesma jurisdição em uma única instância;

j) a revisão criminal e a ação rescisória de seus julgados;

Por conseguinte, enquanto perdurar na atividade ou na titularidade de cargos ou funções superiores da alta hierarquia da administração pública, esses agentes estarão sujeitos a serem processados e julgados pelos Tribunais Superiores, e pelos Tribunais Regionais Federais e Estaduais mediante a simetria vertical da Constituição da República referente às autoridades estaduais e municipais.

Porém, após o desligamento de tais cargos ou funções, esses agentes, se não foram processados e julgados durante os seus períodos administrativos, responderão aos processos criminais perante o juízo de primeiro grau pelos atos de improbidade administrativa que resultam em crimes contra à Administração Pública ou as Finanças Públicas, como também, aqueles contra a Lei de Licitação.

O ex-prefeito será processado e julgado no juízo do primeiro grau. Se o processo teve início no Tribunal, após o término do mandato, será remetido para a Comarca onde ocorreu o fato tido como criminoso.

Mesmo na condição de ex-prefeito, este responderá pelos atos imputados com base no Dec.-lei 201/67, que dispõe sobre a responsabilidade de prefeitos e vereadores, perante o juiz da Comarca.

5. SUJEITOS ATIVOS

É considerado sujeito ativo dos crimes contra a Administração Pública, finanças públicas e Lei de Licitações, qualquer pessoa que esteja investido no exercício de função pública com ou sem remuneração, mas que haja uma definição administrativa, atribuindo-lhe qualquer atividade pública por autoridade competente para o ato designatório.

Essa participação pode ocorrer na modalidade de autor, coautor ou partícipe, contanto que haja vínculo psicológico ligando o agente ao ato ilegal quer por ação, quer por omissão na sua realização, de modo que, havendo conhecimento e vontade de concorrer ou participar do ato ilícito, o agente se enquadra nas condutas típicas referentes aos crimes descritos acima.

O partícipe, mesmo não realizando a conduta descrita que a norma estabelece como ato lesivo ao patrimônio público, é quem contribui, de qualquer modo, para sua concretização. Essa contribuição haverá de ser material ou formal através de um comportamento positivo ou negativo.

Já o autor ou coautor praticam atos executórios das condutas do tipo descrito pela norma de forma direta material ou formalmente, sem o qual o ato não se realizaria nem produziria efeitos jurídicos, econômicos ou financeiros.

Atente-se que, no âmbito da administração pública é considerado ordenador de despesa dos órgãos da administração direta todo aquele agente público que subscreve ato que resulte emissão de empenho, autorização de pagamento, suprimento ou dispêndio de recursos públicos durante a vigência do seu período administrativo.

Já no âmbito da administração indireta e fundacional, são ordenadores de despesas os dirigentes e quaisquer servidores responsáveis por atos de que resulte despesa pública no exercício de suas atividades funcionais.

Além dos ordenadores de despesas, são alcançados pela responsabilização por ato de improbidade administrativa, servidores, autoridades ou administradores que houverem autorizado, aprovado, ratificado ou praticado o aludido ato, ou mesmo que, por omissão, tiverem dado oportunidade à lesão ou se beneficiado ilicitamente daquele, bem ainda, tenham concorrido de qualquer forma, mediante manifestação expressa ou formal particularizada para a consecução do ato na sua complexidade final.

Depreende-se que sem a participação do agente o ato não reuniria as condições de exequibilidade para produzir seus efeitos jurídicos, financeiros ou econômicos; logo, integrando a cadeia formadora do ato, mostra-se legitimamente sujeito ativo.

Vale ressaltar que todos aqueles agentes que, durante o processo administrativo, tiveram participação nos atos decisórios, isolados ou em conjunto, ou ratificando decisões inferiores, bem como aqueles na forma de colegiado, a exemplo das comissões de licitação, todos coadjuvando a formação complexa do ato administrativo, estão sujeitos a responder nos termos desta lei.

Consigne-se que, quanto à participação de agentes em grau inferior de poder e gestão, estabelece o Estatuto do Servidor Público (Lei 8.112/90, art. 116, IV) que o servidor público tem o dever de "*cumprir as ordens superiores, exceto quando manifestamente ilegais*", além de ser leal às instituições a que servir e observar as normas legais e regulamentares, porque cabe à autoridade acolher, ou não, o parecer emitido por causídico integrante do seu quadro jurídico ou contratado, na forma da lei, o que imuniza o trabalho desenvolvido pelo advogado.

Entretanto, se o advogado exerce cargo administrativo de caráter decisório e participa de ato considerado *a posteriori* ímprobo, responde nos termos desta lei pela sua atuação na formação daquele.

5.1. Agentes públicos

Consideram-se agentes públicos aquelas pessoas que são remuneradas ou não, pelo erário no desempenho de qualquer atividade funcional no exercício de cargo, função, por prazo determinado ou temporário.

A propósito, impende a manifestação doutrinária de Sérgio Ferraz quando preceitua com propriedade que:

> Do ângulo subjetivo, a Lei de Improbidade Administrativa – repetindo, aliás, dicções de vários outros diplomas (não só especialíssimos, mas até de grande generalidade, como o próprio Código Penal) – expandiu consideravelmente o conteúdo da expressão agente público, sujeito ativo da figura em foco. Assim, para os fins da lei, agente público é não só o servidor público em sentido estrito, mas todo aquele que, mesmo transitoriamente, mesmo sem retribuição, exerça ou ocupe (por qualquer forma de investidura, até mesmo as decorrentes de eleição) mandato, cargo, emprego ou função em entidades ou órgãos da administração (de qualquer natureza) dos Poderes estatais de todos os entes da Federação (União, Estado, Distrito Federal, Municípios), mas ainda dos Territórios, de empresas incorporadas ao patrimônio público e de entidades para cuja criação ou custeio tenha o erário concorrido.
> Mas não é tudo.
> Conquanto sem o rótulo agente público, a ele se equiparam, para os fins da lei:
> – quaisquer terceiros que induzam ou concorram para a prática do ato de improbidade, ou dele se beneficiem direta ou indiretamente[17].

Com efeito, é descabido o princípio da obediência provinda da autoridade superior à inferior para que esta cumpra de forma incondicional as determinações que se apresentarem manifestamente ilícitas ou em desconformidade com as normas em geral.

No que se refere aos agentes revestidos de capacidade jurídica no exercício exclusivo de suas atividades de emissão ou apresentação de pareceres, a exemplo das assessorias jurídicas ou do trabalho do advogado, estes não respondem nem estão sujeitos a atos de improbidade administrativa, porquanto têm o poder de ideia e a expressão livre de suas convicções ou pensamentos, mas não possuem o poder decisório.

17. **Improbidade Administrativa** – Questões Polêmicas e Atuais. 2. ed. São Paulo: Malheiros, p. 408.

5.2. Agentes políticos

É espécie do gênero de agente público que constitui a formação do primeiro escalão governamental, que dispõe de prerrogativas e responsabilidades próprias, tais como no nível de governo federal, os ministros de Estado, presidentes de empresas públicas, das empresas de economia mista e fundações públicas.

No âmbito estadual, são os secretários de Estado; na esfera municipal, os secretários municipais.

Os agentes políticos desfrutam do poder discricionário para o exercício necessário de suas importantes e complexas funções de governo, com a faculdade de decidir as opções e caminhos das políticas públicas e administrativas inerentes ao cargo ou função.

A investidura do agente político dá-se em cargos de comissão, funções gratificadas, mandatos mediante nomeação ou designação, de livre escolha do titular do Poder ou superior hierárquico, em qualquer dos Poderes constituídos da República.

Nesse aspecto abrangente, a Constituição Federal de 1988, no seu art. 37, XI (redação antiga – nova redação EC 41), após mencionar que:

> XI – a remuneração e o subsídio dos ocupantes de cargos, funções e empregos públicos da administração direta, autárquica e fundacional, dos membros de qualquer dos Poderes da União, dos Estados, do Distrito Federal e dos Municípios, dos detentores de mandato eletivo e dos demais agentes políticos e os proventos, pensões ou outra espécie remuneratória, percebidos cumulativamente ou não, incluídas as vantagens pessoais ou de qualquer outra natureza, não poderão exceder o subsídio mensal, em espécie, dos Ministros do Supremo Tribunal Federal [...]

Definiu com amplitude a moldura do agente político.

5.3. Servidor público

É a pessoa investida legalmente em cargo público, com denominação própria e vencimento fixado em lei.

A investidura no serviço público é por meio da aprovação em concurso público de provas ou provas e títulos, na forma prevista pelo art. 37, II, da Carta Magna.

Há também aqueles servidores públicos estabilizados pelo art. 19 das Disposições Constitucionais Transitórias, que amparou aqueles que estavam no exercício na data da sua promulgação há pelo menos cinco anos continuados, e que não tinham sido admitidos na modalidade pela via democrática do concurso público.

Existem, ainda, os servidores públicos temporários, aqueles, contratados "*por tempo determinado para atender a necessidade temporária de excepcional interesse público*" (CF, art. 37, IX).

5.4. Função honorífica

Equipara-se ao servidor público para fins de responsabilização dos seus atos no exercício de serviço público relevante o membro do Tribunal do júri, o mesário eleitoral, o comissário da infância e da juventude e também os membros dos Conselhos Tutelares.

5.5. Agentes delegados

Agentes delegados são empresas privadas legalmente constituídas que recebem a incumbência para a prestação de determinado serviço público, atividade ou realização de obra, por delegação da administração pública, sob fiscalização permanente.

Enquadram-se nessa definição os concessionários ou permissionários de serviços públicos, de qualquer natureza, os notários e tabeliães, os leiloeiros, os tradutores e intérpretes públicos, enfim, qualquer pessoa que receba delegação para a realização de atividade estatal ou serviço de interesse público.

É importante assinalar que essas pessoas físicas ou jurídicas, na condição de entes privados, agindo em nome do Poder Público, são responsáveis pela via regressiva dos danos que vierem a causar a terceiros.

Isso, porque o art. 37, § 6º, da Constituição da República estabelece que: "*as pessoas jurídicas de direito público e as de direito privado prestadoras de serviços públicos responderão pelos danos que seus agentes, nessa qualidade, causarem a terceiros, assegurado o direito de regresso contra o responsável nos casos de dolo ou culpa*".

5.6. Terceiros ou Particulares

A norma é elástica para tipificar a conduta do terceiro particular que induza ou concorra para a realização do ato de ilicitude contra o erário, numa projeção preconizada de concurso de pessoas integrantes do quadro da administração pública e da atividade privada, de modo que a conduta do agente que implique vínculo psicológico ligando ao procedimento do agente público para almejar propósitos idênticos, de forma consciente e voluntária, caracteriza a sua atuação ímproba.

Essa participação poderá ser moral, mediante atuação do terceiro particular agindo sobre a vontade do agente público, numa provocação para que nele surja o desejo de cometer o ato ímprobo ou estimulando a ideia, ou seja, a instigação efetiva.

A outra modalidade em que se pode enquadrar a conduta do terceiro particular é a contribuição material para o ato de viciado, valendo-se de um comportamento positivo ou negativo para a consumação do fato.

Com efeito, a conduta contributiva de terceiro particular pela via moral, ou materialmente para o ato de desonesto do agente público, adquire tipicidade pela regra penal, que ordena penalizar quem concorre ou colabora, de qualquer modo, para a sua realização.

A norma menciona que ao terceiro, mesmo não sendo agente, mas que induza ou concorra para o ato de injurídico ou dele se beneficie, sob qualquer forma, direta ou indireta, lhe serão aplicadas as sanções previstas no Código Penal e normas especiais..

O *extraneus* poderá ser pessoa física ou jurídica que está sujeita às outras sanções que guardem compatibilidade nas suas aplicações, a exemplo de multa, ressarcimento de dano ao erário, perda de bens acrescidos ilicitamente ao patrimônio, a proibição de contratar com o poder público ou receber benefícios ou incentivos fiscais ou creditícios, direta ou indiretamente, ainda que por intermédio de pessoa jurídica, da qual seja sócio majoritário.

Entretanto, evidenciada a indução, que o ato de instigar, sugerir, estimular ou incentivar o agente público ou político ao cometimento de ato caracteristicamente de ilegitimidade penal, ou concorrer, conduta que expressa auxílio efetivo ou participação material ou formal, o terceiro particular, ou o *extraneus*, responde nos termos do ordenamento jurídico penal.

A respeito da temática, atenta Marcelo Figueiredo:

> O terceiro, o particular, aquele que não é servidor ou agente público, segundo a lei, somente poderá ser co-autor ou participante na conduta ilícita. De fato, o agente ou servidor público é quem dispõe efetivamente de meios e condições muito eficazes de realização das condutas materiais (positivas ou negativas), porquanto é dele o poder de praticar o ato estatal lesivo. Isso não impede que o particular ou terceiro seja o mentor intelectual da ação de improbidade, seja o verdadeiro "gerente" dos atos ilícitos. Contudo, a lei é clara; as figuras para terceiros circunscrevem-se as duas ações: "induzir" ou "concorrer"*18*.

O extraneus não só responde pela sua atuação induzitiva, executória ou participativa, mas também se vier a beneficiar-se direta ou indiretamente, quer através de outrem, quer através do ato que gerou a improbidade administrativa, gerador de dano ou prejuízo ao patrimônio público.

---

18. FIGUEIREDO, Marcelo. **Probidade administrativa**. 4. ed. São Paulo: Malheiros, 2000. p. 34-35.

O auferimento de benefício ou do produto da antijuricidade é tirar proveito patrimonial ou de valor, de forma direta ou indireta, do ato ímprobo cometido pelo agente público, quer tenha havido prévio acerto, quer não, com o mesmo, sem que haja necessidade de configuração associativa ilícita de caráter permanente, bastando ser eventual e evidencie-se a má-fé. Essa má-fé é a consciência da ilicitude cometida a ser aferida pelo conhecimento comum que dota qualquer pessoa esclarecida ou habilitada ao exercício de sabença ou discernimento mínimo dos regramentos administrativos do que é legal ou ilegal, regular ou irregular, bem como que o interesse da administração, o seu patrimônio e as normas devem convergir em favor do bem coletivo, isto porque quem participa de um processo licitatório tem conhecimento de sua norma de regência, por exemplo, ou sabe que comercializar bens, produtos, equipamentos ou serviços acima de preço é superfaturamento, ou a entrega de coisa de qualidade inferior ao contratado é afetar o patrimônio público.

TÍTULO I

Capítulo I

Dos crimes contra a administração pública

Sumário • 6 Dos crimes praticados por funcionário público contra a administração pública: **6.1**. Peculato; **6.2**. Peculato mediante erro de outrem; **6.3**. Inserção de dados falsos em sistema de informações; **6.4**. Modificação ou alteração não autorizada de sistema de informações; **6.5**. Extravio, sonegação ou inutilização de livro ou documento; **6.6**. Emprego irregular de verbas ou rendas públicas; **6.7**. Concussão; **6.8**. Excesso de exação; **6.9**. Corrupção passiva; **6.10**. Facilitação de contrabando ou descaminho; **6.11**. Prevaricação; **6.12**. Omissão de diretor de penitenciária; **6.13**. Condescendência criminosa; **6.14**. Advocacia administrativa; **6.15**. Violência arbitrária; **6.16**. Abandono de função; **6.17**. Exercício funcional ilegalmente antecipado ou prolongado; **6.18**. Violação de sigilo funcional; **6.19**. Violação do sigilo de proposta de concorrência; **6.20**. Funcionário público.

6 DOS CRIMES PRATICADOS POR FUNCIONÁRIO PÚBLICO CONTRA A ADMINISTRAÇÃO PÚBLICA

6.1. Peculato

Art. 312 – Apropriar-se o funcionário público de dinheiro, valor ou qualquer outro bem móvel, público ou particular, de que tem a posse em razão do cargo, ou desviá-lo, em proveito próprio ou alheio:

Pena – reclusão, de dois a doze anos, e multa.

Peculato furto

§ 1º – Aplica-se a mesma pena, se o funcionário público, embora não tendo a posse do dinheiro, valor ou bem, o subtrai, ou concorre para que seja subtraído, em proveito próprio ou alheio, valendo-se de facilidade que lhe proporciona a qualidade de funcionário.

Peculato culposo

§ 2º – Se o funcionário concorre culposamente para o crime de outrem:

Pena – detenção, de três meses a um ano.

§ 3º – No caso do parágrafo anterior, a reparação do dano, se precede à sentença irrecorrível, extingue a punibilidade; se lhe é posterior, reduz de metade a pena imposta.

6.1.1. Tipo objetivo

A definição jurídica de peculato consiste em apropriação indébita, a expressão da conversão da posse de dinheiro, valor ou qualquer bem móvel em propriedade. A posse decorrente do exercício de cargo ou função pública em proveito de agente público ou de terceiro, reúne os elementos necessários à configuração da conduta típica descrita no *caput.*

Se essa deslocação se evidencia na forma de desvio, a tipicidade também está caracterizada.

Com efeito, o uso indevido poderá ser em favor do próprio agente público, mero detentor da posse, mas com ânimo de transformá-la em seu domínio, como em benefício de terceiro.

Nessas condições, o agente público procede à conversão dolosa da posse para sua titularidade dominial, tirando proveito próprio ou em favor alheio, incorrendo em abuso de poder por utilizar-se do cargo ou função pública para promover o enriquecimento ilícito pessoal ou de terceiro, em detrimento do patrimônio público.

Cumpre destacar que a figura típica de peculato somente pode recair sobre dinheiro, valor ou qualquer outro bem móvel.

O *caput* do art. 312 refere-se ao peculato-apropriação e ao peculato-desvio; já o § 1º descreve a conduta do peculato-furto, e o § 2º retrata a figura penal de peculato culposo.

No peculato-desvio, o agente público dá utilização diversa à finalidade da coisa àquela abonada pelo interesse público em proveito próprio ou de terceiro, que pode ser material ou moral.

Em relação ao peculato-furto, o agente público não detém a posse da coisa pública, mas consegue detê-la em razão da facilidade de ser agente público que, aproveitando-se da sua função, facilita e subtrai algo que não estava sob sua posse.

No que se refere ao peculato-culposo, não há apropriação ou desvio, entretanto, o agente concorre para ato ilícito de outrem.

6.1.2. Conceito de posse

A definição de posse compreende a situação em que o agente público que tem a incumbência de receber, guardar ou conferir os bens e valores em razão do seu cargo ou função pública, dispondo assim da detenção física e do dever guardar e proteger com segurança porque se encontra sob sua responsabilidade.

É importante ressaltar que essa posse também se refere ao superior hierárquico do agente público, evidentemente, outro funcionário público de maior graduação, pois este pode dispor dos bens e valores resguardados mediante ordem ao seu subordinado, desenhando, portanto, a figura da posse indireta em função da disponibilidade administrativa do superior hierárquico.

Essa conceituação ganha contorno de relevância devido ao dispositivo do *caput* quando menciona a posse em razão do cargo cuja consequência é que esta seja lícita como fator de relação de causalidade e enquadramento do tipo, visto que se a posse não é legítima por não se dá em razão do cargo ou função pública, há evidente desclassificação para outro tipo penal: apropriação indébita, estelionato, furto ou roubo.

Há também outra hipótese, se o agente não detinha com exclusividade a posse dos bens e valores, podendo neste caso se configurar a figura descrita pelo § 1º do art. 312, que seria a de peculato-desvio.

Nesse exame conceitual, pode-se afirmar que o peculato próprio é aquele em que o agente público tem a posse exclusiva dos bens ou valores dos quais se apropriou ou desviou da alçada da administração pública, concepção extraída do *caput* do artigo acima.

E o peculato impróprio ocorre quando o agente não tinha a posse exclusiva dos bens ou valores, conforme descrição do parágrafo primeiro do aludido dispositivo.

6.1.3. Dinheiro, valor ou qualquer outro bem móvel

A caracterização do objeto material alcança a moeda corrente, coisa fungível, título, documento que represente dinheiro ou mercadoria, a exemplo de TDA, letra de câmbio ou qualquer outro bem, como a energia elétrica.

Dentre as espécies de peculato, pode-se afigurar a apropriação de bens sob a guarda e proteção do agente, tais como: notebook, impressora, celular, dinheiro recebido em favor do erário etc.

Outra espécie é o peculato-desvio que consiste na utilização de fins diversos de bens ou valores sobre a guarda e proteção do agente em razão do cargo, a exemplo de usar o dinheiro destinado ao pagamento de interesse da administração para outros fins em seu proveito ou de terceiro. Seria a situação em que ele aplicaria o dinheiro no mercado de capitais ou emprestaria a um amigo.

Acresça-se ainda uma situação de projeção da hipótese de peculato-desvio, que é a concessão do pagamento de diárias para servidor cuja viagem não tem relação ou interesse da administração pública, mas, apenas para favorecimento do beneficiário à custa do erário.

Há também outra situação recorrente no âmbito do serviço público típica de peculato-desvio, que é a figura do servidor fantasma, aquele que recebe vencimentos, mas não dá a contraprestação de serviço porque não comparece para dar expediente.

6.1.4. Tipo subjetivo

Convém definir que dolo significa toda espécie de artifício, engano ou manejo, com a intenção de induzir outrem à prática de um ato jurídico, em prejuízo deste e proveito próprio ou de outrem. É ato de má-fé, razão por que se diz fraudulento[1].

No que se refere ao peculato-apropriação, o dolo do crime consiste na vontade livre, consciente e intencional de apropriar-se de bens, rendas ou direitos públicos, numa típica apropriação indébita com ânimo definitivo de não restituir a coisa pública para desfrute em proveito próprio ou alheio.

Para configuração do peculato-apropriação, basta o dolo genérico, que vem a ser a vontade de praticar o fato descrito na lei.

ROGÉRIO SANCHES DA CUNHA, na sua obra Direito Penal – Crimes Funcionais, descreve que, no delito de peculato, *"o agente apropria-se de coisa que tem sob sua posse legítima, passando, arbitrariamente, a comportar-se como se dono fosse (uti dominus)", conceito ao qual acrescenta que o agente prejudica não só a moral, mas também o patrimônio da Administração*" (2ª ed. Salvador: Juspodivm, 2005, p. 19).

No dizer de WALDO FAZZIO JÚNIOR, na sua obra Corrupção no Poder Público, " *no peculato-apropriação e no peculato-desvio, o agente público é o guardião infiel*" (São Paulo: Atlas, 2002, p. 103).

1. Plácido e Silva, **Dicionário Jurídico**. Rio de Janeiro: Forense, 2003, p. 494

6.1.5. Consumação

Na modalidade de peculato-apropriação, o crime se perfaz quando o agente na condição de detentor da posse da coisa pública, em razão do cargo, age com ânimo definitivo de sua titularidade, como se fosse seu proprietário ao usufruir e desfrutar de seus de valores, suas vantagens e resultados por ela produzidos.

Depreende-se, assim, que a utilização, ainda que temporária, para proveito próprio, de dinheiro público, de que se tem a guarda, bem como o empréstimo deste dinheiro a si mesmo ou a outrem, são fatos que configuram o crime de peculato-apropriação.

A jurisprudência do Superior Tribunal de Justiça é no sentido de que "A consumação do crime de peculato-apropriação previsto no art. 312, caput, 1.ª parte, do Código Penal, ocorre no momento em que o funcionário público, em virtude do cargo, começa a dispor do dinheiro, valores ou qualquer outro bem móvel apropriado, como se proprietário fosse" (v.g., REsp 985.368/SP, Rel. Ministra LAURITA VAZ, QUINTA TURMA, julgado em 30/05/2008, DJe 23/06/2008), ou seja, "no momento em que o funcionário público, em razão do cargo que ocupa, inverte o título da posse, agindo como se fosse dono do objeto material, retendo-o, alienando-o etc; não sendo exigível que o agente ou terceiro obtenha vantagem com a prática do delito» (v.g., RHC 12.540/SE, Rel. Ministro GILSON DIPP, QUINTA TURMA, julgado em 18/02/2003, DJ 22/04/2003; e RHC 10845/SP, Rel. Ministro GILSON DIPP, QUINTA TURMA, julgado em 13/03/2001, DJ 23/04/2001).

Com efeito, a consumação do tipo se opera no momento da apropriação, em que ele passa a agir como o titular da coisa apropriada.

NOTA!

- **Ação penal pública incondicionada:** não está sujeita à desaprovação de contas pelo órgão de controle externo.
- **Causa de aumento de pena:** sendo o autor ocupante de cargo em comissão ou de função de direção ou assessoramento de órgão público, sociedade de econômica mista, empresa ou fundação pública, a pena é aumentada da terça parte (art. 327, § 2º do CP).
- **Reparação do dano no peculato doloso:** constitui apenas circunstância atenuante (art. 65, III, b – CP).
- **Concurso de pessoas:** Admissível, nos termos do art. 30 do Código Penal conquanto a condição pessoal de servidor público comunica-se ao coautor, tendo em vista a elementar do tipo.

- **Coautoria**: "É também imputável como réu de peculato, que não seja servidor público, desde que haja contribuído ou participado da ação em tese criminosa, de quem o seja; será tido e em tese como co-autor" (STF – RHC rel. Clóvis Ramalhete – RTJ 100/140).
- **Coautoria:** "O funcionário público, ao praticar o crime de peculato, transmite aos co-autores esta qualidade, mesmo que eles não a detenham" (TFR – AC – rel. OttoRocha – DJU 6.5.82, p. 4.229).
- **Valor do dano:** "O quantum do prejuízo dado pelo acusado de peculato ao erário público não pode ser acrescido para efeitos penais, dos juros e correção monetária. Na ação penal só influi aquilo que efetiva e nominalmente desviou o agente" (TJSP – AC – rel. Alves Braga – RT 459/335).
- **Valor do dano:** "Ainda que não se precise o quantum do prejuízo sofrido pelos cofres públicos, a prova da apropriação de valores confiados ao funcionário, autoriza a condenação" (TFR – AC – rel. Adhemar Raymundo – DJU 1.7.82, p. 6.509)
- **Malversação ou dilapidação de patrimônio sindical:** equiparação a peculato nos termos do art. 552 da CLT.
- **Substituição da pena:** admissível privativa de liberdade por restritiva de direitos (arts. 44, CP), a depender da dosimetria da pena.
- **Sursis:** possibilidade, a depender da dosimetria da pena (art. 77, CP)

CASOS TÍPICOS

- "As provas contidas nos autos demonstram a presença do elemento subjetivo do tipo penal do art. 312 do CP (peculato), pois o acusado, de forma livre e consciente, apropriou-se de 40.302 (quarenta mil e trezentos e dois) vales-transportes da Seção de Integração Social e Benefícios - SISB/DR/PI, causando prejuízo aos cofres da Empresa Brasileira de Correios e Telégrafos - ECT. (TRF da 1ª Região - ACR 0006196-34.2009.4.01.4000 / PI, Rel. JUIZ FEDERAL GUILHERME MENDONÇA DOEHLER (CONV.), TERCEIRA TURMA, e-DJF1 de 24/02/2017)
- "Imputada a apropriação, por parte do réu, na condição de funcionário público, de canos galvanizados, bens móveis públicos, pertencentes à Prefeitura Municipal de Lajeado, que tinha posse em razão de seus cargos. Autoria delitiva comprovada pela prova testemunhal. Sentença condenatória mantida. (Apelação Crime Nº 70063506943, Quarta Câmara Criminal, Tribunal de Justiça do RS, Relator: Ivan Leomar Bruxel, Julgado em 23/02/2017)
- "Peculato-Apropriação. A descrição de conduta de conselheiro de tribunal de contas que, no exercício da presidência, em conjunto com servidores, saca

e se apropria de vultosas quantias em espécie oriundas do próprio tribunal preenche o tipo do peculato-apropriação (art. 312, caput, 1ª. parte, do CP)". (STJ -APn 702/AP, Rel. Ministro JOÃO OTÁVIO DE NORONHA, CORTE ESPECIAL, julgado em 03/06/2015, DJe 01/07/2015)

- "Para a configuração do dolo do crime de peculato, basta que esteja comprovada a vontade do agente de apropriar-se de valor ou qualquer outro bem móvel de que tem a posse em razão do cargo (peculato-apropriação), ou de desviá-lo em proveito próprio ou alheio (peculato-desvio). O elemento subjetivo do crime de associação criminosa caracteriza-se pela vontade do agente de associar-se a outras pessoas com a intenção de cometer crimes". (TJMG – Emb Infring e de Nulidade 1.0625.08.076822-3/003, Relator(a): Des.(a) Alberto Deodato Neto, 1ª CÂMARA CRIMINAL, julgamento em 16/09/2015, publicação da súmula em 25/09/2015)
- "O fato de a acusada não ser funcionária pública não impede que seja denunciada pela prática de peculato, se, consciente dos atos praticados pelos supostos autores do crime, é beneficiada pela apropriação ou pelo desvio". (STF – Inq 3113, Relator(a): Min. ROBERTO BARROSO, Primeira Turma, julgado em 02/12/2014, ACÓRDÃO ELETRÔNICO DJe-025 DIVULG 05-02-2015 PUBLIC 06-02-2015)
- "A consumação do crime de peculato-apropriação previsto no art. 312, caput, 1.ª parte, do Código Penal, ocorre no momento em que o funcionário público, em virtude do cargo, começa a dispor do dinheiro, valores ou qualquer outro bem móvel apropriado, como se proprietário fosse. No caso, o delito de peculato se consumou no momento em que os Pacientes, policiais civis, dividiram 293 caixas de cigarros, desacompanhadas de documentação legal, entre duas embarcações, a fim de não entregar para a Polícia Federal a totalidade das mercadorias que apreenderam, em razão do cargo, independente da efetiva obtenção de vantagem indevida". (STJ – HC 185.343/PA, Rel. Ministra LAURITA VAZ, QUINTA TURMA, julgado em 15/10/2013, DJe 26/11/2013).
- "Para a configuração do peculato, o dinheiro valor não precisa estar diretamente sob a disponibilidade material do funcionário público, bastando que este tenha a disponibilidade jurídica de, em razão do cargo desempenhado, poder praticar qualquer ato que importe em requisições de dinheiro ou valores e ordens de pagamentos, consumando-se o crime no momento em que o sujeito apropria-se desses montantes, ou os desvia em benefício próprio ou de terceiros, ou de ambos. Na concessão de benefício previdenciário, é através da habilitação e concessão pelos servidores que o pagamento dos benefícios se possibilita, mediante saque diretamente no banco. No caso em tela, não há a menor dúvida, de que a disponibilidade jurídica dos recursos públicos recebidos, mês a mês, em decorrência de pagamento dos benefícios previdenciários, ficava a cargo da servidora que viabilizou a fraude, tanto que, a partir da inserção de falsos dados foi possível a autorização para pagamento.

(TRF 2ª Região – Processo: 200251070003835 – 1ª Turma Especializada – E-DJF2R – Data:: 16/04/2013 – rel. Des. Federal Abel. Gomes)

- "O crime de peculato exige a presença do aspecto subjetivo, ou seja, o "animus" de dispor de um objeto material, público ou particular, dele se assenhorando, causando um prejuízo comprovado ao Erário Público. Resta comprovado, através da análise do "*modus operandi*", que a Apelante agiu com a vontade livre e consciente de apropriar-se de numerário do qual tinha a posse em razão do seu cargo, auferindo vantagem financeira. Presente o dolo específico da Apelante em se apropriar/desviar dos valores de que tinha a posse, mediante o saque de valores do FNDE via cheques nominais à sua pessoa, em valores diversos e datas diferentes para disfarçar o saque indevido, bem como pelo fato de deixar de apresentar o extrato de aplicação dos recursos ao FUNDESCOLA, a fim de ocultar o desvio do dinheiro. (TRF 5ª Região – PROCESSO: 200984000096239, ACR8804/RN, RELATOR: DESEMBARGADOR FEDERAL GERALDO APOLIANO, Terceira Turma, JULGAMENTO: 23/05/2013, PUBLICAÇÃO: DJE 04/06/2013 – Página 166)
- "Comete o delito de peculato, funcionária pública municipal que se apropria de roupas doadas para albergue, cuja seleção era de sua responsabilidade". (Apelação Crime Nº 70053612909, Quarta Câmara Criminal, Tribunal de Justiça do RS, Relator: Gaspar Marques Batista, Julgado em 20/06/2013)
- "Agente que se valendo da função que exercia de guarda municipal, subtrai objetos móveis encontrados em almoxarifado mantido sob a guarda do Município. Condenação mantida". (Apelação Crime Nº 70054023635, Quarta Câmara Criminal, Tribunal de Justiça do RS, Relator: Aristides Pedroso de Albuquerque Neto, Julgado em 06/06/2013)
- "Comete o crime previsto no art. 312, § 1º, do CP, o contador municipal que, de forma fraudulenta, efetuando falsificações em cheques e empenhos, apropria-se indevidamente de valores pertencentes ao erário público. Reconstituição probatória suficiente à imposição de juízo condenatório. Condenação mantida". (Apelação Crime Nº 70052536331, Quarta Câmara Criminal, Tribunal de Justiça do RS, Relator: Aristides Pedroso de Albuquerque Neto, Julgado em 06/06/2013)
- "Funcionário de Fundação Pública Estadual que, aproveitando-se da facilidade do cargo que exercia, apropriou-se indevidamente de valores pertencentes ao erário público, para tanto valendo-se da ajuda de comparsas, de forma habitual, utilizando-se de empresas de fachada destinadas a participar de processo licitatório em que as mercadorias adquiridas não eram entregues em sua totalidade, embora adimplidos os valores pelo ente público, rendendo excedente financeiro em proveito dos membros da quadrilha". (Apelação Crime Nº 70052281375, Quarta Câmara Criminal, Tribunal de Justiça do RS, Relator: Aristides Pedroso de Albuquerque Neto, Julgado em 06/06/2013)

- "Agente que valendo-se da função que exerce, apropria-se indevidamente de valores concernentes à taxas devidas à autarquia de trânsito". (Apelação Crime Nº 70050816867, Quarta Câmara Criminal, Tribunal de Justiça do RS, Relator: Aristides Pedroso de Albuquerque Neto, Julgado em 21/03/2013)
- "Comprovado, através de prova testemunhal e documental, que o agente subtraiu valores de contas bancárias que gerenciava, na condição de funcionário público de estabelecimento bancário, está configurado o delito previsto no art. 312, § 1º, do CP. Apelação da defesa parcialmente provida, para reduzir a pena". (Apelação Crime Nº 70052405842, Quarta Câmara Criminal, Tribunal de Justiça do RS, Relator: Gaspar Marques Batista, Julgado em 21/02/2013)
- "A materialidade e autoria do delito restou devidamente demonstrada através dos processos administrativos que instruem estes autos, bem como alguns documentos, tais como, orientação técnica e várias notas do abastecimento do veículo Gol-Placa MRN 2769, autorizadas pelo Apelante, diretor do hospital e, ainda, pelos depoimentos constantes dos autos. Ficou demonstrado que o combustível consumido, autorizado pelo apelante, estava demasiadamente acima do utilizado por um veículo normal, conforme notas de abastecimento juntadas ao procedimento administrativo, além de não haver provas de que este estava sendo utilizado para atender as necessidades do hospital". (TJES, Classe: Apelação, 47070040408, Relator: MANOEL ALVES RABELO, Órgão julgador: PRIMEIRA CÂMARA CRIMINAL, Data de Julgamento: 20/03/2013, Data da Publicação no Diário: 01/04/2013).
- "Comete o crime previsto no art. 312, caput, do CP, a agente encarregada de elaborar pedidos de empréstimos destinados à assistência à saúde dos funcionários municipais que, de forma fraudulenta, efetuando falsificações e adulterações nos requerimentos de forma a creditar os valores disponibilizados em seu benefício, deles apropria-se indevidamente. (Apelação Crime Nº 70050289099, Quarta Câmara Criminal, Tribunal de Justiça do RS, Relator: Aristides Pedroso de Albuquerque Neto, Julgado em 06/12/2012)
- "Materialidade e autoria delitivas devidamente comprovadas pelo lastro probatório, evidenciando que a ré, na qualidade de tabeliã, apropriava-se dolosamente de valores percebidos por meio de selos digitais de fiscalização notarial e registral, os quais deveriam ser repassados ao Tribunal de Justiça". (Apelação Crime Nº 70050760198, Quarta Câmara Criminal, Tribunal de Justiça do RS, Relator: Marco Antônio Ribeiro de Oliveira, Julgado em 08/11/2012)
- "Demonstrada a retirada indevida de valores, pela ré – independentemente de sua real destinação -, e não tendo sido efetivado o ressarcimento total desse numerário, evidencia-se, não apenas o desvio, mas, sobretudo, a efetiva apropriação dos valores (TRF 1ª Região – ACR 0006983-77.2005.4.01.3200 / AM, Rel. DESEMBARGADORA FEDERAL ASSUSETE MAGALHÃES, TERCEIRA TURMA, e-DJF1 p.188 de 19/12/2012)

- "A apropriação de verbas repassadas a ONG pelo Ministério da Saúde, destinadas à aplicação em ações relacionadas ao tratamento e prevenção de HIV, configura crime de peculato, nos termos do art. 312 do Código Penal. A falsificação de recibos de pagamento de funcionários, que negam as assinaturas, comprova a autoria do desvio, uma vez que os valores foram subtraídos e não pagos a quem de direito. O exame grafotécnico das assinaturas se revela desnecessário quando nos autos existem elementos suficientes para embasar a condenação, já que a prova pericial é circunstância subsidiária, não vinculativa ao juízo de convicção formado pelo julgador. 4. A manutenção dos bens na posse do então presidente da ONG, em flagrante violação ao estatuto social, o qual determinava o remanejo a entidade congênere quando encerradas as atividades, configura peculato-apropriação. (CP, art. 45, §§ 1° e 3°). (TRF4, ACR 0002006-32.2009.404.7205, Sétima Turma, Relator Élcio Pinheiro de Castro, D.E. 06/07/2012).
- "Cometem o delito de peculato os serventuários da justiça que, em razão do cargo, estando na posse de CD's ilícitos destinados à incineração, apropriam-se deles ou os desviam, em proveito próprio ou alheio". (TJMG – Apelação Criminal 1.0672.06.206537-6/001, Relator(a): Des.(a) Judimar Biber, 1ª CÂMARA CRIMINAL, julgamento em 09/05/2012, publicação da súmula em 22/05/2012).
- "Ré condenada por infringir o artigo 312 do Código Penal, eis que, no exercício da função de Escrivã de Polícia se apropriou por quase um mês de dois mil e quinhentos reais apreendidos num flagrante de tráfico de droga, procedendo a sua restituição depois de vinte e seis dias, após insistentemente cobrada pelo Delegado". (TJDFT – Acórdão n.555189, 20090410063227APR, Relator: GEORGE LOPES LEITE, Revisor: SANDRA DE SANTIS, 1ª Turma Criminal, Data de Julgamento: 24/10/2011, Publicado no DJE: 10/01/2012. Pág.: 177)
- A entrega do objeto material do crime de peculato-apropriação, após a consumação do delito, a fim de que seja utilizado por terceira pessoa, ainda que em benefício de ambos, constitui mero exaurimento do crime: assim, se as condutas praticadas pelo agente que recebeu o objeto são posteriores à consumação do peculato, não há falar em concursos de agentes, e, em consequência, da incidência da agravante prevista no artigo 62, I, do Código Penal. (STJ – REsp 297.569/RJ, Rel. Ministro CELSO LIMONGI (DESEMBARGADOR CONVOCADO DO TJ/SP), SEXTA TURMA, julgado em 14/12/2010, DJe 09/03/2011)
- "Pratica o crime de peculato o agente que, valendo-se da facilidade proporcionada pela função que exercia, apropria-se de cartuchos vazios e depois os revende". (TJMG – Apelação Criminal 1.0024.02.810043-6/001, Relator(a): Des.(a) Eduardo Machado , 5ª CÂMARA CRIMINAL, julgamento em 20/10/2009, publicação da súmula em 03/11/2009).

- "Hipótese em que o servidor, na condição de Superintendente do IPREM, realizou gastos irregulares com viagens pagas pelo instituto, concedeu gratificações indevidas e realizou adiantamentos salariais a si próprio e aos demais réus – O Peculato tem como característica a sua prática por servidor público que, em razão do cargo, se apropria de dinheiro ou coisa móvel pertencente à Administração Pública ou a desvia de seu destino, em proveito próprio ou de outrem – Prova inequívoca da materialidade do crime – Recursos parcialmente providos. (TJSP – Ap. Criminal nº 9099385-55.2006.8.26.0000 – 15ª Câmara de Direito Criminal – j. 15/04/2008 – rel. Des. Aloisio de Toledo César).

- O crime de peculato consiste na apropriação, pelo funcionário público, de dinheiro, valor ou qualquer outro bem móvel, público ou particular, de que tem a posse em razão do cargo, sendo que o delito consuma-se no momento em que o sujeito ativo passa a dispor do objeto material como se fosse seu. No caso em tela, a consumação ocorreu quando a acusada se apropriou e gastou os valores pertencentes à escola municipal. A intenção de restituir não descaracteriza o crime, pois não admite a lei penal o peculato de uso, tratando-se de coisas fungíveis". (Apelação Crime Nº 70021065511, Quarta Câmara Criminal, Tribunal de Justiça do RS, Relator: José Eugênio Tedesco, Julgado em 08/11/2007).

- "Contador da Câmara de Vereadores que, aproveitando-se do cargo que ocupava, locupletou-se indevidamente, desviando verbas públicas para seu patrimônio, através da falsificação de cheques. Condenação mantida". (Apelação Crime Nº 70018956466, Quarta Câmara Criminal, Tribunal de Justiça do RS, Relator: Aristides Pedroso de Albuquerque Neto, Julgado em 12/07/2007).

- "Comete o delito de peculato o leiloeiro que se apropria de valores produto de bens penhorados em processo executório. Sendo livre e consciente a conduta, não se pode admitir a ocorrência de simples peculato culposo. (Apelação Crime Nº 70020795787, Quarta Câmara Criminal, Tribunal de Justiça do RS, Relator: Gaspar Marques Batista, Julgado em 25/10/2007).

- "Leiloeiro que se apropria de valores produto de bens leiloados em execução alimentícia, age com dolo, não se podendo admitir a ocorrência de simples peculato culposo. 2. Se houve restituição integral antes do oferecimento da denúncia, não obstante após uma série de contatos feitos entre a exeqüente e o réu, é de reconhecer-se o arrependimento posterior e não a atenuante do art. 65, inc. III, letra b. Apelo provido em parte". (Apelação Crime Nº 70017140260, Quarta Câmara Criminal, Tribunal de Justiça do RS, Relator: Gaspar Marques Batista, Julgado em 26/10/2006).

- "A intenção de restituir não descaracteriza o crime, pois não admite a lei penal o **peculato** de **uso**, tratando-se de coisas fungíveis. Sendo o peculato um crime contra a administração, e não contra o patrimônio, o dano necessário e suficiente para a sua integração é o inerente à violação do dever de fidelidade para a mesma administração, quer associado, quer não, ao patrimonial. Apelo improvido. Condenação mantida. (Apelação Crime Nº 70010140358, Quarta Câmara Criminal, Tribunal de Justiça do RS, Relator: José Eugênio Tedesco, Julgado em 10/03/2005).

CASOS ATÍPICOS

- **Peculato. Atipicidade.** Entende essa Corte que servidor público que se apropria dos salários que lhe foram pagos e não presta os serviços, não comete peculato, porquanto o crime de peculato exige, para sua configuração em qualquer das modalidades (peculato furto, peculato apropriação ou peculato desvio), a apropriação, desvio ou furto de valor, dinheiro ou outro bem móvel. O recorrente, embora recebesse licitamente o salário que lhe era endereçado, não cumpriu o dever de contraprestar os serviços para os quais foi contratado. Atipicidade dos fatos. Configuração, em tese, de falta disciplinar ou ato de improbidade administrativa. Recurso em habeas corpus parcialmente provido, para determinar o trancamento da ação penal quanto ao crime de peculato. (STJ - RHC 60.601/SP, Rel. Ministro NEFI CORDEIRO, SEXTA TURMA, julgado em 09/08/2016, DJe 19/08/2016)

- Peculato. Ausência de Justa Causa. Habeas Corpus Concedido de Ofício. Não demonstrado pela acusação o dolo do acusado na autorização da despesa e incluído no polo passivo exclusivamente em razão de sua posição hierárquica, fica evidenciada a ausência de justa causa para o prosseguimento da ação penal. 4. Habeas corpus concedido de ofício. (STF – AP 905 QO, Relator(a): Min. ROBERTO BARROSO, Primeira Turma, julgado em 23/02/2016, ACÓRDÃO ELETRÔNICO DJe-053 DIVULG 21-03-2016 PUBLIC 22-03-2016)

- "A utilização dos serviços custeados pelo erário por funcionário público no seu interesse particular não é conduta típica de peculato (art. 312, do Código Penal), em razão do princípio da taxatividade (art. 5º, XXXIX, da Constituição da República). Tipo que exige apropriação ou desvio de dinheiro, valor ou outro bem móvel, o que na hipótese não ocorre. Diferença entre usar funcionário público em atividade privada e usar a Administração Pública para pagar salário de empregado particular, o que configura peculato. Caso concreto que se amolda à primeira hipótese, conduta reprovável, porém atípica. Denúncia rejeitada". (STF – Inq 3776, Relator(a): Min. ROSA WEBER, Primeira Turma, julgado em 07/10/2014, ACÓRDÃO ELETRÔNICO DJe-216 DIVULG 03-11-2014 PUBLIC 04-11-2014)

- "Peculato. Configuração. Autoria. Testemunha. O simples fato de cidadão assinar convênio como testemunha não sinaliza participação em desvio de verbas públicas, ocorrido na execução de obra. (STF – Inq 2966, Relator(a): Min. MARCO AURÉLIO, Tribunal Pleno, julgado em 15/05/2014, ACÓRDÃO ELETRÔNICO DJe-111 DIVULG 09-06-2014 PUBLIC 10-06-2014).

- "*Res furtiva* de valor insignificante. Periculosidade não considerável do agente. Circunstâncias relevantes. Crime de bagatela. Caracterização. Dano à probidade da administração. Irrelevância no caso. Aplicação do princípio da insignificância. Atipicidade reconhecida. Absolvição decretada. HC concedido para esse fim. Verificada a objetiva insignificância jurídica do ato tido por delituoso, à luz das suas circunstâncias, deve o réu, em recurso ou habeas corpus, ser absolvido por atipicidade do comportamento (STF – HC n. 112.388, Ministro Ricardo Lewandwski, DJe 14/9/2012). Ordem concedida de ofício, para, cassando o acórdão impugnado, restabelecer a sentença que absolveu sumariamente o paciente. (STJ – HC 246.885/SP, Rel. Ministra MARIA THEREZA DE ASSIS MOURA, Rel. p/ Acórdão Ministro SEBASTIÃO REIS JÚNIOR, SEXTA TURMA, julgado em 24/04/2014, DJe 04/08/2014)

- "Para a configuração do delito definido no art. 312 do Código Penal é indispensável que se comprove que o agente agiu com dolo de desviar ou de se apropriar definitivamente do bem. Não havendo o dolo de tal apropriação ou desvio definitivo, mas somente uso do bem, não fica caracterizado o crime de peculato. (TJMG – Rec em Sentido Estrito 1.0027.08.166206-9/001, Relator(a): Des.(a) Jaubert Carneiro Jaques , 6ª CÂMARA CRIMINAL, julgamento em 01/04/2014, publicação da súmula em 07/04/2014).

- "Apontamentos do Tribunal de Contas do Estado, indicando a existência de irregularidades no pagamento de serviços prestados à Câmara de Vereadores, não são suficientes para embasar decreto condenatório. Existência de prova oral em contrário, demonstrando que ocorreu a efetiva prestação de serviços, apesar de irregularidades na emissão e preenchimento das notas fiscais. Absolvição mantida. Apelação do Ministério Público, improvida". (Apelação Crime Nº 70056660863, Quarta Câmara Criminal, Tribunal de Justiça do RS, Relator: Gaspar Marques Batista, Julgado em 13/03/2014)

- "Penal. Peculato. Merenda escolar. Doação de excessos e sobras. Ausência de dolo. Atipicidade. 1. Ausente a elementar do tipo penal do art. 312 do CP – proveito próprio – e o dolo de apropriação e de desvio de bem público, impositiva a absolvição. 2. Apelações providas". (TJDFT – Acórdão n.712418, 20120510008502APR, Relator: MARIO MACHADO, Revisor: GEORGE LOPES LEITE, 1ª Turma Criminal, Data de Julgamento: 12/09/2013, Publicado no DJE: 18/09/2013. Pág.: 194)

- "O crime de peculato pressupõe a posse, pelo funcionário público, em razão do cargo, de bens ou valores, tanto que se caracteriza exatamente quando da inversão da natureza dessa posse, mediante apropriação ou desvio em benefício próprio ou de terceiro. Nessa medida, a simples percepção de vencimentos, mesmo que substancialmente indevida (em razão da falta de contraprestação), não caracteriza peculato. Apelante que nunca detivera a posse daqueles valores em razão do cargo e que, justo por isso, recebendo-os a títulos de vencimentos, mesmo que indevidos, somente poderia responder pelo peculato na condição de partícipe, na medida em que se visse beneficiada pela ação de outro funcionário público que houvesse realizado diretamente a conduta do tipo penal de desviar. Hipótese, porém, em que denunciada apenas a apelante, e como se houvesse, diretamente, incidido no tipo penal. Apelo provido para a absolvição". (Apelação Crime Nº 70041939653, Quarta Câmara Criminal, Tribunal de Justiça do RS, Relator: Marcelo Bandeira Pereira, Julgado em 13/10/2011)

- "Inexistência de demonstração do elemento subjetivo específico do tipo. Prova testemunhal que confirma a utilização de verbas destinadas ao fornecimento de combustível para as viaturas policiais para o abastecimento de veículo particular do denunciado, bem como que tal circunstância ocorreu em razão da inexistência de viatura descaracterizada (p2) para o fim de viabilizar atividade policial que necessitava de maior discrição. Conduta que, embora inadequada, não caracteriza o tipo penal. Absolvição devida. Manifestação favorável do ministério público. Recurso provido. (TJSC, Apelação Criminal n. 2011.050427-2, da Capital, rel. Des. Rodrigo Collaço, j. 02-05-2013).
- "O repasse indevido de verbas da União para o município de Tubarão, ocasionado pela inclusão de informações fictícias em sistema do Ministério da Saúde, não caracteriza a ocorrência do peculato se não comprovada a apropriação de tais valores pelo réu, não sendo possível entender a Prefeitura como terceiro beneficiado. Contudo, a ordem para inserir as informações falsas partiu do réu, que, mesmo formalmente exonerado do cargo de secretário municipal de saúde, ainda mantinha influência na administração municipal, configurando, assim, a ocorrência do crime de falsidade ideológica. (TRF4, ACR 0001528-23.2006.404.7207, Sétima Turma, Relator Élcio Pinheiro de Castro, D.E. 06/07/2012)
- "Para a integração do delito definido no art. 312 do CP é indispensável que se comprove que o agente agiu com dolo. Não havendo a apropriação indébita, mas, sim, uso autorizado, com a reposição do bem confiado ao agente, não fica caracterizado o crime de peculato". (TJMG – Apelação Criminal 1.0024.09.604194-2/001, Relator(a): Des.(a) Jaubert Carneiro Jaques , 6ª CÂMARA CRIMINAL, julgamento em 24/01/2012, publicação da súmula em 10/02/2012)
- "Para a caracterização da figura do art. 312, § 2º, do CP, deve haver relação direta entre a ação culposa e o crime praticado por terceiro. Não comprovada a existência do crime doloso, deve ser o acusado ser absolvido, forte no art. 386, II do CPP. (TRF4, ACR 0002667-45.2008.404.7205, Oitava Turma, Relator Paulo Afonso Brum Vaz, D.E. 21/06/2011)
- "Na ausência de prova de que os acusados tinham conhecimento que o material adquirido do corréu pertencia ao Município, inexiste o dolo em suas condutas, não se tipificando assim o crime de peculato previsto no artigo 312

do Código Penal. O ressarcimento do dano ou a restituição da coisa apropriada, em se tratando de peculato doloso, não exclui o delito, "podendo apenas influir na aplicação da pena, ou, se efetuado em data anterior ao recebimento da denúncia, constituir arrependimento posterior com redução da pena de um a dois terços (art. 16)." (JULIO FABBRINI MIRABETE, in Código Penal Interpretado. São Paulo: Atlas, 1999, pág. 312) – (TJPR – 1ª C.Criminal – AP – 111794-6 – Ubiratã – Rel.: Oto Luiz Sponholz – - J. 19.12.2002)

6.1.6. Peculato-desvio

6.1.6.1. Tipo subjetivo

Na modalidade de peculato-desvio é igualmente o dolo, a vontade livre e consciente de desviar, ou seja, de mudar a direção do bem público para fins de proveito próprio ou alheio, representado pelo objetivo de operar a sua destinação.

Para a caracterização do peculato-desvio, é necessário também demonstrar a presença do dolo específico, aquele que exige a vontade de produzir um fim especial, no caso, o desvio em proveito próprio ou alheio.

Registre-se que, se o agente desvia o destino da coisa pública em proveito da própria administração não reúne as condições para configurar a figura jurídica de peculato-desvio, a exemplo de verba destinada à alimentação escolar é empregada na construção de uma escola. Em tal caso, o crime que poderá configurar-se é o "emprego irregular de verbas", previsto no art. 315 do Código Penal.

Sobre a adequação típica do delito de peculato-desvio, colho a seguinte lição de Cezar Bittencourt:

> "O verbo núcleo desviar tem o significado, neste dispositivo legal, de alterar o destino natural do objeto material ou dar-lhe outro encaminhamento, ou, em outros termos, no peculato-desvio o funcionário público dá ao objeto material aplicação diversa da que lhe foi determinada, em benefício próprio ou de outrem. (Tratado de Direito Penal. 2. ed. São Paulo: Saraiva, 2008. P. 13)"

Acerca do elemento subjetivo do tipo, o mencionado doutrinador preceitua que:

> "Elemento subjetivo do crime de peculato é o dolo, constituído pela vontade de transformar a posse em domínio [...] O dolo deve abranger todos os elementos configuradores da descrição típica, sejam eles fáticos, jurídicos ou culturais.
>
> [...]
>
> **É indispensável a presença do elemento subjetivo do tipo, representado** pelo especial fim de agir (em proveito próprio ou alheio), presente em todas as modalidades. (op. cit. 16/17)"

6.1.6.2. Consumação

Já a modalidade de peculato-desvio se completa quando o agente realiza o desvio, mesmo sem alcançar o fim visado, de modo que pouco importa que o agente tenha tirado vantagem do crime, pois para o seu aperfeiçoamento, basta o desvio do bem público em proveito ou alheio. Nesta espécie, o agente dá destinação diversa à coisa pública em proveito próprio ou de outrem cujo usufruto poderá ser moral ou material.

Ressalte-se, também, que a participação do agente público envolvendo dação de bens com valores superiores aos reais em pagamento de crédito público, aperfeiçoa o delito de peculato-desvio em benefício próprio ou alheio.

Convém destacar que se tratando de crime formal, o peculato-desvio não exige que o agente ou terceiro obtenha vantagem com a prática do delito, sendo que o momento consumativo é aquele em que o funcionário público, em razão do cargo que ocupa, determina destino diverso ao dinheiro, valor ou qualquer outro bem móvel, público ou particular, empregando-os com fins que não os próprios ou regulares.

Sobreleva assinalar que o STJ, conforme decisão publicada na JSTJ 47/288, citada por Júlio Fabrini Mirabete, Editora Atlas, 2004, p. 2321, assim entendeu:

> "A incidência penal do crime de peculato, na modalidade desvio ou proveito alheio, art. 312, *caput*, do CP, tem a conduta de desviar como objeto material do tipo, recurso de Fundo. Essa figura desviar em proveito alheio exige a configuração do elemento subjetivo do tipo, ou seja, a vontade de desviar de forma que o terceiro tenha proveito desse desvio do bem. [...] Denúncia rejeitada."

Essa linha de pensar está defendida na obra de Nelson Hungria, citado por Alberto Silva Franco (Código Penal e sua Interpretação Jurisprudencial, RT, p. 3.011 e segs):

> "Não há peculato-desvio se o agente muda o destino da coisa em proveito da própria Administração (ex: a verba destinada à construção de uma escola rural é empregada na construção de um calçamento da rua em que mora o agente). Em tal caso, o crime que poderá configurar-se é o "emprego irregular de verbas" (art. 315) (cf. Nelson Hungria, ob. cit. p. 347)."

Não há de se falar, após não demonstrada a existência, mesmo em tese, de peculato-desvio, que exista possibilidade de cometimento do crime previsto no art. 315 do Código Penal: "Dar às verbas públicas ou rendas públicas aplicação diversa da estabelecida em lei: Pena – detenção, de 1 (um) a 3 (três) meses, ou multa.

O núcleo desse tipo é dar aplicação, o que significa empregar ou utilizar. Não se aponta conduta alguma do agente em tal sentido.

CASOS TÍPICOS

- A utilização, em proveito próprio, por Delegado e Agente de Polícia, de veículo disponibilizado à Polícia Civil para uso exclusivo em investigações policiais, configura o crime descrito no art. 312, § 1º, do Código Penal, na modalidade de peculato-desvio. (TJMG - Apelação Criminal 1.0024.10.220226-4/001, Relator(a): Des.(a) Agostinho Gomes de Azevedo , 7ª CÂMARA CRIMINAL, julgamento em 16/03/2017, publicação da súmula em 24/03/2017)
- "O delito do artigo 312, do Código Penal, inserido no capítulo I, correspondente aos crimes praticados por funcionário público contra a administração em geral, prevê quatro modalidades do delito de peculato, a saber: a) peculato-apropriação (primeira parte do caput do art. 312); b) peculato-desvio (segunda parte do caput do art. 312); c) peculato--furto (§ 1º, e d) peculato culposo (§ 2º). Na espécie, tratando-se o caso concreto de peculato-desvio, "o agente não atua no sentido de inverter a posse da coisa, agindo como se fosse dono, mas sim desvia o dinheiro, valor ou qualquer outro bem móvel, em proveito próprio ou alheio. No peculato-desvio, exige-se que o servidor público se aproprie de dinheiro do qual tenha posse direta ou indireta, ainda que mediante mera disponibilidade jurídica" 3. Materialidade e autoria demonstradas. (TRF da 1ª Região - ACR 0003469-52.2010.4.01.3100 / AP, Rel. DESEMBARGADOR FEDERAL MÁRIO CÉSAR RIBEIRO, TERCEIRA TURMA, e-DJF1 de 02/12/2016)
- "Tipifica, em tese, o crime de peculato-desvio (art. 312, caput, 2ª. parte do CP) utilizar-se do mesmo expediente para pagar ajuda de custo, estruturação de gabinete, segurança pessoal, despesas médicas e estéticas em proveito de conselheiros, passagens aéreas e verbas em favor de servidores inexistentes ou "fantasmas", entre outras despesas sem amparo legal". (STJ -APn 702/AP, Rel. Ministro JOÃO OTÁVIO DE NORONHA, CORTE ESPECIAL, julgado em 03/06/2015, DJe 01/07/2015)
- "Comprovado que o agente, na época do crime, escrivão da polícia, desviou, em proveito próprio, em razão de seu cargo, veículo apreendido na Delegacia de Polícia em que trabalhava, inviável sua absolvição, não restando comprovado estado de necessidade, nem tampouco o eximindo do crime o fato de ter sido condenado administrativamente com a perda do cargo, eis que as esferas administrativa e penal são independentes. (TJGO, APELAÇÃO CRIMINAL 108509-21.1999.8.09.0006, Rel. DES. CARMECY ROSA MARIA A. DE OLIVEIRA, 2ª CÂMARA CRIMINAL, julgado em 14/05/2013, DJe 1311 de 28/05/2013)
- "Prova testemunhal aliada a relatório de auditoria interna, extratos de movimentação de conta e outros documentos a demonstrar que o acusado, lotado à época no setor de folha de pagamento do banco, com cargo de chefia, desviava valores do banco em que trabalhava. Denunciado que, ademais, confirmou

ter pleno acesso às contas-correntes da beneficiada pelos depósitos ilegais. Ausência de versão plausível para a posse e dispêndio desses valores. Dolo evidenciado. Absolvição incabível. Condenação mantida. (TJSC, Apelação Criminal n. 2012.046509-0, da Capital, rel. Des. Leopoldo Augusto Bruggemann, j. 30-04-2013).

- "Há provas suficientes da prática do delito de peculato, quando verificado o desvio de vultosa quantia em dinheiro, de empresa pública, aliado ao recebimento de proventos injustificados, por parte do apelante. Quando a inserção de dados falsos em sistema de folha de pagamentos é recurso utilizado para o desvio de valores, o delito previsto no art. 313-A do CP resta absorvido pelo crime do art. 312 do CP. Aplicação do princípio da consunção". (Apelação Crime Nº 70046900502, Quarta Câmara Criminal, Tribunal de Justiça do RS, Relator: Gaspar Marques Batista, Julgado em 14/06/2012)

- "O caderno probatório composto pelas investigações preliminares realizadas pela Polícia Federal e Polícia Civil, bem como pelas declarações de testemunhas e dos agentes da lei, é cristalino em demonstrar que o réu, no exercício de seu cargo público, se locomovia com a máquina retroescavadeira até a sua residência e com a ajuda de sua esposa desviava, em proveito próprio, o combustível da máquina, vindo, posteriormente a vendê-lo ou trocá-lo por mercadorias. Alegação de ter agido em estado de necessidade pela miserabilidade. Não acolhimento. Não merece acolhimento a tese de ter agido em estado de necessidade, pois além do réu não ter trazido qualquer elemento que comprovasse tal condição, era funcionário da Prefeitura, percebendo mensalmente valor superior a dois salários mínimos. Ainda, tanto ele quanto sua esposa contaram com defesa constituída, circunstância que, prima facie, evidencia a ausência de tal excludente de ilicitude". (Apelação Crime Nº 70046454096, Quarta Câmara Criminal, Tribunal de Justiça do RS, Relator: Marco Antônio Ribeiro de Oliveira, Julgado em 10/05/2012).

- "No delito de peculato desvio previsto no art. 312, caput, 2ª parte, do Código Penal, o elemento subjetivo do tipo consiste em desviar, em proveito próprio ou alheio, o bem móvel de que de que tem o agente a posse, empregando-o em fim diverso ao que se destinava, não se exigindo para sua configuração o fim específico de apropriação inerente ao peculato apropriação previsto no art. 312, caput, 1ª parte, do Diploma Penalista. (STJ - AgRg nos EDcl no REsp 1273768/PR, Rel. Ministro JORGE MUSSI, QUINTA TURMA, julgado em 13/03/2012, DJe 21/03/2012).

- "Consiste em crime de peculato o desvio, por estagiária da Caixa Econômica Federal, de numerário de contas vinculadas do FGTS para crédito em conta de terceiro. Estagiária que desempenha funções em entidade paraestatal, para fins penais, é equiparada a funcionário público, nos termos do art. 327, § 1°, do Código Penal. A condição de funcionária pública de estagiária da Caixa Econômica Federal é estendida ao coautor, por força do art. 30 do Código Penal.

Comprovadas a materialidade e a autoria, pelos extratos bancários e provas orais, deve ser mantida a condenação pelo crime de peculato. (TRF4, ACR 2004.71.01.001726-2, Sétima Turma, Relator Néfi Cordeiro, D.E. 30/09/2010)

- "Pratica o crime de peculato-desvio o agente que, na qualidade de servidor de empresa pública (CEF) promove, em seu favor, indevidas transferências de valores mantidos em contas bancárias vinculadas a financiamento habitacional. O elemento subjetivo do tipo evidencia-se pela atuação deliberada de desviar, em proveito próprio, numerário que detinha a posse em razão de seu ofício. (art. 71 do CP). Aplicação do princípio da razoabilidade para evitar o excessivo rigor punitivo estatal. (TRF4, ACR 2005.70.06.000242-6, Oitava Turma, Relator p/ Acórdão Paulo Afonso Brum Vaz, D.E. 11/06/2010)
- "Comete o crime de peculato, na modalidade desvio (art. 312, caput, segunda parte do Código Penal), em continuidade delitiva (art. 71 Código Penal) o servidor público que se utiliza ilegalmente de passagens e diárias pagas pelos cofres públicos. (STJ – APn .477/PB, Rel. Ministra ELIANA CALMON, CORTE ESPECIAL, julgado em 04/03/2009, DJe 05/10/2009)
- "O delito inserto no art. 312 do CP, na modalidade desvio, é crime formal e consuma-se no momento em que é dada destinação diversa ao bem alheio, pouco importando a ocorrência de efetivo prejuízo patrimonial, pois a conduta malfere também o dever de fidelidade e a moralidade administrativa". (STJ – HC 104.764/SP, Rel. Ministro JORGE MUSSI, QUINTA TURMA, julgado em 10/11/2009, DJe 14/12/2009)

CASOS ATÍPICOS

- "Para a configuração do delito definido no art. 312 do Código Penal é indispensável que se comprove que o agente agiu com dolo de desviar ou de se apropriar definitivamente do bem. Não havendo o dolo de tal apropriação ou desvio definitivo, mas somente uso do bem, não fica caracterizado o crime de peculato. (TJMG – Rec em Sentido Estrito 1.0027.08.166206-9/001, Relator(a): Des.(a) Jaubert Carneiro Jaques , 6ª CÂMARA CRIMINAL, julgamento em 01/04/2014, publicação da súmula em 07/04/2014)
- Peculato. Cessão de contrato. No peculato-desvio, exige-se que o servidor público se aproprie de dinheiro do qual tenha posse direta ou indireta, ainda que mediante mera disponibilidade jurídica. O fato de não constar da denúncia o modo relativo ao núcleo do tipo, não sendo para tanto suficiente o grau de parentesco com sócios da cessionária, impossibilita o recebimento da peça. (STF – Inq 2966, Relator(a): Min. MARCO AURÉLIO, Tribunal Pleno, julgado em 15/05/2014, ACÓRDÃO ELETRÔNICO DJe-111 DIVULG 09-06-2014 PUBLIC 10-06-2014).

- "O reflexo social da decisão que absolve por reconhecer que a conduta praticada não constitui infração penal é diverso do daquela que absolve por insuficiência de provas, motivo pelo qual se deve reconhecer, nesses casos, o interesse na interposição de recurso buscando a alteração do fundamento da sentença absolutória. Demonstrado nos autos a detenção de viatura policial por período integral em razão do exercício do cargo de chefe de setor do Departamento de Polícia Circunscricional da Polícia Civil do Distrito Federal e inexistente o dolo de desviar referido bem público em proveito próprio ou alheio, a absolvição deve se fundamentar na atipicidade da conduta. Recurso conhecido e provido para alterar a sentença no tocante à fundamentação da absolvição pelo delito de peculato-desvio, previsto no artigo 312 do Código Penal, o fazendo com fulcro no artigo 386, inciso III, do Código de Processo Penal. (TJDFT - Acórdão n.823420, 20130110404302APR, Relator: ROBERVAL CASEMIRO BELINATI, Revisor: SILVÂNIO BARBOSA DOS SANTOS, 2ª Turma Criminal, Data de Julgamento: 25/09/2014, Publicado no DJE: 07/10/2014. Pág.: 297).
- O delito de inserção de dados falsos em sistema de informações, descrito no artigo 313-A do Código Penal, é especial ao crime de peculato delineado no artigo 312 do Estatuto Repressor. Na hipótese, a vantagem indevida auferida em detrimento da administração pública (objeto de tutela do crime de peculato) foi alcançada por meio de um especial modo de agir, consistente na inserção de informações falsas nos sistemas informatizados ou banco de dados da municipalidade. Tal circunstância evidencia a ocorrência de apenas uma lesão ao bem jurídico tutelado, sendo imperioso, diante do concurso aparente de normas penais aplicáveis, o afastamento da condenação referente ao crime de peculato-desvio, já que o delito descrito no artigo 313-A do Código Penal disciplina, na íntegra, os fatos praticados pelo paciente, remediando-se, por conseguinte, o bis in idem repudiado pelo ordenamento jurídico pátrio". (HC 213.179/SC, Rel. Ministro JORGE MUSSI, QUINTA TURMA, julgado em 19/04/2012, DJe 03/05/2012)
- "O crime de peculato exige, para sua configuração em qualquer das modalidades (peculato furto, peculato apropriação ou peculato desvio), a apropriação, desvio de valor, dinheiro ou outro bem móvel. Servidor público que se apropria dos salários que lhe foram pagos e não presta os serviços, não comete peculato. Configuração, em tese, de falta disciplinar ou ato. Ordem conhecida e concedida com trancamento parcial da ação penal". (TJGO, HABEAS-CORPUS 284652-23.2012.8.09.0000, Rel. DES. J. PAGANUCCI JR., 1ª CÂMARA CRIMINAL, julgado em 13/11/2012, DJe 1199 de 06/12/2012).
- "O caderno probatório é frágil para amparar a versão acusatória, uma vez que existe segmento de prova gerador de dúvidas sobre a prática delituosa, eis que aponta que o alegado uso particular da viatura decorria do exercício de atividades inerentes às funções que desempenhavam os acusados. Logo,

havendo dúvidas, deve prevalecer o princípio *in dubio pro reo*. Apelo improvido". (Apelação Crime Nº 70047030960, Quarta Câmara Criminal, Tribunal de Justiça do RS, Relator: Marco Antônio Ribeiro de Oliveira, Julgado em 31/05/2012)

- "O crime de peculato pressupõe a posse, pelo funcionário público, em razão do cargo, de bens ou valores, tanto que se caracteriza exatamente quando da inversão da natureza dessa posse, mediante apropriação ou desvio em benefício próprio ou de terceiro. Nessa medida, a simples percepção de vencimentos, mesmo que substancialmente indevida (em razão da falta de contraprestação), não caracteriza peculato. Apelante que nunca detivera a posse daqueles valores em razão do cargo e que, justo por isso, recebendo-os a títulos de vencimentos, mesmo que indevidos, somente poderia responder pelo peculato na condição de partícipe, na medida em que se visse beneficiada pela ação de outro funcionário público que houvesse realizado diretamente a conduta do tipo penal de desviar. Hipótese, porém, em que denunciada apenas a apelante, e como se houvesse, diretamente, incidido no tipo penal. Apelo provido para a absolvição". (Apelação Crime Nº 70041939653, Quarta Câmara Criminal, Tribunal de Justiça do RS, Relator: Marcelo Bandeira Pereira, Julgado em 13/10/2011).
- "Não se configura o delito de peculato-desvio quando o agente público destina verba pública para outro elemento que o determinado por lei. 2. Verba para o FUNDEF que foi emprestada ao Estado para resolver déficit de caixa. 3. Ausência de configuração do tipo previsto na parte final do art. 312 do CP. 4. Denúncia rejeitada". (Apn .391/MS, Rel. Ministro JOSÉ DELGADO, CORTE ESPECIAL, julgado em 16/08/2006, DJ 25/09/2006, p. 197)
- "Não demonstrado de forma induvidosa que houve o desvio e aquisição de explosivos de depósito de prefeitura municipal, que não possuía o necessário controle da entrada e saída do material, impõe-se a manutenção da absolvição dos acusados da prática dos delitos de peculato e aquisição de explosivos. Da mesma forma, incomprovada associação permanente com agentes integrantes de quadrilha armada, inviável a condenação. Apelo do MP improvido. (Apelação Crime Nº 70019681410, Quarta Câmara Criminal, Tribunal de Justiça do RS, Relator: José Eugênio Tedesco, Julgado em 29/10/2009).

6.1.7. Peculato-furto

6.1.7.1. Tipo subjetivo

Relativamente ao peculato-furto, deve-se atentar que § 1º menciona duas situações à descrição desta conduta típica: na primeira, mesmo sem possuir a posse da coisa pública, o agente age materialmente sobre a mesma ao executar a sua subtração; na segunda, o agente apenas concorre para que terceira pessoa a subtraia; neste caso, há concurso de pessoas.

No peculato-furto, o elemento subjetivo do dolo é representado pelo fim visado de auferir vantagem ou benefício próprio ou em favor de terceiro.

6.1.7.2. *Consumação*

Nesse mesmo alinhamento de conceituação consumativa, o peculato-furto se apresenta na sua inteireza quando se opera a subtração da coisa pública, mediante o seu deslocamento da posse para fora da órbita da seara da Administração Pública.

Assim, a consumação do tipo penal de peculato-furto se consuma com a subtração da posse da coisa, bem ou valor da esfera de vigilância ou do domínio do órgão da administração pública.

Cezar Roberto Bitencourt, ao discorrer sobre o bem jurídico tutelado no crime de peculato, aduz:

> "Bem jurídico penalmente protegido, segundo a doutrina tradicional, é a Administração Pública, particularmente em relação a seu próprio interesse patrimonial e moral. A tutela penal pretende, na realidade, abranger dois aspectos distintos: em primeiro lugar, objetiva garantir o bom funcionamento da Administração Pública, bem como o dever do funcionário Público de conduzir-se com lealdade e probidade; em segundo, visa proteger o patrimônio mobiliário do Poder Público. Ganha, destaque, enquanto objeto da proteção penal, a probidade administrativa, embora em se tratando de crime material, não possa dispensar a produção de um dano patrimonial.
>
> A existência abstrata ou concreta de um crime – contra a Administração Pública – pressupõe a realização de uma conduta imoral, ainda que nem toda imoralidade possa, por si só, caracterizar um delito. Pode-se afirmar, com base nisso, que a prática de peculato caracteriza crime, em primeiro lugar, por uma lei específica prever a possibilidade de punição (art. 312 do CP), mas essa lei só resta legitimada porque o peculato ofende princípios fundamentais do pacto social democrático. Um servidor, por exemplo, que desvia verbas, em proveito próprio ou alheio, pratica ato de improbidade administrativa, pois, além de lesar o patrimônio do erário público, ofende os princípios gerais da Administração Pública." (Código Penal Comentado. 5ª ed. São Paulo: Saraiva, 2009, p. 977).

Não há que se falar, então, em ausência de ofensividade ou de prejuízo. Aliás, a consumação do crime de peculato-furto ocorre com a simples posse tranquila sobre a coisa subtraída, mesmo que por curto período, tal como ocorre no delito de furto:

> "[...] Já no peculato-furto, ocorre a consumação quando o agente consegue levar a efeito a subtração do dinheiro, valor ou bem, desde que mantenha a posse tranqüila sobre a coisa, mesmo que por curto espaço de tempo, tal como ocorre com a consumação do delito de furto." (GRECO, Rogério. Código Penal Comentado. Rio de Janeiro: Impetus, 2008, p. 1.227)

CASOS TÍPICOS

- Peculato furto. Comprovado, pela prova oral colhida, que o réu, valendo-se da facilidade que lhe proporcionava a qualidade de funcionário público e com a colaboração do corréu, subtraiu, em proveito de ambos, carga de arroz adquirida pelo erário estadual, deve ser mantida a condenação pelo crime tipificado no art. 312, § 1º, do CP. (TJMG – Apelação Criminal 1.0024.09.567506-2/001, Relator(a): Des.(a) Júlio César Lorens, 5ª CÂMARA CRIMINAL, julgamento em 18/08/2016, publicação da súmula em 26/08/2016)

- "Comete o delito de peculato-furto, o agente que, na qualidade de funcionário da Caixa Econômica Federal, subtrai parcelas referentes ao benefício do seguro-desemprego". (TRF4, ACR 0002486-79.2001.404.7208, Oitava Turma, Relator Victor Luiz dos Santos Laus, D.E. 25/10/2011)

- "Pratica o delito de peculato-furto o agente público municipal responsável pelo gerenciamento local dos pagamentos de benefícios assistenciais federais (Bolsa Escola, Bolsa Família, Auxílio Gás) que, utilizando-se da facilidade proporcionada por sua função, mediante uso de cartões magnéticos devolvidos à municipalidade por parte dos beneficiários, efetua saques de valores disponibilizados pelo Governo Federal nas contas bancárias vinculadas às aludidas benesses. Desnecessidade de realização de perícia para aferição dos fatos delituosos (saques indevidos), quando se tem, à disposição do juízo, extratos bancários e planilhas de pagamento que permitem a verificação inequívoca das retiradas de valores relativos aos benefícios sociais. O dolo está configurado na conduta livre e consciente direcionada a subtrair, em proveito próprio e alheio, de numerário depositado em conta corrente". (TRF4, Oitava Turma, ACR nº 2006.71.15.000113-2/RS, Rel. Paulo Afonso Brum Vaz, public. No D.E em 14.01.2010).

- "É típica a conduta de funcionário público, vigia de Prefeitura, que, aproveitando-se dessa condição, subtrai folhas de cheque pertencentes ao Município logrando descontar uma delas em agência bancária. Para a configuração do delito de peculato-furto não é necessário que o agente detenha a posse de dinheiro, valor ou outro bem móvel em razão do cargo que ocupa, exigindo-se apenas que a sua qualidade de funcionário público facilite a prática da subtração. O crime do artigo 312, § 1º, do Código Penal se consuma quando o agente consegue subtrair o dinheiro, valor ou bem, mantendo a posse tranquila sobre a coisa, ainda que por breve espaço de tempo. (STJ – HC 145.275/MS, Rel. Ministro JORGE MUSSI, QUINTA TURMA, julgado em 04/05/2010, DJe 02/08/2010)

- "Para a configuração do peculato-furto o agente não detém a posse da coisa (valor, dinheiro ou outro bem móvel) em razão do cargo que ocupa, mas sua qualidade de funcionário público propicia facilidade para a ocorrência da subtração devido ao trânsito que mantém no órgão público em que atua ou desempenha suas funções. (...) 11. Habeas corpus denegado". (STF – HC 86717, Relator(a): Min. ELLEN GRACIE, Segunda Turma, julgado em 05/08/2008, DJe-157 DIVULG 21-08-2008 PUBLIC 22-08-2008 EMENT VOL-02329-02 PP-00251)

CASOS ATÍPICOS

- Peculato-furto. Crime impossível. Não configuração. De acordo com o Princípio da Lesividade, o meio empregado ou o objeto material somente poderão ser considerados absolutamente ineficazes ou impróprios, conforme pressupõe o art. 17 do Código Penal, quando não puderem, ao menos, colocar em risco de lesão o bem tutelado pela norma penal. Dessa forma, considerando que, no presente caso, tais hipóteses não se fazem presentes, restando devidamente comprovada, por outro lado, a prática do delito de peculato-furto, não há que se falar em absolvição da acusada por atipicidade da conduta. (TJMG - Apelação Criminal 1.0382.14.000255-3/001, Relator(a): Des.(a) Eduardo Machado , 5ª CÂMARA CRIMINAL, julgamento em 13/12/2016, publicação da súmula em 23/01/2017)
- Peculato-furto. Valor insignificante. Bagatela. *Res furtiva* de valor insignificante. Periculosidade não considerável do agente. Circunstâncias relevantes. Crime de bagatela. Caracterização. Dano à probidade da administração. Irrelevância no caso. Aplicação do princípio da insignificância. Atipicidade reconhecida. Absolvição decretada. HC concedido para esse fim. Verificada a objetiva insignificância jurídica do ato tido por delituoso, à luz das suas circunstâncias, deve o réu, em recurso ou habeas corpus, ser absolvido por atipicidade do comportamento (HC n. 112.388, Ministro Ricardo Lewandwski, DJe 14/9/2012). Habeas corpus não conhecido. Ordem concedida de ofício, para, cassando o acórdão impugnado, restabelecer a sentença que absolveu sumariamente o paciente. (STJ – HC 246.885/SP, Rel. Ministra MARIA THEREZA DE ASSIS MOURA, Rel. p/ Acórdão Ministro SEBASTIÃO REIS JÚNIOR, SEXTA TURMA, julgado em 24/04/2014, DJe 04/08/2014).
- "Analogamente ao furto de uso, o peculato de uso também não configura ilícito penal, tão-somente administrativo. Todavia, o peculato desvio é modalidade típica, submetendo o autor do fato à pena do artigo 312 do Código Penal. (HC 94.168/MG, Rel. Ministra JANE SILVA (DESEMBARGADORA CONVOCADA DO TJ/MG), SEXTA TURMA, julgado em 01/04/2008, DJe 22/04/2008)

6.1.8. Peculato culposo

6.1.8.1. Tipo objetivo

Na modalidade culposa, não é o agente público que se apropria ou desvia dinheiro, valor ou qualquer outro bem móvel, ele apenas concorre ou contribui para que terceiro realize o apossamento ou confira outra destinação ao bem público.

A conduta do agente público nesse tipo penal se apresenta com sua desatenção, desídia ou inércia voluntária que serve de suporte para que o terceiro cometa o delito mencionado; não há intenção do servidor no resultado do fato, mas agindo com imprudência, negligência ou imperícia, proporciona as condições para realização do delito.

Desse modo, o crime culposo está subordinado ao delito de outrem. É preciso que haja entre ambos uma relação que possibilite na oportunização as condições para que o terceiro cometa o crime.

6.1.8.2. Tipo subjetivo

Com relação ao peculato culposo, este se verifica quando o agente público, incorrendo em ato de imprudência, negligência ou imperícia, ocasiona que terceiro se aproprie, desvie ou subtraia o objeto material; é a falta da observância do dever de agir conforme as circunstâncias e condições estabelecidas exigidas para o desempenho funcional da atividade específica do seu ofício.

6.1.8.3. Consumação

O tipo de peculato culposo pode ser evidenciada em três modalidades; a primeira, o agente, agindo mediante culpa, concorre para que outro colega produza a apropriação, o desvio ou a subtração da coisa pública. A segunda, por culpa também, contribui para que um particular se aproprie, desvie ou subtraia o bem móvel público; há também, a possibilidade dessa culpa do agente possa concorrer para que outro agente e um terceiro particular efetuem a subtração, o desvio ou apropriação da coisa pública.

A consumação do peculato culposo se opera na ocasião em que se concretiza o comportamento delituoso do terceiro ou funcionário público em se apropriar, desviar ou subtrair a coisa pública, mediante o seu deslocamento da posse da Administração Pública.

É importante assinalar que a ação do agente público no cometimento de peculato há de recair sobre dinheiro, valor ou qualquer outro bem móvel, em observância a definição do dispositivo em comento.

Também se mostra relevante assinalar que não é necessário que haja prejuízo ou dano ao erário para configuração da conduta típica de peculato em qualquer de suas modalidades, de modo que a restituição da *res* ou sua apreensão posterior não desnatura do tipo penal, mas se pode se constituir em causa de diminuição da pena, na forma preconizada pelo art. 65, III, b do Código Penal.

Impende também realçar a manifestação doutrinária de Julio Fabbrini Mirabete (Código Penal Interpretado, São Paulo: Atlas, 2000, p. 1.699), "*o peculato culposo, previsto no § 2º do art. 312, ocorre quando o funcionário, por negligência, imprudência ou imperícia, permite que haja apropriação ou desvio, subtração ou concurso para esta. Há uma oportunidade criada por culpa do funcionário para a ocorrência do peculato doloso.*"

Sobre a figura do peculato culposo, veja-se, ainda, a seguinte lição de Cezar Roberto Bitencourt (Tratado de Direito Penal 5, parte especial: dos crimes contra a administração pública e dos crimes praticados por prefeitos (Lei 10.028/2000). São Paulo: Saraiva, 2007, p. 15/16):

> "A punibilidade de crimes patrimoniais a título de culpa é excepcionalíssima, aliás, seguindo o princípio da excepcionalidade do crime culposo, assegurada no próprio Código Penal (art. 18, parágrafo único). O clássico Carrara já apregoava que a 'imprudência humana deve ser freada e reprimida pela lei somente quando seja causa de um dano não reintegrável', pois evidentemente a reparação completa da imprudência elimina o dano mediato, ou seja, o caráter político do fato. Ocorre o peculato culposo quando o funcionário público concorre para que outrem se aproprie, desvie ou subtraia o objeto material da proteção penal, em razão de sua inobservância ao dever objetivo de cuidado necessário (§ 2º). No caso, o funcionário negligente não concorre diretamente no fato (e para o fato) praticado por outrem, mas, com sua desatenção ou descuido, propicia ou oportuniza, involuntariamente, a que outrem pratique um crime doloso, que pode ser de outra natureza. Nesse sentido, procuramos deixar claro que, como se tem reiteradamente afirmado, não há participação dolosa em crime culposo e vice-versa. Com efeito, o funcionário público responde, na modalidade culposa, pela inobservância do dever objetivo de cuidado, isto é, por sua negligência, deixando o objeto material desprotegido, ao facilitar, ainda que inadvertidamente, que terceiro pratique outro crime contra o patrimônio público, que, em razão de seu cargo, deveria proteger. Não há, convém destacar, participação da ação culposa do funcionário na conduta dolosa do terceiro, que pode ou não ser outro funcionário público, inexistindo, por conseguinte, qualquer vínculo ou liame subjetivo entre ambos. Há, em verdade, uma espécie de autorias colaterais. Contudo, para que se caracterize o peculato culposo não basta a ação (ou omissão) descuidada do funcionário faltoso, sendo indispensável que, aliada à sua desatenção, ocorra a prática de outro fato, agora doloso, por parte do terceiro, sem o qual não se configurará o peculato culposo, mesmo que sobrevenha um dano ao patrimônio da Administração pública".

Vê-se, pois, que o peculato culposo depende da existência do peculato doloso (funcionário público) ou furto (particular) praticado por outro agente.

De modo que não haveria que se falar em peculato culposo quando não restar provado que o agente se apropriou do numerário e não há prova de ação delituosa cometida por terceiro, para a qual tenha culposamente teria concorrido.

Desta forma, indemonstrado o liame entre o fato omissivo e a conduta dolosa a conduta do agente se apresenta atípica em face da ausência de elementos necessários à configuração do tipo.

NOTA!

- **Peculato culposo:** competência do Juizado Especial Criminal (art. 61, Lei 9.099/1995).
- **Suspensão condicional do processo:** Admissível (art. 89 da Lei nº 9.099/1995).
- **Causa de aumento de pena**: sendo o autor ocupante de cargo em comissão ou de função de direção ou assessoramento de órgão público, sociedade de econômica mista, empresa ou fundação pública, a pena é aumentada da terça parte (art. 327, § 2º do CP).
- **Reparação do dano que precede a sentença definitiva**: Extinção da punibilidade
- **Peculato de uso**: não é delito, exceto se o agente é prefeito municipal (DL 201/67, art. 1º, II), mas configura ilícito administrativo.

CASOS TÍPICOS

- "Configura o delito do art. 172, CP, a emissão de duplicata não correspondente à efetiva prestação do serviço. Peculato e falsidade ideológica. Absorção do delito do art. 299 pelo crime do art. 312, ambos do CP. Peculato culposo. Configura o delito do art. 312, § 2º, do CP, a conduta de funcionário que, por negligência, não fiscaliza obra, concorrendo, desta forma, culposamente, para o desvio do dinheiro público. Pena. Redução". (Apelação Crime Nº 70009834847, Quarta Câmara Criminal, Tribunal de Justiça do RS, Relator: José Eugênio Tedesco, Julgado em 16/12/2004)

6.1.9. Peculato de uso

A configuração do peculato de uso pressupõe apropriação da coisa pública de forma momentânea que deverá ser restituída na sua integralidade ao lugar de onde foi tirada.

É relevante destacar que somente os bens móveis que não podem ser substituídos por outros da mesma espécie, quantidade e qualidade, são objetos da moldura do peculato de uso os bens infungíveis, portanto, aqueles bens móveis únicos e os bens imóveis.

Registre-se, portanto, que o uso de mão-de-obra ou de serviços da administração, de veículos oficiais e de máquinas, não configura ilícito penal, senão ilícitos administrativos e civis.

Com efeito, está descartado o dinheiro como bem objeto de peculato de uso, por se tratar de natureza fungível.

Não é outro o entendimento de Guilherme de Souza Nucci, *in litteris:*

> Peculato de uso: assim como o furto, não se configura crime quando o funcionário público utiliza um bem qualquer infungível, em seu benefício ou de outrem, mas com a nítida intenção de devolver, isto é, sem que exista a vontade de se apossar do que não lhe pertence, mas está sob sua guarda. A vontade de apropriar demonstra que a intenção precisa estar voltada à conquista definitiva do bem móvel. Portanto, inexiste crime quando o agente utiliza um veículo que lhe foi confiado para o serviço público em seu próprio benefício isto é, para assuntos particulares. Configura-se, nesta hipótese, mero ilícito administrativo. Não se pode, ainda, falar em peculato de uso quando versar sobre dinheiro, ou seja, coisa fungível. Se o funcionário usar dinheiro que tem sob sua guarda para seu próprio benefício, pratica o delito de peculato. Ressalte-se, no entanto, que atualmente está em vigor a Lei 8.429/92 (que dispõe sobre as sanções aplicáveis aos agentes públicos nos casos de enriquecimento ilícito no exercício de mandato, cargo, emprego ou função na administração pública direta, indireta ou fundacional e dá outras providências), prevendo, nos arts. 9.º, 10 e 11, vários atos de improbidade administrativa, que importam em perda do cargo, restituição dos valores, multa, proibição de recebimento de incentivos fiscais ou creditícios e suspensão dos direitos políticos, sem prejuízo das sanções penais cabíveis. No exemplo supramencionado, constitui ato de improbidade administrativa "utilizar, em obra ou serviço, particular, veículos, máquinas, equipamentos ou material de qualquer natureza, de propriedade ou à disposição de qualquer das entidades mencionadas no art. 1.º desta Lei, bem como o trabalho de servidores públicos, empregados ou terceiros contratados por essas entidades". Portanto, ainda que não punível penalmente, constitui ilícito administrativo dos mais graves. Sobre o tema, convém mencionar a lição de Antonio Pagliaro e Paulo José da Costa Júnior: "Nesta hipótese, para que se possa falar de apropriação indébita ou de desvio, é necessário que o uso, por sua natureza e por sua duração, seja tal que comprometa a utilidade da coisa para a administração pública ou para outro sujeito ao qual pertença. Naturalmente, para que se aperfeiçoe o crime, é preciso que haja um compromisso sério na utilização da coisa. Por isso, não haverá ilícito penal, mas somente um ato moralmente reprovável e suscetível de sanções disciplinares, se um funcionário público, por ocasião de uma festa, enfeitar sua casa com quadros da repartição, ou, então, usar vez ou outra máquinas de escrever, automóveis, que pertençam a terceiros e estejam em sua posse em razão do cargo. Se se verificar consumo de gasolina ou de outro material, poder-se-á configurar o peculato em relação a tais materiais" (Código Penal Comentado, São Paulo: RT, 2005, pp. 977-978.)

Deduz-se, pois, o uso de bens públicos infungíveis momentâneos importam em sanção administrativa e civil, desde que a utilização seja sem o *animus domini*.

CASOS ATÍPICOS

- "O chamado peculato de uso constitui-se figura atípica, eis que o agente, ao fazer uso momentâneo de coisa pertencente à Administração Pública, não possui a intenção de incorporá-la ao seu patrimônio ou de outrem. A utilização indevida de bem público caracteriza-se ato de improbidade administrativa, devendo o agente responder pelas sanções previstas na Lei 8.429/92". (TJMG - Emb Infring e de Nulidade 1.0043.12.000347-0/002, Relator(a): Des.(a) Marcílio Eustáquio Santos , 7ª CÂMARA CRIMINAL, julgamento em 09/02/2017, publicação da súmula em 17/02/2017)
- "Utilização indevida de bem, renda ou serviço público não comprovada. Demonstrado que a medida não foi tomada em proveito exclusivo do empreendimento, mas também dos moradores da região. Dolo de lesar o erário, ademais, não evidenciado. Infração não delineada. Absolvição reconhecida. Recurso provido. Prejudicado o recurso da acusação. (TJSC, Apelação Criminal n. 2012.029843-7, de Xanxerê, rel. Des. Torres Marques, j. 30-04-2013).
- "É inviável o reconhecimento do peculato de uso quando se trata de dinheiro. A regra tem aplicação somente nos casos em que os bens são infungíveis, porquanto o retirado da esfera de domínio da Administração Pública ou do particular deve ser o mesmo a ser restituído. (TRF 1ª Região - RSE 1833 PA 0001833-73.2010.4.01.3901 - 3ª Turma - e-DJF1 p.1361 de 31/10/2012 - rel. Des. Tourinho Neto)
- "O peculato de uso é impunível criminalmente, somente suscetível de sanções administrativas (AC - Rel. Felizardo Calil - RT 541/342)"
- "A utilização de veículos oficiais na realização de serviços particulares, ainda que acarretando consumo de gasolina, não constitui crime de responsabilidade ou de peculato. É apenas suscetível de sanções administrativas. O fato é peculato de uso, impunível criminalmente (AC - Rel. Felizardo Calil - RJTJSP 64/345)."

6.1.10. Peculato na forma tentada

Em situações particularizadas, é admissível a forma tentada tanto do peculato apropriação quanto do peculato desvio.

Ensina E. Magalhães Noronha que *"delito de dano que é o peculato, admite doutrinariamente a tentativa, embora não seja fácil sua caracterização, como, aliás, ficou dito acerca do delito do art. 168"*.

"*Todavia, em face da duplicidade de objetos jurídicos agora considerados, parece-nos mais concretizável a tentativa do que naquele crime. Assim, quando v.g., o tesoureiro ou caixa de repartição é detido ao sair desta, portando dinheiro que devia ter ficado no respectivo cofre, provados outros requisitos do crime, terá cometido tentativa, pois o numerário ainda se encontrava sob a vigilância e defesa da Administração Pública, não se podendo dizer que o agente já tinha domínio dele. Seu objetivo ficou em tentativa" (E. Magalhães Noronha, Direito Penal, vol. 2/15, Saraiva, 1991, p. 238).*

Nélson Hungria, discorrendo sobre o peculato-furto (§ 1º do artigo) preleciona que o *summatum opus* ocorre com a efetiva subtração do dinheiro, valor ou qualquer outro bem móvel. Tal como ocorre no furto, e em idênticas circunstâncias, é possível a tentativa (*Nelson Hungria, Comentário ao Código Penal, vol. 5/36, Forense, 1958, p. 349).*

- "Materialidade a autoria do peculato, cometido na forma tentada, devidamente comprovadas pelas provas dos autos, em especial pela prova testemunhal. Regime semiaberto para inicial cumprimento da pena, em razão da reincidência do condenado. Comprovada a prática de delito funcional, falta idoneidade ao réu para continuar a exercer a função pública. (TRF4, ACR 0021136-41.2009.404.7000, Sétima Turma, Relator Néfi Cordeiro, D.E. 18/06/2012)
- "Comete o crime previsto no art. 312 do CP, na forma tentada, a cozinheira de creche municipal que tenta se apropriar indevidamente de material de limpeza do qual tinha a posse em razão da função pública que ocupava. Apelo parcialmente provido. Pena reduzida e prescrição declarada". (Apelação Crime Nº 70032673840, Quarta Câmara Criminal, Tribunal de Justiça do RS, Relator: Constantino Lisbôa de Azevedo, Julgado em 25/02/2010)
- "O crime de peculato-desvio é material e admite, portanto, a tentativa. *In casu*, tendo o paciente, supostamente, empregado todos os esforços para desviar recursos públicos, o que não teria se consumado tão somente em razão de medida liminar deferida no seio ação popular ajuizada, afigura-se típico o *conatus*. Em igual medida, também é relevante para o direito penal, amoldando-se ao disposto no art. 90 da Lei 8.666/93, a ação de promover licitação, mediante o convite de apenas duas empresas, sendo que uma delas sequer atuava no ramo profissional, cujo serviço compunha o objeto do certame. (HC 114.717/MG, Rel. Ministro NILSON NAVES, Rel. p/ Acórdão Ministra MARIA THEREZA DE ASSIS MOURA, SEXTA TURMA, julgado em 17/12/2009, DJe 14/06/2010)

6.1.11. Reparação do dano

No caso do peculato culposo, se o dano for reparado antes da sentença definitiva, extingue-se a punibilidade. Se for posterior, reduz-se a pena pela metade, esta é dedução manifestada pelo dispositivo aludido.

Isso porque o § 3º deste dispositivo ao se referir ao peculato culposo dispõe que ocorrendo a reparação do dano, precedendo-se à sentença condenatória definitiva, opera-se a extinção da punibilidade; e se lhe foi posterior, haverá a redução de 1/2 (metade) da pena imposta.

Saliente-se, por oportuno, na hipótese do ressarcimento ocorrer após o trânsito em julgado da sentença, mesmo sendo causa de diminuição da pena, esta será aplicada pelo Juízo da Execução Penal, visto que cessa a jurisdição do magistrado sentenciante com a prolação da manifestação judiciosa definitiva.

No caso de peculato culposo, a competência para processar e julgar é do Juizado Especial, nos termos do art. 61 da Lei nº 9.099/95, e comporta a suspensão condicional do processo, na forma preceituada pelo art. 89 da referida norma.

Convém pontuar que, na hipótese de peculato doloso, a reparação do dano ou a restituição do objeto não excluem o crime, constituindo-se, apenas, em circunstância que atenua a pena.

Nesse sentido, também é o ensinamento doutrinário:

> "Dispõe o § 3º que, na hipótese de reparação do dano, se precedente à sentença criminal irrecorrível, extingue-se a punibilidade; se lhe é posterior, reduz de metade a pena imposta. No peculato doloso, a compensação, a reparação do dano ou a restituição do objeto material não excluem o crime, constituindo apenas circunstância atenuante." (BITENCOURT, Cezar Roberto. Código Penal Comentado. 5ª ed. São Paulo: Saraiva, 2009, p.983).

É importante destacar que esse benefício da extinção da punibilidade diante do ressarcimento efetuado pelo agente antes do recebimento de operar coisa julgada a decisão condenatória, não afasta nem excluem a aplicabilidade de sanções administrativas, particularmente, a pena de demissão decorrente de processo administrativo disciplinar.

- "A tese ministerial de inconformidade com a decisão que julgou extinta a punibilidade dos recorridos em face da reparação do dano por pessoa diversa, não merece acolhimento, pois se trata de analogia *in Malan partem*, a qual é vedada no direito penal. Outrossim, a existência de dano moral à coletividade pela suposta prática do fato não obsta a aplicação da causa extintiva da punibilidade, uma vez que aquele é uma decorrência lógica da conduta típica. Recurso improvido". (Recurso em Sentido Estrito Nº 70049249022, Quarta Câmara Criminal, Tribunal de Justiça do RS, Relator: Marco Antônio Ribeiro de Oliveira, Julgado em 02/08/2012)

- "Em atenção às regras dispostas no art. 59 do Código Penal, nortes do juiz na individualização da pena, impõe-se a redução da pena-base de 4 para 3 anos, merecendo valoração negativa apenas o fato de ter a ré se apropriado de dinheiro destinado a uma escola municipal de cidade pequena do interior, perfil de instituição carente de recursos. É inaplicável a atenuante prevista no art. 65, III, "b", do CP quando os danos causados foram reparados antes do recebimento da denúncia. Incidência da causa geral de diminuição prevista no art. 16 do CP (arrependimento posterior), tal como restou decidido na sentença, em razão de a restituição voluntária pela ré dos valores apropriados ter ocorrido em momento anterior ao recebimento da peça acusatória" (PROCESSO: 00006232220114058401, ACR9818/RN, RELATOR: DESEMBARGADOR FEDERAL ÉLIO WANDERLEY DE SIQUEIRA FILHO (CONVOCADO), Terceira Turma, JULGAMENTO: 11/04/2013, PUBLICAÇÃO: DJE 17/04/2013 – Página 348)
- "O pagamento do que foi indevidamente apropriado pelo funcionário público, mesmo antecedendo a denúncia, no peculato próprio não tem a força de extinguir a punibilidade. Com o peculato visa-se proteger menos o erário e mais a moral e a política administrativa, o que justifica a permanência do crime, mesmo que as contas tenham sido julgadas corretas, sob o aspecto contábil, pelo TCU. Recebimento de passagens e diárias por servidor que, nos finais e semana, saia de Brasília para o Rio de Janeiro, local de sua residência, não encontra justificativa legal que afaste a tipicidade. Recurso improvido. Sentença condenatória confirmada. (ACR 1997.01.00.028477-7/DF, Rel. Juíza Eliana Calmon, Quarta Turma, DJ p. 476 de 19/03/1999)
- "No arrependimento posterior (art. 16 do Código Penal), uma vez preenchidos os requisitos de crime cometido sem violência ou grave ameaça à pessoa e reparação do dano ou restituição da coisa até o recebimento da denúncia ou queixa, incide a causa obrigatória de diminuição da pena que não fica adstrita ao mínimo legal previsto. Se o ressarcimento é feito após aquele ato processual a hipótese se revela como simples atenuante (art. 65, III, "b", do Código Penal) balizada pelo mínimo legal previsto no tipo. Recurso especial conhecido. Extinção da punibilidade – prescrição. (STJ – REsp 154.587/MG, Rel. Ministro FERNANDO GONÇALVES, SEXTA TURMA, julgado em 13/10/1998, DJ 09/11/1998, p. 181)
- "A reparação do dano antes do recebimento da denúncia não exclui o crime de peculato doloso, diante da ausência de previsão legal. Poderá influir, no entanto, quando da fixação da pena, nos termos do art. 16 do Código Penal. 4. O tipificação do delito de peculato não possui

cunho exclusivamente patrimonial, objetiva, outrossim, o resguardo da probidade administrativa. Ordem denegada. (STJ - HC 88.959/RS, Rel. Ministra LAURITA VAZ, QUINTA TURMA, julgado em 16/09/2008, DJe 06/10/2008)

- O ressarcimento do dano posterior à consumação do peculato doloso não elide o crime, somente influindo na aplicação da reprimenda (RT 527/323).
- Extingue-se a punibilidade se o agente, funcionário de agência bancária pertencente a empresa pública, ressarce a entidade financeira da quantia que fora irregularmente sacada (RT 760/747).
- Não se caracteriza o crime de peculato, por falta de elemento moral, quando o ressarcimento se opera com atraso justificado (RT 452/356).
- A só devolução da soma apropriada não exclui o tipo subjetivo do delito. A caracterização do peculato doloso não reclama lucro efetivo por parte do agente (STF - RHC - rel. Francio Rezek RTJ 119/1.026)
- O peculato não é crime contra o patrimônio, mas infração praticada contra o bom nome da Administração Pública, de sorte que o ressarcimento do dano não o elide, tampouco importa redução de pena (RT 659/253).
- No crime de peculato, a restituição do valor apropriado aos cofres públicos, ainda que com alguma pressão procedimental, antes do recebimento da denúncia caracteriza arrependimento posterior. Tal circunstância, aliada à primariedade do agente, possibilita a diminuição da reprimenda no grau máximo, conforme o art. 16 do CP. (TJSP - RT 671/302).
- Por ser o peculato infração praticada contra o bom nome da Administração e não crime contra o patrimônio, o arrependimento posterior não pode ser a ele aplicável. O ressarcimento do dano ou a restituição da coisa, por ato voluntário do agente, até o recebimento da denúncia, não elide o delito de peculato nem importa em redução da pena (TJMG - RT 736/679)

6.1.12. Princípio da insignificância

O princípio da insignificância, como derivação necessária do princípio da intervenção mínima do Direito Penal, busca afastar da respectiva seara as condutas que, embora típicas, não produzam efetiva lesão ao bem jurídico protegido pela norma penal incriminadora.

De modo que não é a mera aferição do valor ou quantidade de bem material que permite sua utilização, mas a conjugação de requisitos objetivo e subjetivo.

Claus Roxin a quem se atribui a formulação do princípio, afirma que sua aplicação permite excluir, logo de plano, *"lesões de bagatela da maioria dos tipos"* e que, juntamente com o princípio da adequação social (que para Hans Welzel traduz-se em condutas que, se não necessariamente exemplares, se mantêm dentro dos limites da liberdade de atuação social), atuam no sentido de se proceder a uma correta e restritiva interpretação dos tipos penais, realizando "a 'natureza fragmentária' do direito penal" e mantendo íntegro "o campo de punibilidade indispensável para a proteção do bem jurídico" (CLAUS ROXIN *in* Política Criminal e Sistema Jurídico-Penal. Tradução Luís Greco. Rio de Janeiro: Renovar, 2000, p. 47).

Esse alinhamento doutrinário é o posicionamento de Rogério Greco: "[...] o princípio da insignificância, introduzido por Claus Roxin, tem por finalidade auxiliar o intérprete quando da análise do tipo penal, para fazer excluir do âmbito de incidência da lei aquelas infrações consideradas como de bagatela". (*in* Direito Penal – Lições, Ed. Impetus, 2000, p. 68)

Por sua vez, a sempre firme orientação de Francisco de Assis Toledo: "segundo o princípio da insignificância, que se revela por inteiro pela sua própria denominação, o direito penal, por sua natureza fragmentária, só vai aonde seja necessário para a proteção do bem jurídico. Não deve ocupar-se de bagatelas" (*in* Princípios básicos de direito penal, Ed. Saraiva, 1994, p. 133)

E mais os ensinamentos de Carlos Vico Mañas:

> "Ao realizar o trabalho de redação do tipo penal, o legislador apenas tem em mente os prejuízos relevantes que o comportamento incriminado possa causar à ordem jurídica social. Todavia, não dispõe de meios para evitar também sejam alcançados os casos leves. O princípio da insignificância surge justamente para evitar situações desta espécie, atuando como instrumento de interpretação restritiva do tipo penal, com o significado sistemático político-criminal da expressão da regra constitucional do *nullum crime sine lege*, que nada mais faz do que revelar a natureza subsidiária e fragmentada do direito penal." (*in* O princípio da insignificância como excludente da tipicidade no direito penal, Ed. Saraiva, 1994, p. 56)

Na dicção ilustrada do e. Ministro Celso de Mello (Informativo de Jurisprudência do Supremo Tribunal Federal n.º 354), delimitou os requisitos necessários à aplicação do princípio da insignificância, cujas lições peço *venia* para reproduzir:

> "O princípio da insignificância – que considera necessária, na aferição do relevo material da tipicidade penal, a presença de certos vetores, tais como (a) a mínima ofensividade da conduta do agente, (b) a nenhuma periculosidade social da ação, (c) o reduzidíssimo grau de reprovabilidade do comportamento e (d) a inexpressividade da lesão jurídica provocada – apoiou-se, em seu processo de formulação teórica, no reconhecimento de que o caráter subsidiário do sistema penal reclama

e impõe, em função dos próprios objetivos por ele visados, a intervenção mínima do Poder Público em matéria penal. Isso significa, pois, que o sistema jurídico há de considerar a relevantíssima circunstância de que a privação da liberdade e a restrição de direitos do indivíduo somente se justificarão quando estritamente necessárias à própria proteção das pessoas, da sociedade e de outros bens jurídicos que lhes sejam essenciais, notadamente naqueles casos em que os valores penalmente tutelados se exponham a dano, efetivo ou potencial, impregnado de significativa lesividade." (STF - HC 84.412, STF, Rel. Min. CELSO DE MELLO, decisão publicada no DJU de 2/8/2004)

Como se vê, no crime de peculato o bem jurídico tutelado é a Administração Pública, razão pela qual não tem cabimento a aplicação do princípio da insignificância nessa temática uma vez que o sujeito passivo é a administração pública, tornando inaplicável o agitado princípio, ainda que ínfimo o valor ou ausente prejuízo porquanto não desqualifica a conduta tendo em vista que a norma almeja resguardar não só o patrimônio público, mas a moralidade da Administração Pública.

Deduz-se, por conseguinte, que a consumação do tipo proporciona a quebra do dever de fidelidade para com a administração pública cujo desvalor da conduta lesa o dever de probidade do agente.

- Inaplicabilidade do princípio da insignificância aos crimes contra a administração pública. Moralidade administrativa. É pacífica a jurisprudência desta Corte no sentido de não ser possível a aplicação do princípio da insignificância ao crime de peculato e aos demais delitos contra Administração Pública, pois o bem jurídico tutelado pelo tipo penal incriminador é a moralidade administrativa, insuscetível de valoração econômica. (STJ - HC 310.458/SP, Rel. Ministro RIBEIRO DANTAS, QUINTA TURMA, julgado em 06/10/2016, DJe 26/10/2016)
- "O entendimento firmado nas Turmas que compõem a Terceira Seção do Superior Tribunal de Justiça é no sentido de que não se aplica o princípio da insignificância aos crimes contra a Administração Pública, ainda que o valor da lesão possa ser considerado ínfimo, uma vez que a norma visa resguardar não apenas o aspecto patrimonial, mas, principalmente, a moral administrativa. (STJ – AgRg no REsp 1275835/SC, Rel. Ministro ADILSON VIEIRA MACABU (DESEMBARGADOR CONVOCADO DO TJ/RJ), QUINTA TURMA, julgado em 11/10/2011, DJe 01/02/2012).

6.2. Peculato mediante erro de outrem

Art. 313 – Apropriar-se de dinheiro ou qualquer utilidade que, no exercício do cargo, recebeu por erro de outrem:

Pena – reclusão, de um a quatro anos, e multa.

6.2.1. Tipo objetivo

O núcleo da conduta é idêntico a apropriar-se do tipo principal de peculato, que consiste na captação de dinheiro ou qualquer utilidade mediante a permanência ou enquanto auferir dos benefícios do erro de outrem. O agente público se apropria do objeto que recebeu em razão do seu cargo por meio de terceiro, a vítima, de forma espontânea, que por equívoco, na sua falsa percepção da realidade do cenário à sua vista, entrega o dinheiro ou qualquer utilidade àquele agente.

Note-se que o ato material do delito é a apropriação, não o ato de receber.

Sobre o assunto, a doutrina de Julio Fabbrini Mirabete:

> [...]
> A conduta típica é a apropriação do objeto do crime, tal como no peculato--apropriação (item 312.2). A posse, entretanto, decorre do erro daquele que faz a entrega do dinheiro ou qualquer outra utilidade. O erro pode ser sobre a coisa, sobre a obrigação ou sobre a quantidade da coisa devida. Não se caracteriza o crime se o funcionário também incide em erro, só se caracterizando o crime, segundo a jurisprudência, quando o funcionário que recebeu a coisa se recusa a devolvê-la depois de notificado. Indispensável para a ocorrência do crime é que o recebimento ocorra em virtude do exercício do cargo pelo sujeito ativo, quando não lhe cumpria esse recebimento.(Código Penal Interpretado. 6ª ed. Editora Atlas. 2008. p. 2381).

"Erro é a falsa percepção da realidade. Torna-se necessária que a vítima, por equivocar-se quanto à pessoa do funcionário público encarregado de receber o dinheiro ou a utilidade, termine entregando o valor a quem não está autorizado a receber. Este, por sua vez, interessado em se apropriar do bem, nada comunica à pessoa prejudicada, nem tampouco à Administração." (Nucci, Guilherme de Souza. Código Penal Comentado. 7ª ed. São Paulo: RT, 2007, p. 1000).

Assinale-se que há erro de quem entregou o numerário pela vítima, e apropriação, quando deixou de lhe dar a destinação específica o agente público investido na sua atividade funcional.

Mirabete, em breve estudo do peculato mediante erro de outrem, assinala com incontestável autoridade:

> "Em se tratando de peculato impróprio, em que o funcionário é dela (da coisa) proprietário, sendo devedor apenas de 'quantidade', o momento consumativo do delito se opera quando, chamado a dar conta do alcance, cai em mora e não o entrega – conforme adverte Carrara ('apud' Galdino de Siqueira, Código Penal Brasileiro, Parte Especial, nº 197, ed. 1924). Assim ocorre quando o funcionário recebe vencimentos a mais (RT 521/355; RJTJESP 56/283) – g.n." (inManual de Direito Penal, Parte Especial, Vol. 3, Ed. Atlas, 15ª ed. 2000, São Paulo).

Aliás, na obra memorável "Tratado de Direito Penal", com edição de 1947, Galdino Siqueira retoma o tema, e cita novamente Carrara, para revelar que no peculato impróprio, ...” como o funcionário é proprietário da coisa, e só devedor da quantidade, o momento consumativo do crime só se opera quando, chamado o funcionário a dar conta da quantidade devida, cai em mora e não a entrega.” (José Konfino - Editor - Rio de Janeiro).

É assente na Doutrina mais abalizada que a demora do funcionário público na restituição da coisa havida por erro de outrem é insuficiente para revestir de tipicidade a conduta do agente.

Mirabete pontua ainda:

> “Ainda que ocorrente erro na transferência de dinheiro ou de qualquer outra utilidade, só se consubstancia o peculato mediante erro de outrem por parte de quem os recebeu, se este se recusa a devolvê-los, embora notificado (RJTJERGS 174/174)” (op. cit.).

6.2.2. *Tipo subjetivo*

O elemento subjetivo do tipo é o dolo genérico porquanto há vontade do agente público praticar o fato descrito na lei em virtude de seu conhecimento do engano cometido pela vítima ao lhe entregar dinheiro, valores ou bens de utilidade, e assim, de maneira consciente se apropria desses bens sem lhe dar a destinação natural e legal.

Assente-se que é esse apossamento que afasta a boa fé do ato referido, para dar surgimento ao dolo manifesto do agente público.

6.2.3. *Consumação*

Convém salientar que atentando para o erro da terceira pessoa no ato do recebimento, e mais adiante, verificando o engano e apodera-se da coisa, evidencia-se a sua consumação do delito.

A jurisprudência sobre a matéria é raríssima. Há, entretanto, uma decisão recorrente, citada nos compêndios mais modernos. Eis o paradigmático julgado:

> “Inexistência de justa causa - Peculato mediante erro de outrem - Professora que recebeu mais do que o devido - Reposição da diferença aos cofres públicos tão logo apurado o fato no inquérito administrativo - constrangimento ilegal caracterizado - concessão de ‘habeas corpus’ para o trancamento do processo - Inteligência dos arts. 312 e 313 do CP e 111 do Estatuto dos funcionários Públicos do Estado - ‘Não se tratando de peculato próprio - desvio de coisa em espécie, de que o agente tem a detenção - mas de peculato impróprio - em que o funcionário é dela proprietário - o momento consumativo do delito se verifica quando, chamado a dar conta do alcance, cai em mora e não o entrega’” (TJSP - HC - Rel. ítalo Galli - RT 512/355).

Veja o caso do funcionário público que recebeu, por equívoco, vencimento a mais, é um exemplo clássico de peculato impróprio.

Em tais circunstâncias, há que ser o devedor regularmente constituído em mora; daí que a não devolução da coisa, ou a efetiva negativa de restituí-la caracterizará a apropriação, a inversão da propriedade da *res* e, conseqüentemente, o peculato havido por erro de outrem.

O notável Magalhães Noronha introduz o estudo do delito rememorando que o peculato mediante erro de outrem é comumente chamado de "peculato--estelionato". Mas destaca:

> "Mesmo entre nós, é comum a denominação. Todavia, ela se compreende apenas pela aproximação da apropriação por erro do estelionato, porque a figura, agora em exame, é antes aquela: trata-se de apropriação por erro (1ª parte do art. 169), qualificada pela qualidade do agente" (Direito Penal, Vol. 4, Editora Saraiva, 19ª ed., São Paulo,1992).

É importante dizer que o fato de que também a doutrina e a jurisprudência predominantes reputam consumado o crime se, após a constituição do agente em mora, nega-se ele a restituir a coisa, ou simplesmente não a devolve.

Com efeito, cuida-se de *"mora ex persona"* - instituto de Direito Civil - configurada nas hipóteses de inexistência de prazo certo para a execução da obrigação, diversamente do que ocorre com a *"mora ex re"*.

A *"mora ex persona"* faz imprescindível que o credor constitua em mora o devedor mediante interpelação, notificação, protesto judicial ou extrajudicial ou citação, no dizer da eminente jurista Maria Helena Diniz, em comentário que fez ao art. 960 do vetusto Código Civil de 1916, vigente ao tempo da conduta, bem como também à época do recebimento da denúncia ("in Código Civil Anotado, 5ª ed. Atualizada. São Paulo: Saraiva, 1999).

De modo que, se impende a transcrição do Código Civil:

> "Art. 960. O inadimplemento da obrigação, positiva e liquida, no seu termo constitui de pleno direito em mora o devedor".

Assevere-se que não havendo prazo assinado, começa ela desde a interpelação, notificação, ou protesto.

O atual Código Civil no seu art. 397 tem redação idêntica ao acima mencionado:

> "Art. 397 - O inadimplemento da obrigação, positiva e líquida, no seu termo, constitui de pleno direito em mora o devedor.
>
> Parágrafo único. Não havendo termo, a mora se constitui mediante interpelação judicial ou extrajudicial."

Já a *"mora ex re"*, consoante Maria Helena Diniz, é aquela em que "... a mora do devedor decorrer de lei, resultando do próprio fato do descumprimento da obrigação, independendo de provocação do credor, ante a aplicação da regra *"dies interpellat pro homine"* (RT, 226:179 e 228:200), ou seja, o termo interpela em lugar do credor, pois, a *"lex"* ou o *"dies"* assumirão o papel de intimação. Ter-se-á a mora *"ex re"* nas obrigações positivas e líquidas, não cumpridas no seu termo, constituindo-se o devedor, imediatamente, em mora."(op. cit.)

Como se vê, diante da *"mora ex persona"*, inexiste prazo marcado para a devolução, ou restituição dos valores supostamente pagos à maior, devendo ocorrer logo após a notificação ou interpelação.

NOTA!

- **Ação penal:** pública incondicionada.
- **Sujeito ativo:** servidor funcionário
- **Substituição da pena:** admissível privativa de liberdade por restritiva de direitos (arts. 44, CP), a depender da dosimetria da pena.
- **Sursis:** possibilidade, a depender da dosimetria da pena (art. 77, CP)

CASOS TÍPICOS

- "Se o recebimento do dinheiro apropriado não cabia ao agente, a tipificação é no art. 313 e não no art. 312 do CP (TRF, RTFR 71/143). Para que haja desclassificação do art. 312 para o art. 313 é necessário que o erro da vítima, em entregar o valor, não tenha sido induzido pelo agente (TFR, Ap. 5.337, DJU 6.8.87, p. 15.169).
- "Responde por peculato mediante erro de outrem e não por apropriação indébita, o escrivão de cartório de notas que, tendo recebido dinheiro de partes para o pagamento da sisa e lavratura de escritura, se apropria do numerário deixando de praticar os referidos atos" (JUTACrim 43/178-180).
- Funcionária pública que recebeu vencimentos a mais do que o devido, em decorrência de declaração emitida por outra pessoa que atestava atributos que ela não dispunha, não comete o delito de peculato, vez que ficou provado que ela não tinha ciência do erro no contracheque e, ainda, por não haver provas de que fora notificada a devolver o que recebeu indevidamente e que tenha se recusado a fazê-lo. (Apelação Criminal 1.0024.98.110008-4/001, Relator(a): Des.(a) José Antonino Baía Borges, 2ª CÂMARA CRIMINAL, julgamento em 25/03/2004, publicação da súmula em 14/04/2004)

6.3. Inserção de dados falsos em sistema de informações

> **Art. 313-A.** Inserir ou facilitar, o funcionário autorizado, a inserção de dados falsos, alterar ou excluir indevidamente dados corretos nos sistemas informatizados ou bancos de dados da Administração Pública com o fim de obter vantagem indevida para si ou para outrem ou para causar dano:
>
> Pena – reclusão, de 2 (dois) a 12 (doze) anos, e multa.

6.3.1. Tipo objetivo

As condutas incriminadoras são: inserir dados falsos, facilitar a inserção desses dados falsos, alterar indevidamente dados corretos ou incluir indevidamente dados incorretos nos sistemas informatizados ou bancos de dados da Administração Pública, com o objetivo de auferir vantagem indevida para si ou em favor de outra pessoa, ou ainda, visando provocar dano ao erário ou a terceiros.

Esse comportamento descrito pelo tipo em qualquer de suas condutas especificadas deve ser juridicamente importante, capaz de afetar a integridade cadastral, adulterando, assim, a sua exatidão de modo que ocasione modificação danosa ao sistema de dados.

A potencialidade pode resultar em alterações que transmude para terceiro consequência de ordem jurídica ou material, assim como onerar o nível de riqueza estatal, porquanto a norma menciona ao seu final "causar dano", abrangendo assim qualquer perda nesse aspecto.

O tipo em questão se assemelha ao estelionato pelo fato do agente se utilizar de meio ardil com adulteração de informações contidas no banco de dados desejando obter vantagem indevida ou com intuito de apossar-se do que não lhe pertence, ou ainda, pretendendo produzir algum dano.

A título de ilustração, pode-se vislumbrar a conduta de um servidor responsável pelo lançamento de débitos tributários no sistema de informática da Receita Pública com intuito de favorecer o devedor altera o valor integral ou registra em valor à menor, ou ainda, àquele que tem acesso ao sistema de multas de trânsito que promove a sua exclusão; num e noutro caso, mesmo que não vise obter vantagem alguma, enquadra-se na hipótese traçada pelo núcleo do tipo.

Seguindo essa mesma linha de raciocínio, imagine-se o servidor de um banco público que, tendo acesso às contas de clientes, realiza um débito indevido de valor pequeno de cada um deles, de modo que não estimule o seu questionamento, e efetue esses créditos em sua conta; igualmente se ajusta à conduta típica acima referida.

O doutrinador Guilherme de Souza Nucci analisa o núcleo do tipo penal em tela:

> Inserir (introduzir ou incluir) ou facilitar a inserção (permitir que alguém introduza ou inclua), alterar (modificar ou mudar) ou excluir (remover ou eliminar) são as condutas puníveis. O objeto é o dado falso ou correto, conforme o caso. Nas duas primeiras – inserir ou facilitar a inserção – visa-se o dado falso, que é a informação não correspondente à realidade. [...] (Código Penal comentado. 11ª ed. São Paulo: Editora Revista dos Tribunais, 2012, p. 1152).

6.3.2. *Tipo subjetivo*

É o dolo que fica demonstrado na vontade deliberada e consciente do agente agir, realizando quaisquer condutas incriminadoras mencionadas no *caput* do artigo referido com a finalidade específica de obtenção de vantagem indevida, aquela contraria ao direito.

Entende-se não ser necessária a exigência do dolo específico para caracterizar esse tipo penal, devido a sua identidade ao crime de peculato-apropriação que tem como requisito, apenas, o seu **núcleo «apropriar-se», visto que** utiliza o agente de meio ardil com o objetivo de alcançar o seu intento com o apossamento desses elementos informativos que integram o banco de dados, assim como ocorre no estelionato.

6.3.3. *Consumação*

A consumação do tipo acima descrito necessita para sua realização da efetiva inserção ou facilitação dessa inserção de informações falsas, a sua alteração ou exclusão imprópria de dados exatos e verdadeiros do sistema ou do banco de dados da Administração Pública.

A modificação da realidade dos elementos informativos em qualquer das condutas referidas, independentemente do que o mesmo obtenha vantagem indevida ou consiga causar prejuízo ao erário, visto que, esse complemento apenas exaure o tipo penal citado.

NOTA!

- **Concurso de pessoas:** O *extraneus* ou partícipe pode ser coautor do crime (art. 29 e 30 do CP).
- **Ação penal:** pública incondicionada.
- **Sujeito ativo:** somente o funcionário autorizado

- **Forma tentada:** admissível, mas de difícil ocorrência.
- **Causa de aumento de pena:** sendo o autor ocupante de cargo em comissão ou de função de direção ou assessoramento de órgão público, sociedade de econômica mista, empresa ou fundação pública, a pena é aumentada da terça parte (art. 327, § 2º do CP).
- **Vantagem indevida:** é compreendida como qualquer ganho econômico ou material que não encontra proteção jurídica por ser contrário ao direito; é possível algum de tipo sentimento pessoal para alcançar fins escusos.
- **Banco de dados:** é a concentração de elementos informativos inseridos no sistema de informatização para registro da memória documental, de fatos e ocorrências relativamente as pessoas físicas e jurídicas.
- **Substituição da pena:** admissível privativa de liberdade por restritiva de direitos (arts. 44, CP), a depender da dosimetria da pena.
- **Sursis:** possibilidade, a depender da dosimetria da pena (art. 77, CP)

CASOS TÍPICOS

- "Demonstrado que o acusado, utilizando sua senha de acesso ao sistema do DETRAN, fez inserir dados falsos no banco de dados do setor de trânsito, com vistas a beneficiar pessoa indevidamente cadastrada como aprovada em exame de direção, impõe-se o juízo p ositivo de autoria, mormente quando o acusado não se desincumbe de provar a alegação de que não estaria operando o sistema na data e hora da inclusão indevida. Comprovada a vantagem potencialmente obtida por terceira pessoa que, em razão da alteração no sistema de informações, teve facilitado o acesso à Carteira Nacional de Habilitação, não há que se falar em atipicidade do fato por inexistência de elemento subjetivo especial do injusto penal do art. 313-A, do Código Penal. (TJMG - Apelação Criminal 1.0210.09.060591-1/001, Relator(a): Des.(a) Wanderley Paiva , 1ª CÂMARA CRIMINAL, julgamento em 14/06/2016, publicação da súmula em 24/06/2016)
- "Pratica o delito tipificado no art. 313-A do Código Penal quem introduz informação fictícia em banco de dados público com o fito de possibilitar o licenciamento de veículo de outrem" (TJSC, Apelação Criminal n. 2011.024436-9, de Blumenau, rel. Des. Paulo Roberto Sartorato, j. 07-08-2012).
- "Peculato e inserção de dados falsos em sistema de informações – funcionário público – Circunstância pessoal elementar do crime que se comunica ao coautor – Creditamento de valores em quantia superior à devida na conta corrente de clínica, efetuado com base em dados falsos inseridos em relatório de produção – Diferença entregue ao secretário de saúde por cheque – Servidora pública que insere dados sabidamente falsos em sistemas de informações

e enseja o pagamento a maior". (TJSC, Apelação Criminal n. 2010.056848-6, de Canoinhas, rel. Des. Moacyr de Moraes Lima Filho, j. 08-02-2011).

- "Comprovação de que fora o demandado quem inseriu falsos dados no sistema da polícia civil, com intuito de prejudicar um desafeto seu. Atitude que afronta veementemente os princípios da administração pública". (Apelação Cível Nº 70031497514, Vigésima Primeira Câmara Cível, Tribunal de Justiça do RS, Relator: Francisco José Moesch, Julgado em 03/10/2012)
- Réu, policial civil, que alterou registro de ocorrência relativa a furto em veículo para prejudicar terceiro, com quem mantinha inimizade. Autoria induvidosa diante do exame grafotécnico e dos relatos que indicaram que era o acusado mesmo, no momento do fato, o encarregado de registrar as ocorrências. Prejuízo, outrossim, imposto, não por casualidade, a cidadão que lhe era desafeto". (Apelação Crime Nº 70035092410, Quarta Câmara Criminal, Tribunal de Justiça do RS, Relator: Marcelo Bandeira Pereira, Julgado em 17/06/2010)

CASOS ATÍPICOS

- A simples inserção dos dados no Sistema da Administração Pública não basta para a configuração do delito, sendo necessárias outras provas que demonstrem o elemento subjetivo do injusto penal. (TJMG – Apelação Criminal 1.0105.10.039204-9/001, Relator(a): Des.(a) Adilson Lamounier, 5ª CÂMARA CRIMINAL, julgamento em 05/07/2016, publicação da súmula em 13/07/2016)
- "Devem dois dos três apelantes ser absolvidos da prática do delito mencionado, tendo em vista que o sujeito ativo do crime antevisto no art. 313-A do Codex Penal só pode ser o funcionário público devidamente autorizado a lidar com o sistema informatizado ou banco de dados. E no caso, os réus em comento eram comerciantes de automóveis, não sendo possível responsabilizá-los por fatos que deram causa aos crimes referidos. PECULATO. ABSOLVIÇÃO DECLARADA. Inexiste mínima demonstração de que o condenado por esta infração tenha se apropriado dos valores descritos na inicial, havendo mera presunção de que o fazia em função de ser o responsável pela senha que possibilitava a inserção de dados no sistema, circunstância insuficiente para a manutenção da condenação pelo crime em questão. Uma das preliminares acolhida, outra afastada, e apelos providos. (Apelação Crime Nº 70044459980, Quarta Câmara Criminal, Tribunal de Justiça do RS, Relator: Marco Antônio Ribeiro de Oliveira, Julgado em 19/07/2012)

6.4. Modificação ou alteração não autorizada de sistema de informações

> **Art. 313-B.** Modificar ou alterar, o funcionário, sistema de informações ou programa de informática sem autorização ou solicitação de autoridade competente:
>
> Pena – detenção, de 3 (três) meses a 2 (dois) anos, e multa.
>
> Parágrafo único. As penas são aumentadas de um terço até a metade se da modificação ou alteração resulta dano para a Administração Pública ou para o administrado.

6.4.1. Tipo objetivo

A moldura para caracterização da conduta típica estabelece que o servidor público sem autorização do seu superior hierárquico competente, efetue modificação ou alteração no sistema de informações ou programa de informática.

O ato modificativo significa alterar a exatidão do conjunto de informações, dando-lhe uma nova leitura de expressão numérica ou qualificação do seu conteúdo para exprimir uma nova realidade.

Na hipótese dessa modificação ser autorizada pela autoridade competente, mesmo que haja adulterações indevidas, a conduta do servidor será atípica, conquanto caberá a responsabilidade àquela autoridade superior.

Registre-se que a modificação a ensejar a tipificação da conduta exige alteração juridicamente relevante com potencialidade lesiva à Administração Pública ou a terceiros. Se a remoção de dados do sistema não produzir direitos positivos ou negativos não há que se falar em delito desta natureza.

6.4.2. Tipo subjetivo

Acessar um sistema de informática sem autorização necessária quando esta é prevista em regramento institucional, para promover modificações ou alterações nos seus dados, não exige a configuração do dolo específico, bastando o genérico em virtude do objetivo pretendido, se alcançado sem a superação de etapas ou opções específicas para atingir o intento desejado.

6.4.3. Consumação

O delito estará consumado com a efetiva modificação ou alteração de dados no sistema de informações ou programa de informática onde estão hospedados os elementos informativos.

NOTA!

- **Concurso de pessoas:** O *extraneus* ou partícipe pode ser coautor do crime (art. 29 e 30 do CP).
- **Ação penal:** pública incondicionada.
- **Sujeito ativo:** só o funcionário público
- **Forma tentada:** admissível, mas de difícil ocorrência.
- **Banco de dados:** é a concentração de elementos informativos inseridos no sistema de informatização para registro da memória documental, de fatos e ocorrências relativamente as pessoas físicas e jurídicas.
- **Competência para processar e julgar:** Juizado Especial Criminal (art. 61, Lei 9.099/1995)
- **Suspensão condicional do processo**: Admissível (art. 89, Lei 9.099/1995)

CASOS TÍPICOS

- "Pratica os crimes previstos nos art. 168 e 313-B, ambos do CP, o agente que, ostentando a condição de funcionário público, altera dados no sistema informatizado de autarquia, com o fim de viabilizar o crime de apropriação indébita praticado diretamente por funcionária de empresa privada, responsável pelo recebimento de contas de água do município, que com o funcionário público dividia os valores apropriados. Recurso ministerial improvido". (TJMG - Apelação Criminal 1.0105.03.076279-0/001, Relator(a): Des.(a) Hélcio Valentim , 5ª CÂMARA CRIMINAL, julgamento em 16/06/2009, publicação da súmula em 06/07/2009)

6.5. Extravio, sonegação ou inutilização de livro ou documento

> **Art. 314** - Extraviar livro oficial ou qualquer documento, de que tem a guarda em razão do cargo; sonegá-lo ou inutilizá-lo, total ou parcialmente:
>
> Pena - reclusão, de um a quatro anos, se o fato não constitui crime mais grave.

6.5.1. *Tipo objetivo*

Os núcleos alternativos do tipo são: extraviar cujo significado é fazer desaparecer, extinguir, desviar do seu destino; sonegar, que significa ocultar, esconder, encobrir; e inutilizar, que exprime tornar imprestável, destruir ou danificar, de forma total ou parcial, cujo objeto material é livro oficial ou qualquer documento que seja público ou particular.

Livro oficial é aquele documento público definido por norma que contém anotações, registros, escriturações ou lançamentos de elementos informativos da Administração Pública cujos dados são reveladores de conteúdos que constituem a memória dos segmentos ou órgãos públicos.

O dispositivo ao mencionar "qualquer documento", abrange o de natureza pública ou particular, de modo que deve compreender sua conceituação como sendo aquele papel contendo autenticidade na sua elaboração digitalizado ou impresso, com a subscrição da pessoa ou autoridade competente.

O documento é uma representação material, através de papel escrito, destinada a reproduzir uma manifestação expressa da vontade ou uma situação jurídica retratada pelo seu subscritor legitimamente autorizado.

6.5.2. Tipo subjetivo

É o dolo, manifestado pela vontade consciente de incorrer na conduta antijurídica descrita neste dispositivo penal objetivando alcançar o resultado intencionado.

6.5.3. Consumação

Compreende-se, pois, que o extravio, sonegação ou inutilização de documento, se perfaz quando reunidas as situações conceituais definidas pelo tipo.

Assim é que sua consumação se concretiza quando ocorre o efetivo desaparecimento ou torna imprestável o documento legítimo e autêntico, aquele que contém os requisitos para sua eficácia e validade. Na hipótese de dever funcional de apresentar documento, mas não o expõe ou entrega à autoridade competente, essa recusa deliberada enseja a configuração do tipo na modalidade de sonegação.

Assevere-se para, que haja a caracterização do delito, não importa a ocorrência ou não de prejuízo a alguém, porquanto o dano, efetivo ou potencial não é elemento do tipo.

A figura do dolo estará evidenciada quando o agente age de forma consciente da antijuridicidade e de livre vontade na realização de qualquer dos núcleos das condutas enumeradas.

CASOS TÍPICOS

- A ausência de prejuízo não descaracteriza o delito previsto no artigo 314 do Código Penal, porquanto se trata de crime formal, que não exige para a sua configuração resultado naturalístico, consistente no efetivo prejuízo para a administração. (TJMG – Apelação Criminal 1.0394.99.007918-5/001, Relator(a): Des.(a) Beatriz Pinheiro Caires , 2ª CÂMARA CRIMINAL, julgamento em 17/12/2009, publicação da súmula em 24/02/2010)
- "Aquele que inutiliza folha contendo cota de representante do Ministério Público em autos judiciais comete o crime de inutilização de documento (art. 314 do CP), eis que não se pode negar a qualidade de documento a tal manifestação" (RT 639/277)

CASOS ATÍPICOS

- "Extravio de fichas e inutilização de cópias de ofícios e despachos. Hipótese em que, embora úteis, não tinham relevância jurídica para serem considerados documentos. Absolvição decretada. Art. 386, III, do CPP. Recurso provido" (TJSP - AC - rel. Des. Hélio Arruda - RJTJSP 105/432).
- "A sonegação, extravio ou inutilização de livro ou documento, de que cuida o art. 314 do CP, importa escusa de exibi-los sem motivo legítimo. É ocultação intencional ou fraudulenta. Sem a prova segura de que o acusado assim agiu não se configura o delito em apreço" (RT 575/346).
- "Sem a segura demonstração de que o réu agira com a vontade livremente dirigida à sonegação dos documentos que lhe estavam confiados em razão do cargo, não se configura o delito inserido no art. 314 do CP" (RT 458/411)

NOTA!

- **Ação penal:** pública incondicionada.
- **Sujeito ativo**: servidor público
- **Forma tentada**: admissível
- **Causa de aumento de pena:** sendo o autor ocupante de cargo em comissão ou de função de direção ou assessoramento de órgão público, sociedade de econômica mista, empresa ou fundação pública, a pena é aumentada da terça parte (art. 327, § 2º do CP).
- **Substituição da pena:** admissível privativa de liberdade por restritiva de direitos (arts. 44, CP), a depender da dosimetria da pena.
- **Sursis:** possibilidade, a depender da dosimetria da pena (art. 77, CP)

6.6. Emprego irregular de verbas ou rendas públicas

Art. 315 – Dar às verbas ou rendas públicas aplicação diversa da estabelecida em lei:
Pena – detenção, de um a três meses, ou multa.

6.6.1. *Tipo objetivo*

A utilização de verbas públicas, em desrespeito à destinação preceituada por lei orçamentária, enseja a configuração da conduta típica descrita neste dispositivo legal.

Note-se que as verbas ou rendas públicas são classificadas na lei orçamentária que lhe reserva destino específico para sua aplicação visando atender ao interesse e conveniência da administração pública.

Com efeito, o emprego ou aplicação desses recursos públicos alocados no orçamento público devem, necessariamente, por imperativo legal, ser observados, sob pena do seu emprego irregular por desatender a lei orçamentária, visto que esta contém a discriminação da estimativa da receita e fixação da despesa pública; cuida-se de um detalhamento das receitas correntes e de capital, e despesas correntes e de capital, que se revela um instrumento de controle das contas públicas.

De modo que a classificação desses elementos integrativos do orçamento instituído por norma específica, exige o respeito do gestor público, bem como para ser atender, também, aos princípios norteadores da Lei de Responsabilidade Fiscal.

6.6.2. *Tipo subjetivo*

É o dolo. A figura do dolo estará evidenciada quando o agente age de forma consciente da antijuridicidade e de livre vontade na realização empregar verba pública de forma diversa da que lhe reserva a lei.

6.6.3. *Consumação*

A caracterização do tipo se opera quando o agente público ao destinar verbas ou rendas públicas aplicação diversa da que estabelece a lei orçamentária ou qualquer outra lei que verse sobre a matéria, estará enquadrado no presente tipo penal.

A realização de despesa em rubrica orçamentária, diferente da sua classificação, consuma, assim, a tipicidade da conduta.

Ressalte-se que todo agente público é obrigado a velar pela estrita observância da legalidade, como preceitua a Lei de Improbidade Administrativa no seu art. 4º.

A respeito do tema, doutrina Heleno Fragoso, é *"pressuposto do fato que exista lei regulamentando a aplicação dos dinheiros", sendo vedada a interpretação extensiva, de modo que ficam excluídos decretos ou atos administrativos* (Lições de Direito Penal – Parte Especial, 1965, v. IV, p. 1087).

Desta forma, a sua consumação está completa quando do pagamento de despesa pública da forma diversa da prevista na lei que disciplina sua aplicação.

A figura do dolo estará evidenciada quando o agente age de forma consciente da antijuridicidade e de livre vontade na realização empregar verba pública de forma diversa da que lhe reserva a lei.

CASOS TÍPICOS

- "O tipo penal do art. 315 do Código Penal ("dar às verbas ou rendas públicas aplicação diversa da estabelecida em lei") tipifica a conduta de empregar verbas ou rendas públicas em obras ou serviços diversos daqueles aos quais elas eram originariamente destinadas, sem demonstração de que tenha havido desvio de recursos em proveito próprio ou de terceiros. Servidor Público do extinto território do Amapá, requisitado para o Tribunal Regional Eleitoral/AP, que, na condição de Chefe do Setor de Transporte daquela Corte, desviou combustível pertencente ao ente público em proveito próprio ou alheio comete o crime do art. 312 do Código Penal". (TRF da 1ª Região - ACR 0005586-16.2010.4.01.3100 / AP, Rel. JUIZ FEDERAL GUILHERME MENDONÇA DOEHLER (CONV.), TERCEIRA TURMA, e-DJF1 de 31/08/2016)
- "O emprego de subvenções, auxílios ou recursos de qualquer natureza deve fazer-se com estreita observância de sua destinação específica, caracterizando ilícito penal o desvio para fim diverso" (RT 699/344)

CASOS ATÍPICOS

- "Se o orçamento fora aprovado por decreto do próprio Poder Executivo, e não por lei, falta o requisito que o art. 315 exige" (STF, RT 617/396)
- Tratando-se de crime de emprego irregular de verbas ou rendas públicas, necessária é, para o a sua configuração, a existência de dolo específico. Ausente este, a irregularidade somente interessa sob o aspecto administrativo'. (TJMG – AC – Rel. Agostinho de Oliveira – RT 491/362).
- 'O emprego irregular de verbas, punível, há de ser sem dúvida, o emprego tumultuado, irracional ou eivado de má fé, prejudicando a boa marcha da Administração. Tal não se dá, quando ocorre apenas gestão de fato, forma lícita, ditada pelas necessidades momentâneas'. (RT 364/60).

NOTA!

- **Ação penal:** pública incondicionada.
- **Sujeito ativo:** só o funcionário público
- **Forma tentada:** Admissível, mas de difícil ocorrência.
- **Causa de aumento de pena:** sendo o autor ocupante de cargo em comissão ou de função de direção ou assessoramento de órgão público, sociedade de econômica mista, empresa ou fundação pública, a pena é aumentada da terça parte (art. 327, § 2º do CP).
- **Competência para processar e julgar:** Juizado Especial Criminal (art. 61, Lei 9.099/1995)
- Suspensão condicional do processo: Admissível (art. 89, Lei 9.099/1995)

6.7. Concussão

Art. 316 – Exigir, para si ou para outrem, direta ou indiretamente, ainda que fora da função ou antes de assumi-la, mas em razão dela, vantagem indevida:

Pena – reclusão, de dois a oito anos, e multa.

§ 1º – Se o funcionário exige tributo ou contribuição social que sabe ou deveria saber indevido, ou, quando devido, emprega na cobrança meio vexatório ou gravoso, que a lei não autoriza:

Pena – reclusão, de três a oito anos, e multa.

§ 2º – Se o funcionário desvia, em proveito próprio ou de outrem, o que recebeu indevidamente para recolher aos cofres públicos:

Pena – reclusão, de dois a doze anos, e multa.

6.7.1. *Tipo objetivo*

Concussão é o ato do agente público que se funda no abuso do poder público para exigir, em razão do cargo ou função que exerce, a obtenção de vantagem indevida; é o uso do cargo público para fins de auferimento de vantagem financeira, material ou moral ilícita visando a favorecimento pessoal ou patrimonial, ou ainda, de terceiro.

Essa solicitação impositiva configura o tipo descrito ainda que o agente esteja fora da função pública, mas que seja em razão desta ou mesmo antes de assumi-la, contanto que decorra do seu exercício que lhe vincula a causa do pedido compulsório.

É importante assinalar que o agente público poderá estar afastado de suas funções pelo fato de se encontrar de férias ou licenciado por qualquer dos motivos autorizados por lei, ou que tenha sido nomeado sem ainda ter tomado posse ou entrando em exercício no cargo público, mas se utilizar da força ou alcance deste para exigir benefício ou tirar proveito ou benefício próprio ou de terceiro, de forma ilícita, incorrerá no enquadramento descrito nesta tipificação penal.

A concussão do *caput* é classificada como típica por ser aquela em que o agente público exige o recebimento da vantagem considerada indevida, mas não está associada a qualquer tributo.

Deve-se enfatizar que a conceituação de vantagem nesse contexto jurídico tem sentido amplo que engloba lucro, ganho, privilégio ou qualquer outro benefício, cuja rotulação de ser considerada indevida se apresenta por não estar amparada em norma jurídica que contemple a contraprestação desse proveito ou benefício.

Vantagem indevida, na lição de Heleno C. Fragoso, Lições de Direito Penal, 4ª ed. RJ: Forense: é a "ilegal, e será, em regra, de natureza econômica ou patrimonial. Deve ela beneficiar o próprio agente ou terceiro: não a administração pública (hipótese que constituiria o crime menos grave previsto no art. 316, § 1º, CP)" (p. 409).

Saliente-se, que a configuração do delito em comento prescinde da promessa de qualquer violência, ou coação física ou moral, bastando que o agente se utilize da sua função e influa na manifestação de vontade da vítima.

Esta é a lição de Julio Fabbrini Mirabete:

> "A conduta típica é exigir, impor como obrigação, ordenar, reclamar vantagem indevida, aproveitando-se o agente do *metus publicae potestatis*, ou seja, do temor de represálias a que fica constrangida a vítima. Não é necessário que se faça a promessa de um mal determinado; basta o termo genérico que a autoridade inspira, que influa na manifestação volitiva do sujeito passivo. Há um constrangimento pelo abuso de autoridade por parte do agente". (Código penal interpretado - 6. ed. - 3. reimpr. - São Paulo: Atlas, 2008, p. 2394-2395).

De modo que basta o simples constrangimento pelo abuso da autoridade por parte do agente, a exemplo de um médico do SUS que exige e condiciona realizar uma cirurgia somente pelo pagamento de determinado valor, quando o procedimento poderia ter sido livremente realizado pelo SUS para a caracterização do tipo.

Portanto, assim agindo, exigindo vantagem indevida, o médico do SUS incorre no enquadramento da conduta descrita no tipo, devido a sua natureza formal.

Nessa mesma linha de entendimento, destaca-se o escólio de Fernando Capez:

> [...] a ação nuclear consubstancia-se no verbo exigir, isto é, ordenar, reivindicar, impor como obrigação. O funcionário público exige da vítima o pagamento de vantagem que não é devida. Como já vimos, trata-se de uma espécie de extorsão,

> só que praticada não mediante o emprego de violência ou grave ameaça, mas valendo-se o agente do *metus publicae* potestatis. [...] (Curso de direito penal: parte especial. 4 ed. rev. e atual. São Paulo: Saraiva, 2006. v.3, p. 420).

O jurista HELENO C. FRAGOSO também preleciona sobre o tema:

> "A ação incriminada consiste em exigir vantagem indevida, direta ou indiretamente, em razão da função pública. Exigir é reclamar, intimar, ordenar ou impor como obrigação. A ação deve obrigatoriamente relacionar-se com o exercício da função pública que o agente desempenha ou que virá a desempenhar (na hipótese de não ter ainda assumido), pois na base da incriminação está o *metus publicae potestis*, ou seja o temor de represálias por parte da autoridade" (in Lições de Direito Penal, vol. 4, arts. 293 a 361).

Sobre o crime de concussão praticado indiretamente, fala Nelson Hungria:

> "'A exigência pode ser formulada diretamente, *'a viso aperto'* ou *'facie ad faciem'*, sob a ameaça explícita ou implícita de represálias (imediatas ou futuras), ou indiretamente, servindo-se o agente de interposta pessoa ou velada pressão, ou fazendo supor, com maliciosas ou falsas interpretações, ou capciosas sugestões, a legitimidade da exigência. Não se faz mister a promessa de infligir um mal determinado: basta o temor genérico que a autoridade inspira.' (Hungria, Nelson. Comentários ao Código Penal. Rio de Janeiro: Forense, 1959, 582p. – p. 361).

6.7.2. Tipo subjetivo

É o dolo que estará evidenciado quando o agente age de forma consciente da antijuridicidade e de livre vontade no propósito de exigir benefício de qualquer natureza para auferir vantagem pessoal ou patrimonial, ou em favor de outrem, em decorrência do exercício da sua função pública; aqui ele utiliza sua função pública como instrumento de coação para alcançar os fins almejados, de forma que o dolo genérico mostra-se suficiente para ensejar a configuração do delito diante da consciência da ilegalidade e vontade livre de agir com o intuito de se valer do cargo público que ocupa, iria ocupar ou mesmo afastado dele se utiliza para esse fim.

Depreende-se, assim, que o crime de concussão só pode ser cometido com dolo que retrata a conduta do agente público a consciência de desfrutar do poder estatal de coação, para obtenção de uma vantagem indevida.

6.7.3. Consumação

Sobreleva assinalar que o crime de concussão é essencialmente de natureza formal que se consuma com a simples exigência da indébita vantagem, portanto, o momento consumativo verifica-se no instante em que o agente público exige ou impõe a reclamação no sentido de receber a vantagem indevida.

Nesse momento, o delito se completa subjetiva e objetivamente, de modo que a entrega posterior do benefício exigido é apenas consequência da conduta que se constitui no exaurimento do tipo.

Portanto, mostra-se irrelevante a devolução posterior do dinheiro recebido para o exaurimento do crime, conquanto, sendo formal se consuma com o ato de exigência da vantagem.

Com efeito, "para a consumação do crime de concussão, basta que o funcionário público tenha exigido do particular indevidamente. Quais sejam, as reações no interior da psique o particular não tem qualquer relevância. Este último poderá acreditar, por erro, que a vantagem fosse devida ao funcionário". (in Dos crimes contra a Administração Pública, 2° edição, São Paulo: Malheiros, 1999, p. 86-88).

Assevere-se que, sendo crime de natureza formal, o fato de a vítima ter sofrido prejuízo econômico, não desnatura a conduta abusiva da concussão.

NOTA!

- **Concurso de pessoas:** O *extraneus* ou partícipe pode ser coautor do crime (art. 29 e 30 do CP).
- **Ação penal:** pública incondicionada.
- **Sujeito ativo:** só o funcionário público
- **Causa de aumento de pena:** sendo o autor ocupante de cargo em comissão ou de função de direção ou assessoramento de órgão público, sociedade de econômica mista, empresa ou fundação pública, a pena é aumentada da terça parte (art. 327, § 2º do CP).
- **Forma tentada**: Inadmissível
- **Forma culposa:** Inexistência legal
- **Substituição da pena:** admissível privativa de liberdade por restritiva de direitos (arts. 44, CP), a depender da dosimetria da pena.
- **Sursis:** possibilidade, a depender da dosimetria da pena (art. 77, CP)

CASOS TÍPICOS

- "O policial militar que, mesmo sem farda, fora do horário de serviço e em local não sujeito à administração castrense, se vale de seu cargo para exigir para si, em razão da função, vantagem indevida comete crime de concussão (art. 305 do CPM). Precedentes. (STJ – CC 145.537/RJ, Rel. Ministro REYNALDO SOARES DA FONSECA, TERCEIRA SEÇÃO, julgado em 13/04/2016, DJe 25/04/2016)

- "A condição de Deputado Federal do agente não se confunde com a qualidade funcional ativa exigida para a prática do crime de concussão. A quebra do dever legal de representar fielmente os anseios da população e de quem se esperaria uma conduta compatível com as funções por ela exercidas, ligadas, entre outros aspectos, ao controle e à repressão de atos contrários à administração e ao patrimônio público, distancia-se, em termos de culpabilidade, da regra geral de moralidade e probidade administrativa imposta a todos os funcionários públicos. No caso, a elevação da pena-base em 8 meses de reclusão em razão de condição particular do agente (investido em cargo eletivo) não configura *bis in idem* na aplicação da pena. 5. Recurso ordinário em habeas corpus a que se nega provimento". (STF – RHC: 132657 DF – DISTRITO FEDERAL 0000718-49.2016.1.00.0000, Relator: Min. TEORI ZAVASCKI, Data de Julgamento: 16/02/2016, Segunda Turma, Data de Publicação: DJe-039 02-03-2016)
- "Comete o crime de concussão o agente que exige do filho do paciente, internado pelo Sistema Único de Saúde – SUS, o pagamento de quantia para a realização de procedimento cirúrgico. – Ainda que comprovado o álibi de que pendia restrição ao número de internações e cirurgias a serem realizadas, que pudesse gerar dúvida quanto ao adimplemento dos honorários médicos pagos pelos SUS, inviável a transferência de tal encargo para o paciente". (TJSC, Apelação Criminal n. 2011.022784-4, de Lages, rel. Des. Carlos Alberto Civinski, j. 21-05-2013).
- "Crime de concussão devidamente comprovado nos autos. Médico que trabalha em hospital conveniado com o sistema único de saúde e exige pagamento indevido para realização de retirada de um dreno, a ser realizada em seu consultório particular, quando a vítima foi submetida a intervenção cirúrgica pela previdência, o que acarreta a gratuidade em todos os procedimentos médico-hospitalares. Palavras da vítima e das testemunhas. Validade. Condenação mantida. (TJSC – Apelação Criminal n. 2010.006446-9, de Xanxerê, rel. Des. Roberto Lucas Pacheco, data: 08/07/2010).
- "Prática do crime de concussão [art. 316 do CP] e não de corrupção [art. 317 do CP]. Condenação mantida". (TJSC, Apelação Criminal n. 2012.038143-3, de São Carlos, rel. Des. Cinthia Beatriz da Silva Bittencourt Schaefer, j. 18-06-2013).
- "Médico que exige pagamento por cirurgia feita através do SUS. Depoimentos das testemunhas de acusação coerentes e harmônicos entre si. Provas documentais de que a cirurgia se deu pelo SUS. Sentença condenatória mantida". (TJSC, Apelação Criminal n. 2009.035190-4, de Chapecó, rel. Des. Cinthia Beatriz da Silva Bittencourt Schaefer, j. 05-07-2012).
- "Vítima que foi atendida pelo SUS. Vantagem exigida indevidamente. Comprovação nos autos, através de testemunhas, que o médico sabia do caráter ilícito do fato, assim como agiu com dolo ao exigir vantagem da família". (TJSC,

Apelação Criminal n. 2010.013264-5, de Lages, rel. Des. Cinthia Beatriz da Silva Bittencourt Schaefer, j. 06-06-2013).

- "Comprovado nos autos que os policiais civis exigiram da vítima vantagem indevida no exercício da função e em razão dela, caracterizado se encontra o crime de concussão. – A perda do cargo deve ser cominada como efeito da condenação pelo crime de corrupção passiva, quando restar comprovado que o agente atuou com abuso de poder e violação de dever para com a Administração Pública, demonstrando com seus atos ilícitos incompatibilidade com a atuação no setor público. (TJMG – Apelação Criminal 1.0280.11.003661-1/001, Relator(a): Des.(a) Duarte de Paula , 7ª CÂMARA CRIMINAL, julgamento em 26/04/2013, publicação da súmula em 03/05/2013).

- "Depoimentos das testemunhas, aliados a prova material, que comprova o fato exposto na denúncia. Núcleo do tipo é exigir, dispensando a coação física ou moral. Basta que o agente se utilize da sua função [médico] e influa na manifestação de vontade da vítima. Situação configurada nos autos. Erro administrativo dos funcionários do hospital não comprovado por qualquer meio de prova. Ônus da defesa. Art. 156, do CPP. Sentença condenatória mantida". (TJSC, Apelação Criminal n. 2012.085806-8, de Turvo, rel. Des. Cinthia Beatriz da Silva Bittencourt Schaefer, j. 27-06-2013).

- "Exigência de pagamento para preencher o formulário do CAT – Comunicação de acidente do trabalho. Funcionário público por equiparação. Exegese do art. 327, caput, e seu § 1.º, CP. Consumação que independe do resultado. Dolo caracterizado. Ilícito configurado. Recurso conhecido e desprovido". (TJSC, Apelação Criminal n. 2012.036508-2, de Lages, rel. Des. Sérgio Izidoro Heil, j. 25-09-2012).

- "O bem jurídico que se visa resguardar no crime de concussão é a Administração Pública, a confiabilidade de seus agentes. Inobstante e exigência de quantia mínima da vítima (quarenta reais), não é hábil a desqualificar a conduta a ponto de torná-la atípica por aplicação do princípio da insignificância, pois houve lesão ao Estado, sujeito passivo do crime". (STJ - RHC 17974/SC, Rel. Min. Hélio Quaglia Barbosa, j. em 13/12/2005, Data da publicação/Fonte DJ 13/02/2006). O delito em tela restou configurado, porquanto o réu aproveitou-se da fragilidade da vítima, que encontrava-se grávida, internada há dois dias e receosa por não sentir os movimentos do feto, encaminhando-a até seu consultório particular para a realização do procedimento médico, mediante pagamento. Equipara-se a funcionário público o médico conveniado com a previdência social que realiza atendimento de pacientes pelo Sistema Único de Saúde – SUS, recebendo, portanto, remuneração por meio dos cofres públicos. (TJSC, Apelação Criminal n. 2009.030141-1, de Pomerode, rel. Des. Paulo Roberto Sartorato, j. 18-09-2012).

- "Cometem o delito de concussão o agente de polícia e o particular que, em conluio, exigem vantagem indevida da vítima para evitar o prosseguimento de investigação criminal contra a mesma, devendo ser confirmada a condenação em face da segurança dos elementos de prova". (TJPR – Acórdão n.168454, 20010150057083APR, Relator: Otávio Augusto, 1ª Turma Criminal, Publicado no DJU Seção 3: 12/03/2003. Pág.: 92)
- Exigência de dinheiro por funcionários para o pagamento, à vítima, de importância devida pela Municipalidade. "O fato de exigir o funcionário público vantagem indevida configura a concussão, delito previsto no art. 315 do CP" (RT 508/343).
- "O crime previsto no art. 316 do CP é uma espécie de extorsão praticada por funcionário público contra particular e se aperfeiçoa com a obtenção de vantagem, ainda que fora da função, o agente, porém em razão dela" (RT 437/334).
- "A ameaça de imposição de determinada multa, pelo funcionário público, com a ressalva de dispensá-la mediante o pagamento de uma taxa fictícia, constitui uma forma de exigência característica do crime de concussão. Se assim não se entendesse, o fato se enquadraria, pelo menos, no art. 317 do CP, que pune o simples recebimento de vantagem indevida, em razão da função pública" (RT 393/241).
- "A concussão é crime eminentemente formal; consuma-se com o simples fato da exigência da indevida vantagem, ainda que não venha a ser recebido pelo agente, devido a intervenção policial provocada pela própria vítima, propiciando a prisão em flagrante do mesmo. Não há falar, em tal hipótese, em crime putativo ou flagrante" (RT 455/311).
- STF: "Crime de concussão: é crime formal, que se consuma com a exigência. Irrelevância no fato do não-recebimento da vantagem indevida" (HC 74.009-MS DJU de 14-3-97).

CASOS ATÍPICOS

- "Constitui delito de concussão a prática ato de exigir, para si ou para outrem, direta ou indiretamente, ainda que fora da função ou antes de assumi-la, mas em razão dela, vantagem indevida. Para a caracterização do delito tipificado no art. 316 do CP (concussão) é necessário haver prova da exigência da vantagem indevida no momento em que ela foi realizada. Precedentes. O conjunto probatório constante dos autos não oferece elementos de prova hábeis a demonstrar, com a necessária segurança a fundamentar uma condenação, que o acusado teria praticado ou concorrido, consciente e voluntariamente, para a prática do delito do art. 316 do Código Penal". (TRF da 1ª Região - ACR 0007679-76.2012.4.01.4200 / RR, Rel. DESEMBARGADORA FEDERAL

NEUZA MARIA ALVES DA SILVA, Rel.Conv. JUIZ FEDERAL HENRIQUE GOUVEIA DA CUNHA (CONV.), QUARTA TURMA, e-DJF1 de 15/03/2017)

- "Não integraliza o tipo, e não representa concussão, a insinuação sutil, a sugestão, a proposta maliciosa para que a vantagem seja proporcionada, pois esse tipo de conduta não se ajusta à exigência que se reclama no art. 316 do estatuto repressivo" (RT 685/307).

- "A não comprovação de exigência de vantagem indevida pelos recorridos constitui óbice à caracterização do crime previsto no art. 316 do Código Penal. Da mesma forma, a ausência de relação entre a vantagem recebida e a função pública exercida pelos recorridos, vínculo essencial à caracterização dos delitos de concussão e corrupção passiva, impede a prolação de um decreto condenatório. Recurso não provido. (TJSC, Apelação Criminal n. 2012.056934-3, de Coronel Freitas, rel. Des. Roberto Lucas Pacheco, j. 11-04-2013).

- "Depoimentos das supostas vítimas destoantes. Contradições gritantes que geram dúvida acerca da cobrança de valores indevidos. Falta de provas de que os procedimentos realizados eram de urgência e emergência. Absolvição que se impõe. Inteligência do artigo 386, inciso vii, do código de processo penal. Recurso conhecido e desprovido. (TJSC, Apelação Criminal n. 2010.018586-6, de Bom Retiro, rel. Des. Cinthia Beatriz da Silva Bittencourt Schaefer, j. 18-10-2012).

- "Não há falar em exigência de vantagem indevida e sim de norma atividade, a cobrança de honorária advocatícia, que constitui um direito do causídico, como o é o de pleitear a soltura de pessoas que se encontram detidas" (RT 481/293)

- TJSP: "São incompossíveis os crimes de corrupção ativa praticado pelo particular e o de concussão cometido pela autoridade pública" (RT 572/324).

6.8. Excesso de exação

6.8.1. Tipo objetivo

A conduta descrita no § 1º deste artigo 316 do Código Penal refere-se à exação, que vem a ser a cobrança exata de tributos, que são aquelas contribuições estabelecidas em lei devidas pelas pessoas físicas ou jurídicas, na condição de contribuinte tributário, na composição da receita pública destinada a financiar ou custear os serviços **públicos** postos à disposição da sociedade.

O excesso na cobrança dessa exação é que tipifica a conduta do exator, o cobrador de impostos ou recebedor de rendas ou receitas públicas, que são dinheiros públicos provenientes de impostos, taxas, emolumentos ou quaisquer contribuições definidas na legislação tributária ou especial.

Rui Stoco, comentando supramencionado dispositivo legal, aponta que:

> "O excesso de exação significa, pois, na primeira figura, o abuso no exercício da função, pois exige tributo ou contribuição que sabe indevido, seja com a intenção de beneficiar-se, seja sem essa intenção, mas por motivo diverso, por mero objetivo de retorsão, vingança, ou mesmo por incompetência". (in Código Penal e sua interpretação jurisprudencial, vol 02, parte especial, RT, 7ª ed., 2001, SP, pg. 3.861).

Completando, Julio Fabbrini Mirabete aponta que: "*na primeira ação típica há uma exigência de tributo ou contribuição que não é devido, não correspondente à disposição legal*". [...]

O objeto do crime é o tributo (imposto, taxa, contribuição de melhoria) ou a contribuição social (de intervenção do domínio econômico e de interesse de categorias profissionais ou econômicas instituídas pela União, Estados e Municípios)." (in Código Penal Interpretado, São Paulo: Atlas, 1999, p. 1.716).

Cabe elucidar, desde logo, que o tipo penal incriminador exige, em sua estrutura fundamental, a cobrança de tributo legalmente instituído.

O dispositivo menciona duas modalidades de condutas típicas; a primeira é aquele que o agente público exige a cobrança de tributo ou contribuição social que sabe ou deveria saber, devido ao conhecimento técnico para o exercício da função pública, ser indevido.

A cobrança se apresenta indevida porque não está estabelecida naquela forma procedida pelo exator na legislação de regência ou porque extrapola o valor fixado, sendo exigida importância além do que preceitua a norma.

Compreende-se indevida aquela cobrança de impostos, taxas ou contribuições não instituídas por lei; bem como aqueles valores já pagos pelo contribuinte ou que sejam devidos em quantia inferior.

A outra modalidade é o emprego de meio vexatório ou gravoso ao proporcionar constrangimento ilegal e moral ao contribuinte, numa postura manifesta de abuso de poder.

A expressão vexatória inserida no texto legal significa meio que expõe de forma vergonhosa, ultrajante ou humilhação, quer seja mediante diligências aparatosas, violência física ou moral, injúria ou qualquer situação afrontosa à urbanidade, ética e decência.

Já o termo gravoso tem o sentido de causar maior onerosidade ao contribuinte no que se refere a despesas desnecessárias ou procedimentos inúteis, ou que venham aumentar os seus custos em razão da forma adotada para a cobrança do tributo.

6.8.2. Tipo subjetivo

É o dolo que estará evidenciado quando o agente age de forma consciente da antijuridicidade e de livre vontade no propósito de exigir a cobrança de tributos considerados indevidos, seja por carência de norma, valor já pago ou ainda devido em quantia inferior, mas o faz mesmo sendo possuidor de conhecimento fiscal devido, por ser este requisito para o exercício da atividade funcional; comete abuso de poder por manifesta vontade própria, sabe o que está fazendo, e fazendo de forma a merecer a reprovação penal.

Na outra modalidade também ao utilizar de forma deliberada são os meios ou mecanismos afrontosos aos princípios norteadores do comportamento funcional para o exercício de sua atividade exatora; age, assim, com intenção estudada em desfavor dos direitos do contribuinte.

Dessa forma, o dolo genérico mostra-se suficiente para ensejar a configuração do delito diante da consciência da ilegalidade e vontade livre de impor meios vexatórios e mais gravosos para afetar direito elementar do contribuinte.

Esclarecedoras, aliás, são as lições de Rui Stoco a esse respeito, senão vejamos: "o crime é doloso e requer dolo genérico: vontade livre e consciente de praticar o fato e consciência de sua antijuridicidade". (in Código Penal e sua Interpretação Jurisprudencial, vol. 02, 7ª ed., RT, 2001, SP, pg. 3862).

O dolo genérico acha-se representado pela vontade consciente e livre de realizar o fato descrito em lei, ciente da sua ilicitude. O dolo específico acha-se subentendido na expressão 'para si ou para outrem', como sucede no furto". (ob. cit., p. 91).

6.8.3. Consumação

O crime é de natureza formal que se consuma com a simples exigência indevida, independentemente de qualquer outro resultado, perpetrado pelo agente público investido na função fiscal, mesmo sem o pagamento pelo contribuinte.

Na modalidade de uso de meio vexatório ou gravoso, perfaz-se com o emprego de meio não autorizado por lei; é o bastante.

NOTA!

- **Concurso de pessoas:** O *extraneus* ou partícipe pode ser coautor do crime (art. 29 e 30 do CP).
- **Ação penal:** pública incondicionada.
- **Sujeito ativo:** só o funcionário público
- **Causa de aumento de pena:** sendo o autor ocupante de cargo em comissão ou de função de direção ou assessoramento de órgão público, sociedade de econômica mista, empresa ou fundação pública, a pena é aumentada da terça parte (art. 327, § 2º do CP).
- **Forma tentada:** Inadmissível
- **Forma culposa:** Inexistência legal

CASOS TÍPICOS

- Prova da exigência: Para a caracterização do crime de concussão é indispensável que o funcionário público exija vantagem indevida, devendo sempre existir prova da exigência, posto que o crime do art. 316 do CP nada mais é do que uma espécie de extorsão (TJSP, RT 779/548).
- Exigência de vantagem indevida para realização de cirurgia – TJSP: "O médico credenciado do INSS que, para realizar cirurgia imprescindível em paciente segurado da Previdência Social, condiciona o ato cirúrgico ao pagamento de importância que não lhe é devida, comete o crime de concussão, previsto no art. 316 do CP, e não o delito de corrupção passiva, já que a vítima cede mediante constrangimento moral invencível" (RT 755/605)
- "Para pedir ato do registro público, a Lei dos Registros Públicos dispensa maiores formalidades; poderá o interessado fazê-lo verbal ou escrito, neste caso sem fórmulas sacramentais; assim, revela-se como indevida a exigência, por serventuários e auxiliares, do pagamento de verbas além das custas realmente devidas, a título de honorários com contador (dentro do próprio cartório), sob pretexto de elaboração de requerimentos especiais para cada ato cartorial realizado. A exigência de vantagem indevida, além das custas devidas, em razão da função pública, beneficiando apenas o agente ou terceiro, caracteriza o crime de concussão. O excesso de exação somente se caracteriza quando o sujeito ativo não visa a proveito próprio ou alheio, e, no desempenho de sua função, excede-se nos meios de sua execução, cobrando ou exigindo taxas, impostos ou emolumentos (a Lei n. 8.137/90 adotou expressão mais abrangente: tributo ou contribuição social), que são distintos das custas cobradas e destinadas a serventuário da justiça. (TJSC, Apelação Criminal n. 1988.062983-2, de Tangará, rel. Des. Nilton Macedo Machado).
- "A exigência de vantagem indevida, além das custas previstas, em razão da função pública, beneficiando o agente ou terceiro, sabendo-se tratar de tributo ou contribuição que a lei não autoriza, caracteriza o crime de concussão, com excesso de exação". (TJSC, Apelação Criminal n. 2001.014128-0, de Balneário Camboriú, rel. Des. Solon d'Eça Neves, j. 11-12-2001).
- "A cobrança de valores dos munícipes de Pérola a título de realização de procedimentos médico- hospitalares e de exames laboratoriais constituía indevida exigência de pagamento de tributo, não determinado por lei, cujo conceito está definido no art. 3º do Código Tributário Nacional. Ademais, considerando que a cobrança de valores, pelos requerentes, a título de realização de procedimentos médico-hospitalares e de exames laboratoriais era exigida, compulsoriamente, de todos os munícipes que se dirigiam à Secretaria Municipal de Saúde para requerer a realização de tais serviços, verifica-se que tal exação se amolda Revisão Criminal de Acórdão nº 861.931-8 ao conceito de taxa, mais especificamente à chamada "taxa de serviço", pois tinha como fato

gerador a utilização, efetiva, de serviço público específico e divisível prestado aos munícipes. Não há, portanto, que se falar em atipicidade da conduta dos ora requerentes, já que ela se subsume ao tipo penal definido no art. 316, § 1º, do Código Penal (excesso de exação). (TJPR - 1ª C. Criminal em Composição Integral - RCACI - 861931-8 - Pérola - Rel.: Jesus Sarrão - Unânime - - J. 22.03.2012).

- "No curso da instrução, ao contrário do que afirma a defesa, restaram comprovadas, com a necessária segurança, as elementares constitutivas do tipo penal, ou seja, restou comprovado que o Sr. Gustavo Neiva Teixeira, Tabelião Substituto do Cartório do 3º ofício de Vila Velha, exigiu o pagamento de custas processuais para liberação de alvará e formal de partilha, mesmo sabendo que tal procedimento não era devido, em especial por ter a Advogada comprovado o pagamento das taxas à Contadoria do Juízo. A alegação de que a cobrança não teria partido do apelante pouco importa para o correto desate da lide. É que o Direito Penal, de muito, já consagrou a figura do autor mediato, ou seja, o autor intelectual do crime. O tipo subjetivo do delito em exame, segundo a doutrina, "*É o dolo, que consiste na vontade dirigida à exigência de tributo ou contribuição social indevida (...)*". A consumação, por sua vez, se dá "*...no momento em que a ilícita cobrança é dirigida ao particular, sendo dispensável o recebimento de qualquer valor (crime formal)*" (Curso de Direito Penal - Rogério Sanches Cunha - vol. 3 - p. 379). Veja-se, portanto, que não há necessidade de que o funcionário efetivamente receba os valores exigidos indevidamente, bastando a cobrança. **III** - A jurisprudência do Supremo Tribunal Federal (ADI 1.378/ES - Relator Min. CELSO DE MELLO - DJ 30-05-97) firmou orientação no sentido de que as custas judiciais e os emolumentos concernentes aos serviços notariais e registrais possuem natureza tributária, qualificando-se como taxas remuneratórias de serviços públicos, não havendo, assim, fundamento idôneo ao reconhecimento da atipicidade da conduta. (TJES - Apelação nº 035070147349 - 2ª Câmara Criminal - j. 02/12/2009 - rel. Des. Sérgio Luiz Teixeira Gama).

CASOS ATÍPICOS

- Dúvida sobre o saber ou dever saber de que se tratava de cobrança indevida. Réu que cobrava taxa de "desembaraço" - para retirada do guincho de veículo acidentado - amparado em ato do Conselho Municipal de Trânsito, à vista de requerimento que apresentara àquele órgão. Situação que, independentemente da (in) competência de dito órgão para a deliberação de que se trata, bem se prestava para criar no espírito do agente a ideia de que devida a cobrança a que procedia. Hipótese, assim, em que não se tem, com a certeza... (TJ-RS - ACR: 70040420994 RS, Relator: Marcelo Bandeira Pereira, Data de Julgamento: 17/02/2011, Quarta Câmara Criminal, Data de Publicação: Diário da Justiça do dia 21/03/2011)

- "O crime de excesso de exação resta caracterizado somente quando o agente, dolosamente, pratica ato comissivo de exigir ou empregar cobrança vexatória. Desse modo, se dos autos não restar demonstrado qualquer comportamento doloso e positivo do réu, mas tão-somente uma atitude omissiva frente à cobrança indevida de tributos, a figura típica do aludido art. 316, § 1º do Código Penal não se perfectibilizou, restando inviável a condenação". (TJSC, Processo Crime n. 2008.072734-4, de Balneário Camboriú, rel. Des. Salete Silva Sommariva, j. 18-02-2009).
- "O sujeito ativo do tipo especial de 'excesso de exação' somente pode ser funcionário encarregado da arrecadação. AUSÊNCIA DE PROVA DA EXIGÊNCIA DE TRIBUTO OU CONTRIBUIÇÃO SOCIAL CONFIGURADORES DO TIPO. A ação incriminada consiste em exigir vantagem indevida em razão da função pública, o que pressupõe deva o sujeito ativo intimar, ordenar ou impor como obrigação, cedendo a vítima em razão do *metus publicae potestis*, ou seja o temor de represálias por parte do Poder Público". (TJSC, Apelação Criminal n. 1997.003774-0, de São Miguel do Oeste, rel. Des. Alvaro Wandelli, j. 09-09-1997).
- "Somente funcionário encarregado da arrecadação de imposto, taxa ou emolumento (a Lei 8.137/90 adotou expressão mais abrangente: tributo ou contribuição social), poderá praticar o crime de excesso de exação previsto no artigo 316, § 1º., do CP, não se aplicando tal dispositivo aos Oficiais e Escrivães de Cartórios, sendo que, para estes, a cobrança excessiva de custas é fato penalmente atípico, sujeito, tão-somente, quando previsto na legislação estadual, à sanção disciplinar. (TJSC, Apelação Criminal n. 1988.042884-0, de Timbó, rel. Des. Nilton Macedo Machado).
- "Se não há prova de que os agentes, conhecendo a existência de benefício fiscal, tenham, voluntária e conscientemente, exigido tributo que sabiam (dolo direto) ou deviam saber (dolo eventual) indevido, a absolvição é medida que se impõe". (TJDFT - Acórdão n.405267, 20050110549745APR, Relator: GETULIO PINHEIRO, Revisor: SÉRGIO ROCHA, 2ª Turma Criminal, Data de Julgamento: 17/12/2009, Publicado no DJE: 15/03/2010. Pág.: 178)
- "Se não houve exigência de vantagem, mas só o seu recebimento, não se configura o crime previsto neste art. 316" (TJSP, RT 585/311).
- "Não há crime se o agente supõe, por erro, que a exigência é legítima" (TJSP, RT 535/259).
- Serventuários da justiça: Há acórdãos admitindo que o art. 316, § 1º, não se aplica a eles, ou só é cabível em caso de reincidência, por força do art. 18 do Decreto-lei 115/67 (STF, RTJ 94/31; TJSP, RJTJSP 85/367)
- Serventuários extrajudiciais: É atípica a cobrança excessiva de custas e emolumentos por escrivão de cartório extrajudicial, pois o art. 316 do CP não se aplica aos serventuários deste (RJSP, RJTJSP 111/549).

- Crime de excesso de exação. Tipo penal. Ausência das elementares subjetiva, consistente no ato comissivo de exigir-se tributo ou contribuição social que sabe ou deveria saber indevido, e objetiva, por não se enquadrar a taxa de iluminação pública na categoria de imposto. Atipicidade da conduta. (RHC n. 81.747, rel. Min. Maurício Corrêa, j. em 16-4-2002).

6.8.4. *Exação qualificada*

O § 2º do aludido dispositivo legal aumenta a pena se o agente público desvia em proveito próprio ou alheio o que recebeu indevidamente proveniente do excesso da exação praticada, ou seja, aquele valor a maior que foi recebido.

A descrição, desta norma, alcança aquele agente que, após promover o excesso de exação, na qualidade de depositário do valor recebido, não recolheu na sua coletoria ou repartição competente, mas dele se apropria para desviá-lo em benefício próprio ou de outrem, auferindo assim, vantagem indevida que lhe proporciona enriquecimento ilícito.

Esse desvio poderá ser parcial ou integral, mas será aquela verba pública que não chegou ao seu destino: os cofres públicos.

6.8.4.1. *Tipo subjetivo*

Nesta hipótese qualificada, o elemento subjetivo é o dolo genérico ao cometer o excesso de exação, e específico por desviá-lo em favor pessoal ou de terceiro.

6.8.4.2. *Consumação*

A forma qualificada só se consuma com o desvio efetivado, sendo compreensível a tentativa (cf. E. Magalhães Noronha, Direito Penal, vol. 4º/262-263).

Em comentários ao § 2º, do art. 316, do Código Penal, Heleno Cláudio Fragoso assim dispõe:

> "A ação que constitui a materialidade do delito desdobra-se em dois momentos. No primeiro, o agente recebe indevidamente imposto, taxa ou emolumento para recolher aos cofres públicos... No segundo momento, o agente desvia, em proveito próprio ou alheio, o que indevidamente recebeu" (in Lições de Direito Penal, 4º vol. P. 907).

Nelson Hungria, a respeito, leciona:

> "A forma qualificada (referida no *crimen superexactionis*, sendo evidente que o § 2º do art. 316 é um complemento do § 1º) ocorre quando o exator, tendo efeti-

vamente recebido o *indebitum*, ao invés de o recolher ao erário público (onde a vítima facilmente poderia repeti-lo), desvia-o em proveito próprio ou alheio (in Comentários ao Código Penal, vol. IX.; Foresne, págs. 362/363).

NOTA!

- **Ação penal:** pública incondicionada.
- **Sujeito ativo:** só o funcionário público
- **Causa de aumento de pena:** sendo o autor ocupante de cargo em comissão ou de função de direção ou assessoramento de órgão público, sociedade de econômica mista, empresa ou fundação pública, a pena é aumentada da terça parte (art. 327, § 2º do CP).
- **Concurso de pessoas:** O *extraneus* ou partícipe pode ser coautor do crime (art. 29 e 30 do CP).
- **Concurso formal:** com prevaricação
- **Concussão:** Inadmissível a forma tentada
- **Excesso de exação:** admite-se a tentativa
- **Forma culposa:** Inexistência legal
- **Substituição da pena:** admissível privativa de liberdade por restritiva de direitos (arts. 44, CP), a depender da dosimetria da pena.
- **Sursis:** possibilidade, a depender da dosimetria da pena (art. 77, CP)

6.9. Corrupção passiva

Art. 317 – Solicitar ou receber, para si ou para outrem, direta ou indiretamente, ainda que fora da função ou antes de assumi-la, mas em razão dela, vantagem indevida, ou aceitar promessa de tal vantagem:

Pena – reclusão, de 2 (dois) a 12 (doze) anos, e multa.

Corrupção qualificada

§ 1º – A pena é aumentada de um terço, se, em conseqüência da vantagem ou promessa, o funcionário retarda ou deixa de praticar qualquer ato de ofício ou o pratica infringindo dever funcional.

Corrupção privilegiada

§ 2º – Se o funcionário pratica, deixa de praticar ou retarda ato de ofício, com infração de dever funcional, cedendo a pedido ou influência de outrem:

Pena – detenção, de três meses a um ano, ou multa.

6.9.1. Tipo objetivo

A palavra corrupção significa a moldura de um ato ilícito que envolve agente público e particular visando, de algum modo, a negócio ou transação em desfavor do interesse da Administração Pública.

Revela, portanto, uma relação promiscua que importa na obtenção de vantagem ilícita mediante troca de favores ou indevidas vantagens, cujos valores ou direitos são subtraídas do patrimônio público.

No caso em questão, o tipo penal descrito é de corrupção passiva, aquele em que o agente público solicita ou recebe para si ou para outrem, direta ou indiretamente, vantagem indevida ou aceita mediante promessa desse benefício ilícito, em razão da função pública que exerce na administração pública.

A premissa aqui é o uso do cargo público como instrumento pessoal para auferir vantagem indevida, seja de natureza pessoal, moral ou patrimonial; solicita ou recebe essas dádivas em permuta com favores que são realizados pelo leque de prerrogativas e atribuições exercidas na administração pública em favorecimento ao seu corruptor ou a quem esta interessa.

Os núcleos das condutas são solicitar, que é pedir, suplicar ou pleitear; receber ou acolher, entrar na posse; e aceitar a promessa, anuir ou concordar com a proposta. O pedido poderá ser direta ou indiretamente.

Sobreleva anotar que a solicitação seja em razão da função pública do agente, quer seja antes de assumi-la, ou que esteja fora dela, por licença, por exemplo.

Note-se que é necessário que o ato objeto da mercancia seja da competência do agente público ou estar relacionado com o exercício de sua função como pressuposto da caracterização do tipo.

Assevere-se que a vantagem auferida ou aceita pelo funcionário público tem de ser indevida, ou seja, contrária ao Direito, podendo consubstanciar-se em dinheiro, bem imóvel, joias, distinções honoríficas ou qualquer outro objeto ou coisa apreciável.

Agregue-se, por oportuno, que a retribuição pretendida pelo funcionário com o ato realizado ou a realizar-se deve ser enfocada no aspecto objetivo e subjetivo, já que um objeto recebido pelo agente de um particular nem sempre se insere no âmbito de um pacto de corrupção. Além, portanto, da relação objetiva que deva aflorar entre a vantagem que gravita na corrupção e o ato praticado pelo agente, impõe-se a necessária análise de uma relação subjetiva, já que há um interesse pessoal do funcionário em alcançar uma retribuição e a vontade de retribuir por parte do *extraneus*, de forma que, ausente tal interesse pessoal, não se configura o delito em epígrafe. Assim, as homenagens feitas ao funcionário por honorabilidade, manifestadas por estima ou admiração, bem como pequenos presentes recebidos por mera cortesia, como comestíveis, bebidas etc, ofertados desinteressadamente, *v.g.*, nas festividades natalinas ou do Ano

Novo, não encontram tipicidade na norma em exame, já que não há vontade de corromper, nem mesmo a consciência do funcionário em praticar qualquer ato funcional movido pela venabilidade. O dado essencial do delito de corrupção não reside exatamente na solicitação ou recepção de uma vantagem indevida pelo funcionário público, mas no desvio das funções públicas em direção a fins contrários aos interesses gerais. Portanto, é necessário um mínimo de idoneidade por parte da vantagem oferecida para que se verifique a lesão ou perigo de lesão ao bem jurídico tutelado (PRADO, Luiz Regis. Curso de Direito Penal Brasileiro, volume 3: parte especial: arts. 250 a 359-H. 6. ed., São Paulo: Revista dos Tribunais, 2010, p. 442).

Já Cezar Roberto Bitencourt preleciona o seguinte ensinamento:

> "A corrupção passiva consiste em solicitar, receber ou aceitar promessa de vantagem indevida, para si ou para outrem, em razão da função pública exercida pelo agente, mesmo que fora dela, ou antes de assumi-la, mas, de qualquer sorte, em razão da mesma. É necessário que qualquer das condutas solicitar, receber ou aceitar, implícita ou explícita, seja motivada pela função pública que o agente exerce ou exercerá. Não existindo função ou não havendo relação de causalidade entre ela e o fato imputado, não se pode falar em crime de corrupção passiva, podendo existir, residualmente, qualquer outro crime, tais como apropriação indébita, estelionato etc".(in Código penal comentado - 7. ed. - São Paulo: Saraiva, 2012, p. 1196).

6.9.2. Corrupção passiva qualificada

Na hipótese prevista pelo § 1º desta norma criminal, haverá majoração da pena "se, em consequência da vantagem ou promessa, o funcionário retarda ou deixa de praticar qualquer ato de ofício ou o pratica infringindo dever funcional", é o efeito material do ato de "solicitar ou receber", ou ainda, "aceitar promessa", preceituado pelo *caput* deste artigo.

Nesse caso, estamos diante da corrupção qualificada ante o exaurimento do crime.

Aqui o agente público retarda (protela) ato de ofício; deixa de praticar qualquer ato de ofício (omite, deixa de fazer) ou pratica ato infringindo dever funcional (infração funcional). Nas duas primeiras situações, trata-se de ato lícito, na terceira, comete um ato ilícito.

A causa dessa conduta decorre da motivação de solicitar ou receber, ou ainda, aceitar promessa da indevida vantagem.

6.9.3. Corrupção passiva privilegiada

A definição da conduta do § 2º deste dispositivo funda-se na figura da corrupção privilegiada devido a minoração da reprovação penal ao agente público que cede a pedido ou influência de outrem com motivação estimulada com o interesse de satisfazer a postulação de amigos ou de corresponder a cobiça de pessoa prestigiosa.

Nesta capitulação, o agente público se deixa corromper pela influência do *extraneus* para lhe ser agradável ou por adulação em detrimento da dignidade administrativa, sem solicitar ou receber qualquer vantagem ou aceitar promessa de recompensa.

Nessas circunstâncias, a pena é de detenção e multa.

6.9.4. Tipo subjetivo

Cezar Roberto Bitencourt elucida que o elemento subjetivo do crime em questão é representado pelo dolo, que é constituído pela vontade consciente de solicitar, receber ou aceitar, direta ou indiretamente, vantagem indevida do sujeito passivo da infração penal. É necessário que o agente saiba que se trata de vantagem indevida e que o faz em razão da função que exerce ou assumirá, isto é, que tenha consciência dessa circunstância. É indispensável, enfim, que o dolo abranja todos os elementos constitutivos do tipo penal, sob pena de configurar-se o erro de tipo, que, por ausência de dolo (ou por dolo defeituoso), afasta a tipicidade, salvo se se tratar de simulacro de erro.

O elemento subjetivo especial do tipo é representado pela finalidade da ação que visa vantagem indevida, para si ou para outrem [...] a ausência desse animus – para si ou para outrem – desnatura a figura do crime de corrupção passiva. Logicamente, quando essa circunstância se fizer presente, haverá uma espécie de inversão do ônus da prova, devendo o agente demonstrar, in concreto, que a finalidade da conduta praticada era outra, e não a de obter vantagem indevida, para si ou para outrem (Código penal comentado. 6. ed., São Paulo: Saraiva, 2010, p. 1187).

Como se verifica, o elemento subjetivo é o dolo genérico diante da consciência da antijuridicidade e vontade do agente público em mercadejar o seu dever de ofício e competência com o objetivo de auferir vantagem indevida.

A distinção entre concussão e corrupção passiva. Na primeira, há uma exigência cuja vítima é o *extraneus*, sendo a vantagem indevida fruto da extorsão; na segunda, o agente solicita ou aceita a vantagem indevida em troca de um ato de ofício, uma espécie de rufião da coisa pública.

6.9.5. Consumação

O delito é de natureza formal que consiste, para sua configuração, no simples ato verbal, escrito ou eletrônico de solicitar ou receber; basta, portanto, a manifestação volitiva dessa pretensão que vincule ato de ofício de competência do agente público a qualquer vantagem econômica, patrimonial ou de valor, seja na categoria de lucro, privilégio, ganho ou benefício ilícito.

Em outras palavras, o agente no exercício da função pública, antes de assumi-la ou afastado dela, utiliza-se desta para oferecer favores na realização do seu ato em troca de vantagem indevida para si ou outrem.

O fato de não receber o que foi pactuado entre o agente público e *extraneus*, não desnatura a configuração da conduta descrita ou na hipótese de arrependimento, a devolução do valor ou bem recebido, devido a natureza de crime formal que se aperfeiçoa com o pedido ou recebimento da indevida vantagem.

Também se perfaz a conduta do tipo no caso de aceitação da promessa pelo agente público, porquanto no momento da sua anuência ou concordância, visto que há de sua parte consciência de aceitar a retribuição por um ato funcional, que ele é elementar ao dolo no delito, e patente a vontade de corromper a dignidade da sua função pública.

NOTA!

- **Ação penal:** pública incondicionada
- **Sujeito ativo:** servidor público
- **Forma tentada:** admissível
- **Causa de aumento de pena:** sendo o autor ocupante de cargo em comissão ou de função de direção ou assessoramento de órgão público, sociedade de econômica mista, empresa ou fundação pública, a pena é aumentada da terça parte (art. 327, § 2º do CP).
- **Vantagem indevida:** é compreendida como qualquer ganho econômico ou material que não encontra proteção jurídica por ser contrário ao direito; é possível algum de tipo sentimento pessoal para alcançar fins escusos.
- **Substituição da pena:** admissível privativa de liberdade por restritiva de direitos (arts. 44, CP), a depender da dosimetria da pena.
- **Sursis:** possibilidade, a depender da dosimetria da pena (art. 77, CP)
- **Competência para processar e julgar:** Juizado Especial Criminal (art. 61, Lei 9.099/1995) para a conduta descrita no § 2º.
- **Suspensão condicional do processo:** Admissível (art. 89, Lei 9.099/1995) para a conduta descrita no § 2º.

CASOS TÍPICOS

- "É cabível a condenação de particular pela prática do crime de corrupção passiva, quando resta comprovada sua ciência acerca da condição de servidor público do corréu". (TRF da 1ª Região - ACR 0000031-94.2011.4.01.3807 / MG, Rel. DESEMBARGADOR FEDERAL MÁRIO CÉSAR RIBEIRO, Rel.Conv. JUIZ FEDERAL MARCELO REBELLO PINHEIRO (CONV.), TERCEIRA TURMA, e-DJF1 de 16/01/2017)

- Crime de corrupção passiva imprópria subsequente (art. 317 do CP). Delito unilateral. O delito de corrupção é unilateral, tanto que legalmente existem duas formas autônomas, conforme a qualidade do agente. A existência de crime de corrupção passiva não pressupõe necessariamente o de corrupção ativa (APn n. 224/SP, Ministro Fernando Gonçalves, Corte Especial, DJ 26/4/2004). O delito de corrupção passiva (art. 317 do CP) não faz distinção quanto ao momento do recebimento da vantagem indevida, ou seja, se antecedente ou subsequente à pratica do ato funcional. (STJ - RHC 70.059/GO, Rel. Ministro SEBASTIÃO REIS JÚNIOR, SEXTA TURMA, julgado em 11/10/2016, DJe 04/11/2016)

- "Caracteriza a prática do crime de corrupção passiva a violação do dever para com a administração pública pelo agente que deixa de exercer os atos de ofício que lhe cabia como policial, quedando-se inerte diante do dever de apreender materiais ilícitos e de efetuar prisões em flagrante, tudo em benefício dos réus que, por seu intermédio e mediante vantagem indevida, obtinham informações privilegiadas, principalmente a respeito de fiscalizações da polícia e da busca e apreensão que efetivamente souberam em noite anterior, o que permitiu o desmanche das máquinas e a retirada de dinheiro e documentos antes da chegada dos policiais" (TRF da 1ª Região - ACR 0002162-68.2007.4.01.3100 / AP, Rel. JUIZ FEDERAL SUBSTITUTO MARCELO REBELLO PINHEIRO, TERCEIRA TURMA, e-DJF1 de 16/12/2016)

- "O crime de corrupção passiva é formal e prescinde da efetiva prática do ato de ofício, sendo incabível a alegação de que o ato funcional deveria ser individualizado e indubitavelmente ligado à vantagem recebida, uma vez que a mercancia da função pública se dá de modo difuso, através de uma pluralidade de atos de difícil individualização". (STJ – RHC 48.400/RJ, Rel. Ministro GURGEL DE FARIA, QUINTA TURMA, julgado em 17/03/2015, DJe 30/03/2015).

- "Receber dinheiro para manipular decisões em favor de uma parte específica, com a intermediação de advogados, preenche os elementos do tipo da corrupção passiva. (STJ – APn 690/TO, Rel. Ministro JOÃO OTÁVIO DE NORONHA, CORTE ESPECIAL, julgado em 15/04/2015, DJe 22/05/2015)

- "Prevalece na jurisprudência do STF e do STJ a inexistência de bilateralidade entre os crimes de corrupção passiva e ativa, pois, de regra, tais comportamentos delitivos, "por estarem previstos em tipos penais distintos e autônomos, são independentes, de modo que a comprovação de um deles não pressupõe a do outro" (STJ - RHC 52.465/PE, Rel. Ministro JORGE MUSSI, QUINTA TURMA, julgado em 23/10/2014, DJe 31/10/2014).

- "O crime descrito no art. 317 do CP, pune aquele que solicita ou recebe, para si ou para outrem, direta ou indiretamente, vantagem indevida, ou aceita promessa de tal vantagem. Portanto, observadas as palavras do ofendido, somadas as ponderações de outras testemunhas, há elementos concretos para fins de apuração da materialidade e autoria". (TJMG - Apelação Criminal 1.0694.07.041837-1/001, Relator(a): Des.(a) Doorgal Andrada, 4ª CÂMARA CRIMINAL, julgamento em 27/05/2015, publicação da súmula em 02/06/2015)
- "Agente que, valendo-se da função pública que exercia, solicitou vantagem indevida. Condenação mantida. Multa e prestação pecuniária alteradas. Apelo parcialmente provido. Unânime. (Apelação Crime Nº 70062420211, Quarta Câmara Criminal, Tribunal de Justiça do RS, Relator: Aristides Pedroso de Albuquerque Neto, Julgado em 29/01/2015)
- "Se o empregado da empresa prestadora de serviço, para entidade paraestatal, responsável por implantação programa de iluminação pública em zona rural, solicita dinheiro para realizar ato inerente a seu ofício, caracterizada está a corrupção passiva, que, em se tratando de crime formal, consuma-se no momento em que a solicitação é feita. Em crimes cometidos na clandestinidade, a palavra da vítima constitui importante elemento de convicção do julgador, mormente se corroborada pelos demais elementos de convicção constantes dos autos. (TJMG - Apelação Criminal 1.0382.10.007731-4/001, Relator(a): Des. (a) Duarte de Paula , 7ª CÂMARA CRIMINAL, julgamento em 30/07/2013, publicação da súmula em 09/08/2013).
- Comete crime de corrupção passiva o Oficial de Justiça que solicita vantagem indevida para realização de diligências afetas ao seu cargo". (TJMG - Apelação Criminal 1.0017.06.023259-6/001, Relator(a): Des.(a) Antônio Armando dos Anjos , 3ª CÂMARA CRIMINAL, julgamento em 21/05/2013, publicação da súmula em 03/06/2013).
- "O crime de corrupção passiva, consoante antiga, mas ainda atual jurisprudência, "somente se perfaz, quando fica demonstrado, mesmo através de indícios, que o funcionário procurou alienar ato de ofício." O exame dos indícios resultantes do contexto probatório levam à conclusão de que houve entre os coparticipes (magistrado e advogado) uma concorrência efetiva para a prática do delito de corrupção passiva. 3. Denúncia procedente, com imposição das penalidades previstas lei. (STJ - APn .224/SP, Rel. Ministro FERNANDO GONÇALVES, CORTE ESPECIAL, julgado em 01/10/2008, DJe 23/10/2008)
- Pratica o crime de corrupção passiva o militar que, após abordar motoqueiro desprovido de documentação obrigatória, solicita dinheiro com o pretexto

de pagar o guincho do DETRAN, não havendo que falar, nessa hipótese, em excesso de exação, na medida em que nesta modalidade criminosa a vantagem indevida é recolhida aos cofres públicos, ao passo que na corrupção passiva destina-se ao proveito próprio do agente ou de terceiro. (TJDTF – Acórdão n.259385, 20050020095299RVC, Relator: EDSON ALFREDO SMANIOTTO, Câmara Criminal, Data de Julgamento: 26/06/2006, Publicado no DJU SECAO 3: 28/11/2006. Pág.: 185)

- Sem necessidade de ocorrer o resultado, bastando a conduta. Sentença mantida. Recurso conhecido e desprovido. (TJSC, Apelação Criminal n. 2010.027071-8, de Joinville, rel. Des. Cinthia Beatriz da Silva Bittencourt Schaefer, j. 28-06-2012).

- É translúcida a prática do crime de corrupção passiva, pois o acusado de tal prática delituosa, Policial Civil, solicitou, para si, em razão de sua função pública, vantagem indevida, uma vez que pleiteou a quantia de dez mil reais para devolver a um bicheiro itens angariados pela Polícia Civil. (Apelação Crime Nº 70050820752, Quarta Câmara Criminal, Tribunal de Justiça do RS, Relator: Marco Antônio Ribeiro de Oliveira, Julgado em 06/02/2013).

- "A conduta de receber valores indevidos, fruto de fraudes realizadas em procedimentos licitatórios, configura o delito de corrupção passiva, pois o escopo era a obtenção de tais recursos, para pagamento de vereadores, em troca de votos obtidos em eleição anteriormente realizada. (Apelação Crime Nº 70050088244, Quarta Câmara Criminal, Tribunal de Justiça do RS, Relator: Gaspar Marques Batista, Julgado em 06/02/2013).

- "Previsão legal sob a obrigatoriedade do exame de alcoolemia em condutores envolvidos em acidente de trânsito, suspeitos de dirigir sob a influência de álcool (art. 277,§ 3º da 9.503/97). Dever de ofício plenamente configurado. Manutenção da condenação do crime de corrupção passiva. (TJSC, Apelação Criminal n. 2012.046538-2, de Concórdia, rel. Des. Cinthia Beatriz da Silva Bittencourt Schaefer, j. 05-02-2013).

- "Comete o delito de corrupção passiva aquele que, exercendo função de destaque em empresa concessionária de serviço público, solicita e recebe de fornecedores da mesma favores para o pagamento de seus créditos" (RT 403/1040).

- "A corrupção passiva exige para a sua configuração a prática de atos de ofício, dando ensejo ao recebimento de vantagem indevida. E por ato de ofício, consoante uniforme jurisprudência, se entende somente aquele pertinente à função específica do funcionário" (RT 390/100).

- "O recebimento de dinheiro indevidamente pelo funcionário, ainda que a título de gratificação constitui corrupção passiva" (RT 375/162).

- "Oficial de Justiça que exige vantagem financeira pelo cumprimento de um mandado, seu dever de ofício, inerente ao cargo público por ele ocupado. Delito caracterizado. Prova testemunhal aliada a demais elementos probatórios que autorizam a prolação de um juízo condenatório. Inexistência de flagrante preparado. Recurso desprovido (JCAT 75/675).
- "Corrupção passiva. Consumação. Ocorrência. Hipótese em que só faltou a entrega do dinheiro. Conduta que, tratando-se de crime formal, integra a fase de exaurimento" (JCAT 186/301).
- "Na modalidade de solicitar, pouco importa que o agente não tenha assumido a função pública ou que não tenha recebido qualquer forma de pagamento, já que se trata de crime formal de mera conduta" (RT – 774/570).

CASOS ATÍPICOS

- "Corrupção passiva. Sentença absolutória. Recurso da acusação. Almejada a condenação da apelada nos moldes da denúncia. Impossibilidade. Recorrida que solicitou contribuições às empresas locais com o fim de arrecadar verba para confraternização de final de ano. Dolo de auferir vantagem indevida não comprovado. Corrupção passiva não caracterizada. Conduta atípica. Absolvição mantida. Recurso desprovido. (TJSC, Apelação Criminal n. 2013.019763-3, de Joinville, rel. Des. Torres Marques, j. 07-05-2013).
- "Se o militar pratica ato delitivo contra civil no exercício da função a competência para julgá-lo é da justiça militar, não havendo que se falar em nulidade da sentença; no entanto, em se tratando de corrupção passiva, se a vantagem ilícita atribuída não for recebida em razão do cargo para a prática de ato corruptível, impõe-se a sua absolvição por atipicidade de conduta". (TJMT – Ap, 10497/2011, DES. MANOEL ORNELLAS DE ALMEIDA, PRIMEIRA CÂMARA CRIMINAL, Data do Julgamento 31/07/2012, Data da publicação no DJE 17/08/2012
- "Para a configuração do crime de corrupção passiva é essencial que o funcionário tenha a consciência de estar recebendo uma retribuição em razão de ato específico de sua função, ou seja, ato de ofício (omissivo ou comissivo). Absolvição decretada. Recurso provido". (TJMT – Ap, 106729/2010, DES. RUI RAMOS RIBEIRO, PRIMEIRA CÂMARA CRIMINAL, Data do Julgamento 02/08/2011, Data da publicação no DJE 19/08/2011)
- "A não comprovação de exigência de vantagem indevida pelos recorridos constitui óbice à caracterização do crime previsto no art. 316 do Código Penal. Da mesma forma, a ausência de relação entre a vantagem recebida e a função pública exercida pelos recorridos, vínculo essencial à caracterização dos delitos de concussão e corrupção passiva, impede a prolação de um de-

creto condenatório". (TJSC, Apelação Criminal n. 2012.056934-3, de Coronel Freitas, rel. Des. Roberto Lucas Pacheco, j. 11-04-2013).

- "Não compete ao escrivão de polícia indiciar alguém em inquérito ou deixar de o fazer. Essa atribuição é da autoridade policial que preside o inquérito, vale dizer, o delegado de polícia. Daí não se poder falar em corrupção passiva, que exige para a sua configuração que o ato objeto do tráfico seja da atribuição do funcionário, seja ato de ofício, dando ensejo ao recebimento da vantagem indevida" (RT 538/324).
- "Não estando o acusado, embora funcionário público, vinculado à repartição de trânsito, o setor de expedição de carteira de habilitação de motorista, não se acha incurso no art. 317 do CP por haver transacionado uma delas, adrede falsificada" (RT 526/356. No mesmo sentido: TJSP: RT 374/164, 505/296, 575/347).
- O servidor público, que recebe de particular valores superiores ao devido e que consigo mantém a diferença, admitindo que o fez até mesmo como gorjeta, comete o delito de corrupção passiva, e não de excesso de exação, uma vez que não tenha exigido a vantagem e que os valores devidos não constituam tributo ou contribuição social. Diante da falta de prova de que o servidor recebeu determinada quantia de particular em razão de seu cargo e que teve a intenção de se apropriar dos valores recebidos, não se tem como reconhecer caracterizado o delito de peculato. (TJMG – Apelação Criminal 1.0000.00.218452-1/000, Relator(a): Des.(a) José Antonino Baía Borges , 2ª CÂMARA CRIMINAL, julgamento em 13/09/2001, publicação da súmula em 05/10/2001).
- "Excluem-se da incriminação de corrupção pequenas doações ocasionais, recebidas pelo funcionário, em razão de suas funções. Em tais casos não há de sua parte consciência de aceitar a retribuição por um ato funcional, que ele é elementar ao dolo no delito, nem haveria vontade de corromper" (RT 389/93).
- "Não ocorre o delito de corrupção passiva, embora de natureza formal, consumando-se pela simples solicitação, se esta é impossível de ser cumprida, isto é, não estiver ao alcance da pessoa que é solicitada" (RT 505/296).

CORRUPÇÃO PASSIVA QUALIFICADA

- "Diante do conjunto probatório colhido nos autos, não há que se falar em absolvição por falta de provas, já que restaram plenamente demonstradas a materialidade e autoria do apelante no crime de corrupção passiva qualificada, ante a combinação e aceitação de vantagem indevida, para a liberação de condutores que não portavam a Carteira Nacional de Habilitação e a não lavratura da multa correspondente, bem como do crime de Falsidade Ideológica, uma vez que os autos de infração foram posteriormente lavrados com o intuito de ocultar o anterior delito de corrupção passiva". (TJPR – 1ª C.Criminal – AC – 577138-8 – Foro Central da Comarca da Região Metropolitana de Curitiba – Rel.: Macedo Pacheco – Unânime – - J. 05.05.2011).

- "Se o funcionário, em virtude de aceitação de promessa de vantagem, omite-se da prática de atos do seu ofício, no exercício de fiscalização, comete infração ao dever funcional, figurando o tipo descrito no § 1º do art. 317 do CP" (TRF – AC – rel. Carlos madeira – DJU 6.6.79, p. 4.455).

CORRUPÇÃO PASSIVA PRIVILEGIADA

- "Para a sua configuração, o agente funcionário deve ceder a pedido ou influência de outrem, e não por indulgência, pois, nesta última hipótese, o delito seria o do art. 320 do CP" (TRF, RCr 901, DJU 14.10.82, p. 10363).

6.10. Facilitação de contrabando ou descaminho

> **Art. 318** – Facilitar, com infração de dever funcional, a prática de contrabando ou descaminho (art. 334):
>
> Pena – reclusão, de 3 (três) a 8 (oito) anos, e multa.

6.10.1. Tipo objetivo

Contrabando ou descaminho significa a introdução clandestina de mercadorias estrangeiras no país ou a sua remessa para o exterior sem pagamento de tributos devidos pela legislação fiscal, constituindo-se numa fraude para fugir ao recolhimento de valores aduaneiros.

O núcleo do tipo menciona facilitar, torna mais fácil ou descuidar-se no exercício da sua função pública definida em norma própria, pois é necessário que o agente público incorra em infração funcional para a caracterização do tipo; essa violação do dever de vistoria, fiscalizar ou de conferir é que exaure a conduta delitiva.

Deve-se atentar que a facilitação sem violação ao dever funcional não caracteriza o tipo descrito neste dispositivo, podendo até ser remetido para o definido pelo art. 334 do Código Penal (contrabando ou descaminho).

É importante assinalar a diferença entre contrabando e descaminho; o primeiro é a prática ilegal do transporte, troca, compra e venda de produtos ou mercadorias e bens de consumo ou uso proibido por lei, por atentar contra a integridade do ser humano, a sua saúde ou a moralidade pública.

Já o descaminho é a entrada ou saída de produtos permitidos por lei, mas sem passar pelos trâmites alfandegários estabelecidos pela legislação fiscal.

6.10.2. Tipo subjetivo

O dolo é genérico, que se funda na vontade de facilitar, com consciência de estar afrontando o dever funcional de atuar no exercício de sua atividade específica de controlar ou examinar o ato fiscal. Aqui independe se o agente público visa à obtenção de alguma vantagem

Não há forma culposa, de modo que a simples imprudência ou negligência não se apresenta suficiente para a configuração de culpa.

6.10.3. Consumação

A consumação do delito ocorre diante da efetiva facilitação pelo agente público que age conscientemente de estar infringindo o seu dever funcional positivo, sem o qual estaria concorrendo para a realização do contrabando ou descaminho, sendo irrelevante que circunstâncias outras impossibilitem a consumação do fato criminoso.

Assinale-se que, independentemente da consumação do contrabando ou descaminho proporcionado pela conduta do agente público, o fato delituoso se aperfeiçoa com seu efetivo ato de tornar fácil o resultado decorrente da sua atitude.

CASOS TÍPICOS

- "A facilitação de contrabando ou descaminho envolve a infração de dever funcional pelo agente, deixando o servidor público responsável de cumprir sua função de controlar, fiscalizar, arrecadar o respectivo tributo ou mesmo impedir a entrada, no país, de bens ou mercadorias. Trata-se de crime de mera conduta, em que a simples violação do dever funcional já configura o crime, independentemente da consumação do delito de contrabando ou de descaminho, sendo desnecessária, assim, a apreensão das mercadorias". (TRF 1ª Região – ACR 0031216-33.1999.4.01.3400 / DF, Rel. DESEMBARGADORA FEDERAL ASSUSETE MAGALHÃES, TERCEIRA TURMA, e-DJF1 p.41 de 05/03/2010)

CASOS ATÍPICOS

- "A atual jurisprudência das Cortes Superiores utiliza o art. 20 da Lei n.º 10.522/02 como parâmetro para aferir a inexpressividade penal da conduta de descaminho, que se refere ao arquivamento, sem baixa na distribuição, das execuções fiscais de débitos inscritos como Dívida Ativa da União pela

Procuradoria-Geral da Fazenda Nacional de valor consolidado igual ou inferior a R$ 10.000,00 (dez mil reais). No entanto, a Quinta Turma deste Superior Tribunal de Justiça orienta-se no sentido de que a habitualidade criminosa impede a aplicação do princípio da bagatela. Precedentes. Na hipótese dos autos, porém, verifica-se que a Recorrida apresenta apenas procedimentos administrativos em seu desfavor, o que, consoante entendimento adotado por este Tribunal, não impede a aplicação do princípio da insignificância em crime de descaminho. Precedente. 4. Recurso especial desprovido. (REsp 1.265.380/PR, Rel. Ministra Laurita Vaz, Quinta Turma, DJe 2/10/2012).

- "O órgão acusador imputou aos réus a prática delituosa de descaminho facilitado, vez que permitiram a saída clandestina de mercadoria da empresa TAM, antes do início do despacho aduaneiro. Embora, o crime de facilitação de descaminho seja autônomo em relação ao descaminho propriamente dito (a simples violação do dever funcional já configura o delito, independentemente da consumação do crime de contrabando ou de descaminho), não se configurando o crime de descaminho, por conseqüência lógica, o crime de facilitação de descaminho também não pode existir. Portanto, não há que se falar, no caso, na existência de facilitação ao descaminho (crime-fim), se não houve a prática do próprio descaminho". (TRF 1ª Região – ACR 0004976-60.2007.4.01.3809 / MG, Rel. DESEMBARGADOR FEDERAL TOURINHO NETO, TERCEIRA TURMA, e-DJF1 p.065 de 09/03/2012)
- "Previsto no capítulo dos crimes contra a Administração Pública e sendo delito próprio, o crime de facilitação de contrabando ou descaminho pode ser praticado por quem tem o dever de cobrar direitos ou impostos devidos pela entrada ou saída de mercadorias do país, mas também por aquele a quem caiba fiscalizar ou reprimir o contrabando ou descaminho, situação que abrange não apenas os servidores da Receita Federal do Brasil, mas também os policiais em geral, entre os quais os integrantes da Polícia Rodoviária Federal". (TRF 3ª Região, SEGUNDA TURMA, ACR 0000705-45.2006.4.03.6118, Rel. JUIZ CONVOCADO ALESSANDRO DIAFERIA, julgado em 06/12/2011, e-DJF3 Judicial 1 DATA:22/03/2012)

NOTA!

- **Ação penal:** pública incondicionada.
- **Sujeito ativo:** só o funcionário público
- **Causa de aumento de pena:** sendo o autor ocupante de cargo em comissão ou de função de direção ou assessoramento de órgão público, sociedade de econômica mista, empresa ou fundação pública, a pena é aumentada da terça parte (art. 327, § 2º do CP).
- **Concurso de pessoas:** O *extraneus* ou partícipe pode ser coautor do crime (art. 29 e 30 do CP).

- **Tentativa:** admissível
- **Forma culposa:** inexistência legal
- **Competência para processo e julgamento:** Justiça Federal
- **Substituição da pena:** admissível privativa de liberdade por restritiva de direitos (arts. 44, CP), a depender da dosimetria da pena.

6.11. Prevaricação

Art. 319 – Retardar ou deixar de praticar, indevidamente, ato de ofício, ou praticá-lo contra disposição expressa de lei, para satisfazer interesse ou sentimento pessoal:

Pena – detenção, de três meses a um ano, e multa.

6.11.1. Tipo objetivo

Denomina-se prevaricação, no sentido jurídico, o não cumprimento do dever a que se encontra obrigado o agente público em razão do cargo público ou função pública, no qual se encontra investido, motivado por interesse ou sentimentos pessoais.

Evidencia-se o retardamento do dever de ofício quando o agente público deixar de praticar ato do seu ofício com prestabilidade em prazo útil e razoável ou não realizar dentro do prazo estipulado normativamente, como também quando, em decorrência dessa protelação, o ato não produza os efeitos normais ou afete a sua finalidade jurídica ou patrimonial, afetando-lhe na sua plenitude ou comprometendo a sua eficácia.

Note-se que a omissão ou procrastinação deve ser indevida, quando exprima um comportamento anormal em relação aos procedimentos idênticos que tiveram a sua fluição sem influência negativa ou deformativa no desenrolar de sua realização.

Atente-se, ainda, que o ato caracterizador do tipo é que seja de atribuição do agente público, que o ato seja da sua competência judicial ou administrativa, ficando afastada a sua aplicabilidade quando o ato refoge da sua prerrogativa.

O elemento normativo do tipo, indevidamente, significa "não permitido por lei, infringindo dever funcional" (NUCCI, Guilherme de Souza. Código penal comentado. 11 ed. São Paulo: Revista dos Tribunais, 2012, p. 1166).

Ato de ofício, por sua vez, "é ato que o funcionário público deve praticar, segundo seus deveres funcionais. Exige, pois, estar o agente no exercício da função" (NUCCI, Guilherme de Souza. op. cit. , p. 1167).

Trata-se de crime doloso, exigindo do agente a vontade de "satisfazer interesse" ou "sentimento pessoal", próprio, em que o sujeito ativo somente pode ser funcionário público, bem como de delito formal, não exigindo, para sua consumação, o resultado naturalístico, consistente na efetiva satisfação do interesse ou sentimento (NUCCI, Guilherme de Souza. op.cit. p. 1167).

Já o sentimento ou interesse pessoal "é aquele proveito, ganho ou vantagem auferido pelo agente, não necessariamente de natureza econômica" (NUCCI, Guilherme de Souza. op. cit. p. 1167).

6.11.2. Tipo subjetivo

O elemento moral é o dolo genérico (vontade livremente dirigida a qualquer das condutas mencionadas na lei), e o dolo específico: fim de satisfazer interesse ou sentimento pessoal. O interesse pessoal pode ser de natureza material (patrimonial) ou moral. Este último pode ser identificado até mesmo no caso em que o funcionário trai o seu dever por comodismo, ou para cair nas boas graças de César ou assegurar-se da "aura popular". Se o agente visa a interesse material, é preciso, para que se apresente prevaricação, que não tenha havido pacto em tal sentido, nem exigência de vantagem indevida por parte do funcionário, pois, do contrário, o crime a reconhecer seria o de corrupção passiva ou o de concussão. Por sentimento pessoal, entende-se a afeição, a simpatia, a dedicação, a benevolência, a caridade, o ódio, a parcialidade, o despeito, o desejo de vingança, a paixão, política, o prazer da prepotência ou do mandonismo, a subserviência, o receio de molestar os poderosos etc. (cf. Nélson Hungria, Comentários ao Código Penal, Forense, 1958, vol. IX/376).

6.11.3. Consumação

O aperfeiçoamento do delito se dá quando o agente público deixar de cumprir ato do seu ofício, em razão do cargo ou função pública que exerce, dentro do prazo estipulado em lei ou com retardamento indevido, movido por interesse ou sentimento pessoal. Demonstrada a sua mora indevida, estará operado o tipo penal, independe de causar prejuízo ou não a terceiro.

NOTA!

- **Ação penal:** pública incondicionada.
- **Sujeito ativo:** só o funcionário público
- **Causa de aumento de pena:** sendo o autor ocupante de cargo em comissão ou de função de direção ou assessoramento de órgão público, sociedade de

econômica mista, empresa ou fundação pública, a pena é aumentada da terça parte (Art. 327, § 2º do CP).

- **Forma tentada:** Inadmissível.
- **Competência para processar e julgar:** Juizado Especial Criminal (art. 61, Lei 9.099/1995)
- **Suspensão condicional do processo:** admissível (art. 89, Lei 9.099/1995)

CASOS TÍPICOS

- "Tendo o recorrente deixado de cumprir seu dever de vedar ao preso o acesso a aparelhos de comunicação com outros presos ou com o ambiente externo, deve ser confirmada a sua condenação pela prática do delito de prevaricação imprópria". (TJMG - Apelação Criminal 1.0145.13.027077-3/001, Relator(a): Des.(a) Adilson Lamounier , 5ª CÂMARA CRIMINAL, julgamento em 15/02/2017, publicação da súmula em 22/02/2017)
- "Comete o delito previsto no art. 319 do Código Penal o Prefeito Municipal que deixa de executar valores imputados pelo Tribunal de Contas do Estado, para satisfazer interesse pessoal, uma vez que figurava como devedor do referido título". (Apelação Crime Nº 70059968412, Quarta Câmara Criminal, Tribunal de Justiça do RS, Relator: Aristides Pedroso de Albuquerque Neto, Julgado em 04/12/2014)
- "Considera-se configurado o delito de prevaricação, capitulado no art. 319 do CP, pelo fato de ter o agente, no exercício da função de oficial de justiça, emitido certidões de citação e de intimação não condizentes com a verdade, por comodismo, para satisfazer interesse ou sentimento pessoal, deixando, pois, de praticar diligências ordenadas pelo Juízo. (TJMG – Apelação Criminal nº 1.0000.00.223598-4/000, Relator(a): Des.(a) Reynaldo Ximenes Carneiro , 2ª CÂMARA CRIMINAL, julgamento em 21/06/2001, publicação da súmula em 07/08/2001).
- "Omite ato de ofício, incidindo nas cominações do art. 319 do CP, o funcionário que, movido a princípio por comodismo e depois pelo prazer do mandonismo e da prepotência, se recusa a atender durante o horário normal de expediente, os contribuintes que desejavam recolher, tempestivamente, seus débitos fiscais" (RT 397/286)
- "Prevarica o prefeito que vende a preços baixos terrenos urbanos para filhos e parentes próximos, satisfazendo interesse e sentimentos pessoais, em desacordo com a Lei Orgânica dos Municípios". (RT 629/367).
- TJSP: "Já tendo sido reconhecimento a legalidade da determinação judicial, com a observação de que o recolhimento em cela especial, uma vez impedida

a convivência com outros presos, satisfaz plenamente a finalidade da prisão especial, comete, em tese, o delito de prevaricação, o delegado de policia que deixa de cumpri-la, permitindo que investigador a ele submetido tivesse livre trânsito pelas dependências da delegacia, facilitando com isso a fuga, em satisfação de sentimento pessoal" (RT 445/348).

- TJSP: "Prevaricação. Médico chefe de centro de saúde que retarda ato de ofício. Demora injustificada na expedição de atestado de óbito, face à animosidade com a autoridade policial que o solicitara. Condenação mantida" (RT 520/367).
- TJSC: "Caracteriza o crime de prevaricação, previsto no art. 319 do Código Penal, se o funcionário público, no exercício de sua função, deixa de efetuar registros de nascimento conforme determinado em mandado judicial, com o deliberado propósito de satisfazer mero capricho pessoal" (JCAT 79/630).

CASOS ATÍPICOS

- "Não se comprovando nos autos a vontade livre e consciente dos réus, dirigida ao retardamento, omissão ou realização do ato contra disposição expressa de lei, não se tem por tipificado o crime de prevaricação previsto no art. 319 do CP". (TJMG - Ação Penal - Ordinário 1.0000.13.052576-9/000, Relator(a): Des.(a) Matheus Chaves Jardim , 2ª CÂMARA CRIMINAL, julgamento em 04/12/2014, publicação da súmula em 15/12/2014).
- "Inexistência de indícios de ocorrência de crime de prevaricação, pois ausentes nos autos elementos suficientes para embasar a suspeita de favorecimento em concurso para estagiário da Prefeitura. Caso de arquivamento da investigação. Acolhimento. (TJ-SP - IP: 990102606805 SP , Relator: Camilo Léllis, Data de Julgamento: 16/09/2010, 15ª Câmara de Direito Criminal, Data de Publicação: 27/09/2010)
- "O marco configurativo da conduta de prevaricação, em qualquer dos núcleos do art. 319 (retardar, deixar de praticar, praticar), exige indiscutivelmente uma conexão com a existência de descumprimento de lei, constante da oração contra disposição expressa de lei", caso em que, realizada a ação a partir de situação permitida e não contrária ao parâmetro da norma pertinente, resta insatisfeita a tipificação do crime. O crime de sonegação de documento do art. 314 do CP, por ser próprio (crime praticado por funcionário público), exige que a conduta se perfaça no exercício da função pública, pois somente o agente que se reveste de competência para o ato, ou que detenha de alguma forma poder sobre ele, é que pode ocultar o instrumento documental. Portanto, não estando o denunciado no exercício efetivo da função pública, sua conduta afigura-se atípica. Denúncia rejeitada. (STJ - Apn: 267 DF 2003/0170037-9, Relator: Ministro JOSÉ ARNALDO DA FONSECA, Data de Julgamento:

02/08/2004, CE – CORTE ESPECIAL, Data de Publicação: DJ 06.09.2004 p. 153RT vol. 831 p. 538)

- "Não constitui crime de prevaricação o simples retardamento de ato de ofício. Para sua configuração é necessário que o móvel da ação seja a satisfação de interesse ou sentimento pessoal" (TAPR – AC – Rel. Costa Pinto – RT 489/366-367). "A simples negligência do funcionário, sem a prova contundente do dolo específico, não pode extrapolar os limites da esfera administrativa por via de conseqüência, deixa de caracterizar o crime previsto no art. 319 do CP" (TACRIM-SP – AC – Rel. Thyrso Silva – RJTE 65/273)." (TJMG, RSE nº 1.0499.06.001475-4/001, Rel. Des. Delmival de Almeida Campos, 28/11/2007)
- "O delito prevaricação exige, para sua configuração, dolo específico, consistente no intuito de satisfazer interesse ou sentimento pessoal (art. 319, última parte, CP). A denúncia conterá a exposição do fato criminoso com todas as suas circunstâncias (art. 41 do CPP). A ausência de descrição de qualquer elementar do tipo penal mutila a acusação, cerceia o exercício do direito de defesa e torna inepta a denúncia. Precedentes do STJ e do STF." (STJ, HC 30.792/PI, Rel. Ministro Paulo Medina, julgado em 25.11.2003, DJ 15.12.2003 p. 408)
- "O mero retardamento de ato de ofício, por erro ou negligência, sem propósito deliberado, sem intervenção direta, poderia constituir falta de exação no cumprimento do dever funcional, acarretando responsabilidade civil ou sanção de outra natureza. Jamais o crime em causa, por falta do elemento subjetivo indispensável". (TJPR – Inquérito Judicial n. 2003.018719-7, de Tubarão, rel. Des. Torres Marques, j. 16.6.2004).
- "Para a configuração do crime de prevaricação é indispensável o elemento moral, qual seja, o intuito de satisfazer o interesse ou o sentimento pessoal, sem o qual não há que se falar em tipicidade da conduta, que não é punida na forma culposa. SENTENÇA ABSOLUTÓRIA MANTIDA. (Recurso Crime Nº 71002143279, Turma Recursal Criminal, Turmas Recursais, Relator: Cristina Pereira Gonzales, Julgado em 06/07/2009)
- STJ: "No crime de prevaricação (art. 319 do CP), é inepta a denúncia que não especifica o especial fim de agir do autor, limitando-se a afirmar apenas que o acusado agiu para satisfazer interesse ou sentimento pessoal através de singela reprodução dos termos da lei" (RT 778/532).
- "Recusar-se a autoridade policial a prestar informações verbalmente requisitadas pelo Promotor de Justiça da comarca, a respeito de um fato de que este já estava ciente, não configura o delito de prevaricação, por não ter havido omissão na prática de ato de ofício, para satisfazer sentimento pessoal" (RT 398/307).

- "Não pode haver prevaricação se o ato praticado, omitido ou retardado refugia ao âmbito da competência funcional do servidor. É que o delito se caracteriza pela infidelidade ao dever funcional e pela parcialidade no seu desempenho" (RT 381/322).
- "É imprescindível à configuração do delito de prevaricação que o funcionário público esteja no exercício da função" (RT 563/348).

6.12. Omissão de diretor de penitenciária

Art. 319-A. Deixar o Diretor de Penitenciária e/ou agente público, de cumprir seu dever de vedar ao preso o acesso a aparelho telefônico, de rádio ou similar, que permita a comunicação com outros presos ou com o ambiente externo:

Pena: detenção, de 3 (três) meses a 1 (um) ano.

6.12.1. *Tipo objetivo*

A normatividade do tipo está manifestada no verbo deixar (não considerar, omitir, desviar-se) o diretor de penitenciária e/ou agente público de cumprir seu dever de vedar, impedir, proibir ao preso recolhido na penitenciária ou casa de detenção acesso a aparelho telefônico celular ou fixo, internet, fax, que permita a comunicação com outros detentos ou com o mundo externo ao presídio.

A sua omissão importará em que os presos tenham acesso a qualquer aparelho de comunicação em razão da ausência de medidas efetivas que empeça o ingresso desse equipamento no interior do presídio.

A imposição funcional ao diretor de penitenciária e/ou agente público objetiva que o presidiário não mantenha comunicação com setores outros do próprio presídio utilizando-se de equipamentos eletrônicos, que são canais de comunicação por aparelho de telefone ou similar que transmita mensagens escritas ou contato verbal, como forma de impedir que presidiários possam comandar atividades criminosas de dentro dos presídios.

6.12.2. *Tipo subjetivo*

O dolo é genérico, que se funda na vontade explicita de deixar ou permitir que o preso tenha acesso a equipamentos eletrônicos tipo celular, computador, fax ou rádio, para se comunicar com outros presos dentro ou fora do presídio.

Com efeito, o dolo fica demonstrado na vontade deliberada e consciente do agente de adotar fiscalização para impedir o ingresso de equipamentos de comunicação dentro do presídio.

Não há forma culposa, de modo que a simples imprudência ou negligência não se apresenta suficiente para a configuração de culpa.

6.12.3. *Consumação*

A consumação está aperfeiçoada quando em razão da ausência de medidas fiscalizadoras se localizam aparelhos eletrônicos de comunicação em posse de presidiário

O fato da realização de comunicação do presidiário com outras pessoas, detentos dentro do presídio ou fora, seria o exaurimento do crime.

NOTA!

- **Ação penal:** pública incondicionada.
- **Sujeito ativo:** só o funcionário público
- **Causa de aumento de pena:** sendo o autor ocupante de cargo em comissão ou de função de direção ou assessoramento de órgão público, sociedade de econômica mista, empresa ou fundação pública, a pena é aumentada da terça parte (Art. 327, § 2º do CP).
- **Forma tentada:** Inadmissível.
- **Competência para processar e julgar:** Juizado Especial Criminal (art. 61, Lei 9.099/1995)
- **Suspensão condicional do processo:** Admissível (art. 89, Lei 9.099/1995)

6.13. Condescendência criminosa

> **Art. 320** – Deixar o funcionário, por indulgência, de responsabilizar subordinado que cometeu infração no exercício do cargo ou, quando lhe falte competência, não levar o fato ao conhecimento da autoridade competente:
>
> Pena – detenção, de quinze dias a um mês, ou multa.

6.13.1. *Tipo objetivo*

O elemento material consiste na omissão do dever de promover, quando competente, a responsabilidade do inferior hierárquico pela infração cometida no exercício do cargo, ou, não sendo competente, na omissão do dever de comunicar o fato à autoridade competente. A infração há de estar em relação direta com o exercício do cargo (isto é, há de ser praticada *ratione officii*), pouco importando que se trata de infração simultaneamente penal e administrativa ou apenas administrativa (mera falta disciplinar), salvo no tocante à medida da pena *in concreto*. A irregularidade da conduta, mesmo fora do cargo, pode constituir falta disciplinar (ex. incontinência pública e escandalosa, vício de jogos proibidos, embriaguez habitual), mas, em tal crime do art. 320. Do mesmo modo, não está em jogo qualquer crime que o subalterno pratique *extra officium* (Nelson Hungria, in Comentários ao Código Penal, Forense, 1958. p. 380-381).

Reputa-se importante assinalar que, para a configuração do tipo faz-se necessário que haja a infração do subalterno, que pode ser de natureza penal ou administrativa, mas que precede ao delito do superior hierárquico diante da omissão deste, que tomando ciência, age com tolerância, complacência, benevolência ou com sentimento de pena do funcionário, com receio de que o mesmo seja penalizado.

6.13.2. Tipo subjetivo

O dolo é genérico, funda-se na vontade consciente da antijuridicidade de ocultar infração de natureza administrativa ou penal cometida por servidor hierarquicamente subordinado na estrutura da Administração Pública, bastando que o agente público (superior hierárquico), tenha conhecimento da autoria do fato ocorrido, e se omita na sua apuração.

Com efeito, o dolo está na vontade de não responsabilizar o servidor subalterno, ou não comunicar o fato à autoridade competente.

6.13.3. Consumação

A consumação está evidenciada a partir do momento em que o agente público, o superior hierárquico, toma conhecimento da infração cometida pelo seu subalterno, mas se mantém inerte, silente, sem tomar de imediato qualquer providência prevista que se encontra disciplinada pelo regulamento ou estatuto da entidade pública.

O ato de omissão estará definitivamente caracterizado quando exaurir o prazo legal preceituado e, na ausência deste, de prazo juridicamente relevante.

NOTA!

- **Ação penal:** pública incondicionada.
- **Sujeito ativo:** só o funcionário público
- **Causa de aumento de pena:** sendo o autor ocupante de cargo em comissão ou de função de direção ou assessoramento de órgão público, sociedade de

econômica mista, empresa ou fundação pública, a pena é aumentada da terça parte (Art. 327, § 2º do CP).

- **Forma tentada:** Inadmissível.
- **Forma culposa:** Não há punição pelo Código
- **Competência para processar e julgar:** Juizado Especial Criminal (art. 61, Lei 9.099/1995)
- **Suspensão condicional do processo:** Admissível (art. 89, Lei 9.099/1995)

CASO TÍPICO

- STF: "Condescendência criminosa. Delito em tese caracterizado. Chefe de repartição pública que demora a tomar providências contra subordinado que cometeu infração penal no exercício do cargo. Justa causa para o inquérito policial contra ele instaurado. Recurso de habeas corpus desprovido. Matéria de fato. Inteligência dos arts. 320 do CP de 1940 e 648, I, do CPP(...) Chefe administrativo que tardou meses em responsabilizar subordinados de sua confiança por peculato. Crime em tese. Dever da autoridade policial de proceder a inquérito. Inexistência do inquérito policial. Recurso improvido" (RT 597/413).

6.14. Advocacia administrativa

Art. 321 – Patrocinar, direta ou indiretamente, interesse privado perante a administração pública, valendo-se da qualidade de funcionário:

Pena – detenção, de um a três meses, ou multa.

Parágrafo único – Se o interesse é ilegítimo:

Pena – detenção, de três meses a um ano, além da multa.

6.14.1. Tipo objetivo

A ação incriminada consiste em patrocinar (valendo-se da qualidade de funcionário) interesse privado alheio perante a Administração Pública. Patrocinar é defender, pleitear ou advogar. Tal patrocínio pode ser formal e explícito (arrazoados, petições etc.) ou dissimulado (acompanhando processos, formulando pedidos aos encarregados de os despacharem, tomando conhecimento de medidas sigilosas etc.). Em ambos os casos, é indispensável que o agente pratique a ação aproveitando-se das facilidades que a sua qualidade de funcionário lhe proporciona. A simples condição de funcionário não basta. Patrocinar é advogar perante alguma autoridade, motivo pelo qual o interesse privado não deve corresponder a ato de ofício do próprio agente. Em tal hipótese, o crime seria o de prevaricação ou corrupção conforme o caso. Ao contrário do que ocorre (o direito francês e italiano, não se exige, em relação à advocacia administrativa, que o agente pratique a ação no setor em que exerce a sua atividade funcional, podendo tratar-se de qualquer outra repartição (Heleno C. Fragoso, in Lições do Direito Penal, parte especial, p. 928).

6.14.2. Tipo subjetivo

É o dolo genérico, que consiste na vontade conscientemente dirigida ao patrocínio de interesse privado junto à Administração Pública. No caso de ser o interesse ilegítimo, o agente responderá pelo crime mais grave que se tenha conhecimento de tal ilegitimidade, bastando, porém, o dolo eventual (Heleno C. Fragoso, ob. cit., p. 928).

6.14.3. Forma qualificada

Não se deve confundir, conforme se vê em alguns autores, a ilegitimidade do ato do funcionário-advogado e a do interesse que ele patrocina. Aquele é sempre ilícito ou ilegítimo, por não caber dentro das atribuições do agente. Todavia, o interesse patrocinado é que pode ser justo ou injusto, lícito ou ilícito, cabendo em caso de ilicitude majoração penal (cf. Magalhães Noronha, Direito Penal, 8ª ed., vol. 4º, p. 286).

De forma, que sendo o interesse perquirido pelo funcionário-advogado, conceitualmente ilegítimo ou aviltar os princípios da legalidade ou moralidade pública, configurada está a forma qualidade de advocacia administrativa.

6.14.4. Consumação

A consumação estará evidenciada com realização de ato que demonstre o patrocínio, a defesa perante o órgão público onde tramita o processo que instrumentaliza a pretensão do resultado almejado, independente de resultado exitoso alcançado.

NOTA!

- **Ação penal:** pública incondicionada.
- **Sujeito ativo:** só o funcionário público
- **Causa de aumento de pena:** sendo o autor ocupante de cargo em comissão ou de função de direção ou assessoramento de órgão público, sociedade de

econômica mista, empresa ou fundação pública, a pena é aumentada da terça parte (Art. 327, § 2º do CP).

- **Forma tentada:** Inadmissível.
- **Forma culposa:** Não há punição pelo Código Penal.
- **Competência para processar e julgar:** Juizado Especial Criminal (art. 61, Lei 9.099/1995)
- **Suspensão condicional do processo:** Admissível (art. 89, Lei 9.099/1995)

CASOS TÍPICOS

- Para configuração do delito do art.317 do CP, os interesses dos particulares devem corresponder a ato de ofício do funcionário público, com verdadeira relação de contraprestação entre os pagamentos efetuados e a prática dos atos de sua atribuição. – Tratando-se da prática de atos que não são da competência do agente e agindo ele com o fim de facilitar interesse particular perante a Administração Pública, imperiosa se faz a condenação pelo crime de advocacia administrativa (art. 321 do CP). (TJMG – Apelação Criminal 1.0335.05.000144-5/001, Relator(a): Des.(a) Alberto Deodato Neto , 1ª CÂMARA CRIMINAL, julgamento em 01/06/2010, publicação da súmula em 23/07/2010)
- Tratando-se da prática de atos que não são da competência do agente e agindo ele com o fim de facilitar interesse particular perante a Administração Pública, imperiosa se faz a condenação pelo crime de advocacia administrativa (art. 321 do CP). – (TJMG – Apelação Criminal 1.0335.05.000144-5/001, Relator(a): Des.(a) Alberto Deodato Neto, 1ª CÂMARA CRIMINAL, julgamento em 01/06/2010, publicação da súmula em 23/07/2010).
- 'Verificando-se que o réu, mesmo sendo Presidente de Conselho Municipal de Defesa do Meio Ambiente (CODEMA), também exercia funções de despachante e, em seu '*munus*' público, acabava defendendo interesses particulares, restou configurado o delito do art. 321 do CP, e não o do art. 317.› ‹Se o réu, na condição de despachante, recebeu dinheiro para regularizar a atividade de extração mineral desempenhada pelas vítimas, não cumpriu o prometido e também não devolveu a verba, aperfeiçoou-se o delito de apropriação indébita majorada (art. 168, § 1º, III, do CP).' (TJMG – Apelação Criminal 1.0026.01.001202-4/001, Relator(a): Des.(a) Eduardo Brum, 1ª CÂMARA CRIMINAL, julgamento em 04/11/2008, publicação da súmula em 14/11/2008)

CASOS ATÍPICOS

- "Ao servidor é proibido atuar, como procurador ou intermediário, junto a repartições públicas, salvo quando se tratar de benefícios previdenciários ou assistenciais de parentes até o segundo grau, e de cônjuge ou companheiro. Para se configurar a infração administrativa mencionada no art. 117, XI, da Lei nº 8.112/90, a conduta deve ser análoga àquela prevista no âmbito penal (Cód. Penal, art. 321). Isto é, não basta ao agente ser funcionário público, é indispensável tenha ele praticado a ação aproveitando-se das facilidades que essa condição lhe proporciona. Na espécie, o recebimento de benefício em nome de terceiros, tal como praticado pela impetrante, não configura a advocacia administrativa. Pelo que se tem dos autos, não exerceu ela influência sobre servidor para que atendido fosse qualquer pleito dos beneficiários. Quando do procedimento administrativo, não se chegou à conclusão de que tivesse ela usado do próprio cargo com o intuito de intermediar, na repartição pública, vantagens para outrem. (STJ – MS: 7261 DF 2000/0124815-4, Relator: Ministro NILSON NAVES, Data de Julgamento: 28/10/2009, S3 – TERCEIRA SEÇÃO, Data de Publicação: DJe 24/11/2009)

- "O delito de advocacia administrativa exige o patrocínio por parte do agente. E patrocinar é advogar, amparar, apadrinhar ou pleitear interesse de outrem" (RT 488/308). 2 Evidenciada a atipicidade da conduta, não há que se falar na existência de crime; logo, a falta de justa causa para a deflagração da ação penal é evidente, e, portanto, a rejeição da denúncia é medida imperativa. (TJSC, Inquérito Judicial n. 2007.028195-5, de Chapecó, rel. Des. Moacyr de Moraes Lima Filho, j. 15-10-2008).
- "Não demonstrada a causa de interesse de qualquer pessoa que tenha sido patrocinada pelo acusado – Reconhecida inépcia da denúncia – Inteligência do art. 321 do CP." Ementa oficial: Já o delito de advocacia administrativa, cujo tipo previsto no art. 321, do CP, é o de 'Patrocinar, direta ou indiretamente, interesse privado perante a administração pública, valendo-se da qualidade de funcionário'. "A esse delito, a denúncia, em nenhum momento, aponta a causa ou causas de interesse de qualquer pessoa que tenha, perante a administração pública, sido patrocinada pela acusada, valendo-se da sua condição de magistrada" "Denúncia que não se recebe" (TRF da 5ª Região, RT 725/681).
- "O crime do art. 321 exige para a sua tipificação transparente e inequívoca defesa de interesse alheio, não se configurando com o simples pedido de manuseio de autos de processo, formulado ostensivamente por funcionário público, para extrair cópias e encaminhar a advogado residente em localidade distante" TRF da 1ª Região, RCr 19.937, DJU 29.10.92, p. 34855, in RBCCr 2/251).

6.15. Violência arbitrária

Art. 322 – Praticar violência, no exercício de função ou a pretexto de exercê-la:

Pena – detenção, de seis meses a três anos, além da pena correspondente à violência.

6.15.1. Tipo objetivo

O elemento material do delito é a violência física ou *vis corporalis*. A lei pune a prática dessa violência. Advirta-se desde logo que só se trata dessa espécie de violência. Exclui-se *a vis* compulsiva ou a violência moral, como também a empregada contra a coisa. São insubsistentes os ensinamentos em contrário dos insignes Bento de Faria, Valdemar César da Silveira e Fernando H. Mendes de Almeida. É que a lei emprega a expressão violência, com a qual só designa a física (E. Magalhães Noronha, Direito Penal, 8ª ed., vol. 4º/289, Saraiva, 1976).

Nélson Hungria, por sua vez, preleciona que "Não entra em linha de conta, aqui, a simples "violência moral" (intimidação por ameaça). O código, toda vez que fala em "violência", *tout court,* quer referir-se à *vis corporalis* ou vis *physica* empregada contra a pessoa, pois, quando também quer referir-se à *vis compulsiva,* usa da expressão "grave ameaça". Se apenas é exercida a coação moral (ainda que a ameaça seja acompanhada de exibição de armas), o crime que poderá ser reconhecido é o de "exercício arbitrário ou abuso de poder" (art. 350, parágrafo único, III). É o que também ocorrerá no caso de emprego (desacompanhado de violência física contra o paciente) de entorpecentes o hipnóticos (ex: ministração do "soro da verdade" para tentar a captação de confissão por parte de algum réu)" (ob. cit., p. 385).

A violência compreende qualquer ofensa física à pessoa desde a contravenção de vias de fato, como o empurrão, a bofetada, puxão de cabelos, escarrar no rosto, arremesso de objeto, arrebatamento brutal, vendar a pessoa ou amordaçá-la.

6.15.2. Tipo subjetivo

O dolo é genérico expresso na vontade de cometer a violência no exercício da função pública de forma consciente da ilicitude, sendo irrelevante a motivação por sentimento de antipatia, vindita, amor, ódio etc, circunstâncias que serão sopesadas na aplicação da penal.

6.15.3. Consumação

Tratando de crime de material, a sua consumação se perfaz com a prática do ato de violência, inferindo-se neste aspecto a ocorrência de *vias* de fato.

Se a conduta do agente evoluir para acontecimento mais grave que importe em lesão corporal ou homicídio, teremos a configuração de concurso material dos crimes.

NOTA!

- **Ação penal:** pública incondicionada.
- **Sujeito ativo:** só o funcionário público
- **Causa de aumento de pena:** sendo o autor ocupante de cargo em comissão ou de função de direção ou assessoramento de órgão público, sociedade de econômica mista, empresa ou fundação pública, a pena é aumentada da terça parte (Art. 327, § 2º do CP).
- **Forma tentada:** admissível.
- **Forma culposa:** não há punição pelo Código Penal.
- **Substituição da pena:** admissível privativa de liberdade por restritiva de direitos (arts. 44, CP)
- **Sursis:** possibilidade, a depender da dosimetria da pena (art. 77, CP)
- **Revogação:** na doutrina predomina o entendimento de que este dispositivo foi revogado tacitamente pelo art. 3º, i, da Lei nº 4.898/1965

CASOS TÍPICOS

- "Para a configuração do delito do art. 322 do CP, pouco importa que a violência não tenha deixado vestígios, pois por violência se entende o emprego de força física, maus tratos ou vias de fato. A lei abrange todas elas, desde a mais grave, como o homicídio e as lesões corporais, até as mais leves, como as vias de fato" (RT 369/196)
- "Para a caracterização do delito do art. 322 do CP, é necessária a prática da violência física. E sem a prova da autoria desta, é inconcebível a punição" (RT 381/188).
- "O crime de violência arbitrária previsto no art. 322 do CP não foi revogado pela Lei 4.898, de 1965" – Conflito conhecido, dando-se pela competência do juízo suscitado (9ª Vara Criminal da Comarca de Belo Horizonte). (TJMG – CC 1.0000.04.415093-6/000 – 1ª C. Crim. – rel. Des. Gudesteu Biber, j. 07.06.2005).
- "Praticam o crime de violência arbitrária, em concurso com cárcere privado, policiais militares que, durante período de folga, algemam ilegalmente indivíduos, privando-os de sua liberdade durante 40 (quarenta) minutos, a pretexto de sua condição de policiais". (TJMG – Apelação Criminal 1.0472.03.000446-0/001, Relator(a): Des.(a) Hélcio Valentim , 5ª CÂMARA CRIMINAL, julgamento em 28/04/2009, publicação da súmula em 11/05/2009)

CASO ATÍPICO

- Violência física e não moral: Violência simplesmente moral, constituída pela intimidação por ameaça, não basta ao reconhecimento do delito do art. 322 do CP, sem prejuízo de eventual configuração de exercício arbitrário ou abuso de poder (Franceschini, Jurisprudência, 1976, v. IV, nº 6.788).

6.16. Abandono de função

Art. 323 – Abandonar cargo público, fora dos casos permitidos em lei:

Pena – detenção, de quinze dias a um mês, ou multa.

§ 1º – Se do fato resulta prejuízo público:

Pena – detenção, de três meses a um ano, e multa.

§ 2º – Se o fato ocorre em lugar compreendido na faixa de fronteira:

Pena – detenção, de um a três anos, e multa.

6.16.1. Tipo objetivo

Abandonar, no sentido do artigo ora comentado, é deixar ao desamparo, e tal não acontece quando está presente o funcionário a quem incumbe assumir o cargo na ausência do ocupante (efetivo ou interino). Neste caso, não haverá, sequer, probabilidade de dano, que é condição mínima para existência de um evento criminoso. Em tal hipótese se a ausência durar por mais de 30 dias (segundo a nossa lei administrativa), poderá haver fala disciplinar, mas não crime. Para a existência deste, não se faz mister o decurso do dito prazo, bastando que o abandono dure por tempo capaz de criar possibilidade de prejuízo público ou particular ("a efetividade de prejuízo público, como adiante se verá, constitui a condição de maior punibilidade" Nélson Hungria, in Comentários ao Código Penal, 2ª ed., vol. IX, p. 391).

Depreende-se assim, que a caracterização do delito está vinculada à probabilidade da existência de dano ao erário proporcionado pelo afastamento do servidor público de suas funções, pois é esse perigo resultante do desprezo ou desamparo da conduta do agente público elemento do tipo, salientando que a eventual substituição por outro servidor do ambiente funcional abandonado, que preserve a integridade dos valores e responsabilidade da Administração Pública, fica afastado o enquadro neste tipo.

Portanto, que seja realçado que o crime de abandono de função tem como pressuposto a necessária acefalia do cargo ou posto de trabalho com risco iminente de danos a equipamentos, valores, no caso de um posto fiscal, ou de abordagem policial na hipótese da incolumidade da segurança pública.

6.16.2. Tipo subjetivo

O dolo é a vontade de desertar do posto de trabalho sendo sabedor que sua ausência importará em prejuízos para a Administração Pública.

Não se exige qualquer especial fim de agir. O propósito de reassumir o exercício do cargo não produz qualquer efeito (Heleno c. Fragoso, in Lições de Direito Penal, Bushatsky, p. 934).

6.16.3. Consumação

O delito tem a sua consumação configurada pela ausência injustificada do agente público que perdure por tempo suficiente para criar o risco de prejuízo à Administração Pública pela inoperância ou abandono do posto de trabalho daquele.

6.16.4. Majoração da pena

Estabelece o § 1º do aludido dispositivo que haverá majoração da pena se do fato de abandono do cargo ocorrer prejuízo para o Poder Público, que vem a ser o exaurimento do crime, visto que, sendo de natureza formal a simples chance de dano configura o tipo.

O prejuízo público (contra o interesse público ou coletivo) pode ser patrimonial ou não, *in exemplis*: intercorrente êxito de um contrabando ou descaminho, não arrecadação de imposto, falta d'água à população, paralisação do serviço postal et (Nélson Hungria, in Comentários ao Código Penal, 2ª ed., vol. IX, p. 393).

Preceitua, também, o § 2º desta norma a majoração da pena na hipótese do fato delituoso descrito no caput acontecer na faixa de fronteira devido a gravidade fática decorrente do cometimento do aludido tipo penal por conta de dano em maior perspectiva como a defesa da segurança nacional e de uma eventual porta aberta ao tráfico de drogas e armas, bem ainda de contrabando.

Nélson Hungria preleciona que "aqui, o maior rigor penal, redobrado interesse é o da continuidade ou regularidade do cargo público exercido em afetar a própria defesa nacional. Por faixa de fronteira se deve entender a cinta de território nacional que, segundo estatuía a Constituição de 1937, se estende com a largura de 150 km ao longo da linha divisória com outros países (in Comentários ao Código Penal, 2ª ed., vol. IX, p. 393).

NOTA!

- **Ação penal:** pública incondicionada.
- **Sujeito ativo :** só o funcionário público
- **Causa de aumento de pena:** sendo o autor ocupante de cargo em comissão ou de função de direção ou assessoramento de órgão público, sociedade de econômica mista, empresa ou fundação pública, a pena é aumentada da terça parte (Art. 327, § 2º do CP).
- **Forma tentada**: Inadmissível.
- **Forma culposa:** Não há punição pelo Código Penal.
- **Competência para processar e julgar:** Juizado Especial Criminal* (art. 61, Lei 9.099/1995)
- **Suspensão condicional do processo:** admissível* (art. 89, Lei 9.099/1995)
- **Caput* e parágrafo primeiro.
- **Substituição da pena:** admissível privativa de liberdade por restritiva de direitos (arts. 44, CP), a depender da dosimetria da pena, na hipótese do § 2º.
- **Sursis :** possibilidade, a depender da dosimetria da pena (art. 77, CP), na hipótese do § 2º.

CASO TÍPICO

- "Abandono de cargo público. Art. 323 do Código Penal. É delito de natureza instantânea. O crime instantâneo tem sua consumação pronta como consequência da ação ou omissão do agente. Seu caráter se determina pela *consumatio.* O abandono, assim, consuma-se no 31 dia de faltas ao serviço, continuadas, injustificadas. Inicio do prazo prescricional. Embargos rejeitados. Preliminares rejeitadas, a unanimidade. Embargos repelidos. Votos vencidos". (Embargos Infringentes Nº 26254, Segundo Grupo de Câmaras Cíveis, Tribunal de Justiça do RS, Relator: Antônio Vilela Amaral Braga, Julgado em 16/09/1977)

CASO ATÍPICO

- "O legislador incluiu o abandono de cargo entre os ilícitos penais, visando a não deixar paralisada a máquina administrativa. Tal não acontece quando está presente o funcionário a quem incumbe assumir o cargo na ausência do ocupante; nesse caso, não havendo probabilidade de dano, que é a condição mínima para a exisência de um evento criminoso, não se configura o delito do art. 323 do CP" (RT 526/331)

6.17. Exercício funcional ilegalmente antecipado ou prolongado

> **Art. 324** – Entrar no exercício de função pública antes de satisfeitas as exigências legais, ou continuar a exercê-la, sem autorização, depois de saber oficialmente que foi exonerado, removido, substituído ou suspenso:
>
> Pena – detenção, de quinze dias a um mês, ou multa.

6.17.1. Tipo objetivo

A incriminação estabelece duas condutas para a configuração do tipo, quais sejam: a) entrar no exercício de função pública antes de satisfeitas as exigências legais, de modo que o servidor inicia as suas atividades funcionais sem tomar posse, apresentar certos documentos necessários à sua habilitação profissional ou relacionada ao seu estado de saúde, ou que o seu ato não tenha sido publicado no órgão oficial, enfim, qualquer requisito legal fixado pela legislação de regência; b) continuar a exercê-la, sem autorização, depois de saber oficialmente que foi exonerado, removido, substituído ou suspenso, que vem a ser uma modalidade de usurpação de função pública ao prolongar a sua permanência no cargo público sem que possua mais essa qualidade administrativa.

Necessário se faz ressaltar que um dos requisitos para a reconhecimento do ato jurídico perfeito é que seja proferido por agente capaz, além da exigência de objeto lícito e forma prevista ou não proibida em lei. Evidente que sendo o ato de pessoa que não se encontre investida regularmente no serviço público, atendendo a todas as exigências legais, incorrerá em cometimento de ato ilícito.

E aqui a reprimenda penal é exatamente o exercício ilegal de função pública em situações definidas pelas duas modalidades descritas neste tipo penal.

6.17.2. Tipo subjetivo

Em qualquer das modalidades do crime, o elemento subjetivo é o dolo genérico, isto é, a vontade livremente dirigida a qualquer das ações mencionadas na lei, acompanhada da consciência da injuridicidade. É indiferente o fim do agente. O erro de fato, ou a errônea interpretação do ato administrativo ou decisão judiciária, excluirá o dolo, e o crime em exame só punível a título de dolo (Nélson Hungria, in Comentários ao Código Penal, 2ª ed., vol. IX, p. 395).

6.17.3. Consumação

O delito estará consumado se o agente realiza ato de ofício após a antecipação ilegalmente no cargo ou durante o prolongamento, após cessado o seu vínculo funcional.

NOTA!

- **Ação penal:** pública incondicionada.
- **Sujeito ativo:** só o funcionário público
- **Causa de aumento de pena:** sendo o autor ocupante de cargo em comissão ou de função de direção ou assessoramento de órgão público, sociedade de econômica mista, empresa ou fundação pública, a pena é aumentada da terça parte (Art. 327, § 2º do CP).
- **Forma tentada**: Admissível.
- **Forma culposa:** Não há punição pelo Código Penal.
- **Competência para processar e julgar:** Juizado Especial Criminal (art. 61, Lei 9.099/1995)
- **Suspensão condicional do processo:** admissível (art. 89, Lei 9.099/1995)

6.18. Violação de sigilo funcional

> **Art. 325** – Revelar fato de que tem ciência em razão do cargo e que deva permanecer em segredo, ou facilitar-lhe a revelação:
>
> Pena – detenção, de seis meses a dois anos, ou multa, se o fato não constitui crime mais grave.
>
> § 1º Nas mesmas penas deste artigo incorre quem:
>
> I – permite ou facilita, mediante atribuição, fornecimento e empréstimo de senha ou qualquer outra forma, o acesso de pessoas não autorizadas a sistemas de informações ou banco de dados da Administração Pública;
>
> II – se utiliza, indevidamente, do acesso restrito.
>
> § 2º Se da ação ou omissão resulta dano à Administração Pública ou a outrem:
>
> Pena – reclusão, de 2 (dois) a 6 (seis) anos, e multa.

6.18.1. Tipo objetivo

A revelação que consiste em fazer passar o fato da esfera de sigilo para a do indevido conhecimento de terceiro pode ser direta ou indireta. No primeiro caso, o agente, ele próprio, comunica o fato a terceiro, *sponte* sua ou mediante determinação de outrem (podendo apresentar-se concurso com o crime de corrupção passiva ou prevaricação); no segundo, limita-se a facilitar a terceiro o conhecimento do fato, *in exemplis:* prestar informações que possibilitem a captação do segredo, permitir, passivamente, o manuseio de um *dossier* secreto. A revelação não se identifica com a divulgação (comunicação a indefinido número de pessoas): para que exista, basta a comunicação a uma só pessoa que seja. O fato que deva permanecer secreto há de tê-lo conhecido o agente em razão do cargo, isto é, faz-se mister que entre as atribuições do agente se inclua o conhecimento do fato (tornando-se ele um depositário do segredo). Não haverá crime se o indiscreto funcionário ocasionalmente surpreendera o segredo, pouco importando que para isso tivesse contribuído sua qualidade de *intraneus.* O dever funcional de segredo não é genérico, mas específico; somente se impõe ao funcionário que *ratione officii,* não podia deixar de ter ciência do segredo. Não é preciso que se trate de segredo *nunc et semper*, bastando que sigilosidade deva ser guardada apenas durante certo tempo; e a este deve ser sempre referida a ação (pouco importando que, posteriormente, o fato revelado deixe de ser secreto). Deve tratar-se de segredo de interesse público, pois a violação de segredo privado, ainda que obtido *ratione officii*, constitui o crime previsto no art. 154 (Nélson Hungria, in Comentários ao Código Penal, 2ª ed., vol. IX, p. 307).

6.18.2. Tipo subjetivo

O dolo consiste na vontade consciente e livre de revelar a outrem, indevidamente, o fato que deva permanecer secreto (seja qual for o setor da Administração em geral a que pertença o agente). O *animus defendendi,* isto é, se a revelação corresponder à necessidade de defesa do agente em juízo ou perante a opinião pública, pode excluir o *animus delinquendi.* Ao funcionário não se ode exigir que se sacrifique ao interesse público: outrossim, não se poderá reconhecer o crime quando a revelação se fazia necessária ou útil à comprovação de um crime (de ação pública). Em caso algum, pode o direito, a qualquer pretexto, proteger interesses ilegítimos (Nélson Hungria, ob. cit. p. 398).

6.18.3. Formas equiparadas

As formas equiparadas preceituadas pelo § 1º do aludido dispositivo penal apresenta os seguintes núcleos: a) permitir (dar liberdade, poder ou licença para, consentir em); b) facilitar (tornar ou fazer fácil, ou mais fácil); utilizar (tornar útil, empregar com utilidade, aproveitar). As condutas descritas nas letras "a" e "b", o agente na qualidade de depositário de dados e informações funcionais sigilosas ou secretas, em razão de suas atribuições funcionais, permite ou facilita a cessão ou mediante empréstimo de senha ou de qualquer outro procedimento, que pessoas não autorizadas tenham acesso aos sistemas de informações ou banco de dados da Administração Pública. No caso da letra "c", o agente se utiliza de forma indevida, ou seja, ilícita ou fraudulenta, do acesso restrito que lhe compete para outros fins que não aqueles do interesse público, mas de interesses subalternos.

O dolo dessa conduta é genérico ante a vontade livre e consciente da ilegalidade de executar os atos e procedimentos prenunciados pelo tipo penal. E por se tratar de crime formal, não se faz necessário o efetivo resultado pretendido.

6.18.4. Forma qualificada

O § 2º do citado dispositivo estabelece a forma qualificada quando o ato ou procedimento do agente se enquadrar no seu caput ou § 1º importar em dano à Administração Pública, que se compreende o prejuízo de ordem patrimonial ou de qualquer outra natureza que venha afetar o conjunto de valores integrante do acervo estatal.

Aqui o exaurimento do crime enseja uma categorização penal mais dosada com aplicação de pena mais rigorosa como manifestação de reprovação mais séria e contundente ao acusado.

6.18.5. Consumação

A consumação de um crime significa que é sua conclusão com o aperfeiçoamento de todas as condutas para se alcançar o resultado final pretendido, assim, na hipótese do tipo vertente a sua completude se opera quando o segredo é revelado a terceiro, basta que seja somente a uma pessoa, enquadrando-se na primeira modalidade, ou quando outra pessoa fica conhecendo o segredo, situação descrita na segunda modalidade.

NOTA!

- **Ação penal:** pública incondicionada.
- **Sujeito ativo :** só o funcionário público
- **Causa de aumento de pena:** sendo o autor ocupante de cargo em comissão ou de função de direção ou assessoramento de órgão público, sociedade de econômica mista, empresa ou fundação pública, a pena é aumentada da terça parte (Art. 327, § 2º do CP).
- **Forma tentada**: Admissível.
- **Forma culposa:** Não há punição pelo Código Penal.
- **Interceptação telefônica:** configura o crime previsto no art. 10 da Lei nº 9.296/1996.
- **Energia nuclear:** aplica-se o art. 23 da Lei nº 6.453/1977

- **Competência para processar e julgar:** Juizado Especial Criminal (art. 61, Lei 9.099/1995) para a conduta descrita no "*caput*".
- **Suspensão condicional do processo:** admissível (art. 89, Lei 9.099/1995) para a conduta descrita no "*caput*".
- **Substituição da pena:** admissível privativa de liberdade por restritiva de direitos (arts. 44, CP), a depender da dosimetria da pena (art. 77, CP).
- **Sursis:** possibilidade, a depender da dosimetria da pena (art. 77, CP)..

CASOS TÍPICOS

- "Prática o delito do art. 325 do CP o professor, integrante de banca examinadora de universidade federal, que, antecipadamente, fornece a alguns dos alunos cópias das questões que iam ser formuladas nas provas" (TRF - AC - RTFR 61/100).
- "Pratica o delito do art. 325 do CP o servidor público, nomeado para elaborar as provas de concurso, que quebra sigilo destas, entregando as questões e respostas para candidato" (RT 723/613)
- Relevância do sigilo: O art. 325 visa a proteger segredo relevante, cuja divulgação seja potencialmente danosa, e não interesses fúteis, carecedores de relevância jurídica (TACrSP, Julgados 73/183).

CASOS ATÍPICOS

- "Uma vez que a revelação de informações sigilosas, às quais o réu tinha acesso em razão de função pública, foi cometida apenas como meio a consumação do crime de corrupção passiva, o delito de violação de sigilo funcional restou absorvido pela conduta mais severa tipificada no art. 317 do Código Penal, tendo em vista o princípio da consunção, não havendo que se falar em desclassificação". (TJMG - Apelação Criminal 1.0079.11.063387-6/001, Relator(a): Des.(a) Jaubert Carneiro Jaques , 6ª CÂMARA CRIMINAL, julgamento em 18/08/2015, publicação da súmula em 28/08/2015)
- "Não deferido expressamente o segredo de justiça, ao revés, mantido o próprio réu como depositário, evidencia o juízo nenhum motivo de receio quanto à conduta processual e extraprocessual dos responsáveis pelo cartório onde corre o feito" (RT 555/348)
- "A quebra do sigilo de dados telefônicos é medida excepcional que depende de decisão judicial devidamente fundamentada, não se admitindo seja genérica e indeterminada sem a individualização dos destinatários. "Sofre constrangimento ilegal aquele que, por dever funcional, busca assegurar o direito ao

sigilo das comunicações telefônicas de âmbito geral, sob a advertência de estar praticando crime de desobediência" (HC 653.487-6, rel. Des. Jorge Wagih Massad, unân., j. 29.04.2010, DJe 14.05.2010). (TJPR - 5ª C. Criminal - HCC - 764318-5 - Loanda - Rel.: Rogério Coelho - Unânime - - J. 05.05.2011).

- "A Constituição Federal, em seu artigo 5º, incisos X e XII, garante o direito à intimidade, à vida privada e ao sigilo de dados e das comunicações telefônicas. As garantias constitucionais não são absolutas, mas a sua relativização depende de prévia decisão judicial fundamentada. Nada obstante, a quebra do sigilo de dados telefônicos é medida excepcional, sendo necessária a individualização dos destinatários da interceptação. Sofre constrangimento ilegal aquele que, por dever funcional, busca assegurar o direito ao sigilo das comunicações telefônicas de âmbito geral, sob a advertência de estar praticando crime de desobediência. Ordem parcialmente concedida" (TJPR - HC 653.487-6, 5ª Câmara Criminal, rel. Des. Jorge Wagih Massad, unân., j.29.04.2010, DJe 14.05.2010).

6.19. Violação do sigilo de proposta de concorrência

Art. 326 - Devassar o sigilo de proposta de concorrência pública, ou proporcionar a terceiro o ensejo de devassá-lo:

Pena - Detenção, de três meses a um ano, e multa. (Revogado pelo art. 94 da Lei nº 8.666/93)

6.20. Funcionário público

Art. 327 - Considera-se funcionário público, para os efeitos penais, quem, embora transitoriamente ou sem remuneração, exerce cargo, emprego ou função pública.

§ 1º - Equipara-se a funcionário público quem exerce cargo, emprego ou função em entidade paraestatal, e quem trabalha para empresa prestadora de serviço contratada ou conveniada para a execução de atividade típica da Administração Pública.

2º - A pena será aumentada da terça parte quando os autores dos crimes previstos neste Capítulo forem ocupantes de cargos em comissão ou de função de direção ou assessoramento de órgão da administração direta, sociedade de economia mista, empresa pública ou fundação instituída pelo poder público.

6.20.1. Conceituação penal

A norma penal conceitua como funcionário público ou agente público, quem, embora transitoriamente com ou sem remuneração, exerce cargo, emprego ou função pública, abrangendo desta forma toda pessoa que mantenha vínculo com a Administração Pública que nesta condição exerça atos ou procedimentos inerentes ao seu ofício, ou dele vinculado.

O alcance dessa definição inclui determinadas atividades desenvolvidas por agentes público que não ingressaram no serviço público pela realização de concurso público para o provimento de cargos ou empregos, nem por para o exercício de cargos comissionados, mas para desempenhar funções públicas que não são remuneradas, a exemplo de membro de Conselho Tutelar, jurado, serviço voluntário (Lei federal nº 9.608/1998) com objetivos cívicos, culturais, educacionais, científicos, recreativos ou de assistência social, mesário de eleição etc.

O dispositivo ao mencionar o exercício de cargo, emprego ou função pública compreende todo aquele agente público que ingressou no serviço público mediante concurso público, no caso de cargo e emprego, quem foi nomeado para cargo em comissão no âmbito da Administração Direta ou Indireta, ou ainda, desempenha a função pública na espécie do gênero de agente político, cuja assunção se deu por eleição ou outra modalidade instituída pelo ordenamento jurídico, como o preenchimento do cargo do quinto constitucional nos tribunais estaduais, federal e superiores.

Note-se, por oportuno, a figura do servidor que é admitido mediante a celebração de contrato por prazo determinado ou contrato temporário devido a necessidade de excepcional interesse público nas áreas de saúde e educação, previsto pela Lei Federal nº 8.745/1993, que também estão inseridos dentro dessa definição de funcionário público para fins penais.

Diante dessas considerações, pode-se observar que são considerados funcionários públicos para fins penais: vereadores, serventuários da justiça, funcionários de cartórios, peritos judiciais, contador da prefeitura, prefeito municipal, inspetor de quarteirão, leiloeiro oficial, quando auxiliar do juízo, gestor e médicos de hospital privado credenciado pelo SUS, funcionários do Banco do Brasil e Caixa Econômica Federal, zelador do município, advogado do município, estudante estagiário admitido na forma legal da Defensoria Pública ou qualquer outro órgão público, parlamentares estaduais e federais, defensor público, jurado, conselheiro tutelar, juiz de paz, e militar, dentre outros), de forma que nosso Código Penal tomou a expressão "funcionário público" no sentido extremamente amplo, abrangendo qualquer pessoa que exerça função pública.

Confira ensinamento de Alberto Silva Franco:

> "É que nosso Código Penal tomou a expressão no sentido mais amplo possível de modo que, para efeitos penais, esse diploma considera "funcionário" público não apenas o servidor típico, concursado e empossado na Administração Direta do Estado, mas também o que exerce emprego público (contratado, diarista, precário, em função de confiança, etc), mera função ou tarefa". (Código Penal e sua Interpretação, ed. RT, 8ª ed., p. 1524)

E, ainda, na lição de Nelson Hungria:

> "Pode dizer-se, como corolário do art. 327, que não é propriamente a qualidade de funcionário que caracteriza o crime funcional, mas o fato de que é praticado por quem se acha no exercício de função pública, seja esta permanente ou temporária, remunerada ou gratuita, exercida profissionalmente ou não, efetiva ou interinamente, ou *per accidens*" (comentários ao Código Penal, v. IX/397-400, Forense, 1958).

Também nessa linha de entendimento doutrinário, esse alcance é dado lição de Celso Delmanto, *in verbis*:

> "Conceituação: Para efeitos penais, o conceito de funcionário público é diverso do que lhe dá o Direito Administrativo. Para o CP, é funcionário público quem, embora transitoriamente ou sem remuneração, exerce cargo, emprego ou função pública. Para a caracterização, portanto, é desnecessária a permanência ou remuneração pelo Estado. Além de cargo ou emprego, a lei menciona função pública, com o que "quis deixar claro que basta o simples exercício de uma função pública para caracterizar, para os efeitos penais, o funcionário público" (H. Fragoso, Jurisprudência Criminal, 1979, II/n.º 250). Assim, ainda que a pessoa não seja empregada nem tenha cargo no Estado, ela estará incluída no conceito penal de funcionário público, desde que exerça de algum modo, função pública. Para fins penais, são funcionários públicos: o Presidente da República, do Congresso, dos Tribunais, os senadores, deputados, os vereadores, os jurados (CPP, art. 438); os serventuários da justiça; as pessoas contratadas, diaristas ou extranumerárias, etc." (Código Penal Comentado, Ed. Renovar, 3.ª ed., pp. 492/493).

6.20.2. *Equiparação a funcionário público*

O § 1º desta norma equipara a condição de funcionário para efeitos penais, na qualidade de sujeito ativo de crimes contra a Administração Pública quem exerce cargo, emprego ou função, ou ainda, cargo comissionado, nas empresas de sociedade de economia mista, nas empresas públicas, nas autarquias, e também aquelas pessoas que pertencem aos quadros de empresas privadas que prestam serviços ao Poder Público, quer decorrente de contratos ou convênios celebrados.

Quando a norma estipula textualmente empresa prestadora de serviço contratada ou conveniada para execução de atividade típica da Administração Pública está limitando aqueles serviços inerentes a atividade fim da Administração Pública, não sendo inserido toda e qualquer empresa prestadora de serviço, mas aqueles que lhes substituem na realização de suas atividades fins, que são típicas, próprias, específicas do ente estatal que são repassados para pessoas jurídicas de direito privado.

Essas sociedades civis sem fins lucrativos ou empresas privadas executam essas tarefas públicas especialmente nas áreas da saúde ou educação mediante contratos derivados de processos de licitação ou de qualificação profissional.

No âmbito da saúde, essas entidades estão mais presentes através das OS (Organizações Sociais), com a celebração de gestão pactuada administram diversos hospitais públicos em todo o país, um método de descentralização para gerenciar hospitais e serviços médicos, uma experiência positiva que tem melhorado a prestação de assistência médica e hospitalar da rede pública.

Há também o credenciamento de clínicas e hospitais para atendimento pelo Sistema Único de Saúde (SUS) e ainda a terceirização mediante a cessão ou concessão desses serviços mediante processo licitatório.

Nessas circunstâncias, é patente que os recursos humanos de profissionais da saúde se enquadram dentro dos requisitos de equiparação a servidor público para fins de aplicação da lei penal.

Depreende-se, dessa forma, que a equiparação conduz a concluir que a equiparação restringe ao funcionário público a condição de sujeito ativo dos crimes contra a Administração Pública.

6.20.3. Causa especial de aumento de pena

O § 2º deste dispositivo determina a imposição de aumento de pena ao sujeito ativo de crimes contra a Administração Pública quando for ocupante de cargo em comissão ou função de direção ou assessoramento de órgão da Administração Direta ou Indireta, no caso, sociedade de economia mista, empresa pública ou fundação instituída pelo poder público.

Cuida-se de causa especial de aumento de pena aplicada ao funcionário público ou a ele equiparado na forma da lei, que terá a pena majorada em um terço.

A justificativa de tornar maior a pena do agente público detentor desses cargos deve-se ao fato de que, sendo integrante do alto escalão da administração pública com as mais elevadas responsabilidades administrativa, merece uma reprimenda mais intensa em razão de dispor dos valores e direitos do Estado, que vem a ser de toda a sociedade, cuja deslealdade e desvio de conduta deve ser correspondente a elevadas responsabilidades de que são locatários.

CASOS TÍPICOS DE EQUIPARAÇÃO

- Prefeito municipal equiparado a funcionário público para fins penais. Configurada. Causa especial de aumento da pena prevista no art. 327, § 2º, do código penal, que se aplica ao caso. Detentor de mandato eletivo com poder de direção administrativa. Alcance da norma. Precedente do STF. Vício suprido. Aumento da pena à razão da terça parte na terceira etapa. Efeitos infringentes. Embargos acolhidos. (TJSC, Embargos de Declaração em Apelação Criminal

n. 2012.005375-4, de São Lourenço do Oeste, rel. Des. Carlos Alberto Civinski, j. 04-12-2012).

- Cobrança indevida de serviços médicos custeados pelo sistema único de saúde (SUS) . Causa de aumento de pena prevista no § 2º do art. 327 do código penal. Para efeitos penais, funcionário público é quem, embora transitoriamente ou sem remuneração, exerce cargo, emprego ou função pública (art. 327 do Código Penal), como é o caso do administrador de hospital que presta atendimento a segurados da Previdência Social. Isso porque adotou o Código, de forma expressa, conceito em sentido amplo, considerando muito mais o exercício da função pública do que propriamente a condição de funcionário público. Estando o médico na função de administrador de hospital, merece ser reconhecida a causa de aumento de pena prevista no art. 327, § 2º, do Código Penal. (TJSC, Apelação Criminal n. 2004.012639-5, de Pomerode, rel. Des. Solon d'Eça Neves, j. 15-03-2005).

- "O médico de hospital credenciado pelo SUS que presta atendimento a segurado, por ser considerado funcionário público para efeitos penais, pode ser sujeito ativo do delito de concussão. A simples leitura do conceito de funcionário público adotado antes mesmo da complementação realizada pela Lei n.º 9.983/00, revela que todos aqueles que, embora transitoriamente e sem remuneração, venham a exercer cargo, emprego ou função pública, estão incluídos no conceito de funcionário público para fins penais. Precedentes. IV. Recurso desprovido. (STJ – REsp 762.249/RS, Rel. Ministro GILSON DIPP, QUINTA TURMA, julgado em 02/02/2006, DJ 06/03/2006, p. 436).

- Médicos e administradores (equiparação a funcionários públicos). Concussão (configuração). Instituição privada credenciada ao SUS (delegação). Agravo regimental improvido. (STJ – AgRg no Ag 664.461/SC, Rel. Ministro NILSON NAVES, SEXTA TURMA, julgado em 19/06/2007, DJ 13/08/2007, p. 413)

- "Enquadra-se no conceito de funcionário público, para fins penais, todo aquele que exercer função pública, temporária ou permanente, a título oneroso ou gratuito, ainda que a mesma seja delegada. Inteligência do art. 327 do Código Penal, preconizada mesmo antes do advento da Lei n.º 9.983/2000. Administradores de hospital conveniado ao SUS e médicos que atendem pacientes segurados por esta Autarquia estão inseridos nesta concepção, por exercerem função pública delegada". (STJ – RHC-15.081, Ministro Jorge Scartezzini, DJ de 24.5.04.).

- "Esta Corte Federal Superior firmou já entendimento no sentido de que o conceito de agente público se estende aos médicos e administradores de entidade hospitalar privada que administram recursos públicos provindos do Sistema Único de Saúde, em razão da amplitude conferida ao conceito de funcionário público, ao que se extrai da letra mesma do artigo 327, parágrafo

1º, do Código Penal. Precedentes". (STJ – REsp-277.045, Ministro Hamilton Carvalhido, DJ de 13.12.04.).

- "Nos termos da nova redação atribuída ao § 1º do art. 327 do Código Penal, "equipara-se a funcionário público quem exerce cargo, emprego ou função em entidade paraestatal, e quem trabalha para empresa prestadora de serviço contratada ou conveniada para a execução de atividade típica da Administração Pública." Os médicos e administradores de hospitais particulares participantes do sistema único de saúde exercem atividades típicas da Administração Pública, mediante contrato de direito público ou convênio, nos termos do § 1º do art. 199 da Constituição da República, equiparando-se, pois, a funcionário público para fins penais, nos termos do § 1º do art. 327 do Código Penal. Recurso especial provido." (STJ – REsp 331.055/RS; Rel. Min. Paulo Medina; DJ 26/06/2003).
- Equipara-se a funcionário público para efeitos penais, pessoa empregada de entidade paraestatal que fora contratada pelo Estado para prestar serviços públicos, a teor do art. 327, do CP. (TJMG – Apelação Criminal 1.0470.08.052015-3/001, Relator(a): Des.(a) Antônio Carlos Cruvinel , 3ª CÂMARA CRIMINAL, julgamento em 10/08/2010, publicação da súmula em 16/09/2010)
- "Os empregados das empresas de sociedade de economia mista são equiparados a funcionários públicos para efeitos penais, podendo ser responsabilizados pelo crime de peculato""". (TJMG – Apelação Criminal 1.0702.06.318079-9/001, Relator(a): Des.(a) Herculano Rodrigues , 2ª CÂMARA CRIMINAL, julgamento em 22/10/2009, publicação da súmula em 06/11/2009).
- "Funcionário público. Banco do Brasil. Sociedade de economia mista. Equiparação. Os empregados das empresas de sociedade de economia mista são equiparados a funcionários públicos para efeitos penais, podendo ser responsabilizados pelo crime de peculato. Ordem denegada." (STJ – HC 22611 /CE, Relator(a) Ministro HAMILTON CARVALHIDO, SEXTA TURMA).
- "Sociedade de economia mista. Funcionário público por equiparação (art. 327, § 1º).. Equipara-se a funcionário público para efeito penais quem exerce cargo, emprego ou função em sociedade de economia mista ex vi art. 327, § 1º do Código Penal. Recurso provido". (STJ – REsp 212940 / MG, Relator(a) Ministro FELIX FISCHER, QUINTA TURMA).
- Imunidade do advogado. Ofensa a funcionário público. Majorante mantida. A imunidade prevista no art. 142, I, do Código Penal não abrange o delito de calúnia, por falta de previsão expressa no caput do dispositivo. – Nos termos do art. 327 do CP, considera-se funcionário público, para efeitos penais, quem embora transitoriamente ou sem remuneração, exerce cargo, emprego ou função pública. (TJMG – Apelação Criminal 1.0534.05.002176-3/001, Relator(a): Des.(a) Eli Lucas de Mendonça , 4ª CÂMARA CRIMINAL, julgamento em 27/08/2008, publicação da súmula em 10/09/2008).

CASO ATÍPICO DE EQUIPARAÇÃO

- "Pacificou-se nesta Corte o entendimento de que a Lei n.9.983/2000 não pode retroceder para equiparar a funcionário público médico credenciado ao SUS, sendo atípica a conduta praticada antes de sua vigência. Enunciado n. 83/STJ. O Supremo Tribunal Federal consignou que não se pode equiparar cidadãos com base em interpretação extensiva da redação original do § 1º do art. 327 do Código Penal, pois o caráter excepcional das ficções legais exige a sua interpretação restritiva. Agravo regimental a que se nega provimento. (STJ – AgRg no REsp 1101423/RS, Rel. Ministro MARCO AURÉLIO BELLIZZE, QUINTA TURMA, julgado em 06/11/2012, DJe 14/11/2012)

Capítulo II

Dos crimes contra a administração pública

Sumário • **7**. Dos crimes praticados por particular contra a administração em geral; **7.1**. Usurpação de função pública; **7.2**. Resistência; **7.3**. Desobediência; **7.4**. Desacato; **7.5**. Tráfico de Influência; **7.6**. Corrupção ativa; **7.7**. Descaminho; **7.8**. Contrabando; **7.9**. Impedimento, perturbação ou fraude de concorrência; **7.10**. Inutilização de edital ou de sinal; **7.11**. Subtração ou inutilização de livro ou documento; **7.12**. Sonegação de contribuição previdenciária.

7. DOS CRIMES PRATICADOS POR PARTICULAR CONTRA A ADMINISTRAÇÃO EM GERAL

7.1. Usurpação de função pública

Art. 328 – Usurpar o exercício de função pública:

Pena – detenção, de três meses a dois anos, e multa.

Parágrafo único – Se do fato o agente aufere vantagem:

Pena – reclusão, de dois a cinco anos, e multa.

7.1.1. Sujeito ativo

O Capítulo II do Título XI do Código Penal é intitulado de crimes praticados por particular contra a administração em geral, de forma que o sujeito ativo dos crimes descritos necessariamente é atribuído ou a ser cometido pelo *extraneus*, o particular, aquela pessoa que não tem vínculo funcional com a Administração Pública. Será sempre pessoa estranha aos quadros da Administração Pública, exceto em sendo funcionário público que se apresente em função que absolutamente não possui, atuando fora da sua área de competência.

Por isso, se o agente for funcionário público, é necessário que o ato praticado corresponda a funções reservadas exclusivamente a outros funcionários (Heleno C. Fragoso, in Lições de Direito Penal, Bushatsky, 1959, p.948).

A propósito, já vem decidindo a jurisprudência:

> "Sabido é que o tipo do delito usurpação de função pública é o de 'Usurpar o exercício de função pública', isto é, alguém, dolosamente, o particular, pois só o particular poderá cometê-lo, tomar a função pública de outrem e exercê-la, isto é, produzir atos administrativos. É o combate ao funcionário de fato, não devidamente investido, à ação de particular que pretende se apresentar como agente público (RT 725/680)" (Mirabete, Júlio Fabbrini, Código Penal Interpretado, São Paulo, Atlas, 2ª ed. 2001, p. 1985).

Merece atenção que a "inofensividade do fato exclui o crime. Assim, por exemplo, se um funcionário da polícia, em tal qualidade, concede diploma ou condecoração, não pratica nem usurpação, nem prevaricação, porque o fato é inofensivo com relação à Administração Pública" (Antônio Pagliaro e Paulo José da Costa Júnior, in Dos Crimes contra a Administração Pública, p. 185).

7.1.2. Sujeito passivo

O sujeito passivo é o Estado que é afetado na sua normalidade, prestígio e decoro nos crimes cometidos pelos particulares.

7.1.3. Tipo objetivo

A conduta criminosa é usurpar o exercício de função. Lexicologicamente usurpar é tomar, arrebatar, apoderar-se etc. De acordo com a oração da lei, pratica a ação delituosa quem, indébita ou ilegitimamente, executa ato de ofício. Não basta fazer-se passar pelo ocupante do cargo, intitular-se como tal, desde que não o exerça. A lei exige que se usurpe exercício da função e não se contenta com a simples ou mera atribuição da qualidade de funcionário ou do título relativo ao cargo. (E.Magalhães Noronha, in Direito Penal, 3ª ed., Saraiva, 1969, p.358).

A função pública poderá ser de qualquer natureza exercida na forma gratuita ou remunerada, sendo requisito que se opere ato de ofício da referida atividade funcional.

7.1.4. Tipo subjetivo

O elemento subjetivo é a consciência de que se age sem direito. Há casos em que o particular, independentemente de investidura oficial, pode exercer, ex vi legis, uma função pública, como quando, por exemplo, prende alguém surpreendido em flagrante delito. Além disso, há certas funções que, por seu caráter puramente material ou impessoal, podem ser delegadas a um particular pelo funcionário autêntico. Em tais hipóteses, como é obvio, não poderia ser identificado o crime (Nélson Hungria, in Comentário ao Código Penal, 2ª ed., 1959, p. 410).

7.1.5. *Consumação*

A consumação do tipo estará se aperfeiçoando com a realização de algum ato de ofício, sendo indiferente se ocorrer algum resultado prático em decorrência desta atitude ilícita perpetrada pelo agente.

A propósito, lecionam Rui Stoco e Tatiana de O. Stoco:

"Não basta fazer-se passar pelo ocupante do cargo, intitular-se como tal, desde que não o exerça. A lei exige que se usurpe exercício da função e não apenas se contenta com a simples ou mera atribuição da qualidade de servidor ou do título relativo ao cargo" (Magalhães Noronha, idem). (Coord. FRANCO, Alberto Silva; STOCO, Rui. Código Penal e sua interpretação: doutrina e jurisprudência. 8. ed. São Paulo: Revista dos Tribunais, 2007, p. 1533).

- **Ação penal:** pública incondicionada.
- **Sujeito ativo:** o particular, podendo ser também funcionário público
- **Forma tentada:** admissível.
- **Competência para processar e julgar:** Juizado Especial Criminal (art. 61, Lei 9.099/1995), na forma simples do *caput*
- **Suspensão condicional do processo:** admissível (art. 89, Lei 9.099/1995), na forma simples do *caput*
- **Substituição da pena:** admissível privativa de liberdade por restritiva de direitos (arts. 44, CP), a depender da dosimetria da pena, na forma qualificada.
- **Sursis:** Possibilidade, a depender da dosimetria da pena (art. 77, CP), na forma qualificada.

CASOS TÍPICOS

- "Apelante que se passa por policial na companhia de outros agentes e promove a apreensão de veículo. Versão confirmada pela vítima e por seu enteado. Divergência quanto à pessoa que se intitulou policial. Controvérsia dirimida pela prática conjunta de ato inerente à atividade pública. Proveito, ademais, obtido em razão do exercício ilegítimo das atribuições típicas dos servidores estatais. Usurpação configurada. Condenação mantida. Recurso desprovido. Sobrestamento dos efeitos do acórdão. Retorno dos autos à origem para oportunizar ao apelante os benefícios da lei 9.099/95". (TJSC, Apelação Criminal n. 2010.035515-7, de Campos Novos, rel. Des. Torres Marques, j. 24-08-2010).

- "Hipótese em que funcionários de uma copiadora utilizavam carimbos de autenticação pertencentes ao 4º Ofício de Notas de Brasília/DF – fornecidos pelo próprio Tabelião -, em cópias de documentos, encaminhando-as, posteriormente, ao cartório, para a aposição de assinaturas por escreventes autorizados. II. O ora denunciado, embora não tenha praticado qualquer ato executório, concorreu de algum modo para a realização do crime, razão pela qual é forçoso reconhecer a figura do concurso de pessoas no presente caso. III. Recurso provido, nos termos do voto do Relator. (STJ – REsp 688.339/DF, Rel. Ministro GILSON DIPP, QUINTA TURMA, julgado em 19/04/2005, DJ 16/05/2005, p. 396).

CASOS ATÍPICOS

- Para a configuração do crime do art. 328 do CP, não basta que o agente tome para si a função que não detém, sendo necessário o efetivo exercício do ato de ofício, o que, no entanto, não se verifica no caso dos autos. (TJMG – Apelação Criminal 1.0713.10.002055-9/001, Relator(a): Des.(a) Doorgal Andrada, 4ª CÂMARA CRIMINAL, julgamento em 08/05/2013, publicação da súmula em 15/05/2013).
- "O delito do art. 328 do Código Penal não se configura sem o ânimo de usurpar. Indispensável que o agente se faça passar por ocupante de função pública e que pratique atos a ela pertinentes, com vontade deliberada de exercê-la." (STJ – RHC 2356/CE – Rel. Min. Cid Flaquer Scartezzini – 5ª T. – DJ 17/12/1992, p. 24.256).
- 'Usurpação de função pública. Agente que exerce irregularmente a atividade de 'Despachante Policial'. Impossibilidade. [...] Os 'Despachantes Policiais' são meros intermediários entre os particulares em geral e os Órgãos Públicos, exercendo atividade eminentemente privada, razão pela qual o agente que pratica irregularmente tal profissão não comete o delito capitulado no art.328 do CP'. (RJDTACRIM 27/91 – TACRSP). (TJMG – Apelação Criminal 1.0512.08.049879-7/001, Relator(a): Des.(a) Beatriz Pinheiro Caires , 2ª CÂMARA CRIMINAL, julgamento em 26/05/2011, publicação da súmula em 10/06/2011).
- Para a caracterização do delito de usurpação de função pública faz-se mister que o acusado tenha a real intenção de ocupar o lugar do servidor público que exerce a função. Ausente o dolo e a prática de atos de ofício, impossível falar-se no crime capitulado no art. 328, do Código Penal. (TJSC, Apelação Criminal (Réu Preso) n. 2008.025494-4, de Campo Erê, rel. Des. Sérgio Paladino, j. 03-06-2008).

7.2. Resistência

Art. 329 – Opor-se à execução de ato legal, mediante violência ou ameaça a funcionário competente para executá-lo ou a quem lhe esteja prestando auxílio:

Pena – detenção, de dois meses a dois anos.

§ 1º – Se o ato, em razão da resistência, não se executa:

Pena – reclusão, de um a três anos.

§ 2º – As penas deste artigo são aplicáveis sem prejuízo das correspondentes à violência.

7.2.1. *Tipo objetivo*

O tipo descrito neste dispositivo tem como pressuposição que o ato de autoridade seja legal com observância à sua formalidade em conformidade com preceito normativo editado por agente público competente.

O núcleo é opor-se, apresentar oposição mediante colocação de maneira que forme obstáculo à execução do ato.

Essa oposição ficará evidenciada com a utilização de violência física ou ameaça do particular contra o agente público por ocasião do cumprimento de um ato de autoridade pública, e não apenas contra o funcionário público sem incumbência oficial.

Deve-se atentar que palavras ofensivas não se constituem em ameaças, gestos intimidativos ou temível prenúncio, mas podem dar ensejo à configuração do desacato.

7.2.2. *Tipo subjetivo*

O delito, como qualquer outro, exige o dolo genérico, isto é, a vontade livre e consciente de praticar o fato e consciência de sua antijuridicidade. Mas exige também o fim específico de se opor à execução de um ato legal. Sem isso, ele poderá ser outro como o de ameaça, lesões corporais etc. Disse bem o Tribunal de Justiça da Guanabara: "Faltando ao acusado o dolo específico de resistir, não há falar-se em delito de resistência do art. 329 do CP. No caso, assim que os investigadores se identificaram como tais, cessou a resistência do acusado. Obedeceu à ordem legal". (E. Magalhães Noronha, in Direito Penal, 8ª ed., Saraiva, 1976, vol. 4º/322).

7.2.3. *Consumação*

O crime estará consumado com a prática efetiva da violência física, coação ou ameaça ao agente público perpetrada pelo particular no momento do cumprimento do ato da autoridade, sendo irrelevante que a ordem seja impedida ou obstaculada na sua execução.

7.2.4. Resistência qualificada

A presente qualificadora estará evidenciada no momento em que o ato legal de agente público competente deixa de ser executado pelos obstáculos produzidos pela violência ou ameaça perpetrada, impedindo, assim, a sua executoriedade. Essa incapacidade de superação redunda no exaurimento do crime para agravar o grau de culpabilidade do *extraneus* para lhe impor uma sanção mais intensa na sua dosimetria.

A consequência da inexecução do ato legal proporciona o descrédito e desprestígio da Administração Pública, de modo que, o agravamento da pena se faz necessário no sentido de expressar uma reprovação penal mais severa.

7.2.5. Concurso material

Ocorrendo violência contra a pessoa em decorrência do cometimento do crime de resistência (*caput*), aplica-se a cumulação de infrações penais na forma de concurso material prevista no art. 69, visto que, havendo lesão corporal em qualquer de sua natureza ou homicídio, procede-se à acumulação material, respondendo o agente pelo crime de resistência e mais o outro tipo resultante da sua ação de violência ou ameaça que venha causar a vítima.

NOTA!

- **Ação penal:** pública incondicionada.
- **Sujeito ativo:** o particular, podendo ser também funcionário público
- **Forma tentada:** admissível.
- **Competência para processar e julgar:** Juizado Especial Criminal (art. 61, Lei 9.099/1995),
- **Suspensão condicional do processo:** admissível (art. 89, Lei 9.099/1995), na forma simples do *caput.*
- **Substituição da pena:** Admissível privativa de liberdade por restritiva de direitos (arts. 44, CP), a depender da dosimetria da pena.
- **Sursis:** Possibilidade, a depender da dosimetria da pena (art. 77, CP)

CASOS TÍPICOS

- "Demonstrado que o agente, em face de legítima abordagem da polícia, opôs-se à execução desse ato legal, desferiu socos e chutes contra um dos militares participantes de sua prisão-captura e, ainda, causou dano à viatura, em sua direção atirando uma garrafa, ficam aperfeiçoados em sua configuração típica os crimes previstos nos artigos 129, "caput", 163, parágrafo único, III, e 329, "caput", do Código Penal". (TJMG - Apelação Criminal 1.0460.14.003957-5/001, Relator(a): Des.(a) Paulo Calmon Nogueira da Gama , 7ª CÂMARA CRIMINAL, julgamento em 16/03/2017, publicação da súmula em 24/03/2017)

- A oposição violenta à prisão legal realizada pela competente autoridade policial configura crime de resistência. (TJMG – Apelação Criminal 1.0024.12.029982-1/001, Relator(a): Des.(a) Denise Pinho da Costa Val , 6ª CÂMARA CRIMINAL, julgamento em 06/08/2013, publicação da súmula em 12/08/2013)

- Para se reconhecer o crime de resistência, o tipo penal exige que a oposição ao ato legal ocorra mediante violência ou ameaça, elementares essas não observadas no caso em exame, pois o réu não agrediu ou entrou em luta corporal com os policiais, sendo empregada força moderada para contê-lo. (TJMG – Apelação Criminal 1.0024.12.158716-6/001, Relator(a): Des.(a) Silas Vieira , 1ª CÂMARA CRIMINAL, julgamento em 16/07/2013, publicação da súmula em 26/07/2013)

- A resistência, como é cediço, configura-se na oposição, por meio de violência ou ameaça à execução de ato legal por autoridade pública competente. Assim, comete o delito aquele que, ao receber voz de prisão em flagrante pela prática de crime diverso, reage violentamente, chegando a causar lesões nos milicianos. (TJMG – Apelação Criminal 1.0433.12.013206-6/001. Relatora Desa. Márcia Milanez. Data de Julgamento: 02/04/2013. Data da publicação da súmula: 12/04/2013).

- Para condenação pela prática do crime de resistência, previsto no art. 329 do Código Penal, imperiosa é a demonstração da oposição do agente, mediante ato de violência ou grave ameaça, contra a autoridade competente. (TJMG – Apelação Criminal 1.0079.10.062550-2/001, Relator(a): Des.(a) Catta Preta, 2ª CÂMARA CRIMINAL, julgamento em 13/06/2013, publicação da súmula em 25/06/2013)

- Se se investira o recorrente de força física para opor-se à execução de ordem legal, extraindo-se das declarações prestadas pelos policiais a agressão perpetrada contra um dos milicianos, tem-se por tipificada a infração prevista no art. 329 do CP, crime de natureza formal, não constituindo empeço à configuração delitiva a ausência de laudo médico a comprovar a lesão sofrida pelo funcionário." (Apelação Criminal 1.0024.11.084178-0/001, Rel. Des.(a) Matheus Chaves Jardim, 2ª CÂMARA CRIMINAL, julgamento em 24/05/2012, publicação da súmula em 04/06/2012)

- Havendo prova suficiente de que o acusado se opôs, mediante ameaça, à execução de ato legal, conduzindo veículo sem habilitação, imperiosa se faz a manutenção do decreto condenatório pelo delito de resistência, o que tipifica o crime previsto no art. 329, § 1º, do CP, bem como comprovado o perigo de dano, requisito indispensável para a caracterização do art. 309, do CTB. II – Penas privativas de liberdade substituídas por duas restritivas de direito. APELO PARCIALMENTE PROVIDO. (Apelação Crime Nº 70055424683, Quarta Câmara Criminal, Tribunal de Justiça do RS, Relator: Rogério Gesta Leal, Julgado em 01/08/2013).
- Comete o delito previsto no art. 329, § 1º do CP, o agente que se opõe à execução de ato legal, mediante violência a policiais civis, consistente em disparos de arma de fogo, impedindo, com isso, a efetivação de mandado de prisão (TJRS, – AC – 70011527678 – 4ª C. Crim. – Rel. Gaspar Marques Batista – j., 02.06.2005).
- TJSP: "Resistência (...) Se o ato (não) for executado em razão da resistência, vale dizer, o crime deve ser considerado qualificado (art. 329, § 1º" (RT 718/378).
- Havendo lesões corporais em decorrência da violência empregada na resistência, há concurso material (STJ, RT 778/559)
- "O crime de resistência absorve os de desobediência, ameaça e desacato, quando praticados em um mesmo episódio, e também a contravenção de vias de fato, mas não o de lesões corporais, mesmo leves" (CP, art. 329, § 2º). (TJPR: Ap. 12.410-7 – 2ª C. Crim., rel. Edson Malachini, 27.09.1990 (RT 680/369).

CASOS ATÍPICOS

- "Para a configuração do crime de resistência, é suficiente o emprego de ameaça ou de violência, sendo esta caracterizadora do delito em todas as suas formas, desde as mais graves até as mais brandas, sendo desnecessário o exame de corpo de delito para comprová-las, já que algumas sequer deixam vestígios. Hipótese em que a inicial acusatória narra os fatos de forma clara, apresentando conduta que, muito embora possa não configurar o crime de resistência, previsto no art. 329 do Código Penal, uma vez que sua tipificação exige que a oposição ao ato legal ocorra mediante violência ou ameaça, elementares essas não observadas no caso, poderia se enquadrar em outras figuras típicas previstas pelo legislador, a exemplo dos delitos de desobediência ou desacato, não sendo caso, portanto, de encerramento prematuro do processo criminal." (STJ- HC 149650 / PB. Relator Ministro HAROLDO RODRIGUES (DESEMBARGADOR CONVOCADO DO TJ/CE). Órgão Julgador T6 – SEXTA TURMA. Data do Julgamento: 14/04/2011. Data da Publicação/Fonte DJe 06/06/2011).
- "Para a caracterização do delito do art. 329, CP, é necessária a resistência ativa, ou seja, o uso de violência ou ameaça contra os policiais, não bastando a

ocorrência de resistência passiva, esta entendida como a conduta do indivíduo de dificultar a ação policial (busca pessoal ou prisão). Recurso da acusação a que se nega provimento". (TJMG – Apelação Criminal 1.0056.08.175607-6/001, Rel. Des.(a) Silas Vieira, 1ª CÂMARA CRIMINAL, julgamento em 03/04/2012, publicação da súmula em 13/04/2012).

- "É essencial para a configuração do crime de resistência que o acusado obste o normal funcionamento da Administração Pública, assegurando a lei, com a punição do infrator, o exercício da autoridade estatal, o prestígio da função pública e a segurança dos agentes públicos, bem como daqueles que lhe prestam auxílio, para a consecução dos atos de ofício. No caso em tela o delito não ficou evidenciado". (TJMG – Apelação Criminal 1.0518.10.014359-4/001, Relator(a): Des.(a) Doorgal Andrada, 4ª CÂMARA CRIMINAL, julgamento em 12/06/2013, publicação da súmula em 19/06/2013).
- Embriaguez: Predomina o entendimento de que ela é incompatível com o elemento subjetivo do crime de resistência (RT 719/444).
- Simples ofensas: Ofensas por palavras não podem ser equiparadas a ameaças ou violência ao funcionário (RT 516/366)
- Simples ofensas: Comportamento rude e deselegante, por si só, não configura. (RJTJSP 122/498)
- Testemunho de policiais: Absolve-se, se as únicas testemunhas – patrulheiros do DNER – são, no fundo, sujeitos passivos secundários (TRF da 1ª R., Ap. 18.273, DJU 20.8.90, p. 18.226)
- Não configura o crime a resistência apenas passiva, sem emprego de violência ou ameaça (TACrSP, julgados 74/261).
- A ação de espernear ou esbravejar contra policial, ao ser preso, não configura (TACrSP, Julgados 66/345).

7.3. Desobediência

Art. 330 – Desobedecer a ordem legal de funcionário público:

Pena – detenção, de quinze dias a seis meses, e multa.

7.3.1. Tipo objetivo

O núcleo do tipo é desobedecer, a falta ou ausência de obediência, significando o não cumprimento de ordem legal emanada de autoridade competente, cujo descumprimento afeta o prestígio e a credibilidade da Administração Pública por representar a ideia de inoperância, incapacidade ou ineficácia do representante do órgão público na execução em proteção a direito tutelado, razão pela qual merece a reprovação penal nos termos deste dispositivo.

É indispensável a sua legalidade, substancial e formal. A ordem pode até ser injusta, mas não pode ser ilegal.

É necessária a competência funcional deste para expedir ou executar a ordem. Além disso, para a tipificação da desobediência é indispensável que o destinatário da ordem tenha o dever jurídico de obedecê-la, a obrigação de acatá-la. Além disso, se a lei cominar penalidade administrativa ou civil à desobediência da ordem, «não se deverá reconhecer o crime em exame, salvo se a dita lei ressalvar expressamente a cumulativa aplicação do art. 330» (Hungria, Comentários ao Código Penal, 1959, v. IX, p. 420).

7.3.2. Tipo subjetivo

Elemento subjetivo do delito é a vontade livre e consciente de não obedecer a ordem, com consciência da antijuridicidade do fato. Há, de, consequentemente, o sujeito ativo ter conhecimento da ordem e saber que ela emana de funcionário (E. Maganhães Noronha, Direito Penal, 8ª ed., Saraiva, 1976, vol. 4º/325).

Deve observar que o agente público investido em cargo ou função pública, possuidor de formação média ou superior, assim como o *extraneus,* tem consciência de que o descumprimento de uma ordem judicial, por exemplo, é um ato contrário à dignidade da justiça, e, se assim procede, o faz com noção exata que age de forma ilegal e abusiva.

Merece realce também o fato de que "os agentes públicos de qualquer nível ou hierarquia são obrigados a velar pela estrita observância dos princípios da legalidade, impessoalidade, moralidade e publicidade no trato dos assuntos que lhe são afetos", como preceitua o art. 4º da Lei nº 8.429/1992, que vem a ser a Lei de Improbidade Administrativa.

Desse modo, o agente público que incorre num ato de desobediência à ordem legal tem conhecimento próprio de que está transgredindo esse dever jurídico de fidelidade aos princípios da legalidade e da moralidade pública, cuja conduta se enquadra no delito deste dispositivo penal.

7.3.3. Consumação

O crime de desobediência omissivo se consume quando o agente destinatário tem o poder dever de agir, de executar ou cumprir o ato legal, mas não o pratica no lapso temporal determinado na ordem emanada ou prevista em norma ou regulamento, além disso, sendo comissivo, que resulta de uma ação ou ato positivo do agente destinatário que deveria abster-se.

NOTA!

- **Ação penal:** pública incondicionada.
- **Sujeito ativo:** o particular, podendo ser também funcionário público
- **Forma tentada:** Admissível.
- **Competência para processar e julgar:** Juizado Especial Criminal (art. 61, Lei 9.099/1995).
- **Suspensão condicional do processo:** admissível (art. 89, Lei 9.099/1995).

CASOS TÍPICOS

- "O princípio da não-autoincriminação garante ao suspeito o direito de se calar perante a autoridade policial, mas não de desatender à sua intimação, conduta que caracteriza o crime de desobediência". (TJMG - Apelação Criminal 1.0080.14.005339-0/001, Relator(a): Des.(a) Alberto Deodato Neto, 1ª CÂMARA CRIMINAL, julgamento em 14/03/2017, publicação da súmula em 24/03/2017)
- "Para a condenação pelo crime de desobediência, é necessário que o réu desobedeça ordem legal de funcionário público, visando desprestigiar a autoridade da Administração Pública."(TJMG – Apelação Criminal 1.0145.14.002277-6/001, Relator(a): Des.(a) Júlio César Lorens, 5ª CÂMARA CRIMINAL, julgamento em 18/08/2016, publicação da súmula em 26/08/2016)
- "Autor do fato que se recusa a submeter-se à revista ordenada pelos policiais, empreendendo fuga, comete o delito previsto no art. 330 do CP". RECURSO PARCIALMENTE PROVIDO. (TJRS – Recurso Crime Nº 71004352811, Turma Recursal Criminal, Turmas Recursais, Relator: Eduardo Ernesto Lucas Almada, Julgado em 05/08/2013)
- "É possível a tipificação do crime de desobediência, se, como no caso, a norma municipal, a par de penalidade civil ou administrativa, ressalve expressamente a aplicação dispositivo que contempla tal figura delituosa" (STJ – RHC 5.021-SP-DJU de 10-11-97, p. 57.838).
- "Age com dolo próprio do delito de desobediência, aquele que se opõe ao cumprimento do mandado judicial" (RT 399/303)
- TJSP: "O dolo específico não é exigível para a configuração da desobediência, delito que se completa com o mero dolo genérico, consistente na vontade consciente e livre de desobedecer" (RT 518/347).
- TJSP: "Não caracteriza resistência, e sim desobediência, a conduta de motociclista que, interceptado por autoridade de trânsito, que lhe solicita exibição de documentos, ao invés de obedecer a ordem legal, se coloca em fuga" (RT 634/270).

CASOS ATÍPICOS

- "Violência doméstica. Medidas protetivas. Descumprimento. Art. 330 do código penal. Atipicidade. Malgrado tenha entendimento diverso acerca do tema (externado, aliás, em voto-vista no HC n. 293.848/SP), esta Corte Superior pacificou sua jurisprudência no sentido de que somente caracterizará o crime de desobediência quando descumprida ordem judicial e não houver previsão de outra sanção em lei específica, salvo ressalva expressa de cumulação. Assim, não comete o crime de desobediência, previsto no art. 330 do Código Penal, aquele que descumpre medida protetiva imposta à luz da Lei n. 11.340/2006, uma vez que a Lei Maria da Penha prevê mecanismos próprios destinados ao descumprimento das tutelas de urgência, entre eles a custódia preventiva do agressor. Agravo regimental não provido". (STJ - AgRg no REsp 1615595/SC, Rel. Ministro ROGERIO SCHIETTI CRUZ, SEXTA TURMA, julgado em 07/03/2017, DJe 14/03/2017)
- Para a condenação pelo delito de desobediência é necessário que o réu desobedeça ordem legal de funcionário público visando desprestigiar a autoridade da Administração Pública. Quando o réu descumpre ordem de parada dos agentes policiais visando salvaguardar sua liberdade, ausente está o elemento subjetivo do tipo, o que impõe a absolvição pelo crime previsto no art. 330 do CP. (TJMG – Apelação Criminal 1.0145.15.023832-0/001, Relator(a): Des.(a) Júlio César Lorens , 5ª CÂMARA CRIMINAL, julgamento em 24/05/2016, publicação da súmula em 02/06/2016)
- O descumprimento de medidas protetivas não caracteriza o delito de desobediência, pois a própria Lei Maria da Penha prevê sanção específica quando tal ocorrer. Absolvição impositiva. Apelo provido. (TJRS – Apelação Criminal 70050263854, Rel. Des.(a) Aristides Pedroso de Albuquerque Neto, 4ª CÂMARA CRIMINAL, julgamento em 21/03/2013, publicação da súmula em 03/04/2013).
- Crime de desobediência. Art. 330, na forma do art. 69, caput, ambos do cp. Atipicidade da conduta. Sentença condenatória reformada. Havendo cominação de sanção administrativa para a hipótese de inobservância da ordem, e não prevendo a lei extrapenal cumulação com o art. 330 do CP, inexiste crime de desobediência. A interpretação é adequada ao princípio da intervenção mínima do direito penal, sempre invocado como *ultima ratio*. A sanção administrativa afasta a natureza criminal de eventual descumprimento da ordem referida. RECURSO PROVIDO. (TJRS – Recurso Crime Nº 71004345914, Turma Recursal Criminal, Turmas Recursais, Relator: Cristina Pereira Gonzales, Julgado em 08/07/2013).
- A ausência de elementos probatórios firmes e seguros acerca da efetiva desobediência à ordem policial de revista pessoal impõe a absolvição do réu, mormente em se verificando que, ao final, consumada a abordagem, não

havendo, assim, embaraço à atuação policial. RECURSO PROVIDO. (TJRS – Recurso Crime Nº 71004383303, Turma Recursal Criminal, Turmas Recursais, Relator: Volcir Antônio Casal, Julgado em 22/07/2013)

- Réu que, na qualidade de representante da empresa executada, foi intimado, por Oficial de Justiça, para cumprir a ordem judicial de entregar um automóvel objeto de penhora, do qual ele era depositário fiel, ou o equivalente em dinheiro, no prazo de 05 dias, sob pena de responder por crime de desobediência. Durante o prazo, a empresa executada apresentou proposta escrita de pagamento parcelado da dívida, que não foi aceita pela exequente. Daí é que não verificando, de forma clara e precisa, a vontade específica do réu de contrariar a ordem legal, e não tendo sido acostados aos autos cópias das demais peças do processo de execução, de molde a melhor aclarar os fatos, decido em favor do réu na esteira do princípio da prevalência de seu interesse – *in dúbio pro reo*. RECURSO PROVIDO PARA ABSOLVER O RÉU. (TJRS – Recurso Crime Nº 71004334157, Turma Recursal Criminal, Turmas Recursais, Relator: Cristina Pereira Gonzales, Julgado em 24/06/2013)

- Para a configuração do delito de desobediência, é essencial a comprovação da vontade livre e consciente do agente de não acatar ordem emitida por pessoa que sabia ser funcionário público, o que não restou demonstrado no caso. (TJMG – Apelação Criminal 1.0435.12.000802-2/001, Relator(a): Des.(a) Renato Martins Jacob , 2ª CÂMARA CRIMINAL, julgamento em 11/07/2013, publicação da súmula em 22/07/2013).

- Violência doméstica. Descumprimento de medidas protetivas. Crime de desobediência. Conduta atípica na espécie. Previsão de outras punições. Ordem concedida. O descumprimento de medida protetiva deferida com base na Lei n.º 11.340/2006 não caracteriza, isoladamente, o crime de desobediência previsto no art. 330 do CP, quanto mais se a proteção conferida pela lei extravagante pode ser alcançada por punições de outra natureza. Ordem concedida. (TJMG – Habeas Corpus 1.0000.12.130740-9/000, Rel. Des.(a) Antônio Armando dos Anjos, 3ª CÂMARA CRIMINAL, julgamento em 19/02/2013, publicação da súmula em 26/02/2013).

- "Não configura crime de desobediência o comportamento da pessoa que, suposto desatenda a ordem judicial que lhe é dirigida, se sujeita, com isso, ao pagamento de multa cominada com a finalidade de a compelir ao cumprimento do preceito". (STF – HC 88572, Relator(a): Min. CEZAR PELUSO, Segunda Turma, julgado em 08/08/2006, DJ 08-09-2006 PP-00062 EMENT VOL-02246-02 PP-00355 RTJ VOL-00201-03 PP-01096).

- "Consoante firme jurisprudência desta Corte, para a configuração do delito de desobediência de ordem judicial é indispensável que inexista a previsão de sanção de natureza civil, processual civil ou administrativa, salvo quando a norma admitir expressamente a referida cumulação. Se a decisão proferida nos autos do Mandado de Segurança, cujo descumprimento justificou o oferecimento da denúncia, previu multa diária pelo seu descumprimento, não há que se falar em crime, merecendo ser trancada a Ação Penal, por atipicidade da conduta. Precedentes do STJ. Ordem concedida, para determinar o trancamento da Ação Penal 1000.6004. 2056, ajuizada contra o paciente". (STJ - HC 92.655/ES, Rel. Ministro NAPOLEÃO NUNES MAIA FILHO, QUINTA TURMA, julgado em 18/12/2007, DJ 25/02/2008, p. 352)

- "Para a configuração do delito de desobediência, salvo se a lei ressalvar expressamente a possibilidade de cumulação da sanção de natureza civil ou administrativa com a de natureza penal, não basta apenas o não cumprimento de ordem legal, sendo indispensável que, além de legal a ordem, não haja sanção determinada em lei específica no caso de descumprimento. (Precedentes). Habeas corpus concedido, ratificando os termos da liminar anteriormente concedida" (STJ - HC 22.721/SP, Rel. Min. FELIX FISCHER, DJU 30.06.03).
- "No âmbito do Superior Tribunal de Justiça, firmou-se o entendimento jurisprudencial de que, no exercício de jurisdição extra-penal, não é viável a determinação de prisão em razão do crime de desobediência. Ademais, com o advento da Lei 12.403/11, por meio da qual se consagrou a segregação como *ultima ratio*, não se mostra apropriada, em regra, a determinação de prisão decorrente de suposta prática de infração penal de menor potencial ofensivo. Ordem concedida, ratificada a liminar e na esteira do parecer ministerial, para cassar a ordem de prisão expedida em desfavor do paciente no seio do Mandado de Segurança de n.º 2001.004.00540, do Tribunal de Justiça do Estado do Rio de Janeiro. (STJ - HC 123.256/RJ, Rel. Ministra MARIA THEREZA DE ASSIS MOURA, SEXTA TURMA, julgado em 27/09/2011, DJe 10/10/2011).
- "Para a caracterização do delito de desobediência, o dolo deve ser inequivocadamente apurado, evidenciando-se ele na intenção do agente de opor-se à ordem legal, com imprescindível consciência da antijuridicidade do seu comportamento." (TAMG - AC - Rel. Vieira de Brito - RT 452/449).

7.4. Desacato

> **Art. 331** – Desacatar funcionário público no exercício da função ou em razão dela:
> Pena – detenção, de seis meses a dois anos, ou multa.

7.4.1. Tipo objetivo

Desacato indica todo ato de desrespeito ou de ofensa de natureza moral ou material cometido contra o agente público investido na sua atividade funcional na realização de seu ofício diante da resistência no cumprimento do seu dever. Na definição de Hungria, desacato é "a grosseira falta de acatamento, podendo consistir em palavras injuriosas, difamatórias ou caluniosas, vias de fato, agressão física, ameaças, gestos obscenos, gritos agudos etc", ou seja, "qualquer palavra ou ato que redunde em vexame, humilhação, desprestígio ou irreverência ao funcionário" (Comentário ao Código Penal, 1959, v. IX, p. 424).

Em tese, o desacato se objetiva através de qualquer palavra ou ato que redunde em desprestígio ou irreverência ao agente público no exercício de suas funções públicas, a exemplo de atitudes grosseiras, desrespeitosas, ameaças ou em altos brados, expressando a sua manifesta conduta ultrajante.

O requisito do delito é que a ofensa seja manifestada no exercício da função ou que a conduta seja realizada em razão dela, exigindo-se desta forma o nexo funcional do fato.

7.4.2. Tipo subjetivo

O dolo se apresenta diante da vontade livre e consciente de praticar ou manifestar palavras ofensivas contra o agente público no exercício de função pública, numa forma de desobedecer ao cumprimento daquele ato revestido de legalidade.

Esse desrespeito deliberado contra o agente público objetiva desprestigiar, menosprezar ou afrontar aquele ato oficial com a pronúncia de palavras ofensivas e injuriosas; a intenção de ofensa é elemento subjetivo do tipo.

7.4.3. Consumação

A consumação do ato de desacato se perfaz quando proferidas palavras agressivas diretamente ao agente público no momento do cumprimento do ato de seu ofício, ou se vem tomar conhecimento mais adiante das ofensas imputadas.

NOTA!

- **Ação penal:** pública incondicionada.
- **Sujeito ativo:** o particular, podendo ser também funcionário público.
- **Forma tentada:** Admissível.
- **Competência para processar e julgar:** Juizado Especial Criminal (art. 61, Lei 9.099/1995).
- **Injúria qualificada:** se o ato se realiza na ausência do funcionário público, o agente responde pelo delito de injúria qualificada (art. 141, II, CP).
- **Suspensão condicional do processo:** Admissível (art. 89, Lei 9.099/1995).

CASOS TÍPICOS

- "Caracteriza desacato a reação ao cumprimento de ordem judicial por oficial de justiça, com insultos e agressão verbal" (TRF da 1ª R., Ap. 31.163, DJU 2.9.91, p. 20751).
- "O dolo, para configuração do desacato, não é específico, mas genérico. Não se exige um fim determinado de ofender, bastando a genérica volição de proferir a expressão aviltante. É o que se dessume da simples enunciação legal da figura típica" (RT 393/347).
- "Pratica crime de desacato o funcionário público que, embora por motivo ligado ao serviço, na presença de terceiros, notadamente de colegas de trabalho, maltrata com palavras de baixo calão seu superior hierárquico, tentando ainda agredi-lo" (RT 453/400).
- "O uso de expressões de baixo calão, com o intuito de menosprezar e humilhar policiais militares que, no exercício de suas funções públicas, aplicam ao réu multa por infração de trânsito, caracteriza o crime de desacato" (RT 759/707).
- "Incorre nas sanções do art. 331 do CP, o agente que desafia magistrado, no exercício de suas funções, com afronta e irreverência ao mesmo, rebelando-se e desatendendo ato legítimo da autoridade" (RJDTACRIM 10/175).
- "Em sede do art. 331 do CP, o agente que desfere tapa no rosto de funcionário de escola pública, quando convocado em virtude de procedimento irregulares de seu filho, comete desacato, pois o simbolismo de sua conduta, evidente humilhação, é que caracteriza o delito, sendo irrelevante se dele resultaram ou não vestígios" (RJDTACRIM 17/68).

CASOS ATÍPICOS

- "A criminalização do desacato está na contramão do humanismo, porque ressalta a preponderância do Estado - personificado em seus agentes - sobre o indivíduo. A existência de tal normativo em nosso ordenamento jurídico é anacrônica, pois traduz desigualdade entre funcionários e particulares, o que é inaceitável no Estado Democrático de Direito. Punir o uso de linguagem e atitudes ofensivas contra agentes estatais é medida capaz de fazer com que as pessoas se abstenham de usufruir do direito à liberdade de expressão, por temor de sanções penais, sendo esta uma das razões pelas quais a CIDH estabeleceu a recomendação de que os países aderentes ao Pacto de São Paulo abolissem suas respectivas leis de desacato. O afastamento da tipificação criminal do desacato não impede a responsabilidade ulterior, civil ou até mesmo de outra figura típica penal (calúnia, injúria, difamação etc.), pela ocorrência de abuso na expressão verbal ou gestual utilizada perante o funcionário público. Recurso especial conhecido em parte, e nessa extensão, parcialmente provido para afastar a condenação do recorrente pelo crime de desacato" (art. 331 do CP). (STJ - REsp 1640084/SP, Rel. Ministro RIBEIRO DANTAS, QUINTA TURMA, julgado em 15/12/2016, DJe 01/02/2017)

- O crime de desacato exige dolo específico, consistente na vontade de ultrajar e desprestigiar a função pública exercida pelo ofendido. Não basta para tanto a mera enunciação de palavras ofensivas resultantes de desabafo ou revolta efêmera do agente. (TJMG – Apelação Criminal 1.0024.10.294907-0/001, Relator(a): Des.(a) Flávio Leite , 1ª CÂMARA CRIMINAL, julgamento em 12/04/2016, publicação da súmula em 20/04/2016)
- "Mero desabafo momentâneo não configura (RT 531/312), como no caso da expressão "a justiça é estaca zero", pois todos reconhecem que a aplicação da lei, em nosso país, está longe de ser o que devia ser (TAPR, PJ 40/352).
- "Os palavrões proferidos por pessoa de educação de nível inferior, máxime em momento de cólera exacerbada pela embriaguez alcoólica, estão longe de revelar propósito de desacatar" (RT 374/69).
- "Se o agente, ao proferir palavras malsonantes, apena dá mostra de vivacidade de temperamento e, mesmo, incontinência de linguagem, ou simples falta de controle emocional, não se pode reconhecer em sua conduta o dolo específico do desacato" (RT 542/338)
- "A irritação de quem é preso e, em razão disso, profere palavras ofensivas contra policial não se compadece com a intenção dolosa, tornando falho o desacato" (RT 557/349).

7.5. Tráfico de Influência

> **Art. 332** – Solicitar, exigir, cobrar ou obter, para si ou para outrem, vantagem ou promessa de vantagem, a pretexto de influir em ato praticado por funcionário público no exercício da função:
>
> Pena – reclusão, de 2 (dois) a 5 (cinco) anos, e multa.
>
> Parágrafo único – A pena é aumentada da metade, se o agente alega ou insinua que a vantagem é também destinada ao funcionário.

7.5.1. Tipo objetivo

A elementar do tipo é a conduta de solicitar (pleitear, requerer, pedir), exigir (estipular, reclamar, querer, ordenar), cobrar (pedir ou exigir pagamento) ou obter (receber, conseguir, alcançar) vantagem ou promessa de vantagem para si ou outrem.

A vantagem requerida que foi almejada pelo agente em proveito próprio ou em favor de terceiros, pode ser material no que se refere a ativos financeiros ou patrimoniais pelos seus valores de mercado que importem no acúmulo ou agregação de riquezas, qualquer que seja a sua estimativa.

Mas, essa vantagem também pode ser de natureza moral quando resultar em favorecimento de qualquer natureza a compensação pelo pedido formulado que atingiu o seu objetivo, assim, pode-se inferir que a indicação para um cargo público, uma promoção ou indicação para direcionamento de uma licitação, também se constitui nesse tipo de vantagem trocada pelo resultado da influência nefasta do sujeito ativo dessa conduta delituosa.

É essencial que a predominância dessa interferência derive do exercício do cargo público exercido pelo sujeito ativo na sua função de superioridade desempenhada na sua atividade funcional, alardeie prestígio e influência sobre o funcionário público que detém o ofício que servirá de instrumentalização para que sua intromissão alcance os objetivos desejados.

Esse tipo de conduta é o que os romanos chamavam de *venditio fumi*, ou seja, a "venda de fumaça" que ilude o "comprador".

7.5.2. Tipo subjetivo

Preleciona Heleno C. Fragoso que o dolo consiste na vontade conscientemente dirigida à obtenção de vantagem ou promessa de vantagem, a pretexto de influir em funcionário público em ato de ofício. Não se exige que o agente tenha a consciência de atingir a Administração Pública (*in* Lições de Direito Penal, A Nova Parte Geral, 1985, p. 972).

7.5.3. Consumação

A consumação estará configurada com a mera solicitação, exigência ou cobrança ou promessa de qualquer vantagem para interferir e direcionar o seu pleito, em razão do cargo ou função pública, no exercício de ofício de funcionário público que ostenta se vangloriar de influenciar no seu encaminhamento e resultado da ação ou atitude daquele.

O delito estará configurado com a simples solicitação, exigência ou cobrança, sem que seja necessário o resultado pretendido, porquanto se trata de crime de natureza formal.

O resultado positivado do pedido, da reclamação ou do pagamento, é o exaurimento do delito pelo seu aperfeiçoamento.

7.5.4. *Causa de aumento da pena*

Na hipótese do agente alegar (manifestar, revelar, demonstrar) ou insinuar (preconizar, dar a entender) que o produto da vantagem também será destinada ao funcionário público, numa suposição de parceria em conjunto do ganho auferido, a pena base aplicada será majorada da metade na sua dosimetria.

NOTA!

- **Ação penal:** pública incondicionada.
- **Sujeito ativo:** o particular, podendo ser também funcionário público
- **Forma tentada:** admissível.
- **Corrupção:** caso haja acordo de vontades entre o agente e o funcionário público, aperfeiçoa-se o delito de corrupção a que se referem os arts. 317 e 333 do CP.
- **Substituição da pena:** admissível privativa de liberdade por restritiva de direitos (arts. 44, CP), a depender da dosimetria da pena.
- **Sursis:** possibilidade, a depender da dosimetria da pena (art. 77, CP)

CASOS TÍPICOS

- "A prova colhida é certa no sentido de ter o acusado solicitado vantagem econômica sob a alegação de ser influente junto aos agentes da polícia e do judiciário".(Apelação Crime Nº 70070880257, Quarta Câmara Criminal, Tribunal de Justiça do RS, Relator: Mauro Evely Vieira de Borba, Julgado em 23/02/2017)
- "Pratica o crime de tráfico de influência o agente que solicita, exige, cobra ou obtém vantagem sob a desculpa ou justificativa de exercer ascendência sobre funcionário público, sem necessidade do resultado concreto da influência, inclusive, incidindo causa especial de aumento se o agente alega destinar-se à vantagem a funcionário público, conduta essa devidamente caracterizada na espécie". (TMJG – Apelação Criminal 1.0707.12.015916-5/001, Relator(a): Des.(a) Eduardo Machado , 5ª CÂMARA CRIMINAL, julgamento em 01/04/2014, publicação da súmula em 07/04/2014)
- "Pratica o delito de tráfico de Influência, previsto no artigo 332, do Código Penal, o agente que solicita, exige, cobre ou obtenha a vantagem ou promessa desta, para si ou para outrem, a pretexto de que exerce ascendência sobre funcionário público, no exercício de sua função". [TJMG. Apelação Criminal 1.0686.09.250717-3/001. 1ª CÂMARA CRIMINAL. Des.(a) Walter Luiz. Data do Julgamento: 28/05/2013].

- "Aquele que atribui-se, persuasivamente, influência sobre o funcionário, comprometendo-se a exercê-la em favor de interesse perante a administração pública, em troca de obtenção de vantagem ou promessa de vantagem para si próprio ou para outrem, como preço da mediação, pratica a conduta delituosa prevista no artigo 332 do CP (tráfico de influência)". [TJMG. Apelação Criminal 1.0105.97.008315-7/001. 1ª CÂMARA CRIMINAL. Des.(a) Armando Freire. Data do Julgamento: 15/02/2005].

- "Pratica o delito de Tráfico de Influência majorado, previsto no artigo 332, parágrafo único, do Código Penal, o agente que solicita, exige, cobre ou obtenha a vantagem ou promessa desta, para si ou para outrem, a pretexto de que exerce ascendência sobre funcionário público, no exercício de sua função, tendo o agente alegado que a vantagem é também destinada ao funcionário". (TJMG – Apelação Criminal 1.0479.02.036574-4/001, Relator(a): Des.(a) Walter Luiz , 1ª CÂMARA CRIMINAL, julgamento em 25/03/2014, publicação da súmula em 04/04/2014)

- "Pratica o crime de tráfico de influência o agente que solicita, exige, cobra ou obtém vantagem sob a desculpa ou justificativa de exercer ascendência sobre funcionário público, sem necessidade do resultado concreto da influência, inclusive, incidindo causa especial de aumento se o agente alega destinar-se à vantagem a funcionário público". (TJMG – Apelação Criminal 1.0024.07.523572-1/001, Relator(a): Des.(a) Eduardo Machado, 5ª CÂMARA CRIMINAL, julgamento em 17/09/2013, publicação da súmula em 23/09/2013)

- "Pratica o crime de tráfico de influência previsto no art. 332, parágrafo único do CP o agente que solicita determinada quantia em dinheiro de cidadãos com promessa de influenciar o funcionário da BHTRANS para regularizar sua situação". (TJMG – APELAÇÃO CRIMINAL N° 1.0024.07.392185-0/001 – RELATOR: EXMO. SR. DES. PAULO CÉZAR DIAS – data do julgamento: 17/04/2012 – data da publicação: 31/05/2012).

- "Ajustando-se os denunciados para oferecerem vantagem a funcionário público no exercício de suas funções, isto no intuito de facilitar obtenção da CNH, respondem pelo crime de corrupção ativa, ainda que entregue o dinheiro arrecadado para tanto somente por um deles. – Instigando o instrutor de direção veicular suas alunas a participar de suposto esquema de obtenção de carteira de habilitação, noticiando que poderia influir na conduta do examinador, solicitando vantagem patrimonial para realizar o ato, incorre nas iras do art. 332 do Código Penal. – Apelo improvido". (TJMG – APELAÇÃO CRIMINAL N° 1.0411.07.034679-5/001 – RELATOR: EXMO. SR. DES. EDIWAL JOSÉ DE MORAIS – data do julgamento: 04/05/2010- data da publicação: 09/07/2010).

- "Independe do efetivo recebimento da vantagem, bastando que o agente obtenha a promessa dela para estar consumado o crime do art. 332" (STF, RTJ 117/572)

CASOS ATÍPICOS

- Funcionário de entidade paraestatal: "Sociedade de economia mista, sendo o seu pessoal subordinado às leis trabalhistas e não as que regem os funcionários públicos não caracteriza o delito do art. 332 do PC, visto que, o empregado de economia mista somente é equiparado ao funcionário público, para os efeitos penais, quando é sujeito ativo e não passivo do delito" (RT 409/70).
- "Sem a prova de que o acusado houvesse, efetivamente, alardeado prestígio junto a funcionário público, elemento essencial da infração prevista no art. 332 do CP, esta não se configura" (RT 527/321).

7.6. Corrupção ativa

> **Art. 333** – Oferecer ou prometer vantagem indevida a funcionário público, para determiná-lo a praticar, omitir ou retardar ato de ofício:
> Pena – reclusão, de 2 (dois) a 12 (doze) anos, e multa.
> Parágrafo único – A pena é aumentada de um terço, se, em razão da vantagem ou promessa, o funcionário retarda ou omite ato de ofício, ou o pratica infringindo dever funcional.

7.6.1. Tipo objetivo

A elementar do tipo é o proceder do sujeito ativo, que pode ser qualquer pessoa, em oferecer (dadivar, propor, mimosear, tudo no sentido de que seja aceito) ou prometer (assegurar, avalizar, obrigar-se a dar), vantagem indevida, aquela que a lei não autoriza nem prevê, cuja natureza pode ser patrimonial ou econômico, como dinheiro, lucro, ganho ou qualquer outro bem de valor estimativo ou de mercado, seja comercial ou financeiro; enfim, qualquer coisa que represente agregação ao nível de riqueza do seu destinatário, o agente público.

A vantagem indevida também pode ser de outra espécie de benefício ou privilégio como uma promoção, remoção ou progressão na carreira funcional, ou ainda, o provimento em cargo comissionado para o agente público ou terceiro, de modo que venha favorecer-lhe de alguma forma na sua satisfação pessoal ou familiar.

A motivação do mimo oferecido ou prometido é com o objetivo do agente público praticar mediante sua omissão ou retardamento na realização de ato de ofício, que significa por lei, oficialmente, em virtude do cargo público no qual se encontra investido no seu regular exercício administrativo, de modo que ato de ofício é aquele que a Administração faz independentemente de pedido do interessado; sem precisar ser provocado.

A omissão é para deixar de fazer ou praticar ato da competência do agente público cuja conduta importará no favorecimento de alguém ou em favor de qualquer pessoa, porquanto não se aufere vantagem indevida para adoção de um comportamento omissivo se não resultar em benefício, aparentemente legal, para um destinatário.

Registre-se que é pressuposto para a configuração do tipo que a promessa seja feita antes do ato do funcionário competente para sua realização, conquanto, se ocorrer após a sua concretização afasta o enquadramento deste, mas poderá se constituir em outro delito ou ato de improbidade administrativa, conforme o caso.

Note-se, por oportuno, que tanto a omissão quanto o retardamento de atos administrativos são incompatíveis com o princípio constitucional da eficiência, traduzido na presteza, rapidez e qualidade da execução dos serviços públicos.

Esse aparentemente legal terá um conteúdo de benefício ilícito quando o ato administrativo deixou de ser praticado em tempo razoável ou dentro dos parâmetros estabelecido pela norma.

O lapso temporal do ato deixará de ser razoável, portanto, fora da atualidade natural, se a sua perpetração produzir efeitos jurídicos diversos daquele dentro de tempo provavelmente atual ou próximo da sua atualidade.

Se a normatividade preconiza de imediato ou fixa prazo, a sua extrapolação estimulada por ganhos indevidos, estão suficientemente presentes os requisitos para a configuração do tipo.

É relevante assinalar que é pressuposto para configuração do delito que o ato omisso ou retardado seja da competência do agente público contemplado com a vantagem oferecida ou prometida.

7.6.2. Tipo subjetivo

É o dolo genérico diante da vontade deliberada de ofertar ou prometer vantagem que sabe ser indevida, ilícita e desprovida de qualquer legitimidade com a finalidade específica de que o agente público pratique ato positivo ou negativo, com sua omissão ou protrair o seu desfecho ou encaminhamento natural, quando deveria cumprir independente de qualquer provocação o ato administrativo ou de qualquer outra natureza.

Vê-se, assim, que se exige o dolo específico em virtude da existência da vontade de produzir um fim especial.

7.6.3. Consumação

Trata-se de crime natureza formal ou de mera conduta, bastando para tanto, a iniciativa do agente em oferecer ou prometer ao funcionário público qualquer vantagem visando alcançar o seu propósito do ato de praticar, omitir ou retardar, a tramitação natural de ato de ofício da sua competência.

Com efeito, chegando ao conhecimento do funcionário público, mas com a recusa deste no aliciamento ou suborno, estão reunidas as condições para seu aperfeiçoamento com sua consumação.

7.6.4. Corrupção ativa qualificada

A forma qualificada estará configurada se o funcionário público incorrer na conduta de retardar, omitir ou deixar de fazer o que deveria no seu ato de ofício, alcançando assim o desiderato do agente corruptor, quer dizer, a finalidade da iniciativa da prática de corrupção foi bem sucedida. Nesta hipótese, a pena do agente será agravada em um terço.

Também será majorada a pena em um terço se o funcionário público praticar ato infringindo seu dever funcional para atender aos propósitos da oferta ou promessa do agente corruptor, por exemplo, sua conduta importou em ultrapassar prazo razoável ou estipulado pelo conjunto normativo, ou ainda, que tenha atentado para violação do princípio da eficiência imposto pela Constituição Federal, decorrendo, assim, em crime material pelo resultado alcançado.

NOTA!

- **Ação penal:** pública incondicionada.
- **Sujeito ativo:** qualquer pessoa.
- **Forma tentada:** admissível na forma escrita
- **Atipicidade:** pequenos presentes ou brindes oferecidos ao funcionário público sem o ânimo de auferir vantagem não se enquadra no tipo.
- **Substituição da pena:** admissível privativa de liberdade por restritiva de direitos (arts. 44, CP), a depender da dosimetria da pena.
- **Sursis:** possibilidade, a depender da dosimetria da pena (art. 77, CP)

CASOS TÍPICOS

- O delito de corrupção ativa raramente ocorre na presença de outras pessoas, de forma que a palavra dos agentes públicos a quem foi oferecida a vantagem é de grande relevância"(TRF4, ACR 5002248-93.2010.404.7002, SÉTIMA TURMA, Relatora CLÁUDIA CRISTINA CRISTOFANI, juntado aos autos em 08/03/2017)

- "A sentença demonstra que o agente recorrente, com vontade livre e consciente, ofereceu vantagem indevida consistente em dinheiro a policial rodoviário federal com o propósito de que deixasse de praticar ato de ofício, incidindo nas penas do art. 333 do Código Penal (corrupção ativa)" (TRF da 1ª Região - ACR 0006558-44.2010.4.01.3307 / BA, Rel. DESEMBARGADOR FEDERAL OLINDO MENEZES, QUARTA TURMA, e-DJF1 de 13/01/2017)

- "Quem oferece vantagem indevida a funcionário público na intenção de se ver isento de futura ação penal, pratica a conduta típica do crime de corrupção ativa". (TJMG - Apelação Criminal 1.0707.10.000184-1/001, Relator(a): Des.(a) Antônio Carlos Cruvinel , 3ª CÂMARA CRIMINAL, julgamento em 07/03/2017, publicação da súmula em 17/03/2017)

- "Restando demonstrado que o sentenciado ofereceu quantia em dinheiro para que o agente penitenciário permitisse o ingresso de aparelho celular no interior do estabelecimento penal, o que caracteriza, em tese, o delito de corrupção ativa, inserto no art. 333 do Código Penal, resta devidamente caracterizada a prática de falta grave". (TJMG – Agravo em Execução Penal 1.0231.13.030959-5/001, Relator(a): Des.(a) Beatriz Pinheiro Caires, 2ª CÂMARA CRIMINAL, julgamento em 11/06/2014, publicação da súmula em 30/06/2014)

- "Comprovado, pelo depoimento policial, que o réu ofereceu vantagem indevida a funcionário público para determiná-lo a omitir ato de ofício, a manutenção da condenação pelo crime de corrupção ativa é medida que se impõe". (TJMG – Apelação Criminal 1.0084.12.000396-1/001, Relator(a): Des.(a) Júlio César Lorens, 5ª CÂMARA CRIMINAL, julgamento em 18/06/2014, publicação da súmula em 27/06/2014)

- "O crime de corrupção ativa consuma-se com a oferta indevida, pelo agente do delito, de vantagem aos policiais militares, para que deixem de lavrar o respectivo flagrante e o soltem; logo, é indiferente, para a sua configuração, se a proposta possuía ou não o condão de efetivamente corromper a autoridade". (TJMG – Apelação Criminal 1.0487.07.025505-3/001, Relator(a): Des.(a) Catta Preta, 2ª CÂMARA CRIMINAL, julgamento em 05/06/2014, publicação da súmula em 18/06/2014)

- "Quem oferece vantagem indevida a funcionário público na intenção de se ver isento de futura ação penal, pratica a conduta típica do crime de corrupção ativa. Somente a embriaguez acidental e completa tem o condão de excluir a responsabilidade penal do agente. Desprovimento ao recurso é medida que se impõe". (TJMG – Apelação Criminal 1.0559.13.000238-4/001, Relator(a): Des.(a) Antônio Carlos Cruvinel, 3ª CÂMARA CRIMINAL, julgamento em 13/05/2014, publicação da súmula em 21/05/2014)

- "O crime de corrupção ativa é crime formal que se consuma com a simples oferta ou promessa de vantagem, desimportando que a oferta ou promessa de vantagem indevida não seja aceita e a ação ou omissão almejada não ocorram". (TJMG – Apelação Criminal 1.0024.10.208566-9/001, Relator(a): Des.(a) Maria Luíza de Marilac, 3ª CÂMARA CRIMINAL, julgamento em 22/04/2014, publicação da súmula em 30/04/2014)

- "É possível comprovar o crime de corrupção ativa apenas por meio das palavras dos policiais militares envolvidos na ocorrência, notadamente por consistir no único meio de prova disponível, mas desde que não enfrente dúvida razoável. Caso dos autos em que os relatos são uníssonos a respeito da prática delitiva, bem como incontroverso que o réu portava o valor oferecido quando da abordagem". (Apelação Crime – Nº 70057123135, Quarta Câmara Criminal, Tribunal de Justiça do RS, Relator: Rogerio Gesta Leal, Julgado em 15/05/2014)

- "O crime de corrupção ativa, por ser formal, consuma-se no momento em que a promessa ou oferecimento da vantagem ilícita é levada ao conhecimento do destinatário. – As declarações dos policiais militares que participaram da ocorrência são válidas para sustentar condenação pela prática do crime de corrupção ativa". (TJSC, Apelação Criminal n. 2014.021093-4, de Criciúma, rel. Des. Carlos Alberto Civinski, j. 03-06-2014).

- "Comprovadas a materialidade e a autoria do crime de corrupção ativa se o condutor, flagrado sem habilitação para dirigir motocicleta, oferece "caixinha" a policiais para liberá-lo do pagamento da multa. A consumação do crime de corrupção ativa, na qualidade de crime formal, dá-se no momento em que o agente oferece ou promete vantagem indevida. Independe de aceitação. As palavras dos policiais gozam de valor probatório em crimes que, pela própria natureza, são cometidos longe dos olhares de testemunhas do povo, mormente se não há sinais de incriminação gratuita". (TJDFT – Acórdão n.729700, 20130510046798APR, Relator: SANDRA DE SANTIS, Revisor: ROMÃO C. OLIVEIRA, 1ª Turma Criminal, Data de Julgamento: 24/10/2013, Publicado no DJE: 04/11/2013. Pág.: 199)

CASOS ATÍPICOS

- "O depoimento de policiais, apontando oferta indevida de dinheiro, sem a confirmação por testemunha imparcial, é insuficiente para comprovar a ocorrência do delito do art. 333, caput, do CP. Absolvição mantida. Apelação do Ministério Público, improvida". (Apelação Crime Nº 70057404212, Quarta Câmara Criminal, Tribunal de Justiça do RS, Relator: Gaspar Marques Batista, Julgado em 15/05/2014)

- "O réu sempre negou a prática delitiva e justificou a razão de guardar dinheiro junto de seus documentos. Não é proprietário do caminhão autuado, portanto, não responde por infração de trânsito que não relacionada à sua condição de motorista, o que coloca em dúvida o seu interesse no oferecimento de vantagem indevida para omitir o ato de ofício; e, notadamente, a ausência de testemunha imparcial e presencial do acontecido, corrobora a dúvida da existência do fato, o que leva à absolvição, com base no princípio in dubio pro reo. (Apelação Crime Nº 70057358954, Quarta Câmara Criminal, Tribunal de Justiça do RS, Relator: Rogerio Gesta Leal, Julgado em 10/04/2014)

- "Não tendo o primeiro acusado recebido vantagem alguma, assim como o segundo acusado nenhuma vantagem deu ou prometeu ao primeiro, as condutas narradas na denúncia não se amoldam aos tipos previstos nos artigos 317 e 333 do Código Penal". (TJDFT - Acórdão n.734267, 20110020113494APN, Relator: CARMELITA BRASIL, Revisor: J.J. COSTA CARVALHO, Conselho Especial, Data de Julgamento: 22/10/2013, Publicado no DJE: 18/11/2013. Pág.: 57)
- "Não configura o tipo penal de corrupção ativa sujeitar-se a pagar propina exigida por Autoridade Policial" (STJ - HC n. 62.908/SE, Quinta Turma, Rel. Ministra Laurita Vaz, DJe de 3/12/2007).
- "O crime do art. 333 do CP consiste em prometer vantagem ao funcionário que tenha atribuições para praticar o ato, ou seja, competente para o ato que se lhe pede. Se o ato que o funcionário estava praticando não era de seu ofício, não há delito na oferta a ele de vantagem" (RT 413/112).
- "É impossível o delito de corrupção ativa se a oferta de vantagem indevida foi feita para a prática de ato não compreendido na esfera do funcionário" (RT 392/85).
- "Para a configuração do delito previsto no art. 333 do CP exige-se que o ato cuja omissão é pretendida esteja compreendido nas específicas atribuições funcionais do servidor público visado. Se o ato não é da competência do funcionário poder-se-á identificar outro crime, não, porém, o de corrupção ativa" (RT 571/302).
- "O oferecimento de vantagem para obstar ato ilegal de autoridade não constitui, sequer em tese, o delito de corrupção ativa" (RT 467/311).
- "Não constitui crime de corrupção ativa a oferta de vantagem a funcionário, quando a ação deste constitui ilegalidade ou abuso de poder" (RT 468/309).

7.7. Descaminho

Art. 334. Iludir, no todo ou em parte, o pagamento de direito ou imposto devido pela entrada, pela saída ou pelo consumo de mercadoria.

Pena - reclusão, de 1 (um) a 4 (quatro) anos.

§ 1º Incorre na mesma pena quem:

I - pratica navegação de cabotagem, fora dos casos permitidos em lei;

II - pratica fato assimilado, em lei especial, a descaminho;

> III – vende, expõe à venda, mantém em depósito ou, de qualquer forma, utiliza em proveito próprio ou alheio, no exercício de atividade comercial ou industrial, mercadoria de procedência estrangeira que introduziu clandestinamente no País ou importou fraudulentamente ou que sabe ser produto de introdução clandestina no território nacional ou de importação fraudulenta por parte de outrem;
>
> IV – adquire, recebe ou oculta, em proveito próprio ou alheio, no exercício de atividade comercial ou industrial, mercadoria de procedência estrangeira, desacompanhada de documentação legal ou acompanhada de documentos que sabe serem falsos.
>
> § 2º Equipara-se às atividades comerciais, para os efeitos deste artigo, qualquer forma de comércio irregular ou clandestino de mercadorias estrangeiras, inclusive o exercido em residências.
>
> § 3º A pena aplica-se em dobro se o crime de descaminho é praticado em transporte aéreo, marítimo ou fluvial.

7.7.1. *Tipo objetivo*

Descaminho tem a significação do desvio de mercadorias ao manifesto intuito de fugir ao pagamento dos impostos ou direito alfandegários, cuja comercialização são de bens e produtos legalmente permitido pela legislação de regência.

O núcleo do tipo está inserido na conduta positiva de iludir (enganar, burlar, defraudar), total ou parcialmente o pagamento de tributos devidos pela importação, exportação ou consumo de bens e produtos não proibidos ou dependentes de autorização para circulação no comércio.

Embora o texto da norma menciona consumo de mercadoria para conduta típica, na realidade, não mais se caracteriza neste comportamento porque não incide imposto sobre o consumo, mesmo existindo esta modalidade no sistema tributário nacional. Hoje, pode se considerar como impostos sobre o consumo o ICMS e IPI.

O cometimento do crime de descaminho é possível mediante o emprego de rótulos ou letreiros falsos, que não correspondam à quantidade ou qualidade real da mercadoria, ou ainda, pela declaração do conteúdo inexato do produto, objetivando sonegar o pagamento de imposto.

Além desses artifícios, o uso de caminho, trilhas ou estradas vicinais para desviar-se dos postos de fiscalização para passar à margem das autoridades fiscais são mecanismos utilizados para fugir do pagamento de tributos.

Deduz-se, portanto, que o descaminho poderá ocorrer pela entrada clandestina da mercadoria ou pela sua importação fraudulenta, ou seja, de maneira enganosa, sendo imprescindível a prova da sua origem estrangeira para configuração do tipo.

Para fins deste dispositivo, mercadoria é qualquer coisa móvel, que possa ser comercializada, seja nova ou usada.

7.7.2. Navegação por cabotagem

O inciso I do § 1º deste artigo preceitua que incorre na mesma pena do *caput* quem pratica navegação de cabotagem, fora dos casos permitidos em lei, aquela que tem por finalidade a comunicação e o comércio direto entre os portos do País, dentro de suas águas e dos rios que correm em seu território.

Saliente-se, em regra, que a navegação de cabotagem para o transporte de mercadorias é privativa dos navios nacionais.

7.7.3. Descaminho por assimilação

No que diz respeito ao inciso II do § 1º deste dispositivo, da imputação de pena para quem pratica fato assimilado, em lei especial, a descaminho, tem-se que há necessidade de norma específica versando sobre situações pontuais relativamente às normas fiscais, a exemplo do art. 8º da Lei nº 4.907/1965, que imputa delito de contrabando ou descaminho ao transportador ou responsável pela violação dos elementos de segurança do cofre de carga, assim como, a saída de mercadoria da Zona Franca de Manaus, sem autorização legal (art. 39 Dec-lei 288/1967).

7.7.4. Descaminho pelo exercício da atividade comercial

As condutas típicas são vender (alienar, ceder ou transferir por preço certo); expor à venda (exibir a eventuais compradores com objetivo claro de comercialização); manter em depósito (guardar em determinado ambiente para ter a sua disposição); utilizar (usar, aproveitar, empregar); introduzir (levar para dentro); importar (trazer de fora do país para o interior deste, ultrapassando suas fronteiras). O objeto material dessas condutas é a mercadoria importada de outros países de forma clandestina ou fraudulenta, com a intenção de não pagar os devidos tributos que lhe são incidentes pelo sistema tributário nacional.

No que concerne ao conceito de habitualidade, em razão do texto normativo mencionar "no exercício de atividade comercial ou industrial" ou "exercido em residências" compreende-se aquela conduta reiterada, frequente ou rotineira que retrata um comportamento de vida ativa naquele ramo negocial.

Com efeito, a pessoa que, eventualmente, é flagrada adquirindo uma mercadoria com irregularidade fiscal cuja comercialização não é proibida ou dependa de autorização legal, não se enquadra no § 1º deste dispositivo, em razão de que a pretensão é punir o agente que, habitualmente, de forma costumeira, pratica o comércio desse tipo de mercadoria.

7.7.5. Receptação de mercadoria de descaminho

Os núcleos são: adquirir (obter ou compra para si); receber (aceitar, assumir a posse); ocultar (esconder, omitir, dissimular), e o objeto é a mercadoria é de origem estrangeira sem documentação fiscal idônea.

De modo que aquisição de mercadoria sem proibição de comercialização no território nacional sem documentação comprobatória da regular importação, incorre nas penas do crime de descaminho pela sua receptação dolosa.

7.7.6. Causa de aumento da pena

A pena de descaminho é aplicada em dobro quando o crime é praticado por meio do uso de transporte aéreo, seja avião ou helicóptero por tornar mais difícil a fiscalização pelas autoridades alfandegárias.

Deve-se entender que esses voos sejam clandestinos, e não os voos regulares internacionais em razão do dever funcional de fiscalização alfandegária nos aeroportos de todo o país de voos estrangeiros.

7.7.7. Princípio da insignificância

Princípio de insignificância é um conjunto de regras que se fixam para servir de norma a toda espécie da ação jurídica de condutas típicas banais, de pequenez e bagatela, que não atentam contra a tutela jurídica por não afetar, potencialmente, direitos juridicamente protegidos por sua minúcia e exiguidade.

No âmbito fiscal, a introdução no território nacional de mercadoria não proibida, em pequena quantidade resulta no pagamento do imposto devido, multa e encargos fiscais, mas não o tipo penal de descaminho.

A jurisprudência é firme no sentido de que a aplicação deste princípio tem como parâmetro o art. 20 da Lei nº 10.522/02, que estabelece o arquivamento de ações de execuções fiscais de valor consolidado igual ou inferior a R$ 10.000,00 (dez mil reais).

7.7.8. Prova pericial

Prova pericial é a que se produz por ofício dos peritos mediante exame, vistorias e arbitramento, por serem detentores de conhecimentos experimentados da matéria para indicação de fixação de pontos e esclarecimento de natureza científica.

No caso do crime de descaminho, é imprescindível o exame merceológico cuja finalidade é o estudo das mercadorias, consideradas seus aspectos na composição de seus elementos, natureza, utilidades e aproveitamento em outras mercadorias ou produtos, especialmente, no que se refere à origem estrangeira, pois se tratando de infração que deixa vestígios será indispensável o exame de corpo de delito, direto ou indireto.

7.7.9. Extinção da punibilidade pelo pagamento do tributo

A Lei nº 9.249/1995 preceitua no seu art. 34 que "Extingue-se a punibilidade dos crimes definidos na Lei nº 8.137, de 27 de dezembro de 1990, e na Lei nº 4.729, de 14 de julho de 1965, quando o agente promover o pagamento do tributo ou contribuição social, inclusive acessórios, antes do recebimento da denúncia".

As referidas normas versam sobre o crime de sonegação fiscal que se constitui através declarações falsas, inserir elementos inexatos ou alterar documentos fiscais com o objetivo de obter dedução de tributos devidos à Fazenda Pública.

Já o crime de descaminho consistente em iludir, no todo ou em parte, o pagamento de direito ou do imposto devido pela entrada de mercadoria, com o intuito de burlar a fiscalização para não impostos de mercadorias autorizadas a serem comercializadas no país.

Depreende-se, assim, que o descaminho é espécie do gênero do crime de sonegação fiscal, ensejando desta forma a utilização da analogia *in bonam partem* a sua aplicação para extinção da punibilidade pelo pagamento do tributo antes do oferecimento da denúncia a esta modalidade de sonegação fiscal.

A propósito, impende a transcrição da Súmula 560 do STF: "A extinção da punibilidade pelo pagamento do tributo devido estende-se ao crime de contrabando ou descaminho por força do art. 18, § 2º, do Decreto-lei 157/67".

NOTA!

- **Ação penal:** pública incondicionada.
- **Sujeito ativo:** qualquer pessoa.
- **Forma tentada:** admite-se
- **Competência:** Justiça Federal
- **Substituição da pena:** admissível privativa de liberdade por restritiva de direitos (arts. 44, CP), a depender da dosimetria da pena.
- **Sursis:** possibilidade, a depender da dosimetria da pena (art. 77, CP)

CASOS TÍPICOS

- Princípio da insignificância. Aplica-se o princípio da insignificância ao crime de descaminho considerando (a) o somatório de tributos iludidos (II e IPI), (b) o parâmetro fiscal de R$ 20 mil estabelecido pela Portaria MF nº 75/2012. 2. Como corolário do direito penal do fato, a habitualidade não pode obstaculizar o reconhecimento da insignificância penal. Para a consideração da insignificância penal deve-se considerar cada fato ilícito praticado isoladamente, sendo irrelevante a existência de outros registros administrativos de apreensão envolvendo o mesmo agente. A importação de 10 (cem) maços de cigarros não é relevante para o direito penal, pois: (a) não representa perigo social; (b) não representa uma conduta de alto grau de reprovabilidade; (c) apresenta grau de periculosidade mínimo, e (d) causaria dano inexpressivo ou nulo à saúde pública, assim como a outros bens jurídicos tutelados pelo tipo penal. 5. Apelação criminal provida. (TRF4, ACR 5028326-57.2015.404.7000, OITAVA TURMA, Relator JOÃO PEDRO GEBRAN NETO, juntado aos autos em 21/03/2017)

- **Princípio da insignificância.** Sonegação fiscal. Valor inferior a dez mil reais. Insignificância. Parâmetro: dez mil reais. Ilegalidade patente. Atipicidade material. Reconhecimento. Recurso provido. Em se tratando de crime em que o bem jurídico tutelado é a òrdem tributária, a irrisória lesão ao Fisco conduz à própria atipicidade material da conduta. E, definindo o parâmetro de quantia irrisória para fins de aplicação do princípio da insignificância em sede de descaminho, a Terceira Seção deste Superior Tribunal de Justiça, no julgamento do Recurso Especial Representativo de Controvérsia 1.112.748/TO, pacificou o entendimento no sentido de que o valor do tributo elidido a ser considerado é aquele de R$ 10.000,00 (dez mil reais) previsto no artigo 20 da Lei n.º 10.522/02. (RHC 77.511/PE, Rel. Ministra MARIA THEREZA DE ASSIS MOURA, SEXTA TURMA, julgado em 08/11/2016, DJe 22/11/2016)

- "O crime de descaminho se perfectibiliza com o simples ato de iludir o pagamento dos tributos devidos pela entrada de mercadoria no país, de modo que não há falar em necessidade de comprovação do prévio encerramento do procedimento administrativo-fiscal para a configuração do delito" (TRF4, ACR 5000809-33.2013.404.7005, Oitava Turma, Relator p/ Acórdão Leandro Paulsen, juntado aos autos em 25/10/2015)

- Princípio da insignificância. 1. A Terceira Seção do Superior Tribunal de Justiça, no julgamento do REsp 1.112.748/TO, sob o rito do art. 543-C do CPC c/c 3º do CPP, consolidou entendimento no sentido de que o princípio da insignificância somente afasta a tipicidade material do crime de descaminho se o valor dos tributos elididos não ultrapassar a quantia de R$ 10.000,00 (dez mil reais), estabelecida no art. 20 da Lei 10.522/2002. 2. A Portaria MF 75/2012, por não possuir força legal, não tem o condão de modificar o patamar para aplicação do princípio da insignificância. Precedentes do STJ. 3. A jurisprudência do Superior Tribunal de Justiça é assente no sentido de que a aplicação do princípio da bagatela em crime de descaminho não se mostra possível nas situações em que há reiteração delitiva, ainda que, isoladamente, as condutas possam ser consideradas insignificantes, pelo pequeno valor do tributo iludido. 4. Agravo regimental improvido. (STJ – AgRg no AREsp 749.121/SP, Rel. Ministro REYNALDO SOARES DA FONSECA, QUINTA TURMA, julgado em 24/11/2015, DJe 01/12/2015)

- "O delito de descaminho, pluriofensivo, visa a proteger não só o interesse fiscal do Estado, mas também a segurança, a moralidade, a saúde pública, a higiene, a indústria e a economia nacionais. A apuração do débito relativo ao descaminho, na esfera administrativa, não é condição de procedibilidade da Ação Penal, não só pela sua natureza pública e incondicionada, como também em respeito ao princípio da autonomia das instâncias penal e administrativa. A consumação do crime de descaminho ocorre com a internalização de mercadoria de origem estrangeira no território nacional, sem a devida documentação fiscal, com o intuito de iludir o pagamento do imposto devido. 4. Apelação provida para anular a sentença". (TRF da 1ª Região – ACR 0009936-14.2006.4.01.3900 / PA, Rel. DESEMBARGADORA FEDERAL MONICA SIFUENTES, TERCEIRA TURMA, e-DJF1 p.842 de 27/06/2014)
- "O crime de descaminho, tipificado no art. 334, caput, do Código Penal, consistente em "Importar ou exportar mercadoria proibida ou iludir, no todo ou em parte, o pagamento de direito ou imposto devido pela entrada, pela saída ou pelo consumo de mercadoria", não prescinde da apuração do débito tributário, por sua natureza formal e independe de resultado naturalístico, consumando-se com o simples ingresso da mercadoria em território nacional, sem o pagamento dos tributos devidos. 2. Por se tratar de crime formal, que independe de resultado naturalístico, o crime de descaminho prescinde da apuração do débito tributário para sua consumação, ou seja, não há necessidade do lançamento definitivo do débito tributário para a persecução penal, como ocorre nos crimes tipificados no art. 1º, da Lei nº 8.137/1990. Aplicação de precedentes jurisprudenciais dos egrégios Supremo Tribunal Federal e Superior Tribunal de Justiça, bem como deste Tribunal Regional Federal. 3. Apelação provida". (TRF da 1ª Região – ACR 0010699-66.2011.4.01.3600 / MT, Rel. DESEMBARGADOR FEDERAL I'TALO FIORAVANTI SABO MENDES, QUARTA TURMA, e-DJF1 p.44 de 24/06/2014)
- "O encerramento do procedimento fiscal, na via administrativa, não pode ser encarado como condição objetiva de punibilidade do delito tipificado no art. 334, § 1.º, alínea 'c', do Código Penal, tal como ocorre com os crimes contra a ordem tributária, pois este crime se consuma com a simples conduta do agente de vender, expor à venda, manter em depósito ou, de qualquer forma, utilizar em proveito próprio ou alheio, no exercício de atividade comercial ou industrial, mercadoria de procedência estrangeira que introduziu clandestinamente no

país ou importou fraudulentamente ou que sabe ser produto de introdução clandestina no território nacional ou de importação fraudulenta por parte de outrem, sendo, portanto, desnecessário aguardar a definição, na esfera administrativa, a respeito de ser ou não devido algum tributo em decorrência dessas condutas (Precedente da Quinta Turma desta Corte). Habeas corpus denegado" (STJ – HC 129.656/SP, Relator Ministro Felix Fischer, 5ª Turma, julgado por unanimidade em 16/06/2009, publicado no DJe de 31/08/2009).

- "Em se tratando de crime formal, que se consuma com o simples ingresso da mercadoria no território nacional sem o pagamento dos tributos devidos, o posterior pagamento dos tributos, não gera a extinção da punibilidade da conduta, ou sua atipicidade, não se aplicando, na hipótese, o que dispõe o art. 9º, § 2º da Lei nº 10.684/2003, que possui rol taxativo. A aplicação da sanção administrativa consistente no perdimento dos bens não tem o condão de obstar o prosseguimento da ação penal, na qual, durante a instrução processual, serão apuradas a responsabilidade, ou não, do acusado, bem como o valor do tributo incidente sobre as mercadorias apreendidas.". (TRF – 1ª Região, HC 0051826-80.2012.4.01.0000/MG, Relator Desembargador Federal I'talo Fioravanti Sabo Mendes, 4ª Turma, julgado por unanimidade em 24/02/2014, publicado no e-DJF1 de 19/03/2014, p. 401).
- "O crime de descaminho, consistente em iludir, no todo ou em parte, o pagamento de direito ou do imposto devido pela entrada de mercadoria, conforme consta da denúncia, é formal, não exigindo, para sua consumação, a apuração do delito tributário, na esfera administrativa. A apuração do delito tributário na esfera administrativa não é condição de procedibilidade da ação penal em que se apura o crime de descaminho, descrito no art. 334 do Código Penal, não só pela sua natureza pública e incondicionada, como também em respeito ao princípio da autonomia das instâncias administrativa e penal. 3. Recurso em sentido estrito provido". (TRF da 1ª Região – RSE 0066721-58.2013.4.01.3800 / MG, Rel. DESEMBARGADOR FEDERAL HILTON QUEIROZ, QUARTA TURMA, e-DJF1 p.76 de 27/05/2014)

CASOS ATÍPICOS

- "A Terceira Seção desta Corte possui entendimento de que, no crime de descaminho, o princípio da insignificância somente afasta a tipicidade da conduta se o valor dos tributos devidos não ultrapassar a quantia de dez mil reais, estabelecida no art. 20 da Lei n. 10.522/2002, sendo certo que a Portaria MF 75/2012, por não possuir força legal, não tem o condão de modificar tal patamar. Hipótese em que os tributos iludidos perfazem o valor de R$ 18.339,83". (STJ – AgRg no REsp 1491368/PR, Rel. Ministro GURGEL DE FARIA, QUINTA TURMA, julgado em 02/06/2015, DJe 12/06/2015).

- "Na hipótese dos autos, o valor do débito tributário em questão é de R$ 17.279,13 (Dezessete mil, duzentos e setenta e nove reais e treze centavos), portanto, superior ao limite estabelecido pelo art. 20, da Lei nº 10.522/02. Ocorre, que no crime de descaminho, o col. Supremo Tribunal Federal tem considerado, para a avaliação da insignificância, o patamar de R$ 20.000,00, previsto no art. 20 da Lei nº 10.522/2002, atualizado pelas Portarias nºs 75 e 130/2012, do Ministério da Fazenda. Precedentes do col. Supremo Tribunal Federal. 3. Apelação provida para absolver o apelante Jair Cerqueira Pinho da prática do delito tipificado no art. 334, do Código Penal, com fundamento no art. 386, inciso III, do Código de Processo Penal". (TRF da1ª Região – ACR 0001061-20.2008.4.01.3307 / BA, Rel. DESEMBARGADOR FEDERAL I'TALO FIORAVANTI SABO MENDES, Rel. Conv. JUÍZA FEDERAL CLEMÊNCIA MARIA ALMADA LIMA DE ÂNGELO (CONV.), QUARTA TURMA, e-DJF1 p.215 de 01/07/2014)
- "Quando do julgamento do HC 92438/PR, a Segunda Turma do Supremo Tribunal Federal, em sessão realizada no dia 19/08/2008, por unanimidade, concedeu a ordem para determinar o trancamento de ação penal, instaurada pela suposta prática de crime previsto no art. 334 do Código Penal, face à ausência de justa causa. Entendeu-se não ser admissível que uma conduta fosse irrelevante no âmbito administrativo e não o fosse para o Direito Penal, que só deve atuar quando extremamente necessário para a tutela do bem jurídico protegido. No presente caso, o valor da mercadoria apreendida, de propriedade da apelada, foi estimado em R$ 14.517,34 (quatorze mil, quinhentos e dezessete reais e trinta e quatro centavos), hipótese em que está caracterizado o desinteresse penal específico, à medida que aludido valor é inferior a R$ 20.000,00 (vinte mil reais). Atipicidade da conduta em razão da aplicação do princípio da insignificância, tendo em vista que o valor da mercadoria não supera o limite de R$ 20.000,00 (vinte mil reais), conforme previsto na Portaria MF n. 75, de 22/03/2012, para fins de arquivamento de execução fiscal. (Precedentes do egrégio STF)". 4. Recurso desprovido. (TRF da 1ª Região – SE 0017934-25.2013.4.01.3500 / GO, Rel. DESEMBARGADOR FEDERAL HILTON QUEIROZ, QUARTA TURMA, e-DJF1 p.68 de 11/06/2014)
- "Reconhecida a atipicidade do descaminho pela aplicação da insignificância penal da conduta, inviável a punição do crime remanescente (uso de documento inidôneo), já que este configurou antecedente lógico do delito do art. 334 do Código Penal". (TRF4 5002438-56.2010.404.7002, Oitava Turma, Relator p/ Acórdão Luiz Fernando Wowk Penteado, juntado aos autos em 11/03/2013)
- "Não constitui fato típico do crime de descaminho a mera posse ou propriedade de algumas garrafas de uísque, licor e vinho de procedência estrangeira, pois tais mercadorias podem ser adquiridas em supermercados, *free shops*, lojas de conveniência ou até em botequins, dada a globalização do mercado, sendo inviável a exigência da apresentação de notas fiscais dessas aquisições, pelo fato de ninguém guardá-las" (TRF da 2ª Região – RT 773/708).

- "Apreensão de bagagem depois de normalmente liberada pela fiscalização fazendária. Fraude alegada que não se configura, pois em nenhum momento se caracterizou o dolo. Flagrante preparado, sem qualquer indício e que tenha sido iludido o pagamento de impostos acaso incidentes na liberação da mercadoria de ingresso não proibido no País. Recurso provido para trancar a ação. (STF – RT 642/366).
- "Não basta para a configuração do delito capitulado no art. 334 do CP (descaminho) a entrada em território nacional de mercadoria estrangeira acima da cota de isenção permitida, desde que não restou provada a utilização de qualquer subterfúgio para enganar a fiscalização fazendária" (TRF da 5ª Região – RT 772/724).
- "Conquanto seja tarefa do legislador selecionar e tipificar penalmente as condutas criminosas, a avaliação da tipicidade pelo juiz não se resume ao plano meramente formal, em face do modelo adotado pela lei, mas também no plano substancial, no sentido de verificar se a conduta do agente, na persecução penal, ofende, de maneira significativa, o bem jurídico tutelado. Negativa a resposta, deixa de existir o crime; ou, pelo menos, o interesse de agir, como uma das condições da ação penal. 2. Hipótese em que o valor do tributo devido é de R$ 14.662,24. A Portaria/MF n. 75, de 22/03/2012, elevou para R$ 20.000,00 o valor consolidado do débito tributário sobre o qual as ações fiscais devem ser arquivadas, sem baixa na distribuição, devendo tal valor ser considerado, na órbita penal, para o fim de aplicação do princípio da insignificância (HC 120617, Relator(a): Min. ROSA WEBER, Primeira Turma, julgado em 04/02/2014, PROCESSO ELETRÔNICO DJe-035 DIVULG 19-02-2014 PUBLIC 20-02-2014; e HC 118000, Relator(a): Min. RICARDO LEWANDOWSKI, Segunda Turma, julgado em 03/09/2013, PROCESSO ELETRÔNICO DJe-182 DIVULG 16-09-2013 PUBLIC 17-09-2013). Recurso em sentido estrito desprovido". (TRF da 1ª Região RSE 0017926-48.2013.4.01.3500 / GO, Rel. DESEMBARGADOR FEDERAL OLINDO MENEZES, QUARTA TURMA, e-DJF1 p.68 de 11/06/2014)
- "Quando a infração deixa vestígios, será indispensável o exame de corpo de delito, direto ou indireto, não podendo supri-lo a confissão do acusado (art. 158 – CPP). Trata-se de prova imposta por lei, onde houver fatos permanentes *(delictum facti permanentis)*, como um resquício do sistema da prova legal ou tarifada. Sua ausência implica nulidade (art. 564, III, "b" – CPP), ressalvada a hipótese do exame de corpo de delito indireto (art. 167 – CPP), quando, desaparecendo os vestígios, a demonstração puder ser feita excepcionalmente pela prova testemunhal. Nos crimes de contrabando e descaminho, na variante de importação de mercadoria proibida ou com ilusão dos tributos devidos (art. 334 – CP), é indispensável, em nome da inviolabilidade do direito à liberdade, do qual ninguém será privado sem o devido processo legal (art. 5º, LIV – CF), a demonstração técnica, por laudo merceológico, que ateste o valor e a origem da mercadoria aprendida. Desprovimento da apelação. (TRF da 1ª Região ACR 0000937-29.2011.4.01.3308 / BA, Rel. DESEMBARGADOR FEDERAL OLINDO MENEZES, QUARTA TURMA, e-DJF1 p.169 de 10/06/2014)

PROCESSUAL

- "O laudo merceológico não é essencial para aferir a origem e o valor da mercadoria apreendida, bem como o montante de tributos iludidos, havendo outros elementos de prova, mormente os documentos elaborados pelos agentes fazendários, capacitados para a identificação e avaliação de produtos irregularmente importados". (TRF4, ACR 5000809-33.2013.404.7005, Oitava Turma, Relator p/ Acórdão Leandro Paulsen, juntado aos autos em 25/10/2015)

7.8. Contrabando

Art. 334-A. Importar ou exportar mercadoria proibida:

Pena – reclusão, de 2 (dois) a 5 (cinco) anos.

§ 1º Incorre na mesma pena quem:

I – pratica fato assimilado, em lei especial, a contrabando;

II – importa ou exporta clandestinamente mercadoria que dependa de registro, análise ou autorização de órgão público competente;

III – reinsere no território nacional mercadoria brasileira destinada à exportação;

IV – vende, expõe à venda, mantém em depósito ou, de qualquer forma, utiliza em proveito próprio ou alheio, no exercício de atividade comercial ou industrial, mercadoria proibida pela lei brasileira;

V – adquire, recebe ou oculta, em proveito próprio ou alheio, no exercício de atividade comercial ou industrial, mercadoria proibida pela lei brasileira.

§ 2º – Equipara-se às atividades comerciais, para os efeitos deste artigo, qualquer forma de comércio irregular ou clandestino de mercadorias estrangeiras, inclusive o exercido em residências.

§ 3º A pena aplica-se em dobro se o crime de contrabando é praticado em transporte aéreo, marítimo ou fluvial.

7.8.1. *Tipo objetivo*

Contrabando é o comércio de mercadorias proibidas importadas, introduzidas no país, ou exportadas, remessa ao exterior, de forma clandestina visando burlar as leis alfandegárias para fugir ao pagamento dos direitos aduaneiros a que estão sujeitas na relação do mercado exterior.

A Lei nº 13.008/2014, de 27 de junho de 2014, tornou os crimes de descaminho e contrabando autônomos, além de aumentar a pena deste último. Agora, se houve acúmulo de condutas importar e iludir pagamento de imposto, por exemplo) o autor responderá, certamente, em concurso de crimes. Não mais por crime único.

A objetividade jurídica, no caso de contrabando, não reside apenas no interesse arrecadador do Fisco, tal como se verifica no crime de descaminho.

De fato, em se tratando de contrabando, a objetividade jurídica reside, sobretudo, no direito de a Administração Pública controlar o ingresso e a saída de produtos no território nacional, seja por questões relacionadas à segurança, à saúde, ou à proteção da indústria nacional.

O núcleo do tipo está em importar no sentido significado de trazer coisa de fora do país para dentro das fronteiras deste, e exportar de fazer sair coisa de dentro do país para outros países.

O objeto do crime de contrabando é a mercadoria que tem sua comercialização proibida ou que se faz necessária autorização legal para seu negócio.

7.8.2. Princípio da especialidade

Estabelece a norma que o agente que pratica fato assimilado, em lei especial, ao crime de contrabando incorrerá na mesma pena do *caput* (inciso I, § 1º), entretanto, devido ao princípio da especialidade quando houver lei específica regulamentando a importação ou exportação de mercadoria proibida, esta é que predominará.

É assim no caso do tráfico de drogas (Lei nº 11.343/2006).

7.8.3. Contrabando de mercadoria controlada

A norma equiparou ao crime de contrabando o agente que importa ou exporta, clandestinamente, mercadoria que dependa de registro, análise ou autorização de órgão público competente.

O objeto do crime de contrabando é a mercadoria proibida cujo pré-requisito para sua entrada e comercialização no país e a autorização expressa de órgão público, devido as suas condições de utilização que possa incorrer em risco à saúde, à segurança ou à indústria nacional.

Existem medicamentos, por exemplo, ainda em fase de experiência do exterior cuja comercialização no país é autorizada pela Anvisa, órgão competente para fiscalizar e autorizar o comércio de remédios, inclusive os importados.

7.8.4. Reinserção de mercadoria destinada à exportação

A nova redação legislativa trouxe uma nova conduta típica que tratada da reinserção de mercadoria destinada à exportação visando alcançar aquelas situações em que o agente, beneficiando-se de alíquotas de estimulo e incentivo à exportação de bens e produtos, remete-os para o exterior no primeiro momento para, em seguida, proceder ao retorno com vistas a para auferir vantagem econômica e financeira na sua comercialização.

Há, também, a hipótese em que se verifica a simulação formal de exportação de mercadoria, mas esta permanece no país e, neste caso, a conduta se enquadra neste dispositivo tendo em vista que à luz dos documentos houve à reinserção de mercadoria destinada a exportação.

7.8.5. Contrabando pelo exercício da atividade comercial

As condutas típicas são vender (alienar, ceder ou transferir por preço certo); expor à venda (exibir a eventuais compradores com objetivo claro de comercialização); manter em depósito (guardar em determinado ambiente para ter a sua disposição); utilizar (usar, aproveitar, empregar); introduzir (levar para dentro); importar (trazer de fora do país para o interior deste, ultrapassando as suas fronteiras). O objeto material dessas condutas é a mercadoria proibida pela lei brasileira importada de outros países de forma clandestina ou fraudulenta.

No que concerne ao conceito de habitualidade, em razão do texto normativo mencionar "no exercício de atividade comercial ou industrial" ou "exercido em residências" compreende-se aquela conduta reiterada, frequente ou rotineira que retrata um comportamento de vida ativa naquele ramo negocial.

Com efeito, a pessoa que, eventualmente, é flagrada adquirindo uma mercadoria com irregularidade fiscal, cuja comercialização é proibida ou dependa de autorização legal, não se enquadra no inciso IV do § 1º deste dispositivo, em razão de que a pretensão é punir o agente que, habitualmente, de forma costumeira, pratica o comércio deste tipo de mercadoria.

7.8.6. Receptação de mercadoria de contrabando

Os núcleos são: adquirir (obter ou compra para si); receber (aceitar, assumir a posse); ocultar (esconder, omitir, dissimular), cujo objeto é a mercadoria proibida de origem estrangeira sem documentação fiscal idônea.

De modo que aquisição de mercadoria proibida de comercialização no território nacional sem documentação comprobatória da regular importação, incorre nas penas do crime de contrabando pela sua receptação dolosa.

Aqui, o agente, de forma clandestina, detém a posse de mercadorias proibidas pela lei brasileira que provém de países estrangeiros e esses bens ou produtos podem ser novos ou usados, para deles tirar proveito econômico ou financeiro com suas vendas ou transações pela falta de recolhimento de impostos devidos.

7.8.7. Causa de aumento da pena

A pena de descaminho é aplicada em dobro quando o crime é praticado por meio do uso de transporte aéreo, seja avião ou helicóptero por tornar mais difícil a fiscalização pelas autoridades alfandegárias.

Deve-se entender que esses voos sejam clandestinos, e não os voos regulares internacionais em razão do dever funcional de fiscalização alfandegária nos aeroportos de todo o país de voos estrangeiros.

7.8.8. Perdimento de bens

Perdimento de bens significa a expropriação da titularidade do domínio ou propriedade do em favor do Poder Público, objetivando o ressarcimento de valores decorrentes de infração ou sonegação fiscal que desfalcou o erário, afetando-lhe o nível de riqueza por deixar de receber tributos devidos na forma da lei. Essa privação patrimonial importa na retirada da coisa da posse de seu proprietário ou da posse da pessoa em poder de quem se encontrava.

A perda de bens e de valores pode ser tanto de natureza penal (artigos. 5º, inc. XLVI, "c", CF e 43, inc. II, e 91, inc. II, do CP) quanto civil (art. 5º, inc. XLV).

A Constituição Federal prevê a pena de perdimento de bens objetivando a reparação de dano à Administração Pública, nos termos da lei disciplinadora da matéria, no caso, em se tratando de sonegação fiscal a norma vinculada é o Decreto-lei nº 1.455/1976, alterado pela Lei nº 10.637/2002, dispondo sobre normas de mercadorias apreendidas, estabelece no § 1º do art. 23 que "o dano ao erário decorrente das infrações previstas no caput deste artigo será punido com a pena de perdimento das mercadorias estrangeiras apreendidas".

Conclui-se, assim, que a pena de perdimento está ligada diretamente ao dano ao erário cuja aplicação alcançará o veículo quando este conduzir mercadoria sujeita a esta punição, se pertencente ao responsável por infração punida com aquela sanção.

De modo que, para aplicação da pena de perdimento de veículo, exige-se responsabilidade do proprietário do veículo no cometimento do ilícito fiscal, e considera-se também a proporcionalidade entre o valor do veículo e o das mercadorias apreendidas, consideradas as peculiaridades de cada caso.

Sobreleva assinalar que no processo penal é pré-requisito da garantia dos direitos fundamentais do devido processo legal, da ampla defesa e do contraditório, que a denúncia exponha explicitamente o fato e requeira aplicação da pena de perdimento, sob pena de nulidade absoluta.

NOTA!

- **Ação penal:** pública incondicionada.
- **Sujeito ativo:** qualquer pessoa.
- **Forma tentada:** admite-se
- **Competência:** Justiça Federal
- **Princípio da insignificância:** inaplicabilidade
- **Substituição da pena:** admissível privativa de liberdade por restritiva de direitos (arts. 44, CP), a depender da dosimetria da pena.
- **Sursis:** possibilidade, a depender da dosimetria da pena (art. 77, CP)
- "O contrabando de cigarros de procedência estrangeira não pode ser considerado crime meramente fiscal, seja porque a mercadoria de importação proibida não estaria sujeita à tributação, pela Fazenda Nacional, seja porque o bem jurídico tutelado é a Administração Pública, nos seus interesses que transcendem o aspecto meramente patrimonial, entre eles questões de saúde pública. A importância do bem jurídico tutelado, a saúde pública, e a reprovabilidade da conduta ofensiva ao bem comum, impedem a aplicação do princípio da insignificância, na hipótese, diferentemente do que ocorre diante do descaminho, em que se considera o valor do dano ao erário. "O princípio da insignificância não se aplica ao delito de contrabando, por não se tratar de crime puramente fiscal" (STJ - HC 258624/RR, Relatora Ministra Laurita Vaz). (TRF a 1ª Região - ACR 0013682-04.2012.4.01.3600 / MT, Rel. DESEMBARGADOR FEDERAL NEY BELLO, Rel.Conv. JUIZ FEDERAL MARCIO SÁ ARAÚJO (CONV.), TERCEIRA TURMA, e-DJF1 de 17/02/2017)
- "Nos crimes de contrabando e/ou descaminho, a materialidade e a autoria são comprovadas, em regra, com os documentos elaborados e lavrados pela autoridade fiscal competente e responsável pela diligência por ocasião da apreensão das mercadorias (TRF4, ACR 5010228-18.2015.404.7002, OITAVA TURMA, Relator JOÃO PEDRO GEBRAN NETO, juntado aos autos em 23/03/2017)
- "Consoante entendimento firmado por esta Corte, a internalização de produtos cujo comércio e importação são proibidos no Brasil (a exemplo dos cigarros) configura-se crime de contrabando. A jurisprudência do Superior Tribunal de Justiça e desta Corte firmou entendimento de que não se aplica o princípio da insignificância ao crime de contrabando de cigarros, diversamente do descaminho, pois revela conduta de maior gravidade, tendo em vista que o produto objeto do crime traz prejuízo à saúde do destinatário final, o consumidor que irá adquirir o cigarro em estabelecimento comercial".(TRF1 - RSE 0000200-88.2014.4.01.3900 / PA, Rel. JUIZ FEDERAL GUILHERME

FABIANO JULIEN DE REZENDE (CONV.), QUARTA TURMA, e-DJF1 de 14/02/2017)

- "Este Superior Tribunal firmou entendimento de que não se aplica o princípio da insignificância ao contrabando de cigarros. E isto porque a conduta não apenas implica lesão ao erário e à atividade arrecadatória do Estado, mas afeta, também, outros bens jurídicos tutelados pela norma penal, notadamente a saúde e a ordem públicas, bem como a moralidade administrativa". (STJ - AgRg no AREsp 517.207/PR, Rel. Ministro RIBEIRO DANTAS, QUINTA TURMA, julgado em 15/09/2016, DJe 21/09/2016)

- "A Terceira Seção desta eg. Corte Superior firmou orientação no julgamento do Recurso Especial Repetitivo n. 1.112.748/TO, de minha relatoria, que, no crime de descaminho, o princípio da insignificância somente afasta a tipicidade da conduta se o valor dos tributos elididos não ultrapassar a quantia de dez mil reais, estabelecida no art. 20 da Lei n. 10.522/02. A publicação da Portaria MF 75/2012, por não possuir força legal, não tem o condão de modificar o patamar para aplicação do princípio da insignificância (REsp 1.393.317/PR, Terceira Seção, Rel. Min. Rogério Schietti Cruz, DJe de 2/12/2014)". (STJ - AgRg no REsp 1394011/SC, Rel. Ministro FELIX FISCHER, QUINTA TURMA, julgado em 05/05/2015, DJe 13/05/2015)

- **Perdimento de bens. Descaminho.** "A jurisprudência deste Superior Tribunal firmou o entendimento de ser inaplicável a pena de perdimento de bens quando há flagrante desproporcionalidade entre o valor do veículo e das mercadorias nele transportadas irregularmente importadas". (STJ – AgRg no AREsp 465.652/PR, Rel. Ministro ARNALDO ESTEVES LIMA, PRIMEIRA TURMA, julgado em 08/04/2014, DJe 25/04/2014)

- **Perdimento de bens. Descaminho. Elemento subjetivo.** "Para existir a caracterização da pena de perdimento de bens o elemento subjetivo deve estar presente. Precedentes". (STJ – AgRg no REsp 1228127/RS, Rel. Ministro ARNALDO ESTEVES LIMA, PRIMEIRA TURMA, julgado em 08/10/2013, DJe 18/10/2013)

- **Perdimento de bens. Principio da proporcionalidade.** "No transporte de bens irregularmente importados, a flagrante desproporcionalidade entre o valor do veículo e das mercadorias nele transportadas não dá ensejo à aplicação da pena de perdimento daquele. Na hipótese dos autos foram apreendidas mercadorias no valor de R$ 124.100,00, e os veículos estão avaliados em R$ 106.725,00. Dessa forma, com fundamento nos princípios da proporcionalidade e da razoabilidade, inaplicável a pena de perdimento. 3. Agravo Regimental não provido". (STJ – AgRg no Ag 1091208/SP, Rel. Ministro HERMAN BENJAMIN, Segunda Turma, DJe 16/12/09).

- **Perdimento de bens. Principio da proporcionalidade.** "Hipótese em que se busca a anulação do ato administrativo que determinou o perdimento de veículo apreendido quando transportava mercadorias desacompanhadas de documentação legal que comprovasse sua regular importação. Alega-se dissídio jurisprudencial com julgados desta Corte e de outros Tribunais, os quais entendem inaplicável a pena de perdimento quando existir uma grande desproporção entre o valor da mercadoria internalizada sem a comprovação de sua origem e o do veículo apreendido. Com efeito, foram apreendidas mercadorias no valor de R$ 7.973,67 transportadas em veículo avaliado, à época dos fatos, em R$ 42.000,00. Tem-se, desse modo, que não foram observados os princípios da proporcionalidade e da razoabilidade, razão por que não deve ser aplicada a pena de perdimento. Precedentes jurisprudenciais desta Corte. Recurso especial provido". (STJ – REsp 1072040/PR, Rel. Ministro BENEDITO GONÇALVES, Primeira Turma, DJe 21/09/09).

- **Perdimento. Legitimidade.** "O Superior Tribunal de Justiça já pacificou a orientação de que, reformada a sentença que decretou a pena de perdimento em grau de apelação, a União, não sendo proprietária do título que embasa a ação, não tem legitimidade ativa *ad causam*". (STJ – AgRg no REsp 1097336/MT, Rel. Ministro HERMAN BENJAMIN, SEGUNDA TURMA, julgado em 11/12/2012, DJe 19/12/2012)
- **Princípio da insignificância. Descaminho.** "O entendimento da Terceira Seção do STJ, em relação ao princípio da insignificância, aplica-se apenas ao delito de descaminho, que corresponde à entrada ou à saída de produtos permitidos, elidindo, tão somente, o pagamento do tributo devido. No crime de contrabando, além da lesão ao erário público, há, como elementar do tipo penal, a importação ou exportação de mercadoria proibida, razão pela qual, não se pode, a priori, aplicar o princípio da insignificância. Agravo regimental não provido". (STJ – AgRg no AREsp 483.062/RR, Rel. Ministro MOURA RIBEIRO, QUINTA TURMA, julgado em 24/04/2014, DJe 30/04/2014)
- **Mercadoria proibida.** "A internação de arma de pressão, mercadoria de proibição relativa, sem a prévia autorização ou licença da autoridade administrativa, configura o delito contrabando, por tutelar não apenas interesse econômico, mas também a segurança e a incolumidade pública (AgRg no REsp n. 1.418.767/RS, Ministro Nefi Cordeiro, Sexta Turma, DJe 17/3/2015). 2. É inaplicável o princípio da insignificância quando configurado o crime de contrabando, uma vez que, por se tratar de crime pluriofensivo, não há como excluir a tipicidade material do referido delito à vista apenas do valor da evasão fiscal. (STJ – AgRg no REsp: 1418887 RS 2013/0384021-6, Relator: Ministro SEBASTIÃO REIS JÚNIOR, Data de Julgamento: 05/05/2015, T6 – SEXTA TURMA, Data de Publicação: DJe 14/05/2015)
- **Princípio da insignificância. Contrabando.** "Os requisitos para aplicação do princípio da insignificância são: mínima ofensividade da conduta do agente, reduzida periculosidade social da ação, reduzido grau de reprovabilidade do comportamento e inexpressividade da lesão jurídica provocada. O contrabando

de cigarros ofende a saúde pública, bem que, por sua natureza, não admite gradação na aferição da violação. 3. Agravo regimental improvido. (STJ - AgRg no AREsp: 547508 PR 2014/0178952-0, Relator: Ministro SEBASTIÃO REIS JÚNIOR, Data de Julgamento: 14/04/2015, T6 - SEXTA TURMA, Data de Publicação: DJe 23/04/2015)

- **Princípio da insignificância. Contrabando.** "Inaplicável o princípio da insignificância ao crime de contrabando de gasolina, uma vez que a importação desse combustível, por ser monopólio da União, sujeita-se à prévia e expressa autorização da Agência Nacional de Petróleo, sendo concedida apenas aos produtores ou importadores, de modo que sua introdução, por particulares, em território nacional, é conduta proibida". (STJ - AgRg no REsp 1309952/RR, Rel. Ministra REGINA HELENA COSTA, QUINTA TURMA, julgado em 08/04/2014, DJe 14/04/2014)

- **Princípio da insignificância. Contrabando.** "É necessário, para que a introdução de arma de brinquedo no país seja proibida, nos termos do art. 26 da Lei nº 10.826/2003, que esta possa ser confundida com arma verdadeira. Inaplicável a tese da insignificância em tal hipótese". (TRF4 5002125-06.2012.404.7106, Oitava Turma, Relator p/ Acórdão Paulo Afonso Brum Vaz, juntado aos autos em 08/03/2013)

- **Distinção. Contrabando. Descaminho.** "Configura contrabando e não descaminho, a reintrodução no País de produtos de fabricação nacional destinados, exclusivamente, à exportação de venda proibida no Brasil" (TRF da 1ª Região - RT 755/735).

CASOS ATÍPICOS

- **Contrabando e descaminho.** [...] "Se todos os elementos de prova colhidos no inquérito demonstram que a retenção ocorreu porque os viajantes apresentaram, espontaneamente, as armas que traziam na bagagem, é evidente que não tentaram introduzir a mercadoria sem a devida licença e sem o pagamento dos impostos respectivos. O fato narrado na denúncia não corresponde ao apurado no inquérito que lhe serve de suporte e o fato narrado é penalmente atípico porque evidente a ausência de dolo" (TRF da 2ª Região - RT 728/661).

- "**Contrabando.** Jóias de pequena quantidade e valor que viajante leva consigo para o exterior não constituem mercadoria e, se o fossem, não seriam de saída proibida nem, na circunstância, dependeriam de cobertura cambial. Crime inexistente. Recurso de habeas corpus conhecido e provido" (STF - RT 555/421).

- **Contrabando.** "Os agentes que se dirigiam à fronteira do país com mercadoria proibida mas em razão de acidente e, portanto, por circunstância externa às suas vontades, não lograram êxito na sua empreitada criminosa, cometem o crime de contrabando previsto no art. 334, caput, do CP, na forma tentada" (TRF da 1ª Região – RT 765/713).

- **Contrabando. Forma tentada.** "A apreensão de mercadorias, procedentes do estrangeiro e sem documentos regulares, na chamada "zona fiscal" configura tentativa de contrabando e não crime consumado" (TRF – DJU de 29/10/73).

7.9. Impedimento, perturbação ou fraude de concorrência

> **Art. 335** – Impedir, perturbar ou fraudar concorrência pública ou venda em hasta pública, promovida pela administração federal, estadual ou municipal, ou por entidade paraestatal; afastar ou procurar afastar concorrente ou licitante, por meio de violência, grave ameaça, fraude ou oferecimento de vantagem:
>
> Pena – detenção, de seis meses a dois anos, ou multa, além da pena correspondente à violência.
>
> Parágrafo único – Incorre na mesma pena quem se abstém de concorrer ou licitar, em razão da vantagem oferecida.

7.9.1. (Revogação deste tipo penal pela Lei 8.666/93).

7.10. Inutilização de edital ou de sinal

> **Art. 336** – Rasgar ou, de qualquer forma, inutilizar ou conspurcar edital afixado por ordem de funcionário público; violar ou inutilizar selo ou sinal empregado, por determinação legal ou por ordem de funcionário público, para identificar ou cerrar qualquer objeto:
>
> Pena – detenção, de um mês a um ano, ou multa.

7.10.1. Tipo objetivo

A primeira figura refere-se **à** edital, que tem as seguintes ações previstas: a) rasgar (dividir em pedaços, despedaçar, cortar, romper), inutilizar (invalidar, nulificar, destruir, tornar inútil), conspurcar (sujar, macular). O edital deverá ter sido afixado por ordem de servidor público e a sua destruição em qualquer das condutas mencionadas poderá ser parcial ou total para a sua configuração durante o transcurso do prazo nele estabelecido. Se já tiver exaurida a sua validade, **não se constituirá mais em delito pela ausência de proteção penal.**

A segunda figura alude a selo ou sinal, que **têm** as seguintes ações previstas: violar (transgredir, adulterar), inutilizar (invalidar, nulificar, destruir, torna inútil). É pré-requisito para caracterização do tipo que o selo ou sinal seja aposto por agente público competente para identificar, lacrar ou individualizar qualquer objeto, com a assinatura ou carimbo da autoridade durante o prazo de sua determinação para assegurar a sua inviolabilidade por determinação legal. Se o selo ou sinal perder a sua utilidade ou prazo de validade, não se configurará o delito.

7.10.2. Tipo subjetivo

É o dolo, a vontade consciente de incorrer na conduta descrita, que é genérico na espécie por não exigir qualquer especial fim de agir. Não se admite a forma culposa.

7.10.3. Consumação

A conduta estará consumida com a efetivação de qualquer das ações incriminadas nas figuras mencionadas.

NOTA!

- **Ação penal:** pública incondicionada.
- **Sujeito ativo:** o particular, podendo ser também funcionário público.
- **Forma tentada:** admissível.
- **Competência para processar e julgar:** Juizado Especial Criminal (art. 61, Lei 9.099/1995).
- **Suspensão condicional do processo:** admissível (art. 89, Lei 9.099/1995).

CASOS TÍPICOS

- "No crime do art. 336 do CP distingue-se, sem maior esforço, vontade consciente dirigida à inutilização de edital, sendo irrelevante a identificação de especial finalidade; dito de outro modo: no crime definido no art. 336, o dolo é o genérico" (TACRIMSP – AC 656.595-5 – rel. Corrêa de Moraes – j. 10.10.91).
- "Infringe o art. 336 do CP aquele que rompe lacre que interditava o seu estabelecimento comercial, por ordem da autoridade pública" (RT 402/275).

CASOS ATÍPICOS

- Inutilização de sinal público – Delito não configurado – Acusado que rasga tira de papel afixada por oficial de justiça na porta de sua moradia, anunciando seu despejo – Ato abusivo e, portanto, ilegal do meirinho – Absolvição decretada – Inteligência do art. 336 do CP – "Não pratica o crime do art. 336 do CP quem reage moderada e adequadamente a ato prepotente e arbitrário de funcionário público" (RT 504/317).
- "A figura penal do art. 336 do CP cogita apenas da inutilização de "edital", com o qual não se confunde a "portaria" (RT 516/299).

7.11. Subtração ou inutilização de livro ou documento

> **Art. 337** – Subtrair, ou inutilizar, total ou parcialmente, livro oficial, processo ou documento confiado à custódia de funcionário, em razão de ofício, ou de particular em serviço público:
>
> Pena – reclusão, de dois a cinco anos, se o fato não constitui crime mais grave.

7.11.1. *Tipo objetivo*

São dois os núcleos alternativos do tipo: subtrair (deduzir, retirar, tirar às escondidas) ou inutilizar (invalidar, nulificar, destruir, tornar inútil), cuja ação seja de tornar imprestável em parte ou totalmente, livro oficial, processo ou documento sob a guarda de funcionário público ou de pessoa investida no serviço público, como o jurado ou o perito judicial. Essa custódia deve ser legal, como pressuposto para configuração do tipo. O objeto material poderá ser o livro oficial, processo ou documento público.

7.11.2. *Tipo subjetivo*

É o dolo, a vontade consciente de incorrer na conduta descrita, que é genérico na espécie por não exigir qualquer especial fim de agir. Não se admite a forma culposa.

7.11.3. *Consumação*

Mediante a efetiva subtração ou inutilização total ou parcial do objeto material.

NOTA!

- **Ação penal:** pública incondicionada.
- **Sujeito ativo:** o particular, podendo ser também funcionário público
- **Forma tentada:** admissível.
- **Substituição da pena:** admissível privativa de liberdade por restritiva de direitos (arts. 44, CP), a depender da dosimetria da pena.
- **Sursis:** possibilidade, a depender da dosimetria da pena (art. 77, CP)

CASOS TÍPICOS

- "O advogado que subtrai peça do processo, inutilizando-a, comete o crime de sonegação de papel ou objeto de valor probatório, previsto no art. 356 do CP, e não o de subtração ou inutilização de livro ou documento capitulado no art. 337 do citado dispositivo legal, tendo em vista o princípio da especialidade" (RT 754/536).

CASOS ATÍPICOS

- "Em caso de preso que rasga o auto durante a lavratura, considerou-se que não incide o art. 337 do CP, por se tratar de documento ainda em elaboração, sem as assinaturas" (RT 416/101)
- "Para que se configure o delito do art. 337 do CP é dispensável o dolo específico, bastando o dolo genérico" (RT 526/398)

7.12. Sonegação de contribuição previdenciária

Art. 337-A. Suprimir ou reduzir contribuição social previdenciária e qualquer acessório, mediante as seguintes condutas:

I – omitir de folha de pagamento da empresa ou de documento de informações previsto pela legislação previdenciária segurados empregado, empresário, trabalhador avulso ou trabalhador autônomo ou a este equiparado que lhe prestem serviços;

II – deixar de lançar mensalmente nos títulos próprios da contabilidade da empresa as quantias descontadas dos segurados ou as devidas pelo empregador ou pelo tomador de serviços;

III – omitir, total ou parcialmente, receitas ou lucros auferidos, remunerações pagas ou creditadas e demais fatos geradores de contribuições sociais previdenciárias:

Pena – reclusão, de 2 (dois) a 5 (cinco) anos, e multa.

§ 1º É extinta a punibilidade se o agente, espontaneamente, declara e confessa as contribuições, importâncias ou valores e presta as informações devidas à previdência social, na forma definida em lei ou regulamento, antes do início da ação fiscal.

§ 2º É facultado ao juiz deixar de aplicar a pena ou aplicar somente a de multa se o agente for primário e de bons antecedentes, desde que:

I – (VETADO)

II – o valor das contribuições devidas, inclusive acessórios, seja igual ou inferior àquele estabelecido pela previdência social, administrativamente, como sendo o mínimo para o ajuizamento de suas execuções fiscais.

§ 3º Se o empregador não é pessoa jurídica e sua folha de pagamento mensal não ultrapassa R$ 1.510,00 (um mil, quinhentos e dez reais), o juiz poderá reduzir a pena de um terço até a metade ou aplicar apenas a de multa.

§ 4º O valor a que se refere o parágrafo anterior será reajustado nas mesmas datas e nos mesmos índices do reajuste dos benefícios da previdência social.

7.12.1. Tipo objetivo

Os núcleos do tipo, de forma alternativa, são suprimir (eliminar, fazer desaparecer) ou reduzir (diminuir, tornar menor). O objeto material é a contribuição previdenciária e qualquer de seus acessórios. A exclusão ou diminuição de valores da composição da contribuição previdenciária deve ser conjugada nas condutas descritas nos respectivos incisos deste dispositivo.

Cuida-se de crime material que exige a efetiva exclusão ou diminuição no valor que integra a contribuição previdenciária cuja configuração tem como pressuposto a sua constituição definitiva, no âmbito administrativo, reconhecendo a regularidade do respectivo crédito fiscal.

7.12.2. Tipo subjetivo

É o dolo genérico diante da vontade consciente de concretizar a evasão tributária, sendo despicienda, para a subsunção típica, demonstrar o *animus* específico de fraudar a Previdência Social.

7.12.3. Sujeito Ativo e Passivo

Podem ser sujeitos ativos os sócios-gerentes, os diretores ocupantes de cargos administrativos ou qualquer dos diretores ou sócios que tenham concorrido para a conduta punível, e, no caso de firma individual, o seu titular, podendo, também, haver coautoria e a participação criminosa O sujeito passivo será o Instituto de Previdência Social – INSS, titular dos créditos previdenciários por ser dotado de capacidade ativa para arrecadar as contribuições previdenciárias.

7.12.4. Consumação

Por ser crime de natureza material, somente se consume mediante a efetiva supressão ou diminuição do crédito previdenciário pela violação as normas legais. É, portanto, delito de resultado.

7.12.5. Extinção da punibilidade pela confissão

O § 1º prevê a ocorrência da extinção da punibilidade no caso do agente de forma espontânea toma a iniciativa de declarar, confessar e informar os valores exatos das contribuições previdenciárias antes de efetuada a distribuição da ação fiscal.

Note-se que há uma diferença entre este dispositivo que exige a declaração, confissão e informação, e o art. 168-A, deste Código, que estipula o pagamento das contribuições previdenciárias antes do início da ação fiscal.

7.12.6. Perdão judicial ou aplicação da multa

Estabelece o § 2º que o juiz poderá deixar de aplicar a pena ou aplicar somente a de multa, se presentes, de forma cumulativa, as seguintes condições: a) o agente ser primário e de bons antecedentes; b) ser o valor das contribuições previdenciárias devidas, inclusive seus acessórios, inferior ou igual ao fixado pela Previdência Social, como teto mínimo para ajuizamento das execuções fiscais.

7.12.7. Redução da pena ou aplicação exclusiva da pena pecuniária

O § 3º confere ao juiz a faculdade de deixar de aplicar a pena privativa de liberdade ou aplicar somente a de multa se presentes, de forma cumulativa, as seguintes condições: a) que o empregador seja pessoa física; e, b: o valor da folha de pagamento mensal não supere R$ 1.510,00 (um mil quinhentos e dez reais), que em 2003 era R$ 2.118,00 (dois mil cento e dezoito reais).

Esse valor será reajustado nas mesmas datas e nos mesmos índices do reajuste dos benefícios da previdência social.

Com efeito, por ser direito subjetivo do agente é dever do juiz aplicar a causa de diminuição da pena ou se fixar, apenas, na aplicação da pena de multa, devendo os critérios a serem observados aqueles previstos no art. 59 do Código Penal, como prumo da decisão do Julgador.

NOTA!

- **Ação penal:** pública incondicionada.
- **Competência:** Justiça Federal
- **Sujeito ativo:** o responsável tributário
- **Forma tentada:** admissível.

- **Substituição da pena:** Admissível privativa de liberdade por restritiva de direitos (arts. 44, CP), a depender da dosimetria da pena.
- **Sursis:** Possibilidade, a depender da dosimetria da pena (art. 77, CP)

CASOS TÍPICOS

- "Há absorção do delito de falsum, previsto no § 4º do art. 297 do Código Penal, pelo de sonegação de contribuições previdenciárias, tipificado no art. 337-A do Código Penal, quando aquele teria servido de meio para a prática deste. 2. A potencialidade lesiva dos documentos falsos que serviram à suposta sonegação encerrou-se neste crime-fim, sendo incorreto falar em autonomia das potencialidades lesivas, mesmo porque, se assim fosse, o Enunciado n. 17 da Súmula do Superior Tribunal de Justiça não teria aplicação, por cuidar de crimes que tutelam bens jurídicos distintos. (Precedente de Turma). 3. Recurso em sentido estrito não provido". (TRF1 - RSE 0003070-47.2016.4.01.3800 / MG, Rel. JUIZ FEDERAL GUILHERME MENDONÇA DOEHLER (CONV.), TERCEIRA TURMA, e-DJF1 de 24/02/2017)
- "O crime de sonegação de contribuições previdenciárias configura-se com a simples omissão do agente, ou seja, com a não inclusão em folha de pagamento da empresa de qualquer das pessoas elencadas no inciso I, do art. 337-A, do CPB (empregado, empresário, trabalhador avulso ou trabalhador autônomo ou a este equiparado que lhe preste serviço), tendo por finalidade a supressão ou redução da devida contribuição social previdenciária. 3. Resta evidente o dolo do acusado consistente na vontade livre e consciente de deixar de declarar em GIFP os dados cadastrais de trabalhadores, empregados e empresários (sócios), que lhes prestaram serviço, bem como suas remunerações, deixando de recolher as contribuições incidentes sobre aquelas remunerações". (TRF1 - ACR 0001531-34.2007.4.01.3809 / MG, Rel. DESEMBARGADORA FEDERAL NEUZA MARIA ALVES DA SILVA, Rel.Conv. JUIZ FEDERAL HENRIQUE GOUVEIA DA CUNHA (CONV.), QUARTA TURMA, e-DJF1 de 24/10/2016).
- "Comete o delito tipificado no art. 337-A, III, do Código Penal o agente que suprime o pagamento de contribuição social previdenciária mediante omissão, em folha de pagamento ou documento de informações previsto pela legislação previdenciária, de fato gerador de tais contribuições. Em se tratando de crimes contra a ordem tributária, aplica-se a teoria do domínio do fato. É autor do delito aquele que detém o domínio da conduta, ou seja, o domínio final da ação, aquele que decide se o fato delituoso vai acontecer ou não. Tratando-se de tributo devido pela pessoa jurídica, autor será aquele que efetivamente exerce o comando administrativo da empresa, podendo ser o administrador, o sócio-gerente, diretor, administrador por procuração de sócio ou mesmo um administrador de fato que se valha de interposta pessoa, esta figurando apenas

formalmente como administrador". (TRF4, ACR 5055152-57.2014.404.7000, OITAVA TURMA, Relator JOÃO PEDRO GEBRAN NETO, juntado aos autos em 10/03/2017)

- "Nos termos da jurisprudência consolidada deste Superior Tribunal Federal, apenas o pagamento integral do tributo devido tem repercussão na condenação imposta ao Réu. Assim, "Comprovado o pagamento integral dos débitos oriundos de sonegação fiscal, ainda que efetuado posteriormente ao recebimento da denúncia, mas anterior ao trânsito em julgado da sentença condenatória, extingue-se a punibilidade, independentemente de ter se iniciado a execução penal, nos termos do art. 9º, § 2º, da Lei 10.684/03." (HC 123.969/CE, Rel. Ministro ARNALDO ESTEVES LIMA, QUINTA TURMA, julgado em 04/02/2010, DJe 08/03/2010.)
- "O crime de sonegação de contribuição previdenciária se consuma com prática de qualquer das condutas omissivas elencadas nos incisos I a III do art. 337-A, não sendo necessária a comprovação do especial fim de agir, tal qual ocorre em relação aos delitos de apropriação indébita de contribuição previdenciária, (art. 168-A do Código Penal) e sonegação tributária (art. 1.º, inciso I, da Lei n.º 8.137/90)". (STJ – AgRg no AREsp 292.390/ES, Rel. Ministra LAURITA VAZ, QUINTA TURMA, julgado em 10/12/2013, DJe 03/02/2014)
- "De acordo com entendimento predominante deste Superior Tribunal de Justiça, o crime de falso, quando cometido única e exclusivamente para consumar a sonegação de tributos, é absorvido pelo segundo delito, consoante diretrizes do princípio penal da consunção" (STJ – AgRg no REsp 1251771/SC, Rel. Ministra MARIA THEREZA DE ASSIS MOURA, SEXTA TURMA, julgado em 24/09/2013, DJe 03/10/2013)
- "Tipifica os delitos de sonegação fiscal e previdenciária, nos moldes do artigo 1º, inciso I, da Lei 8.137/90 e do artigo 337-A do Código Penal, a redução da carga tributária gerada pela prestação de informações falsas às autoridades fazendárias. 3. O dolo no delito de sonegação fiscal apresenta-se na forma genérica, exigindo a simples intenção de reduzir ou suprimir tributos. 4. A prática continuada dos crimes tipificados no artigo 1°, inciso I, da Lei n° 8.137/90 e no artigo 337-A do Código Penal, mediante uma só ação ou omissão, caracteriza o concurso formal. Incabível a dupla majoração, pelo crime continuado e concurso formal, devendo a dosimetria fazer incidir única causa de aumento. Precedentes do Superior Tribunal de Justiça". (TRF4, ACR 5051213-65.2011.404.7100, Sétima Turma, Relator p/ Acórdão Sebastião Ogê Muniz, juntado aos autos em 02/07/2014)
- "A compensação de eventuais créditos perante a Receita Federal não enseja a retirada do caráter criminoso da conduta de reduzir contribuição previdenciária mediante a omissão em GFIP de remunerações pagas e demais fatos geradores de contribuições previdenciárias. Os tomadores de serviço são responsáveis

pelo repasse das contribuições previdenciárias ao INSS. Inteligência do § 1º do art. 31 da Lei nº 8.212/91. O elemento subjetivo exigido pelo tipo previsto no art. 337-A do Código Penal é o dolo genérico, caracterizado pela vontade dirigida ao propósito de reduzir ou suprimir a contribuição previdenciária. Não é admitida a aplicação da excludente de culpabilidade por dificuldades financeiras nos casos de sonegação de contribuição previdenciária, dada a utilização de meios fraudulentos para suprimir ou reduzir contribuição social. Comprovados a materialidade, autoria e o dolo na prática do delito previsto no art. 337-A do Código Penal, e não havendo excludentes da culpabilidade, mantém-se a condenação. Como critério para fixação das penas pecuniárias, levando em conta que a praxe é o parcelamento dos valores, a soma da pena de multa e da prestação pecuniária (se for o caso), posteriormente dividida pelo número total de meses da pena de reclusão aplicada, deve situar-se em patamar próximo a trinta por cento da renda mensal do réu, levando em conta, analogicamente, o limite estabelecido para desconto de benefícios indevidos na legislação previdenciária (LBPS, art. 115, II; RPS, art. 154, § 3º; Lei 10.953/04, art. 1º, § 5º)". (TRF4, ACR 0009610-05.2008.404.7100, Sétima Turma, Relator José Paulo Baltazar Junior, D.E. 12/06/2014)

- "A omissão de registro de contrato de trabalho na Carteira de Trabalho e Previdência Social teve como único objetivo, viabilizar a prática do crime de sonegação de contribuição previdenciária (art. 337-A, I e III, CP), constituindo fase de sua realização, sem deter potencialidade lesiva exorbitante do referido delito. 2. O agente deve responder por crime único, quando o falso tiver por finalidade específica o cometimento do crime fiscal, sob pena de se punir mais de uma vez um só comportamento, com violação ao princípio do ne bis in idem. 3. Aplicação do princípio da consunção, tendo em vista que o crime de falso foi absorvido pela conduta consistente na prática do crime contra a ordem tributária. 3. A circunstância dos tipos penais tutelarem bens jurídicos distintos impede o reconhecimento da absorção do crime-meio (art. 297, § 4º, CP) pelo crime-fim (art. 337-A, CP), conforme entendimento do eg. STJ – Súmula 17 – admitindo a consunção do delito contra a fé pública (falsificação de documento) por crime contra o patrimônio (estelionato), quando o *falsum* se exaure no estelionato, sem mais potencialidade lesiva – sendo o caso dos autos, quanto ao delito de falso (art. 297, § 4º, CP), em relação ao de sonegação de contribuição previdenciária (art. 337-A, I e III, CP). 4. O delito de falso previsto no artigo 297, § 4º, do Código Penal e de sonegação de contribuição previdenciária não podem ser considerados autônomos, tendo em vista que a omissão no registro do empregado visava, unicamente, a supressão do tributo. 5. Recurso em sentido estrito desprovido. (TRF1 – RSE 0029511-41.2011.4.01.3800 / MG, Rel. DESEMBARGADOR FEDERAL CARLOS OLAVO, TERCEIRA TURMA, e-DJF1 p.83 de 31/01/2012)

CASOS ATÍPICOS

- "Nos crimes tributários de natureza material, somente se consuma o delito com o lançamento definitivo do crédito tributário. Transcorrido lapso temporal superior ao prazo prescricional entre o lançamento definitivo do crédito tributário e o recebimento da denúncia, impõe-se a extinção da punibilidade do réu, nos termos do artigo 107, inciso IV, do Código Penal". (TRF4, ACR 0023258-66.2005.404.7000, Sétima Turma, Relator Sebastião Ogê Muniz, D.E. 17/06/2014)

- "Autoria e materialidade delitivas demonstradas pela supressão de contribuições decorrente da omissão de informações nas GFIPs da pessoa jurídica administrada pelo réu, acerca do número de empregados que lhe prestaram serviço, caracterizando o crime previsto no artigo 337-A do CP, em continuidade delitiva. O elemento subjetivo do tipo penal em questão é o dolo, sem mais, não sendo de indagar-se acerca de um especial estado de ânimo voltado para a sonegação de contribuição previdenciária com proveito próprio ou alheio. Não é admitida a aplicação da excludente de culpabilidade por dificuldades financeiras no caso de crimes de sonegação de contribuição previdenciária, que se perfazem com a utilização de meios fraudulentos para suprimir ou reduzir contribuição social. A pena de multa deve guardar proporcionalidade matemática com a pena privativa de liberdade. Pena de multa reduzida". (TRF4, ACR 5051488-77.2012.404.7100, Sétima Turma, Relator p/ Acórdão José Paulo Baltazar Junior, juntado aos autos em 12/06/2014)

- "Nos crimes de índole tributária, entre os quais está a "sonegação de contribuição previdenciária" (art. 337 – A/CP), a instância administrativa, competente em razão da matéria, deve, havendo questionamento do sujeito passivo sobre o lançamento, emitir seu pronunciamento positivo em caráter prejudicial, sem o qual não se pode falar em crime. Sendo a sonegação de contribuição previdenciária uma decorrência da infração tributária, pela qual o agente a suprime ou reduz, deixando de repassar os valores à previdência social, não faz sentido que seja por ela processado em virtude de um fato que a própria instância fiscal, competente em razão da matéria, ainda não o examinou conclusivamente. 3. Concessão da ordem de habeas corpus.(TRF1 – HC 0015479-48.2012.4.01.0000 / MG, Rel. DESEMBARGADOR FEDERAL OLINDO MENEZES, QUARTA TURMA, e-DJF1 p.447 de 14/06/2013)

Capítulo II-A

Sumário • **8**. Dos crimes praticados por particular contra a administração pública estrangeira: **8.1**. Corrupção ativa em transação comercial internacional; **8.2**. Tráfico de influência em transação comercial internacional; **8.3**. Funcionário público estrangeiro.

8. DOS CRIMES PRATICADOS POR PARTICULAR CONTRA A ADMINISTRAÇÃO PÚBLICA ESTRANGEIRA

8.1. Corrupção ativa em transação comercial internacional

> **Art. 337-B.** Prometer, oferecer ou dar, direta ou indiretamente, vantagem indevida a funcionário público estrangeiro, ou a terceira pessoa, para determiná-lo a praticar, omitir ou retardar ato de ofício relacionado à transação comercial internacional:
>
> Pena – reclusão, de 1 (um) a 8 (oito) anos, e multa.
>
> Parágrafo único. A pena é aumentada de 1/3 (um terço), se, em razão da vantagem ou promessa, o funcionário público estrangeiro retarda ou omite o ato de ofício, ou o pratica infringindo dever funcional.

8.1.1. Tipo objetivo

Os núcleos do tipo são prometer (assegurar. obrigar-se a dar), oferecer (propor, dadivar, por à disposição), dar (entregar, ceder, transferir a posse ou o domínio de bens). O objeto material da conduta é a vantagem indevida, que vem a ser qualquer benefício, proveito ou fruto sem respaldo no direito, destinada a funcionário estrangeiro ou em favor de terceira pessoa, com o objetivo de determiná-lo, motivá-lo ou influenciá-lo, a praticar (ação), omitir (omissão) ou retardar (lentidão) ato de ofício relacionado à transação comercial internacional.

Compreende-se como vantagem qualquer lucro, ganho, privilégio ou benefício, que se mostra indevida por não corresponder a uma contraprestação lícita, com previsão legal que enquadre essa correspondência, pois, afronta a ética, a licitude e os regulamentos normativos dos direitos e deveres dos funcionários públicos.

A vantagem indevida pode ser prometida, ofertada ou entregue diretamente ao funcionário, ou ainda, de forma indireta através de terceira pessoa interposta como forma de dissimúlação da maquinação articulada para alterar a realização do ato de ofício, aquele que independe da provocação da parte interessada para sua efetivação.

Saliente-se que o retardamento de ato de ofício é também incompatível com princípio constitucional da eficiência, que se traduz por sua presteza, rapidez e rendimento funcional.

8.1.2. *Tipo subjetivo*

O elemento subjetivo do tipo é o dolo, a vontade livre e consciente de praticar as condutas incriminadas com especial fim de fazer com que o funcionário público estrangeiro cometa, omita ou retarde ato de ofício relacionado a transação comercial internacional.

8.1.3. *Consumação*

A configuração poderá ocorrer em duas modalidades, sendo que a conduta prometer ou oferecer, guarda natureza formal, de natureza formal, bastando chegar ao conhecimento do funcionário a proposta para reunir os requisitos de sua constituição normativa, já a conduta de dar, exige resultado. Portanto, é de natureza material, sendo necessário que aja a entrega da vantagem indevida para sua concretização com seu exaurimento.

8.1.4. *Causa de aumento de pena*

A forma qualificada estará configurada se o funcionário público incorrer na conduta de retardar, omitir ou deixar de fazer o que deveria no seu ato de ofício, alcançando assim o desiderato do agente corruptor, quer dizer, a finalidade da iniciativa da prática de corrupção ativa em transação comercial internacional foi bem sucedida. Nesta hipótese, a pena do agente será agravada em um terço.

Também será majorada a pena em um terço se o funcionário público que praticar ato infringindo seu dever funcional para atender aos propósitos da oferta ou promessa do agente corruptor, como por exemplo, sua conduta importou em ultrapassar prazo razoável ou estipulado pelo conjunto normativo, ou ainda, que tenha atentado para violação do princípio da eficiência imposto pela Constituição Federal, decorrendo assim em crime material pelo resultado alcançado.

NOTA!

- **Ação penal:** pública incondicionada.
- **Sujeito ativo:** qualquer pessoa.
- **Forma tentada:** admite-se
- **Competência:** Justiça Federal
- **Atipicidade:** pequenos mimos sem vinculação a atividade do funcionário
- **Substituição da pena:** Admissível privativa de liberdade por restritiva de direitos (arts. 44, CP), a depender da dosimetria da pena.
- **Sursis:** Possibilidade, a depender da dosimetria da pena (art. 77, CP)

8.2. Tráfico de influência em transação comercial internacional

> **Art. 337-C.** Solicitar, exigir, cobrar ou obter, para si ou para outrem, direta ou indiretamente, vantagem ou promessa de vantagem a pretexto de influir em ato praticado por funcionário público estrangeiro no exercício de suas funções, relacionado a transação comercial internacional:
>
> Pena – reclusão, de 2 (dois) a 5 (cinco) anos, e multa.
>
> Parágrafo único. A pena é aumentada da metade, se o agente alega ou insinua que a vantagem é também destinada a funcionário estrangeiro.

8.2.1. Tipo objetivo

A elementar do tipo é a conduta de solicitar (pleitear, requerer, pedir), exigir (estipular, reclamar, querer, ordenar), cobrar (pedir ou exigir pagamento) ou obter (receber, conseguir, alcançar) vantagem ou promessa de vantagem para si ou outrem.

É figura similar ao crime de tráfico de influência, previsto no art. 332 do Código Penal.

A vantagem requerida que foi almejada pelo agente em proveito próprio ou em favor de terceiros, pode ser material no que se refere a ativos financeiros ou patrimoniais por seus valores de mercado que importem no acúmulo ou agregação de riquezas, qualquer que seja a sua estimativa.

Mas, essa vantagem também pode ser de natureza moral quando resultar em favorecimento de qualquer natureza a compensação pelo pedido formulado que atingiu o seu objetivo, assim, pode-se inferir que a indicação para um cargo público, uma promoção ou indicação para direcionamento de uma licitação, também se constitui nesse tipo de vantagem trocada pelo resultado da influência nefasta do sujeito ativo dessa conduta delituosa.

É essencial que a predominância dessa interferência derive do exercício do cargo público exercido pelo sujeito ativo na sua função de superioridade desempenhada na sua atividade funcional, alardeie prestígio e influência sobre o funcionário público que detém o ofício que servirá de instrumentalização para que sua intromissão alcance os objetivos desejados.

Esse tipo de conduta é o que os romanos chamavam de *venditio fumi*, ou seja, a "venda de fumaça" que ilude o "comprador".

8.2.2. *Tipo subjetivo*

Preleciona Heleno C. Fragoso que o dolo consiste na vontade conscientemente dirigida à obtenção de vantagem ou promessa de vantagem, a pretexto de influir em funcionário público em ato de ofício. Não se exige que o agente tenha a consciência de atingir a Administração Pública (*in* Lições de Direito Penal, A Nova Parte Geral, 1985. p. 972).

8.2.3. *Consumação*

A consumação estará configurada com a mera solicitação, exigência ou cobrança ou promessa de qualquer vantagem para interferir e direcionar o seu pleito, em razão do cargo ou função pública, no exercício de ofício de funcionário público que ostenta se vangloriar de influenciar no seu encaminhamento e resultado da ação ou atitude daquele. Este delito tem como pressuposto para sua caracterização que o ato, fato, contrato ou negócio, envolva transação comercial internacional.

O delito estará configurado com a simples solicitação, exigência ou cobrança, sem que seja necessário o resultado pretendido, porquanto se trata de crime de natureza formal.

O resultado positivado do pedido, da reclamação ou do pagamento, é o exaurimento do delito pelo seu aperfeiçoamento.

8.2.4. *Causa de aumento da pena*

Na hipótese do agente alegar (manifestar, revelar, demonstrar) ou insinuar (preconizar, dar a entender) que o produto da vantagem também será destinada ao funcionário público, numa suposição de parceria em conjunto do ganho auferido, a pena base aplicada será majorada da metade na sua dosimetria.

NOTA!

- **Ação penal:** pública incondicionada.
- **Sujeito ativo:** o particular, podendo ser também funcionário público
- **Competência:** Justiça Federal
- **Forma tentada:** Admissível.
- **Corrupção:** caso haja acordo de vontades entre o agente e o funcionário público, aperfeiçoa-se o delito de corrupção a que se referem os arts. 317 e 333 do CP.
- **Substituição da pena:** Admissível privativa de liberdade por restritiva de direitos (arts. 44, CP), a depender da dosimetria da pena.
- **Sursis:** Possibilidade, a depender da dosimetria da pena (art. 77, CP)

8.3. Funcionário público estrangeiro

> **Art. 337-D.** Considera-se funcionário público estrangeiro, para os efeitos penais, quem, ainda que transitoriamente ou sem remuneração, exerce cargo, emprego ou função pública em entidades estatais ou em representações diplomáticas de país estrangeiro.
>
> Parágrafo único. Equipara-se a funcionário público estrangeiro quem exerce cargo, emprego ou função em empresas controladas, diretamente ou indiretamente, pelo Poder Público de país estrangeiro ou em organizações públicas internacionais.

8.3.1. Conceituação penal

A norma penal conceitua como funcionário público quem, embora transitoriamente ou sem remuneração, exerce cargo, emprego ou função pública, em entidades estatais ou em representações diplomáticas de país estrangeiro, abrangendo desta forma toda pessoa que mantenha vínculo com organismos estrangeiros que nesta condição exerça atos ou procedimentos inerentes ao seu ofício, ou dele vinculado.

Deve-se destacar que entidades estatais estrangeiras são aquelas pessoas jurídicas de direito público encarregadas de atividades de Estado de seus países. Há também os escritórios e representações de empresas estatais estrangeiras que tratam de negócios em nosso país, as representações diplomáticas e as organizações públicas internacionais que estão aqui instaladas.

De modo que os funcionários públicos estrangeiros nessas entidades estatais e empresas estrangeiras, que são direta ou indiretamente controladas pelo Poder Público de países estrangeiros, equiparam-se nessa condição para a definição de responsabilização penal.

Capítulo III

Sumário • 9. Dos crimes contra a administração da justiça: **9.1**. Reingresso de estrangeiro expulso: **9.2**. Denunciação caluniosa; **9.3** Comunicação falsa de crime ou de contravenção; **9.4**. Autoacusação falsa; **9.5**. Falso testemunho ou falsa perícia; **9.6**. Corrupção ativa de testemunha ou perito; **9.7**. Coação no curso do processo; **9.8**. Exercício arbitrário das próprias razões; **9.9**. Subtração, supressão ou dano à coisa própria na posse legal de terceiro; **9.10**. Fraude processual; **9.11**. Favorecimento pessoal; **9.12**. Favorecimento real; **9.13**. Ingresso ilegal de aparelho e comunicação em presídio; **9.14**. Exercício arbitrário ou abuso de poder; **9.15**. Fuga de pessoa presa ou submetida à medida de segurança; **9.16**. Evasão mediante violência contra a pessoa; **9.17**. Arrebatamento de preso; **9.18**. Motim de presos; **9.19**. Patrocínio infiel; **9.20**. Sonegação de papel ou objeto de valor probatório; **9.21**. Exploração de prestígio; **9.22**. Violência ou fraude em arrematação judicial; **9.23**. Desobediência à decisão judicial sobre perda ou suspensão de direito.

9. DOS CRIMES CONTRA A ADMINISTRAÇÃO DA JUSTIÇA

9.1. Reingresso de estrangeiro expulso

> **Art. 338** – Reingressar no território nacional o estrangeiro que dele foi expulso:
>
> Pena – reclusão, de um a quatro anos, sem prejuízo de nova expulsão após o cumprimento da pena.

9.1.1. Tipo objetivo

O núcleo do tipo é reingressar no território nacional, retornar ou voltar ao solo pátrio após ter sido expulso o estrangeiro por ato administrativo, nos termos da lei. Reingressar é ingressar de novo, expulso o estrangeiro ele penetra ilicitamente no território nacional. O ato de expulsão de estrangeiro é um ato de soberania na defesa da ordem pública.

9.1.2. *Tipo subjetivo*

É o dolo manifestado na vontade livre e consciente de reingressar após sua expulsão, de quem tem conhecimento da proibição do seu reingresso.

9.1.3. *Consumação*

Consuma-se o crime quando o agente estrangeiro reingressa no território nacional.

NOTA!

- **Ação penal:** pública incondicionada.
- **Sujeito ativo:** pessoa estrangeira
- **Forma tentada:** admissível.
- **Competência:** Justiça Federal
- **Substituição da pena:** admissível privativa de liberdade por restritiva de direitos (arts. 44, CP).
- **Sursis:** Possibilidade, a depender da dosimetria da pena (art. 77, CP)
- **Prisão em flagrante:** admissível por ser crime de natureza permanente

CASOS TÍPICOS

- "Não é causa de exclusão da tipicidade do crime previsto no art. 338 do CP a alegação incomprovada da ausência de intenção de permanência do estrangeiro expulso do território nacional através de decreto presidencial" (RT 747/787).
- "O crime do art. 338 do CP é de natureza permanente, de sorte que a prisão em flagrante encontra amparo no art. 303 do CPP. Irregularidade do art. 304 do CPP, que não afeta o to de custódia" (TRF – HC – rel. William Pattersson – DJU 17.6.82, p. 5.935).

CASOS ATÍPICOS

- "Inexiste o crime previsto no art. 338 do CP, se o estrangeiro anteriormente expulso reingresse no território nacional, devidamente autorizado por autoridade consular competente" (TFR – AP – rel. Romindo Bueno de Souza – DJU 18.9.80, p. 7.145).

- "Em sede de reingresso de estrangeiro expulso, a tentativa, apesar de admitida, não se verifica se o lugar em que foi flagrado o agente é bem distante da divisa deste País com o seu de origem" (RT 747/787)

9.2. Denunciação caluniosa

> **Art. 339.** Dar causa à instauração de investigação policial, de processo judicial, instauração de investigação administrativa, inquérito civil ou ação de improbidade administrativa contra alguém, imputando-lhe crime de que o sabe inocente:
>
> Pena – reclusão, de dois a oito anos, e multa.
>
> § 1º – A pena é aumentada de sexta parte, se o agente se serve de anonimato ou de nome suposto.
>
> § 2º – A pena é diminuída de metade, se a imputação é de prática de contravenção.

9.2.1. *Tipo objetivo*

A conduta dar causa significa provocar, motivar ou dar origem ao fato que importe na instauração de investigação policial, de processo judicial, instauração de investigação administrativa, inquérito policial ou ação de improbidade administrativa em desfavor de terceiro, atribuindo-lhe responsabilidade penal, civil ou administrativa, que tem consciência e ciência da sua inocência.

A atitude do agente é de má-fé diante do intuito deliberado de macular a reputação e a idoneidade de alguém por motivos pessoais, de ódio, perseguição ou outros interesses escusos.

A pena será agravada se o agente se utilizar de anonimato ou de nome suposto para esconder a sua real identidade, e atenuada se a imputação delituosa se enquadra na prática de contravenção.

9.2.2. *Tipo subjetivo*

É o dolo na sua forma direta considerando a exigência de conhecimento do agente da inocência da vítima. Há necessidade da certeza da falsidade da acusação. Não há na forma culposa.

9.2.3. *Consumação*

A consumação está evidenciada com a instauração da investigação criminal pela autoridade competente, do processo formal, da investigação administrativa, do inquérito civil ou da distribuição da ação de improbidade administrativa. Consumado o crime, de nenhum efeito é a retratação do agente.

NOTA!

- **Ação penal:** pública incondicionada.
- **Sujeito ativo:** qualquer pessoa
- **Forma tentada:** admissível.
- **Substituição da pena:** admissível privativa de liberdade por restritiva de direitos (arts. 44, CP), a depender da dosimetria da pena.
- **Sursis:** possibilidade, a depender da dosimetria da pena (art. 77, CP)

CASOS TÍPICOS

- "Agente que noticia fato que sabia ser falso, utilizando-se de meio escuso, culminando na movimentação desnecessária da máquina estatal, que acabou por investigar fato inexistente. Condenação mantida". (Apelação crime Nº 70072035397, Quarta Câmara Criminal, Tribunal de Justiça do RS, Relator: Aristides Pedroso de Albuquerque Neto, Julgado em 09/03/2017)
- "O tipo penal previsto no art. 339 do Estatuto Repressivo exige, para sua configuração, que o agente venha a dar causa a instauração de investigação criminal, processo judicial, investigação administrativa, inquérito civil ou ação de improbidade administrativa contra alguém, imputando-lhe crime de que o sabe inocente". (TJMG - Apelação Criminal 1.0694.12.003656-1/001, Relator(a): Des.(a) Paulo Calmon Nogueira da Gama , 7ª CÂMARA CRIMINAL, julgamento em 09/03/2017, publicação da súmula em 17/03/2017)
- "A representação criminal pelo crime de denunciação caluniosa somente pode ser deflagrada pelo representante após a sua absolvição por decisão irrecorrível na ação penal na qual figura como réu. Assim sendo, sem que se cumpra essa a condição de procedibilidade, inviável a análise deste feito. 2- Ademais, o simples fato de haver a instauração da Ação Penal em desfavor do representante não se traduz em cometimento do delito de denunciação caluniosa". (TJMG - Representação Criminal 1.0000.15.022884-9/000, Relator(a): Des.(a) Eduardo Machado , ÓRGÃO ESPECIAL, julgamento em 23/02/2017, publicação da súmula em 17/03/2017)
- Comete o crime de denunciação caluniosa, capitulado no art. 343 do CPM, aquele que dá causa à instauração de inquérito policial militar ou processo judicial militar contra pessoa que sabidamente não cometeu os fatos criminosos que se lhe imputou. Recurso conhecido e não provido. Decisão unânime. (STM – AP: 541520097080008 PA 0000054-15.2009.7.08.0008, Relator: Artur Vidigal de Oliveira, Data de Julgamento: 28/02/2013, Data de Publicação: 12/03/2013 Vol: Veículo: DJE)

- "A *noticia criminis* proposta por advogado, que origina inquérito policial posteriormente arquivado, imputando ao Magistrado ilícitos que não ocorreram, demonstra sua pretensão de caluniar, estando presentes, portanto, os elementos tipificadores do crime de denunciação caluniosa previsto no art. 339 do CP, o que impossibilita o trancamento da ação penal" (RT 765/723)
- "Para a configuração do delito de denunciação caluniosa não é necessária a instauração de inquérito policial ou procedimento judicial; basta que a imputação de crime a quem se sabe inocente acarrete mera sindicância, uma vez que esta também configura investigação policial" (RT 731/627).

CASOS ATÍPICOS

- Não se verifica nos autos a existência de um conjunto probatório apto a demonstrar que a instauração do Inquérito Policial Militar foi provocada com o escopo de atribuir crime a uma pessoa que se sabe ser inocente. Não se pode olvidar que a ausência de dolo específico afasta a caracterização do crime de Denunciação Caluniosa, posto que tal elemento subjetivo afigura-se como essencial ao delito, sem o qual não se aperfeiçoa no plano da tipicidade penal. Precedentes do STF e desta Corte Castrense. (STM – AP: 00000221320107100010 CE, Relator: Lúcio Mário de Barros Góes, Data de Julgamento: 27/08/2015, Data de Publicação: Data da Publicação: 15/09/2015 Vol: Veículo: DJE)
- Para configuração do delito de denunciação caluniosa, o agente deve imputar falsamente a prática de crime, consciente da inocência do acusado. Mero relato do agente, acerca de possível "perseguição" por parte de servidor do município, relativo a projeto em andamento, não configura o delito do art. 339, caput, do CP. Apelação da defesa provida, para absolver o apelante. (TJ-RS – Apelação Crime Nº 70052829652, Quarta Câmara Criminal, Tribunal de Justiça do RS, Relator: Gaspar Marques Batista, Julgado em 06/06/2013)
- "Para a tipificação do crime de denunciação caluniosa não basta dar causa à instauração de investigação policial ou de processo judicial contra alguém, imputando-lhe crime. É mister que o agente saiba que é inocente o acusado. Isto é, que tenha agido com dolo direto, não bastando o dolo eventual, pois o agente precisa saber, sem dúvida, que o imputado é inocente" (RT 568/352).
- "Não se confunde a denunciação caluniosa com a conduta de quem solicita à autoridade, que apure e investigue delito, fornecendo-lhe os dados que possui" (JSTJ 1/417).
- "A simples solicitação à Policia para que faça investigações a respeito de alguém suspeito, por si só, não caracteriza a denunciação caluniosa. É preciso a má-fé. O dolo específico. Saber o denunciador ser o indicado inocente" (RT 518/333).

9.3 Comunicação falsa de crime ou de contravenção

> **Art. 340** – Provocar a ação de autoridade, comunicando-lhe a ocorrência de crime ou de contravenção que sabe não se ter verificado:
>
> Pena – detenção, de um a seis meses, ou multa.

9.3.1. Tipo objetivo

É punível a conduta de quem provocar (atiçar, ocasionar, gerar, dá causa) a ação de autoridade mediante comunicação de crime ou contravenção que não ocorreu, transmitindo-lhe, desta forma, informação inverídica, que tem ciência e consciência desta falsidade.

9.3.2. Tipo subjetivo

Exige o dolo direto pelo pressuposto de que o agente tenha conhecimento da inexistência do fato, tornando-se necessário o especial fim de agir no sentido de provocar a ação da autoridade, portanto, exige o dolo específico.

9.3.3. Consumação

A sua configuração estará realizada com a ação da autoridade, mesmo que seja ações preliminares de levantamentos de informações, mas que não venha ocorrer a instauração do procedimento.

NOTA!

- **Ação penal:** pública incondicionada.
- **Sujeito ativo:** qualquer pessoa
- **Forma tentada:** Admissível.
- **Forma culposa:** inexistência
- **Competência para processar e julgar:** Juizado Especial Criminal (art. 61, Lei 9.099/1995).
- Suspensão condicional do processo: admissível (art. 89, Lei 9.099/1995)

CASOS TÍPICOS

- "Para configuração do delito do art. 340 do Código Penal é prescindível a formalização escrita falsa notícia, isto é, que seja tomada a termo. É que ele se consuma ainda que a ação da autoridade permaneça no âmbito das investigações preliminares" (RT 517/358).
- "Autoridade, de que fala o art. 340 do CP, tanto que pode ser a judiciária como a policial; essa autoridade policial não deverá ser necessariamente o Delegado ou o Comandante do Policiamento preventivo – se existe alguma ordem genérica por que, comunicado o cometimento do crime ou que algum crime está para ser cometido, desde logo o responsável pela movimentação das radiopatrulhas providencie o deslocamento de uma delas para o local, sem dúvida cometido o delito previsto no art. 340 do CP, quando alguém comunica falsamente que uma casa está na iminência de ser invadida por assaltantes, sabendo ser falsa a notícia" (JTACRIM 87/364)
- "Caracteriza o crime previsto no art. 340 do CP a comunicação falsa de roubo à Polícia, quando, na verdade, o agente, tendo recebido, como pagamento de veículo vendido, cheque sem provisão de fundos, visa, com a falsa comunicação, à recuperação do bem" (RJDTADRIM 10/43).
- "Comete o delito do art. 340 do CP quem solicita a instauração de inquérito policial alegando ser vítima de falsa emissão de nota promissória, que depois se apurou ser de sua própria autoria" (RT 511/355).

CASOS ATÍPICOS

- "Se o réu, ao solicitar a investigação policial, não fez qualquer acusação direta e pessoal contra ninguém, não há falar em denunciação caluniosa e sim em comunicação falsa de crime" (RT 455/344).
- Se não existir o dolo específico do agente, que consiste na vontade conscientemente dirigida à comunicação falsa de crime ou contravenção, com o fim de provocar a ação da autoridade, não se caracteriza o delito do art. 340 do CP" (JTACRIM 69/77).

9.4. Autoacusação falsa

> **Art. 341** – Acusar-se, perante a autoridade, de crime inexistente ou praticado por outrem:
> Pena – detenção, de três meses a dois anos, ou multa.

9.4.1. Tipo objetivo

A conduta punível é acusar-se (imputar a si próprio) de fato que prejudica ao assumir conduta ou ocorrência definida como crime, mas inexistente ou que tenha sido praticado por terceiro, que poderá ser cometida oralmente, por escrito, de maneira anônima, via pseudônimo ou de nome suposto, bastando que seja encaminhada à autoridade.

9.4.2. Tipo subjetivo

É o dolo genérico através da vontade conscientemente dirigida à autoacusação de crime inexistente ou que tenha sido praticado por terceiro.

9.4.3. Consumação

A consumação se opera quando a autoridade toma conhecimento da comunicação.

NOTA!

- **Ação penal:** pública incondicionada.
- **Sujeito ativo:** qualquer pessoa
- **Forma tentada:** Admissível.
- **Forma culposa:** inexistência
- **Competência para processar e julgar:** Juizado Especial Criminal (art. 61, Lei 9.099/1995).
- **Suspensão condicional do processo:** Admissível (art. 89, Lei 9.099/1995)
- **Transação:** Admissível (art. 76, Lei 9.099/1995)

CASOS TÍPICOS

- "O momento consumativo do crime de autoacusação falsa é aquele em que à autoridade policial ou judiciária chega o conhecimento da autoacusação falsa, pouco importando as ulteriores consequências" (RT 497/405-406).
- "No delito do art. 341 do CP, o dolo é apenas constituído pela consciência e livre vontade de praticar o fato ou de assumir a atitude que configura a infração. Os objetivos visados, mesmo quando altruísticos, não exculpam o agente, e apenas merecem ponderados para a eleição da penalidade e para sua dosimetria" (RT 375/286).

CASOS ATÍPICOS

- "Procurando o acusado assumir a responsabilidade de fato atribuído a seu pai, pratica a infração do art. 341 do CP, mas seu altruísmo o faz merecedor da pena mais branda" (RT 523/374).
- "Não sendo considerado criminoso o fato de que o agente se acusou e do qual foi o seu verdadeiro autor absolvido, falta à configuração do delito do art. 341 do CP, um dos seus elementos" (RT 384/248).

9.5. Falso testemunho ou falsa perícia

Art. 342. Fazer afirmação falsa, ou negar ou calar a verdade como testemunha, perito, contador, tradutor ou intérprete em processo judicial, ou administrativo, inquérito policial, ou em juízo arbitral:

Pena – reclusão, de 2 (dois) a 4 (quatro) anos, e multa

§ 1º As penas aumentam-se de um sexto a um terço, se o crime é praticado mediante suborno ou se cometido com o fim de obter prova destinada a produzir efeito em processo penal, ou em processo civil em que for parte entidade da administração pública direta ou indireta.

§ 2º O fato deixa de ser punível se, antes da sentença no processo em que ocorreu o ilícito, o agente se retrata ou declara a verdade.

9.5.1. Tipo objetivo

A conduta incriminadora consiste em fazer afirmação falsa (afirmar inverdades), ou negar (dizer algo não verdadeiro) ou calar (silenciar) a verdade em processo judicial, policial ou administrativo. São, portanto, três modalidades de ação delituosa prevista neste dispositivo penal, quais sejam, fazer afirmação falsa, negar fatos verdadeiros ou calar sobre fatos verdadeiros, quando é dever da testemunha, do perito, do contador, tradutor ou intérprete, dizer a verdade do que sabe para subsidiar o julgador na apuração da verdade real a fim de que seja alcançado o objetivo seguro da realização da justiça em qualquer de suas esferas.

O fato falseado, seja pela afirmação da inverdade, negativa da verdade ou omissão desta, deve ser juridicamente relevante no sentido de contribuir para a decisão no processo penal ou civil, é necessário que apresenta utilidade jurídica para a manifestação judiciosa definitiva, sob pena de se configurar crime impossível pela sua inutilidade no feito, é preciso, pois, que haja potencialidade lesiva ao direito para se configurar o tipo proclamado.

9.5.2. Tipo subjetivo

O elemento subjetivo é o dolo genérico, por se constituir na vontade consciente de cometer afirmação falsa, à negação da verdade ou silenciar diante do conhecimento desta em relação ao que sabe e tem ciência, sendo despiciendos os fins ou motivos da atitude voluntária do agente, mas que podem sopesar na dosimetria da pena. Não há punição na forma culposa.

9.5.3. Consumação

A consumação estará operada com a lavratura do termo de encerramento da audiência ou com a entrega do laudo pericial ou peça elaborada da tradução ou do intérprete.

9.5.4. Causa de aumento de pena

Incidirá majoração de pena quando o delito mediante suborno, ou seja, motivado pelo recebimento de vantagem indevida de qualquer natureza a ensejar o agente (testemunha, perito, contador, tradutor ou intérprete) falsear ou negar a verdade, ou calar diante do conhecimento que detém dos fatos verdadeiros. Se receber propina para agir em qualquer das três condições estará qualificada a conduta do agente para ter sua pena aumentada de um sexto a um terço.

A outra situação jurídica a ensejar a elevação da pena é se o falso testemunho ou falsa perícia for cometido com o fim de obter prova destinada a produzir efeito em processo penal, ou em processo civil em que for parte entidade da administração pública direta ou indireta.

Saliente-se para fins de aplicação da majorante o agente incorrer nas duas qualificadoras deverá ter sua pena aumentada na aferição máxima e, na média se, apenas em uma delas.

9.5.5. Voluntariedade da retratação

O fato deixa de ser punível se, antes da prolação da sentença ou decisão no processo em que se operou o falso testemunho ou a falsa perícia, houver a retratação, que significa a reparação da verdade.

Esse refazimento ou restauração da verdade dos fatos poderá ser eficaz se ocorrer perante a autoridade policial antes do oferecimento da denúncia, em processo criminal, ou antes de sentenciado o processo penal ou civil.

Registre-se que a retratação tem caráter estritamente pessoal, sendo incomunicável aos demais autores.

9.5.6. Processo crime de falso testemunho ou falsa perícia

Evidenciado o crime de falso testemunho ou falsa perícia, deverá o juiz, após a sua decisão definitiva resolvendo o processo, extrair deste peças e remeter à autoridade ministerial, nos termos do art. 40 do Código de Processo Penal, a quem caberá a elaboração da denúncia contra o agente.

Dessa forma, fica esclarecida a necessidade da conclusão do processo onde se operou o falso testemunho ou a falsa perícia, para posterior adoção das medidas legais visando à reprovação penal do agente.

Essa dedução resulta da possibilidade do agente se retratar até a prolação da sentença no feito penal ou civil, de modo que, iniciar a ação contra o mesmo antes da conclusão no processo em que aconteceu o crime de falso testemunho ou falsa perícia, seria precipitado ou inócuo diante da possibilidade de extinção da punibilidade pela retratação.

NOTA!

- **Ação penal:** pública incondicionada.
- **Sujeito ativo:** a testemunha, perito, contador, tradutor ou intérprete
- **Forma tentada:** admissível
- **Atipicidade:** falsa imputação de contravenção
- **Substituição da pena:** admissível privativa de liberdade por restritiva de direitos (arts. 44, CP), a depender da dosimetria da pena.
- **Sursis:** possibilidade, a depender da dosimetria da pena (art. 77, CP)

CASOS TÍPICOS

- "Comprovado através das circunstâncias do caso que ao imputar às vítimas, policiais militares, a prática do crime de agressão física durante abordagem, o réu tinha ciência da ausência da veracidade de suas afirmações, as quais deram azo à instauração de sindicância contra as vítimas, restando comprovada a prática por ele do crime de denunciação caluniosa. Se a ré tinha consciência que mentia no momento de seu depoimento, afirmando ter visto agressões físicas parte dos policiais militares, que diz terem sido cometidas contra seu acompanhante, durante abordagem, restou comprovado seu dolo, a justificar a manutenção da condenação pelo crime de falso testemunho". (TJMG – Apelação Criminal 1.0518.07.124714-3/001, Relator(a): Des.(a) Duarte de Paula , 7ª CÂMARA CRIMINAL, julgamento em 27/03/2014, publicação da súmula em 04/04/2014)

- "Falso testemunho. Induvidosas a materialidade, a autoria e o dolo do agente, consistente na intenção de falsear a verdade para favorecer determinado acusado em processo criminal, imperiosa a manutenção de sua condenação pelo delito de falso testemunho, notadamente, porque, tratando-se de crime formal, independe do êxito do julgamento principal". (TJMG – Apelação Criminal 1.0625.12.011737-3/001, Relator(a): Des.(a) Renato Martins Jacob , 2ª CÂMARA CRIMINAL, julgamento em 22/01/2014, publicação da súmula em 03/02/2014).

- "O compromisso não é condição de punibilidade, nem entra na descrição da figura típica. A sua eventual omissão não elide a responsabilidade da testemunha pela falsidade de suas declarações" (RT 415/63).

- "Fazer afirmação falsa sobre fato juridicamente relevante constitui conduta delituosa que permite a coautoria, sob as forma de instigação e auxílio" (RT 587/434).

- "Falso testemunho: coautoria. Art. 342, § 1º, do Código Penal. Tipicidade. Advogado: imunidade. 1. É firme a jurisprudência do Supremo Tribunal Federal, no sentido de admitir a caracterização de coautoria no crime de falso testemunho, quando a testemunha é induzida por outrem à prática do falso. 2. Precedentes. 3. O fato de ser o Advogado indispensável à administração da justiça não o torna imune à responsabilidade penal, em caso de coautoria na prática de falso testemunho. 4. Atipicidade e falta de justa causa para o Inquérito Policial não reconhecidos. 5. Habeas Corpus indeferido. Decisão unânime". (JSTF 227/389).

- "O advogado que orienta testemunhas a falsearem a verdade é coautor do crime de falso testemunho, pois, sem a orientação do causídico, as testemunhas não iriam mentir em juízo; desse modo, não há que se falar em falta de justa causa para instauração da ação penal" (STJ – RT 742/558).

- "Falso testemunho. Testemunha que, inquirida em Juízo, inverte as asserções que fizera no inquérito policial com objetivo de beneficiar o réu, afirmando fatos diversos daqueles que realmente presenciou, comete delito de falso testemunho qualificado (art. 342, § 1º do CP). Apelo improvido". (RJTJERGS 180/102-3).

- "O delito de falso testemunho configura-se quando há contradição entre o dito da testemunha e a realidade objetiva de que tem ciência" (RT 565/300).

- "O crime de falso testemunho se consuma ainda quando a testemunha não tenha conseguido o fim a que se propusera, com a condenação ou absolvição do imputado. A existência do delito é de todo independente do êxito do julgamento principal; porque a administração tem interesse não só na sentença justa, mas também num processo honesto" (RT 677/3620).

- "Nada impede o oferecimento da denúncia no crime de falso testemunho, mesmo não se encontrando findo o processo originário, onde foi prestado o depoimento acoimado de falso. O processo criminal decorrente do falso testemunho só pode ser julgado após preclusão da oportunidade retratatória do processo originário, no qual foi prestado o depoimento acoimado de falso" (RT 460/281).

CASOS ATÍPICOS

- Ausência de dolo específico. Atipicidade. Para configuração do delito de falso testemunho impõe-se a configuração do dolo específico, consistente na especial finalidade de prejudicar a correta administração da justiça. – Não restando comprovado que o depoimento prestado em divergência com as informações colhidas no inquérito tivessem a intenção de tumultuar a marcha processual, impõe-se a absolvição do acusado, por atipicidade da conduta. (TJMG – Apelação Criminal 1.0334.10.002651-0/001, Relator(a): Des.(a) Herbert Carneiro , 4ª CÂMARA CRIMINAL, julgamento em 16/03/2016, publicação da súmula em 28/03/2016)
- "Havendo adotado o ordenamento penal pátrio a denominada Teoria Unitária ou Monista em relação ao concurso de agentes, não se há falar em condenação daquele que colabora com a perpetração delitiva se o autor do fato não restou condenado nas sanções do art. 342 do CP". (TJMG – Apelação Criminal 1.0362.08.089323-7/001, Relator(a): Des.(a) Matheus Chaves Jardim , 2ª CÂMARA CRIMINAL, julgamento em 10/06/2014, publicação da súmula em 30/06/2014).
- "Não há falar, em tese, em falso testemunho na conduta de participante de crime que, arrolado como simples testemunha, faz afirmação falsa visando desculpar-se do crime" (JTACRIM 51/199).
- "Falso testemunho. Delito não configurado, sequer em tese. Declarações do progenitor do acusado havidas como falsas. Pessoa dispensada, porém, do compromisso de dizer a verdade. Rejeição da denúncia, consequentemente mantida. Inteligência dos arts. 342 do Código Penal e 42, nº I, do Código de Processo" (RT 376/330).
- "Falso testemunho. Não caracterização. Cunhadio. Afinidade colateral. Fato que desobriga do compromisso de falar a verdade. ARt. 142 do Código Civil. Absolvição determinada. Recurso provido" (JTJ 198/302).
- "Falso testemunho. Descaracterização. Testemunha amásia do réu à longa data. Existência de amizade íntima. Oitiva como informante e não ser compromissada. Apelação provida para absolver a ré. (...) Não constitui crime de falso testemunho porque, por muito natural se tem que o parente, o amigo

íntimo, o criado, o dependente não sejam capaz de se libertar da influência afetiva ou econômica decorrente dessas relações" (RT 725/538).

- "Não é bastante para a configuração do delito do art. 342 do CP que haja divórcio entre a realidade concreta e o testemunho. É preciso que a pessoa que o presta tenha consciência de que opera essa deformidade positiva entre a narração e o fato" (RT 581/311).
- "A simples diversidade de declarações sobre determinado fato não significa que um dos depoentes esteja mentindo ou falseando a verdade, de maneira a incorrer nas sanções do art. 342 do CP" (RT 564/328).
- "Falsa perícia. Caracterização. Dolo evidente. Perito que deliberadamente omitindo verdades, e afirmando inverdades, elabora laudo favorecendo e inocentando os verdadeiros culpados" (RJTJESP 46/342).
- "Pode o acusado de falso testemunho ou falsa perícia se retratar até antes da sentença, ficando assim livre da punição. Por isso, pode o Juiz receber a denúncia antes da conclusão do processo em que a verdade foi agredida pelo falso testemunho ou pela falsa perícia" (STJ – RT 710/35).
- "O crime de falso testemunho se caracteriza pela simples potencialidade de dano para a Administração da Justiça, não ficando condicionado à decisão condenatória no processo, em que se verificou" (STF – RTJ 95/573)

9.6. Corrupção ativa de testemunha ou perito

> **Art. 343.** Dar, oferecer ou prometer dinheiro ou qualquer outra vantagem a testemunha, perito, contador, tradutor ou intérprete, para fazer afirmação falsa, negar ou calar a verdade em depoimento, perícia, cálculos, tradução ou interpretação:
> Pena – reclusão, de três a quatro anos, e multa.
>
> Parágrafo único. As penas aumentam-se de um sexto a um terço, se o crime é cometido com o fim de obter prova destinada a produzir efeito em processo penal ou em processo civil em que for parte entidade da administração pública direta ou indireta.

9.6.1. Tipo objetivo

A elementar do tipo é o proceder do sujeito ativo, que pode ser qualquer pessoa, em dar (ceder, conceder, entregar, presentar), oferecer (pôr à disposição) ou prometer (assegurar, avalizar, obrigar-se a dar), vantagem indevida, àquela que a lei não autoriza nem prevê, cuja natureza pode ser patrimonial ou econômico, como dinheiro, lucro, ganho ou qualquer outro bem de valor estimativo ou de mercado, seja comercial ou financeiro; enfim, qualquer coisa que represente agregação no nível de riqueza do seu destinatário, o agente público, em qualquer das atividades desempenhadas de testemunhas, perito, contador, tradutor ou intérprete.

A vantagem indevida também pode ser de outra espécie benefício ou privilégio como uma promoção, remoção ou progressão na carreira funcional, ou ainda, o provimento em cargo comissionado para o agente público ou terceiro, de modo que venha a lhe favorecer, de alguma forma, na sua satisfação pessoal ou familiar.

A motivação da propina dada ou prometida é com o objetivo do agente público fazer afirmação falsa, negar ou calar a verdade em depoimento, perícia, cálculos, tradução ou interpretação.

É o suborno com a finalidade de alterar a realidade dos fatos para obtenção de resultados adulterados que proporcionar ganho ilícito ao destinatário.

9.6.2. *Tipo subjetivo*

É o dolo genérico diante da vontade consciente e deliberada de dar, oferecer ou prometer vantagem que sabe ser indevida, ilícita e desprovida de qualquer legitimidade com a finalidade específica de que o agente público cometa ato positivo ou negativo com especial fim de falseamento da verdade através de testemunha, testemunha, perito, contador, tradutor ou intérprete, com o intuito de modificar a realidade dos fatos. O objeto material é a testemunha, perito, contador, tradutor ou intérprete.

9.6.3. *Consumação*

Trata-se de crime natureza formal ou de mera conduta, bastando para tanto, a iniciativa do agente em oferecer ou prometer ao funcionário público qualquer vantagem visando alcançar o seu propósito do ato de viciar a real dimensão da ocorrência dos fatos.

Com efeito, chegando ao conhecimento do funcionário público, mas com a recusa deste no aliciamento ou suborno, estão reunidas as condições para seu aperfeiçoamento com sua consumação.

A testemunha, perito, contador, tradutor ou intérprete aceitando a peita, o seu recebimento é o exaurimento do crime.

9.6.4. *Causa de aumento de pena*

A situação jurídica a ensejar a elevação da pena é se o falso testemunho ou a falsa perícia for cometida com o fim de obter prova destinada a produzir efeito em processo penal, ou em processo civil em que for parte entidade da administração pública direta ou indireta.

Devido a interpretação restritiva em direito penal, a exasperação da pena não se aplica nos casos em que o falso testemunho ou falsa perícia for ser utilizada em inquérito policial, processo administrativo ou juízo arbitral.

NOTA!

- **Ação penal:** pública incondicionada.
- **Sujeito ativo:** qualquer pessoa
- **Forma tentada:** admissível na forma escrita
- **Substituição da pena:** Admissível privativa de liberdade por restritiva de direitos (arts. 44, CP), a depender da dosimetria da pena.

CASOS TÍPICOS

- "O argumento de que a simples promessa de prestação de serviços profissionais não pode ser entendido como uma vantagem da mesma forma merecer ser repelido. O delito previsto no art. 343 do CP estabelece duas possibilidade alternativas de oferta ou promessa: dinheiro ou qualquer vantagem" (RT 539/264-6).
- "O momento consumativo do delito de corrupção ativa de testemunha verifica-se com a simples oferta ou promessa de remuneração ou recompensa, independentemente de aceitação. Assim, a prolação de sentença no processo em que cometido o delito não constitui condição de procedibilidade da ação penal" (RT 655/287).

CASOS ATÍPICOS

- "Não configura o delito previsto no artigo 343 do Código Penal, sendo atípica a conduta, se a vantagem oferecida pelo réu não se destinava a subornar testemunha para que fizesse afirmação falsa em processo- crime já que a pessoa visada sequer ostentava a qualidade de testemunha". (TJMG - Apelação Criminal 1.0309.08.024095-0/001, Relator(a): Des.(a) Beatriz Pinheiro Caires , 2ª CÂMARA CRIMINAL, julgamento em 05/08/2010, publicação da súmula em 10/09/2010)
- "Para configuração do delito previsto no artigo 343 do Código Penal, exige-se que o suborno seja feito diretamente à testemunha, perito, tradutor ou intérprete, não restando configurado se dirigido às vítimas, pois, ainda que faltem com a verdade, não cometem o crime de falso testemunho". (TJMG - Apelação Criminal 1.0421.06.001466-7/001, Relator(a): Des.(a) Renato Martins Jacob , 2ª CÂMARA CRIMINAL, julgamento em 23/04/2009, publicação da súmula em 21/05/2009)

- "É elemento essencial à configuração do delito de corrupção ativa de testemunha que, no instante da conduta tida como criminosa, a pessoa subornada ou que se pretenda subornar já esteja de posse da qualidade de testemunha. Atípico o fato se o aliciamento ocorre em relação àquele que ainda não ostenta tal qualidade, ainda que sabido que virá a ostentá-la" (RT 641/321).
- "Impossível de consumar-se o delito do art. 343 do Código Penal, quando a pessoa que o agente suborna é a vítima no processo. Isto porque, ainda que esta falseie a verdade, mesmo a pedido do réu, não comete o crime de falso testemunho" (RT 458/316).
- "O pedido à testemunha não basta para a configuração do crime (RT 530/313).

9.7. Coação no curso do processo

Art. 344 – Usar de violência ou grave ameaça, com o fim de favorecer interesse próprio ou alheio, contra autoridade, parte, ou qualquer outra pessoa que funciona ou é chamada a intervir em processo judicial, policial ou administrativo, ou em juízo arbitral:

Pena – reclusão, de um a quatro anos, e multa, além da pena correspondente à violência.

9.7.1. Tipo objetivo

A tipicidade da conduta consiste na ação do sujeito ativo usar (empregar, utilizar-se) de violência (força física, agressividade) ou grave ameaça (intimidação potencializada, reprimenda ou repreensão) com a finalidade de obter favorecimento pessoal ou de terceiro contra autoridade, parte, ou qualquer outra pessoa que funciona ou é chamada a intervir em processo judicial, policial ou administrativo, ou em juízo arbitral.

A vítima poderá ser juiz, promotor de justiça, delegado, funcionário, perito, testemunha, jurado, escrivão, oficial de justiça, enfim, qualquer pessoa que possa atuar em processo judicial, policial ou administrativo.

O emprego da violência é a *vis corporalis*, a violência física, ofensa a integridade física, enquanto a grave ameaça é a *vis compulsiva*, a intimidação moral, a coação moral.

9.7.2. Tipo subjetivo

O elemento subjetivo é o dolo específico mediante a vontade consciente e dirigida ao emprego de violência ou grave ameaça com o fim de obter favorecimento pessoal ou interesse injusto para terceiro em processo judicial ou tramitando no juízo arbitral. O objeto material é a pessoa que sofre a coação.

9.7.3. Consumação

Com a utilização da violência ou grave ameaça, sem a necessidade de alcançar o resultado almejado.

NOTA!

- **Ação penal:** pública incondicionada.
- **Sujeito ativo:** qualquer pessoa
- **Forma tentada:** admissível.
- **Forma culposa:** inexistência
- **Substituição da pena:** admissível privativa de liberdade por restritiva de direitos (arts. 44, CP), a depender da dosimetria da pena.
- **Sursis:** possibilidade, a depender da dosimetria da pena (art. 77, CP)

CASOS TÍPICOS

- O crime de coação no curso do processo (art. 344 do CP) pode ser praticado no decorrer de Procedimento Investigatório Criminal instaurado no âmbito do Ministério Público. Isso porque, além de o PIC servir para os mesmos fins e efeitos do inquérito policial, o STJ já reconheceu que, mesmo as ameaças proferidas antes da formalização do inquérito caracterizam o crime de coação no curso do processo, desde que realizadas com o intuito de influenciar o resultado de eventual investigação criminal (HC 152.526-MG, Quinta Turma, DJe 19/12/2011). (STJ – 6ª Turma – HC 315.743-ES, Rel. Min. Nefi Cordeiro, julgado em 6/8/2015, DJe 26/8/2015).
- "Caracteriza o crime de coação no curso do processo, previsto no art. 344 do CP, o agente que, em audiência de processo-crime, ameaça de morte testemunha, na presença do Juiz e do Promotor de Justiça, não havendo que se falar em desclassificação para o delito do art. 147 do CP, eis que notoriamente subsidiário" (RT 752/573).
- "O delito de coação no curso do processo somente passa a ter integração desde que fique objetivado o uso de 'violência' ou 'grave ameaça'. Se o mal ameaçado, segundo exsurge do espírito legal, não é grave, de natureza grave, sem que por si acarrete à pessoa ameaçada temor reverencial a ponto de render sua vontade ao que o agente determina, o crime do art. 344 do Código Penal não se aperfeiçoa em sua inteireza jurídica" (RT 430/337).
- "A infração do art. 344 do CP pode ocorrer mesmo na hipótese de procedimento policial, como no caso de lavratura de prisão em flagrante por prática

de outro delito, consumando-se ainda que o agente não atinja o objetivo de coagir a pessoa contra quem dirige a intimidação, no sentido de ela omitir-se ou se abster de declarar ou apurar a verdade" (RT 610/328-9).

- "O crime contra a administração da justiça, previsto no art. 344 do CP, coação no curso do processo, se caracteriza pela vis compulsiva, ou seja, pela violência psicológica utilizada pelo agente, consumando-se no exato momento em que a vítima ouve a ameaça, independentemente de esta surtir ou não o efeito desejado" (RT 764/606).
- "Basta que tenha havido ameaça grave, capaz de incutir na vítima justificável receio, para que se configure o delito do art. 344 do Código Penal. Mas, a reiteração da ameaça, para conseguir o mesmo objetivo, não implica continuidade delitiva" (RT 512/356).

CASOS ATÍPICOS

- "A grave ameaça a que alude o art. 344 do Código Penal é a capaz de intimidar seriamente o *homo medius*, pouco importando que o mal prometido não seja injusto, pois a ameaça como meio de crime não coincide com o crime de ameaça" (RT 492/278).
- "A advertência feita por advogado a testemunha no sentido de retratar-se para não ser processada por falso testemunho; embora não se exija no tipo que o mal ameaçado seja injusto, a gravidade da ameaça dependeria de ser o testemunho realmente falso, hipótese em que o advogado estaria agindo nos limites do exercício regular da profissão" (STJ, Resp 24.544, DJU 16.11.92, p. 21154).
- "O delito do art. 344 do CP exige, para a sua configuração, o dolo específico, que se caracteriza pelo fim de favorecer interesse próprio ou alheio. Tratando-se de testemunha, consiste em obrigá-la a depor falsamente. Se esta já havia deposto, quando feita a ameaça, não há que se falar, portanto, na infração em tela" (RT 420/62).

9.8. Exercício arbitrário das próprias razões

Art. 345 – Fazer justiça pelas próprias mãos, para satisfazer pretensão, embora legítima, salvo quando a lei o permite:

Pena – detenção, de quinze dias a um mês, ou multa, além da pena correspondente à violência.

Parágrafo único – Se não há emprego de violência, somente se procede mediante queixa.

9.8.1. Tipo objetivo

A expressão fazer justiça com as próprias mãos significa o uso do esforço pessoal para restabelecer um direito ou bem tutelado ofendido numa circunstância em que o agente impulsionado pela sua indignação e revolta, embora motivado pela sua boa fé, toma medidas que são legítimas para revolver a situação ao estado anterior em que se encontrava a coisa ou seu direito.

A conduta poderá envolver direito real (propriedade, posse ou servidão), pessoal (obrigações contratuais ou extracontratuais) ou de família (coabitação, posse e guarda de crianças).

Fazer justiça com as próprias mãos pode ser executado mediante violência física, ameaça ou fraude visando à satisfação de uma aspiração legítima e honesta.

Registre-se, por oportuno, que o possuidor turbado, ou esbulhado, poderá manter-se ou restituir-se por sua própria força, contanto que o faça logo; os atos de defesa, ou de desforço, não podem ir além do indispensável à manutenção, ou restituição da posse, conforme assegura o § 1º do art. 1.210 do Código Civil, constituindo-se assim, em qualquer das excludentes da legítima defesa, estado de necessidade, estrito cumprimento do dever legal ou exercício regular de direito, afasta a tipicidade da conduta pela sua autorização legal de agir nessas condições.

Há ainda, o direito de retenção previsto no Código Civil (§ 1º do art. 571, 633, 681, 708, 742, 1.219, § 2º do art. 1.507) que autorizam o exercício deste direito, cuja aplicação elide a figura típica deste dispositivo penal.

9.8.2. Tipo subjetivo

É o dolo versado na vontade livre e consciente de usar a violência ou grave ameaça com a especial finalidade de favorecer interesse próprio ou alheio, incluindo-se assim, o dolo específico. O objeto material é a coisa ou pessoa.

9.8.3. Consumação

A ocasião da consumação se verifica quando o agente, de forma arbitrária, incorre na violência ou grave ameaça sobre coisas ou pessoas pelas suas próprias razões, não importando se o fim colimado seja alcançado ou não.

NOTA!

- **Ação penal:** pública incondicionada, se houver emprego de violência ou grave ameaça.
- **Sujeito ativo:** qualquer pessoa

- **Forma tentada:** admissível.
- **Forma culposa:** inexistência
- **Conciliação:** se não houve emprego de violência ou grave ameaça.
- **Competência para processar e julgar:** Juizado Especial Criminal (art. 61, Lei 9.099/1995).
- **Suspensão condicional do processo:** Admissível (art. 89, Lei 9.099/1995)

CASOS TÍPICOS

- "Ao oficial de justiça obstado no cumprimento de um mandado compete requisitar força e não executá-lo à força, com uso de arma, pois, assim estará cometendo, em tese, os delitos de ameaça e de exercício arbitrário das próprias razões" (RT 398/277).
- "Constitui crime de exercício arbitrário das próprias razões exigir, mediante ameaça, restituição de dinheiro perdido em jogo fraudado" (TJDFT - RF 113/200).

CASOS ATÍPICOS

- "Não caracteriza exercício arbitrário das próprias razões o desligamento de telefone integrante da locação a pedido do locador que saldou o débito do locatário junto à Telesp. O descumprimento da cláusula contratual, em tais circunstâncias, constitui ilícito meramente civil" (RT 656/301).
- "Não é possível considerar-se criminoso o procedimento de quem se utiliza legitimamente do direito de retenção. Inexiste, sequer em tese, em tal situação, o delito de exercício arbitrário das próprias razões" (RT 404/356).

9.9. Subtração, supressão ou dano à coisa própria na posse legal de terceiro

> **Art. 346** - Tirar, suprimir, destruir ou danificar coisa própria, que se acha em poder de terceiro por determinação judicial ou convenção:
>
> Pena - detenção, de seis meses a dois anos, e multa.

9.9.1. Tipo do objeto

Os núcleos das condutas, de forma alternativa, são tirar (subtrair, arrancar ou retirar), suprimir (fazer desaparecer), destruir (inutilizar, aniquilar ou extinguir) ou danificar (estragar ou deteriorar) coisa própria que se acha em poder de terceiro por determinação judicial ou convenção.

Os requisitos para configuração do tipo exigem que a coisa seja própria do agente e que esteja sob a guarda judicial ou convenção, que pode ser objeto de contrato.

9.9.2. *Tipo subjetivo*

O elemento subjetivo do tipo é o dolo genérico, representado pela vontade conscientemente dirigida à prática de qualquer das condutas que integram a configuração do tipo.

9.9.3. *Consumação*

Consuma-se com a efetiva subtração, supressão, destruição ou danificação da coisa.

NOTA!

- **Ação penal:** pública incondicionada
- **Sujeito ativo:** qualquer pessoa
- **Forma tentada:** admissível
- **Forma culposa:** inexistência
- **Competência para processar e julgar:** Juizado Especial Criminal (art. 61, Lei 9.099/1995).
- **Suspensão condicional do processo:** admissível (art. 89, Lei 9.099/1995)

CASOS TÍPICOS

- "O proprietário de casa alugada que, para forçar a sua desocupação pelo inquilino, a danifica, comete o delito do art. 346 e não o do art. 345 do CP" (RT 532/331)
- "O apossamento de coisa apreendida judicialmente e em poder do depositário nomeado configura o crime do art. 346 do CP" (RT 464/434).

CASOS ATÍPICOS

- "O procedimento do dono, que tira coisa própria que se acha em poder de terceiro injustificadamente, não integra a figura do art. 346 do CP, uma vez que a posse desta não resulta de determinação judicial, nem tampouco de convenção subsistente" (RT 536/300).
- "Não pratica o delito do art. 346 do CP o locador que corta a luz e água do imóvel locado com vistas a pressionar a mudança dos inquilinos" (RT 584/377).

9.10. Fraude processual

Art. 347 - Inovar artificiosamente, na pendência de processo civil ou administrativo, o estado de lugar, de coisa ou de pessoa, com o fim de induzir a erro o juiz ou o perito:

Pena - detenção, de três meses a dois anos, e multa.

Parágrafo único - Se a inovação se destina a produzir efeito em processo penal, ainda que não iniciado, as penas aplicam-se em dobro.

9.10.1. Tipo objetivo

A conduta típica estriba-se em inovar (modificar, mudar, alterar) artificiosamente (mediante artifício, de forma ardilosa, de maneira enganosa) o estado de lugar, de coisa ou de pessoa ligada ou vinculada a processo judicial ou administrativo.

Pressuposto do fato é a pendência de processo civil ou administrativo, assim, compreende-se que o feito esteja em pleno curso processual quando da ocorrência praticada pelo agente. Se se tratar de ação penal, mesmo que não tenha sido iniciado, as penas serão aplicadas em dobro.

É indispensável que a ação seja idônea para induzir em erro o juiz ou perito, motivo pelo qual se afirma que o fim de agir tem aqui, igualmente, um sentido objetivo. É de mister que materialmente seja a inovação capaz de modificar o sentido probatório de lugar, coisa ou pessoa e que não se trate de modificação grosseira incapaz de induzir em erro (Heleno C. Fragoso, Lições de Direito Penal, Parte Especial, Forense, 1981, p.1.036/37).

9.10.2. Tipo subjetivo

É o dolo representado pela vontade livre e consciente dirigida para transmudar, modificar ou inovar de forma artificial, enganosa ou artimanha, com a finalidade de induzir ou inspirar o juiz ou o perito a incorrer erro processual. Exige o dolo específico. O objeto material são a coisa, o lugar ou pessoa.

9.10.3. Consumação

Consuma-se o crime com a modificação, capaz de enganar, não se exigindo, porém, que o juiz ou perito tenha sido levado a erro. Portanto, cuida-se de crime formal que não necessita de resultado para sua configuração.

Sendo o crime formal, consuma-se independentemente de qualquer outro resultado, nada importando que o juiz ou perito não seja induzido em erro (Heleno C. Fragoso, ob. Cit. P. 1.037).

NOTA!

- **Ação penal:** pública incondicionada
- **Sujeito ativo:** qualquer pessoa
- **Forma tentada:** admissível.
- **Forma culposa:** inexistência
- **Competência para processar e julgar:** Juizado Especial Criminal (art. 61, Lei 9.099/1995).
- Suspensão condicional do processo: Admissível (art. 89, Lei 9.099/1995)

CASO TÍPICO

- "Comete o crime de fraude processual, e não o de fraude a execução, o agente que, no curso do processo, simula contrato de comodato a fim de embargar arrematação de bem penhorado" (TACrSP, RJDTACr 27/254).

CASOS ATÍPICOS

- "A retirada de bens para fugir à penhora, não tipifica, pois inexiste inovação probatória" (TACrSP, Julgados 77/97).
- "Não há o tipo, se inexistiu citação válida, capaz de ensejar o processo, pois é indispensável que o agente tenha ciência inequívoca da existência da ação cível" (TAMG, RJTAMG 26/348).
- "Inovar artificiosamente o estado de pessoa significa mudar o estado físico, isto é, o aspecto exterior ou as condições anatômicas internas. Assim, a simples mentira sobre a própria identidade não configura o crime do art. 347 do CP" (JTACRIM 46/355).
- "As alegações processuais mendazes são atípicas para os fins do art. 347 e seu parágrafo único, do CP, mas, embora (não) constituam o crime de fraude processual, eminentemente subsidiário, poderão, conforme o caso, caracterizar outras figuras delituosas" (RT 702/342).
- "Não se comprovando, embora o objeto da busca e apreensão, se encontre em poder do autor, não ter agido este ou seus prepostos artificiosamente com relação ao estado do lugar da coisa, não há falar em fraude processual" (JTACRIM 66/77).
- "Há inovação artificiosa quando o agente modifica no mundo externo, de maneira concreta, palpável e real, de forma a alterar objetivamente o aspecto ou outra propriedade probatória que o lugar, coisa ou pessoa precedentemente, e idônea a induzir em engano o juiz ou perito. Assim, simples afirmação,

ainda que inverídica, não podendo consistir em materialidade do delito, não basta ao reconhecimento" JUTACRIM 43/100-101).

9.11. Favorecimento pessoal

Art. 348 - Auxiliar a subtrair-se à ação de autoridade pública autor de crime a que é cominada pena de reclusão:

Pena - detenção, de um a seis meses, e multa.

§ 1º - Se ao crime não é cominada pena de reclusão:

Pena - detenção, de quinze dias a três meses, e multa.

§ 2º - Se quem presta o auxílio é ascendente, descendente, cônjuge ou irmão do criminoso, fica isento de pena.

9.11.1. Tipo objetivo

O núcleo do tipo é auxiliar a subtrair, que retrata o ato de ajudar a alguém para fugir, esconder-se, proteger ou a ocultar-se da ação policial ou de autoridade legalmente constituída que o procura ou está no seu encalço para realizar a sua prisão.

O agente ao homiziar ou ocultar pessoa procurada pela força pública incorre no fato típico e antijurídico de favorecimento pessoal ao criminoso.

A ação incriminadora consiste em auxiliar a subtrair-se à ação da autoridade, sendo irrelevante o meio de que se serve o agente. Integra a materialidade do fato qualquer ajuda idônea prestada ao criminoso para evitar sua captura (facilitação da fuga, ocultação, desvio da atenção dos agentes da força pública etc.) Não se exige que o criminoso já esteja sendo perseguido (Heleno C. Fragoso, ob. Cit., pp. 1.040-1.041).

É pressuposto do tipo que o crime principal anteceda ao auxílio ou abrigo do agente, pois se o sujeito concede apoio ou acolhe o criminoso ante do cometimento do crime, trata-se de participação.

Registre-se, ainda, que é necessário que o crime principal seja juridicamente possível que possibilite a condenação do agente, visto que, sendo absolvido não se caracterizará a figura típica de favorecimento pessoal, ensejando que o processo sobre a responsabilidade penal somente seja iniciado ao final daquele para saber se houve condenação ou absolvição. Nesta última situação, não haverá tipificação deste delito.

9.11.2. Tipo subjetivo

É o dolo genérico pela vontade livre e consciente dirigida em dar fuga, após a realização de crime, do seu autor para evitar a sua prisão, frustrando assim o trabalho da administração da Justiça através os seus órgãos competentes.

9.11.3. Consumação

Consuma-se com a ação positiva de impedir sorrateiramente a prisão do agente logo após o cometimento do crime principal que praticou ao ocultá-lo da perseguição ou procura pela autoridade, mesmo que seja por curto lapso temporal.

9.11.4. Forma privilegiada

O § 1º deste dispositivo estabelece aplicação de minorante à pena agente quando o crime principal não for punido com pena privativa de liberdade. Assim sendo, a pena aplicável ao crime cometido pelo favorecido é pena de detenção, multa, alternativa ou cumulativa com aquela, é direito subjetivo do agente a redução na dosimetria de sua pena.

9.11.5. Causa excludente de culpabilidade

O crime de favorecimento pessoal deixa de ser punível quando o agente é ascendente, descendente, cônjuge ou irmão do favorecido, conforme preceitua o § 2º desta norma.

Essa excludente de culpa ou responsabilidade penal é compreensível devido aos laços de especial afeto que ligam os membros de uma mesma família porquanto o sentimento fala mais alto do que a própria razão das pessoas que são movidas por emoções e instituto de proteger os seus familiares.

A norma menciona apenas cônjuge, mas deve entender dentro do contexto a relação familiar do companheiro ou companheira reconhecido pela união estável que equivale direitos e deveres idênticos ao do matrimônio civil.

NOTA!

- **Ação penal:** pública incondicionada
- **Sujeito ativo:** qualquer pessoa
- **Forma tentada:** admissível.
- **Forma culposa:** inexistência
- **Competência para processar e julgar:** Juizado Especial Criminal (art. 61, Lei 9.099/1995).
- **Suspensão condicional do processo:** admissível (art. 89, Lei 9.099/1995)

CASOS TÍPICOS

- "Configura o crime de favorecimento pessoal a conduta do Advogado que proporciona a fuga de seu constituído, levando-o em seu veículo, quando este encontra-se em casa cercada por Policiais aguardando a chegada de cópia de mandado de prisão" (RJDTACRIM 27/240).
- "O auxílio para que o autor de um crime não seja alcançado fisicamente pela ação da autoridade, com o homizio, escondimento ou dissimulação do criminoso ou facilitação de sua fuga, configura o delito do art. 348 do Código Penal" (RT 423/426).
- "É irrelevante para caracterização do favorecimento pessoal que haja prisão em flagrante ou que exista prisão preventiva decretada, ou mesmo perseguição do criminoso, pois a ação do agente no crime do art. 348 do CP visa exatamente à inocorrência dessas consequências" (RT 604/414).
- "Comete o crime de favorecimento pessoal, e não real, mas sujeito a isenção de pena, a teor do § 2º, do art. 348 do CP, agente que auxilia o filho, autor de crime de roubo, a ocultar provas que o incriminam, subtraindo-o, assim, da ação da Autoridade Pública, vez que com tal conduta não presta auxílio destinado a tornar seguro o proveito do crime" (RJDTACRIM 24/200).
- "Não se provando que o réu tenha prestado ou prometido auxílio antes ou durante o crime precedente, mas que ele apenas despistou, com simulação de indícios, a procura para a descoberta do paradeiro do autor daquele delito, terá ele cometido, tão-somente, o crime de favorecimento pessoal"(RT 530/414).

CASOS ATÍPICOS

- "Para caracterização do crime de favorecimento pessoal deve subsistir a punibilidade do crime anterior, não sendo cabível o favorecimento se ocorre causa de exclusão da antijuridicidade, se o acusado é penalmente irresponsável ou se está extinta a punibilidade" (RT 604/414).
- "Tratando-se de crime de favorecimento pessoal, se o réu procurou evitar a ação da polícia em face de uma contravenção, sua ação é atípica, pois a materialidade do fato consiste em auxiliar a subtrair-se à ação da autoridade autor de crime; constitui assim, pressuposto do fato a existência de crime anterior (não contravenção), praticado pela pessoa favorecida pela ação delituosa" (RT 724/669).
- "Não comete o crime de favorecimento pessoal (CP, art. 348) a advogada que não auxilia o oficial de justiça a citar seu cliente em ação penal, porque o delito em análise pressupõe ajuda ao infrator para evitar sua prisão e não auxilio para dificultar sua citação" (RT 752/729).

- "Favorecimento pessoal. Delito não configurado. Acusada que auxiliava o esposo subtrair-se da ação policial. Isenção de pena reconhecida. Inteligência do art. 348, e seu § 2º, do Código Penal. A lei penal reconheceu o fato, o direito das pessoas contempladas no § 2º do art. 348 do Código Penal, de auxiliar o autor do crime a subtrair-se à ação da autoridade. A eximinente em apreço consiste numa aplicação do princípio ético-jurídico *nemo tenetur se excusare* e no reconhecimento da força incoercível dos afetos familiares" (RT 378/308).
- "Recusa de irmão em entregar o réu: imunidade configurada. A ordem foi da dada por autoridade pública, mas ele não estava obrigado a cumpri-la. Se a ele se reconhece, pela condição de irmão, o direito de auxiliar na fuga, sem que por isso seja responsabilizado criminalmente, não tem lógica seja punido por não promover o restabelecimento da situação anterior. A mesma situação emocional que o livra da punição pelo auxílio prestado, justifica não seja apenado por se recusar a entregar o próprio irmão" (RT 721/432).
- "Não há favorecimento pessoal, se o agente é coautor do favorecido" (RT 512/358).
- "É atípica a conduta de advogado que incentiva réu fugir, a fim de subtrair à ação da autoridade policial, pois o núcleo auxiliar deixa claro que só interessa à configuração do crime a partição física, material, sendo irrelevante a participação moral" (RT 721/432).

9.12. Favorecimento real

> **Art. 349** – Prestar a criminoso, fora dos casos de coautoria ou de receptação, auxílio destinado a tornar seguro o proveito do crime:
>
> Pena – detenção, de um a seis meses, e multa.

9.12.1. Tipo objetivo

A conduta incriminada consiste em prestar auxílio a criminoso para que consiga fugir com o produto do crime, colocando o bem roubado ou furtado fora de perigo para garantir o proveito da conduta criminosa pelo autor do delito, o agente favorecido.

Prestar auxílio exprime qualquer tipo de ajuda ou da assistência que proporcionar segurança ou proteção ao objeto material no sentido de amparar na posse e regalo do proveito do crime antecedente.

O proveito do crime resulta no auferimento de qualquer vantagem ou utilidade, material ou moral, lucrada ou aguardada em decorrência do crime antecedente.

Nos casos em que o agente é coautor ou receptador do crime perpetrado, fica afastada a presente tipificação. A receptação é quando o auxílio resulta na aquisição de produtos roubados ou furtados, e a coautoria quando o agente participar ativamente da atividade criminosa.

Registre-se, por oportuno, que o art. 1º do Código Penal veda a interpretação extensiva ou da analogia das condutas criminosas, de modo que o texto normativo ao expressar o substantivo criminoso aquele prestar auxílio para tornar seguro o produto do crime principal, o antecedente, significa que este tenha sido julgado e condenado, com sentença tendo operado coisa julgada. Isso porque é a própria Constituição Federal que assegura "ninguém será considerado culpado até o trânsito em julgado da sentença penal condenatória" (art. 5º, LVII, da CF).

Assim sendo, compreende-se criminosa a pessoa que pratica ato condenado ou reprovado pela lei penal.

9.12.2. Tipo subjetivo

O dolo é genérico: o autor atua com vontade livre e consciente de auxiliar (por amor, amizade, piedade, etc.) o delinquente do crime pressuposto. Mas é específico também, por ter esse auxílio o fim de tornar seguro o proveito material ou moral do delito. É o escopo ou objetivo que caracteriza o dolo dessa figura criminal e que distingue da receptação (E. Magalhães Noronha, Direito Penal, 8ª ed., vol. IV/415, Saraiva, 1976).

9.12.3. Consumação

O delito se consuma no decisivo ato ou conduta de auxílio eficaz de resguardo ou proteção do produto do crime anterior, mesmo que não seja o seu objeto alcançado por motivos alheios a sua vontade.

NOTA!

- **Ação penal:** pública incondicionada
- **Sujeito ativo:** qualquer pessoa
- **Forma tentada:** admissível.
- **Forma culposa:** inexistência
- **Competência para processar e julgar:** Juizado Especial Criminal (art. 61, Lei 9.099/1995).
- **Suspensão condicional do processo:** admissível (art. 89, Lei 9.099/1995)

9.13. Ingresso ilegal de aparelho e comunicação em presídio

> **Art. 349-A.** Ingressar, promover, intermediar, auxiliar ou facilitar a entrada de aparelho telefônico de comunicação móvel, de rádio ou similar, sem autorização legal, em estabelecimento prisional.
> Pena: detenção, de 3 (três) meses a 1 (um) ano.

9.13.1. Tipo objetivo

A conduta incriminada consiste em ingressar (dar entrada de algo em algum lugar), promover (motivar, ocasionar, realizar), intermediar (entrepor, fazer ligação, interferir), auxiliar (acudir, apoiar, amparar) ou facilitar (favorecer, beneficiar), são as condutas alternativamente estabelecidas para a configuração do tipo. O objeto do tipo são aparelhos celulares, de rádio móvel ou similar. Portanto, quaisquer destas condutas transportando aparelhos de comunicação para dentro de estabelecimento prisional enquadra o agente na configuração do tipo descrito neste dispositivo.

O delito previsto no art. 349-A do Código Penal é de mera conduta, bastando para a sua consumação que o agente incorra em um dos cinco verbos descritos na norma penal incriminadora: "ingressar, promover, intermediar, auxiliar ou facilitar a entrada de aparelho telefônico de comunicação móvel, de rádio ou similar, sem autorização legal, em estabelecimento prisional". "O verbo ingressar significa, em verdade, levar consigo o aparelho para dentro do presídio, o que não deixa de ser uma forma de promover a entrada do referido aparelho" (NUCCI, Guilherme de Souza. Código penal comentado. 11. ed. São Paulo: Revista dos Tribunais, 2012. p. 1264).

Note-se que tipo estará aperfeiçoado num só delito na hipótese do agente conseguir a introdução no presídio de vários aparelhos celulares ou outros instrumentos de comunicação, de forma clandestina, porquanto teremos apenas uma conduta e vários objetos do tipo, mas será considerado na dosimetria da pena pelas circunstâncias judiciais a serem consideradas, dentre elas, as consequências e o alcance do risco e dano ao interesse público.

Destaque-se, por oportuno, que a localização desses aparelhos em poder do apenado não o enquadra no tipo descrito neste dispositivo, visto que, estando ele sob a guarda e proteção do Estado, essas condutas são impróprias para suas realizações em razão do apenado está impossibilitado de agir ou atuar em qualquer das condutas descritas.

O apenado não pode ser penalizado pela ineficiência ou inoperância da administração penitenciária, entretanto, a conduta do agente penitenciário que concorre de alguma forma para o ingresso de aparelhos celulares no presídio, se enquadra diante da sua postura de facilitar ou auxiliar.

Nessas circunstâncias, um único fato alcança dois tipos penais distintos para criminalizar o terceiro particular que promoveu a chegada do aparelho celular até o portão do presídio, e o agente penitenciário, que contribuiu para o seu ingresso por qualquer das formas por ele adotadas.

Outro aspecto a merecer considerações é o fato do aparelho celular encontrado nas das dependências do estabelecimento penal se encontrar danificado ou impróprio para a realização de comunicação, neste caso, trata-se de impropriedade do objeto para configurar a hipótese de crime impossível.

O objetivo da norma é punir o preso de se comunicar com o mundo externo, inclusive com outros detentos, que pode ser no mesmo presídio ou não, e desta forma, não haveria meios eletrônicos desta comunicação, sendo, portanto, absolutamente imprópria a configuração do tipo penal.

9.13.2. *Tipo subjetivo*

A conduta é dolosa, pois reúne a conjugação de vontade e consciência da ilicitude cometida, assumindo o risco do resultado pela apreensão de aparelhos de comunicação destinados ao interior de presídios.

9.13.3. *Consumação*

O delito se consuma com a apreensão de aparelhos de comunicação na revista nos portões de entrada das penitenciárias ou dentro destas em poder de detentos, ou em lugar que os escondia para fugir da vigilância dos agentes penitenciários.

O fato do celular pré-pago a ser encontrado no interior de presídio não dispor de crédito, não afasta a caracterização do tipo nem a sua consumação, porque a norma veda aparelho telefônico de comunicação móvel, de rádio ou similar, sem mencionar que eles estejam com ou sem crédito.

Nessa mesma, deve-se compreender que a existência de sistema de proteção que bloqueie comunicações de celulares em torno do presídio, embora torne ineficaz o uso do celular, não elide ou desnatura o tipo penal porque a vedação é do aparelho de celular ou similar.

NOTA!

- **Ação penal:** pública incondicionada
- **Sujeito ativo:** qualquer pessoa
- **Forma tentada:** inadmissível.

- **Forma culposa:** inexistência
- **Competência para processar e julgar:** Juizado Especial Criminal (art. 61, Lei 9.099/1995).
- **Suspensão condicional do processo:** admissível (art. 89, Lei 9.099/1995)

CASOS TÍPICOS

- Posse de aparelho celular. Atipicidade da conduta. Inobservância de regulamento. Princípio da anterioridade e da legalidade. 1. *Nullum crimen sine legem.* Se a conduta foi praticada antes da alteração na LEP que incluiu a posse de aparelho celular pelo sentenciado no presídio, descabe a sanção por força dos princípios constitucionais da anterioridade e da legalidade. 2. Recurso provido para retirar a anotação da falta disciplinar ocorrida em 9.3.05, com todos os efeitos dela decorrentes. (STJ = RHC 38.452/SP, Rel. Ministro MOURA RIBEIRO, QUINTA TURMA, julgado em 17/12/2013, DJe 03/02/2014)
- Posse de chip de telefone celular no interior do estabelecimento prisional – conduta que configura a falta disciplinar grave prevista. Comete a falta grave prevista no art. 50, VII, da LEP, o condenado à pena privativa de liberdade que tiver em sua posse, utilizar ou fornecer qualquer aparelho ou acessório a este essencial, que permita a comunicação com outros presos ou com o ambiente externo. . (TJMG – Agravo em Execução Penal 1.0231.07.088832-7/002, Relator(a): Des.(a) Alberto Deodato Neto , 1ª CÂMARA CRIMINAL, julgamento em 21/10/2014, publicação da súmula em 30/10/2014)
- Apreensão de chip de celular. Segundo interpretação do Supremo Tribunal Federal e do Superior Tribunal de Justiça a posse de acessório essencial ao funcionamento do aparelho celular enseja o reconhecimento da falta grave prevista no art. 50, VII, da Lei de Execuções Penais, com a redação dada pela Lei n. 11.466/2007, em função da lógica razão de que a manutenção dos petrechos só pode ser destinada à comunicação externa dos presos, única finalidade real dos próprios componentes, estando, portanto, implicitamente vedada sua manutenção em poder do segregado. Recurso provido." (TJMG – AE nº. 1.0079.10.006594-9/001 -1ª Câmara Criminal – Relator: Des. Judimar Biber – Data da Publicação: 04/11/2011).
- Posse de chips e aparelhos telefônicos no interior da cela. Comete falta grave, na execução da pena, o condenado à pena privativa de liberdade que tiver em sua posse chips e aparelhos de celulares. – A ausência de perícia não afasta a materialidade da falta grave, sendo que a imprestabilidade dos aparelhos para a comunicação é ônus da defesa, do qual não se desincumbiu a tempo e modo, operando-se a preclusão. (TJMG – Agravo em Execução Penal 1.0231.13.026215-8/001, Relator(a): Des.(a) Cássio Salomé , 7ª CÂMARA CRIMINAL, julgamento em 02/10/2014, publicação da súmula em 10/10/2014)

- Provado que o réu promoveu, sem autorização, o ingresso de aparelho telefônico em estabelecimento prisional, deve ser condenado nos termos do art. 349-A do CPB. Preenchidos os requisitos do art. 44 do CPB, cabível é a substituição da pena corporal por restritivas de direitos. (TJMG – Apelação Criminal 1.0474.13.002717-7/001, Relator(a): Des.(a) Catta Preta , 2ª CÂMARA CRIMINAL, julgamento em 12/03/2014, publicação da súmula em 24/03/2014)
- Recurso Crime. Favorecimento Real. Tentativa de ingresso de aparelho celular em presídio. Art. 349-A C/C O Art. 14, Inc. II, Ambos do Código Penal. Tipicidade da Conduta. 1- Comprovado que o réu tentou ingressar em estabelecimento prisional portando aparelho de telefone celular, sem autorização legal, impositiva a manutenção da sentença condenatória. 2- Tipicidade da conduta do agente, não versando a espécie sobre mero esquecimento de entregar o celular, consoante se infere do modus operandi do réu. 3- O fato de o aparelho encontrar-se sem o chip não descaracteriza o delito, haja vista a possibilidade de ser introduzido qualquer chip no aparelho e ele funcionar. Somente a absoluta impropriedade do aparelho para a comunicação é que afastaria a tipicidade do delito. (TJRS – Recurso Crime Nº 71004191326, Turma Recursal Criminal, Turmas Recursais, Relator: Cristina Pereira Gonzales, Julgado em 25/03/2013)

9.14. Exercício arbitrário ou abuso de poder

Art. 350 – Ordenar ou executar medida privativa de liberdade individual, sem as formalidades legais ou com abuso de poder:

Pena – detenção, de um mês a um ano.

Parágrafo único – Na mesma pena incorre o funcionário que:

I – ilegalmente recebe e recolhe alguém a prisão, ou a estabelecimento destinado a execução de pena privativa de liberdade ou de medida de segurança;

II – prolonga a execução de pena ou de medida de segurança, deixando de expedir em tempo oportuno ou de executar imediatamente a ordem de liberdade;

III – submete pessoa que está sob sua guarda ou custódia a vexame ou a constrangimento não autorizado em lei;

IV – efetua, com abuso de poder, qualquer diligência.

9.14.1. Tipo objetivo

A conduta consiste em ordenar (determinar, mandar) ou executar (cumprir, realizar, satisfazer) ordem de prisão, seja para averiguação, detenção ou reclusão, de qualquer pessoa, sem as formalidades legais ou com abuso de poder, abuso significa afronta à lei e a direitos.

Abuso de poder é a exorbitância dos poderes conferidos, que resulta na contrariedade do respeito aos direitos de alguém cuja consequência resulta em sequelas morais e físicas ao seu destinatário, que é privado da sua liberdade individual ou de locomoção pelos exageros e desmandos cometidos pela agente.

É garantia fundamental de ninguém ser preso, senão em flagrante delito ou por ordem escrita da autoridade competente, de modo que esse princípio maior quando agredido, agride também o direito da dignidade da pessoa humana e o seu sublime direito à liberdade de ir e vir.

Outro direito constitucional é que a prisão ou detenção de qualquer pessoa será imediatamente comunicada ao juiz competente, que a relaxará se não for legal, cujo desrespeito deste procedimento gera também abuso de poder.

Note-se, ainda, que a Carta Magna "impõe a todas as autoridades o respeito à integridade física e moral do detento e do presidiário", de modo que não é apenas a liberdade individual que se alberga, mas também aquelas decorrentes da atividade judicial, porque ofensa a esta garantia não atinge apenas a pessoa humana, mas também a Justiça.

Também se deve atentar que a lei dispondo de prestação de fiança nos crimes e delitos que couber, a sua negativa pela autoridade competente importa em abuso de poder.

Com efeito, a ordem ou execução de prisão há de ser permitida em lei e pela forma por que esta determinar, emanada de autoridade competente, devendo ser respeitada na sua inteireza todas as formalidades pré-estabelecidas e procedimentos a ser adotados previstas pelo conjunto normativo como a garantia da tutela constitucional dos direitos fundamentais.

Dá-se, portanto, o delito quando ela é feita sem mandado; quando a autoridade que o expede ou executa é incompetente; ou quando é expedido contra a lei ou desobedecendo aos requisitos por ela impostos (in Direito Penal, Saraiva, 1991, p. 417-418).

Entrementes, se faz indispensável uma análise da Lei nº 4.898/19965, que dispõe sobre o abuso de autoridade, que é norma de natureza especial, com este dispositivo do Código Penal, é que de índole geral.

A lei especial prevalece sobre a geral, conforme dispõe a Lei de Introdução do Código Civil, e nesse sentir:

> DISPOSIÇÕES DE CARÁTER ESPECIAL. PREVALÊNCIA SOBRE AS REGRAS GERAIS PREVISTAS NO CÓDIGO CIVIL. ART. 2º, § 2º, DA LICC. Prevalece a lei especial sobre a geral, caso não haja revogação expressa de uma ou outra. Inteligência do art. 2º, § 2º, da LICC. (STJ – REsp: 1027229 RN 2008/0025291-7, Relator: Ministro ARNALDO ESTEVES LIMA, Data de Julgamento: 04/02/2010, T5 – QUINTA TURMA, Data de Publicação: DJe 15/03/2010)

No cotejamento da conceituação de recebimento ou recolhimento ilegal de preso, descrito no inciso I, deste dispositivo, a lei de abuso de autoridade prescreve de forma assemelhada (atentado à liberdade de locomoção - art. 3º, a), estando, assim, a lei especial revogado a geral, o Código Penal.

No que se refere ao inciso II, prolongar a execução de pena ou medida de segurança, preceitua similarmente a lei de abuso de autoridade (prolongar a execução de prisão temporária, de pena ou de medida de segurança, deixando de expedir em tempo oportuno ou de cumprir imediatamente ordem de liberdade - art. 4º, i). Desta forma, importa na revogação do inciso II.

E relativamente ao inciso III, deste dispositivo, referente à submissão a vexame ou constrangimento, que significa desfeita, abuso ou ofensa ilegalmente a pessoa que se encontra presa e sob guarda ou custódia estatal, equivale ao crime de tortura descrito pela Lei nº 9.455/97, que estabelece no seu art. 1º, inciso II, (submeter alguém, sob sua guarda, poder ou autoridade, com emprego de violência ou grave ameaça, a intenso sofrimento físico ou mental, como forma de aplicar castigo pessoal ou medida de caráter preventivo), e § 1º (Na mesma pena incorre quem submete pessoa presa ou sujeita à medida de segurança, a sofrimento físico ou mental, por intermédio da prática de ato não previsto em lei ou não resultante de medida legal), estando, igualmente revogado o aludido preceito do Código Penal.

Assim, estará consumado com o atraso juridicamente relevante.

No que diz respeito ao inciso IV, efetuar, com abuso de poder, qualquer diligência, abrange os atos estatais provenientes de autoridade competente cuja execução é realizada com afronta às formalidades e deveres legais inerentes ao agente público responsável.

É relevante considerar o enquadramento deste dispositivo para a realização de diligências com o uso de algemas, que é objeto de Súmula Vinculante editado pelo Supremo Tribunal Federal, com a seguinte redação:

> **Súmula Vinculante 11**
>
> Só é lícito o uso de algemas em casos de resistência e de fundado receio de fuga ou de perigo à integridade física própria ou alheia, por parte do preso ou de terceiros, justificada a excepcionalidade por escrito, sob pena de responsabilidade disciplinar, civil e penal do agente ou da autoridade e de nulidade da prisão ou do ato processual a que se refere, sem prejuízo da responsabilidade civil do Estado.

9.14.2. Tipo subjetivo

O crime só é punível a título de dolo (genérico: vontade livremente dirigida a qualquer das ações indicadas no texto legal, estando o gente consciente da injuridicidade de sua vontade). É irrelevante o fim do agente. Se este procede para satisfazer interesse ou sentimento pessoal, o crime será o de prevaricação. É preciso não confundir ilegalidade (substancial ou formal) da ordem de prisão com injustiça da decisão de que decorre tal ordem (isto é , decisão apoiada em errônea apreciação da prova). (Nélson Hungria, Comentários ao Código Penal, vol. IX/507, Rio, Forense, 1958).

9.14.3. Consumação

A consumação se aperfeiçoa com o efetivo recolhimento ou ato de cessar o direito de liberdade, sem as formalidades legais ou com abuso de poder, resultando, assim, no aprisionamento da pessoa ao cárcere de forma indevida. Consuma-se, assim, com o resultado prático das condutas descritas pelo tipo.

NOTA!

- **Ação penal:** pública incondicionada
- **Sujeito ativo:** qualquer pessoa
- **Forma tentada:** admissível na hipótese dos incisos I e IV
- **Competência para processar e julgar:** Juizado Especial Criminal (art. 61, Lei 9.099/1995).
- **Suspensão condicional do processo:** admissível (art. 89, Lei 9.099/1995)

CASOS TÍPICOS

- Constitui delito de abuso de autoridade a conduta do agente público que ordena e executa medida privativa de liberdade individual, sem as formalidades legais ou com abuso de poder, conforme previsão do art. 4º, 'a', da Lei Federal 4.898/65. (TJMG - Apelação Criminal 1.0188.08.067611-0/001, Relator(a): Des.(a) Judimar Biber, 1ª CÂMARA CRIMINAL, julgamento em 11/01/2011, publicação da súmula em 04/03/2011).
- O uso de algemas fere o *status libertatis* e o *status dignitatis* do cidadão e, quando feito em desacordo com as normas regulamentares, configura, por si só, o delito do art. 350, parágrafo único, IV, do CP (RT 592/344)

9.15. Fuga de pessoa presa ou submetida à medida de segurança

Art. 351 - Promover ou facilitar a fuga de pessoa legalmente presa ou submetida a medida de segurança detentiva:

Pena - detenção, de seis meses a dois anos.

§ 1º – Se o crime é praticado a mão armada, ou por mais de uma pessoa, ou mediante arrombamento, a pena é de reclusão, de 2 (dois) a 6 (seis) anos.

§ 2º – Se há emprego de violência contra pessoa, aplica-se também a pena correspondente à violência.

§ 3º – A pena é de reclusão, de um a quatro anos, se o crime é praticado por pessoa sob cuja custódia ou guarda está o preso ou o internado.

§ 4º – No caso de culpa do funcionário incumbido da custódia ou guarda, aplica-se a pena de detenção, de 3 (três) meses a 1 (um) ano, ou multa.

9.15.1. *Tipo objetivo*

Promover a fuga é levá-la a efeito, praticando todos os atos necessários à sua execução, haja ou não prévia ciência do beneficiário. Facilitar a fuga é prestar auxílio à executada pelo próprio preso ou internado, por exemplo, fornecendo instrumentos (limas, serras, escadas, cordas etc.) ou meios de disfarce, ou instruções úteis. [...] Se há emprego de violência conta a pessoa, aplica-se também a pena correspondente à violência (§ 2º do art. 351) (Nélson Hungria, Comentários ao Código Penal, 2ª ed., vol. IX/518, Rio, Forense, 1959).

É um pressuposto positivo da configuração do tipo que a pessoa esteja legalmente presa, seja por força de decisão judicial provisória ou definitiva, na qual se inclui a prisão civil e a administrativa, ou que esteja submetida à medida de segurança detentiva (CP, art. 96, I).

Ocorrendo na execução do crime, se houver uso de arma própria ou imprópria, como instrumento, ou mediante concurso de pessoas, pelo menos duas, ou ainda, através de arrombamento ou rompimento de obstáculo material para forçar abertura ou passagem do fugitivo, são circunstâncias que qualificam o delito descrito no § 1º deste dispositivo penal.

Verificando-se a circunstância de violência contra pessoa e considerando-se que é o uso da força com o objetivo de ferir, deixando ou não marcas evidentes, na qual se mostra mais comum os murros, tapas ou atos que resultem em ferimento ao ser humano, determina-se o concurso material (CP, art. 69), com a aplicação cumulativa da pena à violência.

Diga-se, por oportuno, que não qualifica a conduta o emprego da grave ameaça ou ameaça psicológica, assim como não resulta na qualificação o uso de serra de grades da prisão.

Se o crime é praticado por servidor público que tinha sob sua custódia, guarda ou internação, o preso, esta circunstância qualifica o delito com aplicação de pena de um a quatro anos de reclusão, em razão da violação do dever funcional do agente.

No que se refere à conduta culposa do agente incumbido da custódia ou guarda do preso, ficando demonstrada, a pena será de detenção de três meses a um ano, ou multa.

Culpa é a falta cometida contra o dever, por ação ou omissão, procedida de ignorância ou de negligência.

De modo que a culpa poderá ocorrer por ato de imprudência, negligência ou imperícia no proceder do agente.

O agente público que age com culpa consciente quando deixou de fazer alguma coisa que a prudência impõe, o bastante para ministrar todo o substrato da culpa.

Culpa incorre quando o agente dá causa ao resultado; no caso por culpa consciente, é o grau mais elevado de culpa, muito próxima do dolo.

É bom assinalar que a Constituição Federal (art. 37) estabelece que a Administração Pública obedecerá dentre outros, ao princípio da eficiência, caracterizado pelo desempenho perfeito, presteza, eficácia e rendimento funcional na execução das atividades e tarefas funcionais.

O erro *in vigilando* inerente à culpa se contrapõe à eficiência que deve nortear a guarda e a proteção da integridade corporal e moral dos detentos no estabelecimento penal.

9.15.2. Tipo subjetivo

O dolo consiste na vontade consciente de promover ou facilitar a fuga de pessoa legalmente privada da sua liberdade por decisão judicial. A forma culposa é punida nos termos do § 4º do aludido dispositivo penal.

9.15.3. Consumação

O crime estará aperfeiçoado com a efetiva fuga do preso ou do interno, mesmo que seja por um período curto de tempo.

NOTA!

- **Ação penal:** pública incondicionada
- **Sujeito ativo:** qualquer pessoa
- **Forma tentada:** admissível
- **Competência para processar e julgar:** Juizado Especial Criminal* (art. 61, Lei 9.099/1995) * (*caput* e § 4º)
- **Suspensão condicional do processo:** admissível* (art. 89, Lei 9.099/1995) * (*caput* e § 4º)

- **Substituição da pena:** admissível privativa de liberdade por restritiva de direitos (arts. 44, CP), a depender da dosimetria da pena**.
- **Sursis:** possibilidade, a depender da dosimetria da pena** (art. 77, CP) (**§§ § 1º, 2º e 3º)

CASOS TÍPICOS

- "Deve ser condenado como sujeito ativo do crime descrito no art. 351 do CP, aquele que promover ou facilitar a fuga de pessoa legalmente presa ou submetida à medida de segurança. (TJMG - Apelação Criminal 1.0674.09.009118-4/001, Relator(a): Des.(a) Doorgal Andrada , Relator(a) para o acórdão: Des. (a) Herbert Carneiro , 4ª CCRIM, julgamento em 31/08/2011, publicação da súmula em 21/09/2011).
- "O crime de facilitação ou promoção da fuga de pessoa presa ou submetida a medida de segurança é crime comum, que pode ser cometido por qualquer pessoa que tenha a guarda de preso". (TJMG - Apelação Criminal 1.0498.03.001366-4/001, Relator(a): Des.(a) Herculano Rodrigues, 2ª CCRIM, julgamento em 10/11/2005, publicação da súmula em 25/11/2005).
- "Não se pode afastar a culpa, quer por imprudência ou por imperícia na profissão, na conduta do guarda de presídio que, ao recolher o livro dos xadrezes, deixa indevidamente abertas as portas, facilitando a fuga de detento" (RT 520/393).
- Súmula 75 do STJ. "Compete à Justiça Comum Estadual processar e julgar o policial militar por crime de promover ou facilitar a fuga de preso de estabelecimento penal."

9.16. Evasão mediante violência contra a pessoa

> **Art. 352** - Evadir-se ou tentar evadir-se o preso ou o indivíduo submetido a medida de segurança detentiva, usando de violência contra a pessoa:
> Pena - detenção, de três meses a um ano, além da pena correspondente à violência.

9.16.1. Tipo objetivo

A conduta do tipo consiste em evadir-se (fugir, escapulir, escapar) ou a tentativa do preso ou da pessoa submetida à medida de segurança detentiva (CP, art. 96, I), que esteja com sua liberdade segregada por ordem legal, usando de violência física contra terceiros, seja agente público ou outra pessoa qualquer.

Não se configura o tipo sem que ocorra violência contra à pessoa, não bastando a grave ameaça.

A evasão da autoridade policial poderá ocorrer de estabelecimento penal ou outro que se destine a medida de segurança detentiva, bem como durante o traslado entre o presídio e o fórum, ou hospital, por exemplo.

9.16.2. *Tipo subjetivo*

O elemento subjetivo é o dolo específico que consiste na vontade conscientemente dirigida ao emprego de violência contra a pessoa, para o fim de evadir-se (Heleno Claudio Fragoso, Lições de Direito Penal. A Nova Parte Geral, 1985, p. 1.058).

9.16.3. *Consumação*

O delito se perfaz com a prática de violência física contra terceiros para a fuga ou tentativa.

NOTA!

- **Ação penal:** pública incondicionada
- **Sujeito ativo:** qualquer pessoa
- **Forma tentada:** admissível
- **Competência para processar e julgar:** Juizado Especial Criminal (art. 61, Lei 9.099/1995).
- **Suspensão condicional do processo:** Admissível (art. 89, Lei 9.099/1995)

CASO TÍPICO

- "Configura o delito do art. 352 a fuga fora dos muros, evadindo-se o agente da escolta" (RT 534/340).

CASOS ATÍPICOS

- "Não é punido o furto de arma ou veículo para a fuga, se a intenção foi só usá-los na evasão, sem o propósito de se apropriar dessas coisas" (RT 559/344).
- "Se era ilegal a prisão, o delito do art. 352 do CP não se configurou (RT 487/324).

- "Em tema de fuga de preso, apenas se considera crime a que é concretizada ou tentada com violência contra a pessoa. Não, porém, contra os obstáculos materiais" (RT 519/401).
- "O Código Penal vigente deixa de punir a evasão do preso, sem violência. Mas isso ocorre relativamente à fuga e não no que respeita a um delito mais grave, cometido para empreendê-la, qual seja, o uso de alvará de soltura falsificado que configura a infração prevista no art. 304 do mesmo diploma" (RT 389/95).

9.17. Arrebatamento de preso

Art. 353 – Arrebatar preso, a fim de maltratá-lo, do poder de quem o tenha sob custódia ou guarda:

Pena – reclusão, de um a quatro anos, além da pena correspondente à violência.

9.17.1. Tipo objetivo

A conduta típica se constitui em arrebatar (arrancar, retirar ou tirar com violência ou força) o preso da posse da autoridade competente que tenha sua custódia ou guarda, com a finalidade de submetê-lo a maus-tratos físicos ou psicológicos, que vão desde a simples injúria à tortura, ao linchamento ou ao homicídio.

9.17.2. Tipo subjetivo

O elemento subjetivo do crime é o dolo específico, que consiste na vontade livremente dirigida ao arrebatamento de preso para o fim de infligir-lhe maus tratos. Estes podem variar entre as vias de fato e a morte. Se o arrebatamento é feito para o fim de promover fuga do preso, o crime será o do art. 351 do CP (Heleno C. Fragoso, ob. cit., p. 1.059; idem: Nélson Hungria, Comentários ao Código Penal, vol. IX/521, Rio, Forense, 1959.

9.17.3. Consumação

Consuma-se com a retirada do preso, por violência ou força, da custódia legal a que está submetido, ainda que ele não chegue a sofrer maus-tratos.

NOTA!

- **Ação penal:** pública incondicionada
- **Sujeito ativo:** qualquer pessoa

- **Forma tentada:** admissível
- **Substituição da pena:** admissível privativa de liberdade por restritiva de direitos (arts. 44, CP), a depender da dosimetria da pena.
- **Sursis:** possibilidade, a depender da dosimetria da pena (art. 77, CP)

CASOS TÍPICOS

- "O delito de arrebatamento de preso consuma-se no momento em que o preso é tirado, com violência, da esfera de vigilância da escolta, da guarda ou do carcereiro. Assim, ainda que a vítima consiga evadir-se, fugindo das mãos de seus agressores, não há que se falar em delito tentado" (RT 734/716).
- "No crime de arrebatamento de preso o núcleo do tipo indicado é 'arrebatar', que tem o sentido de tomar à força, arrancar. A pessoa arrebatada é o preso e ele é tomado de quem o tenha sob custódia ou guarda. Não tem relevo para a tipificação o local onde se acha o preso, desde que se ache custodiado ou guardado, pois o arrebatamento não visa à fuga do preso, mas, ao contrário, ao fim de maltratá-lo, o que marca o elemento subjetivo da figura" (RJTJESP 71/346).

9.18. Motim de presos

> **Art. 354** – Amotinarem-se presos, perturbando a ordem ou disciplina da prisão:
> Pena – detenção, de seis meses a dois anos, além da pena correspondente à violência.

9.18.1. Tipo objetivo

O núcleo do tipo é amotinar (provocar revolta, motim, motinar, sublevar, revoltar) de considerável número de detentos, causando desordem e bagunça no ambiente prisional que resulte na quebra da disciplina, da sua paz e tranquilidade.

O motim pode ter objetivo de reivindicar melhores condições prisionais ou de assistência para os apenados, como forma de chamar atenção das autoridades na busca de suas pretensões, mas, mesmo assim, não descaracteriza o tipo penal.

Registre-se que é necessária para a configuração deste tipo a revolta coletiva de presos com o objetivo de tumultuar a ordem e a disciplina do estabelecimento prisional, mas a desavença entre presos não caracteriza o seu enquadramento neste dispositivo.

9.18.2. Tipo subjetivo

O elemento subjetivo do tipo é o dolo pela manifesta vontade livre e consciente de promover a perturbação da ordem e da disciplina no presídio.

9.18.3. Consumação

O delito estará consumado com a quebra da ordem e da disciplina pela revolta coletiva dos apenados.

NOTA!

- **Ação penal:** pública incondicionada
- **Sujeito ativo:** qualquer pessoa
- **Forma tentada:** admissível
- **Competência para processar e julgar:** Juizado Especial Criminal (art. 61, Lei 9.099/1995).
- **Suspensão condicional do processo:** admissível (art. 89, Lei 9.099/1995).
- "Detentos que, munidos de estoques, ameaçam uns aos outros no pátio do estabelecimento penal perturbando a ordem deste, praticam o crime de motim". (Recurso Crime Nº 71006389597, Turma Recursal Criminal, Turmas Recursais, Relator: Luis Gustavo Zanella Piccinin, Julgado em 20/02/2017)
- "A precarização da acusação é, na realidade, a precarização da defesa. Contudo, seja como deficiência da peça acusatória, seja como estratégia de acusação, não se pode admitir a narrativa genérica, tal como posta no caso em exame, na medida em que fere de morte a ampla defesa. Em circunstâncias tais, onde a acusação é uma moldura aberta e há concurso de agentes, a condenação é quase certa, pois basta a demonstração pela acusação de qualquer forma de autoria ou participação, não descrita na denúncia, mas perfeitamente enquadrável em seu amplo espectro, para que se chegue a um juízo condenatório, que emerge justamente, por mais parodoxal que se apresente, de uma deficiência da acusação. Hipótese em que a ausência de individualização adequada das condutas na peça acusatória, aliada à fragilidade probatória, somente pode conduzir ao juízo absolutório. RECURSO PROVIDO". (Recurso Crime Nº 71006168314, Turma Recursal Criminal, Turmas Recursais, Relator: Luiz Antônio Alves Capra, Julgado em 30/01/2017)
- "Para a caracterização do delito de motim de presos é necessário que concorram vários agentes, tendo em vista seu caráter multitudinário, não bastando a ação de apenas três detentos. O objeto jurídico do crime de incêndio é a

incolumidade pública, isto é, a segurança e a tranqüilidade de um número indeterminado de pessoas. Assim, para sua caracterização, não basta que os agentes tenham ateado fogo em algum objeto, provocando a destruição de parte de algum patrimônio. Efetivamente, é necessário que os agentes tenham agido imbuídos de vontade e consciência de causar perigo efetivo ou concreto para pessoas ou coisas indeterminadas". (TJMG - Apelação Criminal 1.0499.12.003294-5/001, Relator(a): Des.(a) Alexandre Victor de Carvalho , 5ª CÂMARA CRIMINAL, julgamento em 02/09/2014, publicação da súmula em 08/09/2014)

- "O crime de motim de presos consiste no comportamento comum de rebeldia de pessoas presas, agindo para o fim de reivindicações justas ou não. É a vontade livre e consciente dirigida ao motim, conhecendo o sujeito que sua conduta perturba a ordem ou a disciplina do estabelecimento prisional" (RT 653/310).
- "Em caso de motim, a pena é aplicada em concurso material, quando dele resultam danos ao bem público" (RJDTACRIM 17/222).
- É de se exigir no mínimo três sujeitos ativos, pois quando o CP se contenta com a participação de duas pessoas, o faz expressamente (arts. 155, § 4º, IV, 157, § 2º, II, etc. (RT 653/310).

9.19. Patrocínio infiel

Art. 355 - Trair, na qualidade de advogado ou procurador, o dever profissional, prejudicando interesse, cujo patrocínio, em juízo, lhe é confiado:

Pena - detenção, de seis meses a três anos, e multa.

Patrocínio simultâneo ou tergiversação

Parágrafo único - Incorre na pena deste artigo o advogado ou procurador judicial que defende na mesma causa, simultânea ou sucessivamente, partes contrárias.

9.19.1. Tipo objetivo

A conduta incriminadora é trair (enganar perfidamente, ser infiel, mentir) os deveres profissionais na qualidade de advogado ou procurador, prejudicando o interesse objeto da causa jurídica, cujo patrocínio, em juízo civil, criminal ou trabalhista, lhe foi confiado.

O dano causado pela infidelidade deverá ser concreto e não potencial, mas poderá ser de natureza tanto material como moral. O resultado da traição é o insucesso jurídico com reflexo direto ou indireto no campo material ou moral em desfavor do constituinte.

É condição de caracterização do tipo que o direito vindicado seja legítimo, pois sem este predicado não se perfaz o crime em análise.

Pode o crime ser praticado por ação ou omissão e a modalidade do fato pode revestir variadas formas. Em qualquer caso, deve sobrevir efetivo e relevante prejuízo a interesse do cliente (Heleno C. Fragoso, ob. cit., pp 1.063-1.064).

No que concerne à conduta prevista no parágrafo único do *caput*, a conduta incriminadora é a defesa, na mesma causa, de litigantes adversos. Atua o agente patrocinando a causa de uma das partes no primeiro momento e, no seguinte, passa a advogar em favor do antigo adversário do seu constituinte originário.

Como explica Hungria, "se um indivíduo intenta, com fundamento na mesma relação jurídica ou formulando a mesma causa petendi em torno do mesmo fato, várias ações contra pessoas diversas, o seu advogado, em qualquer delas, não pode ser, ao mesmo tempo ou sucessivamente, advogado de algum réu em qualquer das outras, pois, no fundo se trata da mesma causa" (Comentários ao Código Penal, 1959, v. IX, p. 527).

A incriminação se perfaz com o patrocínio jurídico simultâneo ou sucessivo no mesmo processo em que cada uma das partes são adversárias na mesma ação judicial. A simultaneidade se opera quando na mesma causa o causídico defende as duas partes, e sucessivamente, ocorre quando o mesmo advogado abandona primeiro constituinte e muda de lado para defender o antigo adversário do seu primeiro constituinte.

9.19.2. *Tipo subjetivo*

É suficiente o dolo genérico manifestado pela vontade dirigida à traição do dever funcional, tendo ciência, o agente que sua atitude importará em prejuízo ao seu constituinte originário. Não é necessária que a lesão seja definitiva, basta que ocorra.

Um profissional da advocacia que age de forma infiel com seu representado tem consciência de que está incorrendo em conduta delituosa que resultará em dano material ou moral. Não se concebe desconhecimento de elementar conhecimento do dever profissional da advocacia, razão pela qual, inexiste punição a título de culpa.

Acerca da questão, leciona o renomado doutrinador Cezar Roberto Bittencourt:

> "O elemento subjetivo é o dolo, representado pela vontade consciente de agir de forma infiel no patrocínio da causa judicial, ou de patrocinar defesas antagônicas no mesmo processo judicial. Todos os elementos constitutivos do tipo devem, necessariamente, ser abrangidos pelo dolo do sujeito ativo, inclusive com a consciência de causar prejuízo ao cliente" (Tratado de Direito Penal, Ed. Saraiva, 2008, vol. 5, pgs. 391/392).

9.19.3. Consumação

A consumação se perfaz com o patrocínio infiel do advogado implicando dano material ou moral em desfavor do seu representado, seja pela traição ou troca de representação jurídica de um lado para o outro da contenda na mesma causa judicial.

NOTA!

- **Ação penal:** pública incondicionada
- **Sujeito ativo:** qualquer pessoa
- **Forma tentada:** admissível
- **Substituição da pena:** Admissível privativa de liberdade por restritiva de direitos (arts. 44, CP), a depender da dosimetria da pena.
- **Sursis:** Possibilidade, a depender da dosimetria da pena (art. 77, CP)

CASOS TÍPICOS

- "Trair, na qualidade de advogado, o dever profissional, contrariando interesse de cliente, cujo patrocínio em juízo lhe fora confiado. Impositiva a condenação. Apelo provido. Unânime". (Apelação Crime Nº 70067501676, Quarta Câmara Criminal, Tribunal de Justiça do RS, Relator: Aristides Pedroso de Albuquerque Neto, Julgado em 10/03/2016)
- "Trair, na qualidade de advogado, o dever profissional, prejudicando interesse de cliente, cujo patrocínio em juízo lhe fora confiado. Cometimento do delito previsto no art. 355 do Código Penal. Condenação mantida. Pena alterada. Apelo parcialmente provido. Unânime". (TJRS -Apelação Crime Nº 70051060804, Quarta Câmara Criminal, Tribunal de Justiça do RS, Relator: Aristides Pedroso de Albuquerque Neto, Julgado em 01/08/2013)
- "Para que se caracterize o crime de patrocínio infiel é necessária a conjugação de três elementos: defesas conflitantes, dolo na conduta do agente e prejuízo aos patrocinados". (TJMG – Apelação Criminal 1.0720.07.033413-4/001, Relator(a): Des.(a) Eduardo Machado , 5ª CCRIM., julgamento em 18/04/2011, publicação da súmula em 04/05/2011)
- "Para a configuração do delito de patrocínio infiel é necessária a comprovação do elemento subjetivo, bem como do prejuízo causado ao cliente em virtude da infringência de dever profissional. Não tendo os elementos dos autos sido capazes de evidenciar de forma inequívoca o dolo do agente ou o prejuízo da Administração, deve ser mantida a sentença absolutória". (APELAÇÃO CRIMINAL N° 1.0133.02.000689-5/001 – RELATOR: EXMO. SR. DES. ADIL-

SON LAMOUNIER – data do julgamento: 01/12/2009 – data da publicação: 20/01/2010).

- "O tipo do crime de patrocínio infiel se completa com o efetivo prejuízo causado pela "traição", consistente na não-impetração da ação que visava garantir o domínio do imóvel para o cliente, que fica ainda sem reaver a importância que entregou adiantadamente para a solução da causa. (TJMG – Ap. Crim nº 1.0000.00.338204-1/000, Relator(a): Des.(a) Sérgio Braga , 1ª CCRIM, julgamento em 07/10/2003, publicação da súmula em 10/10/2003).
- "Advogado que defende partes contrárias em ações ajuizadas sucessivamente, de igual pretensão jurídica. Sentença condenatória mantida. Apelo improvido. Unânime". (TJRS – Apelação Crime Nº 70036033272, Quarta Câmara Criminal, Tribunal de Justiça do RS, Relator: Aristides Pedroso de Albuquerque Neto, Julgado em 12/08/2010)
- "Age com dolo eventual advogado que aciona sem ter tido o menor contato anterior com o cliente, e que por isso mesmo desconhece os limites da lide. Também assim agem os colegas que o auxiliam no seu desiderato. Patrocínio Infiel, configurado. Apelo ministerial provido. Apelo defensivo prejudicado". (TJRS – Apelação Crime Nº 70009397381, Quarta Câmara Criminal, Tribunal de Justiça do RS, Relator: Lúcia de Fátima Cerveira, Julgado em 01/09/2005)
- Em tese, pratica o advogado que, sem expressa autorização do cliente, realiza transação, nos autos, altamente danosa ao seu constituinte (STF RT 521/500).
- Em tese, incide no art. 355 o advogado dativo que exige dinheiro dos familiares de réu preso, sob ameaça de não produzir a defesa (STF, RTJ 85/809).
- "É delito formal, consumando-se com a prática de ato relativo ao patrocínio de partes contrárias, sendo irrelevantes os motivos ou fins do agente" (STF, RTJ 102/539).
- "Consuma-se com a efetiva prática de ato processual no interesse simultâneo de partes contrárias; por ser crime formal, desnecessária a ocorrência de efetivo prejuízo" (STF, RT 626/388).
- "Como "mesma causa" deve-se entender a mesma pretensão jurídica, ainda que ela se estenda em processos diversos, como, por exemplo, a cobrança de alimentos por períodos sucessivos" (RT 603/339).
- Como crime contra a Administração Pública, tendo o patrocínio infiel sido realizado em ações previdenciárias, na jurisdição federal, tem-se por violado serviço federal, a fazer incidir a regra de competência do art. 109, inc. IV, da CF/88. A conexão objetiva dos crimes faz incidir a Súmula n. 122 desta Corte, ficando no juízo federal os imputados crimes de patrocínio infiel, estelionato e extorsão. Declarada a competência do juízo suscitado. (STJ – CC 126.765/SP, Rel. Ministro NEFI CORDEIRO, TERCEIRA SEÇÃO, julgado em 13/08/2014, DJe 21/08/2014)

CASOS ATÍPICOS

- "Não restando evidenciada a ocorrência de traição do dever profissional, por parte do acusado, na qualidade de advogado, tentando prejudicar interesse, cujo patrocínio, em juízo, lhe foi confiado, sua absolvição com relação ao delito de patrocínio infiel na forma tentada, com fulcro no artigo 386, III, do CPP, é medida que se impõe". (TJMG - Apelação Criminal 1.0216.10.000653-7/001, Relator(a): Des.(a) Júlio César Lorens , 5ª CÂMARA CRIMINAL, julgamento em 26/04/2016, publicação da súmula em 05/05/2016)
- "A cobrança de honorários - livre de coação, por parte de advogada que não mais trabalha na Assistência Judiciária Municipal, não configura o crime de patrocínio infiel". (TJMG - Apelação Criminal 1.0621.14.001204-1/001, Relator(a): Des.(a) Beatriz Pinheiro Caires , 2ª CÂMARA CRIMINAL, julgamento em 12/11/2015, publicação da súmula em 23/11/2015)
- "Não comprovado ter o advogado patrocinado dolosamente, em uma mesma demanda, a defesa de partes com interesses contrários, deve ser ele absolvido, reformada a sentença que o condenara pela prática do delito do art. 355 do Código Penal. condigna para os advogados dos expropriados". (TJMG – Apelação Criminal 1.0000.00.241539-6/000, Relator(a): Des.(a) José Antonino Baía Borges , 2ª CCRIM, julgamento em 06/06/2002, publicação da súmula em 01/08/2002)
- "O crime de patrocínio infiel é material, exigindo a ocorrência de resultado naturalístico, consistente no prejuízo econômico ou moral sofrido pela vítima, que constitui elementar do delito. – Ausente o prejuízo, e descrevendo a denúncia o dano meramente potencial, mostra-se atípica a conduta praticada, devendo ser mantida a absolvição" (TJMG – Ap. Crim. N° 1.0702.07.345710-4/001 – Rel.: DESª. Beatriz Pinheiro Caires – data do julgamento: 04/11/2010 – data da publicação: 24/11/2010).
- "O abandono do processo criminal sujeita o advogado só à multa do art. 265 do CPP, não caracterizando o delito do art. 355 do CP, que é crime doloso" (RT 464/373).
- "O patrocínio infiel pressupõe a existência de causa em juízo, não se caracterizando se o advogado recebeu o mandato mas não chegou a propor ação" (TACrSP, Julgados 77/294).

9.20. Sonegação de papel ou objeto de valor probatório

Art. 356 – Inutilizar, total ou parcialmente, ou deixar de restituir autos, documento ou objeto de valor probatório, que recebeu na qualidade de advogado ou procurador:

Pena – detenção, de seis meses a três anos, e multa.

9.20.1. Tipo objetivo

A primeira conduta incriminadora consiste em inutilizar (invalidar, tornar inútil, tornar inservível, deixar imprestável) na sua totalidade ou parcialmente, os autos do processo cível ou penal, ou peças deste, documentos ou objeto de valor processual. A segunda conduta delitiva se configura quando o processo não é restituído no prazo assinalado pelo juiz, incorrendo assim, o agente é sonegação dos autos.

A conduta típica exige que o advogado ou procurador judicial tenha se apossado de processo judicial, de peças deste ou objeto de valor probatório para o conhecimento e deslinde da causa, e nessa condição produza atos que importem na inutilização total ou parcial do seu estado físico, ou ainda, de posse do mesmo com excesso de prazo se recuse a devolvê-lo no prazo estipulado pela autoridade judicial ou servidor público no exercício de suas atribuições cartorárias.

O advogado ou procurador judicial poderá ter recebido o processo diretamente junto ao cartório ou através de estagiário mediante autorização, uma prática comum adotada pelos escritórios de advocacia.

9.20.2. Tipo subjetivo

É a conduta dolosa do advogado ou procurador judicial, pela sua manifesta vontade e consciência da antijuridicidade do fato, portanto, bastante o dolo genérico, não se aplicando a necessidade de dolo específico. Não há forma culposa. Como assevera Nelson Hungria, "a negligência, por mais crassa, determinante do perdimento ou não restituição dos autos, documento ou objeto probatório poderá ser contrária à ética profissional, mas não constituirá crime" (Comentários ao Código Penal, 1959, v. IX, p. 528).

9.20.3. Consumação

A consumação ser aperfeiçoa com a inutilização pela perda da aptidão ou integridade do processo ou de alguma de suas peças instrumentais de valor probante, quer no seu todo ou em parte do seu conjunto processual.

A outra modalidade se opera a consumação pela sonegação dos autos pela sua retirada em carga do cartório ou qualquer outro setor de órgão judicial, e o advogado ou procurador judicial, formalmente intimado pelos meios de comunicação usuais, tais como mandado judicial, correspondência para o escritório com AR, por email ou contato telefônico, este certificado pelo servidor do cartório, deixa de restituí-lo no prazo legalmente fixado.

NOTA!

- **Ação penal:** Pública incondicionada
- **Sujeito ativo:** Qualquer pessoa
- **Forma tentada:** Admissível
- **Substituição da pena:** Admissível privativa de liberdade por restritiva de direitos (arts. 44, CP), a depender da dosimetria da pena.
- **Sursis:** Possibilidade, a depender da dosimetria da pena (art. 77, CP)

CASOS TÍPICOS

- Para caracterização do delito do art. 356, não basta a culpa, mesmo grave, exigindo-se o "dolo genérico" (STF, RT 616/403).
- O advogado que subtrai peça do processo, inutilizando-a, comete o crime de sonegação de papel ou objeto de valor probatório do art. 356 e, não, o de subtração ou inutilização de livro ou documento previsto no art. 337 do CP, em face do princípio da especialidade (STF, RT 754/536).
- Pratica o crime de advogado que retém processo por mais de oito meses, depois de intimado, motivando a prescrição do crime (TAPR/JTAPR 4/247).
- Não afasta a típicidade do delito de retenção de autos, o fato de estar o acusado advogando em causa própria (RT 541/368).
- Réu condenado por infringir o artigo 356 do código penal, porque, atuando como advogado, retirou autos de processo do cartório e os manteve retidos durante mais de três anos, sendo debalde o esforço para localizá-la, pois nem mesmo a seccional local da ordem dos advogados do brasil soube informar o seu endereço profissional. 2 A previa intimação do advogado para restituir autos visa a impedir uma condenação fundada em simples descuido. Contudo, diante dos esforços suasórios empreendidos pelo juiz para localizá-lo, e o fato de o processo sumir durante mais de três anos, até ser abandonado sobre o balcão da serventia judicial, evidencia a conduta dolosa e, consequentemente, o enquadramento no tipo do artigo 356 do código penal. 3 apelação desprovida. (TJ-DF – APR: 20080310291005 DF 0009248-34.2008.8.07.0003, Relator: George Lopes Leite, Data de Julgamento: 20/03/2014, 1ª Turma Criminal, Data de Publicação: Publicado no DJE : 02/04/2014 . Pág.: 170)
- Réu acusado de infringir o artigo 156 do Código Penal, pois não restituiu os autos de processo que estavam seu poder, apesar de regularmente intimidado. A prévia intimação do advogado para restituir autos visa a impedir que seja condenado em razão de conduta culposa, de que não cogita o tipo pena. A despeito dos esforços suasórios do Juiz para recuperar os autos, estes permaneceram em poder do advogado durante mais de nove meses, devolvendo-os

no Protocolo Integrado do Tribunal, sem qualquer justificativa. Evidenciada conduta dolosa, não há como fugir do enquadramento no tipo descrito no artigo 356 do Código Penal. Ordem denegada. (TJ-DF – HBC: 20140020280294 DF 0028571-24.2014.8.07.0000, Relator: George Lopes Leite, Data de Julgamento: 27/11/2014, 1ª Turma Criminal, Data de Publicação: Publicado no DJE : 05/12/2014 . Pág.: 80)

- Para a caracterização do delito não basta que o advogado tenha retido os autos, é necessário a evidência do dolo, ou seja, da vontade de sonegar o processo verificada pela interpelação do cartório, além do prazo excessivo e injustificado para a entrega. No caso dos autos, o acusado retirou o mesmo processo por duas vezes do cartório: na primeira, devolveu-os após insistentes telefonemas da escrivã; na segunda, passados quase três meses com os autos, foi determinada expedição de mandado de busca e apreensão, sem prévia intimação para a devolução do processo. Nesta hipótese específica, a interpelação para a entrega dos autos, no segundo momento, fez-se desnecessária, diante da evidência do fato, do dolo na coduta e reiteradas cobranças pela Escrivã verificados desde a primeira vez em que reteve os autos. (TJ-ES – APR: 28020001062 ES 028020001062, Relator: Sérgio Bizzotto Pessoa De Mendonça, Data de Julgamento: 20/09/2006, Primeira Câmara Criminal, Data de Publicação: 10/10/2006)

CASOS ATÍPICOS

- Para a configuração do art. 356 do Código Penal, na modalidade deixar de restituir os autos, é imprescindível a intimação do advogado para a devolução, exigindo-se, ainda, o dolo genérico que se caracteriza pela vontade deliberada de não restituir, no prazo legal. 2. No caso vertente, o advogado, apesar de regularmente intimado para devolver os autos no prazo assinalado, não o fez em razão do extravio dos volumes retirados do cartório, caracterizando conduta negligente na guarda dos autos, contrária à ética profissional, mas não configura o tipo penal de sonegação de papel ou objeto probatório, ante a ausência do dolo genérico exigido para configuração do delito do art. 356 do CP. 3. Apelação criminal desprovida. (TRF-1 – ACR: 15728 BA 2007.33.00.015728-9, Relator: Desembargador Federal I'talo Fioravanti Sabo Mendes, Data de Julgamento: 23/09/2008, QUARTA TURMA, Data de Publicação: 31/10/2008 e-DJF1 p.109)

- O crime previsto no artigo 356 do Código Penal exige a presença do elemento subjetivo do tipo, que requer o dolo, consistente na intenção do advogado em não devolver os autos processuais. 2. No caso, a conduta do apelante há de ser atribuída à negligência na guarda dos autos, o que, quando muito assim considerado, pode caracterizar ilícito administrativo, mas não perfaz o tipo penal. 3. Preliminares rejeitadas. Apelação provida. (TRF-5 – ACR: 3972 PE 0003390-89.2004.4.05.8300, Relator: Desembargador Federal Manoel Erhardt

(Substituto), Data de Julgamento: 01/03/2007, Terceira Turma, Data de Publicação: Fonte: Diário da Justiça - Data: 16/04/2007 - Página: 593 - Nº: 72 - Ano: 2007)

9.21. Exploração de prestígio

Art. 357 - Solicitar ou receber dinheiro ou qualquer outra utilidade, a pretexto de influir em juiz, jurado, órgão do Ministério Público, funcionário de justiça, perito, tradutor, intérprete ou testemunha:

Pena - reclusão, de um a cinco anos, e multa.

Parágrafo único - As penas aumentam-se de um terço, se o agente alega ou insinua que o dinheiro ou utilidade também se destina a qualquer das pessoas referidas neste artigo.

9.21.1. *Tipo objetivo*

A incriminação da conduta se expressa na atitude como o agente solicita (pedir, pleitear, querer, rogar, suplicar) ou receber (anuir, aceitar, se apossar) de dinheiro ou qualquer outra utilidade (bens, valores, créditos) a pretexto (alegar, motivar, invocar) de influenciar nas decisões de juiz, jurado, órgão do Ministério Público, funcionário da justiça, perito, tradutor, intérprete ou testemunha.

O tipo penal se apresenta por solicitar ou receber dinheiro da parte interessada no processo sob o argumento de influenciar ou alterar o resultado da decisão em favor desta, passando o agente a impressão de poder sobre as autoridades ou servidores elencado no *caput* deste dispositivo.

O agente ilude o oportunista mediante a promessa de um benefício fora do seu alcance, gabando-se de um prestígio inexistente, apenas com o intuito de auferir vantagem indevida do incauto litigante ou interessado.

Se o agente insinuar que o dinheiro ou utilidade, bens ou créditos, também se destina a partilhar com qualquer das pessoas nominada neste dispositivo, haverá aumento de um terço da pena.

9.21.2. *Tipo subjetivo*

É o dolo genérico. O fim ou escopo do agente não é o de desacreditar a Justiça, que é ínsito em seu ato, mas de obter vantagem, representada pelo dinheiro ou qualquer utilidade (E. Magalhães Noronha, ob. cit., p. 504).

9.21.3. Consumação

Trata-se de crime formal e instantâneo, aquele que não exige para sua consumação, o recebimento do dinheiro ou da utilidade, bastando para sua configuração o momento da solicitação para o fim a que se propõe a capitulação penal.

O recebimento de dinheiro pelo agente é o exaurimento do crime capitulado.

É irrelevante para a configuração do tipo ser real ou falsa a influência prometida.

Na hipótese do agente alegar ou insinuar que o dinheiro ou a utilidade também se destina aos agentes públicos ou autoridades especificadas no *caput* deste artigo, a pena do crime é aumentada de um terço. Aqui não se cuida de majoração, mas de qualificação do tipo com pena mais gravosa, portanto, crime qualificado.

CASOS TÍPICOS

- "A circunstância de o agente insinuar que o dinheiro solicitado da parte interessada no processo se destinava ao promotor e ao escrivão já implica a qualificação a infração capitulada no art. 357, parágrafo único, do CP, resultando na imposição de pena mais grave e não comportando nova exacerbação" (RT 467/333).
- "Em se tratando do crime de exploração de prestígio, não é necessário que o funcionário exista, podendo ser uma figura puramente imaginária. Constatada, no caso, a inexistência do servidor federal que supostamente seria influenciado pelo paciente, a competência é da Justiça Estadual. Ordem denegada". (STJ - HC: 92194 CE 2007/0237686-6, Relator: Ministra Maria Thereza De Assis Moura, Data de Julgamento: 18/08/2010, T6 - SEXTA TURMA, Data de Publicação: DJe 06/09/2010)

Tráfico de influência - exploração de prestígio - estelionato - competência - justiça comum - absolvição - princípio da consunção. A competência da Justiça Federal encontra-se delimitada no art. 109, da Constituição Federal, e nela não se antevê a competência para o processamento do crime de tráfico de influência e exploração de prestígio, onde não há ofensa ao patrimônio da União, suas autarquias e empresas públicas. Comete o delito de tráfico de influência, na sua forma qualificada, o agente que solicita dinheiro a pretexto de influir no comportamento do funcionário público no exercício de sua função, afirmando que o numerário seria a este destinado. Restando comprovado que a apelante recebeu dinheiro da vítima a pretexto de influir na decisão do juiz, passando-se por advogada e esposa do magistrado, incensurável a sua condenação pelo delito de exploração de prestígio. 4. A emissão de cheques sem provisão visando ressarcir ou amenizar vantagem ilícita anteriormente obtida, constituiu-se num desdobramento dos delitos anteriores, no *postfactum* impunível, não podendo subsistir como conduta autônoma. 5. Recurso parcialmente provido. (TJ-MG 101450001597590011 MG 1.0145.00.015975-9/001(1), Relator: ANTÔNIO ARMANDO DOS ANJOS, Data de Julgamento: 19/06/2007, Data de Publicação: 06/07/2007)

NOTA!

- **Ação penal:** Pública incondicionada
- **Sujeito ativo:** Qualquer pessoa
- **Forma tentada:** Admissível
- **Substituição da pena:** Admissível privativa de liberdade por restritiva de direitos (arts. 44, CP), a depender da dosimetria da pena.
- **Sursis:** Possibilidade, a depender da dosimetria da pena (art. 77, CP)

9.22. Violência ou fraude em arrematação judicial

Art. 358 – Impedir, perturbar ou fraudar arrematação judicial; afastar ou procurar afastar concorrente ou licitante, por meio de violência, grave ameaça, fraude ou oferecimento de vantagem:

Pena – detenção, de dois meses a um ano, ou multa, além da pena correspondente à violência.

9.22.1. Tipo objetivo

Trata-se de arrematação judicial promovida por particular, e não pela administração pública, que tem como condutas típicas a ação de impedir, perturbar ou fraudar arrematação judicial, compreendendo-se atitudes que impeçam dos participantes permanecerem no ambiente da realização da arrematação mediante meios e condições ofensivas à paz e tranquilidade, cujo objetivo é tumultuar o recinto a finalidade de que a arrematação não seja realizada.

No que concerne à conduta incriminadora de fraudar (burlar, enganar, iludir, embaraçar) a arrematação judicial, abrange qualquer conduta que desfigure o espírito de disputa ou competição legitima do ato judicial, como: figurar como arrematante de aluguel sem condição ou interesse na arrematação do bem. Isso ocorre quando alguém se apresenta como arrematante, mas no ato seguinte de concretização do negócio desiste ou não aparece para sua finalização, frustrando assim, o ato judicial que tem o objetivo de exaurir o processo executório.

Outra modalidade consiste em afastar ou procurar afastar concorrente ou licitante, por meio de violência, grave ameaça, fraude ou oferecimento de vantagem, aqui se verifica que o agente não quer concorrentes e pretende ser o único a participar da arrematação.

Arrematação judicial é a venda em hasta pública realizada pelos órgãos do Poder Judiciário. Aqui é a conduta do particular tentando inviabilizar a sua realização ou afastar concorrentes para auferir vantagem pela ausência de disputa.

9.22.2. *Tipo subjetivo*

É o dolo, consistente na vontade livre e consciente de cometer qualquer das condutas descritas pelo dispositivo. É o dolo genérico.

9.22.3. *Consumação*

A consumação na primeira figura típica quando não se realiza a arrematação judicial por qualquer das condutas descritas (impedir, perturbar ou fraudar), não alcançando o seu fim de forma normal e legítima.

A segunda figura (afastar ou procurar afastar concorrente ou licitante, por meio de violência, grave ameaça, fraude ou oferecimento de vantagem) se concretiza quando o objetivo do agente é atingido pela sua participação exclusiva, sem a presença de concorrente, para assim, auferir vantagem pela ausência de disputa na composição dos preços.

CASOS TÍPICOS

- Dado cheque sem fundos como princípio de pagamento de lance aceito, o crime é o deste art. 358 e não o do art. 171, § 2º, VI, do CP (RT 524/382)
- Se requereu o adiamento sob pretexto de remissão de dívida, mas não cumpriu a obrigação processual assumida, não há crime, pois o juiz, ao adiar, assumiu o risco (RT 649/280).
- Se a fraude foi em arrematação judicial trabalhista, a competência é da Justiça Federal (TRF, RCr 973, DJU 30.6.83, p. 9842)
- Oferecer lanço, ciente da ausência de disponibilidade financeira, é atitude que afasta competidores e frauda a arrematação, impedindo que o ato judicial chegue ao fim de modo normal. Imprevisto atraso na chegada de dinheiro à sua conta não escusa o agente, pois caracteriza, no mínimo, dolo eventual, visto que assume ele o risco da imediata apresentação de cheque ao banco, sem a consequente devolução (RJDTACRIM 7/73)

- Violência ou fraude em arrematação judicial. Agente que em praça promovida pela Fazenda Pública adquire bens com cheques sem provisão de fundos. Eventual depósito posterior à apresentação da cártula que não destipifica o delito. Cheque que é ordem de pagamento à vista (JTACRIM 99/284).

CASOS ATÍPICOS

- Se a arrematação não chegou a se aperfeiçoar, inexistindo nos autos cópia do auto de arrematação, é inadmissível a condenação do agente pelo delito do art. 358 do CP (tacRsp, rjdtacR 21/155)

NOTA!

- **Ação penal:** Pública incondicionada
- **Sujeito ativo:** Qualquer pessoa
- **Forma tentada:** Admissível
- **Competência para processar e julgar:** Juizado Especial Criminal (art. 61, Lei 9.099/1995).
- **Suspensão condicional do processo:** Admissível (art. 89, Lei 9.099/1995).

9.23. Desobediência à decisão judicial sobre perda ou suspensão de direito

> **Art. 359** – Exercer função, atividade, direito, autoridade ou múnus, de que foi suspenso ou privado por decisão judicial:
>
> Pena – detenção, de três meses a dois anos, ou multa.

9.23.1. Tipo objetivo

A norma incriminadora enquadra o destinatário de decisão judicial que teve perda ou suspensão de direito em processo penal, de forma que o réu, ao desobedecer a penalidade imposta, incorre na conduta descrita neste dispositivo.

A conduta típica versada neste artigo objetiva proteger o respeito e o prestígio da autoridade judicial no sentido de dar maior eficácia as suas decisões.

O núcleo do tipo é exercer (executar, praticar, realizar) função, atividade, direito, autoridade ou múnus de que foi suspenso ou privado por decisão judicial, cuidando-se do descumprimento da aplicação de pena restritiva de direitos.

O descumprimento de decisão administrativa que impõe a suspensão ou privação de direitos também se enquadra neste dispositivo, nos termos do art. 205 do Código Penal, assim como os delitos de trânsito na forma preceituada pelo art. 307 do Código de Trânsito Brasileiro.

9.23.2. Tipo subjetivo

É o dolo, expresso na vontade livre e consciente de violar a limitação que lhe foi imposta pela decisão judicial; sabe que está impedindo do exercício de determinada atividade, mas age ciente dessa restrição. Por exemplo, o réu que teve suspenso o direito de dirigir um veículo por certo tempo estabelecido por decisão judicial, mas o faz por vontade própria.

9.23.3. Consumação

A consumação se opera com o efetivo exercício da função, atividade, direito, autoridade ou múnus para a qual se encontrava suspenso ou estava privado de executá-lo devido a decisão judicial.

NOTA!

- **Ação penal:** Pública incondicionada
- **Sujeito ativo:** A pessoa que sofreu a pena restritiva de direitos
- **Forma tentada:** Admissível
- **Competência para processar e julgar:** Juizado Especial Criminal (art. 61, Lei 9.099/1995).
- **Suspensão condicional do processo:** Admissível (art. 89, Lei 9.099/1995)

CASOS TÍPICOS

- Diante do contexto apresentado, a conduta do apelante se subsumiu à conduta tipificada no artigo 359 do Código Penal, pois desobedeceu as decisões judiciais, impondo-se a confirmação da sentença condenatória. APELAÇÃO IMPROVIDA. (Recurso Crime Nº 71001963909, Turma Recursal Criminal, Turmas Recursais, Relator: Angela Maria Silveira, Julgado em 16/02/2009) (TJ-RS – RC: 71001963909 RS, Relator: Angela Maria Silveira, Data de Julgamento: 16/02/2009, Turma Recursal Criminal, Data de Publicação: Diário da Justiça do dia 19/02/2009)

- Matéria cível. Possibilidade. Mesmo que a decisão judicial seja cível e não criminal, é típica, prevista no art. 359 do Código Penal, a conduta de quem a descumpre. Magistério de Júlio Fabbrini Mirabete, com apoio em decisões do Tribunal de Alçada Criminal de São Paulo, não obstante respeitáveis posições doutrinárias em contrário. Ordem de habeas corpus negada, a unanimidade. (TJRS - HC 70003120581 - 4ª C. Crim. Rel. Gaspar Marques Batista - j. 01.11.2001)

CASOS ATÍPICOS

- "O crime definido no art. 359 do Código Penal pressupõe decisão judiciária de natureza penal, e não, civil. AÇÃO PENAL. Crime de desobediência. Atipicidade. Caracterização. Desatendimento a ordem judicial expedida com a cominação expressa de pena de multa. Proibição de atuar em nome de sociedade. Descumprimento do preceito. Irrelevância penal. Falta de justa causa. Trancamento da ação penal. HC concedido para esse fim. Inteligência do art. 330 do Código Penal. Precedentes. Não configura crime de desobediência o comportamento da pessoa que, suposto desatenda a ordem judicial que lhe é dirigida, se sujeita, com isso, ao pagamento de multa cominada com a finalidade de a compelir ao cumprimento do preceito. (STF - HC: 88572 RS , Relator: Cezar Peluso, Data de Julgamento: 08/08/2006, Segunda Turma, Data de Publicação: DJ 08-09-2006 PP-00062 EMENT VOL-02246-02 PP-00355)
- No que cinge ao delito de ameaça, materialidade e autoria devidamente comprovadas. Todavia, quanto ao delito previsto no artigo 359 do Código Penal, tem-se que o réu deve ser absolvido porquanto se entende que o descumprimento de medidas protetivas deferidas em favor da vítima, com base na Lei Maria da Penha, não caracteriza os crimes de desobediência ou desobediência...(TJ-RS – ACR: 70050515089 RS , Relator: Marco Antônio Ribeiro de Oliveira, Data de Julgamento: 27/09/2012, Quarta Câmara Criminal, Data de Publicação: Diário da Justiça do dia 19/10/2012)
- O descumprimento de medidas protetivas deferidas em favor da vítima, com base na Lei Maria da Penha, não caracteriza os crimes de desobediência ou desobediência a decisão judicial sobre perda ou suspensão de direito, previstos respectivamente nos artigos 330 e 359, ambos do Código Penal, em razão de serem medidas progressivas, podendo evoluir até a prisão preventiva caso as medidas mais brandas se mostrem insuficientes para proteger a...(TJ-RS – ACR: 70051255628 RS, Relator: Marco Antônio Ribeiro de Oliveira, Data de Julgamento: 08/11/2012, Quarta Câmara Criminal, Data de Publicação: Diário da Justiça do dia 14/11/2012)
- A configuração do delito tipificado no art. 359 do CP pressupõe, além da habitualidade, a existência de decisão judicial que se revista de definitividade, amoldando-se, assim, às hipótese elencadas no art. 92, I a III, do CP. Configu-

ração, em tese, do delito tipificado no art. 330 do CP. Atipicidade da conduta que se reconhece na medida em que a Lei nº 11.340/06 prevê a possibilidade de decretação da prisão preventiva na hipótese... (TJ-RS – RC: 71003622875 RS, Relator: Fabio Vieira Heerdt, Data de Julgamento: 25/06/2012, Turma Recursal Criminal, Data de Publicação: Diário da Justiça do dia 27/06/2012)

Capítulo IV

Sumário • 10. Dos crimes contra as finanças públicas: **10.1**. Contratação de operação de crédito: **10.2**. Inscrição de despesas não empenhadas em restos a pagar; **10.3**. Assunção de obrigação no último ano do mandato ou legislatura; **10.4**. Ordenação de despesa não autorizada; **10.5**. Prestação de garantia graciosa; **10.6**. Não cancelamento de restos a pagar; **10.7**. Aumento de despesa total com pessoal no último ano do mandato ou legislatura; **10.8**. Oferta pública ou colocação de títulos no mercado.

10. DOS CRIMES CONTRA AS FINANÇAS PÚBLICAS

10.1. Contratação de operação de crédito

> **Art. 359-A.** Ordenar, autorizar ou realizar operação de crédito, interno ou externo, sem prévia autorização legislativa:
>
> Pena – reclusão, de 1 (um) a 2 (dois) anos.
>
> Parágrafo único. Incide na mesma pena quem ordena, autoriza ou realiza operação de crédito, interno ou externo
>
> I – com inobservância de limite, condição ou montante estabelecido em lei ou em resolução do Senado Federal;
>
> II – quando o montante da dívida consolidada ultrapassa o limite máximo autorizado por lei.

10.1.1. Tipo objetivo

A conduta incriminadora é ordenar (determinar, mandar), autorizar (assentir, chancelar, confirmar) ou realizar (efetuar, fazer, contrair, pôr em prática) operação de crédito, que são aquelas cujo objetivo é o levantamento ou o suprimento de numerário, ou seja, que visa conseguir recursos financeiros para custeio de um negócio da administração pública direta ou indireta, ou desenvolvimento do mesmo, sem autorização legislativa.

A Lei de Responsabilidade Fiscal (LC 101/00), no seu art. 29, III, define a operação de crédito o "*compromisso financeiro assumido em razão de mútuo, abertura de crédito, emissão e aceite de título, aquisição financiada de bens, recebimento antecipado de valores provenientes da venda a termo de bens serviços, arrendamento mercantil e outras operações assemelhadas, inclusive com o uso de derivativos financeiros*".

A operação de crédito interna é a celebrada dentro do país com instituições financeiras aqui estabelecidas, e a operação de crédito externa é aquela firmada com as entidades financeiras sediadas no exterior.

A exigência de autorização legislativa interna refere-se à aprovação pelas Câmaras Municipais no caso dos municípios, das Assembleias Legislativas para empréstimos dos Estados, e do Senado Federal para aquele de interesse da União. Para as operações de crédito externas, é necessária a autorização do Senado Federal, nos termos do § 1° do art. 32 da LC n° 101/00.

O elemento normativo do tipo é a falta de prévia autorização legislativa para a configuração da conduta típica pela autoridade competente para pactuar a operação de crédito.

A Lei de Responsabilidade Fiscal equipara a operação de crédito "*a assunção, o reconhecimento ou a confissão de dívida pelo ente da Federação, sem prejuízo do cumprimento das exigências dos arts. 15 e 16*" (art. 29, § 1°).

Note-se que deve constar na lei ou resolução do órgão legislativo o limite do valor da operação de crédito, conquanto se mostra incompatível com as normas a lei penal em branco, visto que incumbe ao Senado elaborar a proposta de limites globais para o montante da dívida consolidada da União, Estados e Municípios.

10.1.2. Tipo subjetivo

O elemento subjetivo desse tipo legal é o dolo, a vontade e consciência livre da conduta antijurídica da autoridade competente de ordenar, autorizar ou realizar a operação de crédito sem a prévia autorização do Poder Legislativo correspondente.

10.1.3. Consumação

Trata-se de crime formal, de mera conduta, que se perfaz independente do resultado naturalístico, bastando, portanto, o comportamento da autoridade competente em celebrar a operação de crédito sem a prévia autorização legislativa. É o dolo genérico.

NOTA!

- **Ação penal:** Pública incondicionada.
- **Sujeito ativo:** A autoridade pública competente para ordenar, autorizar ou realizar operação de crédito.
- **Forma tentada:** Admissível.
- **Competência para processar e julgar:** Juizado Especial Criminal (art. 61, Lei 9.099/1995).
- **Suspensão condicional do processo:** Admissível (art. 89, Lei 9.099/1995)

CASOS TÍPICOS

- Ordenar, autorizar ou realizar operação de crédito sem prévia autorização legislativa. Comete o crime previsto no art. 359-A do CP o Prefeito Municipal que firma Termo de Confissão de Dívida, sem prévia autorização legislativa, sendo irrelevante a ausência de prejuízo ao erário público. Ação julgada procedente. (Ação Penal – Procedimento Sumaríssimo Nº 70029353687, Quarta Câmara Criminal, Tribunal de Justiça do RS, Relator: Constantino Lisbôa de Azevedo, Julgado em 09/09/2010)
- "Assim, para as operações de crédito por antecipação de receita não basta a autorização genérica contida na lei orçamentária, sendo indispensável autorização específica em cada operação. A inobservância de tal formalidade, ainda que não implique em enriquecimento ilícito do recorrente ou prejuízo para o erário municipal, caracteriza ato de improbidade, nos termos do art. 11 da Lei n.º 8.429/92, à mingua de observância dos preceitos genéricos que informam a administração pública, inclusive a rigorosa observância do princípio da legalidade" (REsp 410.414/SP, 2ª Turma, Relator Min. Castro Meira, DJ de 19.08.2004). 3. Recurso especial a que se nega provimento. (STJ – REsp: 799094 SP 2005/0192976-9, Relator: Ministro Teori Albino Zavascki, Data de Julgamento: 16/09/2008, T1 – PRIMEIRA TURMA, Data de Publicação: DJe 22/09/2008)

CASOS ATÍPICOS

- A contratação de operação de crédito, pela municipalidade, sem prévia autorização legislativa, ainda que tipificada pela rubrica dos ""crimes contra as finanças públicas"", não gera, por si só, danos aos servidores municipais, que, correntistas do Banco do Brasil, tiveram os dados cadastrais alterados para que lhes fosse creditado o 13º salário. Hipótese em que o ato ilícito não teve desdobramento na esfera extrapatrimonial dos servidores-correntistas. (TJMG – Apelação Cível 1.0231.04.028295-7/001, Relator(a): Des.(a) Mauro Soares de Freitas , 16ª CÂMARA CÍVEL, julgamento em 19/04/2006, publicação da súmula em 12/05/2006)

10.2. Inscrição de despesas não empenhadas em restos a pagar

> **Art. 359-B.** Ordenar ou autorizar a inscrição em restos a pagar, de despesa que não tenha sido previamente empenhada ou que exceda limite estabelecido em lei:
> Pena – detenção, de 6 (seis) meses a 2 (dois) anos.

10.2.1. Tipo objetivo

Restos a pagar são despesas empenhadas, mas não efetuado o pagamento no exercício financeiro que tem seu término no dia 31 de dezembro de cada ano.

Restos a pagar na definição da Lei Federal 4.320/64, no seu art. 36, diz: "*Consideram-se Restos a Pagar as despesas empenhadas mas não pagas até o dia 31 de dezembro, distinguindo-se as processadas das não processadas*".

A referida norma financeira preceitua ainda que:

> "**Art. 58.** O empenho de despesa é o ato emanado de autoridade competente que cria para o Estado obrigação de pagamento pendente ou não de implemento de condição ...
>
> **Art. 60.** É vedada a realização de despesa sem prévio empenho. ...
>
> **Art. 61.** Para cada empenho será extraído um documento denominado "nota de empenho" que indicará o nome do credor, a representação e a importância da despesa bem como a dedução desta do saldo da dotação própria."

A conduta incriminadora consiste em ordenar ou autorizar a inscrição em restos a pagar despesas que não foram previamente empenhadas ou que exceda limite estabelecido em lei, é aquela despesa realizada sem a observância do prévio empenho.

O primeiro estágio da despesa pública é o empenho, ato pelo qual se autoriza sua realização dentro da rubrica e saldo orçamentário disponível do órgão público. O segundo estágio é a liquidação, que consiste na verificação da comprovação do serviço prestado ou material fornecido, e documentação necessária à configuração do crédito, como notas fiscais, recibos e certidões de regularidade fiscal.

A última etapa da despesa pública é o pagamento mediante o repasse pecuniário do credor.

Se a despesa pública foi realizada sem empenho ou que ultrapasse o limite financeiro e orçamentário, caracterizado está o tipo penal deste dispositivo.

Nas contas da administração pública não há cheque especial, a autoridade competente só autoriza despesas quando há disponibilidade orçamentária e financeira, sob pena de responsabilização penal.

10.2.2. Tipo subjetivo

É o dolo, representado pela vontade livre e consciente de incorrer na conduta antijurídica, visto que é conhecedor da indisponibilidade de verbas orçament**árias e financeiras, mas ordena** ou autoriza a realização da despesa pública.

10.2.3. Consumação

Ocorrer com efetiva ordem ou autorização da inscrição em restos a pagar de despesas não empenhadas ou que estejam acima do limite legal previsto no orçamento público. Esta infração fica evidenciada quando é feita a despesa pública pela realização de serviços ou recebimento de materiais cuja documentação não se encontra lastreada pelo instrumental da nota de empenho, pois é o empenhamento adequado para abatimento do saldo orçamentário e financeiro de órgão público.

Entregue o material ou realizado o serviço, por exemplo, mas sem nota de empenho, está consubstanciada a conduta típica do agente responsável.

Eventual ajuizamento de ação de cobrança de despesa pública violadora desses procedimentos normativos, é o bastante para instrumentalizar uma representação penal contra a autoridade competente.

NOTA!

- **Ação penal:** Pública incondicionada.
- **Sujeito ativo:** A autoridade pública competente para ordenar despesa pública.
- **Forma tentada:** Admissível.
- **Competência para processar e julgar:** Juizado Especial Criminal (art. 61, Lei 9.099/1995).
- **Suspensão condicional do processo:** Admissível (art. 89, Lei 9.099/1995).

10.3. Assunção de obrigação no último ano do mandato ou legislatura

> **Art. 359-C.** Ordenar ou autorizar a assunção de obrigação, nos dois últimos quadrimestres do último ano do mandato ou legislatura, cuja despesa não possa ser paga no mesmo exercício financeiro ou, caso reste parcela a ser paga no exercício seguinte, que não tenha contrapartida suficiente de disponibilidade de caixa:
>
> Pena – reclusão, de 1 (um) a 4 (quatro) anos.

10.3.1. Tipo objetivo

A conduta incriminadora é ordenar (determinar, mandar) ou autorizar (dar, expressar ordem) a realização de despesa pública que não disponha de lastro orçamentário ou financeiro para ser liquidada ou efetivado o seu pagamento nos dois últimos quadrimestres do último ano do mandado ou legislatura.

A norma visa proteger a administração pública de gastos ou despesas dos gestores em último exercício financeiro além das disponibilidades orçamentárias e financeiras, evitando, assim, transferir para os seus sucessores dívidas contraídas pelos antecessores.

Semelhante proibição está inserida na Lei de Responsabilidade Fiscal, conforme anota Luiz Celso de Barros, "o lapso dos dois últimos, quadrimestres corresponde ao momento em que se envia ao Parlamento o projeto de Lei de Diretrizes Orçamentária Anual, ordinária, que se sobrepõe ao último ano do mandato ou legislatura. Porém, as despesas a serem realizadas neste no devem estar contidas nas leis anteriores, referentes ao penúltimo ano do mandato ou legislatura" (Responsabilidade Fiscal e Criminal, EDIPRO, 2001, p. 167).

Deve-se assinalar que o art. 42 da Lei de Responsabilidade Fiscal dispõe que "na determinação de disponibilidade de caixa serão considerados os encargos ou despesas compromissadas a pagar até o final do exercício". Com efeito, a disponibilidade financeira, de caixa deve estar depositada na conta da entidade pública, conforme preceitua o art. 43 da LC 101/00 e o § 3° do art. 164 da Constituição Federal.

É importante ressaltar que as entidades públicas não têm cheque especial para saque acima da disponibilidade financeira, portanto, deverá estar na conta bancária o montante suficiente para liquidar as despesas realizadas ou assumidas no último quadrimestre.

Na hipótese de parcelar despesas contínuas ou sucessivas que ultrapasse o final do exercício do mandato ou legislatura do gestor, este deverá deixar valores provisionados ou saldo financeiro suficiente para coberta, sob pena de incorrer na conduta típica deste dispositivo.

Como se pode observar, o significado dessa norma busca assegurar o equilíbrio financeiro das contas públicas, cujas despesas somente devem ser ordenadas ou autorizadas, a partir de 1° de maio do ano final do mandato ou legislatura, no limite da previsão orçamentária e disponibilidade financeira.

10.3.2. Tipo subjetivo

É o dolo, representado pela vontade livre e consciente de incorrer na conduta antijurídica, visto que é conhecedor da indisponibilidade de verbas orçamentárias e financeiras, mas ordenar ou autorizar a realização da despesa pública sem a existência de disponibilidade financeira nos dois últimos quadrimestres da gestão oriunda de mandato ou de exercício de legislatura.

Não há exigência especial do fim de agir, basta que, tendo ciência ou conhecimento de que a despesa, não tenha lastro financeiro do aludido período delimitado pela norma, ou que ultrapassando este, não seja provisionado recursos financeiros para o exercício seguinte, ordena ou autorizar a sua realização.

Assim, o faz ciente e consciente da realização de ato administrativo para deixar, dívida vedada pela lei para gestão sucessora, desrespeitando, assim, os limites legalmente estipulados.

Note-se que o gestor público é submisso às normas orçamentárias, financeiras e administrativas, de modo que o ato de ordenar ou autorizar despesa pública é ato de gestão quanto à liberdade de escolha de realização, uma premissa menor, mas um ato vinculado para o qual a lei estabelece os requisitos e condições para sua efetivação, portanto, a premissa maior.

Afastar-se da observância de um ato vinculado importa na vontade deliberada de violar o conteúdo jurídico da norma e sua ideologia normativa, para incorrer em conduta dolosa genérica.

10.3.3. Consumação

Trata-se de crime de natureza formal, não se exigindo o resultado naturalístico. Assim, o delito está consumado no momento da ordenação ou autorização de despesa pública, assumindo, portanto, a obrigação financeira que implicará o comprometimento da gestão sucessora.

O exaurimento do delito se dá quando no final do exercício ficar registrada a dívida contraída no período delimitado.

Note-se que a norma menciona dívida que não possa ser paga no mesmo exercício financeiro ou, caso reste parcela a ser paga no exercício seguinte, que não tenha contrapartida suficiente de disponibilidade de caixa, não exigindo que haja comprometido ou afetação das finanças da entidade pública; basta que se consigne a existência de dívida assumida e não paga nesse período.

NOTA!

- **Ação penal:** Pública incondicionada.
- **Sujeito ativo:** A autoridade pública competente para ordenar despesa pública.
- **Forma tentada:** Admissível.
- **Substituição da pena:** Admissível privativa de liberdade por restritiva de direitos (arts. 44, CP), a depender da dosimetria da pena.
- **Sursis:** Possibilidade, a depender da dosimetria da pena (art. 77, CP)

CASOS TÍPICOS

- "Embora a alegação do denunciado, de que o fato é atípico, existe lastro probatório suficiente a indicar que ele assumiu novas obrigações nos oito meses antes do término do mandato e não as saldou no período, por falta de disponibilidade orçamentária, inscrevendo-as em restos a pagar. As alegações para justificar os fatos, são inaptas a afastar, de plano, a acusação. DENÚNCIA RECEBIDA". (Ação Penal – Procedimento Sumário Nº 70063703755, Quarta Câmara Criminal, Tribunal de Justiça do RS, Relator: Rogerio Gesta Leal, Julgado em 28/05/2015)

- Assunção de obrigação no último ano do mandato ou legislatura – Alegação de nulidades em razão da inépcia da inicial, da desobediência ao contraditório no inquérito civil, da ausência de enfrentamento de teses defensivas, da errônea consideração das provas, da ausência de motivação para a não concessão de benefícios na fixação da reprimenda, da desumanidade da pena de prisão e do impedimento do magistrado signatário da sentença. Inocorrência. Conversão do julgamento em diligência para o oferecimento de proposta de suspensão do processo. Descabimento. Absolvição por ausência de dolo. Impossibilidade. Diminuição da pena. Possibilidade. Atos isolados que em conjunto caracterizaram a infração. Concurso formal afastado. Regime de cumprimento abrandado. Recurso parcialmente provido. (TJ-SP – APL: 00015636420118260480 SP 0001563-64.2011.8.26.0480, Relator: Alberto Mariz de Oliveira, Data de Julgamento: 12/08/2014, 16ª Câmara de Direito Criminal, Data de Publicação: 28/08/2014)

- "Restando provado que o prefeito tinha consciência que as obrigações assumidas ou autorizadas nos dois últimos quadrimestres de seu mandato não poderiam ser cumpridas sem o comprometimento do mandato de seus sucessores, caracterizado está o delito descrito no art. 359 C do Código Penal que visa proteger as finanças públicas". (TJMG – Apelação Criminal 1.0377.05.005492-5/001, Relator(a): Des.(a) Paulo Cézar Dias , 3ª CÂMARA CRIMINAL, julgamento em 07/07/2009, publicação da súmula em 22/09/2009)

CASOS ATÍPICOS

- Assunção de obrigação nos dois últimos quadrimestres do último ano de mandato, cuja despesa não possa ser paga no mesmo exercício financeiro ou não tenha contrapartida no exercício seguinte. Dolo não evidenciado. Reconstituição probatória insuficiente à imposição de juízo condenatório. Dúvida sobre o elemento subjetivo do tipo. Ação penal julgada improcedente. Unânime. (Ação Penal - Procedimento Ordinário Nº 70062927280, Quarta Câmara Criminal, Tribunal de Justiça do RS, Relator: Aristides Pedroso de Albuquerque Neto, Julgado em 10/11/2016)

- "Não desconheço as falhas administrativas que deram origem à investigação, culminando o processamento da presente ação penal. Entretanto, ausente o dolo no agir do Prefeito Municipal capaz de ensejar a condenação, e ainda havendo notícias de que as verbas que eram previstas finalmente chegaram aos cofres públicos, tenho que inexistem elementos suficientes a confirmar que o acusado realmente agiu com a intenção manifesta de lesar as finanças públicas. O não reconhecimento de crime doloso na esfera criminal não impede de sofrer as sanções por atos de improbidade na esfera cível. APELAÇÃO DEFENSIVA PROVIDA". (Apelação Crime Nº 70060164472, Quarta Câmara Criminal, Tribunal de Justiça do RS, Relator: Rogerio Gesta Leal, Julgado em 28/08/2014)
- "Para configuração do crime do art. 359-C do Código Penal, é indispensável a demonstração de que o prefeito, de forma livre e consciente, contraiu despesas sem a devida disponibilidade de caixa para pagamento no mesmo exercício financeiro ou de disponibilidade de caixa para pagamento das parcelas a vencer no exercício seguinte. Havendo dúvida sobre a origem dos "restos a pagar" mencionados na denúncia, bem ainda do dolo do agente, cujas despesas contraídas nos dois últimos quadrimestres do mandato destinavam-se, precipuamente, à continuidade dos serviços prestados pela máquina administrativa, impossível a condenação pelo delito do art. 359-C, do Código Penal". (TJMG – Apelação Criminal 1.0183.09.166679-6/001, Relator(a): Des.(a) Maria Luíza de Marilac, 3ª CÂMARA CRIMINAL, julgamento em 14/10/2014, publicação da súmula em 21/10/2014)
- "A dúvida sobre a ocorrência do dolo, elemento subjetivo do tipo, é dúvida sobre a própria existência do delito, que deve ser resolvida em favor do réu. Absolvição decretada, prejudicado o apelo ministerial". (Apelação Crime Nº 70031838766, Quarta Câmara Criminal, Tribunal de Justiça do RS, Relator: Constantino Lisbôa de Azevedo, Julgado em 19/01/2012)
- Ex-prefeito municipal. Crime contra as finanças públicas. Assunção de obrigação no último ano do mandato ou legislatura. Dolo. Dúvida. A dúvida sobre a ocorrência do dolo, elemento subjetivo do tipo, é dúvida sobre a própria existência do delito, que deve ser resolvida em favor do réu. Absolvição decretada, prejudicado o apelo ministerial. (Apelação Crime Nº 70031838766, Quarta Câmara Criminal, Tribunal de Justiça do RS, Relator: Constantino Lisbôa de Azevedo, Julgado em 19/01/2012) (TJ-RS – ACR: 70031838766 RS, Relator: Constantino Lisbôa de Azevedo, Data de Julgamento: 19/01/2012, Quarta Câmara Criminal, Data de Publicação: Diário da Justiça do dia 09/02/2012)
- Apelação assunção de obrigação no último ano do mandato ou legislatura decurso de lapso superior entre a data do último ato, não especificada, e a do recebimento da denúncia prescrição da pretensão punitiva na modalidade retroativa reconhecimento Necessidade: Havendo dúvida sobre o momento consumativo, já que não demonstrado nos autos o dia em que a obrigação

foi ordenada ou assumida, em respeito ao princípio in dubio pro reo, deve-se considerar a data mais favorável ao acusado e, assim, necessário o reconhecimento da prescrição. Preliminar acolhida, prejudicado o exame de mérito. (TJ-SP – APL: 00014824820068260268 SP 0001482-48.2006.8.26.0268, Relator: J. Martins, Data de Julgamento: 09/05/2013, 15ª Câmara de Direito Criminal, Data de Publicação: 06/06/2013)

10.4. Ordenação de despesa não autorizada

Art. 359-D. Ordenar despesa não autorizada por lei:

Pena – reclusão, de 1 (um) a 4 (quatro) anos.

10.4.1. Tipo objetivo

Ordenar despesa não autorizada por lei significa autorizar gastos públicos sem previsão legal do ponto de vista orçamentário ou financeiro, afrontando diretamente as normas financeiras e do orçamento público.

Despesa pública exprime a aplicação das rendas públicas consignadas no orçamento das entidades da administração direta, indireta, autárquica ou fundacional. A Lei do Orçamento compreende todas as receitas estimadas e a previsão das despesas, obedecendo aos princípios da unidade, da universalidade e da anualidade, os quais são estabelecidos pela Constituição Federal.

A Lei Orgânica do Tribunal de Contas da União prescreve que:

> "Os ordenadores de despesas de órgãos da administração direta, assim considerados todos aqueles de cujos atos resultem emissão de empenho, autorização de pagamento, suprimento ou dispêndio de recursos públicos, bem assim os dirigentes das entidades da administração indireta e fundacional e quaisquer servidores responsáveis por atos de que resulte despesa pública" (art. 100, Lei nº 8.443/92)

O ato de despesa regular é aquele realizado por autoridade competente que contém todos os requisitos necessários à sua eficácia por ter observado todas as formalidades legais, e a despesa é considerada irregular quando desatende as normas disciplinadoras inferidas no orçamento ou leis financeiras.

Poderá ocorrer o concurso de normas com o tipo previsto no art. 359-C, conquanto cuida-se de uma conduta vedada que importa na realização de uma despesa não autorizada por lei.

É possível visualizar alguns exemplos típicos de enquadramento da presente norma nos casos de pagamentos de diárias sem a existência de dotação específica ou de qualquer outra despesa que não disponha de disponibilidade ou previsão orçamentária.

A Lei de Responsabilidade Fiscal estipula no seu art. 15 que "*serão consideradas não autorizadas, irregulares e lesivas ao patrimônio público a geração de despesa ou assunção de obrigação que não atendam o disposto nos arts. 16 e 17*". Estes dispositivos versam sobre requisitos e condições para criação, expansão ou aperfeiçoamento de ação governamental que acarrete aumento de despesa e de despesas obrigatórias de caráter continuado.

No seu art. 21, a Lei de Responsabilidade Fiscal considera "é nulo de pleno direito o ato que provoque aumento de despesa com pessoal" e estabelece as vinculações legais que alcançam este dispositivo, dentre os quais, os limites fixados pelo art. 19, bem como, o previsto no art. 20, que veda o aumento de gastos com pessoal nos últimos 180 (cento e oitenta) dias anteriores ao final do mandato do titular do respectivo Poder ou órgão público.

10.4.2. Tipo subjetivo

É o dolo genérico, representado pela vontade livre e consciente de incorrer na conduta antijurídica, visto que é conhecedor da realização da despesa pública em confronto com o ordenamento jurídico, mas assume o risco do resultado ao autorizar despesa legitimamente ilegal.

10.4.3. Consumação

Cuida-se de crime formal, não se tornando necessária a produção do resultado naturalístico. Basta autorizar despesa não prevista nas rubricas orçamentárias ou que tenham vedação legal, como estabelecidas e normatizadas pela Lei de Responsabilidade Fiscal para o aperfeiçoamento da conduta típica.

A norma de conduta não menciona a necessidade de que haja desequilíbrio fiscal ou das contas públicas, expressa o seu comando, apenas, que a despesa seja ilegal.

NOTA!

- **Ação penal:** Pública incondicionada.
- **Sujeito ativo:** A autoridade pública competente para ordenar despesa pública.
- **Forma tentada:** Admissível.
- **Substituição da pena:** Admissível privativa de liberdade por restritiva de direitos (art. 44, CP).
- **Sursis:** Possibilidade, a depender da dosimetria da pena (art. 77, CP)

CASOS TÍPICOS

- A aprovação das contas objeto do caso em apreço pelo Tribunal de Contas do Distrito Federal não influi no deslinde do processo criminal que visa apurar os mesmos fatos, em razão da independência das esferas civil, administrativa e penal. Deve ser mantida a condenação pela prática dos crimes previstos no artigo 359-D, do Código Penal, pois restou configurado que as despesas ordenadas pelos apelantes, listadas na denúncia, não foram previamente autorizadas por lei, violando o artigo 26 da Lei de Responsabilidade Fiscal. Com efeito, as despesas da CODEPLAN, que foram arcadas pelo Distrito Federal, por meio da Secretaria de Fazenda, são despesas operacionais, previsíveis, não autorizando o repasse das verbas, sobretudo diante da inexistência de lei específica e de dotação orçamentária própria. O crime previsto no artigo 359-D do Código Penal, de ordenação de despesa não autorizada por lei, é próprio, exigindo sujeito qualificado, de modo que somente pode ser praticado por quem ocupe o cargo competente para tanto. Assim, a agravante do artigo 61, inciso II, alínea g, do Código Penal, que exaspera a pena quando o delito for praticado com abuso de poder ou violação de dever inerente a cargo, já integra o tipo penal, constituindo *bis in idem*. (TJ-DF – APR: 20070110251299 DF 0056251-25.2007.8.07.0001, Relator: JOÃO TIMÓTEO DE OLIVEIRA, Data de Julgamento: 10/02/2011, 2ª Turma Criminal, Data de Publicação: Publicado no DJE: 03/12/2014 . Pág.: 132)

- Ocorrência de resultado naturalístico para sua configuração. Correta se revela a condenação pela prática do crime capitulado no artigo 359-D do Código Penal, ante a certeza de que as despesas ordenadas pelo apelante e seus comparsas não foram previamente autorizadas por lei. A ordenação de pagamento por serviços supostamente prestados pelo ICS – Instituto Candango de Solidariedade à Novacap, sem dotação orçamentária específica ou previsão no programa de trabalho, configura o delito referido. Não socorre ao apelante a afirmação de que apenas cumpria ordens superiores, pois ninguém é obrigado a obedecer à ordem manifestamente ilegal. (TJ-DF – APR: 846044120088070001 DF 0084604-41.2008.807.0001, Relator: HUMBERTO ADJUTO ULHÔA, Data de Julgamento: 17/05/2012, 3ª Turma Criminal, Data de Publicação: 24/05/2012, DJ-e Pág. 230)

CASOS ATÍPICOS

- Denúncia oferecida objetivando a condenação dos acusados pelos crimes tipificados nos artigos 299 e 359-D do Código Eleitoral, tendo em vista a emissão pelos denunciados, à época prefeito e secretários municipais, de vales para serem trocados por eleitores em supermercados do município. Ausente a caracterização do especial fim de agir na conduta descrita nos autos, não se reconhece sua tipicidade, razão pela qual se afasta a prática do crime tipificado no artigo 299 do Código Eleitoral por parte dos acusados. De igual modo, a emissão dos referidos vales para pessoas carentes não se tratou de ordenação de despesa não autorizada por lei, mas de ordenação irregular – uma vez que supostamente o ato administrativo ordenador continha falhas – de despesa autorizada por lei. Julgamento improcedente da pretensão punitiva estatal deduzida na denúncia para absolver os acusados dos crimes tipificados nos artigos 299 do Código Eleitoral e 359-D do Código Penal. (TRE-RN – APN: 22 RN, Relator: MARCO BRUNO MIRANDA CLEMENTINO, Data de Julgamento: 18/05/2010, Data de Publicação: DJE – Diário de justiça eletrônico, Data 25/5/2010, Página 4 e 5)

- O art 359-D do Código Penal, segundo o qual é crime "ordenar despesa não autorizada por lei", consiste em norma penal em branco, uma vez que o rol das despesas permitidas e das não-autorizadas se dá por acréscimo de normas legais diversas. 2. Atribuída ao réu a conduta de, na condição de Prefeito Municipal, ter ordenado despesa não autorizada por lei, por utilizar verbas públicas federal (provenientes do PETI e PAC) para efetuar pagamentos sem comprovação do fornecimento das mercadorias. 3. Materialidade e autoria demonstradas pela prova dos autos, em especial pela prova oral, que evidenciou que o réu assinou os cheques para que fosse efetuado o pagamento, sem que houvesse a demonstração do recebimento das mercadorias pela Administração. 4. Inexistindo prova do dolo, ou seja, da vontade deliberada e consciente do agente de ordenar despesa não autorizada por lei, é devida sua absolvição. (TRF-4 – ACR: 241 SC 2007.72.12.000241-4, Relator: NÉFI CORDEIRO, Data de Julgamento: 13/04/2010, SÉTIMA TURMA, Data de Publicação: D.E. 22/04/2010)

- O art. 359-D, segundo o qual é crime "ordenar despesa não autorizada por lei", consiste em norma penal em branco, uma vez que o rol das despesas permitidas e das não-autorizadas haverá de constar de outros textos legais, entre os quais, por exemplo, o da Lei de Responsabilidade Fiscal (Lei Complementar nº 101/00). 3. Se, na peça acusatória, inexiste referência à norma integradora, falha é a denúncia. 4. Ademais, quando devidamente explicável a despesa, deslegitima-se a possibilidade de punição da conduta ao menos no âmbito penal. A inexistência de autorização de despesa em lei constitui, tão-somente, indício de irregularidade. Para se criminalizar a conduta, é necessária a existência de lesão não-justificada ao bem jurídico, isto é, às finanças públicas, o que, no caso, não ocorreu. O fato narrado evidentemente não constitui crime. 5. Denúncia rejeitada. (STJ – Apn: 389 ES 2004/0029317-3, Relator: Ministro NILSON NAVES, Data de Julgamento: 15/03/2006, CE – CORTE ESPECIAL, Data de Publicação: DJ 21/08/2006 p. 215)

10.5. Prestação de garantia graciosa

> **Art. 359-E.** Prestar garantia em operação de crédito sem que tenha sido constituída contragarantia em valor igual ou superior ao valor da garantia prestada, na forma da lei:
>
> Pena – detenção, de 3 (três) meses a 1 (um) ano.

10.5.1. Tipo objetivo

O núcleo do tipo é prestar (conceder, atender, acatar) operação de crédito sem tenha sido constituída contragarantia em valor igual ou superior ao valor da garantia prestada, nos exatos termos estabelecido pela lei. A constituição desta contragarantia eficaz, sólida e capaz de afastar riscos de danos ao erário é uma proteção ao patrimônio público.

Operação de crédito significa compromisso financeiro assumido em razão de mútuo, abertura de crédito, emissão e aceite de título, aquisição financiada de bens, recebimento antecipado de valores provenientes da venda a termo de bens e serviços, arrendamento mercantil e outras operações assemelhadas, inclusive com o uso de derivativos financeiros. Equipara-se à operação de crédito a assunção, o reconhecimento ou a confissão de dívidas.

Cuida-se de crime próprio, porque somente a autoridade competente que detenha responsabilidade para a prestação da garantia é o responsável, que deverá ser o ordenador de despesa e outros agentes cuja norma exige que subscrevam atos administrativos dessa natureza.

10.5.2. Tipo subjetivo

É o dolo, representado pela vontade livre e consciente de incorrer na conduta antijurídica, visto que é conhecedor da ilicitude da operação de crédito pela ausência de garantia efetiva e idônea, mas assume o risco do resultado ao formalizar o ato administrativo.

10.5.3. Consumação

A conduta deste tipo não necessita do resultado naturalístico para sua consumação, que se opera com a formalização da operação de crédito.

Com efeito, a consumação estará aperfeiçoada no momento de formalização do ato de operação de crédito em que não conste a garantia indispensável a segurança da integralidade do patrimônio público, pois se tiver ficada a evidência de dano ou perigo de dano, estará o delito reunido todas condições de sua configuração.

O tipo aqui descrito é ato privativo de autoridades do Poder Executivo, conquanto os demais Poderes não dispõe de atribuições constitucionais para a celebração de operações de crédito.

NOTA!

- **Ação penal:** Pública incondicionada.
- **Sujeito ativo:** A autoridade pública competente para ordenar despesa pública.
- **Forma tentada:** Admissível.
- **Competência para processar e julgar:** Juizado Especial Criminal (art. 61, Lei 9.099/1995)..
- **Suspensão condicional do processo:** Admissível (art. 89, Lei 9.099/1995).

10.6. Não cancelamento de restos a pagar

Art. 359-F. Deixar de ordenar, de autorizar ou de promover o cancelamento do montante de restos a pagar inscrito em valor superior ao permitido em lei:

Pena – detenção, de 6 (seis) meses a 2 (dois) anos.

10.6.1. Tipo Objetivo

A conduta incriminadora é o agente público com atribuições de ordenar despesas públicas deixar de ordenar, autorizar ou promover o cancelamento de valores que constituem a rubrica orçamentária de restos a pagar inscritos em valor superior ao fixado pela lei orçamentária.

É a hipótese em que o gestor público não promove a anulação das despesas inseridas em restos a pagar desprovidas de lastro orçamentário suficiente para seus empenhamentos. Não há na administração pública cheque especial, o administrador só pode autorizar despesas no limite da disponibilidade orçamentária e financeira.

10.6.2. Tipo subjetivo

É o dolo, representado pela vontade livre e consciente de incorrer na conduta antijurídica, visto que é conhecedor da incapacidade orçamentária para realização da despesa pública, mas assume o risco do resultado ao ser omisso no seu cancelamento na rubrica de restos a pagar.

10.6.3. Consumação

A Lei de Responsabilidade Fiscal (art. 42) veda a realização de despesas que não possam ser cumpridas ou pagas integralmente dentro dos dois últimos quadrimestres do final do mandato ou gestão, ou ainda, que restando para o exercício seguinte não haja disponibilidade financeira.

Desta forma, os encargos e despesas públicas devem ser pagas até o final do exercício referido, ou que ficando em restos a pagar, ocorra disponibilidade orçamentária e financeira.

Assim sendo, a conduta delituosa descrita neste dispositivo estará configurada se até o final do exercício não houver sido feito o cancelamento de despesas que excedam o limite orçamentário e financeiro que estão registrados em restos a pagar.

NOTA!

- **Ação penal:** Pública incondicionada.
- **Sujeito ativo:** A autoridade pública competente para ordenar despesa pública.
- **Forma tentada:** Inadmissível.
- **Competência para processar e julgar:** Juizado Especial Criminal (art. 61, Lei 9.099/1995).
- **Suspensão condicional do processo:** Admissível (art. 89, Lei 9.099/1995).

10.7. Aumento de despesa total com pessoal no último ano do mandato ou legislatura

> **Art. 359-G.** Ordenar, autorizar ou executar ato que acarrete aumento de despesa total com pessoal, nos cento e oitenta dias anteriores ao final do mandato ou da legislatura:
>
> Pena – reclusão, de 1 (um) a 4 (quatro) anos.

10.7.1. Tipo objetivo

A conduta típica consiste em qualquer ato administrativo que importe em aumento de despesa com pessoal nos cento e oitenta dias anteriores ao final do mandado ou da legislatura do agente público responsável de qualquer dos Poderes ou entidades públicas.

A ilicitude reside no ato voluntário que acresça ou incremente valores na folha de pessoal da respectiva entidade ou órgão pública, excetuando aquelas previstas em leis anteriores ao período, tais como promoção, adicionais ou premiação de carreira.

A norma penaliza o agente público que, ao apagar das luzes de sua gestão, concede benefícios por iniciativa própria ou decorrente de norma incompatível com a Lei de Responsabilidade Fiscal, que resulte em encargos financeiros para o sucessor na administração pública.

Essa violação penal fica ainda mais evidente quando é necessária a edição de ato normativo remanejando ou suplementando dotações orçamentárias para enquadrar as despesas dentro desses limites, visto que o limite orçamentário é o fixador do tamanho da despesa pública.

Convém ressaltar que a Lei de Responsabilidade Fiscal (art. 18) define como despesa total com pessoal: o somatório dos gastos do ente da Federação com os ativos, os inativos e os pensionistas, relativos a mandatos eletivos, cargos, funções ou empregos, civis, militares e de membros de Poder, com quaisquer espécies remuneratórias, tais como vencimentos e vantagens, fixas e variáveis, subsídios, proventos da aposentadoria, reformas e pensões, inclusive adicionais, gratificações, horas extras e vantagens pessoais de qualquer natureza, bem como encargos sociais e contribuições recolhidas pelo ente às entidades de previdência.

A aludida norma complementar à Constituição Federal estabeleceu que os gastos com despesas de pessoal estão limitados aos seguintes percentuais da receita corrente líquida: União, 50%; Estados e Município, 60%.

Na esfera federal, a repartição dos valores globais são: a) 2,5% (dois inteiros e cinco décimos por cento) para o Legislativo, incluído o Tribunal de Contas da União; b) 6% (seis por cento) para o Judiciário; c) 40,9% (quarenta inteiros e nove décimos por cento) para o Executivo, e d) 0,6% (seis décimos por cento) para o Ministério Público da União;

No âmbito estadual essa partilha ficou assim: a) 3% (três por cento) para o Legislativo, incluído o Tribunal de Contas do Estado; b) 6% (seis por cento) para o Judiciário; c) 49% (quarenta e nove por cento) para o Executivo; e d) 2% (dois por cento) para o Ministério Público dos Estados;

Na esfera municipal: a) 6% (seis por cento) para o Legislativo, incluído o Tribunal de Contas do Município, quando houver; b) 54% (cinquenta e quatro por cento) para o Executivo.

A responsabilidade penal abrange o gestor que incrementar, adicionar ou aumentar a despesa com pessoal, como também aquele que ao final do seu período administrativo ultrapassar os limites de gastos com folha de pagamento ou pessoal fixados na forma acima exposta, ou seja, violar os limites de despesa com pessoal estabelecidos pelo art. 20 da Lei de Responsabilidade Fiscal.

10.7.2. Tipo subjetivo

É o dolo, representado pela vontade livre e consciente de incorrer na conduta antijurídica, pois agindo de maneira voluntária acresce, aumenta ou insere despesas indevidas na folha de pessoal do órgão ou entidade pública. É um ato consciente porquanto ninguém pode desconhecer a lei, muito menos um gestor público.

O gesto de autorizar ou mandar inserir nas despesas de pessoal no período proibitivo que coincide com o final de sua administração, o agente público age de forma consciente e vontade deliberada de atentar contra à lei.

Essa atitude é inerente ao espírito doloso de produzir encargos ou ônus a administração futura, mesmo que tenha de afrontar de forma proposital a lei vedadora dessa conduta.

10.7.3. Consumação

A consumação estará operada quando do aumento da despesa de pessoal do órgão ou entidade pública no período proibitivo que antecede o término do mandato ou legislatura o agente público responsável que autorizou acréscimos na folha de pagamento.

O momento de apuração do delito é no início da gestão sucessora quando for possível fazer o comparativo do valor global das despesas de pessoal entre o sétimo mês anterior a fase vedada e o valor dessas despesas nos mês subsequente ao término do referido período, assim como os atos normativos publicados ou não que materializaram o aumento naquele período vedado.

NOTA!

- **Ação penal:** Pública incondicionada.
- **Sujeito ativo:** A autoridade pública competente para ordenar despesa pública.
- **Forma tentada:** Inadmissível.
- **Substituição da pena:** Admissível privativa de liberdade por restritiva de direitos (art. 44, CP).
- **Sursis:** Possibilidade, a depender da dosimetria da pena (art. 77, CP)

CASOS TÍPICOS

- "O art. 21, parágrafo único, da Lei de Responsabilidade fiscal é categórico ao dispor que "é nulo de pleno direito o ato de que resulte aumento da despesa com pessoal expedido nos cento e oitenta dias anteriores ao final do mandato do titular do respectivo Poder ou órgão referido no art. 20". Assim, desrespeitado o preceito acima referido, deve ser confirmada a liminar que determinou a suspensão do ato, tanto mais porque implica em dispêndio de patrimônio público cuja reversão é sempre difícil". (TJMG - Agravo de Instrumento-Cv 1.0443.13.002631-5/001, Relator(a): Des.(a) Antônio Sérvulo , 6ª CÂMARA CÍVEL, julgamento em 04/02/2014, publicação da súmula em 18/02/2014)

- "A EC nº 25, de 2000 que alterou o art. 29, inciso VI, da CR/88, estabeleceu que subsídio dos Vereadores, para a legislatura seguinte, será fixado pelas respectivas Câmaras Municipais, mediante resolução, não havendo necessidade de lei específica, observado o princípio da anterioridade. Consoante o parágrafo único, do art. 21, da Lei de Responsabilidade Fiscal, nos últimos 180 dias do último ano do mandato do titular do Poder Legislativo, nenhum ato que aumente a despesa com pessoal poderá ser expedido, sob pena de nulidade. Agindo os representantes do Poder Legislativo em desconformidade com o parágrafo único do art. 21, da LRF e do interesse público, devem estes restituir aos cofres públicos as diferenças recebidas indevidamente a título de subsídios, sob pena de enriquecimento ilícito, não havendo necessidade de se perquirir quanto a boa-fé dos agentes políticos". (TJMG - Apelação Cível 1.0708.09.030938-4/004, Relator(a): Des.(a) Washington Ferreira, 7ª CÂMARA CÍVEL, julgamento em 25/06/2013, publicação da súmula em 01/07/2013)
- "Nos termos do art. 21, parágrafo único da Lei de Responsabilidade Fiscal, "é nulo de pleno direito o ato de que resulte aumento da despesa com pessoal expedido nos cento e oitenta dias anteriores ao final do mandato do titular do respectivo Poder ou órgão referido no art. 20. "Presentes os requisitos do art. 273 do CPC, a antecipação de tutela é medida que se impõe. Recuso não provido". (TJMG - Agravo de Instrumento-Cv 1.0708.09.030938-4/001, Relator(a): Des.(a) Heloisa Combat, 7ª CÂMARA CÍVEL, julgamento em 26/10/2010, publicação da súmula em 17/11/2010)
- "O vereador que, cento e oitenta dias antes do término do mandato, aprova leis que aumentam despesas com pessoal, pratica, em tese, a conduta capitulada no artigo 359-G do Código Penal, pois prejudica o próximo governante que deverá arcar com o aumento das despesas de pessoal, motivo pelo qual pode ser investigado pela prática de tal ato, não havendo falar em falta de justa causa para a instauração do inquérito policial". (TJMS - HC Rel. Des. Carlos Stephanini. DJ nº 1050, 23/05/2005)

CASOS ATÍPICOS

- Revisão criminal - Aumento de subsídios nos 180 (cento e oitenta) dias que antecedem o final da legislatura (art. 359-G do CP)- Sentença condenatória - pretendida absolvição - imunidade material - prerrogativa que não alcança a suposta prática de crimes contra as finanças públicas – atipicidade da conduta – verificada – indemonstrada – ausência de documentos que comprovem que o ato tenha implicado aumento de despesa total com pessoal – absolvição decretada – extensão dos efeitos aos corréus – art. 580 do CPP – revisão deferida. (TJ-MS, Relator: Des. Francisco Gerardo de Sousa, Data de Julgamento: 29/05/2012, Seção Criminal)

10.8. Oferta pública ou colocação de títulos no mercado

Art. 359-H. Ordenar, autorizar ou promover a oferta pública ou a colocação no mercado financeiro de títulos da dívida pública sem que tenham sido criados por lei ou sem que estejam registrados em sistema centralizado de liquidação e de custódia:

Pena – reclusão, de 1 (um) a 4 (quatro) anos.

10.8.1. Tipo objetivo

A conduta incriminadora descrita por este dispositivo é a colocação de título da dívida pública sem a observância das formalidades legais para sua eficácia, validade e correspondência financeiras. A norma reprova a conduta de colocação de títulos no mercado de capitais sem que tenham sido criados por lei ou sem que estejam registrados em sistema centralizado de liquidação e custódia.

Desta maneira, a atitude do agente público ordenar, autorizar ou promover a oferta pública no mercado financeiro de títulos que não tenham sido criados por lei e sem o respectivo registro no sistema centralizado de liquidação e de custódia, se enquadra no tipo descrito por este dispositivo penal.

Título da dívida pública são os títulos emitidos pelo Estado (União, Estados ou municípios) ofertados no mercado financeiro para levantar dinheiro mediante empréstimos ou antecipação de receitas, na forma e condições fixados pela legislação de regência, podem ser resgatados dentro de um prazo estipulado.

Os títulos da dívida pública podem se classificar nas modalidades de apólices, obrigações do tesouro e de bônus, que constituem os fundos públicos.

A imprescindibilidade da criação dos títulos públicos por lei e o respectivo registro, é uma garantia de proteção ao patrimônio público.

10.8.2. Tipo subjetivo

É o dolo representado pela vontade livre e consciente de incorrer na conduta antijurídica, não se exigindo o elemento subjetivo do tipo específico. Aqui o agente realiza os atos ofertando os títulos da dívida pública em frontal desrespeito a lei e as suas formalidades.

10.8.3. Consumação

A consumação estará operada no momento em que é colocado no mercado financeiros os títulos da dívida pública que não foram criados por lei e nem registrado no órgão competente.

NOTA!

- **Ação penal:** Pública incondicionada.
- **Sujeito ativo:** A autoridade pública competente para ordenar a oferta dos títulos no mercado financeiro.
- **Forma tentada:** Inadmissível.
- **Substituição da pena:** Admissível privativa de liberdade por restritiva de direitos (art. 44, CP).
- **Sursis:** Possibilidade, a depender da dosimetria da pena (art. 77, CP)

Capítulo V

Sumário • 11. Dos crimes contra licitação: **11.1**. Conceito; **11.2**. O princípio da padronização; **11.3**. A vigência dos contratos; **11.4**. A alteração dos contratos; **11.5**. Da subcontratação; **11.6**. Da cessão do contrato licitado; **11.7**. Da suspensão dos contratos; **11.8**. Dispensa ou inexigibilidade indevida de licitação; **11.9**. Beneficiário da contratação direta; **11.10**. Frustrar ou fraudar licitação; **11.11**. Patrocínio de interesse privado perante a Administração; **11.12**. Ajuste, vantagem ou prorrogação indevida de contratos; **11.13**. Impedir ou fraudar ato licitatório; **11.14**. Devassar o sigilo de proposta licitatória; **11.15**. Uso da violência para afastar licitante; **11.16**. Fraude em licitação com prejuízo da Fazenda Pública; **11.17**. Contratação com pessoa declarada inidônea; **11.18**. Dificultar ou alterar registros cadastrais; **11.19**. Valor unitário da multa; **11.20**. Do Processo e do Procedimento Judicial.

11. DOS CRIMES CONTRA LICITAÇÃO

11.1. Conceito

Licitação significa o ato de licitar ou fazer preço sobre a coisa posta em leilão ou a venda, ou para a compra de bens ou contratação de serviços para a administração pública, que busca, assim, a melhor proposta ou a oferta de preço.

Com esse procedimento, a administração pública pretende a oferta do preço mais vantajoso ou menor na aquisição ou contratação, e o maior preço ofertando algum de seus bens ou concessão de outorga de serviços públicos para o particular.

De forma que a licitação exprime o ato administrativo complexo nas modalidades de concorrência, tomada de preços, convite, concurso ou leilão, para compra de bens, contratação de serviços, alienação de bens públicos, concessão de direito real de uso ou de serviço ou de obra pública, considerando a qualidade, rendimento, preço, prazo e demais condições do edital.

Com efeito, é o procedimento licitatório pela sua natureza competitiva o instrumento legal que dispõe a administração pública para obter negócios mais vantajosos para qualificar as despesas públicas no sentido de otimizar os recursos financeiros do erário.

11.2. O princípio da padronização

Além da eventualidade da dispensa ou a inexigibilidade de licitação, impõe-se assinalar a relevância da regra da padronização, inferida nos arts. 11 e 15 da supramencionada norma especializada.

O comando do art. 15, no que se refere às compras, diz que "*sempre que possível, deverão: I – atender ao princípio da padronização*".

A padronização é uma regra preconizada pelo postulado da produção em escala industrial com a consequente redução de custos operacionais onde ganham contornos de relevância a garantia oferecida do produto, a assistência técnica, condições de manutenção e a sua idoneidade, além do que possibilita a cultuação da imagem agradável pela estética e uniformização de produtos, marcas ou serviços.

A preservação da padronização de bens ou produtos é a invocação dos princípios norteadores da administração da eficiência e da economicidade para homenagear a defesa dos interesses salutares da coisa pública.

A padronização é a fórmula imposta pela lei como prescreve o inc. I do art. 15. A sua não utilização do projeto-padrão é exceção.

A confusão entre padronização e preferência por marca não afasta a legalidade do procedimento adotado, porquanto caberá à administração a escolha de uma "marca" determinada que será utilizada, posteriormente, para identificar os objetos que serão contratados.

O óbice legal é a predileção subjetiva e arbitrária por um produto, assentada exclusivamente numa delimitada marca.

Há de se considerar o contexto patrimonial existente na entidade pública pretendedora de efetuar novas aquisições de produtos que predominam no seu acervo, de modo a estender a unificação de modelos ou padrões já preexistentes.

A condição essencial para a adoção da padronização é reunir as condições que motivem a continuidade de produtos, que justifique a escolha a ser adotada, porquanto a marca é apenas o meio pelo qual se individualiza a coisa que se escolheu.

Não há, pois, empeço à compra direta de marca qualificada de necessária para prosseguir no projeto de padronização de bens ou produtos em razão de condições específicas de uma marca já identificada com o conjunto deles.

Essa é a orientação doutrinária; *verbis*:

A padronização é regra. No caso, a Administração deverá ter em vista aquisições passadas e futuras. A padronização aplica-se não apenas a uma compra específica, especialmente quando se trata de bem de vida útil continuada. Ao selecionar o fornecedor para produtos não consumíveis, a Administração deverá ter em vista produtos semelhantes que já integram o patrimônio público, como também deverá prever eventuais futuras aquisições[2].

E arremata: "*a padronização dos equipamentos, materiais e gêneros, pela administração pública, pode constituir-se num meio eficaz de racionalização de custos operacionais e de manutenção desde que criteriosamente utilizada*".

O renomado prof. Marçal Justen Filho preleciona que "*A padronização pode resultar na seleção de um produto identificável através de uma marca*"[3].

Com efeito, "*o resultado será a escolha pela Administração de uma 'marca' determinada, a qual será utilizada posteriormente para identificar os objetos que serão contratados. Isso não se traduz em qualquer tipo de atuação reprovável, não infringe a Constituição nem viola a Lei 8.666/93*"[4].

Portanto, conclui o eminente jurista, *verbis*: "*Não há infringência quando se elege um produto (serviços etc.) em virtude de qualidades específicas, utilizando sua marca apenas como instrumento de identificação. No caso, não há preferência pela marca, mas pelo objeto*"[5].

11.3. A vigência dos contratos

A Lei Federal 8.666/93, no seu art. 57, § 3º "*veda o contrato por prazo indeterminado*", isso porque, no contrato administrativo, o fato de o regime ser de direito público exclui qualquer outro; apenas em caráter supletivo (omisso o direito administrativo positivo) será possível recorrer-se, na interpretação e na execução de suas cláusulas, ao direito privado[6].

O art. 57 da Lei das Licitações prescreve que "*a duração dos contratos regidos por esta Lei ficará adstrita a vigência dos respectivos créditos orçamentários*", ressalvando o plano plurianual, desde que tenha sido previsto no ato convocatório.

No que se refere à prorrogação de contrato, o Tribunal de Contas do Estado do Rio de Janeiro, apreciando o Processo 115.085-3/93, decidiu que "*os contratos,*

2. Citadini, Antônio Roque. **Comentários e Jurisprudência sobre a Lei de Licitações Públicas**, p. 103.
3. JUSTEN FILHO, Marçal. **Comentários à Lei de Licitações e Contratos Administrativos**. 9. ed. São Paulo: Dialética, 2002. p. 151.
4. JUSTEN FILHO, Marçal. **Comentários à Lei de Licitações e Contratos Administrativos**, p. 151.
5. JUSTEN FILHO, Marçal. **Comentários à Lei de Licitações e Contratos Administrativos**, p. 152.
6. Doutrina de Pereira Júnior, Jessê Torres. *In:* **Comentários à Lei das Licitações e Contratações da Administração Pública**. 2. ed. São Paulo: Renovar, p. 555.

como regra geral, são improrrogáveis", podendo ser estendidos "*apenas para a complementação dos 12 (doze) meses*", conforme consta na p. 591 da citada obra.

A propósito, o Tribunal de Contas da União já decidiu:

> "não se aceita prorrogação tácita na Administração Pública, uma vez que isto implica... contrato verbal, que... é nulo de pleno direito..., expressamente vedado pelo art. 60, parágrafo único, da Lei 8.666/93". (TCU - Decisão 344/95 - Plenário - Rel. Min. Adhemar Paladini Ghisi - DOU de 07.08.1995 - p. 11.830-11.831)

11.4. A alteração dos contratos

O art. 65 da Lei de Licitação, no seu inc. II, § 1º, estabelece que "*nas obras, serviços ou compras, os acréscimos dos valores contratuais poderão ser aditados até o limite de 25% (vinte e cinco por cento) do valor do contrato, de modo que descabe a celebração de aditivos contratuais que superem esse percentual fixado no aludido dispositivo*".

11.5. Da subcontratação

O art. 72 da Lei de Licitação outorga a liberalidade para a realização de subcontratação de partes da obra, mas até o limite admitido, em cada caso, pela administração.

Doutrina o autor da obra citada, nas fls. 700, que "é absolutamente proibida, em qualquer circunstância, a subcontratação da totalidade do objeto do contrato" e "*omisso o ato convocatório ou o contrato (este, se não houve licitação), deve entender-se que a subcontratação será ilegal, se ocorrer*".

Isso porque desatenderia ao preceituado pelo art. 37, XXI, da Constituição Federal e pelo art. 30 da Lei de Licitação, conquanto cabe à contratada demonstrar, ainda como licitante, na fase preliminar, sua qualificação técnica, e não, a de terceiro à sua escolha, afirma o conceituado jurista, na p. 699.

O mencionado e renomado especialista em assuntos licitatórios afirma que, "*se a subcontratação não estivesse vedada como regra, abrir-se-ia espaçoso descaminho para burlar tal norma*".

11.6. Da cessão do contrato licitado

A cessão ou transferência de contrato licitado fere o princípio ou regra jurídica e daria continuidade à execução do contrato, tendo em vista que o art. 37, XXI, da Carta Magna exige da Administração o estabelecimento de garantias para o cumprimento das obrigações do contrato (vale dizer, execução) pela contratada e não por terceiro, estranho à relação contratual pública.

A natureza *intuitu personae* do contrato público associa-se aos princípios especiais que regem o dever geral de licitar (competividade, julgamento objetivo, adjudicação compulsória ao autor da proposta mais vantajosa, entre outros).

Isto posto, o art. 64, § 2º, da Lei 8.666/93, somente autoriza a administração contratar com outros licitantes remanescentes, na ordem de classificação, quando o licitante vencedor for convocado e não assinar o termo de contrato no prazo estipulado.

O famoso jurista citado preleciona:

> "na cessão de crédito, ao credor é facultado ceder o seu crédito "se a isso não se opuser a natureza da obrigação, a lei ou a convenção com o devedor" (CC, art. 1.065). Transplantando a hipótese para o regime jurídico dos contratos públicos constata-se que à cessão do contrato opõe-se à natureza intuitu personae dele, a lei e o contrato, este no caso concreto, não se contiver cláusula que a autorize".

Com efeito, constitui-se em ilicitude a outorga da cessão de contrato pela empresa vencedora da licitação em favor de outra, por conta da vedação pela de Lei de Licitação e pela natureza *intuitu personae* do regime jurídico atinente aos contratos administrativos.

11.7. Da suspensão dos contratos

O art. 78, XIV, da Lei de Licitação define como motivo para rescisão de contrato a suspensão de sua execução, por ordem escrita da administração, por prazo superior a 120 (cento e vinte dias), estes ininterruptos ou intercalados.

Assim sendo, a execução contratual suspensa por período superior a cento e vinte dias autoriza a rescisão do mesmo.

11.8. Dispensa ou inexigibilidade indevida de licitação

> **Art. 89.** Dispensar ou inexigir licitação fora das hipóteses previstas em lei, ou deixar de observar as formalidades pertinentes à dispensa ou à inexigibilidade:
>
> Pena – detenção, de 3 (três) a 5 (cinco) anos, e multa.
>
> Parágrafo único. Na mesma pena incorre aquele que, tendo comprovadamente concorrido para a consumação da ilegalidade, beneficiou-se da dispensa ou inexigibilidade ilegal, para celebrar contrato com o Poder Público.

11.8.1. Dispensa de licitação gera presunção de lesividade

A responsabilidade patrimonial decorrente da conduta do agente público que dispensa licitação de forma indevida, sem a observância das cautelas e formalidades legais, e que não demonstra a inexistência de prejuízo para a administração pública, ou ainda, a comprovação de que foi um negócio vantajoso, importa na presunção de lesividade ao erário.

Essa conclusão resulta do princípio da indisponibilidade do interesse público na exigibilidade do procedimento licitatório, quando a Lei de Licitação (art. 2º) estabelece que as contratações com a Administração Pública *"serão necessariamente precedidas de licitação"* e o art. 3º que *"a licitação destina-se a garantir a isonomia dos concorrentes e selecionar a proposta mais vantajosa para a Administração"*.

Com efeito, evidenciado que o ato antecedente de esbulho do procedimento licitatório, a sua dispensa indevida ou inexigibilidade, resultou na transação direta, estará presumido o dano ao erário.

Deve-se atentar que a Lei da Ação Popular, uma das normas integrantes do microssistema coletivo de tutela coletiva, preceitua no seu art. 4º diversas situações de dano presumido ao tesouro público, cujas suposições foram preestabelecidas por expressa disposição normativa.

Essa aplicação analógica ganha contorno de relevância quando o art. 2º, "c" da aludida norma *"reputa como nulo e lesivo ao patrimônio público, o ato administrativo que contenha ilegalidade de seu objeto"*.

A violação ao princípio da isonomia elimina o direito de outros concorrentes terem acesso à contratação firmada, e afronta ao princípio da impessoalidade, diante da escolha preferencial de um destinatário da conveniência do agente público responsável para favorecer o escolhido com o uso de dinheiro público.

O dano ao patrimônio público, diante da negação do direito à contratação com prévia realização do procedimento licitatório, só pode ser refutado se demonstrado, no processo administrativo, que houve vantajosidade para a Entidade Pública.

Assim, é preciso demonstrar, formalmente, que houve vantagem, e não prejuízo com a dispensa da licitação.

Note-se, que a lesividade decorre da ilegalidade perpetrada pela manifesta consciência da conduta contrária ao direito. Nesse sentido: "*Na maioria das vezes, essa lesividade decorre da própria ilegalidade do ato praticado*" (RE n.º 160.381-SP, 2ª T., STF, v.u., j. 29.03.94, Rel. Min. Marco Aurélio, *DJU* 12.08.1994, p. 20.052).

No magistério de Sérgio Ferraz e Lúcia Figueiredo:

> "quem gastar em desacordo com a Lei, há de fazê-lo por sua conta, risco e perigo. Pois, impugnada a despesa, a quantia gasta irregularmente terá de retornar ao erário público. Não caberá a invocação, assaz de vezes realizada, de enriquecimento da Administração. Ter-se-ia, consoante essa linha de argumentação, beneficiado com a obra, serviço e fornecimento, e, ainda mais, com o recolhimento do responsável ou responsáveis pela despesa considerada ilegal".

Deve-se observar que as hipóteses enumeradas pelo art. 24 desta norma, são taxativas, no que se refere as situações emergenciais que autorizam a dispensa de licitação.

A contratação emergencial deve ser manejada tão somente nos casos em que as circunstâncias a exigirem. Em alguns casos, embora a contratação seja necessária e imprescindível à continuidade do serviço, essa situação emergencial ou calamitosa deve ser legítima para autorizar a sua aplicação.

O que se vislumbra, na maioria dos casos, é a falta de planejamento ou desídia ostensiva do administrador em adotar providências tempestivas à vista da temerária contratação de serviços ou de aquisição de bens e/ou equipamentos.

Jesse Torres Pereira Junior ensina que a dispensa de licitação consiste em "*determinar que se faça a aquisição direta de bens, obras ou serviços, sem a realização do torneio, nos casos previstos no art. 24 da Lei*". Mas não é só, igualmente resta destacar que o art. 17 da Lei de Licitações também prevê hipóteses em que a licitação é dispensada. A doutrina entende que o rol descrito nos artigos 17 e 24 da Lei de Licitações é taxativo, de modo que não comporta o reconhecimento de discricionariedade ao administrador para fazer incluir outras hipóteses não descritas expressamente na lei.

Assim é que, o gestor excedendo da margem de permissibilidade discricionária para firmar contratação em situação não contemplada pelas exceções previstas na lei de regência, incorre em conduta que se enquadra neste tipo penal.

Ao manejar atos administrativos contrários à lei, o gestor comete ato de forma consciente e voluntária para incidir numa conduta de ilegalidade, implicando assim, na presença do dolo e dano ao erário.

11.8.2. Comprovação de ausência de prejuízo ou presença de vantagem para o erário

O procedimento de dispensa de licitação, que não traz a demonstração de que esta modalidade escolhida pela livre vontade do gestor foi um negócio vantajoso para a administração pública, pressupõe negócio desvantajoso para o erário, resultando em dano e caracteriza a ocorrência de dolo específico, que se constitui no interesse de direcionar para a empresa favorecida.

A lógica do certame licitatório é escolher a melhor proposta, ou a proposta mais vantajosa para contratação de serviços ou aquisição de bens ou produtos para a administração pública.

Com efeito, é poder-dever do gestor ao secundar esta modalidade exigida pela lei, comprovar que a opção por ele adotada é mais proveitosa e rendosa para o interesse administrativo. Mas se não o faz, assume e consente o risco de produzir o resultado desfavorável para a administração pública.

Se no processo de dispensa não ficar evidenciado vantajosidade para a administração pública, fica a presunção de que essa omissão restou em prejuízo para a gestão pública.

Essa demonstração de negócio vantajoso para o erário deve conter a exposição e justificação da realização de bom negócio ou ausência de perda para a administração pública, mediante a juntada de idêntica transação com a instrumentalização de notas de empenho ou notas fiscais, comprovando a vantajosidade de preço e qualidade.

Os documentos hábeis de prática de preços são cópia de empenho (órgãos públicos) e nota fiscal (empresas). Os órgãos públicos, também, possuem na sua central de compras um cadastro da prática de preços praticados pelo mercado.

O negócio mais proveitoso só se consegue mediante a competição de preços por intermédio da licitação; sem esta, é imprescindível que fique comprovada que a negociação foi uma alternativa positiva ao interesse da gestão pública.

Sem a prova de que se cuidou de um negócio profícuo, ou que não produziu agravo ao erário, depreende-se uma presunção de lesividade que está conceituada acima.

Essa velada suspeita ganha contornos materiais quando não há uma comprovação da idoneidade fiscal, financeira e a indicação de reputação de excelência da empresa escolhida para a realização dos serviços e/ou aquisição de bens ou equipamentos.

Sem a observância desses procedimentos, o que se prenuncia é dano ao erário. Porquanto, vê-se presente, com iluminada clareza, que além do dolo, há uma ação articulada com o propósito de direcionamento em benefício de terceiro, com reflexos financeiros onerosos em desfavor do erário.

O terceiro favorecido, com essa escolha pessoal do gestor, é a empresa contratada. Aqui está o dolo específico.

Pode-se assim, concluir que diante da indemonstração de vantagem para a administração pública e a escolha da empresa favorecida, este cenário importa em uma visível burla à Lei de Licitação.

11.8.3. Do dolo específico e do dano ao erário

Quando do acervo processual administrativo, que rotula a dispensa de licitação, desponta sua aplicação fora das hipóteses legais, devido a perceptível intenção de lesar o procedimento licitatório, vê-se o incremento na projeção de obtenção de vantagem em favor de terceiro, cuja circunstância importa em detrimento do interesse da coisa pública.

Esse cenário de repercussão gravosa ao patrimônio público se associa ao ato voluntário, consciente e com fins específicos de majorar o erário e favorecer a empresa escolhida, a destinatária do procedimento articulado.

Note-se, por oportuno, que ao preferir a empresa eleita, se atenta contra o princípio constitucional da impessoalidade, cuja significação veda a atuação com o intuito de prejudicar ou beneficiar pessoas determinadas.

Dolo é a vontade consciente de praticar a conduta típica acompanhada da consciência de que se realiza um ato ilícito. É a intenção delituosa ou de cometer uma ilicitude.

Como se vê, o dolo constitui uma das definições do elemento subjetivo que anima o agente.

O dolo direto é a vontade do agente dirigida especificamente à produção do resultado típico, abrangendo os meios utilizados para tanto.

Já o dolo específico, na lição de Francisco de Assis Toledo (Princípios Básicos de Direito Penal, Ed. Saraiva, 1992, pág. 154) identifica nos elementos subjetivos "*especiais motivos, tendências e intenções*", o que é reforçado pela lição de Fernando de Almeida Pedroso (Direito Penal, 2ª ed., Ed. Leud, 1997, p. 214), ao assim realçar:

> "Surge o dolo específico quando exija o tipo, como condição da própria tipicidade, que o agente realize a ação visando a uma determinada finalidade, diversa da vontade acrisolada à conduta. Desta sorte, no dolo específico observa-se o acréscimo de certa intenção à vontade genérica de realizar o comportamento incriminado. Há, portanto, explícita na estruturação típica do delito, uma intenção que se agrega e adiciona a outra, de cunho genérico, necessária para a constituição jurídica do crime. É a vontade que excede à do tipo, ampliando seu conteúdo subjetivo".

Vê-se, assim, que o dolo genérico é aquele em que a vontade do agente está dirigida à realização do tipo, sem objetivos excedentes.

Compreende-se, à clareza fática, que há influenciação, pela via da contratação direta ou dispensa indevida, na escolha de empresa contratada para esse fim, cujo objetivo não poderia ser alcançado se fosse observada a exigibilidade do procedimento licitatório.

Essa conclusão se reveste de robustez quando se verifica que a desídia, má gestão, inércia ou a falta de planejamento não se inserem no conceito de situação emergencial ou calamitosa a justificar uma contratação direta por dispensa de licitação.

E mais, restando que o gestor agiu com "*vontade livre e conscientemente dirigida a superar a necessidade de realização da licitação*", isto é, o dolo direto consubstanciado na "*vontade consciente e livre de contratar independentemente da realização de prévio procedimento licitatório*", eis que, como consequência de sua imprevidência administrativa, acabou por dispensar a licitação, diante da falta de tempo hábil para a conclusão do procedimento, ao fundamento de que se tratava de situação emergencial ou calamitosa, por exemplo.

Essa postura aclarada com o escuso objetivo de desviar, favorecer e obter vantagem indevida, em detrimento do erário e, em favor do particular, constitui-se no enquadramento do tipo descrito neste dispositivo.

O dolo específico é esta mesma vontade, mas acrescida de fim especial. Por outras palavras, seria a vontade complementar, ao depois, está dirigida à realização do tipo, mas tem outros objetivos que excedem a definição do ilícito.

Dano à administração pública é o empobrecimento do nível de riqueza ou valores estatais, provocando o seu desvio ou desperdício, ou ainda, concorrendo para o agregamento de valor de patrimônio ilícito de terceiro.

Depreende-se, assim, que basta a demonstração de resultado danoso e do nexo de causalidade entre ele e a conduta do gestor contrário à lei, ao direito ou a bens e valores tutelados, para se caracterizar o dolo, resultando, pois, o ato doloso, configurado quando o agente quis o resultado ou assumiu o risco de produzi-lo.

Desta forma, a atitude consciente do gestor de agir contrariamente à lei de licitação e assumindo o risco de um resultado danoso ao erário, age de forma dolosa, intencional e premeditada. Mais ainda, extremou seu comportamento ilícito ao escolher, livremente, a empresa a ser contratada, a beneficiária do contrato.

De modo que, perfaz-se da manifesta e concatenada articulação de atos e fatos, que a intenção primordial do gestor, com esse comportamento é alcançar o seu objetivo de escolher e contratar a empresa que atendia aos seus interesses; a escolhida.

Com efeito, a vontade complementar ou final, era pactuar com a empresa predileta de sua conveniência, porque sendo esta via de um custo maior, a diferença entre esta e o preço mais justo, em tese, favoreceu a terceira pessoa (empresa) ou a quem a esta transferir o *plus* financeiro do contrato.

Resta evidenciado, desta maneira, que o dolo específico está na contratação da empresa preferida, para que esta se beneficiasse, ou transferisse a terceiro oculto, o sobrepreço inflado no contrato, a título de vantagem indevida.

Cumpre esclarecer que o dolo é conceituado como representação mais vontade: representação do fato e a vontade de agir ou se omitir para alcançar o resultado previsto na norma.

Desta forma, o dolo deve ser entendido como a vontade na ação ou na omissão, quando esta era exigível. Não há a necessidade de demonstração de fim específico ilícito. A ilicitude resulta da própria ação contrária ao Direito, sendo certo que conduta que resulta em afronta à lei, à norma ou convênio, já implica em ilicitude ímproba, que se excede e se aperfeiçoa com o resultado danoso ao patrimônio público.

Com efeito, a dispensa indevida de procedimento licitatório contém as seguintes conclusões:

1) O dolo na conduta do gestor está demonstrado com sua ação voluntária contrária à lei de licitação;

- O gestor usou do meio (dispensa indevida) para alcançar o fim especial de contratar a empresa eleita por sua livre vontade, utilizando-se da condição de administrador público;

3) O gestor, nessas circunstâncias, tinha consciência da ilicitude e do dano que resultaria seu comportamento de gestor;

- O evidente encarecimento do preço contratado, ante a ausência de prova em contrário, indica que o favorecimento era para a empresa contratada ou terceira pessoa oculta.

11.8.4. Dispensa de licitação: crime formal ou de resultado

A respeito da natureza do crime de dispensa indevida de licitação descrita pelo art. 89 da Lei nº 8.666/93, há manifestações doutrinárias diversas para saber se cuida de um delito de natureza formal ou de resultado.

Na lição de Hely Lopes Meirelles o tipo descrito *"no caput do art. 89 o crime é formal, consumando-se com a mera dispensa ou inexigibilidade não autorizada pela lei"*.

Porém, o entendimento dominante no Superior Tribunal de Justiça é no sentido de que o crime do art. 89 da Lei 8.666, de 1993, somente é punível quando produz resultado danoso ao erário. (Apn 214/SP, Rel. Min. Luiz Fux, Corte Especial, julgado em 07/05/2008).

Convém, pois, dizer que o prejuízo suportado pelo erário está prenunciado diante da ausência de comprovação de que a via eleita foi a melhor opção de negócio para o Poder Público.

A influência do gestor em agir e decidir para que a empresa escolhida fosse a que lhe interessava, desde o início do procedimento inadequado adotado, revela o fim especial da sua intenção.

O cenário administrativo e jurídico proclamado se enquadra e, se ajusta simetricamente, na orientação jurisprudencial do STJ, senão vejamos:

> "A denúncia ofertada em desfavor do agravante, pela prática, em tese, dos crimes previstos no art. 1º, II, do Decreto-lei 201/1967, e art. 89 da Lei 8.666/1993, expõe os fatos de maneira circunstanciada, sendo que, em relação ao crime da Lei de Licitações, ainda aponta o dolo específico e o efetivo prejuízo suportado pela Administração Pública. (STJ – AgRg no AREsp 765.206/BA, Rel. Ministro REYNALDO SOARES DA FONSECA, QUINTA TURMA, julgado em 03/03/2016, DJe 09/03/2016)

Ressalte-se, por oportuno, que a mensuração dos valores da presunção de lesividade poderá ser apurada na fase de liquidação de sentença.

11.8.5. Tipo objetivo

A normatividade deste tipo penal tem o propósito de amparar o conjunto de bens e direitos jurídicos integrantes do acervo patrimonial e a defesa dos princípios norteadores da administração pública, especialmente a moralidade administrativa, a legalidade, a impessoalidade e a garantia de que as regras de competição sejam eficazes no sentido de assegurar transações vantajosas na aquisição e contratação de bens e serviços.

Aqui, a dispensa ou a sua inexigibilidade é traduzida pela ausência de observância das formalidades pertinentes aos casos previstos pela referida norma, numa postura de integral desregramento dos procedimentos, desprezo e ignorância contidos nas hipóteses contempladoras para esses fins excepcionalizados para atender a situações específicas, urgentes ou eventuais.

Mas a dispensa ou inexigibilidade de forma indevida abrange também situações fraudulentas pelo disfarce de um aspecto apenas formal, porém de inexistência material. Seriam as licitações forjadas.

Para a contratação direta, é imprescindível que seja observado um procedimento administrativo atendendo às etapas e formalidades para sua concretização nas hipóteses em que efetivamente se enquadrem, sob pena de incorrer em ato de improbidade administrativa, isto porque a contratação direta via dispensa ou inexigibilidade não autoriza atuação arbitrária da administração, pois os particulares deverão ser considerados iguais, no que toca ao princípio da isonomia.

A justificativa e a motivação dos atos administrativos nessas situações deverão fundar-se para atender ao princípio da razoabilidade e critérios compatíveis com a isonomia, que preservem o interesse positivo da administração no que concerne à qualidade e preço vantajoso em relação ao mercado.

As situações contemplativas da suposição da inexigibilidade de licitação estão expressas nos arts. 25 e 26 das normas licitatórias; igualmente exigem a adoção das medidas acima enfocadas.

11.8.6. Tipo subjetivo

O elemento subjetivo desse tipo legal é o dolo, a vontade e consciência livre da conduta antijurídica da autoridade competente de ordenar, autorizar ou realizar a dispensa ou inexigibilidade indevida.

É importante ressaltar que o ato comissivo é uma ação, um ato de vontade, de modo que o agente público que promove uma dispensa ou inexigibilidade indevida está agindo de forma consciente da ilicitude do seu comportamento, assumindo, desta maneira, o risco do resultado a ser produzido pela sua consequência. Age com dolo.

Assim, sendo, um ato de vontade do agente público, a efetivação da compra ou da contratação direta, não há qualquer motivo para se deduzir que este dispositivo exige um ânimo, uma inclinação, uma finalidade dotada de caráter específico, pois o desvalor da ação se exaure no dolo, a motivação da dispensa ou inexigibilidade do procedimento licitatório fora das situações previstas na lei.

Os tribunais superiores têm adotado o entendimento na premissa do dolo para caracterizar este tipo penal, exigindo, por conseguinte, que o julgador seja mais explicito na demonstração do ato intencional da dispensa ou inexigibilidade indevida, mostrando que o ato não atenderia aos requisitos para sua configuração para evidenciar que fora uma opção discricionária que não atendeu ao interesse da administração.

Deve-se registrar o ensinamento de Marçal Justen Filho a respeito da matéria:

> "o elemento subjetivo consiste não apenas na intenção maliciosa de deixar de praticar a licitação cabível. Se a vontade consciente e livre de praticar a conduta descrita no tipo fosse suficiente para concretizar o crime, então seria de admitir-se a modalidade culposa. Ou seja, quando a conduta descrita no dispositivo fosse concretizada em virtude de negligência, teria de haver a punição. Isso seria banalizar o Direito Penal e produzir criminalização de condutas que não se revestem de reprovabilidade. É imperioso, para caracterização do crime, que o agente atue voltado a obter um outro resultado, efetivamente reprovável e grave, além da mera contratação direta. Ocorre, assim, a conduta ilícita quando o agente possui a vontade livre e consciente de produzir o resultado danoso ao erário. É necessário um elemento subjetivo consistente em produzir um prejuízo aos cofres públicos por meio do afastamento indevido da licitação. Portanto, não basta a mera intenção de não realizar licitação em um caso em que tal seria necessário" (In: Comentários à Lei de Licitações e Contratos Administrativos. 12ª Ed. São Paulo: Dialética, 2008, p.831).

Esse interesse da administração deve refletir que não ficou demonstrada a vantagem de preços ou condições melhores do que se tivesse sido realizado o procedimento licitatório.

Depreende-se, assim, que a 1ª conduta incriminadora é a aquisição ou contratação mediante dispensa indevida, aquela situação sem previsão legal; a 2ª é a aquisição direta sob a etiqueta da inexigibilidade fora dos casos previstos na norma; e por último, quando o agente deixar de observar as formalidades relativas à dispensa e à inexigibilidade.

As primeiras condutas são positivadas, enquanto a última, é omissiva.

Note-se que a falta de observância das formalidades à dispensa ou à inexigibilidade do procedimento licitatório estará sujeita à reprovação penal, quando evidente o comportamento censurável do agente, mas, se presentes os pressupostos da contratação direta e não foram atendidas as formalidades legais, essa conduta se mostra penalmente insignificante.

Convém destacar que são princípios constitucionais da economicidade e da eficiência devem estar bem postos nos processos de dispensa ou inexigibilidade de licitação, cuja ausência revela negócio danoso ao nível de riqueza da administração pública.

11.8.7. Consumação

O tipo penal descrito neste dispositivo se perfaz com a realização da compra ou contratação direta que demonstre prejuízo para a administração pública.

Ficando evidenciada que a transação não se mostrou vantajosa para a administração ou ficou mais onerosa, pela ausência dos procedimentos licitatórios, reúne as condições de configuração do tipo.

Não há como dissociar o ato intencional de dispensar ou inexigir o procedimento licitatório com assunção do risco do resultado produzido com prejuízo para o erário. Se houve a compra ou contratação direta em situação desvantajosa de mercado ou preço para a administração pública, presentes estão os requisitos da consumação do crime previsto neste dispositivo legal.

Não se perfaz este delito sem dano ao tesouro público. O crime consiste não apenas na indevida contratação direta, mas na produção de um resultado final danoso.

A punição é a conduta administrativa da contratação direta para gerar lesão patrimonial à Administração, porquanto não basta a mera intenção de não realizar licitação em um caso em que tal circunstância seria necessária.

NOTA!

- Ação penal: Pública incondicionada.
- Sujeito ativo: Servidor público
- Forma tentada: Admissível, no caso de fracionamento de despesas
- Substituição da pena: Admissível privativa de liberdade por restritiva de direitos (arts. 44, CP), a depender da dosimetria da pena.

11.9. Beneficiário da contratação direta

11.9.1. Tipo objetivo

O parágrafo único do *caput* normatiza a conduta daquele que, tendo comprovadamente concorrido para a consumação da ilegalidade, beneficiou-se da dispensa ou inexigibilidade ilegal, para celebrar com o Poder Público.

A norma define a responsabilidade da coautoria ou na condição de partícipe da pessoa física ou representante legal da pessoa jurídica que tenha concorrido, de qualquer forma, para obtenção de celebração de contrato resultante do procedimento da dispensa ou inexigibilidade da licitação.

É relevante consignar a necessária comprovação dessa colaboração com o agente público que poderá ser evidenciada pela conduta da instigação, induzimento ou auxílio, este comportamento expresso na atitude material do ato.

11.9.2. *Tipo subjetivo*

É o dolo específico, representado pela vontade livre e consciente de incorrer na conduta antijurídica de auferimento de vantagem financeira ou econômica mediante a celebração de contrato à margem das regras normativas.

11.9.3. *Consumação*

A conduta delituosa estará consumada a partir do momento da celebração do contrato firmado em razão da dispensa ou inexigibilidade do procedimento licitatório que importou em ônus maior para a administração pública do que aquele previsto na hipótese da realização do procedimento adotado pela norma. Ou seja, se houve dano ao erário devido a falta da licitação em virtude da participação desta pessoa, está consumado o delito.

NOTA!

- **Ação penal:** Pública incondicionada.
- **Sujeito ativo:** Qualquer pessoa
- **Forma tentada:** Admissível, no caso de fracionamento de despesas
- **Substituição da pena:** Admissível privativa de liberdade por restritiva de direitos (arts. 44, CP)

CASOS TÍPICOS

- "O crime do art. 89 da Lei 8.666/90 é formal, consumando-se tão somente com a dispensa ou inexigibilidade de licitação fora das hipóteses legais. Não se exige, para sua configuração, prova de prejuízo financeiro ao erário, uma vez que o bem jurídico tutelado não se resume ao patrimônio público, mas coincide com os fins buscados pela Constituição da República, ao exigir em seu art. 37, XXI, "licitação pública que assegure igualdade de condições a todos os concorrentes". Tutela-se, igualmente, a moralidade administrativa, a probidade, a impessoalidade e a isonomia. Para a configuração da tipicidade subjetiva do crime previsto no art. 89 da Lei 8.666/93, o Supremo Tribunal Federal exige o especial fim de agir, consistente na intenção específica de lesar o erário. Assim, distinguem-se as meras irregularidades administrativas do ato criminoso e deliberado de dispensar licitação quando à toda evidência era ela obrigatória. Destarte, não se confunde o administrador inapto com o administrador ímprobo. Sendo flagrante a ilegalidade da dispensa, mostra-se configurada a intenção específica de lesar o erário, mormente quando outros elementos probatórios apontam nessa direção. Embora seja importante elemento de convicção, o fato de a ilegal dispensa de licitação ter sido embasada em parecer jurídico que afirmava a licitude do proceder não é, por si só, suficiente a descaracterizar o dolo, mormente quando os elementos probatórios indicam, com segurança, que o apelado tinha plena ciência da ilicitude da dispensa". (AP 971, Relator(a): Min. EDSON FACHIN, Primeira Turma, julgado em 28/06/2016, ACÓRDÃO ELETRÔNICO DJe-217 DIVULG 10-10-2016 PUBLIC 11-10-2016)

- "A Corte Especial desta Corte Superior de Justiça, no julgamento da Ação Penal 480/MG, admitiu, por maioria, o entendimento de que é exigível a presença do dolo específico de causar dano ao erário e a caracterização do efetivo prejuízo a fim de caracterizar o crime definido no art. 89 da Lei n.º 8.666/1993". (STJ – AgRg no AREsp 161.059/MA, Rel. Ministra LAURITA VAZ, QUINTA TURMA, julgado em 05/08/2014, DJe 22/08/2014)

- O delito tipificado no art. 89 da Lei nº 8.666/93 constitui-se em crime de mera conduta e não pressupõe como elementar do tipo o enriquecimento ilícito, nem, tampouco, o eventual prejuízo ao erário. Porém, em relação ao particular, para a tipificação da conduta prevista em seu parágrafo único, deve-se comprovar a sua concorrência para a consumação da ilegalidade em conluio com o agente administrativo na realização de qualquer ato ilegal relativo à dispensa ou inexigibilidade da licitação. 2. Na hipótese, não consta do conjunto probatório produzido nos autos provas hábeis a embasar a edição de um decreto condenatório, visto que indemonstrado o conluio. 3. Há relação de dependência entre o crime do parágrafo único e aquele do caput do art. 89 da Lei nº 8.666/93. Sem prova da existência do crime do caput, não se pode falar na aplicação do parágrafo único ao particular. No caso, não ficou comprovada a existência do crime do caput do art. 89 da citada lei. 4. Meros indícios ou conjecturas não bastam para firmar um decreto condenatório, que deve ser embasado em provas estremes de dúvidas, o que não ocorre na hipótese dos autos. 5. Inexistindo provas suficientes à condenação, em homenagem ao princípio do *in dubio pro reo*, imperiosa a absolvição do apelado. (TRF 1ª Região – ACR 0008289-69.2011.4.01.4300 / TO, Rel. DESEMBARGADOR FEDERAL I'TALO FIORAVANTI SABO MENDES, Rel.Conv. JUÍZA FE-

DERAL ROSIMAYRE GONÇALVES DE CARVALHO (CONV.), QUARTA TURMA, e-DJF1 p.209 de 29/10/2014)

- "A configuração do delito, caracterizaria-se independe da efetiva lesão ao erário, sendo suficiente a dispensa irregular de licitação ou a não observação das formalidades legais" (STJ – resp 1.185.750/MG, Rel. Min. Gilson Dipp, Quinta Turma, julgado em 09/11/2010, dje 22/11/2010.

CASOS ATÍPICOS

- "Entende essa Corte que o crime do art. 89 da Lei n.º 8.666/1993 não é de mera conduta, sendo necessária a demonstração do dolo específico de causar dano ao erário e a configuração do efetivo prejuízo ao patrimônio público, o que não foi reconhecido pelo Tribunal a quo. O aresto condenatório consignou apenas que é evidente o dolo genérico da conduta ainda que não se possa provar o efetivo prejuízo causado à administração pública, pelo fato de ter o paciente efetuado contratação direta em hipótese não prevista pela Lei de Licitações, sem prévia orientação técnica e jurídica a respaldar os procedimentos realizados. Não havendo comprovação da ocorrência de prejuízo ou de dolo de causar dano ao erário com as contratações realizadas, deve ser reconhecida a atipicidade das conduta. Ordem concedida a fim de anular a condenação e o respectivo processo de execução penal do paciente". (STJ - HC 377.711/SC, Rel. Ministro NEFI CORDEIRO, SEXTA TURMA, julgado em 09/03/2017, DJe 16/03/2017)

- Dispensa de licitação fora das hipóteses legais. Inépcia da denúncia. Ausência de descrição do efetivo prejuízo ao erário. Constrangimento ilegal configurado. 1. Diz a jurisprudência do Superior Tribunal de Justiça que o crime do art. 89 da Lei n. 8.666/1993 não é de mera conduta, cumprindo ao Parquet imputar não apenas a contratação indevida, mas também o dolo específico do agente de causar dano à Administração Pública, bem como o efetivo prejuízo ao erário. Precedentes. 2. No caso, o órgão ministerial ao apresentar a denúncia, embora tenha registrado que prefeito do município, sem a instauração de procedimento licitatório, teria contratado, com base em parecer elaborado pelo então advogado da municipalidade, serviços de assessoria jurídica de outro profissional da área, deixou de descrever o efetivo prejuízo ao erário decorrente dessa conduta. Não há na peça vestibular nenhuma menção à ocorrência de danos aos cofres públicos decorrentes da dispensa de licitação. Assim, a exordial acusatória não é apta a deflagrar a ação penal em questão. 3. Ordem concedida para reconhecer a inépcia formal da denúncia. (STJ - HC 343.715/MG, Rel. Ministro SEBASTIÃO REIS JÚNIOR, SEXTA TURMA, julgado em 17/11/2016, DJe 01/12/2016)

- Dispensa indevida de licitação. Dispensa de licitação (art. 89, caput e parágrafo único, da Lei nº 8.666/93). Tomada de preço. Contratos de locação de

Título I

veículos. Termos aditivos. Prorrogação do prazo de vigência. Alegada violação do art. 57 da Lei nº 8.666/93. Ausência de dolo. Fato atípico. Ordenação de despesas não autorizadas (art. 359-D do Código Penal). Acusado que, à época dos fatos, não mais detinha qualquer poder para ordenar as despesas em questão. Ação penal improcedente. 1. O tipo penal do art. 89 da Lei n° 8.666/93 pressupõe, além do necessário dolo simples (vontade consciente e livre de contratar independentemente da realização de prévio procedimento licitatório), a intenção de produzir um prejuízo aos cofres públicos por meio do afastamento indevido da licitação. 2. Não se vislumbra, na conduta dos acusados de firmar termos aditivos, prorrogando a vigência de contratos de locação de veículos precedidos de licitação na modalidade de tomada de preços, o dolo de causar prejuízo ao erário. Atipicidade do fato reconhecida. 3. Uma vez que o acusado, à época dos fatos, não detinha mais poderes para ordenar despesas não autorizadas por lei, está provado que não concorreu de qualquer forma para o crime descrito no art. 359-D do Código Penal. 4. Ação penal julgada improcedente. (STF – AP 700, Relator(a): Min. DIAS TOFFOLI, Segunda Turma, julgado em 23/02/2016, ACÓRDÃO ELETRÔNICO DJe-080 DIVULG 25-04-2016 PUBLIC 26-04-2016)

- Dispensa indevida de licitação. O crime descrito no art. 89 da Lei 8.666/93 não é de mera de conduta, ou seja, não basta que o agente dispense ou inexija licitação fora das hipóteses legais ou que deixe de observar as formalidades pertinentes à dispensa ou à inexigibilidade. Para sua configuração, é necessária, também, a demonstração de dolo específico, qual seja, a intenção de causar dano ao erário, bem como do resultado lesivo ocasionado. II – Não havendo provas do efetivo desvio ou aplicação indevida de verbas, nem mesmo que as despesas foram efetuadas em desacordo com as normas financeiras vigentes, deve ser o agente absolvido das imputações referentes ao disposto no art. 1º, incisos III e V, do Decreto-Lei 201/67. (TJMG – Ação Penal – Ordinário 1.0000.13.030076-7/000, Relator(a): Des.(a) Júlio César Lorens , 5ª CÂMARA CRIMINAL, julgamento em 09/08/2016, publicação da súmula em 24/08/2016)

- Contratação sem licitação. A consumação do crime do art. 89 da Lei n. 8.666/1993 exige a demonstração do dolo específico, ou seja, a intenção de causar dano ao erário e a efetiva ocorrência de prejuízo aos cofres públicos (Precedentes do STJ e deste TJMG). Destarte, não havendo provas de que as contratações narradas na denúncia geraram efetivo prejuízo aos cofres públicos (seja por desnecessidade dos serviços, seja pelo superfaturamento) e nem que o Prefeito e o Secretário de Administração tenham agido deliberadamente para tal fim, não há como condená-los pelo crime imputado. Denúncia julgada improcedente. (TJMG – Ação Penal – Ordinário 1.0000.13.058115-0/000, Relator(a): Des.(a) Eduardo Brum , 4ª CÂMARA CRIMINAL, julgamento em 02/03/2016, publicação da súmula em 09/03/2016)

- "Na hipótese dos autos, o órgão acusatório não descreveu de que forma o denunciado concorreu para a empreitada criminosa. Também não demonstrou a maneira pela qual a dispensa da licitação configurou o crime previsto no art. 89 da Lei n 8.666/1993. Não ficou nítida na inicial acusatória a intenção dos agentes em lesar os cofres públicos, tampouco a ocorrência de prejuízo. Em outras palavras, não há na inicial ofertada pelo Parquet menção à ocorrência de dolo específico ou de dano ao erário. A jurisprudência desta Corte Superior, firmada a partir do julgamento da APn n. 480/MG, em 29/3/2012, acompanhando o entendimento do Tribunal Pleno do Supremo Tribunal Federal (Inq n. 2.482/MG, julgado em 15/9/2011), assevera que a consumação do crime do art. 89 da Lei n. 8.666/1993 exige a demonstração do dolo específico, ou seja, a intenção de causar dano ao erário e a efetiva ocorrência de prejuízo aos cofres públicos. Precedentes. Agravo regimental improvido. (STJ – AgRg no AREsp 324.066/MG, Rel. Ministro SEBASTIÃO REIS JÚNIOR, SEXTA TURMA, julgado em 12/02/2015, DJe 27/02/2015)
- "A contratação direta de escritório de advocacia, sem licitação, deve observar os seguintes parâmetros: a) existência de procedimento administrativo formal; b) notória especialização profissional; c) natureza singular do serviço; d) demonstração da inadequação da prestação do serviço pelos integrantes do Poder Público; e) cobrança de preço compatível com o praticado pelo mercado. Incontroversa a especialidade do escritório de advocacia, deve ser considerado singular o serviço de retomada de concessão de saneamento básico do Município de Joinville, diante das circunstâncias do caso concreto. Atendimento dos demais pressupostos para a contratação direta. Denúncia rejeitada por falta de justa causa". (STF – Inq 3074, Relator(a): Min. ROBERTO BARROSO, Primeira Turma, julgado em 26/08/2014, ACÓRDÃO ELETRÔNICO DJe-193 DIVULG 02-10-2014 PUBLIC 03-10-2014)
- "A Corte Especial desta Corte Superior de Justiça, no julgamento da Ação Penal 480/MG, admitiu, por maioria, o entendimento de que é exigível a presença do dolo específico de causar dano ao erário e a caracterização do efetivo prejuízo a fim de caracterizar o crime definido no art. 89 da Lei n.º 8.666/1993. O acórdão recorrido não explicitou se houve ou não a efetiva comprovação de prejuízo ao erário para a satisfação do objeto da demanda, análise que não poderia ser realizada na presente via por demandar indevida incursão no arcabouço probatório dos autos, o que é vedado pela mencionada Súmula n.º 07 desta Corte. Dessa forma, os autos devem retornar à instância de origem para que, em prosseguimento ao julgamento, seja a quaestio examinada sob o enfoque da hodierna orientação jurisprudencial. Decisão que se mantém por seus próprios fundamentos. Agravo regimental desprovido. (STJ – AgRg no AREsp 161.059/MA, Rel. Ministra LAURITA VAZ, QUINTA TURMA, julgado em 05/08/2014, DJe 22/08/2014)

11.10. Frustrar ou fraudar licitação

> **Art. 90.** Frustrar ou fraudar, mediante ajuste, combinação ou qualquer outro expediente, o caráter competitivo do procedimento licitatório, com o intuito de obter, para si ou para outrem, vantagem decorrente da adjudicação do objeto da licitação:
>
> Pena – detenção, de 2 (dois) a 4 (quatro) anos, e multa.

11.10.1. Tipo objetivo

São núcleos da conduta incriminadora: frustrar (malograr, não alcançar o objetivo esperado) ou fraudar (enganar, burlar), são as condutas mistas alternativas, cujo objeto é o caráter competitivo do procedimento licitatório.

O tipo normativo vislumbra que a frustração ou fraude se dê por ajuste (pacto), combinação (acordo) ou qualquer outro expediente (instrumento para alcançar determinado fim).

O ato de frustrar significa enganar ou iludir. No caso vertente, é a ação de iludir a lei externada na escusa, escapatória ou de levar ao fracasso, capaz de proporcionar feito ilusório para ganhar tempo com o intuito de criar desvio ou impedir a finalidade do objetivo do certame licitatório.

Frustrar legalidade de uma licitação é fraudar ou burlar as regras de um processo democrático que tem o escopo de obter as melhores condições de preço e qualidade para aquisição de bens ou contratação de serviços para a administração pública.

A manipulação ou adulteração dos métodos ou mecanismos inerentes ao procedimento licitatório traduz a deformação da sua destinação ao afetar o princípio da isonomia e comprometer o resultado da proposta, que não será, evidentemente, a mais vantajosa para a administração pública.

Frustrar, enganar a expectativa, iludir, defraudar a licitude do processo licitatório, ou seja, atentar contra a juridicidade, a legalidade e a lisura do certame por via ardilosa que impeça a eficácia da competição, desvirtuando o seu objetivo de proporcionar a melhor escolha do seu objeto.

A concretização dessa conduta ocorre quando o agente público introduz cláusulas no ato convocatório do edital de licitação, direcionando-a para favorecer ou assegurar a vitória de um determinado concorrente do processo licitatório, na aferição das questões apresentando resultado diverso da sua realidade, ou mediante acordo, combinação ou ajuste que abale a natureza competitiva do procedimento licitatório que resulte no direcionamento indevido da adjudicação do seu objeto.

Sobre esse tipo objetivo, preleciona o jurista Jessé Torres Pereira Júnior[7]:

> "contempla o dispositivo duas condutas distintas: frustrar (baldar, anular, impedir) e fraudar (burlar, enganar) o caráter competitivo do procedimento licitatório. Este é a essência da licitação e, uma vez afastado, pela supressão ou pela fraude, a própria licitação deixa de existir. Equivaleria a um jogo de cartas marcadas, cujo desfecho já estaria previamente estabelecido em favor de um dos jogadores".

E avança afirmando:

> "a frustração ou fraude do procedimento licitatório poderá decorrer de ajuste, combinação ou qualquer outro expediente. Ajuste é o trato, o acordo entre os coautores, de modo a afastar a competição. Combinação contém a ideia de algo mais amplo, como um plano ou estratégia estabelecidos para impedir a livre contenda entre os licitantes".

Como se vê, o ajuste ou a combinação no processo de licitação é entre os participantes, os concorrentes.

Como efeito, ajuste ou combinação de preços num processo de licitação somente pode enquadrar os próprios licitantes, aqueles que participaram do certame mediante habilitação e apresentação de propostas, além dos membros da comissão licitatória.

Insere, assim, nesse contexto fraudulento, a combinação de resultados classificatórios entre os licitantes para partilhamento do objeto da licitação.

Com efeito, com ato que importe na quebra do princípio da igualdade, da legalidade, da impessoalidade, da moralidade, publicidade, da probidade administrativa, da vinculação ao edital, do julgamento e dos atos que lhe são correlatos, compromete aquele ideal de se obter numa proposta vantajosa para o Poder Público, viciando todo o procedimento com a eiva de nulidade que caracteriza ato de improbidade administrativa preceituada por esta norma.

São várias as hipóteses que podem revelar o objetivo de se frustrar um processo licitatório, dentre os quais se podem citar:

- Vícios no edital
- Divulgação restrita do edital
- Preço exorbitante do exemplar do edital
- Descrição imprecisa do objeto da licitação que possa permitir uma interpretação aberta
- Exigências específicas que moldam apenas um licitante atender

7. PEREIRA JÚNIOR, Jessé Torres. **Comentários à Lei das Licitações e Contratações da Administração Pública**. São Paulo: Renovar, 2003. p. 843.

- Requisitos cujo perfil se direciona apenas para um licitante preencher
- Cláusulas preconceituosas visando estreitar a disputa ou afastar o espírito de competição
- Cláusulas discriminatórias que privilegiam determinado concorrente
- Combinação de preços entre poucos concorrentes
- Inserção de dispositivos que proporcionam o exercício do subjetivismo para conferir margem de manobra ou manipulação do resultado das etapas ou final
- Aprovação de proposta com desrespeito às regas do edital
- Aprovação de proposta com sobrepreço aos praticados pelo mercado
- Aprovação de proposta com subpreço para permitir futuros aditamentos ou revisão contratual
- Permissão de concorrentes inidôneos ou fictos

De modo que o importante nesse objetivo delituoso é eliminar o vigor da competição ou promover uma ilusória disputa entre participantes da licitação por qualquer mecanismo, pouco importando ter havido ajuste ou combinação.

A título de ilustração, impende-se a transcrição da lição do jurista Guilherme Nucci:

> "Elementos normativos do tipo: caráter competitivo do procedimento licitatório são termos que envolvem interpretação (não são meras descrições fáticas) valorativa, nesse caso, jurídica. Deve-se analisar o que foi feito pelo agente do delito à luz do que se entende por licitação, suas finalidades, fundamentos e propósitos. Logo, constituindo a essência da licitação a promoção da justa disputa de interessados, alheios aos quadros estatais, em celebrar contrato com o Poder Público, enaltecendo-se a imparcialidade, é natural que o resultado deva ser promissor e vantajoso para a Administração. Aliás, em qualquer ambiente de negócios privados, busca-se, por estímulo à competição e à livre concorrência, o melhor negócio. Se uma empresa privada ou um particular pretende adquirir um produto, por exemplo, faz, por sua conta, uma pesquisa no mercado, busca diversos orçamentos em variados fornecedores e termina atingindo o melhor preço para o bem mais qualificado. O Estado, não podendo sair em busca de um fornecedor de seu interesse, pois deve atuar com imparcialidade, produz, por intermédio da competição regrada, o mesmo resultado: consegue o melhor produto com o mais baixo custo possível". (NUCCI, Guilherme de Souza. Leis Penais e Processuais Penais comentadas. 5ª ed. São Paulo: RT, 2010, p. 898-899,)

Depreende-se, assim, que o fim colimado será sempre o de impedir ou descaracterizar o caráter competitivo do procedimento licitário mediante acerto prévio dos licitantes.

11.10.2. Tipo subjetivo

A lei exigiu um especial objetivo ao incluir o elemento subjetivo do tipo: "com intuito de obter, para si ou para outrem, vantagem". O dolo é específico, visto que é necessária a intenção de obter para si ou outrem vantagem decorrente da adjudicação da licitação viciada, objeto da frustração ou fraude, retirando-lhe a eficácia de competição para afastar o negócio mais vantajoso de interesse da administração pública.

Preleciona Vicente Greco Filho que o elemento subjetivo é o dolo genérico (ob. cit., p. 18).

Mas, em posição diversa, Paulo José da Costa Júnior esclarece que o elemento subjetivo é composto de duas modalidades de dolo: o genérico e o específico. E acrescenta: "O dolo genérico acha-se representado pela vontade consciente e livre de frustrar, ou de fraudar a concorrência do procedimento licitatório. O dolo específico acha-se configurado pelo intuito de obter, para si ou para outrem, vantagem decorrente da adjudicação do objeto da licitação. Sem essa tendência interna transcendente, de obtenção de uma vantagem econômica com a adjudicação, não se perfaz o crime. Desse modo, fraudar a licitação para que o determinada empresa venha a vencê-la, com o mero intuito de promovê-la, ausente a vantagem pecuniária, não tipifica o crime" (ob. cit, p. 23).

O delito em estudo não foi previsto na modalidade culposa, não havendo possibilidade de punição sem a identificação da vontade consciente e livre de praticar a ação prevista *in abstracto* na norma incriminadora. (STOCO, Rui. FRANCO, Alberto Silva. Leis Penais Especiais e sua interpretação jurisprudencial. 7ª ed. Vol. 2. São Paulo: RT, 2001, p. 2562-2564,).

11.10.3. Consumação

A consumação do tipo penal descrito neste dispositivo com a formalização dos atos administrativos que consolidem o procedimento licitatório viciado que lhe afetou na natureza da sua eficácia competitiva, produzindo um processo de "jogo de cartas marcadas".

Ao desnaturar o seu espírito competitivo, de disputa ou luta dos licitantes, o agente público ou qualquer pessoa interessada se enquadra na conduta descrita neste dispositivo penal, quando da formalização desses atos administrativos.

A forma tentada é admissível na hipótese de fracionamento do procedimento para burlar a regra normativa.

Registre-se, por oportuno, que basta o processo de competição seja desvirtuado ou corrompido, mediante a formalização dos atos administrativos que se aperfeiçoa este tipo penal, mesmo que não tenha ocorrido auferimento de vantagem decorrente da adjudicação do contrato objeto da licitação, pois na hipótese da obtenção alguma vantagem financeira ou econômica, teremos o exaurimento do crime.

NOTA!

- **Ação penal:** Pública incondicionada.
- **Sujeito ativo:** Qualquer pessoa
- **Forma tentada:** Admissível.
- **Substituição da pena:** Admissível privativa de liberdade por restritiva de direitos (arts. 44, CP)
- **Sursis:** Possibilidade, a depender da dosimetria da pena (art. 77, CP)

CASOS TÍPICOS

- "Consolidou-se em doutrina o raciocínio de que a conduta descrita no art. 90, da Lei n. 8.666/93 retrata crime comum e admite concurso de agentes. Assim, a mera alegação de que é função do prefeito expedir decretos, portarias e outros atos administrativos não exclui a eventual participação de outrem na prática de crimes em concurso de pessoas, mormente quando os atos de ofício são praticados no intuito de violar o interesse público e a moralidade administrativa. (Doutrina e Jurisprudência)". (STJ - HC 348.084/SC, Rel. Ministro FELIX FISCHER, QUINTA TURMA, julgado em 14/02/2017, DJe 21/02/2017)
- "No crime previsto no art. 90 da Lei nº 8.666/93 é punida a frustração ou fraude do caráter competitivo do procedimento licitatório, mediante acordo ou qualquer outro instrumento para alcançar esse fim. [...] Dolo configurado. Para a configuração do crime do art. 90 da Lei 8.666/1993, não há necessidade do efetivo dano ao erário, basta a prática pelo agente de atos tendentes a frustrar o caráter competitivo da licitação objetivando obter vantagem, como no caso dos autos. 5. Diante do princípio do livre convencimento, previsto no art. 130 do CPC, o magistrado pode considerar desnecessária a produção probatória. Inocorrência de cerceamento de defesa". (TRF 1ª Região – ACR 0000029-03.2010.4.01.3309 / BA, Rel. DESEMBARGADOR FEDERAL NEY BELLO, TERCEIRA TURMA, e-DJF1 p.666 de 09/01/2015)
- "No crime previsto no art. 90 da Lei nº 8.666/93 é punida a frustração ou fraude do caráter competitivo do procedimento licitatório, mediante acordo ou qualquer outro instrumento para alcançar esse fim. Materialidade e autoria comprovadas. Dolo configurado. Para a configuração do crime do art. 90 da Lei 8.666/1993 não há necessidade do efetivo dano ao erário, basta a prática pelo agente de atos tendentes a frustrar o caráter competitivo da licitação com

o objetivo de obter vantagem, como no caso dos autos. Assistência Judiciária gratuita indeferida por ausência de pressupostos legais. Apelação a que se nega provimento.(TRF 1ª Região – ACR 0005636-02.2008.4.01.4300 / TO, Rel. DESEMBARGADOR FEDERAL NEY BELLO, TERCEIRA TURMA, e-DJF1 p.379 de 07/11/2014)

- "Consuma-se o delito mediante o mero ajuste, combinação ou adoção de qualquer outro expediente com o fim de fraudar ou frustrar o caráter competitivo da licitação, com o intuito de obter vantagem, para si ou para outrem, decorrente da adjudicação do seu objeto, de modo que a consumação do delito independe da homologação do procedimento licitatório". (TJMG – Apelação Criminal 1.0382.12.001674-8/001, Relator(a): Des.(a) Silas Vieira , 1ª CÂMARA CRIMINAL, julgamento em 04/11/2014, publicação da súmula em 14/11/2014)
- "O Plenário desta Corte já decidiu que o delito previsto no art. 90 da Lei 8.666/1993 é formal, cuja consumação dá-se mediante o mero ajuste, combinação ou adoção de qualquer outro expediente com o fim de fraudar ou frustrar o caráter competitivo da licitação, com o intuito de obter vantagem, para si ou para outrem, decorrente da adjudicação do seu objeto, de modo que a consumação do delito independe da homologação do procedimento licitatório. [...]" (STF – HC 116680, Relator(a): Min. TEORI ZAVASCKI, Segunda Turma, julgado em 18/12/2013, PROCESSO ELETRÔNICO DJe-030 DIVULG 12-02-2014 PUBLIC 13-02-2014)."

CASOS ATÍPICOS

- "A realização de procedimento licitatório sem a observância das formalidades devidas, para ser penalmente relevante, depende da demonstração do dolo específico, que consiste na vontade consciente de frustrar ou fraudar, mediante ajuste, combinação ou qualquer outro expediente, o caráter competitivo do certame, com o intuito de obter, para si ou para outrem, vantagem decorrente da adjudicação do objeto da licitação. Embargos acolhidos". (TJMG – Emb Infring e de Nulidade 1.0083.10.001778-5/002, Relator(a): Des.(a) Maria Luíza de Marilac, 3ª CÂMARA CRIMINAL, julgamento em 17/12/2013, publicação da súmula em 16/01/2014)
- "A conduta para ser penalmente ilícita, depende da demonstração do dolo específico, que consiste na vontade consciente de frustrar ou fraudar, mediante ajuste, combinação ou qualquer outro expediente, o caráter competitivo do certame, com o intuito de obter, para si ou para outrem, vantagem decorrente da adjudicação do objeto da licitação. Se a prova colhida não induz a necessária certeza de ter ocorrido o crime descrito no art. 90 da Lei n. 8.666/93 a solução deve ser a absolvição". (TJMG – Apelação Criminal 1.0083.10.001778-5/001,

Relator(a): Des.(a) Paulo Cézar Dias , 3ª CÂMARA CRIMINAL, julgamento em 06/08/2013, publicação da súmula em 13/08/2013)

- "Em que pese a confusão nas administrações das empresas que participaram do certame licitatório, com o poder de comando de todas elas nas mãos de um único grupo familiar, não se comprovou a "combinação e ajuste" e o "forjamento de propostas" que teriam sido utilizados para fraudar e frustrar o caráter competitivo da licitação, para obtenção de vantagem decorrente da adjudicação do objeto (empresa na prestação de serviços de coleta de lixo orgânico e hospitalar). O conluio e prévio ajuste não podem ser presumidos, sob pena de os réus sofrerem condenações em virtude de todos os procedimentos licitatórios a que foram convidados (licitação na modalidade carta-convite), e somente por isto, objetivamente, sem aferição do dolo da conduta e da participação individualizada, valendo dizer, ainda, não haver prova de superfaturamento e prejuízo ao erário municipal. APELO MINISTERIAL DESPROVIDO, POR MAIORIA". (Apelação Crime Nº 70061624243, Quarta Câmara Criminal, Tribunal de Justiça do RS, Relator: Ivan Leomar Bruxel, Julgado em 26/02/2015)

11.11. Patrocínio de interesse privado perante a Administração

Art. 91. Patrocinar, direta ou indiretamente, interesse privado perante a Administração, dando causa à instauração de licitação ou à celebração de contrato, cuja invalidação vier a ser decretada pelo Poder Judiciário:

Pena – detenção, de 6 (seis) meses a 2 (dois) anos, e multa.

11.11.1. Tipo objetivo

A conduta incriminadora é patrocinar (ajudar, bancar, advogar, interceder) mediante qualquer forma de ação, interesse privado perante a administração que resulte na instalação de licitação ou importe em celebração de contrato, que mais adiante, termine sendo invalidada pelo Poder Judiciário.

É uma espécie da advocacia administrativa com a finalidade específica de instaurar o procedimento de licitação ou a pactuação contratual, de qualquer natureza, que, ao final, seja anulada.

O tipo penal reprova a ação comissiva do agente público que provoca a realização de um procedimento licitatório que resulta ao seu término declarado viciado, inválido ou ilegal, por órgãos do Poder Judiciário.

Essa atribuição de ser o órgão responsável pela nulidade do procedimento de licitação deveria abranger os Tribunais de Contas, seja estadual ou da união, conquanto é competência constitucional destas cortes (art. 71, § 1º, II e XI, CF), julgar a regularidade das licitações e contratos.

Deve-se dizer, ainda, que essas decisões das Cortes de Contas são de mérito administrativo enquanto as imputações de multas e ressarcimento têm o caráter de título executivo, conferido pela Constituição Federal.

Entretanto, como a lei penal só pode ser interpretada de forma restrita, as decisões desses Tribunais de Contas devem embasar as representações criminais para alcançar o seu desiderato.

11.11.2. Tipo subjetivo

É o dolo específico consistente no objetivo de influenciar na instalação de procedimento de licitação visando direcionar o contrato para destinatário de sua preferência, e após o seu encerramento, é decretada a sua nulidade.

11.11.3. Consumação

O delito estará aperfeiçoado com a conclusão do procedimento de licitação por ocasião de sua homologação ou celebração do contrato.

NOTA!

- **Ação penal:** Pública incondicionada.
- **Sujeito ativo:** Servidor Público
- **Forma tentada:** Inadmissível.
- **Competência para processar e julgar:** Juizado Especial Criminal (art. 61, Lei 9.099/1995)..
- **Suspensão condicional do processo:** Admissível (art. 89, Lei 9.099/1995).

11.12. Ajuste, vantagem ou prorrogação indevida de contratos

> **Art. 92.** Admitir, possibilitar ou dar causa a qualquer modificação ou vantagem, inclusive prorrogação contratual, em favor do adjudicatário, durante a execução dos contratos celebrados com o Poder Público, sem autorização em lei, no ato convocatório da licitação ou nos respectivos instrumentos contratuais, ou, ainda, pagar fatura com preterição da ordem cronológica de sua exigibilidade, observado o disposto no art. 121 desta Lei:
>
> Pena – detenção, de dois a quatro anos, e multa.
>
> Parágrafo único. Incide na mesma pena o contratado que, tendo comprovadamente concorrido para a consumação da ilegalidade, obtém vantagem indevida ou se beneficia, injustamente, das modificações ou prorrogações contratuais.

11.12.1. Tipo objetivo

A conduta normativa incriminadora consiste em admitir (anuir, aprovar, assentir, concordar), possibilitar (facilitar, ajudar, ensejar, permitir) ou dar (ajustar, aparar, ceder, entregar) causa a qualquer modificação (alteração) ou vantagem (proveito), inclusive prorrogação dos contratos celebrados proveniente de licitação em favor do adjudicatária, em desconformidade com a norma.

O contrato oriundo do procedimento de licitação deverá observar os preceitos expressos nesta lei, que prevê as situações fáticas de eventuais modificações no que se refere à permissibilidade de aditivos, subcontratação e sua prorrogação, assim como qualquer alteração que contrarie o próprio contrato ou os termos inseridos no edital licitatório.

Os atos administrativos pactuados que desatendam esses requisitos legais incorreram na conduta típica deste dispositivo do agente público responsável.

Este artigo também descreve como conduta típica o pagamento de fatura com preterição da ordem cronológica de sua exigibilidade, expressa no art. 5º desta Lei, ao estabelecer a liquidação dos empenhos ou ordens de pagamento obedecerão às suas fontes respectivas de recursos.

Desta forma, as etapas de medições ou conclusões do projeto, deverão ser pagas na ordem das suas datas de realizações, salvo as situações e condições excepcionais previstas no próprio art. 5º desta norma, com a devida justificativa prévia da autoridade competente.

Já o parágrafo único alcança a figura do contratado, nas mesmas penas, quando ficar evidenciada a sua participação ou concorrência para alcançar o resultado da conduta prevista no caput que lhe renda qualquer benefício, seja de forma direta ou indireta, que redunde no auferimento de vantagem indevida fruto dessa articulação antijurídica.

Aqui, o contratado obtém uma vantagem indevida em virtude das modificações inovadoras no contrato ou é favorecido com estas alterações sem cobertura legal.

11.12.2. Tipo subjetivo

É o dolo genérico representado pela vontade livre e consciente de incorrer na conduta antijurídica, visto que, é conhecedor da ilicitude da modificação contratual, mas assume o risco do resultado ao formalizar o ato administrativo.

Na hipótese do parágrafo único, o dolo também é genérico.

11.12.3. Consumação

A conduta deste tipo não necessita do resultado naturalístico para sua consumação, que se opera com a formalização da modificação contratual que transborda os limites, condições e requisitos legais.

A completude da conduta ilícita decorre da inovação contratual sem previsão normativa ou na segunda parte quando atropela a ordem cronológica das datas das faturas, sem justificativa plausível, antecipando seus pagamentos.

No que se refere ao contratado, o delito estará consubstanciado quando, comprovadamente, tiver concorrido para as inéditas modificações que venham favorecer-lhe, ou que lhe tenha como destinatário, seja pela ilicitude dessas alterações contratuais ou por render-lhe vantagem financeira ou econômica.

NOTA!

- **Ação penal:** Pública incondicionada.
- **Sujeito ativo:** Servidor público (*caput*) e qualquer pessoa (parágrafo único)
- **Forma tentada:** Admissível.
- **Substituição da pena:** Admissível privativa de liberdade por restritiva de direitos (arts. 44, CP)
- **Sursis:** Possibilidade, a depender da dosimetria da pena (art. 77, CP)

11.13. Impedir ou fraudar ato licitatório

Art. 93. Impedir, perturbar ou fraudar a realização de qualquer ato de procedimento licitatório:

Pena – detenção, de 6 (seis) meses a 2 (dois) anos, e multa.

11.13.1. Tipo objetivo

A reprovação penal instituída neste dispositivo visa preservar a indispensável necessidade do caráter competitivo dos procedimentos licitatórios ao incriminar a conduta de qualquer pessoa que venha impedir (empancar, obstaculizar), perturbar (transtornar, tumultuar) ou fraudar (burlar, enganar, iludir) a realização de qualquer ato do processo licitatório.

Esse comportamento reprovável tem início desde a abertura do procedimento até o momento da adjudicação do objeto da licitação, que poderá ser expressado pela participação de empresas ou pessoas cujos atos tornem nulas as etapas do certame, a interposição de recursos mediante participantes fictícios ou qualquer outro procedimento que afaste a legitimidade da disputa licitatória.

Outro aspecto a ser considerado é rasgar cópias do procedimento ou dele se apossar de modo que impeça o seu normal funcionamento, ou mesmo através de ameaças ou agressões aos membros da Comissão de Licitação.

11.13.2. Tipo subjetivo

É o dolo genérico representado pela vontade livre e consciente de incorrer na conduta antijurídica, visto que é conhecedor da ilicitude de impedir, perturbar ou fraudar procedimento licitatório, pois sabe ser a sua realização uma exigência legal, mas assume o risco do resultado afastar o seu caráter competitivo ou que não seja realizada, atrasando e prejudicando o interesse da administração pública.

11.13.3. Consumação

É bastante que algum ato administrativo do procedimento licitatório deixe de se realizar por força decorrente da conduta imposta, ou que, no seu decorrer seja anulada anulada por ato ilícito, impondo, assim, prejuízo ao seu normal desenvolvimento e interesse da administração pública.

NOTA!

- **Ação penal:** Pública incondicionada.
- **Sujeito ativo:** Qualquer Pessoa
- **Forma tentada:** Admissível.
- **Competência para processar e julgar:** Juizado Especial Criminal (art. 61, Lei 9.099/1995).
- **Suspensão condicional do processo:** Admissível (art. 89, Lei 9.099/1995).

11.14. Devassar o sigilo de proposta licitatória

Art. 94. Devassar o sigilo de proposta apresentada em procedimento licitatório, ou proporcionar a terceiro o ensejo de devassá-lo:

Pena – detenção, de 2 (dois) a 3 (três) anos, e multa.

11.14.1. Tipo objetivo

A norma incriminadora é devassar (averiguar, apurar, abrir, divulgar) o sigilo (segredo) de proposta (valor, preço, condições) apresentada em procedimento licitatório, ou proporcionar (facilitar) a terceiro o ensejo de devassá-lo, quebrando a incolumidade da oferta de licitantes.

De forma que a reprovação penal é contra a violação do sigilo de proposta, situação que quebraria o equilíbrio e a paridade de armas dos licitantes ante o favorecimento de algum deles.

Faz-se mister observar a devassa em tempo hábil do seu objetivo, ou seja, que essa quebra de sigilo ocorra com utilidade para fraudar o caráter competitivo do certame com vistas a que seja aproveitado por terceiro ou pelo próprio agente para dele tentar tirar proveito indevido.

Note-se que é dever do servidor público observar as normas legais e regulamentares e guardar sigilo sobre assunto da repartição, de modo que, ao incorrer na conduta descrita neste tipo estará violando também seu dever funcional previsto pelo seu estatuto.

11.14.2. Tipo subjetivo

É o dolo genérico representado pela vontade livre e consciente de incorrer na conduta antijurídica, visto que é conhecedor do seu dever funcional e legal de guardar e proteger o sigilo das propostas dos licitantes, mas quebra esse sigilo para conhecer e utilizar para fins diversos em detrimento da licitude do certame, assumindo, assim, o risco do resultado afastar o seu caráter competitivo.

11.14.3. Consumação

A consumação se opera no momento em que o agente desvenda, conhece ou fica sabendo do teor da oferta sigilosa dos licitantes, cuja quebra seja útil para terceiros ou para o próprio agente na busca de ganhos indevidos, afinal, detém informação privilegiada em razão da sua conduta delituosa.

NOTA!

- **Ação penal:** Pública incondicionada.
- **Sujeito ativo:** Servidor Público
- **Forma tentada:** Admissível.
- **Substituição da pena:** Admissível privativa de liberdade por restritiva de direitos (arts. 44, CP)
- **Sursis:** Possibilidade, a depender da dosimetria da pena (art. 77, CP)

11.15. Uso da violência para afastar licitante

> **Art. 95.** Afastar ou procurar afastar licitante, por meio de violência, grave ameaça, fraude ou oferecimento de vantagem de qualquer tipo:
>
> Pena – detenção, de 2 (dois) a 4 (quatro) anos, e multa, além da pena correspondente à violência.
>
> Parágrafo único. Incorre na mesma pena quem se abstém ou desiste de licitar, em razão da vantagem oferecida.

11.15.1. Tipo objetivo

A conduta incriminadora consiste em afastar (expulsar, retirar, repulsar, distanciar) ou procurar afastar licitante, por meio de violência, grave ameaça, fraude ou oferecimento de vantagem de qualquer tipo. O intuito da pessoa é não ter concorrente para que a licitação lhe seja destinatário sem que haja competição de preços e condições.

Assim, a pessoa usando de agressividade, coação ou ameaça, tenta impedir que outros licitantes possam concorrer dentro das regras e condições preestabelecidas no edital, para não ter concorrente e, assim, facilitar a sua pretensão de obtenção do objeto daquele procedimento licitatório.

Além da força bruta expressada por qualquer das modalidades de violência mencionadas, o tipo também alcança a fraude ou oferecimento de qualquer natureza aos licitantes para todos ou alguns possam desistir de concorrer. Esta atitude criminosa retira o espírito de competição para favorecer de forma insidiosa os objetivos do interessado nesse ardil de contratação direta, sem concorrente, para atribuir os preços e condições que lhe vão proporcionar ganhos financeiros e econômicos em detrimento do interesse da administração, que será onerada e suportará o dano por armação do indigitado aparente licitante.

Nesta modalidade criminosa o licitante que participar, desistindo ou abstendo-se em decorrência de algum favorecimento financeiro ou econômico, qualquer que seja a vantagem negociada, incorre nas mesmas penas devido ao concurso de pessoas, coautoria ou partícipe, porquanto estará contribuindo, de qualquer forma, para onerar a administração pública.

11.15.2. Tipo subjetivo

É o dolo genérico representado pela vontade livre e consciente de incorrer na conduta antijurídica, visto que é saber a imprescindibilidade de procedimento licitatório para aquisição de bens e contração de serviços pela administração pública, mas objetiva desnaturá-lo para obtenção do privilégio de celebrar contrato sem a licitude do certame, para auferir melhores condições de venda em desfavor do interesse da administração pública, que será, evidentemente, onerada, assumindo assim, o risco do resultado afastar o seu caráter competitivo.

11.15.3. Consumação

O delito se aperfeiçoa pela conduta da pessoa em praticar as ações de violência contra qualquer dos concorrentes, mesmo que seu intuito não seja alcançado; a desistência do licitante. Também, restará configurado pela oferta de proposta de desistência.

Registre-se que a conduta possui dois núcleos: afastar ou procurar afastar, bastando, pois, que se tente afastar, distanciar ou retirar qualquer licitante na disputa licitatória. O crime é de natureza formal, não se exigindo o resultado naturalístico, que se apresenta como seu exaurimento.

Já na modalidade fraudar, é suficiente a efetivação de atos antijurídicos ou antiéticos que redundem no intuito perseguido pela pessoa interessada.

Com relação à conduta prevista no parágrafo único deste dispositivo, opera-se quando o licitante, abstendo-se ou desistindo, seu ato produza efeitos deixando fluir o prazo estipulado no edital que lhe afaste da competição. Se houver o recebimento de qualquer vantagem, será o exaurimento do crime.

NOTA!

- **Ação penal:** Pública incondicionada.
- **Sujeito ativo:** Qualquer pessoa
- **Forma tentada:** Admissível (caput); inadmissível (parágrafo único)
- **Substituição da pena:** Admissível privativa de liberdade por restritiva de direitos (arts. 44, CP)
- **Sursis:** Possibilidade, a depender da dosimetria da pena (art. 77, CP)

11.16. Fraude em licitação com prejuízo da Fazenda Pública

> **Art. 96.** Fraudar, em prejuízo da Fazenda Pública, licitação instaurada para aquisição ou venda de bens ou mercadorias, ou contrato dela decorrente:
>
> I – elevando arbitrariamente os preços;
>
> II – vendendo, como verdadeira ou perfeita, mercadoria falsificada ou deteriorada;
>
> III – entregando uma mercadoria por outra;
>
> IV – alterando substância, qualidade ou quantidade da mercadoria fornecida;
>
> V – tornando, por qualquer modo, injustamente, mais onerosa a proposta ou a execução do contrato:
>
> Pena – detenção, de 3 (três) a 6 (seis) anos, e multa.

11.16.1. *Tipo objetivo*

A conduta incriminadora consiste em fraudar (enganar, iludir, ludibriar, trapacear) procedimento de licitação para aquisição de bens ou venda de bens ou mercadoria que importe em prejuízo para o erário, ou contrato dela decorrente.

É pressuposto que tenha sido realizado procedimento de licitação contendo vícios que afetem a sua natureza competitiva na busca de preços mais vantajosos para a administração pública em decorrência de abusos e trapaças, ou estando formalmente lícito, sejam utilizados de manipulações na sua forma da sua entrega ou recebimento.

Na hipótese de um certame viciado por qualquer que seja o fato administrativo, possibilitará que licitante vencedor eleve arbitrariamente os preços e valores dos bens e mercadorias.

Seria uma consequência da conduta que afasta os competidores para lograr a conquista contratual sem concorrentes, fato que lhe permitiria a prática de preços ao seu talante para um lucro exorbitante.

Em outra situação, o licitante vencedor sem mácula alguma no procedimento licitatório, vendendo bens e mercadorias de um padrão ou qualidade melhor, entrega outras de qualidade inferior ou diversa daquele licitado, subtraindo, assim, valores da administração pública que estará pagando mais por um bem ou mercadoria que vale menos.

Quando não ludibriar a administração pública entregando bens ou mercadorias defeituosa, ao invés de perfeitas, ou ainda, na exata precisão dos requisitos, condições ou qualidade, destina quantidades inferiores às que foram pactuadas, mas cobrando pela quantidade maior.

Além dessas ardilosas práticas delituosas, existe a possibilidade de tornar mais onerosa, por qualquer modo, e de forma injusta, ilegítima e ilegal, a proposta ou execução do contrato, ao inserir no contexto exigência ou interpretação encarecedora dos bens ou mercadorias, especialmente, quando há urgência no atendimento como nos medicamentos para a área de saúde pública.

De forma que, tendo sido instaurada a licitação que chegou ao ser término, mas com resultados danosos ao patrimônio público, por qualquer das modalidades incriminadoras, devido a manipulação de atos ou condutas que impliquem prejuízo ao erário que terá de pagar mais por aquilo que recebeu valendo menos, afetando desta forma, o seu nível de riqueza.

Note-se que o tipo menciona bens e mercadorias, não especificando contratação de serviços, de modo que a conduta será atípica em atos fraudulentos em licitação com prejuízo ao erário. A norma penal é interpretada de forma taxativa e restrita, não cabendo ao intérprete elastecer o seu alcance por outras situações não previstas expressamente pela norma de reprovação penal.

11.16.2. Tipo subjetivo

É o dolo genérico representado pela vontade livre e consciente de incorrer na conduta antijurídica, visto que é saber a imprescindibilidade de procedimento licitatório para aquisição mais vantajosa de bens e mercadorias para a administração, mas age com o especial objetivo de causar-lhe por motivo de sua ganância para auferir vantagens indevidas, assumindo, assim, o risco do resultado prejudicial ao erário.

11.16.3. Consumação

A conduta criminosa estará configurada com a concretização dos atos administrativos que resultem no recebimento ou entrega de bens e mercadorias diversas das pactuadas por falta de identidade e correlação de seus itens, qualidade, tipo, natureza e valor, que representem dispêndio maior pelo erário daquilo que está pagando ou recebendo. Aqui, é necessário o resultado naturalístico porque o tipo exige prejuízo para a Fazenda Pública.

NOTA!

- **Ação penal:** Pública incondicionada.
- **Sujeito ativo:** Qualquer pessoa
- **Forma tentada:** Admissível
- **Substituição da pena:** Admissível privativa de liberdade por restritiva de direitos (arts. 44, CP), a depender da dosimetria da pena
- "Em razão do princípio da taxatividade (art. 5º, XXXIX, da CR), a conduta de quem, em tese, frauda licitação ou contrato dela decorrente, cujo objeto é a contratação de obras e serviços, não se enquadra no art. 96, I, da Lei 8.666/93, pois esse tipo penal contempla apenas licitação ou contrato que tem por objeto aquisição ou venda de bens e mercadorias. (STF – Inq 3331, Relator(a): Min. EDSON FACHIN, Primeira Turma, julgado em 01/12/2015, ACÓRDÃO ELETRÔNICO DJe-060 DIVULG 01-04-2016 PUBLIC 04-04-2016)

11.17. Contratação com pessoa declarada inidônea

Art. 97. Admitir à licitação ou celebrar contrato com empresa ou profissional declarado inidôneo:

Pena – detenção, de 6 (seis) meses a 2 (dois) anos, e multa.

Parágrafo único. Incide na mesma pena aquele que, declarado inidôneo, venha a licitar ou a contratar com a Administração.

11.17.1. Tipo objetivo

A conduta incriminadora é admitir (aprovar, assentir, permitir) que pessoa jurídica ou pessoa física declarada inidônea (ilegal, irregular, infrator) participe de procedimento licitatório ou que participando venha com ele celebrar contrato. Aqui é importante afirmar que a licitação precede ao contrato, logo, para firmá-lo teria de ter disputado processo licitatório.

Título I

Deve-se assinalar que o momento adequado para aferição da idoneidade dos licitantes é quando do julgamento da fase de habilitação, portanto, nesta etapa é que se pode verificar os pressupostos de licitude dos concorrentes.

A norma também alcança o beneficiário que, declarando de forma falseada a sua inidoneidade, consegue driblar os olhos da comissão, vencer o processo licitatório e celebrar contrato.

11.17.2. Tipo subjetivo

É o dolo genérico representado pela vontade livre e consciente de incorrer na conduta antijurídica, posto que é elementar que os licitantes devem ser possuidores de idoneidade, mas age com o especial objetivo admitir ou aceitar, a participação da empresa ou profissional inidôneo, assumindo, assim, o risco do resultado de futura nulidade do certame que redunda em dano à administração pública, quer pelo gasto de horas de trabalho quer pelo material utilizado inutilmente.

Entretanto, se o agente não tinha conhecimento da inidoneidade ou esta foi ocultada por meio ardilosos ou falseados, é conduta atípica. É, pois, necessário que o agente tenha conhecimento da circunstância da irregularidade ou ilicitude.

Noutra vertente, age com dolo o particular beneficiário que, burlando as normas de vigilância por qualquer que seja o artifício utilizado, obtenha firmar contrato.

11.17.3. Consumação

O delito estará consumado na fase de habilitação com admissão do licitante inidôneo para participar das etapas seguintes do certame, num primeiro momento, e mais adiante se obter a formalização do contrato correspondente da habilitação irregular.

NOTA!

- **Ação penal:** Pública incondicionada.
- **Sujeito ativo:** Servidor público (*caput*) e qualquer pessoa (parágrafo único).
- **Forma tentada:** Inadmissível.
- **Competência para processar e julgar:** Juizado Especial Criminal (art. 61, Lei 9.099/1995)..
- **Suspensão condicional do processo:** Admissível (art. 89, Lei 9.099/1995).

11.18. Dificultar ou alterar registros cadastrais

Art. 98. Obstar, impedir ou dificultar, injustamente, a inscrição de qualquer interessado nos registros cadastrais ou promover indevidamente a alteração, suspensão ou cancelamento de registro do inscrito:

Pena – detenção, de 6 (seis) meses a 2 (dois) anos, e multa.

11.18.1. Tipo objetivo

São dois os núcleos deste tipo penal: o primeiro, é obstar, impedir ou dificultar, injustamente, ou seja, sem justa causa, a inscrição de qualquer interessado nos registros cadastrais; o segundo, é promover de forma indevida, a alteração, suspensão ou cancelamento do registro do inscrito.

O artigo 37 desta norma menciona a existência de um banco de dados com a inscrição de fornecedores que atendam as exigências legais de habilitação ou necessárias para a classificação cadastral, referida pelo art. 27 desta mesma Lei.

Esse banco de dados que permite aos inscritos participarem dos procedimentos de licitação, contendo todos os elementos informativos necessários à habilitação em certames públicos, é dinâmico e atualizado

Assim, o agente que, de forma inadequada, venha obstacular ou dificultar a inscrição ou atualização nesse banco de dados cadastrais, ou que venha suspender, cancelar ou promover alteração de forma irregular, estará incorrendo na conduta típica descrita.

Eventuais modificações indevidas, nesse quadro de dados estarão, certamente, afetando direito de algum concorrente com o consequente favorecimento indireto a qualquer outro que tenha interesse comum com aquele.

11.18.2. Tipo subjetivo

É o dolo genérico representado pela vontade livre e consciente de incorrer na conduta antijurídica em promover empeços à participação de algum licitante ou modificar de forma indevida elementos informativos do banco cadastral de fornecedores, assumindo o risco de responsabilização pelo impedimento do fornecedor afetado ou prejudicado participar de procedimento de licitação.

11.18.3. Consumação

A conduta estará aperfeiçoada na primeira situação com o impedimento do fornecedor se registrar no cadastro de licitantes, ante a negativa por qualquer motivo que não seja legitimo; no segundo momento, quando a modificação indevida resultar no tolhimento do fornecedor participar de procedimento de licitação.

NOTA!

- **Ação penal:** Pública incondicionada.
- **Sujeito ativo:** Servidor Público (caput) e Qualquer pessoa (parágrafo único).
- **Forma tentada:** Inadmissível.
- **Competência para processar e julgar:** Juizado Especial Criminal (art. 61, Lei 9.099/1995)..
- **Suspensão condicional do processo:** Admissível (art. 89, Lei 9.099/1995).

11.19. Valor unitário da multa

> **Art. 99.** A pena de multa cominada nos arts. 89 a 98 desta Lei consiste no pagamento de quantia fixada na sentença e calculada em índices percentuais, cuja base corresponderá ao valor da vantagem efetivamente obtida ou potencialmente auferível pelo agente.
>
> § 1º Os índices a que se refere este artigo não poderão ser inferiores a 2% (dois por cento), nem superiores a 5% (cinco por cento) do valor do contrato licitado ou celebrado com dispensa ou inexigibilidade de licitação.
>
> § 2º O produto da arrecadação da multa reverterá, conforme o caso, à Fazenda Federal, Distrital, Estadual ou Municipal.

A pena de multa é uma pena pecuniária de um valor certo fixado em decisão judicial. No caso da aplicação desta sanção, a presente Lei estabelece que a sua composição levará em consideração o valor da vantagem efetivamente obtida, aquela delimitada pelos valores contratuais, ou que seriam potencialmente auferida pelo agente destinatário do produto da ilicitude apurada no processo.

Estabelece o § 1º desta Lei que a sua aplicação variará entre 2% (dois por cento) e 5º (cinco por cento) do valor do contrato licitado ou celebrado com dispensa ou inexigibilidade.

Na dosimetria da pena de multa, deverá o Julgador considerar a extensão do dano causado à administração pública pela ocorrência de sobrepreço ou superfaturamento proveniente da dispensa indevida ou à sua inexigibilidade, bem como o proveito obtido pelo beneficiário da contratação.

Com efeito, este parâmetro tem aplicação exclusivamente nos casos de condenação previsto pelo art. 89 desta Lei, que versa sobre a dispensa indevida ou inexigibilidade de licitação, visto que, sendo norma de direito penal, será interpretada de forma taxativa e restrita, não cabendo a sua aplicação nos demais tipos desta norma por falta de expressa contemplação normativa.

De maneira que, nos demais tipos desta norma, aplica-se o que preceitua o Código Penal.

Quanto à destinação dos valores pecuniários, estes deverão ser depositados nas contas da Fazenda Federal, Distrital, Estadual ou Municipal, considerando-se a esfera de Poder a que pertence a Instituição Pública.

Sendo a Instituição Pública estadual que figura como interessada ou vítima da violação da norma ou que tenha suportado o prejuízo decorrente desta conduta, o valor da multa será depositado na conta da Fazenda Pública Estadual. Se Federal, Distrital ou municipal, evidentemente, a que corresponder a vinculação da Entidade Pública vitimada.

11.20. Do Processo e do Procedimento Judicial

11.20.1. Ação penal pública incondicionada

> **Art. 100.** Os crimes definidos nesta Lei são de ação penal pública incondicionada, cabendo ao Ministério Público promovê-la.

A Constituição Federal no seu inciso I, do art. 219, estabeleceu que é função institucional e privativa do Ministério Público a propositura de ação penal pública, na forma da lei.

De forma que, tomando conhecimento o Ministério Público de fato considerado típico descrito nesta norma poderá instaurar inquérito civil cuja conclusão retrate indícios suficientes de autoria e materialidade do fato, deverá ajuizar ação penal para apurar a conduta típica prevista.

11.20.2. Direito de representação

> **Art. 101.** Qualquer pessoa poderá provocar, para os efeitos desta Lei, a iniciativa do Ministério Público, fornecendo-lhe, por escrito, informações sobre o fato e sua autoria, bem como as circunstâncias em que se deu a ocorrência.
>
> Parágrafo único. Quando a comunicação for verbal, mandará a autoridade reduzi-la a termo, assinado pelo apresentante e por duas testemunhas.

A cidadania poderá ser exercida em auxílio ao combate aos crimes previstos nesta Lei, bastando, para tanto, qualquer pessoa que tenha conhecimento de fatos delituosos relativos a violação desta Lei ou de condutas típica que integre conjunto normativo, leve ao conhecimento do Ministério Público.

Essa representação, delatando condutas suspeitas, deverá ser feita por escrito com as informações e circunstâncias que a substancie com plausibilidade jurídica capaz de fundamentar uma ação penal. Se a comunicação for verbal, será tomado por termo a denúncia à vista de duas testemunhas.

É importante ressaltar que o fato seja verdadeiro, sob pena de ocorrência de denunciação caluniosa, denunciar alguém que sabe ser inocente.

11.20.3. Dever de representação

> **Art. 102.** Quando em autos ou documentos de que conhecerem, os magistrados, os membros dos Tribunais ou Conselhos de Contas ou os titulares dos órgãos integrantes do sistema de controle interno de qualquer dos Poderes verificarem a existência dos crimes definidos nesta Lei, remeterão ao Ministério Público as cópias e os documentos necessários ao oferecimento da denúncia.

Este dispositivo estabelece um dever jurídico às autoridades nominadas ao verificarem a existência dos crimes definidos nesta Lei, a remessa ao Ministério Público de cópias e documentos necessários ao oferecimento da denúncia.

As autoridades referidas tendo conhecimento de fatos que constituam crimes em tese estão obrigadas a proceder com essa comunicação, pois se trata de ato de ofício, sob pena de incorrem em prevaricação administrativa prevista no inciso II, do art. 11 da Lei de Improbidade Administrativa.

É ato de ofício porque decorre de uma imposição de ordem legal, portanto, deverá fazê-lo sem precisar ser provocado.

11.20.4. Ação penal privada subsidiária

> **Art. 103.** Será admitida ação penal privada subsidiária da pública, se esta não for ajuizada no prazo legal, aplicando-se, no que couber, o disposto nos arts. 29 e 30 do Código de Processo Penal.

A Constituição da República preceitua no seu inciso LIX, do art. 5º, que *"será admitida ação privada nos crimes de ação pública, se esta não for intentada no prazo legal"*. De forma que, operando-se inércia do titular da ação penal pública, o Ministério Publico, qualquer pessoa poderá ajuizar ação penal com base nas condutas previstas nesta Lei.

É, portanto, a transferência da titularidade ação penal pública do Ministério Público para qualquer pessoa agir em defesa do interesse da administração pública nas hipóteses previstas nesta Lei.

Ao ser intimado da ação penal proposta por particular, poderá o Ministério Público promover aditamentos e até retomar o seu polo ativo, funcionando, assim, como um assistente litisconsorcial; mas não poderá repudiar o direito de ação do autor.

Registre-se que a Súmula nº 524 do Supremo Tribunal Federal prescreve que "arquivado o inquérito policial, por despacho do juiz, a requerimento do promotor de justiça, não pode a ação penal ser iniciada, sem novas provas". Assim, em caso de arquivamento fica afastada a viabilidade processual da ação pública penal subsidiária.

11.20.5. Instrução criminal

> **Art. 104.** Recebida a denúncia e citado o réu, terá este o prazo de 10 (dez) dias para apresentação de defesa escrita, contado da data do seu interrogatório, podendo juntar documentos, arrolar as testemunhas que tiver, em número não superior a 5 (cinco), e indicar as demais provas que pretenda produzir.
>
> **Art. 105.** Ouvidas as testemunhas da acusação e da defesa e praticadas as diligências instrutórias deferidas ou ordenadas pelo juiz, abrir-se-á, sucessivamente, o prazo de 5 (cinco) dias a cada parte para alegações finais.
>
> **Art. 106.** Decorrido esse prazo, e conclusos os autos dentro de 24 (vinte e quatro) horas, terá o juiz 10 (dez) dias para proferir a sentença.
>
> **Art. 107.** Da sentença cabe apelação, interponível no prazo de 5 (cinco) dias.
>
> **Art. 108.** No processamento e julgamento das infrações penais definidas nesta Lei, assim como nos recursos e nas execuções que lhes digam respeito, aplicar-se-ão, subsidiariamente, **o** Código de Processo Penal **e a** Lei de Execução Penal.

A edição da Lei nº 11.719/2008 que instituiu novo rito ao procedimento comum ordinário do Código de Processo Penal promoveu substanciais modificações que se aplicam aos processos dos crimes previstos pela Lei de Licitação.

Preceitua o § 4º do art. 394 do Código de Processo Penal que as disposições dos arts. 95 a 398 do aludido diploma legal aplicam-se a todos os procedimentos penais de primeiro grau, ainda que não regulados neste Código.

Pelo novo procedimento padrão adotado, nos procedimentos ordinário e sumário, oferecida a denúncia, se não a rejeitar liminarmente, recebê-la-á e ordenará a citação do acusado para apresentar defesa escrita no prazo de 10 (dez) dias.

Apresenta a resposta, na qual o acusado pode instruir com documentos, especificar as provas pretendidas e arrolar testemunhas.

Em seguida, o juiz poderá absolver sumariamente o acusado quando verificar a existência manifesta de causa excludente da ilicitude do fato, a existência manifesta de causa excludente da culpabilidade do agente, salvo inimputabilidade, que o fato narrado evidentemente não constitui crime ou extinta a punibilidade do agente. Além do que, recebida a denúncia, cujo ato que deve ser motivar a rejeição para os argumentos defensivos para a absolvição sumária, designará dia e hora para a audiência de instrução e julgamento.

A ordem dos trabalhos na audiência previstos pelo art. 400 do Código de Processo Penal estabelece que primeiro serão ouvidas as testemunhas arroladas pela acusação e pela defesa, e por último, o interrogado o acusado.

Comparando o rito adotado pelo Código de Processo Penal, que é lei geral e o rito previsto pela Lei de Licitação, verifica-se um conflito aparente de normas.

A Teoria Geral do Direito leciona que a norma de caráter geral, mesmo que superveniente, não tem o condão de revogar a norma especial de mesma graduação.

Assim, deveria prevalecer o procedimento da Lei de Licitação que é especial.

Entretanto, o Código de Processo Penal fez previsão expressa da aplicação do rito comum a todos os procedimentos penais de primeiro grau, ainda que não regulados neste Código.

Aqui, a vontade do legislador foi manifesta e determinada; a padronização do rito ordinário comum a todos os processos criminais no âmbito do primeiro grau.

Mais ainda, o rito ordinário comum oferece o exercício de defesa plena mais ampla e vantajosa para o acusado, em virtude da instituição da defesa prévia, a possibilidade de absolvição sumária, sem limitação do número de testemunhas, e por uma inovação valiosa para a defesa, é que o interrogatório do acusado será a derradeira etapa da instrução processual.

Esse fato é relevante porque o acusado no seu interrogatório, que é peça de defesa, terá conhecimento prévio de todas as acusações e posições das provas que foram produzidas no processo, assegurando-lhe, assim, melhores condições de exercitar a plenitude da sua defesa.

Por essas considerações, entendemos que deve prevalecer o rito ordinário comum fixado pela lei de caráter geral em razão de ser mais favorável ao acusado do que o rito previsto pela lei especial, no caso a Lei de Licitação.

Pela nova ordem processual penal, o procedimento comum será ordinário para os tipos que a pena máxima privativa de liberdade seja igual ou superior a 4 (quatro) anos; sumário quando a pena máxima cominada seja inferior a 4 (quatro) anos e sumaríssimo para as infrações penais de menor potencial ofensivo, na forma da lei.

Essa temática será melhor e amplamente debatida na seção relativa a instrução criminal.

Capítulo VI

Sumário • 12. Dos crimes de responsabilidade de prefeitos: **12.1**. Peculato; **12.2**. Uso indevido de bens públicos; **12.3**. Desvio na aplicação de verbas públicas; **12.4**. Uso de verbas em desacordo com planos ou programas; **12.5**. Ordenar despesas ilegais; **12.6**. Deixar de anualmente prestar contas; **12.7**. Deixar de prestar contas de valores recebidos; **12.8**. Contrair empréstimo de forma irregular; **12.9**. Conceder empréstimos ou auxílios de forma irregular; **12.10**. Alienação irregular de bens públicos; **12.11**. Contratação direta ou frustração de licitação; **12.12**. Antecipação ou inversão de pagamentos de precatórios; **12.13**. Provimento irregular de cargos e funções; **12.14**. Descumprimento de ordem legal; **12.15**. Deixar de emitir certidões ou contratos; **12.16**. Omissão na redução da dívida pública; **12.17**. Autorizar abertura ilegal de crédito; **12.18**. Deixar de cancelar operações de crédito ilegal; **12.19**. Autorizar operação ilegal de crédito bancário; **12.20**. Autorizar operação irregular de crédito com entidades públicas; **12.21**. Captar receita pública antes do fato gerador; **12.22**. Desvio de finalidade na aplicação da emissão de títulos públicos; **12.23**. Realizar ou receber transferência voluntária ilegal; **12.24**. Das penas dos crimes.

12. DOS CRIMES DE RESPONSABILIDADE DE PREFEITOS

O Decreto-lei nº 201/1967 dispõe sobre a responsabilidade criminal de prefeitos em razão de atos ilícitos, cometidos no exercício de suas atividades públicas.

Os crimes tipificados pelo art. 1º do aludido diploma legal são comuns que serão julgados pelo Poder Judiciário, sendo assegurado aos prefeitos o direito de foro privilegiado, ou seja, enquanto estiver no cargo, serão julgados pelo Tribunal de Justiça (art. 29, X, CF).

São crimes de responsabilidade dos prefeitos que constituem *delicta in officio* cometidos no desempenho do mandato eletivo que lhe foram outorgados pela soberania do voto popular.

Essa modalidade criminosa qualifica-se como ilícito penal, sujeito à sanção privativa de liberdade perquirida por ato inicial do Ministério Público, mediante ação penal pública incondicionada, mesmo que o agente no momento da propositura da demanda penal já tenha concluído o seu mandato executivo.

Assim é que, cuidando-se de ilícito de índole penal, torna-se irrelevante o término do mandato executivo, circunstância que não afasta qualquer pretensão da *persecutio criminis* ou de extinção da punibilidade.

Registre-se que a extinção do mandato de prefeito não tem a virtude de inibir o exercício da ação penal pelo representante do ministerial, ou de extinguir a punibilidade em sede criminal.

Nesse sentido, já decidiu o Supremo Tribunal Federal:

> "A ação penal contra prefeito municipal, por crime tipificado no art. 1º do D.L. 201, de 1967, pode ser instaurada mesmo após a extinção do mandato" (STF, Pleno, HC 70.671-PI, rel. Min. Carlos Velloso).

Com efeito, mostra-se legítima a instauração de ação penal contra o ex--chefe do Poder Executivo Municipal para fins de apuração dos crimes de responsabilidade que venham a ser-lhe imputada quaisquer das condutas típicas descritas pelo Decreto-Lei 201/67.

Cumpre destacar que o julgamento do ex-Prefeito será processado perante o juízo do 1º Grau de jurisdição na comarca onde ocorreram os fatos apontados como ilícitos, neste caso não há direito ao foro privilegiado para o acusado.

Na hipótese do processo crime haver sido instaurado no âmbito do Tribunal de Justiça e mais adiante o acusado tenha concluído o seu mandato de prefeito, este fato superveniente caracteriza a perda do foro privilegiado e será deslocado para o a jurisdição de 1º Grau onde terá prosseguimento norma a sua tramitação processual.

12.1. Peculato

> Art. 1º São crimes de responsabilidade dos Prefeitos Municipal, sujeitos ao julgamento do Poder Judiciário, independentemente do pronunciamento da Câmara dos Vereadores:
>
> I – apropriar-se de bens ou rendas públicas, ou desviá-los em proveito próprio ou alheio;

O crime de apropriação de bens ou rendas públicas, ou desviá-los em proveito próprio ou alheio é semelhante ao crime de peculato disposto pelo art. 312 do Código Penal. Assim, remete-se a sua análise para o **item 6.1 (Peculato).**

CASOS TÍPICOS

- "É pacífica a jurisprudência dos Tribunais Superiores reconhecendo a constitucionalidade do Decreto-Lei nº 207/67. Precedentes". (HC 316.778/BA, Rel. Ministro NEFI CORDEIRO, SEXTA TURMA, julgado em 09/08/2016, DJe 23/08/2016)
- Prefeito Municipal que, em tese, promove superfaturamento de preços de serviços e obras públicas visando desviar ou permitir o desvio de recursos públicos, comete o crime do art. 1º, I, do Decreto-lei 201/67. 8. Denúncia parcialmente recebida pelo crime do art. 1º, I, do Decreto-lei 201/67. (STF – Inq 3331, Relator(a): Min. EDSON FACHIN, Primeira Turma, julgado em 01/12/2015, ACÓRDÃO ELETRÔNICO DJe-060 DIVULG 01-04-2016 PUBLIC 04-04-2016)
- "É admissível a coautoria e a participação de terceiros nos crimes de responsabilidade de prefeitos e vereadores previstos no Decreto-lei 201/67. Precedentes". (HC 316.778/BA, Rel. Ministro NEFI CORDEIRO, SEXTA TURMA, julgado em 09/08/2016, DJe 23/08/2016)
- "Diante da existência de indícios de desvio de verba pública em favor de terceiro, descabe a desclassificação do art. 1º, I, do Decreto-lei nº 201/67 para o art. 315 do Código Penal, haja vista não se cuidar de mera aplicação de verba, no âmbito da própria administração pública, diversa daquela legalmente prevista". (STF – Inq 4019, Relator(a): Min. DIAS TOFFOLI, Segunda Turma, julgado em 23/02/2016, ACÓRDÃO ELETRÔNICO DJe-066 DIVULG 08-04-2016 PUBLIC 11-04-2016)
- "Art. 1º, I, do Decreto-Lei 201/67 (peculato do prefeito). Crime próprio, que admite participação. Justa causa. Indicativos suficientes de participação do denunciado no direcionamento de licitação para compra de ambulância com sobrepreço. Denúncia recebida. (STF – Inq 3634, Relator(a): Min. GILMAR MENDES, Segunda Turma, julgado em 02/06/2015, ACÓRDÃO ELETRÔNICO DJe-119 DIVULG 19-06-2015 PUBLIC 22-06-2015)
- "O dolo do crime do art. 1º, II, do DL nº. 201/1967 é a mera consciência e vontade de utilizar-se, indevidamente, em proveito próprio ou alheio, de bens, rendas ou serviços públicos, não se exigindo um especial fim de agir. A situação posta nos autos se adéqua perfeitamente ao delito de aplicação irregular dos recursos advindos do PNAE, não sendo necessária a também condenação do réu pelo delito de desvio, ou aplicação indevida de rendas ou verbas públicas, previsto no art. 1º, inciso III, do Decreto-Lei n. 201/67. Até porque o delito do inciso I prevê pena mais drástica e capaz de reprovar e reprimir todos os atos praticados pelo réu. 4. Apelação parcialmente provida. (TRF-1 – ACR: 4289 AM 2007.32.00.004289-4, Relator: JUIZ TOURINHO NETO, Data de Julgamento: 15/02/2011, TERCEIRA TURMA, Data de Publicação: e-DJF1 p. 59 de 28/02/2011)

CASO ATÍPICO

- **Responsabilidade criminal. Prefeito. Inocorrência. Ato de secretário.** "O simples fato de ser governador à época em que a Secretária de Estado firmou o convênio em questão não atrai a sua responsabilidade penal pela fraude à licitação subsequente e pelo desvio de verbas na execução do contrato. *Mutatis mutandis*, "a mera subordinação hierárquica dos secretários municipais não pode significar a automática responsabilização criminal do Prefeito" (AP nº 447/RS, Pleno, Relator o Ministro Ayres Britto, DJe de 29/5/09). À míngua de elementos probatórios concretos, constitui mera criação mental da acusação a pretensa relação de causalidade entre as doações eleitorais feitas ao réu e seu suposto concurso para a fraude à licitação e o desvio de recursos públicos. Questão de ordem que se resolve pela concessão de habeas corpus, de ofício, em favor do acusado, para rejeitar a denúncia, por falta de justa causa (art. 395, III, CPP). (STF – AP 913 QO, Relator(a): Min. DIAS TOFFOLI, Segunda Turma, julgado em 17/11/2015, ACÓRDÃO ELETRÔNICO DJe-251 DIVULG 14-12-2015 PUBLIC 15-12-2015)

12.2. Uso indevido de bens públicos

II – utilizar-se, indevidamente, em proveito próprio ou alheio, de bens, rendas ou serviços públicos;

12.2.1. Tipo objetivo

A utilização de bens ou servidores públicos em favor do interesse privado pelo agente público ou político, é violação do dever funcional que implica ato ilícito penal pelo desrespeito ao princípio da legalidade e da moralidade administrativa, conquanto beneficiar o particular, acrescendo-lhe vantagem econômica à custa do erário, é desvio de finalidade dos serviços públicos, pois os tributos têm destinação exclusiva para financiar as despesas do Estado e não, para privilegiar um indivíduo isoladamente, apenas porque é detentor de um cargo público poderá dispor dessas regalias.

A conduta típica consiste em utilizar-se (usar, empregar, aproveitar, beneficiar) de forma indevida, sem previsão legal ou contrariando a norma, bens, rendas ou serviços públicos, ou seja, o patrimônio público ou seus equipamentos em benefício próprio ou de terceiros, desfrutando, assim, de vantagem que vai proporcionar algum benefício em detrimento da administração pública.

Além do ônus que essa conduta representa para a administração pública, significa uma afronta aos princípios da legalidade e da moralidade administrativa, pelos quais todos os agentes públicos têm o dever de velar.

Uma das práticas mais comuns no nosso cotidiano é o uso de carro oficial para fins diversos daquele de transportar o agente público nos deslocamentos para a realização de suas tarefas nos dias úteis ou para eventos oficiais.

O carro preto é o símbolo da mordomia no serviço público e a expressão maior desse abuso com sua utilização para fins pessoais, familiares ou particulares dos seus destinatários.

No âmbito da administração pública estadual ou municipal tem sido frequente a identificação de carros locados que são postos à disposição de familiares de autoridades ou destas, para fins exclusivamente pessoais, como: deixar crianças nas escolas, viagens, uso para supermercados, comércio e outros percursos sem relação com o serviço público, mas à custa do erário.

Afora o uso de carro oficial, máquinas, tratores, ônibus, caminhões ou outros veículos oficiais para atendimento privado, de pessoas ou de particulares; há o abuso da utilização pelo agente público de mão de obra pública, devido ao emprego de servidores públicos empregada ou empregados terceirizados em serviço nas residências urbanas ou de praias, pertencentes a agentes públicos ou políticos, ou de terceiros e amigos do poder que se beneficiam com o produto do trabalho de forma ilegal e abusiva.

Também tem sido comum o uso indevido de telefones celulares, ainda mais hoje quando em todas as repartições públicas, o chefe dispõe de um aparelho cedido pelo órgão público, mas que é utilizado fora do expediente e nos fins de semana onde o gasto dessas ligações não tem nada com o serviço público, quando os mesmos deveriam ser usados apenas no interesse da administração pública. É um gasto ilimitado e abusivo, pago pelo contribuinte brasileiro.

12.2.2. *Tipo subjetivo*

É o dolo genérico representado pela vontade livre e consciente de incorrer na conduta antijurídica, visto que é conhecedor de que os bens, rendas ou serviço público são destinados ao uso em favor do interesse da administração pública, mas desvia-se desta finalidade para benefício próprio ou de terceiro; sabe que está onerando o erário e que é ilícito, mas assume o risco do resultado de agir com má-fé, ofendendo os princípios da legalidade e da moralidade pública.

12.2.3. *Consumação*

Os crimes de responsabilidade se configuram independentemente da produção de qualquer resultado naturalístico porque são de natureza formal, visto que as condutas atentam contra a ordem jurídica por violarem a probidade administrativa, a lei orçamentária e o cumprimento das decisões judiciais.

Note-se que é importante assinalar que o dano ao erário não é exigido pelo tipo penal, que positivado se constituirá em exaurimento do comportamento delituoso do agente público.

CASOS TÍPICOS

- "Devidamente delineada a conduta do paciente em razão da sua participação em concorrência pública viciada para fornecimento de combustíveis ao município, no valor total de R$1.610.860,00, o que caracteriza em tese o crime previsto no artigo art. 1º, II, do Decreto Lei nº 201/67, e no art. 90 da Lei nº 8.666/93 c.c. art. 29 do CP , não há falar em ilegalidade apta à rejeição da denúncia". (HC 316.778/BA, Rel. Ministro NEFI CORDEIRO, SEXTA TURMA, julgado em 09/08/2016, DJe 23/08/2016)
- Os crimes do art. 1º do Decreto-Lei 201/67 são próprios dos prefeitos, mas é viável participação de terceiros, na forma do art. 29 do CP. 11. .(STF -Inq 3204, Relator(a): Min. GILMAR MENDES, Segunda Turma, julgado em 23/06/2015, ACÓRDÃO ELETRÔNICO DJe-151 DIVULG 31-07-2015 PUBLIC 03-08-2015)
- O art. 1º, II, do Decreto-Lei nº 201/67 tipifica como crime próprio dos Prefeitos Municipais a conduta de "utilizar-se, indevidamente, em proveito próprio ou alheio, de bens, rendas ou serviços públicos", cominando a pena de reclusão, de dois a doze anos. A realização de propaganda de cariz eleitoral, exaltando a gestão do prefeito municipal e depreciando as administrações anteriores em época próxima ao pleito, custeada pelo Erário do Município, configura o delito previsto no art. 1º, II, do Decreto-Lei nº 201/67". (STF – AP 432, Relator(a): Min. LUIZ FUX, Tribunal Pleno, julgado em 10/10/2013, ACÓRDÃO ELETRÔNICO DJe-213 DIVULG 29-10-2014 PUBLIC 30-10-2014)
- "Para a configuração do delito descrito no art. 1º do Decreto-lei nº 201/67, não se exige dano ao erário, o que se afere é justamente a utilização indevida dos maquinários pertencentes ao Município em proveito alheio. Não há que se falar em mera irregularidade administrativa quando efetivamente resta comprovada a prática de crime, ante a independência das esferas cível, administrativa e criminal. Consoante a doutrina de PAULO MASCARENHAS "(...) Os crimes definidos neste artigo dispensam a valoração do resultado para a tipificação do delito, não importando se o dano causado ao erário ou ao patrimônio públicos foi de maior ou menor monta. O que interessa indagar é se o agente, ao praticar o ato definido neste artigo como crime de responsabilidade, agiu em prol do interesse público, ou, ao contrário, para satisfazer interesse pessoal ou de terceiro. Naquele caso, ou seja, no interesse da Administração, o procedimento do agente, conquanto irregular, não terá caracterizado crime, não sendo, pois, punível. Se, ao inverso, o elemento motivador foi o interesse pessoal do agente – o prefeito ou seu substituto – ou

de terceiro a quem queria beneficiar, trata-se, inequivocadamente, de crime de responsabilidade, punível na forma e modo previstos neste Decreto-Lei" (MASCARENHAS, Paulo. IMPROBIDADE ADMINISTRATIVA E CRIME DE RESPONSABILIDADE DE PREFEITO COMENTADO. 3. ed. Editora RCN. São Paulo: 2004, p. 74/75)".I. (TJPR – 2ª C.Criminal – AC – 1239830-8 – Barracão – Rel.: José Mauricio Pinto de Almeida – Unânime – - J. 20.11.2014) (TJ-PR – APL: 12398308 PR 1239830-8 (Acórdão), Relator: José Mauricio Pinto de Almeida, Data de Julgamento: 20/11/2014, 2ª Câmara Criminal, Data de Publicação: DJ: 1473 10/12/2014).

- "A utilização de serviços de funcionários, máquinas e materiais e da Prefeitura, autorizada pelo Prefeito, em benefício de particulares, sem a observância da Lei Orgânica do Município configura o delito do inciso II do artigo 1º do Decreto-Lei n. 201/67 em concurso de pessoas, na forma do artigo 29 do Código Penal". Apelação crime nº 1.239.830-8" (TJ-SC – PC: 220308 SC 2004.022030-8, Relator: AMARAL E SILVA, Data de Julgamento: 28/06/2005, Primeira Câmara Criminal, Data de Publicação: Processo Crime n. 220308, de Porto União).

CASOS ATÍPICOS

- "O fato de o Prefeito ter emitido relatório atestando a execução integral das obras e dos serviços previstos no Convênio não tem relevância causal para a imputação do crime descrito no art. 1º, II, do Decreto-lei nº 201/67, uma vez que esse documento, além de ter expressamente ressalvado o cumprimento com redução de meta, foi firmado muito tempo após as medições da obra e os pagamentos realizados à contratada, e quando já findo o seu mandato. Ação penal julgada, desde logo, improcedente (art. 6º da Lei nº 8.038/90)". (STF – Inq 3719, Relator(a): Min. DIAS TOFFOLI, Primeira Turma, julgado em 12/08/2014, ACÓRDÃO ELETRÔNICO DJe-213 DIVULG 29-10-2014 PUBLIC 30-10-2014).
- "Os delitos previstos nos incisos I e II do DL 201/67 reclamam como elemento subjetivo do tipo, o dolo, cuja ausência implica a conjuração da pretensão punitiva (Precedentes). *In casu*, instalação de linhas telefônicas em comunidades rurais no Rio Grande do Sul em residências particulares para uso público era medida adotada pela Prefeitura para amenizar o problema de comunicação na região, desde 1986. 3 – Dinâmica narrada nos autos que demonstra a possibilidade de cobrança dos valores gastos individualmente de cada usuário do telefone público instalado nas residências particulares. Ausência do pagamento do telefone da residência do pai do Prefeito que, por si só, não demonstra o dolo de uso pessoal de bem público. Sob o ângulo prática, forçoso destacar que: a) O telefone instalado no Armazém do pai do Prefeito – servia também de sua residência – desde 1986 e que teve alteração de linha em 1997. b) O denunciante narra que ao telefonar para o referido

número para comprovar o uso particular de bem público foi atendido com a identificação do Armazém de propriedade do pai do denunciado. O dolo de agir, *in casu*, consiste intenção consciente de usar o bem público para proveito particular. Ausência de provas do elemento subjetivo porquanto o telefone que havia sido instalado em 1986 teve a sua linha trocada em 1997, sendo certo que as ligações indevidas não podem ser imputadas diretamente ao réu ou algum familiar seu e com a sua ciência. A competência *rationae personae* não invalida o processo nas hipóteses em que o juízo competente, ao assumir os autos, ainda inconclusos, ratifica todos os atos praticados (cf. HC 101-814-PE e INQ 2245/MG). Aplicação do disposto no artigo 386, VII do CPP ante a ausência de provas quanto ao dolo de agir do réu. Dúvida que deve sempre favorecer o réu. Improcedência da ação penal. (STF – AP 416, Relator(a): Min. LUIZ FUX, Tribunal Pleno, julgado em 08/03/2012, ACÓRDÃO ELETRÔNICO DJe-118 DIVULG 15-06-2012 PUBLIC 18-06-2012)

12.3. Desvio na aplicação de verbas públicas

Ill – desviar, ou aplicar indevidamente, rendas ou verbas públicas;

12.3.1. Tipo objetivo

Trata-se de desvio de finalidade de aplicação de rendas ou verbas públicas pela destinação diversa da que foi estipulada pela lei orçamentária. O orçamento público é o instrumento que fixa a despesa e a previsão da receita pública.

A conduta típica decorre do desvio ou aplicação indevida, sem a observância das formalidades necessárias de destinar a sua utilização de forma diversa daquela prevista na lei orçamentária.

O núcleo do tipo é desviar, tirar do caminho ou mudar o destino de uma dotação orçamentária para outros fins que não aqueles previstos na lei orçamentária original.

Note-se que a mudança de dotação é possível desde que seja realizada suplementação orçamentária com a alteração permitida pela lei orçamentária.

A tipificação da conduta objetiva preservar a boa ordem da administração pública em respeito a lei orçamentária que foi aprovada pelo Poder Legislativo visando nortear os destinos da gestão pública, fixando as prioridades e os interesses da administração.

Deve-se dizer que em estado de necessidade, a exemplo de sinistros naturais, como enchentes, tempestades, vendaval ou qualquer outro acidente natural, ou mesmo motivos de força maior, como perturbação da ordem pública, estaria presente a causa excludente da ilicitude.

Como se vê, a presente norma incrimina a utilização de rendas ou verbas públicas desviados indevidamente sob a sua responsabilidade do prefeito. A configuração da conduta decorre do uso indevido da renda ou verba pública para fins diversos daqueles a que são destinados, na sua aplicação, no desempenho da atividade funcional para o atingimento do interesse público e do bem comum.

Trata-se de um desvio de finalidade pela prática de um ato visando a um fim diferente daquele, previsto na regra da competência de suas atribuições. Assim, além da conduta de improbidade, esta postura afronta as normas de conduta do servidor público, previstas no inc. IV, do art. 5º da Lei 8.027/90.

12.3.2. Tipo subjetivo

É o dolo genérico representado pela vontade livre e consciente de incorrer na conduta antijurídica, visto que é conhecedor da destinação da renda ou verba pública fixada pela lei orçamentária, mas ordena ou autoriza a sua utilização em destinação diversa, de forma indevida, assumindo o risco do resultado de agir com má-fé, ofendendo os princípios da legalidade, da probidade e da moralidade pública.

12.3.3. Consumação (ver item 12.2.3)

CASOS TÍPICOS

- "O Administrador público municipal deve se ater às destinações das verbas previstas na lei orçamentária, devidamente tituladas e codificadas, visto que a objetividade jurídica do delito de aplicação indevida é não só a boa versação do patrimônio público, bem como o acatamento aos planos administrativos a que deve se jungir os governantes" (RT 575/423).
- "O dolo, para os efeitos do crime de responsabilidade inserto no art. 1º, inc. III, basta que o agente tenha ciência que desvia e aplique indevidamente as verbas públicas, como no caso, em que houve a utilização dessas em programa social habitacional destinado a pessoas carentes, todavia, que beneficiou munícipes que não se enquadravam na finalidade da norma local, qual seja, a situação de vulnerabilidade social e de miséria". (TJ-RS – ACR: 70058986746 RS , Relator: Rogerio Gesta Leal, Data de Julgamento: 31/07/2014, Quarta Câmara Criminal, Data de Publicação: Diário da Justiça do dia 08/08/2014)
- "O emprego de verba pública em despesa diversa daquela prevista em convênio, sem demonstração de desvio de recursos em proveito próprio ou de terceiro, caracteriza o crime do art. 1º, III, do Decreto-lei 201/1967 ("desviar, ou aplicar indevidamente, rendas ou verbas públicas"); não o do inciso I ("apropriar-se de bens ou rendas públicas, ou desviá-los em proveito próprio ou alheio")".

(TRF-1 – RSE: 207308520054013300 BA 0020730-85.2005.4.01.3300, Relator: DESEMBARGADOR FEDERAL OLINDO MENEZES, Data de Julgamento: 07/10/2013, QUARTA TURMA, Data de Publicação: e-DJF1 p.247 de 25/10/2013)

- "Restou configurado o dolo na conduta do acusado diante dos elementos colacionados aos autos, em especial o depoimento da Secretária de Saúde da municipalidade ao tempo dos fatos, no qual informou que o Prefeito possuía prévio conhecimento da utilização dos recursos em fins incompatíveis com a finalidade do Programa, na medida em que a uso dos recursos só era feito após a prévia autorização do mesmo. 10. O magistrado, para o decreto condenatório, não utilizou isoladamente informações colhidas no inquérito, pois levou em conta todo o conjunto probatório presente nos autos. Extinção da punibilidade em relação à pena privativa de liberdade de 7 meses de detenção, devido à prescrição retroativa. Manutenção da pena de inabilitação para o exercício de cargo ou função pública, pelo prazo de 5 (cinco) anos, por se cuidar de modalidade sancionatória independente e autônoma, sujeita a lapso prescricional próprio, 12 anos (art. 109, III, CP). Apelação do Ministério Público Federal improvida. Extinção da punibilidade do acusado pela ocorrência da prescrição retroativa, apenas no tocante à pena privativa de liberdade. Apelação do réu improvida. (TRF-5 – APR: 200984000082691 , Relator: Desembargador Federal Manoel Erhardt, Data de Julgamento: 25/04/2013, Primeira Turma, Data de Publicação: 02/05/2013)

- "O art. 1º, III, do Decreto-Lei nº 201/67 pune o ato de desviar, ou aplicar indevidamente, rendas ou verbas públicas. II – Tal delito se perfaz pela simples prática da conduta estabelecida em lei, independentemente da existência de efetivo prejuízo ao interesse da Administração Pública. Seu elemento subjetivo corresponde ao dolo genérico – vontade deliberada e consciente de desviar, ou aplicar indevidamente, as verbas ou rendas públicas Não há de se falar, pois, em exigência do dolo específico, representado pelo fim de prejudicar a Administração Pública. As condutas previstas no art. 1º, III, do Decreto-Lei nº 201/67 não se confundem com aquelas do art. 1º, I, do mesmo diploma legal. Na hipótese do inciso I, mais grave, à semelhança do peculato (art. 312 do CP), o desvio de verbas públicas é realizado em proveito próprio ou alheio. No caso do inciso III, menos rigoroso, o desvio ou aplicação indevida das rendas ou verbas (de forma semelhante ao tipo do art. 315 do CP), é empregado em favor da própria Administração Pública ou da coletividade que ela representa. Precedentes do STJ. O fato de Prefeito Municipal realizar despesa indevida e irregular, na execução de convênio firmado com o Ministério da Saúde, contratando serviços não estabelecidos nas cláusulas do ajuste, caracteriza, em tese, a infração do art. 1º, III, do Decreto-Lei nº 201/67. V – Recurso em sentido estrito provido, a fim de que a denúncia seja recebida". (TRF-5 – RSE: 1010 PE 0000064-04.2007.4.05.8305, Relator: Desembargadora Federal Margarida Cantarelli, Data de Julgamento: 11/09/2007, Quarta Turma, Data de

Publicação: Fonte: Diário da Justiça - Data: 02/10/2007 - Página: 519 - Nº: 190 - Ano: 2007).

- "Deve haver uma correlação entre o fato descrito e o fato pelo qual o réu é condenado. Esse princípio da correlação entre a imputação e sentença representa uma das mais relevantes garantias do direito de defesa e qualquer distorção, sem observância dos dispositivos legais cabíveis, significa ofensa a ele, acarretando a nulidade da decisão. Compreende-se, destarte, que o juiz se ache de certo modo vinculado à denúncia, não podendo julgar o réu por fato de que não foi acusado ('*extra petita*' ou '*ultra petita*'), ou de modalidade mais grave ('*in pejus*'), proferindo sentença que se afaste ou se alheie ao requisitório da acusação. É o princípio da 'mutatio libelli' que se tem em vista; com ele se assegura a imutabilidade da acusação""". """Segundo a Súmula 453 do STF, """não se aplicam à segunda instância o art. 384 e parágrafo único do CPP, que possibilitam dar nova definição jurídica ao fato delituoso, em virtude de circunstância elementar não contida explícita ou implicitamente na denúncia ou queixa""". """É inadmissível, em recurso exclusivo da Defesa, a anulação de ofício da sentença condenatória, pela ausência de correlação com a denúncia, já tendo havido trânsito em julgado para a acusação, pois causaria prejuízo à Defesa, incidindo em inaceitável 'reformatio in pejus', sendo a absolvição a medida cabível""". Recurso provido. (TJ-MG 101070690001000011 MG 1.0107.06.900010-0/001(1), Relator: SÉRGIO BRAGA, Data de Julgamento: 30/01/2007, Data de Publicação: 06/02/2007)

CASO ATÍPICO

- "A antecipação do executivo no emprego de renda excedente do orçamento, desde que útil e proveitosamente feito no interesse público, sem dolo ou malícia da autoridade, não constitui crime. E isto porque o objeto da tutela penal é justamente o interesse público, no sentido mais amplo possível" (RT 292/395).

12.4. Uso de verbas em desacordo com planos ou programas

IV – empregar subvenções, auxílios, empréstimos ou recursos de qualquer natureza, em desacordo com os planos ou programas a que se destinam;

12.4.1. Tipo objetivo

A conduta incriminadora consiste em aplicar fundos públicos de forma diversa daquela destinada pelos planos ou programas governamentais, desviando sua aplicação do interesse primado para aquela finalidade visando contemplar áreas ou setores importantes da sociedade em virtude de suas prementes necessidades, cuja clientela são sempre aquelas que mais precisam do apoio e da proteção do poder público.

Destaque-se que os municípios são obrigados a gastar da sua receita pública de tributos o limite mínimo de 12% (doze por cento) para a saúde e 25% (vinte e cinco por cento) para a educação. Desatender estes parâmetros na aplicação de seus recursos públicos, incorreria na conduta típica descrita neste tipo.

Registre-se que as subvenções, nos termos da Lei nº 4.320/64, são as transferências destinadas a cobrir despesas de custeio das entidades beneficiadas. Auxílios são ajudas recebidas para cobrir parcial ou totalmente, despesas visando à construção, reforma ou ampliação de bens públicos patrimoniais ou para outras despesas de custeio. Já os empréstimos são decorrentes de crédito utilizados pelo município para obter financiamento para fins específicos autorizados por lei aprovada pela Câmara de Vereadores.

Quando o dispositivo menciona recursos de qualquer natureza são aqueles que abrangem todas outras fontes de receitas públicas não discriminadas por lei especial ou lei orçamentária

Colimando a supremacia do interesse público, impõe-se o dever jurídico do agente público ser submisso aos princípios norteadores da administração pública pautado na honestidade, imparcialidade, legalidade e lealdade às instituições.

O interesse público é aquele, submetido a um regime jurídico de ordem pública, resguardado por normas que primam pela preeminência do interesse público sobre o particular e, principalmente, pela indisponibilidade do direito vindicado.

Infirma-se, assim, que os atos administrativos necessariamente deverão ser primados pela escorreita formação legal, desinfluente de qualquer eiva de vício formal, material ou subjetivo na sua consecução acoimada na cogência e inderrogabilidade das normas incumbidas de proteger os interesses públicos, proteção que se justifica à medida que transcendem a individualidade, fazendo repercutir sua satisfação sobre a coletividade e que todos, indistintamente, sejam destinatários de seus preceitos.

Legalidade é aquilo que atende à norma em toda a sua inteireza. E os princípios apresentam-se à própria razão fundamental de ser das coisas jurídicas, indicam o alicerce do direito.

Carlos Alberto Bittar[8] ensina que os princípios gerais do direito, ou princípios ordenadores da ordem jurídica, são valores inatos da natureza humana;

8. BITTAR, Carlos Alberto. **Curso de Direito Civil**. 1. ed. Rio de Janeiro: Forense Universitária, 1994. v. 1, p. 46.

constituem o mínimo que a pauta da convivência social deve observar para que haja uma convivência pacífica, segura e harmônica entre os seres personalizados[9].

Jesús González Peres, citado por Carlos Ari Sundfeld, ensina que "[...] *os princípios jurídicos constituem a base do ordenamento jurídico, '**a parte permanente e eterna do Direito e também a cambiante e mutável, que determina a evolução jurídica**'; são as ideias fundamentais e informadoras da ordem jurídica da Nação*"[10].

12.4.2. Tipo subjetivo

É o dolo genérico representado pela vontade livre e consciente de incorrer na conduta antijurídica, visto que é conhecedor da destinação das subvenções, auxílios, empréstimos ou recursos de qualquer natureza, que em virtude de lei está expresso nos planos ou programas a que se destinam; mas ordena ou autoriza a sua utilização em destinação diversa, de forma indevida, assumindo o risco do resultado de agir com má-fé, ofendendo os princípios da legalidade, da probidade e da moralidade pública.

12.4.3. Consumação (ver item 12.2.3)

CASO TÍPICO

- "Os incisos III e IV, do art. 1º, do Decreto-Lei 201/67 prevêem enquadrarem-se como crimes de responsabilidade o desvio ou aplicação indevida de rendas ou verbas públicas e o emprego de subvenções, auxílios, empréstimos ou recursos de qualquer natureza, em desacordo com os planos ou programas a que se destinam. 2. Materialidade delitiva comprovada no sentido de que parte da renda do FUNDEF – Fundo de Manutenção e Desenvolvimento do Ensino Fundamental e Valorização do Magistério foi utilizada para pagar despesas administrativas diversas da finalidade do fundo, bem como que não houve o emprego de 60% dos recursos do Fundo na remuneração dos profissionais do magistério em efetivo exercício de suas atividades no ensino fundamental público, como determina o art. 7º da Lei 9.424/96. 3. Dolo do apelante evidente não apenas por ser ele a pessoa que, na qualidade de prefeito do município,

---

9. Bittar afirma que "[...] *são valores que transcendem à ordem positivada do Direito, porque se situam na linha básica da proteção à essência do homem e da consecução de seu desenvolvimento natural e do seu aperfeiçoamento normal, ou seja, no fundo, de seus próprios fins na sociedade*". (BITTAR, Carlos Alberto. **Curso de Direito Civil**, p. 46)

10. SUNDFELD, Carlos Ari. **Fundamentos de Direito Público**. 3. ed. São Paulo: Malheiros, 1998. p. 136.

era o agente responsável pela ordenação de despesas da municipalidade, mas sim porque tinha ciência de que parte da verba do FUNDEF estava sendo destinada para custear despesas do município que não atendiam aos fins da verba federal, desvirtuando a utilização dos recursos federais. (TRF-5 – APR: 200683080009593 , Relator: Desembargador Federal Marcelo Navarro, Data de Julgamento: 23/05/2013, Terceira Turma)

CASOS ATÍPICOS

- "No delito do art. 1º, inciso IV, do Decreto-Lei n. 201/67, a elementar 'empregar subvenções, auxílios, empréstimos ou recursos de qualquer natureza, em desacordo com os planos ou programas a que se destinam' refere-se apenas à omissão do gestor público em cumprir com sua obrigação legal e constitucional, sem que se cogite de acrescentamento patrimonial próprio ou de outrem. Nisso se diferencia do delito do inciso I. Assim, neste delito, não há necessidade de desvio de verba e real prejuízo para os cofres públicos para sua caracterização. Delito não configurado" (TRF-1 – ACR: 3698 AM 0003698-08.2007.4.01.3200, Relator: JUIZ FEDERAL RENATO MARTINS PRATES (CONV.), Data de Julgamento: 22/04/2013, TERCEIRA TURMA, Data de Publicação: e-DJF1 p.263 de 03/05/2013)
- "Deve incidir o princípio da consunção do crime de falsidade ideológica (artigo 299 do Código Penal) em relação ao emprego de recursos em desacordo com os planos ou programas a que se destinam (artigo 1º, IV, do Decreto-Lei nº 201/67), eis que a inserção pelo réu de informações falsas no Termo de Aceitação Definitiva da Obra e no relatório de Execução Físico-Financeira constituiu crime-meio para atestar, falsamente, a integral execução do convênio e a suposta observância dos padrões técnicos exigidos (crime-fim). – Ocorreu verdadeiro *bis in idem* quanto aos crimes dispostos no artigo 92, caput, da Lei nº 8.666/93 e no artigo 1º, IV, do Decreto-Lei nº 201/67. – Cristalina é a ofensa ao bem jurídico tutelado, uma vez que, ao empregar recursos oriundos do Convênio nº 603/2001, em desacordo com o plano a que se destinavam, com a alteração da localização das unidades habitacionais e a utilização de materiais diversos dos inicialmente previstos, sem qualquer motivação para as modificações, restou patente a lesão aos princípios que regem a Administração Pública (legalidade, moralidade...). – Materialidade e autoria comprovadas. – Apelação de JOEL LUIZ CUZZUOL conhecida e desprovida. -Apelação de JOSÉ HANSTENREITER conhecida e provida em parte. (TRF-2 – APR: 200950010001115 , Relator: Desembargador Federal MARCELLO FERREIRA DE SOUZA GRANADO, Data de Julgamento: 18/12/2013, PRIMEIRA TURMA ESPECIALIZADA, Data de Publicação: 17/01/2014)

12.5. Ordenar despesas ilegais

V – ordenar ou efetuar despesas não autorizadas por lei, ou realizá-Ias em desacordo com as normas financeiras pertinentes;

12.5.1. Tipo objetivo

A Lei do Orçamento contém a discriminação da receita e despesa, de forma a evidenciar a política econômico-financeira e o programa de trabalho do Governo, obedecidos os princípios da unidade, universalidade e anualidade, é o que preceitua o art. 2º da Lei 4.320/64, de modo que existem três instrumentos legais que disciplinam aplicação das verbas públicas; a Lei de Orçamento, a Lei de Responsabilidade Fiscal e a Lei de Licitação, que estabelece os meios de aquisição de bens, produtos, contratação de serviços e alienação das coisas públicas.

Essas normas formam o conjunto de regramento da utilização dos recursos públicos que devem ser observados para o reconhecimento da sua eficácia e validade. O desatendimento de procedimentos, etapas e aplicações impróprias, com a liberação do *quantum*, configura a conduta descrita neste dispositivo. Isso porque o núcleo do tipo é liberar verba pública atropelando os regramentos normativos que disciplinam todo o processo de contratação, execução e pagamentos.

Estabelece a Lei 4.320/64 que "é vedada a realização de despesa sem prévio empenho" (art. 60). Empenho é o instrumento de que se serve a administração, a fim de controlar a execução orçamentária. É o empenho a garantia dos destinatários dos pagamentos de que receberam os valores pelos seus serviços prestados ou fornecimentos de bens, produtos ou equipamentos.

O empenho pressupõe anterioridade, é elaborado e assinado antes da realização da despesa autorizada. *A posteriori*, é burla. Assim posto, o agente responsável não poderá autorizar a liberação de verba publica relativa às despesas autorizadas sem o preenchimento da nota do prévio empenho.

Também não poderá o agente liberar o pagamento ou verba pública sem que o setor competente tenha atestado o recebimento do material ou equipamentos, ou ainda, da realização do serviço.

O pagamento proveniente de contrato direto ou sem licitação também gera a solidariedade do responsável pelo ato autorizativo da despesa originariamente irregular. Assim, aquele que ordenar despesa ilegal e aquele que efetuar o pagamento, são igualmente responsáveis pela prática do ato caracterizador da improbidade administrativa.

Outras situações que podem enquadrar o tipo desta norma é o pagamento de ordem de precatório sem a observância da sequência cronológica dos credores e também pagamentos sem previsão orçamentária.

De forma que a conduta típica decorre do cometimento do prefeito em ordenar despesa não prevista ou autorizada por lei, ou ainda, realizá-la em desconformidade com as normas financeiras pertinentes.

12.5.2. Tipo subjetivo

É o dolo genérico representado pela vontade livre e consciente de incorrer na conduta antijurídica, visto que é conhecedor de que a despesa pública não está autorizada em lei, mas promove a sua realização em amparo legal. Ainda, em decorrência desta ausência de previsão legal, procede a sua efetivação violando, por consequência, as normas financeiras. Poderá, ainda, mesmo havendo autorização legal, determinar a realização da despesa em desacordo com as normas financeiras. De uma forma ou de outra, assumindo o risco do resultado de agir com má-fé, ofendendo os princípios da legalidade, da probidade e da moralidade pública.

12.5.3. Consumação (ver item 12.2.3)

CASOS TÍPICOS

- "Ordenar e efetuar despesas não autorizadas por lei. O dolo, para os efeitos do crime de responsabilidade inserto no art. 1º, inc. III, basta que o agente tenha ciência que desvia e aplique indevidamente as verbas públicas, como no caso, em que houve a utilização dessas em programa social habitacional destinado a pessoas carentes, todavia, que beneficiou munícipes que não se enquadravam na finalidade da norma local, qual seja, a situação de vulnerabilidade social e de miséria. ART. 1º, INC. V, DO DECRETO-LEI Nº 201/67. A conduta do art. 1º, inc. V, impõe ao ordenador da despesa o resguardo da probidade administrativa, consistindo o dolo em querer o administrador realizar a despesa quando não cumprida a exigência legal. Comete esse crime o Prefeito que ordena ou realiza despesa sem prévio empenho, sendo este o ato administrativo que institui bloqueio de recursos orçamentários e cria para o ente público obrigação futura de pagamento". (Apelação Crime Nº 70058986746, Quarta Câmara Criminal, Tribunal de Justiça do RS, Relator: Rogerio Gesta Leal, Julgado em 31/07/2014) (TJ-RS – ACR: 70058986746 RS , Relator: Rogerio Gesta Leal, Data de Julgamento: 31/07/2014, Quarta Câmara Criminal, Data de Publicação: Diário da Justiça do dia 08/08/2014)
- "A peça acusatória, deixa claro que o primeiro denunciado, quando prefeito de Marília/SP, teria ordenado irregularmente a realização de despesas não autorizadas por lei. Pode-se enquadrar, assim, o crime praticado por ex-prefeito quando no exercício efetivo do cargo no tipo penal previsto na norma do inciso

V do art. 1º do Decreto-Lei nº 201/67, já definido nesta Suprema Corte como crime comum (HC nº 70.671-1/PI, Tribunal Pleno, Relator Ministro Carlos Velloso, DJ de 19/5/95; HC nº 71.991-1/MG, Primeira Turma, Relator Ministro Sydney Sanches, DJ de 3/3/95; RHC nº 73.210-1/PA, Segunda Turma, Relator Ministro Maurício Corrêa, DJ de1º/12/95). O crime em tela consumou-se de forma instantânea, mediante subscrição do contrato de locação e a consequente autorização para a realização das despesas não autorizadas por lei, conduta única, ainda que a situação antijurídica dela decorrente tenha se prolongado no tempo. (AP 441, Relator(a): Min. DIAS TOFFOLI, Tribunal Pleno, julgado em 08/03/2012, ACÓRDÃO ELETRÔNICO DJe-111 DIVULG 06-06-2012 PUBLIC 08-06-2012)

- "Crime de responsabilidade. Despesa efetuada em desacordo com as normas financeiras pertinentes. Ausência de prévia tomada de preços ou convite. Prefeitura municipal não é casa de comércio, onde o seu proprietário age a seu talante. Como mandatário de uma comunidade, é necessário que o administrador fique sob a égide da lei, não agindo à sua vontade e fazendo o que lhe aprouver. Condenação decretada" (RT 469/356)
- "Crime de responsabilidade. Delito caracterizado. Prefeito Municipal. Realização de obras sem concorrência pública e sem autorização legal. Condenação decretada. Apelação provida. Inteligência do art. 1º, V, do Dec.-lei 201/67. Caracteriza o delito previsto no art. 1º, V, do Dec.-lei 201/67, o fato de o prefeito ordenar ou efetuar despesas não autorizadas por lei, ou realizá-las em desacordo com as normas financeiras pertinentes" (RT 447/436).
- "A conduta do art. 1º, inc. V, impõe ao ordenador da despesa o resguardo da probidade administrativa, consistindo o dolo em querer o administrador realizar a despesa quando não cumprida a exigência legal. Comete esse crime o Prefeito que ordena ou realiza despesa sem prévio empenho, sendo este o ato administrativo que institui bloqueio de recursos orçamentários e cria para o ente público obrigação futura de pagamento. (TJ-RS - ACR: 70058986746 RS, Relator: Rogerio Gesta Leal, Data de Julgamento: 31/07/2014, Quarta Câmara Criminal, Data de Publicação: Diário da Justiça do dia 08/08/2014)

CASO ATÍPICO

- Realização de despesas sem os prévios empenhos. - A leitura atenta do acórdão *a quo* deixa claro e estreme de dúvida a ausência de juízo de valor quanto ao eventual agir doloso do réu, ora embargante, assim como possíveis prejuízos causados em virtude dos pagamentos, sem os precedentes empenhos. Tanto assim, que o indigitado julgado cita as provas pericial e testemunhal, para concluir o seguinte: Destarte, ao deixar de realizar o empenho prévio das despesas, o ex-Prefeito municipal desobedeceu o procedimento legalmente estatuído para a realização das despesas, que deveria ocorrer na seguinte ordem: empenho, liquidação e, somente então, o pagamento (consoante se denota da resposta do perito ao quesito nº 05 do requerente - fls. 2578) (fl. 5.947). - A Primeira Turma do STJ, para dar provimento ao recurso especial adesivo do réu, ora embargado, considerou mera irregularidade administrativa a realização de pagamentos, sem a efetivação dos prévios respectivos empenhos, já que tal conduta não foi perpetrada juntamente com atos que, esses sim, pudessem evidenciar conduta ímproba, como, v. g., favorecimento pessoal a determinada empresa contratada pelo Município. Logo, autorizar pagamentos, sem os prévios empenhos, constitui mera irregularidade administrativa. Essa é a conclusão do acórdão embargado. Por isso, não se vislumbra nenhuma omissão quanto a esse ponto. 5. Inexiste fundamento constitucional autônomo. - Embargos de declaração rejeitados.

(STJ - EDcl no REsp 1322353/PR, Rel. Ministro BENEDITO GONÇALVES, PRIMEIRA TURMA, julgado em 18/10/2012, DJe 11/12/2012)

- "A falta de indicação, na nota de empenho, do saldo anterior da dotação orçamentária e o resultante da dedução do valor empenhado, constitui inegável irregularidade administrativa de responsabilidade do prefeito, mas não chega a tipificar infração penal, dada a falta da prova de dolo ou má fé, e indemonstração de prejuízo ao erário público ou à execução orçamentária, daí por que imperativa a absolvição do agente". (TJ-PR – APN: 406691 PR Ação Penal (Cam) – 0040669-1, Relator: Nunes do Nascimento, Data de Julgamento: 29/10/1998, 2ª Câmara Criminal, Data de Publicação: 16/11/1998 DJ: 5267).

12.6. Deixar de anualmente prestar contas

> VI – deixar de prestar contas anuais da administração financeira do Município a Câmara de Vereadores, ou ao órgão que a Constituição do Estado indicar, nos prazos e condições estabelecidos;

12.6.1. Tipo objetivo

A conduta incriminadora é deixar de prestar de contas anualmente à Câmara de Vereadores, que tem a incumbência constitucional de fiscalizá-las, contando para essa atribuição com o auxílio do Tribunal de Contas do Estado cujo parecer só deixará de prevalecer por decisão de dois terços dos membros do parlamento municipal.

A prestação de contas é o ato pelo qual o gestor público demonstrar a aplicação dos recursos públicos e a realização das despesas nas áreas patrimoniais, de custeios e financiamentos ou parcelamento de dívidas em geral.

É através da prestação de contas que se verificará o cumprimento da lei orçamentária e dos gastos mínimos estabelecidos pela Constituição Federal para a saúde e educação, bem como, se a Lei de Responsabilidade Fiscal foi integralmente respeitada, inclusive com a limitação de despesas com pessoal no percentual de 60% (sessenta por cento) da receita corrente líquida.

12.6.2. Tipo subjetivo

É o dolo genérico representado pela vontade livre e consciente de incorrer na conduta antijurídica, visto que é conhecedor do poder-dever de prestar contas, mas se nega ou se omite em fazê-lo, sonegando elementos informativos dos atos de gestão para impedir o exercício de fiscalização pela Câmara Municipal para assumir com esse ato omissivo o risco do resultado de agir com má-fé, ofendendo os princípios da legalidade, da probidade e da moralidade pública.

12.6.3. Consumação (ver item 12.2.3)

CASOS TÍPICOS

- "Se o tipo penal do crime previsto no art. 1º, VI, do Decreto-Lei n.º 201/67, traz em si a ideia de que a conduta reside na não-prestação de contas em momento oportuno, resta inviável aceitar a conclusão de que o cumprimento da ordem legal em qualquer momento retira o dolo da conduta omissiva. A discussão do dolo específico é matéria que reclama a sobrevinda da instrução, notadamente se a defesa não apresentou dados seguros de exclusão do elemento anímico do tipo. Recurso provido para receber a denúncia" (STJ – REsp 707.314, Sexta Turma, Rel. Min. Maria Thereza de Assis Moura, DJe de 1.2.2010).
- "Satisfazendo a peça acusatória os requisitos do art. 41 do CPP, a elucidação dos fatos, em tese delituosos, descritos na vestibular acusatória depende da regular instrução criminal, com o contraditório e a ampla defesa. A prestação de contas antes do oferecimento da denúncia não afasta, de plano, a configuração do crime previsto no art. 1º, inciso VI, do Decreto-Lei 201/67, pois o simples atraso no cumprimento desse dever pode caracterizar o delito. Precedentes. Recurso provido" (STJ – REsp nº 448.543/MA, Rel. Min. Arnaldo Esteves Lima, DJ de 19.11.2007).
- "Se há nos autos lastro probatório mínimo de que tenha o denunciado praticado os fatos típicos descritos na peça acusatória, imperiosa a condenação do acusado no crime previsto nos art. 1º, VI, do Decreto-Lei 201/67. 2. Denúncia julgada procedente para condenar o acusado, por unanimidade". (TJ-MA – AP: 0258422010 MA 0016091-69.2010.8.10.0000, Relator: JOSÉ BERNARDO SILVA RODRIGUES, Data de Julgamento: 28/06/2012, SEGUNDA CÂMARA CRIMINAL, Data de Publicação: 24/08/2012).

CASOS ATÍPICOS

- "De acordo com a denúncia, o Prefeito do Município de São João da Ponta encontrava-se inadimplente perante o Tribunal de Contas Municipal, violando assim o art. 1º, inciso VI do DL nº 201/67; II Entretanto, restou comprovada pela defesa a prestação de contas pendentes; Portanto, mesmo apresentando o referido relatório intempestivamente, o mesmo não gerou prejuízos, sendo atípica a conduta do denunciado; IV Não recebimento da denúncia, acompanhando requerimento ministerial". (TJ-PA – AP: 201130275676 PA , Relator: NADJA NARA COBRA MEDA – JUIZ CONV. MUT., Data de Julgamento: 20/09/2013, CÂMARAS CRIMINAIS REUNIDAS, Data de Publicação: 24/09/2013).
- "De acordo com a denúncia, o Prefeito do Município de Goianésia do Pará encontrava-se inadimplente perante o Tribunal de Contas Municipal, violando assim o art. 1º, inciso VI do DL nº 201/67. II Entretanto, restou comprovada pela defesa a prestação de contas do 1º quadrimestre, bem como a apresentação do RREO referentes ao 1º e 2º bimestres do mesmo ano. III A apresentação do RGF foi prorrogada, de acordo com a portaria emitida pelo TCM, que foi juntada aos autos. Ademais, o Prefeito optou pela modalidade de apresentação semestral, haja vista o município de Goianésia possuir menos de 50.000 (cinquenta mil) habitantes. Portanto, mesmo apresentando o referido relatório intempestivamente, o mesmo não gerou prejuízos, sendo atípica a conduta do denunciado. IV Não recebimento da denúncia, acompanhando requerimento ministerial. (Ação Pena. Processo n.º 20083008413-9, Nº DO ACORDÃO: 91737, PUBLICAÇÃO: Data:08/10/2010 – ÓRGÃO JULGADOR: CÂMARAS CRIMINAIS REUNIDAS – COMARCA: GOIANESIA DO PARÁ – RELATORA: RAIMUNDA DO CARMO GOMES NORONHA)
- "Consoante entendimento desta Corte, o atraso na prestação de contas pode configurar, por si só, o delito previsto no art. 1º, inciso VI, do Decreto-Lei nº 201/67. No caso, todavia, à vista do pequeno atraso com pagamento da multa antes da oferta da denúncia e o fato de o acórdão afastar qualquer elemento subjetivo, não há como, em sede de recurso especial, contravir a essas considerações. Daí porque é de se negar provimento ao recurso". (STJ – REsp 735481 / MA Ministro José Arnaldo da Fonseca – T5 – DJ 24/10/2005).

12.7. Deixar de prestar contas de valores recebidos

VII – Deixar de prestar contas, no devido tempo, ao órgão competente, da aplicação de recursos, empréstimos subvenções ou auxílios internos ou externos, recebidos a qualquer titulo;

12.7.1. Tipo objetivo

O recebimento de subvenções ou auxílio internos ou externos, ou de recursos provenientes de empréstimos são pactuados mediante a definição normativa de suas aplicações, cuja destinação diversa daquilo que foi estabelecido nos contratos, convênios ou acordos, importará no emprego irregular de verba pública.

Esses contratos, convênios ou acordos estabelecem prazos e condições para a prestação de contas, instrumento pelo qual o gestor público irá comprovar a aplicação dos valores recebidos, encargo que se apresenta relevante para a demonstração da regular destinação dos recursos financeiros para atender ao interesse da administração pública e da coletividade.

De modo que, deixar de prestar contas de valores recebidos nessas circunstâncias, no prazo fixado no instrumento legal, conduz o agente público incorrer na conduta típica descrita neste dispositivo legal.

A prestação de contas é o instrumento formal de comprovar a contrapartida da destinação da verba pública de sua integral aplicação, atendendo assim, ao objetivo pactuado no convênio, contrato ou acordo, porque o seu descumprimento incorre em utilização irregular de verba pública, razão pela qual é dever do administrador demonstrar a sua aplicação.

Assim como no inciso anterior, cuida-se de crime de mera conduta, porquanto se configura o tipo com o ato omissivo do alcaide.

12.7.2. Tipo subjetivo

É o dolo genérico representado pela vontade livre e consciente de incorrer na conduta antijurídica, visto que é conhecedor do poder-dever de prestar contas, mas se nega ou se omite em fazê-lo, para assumir com esse ato omissivo o risco do resultado de agir com má-fé, ofendendo os princípios da legalidade, da probidade e da moralidade pública.

12.7.3. Consumação (ver item 12.2.3)

CASOS TÍPICOS

- "O crime previsto no artigo 1º, inciso VII, do Decreto-lei nº 201/67 (omissão na prestação de contas) consuma-se após o decurso do prazo para a prestação de contas sem que o agente tenha cumprido a obrigação". (TRF-3 – ACR: 00047997720034036106 SP 0004799-77.2003.4.03.6106, Relator: DESEMBARGADOR FEDERAL MAURICIO KATO, Data de Julgamento: 22/02/2016, QUINTA TURMA, Data de Publicação: e-DJF3 Judicial 1 DATA: 01/03/2016)

- "O crime previsto no art. 1º, VII, do Decreto-Lei n.º 201/1967, resta consumado no momento em que se extrapola o prazo previsto no convênio, para a prestação de contas, assinado pelo réu na qualidade de prefeito municipal" (ACR 6195/PB, Desembargadora Federal Margarida Cantarelli, decisão unânime da Quarta Turma, em 26 de maio de 2009). (TRF-5 - INQ: 2139 PB 0002859-04.2007.4.05.8201, Relator: Desembargador Federal Maximiliano Cavalcanti (Substituto), Data de Julgamento: 02/12/2009, Pleno, Data de Publicação: Fonte: Diário da Justiça Eletrônico - Data: 27/01/2010 - Página: 83 - Ano: 2010)

- "O atraso na prestação de contas por parte do Prefeito configura crime de responsabilidade, nos termos no art. 1º, VII, do Decreto-lei n.º 201/1967. E, conforme precedentes desta Corte, a verificação do elemento subjetivo do tipo (no caso, o dolo) é conclusão que decorre da fase instrutória, razão pela qual não pode ocorrer o trancamento adiantado do processo-crime". (STF - HC 249.835/BA, Rel. Ministra LAURITA VAZ, QUINTA TURMA, julgado em 19/08/2014, DJe 28/08/2014)

- "Para a configuração do delito do art. 1º, inciso VII, do Decreto-Lei n. 201/67, basta que se pratique o núcleo do tipo, "deixar de prestar contas", porque é delito de mera conduta, que não exige resultado no mundo naturalístico. Visa-se preservar a boa regularidade da administração". (TRF-1 - ACR: 3698 AM 0003698-08.2007.4.01.3200, Relator: JUIZ FEDERAL RENATO MARTINS PRATES (CONV.), Data de Julgamento: 22/04/2013, TERCEIRA TURMA, Data de Publicação: e-DJF1 p.263 de 03/05/2013)

- "O tipo penal do art. 1º, inciso VII, do Decreto-Lei nº 201/67 contempla crime formal, que se consuma independentemente da produção de qualquer resultado naturalístico. Trata-se de crime omissivo próprio, cuja prática se aperfeiçoa com a abstenção do ato de prestar contas no devido tempo. Resta consumado o delito com o simples atraso no envio dos balancetes. Desnecessário o elemento subjetivo consistente na vontade (dolo) de não prestar contas no tempo devido ou de causar prejuízo ao erário.2. O inquérito policial não é peça indispensável ao oferecimento de denúncia. 3. A Constituição Estadual impõe ao chefe do Executivo Municipal - e às pessoas jurídicas da administração indireta - o dever de prestar contas. A Secretaria de Saúde é mero órgão desprovido de personalidade jurídica própria, integrante e subordinado ao executivo municipal. Cabe ao Prefeito prestar contas pelos recursos percebidos pelo Executivo municipal, mesmo que destinados aos mais diversos órgãos que o compõe.4. Ação penal julgada procedente". (TJ-PI - AP: 70000425 PI , Relator: Des. Erivan José da Silva Lopes, Data de Julgamento: 10/05/2011, 2a. Câmara Especializada Criminal)

12.8. Contrair empréstimo de forma irregular

VIII – Contrair empréstimo, emitir apólices, ou obrigar o Município por títulos de crédito, sem autorização da Câmara, ou em desacordo com a lei;

12.8.1. Tipo objetivo

A contratação de empréstimo junto à rede bancária, a emissão de apólices, que são títulos de créditos emitidos, no caso pelo município para levantar dinheiro, sem autorização da Câmara Municipal, que tem dentre suas prerrogativas aprovar esses negócios públicos, ou em desacordo com a lei, resulta na conduta típica deste dispositivo penal.

Deve-se atentar que empréstimos ou a emissão de apólices públicas estão sujeitas às normas de regência que estipulam limites e condições que respeitem a capacidade de endividamento, seja pela Lei nº 4.320/4 ou pela Lei de Responsabilidade Fiscal.

Em situação assemelhada se encontra a contratação de título de crédito pelo município, aquelas operações financeiras de aquisição de títulos públicos ou privados postos no mercado financeiro por corretoras ou bancos múltiplos, porquanto são recorrentes casos de aquisição de títulos podres.

Quando o empréstimo for externo, necessariamente, terá de ser aprovado pelo Senado Federal, nos termos da Resolução 43/2001, em respeito ao que preceitua o art. 52, IX, da Constituição Federal.

12.8.2. Tipo subjetivo

É o dolo genérico representado pela vontade livre e consciente de incorrer na conduta antijurídica, visto que é conhecedor da preexistência de lei autorizativa para contrair empréstimo, emitir apólices, ou obrigar o Município por títulos de crédito, mas assume o risco de ordenar esses atos sem a existência de norma ou em desacordo com os requisitos, condições ou formalidades destas, quando existe, para assumir o risco do resultado de agir com má-fé, ofendendo os princípios da legalidade, da probidade e da moralidade pública.

12.8.3. Consumação (ver item 12.2.3)

CASO TÍPICO

- "Ação Penal Originária – Imputação ao réu, ex-prefeito municipal, de ter contraído empréstimo a ser pago pelo erário público municipal sem prévia autorização da Câmara de Vereadores – Depoimentos colhidos em juízo confirmam a ilicitude do ato já comprovada através da prova documental

- Consubstanciada a conduta típica prescrita no inciso VII, do art. 1º, do Decreto-Lei 201/67 - Denúncia julgada procedente" (TJCE - Câmaras Criminais Reunidas - Ação penal originária Nº 2000.0012.6493-2 - Des. João Byron de Figueiredo Frota - j. 13.04.2005)

12.9. Conceder empréstimos ou auxílios de forma irregular

IX - Conceder empréstimo, auxílios ou subvenções sem autorização da Câmara, ou em desacordo com a lei;

12.9.1. Tipo objetivo

A conduta incriminadora consiste no ato do prefeito em conceder empréstimo, auxílios ou subvenções sem a existência de lei ou em desacordo com esta. Seja em favor do servidor público ou de terceiros particular, seja pessoa física ou jurídica.

A criação de despesa pública está condicionada à existência de lei, e quando a norma à menciona "sem autorização da Câmara", significa ausência de lei porque é a Câmara que aprova as leis municipais.

Os programas sociais que destinam recursos públicos para empréstimos de valor pequeno para pessoas carentes, bem como auxílios ou subvenções, devem estar prevista em lei que estabeleçam a observância dos princípios da impessoalidade, da legalidade e moralidade pública, pois devem se destinar atender fins sociais.

As leis que versarem sobre empréstimos, auxílios e subvenções devem se enquadrar na lei orçamentária e aos seus requisitos normativos.

Com efeito, realizar despesas públicas com empréstimos, auxílios ou subvenções resulta na realização de despesa pública irregular.

Cuida-se de crime de mera conduta que não exige o resultado naturalístico para sua caracterização.

12.9.2. Tipo subjetivo

É o dolo genérico representado pela vontade livre e consciente de incorrer na conduta antijurídica, em razão de que é conhecedor da preexistência de lei autorizativa para concessão de empréstimo, auxílios ou subvenções, mas assume o risco de autorizar essas concessões sem a existência de norma ou quando existe em desacordo com esta, sem observar os requisitos, condições ou formalidades para assumir o risco do resultado de agir com má-fé, ofendendo os princípios da legalidade, da probidade e da moralidade pública.

12.9.3. Consumação (ver item 12.2.3)

12.10. Alienação irregular de bens públicos

X – Alienar ou onerar bens imóveis, ou rendas municipais, sem autorização da Câmara, ou em desacordo com a lei;

12.10.1. Tipo objetivo

O agente público tem o dever de ser leal à entidade a que presta serviços e de observar o princípio da eficiência que norteia o gerenciamento da administração pública, para obter os melhores resultados com presteza, perfeição e rendimento funcional com vistas a atender satisfatoriamente às necessidades da comunidade.

Daí, ele ter a obrigação de conduzir as transações de alienação ou locação de bens, de modo mais favorável à sua entidade e alcançar as melhores condições comerciais nos atos negociais.

A sua conduta é dolosa devido ao comportamento voluntário do agente em assumir o risco de produzir o resultado desejado pela sua ação ou omissão, mas também poderá ser mediante uma postura culposa pela sua falta de diligência, atuar de maneira negligente ou sem observar as cautelas necessárias que se tornem a causa do prejuízo suportado pela administração pública.

A lealdade proclamada se associa ao respeito às normas de regência, pois o ato jurídico perfeito é aquele que cumpre na sua integralidade à lei.

Assim, o prefeito que aliena ou onera bens imóveis, ou rendas municipais sem que tenha autorização normativa para fazê-lo, incorre em crime de responsabilidade, isso porque é pressuposto que haja lei aprovada pela Câmara e os requisitos por esta estabelecidos sejam observados.

O prefeito ao alienar, onerar bens imóveis ou rendas públicas de modo diversas ou sem as condições e requisitos fixados na lei, estará incorrendo na conduta descrita neste tipo.

Note-se que os bens imóveis referidos neste dispositivo não alcançam os bens das empresas de economia mista nas quais o município seja o acionista majoritário, em virtude de que essas empresas são pessoas jurídicas de direito privado, regendo-se pelas normas destinadas ao campo privado, podendo seus bens recair em gravame, ônus reais e execução para garantia ou quitação de suas dívidas resultante de decisão judicial; o que não ocorre para os bens públicos.

12.10.2. Tipo subjetivo

É o dolo genérico representado pela vontade livre e consciente de incorrer na conduta antijurídica, em virtude de que é conhecedor da preexistência de lei autorizativa para alienar ou onerar bens imóveis, ou rendas municipais, mas assume o risco de realizá-las sem a existência de norma ou quando existe em desacordo com esta, sem observar os requisitos, condições ou formalidades para assumir o risco do resultado de agir com má-fé, ofendendo os princípios da legalidade, da probidade e da moralidade pública.

12.10.3. Consumação (ver item 12.2.3)

CASO TÍPICO

- "Com a inscrição do loteamento, passa o imóvel do patrimônio particular para o da municipalidade, de sorte que, permitindo a volta de parte dele ao patrimônio daquele, sem a necessária autorização legislativa, pratica o prefeito municipal, em tese, o crime de responsabilidade previsto no art. 1º, X e XV, do Dec-lei 201/67" (RT 532/335)

CASO ATÍPICO

- "Não há falar no delito previsto no art. 1º, X, do Dec-lei 201/67, se não houve alienação stricto sensu e a própria Câmara Municipal dera sua adesão à lei que autorizou o prefeito a efetivar permutas ou onerações de bens públicos, convalescendo e consolidando os atos nesse sentido praticados anteriormente à sua promulgação" (RT 580/343).

12.11. Contratação direta ou frustração de licitação

XI – Adquirir bens, ou realizar serviços e obras, sem concorrência ou coleta de preços, nos casos exigidos em lei;

12.11.1. Tipo objetivo

A temática é abrangida pelo item 112.2, que versa sobre a dispensa e fraude no procedimento de licitação, mas que iremos agregar mais alguns valores conceituais para tornar o estudo mais completo.

O ato de frustrar significa enganar ou iludir. No caso vertente, é a ação de iludir a lei externada na escusa, escapatória ou de levar ao fracasso, capaz de proporcionar feito ilusório para ganhar tempo com o intuito de criar desvio ou impedir a finalidade do objetivo do certame licitatório.

Frustrar a legalidade de uma licitação é fraudar ou burlar as regras de um processo democrático que tem o escopo de obter as melhores condições de preço e qualidade para aquisição de bens ou contratação de serviços para a administração pública.

A manipulação ou adulteração dos métodos ou mecanismos inerentes ao procedimento licitatório traduz a deformação da sua destinação ao afetar o princípio da isonomia e comprometer o resultado da proposta, que não será, evidentemente, a mais vantajosa para a administração pública.

Com efeito, o ato que importe na quebra do princípio da igualdade, da legalidade, da impessoalidade, da moralidade, publicidade, da probidade administrativa, da vinculação ao edital, do julgamento e dos atos que lhe são correlatos, compromete aquele ideal de se obter numa proposta vantajosa para o Poder Público, viciando todo o procedimento com a eiva de nulidade que caracteriza a conduta incriminadora descrita neste tipo penal.

A concretização dessa conduta ocorre quando o prefeito introduz cláusulas no ato convocatório do edital de licitação, direcionando-a para favorecer ou assegurar a vitória de um determinado concorrente do processo licitatório, na aferição das questões, apresentando resultado diverso da sua realidade, ou mediante acordo, combinação ou ajuste que abale a natureza competitiva do procedimento licitatório que resulte no direcionamento indevido da adjudicação do seu objeto.

Menciona-se o prefeito como responsável porque será dele o ato de homologação do processo licitatório.

Aqui a dispensa ou a sua inexigibilidade é traduzida pela ausência de observância das formalidades pertinentes aos casos previstos pela referida norma, numa postura de integral desregramento dos procedimentos, desprezo e ignorância contidos nas hipóteses contempladoras para esses fins excepcionalizados para atender a situações específicas, urgentes ou eventuais.

Mas, a dispensa ou inexigibilidade de forma indevida abrange também situações fraudulentas pelo disfarce de um aspecto apenas formal, porém de inexistência material. Seriam as licitações forjadas.

Para a contratação direta, é imprescindível que seja observado um procedimento administrativo atendendo às etapas e formalidades para sua concretização nas hipóteses em que efetivamente se enquadrem, sob pena de incorrer em ato de improbidade administrativa, isto porque a contratação direta via dispensa ou inexigibilidade não autoriza atuação arbitrária da administração, pois os particulares deverão ser considerados iguais, no que toca ao princípio da isonomia.

A justificação e a motivação dos atos administrativos nessas situações deverão fundar-se para atender ao princípio da razoabilidade e critérios compatíveis com a isonomia, que preservem o interesse positivo da administração no que concerne à qualidade e preço vantajoso em relação ao mercado.

As situações contemplativas da suposição da inexigibilidade de licitação estão expressas nos arts. 25 e 26 das normas licitatórias; igualmente exigem a adoção das medidas acima enfocadas.

Já o princípio da impessoalidade obsta que critérios subjetivos ou anti-isonômicos influam na escolha dos exercentes dos cargos públicos; máxime porque dispõem os órgãos da administração, via de regra, dos denominados cargos de confiança, de preenchimento insindicável.

A impessoalidade opera-se *pro populo*, impedindo discriminações, e contra o administrador, ao vedar-lhe a contratação dirigida *intuitu personae,* tanto que a inviabilidade de competição, da qual decorre a inexigibilidade de licitação, deve ficar adequadamente demonstrada, o que não ocorre diante da ausência dos elementos necessários a sua configuração.

Note-se, por oportuno, que o ato de frustração ou dispensa de licitação para a contratação de serviços ou aquisição de bens, retrata a intenção dos seus protagonistas em levar alguma vantagem econômica que é expressa na prática de sobrepreço, superfaturamento ou pagamento de despesas que encobrem a especificação diversa da que foi licitada ou contratada, implicando, assim, prejuízo ao erário por despender recursos financeiros a maior do que a contraprestação que está a receber.

Essas condutas refletem a intencionalidade da obtenção do resultado pretendido de auferir vantagem indevida, agindo, portanto, de maneira dolosa, mas também será responsabilizado o agente por sua conduta culposa, basta que se evidencie consequência danosa no nível de riqueza estatal.

12.11.2. Dos contratos de aditivos

Uma prática habitual de prefeitos ou gestores públicos tem sido a celebração de contratos de aditivos que ultrapassam aos limites fixados pela Lei de Licitação.

Note-se que a Lei de Licitação nº 8.666/93 permite aditivos até o limite de 25% do valor inicial atualizado do contrato, assim redigido no que interessa:

> Art. 65 Os contratos regidos por esta Lei poderão ser alterados, com as devidas justificativas, nos seguintes casos:
>
> I - [...]
>
> II - [...]
>
> § 1º O contratado fica obrigado a aceitar, nas mesmas condições contratuais, os acréscimos ou supressões que se fizerem nas obras, serviços ou compras, até 25% (vinte e cinco por cento) do valor inicial atualizado do contrato, e, no caso particular de reforma de edifício ou de equipamento, até o limite de 50% (cinquenta por cento) para os seus acréscimos.
>
> No que se refere a tempo da contratação, a matéria está assim disciplinada na supramencionada Lei de Licitação:
>
> **Art. 57.** A duração dos contratos regidos por esta Lei ficará adstrita à vigência dos respectivos créditos orçamentários, exceto quanto aos relativos:
>
> I - [...]

> II – à prestação de serviços a serem executados de forma contínua, que poderão ter a sua duração prorrogada por iguais e sucessivos períodos com vistas à obtenção de preços e condições mais vantajosas para a administração, limitada a sessenta meses;

Vê-se, assim, que há limite para os contratos aditivados e prazos para a execução dos contratos com seus respectivos aditivos.

A celebração de contratos de aditivos tem sido um artifício que é utilizado para elevação do valor inicial pactuado ou estabelecido no contrato principal; é comum o licitante vencedor apresentar o menor preço, e ao final do contrato, os valores são maiores do que foi apresentado pelos outros concorrentes. É uma maneira disfarçada de frustração do processo seletivo de licitação.

Além desse mecanismo legal quando atende aos limites normativos, existe também a terceirização pela via da subcontratação de serviços.

A Lei de Licitação preceitua:

> **Art. 72.** O contratado, na execução do contrato, sem prejuízo das responsabilidades contratuais e legais, poderá subcontratar partes da obra, serviço ou fornecimento, até o limite admitido, em cada caso, pela Administração.

Subcontratar é ajustar com um terceiro a execução de um contrato. No caso presente, significa que o contratante poderá contratar terceiros para serviços específicos ou especializados para poder completar o serviço pactuado objeto do contrato.

Não se cuida de transferir parte do contrato para que terceiro execute serviços objeto do contrato licitado.

Verifica-se, portanto, que subcontratar é diferente de ceder, não é partilhar com outros aquilo que lhe foi contratado diretamente pela via seletiva da licitação.

Ao examinar o tema, é importante ressaltar que a Constituição Federal estabelece, dentre outros princípios norteadores da Administração Pública, o princípio da impessoalidade.

O princípio da impessoalidade significa tratar impessoalmente todas as pessoas significa para estes autores, dar um tratamento igual a todos sem preferências ou simpatias ou cortesias dos seus agentes públicos com terceiros particulares.

E o instrumento para democratizar as oportunidades com igualdade para todos que têm interesse em contratar com o Poder Público é a realização do processo de licitação, e não, a escolha pessoal do gestor de plantão para acordar em transferir um contrato oriundo de concorrência pública ser partilhado com estranhos a relação administração-licitante.

Com efeito, os atos obrigatoriamente deverão ter como finalidade o interesse público, e não próprio ou de um conjunto pequeno de pessoas amigas. Ou seja, deve ser impessoal.

Se assim não for, o dispositivo contratual viola frontalmente o princípio da impessoalidade.

De modo que a cessão ou transferência de contrato licitado fere o princípio ou regra jurídica e daria continuidade à execução do contrato, tendo em vista que o art. 37, XXI, da Carta Magna exige da Administração o estabelecimento de garantias para o cumprimento das obrigações do contrato (vale dizer, execução) pela contratada e, não, por terceiro estranho à relação contratual pública.

A natureza *intuitu personae* do contrato público associa-se aos princípios especiais que regem o dever geral de licitar (competividade, julgamento objetivo, adjudicação compulsória ao autor da proposta mais vantajosa, entre outros).

Com efeito, o art. 64, § 2º, da Lei de Licitação somente autoriza a Administração contratar com outro licitante, quando o primeiro classificado não contrata.

"Na cessão de crédito, ao credor é facultado ceder o seu crédito "*se a isso não se opuser a natureza da obrigação, a lei ou a convenção com o devedor*" (CC, art. 1.065). Transplantando a hipótese para o regime jurídico dos contratos públicos constata-se que à cessão do contrato opõem-se a natureza *instuitu personae* dele, a lei e o contrato, este no caso concreto, não contiver cláusula que a autorize" (Jessê Torres Pereira Júnior, *in* "Comentários à Lei das Licitações e Contratações da Administração Pública", Renovar, 2ª edição, p. 555).

O ato de frustrar significa adotar procedimentos para que alcance a celebração de um contrato sem o pressuposto do processo de licitação, obtendo-se, assim, uma pactuação direta sem submissão ao processo competitivo com outras entidades habilitadas e capazes de realização o mesmo serviço.

Assim é que, frustrar legalidade de uma licitação utilizar-se de artifícios para almejar contratação direta com a Administração Pública, configurando-se numa relevante para o direito administrativo, sob pena de ofensa ao princípio constitucional da subsidiariedade.

O exercício da gestão pública não confere discricionariedade para a destinação de contrato administrativo fora das regras preconizadas pela norma e pelos princípios norteadores da coisa pública.

Ressalte-se, também, que a responsabilidade não se limita apenas ao agente público responsável, mas também à cessionária e à cedente representada, pelo negócio de seus próprios interesses que sabiam da ilicitude que estavam incorrendo, por motivos óbvios de serem, igualmente, seus representantes conhecedores dos limites contratuais e delimitações legais.

O dolo, a intenção e o desejo, decorre de um ato estudado e pensado, com objetivos claros de seus propósitos de contratação à margem do processo licitatório e por disposição de vantagens à vista de seus empreendimentos.

12.11.3. Ata de Registro de Preço

No que alude à Ata de Registro de Preço deve-se ponderar que sua criação foi com o intuito de facilitar as aquisições dos órgãos públicos, que estariam isentos da realização de um procedimento licitatório se acaso outro órgão público o fizesse.

E ainda de acordo com o disposto no inciso IV, § 2º do art 3º do decreto nº 3.931/2001, vigente à época dos fatos, a responsabilidade pela pesquisa de preços é do órgão gerenciador.

> **Art. 3º.** A licitação para registro de preços será realizada na modalidade de concorrência ou de pregão, do tipo menor preço, nos termos das Leis nos 8.666, de 21 de julho de 1993, e 10.520, de 17 de julho de 2002, e será precedida de ampla pesquisa de mercado. (Redação dada pelo Decreto nº 4.342, de 23.8.2002)
>
> § 2º Caberá ao órgão gerenciador a prática de todos os atos de controle e administração do SRP, e ainda o seguinte:
>
> IV - realizar a necessária pesquisa de mercado com vistas à identificação dos valores a serem licitados;

Os órgãos que desejaram participar do registro de preços deverão seguir as disposições dos §§ 3º e 4º e incisos do artigo 3º do Decreto nº 3.931/2001, sendo que não está ali determinada a realização de ampla pesquisa de preços no mercado.

> § 3º O órgão participante do registro de preços será responsável pela manifestação de interesse em participar do registro de preços, providenciando o encaminhamento, ao órgão gerenciador, de sua estimativa de consumo, cronograma de contratação e respectivas especificações ou projeto básico, nos termos da Lei nº 8.666, de 1993, adequado ao registro de preço do qual pretende fazer parte, devendo ainda:
>
> I - garantir que todos os atos inerentes ao procedimento para sua inclusão no registro de preços a ser realizado estejam devidamente formalizados e aprovados pela autoridade competente;
>
> II - manifestar, junto ao órgão gerenciador, sua concordância com o objeto a ser licitado, antes da realização do procedimento licitatório; e
>
> III - tomar conhecimento da Ata de Registros de Preços, inclusive as respectivas alterações porventura ocorridas, com o objetivo de assegurar, quando de seu uso, o correto cumprimento de suas disposições, logo após concluído o procedimento licitatório.
>
> § 4º Cabe ao órgão participante indicar o gestor do contrato, ao qual, além das atribuições previstas no 67 da Lei nº 8.666, de 1993, compete:
>
> I - promover consulta prévia junto ao órgão gerenciador, quando da necessidade de contratação, a fim de obter a indicação do fornecedor, os respectivos quantitativos e os valores a serem praticados, encaminhando, posteriormente, as informações sobre a contratação efetivamente realizada;
>
> II - assegurar-se, quando do uso da Ata de Registro de Preços, que a contratação a ser procedida atenda aos seus interesses, sobretudo quanto aos valores praticados, informando ao órgão gerenciador eventual desvantagem, quanto à sua utilização;

> III - zelar, após receber a indicação do fornecedor, pelos demais atos relativos ao cumprimento, pelo mesmo, das obrigações contratualmente assumidas, e também, em coordenação com o órgão gerenciador, pela aplicação de eventuais penalidades decorrentes do descumprimento de cláusulas contratuais; e
>
> IV - informar ao órgão gerenciador, quando de sua ocorrência, a recusa do fornecedor em atender às condições estabelecidas em edital, firmadas na Ata de Registro de Preços, as divergências relativas à entrega, as características e origem dos bens licitados e a recusa do mesmo em assinar contrato para fornecimento ou prestação de serviços.

De acordo com o artigo 8º do mesmo ato normativo, *"A ata de Registro de Preços, durante sua vigência, poderá ser utilizada por qualquer órgão ou entidade da Administração que não tenha participado do certame licitatório, mediante prévia consulta ao órgão gerenciador, desde que devidamente comprovada a vantagem."*

12.11.4. Termo de Referência

A norma de regência estabelece que o termo de referência é pressuposto administrativo no procedimento licitatório, mas não no procedimento de adesão à ata de registro de preços.

Essa dedução decorre da redação do art. 8º do Decreto Federal nº. 3.555/2000 que estabelece as regras observadas para realização de procedimento licitatório na modalidade pregão está assim redigido:

> Art. 8º A fase preparatória do pregão observará as seguintes regras:
>
> I - a definição do objeto deverá ser precisa, suficiente e clara, vedadas especificações que, por excessivas, irrelevantes ou desnecessárias, limitem ou frustrem a competição ou a realização do fornecimento, devendo estar refletida no termo de referência;
>
> II - o termo de referência é o documento que deverá conter elementos capazes de propiciar a avaliação do custo pela Administração, diante de orçamento detalhado, considerando os preços praticados no mercado, a definição dos métodos, a estratégia de suprimento e o prazo de execução do contrato;
>
> III - a autoridade competente ou, por delegação de competência, o ordenador de despesa ou, ainda, o agente encarregado da compra no âmbito da Administração, deverá:
>
> a) definir o objeto do certame e o seu valor estimado em planilhas, de forma clara, concisa e objetiva, de acordo com termo de referência elaborado pelo requisitante, em conjunto com a área de compras, obedecidas as especificações praticadas no mercado;
>
> b) justificar a necessidade da aquisição;
>
> c) estabelecer os critérios de aceitação das propostas, as exigências de habilitação, as sanções administrativas aplicáveis por inadimplemento e as cláusulas do contrato, inclusive com fixação dos prazos e das demais condições essenciais para o fornecimento; e

> d) designar, dentre os servidores do órgão ou da entidade promotora da licitação, o pregoeiro responsável pelos trabalhos do pregão e a sua equipe de apoio;
>
> IV – constarão dos autos a motivação de cada um dos atos especificados no inciso anterior e os indispensáveis elementos técnicos sobre os quais estiverem apoiados, bem como o orçamento estimativo e o cronograma físico-financeiro de desembolso, se for o caso, elaborados pela Administração; e
>
> V – para julgamento, será adotado o critério de menor preço, observados os prazos máximos para fornecimento, as especificações técnicas e os parâmetros mínimos de desempenho e de qualidade e as demais condições definidas no edital.

Depreende-se, assim, que é inexigível o termo de referência no procedimento de ata de registro de preços, mas o será na ata de registro de preços de pregão, que é uma modalidade de procedimento de licitação.

12.11.5. Dispensa de licitação em casos de emergência

A contratação de sociedades sem fins lucrativos para atender serviços essenciais de saúde e assistência médica se enquadra, dentre as hipóteses, permissiva para a contratação direta.

Os serviços pactuados com as promovidas no âmbito da área médica são indispensáveis para o atendimento razoável da clientela da rede pública estadual de saúde.

A Lei nº 8.666/93, que disciplina o procedimento de licitação dispõe:

> **Art. 24.** É dispensável a licitação:
>
> IV – nos casos de emergência ou de calamidade pública, quando caracterizada urgência de atendimento de situação que possa ocasionar prejuízo ou comprometer a segurança de pessoas, obras, serviços, equipamentos e outros bens, públicos ou particulares, e somente para os bens necessários ao atendimento da situação emergencial ou calamitosa e para as parcelas de obras e serviços que possam ser concluídas no prazo máximo de 180 (cento e oitenta) dias consecutivos e ininterruptos, contados da ocorrência da emergência ou calamidade, vedada a prorrogação dos respectivos contratos;

A dispensa de licitação objetivando a celebração de serviços médicos que se fazem necessários para garantir ao cidadão usuário do Sistema Único de Saúde a imprescindível assistência médica, sob pena de negativa ao atendimento e até mesmo o risco de sequelas e morte para adultos e crianças, mostra-se adequadamente prevista no aludido dispositivo legal.

Sobreleva ressaltar que há previsão legal na Constituição Federal nos seus artigos 197 e § 1º 199.

Ressalte-se que devem ser observadas as formalidades exigidas pela norma de regência, tais como parecer jurídico e processo administrativo.

A situação emergencial merece realce nesse contexto, conforme esclarece Marçal Justen Filho:

> "Observe-se que o conceito de emergência não é meramente 'fático'. Ou seja, emergência não simplesmente uma situação fática anormal. A emergência é um conceito relacional entre a situação fática anormal e a realização de certos valores. (...) A emergência consiste em ocorrência fática que produz modificação na situação visualizada pelo legislador como padrão. A ocorrência anômala (emergência) conduzirá ao sacrifício de certos valores se for mantida a disciplina jurídica estabelecida como regra geral. A situação emergencial põe em risco a satisfação dos valores buscados pela própria norma ou pelo ordenamento em seu todo.
>
> No caso específico das contratações diretas, emergência significa necessidade de atendimento imediato a certos interesses. Demora em realizar a prestação produziria risco de sacrifício de valores tutelados pelo ordenamento jurídico. Como a licitação pressupõe certa demora para seu trâmite, submeter a contratação ao processo licitatório propiciaria a concretização do sacrifício a esses valores." (JUSTEN FILHO, Marçal. Comentários à Lei de Licitações e Contratos Administrativos. Dialética, 12ª edição, 2008, p. 292)

A emergência significa atender de imediato a população carente de serviços médicos, de forma que, sem os serviços pactuados com entidades sem fins lucrativos, não há como se vislumbrar nulidades que importasse em irregularidade a merecer reprovação da sua eficácia e validade.

Os serviços emergenciais de prestação de saúde deve considerar a urgência e necessidade para atender a garantia de direitos fundamentais.

Contra essa realidade somente um excesso de zelo formal em desprezo ao direito à vida e à saúde dos que mais precisam; os usuários dos serviços e hospitais públicos.

Além disso, a posição do Superior Tribunal de Justiça, mais moderna, condiciona a demonstração de dolo específico como necessário a caracterização do crime de dispensa indevida de licitação, senão vejamos:

> "1. A Corte Especial desta Corte Superior de Justiça, no julgamento da Ação Penal 480/MG, admitiu, por maioria, o entendimento de que é exigível a presença do dolo específico de causar dano ao erário e a caracterização do efetivo prejuízo a fim de caracterizar o crime definido no art. 89 da Lei n.º 8.666/1993.
>
> 2. O acórdão recorrido não explicitou se houve ou não a efetiva comprovação de prejuízo ao erário para a satisfação do objeto da demanda, análise que não poderia ser realizada na presente via por demandar indevida incursão no arcabouço probatório dos autos, o que é vedado pela mencionada Súmula n.º 07 desta Corte. Dessa forma, os autos devem retornar à instância de origem para que, em prosseguimento ao julgamento, seja a *quaestio* examinada sob o enfoque da hodierna orientação jurisprudencial.
>
> 3. Decisão que se mantém por seus próprios fundamentos.
>
> 4. Agravo regimental desprovido.

(STJ - AgRg no AREsp 161.059/MA, Rel. Ministra LAURITA VAZ, QUINTA TURMA, julgado em 05/08/2014, DJe 22/08/2014)

De modo que, sendo observadas as formalidades legais, a contratação direta nessas circunstâncias afasta a conduta típica deste dispositivo penal.

12.11.6. Tipo subjetivo

É o dolo específico representado pela vontade livre e consciente de incorrer na conduta antijurídica estabelecida, com a finalidade especial de burlar a lei de licitação para concretizar seu objetivo de contratação direta ou mediante artifícios para frustrar o procedimento licitatório, assumindo o risco da efetivação contratual do resultado de agir com má-fé e ofensas aos princípios da legalidade, da economicidade, da eficiência, da probidade e da moralidade pública.

12.11.7. Consumação (ver item 12.2.3)

QUESTÕES PROCESSUAIS

- "Conquanto o Decreto-Lei nº 201/67 seja norma especial porque institui crimes próprios praticados por prefeitos e vereadores, a Lei nº 8.666/90 também é especial porque tipifica os crimes praticados em procedimentos licitatórios, disciplinando especificamente o tema relativo às licitações públicas. Tratando-se de normas com equivalência hierárquica e incidência nos âmbitos municipal, estadual e federal, resta dirimir o conflito aparente de normas pelo critério cronológico, prevalecendo o artigo 89 da Lei nº 8.666/90 para os atos praticados após a sua entrada em vigor. Recurso improvido. (STJ – REsp: 1288855 SP 2011/0256155-7, Relator: Ministra MARIA THEREZA DE ASSIS MOURA, Data de Julgamento: 17/10/2013, T6 - SEXTA TURMA, Data de Publicação: DJe 29/10/2013)
- "Recurso ordinário em habeas corpus. Crimes de responsabilidade de Prefeito. Decreto-Lei n. 201/1967, dispensa indevida de licitação e uso de documento falso. Diplomação intercorrente. Deslocamento da competência. Prerrogativa de foro (art. 29, X, da CF/88). Aproveitamento dos atos processuais. Desnecessidade de repetição. Jurisprudência consolidada desta Corte (STF - RHC 117500, Relator(a): Min. GILMAR MENDES, Segunda Turma, julgado em 08/04/2014, PROCESSO ELETRÔNICO DJe-080 DIVULG 28-04-2014 PUBLIC 29-04-2014)
- "A jurisprudência desta Corte Superior de Justiça e do Supremo Tribunal Federal orienta-se no sentido de que o rito previsto no artigo 2º do Decreto-lei 201/1967 somente se aplica aos detentores de mandato eletivo, não se estendendo àqueles que não mais ostentam a qualidade de prefeito quando do oferecimento da denúncia". (STJ - RHC 46.726/SP, Rel. Ministro JORGE MUSSI, QUINTA TURMA, julgado em 05/08/2014, DJe 14/08/2014)

CASOS TÍPICOS

- Dispensar licitação fora das hipóteses legais. Dolo configurado. O tipo penal sanciona a conduta de dispensar ou inexigir licitação fora das hipóteses previstas em lei, sendo que o réu sequer realizou o procedimento de dispensa, adquirindo diretamente, das empresas locais, e pelo preço praticado, os materiais de construção, tratando-se de verbas previsíveis e todas decorrentes do mesmo programa habitacional. Por ser o crime de dispensa de licitação formal, prescinde da prova da lesão ao erário, mas a não-competitividade, na busca dos melhores preços do mercado, por certo prejudica o bom manejo da coisa pública. APELAÇÃO DESPROVIDA. (Apelação Crime Nº 70058986746, Quarta Câmara Criminal, Tribunal de Justiça do RS, Relator: Rogerio Gesta Leal, Julgado em 31/07/2014) (TJ-RS – ACR: 70058986746 RS , Relator: Rogerio Gesta Leal, Data de Julgamento: 31/07/2014, Quarta Câmara Criminal, Data de Publicação: Diário da Justiça do dia 08/08/2014).
- "Durante a instrução criminal ficou comprovado que o Apelante simulava contratos de locação de veículos com laranjas, e que em tais contratos o real beneficiário seria o seu sogro. 2. Concernente à caracterização do ilícito previsto no artigo 89 da Lei 8.666/1993, é dispensável a comprovação de que teria ocorrido prejuízo ao erário, sendo suficiente a ocorrência de dispensa irregular de licitação ou a não observação das formalidades legais, de igual forma não há necessidade de dolo específico para que o crime se configure. 3. Na espécie, o Apelante não formalizou nenhum procedimento de dispensa de licitação, bem como não expôs os motivos pelos quais deixou de fazê-lo. 4. Recurso conhecido e improvido". (TJ-PI – ACR: 201100010038700 PI , Relator: Des. Sebastião Ribeiro Martins, Data de Julgamento: 01/11/2011, 2a. Câmara Especializada Criminal)
- "DISPENSA IRREGULAR DE LICITAÇÃO NA MODALIDADE CARTA-CONVITE – INCIDÊNCIA DA LEI N". 8.666/1993 – O princípio da especialidade não se aplica ao caso vertente, pois o Decreto Lei n"201/1967, que trata dos crimes de responsabilidade praticados por Prefeitos, refere-se a outras modalidades de licitação, não contemplando a carta-convite – CONDENAÇÃO – CRIME PREVISTO NO ARTIGO 89 DA LEI DE LICITAÇÕES – TESE DE ATIPICIDADE POR AUSÊNCIA DE DOLO -ACOLHIMENTO – IMPOSSIBILIDADE – Tipo penal que se contenta com o dolo genérico, bastando, assim, a vontade livre e consciente de dispensar ou não exigir licitação, ou ainda, deixar de observar as formalidades exigidas para sua realização – Agente que sabe que seu proceder é desconforme com a lei – Dolo evidenciado -DESVIO DE DINHEIRO PÚBLICO – PROVA – IRRELEVÂNCIA- TIPO PENAL QUE NÃO TRAZ TAL EXIGÊNCIA – Não se há falar em atipicidade por ausência de prova de desvio de dinheiro público, pois o tipo penal em destaque não traz tal exigência -Circunstância que é exigida para a configuração de crime mais grave (peculato) – Condenação mantida (TJ-SP – APL: 7573220058260159

SP 0000757-32.2005.8.26.0159, Relator: Amado de Faria, Data de Julgamento: 17/03/2011, 15ª Câmara de Direito Criminal, Data de Publicação: 05/04/2011)

- "Dispensa de licitação – fracionamento – recebimento da denúncia. Prefeito que contrata, sem licitação, duas empresas gráficas para impressão do material de divulgação de sua prestação de contas, atingindo a soma de ambos os valores, mais de oito mil reais. Não se pode descartar hipótese de fracionamento para evitar licitação, se na resposta o Prefeito não declina as razões pelas quais firmou contrato com duas empresa para realização do mesmo serviço. Denúncia recebida. (Ação Penal – Procedimento Ordinário Nº 70055198295, Quarta Câmara Criminal, Tribunal de Justiça do RS, Relator: Gaspar Marques Batista, Julgado em 26/09/2013)(TJ-RS – AP: 70055198295 RS, Relator: Gaspar Marques Batista, Data de Julgamento: 26/09/2013, Quarta Câmara Criminal, Data de Publicação: Diário da Justiça do dia 14/10/2013)
- "Comete o crime contido no art. 89, caput, da Lei 8.666/93, o Prefeito Municipal que dispensa licitação para aquisição de materiais de construção, fora das hipóteses previstas em lei, realizando fragmentações de obras que deveriam ser realizadas conjuntamente, bem como incorre nas sanções do parágrafo único do mesmo artigo o sócio-gerente de empresa que concorre para a consumação deste crime, beneficiando a si e ao corréu. Condenação mantida. PENA. Se duas das operadoras do art. 59 do CP são desfavoráveis aos réus, a pena-base não..." (TJ-RS – ACR: 70037066271 RS , Relator: Constantino Lisbôa de Azevedo, Data de Julgamento: 05/05/2011, Quarta Câmara Criminal, Data de Publicação: Diário da Justiça do dia 17/05/2011).

CASOS ATÍPICOS

- "Cuida-se de ação penal pública proposta pelo Ministério Público Federal contra Fernando Lima da Costa, à época dos fatos prefeito do Município de Nossa Senhora das Dores/SE, Ivandi Brilhante de Araújo e Bruno Fischer Almeida Brilhante, sócios da empresa Brilhante Construções, Locações e Empreendimentos Ltda., imputando-lhes a prática de crime previsto nos arts. 1º, inciso II, do Decreto-Lei n.º 201/67 e 90 da lei nº 8.666/93, c/c o art. 69 do Código Penal. – No tocante à alegação de exigência de capital mínimo e garantia para a celebração do contrato, não há violação a dispositivo de lei, pois há amparo para tal exigência. É o que se vislumbra da leitura dos arts. 31, parágrafos 2º e 3º, e 56, da lei 8.666/93. Por outro lado, tais exigências foram estabelecidas em favor do interesse público, bem como, não houve excesso quanto aos percentuais legais. – No que tange à suposta irregularidade do edital por ausência de sua publicação no Diário Oficial da União, não vislumbro o elemento subjetivo do dolo na conduta, pois trata-se aqui de mero vício formal. – Quanto à alegação de que as empresas inexistiam fisicamente, tal entendimento deve ser refutado, uma vez que elas existem e encontram-se em funcionamento. – Por fim, à guisa de reforço, a fiscalização que atesta a execução de parte relevante do objeto do contrato de repasse, ao instante de sua realização, também afirma que a execução da parte restante se encontrava em andamento – Ação penal cujo pedido foi julgado improcedente.(TRF-5 – APNP: 00010186820124058501 AL , Relator: Desembargador Federal Edílson Nobre, Data de Julgamento: 24/09/2014, Pleno, Data de Publicação: 30/09/2014)

- Ex-prefeito municipal. Atualmente, deputado federal. Dispensa ou inexigibilidade de licitação fora das hipóteses previstas em lei (Art. 89, da Lei nº 8.666/93). Ausência do elemento subjetivo do tipo. Pedido julgado improcedente, com a absolvição do réu com fundamento no art. 386, V, do Código de Processo Penal. Consoante posicionamento jurisprudencial dessa Colenda Corte Constitucional, a competência penal originária do STF por prerrogativa de função advinda da investidura de sujeito ativo de um delito, no curso do processo, em uma das funções descritas no art. 102, I, alíneas "b" e "c", da CF/88 não acarreta a nulidade da denúncia oferecida, nem dos atos processuais praticados anteriormente perante a justiça competente à época dos fatos. Precedentes. Não restou demonstrada a vontade livre e conscientemente dirigida a superar a necessidade de realização da licitação. Pressupõe o tipo, além do necessário dolo simples (vontade consciente e livre de contratar independentemente da realização de prévio procedimento licitatório), a intenção de produzir um prejuízo aos cofres públicos por meio do afastamento indevido da licitação. O simples fato de aparecer o denunciado, nominalmente, como responsável pelo convênio, sem demonstração de sua ciência de que serviços outros complementares tenham sido contratados sem a devida observância do procedimento licitatório adequado, não conduz automaticamente à tipificação do ilícito que lhe é imputado, hipótese em que se estaria adentrando no campo da responsabilidade objetiva. 4. Ação penal julgada improcedente. (STF – AP: 527 PR, Relator: Min. DIAS TOFFOLI, Data de Julgamento: 16/12/2010, Tribunal Pleno, Data de Publicação: DJe-063 DIVULG 01-04-2011 PUBLIC 04-04-2011 EMENT VOL-02495-01 PP-00087)

- "Ex-prefeito municipal que, atualmente, é deputado federal. Dispensa irregular de licitação (art. 89, caput, da Lei nº 8.666/93). Dolo. Ausência. Atipicidade. Ação penal improcedente. 1. A questão submetida ao presente julgamento diz respeito à existência de substrato probatório mínimo que autorizasse a condenação do réu na condição de prefeito municipal, por haver dispensado indevidamente o procedimento licitatório para a contratação de serviços de consultoria em favor da Prefeitura Municipal do Recife/PE. 2. Não restou demonstrada a vontade livre e conscientemente dirigida por parte do réu de superar a necessidade de realização da licitação. Pressupõe o tipo, além do necessário dolo simples (vontade consciente e livre de contratar independentemente da realização de prévio procedimento licitatório), a intenção de produzir um prejuízo aos cofres públicos por meio do afastamento indevido

Título I

da licitação. 3. A incidência da norma que se extrai do art. 89, caput, da Lei nº 8.666/93 depende da presença de um claro elemento subjetivo do agente político: a vontade livre e consciente (dolo) de lesar o Erário, pois é assim que se garante a necessária distinção entre atos próprios do cotidiano político-administrativo e atos que revelam o cometimento de ilícitos penais. No caso, o órgão ministerial público não se desincumbiu do seu dever processual de demonstrar, minimamente, que tenha havido vontade livre e consciente do agente de lesar o Erário. Ausência de demonstração do dolo específico do delito, com reconhecimento de atipicidade da conduta dos agentes denunciados, já reconhecida pela Suprema Corte (Inq. nº 2.646/RN, Tribunal Pleno, Relator o Ministro Ayres Britto, DJe de 7/5/10). 4. Por outro lado, o que a norma extraída do texto legal exige para a dispensa do procedimento de licitação é que a contratação seja de instituição brasileira incumbida regimental ou estatutariamente da pesquisa, do ensino ou do desenvolvimento institucional, desde que detenha inquestionável reputação ético-profissional e não tenha fins lucrativos. Há no caso concreto requisitos suficientes para o seu enquadramento em situação na qual não incide o dever de licitar, ou seja, de dispensa de licitação. Ilegalidade inexistente. Fato atípico. 5. Acusação improcedente. 6. Ação penal julgada improcedente. (STF - AP: 559 PE , Relator: Min. DIAS TOFFOLI, Data de Julgamento: 26/08/2014, Primeira Turma, Data de Publicação: ACÓRDÃO ELETRÔNICO DJe-214 DIVULG 30-10-2014 PUBLIC 31-10-2014)

- "O conjunto probatório amealhado nos autos apontou mais para a negligência e imperícia dos acusados, no que se refere as formalidades da licitação, do que propriamente a conduta típica prevista no art. 89 da Lei nº 8.666/93. Mister se faz que ocorra ao menos o dolo genérico (vontade livre e consciente de praticar a conduta delitiva descrita no tipo) para a caracterização do delito. "Os crimes definidos neste artigo dispensam a valoração do resultado para a tipificação do delito, não importando se o dano causado ao erário ou ao patrimônio públicos foi de maior ou menor monta. O que interessa indagar é se o agente, ao praticar o ato definido neste artigo como crime de responsabilidade, agiu em prol do interesse público, ou, ao contrário, para satisfazer interesse pessoal ou de terceiro. Naquele caso, ou seja, no interesse da Administração, o procedimento do agente, conquanto irregular, não terá caracterizado crime, não sendo, pois, punível. Se, ao inverso, o elemento motivador foi o interesse pessoal do agente o prefeito ou seu substituto ou de terceiro a quem queria beneficiar, trata-se, inequivocadamente, de crime de responsabilidade, punível na forma e modo previstos neste Decreto-Lei" (MASCARENHAS, Paulo. Improbidade Administrativa e Crime de Responsabilidade de Prefeito Comentado. 3. ed. São Paulo: RCN, 2004, p. 74/75). (TJ-PR 8916449 PR 891644-9 (Acórdão), Relator: Lidio José Rotoli de Macedo, Data de Julgamento: 26/07/2012, 2ª Câmara Criminal).

12.12. Antecipação ou inversão de pagamentos de precatórios

XII – Antecipar ou inverter a ordem de pagamento a credores do Município, sem vantagem para o erário;

Nota: Entendemos revogado pelo STF em face da declaração de inconstitucionalidade (ADI 4425 / DF) dos artigos § 15 do art. 100 e do art. 97 do ADCT.

12.13. Provimento irregular de cargos e funções

XIII – Nomear, admitir ou designar servidor, contra expressa disposição de lei;

12.13.1. Tipo objetivo

Estabelece a Constituição Federal que a investidura em cargo ou emprego público depende de aprovação prévio em concurso público para os órgãos da administração direta e indireta, que abrange as fundações, autarquias, empresas públicas e sociedades de economia mista.

Afora essa regra geral, a própria Carta Política preceitua que *"lei estabelecerá os casos de contratação por tempo determinado para atender a necessidade temporária de excepcional interesse público"*.

Assim deve-se considerar que as contratações temporárias em situações de excepcionalidade para atender com urgência ou brevidade, as demandas no âmbito do serviço público, em áreas de saúde, educação ou segurança, até mesmo nas atividades de natureza permanente têm previsão na Carta Magna e o reconhecimento de legalidade pelos tribunais superiores.

Note-se que a contratação de por tempo determinado deve observar os prazos contratuais e as prorrogações legais, como pressupostos de sua legitimidade.

Trata-se de uma contração alternativa como instrumento assecuratório de prover os quadros de novos equipamentos públicos postos à disposição da sociedade, com uma vantagem de que esses servidores temporários estão imunes aos processos de paralisação ou movimentos grevistas, eventos que têm acarretado inúmeros prejuízos às pessoas mais necessitadas, que são exatamente a clientela dos serviços públicos de saúde e educação.

Além dessa característica funcional, os servidores oriundos de contratos temporários têm um custo menor do que os efetivados no serviço público.

Desta maneira, a Lei Federal nº 8.745/1993 preconiza que o recrutamento do pessoal a ser contratado será feito mediante processo seletivo simplificado sujeito a ampla divulgação, inclusive através do Diário Oficial da União, prescindindo de concurso público.

A respeito da legalidade dessa modalidade de contratação temporária por tempo determinado, em circunstâncias de excepcionalidade, o Superior Tribunal de Justiça decidiu:

"Mandado de Segurança coletivo impetrado pelo Sindicato Nacional dos Servidores das Agências Nacionais de Regulação – Sinagências contra a Portaria Interministerial n. 140/2013, expedida pelo Ministro do Planejamento, Orçamento e Gestão e pelo Ministro da Saúde, a qual autorizou a contratação, por tempo determinado, de 200 profissionais para a Agência Nacional de Saúde Suplementar. O ato apontado como coator foi editado em observância às normas de regência (art. 37, IX, da CF e art. 2º da Lei n. 8.745/1993), preenchendo os requisitos exigidos para a contratação temporária de pessoal, mediante o assentamento expresso da motivação para a referida providência (crescente número de demandas e enorme passivo de procedimentos administrativos), da existência de disponibilidade orçamentária para o seu custeio e da comprovação de que as atividades a serem desempenhadas, ainda que permanentes do órgão, são de natureza temporária para suprir interesse público relevante (mormente diante da inexistência de cargos vagos para a realização imediata de concurso público). Mandado de segurança denegado. (MS 20.335/DF, Rel. Ministro BENEDITO GONÇALVES, PRIMEIRA SEÇÃO, julgado em 22/04/2015, DJe 29/04/2015)

Com efeito, a conduta incriminadora tipifica a nomeação, admissão ou designação de servidor que avilte esse conjunto normativo, porquanto afetaria o princípio da impessoalidade e da legalidade mediante a admissão de pessoal sem critério ou afrontando a normatividade de regência.

Há outras situações como os de cargos comissionados que são livre escolha do prefeito, mas deverá respeitar a exigibilidade de requisitos como a titularidade de superior quando o cargo exigir, ou que seja de carreira, conforme a disposição legal.

12.13.2. Tipo subjetivo

É o dolo genérico representado pela vontade livre e consciente de incorrer na conduta antijurídica, visto que, é conhecedor das regras para o provimento de cargos e funções públicas, mas assume o risco de provê-los em desacordo com as normas de regência, sem observar os requisitos, condições ou formalidades para assumir o risco do resultado de agir com má-fé, ofendendo os princípios da legalidade, da probidade e da moralidade pública.

12.13.3. Consumação (ver item 12.2.3)

CASOS TÍPICOS

- Prefeito. Art. 1º, XIII, do Decreto-lei 201/67. Norma penal em branco homogênea heteróloga. O crime do art. 1º, XIII, do Decreto-Lei 201/1967 é formal, porque basta a conduta de admitir, nomear ou designar pessoa para exercer cargo ou função pública em desconformidade com a legislação pertinente, independente do prejuízo à Administração Pública ou vantagem ao prefeito para sua consumação. Outrossim, não há qualquer elemento subjetivo do tipo, a indicar intenção especial do prefeito em cometer a conduta típica, portanto, despicienda é a intenção de causar danos ao erário, sendo suficiente o dolo de burla ao mandado constitucional do concurso público, nos termos da legislação aplicada, para a nomeação, admissão ou designação de servidor. Perceba que essa conclusão é corolário do bem jurídico tutelado, que é, essencialmente, a moralidade administrativa e a impessoalidade, não o patrimônio público, que, se lesado, corresponde a mero exaurimento do crime em tela. A descrição pelo *dominus litis* das circunstâncias concretas de contratação de inúmeros agentes pelo paciente sem concurso, com funções completamente incompatíveis com as hipóteses alegadas de contratação de necessidade temporária de excepcional interesse público, são elementos de informação indiciários que explicitam claramente, por relação inferencial de segundo grau, o dolo de burlar a regra do concurso público. Ao que tudo indica, houve por fabricada a necessidade de contratação pela inércia em regularizar o quadro de pessoal, como previsto no TAC, o que torna inviável a caracterização dessas contratações como temporárias. Desse modo, in status assertionis do narrado na denúncia, grande parte das nomeações e designações não se subsumem, sequer em tese, a nenhuma das exceções constitucionais, e respectiva regulamentação infraconstitucional, o que revela a ciência da ilegalidade das nomeações e, por consequência, o pleno conhecimento de todas as elementares do tipo penal 10. Recurso desprovido. (STJ - RHC 71.794/MG, Rel. Ministro RIBEIRO DANTAS, QUINTA TURMA, julgado em 04/10/2016, DJe 19/10/2016)

- "Consuma-se o crime de responsabilidade previsto no artigo 1º, XIII, do decreto-lei nº 201/67, quando se constata que o Prefeito nomeou o próprio filho para o cargo de Assessor Jurídico do Município, já que essa conduta afronta os princípios constitucionais da legalidade, probidade, moralidade e impessoalidade, bem como a súmula vinculante nº 13 do Supremo Tribunal Federal". (TJPB - ACÓRDÃO/DECISÃO do Processo Nº 00024053120138150981, Câmara Especializada Criminal, Relator DES MARCIO MURILO DA CUNHA RAMOS , j. em 28-06-2016)
- "O crime do art. 1º, XIII, do Decreto-Lei 201/1967 é formal, porque basta a conduta de admitir, nomear ou designar pessoa para exercer cargo ou função pública em desconformidade com a legislação pertinente, independente do prejuízo à Administração Pública ou vantagem ao prefeito para sua consumação. Outrossim, não há qualquer elemento subjetivo do tipo, a indicar intenção especial do prefeito em cometer a conduta típica, portanto, despicienda é a intenção de causar danos ao erário, sendo suficiente o dolo de burla ao mandado constitucional do concurso público, nos termos da legislação aplicada, para a nomeação, admissão ou designação de servidor. Perceba que essa conclusão é corolário do bem jurídico tutelado, que é, essencialmente, a moralidade administrativa e a impessoalidade, não o patrimônio público, que, se lesado, corresponde a mero exaurimento do crime em tela". (STJ - RHC 71.794/MG,

Rel. Ministro RIBEIRO DANTAS, QUINTA TURMA, julgado em 04/10/2016, DJe 19/10/2016)

- "Crime de responsabilidade de prefeito. contratação de pessoas para atividades e funções variadas, prolongando-se as contratações no tempo sem abertura de concurso público. Dolo presente, pela não ação de regularizar as contratações, através da seleção pública. Pena aplicada no mínimo legal. Prolongamento no tempo que leva ao reconhecimento do art. 71, CP. Pena em regime aberto, substituída. DADO PROVIMENTO AO RECURSO. (TJ-SP , Relator: Ruy Alberto Leme Cavalheiro, Data de Julgamento: 14/04/2015, 3ª Câmara de Direito Criminal)
- Prefeito. Crime de responsabilidade (art. 1º., XIII, do decreto-lei nº. 201/1967, por quatro vezes, combinado com os arts. 71 e 69 do código penal). Nomear, admitir e designar servidor contra expressa disposição de lei. Desrespeito à norma constitucional do concurso público (art 37, II, da carta magna). Materialidade e autoria incontestes. 1º. Fato: nomeação com base em lei futura. 2º., 3º. E 4º. Fatos: designação de servidores concursados para cargo diverso (desvio de função). Condutas humanas típicas, antijurídicas e culpáveis. Condenação. Continuidade delitiva em relação a três fatos. Concurso material entre o primeiro fato e o crime continuado. Não aplicação, em nome do princípio da proporcionalidade, das penas de perda do cargo e de inabilitação para função ou cargos públicos. Ação procedente. (TJ-PR 5229965 PR 522996-5 (Acórdão), Relator: Lidia Maejima, Data de Julgamento: 03/05/2012, 2ª Câmara Criminal)

CASO ATÍPICOS

- "A contratação de servidores temporários para atender necessidade de excepcional interesse público, amparada em lei municipal autorizadora, afasta a tipicidade da conduta descrita no art. 1º, XIII, do Decreto-Lei 201/67. Precedentes". (STF - RE: 593058 RS, Relator: Min. RICARDO LEWANDOWSKI, Primeira Turma, Data de Publicação: DJe-176 DIVULG 17-09-2009 PUBLIC 18-09-2009 EMENT VOL-02374-07 - PP-01279)
- "A natureza permanente de algumas atividades públicas - como as desenvolvidas nas áreas da saúde, educação e segurança pública - não afasta, de plano, a autorização constitucional para contratar servidores destinados a suprir demanda eventual ou passageira. Necessidade circunstancial agregada ao excepcional interesse público na prestação do serviço para o qual a contratação se afigura premente autoriza a contratação nos moldes do art. 37, inc. IX, da Constituição da República. A contratação destinada a atividade essencial e permanente do Estado não conduz, por si, ao reconhecimento da alegada inconstitucionalidade. Necessidade de exame sobre a transitoriedade da contratação e a excepcionalidade do interesse público que a justifica.

Ação direta de inconstitucionalidade julgada parcialmente procedente para dar interpretação conforme à Constituição (ADI 3247, Rel. Min. CÁRMEN LÚCIA, Tribunal Pleno, Dje 18-08-2014).

- "É de natureza permanente a atividade de estatística e pesquisa desenvolvida pelo IBGE; sua intensidade e o volume dessas pesquisas não são os mesmos todo o tempo. Possibilidade de contratação temporária, nos termos do art. 37, inc. IX, da Constituição da República, para atender à necessidade temporária de pessoal necessário à realização de trabalhos em determinados períodos. Observância dos princípios da eficiência e da moralidade. Ação Direta de Inconstitucionalidade julgada improcedente (ADI 3386, Rel. Min. CÁRMEN LÚCIA, Tribunal Pleno, DJe 24-08-2011).
- "O art. 37, IX, da Constituição do Brasil autoriza contratações, sem concurso público, desde que indispensáveis ao atendimento de necessidade temporária de excepcional interesse público, quer para o desempenho das atividades de caráter eventual, temporário ou excepcional, quer para o desempenho das atividades de caráter regular e permanente. A alegada inércia da Administração não pode ser punida em detrimento do interesse público, que ocorre quando colocado em risco o princípio da continuidade da atividade estatal. Ação direta julgada improcedente (ADI 3068, Rel. Min. MARCO AURÉLIO, Rel. p/ Acórdão: Min. EROS GRAU, Tribunal Pleno, DJ 24-02-2006).
- "Não restando comprovado dolo na conduta do ex-prefeito que contrata temporariamente servidor, ainda que fora das hipóteses legais, deve ser ele absolvido". (TJ-MG - APR: 10182110007313001 MG, Relator: Eduardo Machado, Data de Julgamento: 01/04/2014, Câmaras Criminais / 5ª CÂMARA CRIMINAL, Data de Publicação: 07/04/2014)

12.14. Descumprimento de ordem legal

XIV – Negar execução a lei federal, estadual ou municipal, ou deixar de cumprir ordem judicial, sem dar o motivo da recusa ou da impossibilidade, por escrito, à autoridade competente;

12.14.1. Tipo objetivo

O sistema jurídico organizacional referente ao conjunto de regras traça a conduta dos agentes públicos e políticos no desempenho de suas atividades funcionais, definindo como pontos normas elementares ou requisitos primordiais o dever jurídico de observar o respeito à honestidade, imparcialidade, legalidade e lealdade às instituições a que servem por designação estatal para defender o interesse público.

O poder-dever de agir da autoridade pública tem o significado de praticar por iniciativa própria, da oportunidade, da conveniência da administração pública e dos meios adequados para exercer as suas atribuições por incumbência funcional, impedindo, que o agente abra mãos de seus poderes administrativos no cumprimento do dever. Ao agente público não lhe é permitido fazer liberalidades com o direito público.

Colimando a supremacia do interesse público, impõe-se o dever jurídico de o agente público ser submisso aos princípios norteadores da administração pública pautado na honestidade, imparcialidade, legalidade e lealdade às instituições.

O interesse público é aquele, submetido a um regime jurídico de ordem pública, resguardado por normas que primam pela preeminência do interesse público sobre o particular e, principalmente, pela indisponibilidade do direito vindicado.

Infirma-se, assim, que os atos administrativos necessariamente deverão ser primados pela escorreita formação legal, desinfluente de qualquer eiva de vício formal, material ou subjetivo na sua consecução acoimada na cogência e inderrogabilidade das normas incumbidas de proteger os interesses públicos, proteção que se justifica à medida que transcendem a individualidade, fazendo repercutir sua satisfação sobre a coletividade e que todos, indistintamente, sejam destinatários de seus preceitos.

Legalidade é aquilo que atende à norma em toda a sua inteireza. E os princípios apresentam-se à própria razão fundamental de ser das coisas jurídicas, indicam o alicerce do direito.

O princípio da legalidade, no âmbito exclusivo da administração pública, significa que esta – ao contrário do particular, que pode fazer tudo o que não seja proibido em lei – só poderá agir segundo as determinações legais[11].

Celso Antônio Bandeira de Mello diz que:

> "é o fruto da submissão do Estado à lei. É, em suma: a consagração da ideia de que a administração pública só pode ser exercida na conformidade da lei e que, de conseguinte, a atividade administrativa é atividade sublegal, infralegal, consistente na expedição de comandos complementares à lei"[12].

---

11. Carlos Ari Sundfeld ensina que "*A atividade administrativa deve ser desenvolvida nos termos da lei. A Administração só pode fazer o que a lei autoriza: todo ato seu há de ter base em lei, sob pena de invalidade. Resulta daí uma clara hierarquia entre a lei e o ato da Administração Pública que não seja concedido pela lei: o que a lei não lhe concede expressamente, nega-lhe implicitamente. Todo poder é da lei; apenas em nome da lei se pode impor obediência. Por isso, os agentes administrativos não dispõem de liberdade – existente somente para os indivíduos considerados como tais –, mas de competências, hauridas e limitadas na lei*".
12. MELLO, Celso Antônio Bandeira de. **Curso de Direito Administrativo**, p. 47.

O agente que atenta contra os princípios de regência da administração pública ou mais notadamente a sua conduta se enquadra nos tipos descritos por este dispositivo; em princípio, pressupõe-se agir, de forma consciente, da ilicitude na via comissiva por dispor da qualificação exigida para o exercício da função que lhe dá o perfeito conhecimento para distinguir o legal do ilegal, o certo do errado e o jurídico do antijurídico.

Uma autoridade ou agente público exercente de cargo de direção no âmbito da administração pública quando desatende ou viola uma norma, tem pleno conhecimento do que está fazendo, e o faz de maneira voluntária com o propósito de negar a sua aplicabilidade ou executar o ato de forma diversa do que determina a lei.

Quando se agrega a qualificação do detentor de cargo ou função pública e a sua deliberada manifestação de profanar qualquer norma do ordenamento jurídico, a má-fé, a desonestidade ou a má intenção são predicados negativos integrativos do seu ato.

Sobreleva mencionar que o princípio da moralidade administrativa pelo seu valor constitucional revestido de caráter ético-jurídico, requisito de legitimidade e validade do ato administrativo, é afetado diretamente por qualquer das condutas atentatórias descritas neste dispositivo legal, já trazendo no interior a vontade maliciosa em desprestigiar a eficácia da norma.

Afigura-se importante apontar outra modalidade de improbidade administrativa oriunda da Lei 10.257, de 10.07.2001, que regulamenta os arts. 182 e 183 da Constituição Federal; estabelece no seu art. 52, que nela incorrerão nessa conduta os prefeitos que violarem os dispositivos nele mencionados.

No que se refere ao dolo, para o direito administrativo é o método utilizado com base na má-fé, desonestidade e ilicitude, intencionado a produzir dano ao erário para auferir vantagem indevida em proveito próprio ou de terceiros.

Dolo significa a intenção consciente de cometer ou assumir o risco de um ato ilícito, que pressupõe o conhecimento da natureza da ação ou conduta considerada ilegal. Para sua configuração, é necessário que estejam presentes a consciência e a vontade do agente no seu cometimento.

Cumpre estabelecer que a intenção ou propósito importa no objetivo típico ou ilegal, perquirido na realização dos atos produzidos pelo agente, de modo que haverá dolo se o agente desencadear uma ação que tenha consciência da tipicidade ou ilicitude para direcionar sua ação no sentido de realizar os elementos do tipo que integram a sua caracterização.

No tipo em debate, poderá o prefeito negar vigência a lei federal, estadual ou municipal, se esta vier a contrariar uma norma superior, a exemplo da Lei de Responsabilidade Fiscal, que é Lei Complementar à Constituição e prevalente sobre qualquer outra norma ordinária de qualquer esfera administrativa.

Também poderá deparar-se com uma lei manifestamente inconstitucional para justificar a negação de sua vigência e, ato contínuo, ingressar com simultaneamente com uma ação declaratória de inconstitucionalidade com pedido liminar de sustação de sua eficácia.

No que alude à ordem judicial, é diferente conquanto só lhe resta executá-la e recorrer, salvo se houver fundada motivação que justifique a impossibilidade jurídica ou material de cumprimento, hipótese deverá expor as razões relevantes ao juiz ou tribunal.

12.14.2. Tipo subjetivo

É o dolo genérico representado pela vontade livre e consciente de incorrer na conduta antijurídica, visto que é conhecedor do dever de cumprir e fazer cumprir as leis, assim como as ordens judiciais, mas assume o risco de descumpri-las, para assumir o risco do resultado de agir com má-fé, ofendendo os princípios da legalidade, da probidade e da moralidade pública.

12.14.3. Consumação (ver item 12.2.3)

CASOS TÍPICOS

- "Conforme precedente da Suprema Corte, o crime de responsabilidade previsto no art. 1º, XIV, do Decreto-lei nº 201/67, é "delito formal ou de mera conduta, que se consuma com o fato de o prefeito deixar de cumprir ordem judicial sem dar as razões que justifiquem, perante a autoridade competente que deve aceitá-las ou não". (STJ – EDcl no AgRg no REsp 1374716/SC, Rel. Ministro MOURA RIBEIRO, QUINTA TURMA, julgado em 25/02/2014, DJe 07/03/2014)

- Crime praticado por prefeito municipal – artigo 1º, XIV, do Decreto-lei nº 201 /1967 – Réu que, na qualidade de Prefeito Municipal, negou execução à Lei que determinava que a gestão dos recursos destinados ao desenvolvimento das ações de saúde fosse feita por um Fundo Municipal (TJSP – Apelação APL 990093570645 SP – Data de publicação: 09/09/2010)

- "O não cumprimento de ordem judicial, sem que seja dado motivo da recusa ou impossibilidade, por escrito, à autoridade competente, constitui, por si só, crime de responsabilidade dos prefeitos municipais, conforme o disposto no inciso XIV do art. 1º do Decreto-Lei 201/67, ainda que a obrigação trabalhista tenha sido cumprida após a abertura do inquérito policial. Denúncia recebida". (TRF-1 – INQ: 14150 AM 2006.01.00.014150-8, Relator: DESEMBARGADOR FEDERAL TOURINHO NETO, Data de Julgamento: 25/10/2006, SEGUNDA SEÇÃO, Data de Publicação: 10/11/2006 DJ p.6)

- "Quando o chefe do Executivo Municipal deixa de proceder à ordem judicial sem sequer motivar seu descumprimento, deixando transcorrer "*"in albis"*" prazo para apresentar documento exigido pelo Poder Judiciário, ele está incorrendo no crime de responsabilidade insculpido no incido XIV do artigo 1º do Decreto-lei 201/67" (TJMG - Apelação Criminal 1.0471.03.020871-7/001, Relator(a): Des.(a) Jane Silva , 3ª CÂMARA CRIMINAL, julgamento em 12/04/2005, publicação da súmula em 17/05/2005).

CASOS ATÍPICOS

- "Não basta, para efeito de caracterização típica do delito definido no inciso XIV do art. 1º do Decreto-lei nº 201 /67 - "deixar de cumprir ordem judicial" -, que exista determinação emanada de autoridade judiciária, pois se mostra igualmente necessário que o magistrado tenha proferido decisão em procedimento revestido de natureza jurisdicional, uma vez que a locução constitucional "causa" encerra conteúdo específico e possui sentido conceitual próprio. Precedentes. - A atividade desenvolvida pelo Presidente do Tribunal no processamento dos precatórios decorre do exercício, por ele, de função eminentemente administrativa (RTJ 161/796 - RTJ 173/958-960 - RTJ 181/772).

- "Consoante firme jurisprudência desta Corte, para a configuração do delito de desobediência de ordem judicial é indispensável que inexista a previsão de sanção de natureza civil, processual civil ou administrativa, salvo quando a norma admitir expressamente a referida cumulação. Se a decisão proferida nos autos do Mandado de Segurança, cujo descumprimento justificou o oferecimento da denúncia, previu multa diária pelo seu descumprimento, não há que se falar em crime, merecendo ser trancada a Ação Penal, por atipicidade da conduta. Precedentes do STJ. Parecer do MPF pela denegação da ordem. 4. Ordem concedida, para determinar o trancamento da Ação Penal 2056, ajuizada contra o paciente". (STJ - HC: 92655 ES 2007/0244468-6, Relator: Ministro NAPOLEÃO NUNES MAIA FILHO, Data de Julgamento: 18/12/2007, T5 - QUINTA TURMA, Data de Publicação: DJ 25/02/2008 p. 352)

- "Para a subsunção da conduta do agente ao delito previsto no artigo 1º, inciso XIV, do Decreto-Lei Nº 201/1967, faz-se necessário que o alcaíde tenha agido com o dolo, consistente na vontade consciente e deliberada de descumprir lei ou ordem judicial recebida. Havendo dúvida relevante em relação à consciência do agente no que tange à vontade dirigida ao fim de descumprir ordem judicial, sua absolvição é medida que se impõe. Ação penal julgada improcedente". (TJ-MG - AP: 10000110356672000 MG , Relator: Marcílio Eustáquio Santos, Data de Julgamento: 10/12/2013, Câmaras Criminais / 7ª CÂMARA CRIMINAL, Data de Publicação: 13/12/2013)

- "A impossibilidade do cumprimento da ordem judicial, desde que demonstrada por escrito à autoridade judiciária, exclui a configuração do crime previsto no n. XV do art. 1º do Dec-lei 201/67 e repele providências atinentes à apuração de tal responsabilidade, notadamente tratando-se de mandado de segurança concedido e com agravo de petição da mesma autoridade pendente de julgamento na superior instância" (RT 448/465)
- "A condenação de Prefeito Municipal pela prática do crime previsto no art. 1º, XIV, do Decreto-Lei nº 201/ 1967 exige prova cabal de dolo, ou seja, de que o Alcaíde tenha querido descumprir a ordem recebida, causando, por ato próprio, a desobediência. O mero sinal de culpa não legitima a condenação". (TJMG - Ação Penal - Ordinário 1.0000.11.053593-7/000, Relator(a): Des.(a) Adilson Lamounier, 5ª CÂMARA CRIMINAL, julgamento em 28/05/2013, publicação da súmula em 05/06/2013)

12.15. Deixar de emitir certidões ou contratos

XV - Deixar de fornecer certidões de atos ou contratos municipais, dentro do prazo estabelecido em lei.

12.15.1. *Tipo objetivo*

A Constituição Federal estipula que a lei assegurará a expedição de certidões requeridas aos órgãos públicos para fins de defesa de direitos e os esclarecimentos que se fizerem necessários ao interesse do requerente (art. 5º, XXXIV, "b").

A recusa no atendimento ao exercício desse direito pode ensejar a configuração do tipo penal descrito neste dispositivo por ofender a direito constitucional, cuja negativa poderá importar em lesão ou dano ao interessado, se a violação ocorrer por ato do prefeito e não de terceiros, de forma que a conduta incriminadora é negar a expedição de certidões de atos ou contratos quando houver norma fixando prazo para o seu atendimento.

12.15.2. *Tipo subjetivo*

É o dolo genérico representado pela vontade livre e consciente de incorrer na conduta antijurídica, visto que é conhecedor do dever de emitir ou expedir certidões de atos ou contratos municipais, dentro do prazo fixado por lei, mas assume o risco de descumpri-las, com vistas a assumir o risco do resultado de agir negativamente com má-fé, ofendendo os princípios da legalidade, da probidade e da moralidade pública.

12.15.3. Consumação (ver item 12.2.3)

12.16. Omissão na redução da dívida pública

> XVI – deixar de ordenar a redução do montante da dívida consolidada, nos prazos estabelecidos em lei, quando o montante ultrapassar o valor resultante da aplicação do limite máximo fixado pelo Senado Federal;

12.16.1. Tipo objetivo

A conduta incriminadora consiste na ação omissiva do prefeito com relação à redução do montante da dívida pública consolidada do município nos prazos estipulados em lei.

Cuida-se, portanto, da inércia do prefeito em adotar medida que reduza a dívida consolidada ou fundada, que é aquela assumida para amortização em prazo superior a 12 (doze) meses e foram contraídas mediante emissão de títulos públicos ou operações de crédito na rede bancária, contratos, convênios ou tratados.

Nos termos da Lei de Responsabilidade Fiscal, caberá ao Senado fixar limites e condições ao montante da dívida consolidada da União, Estados e Município.

12.16.2. Tipo subjetivo

É o dolo genérico representado pela vontade livre e consciente de incorrer na conduta antijurídica, em razão de que **é conhecedor** do dever de implementar medidas visando a redução da dívida pública consolidada nos prazos estipulados por lei, mas se mostra inerte e deixa de fazê-lo, para assumir o risco do resultado de agir negativamente com má-fé, ofendendo os princípios da legalidade, da probidade e da moralidade pública.

12.16.3. Consumação (ver item 12.2.3)

12.17. Autorizar abertura ilegal de crédito

> XVII – ordenar ou autorizar a abertura de crédito em desacordo com os limites estabelecidos pelo Senado Federal, sem fundamento na lei orçamentária ou na de crédito adicional ou com inobservância de prescrição legal;

12.17.1. Tipo Objetivo

A conduta típica reside na ação comissiva do prefeito ordenar (providenciar, determinar, destinar) ou autorizar (conceder, garantir, abonar) abertura de crédito em desacordo com os limites estabelecidos pelas normas de regência, quais sejam, pelas Resoluções do Senado Federal, da Lei Orçamentária ou da Lei de Responsabilidade Fiscal.

Este tipo penal visa conferir responsabilidade ao prefeito no sentido assegurar o equilíbrio fiscal nas contas públicas do município.

A abertura de crédito fixa condicionada aos limites estabelecidos que respeitam a limitação financeira e orçamentária do município, evitando-se, assim, que ocorra o descontrole dos gastos públicos.

É antiga lição de gastar no limite do que se arrecada, porque na administração pública não há cheque especial para que o gestor possa sacar fora do limite disponível, sob pena de responsabilidade que lhe enquadra este dispositivo penal.

12.17.2. Tipo subjetivo

É o dolo genérico representado pela vontade livre e consciente de incorrer na conduta antijurídica, visto que é conhecedor da proibição de abertura de crédito em desacordo com o conjunto normativo de regência fiscal e orçamentário, mas age de forma ativa gerando crédito a descoberto, para assim, assumir o risco do resultado de agir com má-fé, ofendendo os princípios da legalidade, da probidade e da moralidade pública.

12.17.3. Consumação (ver item 12.2.3)

12.18. Deixar de cancelar operações de crédito ilegal

> XVIII – deixar de promover ou de ordenar, na forma da lei, o cancelamento, a amortização ou a constituição de reserva para anular os efeitos de operação de crédito realizada com inobservância de limite, condição ou montante estabelecido em lei;

16.18.1. Tipo Objetivo

A conduta típica reprovável do prefeito reside na sua atitude omissa para cancelar operação de crédito realizada de forma ilegal, seja porque não atendeu aos limites, condições ou montante fixado em lei.

O desfazimento dessa operação de crédito pode ser mediante o cancelamento, a amortização (resgate, extinção, liquidação) ou a constituição ou acúmulo de reserva para anular os efeitos financeiros da operação de crédito.

A reprovabilidade da conduta do prefeito é uma manifestação normativa perquirindo que a omissão ou negligência seja penalizada, porquanto o objetivo almejado é a consolidação do equilíbrio fiscal e financeiro do município.

A saúde das finanças públicas dos municípios está atrelada ao acerto das contas públicas adequadamente controladas para que os benefícios sejam revertidos em bons serviços a toda de rede de usuários da saúde e educação.

12.18.2. Tipo subjetivo

É o dolo genérico representado pela vontade livre e consciente de incorrer na conduta antijurídica, em virtude de que o prefeito é omisso em adotar o cancelamento, o resgate ou criação de fundos de reserva para anular operação ilegal de crédito, para assumir o risco do resultado de agir negativamente com má-fé, ofendendo os princípios da legalidade, da probidade e da moralidade pública.

12.18.3. Consumação (ver item 12.2.3)

12.19. Autorizar operação ilegal de crédito bancário

> XIX – deixar de promover ou de ordenar a liquidação integral de operação de crédito por antecipação de receita orçamentária, inclusive os respectivos juros e demais encargos, até o encerramento do exercício financeiro;

12.19.1. Tipo objetivo

A Lei de Responsabilidade Fiscal e a Lei dos Orçamentos Públicos estabelecem condições, limites e formalidades para a realização de operações de crédito junto ao sistema financeiro nacional pelas instituições públicas.

Esses diplomas legais conferem limites para que os municípios, assim como outros entes públicos, sejam autorizados a realizar operações de crédito junto aos bancos nacionais e internacionais.

Extrai-se das normas vigentes que as operações de crédito por antecipação de receita orçamentária, inclusive os encargos financeiros, como juros moratórios e acessórios, sejam liquidados até o encerramento.

A Lei de Responsabilidade Fiscal pauta o regramento permissível da operação ARO – Antecipação de Receita Orçamentária – mas condiciona a sua liquidação até o dia 10 de dezembro de cada ano, e veda esta operação enquanto houver outra anterior ainda não totalmente resgatada.

Há também vedação dessa operação no último ano de mandato do prefeito municipal.

A Lei 4.320/64 dispõe também dessa operação de crédito e de outros aspectos relativos as questões orçamentárias, de modo que a violação a tais normas impõe ao prefeito o dever de ajustar as finanças e o orçamento municipal até o final de cada exercício civil, que finda no mês de dezembro de cada ano.

12.19.2. Tipo subjetivo

É o dolo genérico representado pela vontade livre e consciente de incorrer na conduta antijurídica, visto que, é o prefeito é omisso em promover a liquidação de operação de antecipação de receita orçamentária com juros moratórios e acessórios, dentro do exercício civil, para assim, assumir o risco do resultado de agir negativamente com má-fé, ofendendo os princípios da legalidade, da probidade e da moralidade pública.

12.19.3. Consumação (ver item 12.2.3)

12.20. Autorizar operação irregular de crédito com entidades públicas

> XX – ordenar ou autorizar, em desacordo com a lei, a realização de operação de crédito com qualquer um dos demais entes da Federação, inclusive suas entidades da administração indireta, ainda que na forma de novação, refinanciamento ou postergação de dívida contraída anteriormente;

12.20.1. Tipo objetivo

A conduta incriminadora, descrita neste dispositivo, firma-se no ato de ordenar (providenciar, determinar, destinar) ou autorizar (conceder, garantir, abonar) operação de crédito com entidades públicas, inclusive suas instituições ou empresas da administração indireta, em confronto com as normas que versam essas operações financeiras.

Não é porque sejam pactuantes entidades públicas ou as suas empresas ou autarquias, que haveria permissibilidade de tolerâncias com operações de créditos irregulares.

Os instrumentos legais para a formalização dessas operações podem ser através da celebração de convênios, tratados ou contratos.

Deve-se atentar que a Lei de Responsabilidade Fiscal e a Lei de Orçamento Público, acumuladas com as normas próprias do mercado financeiro, devem ser fielmente observadas sob pena de adequação à conduta descrita neste tipo penal.

Ressalte-se, ainda, que se trata de novação, refinanciamento ou postergação de dívida contraída anteriormente, não admitida por este dispositivo penal.

A novação implica a extinção de uma dívida ou obrigação anterior para que uma nova obrigação seja assumida em substituição àquela, resulta, pois, de um acordo entre devedor e credor para formação de nova obrigação, que vem substituir e extinguir a primeira.

O refinanciamento ou a postergação de dívida contraída, o seu prolongamento ou sua rolagem, não é também aceito pela norma, de forma que o prefeito não poderá negociar de modo que ultrapasse os limites e condições estabelecidas pela Lei de Responsabilidade Fiscal e a Lei do Orçamento Público.

12.20.2. Tipo subjetivo

É o dolo genérico representado pela vontade livre e consciente de incorrer na conduta antijurídica, visto que é o prefeito quem atua de forma consciente ordenando ou autorizando operação irregular de crédito com entidades públicas ou suas empresas ou autarquias, em manifesto desacordo com as normas de regência, para assumir o risco do resultado de agir positivamente com má-fé, ofendendo os princípios da legalidade, da probidade e da moralidade pública.

12.20.3. Consumação (ver item 12.2.3)

12.21. Captar receita pública antes do fato gerador

> XXI – captar recursos a título de antecipação de receita de tributo ou contribuição cujo fato gerador ainda não tenha ocorrido;

12.21.1. Tipo objetivo

Fato gerador é a ocorrência fiscal definida em lei como necessária e suficiente para motivar a incidência do tributo. Sem o fato gerador, inexiste obrigação tributária.

Esse dispositivo criminaliza a conduta do prefeito que, na ânsia de fazer caixa, incorra nessa atitude de captar ou receber para os cofres públicos, receita pública na forma de tributos ou contribuições, antes do momento estabelecido por lei fiscal para a ocorrência do fato gerador.

De modo que a conduta do prefeito em exigir que os contribuintes paguem tributos ou contribuições antes do fato gerador estabelecido em lei, acarreta o enquadramento da sua conduta neste dispositivo penal.

12.21.2. Tipo subjetivo

É o dolo genérico representado pela vontade livre e consciente de incorrer na conduta antijurídica, visto que é o prefeito quem atua de forma consciente captando receita pública antes a ocorrência do fato geral fixado em lei, assumindo, desta forma, o risco do resultado de agir negativamente com má-fé, ofendendo os princípios da legalidade, da probidade e da moralidade pública.

12.21.3. Consumação (ver item 12.2.3)

12.22. Desvio de finalidade na aplicação da emissão de títulos públicos

> XXII – ordenar ou autorizar a destinação de recursos provenientes da emissão de títulos para finalidade diversa da prevista na lei que a autorizou;

12.22.1. Tipo Objetivo

Na definição desta norma, é enquadrado o prefeito que pratica ato destinando recursos provenientes da emissão de títulos para finalidade diversa da prevista na lei que a autorizou. É a ilegalidade do objeto que ocorre quando o resultado do ato importa em violação à lei, regulamento ou a outro ato normativo.

Essa ilegalidade conduz no sentido de arbitrariedade, revela-se pelo excesso de autoridade ou vontade de praticar o ato abusivo; traz intrinsecamente na sua postura o dolo, a maneira ardil ou enganosa de um desígnio ilícito almejado.

É o desvio de finalidade pela violação moral da lei. O prefeito trilha por caminhos diferentes daqueles vislumbrados pelo legislador, por veredas não pretendidas pela legislação, mas que revela a motivação satisfação de interesses diversos daquele objetivado pela lei que autorizou a celebração da emissão de títulos públicos.

Aqui, o prefeito atua nos limites da sua competência, mas age de forma diferente do que estabelece a norma para atender objetivos outros que não sejam do interesse da Administração Pública, é o meio ardiloso de alcançar algum desejo escuso mediante uma ilicitude de forma dissimulada.

Nesse contexto, o prefeito se vale da competência que lhe foi outorgada pela norma para o atingimento de finalidade diversa daquela que lhe é conferida, incorre em desvio de finalidade.

A tipologia deste dispositivo alcança diretamente a violação ideológica da lei; melhor dizendo, a profanação da lei, visando ao prefeito afins não queridos pelo legislador para projetar um ato aparentemente regular pelos artifícios utilizados, astuciosamente para, burlar a regra normativa.

A regência deste inciso emoldura o desvio de poder pela realização explícita diante da transgressão frontal ao texto legal, situação em que o prefeito deliberadamente volta-se para o atingimento de finalidade conhecidamente ilícita.

12.22.2. Tipo subjetivo

É o dolo genérico representado pela vontade livre e consciente de incorrer na conduta antijurídica, em razão de que **é** o prefeito quem atua de forma consciente desviando à aplicação dos recursos públicos obtidos com a emissão de título para fins diversos daquele previamente estipulado pela lei autorizativa, assumindo, portanto, o risco do resultado de agir positivamente com má-fé, ofendendo os princípios da legalidade, da probidade e da moralidade pública.

12.22.3. Consumação (ver item 12.2.3)

12.23. Realizar ou receber transferência voluntária ilegal

> XXIII – realizar ou receber transferência voluntária em desacordo com limite ou condição estabelecida em lei.

12.23.1. Tipo objetivo

O art. 25 da Lei de Responsabilidade Fiscal preceitua que *"para efeito desta Lei Complementar, entende-se por transferência voluntária a entrega de recursos correntes ou de capital a outro ente da Federação, a título de cooperação, auxílio ou assistência financeira, que não decorra de determinação constitucional, legal ou os destinados ao Sistema Único de Saúde"*.

E no seu art. 11 estabelece que *"constituem requisitos essenciais da responsabilidade na gestão fiscal a instituição, previsão e efetiva arrecadação de todos os tributos da competência constitucional do ente da Federação"* e no seu parágrafo único determina *"É vedada a realização de transferências voluntárias para o ente que não observe o disposto no caput, no que se refere aos impostos"*.

Depreende-se da leitura do aludido artigo da Lei de Responsabilidade Fiscal que o município que não promove a efetiva arrecadação de todos os tributos de sua competência fica vedado de receber transferências voluntárias.

A Lei de Responsabilidade Fiscal estabelece limites e condições para que os entes públicos possam receber transferências voluntárias, cuja violação enseja a tipificação das condutas deste dispositivo penal.

12.23.2. Tipo subjetivo

É o dolo genérico representado pela vontade livre e consciente de incorrer na conduta antijurídica, visto que é o prefeito atua de forma consciente realizando ou recebendo transferências voluntárias de outros entes estatais em flagrante violação as condições e limites fixados pela Lei de Responsabilidade Fiscal ou outra lei que verse sobre esta matéria, assumindo o risco do resultado de agir positivamente com má-fé, ofendendo os princípios da legalidade, da probidade e da moralidade pública.

12.23.3. Consumação (ver item 12.2.3)

12.24. Das penas dos crimes

> § 1º Os crimes definidos neste artigo são de ação pública, punidos os dos itens I e II, com a pena de reclusão, de dois a doze anos, e os demais, com a pena de detenção, de três meses a três anos.

> § 2º A condenação definitiva em qualquer dos crimes definidos neste artigo, acarreta a perda de cargo e a inabilitação, pelo prazo de cinco anos, para o exercício de cargo ou função pública, eletivo ou de nomeação, sem prejuízo da reparação civil do dano causado ao patrimônio público ou particular.

12.24.1. Ação penal pública e representação

O art. 1º desta Lei estabelece que são crimes de responsabilidade dos prefeitos municipais todos aqueles constantes dos seus vinte e três incisos, que foram acima examinados e estudados de forma ampla e completa.

O § 1º deste artigo assenta que os crimes definidos pelo art. 1º deste Decreto-lei são de ação pública, que se exercita por iniciativa do Ministério Público, e a ele somente se compete este direito, pois é o titular da ação penal, cabendo-lhe a propositura da demanda judicial criminal.

Entretanto, o Ministério Público pode ser provocado por qualquer cidadão, consoante prevê o art. 27 do Código de Processo Penal, assim redigido:

> **Art. 27.** Qualquer pessoa do povo poderá provocar a iniciativa do Ministério Público, nos casos em que caiba a ação pública, fornecendo-lhe, por escrito, informações sobre o fato e a autoria e indicando o tempo, o lugar e os elementos de convicção.

Apresentada a *notitia criminis,* caberá ao representante do Ministério Público o estudo do conteúdo das peças recebidas e, concluindo não haver crime a ser apurado, deverá requerer o arquivamento, como preconiza o art. 28 do aludido diploma processual penal. Caso contrário, promoverá a ação penal.

12.24.2. Da pena de reclusão

Os crimes de peculato (I – apropriar-se de bens ou rendas públicas, ou desviá-los em proveito próprio ou alheio e uso indevido de bens públicos e, II – utilizar-se, indevidamente, em proveito próprio ou alheio, de bens, rendas ou serviços públicos) são punidos com a pena de reclusão de dois a doze anos. A depender da pena em concreto, poderá haver a substituição da pena privativa de liberdade (art. 44 do CP) ou, até mesmo, a concessão de sursis (art. 77 do CP).

Se o prefeito estiver no exercício do cargo, será processado e julgado pelo Tribunal de Justiça ou Regional Federal, nos termos do art. 29, X, da Constituição Federal, que lhe confere a prerrogativa de foro privilegiado. Findo o seu mandato, a competência é deslocada para o juízo de primeiro grau.

12.24.3. Da pena de detenção

Já os demais crimes são punidos com a pena de detenção de três meses a três anos, que pode ter a substituição da pena nos moldes previstos pelo art.

44 do Código Penal, tendo em vista a sua cominação não ser superior a quatro anos de prisão.

A condenação também poderá ser abrangida pelo *sursis*, previsto no art. 77 do Código Penal, a depender da dosimetria da pena, porque esta norma contempla a pena até dois anos de prisão.

Se estiver no exercício do cargo, o prefeito será processado e julgado perante o Tribunal de Justiça ou Regional Federal, mesmo para os crimes punidos com detenção.

12.24.4. Da perda do cargo e da inabilitação

Com a sentença condenatória definitiva, aquela que operou coisa julgada, conduz à perda de cargo e à inabilitação, pelo prazo de cinco anos, para o exercício de cargo ou função pública, eletivo ou de nomeação, sem prejuízo da reparação civil do dano causado ao patrimônio público ou particular.

A perda do cargo e da inabilitação constituem efeitos da condenação definitiva nos crimes descritos pelo Dec.-Lei nº 201/67, não são automáticas, porquanto, necessariamente, devem ser motivadamente declarados na sentença condenatória, conforme estabelece o parágrafo único do art. 92 do Código Penal, cuja aplicação se adota em virtude da lacuna deixada pelo aludido decreto-lei.

Essa dedução decorre no que preceitua o art. 12 do Código Penal, ao estabelecer *"As regras gerais deste Código aplicam-se aos fatos incriminados por lei especial, se esta não dispuser de modo diverso"*.

É relevante que o julgado deve avaliar com temperança e cautela a conduta do prefeito, as circunstâncias e as suas consequências, para não incorrer em aviltamento dos princípios da razoabilidade e proporcionalidade.

Esse esmero deve-se valorizar porque um prefeito pode ser condenado a uma pena mínima de três meses, apenas por não ter emitido uma nota de empenho e, por conta de uma infração de menor potencial ofensivo, ter uma pena capital de perda do cargo e ficar inabilitado pelo prazo de cinco anos para o exercício de cargo ou função pública.

Depreende-se, assim, que a aplicação dessas penas mais gravosas da perda de cargo e da inabilitação não são automáticas, mas devem ser bem aferidas para ensejar razoável motivação na composição da dosimetria da pena a ser imposta.

No aspecto penal desta norma, deve-se esclarecer que a perda de cargo não é cassação de mandato, que é definitiva, e o prefeito somente poderá voltar a exercê-lo após o cumprimento da pena de cinco anos, observados os procedimentos descritos pelo art. 743 do Código de Processo Penal.

No que alude à inabilitação para cargo ou função pública pelo prazo de cinco anos, embora não se confunda com o instituto da inelegibilidade, porque se cuida de um impedimento de natureza administrativa, tem reflexos diretos nos direitos políticos do prefeito condenado em virtude da Lei Complementar nº 135/2010, a Lei da Ficha Limpa, que alcança esta natureza de condenação para fins de inelegibilidade pelo período de 08 (oito) anos.

QUESTÕES PROCESSUAIS

- "**Perda de cargo público.** Crime previsto no artigo 1º, I, do Decreto-lei nº 201/1967. Crime de responsabilidade. Perda do cargo e inabilitação para exercício de cargo ou função pública. Penas autônomas em relação à pena privativa de liberdade. Prazos prescricionais distintos. Acórdão recorrido divergente da jurisprudência desta suprema corte. Agravo regimental desprovido. (STF - RE 912894 AgR, Relator(a): Min. LUIZ FUX, Primeira Turma, julgado em 25/11/2016, PROCESSO ELETRÔNICO DJe-263 DIVULG 09-12-2016 PUBLIC 12-12-2016)
- **Crime de responsabilidade. Prefeito.** Perda do cargo público e inabilitação para o exercício de cargo ou função pública. Efeitos acessórios da condenação. Prescrição. A sanção de perda do cargo público e a de inabilitação para o exercício de cargo ou função pública são meros efeitos acessórios da condenação, prescrevendo juntamente com a punição corporal. Precedentes. (STJ – AgRg no AREsp 618.480/RN, Rel. Ministro FELIX FISCHER, QUINTA TURMA, julgado em 17/12/2015, DJe 03/02/2016)
- **Prescrição** – "A determinação da extinção da pretensão punitiva estatal em relação a crimes de responsabilidade de prefeitos municipais, previstos no art. 1º do Decreto-Lei n. 201/1967, alcança também as penas de perda do cargo e de inabilitação, pelo prazo de 5 anos, para o exercício de cargo ou função pública, eletivo ou de nomeação (§ 2º do art. 1º do Decreto-Lei n. 201/1967), principalmente em decorrência de sua natureza acessória *(accessio cedit principali)*. 2. Recurso especial provido para reformar parcialmente o acórdão a quo e determinar a extinção da punibilidade do recorrente com relação às penas acessórias previstas no art. 1º, § 2º, do Decreto-Lei n. 201/1967, mantidos os demais termos do decisum de piso". (STJ – REsp 1370192/MG, Rel. Ministro SEBASTIÃO REIS JÚNIOR, SEXTA TURMA, julgado em 06/05/2014, DJe 02/06/2014).
- **Prescrição** – "A decisão agravada está em consonância com a jurisprudência mais recente, do Supremo Tribunal Federal, desta Corte e do Tribunal Superior Eleitoral, no sentido de que a pena de perda do cargo e inabilitação para o exercício de cargo ou função pública é afastada pela prescrição da pena privativa de liberdade, imposta em razão da prática dos delitos do art. 1.º do Decreto-lei n.º 201/67, por ter natureza de mero efeito acessório da condenação". (AgRg no REsp 1446797/PB, Rel. Ministra LAURITA VAZ, QUINTA TURMA, julgado em 26/08/2014, DJe 02/09/2014)

- **Penas acessórias – Perda de cargo público e inabilitação.** A decisão agravada está na mais absoluta consonância com a jurisprudência desta Corte, firmada no sentido de que a sanção de perda do cargo público e a de inabilitação para o exercício de cargo ou função pública são meros efeitos acessórios da condenação, prescrevendo juntamente com a punição corporal. 2. Assim, a decisão deve ser mantida intacta pelos seus próprios fundamentos. 3. Agravo regimental improvido. (STJ – AgRg no AREsp: 277372 RN 2013/0006850-0, Relator: Ministro WALTER DE ALMEIDA GUILHERME (DESEMBARGADOR CONVOCADO DO TJ/SP), Data de Julgamento: 18/11/2014, T5 – QUINTA TURMA, Data de Publicação: DJe 26/11/2014).

- **Penas acessórias – Perda de cargo público e inabilitação** – "A perda do cargo e a inabilitação para o exercício de cargo ou função pública, nos termos do Decreto-Lei n. 201/1967, são penas acessórias, dependendo de condenação pela prática de crime tipificado na mesma norma. (STJ – AgRg no REsp 1292601/SC, Rel. Ministro SEBASTIÃO REIS JÚNIOR, SEXTA TURMA, julgado em 05/06/2014, DJe 27/06/2014)

- **Penas acessórias – Perda de cargo público e inabilitação** – "A pena de inabilitação, pelo prazo de 5 (cinco) anos, para o exercício de cargo ou função pública, eletivo ou de nomeação, pressupõe condenação definitiva por crime previsto no Decreto-Lei 201/67, a teor do seu art. 1º, § 2º, não subsistindo, de forma autônoma, em relação à pena privativa de liberdade fulminada pela pretensão punitiva do Estado. Agravo regimental improvido. (AgRg no REsp 913.653/ES, Rel. Ministro NEFI CORDEIRO, SEXTA TURMA, julgado em 04/09/2014, DJe 17/09/2014).

- "**Perda de cargo público.** A pena de inabilitação para cargo ou função pública prevista no § 2º do artigo 1º do Decreto-Lei nº 201/67 é independente e autônoma em relação à pena privativa conjuntamente aplicada, sendo que seus prazos prescricionais são distintos. Agravo regimental não provido." (STF - AI 742.100-AgR, Primeira Turma, Rel. Min. Dias Toffoli, DJe de 29/03/2011).

12.24.5. Rito processual

> Art. 2º O processo dos crimes definidos no artigo anterior é o comum do juízo singular, estabelecido pelo Código de Processo Penal, com as seguintes modificações:
>
> I – Antes de receber a denúncia, o Juiz ordenará a notificação do acusado para apresentar defesa prévia, no prazo de cinco dias. Se o acusado não for encontrado para a notificação, ser-lhe-á nomeado defensor, a quem caberá apresentar a defesa, dentro no mesmo prazo.
>
> II – Ao receber a denúncia, o Juiz manifestar-se-á, obrigatória e motivadamente, sobre a prisão preventiva do acusado, nos casos dos itens I e II do artigo anterior, e sobre o seu afastamento do exercício do cargo durante a instrução criminal, em todos os casos.

III - Do despacho, concessivo ou denegatório, de prisão preventiva, ou de afastamento do cargo do acusado, caberá recurso, em sentido estrito, para o Tribunal competente, no prazo de cinco dias, em autos apartados. O recurso do despacho que decreta a prisão preventiva ou o afastamento do cargo terá efeito suspensivo.

§ 1º Os órgãos federais, estaduais ou municipais, interessados na apuração da responsabilidade do Prefeito, podem requerer a abertura do inquérito policial ou a instauração da ação penal pelo Ministério Público, bem como intervir, em qualquer fase do processo, como assistente da acusação.

§ 2º Se as previdências para a abertura do inquérito policial ou instauração da ação penal não forem atendidas pela autoridade policial ou pelo Ministério Público estadual, poderão ser requeridas ao Procurador-Geral da República.

12.24.6. Denúncia

O processo dos crimes contra prefeitos é o comum do juízo singular, estabelecido pelo Código de Processo Penal, que poderá ser ordinário, sumário ou sumaríssimo, nos termos do § 1º do art. 394 do aludido diploma processual penal.

O procedimento comum será ordinário quando tiver por objeto crime cuja sanção máxima cominada for igual ou superior a 4 (quatro) anos de pena privativa de liberdade. Quando essa sanção seja inferior a 4 (quatro) anos de pena privativa de liberdade, o procedimento será sumário. E por fim, será sumaríssimo para as infrações penais de menor potencial ofensivo, na forma da Lei nº 9.099/95.

O rito comum ordinário compreende os procedimentos estabelecidos a partir do art. 399 ao art. 405 do Código de Processo Penal.

Os crimes contra prefeitos têm um rito especial na sua fase preambular, é que o juiz antes de receber a denúncia oferta pelo representante do Ministério Público, ordenará a notificação do acusado para apresentação de defesa prévia no prazo de 5 (cinco) dias.

Na hipótese do acusado não ser encontrado, o juiz deverá designar um defensor dativo para que apresente a defesa prévia do ausente, em igual prazo. Aqui, a norma não menciona a notificação por edital, logo esse procedimento não é exigido nem necessário.

O recebimento da denúncia se dará de forma motivada com o juiz exteriorizando seus argumentos que justifique ou demonstre a justa causa a ensejar o prosseguimento da persecução criminal.

Outra questão a merecer o exame fundamentado do juiz quando do recebimento da denúncia, em relação aos crimes descritos pelos incisos I e II, do art. 1º, deste Dec. Lei nº 201/67, é demonstrar as razões sobre eventual necessidade da decretação de prisão preventiva, cuja exposição deverá conter a presença dos requisitos autorizativos para sua edição.

Um dos requisitos ensejadores da decretação da prisão preventiva refere-se à garantia da ordem pública, situação expressa pela repercussão social do crime cometido, a gravidade da infração e os reflexos negativos para a sociedade devido ao forte sentimento de impunidade e insegurança para a comunidade em geral.

Outro fator a embasar o decreto preventivo é a necessidade de guardar e preservar a instrução criminal pela sua lisura e legitimidade na produção das provas jurisdicionais na busca da verdade real dos fatos delituosos objeto do processo, que não pode correr riscos pela conduta do acusado na perturbação do desenvolvimento da instrução processual com atos e fatos que venham ameaçar testemunhas, juízes e vítimas, além de eliminar provas outras que possam completar e melhor instruir o processo.

Também pode ser considerado fato a justificar a medida excepcional nessa fase, a conduta do prefeito em interferir nos trabalhos da justiça ou de seus integrantes, como subornar ou ameaçar oficial de justiça para que não proceda a intimação ou citações de pessoas relacionadas ao processo, concorrendo assim, para tumultuar e retardar o andamento da instrução criminal.

O terceiro aspecto integrante dos elementos constitutivos para a decretação da prisão preventiva é assegurar a aplicação da lei penal, que trata de garantir o fim útil do processo penal. Essa garantia se ajusta quando o acusado promove fuga da cidade ou do país para não ser alcançado pela lei penal.

De forma que, nessa fase processual, é indispensável que o juiz, de forma motivada, manifeste-se sobre a presença das condições que autorizam a decretação da prisão preventiva ou que se pronuncie pela sua desnecessidade pelas razões que vier a expor.

Também deverá o juiz se posicionar sobre a necessidade de afastamento do prefeito do cargo enquanto fluir o processo penal quando do recebimento da denúncia.

Esse afastamento liminar somente é lícito quando existam nos autos, prova de que o acusado está, efetivamente, dificultando a instrução processual, a ponto de colocar empecilho na coleta de provas ou produção de provas testemunhais que estejam sob sua subordinação na administração municipal.

É oportuno lembrar que o prefeito, estando no exercício do cargo, será processado e julgado pelo Tribunal de Justiça. Se ocorrer o término do mandato durante a instrução criminal o processo será remetido para o juízo de 1º Grau, aplicando o rito deste Dec-lei.

- **Notificação escrita** – "A notificação prévia para resposta escrita, prevista no art. 514 do Código de Processo Penal, não se aplica ao ex-servidor público, aí incluído também o ex-prefeito municipal (art. 2º, I – Decreto-lei 201/67), pois a sua ratio consiste em evitar que o servidor ou o prefeito, no exercício do cargo, sejam temerariamente processados, em detrimento do desempenho da sua atividade. 2. Provimento do recurso em sentido estrito". (TRF-1 - RSE: 200843000070506 TO 2008.43.00.007050-6, Relator: DESEMBARGADOR FEDERAL OLINDO MENEZES, Data de Julgamento: 07/01/2014, QUARTA TURMA, Data de Publicação: e-DJF1 p.75 de 16/01/2014).

- Notificação escrita - "De acordo com o entendimento jurisprudencial sedimentado no Enunciado 330 da Súmula do Superior Tribunal de Justiça, mostra-se desnecessária a defesa preliminar, tanto no rito do art. 514 do Código de Processo Penal, como expressamente dispõe o referido Enunciado, quanto no do art. 2º, I, Decreto-Lei 201/67, na hipótese de ter sido realizada a notificação do indiciado para esse fim. 2. Eventual inobservância do rito específico que prevê o oferecimento de defesa preliminar em tais hipóteses ou a não apresentação de defesa prévia apesar de notificado o indiciado para esse fim, por se tratarem de nulidades relativas e não absolutas, só implicarão nulidade do feito se houver a demonstração do efetivo prejuízo à defesa do réu. (TRF-1 - ACR: 39948620064014001, Relator: DESEMBARGADORA FEDERAL MONICA SIFUENTES, Data de Julgamento: 14/10/2014, TERCEIRA TURMA, Data de Publicação: 14/11/2014).

  OBS: Quanto ao procedimento penal ver o item 20 - Do Procedimento Penal.

12.24.7. *Responsabilidade do vice-prefeito ou substituto*

Art. 3º O Vice-Prefeito, ou quem vier a substituir o Prefeito, fica sujeito ao mesmo processo do substituído, ainda que tenha cessado a substituição.

Estabelece o presente dispositivo penal que o vice-prefeito, ou quem vier substituí-lo, nesta hipótese, o presidente da Câmara Municipal, mas que esteja no exercício do cargo de prefeito ou tenha exercido esta função, responderá penalmente pelos atos cometidos durante o período em que esteve à frente da edilidade.

Depreende-se, assim, que os atos praticados pelo exercício temporal na condição de prefeito, seja pelo vice-prefeito ou pelo presidente da Câmara Municipal, este se submeterá ao processo, julgamento e penas, pelo cometimento de qualquer das condutas típicas descritas neste diploma penal.

Esta é a dedução lógica em virtude do ocupante encontrar-se revestido das prerrogativas e poderes inerentes ao cargo de prefeito municipal.

Capítulo VII

13. LEI DE ORGANIZAÇÃO CRIMINOSA

A definição de organização significa um ajustamento de esforços individuais cujo objetivo é a realização de atividades coletivas visando alcançar metas preconcebidas de resultados almejados.

Se essa organização se propõe realizar atividades ilegais estará enquadrando-se no tipo penal de organização criminosa definida pela Lei Federal nº 12.850/2013, cujo texto está assim redigido:

13.1. Considerações gerais

> **Art. 1º** Esta Lei define organização criminosa e dispõe sobre a investigação criminal, os meios de obtenção da prova, infrações penais correlatas e o procedimento criminal a ser aplicado.
>
> § 1º Considera-se organização criminosa a associação de 4 (quatro) ou mais pessoas estruturalmente ordenada e caracterizada pela divisão de tarefas, ainda que informalmente, com objetivo de obter, direta ou indiretamente, vantagem de qualquer natureza, mediante a prática de infrações penais cujas penas máximas sejam superiores a 4 (quatro) anos, ou que sejam de caráter transnacional.

> § 2º Esta Lei se aplica também:
>
> I – às infrações penais previstas em tratado ou convenção internacional quando, iniciada a execução no País, o resultado tenha ou devesse ter ocorrido no estrangeiro, ou reciprocamente;
>
> II – às organizações terroristas, entendidas como aquelas voltadas para a prática dos atos de terrorismo legalmente definidos. (Redação dada pela lei nº 13.260, de 2016)

A norma considera organização criminosa a associação mínima de 04 (quatro) pessoas estruturalmente ordenada e caracterizada pela divisão de tarefas, o que significa dizer que esse grupo com essa formação mínima deverá encontrar-se constituída de uma estrutura material com capacidade de desenvolver as suas atividades operacionais.

Deve-se compreender que uma organização deve dispor de um apoio logístico de bens, equipamentos e de pessoas articuladas no sentido de exteriorizar com atitudes efetivas o seu propósito de auferir vantagens de qualquer natureza, evidentemente, que são vantagens indevidas.

Busca-se, através de uma organização, alcançar objetivos que seriam inalcançáveis pela atuação individual, motivando desta forma a formação de grupos de pessoas para somar esforços individuais visando alcançar os fins que somente pelo esforço coletivo poderia ser atingido.

A orquestração de pessoas, profissionais ou detentores de cargos públicos, que reunidos possibilitam o sucesso de empreitadas que não seriam concretizadas pela atuação individual, de modo que uma organização deve ser compreendida pela formação de um grupo de pessoas que trabalham de forma coordenada em ambiente fixo ou rotativo almejando um objetivo coletivo comum, que envolve a divisão de tarefas e atribuições de responsabilidades individuais ligados ao vínculo psicológico de toda a equipe.

Para o caso tipificado neste dispositivo não é necessário que essa organização seja constituída formalmente, mediante celebração de contratos de trabalho, pois mesmo que seja informal a reunião de um grupo mínimo de quatro pessoas, mas que ajam de forma articulada, com cada individuo desempenhando uma tarefa própria que ao final se adiciona ao resultado objetivo pelo grupo, focado no auferimento direto ou indireto de vantagens indevidas ou ilegais, estará evidenciada a definição modular típica de organização criminosa.

Essa moldura estará perfeita e acabada na constituição nuclear do tipo se a infração penal objeto da conduta do grupo for cominada a pena for superior a quatro anos ou que seja de caráter transnacional.

Explicando melhor, que o tipo de crime cometido seja cominado com penas máximas superiores a quatro anos, no caso a pena em abstrato.

O crime organizado tem caráter transnacional na medida ultrapassa as fronteiras nacionais para migrar ou se estabelecer em outro país.

Percebe-se, assim, que uma organização criminosa não se confunde com a simples reunião de pessoas que, de forma eventual, combina a realização de alguma prática delituosa, que podem se caracterizar como crime de associação ou concurso de pessoas.

É que no crime de organização criminosa é essencial para sua configuração que haja estabilidade na formação desse grupo, ou seja, que haja uma reunião estável de realização de propósitos criminosos com a existência razoável de permanência de sua atuação delituosa envolvendo os seus membros.

A estabilidade decorre do fato de que pessoas estruturalmente ordenadas exige um lapso temporal duradouro para sua composição na convergência dos propósitos eleitos pela organização, de modo que, embora não haja como mensurar esse tempo duradouro, pode-se compreender que este não seja inferior a um ano de existência.

O compartilhamento de tarefas individuais sincronizadas pelo objetivo coletivo do grupo por razoável período temporal revela a divisão de tarefas e encargos, que demonstram uma permanência estável dos trabalhos desenvolvidos pelos membros dessa organização que se constitui em criminosa por ter o especial objetivo de obter vantagens ilegais; é o somatório dos esforços individuais construindo a finalidade coletiva do grupo.

O parágrafo segundo deste dispositivo abrange as organizações terroristas, como aquelas compreendidas para a prática de atos de terrorismo definidas em lei.

- **Organização criminosa**. A jurisprudência desta Corte é assente no sentido de que a estabilidade e a permanência são circunstâncias indispensáveis para a configuração do crime de quadrilha ou bando (atual associação criminosa). Precedentes. (STJ - RHC 71.502/MT, Rel. Ministro REYNALDO SOARES DA FONSECA, QUINTA TURMA, julgado em 15/12/2016, DJe 01/02/2017) **Organização criminosa**. Constatando a Corte Estadual, ante as peculiaridades da conduta delituosa, sobretudo em face dos tentáculos de organização criminosa, com atuação em larga escala, na prática de delitos contra a administração pública, que a imposição de algumas medidas cautelares seriam satisfatórias e proporcionais às exigências legais, em substituição à prisão, não há ilegalidade qualquer em tal proceder, principalmente porque devidamente fundamentada a decisão. Agravo regimental a que se nega provimento. (STJ – AgRg no RHC 67.798/MA, Rel. Ministro ANTONIO SALDANHA PALHEIRO, SEXTA TURMA, julgado em 30/06/2016, DJe 01/08/2016)

- **Organização criminosa.** Apresentada fundamentação concreta para a decretação da prisão preventiva, consubstanciada no fato de os pacientes integrarem organização criminosa estruturalmente ordenada e caracterizada pela divisão de tarefas, sendo o primeiro paciente apontado como um dos chefes do grupo criminoso, enquanto a segunda paciente, irmã de Xinaik, foi apontada como participante da referida organização criminosa e responsável por diversos crimes contra a administração pública, não há que se falar em ilegalidade do decreto de prisão preventiva. (STJ - HC 348.313/AM, Rel. Ministro NEFI CORDEIRO, SEXTA TURMA, julgado em 21/06/2016, DJe 30/06/2016)

- **Organização criminosa**. "Organização criminosa complexa, bem estruturada, com divisão de tarefas entre os supostos membros, acusados de peculato, corrupção passiva, corrupção ativa, lavagem de dinheiro, entre outros, deve ser investigada na instrução criminal, com direito à ampla defesa e ao contraditório, sendo prematuro concluir que inexiste crime nessas circunstâncias. O crime de corrupção ativa, imputado a um dos acusados, deve ser objeto de análise por parte do sentenciante, que deixou de fazê-lo no decisum. (TRF 1ª Região - ACR 0003772-89.2009.4.01.4300 / TO, Rel. DESEMBARGADOR FEDERAL NEY BELLO, TERCEIRA TURMA, e-DJF1 p.665 de 09/01/2015)

- **Organização criminosa**. "Em grupo criminoso complexo e de grandes dimensões, a prisão cautelar deve ser reservada aos investigados que, pelos indícios colhidos, possuem o domínio do fato, como os representantes das empresas envolvidas no esquema de cartelização, ou que exercem papel importante na engrenagem criminosa. Havendo fortes indícios da participação do paciente em "organização criminosa", em crimes de "lavagem de capitais" e "contra o sistema financeiro nacional", todos relacionados com fraudes em contratos públicos dos quais resultaram vultosos prejuízos a sociedade de economia mista e, na mesma proporção, em seu enriquecimento ilícito e de terceiros, justifica-se a decretação da prisão preventiva, para a garantia da ordem pública (STJ/HC nº 302.604/RP, Rel. Ministro NEWTON TRISOTTO, QUINTA TURMA, julg. 24/11/2014). 6. Ordem de habeas corpus denegada. (TRF4, HC 5011616-10.2015.404.0000, Oitava Turma, Relator p/ Acórdão João Pedro Gebran Neto, juntado aos autos em 30/04/2015)

- Organização criminosa. "O Superior Tribunal de Justiça (RHC n. 51.072, Min. Rogerio Schietti Cruz, Sexta Turma, DJe de 10/11/14) e o Supremo Tribunal Federal têm proclamado que 'a necessidade de se interromper ou diminuir a atuação de integrantes de organização criminosa, enquadra-se no conceito de garantia da ordem pública, constituindo fundamentação cautelar idônea e suficiente para a prisão preventiva'" (STF, HC n. 95.024, Min. Cármen Lúcia; Primeira Turma, DJe de 20.02.09).

13.2. Participação em organização criminosa

Art. 2º Promover, constituir, financiar ou integrar, pessoalmente ou por interposta pessoa, organização criminosa:

Pena – reclusão, de 3 (três) a 8 (oito) anos, e multa, sem prejuízo das penas correspondentes às demais infrações penais praticadas.

§ 1º Nas mesmas penas incorre quem impede ou, de qualquer forma, embaraça a investigação de infração penal que envolva organização criminosa.

§ 2º As penas aumentam-se até a metade se na atuação da organização criminosa houver emprego de arma de fogo.

§ 3º A pena é agravada para quem exerce o comando, individual ou coletivo, da organização criminosa, ainda que não pratique pessoalmente atos de execução.

§ 4º A pena é aumentada de 1/6 (um sexto) a 2/3 (dois terços):

I – se há participação de criança ou adolescente;

II – se há concurso de funcionário público, valendo-se a organização criminosa dessa condição para a prática de infração penal;

III – se o produto ou proveito da infração penal destinar-se, no todo ou em parte, ao exterior;

IV – se a organização criminosa mantém conexão com outras organizações criminosas independentes;

V – se as circunstâncias do fato evidenciarem a transnacionalidade da organização.

§ 5º Se houver indícios suficientes de que o funcionário público integra organização criminosa, poderá o juiz determinar seu afastamento cautelar do cargo, emprego ou função, sem prejuízo da remuneração, quando a medida se fizer necessária à investigação ou instrução processual.

§ 6º A condenação com trânsito em julgado acarretará ao funcionário público a perda do cargo, função, emprego ou mandato eletivo e a interdição para o exercício de função ou cargo público pelo prazo de 8 (oito) anos subsequentes ao cumprimento da pena.

§ 7º Se houver indícios de participação de policial nos crimes de que trata esta Lei, a Corregedoria de Polícia instaurará inquérito policial e comunicará ao Ministério Público, que designará membro para acompanhar o feito até a sua conclusão.

13.2.1. Tipo objetivo

O núcleo do tipo consiste em promover (ativar, deflagrar, realizar fomentar, motivar), constituir (compor, formar, organizar), financiar (gastar, custear, dar dinheiro) ou integrar (perfazer, suprimir, integralizar) pessoalmente ou por interposta pessoa, organização criminosa, que vem a ser uma entidade formada no mínimo por 4 (quatro) pessoas, de comum acordo, com responsabilidades e tarefas divididas, para atuar no sentido de obter, direta ou indiretamente, vantagens ilegais.

A norma menciona quem promover, constituir, financiar ou integrar, pessoalmente ou por interposta pessoa, o que significa que poderá a pessoa atuar diretamente ou através de prepostos, de terceira pessoa que lhe representa nos negócios e em atividades ilícitas.

A opção de formação de um grupo articulado para concretizar os projetos ilícitos para fins de obtenção de vantagens ilegais, seja financeira ou material, decorre do fato de que, individualmente, esses membros não teriam condições exitosas nessa empreitada.

Poderá ser sujeito ativo qualquer pessoa contanto que um forme um grupo mínimo de quatro integrantes. Já o sujeito passivo será a coletividade em geral.

13.2.2. Tipo subjetivo

O elemento subjetivo do tipo é o dolo, expresso na vontade consciente do *animus* associativo de um grupo de pessoas para o fim especial de obtenção de vantagens indevidas ou ilegais. A estruturação da organização, a divisão de tarefas e a articulação planejada de ação e atuação são instituídas para assegurar os meios e condições exitosos aos propósitos incriminadores.

13.2.3. Consumação

A consumação do crime de organização criminosa se aperfeiçoa quando exaure qualquer das condutas descritas no seu núcleo de promover, constituir, financiar ou integrar, pessoalmente ou por interposta pessoa, atividade complexa, bem estruturada, com divisão de tarefas entre os supostos membros, objetivando auferir vantagens indevidas ou ilícitas, cujo grupo seja composto pelo menos com 4 (quatro) pessoas.

13.2.4. Obstrução de investigação criminal

O parágrafo primeiro deste dispositivo descreve como conduta típica a obstrução do serviço de investigação que tenha como objetivo o desmantelamento de organização criminosa, cuja punição será com a pena de 3(três) a 8(oito) anos de reclusão.

Obstruir significa impedir, embaraçar, atrapalhar a investigação penal que apure o trabalho desenvolvido por organização criminosa.

É um novo tipo penal que está inserido no ordenamento jurídico criminal cuja aplicação se dá nas condutas impeditivas na busca do esclarecimento ou desbaratamento de uma organização criminal reconhecida nos termos da legislação própria. Aqui se tem um crime autônomo cujo sujeito ativo poderá ser qualquer pessoa.

13.2.5. *Aumento especial de pena*

A presente norma traz diversas situações em que as penas cominadas pelo enquadramento na formação e participação de organização criminosa são majoradas, são situações que agravam a condição penal do acusado.

A lei aumentou a pena para o emprego de arma de fogo na atuação da organização criminosa que potencializa o grau de periculosidade da ação desse grupo, merecendo, desta forma, uma reprovação mais intensa pela probabilidade do uso de violência física a terceiros ou vítima que poderá culminar no evento morte.

Deve-se atentar que a norma quando menciona "na atuação da organização criminosa se houver o emprego de arma de fogo" exprime que esse uso deverá ser utilizado de forma efetiva na atividade-fim do grupo para execução de suas condutas delituosas.

Atente-se, ainda, que não seja necessário que todos os membros do grupo estejam portando armas de fogo, mas bastando que um deles esteja e faça uso para dobrar ou afastar resistências ou facilite a execução do ato criminoso para se aplicar a majoração.

Entrementes, mesmo que todos estejam portando armas de fogo mas não as utilizem nem as ergam em punho ou as saquem, fica afastada a majorante, visto que não foram utilizadas para a realização efetiva pelo grupo para alcançar seus objetivos.

Com efeito, as armas de fogo não foram utilizadas para a atividade finalista do grupo, não integrando, portanto, a composição da pena na sua aplicação.

Outra situação de aumento especial da pena pelo crime de organização criminosa é para o chefe do grupo, aquele que se apresenta como superior hierárquico da equipe, mesmo que não pratique pessoalmente atos de execução, que não esteja presente no local dos fatos delituosos.

Em relação ao chefe ausente do grupo no local dos fatos aplica-se a teoria do domínio do fato, no qual este é o autor e não mero partícipe, pois, mesmo não tendo praticado diretamente a infração penal, é quem decide e ordena a sua realização aos subordinados que os comete em obediência e respeito ao superior hierárquico.

Cuida-se do mentor do crime e não mero partícipe em virtude da sua influência irresistível aos seus subordinados.

Na lição de Heleno Fragoso, "nos crimes dolosos, a doutrina moderna tem caracterizado como autor quem tem o domínio final do fato, no sentido de decidir quanto à sua realização e consumação, distinguindo-se do partícipe, que apenas cooperaria, incitando ou auxiliando. A tipicidade da ação não seria, assim, decisiva para caracterizar o autor. Necessário seria ter o agente o controle subjetivo do fato e atuar no exercício desse controle (Enrique Cury). Assim, seria autor não apenas quem realiza a conduta típica (objetiva e subjetivamente) e o autor mediato, mas também, por exemplo, o chefe da quadrilha que, sem realizar a ação típica, planeja e decide a atividade dos demais, pois é ele que tem, eventualmente em conjunto com outros, o domínio final da ação"[13]

Beccaria, em sua obra "Dos Delitos e das Penas", Capítulo XXXVII, ao tratar da Tentativa, Cúmplice e Impunidade, já dissertava sobre a questão do mandante do delito, assim dispondo: "não é porque as leis não castiguem a intenção, que o crime deixe de merecer pena, delito que comece com ação que revele o ânimo de cometê-lo, ainda que a pena seja menor do que a aplicável à própria prática do delito. A importância de prevenir a tentativa autoriza a pena, mas, assim como pode haver intervalo entre tentativa e execução, reservar pena maior ao delito consumado pode ocasionar arrependimento. Diga-se o mesmo quando houver vários cúmplices do delito, e não todos eles executores imediatos, mas por diferentes motivos. Quando vários homens se unem num risco, quanto maior for esse risco tanto mais eles procuram tornar igual para todos. Será, pois, mais difícil achar quem se contente com o papel de executor do delito, correndo maior risco do que os outros cúmplices. A única exceção seria a hipótese em que fosse prometido prêmio ao executor, caso em que, tendo ele, então, recompensa pelo risco maior, a pena deveria ser igual".[14] .

A Teoria do Domínio do Fato é amplamente dominante na doutrina alemã atual[15]. Vários autores estrangeiros já adotam a Teoria do Domínio do Fato, sendo mais comum na Europa. Dentre eles podemos citar: Wessels, Roxin, Welzel, entre outros.

A propósito desta temática, o Código Penal estabelece:

> **Art. 62.** A pena será ainda agravada em relação ao agente que:
> I – promove, ou organiza a cooperação no crime ou dirige a atividade os demais agentes.

Como se vê, a norma manda punir com maior rigor o autor intelectual, aquele que, sendo o superior hierárquico do grupo, dá as ordens e dirige as atividades criminosas, merecendo, maior censura pela sua conduta delituosa por ter o domínio do fato, daí a reprovação penal mais intensa.

---

13. Heleno Cláudio Fragoso, **Lições de direito penal: a nova parte geral**, Rio de Janeiro: Forense, 1985.

14. Cesare Beccaria, **Dos delitos e das penas**, 2. ed., trad. de J. Cretella Júnior e Agnes Cretella, São Paulo: Revista dos Tribunais.

15. Santiago Mir Puig, **Derecho penal**: parte general, 3. ed., Barcelona: PPU, 1995.

13.2.6. Aumento de pena de um sexto a dois terços

a) **Participação de criança ou adolescentes**

O agravamento de penas decorre da participação de criança ou adolescentes nas atividades desenvolvidas pela organização criminosa, mas esta participação tem de ser demonstrada de forma efetiva na realização das tarefas do grupo, cuja integração deverá mostrar a atuação concreta para autorizar a elevação da pena dos adultos reconhecidamente integrantes da equipe.

b) **Se há concurso de servidor público**

É preciso distinguir duas situações: a primeira, em que o servidor público é integrante da organização criminosa; a outra, aquela em que não o sendo, concorreu para o êxito criminal daquela.

Na primeira hipótese, o servidor público que se utilizando da condição funcional tenha influenciado junto a setores ou segmentos administrativos, que não seja na sua especialidade funcional, para a realização do crime pela organização criminal, não será alcançado pela majorante, mas responderá em concurso eventual de pessoas com o crime específico ou principal cometido pela organização criminosa.

A pena de majoração só tem incidência para os integrantes reconhecidamente participantes da organização criminosa, de modo que, não sendo o servidor público membro da organização criminosa, mas atuando de forma eventual e ocasional, fora de suas atribuições funcionais, responderá em concurso eventual com o crime principal ou específico do grupo.

A outra situação se refere ao servidor público que, utilizando-se da sua condição funcional concorrer, contribui ou facilita o cometimento de crime pela organização criminosa, incorrerá na exacerbação da pena em virtude do que prescreve a norma ao mencionar "*valendo-se a organização criminosa dessa condição*". Se houver benefício para o grupo em razão da condição do servidor público, este terá sua pena aumentada.

Com efeito, sendo servidor público cuja condição funcional seja útil para a consumação do crime da organização criminosa, atuando em favor desta e integrado a esta.

c) **Se o produto ou proveito da infração penal destinar-se, no todo ou em parte, ao exterior**

A pena será aumentada se o produto ou proveito decorrente da realização do crime cometido pela organização criminosa for destinado ao exterior, no total ou de forma parcial. Assim, os valores ou bens adquiridos pelo esforço bem sucedido do grupo tiver a destinação para contas bancárias em paraísos fiscais ou servir para aquisição de bens móveis ou imóveis, ou, ainda, direitos ou crédito no exterior, se ficar demonstrada esse fato, é se de aplicar a majoração da pena.

d) **Se a organização criminosa mantém conexão com outras organizações criminosas independentes**

A hipótese é de conexão internacional entre organizações criminosas que existem em vários países do mundo, assim como máfias, cartel de drogas e organizações terroristas, ou qualquer outra entidade que seja declarada inidônea em seu país.

Eventual intercâmbio que envolva entidades consideradas ilegais importa na autorização legal de se aplicar a majoração da pena pelo crime de organização criminosa.

e) **Se as circunstâncias do fato evidenciarem a transnacionalidade da organização**

A elementar do tipo é a organização criminosa que terá aumento de pena se ficar evidenciada a transnacionalidade dos fatos delituosos, assim, se ficar demonstrado que a atuação criminosa envolve outros lugares fora o território nacional, estará autorizada o agravamento da pena.

13.3. Afastamento cautelar de servidor público

Havendo indícios suficientes de que servidor público integra organização criminosa, poderá o juiz determinar o seu afastamento cautelar do cargo, emprego ou função, sem prejuízo da remuneração.

Trata-se de procedimento cautelar quando demonstrada, de alguma forma, a participação direta ou indireta do agente visando influenciar, interferir, deturpar ou dificultar a produção do conjunto probatório em função da sua atividade funcional.

É uma medida legal para coibir que o agente, no exercício do seu cargo, função ou emprego, disponha de meios políticos ou administrativos para atemorizar, inibir ou ameaçar as testemunhas, principalmente, se estas são hierárquicas e funcionalmente subordinadas ao investigado, bem como evitar a destruição ou ocultação de documentos necessários ao esclarecimento dos fatos apurados.

Vislumbra-se, assim, que o afastamento proclamado colima assegurar a integridade da prova processual contra a ação do agente público sob investigação, que pode fazer desaparecer provas das irregularidades e dos ilícitos, apagando vestígios, subornando, aliciando ou ameaçando testemunhas.

Dois outros aspectos merecem um enfoque pontual. Primeiro, que o afastamento cautelar não resulta na suspensão ou diminuição da remuneração do agente público, a perdurar enquanto houver tramitação processual penal.

Segundo, como direito é lógica e bom senso, se a medida de exceção almeja proteger a etapa instrutiva, sua conclusão cessa a motivação preconizada pela norma autorizativa do afastamento do agente público.

13.4. Perda da função pública

A condenação penal com trânsito em julgado de agente público nos crimes descritos nesta lei importará na perda do cargo, função, emprego ou mandato eletivo, é efeito específico não automático, que precisa ser expressamente declarado na sentença.

O efeito principal da sentença penal condenatória é a imposição de pena privativa de liberdade, a multa e a restritiva de direitos. Já os efeitos específicos precisam ser expressamente motivados pelo juiz na sentença, sob pena de sua inaplicabilidade.

A perda de função pública também é prevista pelo art. 92 do Código Penal:

> **Art. 92.** São também efeitos da condenação:
>
> I – a perda de cargo público, função pública ou mandato eletivo:
>
> a) Quando aplicada pena privativa de liberdade por tempo igual ou superior a um ano, nos crimes praticados com abuso de poder ou violação de dever para com a administração pública;
>
> b) Quando for aplicada pena privativa de liberdade por tempo superior a 4(quatro) anos nos demais casos.

Além da perda do cargo, função, emprego ou mandato eletivo, por conta de incriminação nas penas desta lei, o agente público também sofrerá a interdição para o exercício de função ou cargo público pelo prazo de 8 (oito) anos subsequentes ao cumprimento da pena.

- "**Perda da função pública**. No presente caso, o agente praticou o delito quando ocupava emprego público na Empresa Brasileira de Correios e Telégrafos, tendo sido aprovado em concurso público para outro cargo na Universidade Federal de Pernambuco, durante o trâmite processual. Em regra, a pena de perdimento deve ser restrita ao cargo público ocupado ou função pública exercida no momento do delito. Assim, a perda do cargo público, por violação de dever inerente a ela, necessita ser por crime cometido no exercício desse cargo, valendo-se o envolvido da função para a prática do delito. Dessa forma, como o crime em questão fora praticado quando o acusado era empregado público da Empresa Brasileira de Correios e Telégrafos, não poderia, sem qualquer fundamentação e por extensão, ser determinada a perda do cargo na UFPE. Recurso especial parcialmente conhecido e, nessa parte, provido parcialmente. (STJ - REsp 1452935/PE, Rel. Ministro

REYNALDO SOARES DA FONSECA, QUINTA TURMA, julgado em 14/03/2017, DJe 17/03/2017)

- "Perda da função pública. A imposição da pena de perda do cargo, emprego ou função pública deve ser adequadamente fundamentada, sendo uma consequência administrativa da condenação imposta, exigindo-se, para tanto, apenas o preenchimento de requisitos objetivos para sua aplicação, quais sejam: pena privativa de liberdade igual ou superior a 1 (um) ano, nos casos de crimes praticados com abuso de poder ou violação de dever para com a administração pública ou pena privativa de liberdade igual ou superior a 4 (quatro) anos, nos demais crimes, tendo sido tais parâmetros observados na hipótese vertente. (Precedentes). Habeas corpus não conhecido. Ordem concedida de ofício". (STJ - HC 350.661/MG, Rel. Ministro FELIX FISCHER, QUINTA TURMA, julgado em 21/02/2017, DJe 14/03/2017)

- "Perda da função pública. A prática de crime com violação de dever para com a Administração Pública constitui fundamento idôneo para a decretação da perda do cargo público, no caso de pena igual ou superior a 1 ano, como no caso concreto, em que o embargante foi condenado como incurso no art. 313-A do Código Penal". (STJ - EDcl no REsp 1537995/PE, Rel. Ministro SEBASTIÃO REIS JÚNIOR, SEXTA TURMA, julgado em 16/02/2017, DJe 02/03/2017)

- "Perda da função pública. A jurisprudência desta Corte Superior de Justiça é no sentido de que as penas de perda do cargo e inabilitação, pelo prazo de 5 anos, para o exercício de cargo ou função pública, eletivo ou de nomeação, têm a sua incidência condicionada à condenação definitiva pela prática dos crimes previstos no Decreto-Lei n. 201/1967, circunstância que revela a natureza acessória de tais sanções (*accessio cedit principali*). Assim, extinta a pretensão punitiva estatal com relação à possibilidade de aplicação da sanção privativa de liberdade, o mesmo destino deve ser dado às penas previstas no § 2º do art. 1º do Decreto-Lei n. 201/1967, cuja incidência está expressamente condicionada à condenação definitiva pela prática de crimes ali previstos, a qual se revela insustentável em razão do reconhecimento da prescrição" (EAREsp 128.599/PR, Rel. Ministro SEBASTIÃO REIS JÚNIOR, TERCEIRA SEÇÃO, julgado em 14/08/2014, DJe 22/08/2014). Precedentes. (STJ - AgRg no AREsp 948.640/BA, Rel. Ministro REYNALDO SOARES DA FONSECA, QUINTA TURMA, julgado em 09/03/2017, DJe 15/03/2017)

- "**Perda da função pública**. Penal e processual penal. Crime previsto no artigo 1º, I, do Decreto-lei nº 201/1967. Crime de responsabilidade. Perda do cargo e inabilitação para exercício de cargo ou função pública. Penas autônomas em relação à pena privativa de liberdade. Prazos prescricionais distintos. Acórdão recorrido divergente da jurisprudência desta suprema corte. Agravo regimental desprovido". (STF - RE 912894 AgR, Relator(a): Min. LUIZ FUX, Primeira Turma, julgado em 25/11/2016, PROCESSO ELETRÔNICO DJe-263 DIVULG 09-12-2016 PUBLIC 12-12-2016)

- **Crime cometido na atividade. Posterior aposentadoria. Perda do cargo público.** Art. 92, I, alínea "a", do CP. Rol taxativo. Cassação da aposentadoria. Ilegitimidade. Precedentes. A perda do cargo público somente pode ser declarada nas hipóteses restritas e taxativamente previstas na lei, vedada a interpretação extensiva ou analógica em desfavor do réu, sob pena de afronta ao princípio da legalidade. A previsão legal é dirigida para a perda de cargo, função pública ou mandato efetivo, o que não é a hipótese dos autos, considerando que o agravado, no decorrer da ação penal, aposentou-se. Consubstanciando a aposentadoria um ato jurídico perfeito, com preenchimento de requisitos legalmente exigidos, não se pode desconstituí-la como efeito extrapenal específico da sentença condenatória, mesmo que o fato apurado tenha sido cometido quando o funcionário ainda estava ativo. A cassação da aposentadoria tem previsão legal, mas no âmbito administrativo, não na esfera penal. Agravo regimental a que se nega provimento. (STJ – AgRg no REsp 1447549/GO, Rel. Ministro REYNALDO SOARES DA FONSECA, QUINTA TURMA, julgado em 03/03/2016, DJe 09/03/2016)

- **Perda da função pública** – "A perda de cargo ou função públicos, em face de condenação criminal, não é automática, pois, além dos pressupostos exigidos pelo art. 92, I, "a", do Código Penal, depende de fundamentação específica na sentença. No presente caso, o delito foi praticado com evidente violação de dever para com a Administração Pública, pois o paciente, na condição de Delegado da Policia Federal, utilizou-se do cargo para perpetrar o crime pelo qual foi condenado". (STJ – HC 150.786/SP, Rel. Ministro CAMPOS MARQUES (DESEMBARGADOR CONVOCADO DO TJ/PR), QUINTA TURMA, julgado em 05/03/2013, DJe 08/03/2013)

- **Perda da função pública** – "A perda do cargo público, não obstante a disposição da alínea "a" do inciso I do art. 92 do Código Penal, deve decorrer de decisão devidamente fundamentada. . Evidenciado que a sentença que condenou o recorrido – o qual, na condição de Delegado de Polícia exigiu montante em dinheiro para a liberação de dois presos em flagrante – fundamentou pormenorizadamente a decisão de perda do cargo público, deve ser cassado o acórdão que a reformou para excluir a sanção. . Recurso conhecido e provido, nos termos do voto do Relator. (REsp nº 1.227.127/PR, Rel. Ministro GILSON DIPP, DJe 16.5.11)

- **Perda da função pública** - "A determinação da perda do cargo público ocupado pelo Réu, com fulcro no art. 92, I, 'a', do CP, revela-se absolutamente incompatível com o seu direito legítimo à substituição da pena privativa de liberdade por restritivas de direito. (TRF 2ª Região - 200751190019431 RJ 2007.51.19.001943-1, Relator: Juiz Federal Convocado MARCELLO FERREIRA DE SOUZA GRANADO, Data de Julgamento: 25/08/2010, PRIMEIRA TURMA ESPECIALIZADA, Data de Publicação: E-DJF2R - Data: 29/11/2010 - Página: 25).
- **Perda da função pública** - "Não se justifica a decretação da perda do cargo público, por condenação a pena inferior a quatro anos, de servidor que pautou toda sua vida funcional por conduta correta e que, incidentalmente, vem a cometer crime que por suas características não revela incompatibilidade com a função pública. Recurso conhecido a que se dá provimento. (TRF 2ª Região - 200351015086263 RJ 2003.51.01.508626-3, Relator: Juiz Federal Convocado ALUISIO GONCALVES DE CASTRO MENDES, Data de Julgamento: 18/08/2010, PRIMEIRA TURMA ESPECIALIZADA, Data de Publicação: E-DJF2R - Data::21/09/2010 - Página:105).

13.5. Participação de policial

Ocorrendo indícios de participação de policial nos crimes de que trata esta lei, duas serão as providências a serem adotadas: uma, pela Corregedoria de Polícia que abrirá processo disciplinar e outra com o encaminhamento de peças do processo para o Ministério Público, que designará um promotor de justiça para acompanhar a instauração do processo administrativo.

A presente norma estabelece apenas o que já preceitua o art. 129, VII, da Constituição Federal que conferiu ao Ministério Público o exercício do controle externo da atividade policial.

13.6. A investigação e dos meios de obtenção da prova

> Art. 3º Em qualquer fase da persecução penal, serão permitidos, sem prejuízo de outros já previstos em lei, os seguintes meios de obtenção da prova:
>
> I - colaboração premiada;
>
> II - captação ambiental de sinais eletromagnéticos, ópticos ou acústicos;
>
> III - ação controlada;

> IV – acesso a registros de ligações telefônicas e telemáticas, a dados cadastrais constantes de bancos de dados públicos ou privados e a informações eleitorais ou comerciais;
>
> V – interceptação de comunicações telefônicas e telemáticas, nos termos da legislação específica;
>
> VI – afastamento dos sigilos financeiro, bancário e fiscal, nos termos da legislação específica;
>
> VII – infiltração, por policiais, em atividade de investigação, na forma do art. 11;
>
> VIII – cooperação entre instituições e órgãos federais, distritais, estaduais e municipais na busca de provas e informações de interesse da investigação ou da instrução criminal.
>
> § 1º Havendo necessidade justificada de manter sigilo sobre a capacidade investigatória, poderá ser dispensada licitação para contratação de serviços técnicos especializados, aquisição ou locação de equipamentos destinados à polícia judiciária para o rastreamento e obtenção de provas previstas nos incisos II e V.
>
> § 2º No caso do § 1º, fica dispensada a publicação de que trata o parágrafo único do art. 61 da Lei nº 8.666, de 21 de junho de 1993, devendo ser comunicado o órgão de controle interno da realização da contratação.

Estabelece o presente dispositivo que, em qualquer fase da persecução penal, serão admitidas as realizações das provas descritas em seus incisos, além de outros meios de provas admitidas em direito relacionada em outras normas.

A norma traz medidas probatórias excepcionais que exige o controle jurisdicional para suas efetivações por envolver o afastamento do direito fundamental da intimidade, privacidade e sigilos bancários, fiscal e telefônico.

A infiltração de policial no ambiente criminoso também requer autorização judicial para garantir ao mesmo o direito de exercer atividade ilícita no exercício do levantamento de pessoas e crimes investigados.

Outra inovação interessante é a dispensa de licitação para contratação de serviços técnicos especializados, aquisição ou locação de equipamentos destinados à polícia judiciária para o rastreamento e obtenção de provas, uma medida excepcional que exige a sua comunicação ao órgão de controle interno para fins de acompanhamento.

13.7. Colaboração premiada

> Art. 4º O juiz poderá, a requerimento das partes, conceder o perdão judicial, reduzir em até 2/3 (dois terços) a pena privativa de liberdade ou substituí-la por restritiva de direitos daquele que tenha colaborado efetiva e voluntariamente com a investigação e com o processo criminal, desde que dessa colaboração advenha um ou mais dos seguintes resultados:
>
> I – a identificação dos demais coautores e partícipes da organização criminosa e das infrações penais por eles praticadas;

II – a revelação da estrutura hierárquica e da divisão de tarefas da organização criminosa;

III – a prevenção de infrações penais decorrentes das atividades da organização criminosa;

IV – a recuperação total ou parcial do produto ou do proveito das infrações penais praticadas pela organização criminosa;

V – a localização de eventual vítima com a sua integridade física preservada.

§ 1º Em qualquer caso, a concessão do benefício levará em conta a personalidade do colaborador, a natureza, as circunstâncias, a gravidade e a repercussão social do fato criminoso e a eficácia da colaboração.

§ 2º Considerando a relevância da colaboração prestada, o Ministério Público, a qualquer tempo, e o delegado de polícia, nos autos do inquérito policial, com a manifestação do Ministério Público, poderão requerer ou representar ao juiz pela concessão de perdão judicial ao colaborador, ainda que esse benefício não tenha sido previsto na proposta inicial, aplicando-se, no que couber, o art. 28 do Decreto-Lei nº 3.689, de 3 de outubro de 1941 (Código de Processo Penal).

§ 3º O prazo para oferecimento de denúncia ou o processo, relativos ao colaborador, poderá ser suspenso por até 6 (seis) meses, prorrogáveis por igual período, até que sejam cumpridas as medidas de colaboração, suspendendo-se o respectivo prazo prescricional.

§ 4º Nas mesmas hipóteses do caput, o Ministério Público poderá deixar de oferecer denúncia se o colaborador:

I – não for o líder da organização criminosa;

II – for o primeiro a prestar efetiva colaboração nos termos deste artigo.

§ 5º Se a colaboração for posterior à sentença, a pena poderá ser reduzida até a metade ou será admitida a progressão de regime ainda que ausentes os requisitos objetivos.

§ 6º O juiz não participará das negociações realizadas entre as partes para a formalização do acordo de colaboração, que ocorrerá entre o delegado de polícia, o investigado e o defensor, com a manifestação do Ministério Público, ou, conforme o caso, entre o Ministério Público e o investigado ou acusado e seu defensor.

§ 7º Realizado o acordo na forma do § 6º, o respectivo termo, acompanhado das declarações do colaborador e de cópia da investigação, será remetido ao juiz para homologação, o qual deverá verificar sua regularidade, legalidade e voluntariedade, podendo para este fim, sigilosamente, ouvir o colaborador, na presença de seu defensor.

§ 8º O juiz poderá recusar homologação à proposta que não atender aos requisitos legais, ou adequá-la ao caso concreto.

§ 9º Depois de homologado o acordo, o colaborador poderá, sempre acompanhado pelo seu defensor, ser ouvido pelo membro do Ministério Público ou pelo delegado de polícia responsável pelas investigações.

§ 10. As partes podem retratar-se da proposta, caso em que as provas autoincriminatórias produzidas pelo colaborador não poderão ser utilizadas exclusivamente em seu desfavor.

§ 11. A sentença apreciará os termos do acordo homologado e sua eficácia.

§ 12. Ainda que beneficiado por perdão judicial ou não denunciado, o colaborador poderá ser ouvido em juízo a requerimento das partes ou por iniciativa da autoridade judicial.

§ 13. Sempre que possível, o registro dos atos de colaboração será feito pelos meios ou recursos de gravação magnética, estenotipia, digital ou técnica similar, inclusive audiovisual, destinados a obter maior fidelidade das informações.

§ 14. Nos depoimentos que prestar, o colaborador renunciará, na presença de seu defensor, ao direito ao silêncio e estará sujeito ao compromisso legal de dizer a verdade.

§ 15. Em todos os atos de negociação, confirmação e execução da colaboração, o colaborador deverá estar assistido por defensor.

§ 16. Nenhuma sentença condenatória será proferida com fundamento apenas nas declarações de agente colaborador.

Art. 5º São direitos do colaborador:

I – usufruir das medidas de proteção previstas na legislação específica;

II – ter nome, qualificação, imagem e demais informações pessoais preservados;

III – ser conduzido, em juízo, separadamente dos demais coautores e partícipes;

IV – participar das audiências sem contato visual com os outros acusados;

V – não ter sua identidade revelada pelos meios de comunicação, nem ser fotografado ou filmado, sem sua prévia autorização por escrito;

VI – cumprir pena em estabelecimento penal diverso dos demais corréus ou condenados.

Art. 6º O termo de acordo da colaboração premiada deverá ser feito por escrito e conter:

I – o relato da colaboração e seus possíveis resultados;

II – as condições da proposta do Ministério Público ou do delegado de polícia;

III – a declaração de aceitação do colaborador e de seu defensor;

IV – as assinaturas do representante do Ministério Público ou do delegado de polícia, do colaborador e de seu defensor;

V – a especificação das medidas de proteção ao colaborador e à sua família, quando necessário.

Art. 7º O pedido de homologação do acordo será sigilosamente distribuído, contendo apenas informações que não possam identificar o colaborador e o seu objeto.

§ 1º As informações pormenorizadas da colaboração serão dirigidas diretamente ao juiz a que recair a distribuição, que decidirá no prazo de 48 (quarenta e oito) horas.

§ 2º O acesso aos autos será restrito ao juiz, ao Ministério Público e ao delegado de polícia, como forma de garantir o êxito das investigações, assegurando-se ao defensor, no interesse do representado, amplo acesso aos elementos de prova que digam respeito ao exercício do direito de defesa, devidamente precedido de autorização judicial, ressalvados os referentes às diligências em andamento.

§ 3º O acordo de colaboração premiada deixa de ser sigiloso assim que recebida a denúncia, observado o disposto no art. 5º. Na legislação brasileira, delação premiada é um benefício legal concedido a um criminoso **delator** que aceite colaborar na investigação ou entregar seus companheiros.

a) **Conceito**

A colaboração ou delação premiada é um acordo celebrado entre o Ministério Público e a Polícia Civil ou Federal, através do qual o acusado se compromete a colaborar com as investigações com o fornecimento de provas pertinentes e úteis ao sucesso investigatório, e denunciando pessoas ou integrantes da organização criminosa.

Convém assinalar que a aplicabilidade refere-se aos casos de organizações criminosas, e não qualquer situação que envolva concurso de pessoas ou associação criminosa.

b) **Requisitos e formalidades**

A delação premiada tem como requisito para sua admissibilidade a personalidade do colaborador, a natureza, as circunstâncias, a gravidade e a repercussão social do evento criminoso, além da sua eficácia com prova razoavelmente segura.

Apenas o colaborador, seu advogado, o delegado de polícia e o representante do Ministério Público participam (art. 4º, § 6º). Negociado o acordo, ele deve ser formalizado contendo o relato do colaborador e eventuais resultados pretendidos, as condições da proposta do Ministério Público e da autoridade policial, a declaração de aceitação do colaborador e de seu defensor, as assinaturas de todos os participantes e a especificação de medidas de proteção ao colaborador e sua família (art. 6º).

Para que os benefícios sejam concedidos ao delator, faz-se necessário que o conteúdo da delação reúna pelo menos um dos seguintes requisitos: conter a identificação dos demais coautores dos crimes; revelar a estrutura hierárquica e a divisão de tarefas da organização criminosa; prevenir infrações penais decorrentes das atividades da organização criminosa; recuperar total ou parcialmente o produto dos crimes cometidos pela organização; ou localizar eventual vítima com a sua integridade física preservada.

Também será considerada a recuperação total ou parcial do produto ou do proveito das infrações criminais cometidas pela organização criminosa.

O termo de acordo da colaboração premiada pactuado deverá conter, de forma discriminada, o relato da colaboração e seus possíveis resultados, as condições da proposta, seja do Ministério Público ou do delegado de polícia, a aceitação do colaborador e do seu defensor, além das especificações das medidas de proteção ao colaborador e à sua família, quando se fizer necessário.

Firmada a delação premiada, o delator será ouvido pelo representante do Ministério Público, Delgado de Polícia e pelo seu advogado. Após prestadas as declarações, o documento, acompanhado das declarações do delator e de cópia da investigação, será remetido ao juiz que preside o processo para homologação.

Se houver necessidade de guardar sigilo das declarações prestadas pelo delator, este perdurará até o ato de recebimento da denúncia.

c) **Benefícios da colaboração**

A dosimetria do benefício será proporcional à dimensão da comprovação das informações prestadas, do valor jurídico das provas indicadas ou apresentadas, pois quanto mais úteis e relevantes, maiores são as chances do delator obter um benefício maior.

A delação premiada pode beneficiar o acusado com:

a) diminuição da pena de 1/3 a 2/3;

b) cumprimento da pena em regime semiaberto;

c) extinção da pena;

d) perdão judicial.

Assim, a norma não exige a recuperação total do produto do crime, pois se o réu ajudar a solucionar uma parte, é beneficiado com a diminuição especial da pena (art.14 paragrafo único).

A relevância e a pertinência do valor jurídico da colaboração poderá ter repercussão penal de valia substantiva que resulte no desmantelamento integral da organização criminosa, da recuperação expressiva de ativos financeiros e patrimoniais, além de possibilitar o saneamento nos quadros da administração pública.

Diante de uma realidade processual dessa grandeza, o juiz tem a prerrogativa de conceder o benefício do perdão judicial, que terá também o caráter exemplar para que outras situações delituosas possam ser estimuladas nesse sentido, instituindo assim, um mecanismo valioso e operacional de desvendamento da corrupção em nosso país.

Se o réu não obtiver o perdão judicial, mas sim a redução de pena, deverá cumprir no regime determinado na sentença, mas cumprirá a pena em estabelecimento penal diverso dos demais corréus ou condenados. Este direito tanto faz para a prisão provisória como a definitiva.

O Ministério Público deixará de oferecer denúncia contra o colaborador se evidenciada a hipótese prevista pelo *caput* do art. 4º, se relevantes, eficazes e pertinentes, forem a eficácia das provas arroladas pelo colaborador, e seja o primeiro a prestar efetiva colaboração nos termos deste artigo, e que não seja o líder da organização criminosa, ficando, por conseguinte, livre da acusação criminal.

O disposto pelo § 5º, que consiste *"se a colaboração for posterior à sentença, a pena poderá ser reduzida até a metade ou será admitida a progressão de regime ainda que ausentes os requisitos objetivos"*, traz outra modalidade de benefício penal para o colaborador.

Aqui se menciona que, sendo a colaboração posterior à sentença, o benefício poderá chegar até a metade da pena ou será admitida a progressão de regime ainda que ausentes os requisitos objetivos.

Este dispositivo realça a tese da relativização da coisa julgada em favor do interesse maior da sociedade no desvendamento de crimes de corrupção e organizações criminosas que se aparelharam no serviço público.

Quando a norma diz "*se a colaboração for posterior à sentença*" está desconstituindo a eficácia da sentença que transitou em julgado, que fez coisa julgada, ao reduzir o tamanho da pena condenatória pela metade.

Aqui o legislador foi mais além ao perquirir a valorização dos princípios da probidade administrativa e da moralidade pública acima de outros institutos relacionados à segurança jurídica.

Admitir o benefício da delação premiada a quem já foi condenado por crime de organização criminosa, mas que tem valiosas informações para desmantelar estruturas semelhante e a oportunidade de denunciar agentes públicos e políticos de corrupção encoberta até então, é fortalecer a cultura da honestidade, da ética e da decência na vida nacional.

d) **Questões processuais**

O colaborador poderá ter suspenso por até 6 (seis) meses, prorrogáveis por igual período, o prazo para oferecimento de denúncia até que sejam cumpridas as medidas de colaboração, ficando neste período suspenso o prazo prescricional.

Esta previsão visa assegurar as condições necessárias para a realização dos atos negociais e formais da colaboração.

A retratação é assegurada objetivando casos em que as provas autoincriminatórias produzidas pelo colaborador não possam ser utilizadas exclusivamente em seu desfavor,

No Brasil, a previsão constitucional é taxativa. Prescreve o inciso LXIII do artigo 5º: "*o preso será informado de seus direitos, entre os quais o de permanecer calado, sendo-lhe assegurada a assistência da família e de advogado*". A Convenção Americana de Direitos Humanos e o Pacto Internacional sobre Direitos Civis e Políticos, da Organização das Nações Unidas (ONU) seguem a mesma linha.

Antes, já era reconhecido, e o Código de Processo Penal (CPP), de 1941, ainda em vigor, prevê tal proteção. Porém a abrandava, ao dispor que o juiz deveria informar ao réu que não estava obrigado a responder as perguntas, mas que seu silêncio poderia ser interpretado em prejuízo da defesa. O texto foi alterado em 2003, para fazer prevalecer o conteúdo real do princípio constitucional. Diz agora o CPP: "*O silêncio, que não importará em confissão, não poderá ser interpretado em prejuízo da defesa.*"

Na doutrina, o princípio é chamado de "*nemo tenetur se detegere*" ou princípio da não autoincriminação. Diversos casos no Superior Tribunal de Justiça (STJ) definem os limites para o exercício desse direito fundamental, revelando sua essência e consequências efetivas.

- "**Delação premiada. Requisito.** À luz dos precedentes do Supremo Tribunal Federal, o conteúdo dos depoimentos colhidos em colaboração premiada não é prova por si só eficaz, tanto que descabe condenação lastreada exclusivamente neles, nos termos do art. 4º, § 16, da Lei 12.850/2013. 6. A fase processual do recebimento da denúncia é juízo de delibação, jamais de cognição exauriente. Não se pode, portanto, confundir os requisitos para o recebimento da denúncia, delineados no art. 41 do Código de Processo Penal, com o juízo de procedência da imputação criminal. Precedentes". (STF - Inq 3979, Relator(a): Min. TEORI ZAVASCKI, Segunda Turma, julgado em 27/09/2016, ACÓRDÃO ELETRÔNICO DJe-267 DIVULG 15-12-2016 PUBLIC 16-12-2016)
- Acordo de colaboração premiada – (art. 4º da Lei nº 12.850/13). Negócio jurídico processual personalíssimo. Impugnação por coautores ou partícipes do colaborador. Inadmissibilidade. Possibilidade de, em juízo, confrontarem as declarações do colaborador e de impugnarem, a qualquer tempo, medidas restritivas de direitos fundamentais adotadas em seu desfavor. Precedente. Acesso, pelo delatado, a todos os elementos de prova documentados nos autos dos acordos de colaboração, incluindo-se as gravações audiovisuais dos atos de colaboração de corréus (Súmula vinculante nº 14). Direito que, segundo o juízo reclamado, foi assegurado. Impossibilidade de, na via estreita da reclamação, questionar-se a veracidade das informações prestadas pelo juízo reclamado. Possibilidade de o agravante, invocando a decisão recorrida, postular esse acesso ao juízo reclamado. Agravo regimental não provido. 1. Por se tratar de negócio jurídico personalíssimo, o acordo de colaboração premiada não pode ser impugnado por coautores ou partícipes do colaborador na organização criminosa e nas infrações penais por ela praticadas, ainda que venham a ser expressamente nominados no respectivo instrumento no relato da colaboração e em seus possíveis resultados (HC nº 127.483/PR, Pleno, de minha relatoria, DJe de 4/2/16). 2. A homologação do acordo de colaboração, por si só, não produz nenhum efeito na esfera jurídica do delatado, uma vez que não é o acordo propriamente dito que poderá atingi-la, mas sim as imputações constantes dos depoimentos do colaborador ou as medidas restritivas de direitos fundamentais que vierem a ser adotadas com base nesses depoimentos e nas provas por ele indicadas ou apresentadas 3. As cláusulas do acordo de colaboração, contra as quais se insurge o agravante, não repercutem, nem sequer remotamente, em sua esfera jurídica, razão por que não tem interesse jurídico nem legitimidade para impugná-las. 4. O agravante, com fundamento na Súmula Vinculante nº 14 do Supremo Tribunal Federal, poderá ter acesso a todos os elementos de prova documentados nos autos dos acordos

de colaboração – incluindo-se as gravações audiovisuais dos atos de colaboração de corréus – para confrontá-los, mas não para impugnar os termos dos acordos propriamente ditos. 5. Considerando-se que, segundo o juízo reclamado, o acesso a tais elementos foi assegurado ao agravante, descabe, na via estreita da reclamação, questionar-se a veracidade dessas informações. 6. Se, como alega o agravante, o juízo reclamado limitou-se a garantir o acesso das gravações audiovisuais a outros acusados, nada obsta que, invocando os fundamentos da decisão recorrida, postule esse acesso diretamente ao juízo reclamado. 7. Agravo regimental não provido. (STF – Rcl 21258 AgR, Relator(a): Min. DIAS TOFFOLI, Segunda Turma, julgado em 15/03/2016, PROCESSO ELETRÔNICO DJe-076 DIVULG 19-04-2016 PUBLIC 20-04-2016)

- Delação premiada – "A colaboração efetiva é imprescindível para a concessão do perdão judicial, ainda que sob o jugo da legislação apontada pelo recorrente como de aplicação analógica na espécie (art. 35-B da Lei n. 8.884/94), vigente à época dos fatos. Por outro lado, a aplicação da benesse, segundo a Lei de Proteção à Testemunha – que expandiu a incidência do instituto para todos os delitos – é ainda mais rigorosa, porquanto a condiciona à efetividade do depoimento, sem descurar da personalidade do agente e da lesividade do fato praticado, a teor do que dispõe o parágrafo único do art. 13 da Lei n. 9.807/99. (STJ – REsp 1477982/DF, Rel. Ministro OG FERNANDES, SEGUNDA TURMA, julgado em 14/04/2015, DJe 23/04/2015)

- Delação premiada – "A delação voluntária de outros implicados, sem formalização de acordo com a acusação, não impede o oferecimento da denúncia. Eventuais benefícios pela colaboração serão avaliados na fase de julgamento. Coação moral. A coação moral irresistível poderá ser demonstrada no curso da instrução. Justa causa. Peculato do prefeito – art. 1º, I e II, do Decreto-Lei 201/67, de modo continuado, nos moldes do art. 71 do Código Penal, e em concurso de agentes entre os denunciados, a teor do art. 29 do CP. Formação de quadrilha – art. 288 do CP. Prova suficiente da materialidade. Indícios suficientes de autoria, salvo quanto ao denunciado Regivaldo. Denúncias recebidas". (STF -Inq 3204, Relator(a): Min. GILMAR MENDES, Segunda Turma, julgado em 23/06/2015, ACÓRDÃO ELETRÔNICO DJe-151 DIVULG 31-07-2015 PUBLIC 03-08-2015)

- Delação premiada – "A homologação pelo juiz do acordo de delação premiada não o torna suspeito, pois age então na simples verificação da legalidade das cláusulas acertadas entre os delatores, defensores e o Ministério Público Federal, o que não indica expressão de antecipado convencimento judicial sobre o mérito da causa penal". (TRF4, ACR

5008479-45.2010.404.7000, Sétima Turma, Relator p/ Acórdão Gilson Luiz Inácio, juntado aos autos em 16/12/2015)

- Delação premiada – "A mera indicação da participação de terceira pessoa na atuação criminosa não possui a pertinência necessária à aplicação do instituto da colaboração premiada, porquanto se revelou irrelevante para o deslinde do caso concreto. (TRF4, ACR 5000809-33.2013.404.7005, Oitava Turma, Relator p/ Acórdão Leandro Paulsen, juntado aos autos em 25/10/2015)
- Delação premiada – "O acordo de colaboração premiada é ato jurídico negocial de natureza processual. O acordo de colaboração não é prova, mas sim meio para a sua obtenção. O confronto pelos corréus das declarações contidas no acordo se dá no curso do processo judicial, sobretudo sobre o material probatório dele resultante. Eventual falha do colaborador ou inverdades nas declarações poderá acarretar, além da submissão daquele que quebra o pacto às penas legais, a perda dos benefícios pleiteados pelo colaborador, mas não tem como consequência a sua invalidade completa. O corréu indicado pelo colaborador não tem legitimidade para pleitear a declaração de invalidade do acordo de colaboração. Tendo em vista o caráter personalíssimo do negócio jurídico e tendo a defesa indicado a existência de erros nas transcrições das declarações do colaborador, eventuais correções e esclarecimentos necessários por petição, no momento da homologação, não maculam a essência do acordo, tampouco o tornam imprestável como meio de obtenção de prova". (TRF4, HC 5032948-33.2015.404.0000, Oitava Turma, Relator p/ Acórdão João Pedro Gebran Neto, juntado aos autos em 24/09/2015)
- Delação premiada – "As instâncias ordinárias, ao afastar a aplicação da delação premiada, consignaram, fundamentadamente, que "não se elucidou nenhum esquema criminoso; pelo contrário, o réu somente alegou em seu interrogatório a participação de outras pessoas na atuação criminosa, o que não é suficiente para a concessão do benefício da delação". (STJ - REsp 1242294/PR, Rel. Ministro SEBASTIÃO REIS JÚNIOR, Rel. p/ Acórdão Ministro ROGERIO SCHIETTI CRUZ, SEXTA TURMA, julgado em 18/11/2014, DJe 03/02/2015)
- Delação premiada – "Tendo sido formulado o acordo de delação premiada no curso do inquérito policial, em razão do sigilo necessário, não há falar em violação ao princípio do contraditório. (STJ -APn 707/DF, Rel. Ministro ARNALDO ESTEVES LIMA, CORTE ESPECIAL, julgado em 07/05/2014, DJe 01/07/2014)
- Delação premiada – "A problemática do caráter sigiloso do acordo de réu colaborador, ou acordo de delação premiada, deve ser analisada sob

Título I

duplo aspecto: por primeiro, o sigilo da própria existência do acordo e de seus termos; e em segundo lugar, o sigilo do conteúdo das declarações prestadas. O caráter sigiloso das medidas de proteção às testemunhas, vítimas e réu colaboradores é estabelecida no § 5º do artigo 2º da Lei nº 9.807/1999. Dessa forma, tanto a própria existência do acordo de delação premiada quanto os termos e condições em que foi celebrado interessam somente ao réu colaborador, ao órgão da Acusação e ao Juízo. (...)" (TRF 3ª Região - ACR Nº 0007995-74.2007.4.03.6119/SP - 1ª Turma - e-DJF3 judicial 1 Data: 12/03/2013 - Fonte Republicação: E-DJF3 Judicial 1 Data: 21/03/2013 - Rel. Juiz convocado Paulo Domingues).

- Delação premiada - "Como não houve reparação do dano, por ato voluntário do recorrente, até o recebimento da denúncia ou o julgamento em primeiro grau, não se configuraram o "arrependimento posterior" (art. 16, CP) nem a circunstância atenuante descrita no art. 65, III, b, do Código Penal. 5. A redução da pena de corréu, por força de acordo de delação premiada (art. 25, § 2º, da Lei nº 7.492/86 e arts. 13 e 14 da lei nº 9.807/99) e de sua efetiva colaboração com a Justiça, tem natureza personalíssima e não se estende ao recorrente. 6. O recorrente, que não estava obrigado a se autoincriminar nem a colaborar com a Justiça (art. 5º, LXIII, CF), exerceu seu direito constitucional de negar a prática dos ilícitos a ele imputados. 7. Após adotar essa estratégia defensiva, por reputá-la mais conveniente aos seus interesses, não pode agora, à vista do resultado desfavorável do processo, pretender que lhe seja estendido o mesmo benefício reconhecido àquele que, desde o início, voluntariamente assumiu a posição de réu colaborador, arcando com os ônus dessa conduta processual, na expectativa de obter as vantagens dela decorrentes. (STJ - RHC 124192, Relator(a): Min. DIAS TOFFOLI, Primeira Turma, julgado em 10/02/2015, PROCESSO ELETRÔNICO DJe-065 DIVULG 07-04-2015 PUBLIC 08-04-2015)

- Delação premiada - "A concessão do benefício da delação premiada exige que as informações prestadas possuam alguma eficácia para a investigação criminal, principalmente em relação à identificação de outros possíveis participantes na conduta delitiva. (TRF 1ª Região - ACR 0016169-97.2005.4.01.3500 / GO, Rel. DESEMBARGADOR FEDERAL NEY BELLO, TERCEIRA TURMA, e-DJF1 p.1039 de 12/09/2014)

- Delação premiada - "Para a aplicação do benefício da delação, faz-se necessária a presença de duas condições ligadas à eficácia da delação: a colaboração voluntária com a investigação policial e o processo criminal na identificação dos demais coautores ou partícipes do crime e a recuperação total ou parcial do produto do crime, o que ocorreu na espécie dos autos. Todavia, verifica-se, in casu, não dever ser mantida a redução da pena no patamar fixado pelo Juízo Federal a quo, considerando as circunstâncias objetivas e subjetivas do crime e do agente. (TRF 1ª Região - ACR 0014299-40.2012.4.01.3801 / MG, Rel. DESEMBARGADOR FEDERAL I'TALO FIORAVANTI SABO MENDES, Rel. Conv. JUÍZA FEDERAL CLEMÊNCIA MARIA ALMADA LIMA DE ÂNGELO (CONV.), QUARTA TURMA, e-DJF1 p.60 de 14/07/2014).

- Delação premiada – "A parte tem direito ao acesso a todas as provas que possam interferir na sua defesa, inclusive aos termos da delação premiada, respeitados, porém, o sigilo de dados pessoais dos colaboradores. (TRF4, HC 5035647-94.2015.404.0000, Oitava Turma, Relator p/ Acórdão João Pedro Gebran Neto, juntado aos autos em 05/11/2015)

13.7.1. Perda de bens ou valores de origem ilícita

No que alude aos bens ou produtos originários acumulados em decorrência da conduta delituosa do delator, deve-se observar que os efeitos genéricos e específicos da condenação, previstos no art. 91 do Código Penal, que são automáticos e devem integrar a sentença, está assim redigido:

> **Art. 91** – São efeitos da condenação:
>
> I – tornar certa a obrigação de indenizar o dano causado pelo crime;
>
> II – a perda em favor da União, ressalvado o direito do lesado ou de terceiro de boa-fé:
>
> a) dos instrumentos do crime, desde que consistam em coisas cujo fabrico, alienação, uso, porte ou detenção constitua fato ilícito;
>
> b) do produto do crime ou de qualquer bem ou valor que constitua proveito auferido pelo agente com a prática do fato criminoso.
>
> § 1º Poderá ser decretada a perda de bens ou valores equivalentes ao produto ou proveito do crime quando estes não forem encontrados ou quando se localizarem no exterior.
>
> § 2º Na hipótese do § 1º, as medidas assecuratórias previstas na legislação processual poderão abranger bens ou valores equivalentes do investigado ou acusado para posterior decretação de perda.

Como se vê, o efeito genérico torna certa a obrigação de reparar o dano e a perda em favor do Estado de bens e valores de origem ilícita, que não necessita ser expressamente pronunciado na sentença condenatória.

Com efeito, o produto do crime é objeto de apreensão, confisco ou apropriação. Portanto, são efeitos que afastam a possibilidade do delator ou colaborador manter o domínio patrimonial de bens, valores ou produtos de origem ilícita, porquanto a delação induz a outros benefícios, tais como, a redução da pena ou a forma de cumprimento da pena mais favorável.

O colaborador é réu confesso em ação penal e seu acordo não impede que seja processado, julgado e condenado.

Assim sendo, a sua condição de réu colaborador não lhe permite o enriquecimento ilícito, situação esta reprovada pelos princípios da legalidade e da moralidade pública.

Diferentemente, são os efeitos específicos da sentença condenatória descritos no art. 92, do Código Penal:

> **Art. 92** – São também efeitos da condenação:
>
> I – a perda de cargo, função pública ou mandato eletivo:
>
> quando aplicada pena privativa de liberdade por tempo igual ou superior a um ano, nos crimes praticados com abuso de poder ou violação de dever para com a Administração Pública;
>
> quando for aplicada pena privativa de liberdade por tempo superior a 4 (quatro) anos nos demais casos.
>
> II – a incapacidade para o exercício do pátrio poder, tutela ou curatela, nos crimes dolosos, sujeitos à pena de reclusão, cometidos contra filho, tutelado ou curatelado;
>
> III – a inabilitação para dirigir veículo, quando utilizado como meio para a prática de crime doloso.
>
> Parágrafo único – Os efeitos de que trata este artigo não são automáticos, devendo ser motivadamente declarados na sentença.

Verifica-se assim, que o parágrafo único deste dispositivo é taxativo ao mencionar que a aplicação dos efeitos específicos não são automáticos e que devem ser motivadamente declarados na sentença condenatória.

De modo que, os efeitos específicos podem ser objeto de negociação para fins do instituto da delação premiada, possibilitando ao interessado colocar no acordo versado entre o réu delator e o representante estatal, o delegado ou o membro do Ministério Público.

- "**Perdimento de bens**. O perdimento atinge apenas os bens cujo fabrico, alienação, uso, porte ou detenção constituam fato ilícito, o que não ocorre no caso concreto. 6. A restituição de um bem é cabível se este não estiver sujeito ao perdimento (art. 91, II, do Código Penal), se não houver mais interesse sobre ele para a instrução da ação penal (art. 118 do Código de Processo Penal) e se tiver sido demonstrado de plano o direito do requerente (art. 120 do Código de Processo Penal). 7. Comprovada a propriedade do bem e não mais se revestindo este de interesse à persecução penal, deve ser afastada a pena de perdimento e restituído o bem ao proprietário". (TRF4, ACR 5008136-06.2016.404.7108, OITAVA TURMA, Relator JOÃO PEDRO GEBRAN NETO, juntado aos autos em 23/03/2017)
- "**Perdimento de bens**. Por aplicação do art. 91, II, a, do Código Penal, não sendo os bens atingidos pelo perdimento coisas cujo fabrico, alie-

nação, uso, porte ou detenção constitua fato ilícito, não se apresenta juridicamente cabível cogitar-se na sua perda em favor da União, como efeito da condenação, pelo que se constata dever ser tornada insubsistente essa parte da v. sentença apelada. Apelação parcialmente provida. (TRF1 - ACR 0000197-19.2008.4.01.4200 / RR, Rel. DESEMBARGADOR FEDERAL I'TALO FIORAVANTI SABO MENDES, QUARTA TURMA, e-DJF1 p.482 de 24/11/2015)

13.8. Ação controlada

Art. 8º Consiste a ação controlada em retardar a intervenção policial ou administrativa relativa à ação praticada por organização criminosa ou a ela vinculada, desde que mantida sob observação e acompanhamento para que a medida legal se concretize no momento mais eficaz à formação de provas e obtenção de informações.

§ 1º O retardamento da intervenção policial ou administrativa será previamente comunicado ao juiz competente que, se for o caso, estabelecerá os seus limites e comunicará ao Ministério Público.

§ 2º A comunicação será sigilosamente distribuída de forma a não conter informações que possam indicar a operação a ser efetuada.

§ 3º Até o encerramento da diligência, o acesso aos autos será restrito ao juiz, ao Ministério Público e ao delegado de polícia, como forma de garantir o êxito das investigações.

§ 4º Ao término da diligência, elaborar-se-á auto circunstanciado acerca da ação controlada.

Art. 9º Se a ação controlada envolver transposição de fronteiras, o retardamento da intervenção policial ou administrativa somente poderá ocorrer com a cooperação das autoridades dos países que figurem como provável itinerário ou destino do investigado, de modo a reduzir os riscos de fuga e extravio do produto, objeto, instrumento ou proveito do crime.

A ação controlada consiste no retardamento da intervenção da autoridade policial no desvendamento da ação desenvolvida pela organização criminosa investigada, essa delonga ou protelação tem por objetivo avaliar o melhor momento para intercessão visando a seu desbaratamento.

Ao procrastinar na eclosão investigatória, a autoridade policial considera que é mais vantajoso adiar a sua realização com vistas a apreender maior número de coisas, bens e outros valores, e ter um maior alcance na prisão das pessoas envolvidas, inclusive aquelas de maior destaque na hierarquia da organização criminosa.

Numa interpretação sistemática dos parágrafos deste artigo, vê-se que a norma ao afirmar que o retardamento da intervenção policial ou administrativa será previamente comunicado ao juiz competente que, se for o caso, estabelecerá os seus limites e comunicará ao Ministério Público.

Mais ainda, o parágrafo terceiro contém no seu texto que até o encerramento da diligência, o acesso aos autos será restrito ao juiz, ao Ministério Público e ao delegado de policia, como forma de garantir o êxito das investigações.

Atente-se que ao retardar a ação policial, a autoridade estará projetando o flagrante retardado, pois não o faz de imediato, mas somente adiante por conveniência da investigação, circunstância que não se confunde com o flagrante esperado, nem preparado.

Veja-se que no flagrante esperado a autoridade policial recebe uma informação privilegiada de um fato que irá acontecer, fica no aguardo e espera a sua ocorrência. Irá acontecer independente da vontade ou da influência do policial.

Já no flagrante preparado o acusado é induzido pelo agente policial a cometer um delito.

Como se vê, são situações diversas e distintas.

13.9. Infiltração de agentes

Art. 10. A infiltração de agentes de polícia em tarefas de investigação, representada pelo delegado de polícia ou requerida pelo Ministério Público, após manifestação técnica do delegado de polícia quando solicitada no curso de inquérito policial, será precedida de circunstanciada, motivada e sigilosa autorização judicial, que estabelecerá seus limites.

§ 1º Na hipótese de representação do delegado de polícia, o juiz competente, antes de decidir, ouvirá o Ministério Público.

§ 2º Será admitida a infiltração se houver indícios de infração penal de que trata o art. 1º e se a prova não puder ser produzida por outros meios disponíveis.

§ 3º A infiltração será autorizada pelo prazo de até 6 (seis) meses, sem prejuízo de eventuais renovações, desde que comprovada sua necessidade.

§ 4º Findo o prazo previsto no § 3º, o relatório circunstanciado será apresentado ao juiz competente, que imediatamente cientificará o Ministério Público.

§ 5º No curso do inquérito policial, o delegado de polícia poderá determinar aos seus agentes, e o Ministério Público poderá requisitar, a qualquer tempo, relatório da atividade de infiltração.

Art. 11. O requerimento do Ministério Público ou a representação do delegado de polícia para a infiltração de agentes conterão a demonstração da necessidade da medida, o alcance das tarefas dos agentes e, quando possível, os nomes ou apelidos das pessoas investigadas e o local da infiltração.

Art. 12. O pedido de infiltração será sigilosamente distribuído, de forma a não conter informações que possam indicar a operação a ser efetivada ou identificar o agente que será infiltrado.

§ 1º As informações quanto à necessidade da operação de infiltração serão dirigidas diretamente ao juiz competente, que decidirá no prazo de 24 (vinte e quatro) horas, após manifestação do Ministério Público na hipótese de representação do delegado de polícia, devendo-se adotar as medidas necessárias para o êxito das investigações e a segurança do agente infiltrado.

§ 2º Os autos contendo as informações da operação de infiltração acompanharão a denúncia do Ministério Público, quando serão disponibilizados à defesa, assegurando-se a preservação da identidade do agente.

§ 3º Havendo indícios seguros de que o agente infiltrado sofre risco iminente, a operação será sustada mediante requisição do Ministério Público ou pelo delegado de polícia, dando-se imediata ciência ao Ministério Público e à autoridade judicial.

O Brasil ao ser signatário da Convenção das Nações Unidas contra a Criminalidade Organizada Transnacional, denominada Convenção de Palermo, que foi ratificada pelo Decreto Legislativo 5.015/2004, assumiu o compromisso de regular medidas de inovações em produção probatória.

Inicialmente, tivemos a Lei nº 9.034/95 que versou sobre a Lei de Repressão ao Crime Organizado, que inserido no seu texto o instrumento da infiltração de agentes públicos em organizações criminosas, pela edição da Lei nº 10.217/2001.

Agora, mais recentemente, teve-se a edição da presente Lei de Organização Criminosa que traz outras inovações e aperfeiçoamentos processuais ao combate a este tipo de crime.

A infiltração de agentes poderá ser requerida através de representação pelo Delegado de Polícia ou a requerimento do Ministério Público.

Quando a iniciativa for do Ministério Público deverá ocorrer uma análise de viabilidade técnica pela autoridade policial, e quando for requerida pelo Delegado de Polícia, deverá haver parecer ministerial.

É importante distinguir o agente infiltrado do informante, pois aquele é policial que tem a finalidade de colher provas, enquanto este último passa informações privilegiadas para a Polícia.

Dentre os requisitos legais preestabelecidos pela norma para infiltração de agentes policiais está a autorização judicial, e somente deverá ser deferida quando esgotadas todas as outras alternativas de investigação.

Mais ainda, o procedimento autorizativo é restritivo, pois deve ficar evidenciada a existência de ação criminosa de organização estabelecida e que as provas necessárias e suficientes comprovação do crime não poderia ser produzida por outros mecanismos investigatórios.

Assim como as autoridades judiciárias devem motivar suas decisões, o requerimento seja do Ministério Público ou do Delegado de Polícia deverá demonstrar a premente necessidade para infiltração de agentes e um panorama de nomes e apelidos dos investigados, descrição fática da situação apontada como criminosa, inclusive com indicações de fatos concretos e acontecimentos que justifiquem a ação investigativa extrema.

Essa cautela deve resguardar direitos fundamentais de terceiros e preservar a idoneidade a instituição policial, porquanto seus agentes responderão pelos danos que causarem na condição de servidores públicos, sendo verdade que é o Estado que responde pela ação de seus agentes, mas contra estes têm o direito imprescritível da reparação.

13.10. Excessos do agente infiltrado

> **Art. 13.** O agente que não guardar, em sua atuação, a devida proporcionalidade com a finalidade da investigação, responderá pelos excessos praticados.
>
> Parágrafo único. Não é punível, no âmbito da infiltração, a prática de crime pelo agente infiltrado no curso da investigação, quando inexigível conduta diversa.

O agente devidamente autorizado a se infiltrar numa organização criminosa afasta a tipicidade de conduta nos eventuais delitos que o mesmo seja compelido a cometer em virtude da necessidade da sua condição para alcançar os objetivos de levantar e desbaratar a sua estrutura e identificar os seus integrantes.

Essa isenção de responsabilidade penal decorre da necessidade de que o agente atue nas mesmas condições e formas dos investigados, sob pena de não conseguir êxito na sua permanência da organização e de avançar em atos e operações nas execuções inerentes aos membros do grupo delinquente.

Entretanto, não poderá o agente infiltrado incorrer em condutas que resultem em procedimentos que produzam excessos, aqueles que não se mostrarem necessários ao seu trabalho investigativo.

Se o agente infiltrado está investigado uma organização criminosa que envolva desvio de recursos públicos, por exemplo, práticas individuais de crimes contra os costumes não estarão acobertadas pela isenção de responsabilidade penal.

Nesse mesmo campo de exame, também não contemplaria o uso de bebidas alcóolicas que lhe proporcionasse uma infração de trânsito abrangido pela lei seca, porque não estariam essas condutas inseridas no carecer de fatos ao sucesso da sua atuação no grupo criminoso.

Outra circunstância seria desfrutar do produto do crime para auferimento de vantagem pessoal que implicasse no crescimento do seu patrimônio, poderia até usar o dinheiro que em tese estaria percebendo para despesas excêntricas visando demonstrar ao grupo que estaria tirando proveito como se verdade fosse.

De modo que somente no caso de excessos cometidos cuja conduta não se mostraria imprescindível ao bom desempenho investigatório, ficaria afastada a isenção da responsabilidade penal.

13.11. Direitos do agente infiltrado

> **Art. 14.** São direitos do agente:
>
> I – recusar ou fazer cessar a atuação infiltrada;
>
> II – ter sua identidade alterada, aplicando-se, no que couber, o disposto no art. 9º da Lei no 9.807, de 13 de julho de 1999, bem como usufruir das medidas de proteção a testemunhas;

III – ter seu nome, sua qualificação, sua imagem, sua voz e demais informações pessoais preservadas durante a investigação e o processo criminal, salvo se houver decisão judicial em contrário;

IV – não ter sua identidade revelada, nem ser fotografado ou filmado pelos meios de comunicação, sem sua prévia autorização por escrito.

São direitos do agente recusar sua designação para se infiltrar em organização criminosa porque lhe cabe avaliar se aquela incumbência lhe proporcionará a segurança necessária para o seu bem estar e a sua integridade física, assim como se considera apto ao bom desempenho da missão.

É importante mencionar que é garantia constitucional o direito à saúde e à vida, bens sublimes que não podem ser secundarizados por outros direitos, de modo que, se o agente no exame das circunstâncias concluir e decidir que não tem aptidão para realizar aquela missão, lhe é assegurado o direito de recusá-la.

Afora a recusa inicial em aceitar a incumbência da infiltração, poderá o agente no decorrer do curso da missão chegar à conclusão de que a sua saúde e vida, correm risco por fatos anteriormente não projetados ou em virtude de acontecimentos supervenientes, encontra-se vulnerável à sua descoberta ou ao insucesso da tarefa que assumiu.

Em ambas as situações, o direito de recusa inicial ou desistência posterior são prerrogativas asseguradas ao agente, sendo que, nesta última hipótese, deverá proceder relatório conclusivo de tudo que apurou até então, cujas informações poderão ser úteis para o prosseguimento da investigação a ser continuada por outros caminhos que também possa levar aos objetivos de desvendamento e identificação dos membros do grupo criminoso.

Os outros direitos que são assegurados ao agente dizem respeito à sua segurança pessoal que lhe garantem procedimentos de ocultação de dados pessoais no âmbito do órgão policial a que pertença e preservação de elementos informativos da sua pessoa em processo criminal, se a esse estágio conseguir chegar a investigação que participou.

Nessa toada, também o agente policial tem o direito de preservar sua imagem, voz e identificação no processo criminal objeto da investigação e não ter revelada a sua identidade sem o seu consentimento.

Por fim, tem o agente assegurados os mesmos direitos que são garantidos as pessoas que participam do programa de proteção às testemunhas.

13.12. Acesso a Registros, Dados Cadastrais, Documentos e Informações

Art. 15. O delegado de polícia e o Ministério Público terão acesso, independentemente de autorização judicial, apenas aos dados cadastrais do investigado que informem exclusivamente a qualificação pessoal, a filiação e o endereço mantidos pela Justiça Eleitoral, empresas telefônicas, instituições financeiras, provedores de internet e administradoras de cartão de crédito.

Art. 16. As empresas de transporte possibilitarão, pelo prazo de 5 (cinco) anos, acesso direto e permanente do juiz, do Ministério Público ou do delegado de polícia aos bancos de dados de reservas e registro de viagens.

Art. 17. As concessionárias de telefonia fixa ou móvel manterão, pelo prazo de 5 (cinco) anos, à disposição das autoridades mencionadas no art. 15, registros de identificação dos números dos terminais de origem e de destino das ligações telefônicas internacionais, interurbanas e locais.

Alguns procedimentos básicos de interesse da administração pública no campo da segurança e investigação pelos órgãos competentes, estão previstos no caso de ocorrência de infiltração de um agente público em organizações criminosas.

Como todos os fatos investigativos registram o trabalho de membros da força policial, ficou assegurado que o Delegado de Polícia e o representante do Ministério Público, possam ter acesso as informações cadastrais do investigado no que se refere à sua qualificação pessoa, a filiação e o endereço mantidos pela Justiça e outras fontes de cadastros telefônicos, comerciais, financeiros e da Justiça Eleitoral.

A norma não contempla o acesso de dados protegidas pelo sigilo bancário, fiscal e telefônico, porquanto estão protegidos pelo direito da privacidade e intimidade, salvo autorização judicial.

Aqui as autoridades competentes poderão ter conhecimento ou identificar as pessoas que foram investigadas com seus elementos informativos necessários a sua identificação.

Por fim, a norma resguarda a preservação de informações relativas às empresas de transporte, viagens e de telecomunicações, pelo prazo de cinco anos, para o acesso direto nos casos de solicitação judicial para atender à Polícia ou ao Ministério Público.

13.13. Crime de revelação do colaborador

Art. 18. Revelar a identidade, fotografar ou filmar o colaborador, sem sua prévia autorização por escrito:

Pena – reclusão, de 1 (um) a 3 (três) anos, e multa.

13.13.1. Tipo Objetivo

A conduta incriminadora é revelar (desvendar, denunciar, exibir) a identidade (dados pessoais), fotografar (retratar, tirar a fotografia) ou filmar (gravar com aparelho celular ou câmera) o colaborar, aquele agente infiltrado que agia, dissimulada ou disfarçadamente, no meio de uma organização criminosa, de modo que, desvendar ou publicizar a identidade do agente colaborador se enquadra neste tipo penal, porquanto a lei visa proteger a atuação oculta do infiltrado e a sua revelação lhe estaria colocando em risco de morte ou outros danos que podem ser extensivo aos seus familiares.

Somente alguém do órgão policial que tinha conhecimento do trabalho do agente infiltrado poderia fazer essa revelação, até porque uma designação para a infiltração numa organização criminosa é restrita a poucos agentes públicos, cujo sigilo é regra a ser observada, logo, se trata de crime próprio, que exige ser o sujeito ativo autoridade policial ou do Ministério Público.

Entretanto, essa revelação não constituirá crime, se a divulgação ocorrer com expressa autorização prévia do colaborador.

13.13.2. Tipo subjetivo

O elemento subjetivo do tipo é o dolo, a vontade consciente do agente em divulgar a identidade de alguém que foi protagonista de uma investigação policial na condição de agente infiltrado numa organização criminosa. Age de forma proposital e ciente da conduta antijurídica dessa revelação.

13.13.3. Consumação

O crime estará aperfeiçoado com divulgação em órgãos de comunicação de elementos informativos que identifique a pessoa do colaborador na condição de infiltrado numa organização criminosa.

NOTA!

- **Ação penal:** pública incondicionada.
- **Sujeito ativo:** Autoridade policial ou do Ministério Público
- **Forma tentada:** Admissível.
- **Substituição da pena:** Admissível privativa de liberdade por restritiva de direitos (arts. 44, CP)
- **Sursis:** Possibilidade, a depender da dosimetria da pena (art. 77, CP)

13.14. Denunciação caluniosa

> **Art. 19.** Imputar falsamente, sob pretexto de colaboração com a Justiça, a prática de infração penal a pessoa que sabe ser inocente, ou revelar informações sobre a estrutura de organização criminosa que sabe inverídicas:
>
> Pena – reclusão, de 1 (um) a 4 (quatro) anos, e multa.

13.14.1. Tipo objetivo

A conduta incriminadora consiste em imputar (atribuir, delatar, acusar) falsamente, sob pretexto de colaboração com a Justiça, alguém que sabe inocente, de ser responsável por alguma infração penal. É o crime de calúnia. A instauração de investigação policial ou em processo criminal é o exaurimento do crime.

Aqui o colaborador age de forma a incriminar alguém que sabe inocente para incorrer numa denunciação formal, essa incriminação indica a prática de uma conduta criminosa atribuída à vítima inocente.

Outra conduta típica do colaborador é revelar informações sobre a estrutura de organização criminosa que sabe inverídicas, que não são verdadeiras, mas que repassa para a autoridade competente como se o fosse.

Não se enquadra neste tipo o excesso previsto pelo art. 13 desta Lei em que pode incorrer o colaborador, porquanto aqui ele atua de forma consciente sobre fatos fictícios da investigação por vontade própria que estão vinculados ao trabalho investigativo.

13.14.2. Tipo subjetivo

O elemento subjetivo do tipo é o dolo, a vontade consciente do agente em incriminar alguém que sabe inocente da prática de infração penal ou repassando informações inverídicas sobre a estrutura de organização criminosa.

13.14.3. Consumação

O crime estará aperfeiçoado quando a acusação falsa ou inverídica da estrutura de organização criminosa chega ao conhecimento da autoridade policial competente, causando dano à honra objetiva do acusado. A instauração de inquérito ou processo criminal, é o exaurimento do crime.

NOTA!

- **Ação penal:** pública incondicionada.
- **Sujeito ativo:** o policial colaborador
- **Forma tentada:** Inadmissível.
- **Substituição da pena:** Admissível privativa de liberdade por restritiva de direitos (arts. 44, CP).
- **Sursis:** Possibilidade, a depender da dosimetria da pena (art. 77, CP)

13.15. Violação de sigilo das investigações

> **Art. 20.** Descumprir determinação de sigilo das investigações que envolvam a ação controlada e a infiltração de agentes:
> Pena – reclusão, de 1 (um) a 4 (quatro) anos, e multa.

13.15.1. Tipo Objetivo

A conduta típica consiste em descumprir (desobedecer, desatender) determinação de sigilo das investigações que envolvam a ação controlada e a infiltração de agentes, conforme estabelecido nesta norma essas atuações policiais visando desconstituir a ação de organização criminosa e identificar os seus integrantes.

Cuida-se, na verdade, de condutas diversas das descritas pelo art. 154 (violação de segredo profissional) e art. 325 (violação de sigilo funcional), ambos do Código Penal, em virtude de que esta Lei no seu art. 23 estabelece que o juiz poderá decretar o sigilo das investigações, configurando-se assim, em sigilo judicial.

Deve-se observar que o sigilo judicial estabelecido engloba, além da prova documental, a revelação de informação verbal sobre as investigações em todos os seus termos.

É evidente que esse descumprimento deverá estar relacionado à função pública do detentor do conhecimento da investigação, porquanto se a pessoa que fizer a revelação não tendo vinculo com a atividade policial ou ministerial participante da investigação, sua conduta não se enquadra neste tipo.

13.15.2. Tipo subjetivo

O elemento subjetivo do tipo é o dolo, a vontade consciente do agente em descumprir a determinação de sigilo das investigações para torná-la pública, independente da motivação da sua atitude. Age de forma consciente da sua conduta antijurídica porquanto tem conhecimento do caráter sigiloso das informações de que dispõe, seja documental, material ou o faça de forma verbal, mas revela dados da ação controlada ou da infiltração de agentes.

13.15.3. Consumação

O crime se consume com a revelação de elementos informativos capazes de identificar dados ou pessoas relacionadas a ação controlada ou da infiltração de agentes em operação policial visando o desmantelamento de organização criminosa.

NOTA!

- **Ação penal:** pública incondicionada.
- **Sujeito ativo:** Policial ou membro do Ministério Público
- **Forma tentada:** Inadmissível.
- **Substituição da pena:** admissível privativa de liberdade por restritiva de direitos (arts. 44, CP).
- **Sursis:** possibilidade, a depender da dosimetria da pena (art. 77, CP)

13.16. Sonegação de informações

Art. 21. Recusar ou omitir dados cadastrais, registros, documentos e informações requisitadas pelo juiz, Ministério Público ou delegado de polícia, no curso de investigação ou do processo:

Pena – reclusão, de 6 (seis) meses a 2 (dois) anos, e multa.

Parágrafo único. Na mesma pena incorre quem, de forma indevida, se apossa, propala, divulga ou faz uso dos dados cadastrais de que trata esta Lei.

13.16.1. Tipo Objetivo

A conduta incriminadora consiste em recusar (não aceitar, não admitir, rejeitar) ou omitir (deixar de fazer) requisições judiciais, do Ministério Público ou delegado de polícia, elementos informativos ou documentos relacionados à investigação em curso.

Somente havendo justa causa é que as informações ou documentos requisitados poderão não ser atendidos pelo destinatário, seja vinculada ao serviço público ou da atividade pública, nos casos em que o conteúdo possa ser utilizado em desfavor do destinatário, porquanto é garantia constitucional de quem ninguém é obrigado a produzir provas contra si.

Se o conteúdo informativo estiver protegido pelo direito da privacidade ou da intimidade, fica restrito à requisição judicial.

Outra situação de caracterização do tipo penal, aqui descrito, é quem se apossa do conteúdo dessas informações que são objeto do processo investigatório para propalar os seus dados tornando-os públicos.

13.16.2. Tipo subjetivo

O elemento subjetivo do tipo é o dolo expresso pela vontade livre e consciente da antijuridicidade de rejeitar ou esconder as informações ou documentos requisitados pela autoridades competentes.

13.16.3. Consumação

O crime está configurado pelo desatendimento no prazo estipulado pela autoridade competente, caracterizando, assim, a recusa ou omissão das informações ou documentos, mesmo que este fato não tenha reflexos ou influência no processo de investigação. É um crime de natureza formal.

NOTA!

- **Ação penal:** pública incondicionada.
- **Sujeito ativo:** qualquer pessoa
- **Forma tentada:** admissível
- **Competência para processar e julgar:** Juizado Especial Criminal (art. 61, Lei 9.099/1995)..
- **Suspensão condicional do processo:** admissível (art. 89, Lei 9.099/1995).

13.17. Procedimento ordinário

> **Art. 22.** Os crimes previstos nesta Lei e as infrações penais conexas serão apurados mediante procedimento ordinário previsto no Decreto-Lei nº 3.689, de 3 de outubro de 1941 (Código de Processo Penal), observado o disposto no parágrafo único deste artigo.
>
> Parágrafo único. A instrução criminal deverá ser encerrada em prazo razoável, o qual não poderá exceder a 120 (cento e vinte) dias quando o réu estiver preso, prorrogáveis em até igual período, por decisão fundamentada, devidamente motivada pela complexidade da causa ou por fato procrastinatório atribuível ao réu.

A norma estabelece que o rito processual dos crimes descritos nesta lei será o ordinário. De forma que se remete ao capítulo que versa com abrangência esse procedimento.

13.18. Acesso do defensor às provas sigilosas

> **Art. 23.** O sigilo da investigação poderá ser decretado pela autoridade judicial competente, para garantia da celeridade e da eficácia das diligências investigatórias, assegurando-se ao defensor, no interesse do representado, amplo acesso aos elementos de prova que digam respeito ao exercício do direito de defesa, devidamente precedido de autorização judicial, ressalvados os referentes às diligências em andamento.
>
> Parágrafo único. Determinado o depoimento do investigado, seu defensor terá assegurada a prévia vista dos autos, ainda que classificados como sigilosos, no prazo mínimo de 3 (três) dias que antecedem ao ato, podendo ser ampliado, a critério da autoridade responsável pela investigação.

A lei ao prever a prerrogativa do juiz de decretar o sigilo da investigação, ressalva que será assegurado ao defensor, no interesse do representado ou investigado, o amplo acesso aos elementos de provas que se mostrem pertinentes ao exercício de defesa, mediante autorização expressa da autoridade judicial do conteúdo existente, excluindo aquelas relativas às diligências em andamento.

A fixar limites dos elementos informativos e provas existentes, a norma afastou aqueles decorrentes de diligências que estejam ainda em curso, porquanto se antecipá-las, estaria prejudicando a qualidade da investigação que, certamente, poderia ser frustrada pela interferência do interessado em torná-la imprestável ou inexistente de tivesse conhecimento da sua existência.

Na hipótese de realização do depoimento de investigado, o seu defensor será intimado três antes do ato solene de sua ouvida de todos os documentos e provas consideradas sigilosos para que deles tenha conhecimento e possibilite a orientação mais adequada ao seu constituinte.

Evidentemente, o equilíbrio e cautela que presidem os atos do juiz, em se tratando de matéria complexa ou extensa, poderá ampliar o prazo de três dias, se verificar que será insuficiente para o seu conhecimento completo.

A respeito desta temática, o Supremo Tribunal Federal já editou a Súmula Vinculante nº 14, assim redigida:

> É direito do defensor, no interesse do representado, ter acesso amplo aos elementos de prova que, já documentados em procedimento investigatório realizado por órgão com competência de polícia judiciária, digam respeito ao exercício do direito de defesa.

Note-se que a súmula vinculante só tem aplicação em procedimentos administrativos de natureza penal, sendo inaplicável naqueles de natureza cível.

- "**Acesso às provas sigilosas.** Delação premiada. "Operação Alba Branca". Suposta violação à Súmula Vinculante 14. Existente. TJ/SP negou acesso à defesa ao depoimento do colaborador Marcel Ferreira Júlio, nos termos da Lei n. 12.850/13. Ocorre que o art. 7º, § 2º, do mesmo diploma legal consagra o "amplo acesso aos elementos de prova que digam respeito ao exercício do direito de defesa", ressalvados os referentes a diligências em andamento. É ônus da defesa requerer o acesso ao juiz que supervisiona as investigações. O acesso deve ser garantido caso estejam presentes dois requisitos. Um, positivo: o ato de colaboração deve apontar a responsabilidade criminal do requerente (INQ 3.983, rel. min. Teori Zavascki, Tribunal Pleno, julgado em 3.3.2016). Outro, negativo: o ato de colaboração não deve referir-se à diligência em andamento. A defesa do reclamante postulou ao Relator do processo o acesso aos atos de colaboração do investigado. 4. Direito de defesa violado. 5. Reclamação julgada procedente, confirmando a liminar deferida". (STF - Rcl 24116, Relator(a): Min. GILMAR MENDES, Segunda Turma, julgado em 13/12/2016, PROCESSO ELETRÔNICO DJe-028 DIVULG 10-02-2017 PUBLIC 13-02-2017)

- **Acesso às provas sigilosas** – "Agravo regimental em reclamação. 2. Súmula Vinculante n. 14. Violação não configurada. 3. Os autos não se encontram em Juízo. Remessa regular ao Ministério Público. 4. Inquérito originado das investigações referentes à operação 'Dedo de Deus'. Existência de diversas providências requeridas pelo Parquet que ainda não foram implementadas ou que não foram respondidas pelos órgãos e que perderão eficácia se tornadas de conhecimento público. 5. Ausência de argumentos capazes de infirmar a decisão agravada. 6. Agravo regimental a que se nega provimento." (Rcl 16436 AgR, Relator Ministro Gilmar Mendes, Tribunal Pleno, julgamento em 29.5.2014, *DJe* de 29.8.2014)
- **Acesso às provas sigilosas** – "Ementa: (...). II – A decisão ora questionada está em perfeita consonância com o texto da Súmula Vinculante 14 desta Suprema Corte, que, como visto, autorizou o acesso dos advogados aos autos do inquérito, apenas resguardando as diligências ainda não concluídas. III – Acesso que possibilitou a apresentação de defesa prévia com base nos elementos de prova até então encartados, sendo certo que aquele ato não é a única e última oportunidade para expor as teses defensivas. Os advogados poderão, no decorrer da instrução criminal, acessar todo o acervo probatório, na medida em que as diligências forem concluídas." (Rcl 10110, Relator Ministro Ricardo Lewandowski, Tribunal Pleno, julgamento em 20.10.2011, *DJe* de 8.11.2011)
- **Acesso às provas sigilosas** – "Em face do exposto, acolho os presentes embargos tão somente para esclarecer, com base, inclusive, na Súmula Vinculante 14 do STF, que o alcance da ordem concedida refere-se ao direito assegurado ao indiciado (bem como ao seu defensor) de acesso aos elementos constantes em procedimento investigatório que lhe digam respeito e que já se encontrem documentados nos autos, não abrangendo, por óbvio, as informações concernentes á decretação e à realização das diligências investigatórias pendentes, em especial as que digam respeito a terceiros eventualmente envolvidos." (HC 94387 ED, Relator Ministro Ricardo Lewandowski, Primeira Turma, julgamento em 6.4.2010, *DJe* de 21.5.2010)
- **Acesso às provas sigilosas** – "O agravante não trouxe novos elementos aptos a infirmar ou elidir a decisão agravada. Como já demonstrado, a Súmula Vinculante n. 14 é aplicada apenas a procedimentos administrativos de natureza penal, sendo incorreta sua observância naqueles

de natureza cível." (Rcl 8458 AgR, Relator Ministro Gilmar Mendes, Tribunal Pleno, julgamento em 26.6.2013, *DJe* de 19.9.2013)

- **Acesso às provas sigilosas** – "O Verbete 14 da Súmula Vinculante do STF (É direito do defensor, no interesse do representado, ter acesso amplo aos elementos de prova que, já documentados em procedimento investigatório realizado por órgão com competência de polícia judiciária, digam respeito ao exercício do direito de defesa) não alcança sindicância que objetiva elucidação de fatos sob o ângulo do cometimento de infração administrativa. Com base nessa orientação, a 1ª Turma negou provimento a agravo regimental em que se reiterava alegação de ofensa ao referido enunciado, ante a negativa de acesso a sindicância." (Rcl 10771 AgR, Relator Ministro Marco Aurélio, Primeira Turma, julgamento em 4.2.2014, *DJe* de 18.2.2014)

- **Acesso às provas sigilosas** – "O Ministério Público dispõe de competência para promover, por autoridade própria, e por prazo razoável, investigações de natureza penal, desde que respeitados os direitos e garantias que assistem a qualquer indiciado ou a qualquer pessoa sob investigação do Estado, observadas, sempre, por seus agentes, as hipóteses de reserva constitucional de jurisdição e, também, as prerrogativas profissionais de que se acham investidos, em nosso País, os Advogados (Lei 8.906/94, artigo 7º, notadamente os incisos I, II, III, XI, XIII, XIV e XIX), sem prejuízo da possibilidade – sempre presente no Estado democrático de Direito – do permanente controle jurisdicional dos atos, necessariamente documentados (Súmula Vinculante 14), praticados pelos membros dessa instituição". (RE 593727, Redator para o acórdão Ministro Gilmar Mendes, julgamento em 14.5.2015, com repercussão geral – tema 184).

13.19. Associação Criminosa

> **Art. 288.** Associarem-se 3 (três) ou mais pessoas, para o fim específico de cometer crimes:
>
> Pena – reclusão, de 1 (um) a 3 (três) anos.
>
> Parágrafo único. A pena aumenta-se até a metade se a associação é armada ou se houver a participação de criança ou adolescente."

13.19.1. Tipo Objetivo

A conduta incriminadora consiste em se associarem (agregar, juntar, reunir), no mínimo três pessoas, para o objetivo comum de cometer crimes, de praticar delitos. A denominação de associação fica caracterizada quando esta união é estável ou permanente, não precisa ser vitalícia, mas basta ser duradoura.

Enquanto na organização criminosa se exige um mínimo de 4 (quatro) pessoas, na associação este requisito é de 3 (três). Na organização criminosa o objetivo é obter vantagens diretas ou indiretas, de forma ilícita, já na associação é para a realização de qualquer tipo de crimes.

Note-se que a caracterização do crime de associação é autônoma, e de caráter permanente, não importando que um deles não tenha tido participação direta no evento, desde que se achava presente no local da prática, juntamente com os demais delinquentes.

A norma exige que seja o agrupamento pelo menos de três pessoas para cometerem crimes; crime significa toda ação cometida com dolo ou culpa contrária à lei, cujo elemento moral está na imputabilidade que resulta na responsabilidade penal.

Com efeito, se o ato reprovado se ajustar à contravenção, não se insere no rol do crime de associação criminosa.

Para a configuração da figura penal de associação criminosa, não se faz necessária sua publicidade ou notoriedade, basta que seja rudimentar, mas capaz de levar a cabo o fim visado de um grupo de malfeitores unidos pelo vínculo psicológico de um propósito determinado; cometer crimes.

Mas, é preciso que essa ligação associativa contemple uma predisposição comum de meios para a prática de uma série indeterminada de crimes de continuada vinculação entre os associados para a concretização de um programa criminoso.

A definição de estável ou permanente deve ser analisada conforme a circunstância dos fatos identificados da atuação do grupo, em razão de que esse período duradouro poderá levar meses de ação para duas ou três empreitadas, mas poderá em curto espaço de tempo, realizar várias e intensas ações criminosas com múltiplas vítimas, de modo que, além da delimitação espacial das ações criminosas do grupo, deverá ser analisada a intensidade dos atos delituosos cometidos ou atribuídos a esse aglomerado de delinquentes associados.

13.19.2. Tipo subjetivo

O elemento subjetivo do tipo é o dolo específico, que exige um fim especial de agir no propósito associativo de pessoas para cometer crimes.

13.19.3. Consumação

Para a consumação do tipo, basta a efetiva associação, no mínimo de três pessoas, com intuito de realizar crimes, mesmo que não sejam praticados. Portanto, goza de autonomia e independência em relação à prática de outro crime.

13.19.4. Forma qualificada

São duas as formas que qualificam o crime de associação com o aumento de pena. A primeira é quando os membros da associação atuam armados, portanto, armas de fogo, que são instrumentos capazes de submissão mais eficaz contra as vítimas, além de proporcionar maior risco a integridade física delas. A outra, é a participação de crianças e adolescentes como integrantes da associação.

Como se vê, na realização de crimes por pessoas, será majorada até a metade se a associação é armada com armas próprias ou impróprias, não necessitando que todos estejam portando armas, bastando, apenas, que um deles faça uso de arma.

A pena também será aumentada até a metade se houver a participação de criança ou adolescente.

É bastante que um dos membros da associação esteja portando arma de fogo para que seja aplicada a majorante, e que este fato seja do conhecimento dos demais. Entretanto, se não era do saber dos outros, e um integrante portava arma de fogo, mas não foi utilizada na ação criminosa, entende-se que não se aplica a qualificadora à conduta.

Em ambas as situações, o juiz deverá levar em consideração as circunstâncias do crime em virtude do seu poder discricionário em aumentar até a metade, ficando, portanto, ao seu arbítrio a dosimetria, mas que deverá ser motivada e justificada aos fatos que envolvam o crime.

No que concerne à presença de crianças e adolescentes, se estes não integravam a associação, não tinha tarefas definidas nem trabalho específico, mas apenas são parentes de um membros, não há como qualificar o tipo pela ausência de vínculo psicológico do fim especial de cometer crimes, condição essencial para a configuração da conduta típica descrita neste dispositivo penal.

NOTA!

- **Ação penal:** pública incondicionada.
- **Sujeito ativo:** Qualquer pessoa
- **Forma tentada:** Admissível
- **Substituição da pena:** Admissível privativa de liberdade por restritiva de direitos (arts. 44, CP)
- **Sursis:** Possibilidade, a depender da dosimetria da pena (art. 77, CP)

CASOS TÍPICOS

- Restando comprovada a existência de um vínculo estável e permanente entre os réus, direcionado para a prática do crime de tráfico de drogas, configurado está o delito de associação para o referido fim. (TJ-MG – APR: 10249120015691001 MG, Relator: Jaubert Carneiro Jaques, Data de Julgamento: 08/04/2014, Câmaras Criminais / 6ª CÂMARA CRIMINAL, Data de Publicação: 15/04/2014)

CASOS ATÍPICOS

- "Para caracterização do delito de associação criminosa, indispensável a demonstração de estabilidade e permanência do grupo formado por três ou mais pessoas, além do elemento subjetivo especial consiste no ajuste prévio entre os membros com a finalidade específica de cometer crimes indeterminados. Ausentes tais requisitos, restará configurado apenas o concurso eventual de agentes, e não o crime autônomo do art. 288 do Código Penal. Na hipótese vertente, o Ministério Público não logrou êxito em descrever suficientemente os elementos objetivo e subjetivo do tipo penal, prejudicando o exercício da ampla defesa e do contraditório. Partindo da análise de um delito de roubo isoladamente considerado, concluiu, genericamente, pela existência de associação criminosa, sem a devida elucidação de que o paciente integrasse grupo criminoso estável e permanente, tampouco que estivesse imbuído do ânimo de se associar com vistas à pratica conjunta de crimes indeterminados, tornando inepta a inicial. Além disso, dos elementos de informação expressamente referenciados pela peça vestibular (prova pré-constituída), não ressuma a existência de indícios mínimos de autoria e materialidade aptos à deflagração da ação penal, pelo que deve ser reconhecida a ausência de justa causa. Ordem concedida para trancar a ação penal em relação ao paciente". (STJ - HC 374.515/MS, Rel. Ministra MARIA THEREZA DE ASSIS MOURA, SEXTA TURMA, julgado em 07/03/2017, DJe 14/03/2017)

- "A denúncia, contudo, é inepta em relação ao crime do art. 288 do Código Penal, por não descrever uma associação, de forma estável e permanente, para a prática de uma série indeterminada de crimes, mas sim o mero concurso de agentes para os crimes de dispensa de licitação e de peculato". (STF – Inq 4019, Relator(a): Min. DIAS TOFFOLI, Segunda Turma, julgado em 23/02/2016, ACÓRDÃO ELETRÔNICO DJe-066 DIVULG 08-04-2016 PUBLIC 11-04-2016)

- Para a configuração do crime de associação criminosa do art. 288 do Código Penal brasileiro, exige-se a associação de mais de três pessoas "para a prática de crimes", não sendo suficiente o vínculo para a prática de um único ato criminoso. É o que distingue, principalmente, o tipo de associação criminosa da figura delitiva assemelhada do crime de conspiracy do Direito anglo-saxão que se satisfaz com o planejamento da prática de um único crime. Se, dos fatos tidos como provados pelas instâncias ordinárias, não se depreende elemento que autorize conclusão de que os acusados pretenderam formar ou se vincular a uma associação criminosa para a prática de mais de um crime, é possível o emprego do habeas corpus para invalidar a condenação por esse delito, sem prejuízo dos demais. Habeas corpus concedido e estendido de ofício aos coacusados em idêntica situação. (STF – 1ª Turma – Habeas Corpus nº 103.412 SP – REL. Min. Rosa Weber – j. 19.06.2012)

- Para configuração do crime de associação, exige-se a presença de certos elementos, como a reiteração na venda de drogas, e a formação de uma sociedade estável para tal fim. Não restando comprovado que os apelantes estavam a tal ponto associados, de forma que um dependia do outro para continuar a traficância, não resta configurado o crime de associação para o tráfico, acarretando a absolvição dos apelantes pelo benefício da dúvida. (TJGO, APELAÇÃO CRIMINAL 308251-31.2012.8.09.0116, Rel. DES. CARMECY ROSA MARIA A. DE OLIVEIRA, 2ª CÂMARA CRIMINAL, julgado em 11/02/2014, DJe 1492 de 25/02/2014)

TÍTULO II

Capítulo I
Do crime

Sumário • **14**. Crime: **14.1**. Crime consumado; **14.2**. Forma tentada; **14.3**. Desistência voluntária e arrependimento eficaz; **14.4**. Crime impossível; **14.5**. Do crime doloso; **14.6**. Dolo direto, eventual e alternativo; **14.7**. Erro sobre elementos do tipo; **14.8**. Erro sobre a ilicitude do fato; **14.9**. Coação irresistível e obediência hierárquica; **14.10**. Concurso de agentes.

14. CRIME

A definição de crime consiste em toda ação cometida com dolo ou culpa contrária aos costumes, à moral e à lei, que tem na sua conceituação material uma conduta contrária à definida pela norma penal, e formal diante da conduta comissiva ou omissiva da pessoa, que resulte na imputabilidade da responsabilidade criminal.

Para a existência da responsabilização penal, é importante a demonstração da relação de causalidade pela consequência da conduta proativa ou pela inércia do agente diante do fato definido pela norma penal como típico da ação penal.

A configuração de um crime impõe um resultado danoso ao elo psíquico que a ele vincule o agente. É o elemento subjetivo provocador deste elo de desencadeamento lógico entre vontade, conduta e resultado, com o efeito material ou formal da culpabilidade do agente pela via do dolo ou da culpa.

A teoria da "equivalência das condições" ou da *conditio sine qua non*, que regulando a relação de causalidade material, afirma a "equivalência de todos os antecedentes indispensáveis ao surgimento do resultado concreto, qualquer que tenha sido a sua categoria ou grau de contribuição para o evento, não distinguindo entre causa, condição ou ocasião: tudo o que concorrer para o resultado é causa dele"[1].

Anote-se que causa "é aquilo de que uma coisa depende quanto à existência"[2].

Já o resultado "É a transformação sofrida pela realidade exterior em decorrência da conduta humana, isto é, da ação ou omissão produzidas pelo agente. É o efeito natural da ação, "que configura a conduta típica, ou seja, o fato tipicamente relevante produzido no mundo exterior pelo movimento corpóreo do agente e a ele ligado por relação de causalidade"[3].

Já não se pode falar na configuração de caso fortuito quando intervém a atividade humana na ocorrência do fato, apresentando-se induvidoso o elemento moral da culpa. O caso fortuito é um fato que se mostra imprevisível decorrente de uma força estranha à vontade do homem.

No que se refere à omissão, esta não significa a conduta negativa, a inatividade, a inércia, o simples não fazer, mas, sim, o não fazer alguma coisa que tenha sido ordenada. Enquanto o fazer, é um acontecimento perceptivo no mundo da realidade física, o não fazer tem existência materialmente detectável. A omissão é, pois, um conceito normativo, não naturalístico e consiste "na abstenção da atividade devida, ou seja, na não realização de conduta positiva que o agente tinha o dever jurídico e a possibilidade de realizar"[4].

14.1. Crime consumado

O crime é consumado quando nele se reúnem todos os elementos de sua definição legal.

Sobre a consumação do ato criminoso, doutrina Aníbal Bruno: "é a fase do atuar do criminoso. É o momento em que o agente realiza em todos os seus termos o tipo legal da figura delituosa, e em que o bem jurídico penalmente protegido sofreu a lesão efetiva o crime que se pode concluir se o autor do agente alcançou a fase de consumação"[5].

A consumação não se confunde com o exaurimento do crime, pois no crime de natureza formal pode haver a sua consumação que se completa e o crime está perfeito com a conduta do agente sem que haja auferimento ou apropriação de vantagem ou bens materiais, o que consubstanciaria o seu exaurimento, mas

---

1. Fragoso, Heleno Cláudio. **Lições de Direito Penal. A Nova Parte Geral**. 1987. p. 168.
2. Jolivet, R. **Curso de Filosofia**. 5. ed. Agir, 1961. p. 295.
3. Fragoso, Heleno Cláudio. *Ob. cit.*, 1987. p. 172.
4. Fragoso, Heleno Cláudio. *Ob. cit.*, 1987. p. 238.
5. Bruno, Aníbal. **Direito Penal. Parte Geral.** 4. ed. 1984. t. II, p. 254.

de irrelevância para a concretude da conduta delituosa consumada. Apenas, essa circunstância deve ser considerada na aplicação da pena.

- **Conceito.** Ato executivo (ou de tentativa) é o que ataca efetiva ou imediatamente o bem jurídico. Ato preparatório é o que possibilita, mas não é ainda, sob o prisma objetivo, o ataque ao bem jurídico. A mera *cogitatio* não basta para configurar o *conatus*. (RT 605/287)
- **Conceito.** Se os atos praticados pelo agente foram meramente preparatórios, não chegaram à iniciativa da execução do crime que lhe é atribuída, são típicos e, portanto, insuceptíveis de sanção penal. (RT 464/325).
- **Conceito.** Não se pode punir atos preparatórios, sem qualquer ofensa à lei. Simples entendimentos para o cometimento de um delito, sem qualquer procedimento efetivo, não podem ensejar procedimento criminal. (RT 575/402)

Título II

14.2. Forma tentada

Enquanto isso, a modalidade da forma tentada se constata quando, iniciada a execução, não se consuma o crime por circunstância alheia à vontade do agente.

A preparação "é aquela forma de atuar que cria as condições prévias adequadas para a realização de um delito planejado". Por um lado, deve ir além do simples projeto interno (mínimo) sem que deva, por outro, iniciar a imediata realização tipicamente relevante da vontade delitiva (máximo)[6]. É, portanto, a conduta que precede, sob o prisma temporal, a execução do fato criminoso: um trecho da realidade fática que não é atingido pela pena.

Para a configuração da tentativa, é necessário um começo de execução. Executar um crime é realizar uma conduta típica. Começar a executar o crime é começar a realizar a conduta típica. Crime tentado é o crime começado e inacabado, é o tipo truncado, interrompido, cortado, por motivação alheia à vontade do agente que se viu impedido de prosseguir no iter criminis para alcançar na sua inteireza a concretude pretendida.

A realização incompleta de uma conduta penal é fragmento de crime, uma porção do crime, por isso tentou mas não obteve o resultado da sua vontade inicial.

Diferentemente da tentativa, os atos preparatórios não se constituem em atos de execução, não se exercitam os atos configurados do tipo penal.

6. MAURACH. **Tratado de Drecho Penal.** v. 2, p. 168.

- **Tentativa.** A dúvida sobre se o ato é preparatório ou de execução resolve-se sempre em favor do réu. (RT 515/369)
- **Tentativa.** Para configurar a tentativa de homicídio, não há necessidade de se saber o tipo de lesão sofrida pela vítima, se foi leve, grave ou gravíssimo. Tanto assim que pode haver tentativa de homicídio sem lesão de espécie alguma. Por isso, diz-se em Direito Penal que não há crime de tentativa: há tentativa de crime. (TJES - Rec. Rel. Feu Rosa - EJES 5.557)
- **Tentativa.** Pratica tentativa branca de homicídio quem dispara sua arma por várias vezes contra uma pessoa, só não a atingindo por circunstâncias alheias à vontade do agente. (RT 500/377)
- **Tentativa.** Inexistindo a certeza de que quisesse o réu matar e não apenas ferir, não se configura a tentativa de morte. É que esta exige atos inequívocos da intenção do agente. (RT 434/357)
- **Tentativa.** A tentativa de morte exige para o seu reconhecimento atos inequívocos da intenção homicida do agente. Não basta, pois, para configurá-la, o disparo de arma de fogo e a ocorrência de lesões corporais no ofendido, principalmente quando o réu não foi impedido de prosseguir na agressão e dela desistiu. (RT 458/344)
- **Tentativa.** A fixação do percentual incidente no caso concreto, tendo em vista causa de diminuição da pena - tentativa - não se faz aleatoriamente. Há de ser levado em conta o *iter criminis*, ou seja, os atos que chegaram a ser praticados pelo agente. (STF - HC 69.342-3 - DJU 21.08.1992 - p. 12.784)

14.3. Desistência voluntária e arrependimento eficaz

No que se alude à desistência voluntária e o arrependimento eficaz pressupõe-se que o agente, após dar início à sua pretensão deliberada de um plano para o cometimento de um crime de esgotamento de todo o seu processo de execução, por vontade própria, logrou êxito em obstar, interromper, e não mais prosseguir no seu intento, projetando, assim, um procedimento impunível.

Entretanto, não estará isento da responsabilidade pelos atos praticados antes da desistência.

No arrependimento eficaz o agente desenvolve uma atividade diferente daquela iniciada para o iter criminis no seu trajeto, objetivando o resultado vislumbrado, pois, aqui ele realiza uma nova atitude impedindo a produção do resultado, numa postura positiva.

Já na desistência voluntária, o agente se abstém daquela atividade, encerrando a sua conduta criminosa.

- **Desistência voluntária.** "A desistência voluntária só pode ser reconhecida quando demonstrada por atos objetivos e que permitam identificar o retrocesso da intenção até então manifestada no desejo, ou dolo, de obter a realização do evento". (RT 664/256)
- **Desistência voluntária.** "Não comete crime quem, tendo participado do ajuste para a sua prática, desiste e retira-se antes do início". (JTACRIM 91/38)
- **Desistência voluntária.** "Se, após tentar matar a vítima, voluntariamente desiste de consumar o homicídio, desclassifica-se para lesão corporal". (TFR – RC 920 – DJU 30.08.1984)

14.4. Crime impossível

Crime impossível é aquele que, por ineficácia absoluta de meios ou por absoluta impropriedade do objeto, não pode ser consumado.

Embora o crime impossível apresente afinidade e semelhança com o instituto da tentativa, o que os diferencia um do outro são os meios e os objetos.

Na tentativa, os meios devem ser idôneos pela sua natureza, ainda que não o sejam em virtude do modo ou das circunstâncias em que o agente os exercita no seu intento delituoso por ser possível a obtenção do resultado pretendido.

Enquanto isso, no crime impossível os meios são absolutamente inidôneos: o resultado é impossível.

Assim é que, no crime impossível, a falha é por ineficácia abso-luta do meio ou por absoluta impropriedade do objeto que irremediavelmente torna inviável a consumação da infração por ser estes insuperáveis, invencíveis, mesmo pelo esforço incomum ou extraordinário do agente, circunstâncias determinantes para impossibilitar-lhe o resultado tipificado penalmente.

- **Crimes impossível.** "Crime é conduta e resultado. Este configura dano ou perigo ao objeto jurídico. Além disso, a execução deve ser idônea, ou seja, trazer a potencialidade do evento. Execução idônea conduz à consumação ou à tentativa. Execução inidônea, ao contrário, leva ao crime impossível. (STJ – RJDTACRIM 20:242 e RT 696/414)
- **Crimes impossível.** "Constitui crime impossível a tentativa de homicídio cometida com revólver descarregado". (RT 568/329)
- **Crimes impossível.** "Estando o revólver empunhado pelo desmuniciado, com todas as balas já deflagradas, absolutamente ineficaz o seu uso para a prática do homicídio. Tem-se, na espécie, pois, autêntica tentativa impossível". (RT 514/336)

Título II

14.5. Do crime doloso

Dolo é o conhecimento e a vontade de realização do tipo. Em outras palavras, é a atitude subjetiva de decidir-se pela execução de uma ação lesiva a um bem jurídico, quer dizer, de uma ação que realiza um tipo penal, ensina Enrique Bacigalupo, in: Manual de Derecho Penal, 1984. p. 103.

Assim, pode-se afirmar que o dolo no direito penal é a vontade dirigida ao resultado pretendido, bem como a disposição de assumir o risco ou o consentimento da concretização do evento antijurídico, almejando afetar direito juridicamente tutelado.

Portanto, "no dolo, devem reunir-se os dois momentos, da consciência e da vontade: a) consciência do ato e do resultado; b) consciência da relação causal entre ambos, isto é, da relação que prende o resultado como efeito ao ato como a sua causa; c) consciência da ilicitude do comportamento do agente e, finalmente, d) vontade de praticar o ato e alcançar o resultado" preleciona Aníbal Bruno, In: Direito Penal, V. II, p. 448).

14.6. Dolo direto, eventual e alternativo

O dolo direto se opera quando o agente quis determinado resultado, teve a intenção de provocá-lo. Dolo indireto (eventual ou alternativo). O dolo é indireto quando a vontade do agente não visa a um resultado preciso e determinado. Compreende duas formas: a) dolo eventual, quando o agente, conscientemente, admite e aceita o risco de produzir o resultado. b) Dolo alternativo, quando a vontade do agente visa a um ou outro resultado (exemplo: matar ou ferir).

Diferença entre dolo eventual e culpa consciente:

É importante não confundir o dolo eventual com a culpa consciente. No dolo eventual, não é suficiente que o agente se tenha conduzido de maneira a assumir o risco de produzir o resultado; exige-se, mais, que ele haja consentido no resultado.

- **Dolo.** Dolo, perante o Direito pátrio, é a vontade dirigida ao resultado, bem como a vontade que, embora não dirigida diretamente ao resultado previsto como provável, consente no advento deste ou assume o risco de produzi-lo. (JTACRIM 43/297).

- **Preterdoloso**. Nas hipóteses de crime preterdoloso o agente é punido a título de dolo em razão da sua vontade, sendo também sancionado por culpa em vista do resultado mais grave, que não foi por ele desejado. (RT 626/ 326)

- **Dolo eventual.** "Na hipótese de dolo eventual não é suficiente que o agente tenha se conduzido de maneira a assumir o risco de produzir o resultado: exige-se, mais, que ele tenha consentido no resultado". (RT 607/274)

- **Dolo eventual.** "Age com dolo eventual e não simples culpa, aquele que atira em outrem para assustá-lo, ocasionando-lhe a morte, resultado não querido mas previsto, assumindo o risco de produzi-lo". (RT 380/302)
- **Dolo alternativo.** "No dolo alternativo, o agente quer um outro entre os dois ou mais resultados previstos, quer ferir ou matar". (BRUNO, Aníbal. v. II, p. 71)
- **Dolo eventual e a culpa consciente.** "Sensível é a diferença entre o dolo eventual e a culpa consciente, embora entre eles exista um traço comum, que é a previsão do resultado antijurídico. Mas, enquanto naquele o agente prestar anuência ao advento desse resultado, preferindo arriscar-se a produzi-lo, ao invés de renunciar à ação, na culpa consciente, ao contrário, o agente repele, embora inconsideradamente, a hipótese de superveniência do resultado e empreende a ação na esperança ou persuasão de que este não ocorrerá". (TJSP – AC – Rel. DJ Alma Lofrano – RT 589/317)
- **Culpa**. Imprescindível, pois, a presença de culpa por parte do agente, para admissão da ideia de responsabilidade criminal pelo resultado. (RJTJESP 104/451).

14.7. Erro sobre elementos do tipo

O erro, enquanto ignorância ou falsa apreciação da realidade, refletia-se, portanto, sobre o dolo, ou impedindo que se formasse no "*espírito do agente representação da ação punível em sua realidade objetiva típica*", ou não permitindo que atingisse a consciência do ilícito. Numa ou noutra hipótese, a questão permanecia no campo da culpabilidade; o agente ficava isento de pena, porque, em razão de seu erro, era excluído o elemento psicológico-normativo exigível para que uma conduta fosse havida como culpável. Falava-se, então, de "erro de fato"; menciona Alberto Silva Franco in: Código Penal e sua Interpretação jurisprudencial, 1993. p.119.

O nominado autor ressalta que, "com a Lei 7.209/84, que reformulou a Parte Geral do Código Penal, o dolo, desincorporado da consciência da ilicitude, deixou de ser objeto de consideração em nível de culpabilidade para inserir-se na própria estrutura típica. Dessa forma, o erro não mais excluirá o dolo enquanto elemento de formação do conceito de culpabilidade, mas, sim, enquanto dado integrativo do tipo". "Se o dolo é conhecimento (e volição) da realização de todos os elementos do tipo objetivo, deverá declarar-se a ausência de dolo, quando o

Título II

agente desconhece todos ou alguns elementos do tipo objetivo" (Gómez Benitez: Teoría Jurídica del Delito, 1984. p. 220). Fala-se, então, em "erro de tipo" que é um erro que recai sobre os elementos que participam da estrutura típica.

E prossegue o doutrinador citado ""erro de fato" e "erro de tipo" não se confundem: são conceitos incoincidentes. O "erro de tipo" contém o de "erro de fato" e o supera. O "erro de fato" era aquele que recai sobre as circunstâncias fáticas de delito, afetando, por isso, "a própria substância da representação do fato como ação punível, no espírito do agente. É esta, por exemplo, a situação de quem se apodera de coisa alheia, julgando-a própria, ou de quem contrai casamento com pessoa casada, ignorando o matrimônio válido anterior. Em ambos os casos, falta ao agente o conhecimento de uma condição essencial à constituição da figura típica (Aníbal Bruno, ob. cit., t. II,119). O "erro de tipo" corresponde a todo erro do agente que incida sobre os elementos constitutivos e essenciais da figura criminosa, sendo irrelevante que tais elementos sejam puramente fáticos ou possuam carga normativa.

O "erro de tipo" "tanto pode ocorrer de uma equivocada apreciação dos fatos, como de errônea compreensão do direito. Com efeito, incide em erro de tipo quanto ao crime de bigamia tanto quem contrai novo casamento por julgar morto o primitivo cônjuge (erro de fato), quanto quem contrai por supor-se autonomamente divorciado, pelo simples transcurso de mais de três anos após a separação judicial (erro de direito). Nos dois casos, o agente procede sem consciência da tipicidade; não sabe que está contraindo novo casamento, sendo casado". (Alcides Munhoz Netto, O Título II do Anteprojeto do Código Penal", in: Ver. Fac. Dir. UFG, 5(1-2), p.67, 1981)

- **Erro do tipo.** "O erro é do tipo, porque a suposição de inexistência de incriminação legal é erro de tipo e não genericamente sobre a ilicitude do fato, e, como o dolo não se presume e se entendeu acertadamente ausente na espécie, a absolvição deve se processar nos moldes do art. 386, inc. V do Cód. Proc. Penal". (TJSP - Ap. 131.021 - j. em 25.10.1993)
- **Erro do tipo.** "O erro, que conduz o agente a desconhecer a existência de uma condição de fato que integra a figura penal, o isenta de pena, nos precisos termos do art. 17". (CP, art. 20)(RT 526/375)
- **Erro do tipo.** "Um policial não pode errar a não ser em casos especialíssimos, excluído o engano ou erro comum aos leigos. E o erro culposo não isenta de pena, se deriva de culpa e se o fato é previsto como delito culposo". (RT 443/484)
- **Erro do tipo.** "Para caracterização da legítima defesa putativa o Código Penal exige demonstração objetiva da existência de suposição de fato que, por erro plenamente justificado pelas circunstâncias, legitimaria a ação do agente". (RT 736/658)

14.8. Erro sobre a ilicitude do fato

A ignorância ou o desconhecimento da lei (erro de vigência) difere do erro sobre a ilicitude do fato (erro de proibição), pois, neste "A consciência da ilicitude do fato, desligada inteiramente do dolo, constitui, na moderna dogmática penal, um elemento autônomo que participa, de modo influente, na formação do juízo de culpabilidade. Nenhuma conduta poderá ser havida como reprovável se o autor do fato típico e ilícito não tiver consciência de sua proibição. Daí a assertiva de que "aquele que intervém na execução de um delito somente atua culpavelmente se, no momento de fazê-lo, contava com a possibilidade real de conhecer o injusto de seu agir" (Enrique Cury Urzúa, Derecho Penal, vol. II/57, 1958).

Já a manifestação legal no sentido da inescusabilidade do erro de vigência não passa, em verdade, de uma reafirmação do princípio contido no art. 16 da PG/40 de que a ignorância da lei não exime de pena. Isto significa que o desconhecimento da lei não exclui a culpabilidade, nem impede o enquadramento penal de quem o arguir servindo, quando muito, de mera circunstância atenuante (art. 65, II, do CP). No entanto, "não exige a lei nova, ao contrário da anterior, que esse desconhecimento seja escusável, beneficiando-se com a atenuação da pena ainda aquele que tinha condições de saber que seu comportamento estava vedado pela lei penal" (Júlio Fabbrini Mirabete, Manual de Direito Penal, 1989, p. 202).

- **Erro de proibição.** "A infração penal, por ser conduta proibida, implica reprovação ao agente. Ocorre, pois, culpabilidade, no sentido de censura ao sujeito ativo. O erro sobre a ilicitude do fato, se inevitável, exclui a punibilidade. Evidente, as circunstâncias não carretam a mencionada censura. Não se confunde com o desconhecimento da lei. Este é irrelevante. A consciência da ilicitude resulta da apreensão do sentido axiológico das normas de cultura, independentemente de leitura do texto legal". (STJ – RHC 4.772/SP – DJU 30.09.1996 – p. 36.651)

- **Erro sobre a ilicitude do fato**. "Erro sobre a ilicitude do fato inexistente. Sabem os policiais que não podem atirar contra quem sequer esboça atitude agressiva". (RJTJERGS 157/118)

- **Erro sobre a ilicitude do fato.** "Só é reconhecível erro sobre a ilicitude do fato, para isentar de pena (erro inevitável) ou atenuar o castigo nos limites permitidos pela lei (erro evitável), quando o réu se equivoca sobre a injuricidade de sua conduta. Se, ao contrário, tem pleno conhecimento de que atua ilicitamente, não pode invocar o erro de proibição, que não se confunde com o motivo do crime". (RT 610/350)

- **Erro sobre a ilicitude do fato.** O agente que, supondo achar-se no estrito cumprimento do dever legal, executa ordem – que tem a aparência de legitimidade – promanada de superior hierárquico, não pode sofrer censura por sua conduta, uma vez que agiu sem ter a consciência de sua ilicitude. (TAMG – AC – Rel. Guido de Andrade – RJTAMG 29/276)

- **Erro sobre a ilicitude do fato.** A incultura do réu, seu despreparo e a realidade do local devem conduzir à aceitação da minorante especial prevista no art. 21, segunda parte, do Código Penal, com a redação dada pela Lei 7.029/84. (TJPR – AC – Rel. Aurélio Corrêa do Carmo – RTJP 43/137)

14.9. Coação irresistível e obediência hierárquica

A coação moral irresistível é uma das hipóteses de exclusão da culpabilidade, na qual o coacto, em razão de constrangimento moral que sobre ele é exercído, atua em condições anormais, de forma que não se lhe pode exigir um comportamento, de acordo com a ordem jurídica. O constrangimento moral dever ser irresistível e por irresistível, segundo o Des. Cunha Camargo (JUTACRIM 44/412), entende-se o constrangimento "inevitável, insuperável ou inelutável", "uma força de que o coacto não se pode subtrair, tudo sugerindo situação à qual ele não se pode opor, recusar-se ou fazer face, mas tão-somente sucumbir, ante o decreto do inexorável". Se a coação moral for, no entanto, resistível, militará em favor do agente uma atenuante (art. 65, III, "c", da PG/84). (in Alberto Silva Franco, in Código Penal e sua Interpretação jurisprudencial, 3. ed, 1993. p. 129)

A obediência hierárquica é também uma das hipóteses de exclusão da culpabilidade.

> "Se o superior dá a ordem, nos limites de sua respectiva competência, revestindo-se ela das formalidades legais necessárias, o subalterno ou presume a licitude da ordem (erro de fato) ou se sente impossibilitado de desobedecer o funcionário de onde a ordem emanou (inexigibilidade de outra conduta): de uma forma ou de outra, é incensurável o proceder do inferior hierárquico, e, por esta razão, o fato praticado não é punível em relação a ele". (José Frederico Marques, Tratado de Direito Penal, vol. II/236, 1965)

A conduta do agente torna-se, contudo, culpável, se a ilegalidade da ordem era sabida pelo agente, ou se ele podia ter ciência dessa ilegalidade. No caso, o comportamento será havido como censurável mas "como a desobediência à ordem de autoridade superior normalmente acarreta consequência em desfavor do subordinado, a reprovabilidade da conduta é diminuída e a pena deverá ser atenuada" (In: Júlio Fabbrini Mirabete, Manual de Direito Penal, 1989. p. 209). Depreende-se assim, a atenuante do art. 65, III, "e", 2ª parte, que se traduz numa inovação da PG/84.

- **Coação irresistível.** Exigência para sua configuração. 1. Para ocorrência de coação irresistível e indispensável o concurso de três pessoas: coator, coagido e vítima. A coação irresistível não pode provir da vítima; deve partir de outrem que aniquila a vontade do agente para obrigá-lo a fazer, ou a deixar de fazer o que desejava, aquilo que livremente o faria. "a vítima jamais poderá ser tida como coatora". (Júlio F. MIRABETE). Precedentes jurisdicionais e doutrinários. 2. Recurso conhecido e improvido. (STJ - 6ª T. - REsp. 25.121/PR - Rel. Min. Anselmo Santiago - DJ 06.09.1993 - p. 18.048 - RSTJ - v. 52 - p. 128)
- **Coação irresistível.** "A irresistibilidade da coação está em que o coagido não pode vencê-la, por ter ocorrido supressão da liberdade de agir, em sentido oposto à liberdade do coator". (RT 410/100)
- **Coação irresistível.** "A coação irresistível, além de reclamar prova induvidosa, a cargo da defesa, exige, no plano moral, a existência de uma intimidação concreta e exterior ao agente". (TACRIM/SP - AC - Rel. Haroldo Luz - JUTACRIM 99/146)
- **Coação irresistível.** "Se a ordem do superior hierárquico é manifestamente ilegal, cabe ao subordinado não cumpri-la e, se a cumpre e daí resulta um fato punível, tem de responder por ele, em coautoria com o superior de quem emanou a ordem". (RT 386/319)
- **Coação irresistível.** Sendo manifestamente ilegal a ordem, é inaceitável a excludente do estrito cumprimento do dever legal. (RT 579/393).

14.10. Concurso de agentes

O concurso de pessoas configura-se quando mais de um agente concorre para a prática de um evento delituoso, sendo participação qualificada, na condição de coautor, aquele que executa o comportamento definido pela lei como crime, mesmo que a conduta não seja idêntica.

Se, porém, o agente, não praticando a conduta que a lei define como crime, mas, contribui, de qualquer modo, configurará a sua participação na condição de partícipe.

A matéria se encontra disciplinada no art. 29 do Código Penal.

- **Concurso de agentes.** "A atual composição plenária do Supremo Tribunal Federal fixou, como regra geral, no concurso de agentes, o desmembramento de inquéritos ou de ações penais de competência originária, em relação aos réus não detentores de foro por prerrogativa de função. Tal assertiva busca, além da obediência ao mencionado princípio da "razoável duração do processo" (art. 5º, LXXVIII, CF/88), o respeito às normas constitucionais definidoras da competência *ratione muneris*, as quais são de direito estrito." (STJ - QO na APn 536/BA, Rel. Ministro OG FERNANDES, CORTE ESPECIAL, julgado em 04/03/2015, DJe 27/03/2015).

- **Concurso de agentes.** "Presunção de coautoria ou participação. Inadmissibilidade (TJSC, JC, 56:558). Deve ser provada a conduta objetiva e subjetiva que constitui o concurso de pessoas. Portanto, não havendo provas suficientes que autorizem a condenação do acusado, impõe-se-lhe a absolvição".
- **Concurso de agentes.** "Condenação baseada exclusivamente na acusação de corréus. Não se admite condenar o agente com fundamento na simples chamada de corréus" (TJSP - ACrim. 10.323 - RT 556/300). No mesmo sentido: RT 569/291.
- **Concurso de agentes.** Coautoria. Absolvição do autor e condenação do partícipe. Habeas corpus. Coautoria. Absolvição do autor e condenação do partícipe. Nulidade. Extensão dos efeitos absolutórios. (STF - 2ª T. - Rel. Min. Francisco Rezek - DJU 19.02.1993 - p. 2.036).
- **Concurso de agentes.** "É admissível a extensão do provimento judicial que haja benefíciado corréu considerando o vício no reconhecimento, pouco importando haver a decisão decorrido de julgamento de habeas corpus, conforme interpretação teleológica e sistemática dos arts. 580 e 654, § 2º, do CPP". (STF - 2ª T. - HC 75.331-1/SP - j. em 02.12.1997 - Rel. Min. Marco Aurélio - DJU 06.03.1998 - RT 752/516).

Capítulo II
Da prescrição

Sumário • **15**. Prescrição: **15.1**. Prescrição antes de transitar em julgado a sentença; **15.2**. Extinção da punibilidade pela prescrição da pretensão punitiva; **15.3**. Extinção da punibilidade pela prescrição da pretensão executória; **15.4**. Causas interruptivas da prescrição; **15.5**. Da prescrição antecipada.

15. PRESCRIÇÃO

A prescrição é o fenômeno da inércia no exercício do dever de ação pelo respectivo titular do direito, dentro de um prazo, assinalado em lei, cujo ajuizamento é necessário para que não se perca ou não se extinga.

Com efeito, a prescrição é compreendida como a extinção de um direito proveniente da omissão ou negligência pela falta de ajuizamento de demanda no prazo estabelecido em lei, como modo extintivo do direito de ação.

A prescrição é distinta da decadência. Esta se opera com a inércia ao exercício do direito para sua eficácia dentro um período prefixado, enquanto aquela é a inércia ao exercício da ação dentro do prazo preceituado pela norma.

Questão de ordem pública, a prescrição é matéria que deve ser expressamente regulada em lei na qual se estabelecem as condições de sua efetividade que poderá ser suscitada em qualquer grau de jurisdição de ofício ou a requerimento da parte interessada.

A significação jurídica de prescrição é, portanto, o modo pelo qual o direito se extingue diante da ausência do seu exercício por certo lapso temporal. Questão de ordem pública pressupõe a existência de um direito anterior, revela-se pela inércia ou negligência desse direito ser exercido pelo Estado, em se tratando de matéria penal.

A prescrição é uma das causas da extinção da punibilidade, conforme estabelece o inciso IV do art. 107 do Código.

15.1. Prescrição antes de transitar em julgado a sentença

> **Art. 109.** A prescrição, antes de transitar em julgado a sentença final, salvo o disposto no § 1º do art. 110 deste Código, regula-se pelo máximo da pena privativa de liberdade cominada ao crime, verificando-se:
>
> I – em vinte anos, se o máximo da pena é superior a doze;
>
> II – em dezesseis anos, se o máximo da pena é superior a oito anos e não excede a doze;
>
> III – em doze anos, se o máximo da pena é superior a quatro anos e não excede a oito;
>
> IV – em oito anos, se o máximo da pena é superior a dois anos e não excede a quatro;
>
> V – em quatro anos, se o máximo da pena é igual a um ano ou, sendo superior, não excede a dois;
>
> VI – em 3 (três) anos, se o máximo da pena é inferior a 1 (um) ano.
>
> **Prescrição das penas restritivas de direito**
>
> Parágrafo único – Aplicam-se às penas restritivas de direito os mesmos prazos previstos para as privativas de liberdade.

A primeira forma de prescrição é da pretensão punitiva ou da ação regrada pelo art. 109 do Código Penal, acima transcrito, que é regulada pelo máximo da pena cominada para o crime, e verifica-se nos prazos fixados pelos seus incisos I a VI, tendo-se em vista que se consumando o crime, nasce para o Estado a pretensão de punir o seu autor dentro do lapso temporal considerando o tipo penal e o critério da pena máxima em abstrato privativa de liberdade.

Aqui, o prazo prescricional é calculado conforme a tabela instituída pelo texto normativo do aludido art. 109 do Código Penal, com base no máximo da pena cominada abstratamente ao crime.

Também poderá ocorrer a prescrição da pretensão punitiva calculada com base na pena imposta na sentença, incidindo sobre períodos anteriores à própria manifestação judiciosa definitiva, ou seja, retroativamente. Nesta hipótese, é necessário o trânsito em julgado da sentença para a acusação, ou o improvimento de seu recurso, isto porque, mesmo havendo apelo do réu, a pena não poderá ser aumentada, apenas poderá lhe favorecer com resultado menor à sua penalidade.

Esse prazo máximo da pena privativa de liberdade em abstrato está submetido a interrupções ou suspensões previstas em lei durante o seu período de fluição temporal.

Denota-se que a consumação da prescrição da pretensão punitiva ocasiona a rescisão de eventual sentença condenatória prolatada, apagando totalmente seus efeitos, passando a ser considerada como se não existisse, retirando-se do Estado o direito à própria ação, ou seja, o direito de obter uma decisão a respeito do crime proclamado.

15.2. Extinção da punibilidade pela prescrição da pretensão punitiva

"A prática de um fato definido na lei como crime traz consigo a punibilidade, isto é, a aplicabilidade da pena que lhe é cominada em abstrato na norma penal. A punição é a consequência necessária da realização antijurídica e culpável da ação típica"[7].

Todavia, por fatos supervenientes, ainda que o réu não seja inocente, pode ele ficar isento da pena. São essas causas ditas extintivas da punibilidade. Estão elas catalogadas no Código Penal, em seu art. 107 e incisos (p. ex., morte do agente, prescrição, decadência, perdão judicial etc.).

No caso, como se vê, "*não é a ação que se extingue, mas o poder punitivo do Estado que se vê detido por obstáculo que o impede de exercer-se, como a morte do réu ou por motivo que o aconselha a renunciar ao exercício daquele poder, o que ele faz extinguindo a punibilidade do fato, como acontece na anistia*"[8].

Note-se que a prescrição da pretensão punitiva, divide-se em abstrata, superveniente ou intercorrente e retroativa.

A prescrição da pretensão punitiva em abstrato tem sua aplicação nas penas estabelecidas no artigo 109, caput, do Código Penal, sendo essa prescrição calculada sobre a pena máxima em abstrato cominada para cada infração penal, porque não há ainda sentença condenatória definitiva.

Enquanto isso, a prescrição da pretensão punitiva intercorrente ou superveniente, disciplinada no artigo 110, parágrafo 1°, do Código Penal, ocorre quando há trânsito em julgado apenas para a acusação ou quando desprovido seu recurso, mas tem por cálculo a pena já fixada na sentença condenatória. O recurso da defesa não poderá agravar a pena do réu, apenas, favorecê-lo.

E a prescrição da pretensão punitiva retroativa que tinha previsão no parágrafo 2° do artigo 110 do Código Penal, atualmente revogado pela Lei 12.234/2010, deixou de existir.

Prescrição: é a renúncia do Estado à punição do infrator por não tê-la exercitado, a vítima, dentro do prazo previsto na lei.

Se existe pena *in concreto* com trânsito em julgado, fala-se em prescrição de pretensão executória.

7. BRUNO, Aníbal. **Direito Penal. Forense**, 1967. v. 3, p. 195.
8. BRUNO, Aníbal. *Ob. cit.*, p. 195.

Se não há aplicação de pena ou, mesmo havendo, mas inocorrendo o trânsito em julgado, fala-se então em prescrição da pretensão punitiva.

A distinção acima não é meramente acadêmica, já que, na primeira situação, pretensão executória, subsistem os efeitos da condenação (p. ex., lançamento do nome do réu no rol dos culpados, caracterização da reincidência em razão da prática de nova infração, revogação de *sursis* – art. 81, I, do CP –, do livramento condicional, perda em favor da União dos instrumentos do crime etc.). É por isso que o saudoso Aníbal Bruno, de forma sintética e sempre magistral, leciona: "*Embora a prescrição exclua a punibilidade do fato, a condenação passada em julgado persiste com os seus efeitos penais ou civis, salvo a execução da pena, e isso irá influir na situação do agente para determinar a reincidência ou impedir a concessão de benefícios para os quais se exija o primarismo no crime*"[9].

Todavia, a sentença que julga extinta a punibilidade pela ocorrência da prescrição da pretensão punitiva rescinde a sentença condenatória e, via de consequência, também os seus efeitos. Esta a lição dos mestres:

Magalhães Noronha: "*A prescrição retroativa voltou a atingir a pretensão punitiva, com característica própria, sendo uma execução à regra geral prevista no art. 109. A prescrição em questão rescinde a sentença condenatória, atingindo os seus efeitos principais e secundários*"[10].

Heleno C. Fragoso: "*A prescrição pela pena em concreto, seja ou não retroativa, só pode ser prescrição da pretensão punitiva. Em consequência*, se ocorre este tipo de prescrição, não subsistem os efeitos secundários da condenação, dos quais os mais importantes é a reincidência"[11].

No mesmo sentido, a jurisprudência:

> Consumada a modalidade de prescrição, dá-se a rescisão da sentença condenatória, que não mais pode fazer coisa julgada material e apenas produz o efeito de reger, pela pena que aplicou, o prazo prescricional. A rescisão da sentença condenatória e a supressão de seus efeitos são da essência desta modalidade de prescrição, como anotado pela doutrina. TACrim./SP – Rec. 418.917-6 – Rel. Dante Busana), citado por Alberto Silva FRANCO. In: Código Penal e sua Interpretação Jurisprudencial, p. 359).
>
> *Declarada a prescrição da ação penal, são apagados totalmente seus efeitos, tal como se jamais tivessem existido. (TACrim./SP – Rel. Silva Franco – ob. cit., p. 359)*

Não é demais ainda, anotar que a prescrição não é renunciável pelo réu, por se tratar de matéria de ordem pública. Logo, ainda que não arguida pelo réu, deve ser declarada pelo juízo. De inteira propriedade aqui o ensinamento de João Mendes Júnior, reiteradamente citado em v. julgados (RJTJSP 76/305

---

9. BRUNO. Aníbal. *Ob. cit.*, p. 212.
10. Noronha, Magalhães. **Direito Penal.** 23. ed. Saraiva, 1985. v. I, p. 346.
11. Fragoso, Heleno Cláudio. **Lições de Direito Penal – A Nova Parte Geral**. Forense, 1986. p. 427.

e 49/364), segundo o qual, "*a prescrição criminal não é uma exceção, como a prescrição cível, mas um modo político de extinção das ações criado mais no interesse do indivíduo. Por isso, porque fundada no desaparecimento da razão de utilidade social que legitima, o direito de punir, a prescrição criminal é irrenunciável pelo beneficiado*"[12].

Após as considerações acima, verifica-se em resumo:

a) A prescrição é causa extintiva de punibilidade pela renúncia do Estado à punição do infrator por não tê-la exercitado, a vítima ou o seu representante legal, dentro do prazo previsto em lei.

b) Na prescrição da pretensão executória subsistem os efeitos da condenação.

c) Na prescrição da pretensão punitiva não subsistem os efeitos da condenação.

d) A sentença que extingue a punibilidade pela prescrição da pretensão punitiva rescinde a sentença condenatória e, consequentemente, suprime todos os seus efeitos.

e) A prescrição, por se tratar de matéria de ordem pública, é irrenunciável.

A respeito da prescrição retroativa [...] Com o advento da Lei 7.209/84 a prescrição retroativa passou a ser modalidade de prescrição da pretensão punitiva, conforme pacífica orientação doutrinária. [...] Ora, com a prescrição da pretensão punitiva, extinguem-se todas as consequências penais do delito: o acusado fica em situação equiparável à da absolvição, consoante assinala Christiano José de ANDRADE (Da Prescrição em Matéria Penal. São Paulo: RT, 1979, p. 179), de sorte que, no regime atual, levando-se em conta que não subsistem os efeitos secundários da condenação penal incorrível, a incidência do princípio retroativo impede que, nos termos do art. 584, II, do CPC, venha a sentença condenatória a ser executada para fim de reparação do dano emergente do delito (Damásio Evangelista de JESUS. Da Prescrição Penal. 4. ed. São Paulo: Saraiva, 1989, p. 171). Além disso, por operar-se antes do trânsito em julgado da sentença condenatória, são apagados todos os efeitos dessa sentença, tal como se jamais tivesse sido praticado o crime ou tivesse existido sentença condenatória (Júlio Fabbrini MIRABETE. Manual de Direito Penal. 2. ed. São Paulo: Atlas, 1985, v. I/388), isto é, extingue-se, em suma, a própria ação penal, e se apagam todos os seus efeitos (RT 638/321), motivo pelo qual decisão dessa natureza não acarreta nenhuma responsabilidade civil ou criminal ao acusado (JTA Crim./SP 91/182). Logo, não há cogitar de execução civil aparelhada, porque, bem escreve Alcides de Mendonça LIMA, a sentença penal condenatória, que enseja a execução civil da indenização, é a final, a que aplicou sanção ao

12. CARVALHO, Aloysio de. **Comentários ao Código Penal**. 2. ed. Forense, 1944. v. IV, p. 216.

Título II

réu e tenha transitado em julgado (Comentários ao Código de Processo Civil. Rio-São Paulo: Forense, 1974, v. VI, t.I/303, n. 678, grifo original); todavia, conquanto inibidas as vias executivas, não o estão as ordinárias, a teor do art. 67, II, do CPP (Hélio TORNAGHI. Comentários ao Código de Processo Penal. Rio de Janeiro: Forense, 1956, v. I, t. 2°/141; Celso DELMANTO. Código Penal Comentado. 2 ed. Rio de Janeiro: Renovar, 1988, p. 202). De resto, não impressiona a argumentação desenvolvida pela Promotoria, ao responder ao recurso, alegando que, confirmada a sentença pelo mérito, há título executivo, a despeito da prescrição (fls. 49). O exame do mérito decorreu da lei vigorante ao tempo do julgamento em 2° Grau, porquanto, como então se tratava de prescrição da pretensão executória, o Tribunal devia apreciar a tese sustentada na apelação do réu, e, se não executória retroativa (Álvaro Mayrink da COSTA. Direito Penal. 2. ed. Rio de Janeiro: Forense, 1988, v. I/1.202), persistindo, daí, à semelhança do acontecido neste caso, em virtude da condenação, todos os efeitos secundários da sentença. A modificação pela Lei 7.209, de 11.07.84, ao contrário, abriu mão da pretensão punitiva, e, como na prescrição da pretensão punitiva inexiste condenação do réu, consequentemente todos os efeitos da sentença condenatória cessaram, quer principais ou secundários, quer penais ou civis, porque a prescrição da pretensão punitiva, representando a renúncia ao direito de ação penal (Basileu GARCIA. Instituições de Direito Penal. 5. ed. São Paulo: Limond, 1980, v. I, t. II/790, n. 227), faz desaparecer o direito de punir do Estado (Heleno FRAGOSO. Lições de Direito Penal – A nova Parte Geral. 8. ed. Rio de Janeiro: Forense, 1985, p. 420, n. 42), sem o qual enfim, não há direito à reparação do dano ex delicto, nem, muito menos, título executivo. (TA Crim./SP – 2ª Câm – RSE. 575.497-5/Santa Cruz do Rio Pardo – Rel. Juiz Haroldo Luz – j. em 10.08.1989 –RT – v. 648 – p. 306)

- "**Pretensão punitiva.** A prescrição após transitada em julgado a sentença condenatória para a acusação é regulada pela pena em concreto (art. 112, inciso I, do CP), individualmente verificada quanto a cada crime (art. 119 do CP), razão pela qual o prazo prescricional aplicável é de 3 anos, haja vista que a pena é menor que um ano (art. 109, inciso VI, do CP), excluído o aumento em razão da continuidade delitiva. No presente caso, não se constata a implementação da prescrição da pretensão punitiva, pois, entre os marcos interruptivos, não se passaram mais de 3 anos". (STJ - AgRg nos EDcl no REsp 1619087/SC, Rel. Ministro REYNALDO SOARES DA FONSECA, QUINTA TURMA, julgado em 07/03/2017, DJe 10/03/2017)

- **Pretensão punitiva – crimes conexos.** No caso de crimes conexos que sejam objeto do mesmo processo, havendo sentença condenatória para um dos crimes e acórdão condenatório para o outro delito, tem-se que a prescrição da pretensão punitiva de ambos é interrompida a cada provimento jurisdicional (art. 117, § 1º, do CP). De antemão, salienta-se que o art. 117, IV, do CP enuncia que: "O curso da prescrição interrompe-se: IV – pela publicação da sentença ou acórdão condenatórios recorríveis". Nesse contexto, é importante ressaltar que, se a sentença é condenatória, o acórdão só poderá ser confirmatório ou absolutório, assim como só haverá acórdão condenatório no caso de prévia sentença absolutória. Na hipótese, contudo, os crimes são conexos, o que viabilizou a ocorrência, no mesmo processo, tanto de uma sentença condenatória quanto de um acórdão condenatório. Isso porque a sentença condenou por um crime e absolveu por outro, e o acórdão reformou a absolvição. Ressaltado isso, enfatiza-se que a prescrição não é contada separadamente nos casos de crimes conexos que sejam objeto do mesmo processo. Ademais, para efeito de prescrição, o art. 117, § 1º, do CP dispõe que: "[...] Nos crimes conexos, que sejam objeto do mesmo processo, estende-se aos demais a interrupção relativa a qualquer deles". Portanto, observa-se que, a despeito de a sentença ter sido em parte condenatória e em parte absolutória, ela interrompeu o prazo prescricional de ambos os crimes julgados. Outrossim, o acórdão, em que pese ter confirmado a condenação perpetrada pelo Juiz singular, também condenou o agente – que, até então, tinha sido absolvido – pelo outro crime, de sorte que interrompeu, novamente, a prescrição de ambos os delitos conexos. Precedente citado do STF: HC 71.983-SP, Segunda Turma, DJ 31/5/1996. (STJ – 5ª Turma – RHC 40.177-PR, Rel. Min. Reynaldo Soares da Fonseca, julgado em 25/8/2015, DJe 1º/9/2015).

- **Pretensão punitiva. Suspensão do processo e do curso do prazo prescricional.** Nos termos do enunciado 415 da Súmula do Superior Tribunal de Justiça, nos casos do artigo 366 do Código de Processo Penal, "o período de suspensão do prazo prescricional é regulado pelo máximo da pena cominada". Uma vez decorrido o prazo prescricional com base na pena máxima em abstrato para o crime durante a suspensão, esta cessa e a prescrição volta a fluir. (STJ – HC 353.092/SP, Rel. Ministro JORGE MUSSI, QUINTA TURMA, julgado em 09/08/2016, DJe 24/08/2016).

- **Pretensão punitiva. Suspensão do processo e do curso do prazo prescricional.** O prazo máximo de suspensão do curso do processo e do prazo prescricional regular-se-á pela pena máxima em abstrato cominada, observados os prazos de prescrição previstos no art. 109, do Código Penal, nos termos do Enunciado n. 415, da Súmula do STJ. (STJ – RHC 69.270/SP, Rel. Ministro FELIX FISCHER, QUINTA TURMA, julgado em 18/08/2016, DJe 26/08/2016)

- **Pretensão punitiva superveniente ou intercorrente. Trânsito em julgado para defesa. Retroação. Escoamento do prazo de interposição do recurso especial.** O prazo da prescrição da pretensão punitiva superveniente é verificado pela pena cominada, nos termos do art. 110, § 1º, c/c art. 109, ambos do Código Penal – CP, porquanto pressupõe o trânsito em julgado para a acusação. Em regra, o início da contagem se dá com a publicação da sentença condenatória (art. 117 do CP), último marco interruptivo anterior ao trânsito em julgado para ambas as partes. Em caso de interposição de recurso especial inadmitido e de agravo em recurso especial sem êxito, conforme especificado no EAREsp 386.266/SP, a data do trânsito em julgado para a defesa, exclusivamente para fins de prescrição, retroagirá ao último dia do prazo de interposição do recurso especial na origem. Precedentes. (STJ – AgRg no AREsp 589.064/MG, Rel. Ministro JOEL ILAN PACIORNIK, QUINTA TURMA, julgado em 02/08/2016, DJe 10/08/2016)
- **Prescrição da pretensão punitiva superveniente.** Entre o trânsito da sentença condenatória para a acusação, e a presente data, não houve qualquer causa interruptiva da prescrição, impondo-se o reconhecimento da extinção da punibilidade estatal pela ocorrência da causa extintiva superveniente. 2. Declaração, de ofício, da extinção da punibilidade estatal, julgando prejudicado o recurso especial. (STJ – 5ª T. – REsp. 629.076/RS – Rel. Min. Laurita Vaz – DJ 14.05.2007 – p. 368)
- **Pretensão punitiva.** A jurisprudência deste Colendo Tribunal assenta que os acórdãos confirmatórios da condenação não podem ser considerados como causas interruptivas do prazo prescricional, a teor do que disciplina o art. 117, inciso IV, do Código Penal (redação determinada pela Lei n.º 11.596/2007). Na linha da aludida orientação, verifica-se, na hipótese, o advento da prescrição da pretensão punitiva, porquanto entre a data da publicação da sentença, ultimo marco, e a atual, transcorreram-se mais de oito anos, *ex vi* do art. 109, inciso IV, do Código Penal, sem a ocorrência de superveniente causa interruptiva. Assim, impõe-se declarar, de ofício, por se tratar de matéria de ordem pública, a extinção da punibilidade do condenado A N. Recurso julgado prejudicado. (STJ – REsp 882.415/RS, Rel. Ministro CAMPOS MARQUES (DESEMBARGADOR CONVOCADO DO TJ/PR), QUINTA TURMA, julgado em 23/04/2013, DJe 26/04/2013)
- **Pretensão punitiva.** 1. Verifica-se, na hipótese, a ocorrência da prescrição da pretensão punitiva superveniente, porquanto decorrido lapso temporal superior a 08 anos entre a publicação de sentença condenatória, transitada em julgado para o Ministério Público, e o trânsito em julgado da condenação para a Defesa, nos termos do art. 107, inciso IV, c.c. os

arts. 109, inciso V, e 110, § 1.º, todos do Código Penal. 2. Ordem de habeas corpus concedida para declarar extinta a punibilidade quanto aos crimes imputados ao Paciente, em face da prescrição da pretensão punitiva superveniente. (STJ – HC 210.287/ES, Rel. Ministra LAURITA VAZ, QUINTA TURMA, julgado em 16/04/2013, DJe 23/04/2013)

- **Pretensão punitiva**. 1. É firme a jurisprudência deste Supremo Tribunal no sentido de que o acórdão que confirma ou diminui a pena imposta na sentença condenatória não interrompe a prescrição, e o cálculo da prescrição segundo a pena reduzida pressupõe que não haja recurso da acusação para exasperá-la. Precedentes. 2. Na espécie vertente, a prescrição há que ser analisada utilizando-se como parâmetro a pena concretizada em recurso especial, que, sendo inferior a um ano, prescreve em dois anos (Código Penal, art. 109, inc. IV). 3. Ao reduzir a pena para dez meses e dez dias de reclusão, deveria o Superior Tribunal reconhecer, desde logo, a prescrição da pretensão punitiva, já que transcorreram mais de dois anos entre a publicação da sentença condenatória e a publicação da decisão singular do eminente Relator do Recurso Especial. 4. O aumento de um terço no prazo da prescrição em razão da reincidência não incide na prescrição da pretensão punitiva. Precedentes. 5. Habeas corpus concedido" (1ª Turma, HC 96009, Rel. Ministra Cármen Lúcia, DJ 15/5/2009).

- **Pretensão punitiva**. 1. De acordo com entendimento firmado por este Superior Tribunal de Justiça, o recebimento do aditamento da denúncia, para fins de inclusão de corréu anteriormente não mencionado na inicial acusatória, é considerado causa interruptiva da prescrição, nos termos do artigo 117, inciso I, do Código Penal.2. Nos termos do Enunciado 497 da Súmula do Supremo Tribunal Federal, tratando-se de crime continuado, deve-se considerar para análise da ocorrência da prescrição a pena imposta na sentença, não se computando o acréscimo decorrente da continuação.3. Considerando que, com o provimento do recurso especial, a pena final foi fixada no patamar de 2 (dois) anos de reclusão sem a continuidade, e que houve decurso de mais de 4 (quatro) anos entre a data dos fatos e o recebimento do aditamento da denúncia, configurou-se a prescrição da pretensão punitiva, pela pena em concreto, na modalidade retroativa.4. Agravo regimental provido para declarar a extinção da punibilidade do agravante, em razão da prescrição da pretensão punitiva.(STJ – AgRg no Ag 1265868/SP, Rel. Ministra MARIA THEREZA DE ASSIS MOURA, SEXTA TURMA, julgado em 09/04/2013, DJe 22/04/2013)

- **Pretensão punitiva**. – A prescrição da pretensão punitiva, por se tratar de matéria de ordem pública, deve ser declarada em qualquer fase

Título II

processual, ainda que em sede recursal. – Considerando que a pena aplicada in casu foi de 01 (um) mês e 05 (cinco) dias de detenção, deve ser considerado o prazo prescricional de 02 (dois) anos, conforme estabelece o art. 109, inciso VI, do Código Penal, com a redação anterior à da Lei n. 12.234/2010 (dado que o delito foi cometido em 30 de abril de 2008). Transcorrido lapso temporal superior a 2 (anos) anos desde a publicação da sentença condenatória (1º.10.2010), último marco interruptivo do prazo prescricional, é imperioso reconhecer a prescrição da pretensão punitiva. Prescrição da pretensão punitiva reconhecida de ofício para declarar a extinção da punibilidade nos termos do art. 107, IV, do CP. Prejudicado o recurso especial. (STJ – REsp 1358618/DF, Rel. Ministra MARILZA MAYNARD (DESEMBARGADORA CONVOCADA DO TJ/SE), QUINTA TURMA, julgado em 02/04/2013, DJe 05/04/2013)

- **Pena em abstrato**. Em não havendo sentença, só pode ser considerada a prescrição pela pena em abstrato. (TA Crim./SP – 9ª Câm. – RSE 531-709/5-Capital – Rel. Juiz Marrey Neto – j. em 12.10.1988 – ADCOAS 121749)

- **Pretensão punitiva**. Se a pena privativa de liberdade, ora redimensionada, é de 2 (dois) anos de reclusão, excluído o aumento decorrente da continuidade delitiva, tendo havido o trânsito em julgado para a acusação, há que se declarar a extinção da punibilidade pelo advento da prescrição da pretensão punitiva, se entre a data da publicação da sentença condenatória e o julgamento do presente recurso transcorreu lapso temporal maior que quatro anos (arts. 107, inc. IV, 109, inc. V e 110, § 1° do CP). V – "Quando se tratar de crime continuado, a prescrição regula-se pela pena imposta na sentença, não se computando o acréscimo decorrente da continuação" (Súmula 497-STF). Extinta a punibilidade, prejudicado o recurso. (STJ – 5ª T. – REsp. 850.405/RS – Rel. Min. Félix Fischer – DJ 29.06.2007 – p. 701)

- **Pretensão punitiva.** 1. Este Tribunal adotou a orientação de que é inviável a declaração de extinção da punibilidade do agente, pela ocorrência da prescrição da pretensão punitiva, com suporte na sanção hipoteticamente calculada, pois o ordenamento jurídico pátrio não admite o reconhecimento da referida causa em perspectiva, antecipada ou virtual. (STJ – RHC 24083/PR – 5ª T. – Rel. Min. Jorge Mussi – DJ 01.12.2008)

- **Pretensão punitiva**. 1. Verifica-se a extinção da punibilidade pela prescrição da pretensão punitiva quando há evidência nos autos de haver transcorrido o prazo fixado em lei, entre os marcos processuais interruptivos examinados (CP, art. 109, inc. V). 2. Na espécie, não obstante a desconstituição do trânsito em julgado da condenação, considera-se, para efeitos de contagem do prazo prescricional, a pena in concreto, aplicada na sentença condenatória, à luz do princípio da ne reformatio in pejus indireta. O Tribunal de origem, ao proceder a novo julgamento do recurso de apelação, fica adstrito ao limite de pena estabelecido na sentença condenatória (02 anos de reclusão), o qual prescreve em 04 anos, a teor do disposto no art. 109, inc. V, do Código Penal. 3. Embargos acolhidos para declarar a extinção da punibilidade estatal pelo reconhecimento da prescrição da pretensão punitiva superveniente, com fundamento no art. 107, inc. IV, c.c. os arts. 109, inc. V, e 110 § 1.º, todos do Código Penal. (STJ – EDcl HC 106766/SP – 5ª T. – Rel. Min. Laurita Vaz – DJ 24.11.2008).

- **Pretensão punitiva. Marco inicial. Continuidade Delitiva.** "O marco inicial para a contagem da prescrição é o momento da consumação da infração penal. 2. Em se tratando de peculato desvio, delito plurissubsistente, cuja conduta pode ser fracionada em vários atos, o momento consumativo ocorre quando há efetiva destinação diversa do dinheiro ou valor de que tem posse o agente, independente da obtenção material do proveito próprio ou alheio. 3. *In casu*, o desvio das verbas públicas ocorreu quando do empenho das ordens de pagamento dos valores e não da assinatura do contrato, pois, neste momento, ainda não se encontravam os valores na esfera de disponibilidade dos autores da infração penal. PENAL. PECULATO/DESVIO. SUCESSIVOS ADITAMENTOS E PAGAMENTOS. CRIMES AUTÔNOMOS. CONTINUIDADE DELITIVA. RECONHECIMENTO. 4.. Consumando-se o crime de peculato desvio no momento em que desviada a verba pública, a realização sucessiva de novos empenhos de pagamento importam em novos desvios de dinheiro público e, portanto, tipificam crimes autônomos. 5. Estando presentes as condições do art. 71 do Código Penal, é de rigor a manutenção do reconhecimento da continuidade delitiva na espécie". (STJ – AgRg no REsp 1045631/SP, Rel. Ministro JORGE MUSSI, QUINTA TURMA, julgado em 08/11/2011, DJe 18/11/2011)
- **Pretensão punitiva. Marco inicial. Crimes contra ordem tributária**. O marco inicial para a contagem do prazo para a prescrição da pretensão punitiva nos crimes descritos no art. 1º da Lei n. 8.137/90 é a constituição definitiva do crédito tributário pela via administrativa, segundo remansosa jurisprudência desta Corte. (STJ – AgRg nos EDcl no AREsp 479.076/ES, Rel. Ministro FELIX FISCHER, QUINTA TURMA, julgado em 02/08/2016, DJe 12/08/2016)
- **Pretensão punitiva.** Súmula 497 do STF, *verbis*: "Quando se tratar de crime continuado, a prescrição regula-se pela pena imposta na sentença, não se computando o acréscimo decorrente da continuação";

- **Pretensão punitiva.** Crimes de fraude à licitação. Prescrição da pretensão punitiva. Lapso temporal. Da consumação do suposto delito previsto no art. 90 da Lei n.º 8.666/93 até o presente julgamento, transcorreu período de tempo suficiente à configuração da prescrição, pois ausente qualquer marco interruptivo. 6. Recurso provido. No entanto, declarou-se a extinção da punibilidade estatal relativa ao Réu LÚCIO JOSÉ CARDOSO, com fulcro no art. 107, inciso I, do Código Penal, e aos Recorridos VALDECIR PICHIONI e KLEBER DA CUNHA OTA, no tocante ao crime previsto no art. 90 da Lei n.º 8.666/93, em face da prescrição da pretensão punitiva, nos termos do art. 107, inciso IV, c.c. os arts. 109, inciso IV, ambos do Estatuto Penal. (STJ - REsp 1020777/MG, Rel. Ministra LAURITA VAZ, QUINTA TURMA, julgado em 17/02/2011, DJe 09/03/2011)
- **Pretensão punitiva. Ocorrência da prescrição intercorrente.** Entretanto, no caso sob exame, a questão pode ser conhecida de ofício, por ser possível vislumbrar, *primo oculi*, a ocorrência da prescrição retroativa da reprimenda aplicada ao paciente. A pena privativa de liberdade aplicada em 3 anos e 2 meses de reclusão prescreve em 8 anos, nos termos do disposto no inciso IV do art. 109 do Código Penal. Entretanto, esse prazo é de ser reduzido à metade, uma vez que o agente era menor de 21 anos à época do fato delituoso (art. 115 do CP). Tem-se, pois, o decurso de 4 anos entre a publicação da sentença condenatória e a data de hoje. IV - Recurso ordinário em habeas corpus conhecido em parte. V - Ordem concedida de ofício, para julgar extinta a punibilidade do recorrente, pela ocorrência da prescrição da pretensão punitiva do Estado, prejudicada a análise dos demais pedidos. (STF - RHC 116068, Relator(a): Min. RICARDO LEWANDOWSKI, Segunda Turma, julgado em 02/04/2013, PROCESSO ELETRÔNICO DJe-070 DIVULG 16-04-2013 PUBLIC 17-04-2013)
- **Prescrição. Oportunidade.** "Por ser a prescrição matéria de ordem pública, deve ser reconhecida de ofício ou a requerimento das partes, a qualquer tempo ou grau de jurisdição, a teor do art. 61, do Código de Processo Penal" (STJ - EDcl no AgRg no REsp 1363665/RN, Rel. Ministro MOURA RIBEIRO, QUINTA TURMA, julgado em 18/02/2014, DJe 21/02/2014)
- **Inquéritos e ações penais em andamento**, por si, não podem ser considerados como maus antecedentes, para fins de exacerbação da pena-base ou, consequentemente, para a fixação de regime inicial de cumprimento da pena mais gravoso (Precedentes desta Corte e do Pretório Excelso). II - Se a pena privativa de liberdade, ora redimensionada, é de 2 (dois) anos de reclusão, tendo havido o trânsito em

julgado para a acusação, há que se declarar a extinção da punibilidade pelo advento da prescrição da pretensão punitiva, se entre a data dos fatos (11/05/1992) e aquela em que foi recebida a denúncia 20/08/1997) transcorreu lapso temporal maior que quatro anos (arts. 107, inc. IV, 109, inc. V e 110, § 1º do CP). Extinta a punibilidade, prejudicado o recurso. (STJ - 5ª T. - REsp. 827.952/RS - Rel. Min. Félix Fischer - DJ 07.05.2007 - p. 363)

15.3. Extinção da punibilidade pela prescrição da pretensão executória

Art. 110 - A prescrição depois de transitar em julgado a sentença condenatória, regula-se pela pena aplicada e verifica-se nos prazos fixados no artigo anterior, os quais se aumentam de um terço, se o condenado é reincidente.

§ 1º A prescrição, depois da sentença condenatória com trânsito em julgado para a acusação ou depois de improvido seu recurso, regula-se pela pena aplicada, não podendo, em nenhuma hipótese, ter por termo inicial data anterior à da denúncia ou queixa.

Termo inicial da prescrição antes de transitar em julgado a sentença final

Art. 111 - A prescrição, antes de transitar em julgado a sentença final, começa a correr:

I - do dia em que o crime se consumou;

II - no caso de tentativa, do dia em que cessou a atividade criminosa;

III - nos crimes permanentes, do dia em que cessou a permanência;

IV - nos de bigamia e nos de falsificação ou alteração de assentamento do registro civil, da data em que o fato se tornou conhecido.

V - nos crimes contra a dignidade sexual de crianças e adolescentes, previstos neste Código ou em legislação especial, da data em que a vítima completar 18 (dezoito) anos, salvo se a esse tempo já houver sido proposta a ação penal.

Termo inicial da prescrição após a sentença condenatória irrecorrível

Art. 112 - No caso do art. 110 deste Código, a prescrição começa a correr:

I - do dia em que transita em julgado a sentença condenatória, para a acusação, ou a que revoga a suspensão condicional da pena ou o livramento condicional;

II - do dia em que se interrompe a execução, salvo quando o tempo da interrupção deva computar-se na pena.

Prescrição no caso de evasão do condenado ou de revogação do livramento condicional

Art. 113 - No caso de evadir-se o condenado ou de revogar-se o livramento condicional, a prescrição é regulada pelo tempo que resta da pena.

Prescrição da multa

Art. 114 - A prescrição da pena de multa ocorrerá:

I - em 2 (dois) anos, quando a multa for a única cominada ou aplicada;

II – no mesmo prazo estabelecido para prescrição da pena privativa de liberdade, quando a multa for alternativa ou cumulativamente cominada ou cumulativamente aplicada.

Redução dos prazos de prescrição

Art. 115 – São reduzidos de metade os prazos de prescrição quando o criminoso era, ao tempo do crime, menor de 21 (vinte e um) anos, ou, na data da sentença, maior de 70 (setenta) anos.

Causas impeditivas da prescrição

Art. 116 – Antes de passar em julgado a sentença final, a prescrição não corre:

I – enquanto não resolvida, em outro processo, questão de que dependa o reconhecimento da existência do crime;

II – enquanto o agente cumpre pena no estrangeiro. Parágrafo único – Depois de passada em julgado a sentença condenatória, a prescrição não corre durante o tempo em que o condenado está preso por outro motivo.

A prolação da sentença condenatória, que opera coisa julgada, é transmudada em título penal a ser executada dentro de um certo lapso de tempo, dimensionado pela pena concretamente aplicada, que perderá sua eficácia e força executória se a expiação ou castigo definido na sua dosimetria não for exercido pelos órgãos estatais, dentro dos prazos fixados no art. 109 do Código Penal.

A prescrição da pretensão executória não se regula pela pena máxima prevista no art. 109, senão, com base na pena concreta aplicada, que servirá de referência para sua regulação prescricional do seu prazo.

Nessa circunstância, desaparece o direito de execução da pena, pois o condenado não terá de cumpri-la, mas perdurará os outros efeitos da sentença condenatória.

A sua aplicação se opera com o tamanho da pena imposta que será balizada ou enquadrada nos prazos indicados nos incisos I a VI do art. 109.

Alguns aspectos pontuais merecem atenção na interpretação deste dispositivo a serem analisadas sob seus respectivos ângulos de aplicação, conquanto o § 1º **pode ter por termo inicial** a data do recebimento da denúncia e da sentença de pronúncia ou da sentença condenatória. Também se infere nessa perspectiva o prazo prescricional entre a data da sentença de pronúncia e da sentença condenatória.

A prescrição retroativa só pode considerar o lapso temporal entre o recebimento da denúncia ou queixa e a publicação da sentença.

Um ponto a destacar é na hipótese de concurso de crimes a prescrição é computada isoladamente para cada um deles (art. 119), já no caso de reincidência, os prazos prescricionais serão aumentados em um terço. O adicional se faz sobre o prazo prescricional e não sobre a pena.

Também deve assinalar que, de acordo com o art. 112, inciso I, do Código Penal, o termo inicial da prescrição executória começa a correr a partir do dia em que transita em julgado a sentença condenatória para a acusação, ou a que revoga a suspensão condicional da pena ou o livramento condicional.

Denota dizer que, apesar de se iniciar a execução da pena, somente após condenação definitiva, após o trânsito em julgado para a defesa, o cômputo do prazo prescricional executório começa a correr a partir do trânsito em julgado para a acusação. É que o instituto da prescrição corre em favor do réu e na esfera do Direito Penal se aplica o princípio da legalidade de forma restrita, como ocorre no artigo 112, I, do diploma penal.

Devido a edição da Lei nº 12.234/2010, que modificou dispositivos da prescrição penal, impõe-se que o direito intemporal seja observado porque a nova norma é desfavorável ao réu considerando que o prazo prescricional mínimo passou de dois para três anos, eliminou pela metade a prescrição retroativa, que não computa a data do fato delituoso à data do recebimento da denúncia, e só conta, agora, a partir desta, assim como a prescrição antecipada, sua aplicabilidade destina-se aos fatos criminosos a partir de 06 de maio de 2010; os crimes ocorridos até 05 de maio de 2010 permanecem regidos pelo direito penal anterior.

- **Prescrição executória.** É assente no Superior Tribunal de Justiça que o "prazo prescricional da pretensão executória é contado do dia em que transitou em julgado a sentença condenatória para a acusação (art. 112, I, do CP)" (AgRg no HC 323.036/SC, Rel. Ministro Sebastião Reis Júnior, Sexta Turma, julgado em 01/03/2016, DJe 17/03/2016). A recorrente possui duas guias de execução. Quanto à primeira condenação, pela prática do crime insculpido no art. 171, caput, n/f do art. 71, ambos do CP, à pena de 2 anos e 4 meses de reclusão, tem-se que a prescrição se verifica em 8 anos, nos termos do art. 109, IV, do CP, lapso não implementado entre o trânsito em julgado para a acusação, em 2008, e a prisão da recorrente, em 13/12/2013. Quanto à segunda condenação, pela prática do crime delineado no art. 171, caput, e no art. 299, n/f do art. 69, todos do CP, à pena de 2 anos para cada delito, tem-se que a prescrição ocorre em 4 anos, nos moldes do art. 109, V, do CP, lapso verificado entre o trânsito em julgado para a acusação, em 2008, e a prisão da recorrente, em 13/12/2013. Recurso em habeas corpus provido em parte, para reconhecer a prescrição da pretensão executória da pena, relativa apenas à Ação Penal n. 009.2005.005059-0 (005059092.2005.8.22.0009). (STJ - RHC 78.542/RO, Rel. Ministro REYNALDO SOARES DA FONSECA, QUINTA TURMA, julgado em 07/02/2017, DJe 10/02/2017)

- **Pretensão executória. Termo inicial. Data do trânsito em julgado da sentença condenatória para a acusação.** Reconhecida de ofício. Quanto à prescrição executória, nos termos do art. 112, I, CP, o termo inicial da contagem do prazo prescricional é o do trânsito em julgado da sentença condenatória para a acusação, no caso, a contar da data do acórdão do Tribunal de origem. O art. 110, caput, combinado com art. 109, IV, do CP, estabelece que a prescrição depois do trânsito em julgado da sentença condenatória é regulada pela pena aplicada e o prazo, para o caso, deve ser de três anos. Deste modo, percebe-se que houve a prescrição da pretensão executória estatal. Agravo regimental não conhecido, extinta a punibilidade pela prescrição da pretensão executória em relação à ação penal n.0065760-32.2013.8.21.7000. (STJ - AgRg no AREsp 384.002/RS, Rel. Ministro RIBEIRO DANTAS, QUINTA TURMA, julgado em 04/08/2016, DJe 15/08/2016)

- **Pretensão executória. Marco inicial. Trânsito em julgado para a acusação.** Nos termos expressos no art. 112, I, do Código Penal, tido por constitucional, o marco inicial da prescrição da pretensão executória é o trânsito em julgado para a acusação. Ordem concedida, de ofício, a fim de declarar extinta a punibilidade, dada a prescrição da pretensão executória. (STJ - HC 360.043/GO, Rel. Ministra MARIA THEREZA DE ASSIS MOURA, SEXTA TURMA, julgado em 23/08/2016, DJe 01/09/2016)

- **Pretensão executória.** "De acordo com a literalidade do artigo 112, inciso I, do Código Penal, o termo inicial da contagem do prazo prescricional da pretensão executória é o trânsito em julgado da sentença condenatória para a acusação. Revisão de entendimento. A partir do trânsito em julgado da sentença condenatória para o Ministério Público constata-se, na hipótese, o decurso do lapso superior a 12 (doze) anos sem que se tenha iniciado o cumprimento da reprimenda imposta. Ordem concedida de ofício para declarar extinta a punibilidade do recorrente com base na prescrição da pretensão executória, observados os seus efeitos legais. (STJ - HC 314.377/SP, Rel. Ministro JORGE MUSSI, QUINTA TURMA, julgado em 28/04/2015, DJe 07/05/2015)

- **Pretensão executória.** "De acordo com a literalidade do artigo 112, inciso I, do Código Penal, o termo inicial da contagem do prazo prescricional da pretensão executória é o trânsito em julgado da sentença condenatória para a acusação" (HC 289.458/SP, Rel. Ministro Jorge Mussi, Quinta Turma, julgado em 5.6.2014, DJe 12.6.2014). Habeas corpus não conhecido. Ordem concedida, de ofício, para restabelecer a decisão que reconheceu a prescrição da pretensão executória do Estado. (STJ-HC 231.149/DF, Rel. Ministro NEWTON TRISOTTO (DESEMBARGADOR CONVOCADO DO TJ/SC), QUINTA TURMA, julgado em 18/09/2014, DJe 26/09/2014)

- **Pretensão executória.** "A prescrição regula-se pela pena aplicada depois de proferida a sentença condenatória, sendo que, cuidando-se de execução da pena, colapso prescricional flui do dia em que transitado em julgado para a acusação, conforme previsto no artigo 112 combinado com o artigo 110 do Código Penal. Precedentes: HC 113.715, Rel. Min. Cármen Lúcia, Segunda Turma, DJe 28/5/2013, HC 110.133, Rel. Min. Luiz Fux, Primeira Turma, DJe 19/4/2012, ARE 758.903, Rel. Min. Cármen Lúcia, Segunda Turma, DJe de 24/9/2013. *In casu*, o acórdão recorrido assentou: "AGRAVO EM EXECUÇÃO PENAL. PRESCRIÇÃO DA PRETENSÃO EXECUTÓRIA. MARCO INICIAL DO PRAZO. TRÂNSITO EM JULGADO PARA A ACUSAÇÃO." 3. Agravo regimental DESPROVIDO. (ARE 764385 AgR, Relator(a): Min. LUIZ FUX, Primeira Turma, julgado em 13/05/2014, PROCESSO ELETRÔNICO DJe-102 DIVULG 28-05-2014 PUBLIC 29-05-2014).

- **Pretensão executória.** "É assente na Sexta Turma deste Tribunal Superior o entendimento de que "enquanto não transitada em julgado a sentença condenatória, para ambas as partes, não há falar em prescrição da pretensão executória, eis que ainda em curso o prazo da prescrição da pretensão punitiva, de forma intercorrente. Contudo, iniciada a contagem da prescrição, o marco inicial, por expressa determinação do art. 112, I, do Código Penal, é o trânsito em julgado para a acusação, ainda que de forma retroativa". (STJ – HC 232031/DF, Rel. Min. VASCO DELLA GIUSTINA (DESEMBARGADOR CONVOCADO DO TJ/RS), Rel. p/Acórdão Min. MARIA THEREZA DE ASSIS MOURA, SEXTA TURMA, DJe 29/08/2012).

- **Pretensão executória.** 1. O termo inicial para a contagem do prazo prescricional da pretensão executória é o trânsito em julgado da sentença condenatória para a acusação, de acordo com literalidade do artigo 112, inciso I, do Código Penal. 2. No presente caso a prescrição executória se operou após o transcurso do prazo de 04 (quatro) anos, de acordo com arts. 109, V, cc art 110. 3. Ordem concedida para declarar extinta a punibilidade em decorrência da prescrição da pretensão executória. (STJ – HC 223.004/DF, Rel. Ministra ALDERITA RAMOS DE OLIVEIRA (DESEMBARGADORA CONVOCADA DO TJ/PE), SEXTA TURMA, julgado em 04/04/2013, DJe 18/04/2013)

- **Pretensão executória.** 1. De acordo com a redação do art. 112, inciso I, do Código Penal, o termo inicial para a contagem do prazo prescricional da pretensão executória é o trânsito em julgado da sentença condenatória para a acusação. Precedentes. 2. A prescrição da pretensão executória, no caso, ocorre em 08 (oito) anos, nos termos do art. 110, caput, c/c art. 109, inciso V, do Código Penal. A contar do trânsito em julgado do acórdão condenatório para a acusação (art. 112 do CP) até a presente data, transcorreram mais de 08 (oito) anos, motivo pelo qual está a pretensão executória estatal atingida pela prescrição. 3. Ordem concedida para declarar a prescrição da pretensão executória no tocante à Ação Penal n.º 1999.03.99.041596-4, Segunda Vara Federal da comarca de Bauru/SP". (STJ – HC 211.631/SP, Rel. Min. Maria Thereza de Assis Moura, Sexta Turma, Dje 03/10/2011)

- **Pretensão executória.** 1. A prescrição é passível de análise em qualquer grau de jurisdição, de ofício ou a requerimento das partes, não sendo exigível a manifestação prévia da Corte de origem. 2. Desprezado o aumento decorrente da continuidade delitiva, nos termos da Súmula 497/STF, a pena fixada para cada delito foi de 1 ano e 6 meses de reclusão. Sendo assim, o lapso prescricional é de 4 anos, nos termos do art. 109, V, c/c o art. 110, caput, do Código Penal. 3. O entendimento da Sexta Turma desta Corte é no sentido de que o termo inicial da prescrição da pretensão executória é contado a partir do dia em que a sentença condenatória transitou em julgado para a acusação (art. 112, I, do CP). 4. Situação em que o trânsito em julgado para a acusação ocorreu em 19/8/2006, sem que tenha se iniciado o cumprimento da pena, razão pela qual se consumou o lapso prescricional. 5. Ordem concedida para reconhecer a consumação da prescrição da pretensão executória e declarar extinta a punibilidade da paciente, com fundamento no art. 107, IV, c/c o art. 109, V, e o art. 114, II, do Código Penal". (HC nº 168.027/SP, Rel. Min. Sebastião Reis Júnior, Sexta Turma, Dje 04/06/2012)

- **Pretensão executória.** I. De acordo com a redação do artigo 112, I, do Código Penal, o termo inicial para a contagem do prazo prescricional da pretensão executória é o trânsito em julgado da sentença condenatória para a acusação. Precedentes do STJ e STF. II. Estabelecendo a sentença que o termo inicial ocorreu em 4.4.2005, data do trânsito em julgado para a acusação, não havendo notícia do início da execução penal, e estando o respectivo mandado de prisão ainda sem cumprimento, deve ser declarada a prescrição da pretensão executória da pena do paciente, condenado a 5 anos e 4 meses de reclusão, sendo, à época do fato, menor de 21 anos. III. Não obstante o posicionamento anterior deste Relator – termo inicial do prazo prescricional quando do trânsito em julgado para ambas as partes – o entendimento deve ser modificado para acompanhar a jurisprudência que se consolidou no mesmo sentido daquele adotado pelo Juízo da Vara de Execuções Penais do DF. IV. Deve ser restabelecida a sentença proferida pelo Juízo da Vara de Execuções Penais do DF. V. Ordem concedida, nos termos do voto do Relator. (STJ - HC 236.236/DF, Rel. Min. Gilson Dipp, Quinta Turma, Dje 20/06/2012)

- **Pretensão executória.** A contagem do prazo necessário à prescrição da pretensão executória começa a fluir a partir da data do trânsito em julgado para a acusação. É a execução da pena privativa de liberdade que depende da existência de uma condenação definitiva, que só ocorre após o trânsito em julgado para a Defesa. Inteligência do art. 112, inciso I, c.c. art. 110 do Código Penal. Precedentes desta Corte Superior e do Supremo Tribunal Federal. Ordem de habeas corpus concedida para restabelecer a sentença que extinguiu a punibilidade do Paciente. (STJ - HC 243.576/DF, Rel. Ministra LAURITA VAZ, QUINTA TURMA, julgado em 05/02/2013, DJe 15/02/2013)

- **Pretensão executória.** . A prescrição é matéria de ordem pública, que pode e deve ser reconhecida de ofício ou a requerimento das partes, a qualquer tempo e grau de jurisdição, mesmo após o trânsito em julgado da condenação, nos termos do art. 61 do Código de Processo Penal. A prescrição da pretensão executória regula-se pela pena concretamente aplicada, a teor do art. 110, § 1º, do CP, sendo que o prazo prescricional flui a partir do trânsito em julgado da sentença para a acusação (art. 112, I, do Código Penal). Hipótese na qual foi imposta pena de 1 (um) ano e 8 (oito) meses de reclusão, em regime semiaberto, e decorrido prazo superior a 4 (quatro) anos desde a data do trânsito em julgado da sentença para o Parquet, sem que a execução da reprimenda tenha sido iniciada, há que ser reconhecida a extinção da punibilidade pela prescrição da pretensão executória. Embargos de declaração rejeitados e habeas corpus concedido, de ofício, para decretar a extinção da punibilidade pela prescrição da pretensão executória. (STJ - EDcl no AgRg no ARE no RE no REsp 1113401/SP, Rel. Ministra ELIANA CALMON, CORTE ESPECIAL, julgado em 17/12/2012, DJe 01/02/2013)

- **Pretensão executória.** 1. A prescrição regula-se pela pena aplicada depois de proferida a sentença condenatória, sendo que, cuidando-se de execução da pena, o lapso prescricional flui do dia em que transita em julgado para a acusação, conforme previsto no artigo 112, combinado com o artigo 110 do Código Penal. 2. *In casu*, o agente foi condenado à pena de sete meses de detenção e, decorridos mais de dois anos do trânsito em julgado da sentença para a acusação e defesa, não se deu início à execução da pena nem se apontou a existência de causa interruptiva da prescrição executória da pena. Extinção da punibilidade em virtude da superveniente prescrição da pretensão executória do Estado, nos termos do artigo 112, inciso I, do Código Penal. 3. Ordem de habeas corpus concedida. (STF – HC 110133/SP, Rel. Min. LUIZ FUX, Primeira Turma, DJe de 19/4/2012).

- **Pretensão executória.** 1. A definitividade do decreto condenatório é condição para a execução da pena imposta, uma vez que não haveria como se falar em início do prazo prescricional a partir do trânsito em julgado apenas para a acusação em razão da impossibilidade do Estado dar início à execução da pena, já que ainda não haveria uma condenação definitiva, condicionada à resignação do acusado com a prestação jurisdicional. 2. Nesse aspecto, em observância ao princípio contido no artigo 5º, inciso LVII, da Constituição Federal, faz-se uma adequação hermenêutica do disposto no artigo 112, inciso I, do Código Penal, cuja redação foi dada pela Lei n. 7.209/84, sendo, pois, anterior ao atual ordenamento constitucional, de forma a estabelecer como termo inicial do prazo prescricional da pretensão executória a data em que ocorre o trânsito em julgado para ambas as partes, porquanto somente neste momento é que surge o título penal passível de ser executado pelo Estado (Doutrina de Alberto Silva Franco e Rui Stoco in Código Penal e sua interpretação: doutrina e jurisprudência. Ed. São Paulo: Revista dos Tribunais, 2007, p. 577). 3. "Não há que se falar em prescrição da pretensão executória, se ainda não houve o trânsito em julgado para ambas as partes" (REsp nº 252.403/PR, Rel. Ministro GILSON DIPP, Quinta Turma, DJ 03/06/2002) 4. Agravo regimental não provido. (STJ – AgRg no REsp 1323336/RJ, Rel. Ministro JORGE MUSSI, QUINTA TURMA, julgado em 23/10/2012, DJe 06/11/2012)

- **Pretensão executória.** 1. De acordo com o art. 112, inciso I, do Código Penal, tido por constitucional no julgamento do HC nº 232.031/DF, o termo inicial para a contagem do prazo prescricional da pretensão executória é o trânsito em julgado da sentença condenatória para a acusação. 2. Agravo regimental a que se nega provimento. (STJ – AgRg no AREsp 214.170/DF, Rel. Ministra MARIA THEREZA DE ASSIS MOURA, SEXTA TURMA, julgado em 11/09/2012, DJe 19/09/2012)

- **Pretensão executória.** 1. Enquanto não transitada em julgado a sentença condenatória, para ambas as partes, não há falar em prescrição da pretensão executória, eis que ainda em curso o prazo da prescrição da pretensão punitiva, de forma intercorrente. Contudo, iniciada a contagem da prescrição, o marco inicial, por expressa determinação do art. 112, I, do Código Penal, é o trânsito em julgado para a acusação, ainda que de forma retroativa. 2. Ordem concedida para, cassando o acórdão impugnado, restabelecer a decisão que extinguiu a punibilidade, pelo reconhecimento da prescrição da pretensão executória. (STJ – HC 232.031/DF, Rel. Ministro VASCO DELLA GIUSTINA

(DESEMBARGADOR CONVOCADO DO TJ/RS), Rel. p/ Acórdão Ministra MARIA THEREZA DE ASSIS MOURA, SEXTA TURMA, julgado em 15/05/2012, DJe 29/08/2012)

15.4. Causas interruptivas da prescrição

Art. 117. O curso da prescrição interrompe-se:

I – pelo recebimento da denúncia ou da queixa;

II – pela pronúncia;

III – pela decisão confirmatória da pronúncia;

IV – pela publicação da sentença ou acórdão condenatórios recorríveis

V – pelo início ou continuação do cumprimento da pena;

VI – pela reincidência.

§ 1º Excetuados os casos dos incs. V e VI deste artigo, a interrupção da prescrição produz efeitos relativamente a todos os autores do crime. Nos crimes conexos, que sejam objeto do mesmo processo, estende-se aos demais a interrupção relativa a qualquer deles.

§ 2º Interrompida a prescrição, salvo a hipótese do inc. V deste artigo, todo o prazo começa a correr, novamente, do dia da interrupção.

Art. 118. As penas mais leves prescrevem com as mais graves.

Art. 119. No caso de concurso de crimes, a extinção da punibilidade incidirá sobre a pena de cada um, isoladamente.

m) Perdão judicial

Art. 120. A sentença que conceder perdão judicial não será considerada para efeitos de reincidência.

Na ilustrada dicção de Alberto Silva Franco, "*as causas interruptivas da prescrição são todos os atos demonstrativos de um exercício ativo do poder punitivo e, como tais, incompatíveis por parte do Estado. São, portanto, aqueles atos em que se manifesta vivo o interesse do Estado em perseguir o autor do crime*" (in TACRIM-SP – EI 171.083).

De modo que, se a lei reza que determinados fatos processuais interrompem o lapso temporal a partir de etapas processual, significa dizer que tempo anterior ficou perdido, sem que existisse, não servindo de valor jurídico algum por não produzir qualquer efeito à luz do processo, porquanto se recomeça uma nova contagem daquele marco em diante.

Assim, pode-se deduzir que, estando em curso o prazo da prescrição desde a data do fato delituoso, primeiro referencial da sua contagem, os atos subsequentes, como a data do recebimento da denúncia, a sentença condenatória recorrível, o início ou continuação do cumprimento da pena e pela reincidência, todo o prazo começa a correr, novamente, do dia da interrupção, inutilizando a prescrição anteriormente iniciada. Aqui deixei de mencionar a sentença de

Título II

pronúncia e a sua decisão confirmatória, por ser relacionada ao rito processual do Tribunal do Júri.

Note-se que a matéria de prescrição penal é de direito substantivo e **não se admite entendimento ampliativo ou interpretação analógica, portanto, suas causas interruptoras são taxativas, porque de direito estrito.**

No que se refere à prescrição da pena de multa, se a sua interrupção ocorrer com a citação pessoal do devedor, o protesto judicial, ou qualquer outro ato judicial que lhe constitua em mora, ou ainda, qualquer outro meio extrajudicial, que importe em reconhecimento do débito pelo devedor.

Quanto *à* reincidência: trata-se de marco interruptivo da pretensão executória. A reincidência verifica-se pela prática do segundo delito, embora fique o seu reconhecimento pelo juiz condicionado à condenação. Há quem sustente que, pelo princípio da presunção de inocência, somente a data da condenação com trânsito em julgado pode fazer o juiz reconhecer a existência da reincidência. Esta última posição não é a correta, pois a lei é clara ao mencionar apenas reincidência, que é o cometimento de outro crime depois de já ter sido condenado. Ora, ainda que se dependa da condenação definitiva para se ter certeza do marco interruptivo, este se dá muito antes do trânsito em julgado da segunda condenação. (Código Penal Comentado, 9.ª ed., São Paulo: Revista dos Tribunais, 2008, p. 572/573).

- **Acórdão que confirma a condenação. Não interrupção do lapso prescricional.** Nos termos da jurisprudência desta Corte Superior, o acórdão que confirma a condenação, ainda que majore a pena, não constitui marco interruptivo da prescrição. (STJ – AgRg no AREsp 629.278/SP, Rel. Ministro REYNALDO SOARES DA FONSECA, QUINTA TURMA, julgado em 16/08/2016, DJe 26/08/2016)

- **Acórdão que confirma a condenação. Não interrupção.** Nos termos da jurisprudência desta Corte Superior, o acórdão que confirma a condenação não constitui marco interruptivo da prescrição. (STJ – AgRg no REsp 1451200/PR, Rel. Ministro REYNALDO SOARES DA FONSECA, QUINTA TURMA, julgado em 09/08/2016, DJe 17/08/2016)

- **Citação por edital equivocada. Suspensão do prazo prescricional.. Inadmissibilidade.** I – Consoante o princípio *pas de nullité sans grief*, evidenciado no art. 563 do CPP ("nenhum ato será declarado nulo, se da nulidade não resultar prejuízo para a acusação ou para a defesa"), não há se falar em declaração de nulidade de ato processual se dele não resultou qualquer prejuízo concreto para a defesa do paciente. II – Na hipótese, é indiscutível o prejuízo decorrente da suspensão do prazo prescricional realizada em virtude de equivocada citação por edital, determinada após a regular citação pessoal do réu, tendo em vista que entre o recebimento da denúncia e a pronúncia transcorreu o prazo prescricional aplicável à hipótese. Ordem concedida de ofício para reconhecer a nulidade citada e, consequentemente, declarar a prescrição da pretensão punitiva. (STJ – HC 336.535/MS, Rel. Ministro FELIX FISCHER, QUINTA TURMA, julgado em 18/08/2016, DJe 31/08/2016)

- **Causas interruptivas da prescrição.** 1. A jurisprudência deste Colendo Tribunal assenta que os acórdãos confirmatórios da condenação não podem ser considerados como causas interruptivas do prazo prescricional, a teor do que disciplina o art. 117, inciso IV, do Código Penal (redação determinada pela Lei n.º 11.596/2007). 2. Na linha da aludida orientação, verifica-se, na hipótese, o advento da prescrição da pretensão punitiva, porquanto entre a data da publicação da sentença, ultimo marco, e a atual, transcorreram-se mais de oito anos, ex vi do art. 109, inciso IV, do Código Penal, sem a ocorrência de superveniente causa interruptiva. 4. Assim, impõe-se declarar, de ofício, por se tratar de matéria de ordem pública, a extinção da punibilidade do condenado A N. Recurso julgado prejudicado. (STJ – REsp 882.415/RS, Rel. Ministro CAMPOS MARQUES (DESEMBARGADOR CONVOCADO DO TJ/PR), QUINTA TURMA, julgado em 23/04/2013, DJe 26/04/2013)

- **Causas interruptivas da prescrição.** Pelos parâmetros fixados em primeira e segunda instância, a pena acabou sendo fixada em seis anos, dez meses e quinze dias, o que leva o prazo prescricional para doze anos (CP, art. 109, III, c/c o art. 110), o qual deve ser reduzido pela metade, dada a menoridade do embargante ao tempo do crime, conforme apontado pelo Tribunal de Justiça de Mato Grosso do Sul. A isso acresce o fato de que, conforme jurisprudência do Supremo Tribunal Federal, o "aumento de um terço no prazo da prescrição em razão da reincidência não incide na prescrição da pretensão punitiva" (HC 96.009, rel. min. Cármen Lúcia, DJe de 15.5.2009). Assim, tendo decorrido mais da metade do prazo prescricional de doze anos entre as causas interruptivas geradas pelo recebimento da denúncia e pela publicação da sentença condenatória recorrível, impõe-se o reconhecimento da prescrição da pretensão punitiva. Embargos de declaração acolhidos, a fim de, sanada a contradição apontada, declarar extinta a punibilidade do embargante, pela prescrição da pretensão punitiva. (STF – HC 96730 ED, Relator(a): Min. JOAQUIM BARBOSA, Segunda Turma, julgado em 28/09/2010, DJe-200 DIVULG 21-10-2010 PUBLIC 22-10-2010 EMENT VOL-02420-02 PP-00302)

- **Causas interruptivas da prescrição.** 1. À luz do disposto no inciso VI do artigo 117 do Código Penal, a reincidência interrompe o prazo da prescrição da pretensão executória, devendo ser considerado como marco interruptivo a data do cometimento do novo delito, e não a data do trânsito em julgado da nova condenação. 2. Na hipótese, havendo notícia da prática de novo delito pelo paciente no período em que esteve foragido, interrompeu-se o prazo prescricional, o que impede a declaração da aludida causa de extinção da punibilidade. 3. Ordem denegada. (STJ - HC 239.348/RJ, Rel. Ministro JORGE MUSSI, QUINTA TURMA, julgado em 02/08/2012, DJe 15/08/2012)

- **Causas interruptivas da prescrição.** 1. Segundo a jurisprudência deste Superior Tribunal de Justiça, a reincidência, como causa interruptiva da prescrição, nos termos do art. 117, VI, do Código Penal, configura-se na data da prática de novo delito, não se exigindo o trânsito em julgado da condenação, que somente constituiria condição de validade da referida baliza prescricional, a ser avaliada em momento posterior. 2. Ordem de habeas corpus denegada. (STJ - HC 185.048/SP, Rel. Ministro OG FERNANDES, SEXTA TURMA, julgado em 18/06/2012, DJe 29/06/2012)

- **Causas interruptivas da prescrição.** 1 – Se o sentenciado foragido ou que tem o livramento condicional revogado tem direito à contagem do prazo prescricional descontado o período efetivamente cumprido da pena, assim também deve acontecer com aquele que abandona o cumprimento da pena restritiva de direitos antes de seu término, fazendo jus ao desconto do tempo de pena cumprida para fins de contagem de prescrição do restante da pena. 2 – Ordem concedida para reconhecer a prescrição da pretensão executória em relação à pena imposta ao paciente nos autos da Ação Penal n.º 2004.71.04.001348-9 e determinar o arquivamento dos autos da Execução Penal n.º 2006.71.04.007019-6. (STJ - HC 232.764/RS, Rel. Ministra MARIA THEREZA DE ASSIS MOURA, SEXTA TURMA, julgado em 25/06/2012, DJe 29/06/2012)

- **Causas interruptivas da prescrição.** 1.- De acordo com o artigo 200 do Código Civil, a mera existência de uma ação penal não é suficiente para suspender o curso do prazo prescricional da ação civil conexa. 2.- Determina o dispositivo legal que "quando a ação se originar de fato que deva ser apurado no juízo criminal, não correrá a prescrição antes da respectiva sentença definitiva". Como se vê, há de haver uma relação de subordinação necessária entre o fato a ser provado na ação penal e o desenvolvimento regular da ação cível. 3.- Como se sabe, não se exige, de ordinário, para a propositura de uma ação civil de indenização por danos decorrentes de atropelamento a prévia propositura de uma ação penal contra o causador do dano até porque as responsabilidades civil e penal são, em princípio independentes. Não há, em princípio, portanto, nenhum fato que deva ser provado exclusivamente na ação penal, condicionado a propositura ou o prosseguimento da ação civil capaz de lhe obstar o fluxo do prazo prescricional. 4.- Agravo Regimental a que se nega provimento. (STJ – AgRg no REsp 1320528/SP, Rel. Ministro SIDNEI BENETI, TERCEIRA TURMA, julgado em 14/08/2012, DJe 04/09/2012)

- **Causas interruptivas da prescrição.** 1. Conquanto sejam independentes as esferas administrativa e penal, em sendo o delito funcional também capitulado como crime, o prazo prescricional a ser adotado é o previsto na legislação penal. Assim, existindo sentença penal condenatória, a prescrição da pretensão punitiva da Administração tem como baliza temporal a pena em concreto, conforme o disposto nos arts. 109 e 110 do Código Penal. Precedentes. 2. A despeito da adoção do prazo prescricional previsto na legislação penal, na apuração de ilícito administrativo que corresponda à infração penal, devem ser aplicadas ao processo administrativo disciplinar as causas suspensivas e interruptivas previstas na legislação específica que o disciplina no âmbito de cada Unidade da Federação. Precedente. 3. Anulado o primeiro ato demissório do Servidor, pelo provimento judicial emanado da Ação Ordinária n.º 10502792918, e publicada a 2.ª Resolução do Conselho Superior da Polícia Civil em 24/05/2007 – ato este considerado como causa suspensiva do prazo prescricional, nos termos do art. 95, § 3.º, inciso II, alínea b, da Lei Estadual n.º 7.366/80 – é de se ver que há muito já havia transcorrido o prazo prescricional de 4 (quatro) anos, – estabelecido em face da pena em concreto – contado da instauração do processo administrativo disciplinar em 13/12/1995, marco interruptivo da prescrição, a teor do art. 95, § 3.º, inciso I, da citada lei local. 4. Recurso ordinário conhecido e provido para reconhecer a extinção da pretensão punitiva do Estado em face da ocorrência da prescrição, nos termos do art. 95 da Lei Estadual n.º 7.366/80. (STJ – RMS 30.002/RS, Rel. Ministra LAURITA VAZ, QUINTA TURMA, julgado em 13/12/2011, DJe 19/12/2011)

15.5. Da prescrição antecipada

A prescrição antecipada, projetada, virtual ou em perspectiva, é ficção criada pela doutrina, que surgiu diante da análise da situação fática do delito criminoso, considerando as suas circunstâncias, os antecedentes do autor e o lapso temporal contando a partir do fato delituoso, **à que revelaria** um processo inócuo e sem resultados práticos quanto à execução penal, porquanto, se o mesmo chegasse ao final, estaria alcançado pela prescrição da pretensão retroativa.

A conclusão lógica seria não prosseguir com a tramitação dessa ação que redundaria em dispêndio de recursos humanos e materiais da máquina judiciária em vão e com elevado custo de desperdício do dinheiro público.

Não há sentido quando se apresenta absolutamente inócuo a promoção de ação penal se, ao final, sabe-se, de antemão, que está fulminada pela prescrição.

A prescrição antecipada não tem sustentação legal em nosso ordenamento jurídico, e para José Júlio Lozano Júnior[13], consiste:

> "no reconhecimento da prescrição retroativa antes mesmo do oferecimento da denúncia ou queixa e, no curso do processo, anteriormente à prolação de sentença, sob o raciocínio de que eventual pena a ser aplicada em caso de hipotética condenação traria a lume um prazo prescricional já decorrido".

Essa visão prática da justiça de primeiro grau e da doutrina tem sido repelida pelos tribunais superiores, a exemplo do Superior Tribunal de Justiça que chegou a editar a Súmula 348 – "É inadmissível a extinção da punibilidade pela prescrição da pretensão punitiva com fundamento em pena hipotética, independentemente da existência ou sorte do processo penal».

Ocorre que, diante da edição da Lei nº 12.234/2010, o computo temporal entre a data do crime e o recebimento da denúncia foi abolido, só contando, agora, a partir desta última, afetando diretamente essa modalidade prescricional antecipatória.

Entrementes, merece realce a manifestação judiciosa do ministro Dias Toffoly, relator da ação penal nº 441-São Paulo, acolhida pelo plenário do Supremo Tribunal Federal, e publicada no DJe 08/06/2012.

Extrai-se do voto do e. ministro relator:

> "DA PRESCRIÇÃO ANTECIPADA
>
> XIV – O delito está prescrito, ainda que na sua forma projetada.
>
> XV – Inicialmente a discussão que resulta sob a prescrição antecipada é sua aceitação ou não, em razão da sua falta de previsão legal, mas que pode, sem qualquer entrave, ser encarada como causa supra legal da extinção da punibilidade ou mesmo falta de interesse de agir.
>
> XVI – A prescrição projetada pode ser encarada inclusive como falta de interesse de agir da ação penal, como dito.
>
> XVII – De outra banda, ainda que não se aceite essa seara, pode ser dito a prescrição projetada deva ser aceita.
>
> XVIII – É verdade que em termos constitucionais reina o princípio da legalidade e da reserva legal, sendo o primeiro gênero e o segundo espécie.
>
> XIX – O direito penal deve ser visto como é e não como era, aliás os termos infraconstitucionais devem ser vistos a luz da atual CF e, não a partir de antigos dogmas, que embora importantes, devem se acomodar com o atual ordenamento para não sofrermos a síndrome da 'baixa constitucionalidade'.

---

13. LOZANO JÚNIOR, José Júlio. ***Prescrição Penal.*** São Paulo: Editora Saraiva, 2002. p.181. Nesse mesmo sentido: CAPEZ, Fernando. ***Curso de direito penal: parte geral.*** 9ª ed. São Paulo: Editora Saraiva, 2005. v. 1. p.575.

XX – Por conta desse intróito é possível dizer que o direito penal em sua tônica descriminalizante, ou em tom que soa melhor, na intervenção necessária para repelir o injusto, reconhece até mesmo as causa supra legais de exclusão da ilicitude, ou culpabilidade, que não estão positivadas.

XXI – O direito penal somente se mostra útil não quando se mostra conjecturável de presunções a sua aplicação, a afetação ao bem jurídico tutelável deve demonstrar a concretização do direito penal, é dizer, o direito penal em sua aplicação deve ser útil.

XXII – Com efeito, a razoabilidade e proporcionalidade, hoje já são devidamente aceitos no tema jurídico devendo ser levados em consideração.

XXIII – Dessarte, não há como afastar essa utilidade.

XXIV – O caso concreto é aquele do Art. 1º, X do Decreto Lei 201/67, como visto a pouco diante do ideal encaixe legislativo ao caso fático.

XXV – Não há nos autos nada que indique que deva haver exasperação da pena, ficando na pior das hipóteses em patamar mínimo de três meses.

XXVI – Não há qualquer indicação de reincidência ou outra circunstância que eleve a pena além do mínimo, com isso, aplicável, caso condenado a pena mínima.

XXVII – Esse apenamento não teria condições de ultrapassar três meses e, não tem condições sequer de ultrapassar um ano.

XXVIII – Ao se cotejar tal preceito ao que se é dito, é de insofismável aplicação e reconhecimento em eventual sentença condenatória a evidência da prescrição retroativa pelas disposições do Art. 109 do CP.

XIXX – O entendimento aqui exposto que se traz no momento do reconhecimento da prescrição para o momento antecedente a oferta da denúncia, não é isolada e conta com os entendimentos, lúcidos, do Dr. Promotor de Justiça Jairo José Gênova e do brilhante Magistrado Guilherme Eduardo Mendes Tarcia e Fazzio que dizem da seguinte forma, citando primeiro o coerente Promotor: 'É **certo que o reconhecimento da prescrição antecipada não tem muitos adeptos. Entretanto, seria absolutamente inócuo promover a ação penal se, ao final, a pretensão punitiva tiver sido alcançada pela prescrição.'**

XXX – De forma emblemática o jovem Magistrado substituto nos autos do processo crime 019/02, pela 3ª Vara Criminal de Marília dispôs: '... não se trata de afastar o direito de ação porque seria desfavorável o provimento final de mérito, antecipando a decisão de mérito. Ao contrário. Considerar-se que ainda que favorável seja o provimento de mérito ao autor, isto é, a procedência da pretensão condenatória, nenhuma utilidade ela terá porque não poderá ser aplicada a pena. Seria uma persecução sem '*jus puniendi*'. Portanto, a ação é natimorta, o processo é inútil e desnecessário ao Estado-autor, porque é inviável a efetivação da pretensão de punir por meio de eventual provimento judicial favorável. Seria mero exercício de instrumento sem finalidade; forma sem conteúdo.'

XXXI – Os entendimentos dos juristas acima apontados contam ainda com o reforço de entendimentos de Mauricio Antonio Ribeiro Lopez 'in' 'O reconhecimento antecipado da prescrição. O interesse de agir no processo penal e o Ministério Público, Revista Brasileira de Ciências Criminais, ano 1, n. 3, jul-set, 1993, p. 129-130.'

XXXII – Também na jurisprudência: TJRS, SER 70003944857, 8ª C, rel. Dês. Tupinambá Pinto de Azevedo, j. 22;05.2002.

Título II

XXXIII - Os entendimentos retratam tão somente a viabilidade útil da persecução penal, razões que afirma a possibilidade do reconhecimento da prescrição antecipada ou virtual, como preferem outros.

XXXIV - Não é criar ficção jurídica, pois como adrede já dito, o direito penal não nega o reconhecimento das causas supra legais é dizer: 'Onde existe a mesma razão fundamental, prevalece a mesma regra de direito'.

XXXV - Com essas razões, torna-se indefectível a aplicação do direito ora invocado, já que basta a mera ameaça de lesão a direito para que o Judiciário se pronuncie.

XXXVI - A dignidade da pessoa humana como princípio base, leva a conclusão ao direito penal constitucional, ou seja, a valoração do direito penal deve ser visto conforme a repressão a ser aplicada. Em conclusão, é possível que se não há meios de punição não há motivos para haver processo. O inicio e fim de toda norma penal está ligada a liberdade, daí a conexão de todo o dito até aqui.

XXXVII - Dessarte, o balanceamento de uma jurisdição plena somente é alcançada, desde que, a jurisdição também o seja, levando em consideração os valores nela inscritos.

XXXVIII - Essa a razão de reconhecer a prescrição projetada.

XXXIX - Sendo assim, o recebimento da denúncia se deu em 10 de outubro 2006. Da data do recebimento da denúncia até a atual data, correram, seguramente mais de quatro anos e, mesmo antes de seu recebimento mais de seis anos, todos desaguando na prescrição, já que a época do fato não vigorava a lei 12.234/2010, não podendo essa retroagir, considerando a prescrição, na pior das hipóteses em quatro anos.

XL - Ao se levar em consideração tudo o quanto foi exposto, em uma eventual pena em concreto e, então projetando para o caso, como a pena não teria condições de superar um ano, a aplicação do Art. 109, VI do CP se torna indefectível.

XLI - Requer o reconhecimento da extinção da punibilidade seja pela prescrição projetada, seja pela falta de interesse de agir".

- **Prescrição antecipada.** "Trata-se de Recurso em Sentido Estrito interposto pelo Ministério Público, contra sentença que, ao examinar a imputação da prática dos crimes de furto qualificado e corrupção de menores e as condições pessoais do recorrido entendeu pela extinção da punibilidade. Fundamentou o magistrado o reconhecimento da extinção da punibilidade na constatação do desaparecimento superveniente do interesse de agir. Sentença que em sua fundamentação revela-se acertada, pois que a ação penal visivelmente está fadada ao fracasso e o processo não constitui instrumento hábil à obtenção do resultado prático pretendido pela acusação. (...) Assim, em hipótese de perda superveniente do interesse processual, ante a impossibilidade de futura aplicação da pena, em razão do reconhecimento da prescrição em perspectiva, deve o processo ser extinto sem resolução do mérito (sic)." (TJRJ - Recurso em Sentido Estrito nº. 200705100593 DES. GERALDO PRADO - Julgamento: 13/12/2007).

- **Prescrição antecipada.** "Se após exame minucioso dos autos, o julgador, ao verificar a suposta pena a ser aplicada, mesmo considerando todas circunstâncias judiciais desfavoráveis, perceber que eventual juízo condenatório restaria fulminado pela prescrição, não há justificativa para proceder-se a um complexo exame da ocorrência, ou não, da conduta criminosa, em nítida afronta às finalidades do processo e em prejuízo do próprio Poder Judiciário, devendo ser reconhecida, nessa hipótese, a ausência de justa causa para a ação." (TRF 4ª REGIÃO - RECURSO CRIMINAL EM SENTIDO ESTRITO Nº 2003.70.02.003195-9/PR - DJU 22.12.2004, SEÇÃO 2, P. 177, J. 01.12.2004 - RELATOR: DES. FEDERAL LUIZ FERNANDO WOWK).

- **Prescrição antecipada.** "A doutrina e a jurisprudência divergem, predominando, no entanto, a orientação que não aceita a prescrição antecipada. É chegada a hora, todavia, do novo triunfar. A prescrição antecipada evita um processo inútil, um trabalho para nada, chegar-se a um provimento jurisdicional de que nada vale, que de nada servirá. [...] Desse modo, não há falta de amparo legal para aplicação da prescrição antecipada. A doutrina da plenitude lógica do direito não pode subsistir em face da velocidade com que a ciência do direito de movimenta, de sua força criadora, acompanhando o progresso e as mudanças das relações sociais. Seguir a Lei à risca, quando destoantes das regras contidas nas próprias relações sociais, seria mutilar a realidade e ofender a dignidade mesma do espírito humano, porfiosamente empenhado nas penetrações sutis e nos arrojos de adaptação consciente` (Pontes de Miranda)." (TRF 1ª Região - RCCR 199735000000600/GO. 3ª Turma. Rel. Des. Fed. Tourinho Neto).

- **Prescrição antecipada.** "*É cabível o reconhecimento da prescrição em perspectiva, em casos excepcionais,* quando evidente que o prosseguimento da ação penal redundará em nada. Tanto a persecução penal, como a prestação jurisdicional, espécies do gênero das ações estatais, pautam-se pela observância ao princípio constitucional da eficiência (artigos 5º, LXXVIII e 37, caput, da Constituição Federal)" (TRF 4ª R. - 4ª S. - EINRSE 2007.72.04.001453-9 - Rel. Paulo Afonso Brum Vaz - j. 19.06.2008 - DJU 04.07.2008).

TÍTULO III

Capítulo I

Processo Penal Aplicado

Sumário • **16**. Processo: **16.1**. Competência; **16.2**. Conexão e continência – **17**. Da prisão e da liberdade provisória: **17.1**. Busca e apreensão; **17.2**. Confissão extrajudicial; **17.3**. Prisão em flagrante; **17.4**. Prisão preventiva; **17.5**. Liberdade Provisória – **18**. Das provas em geral; **18.1**. Provas jurisdicionais: **18.2**. Atos de ofício do juiz; **18.3**. Provas ilícitas; **18.4**. Exame de corpo de delito; **18.5**. Ônus da prova; **18.6**. Reconhecimento de pessoas – formalidades – **19**. Nulidades processuais em espécie – **20**. Do Procedimento Penal: **20.1**. Do processo e do julgamento dos crimes de responsabilidade dos funcionários públicos; **20.2**. Denúncia; **20.3**. Citação; **20.4**. Suspensão do processo; **20.5**. Das intimações; **20.6**. Defesa escrita; **20.7**. Das exceções de impedimento, competência e suspeição; **20.8**. Absolvição sumária; **20.9**. Recebimento da denúncia integral ou parcial; **20.10**. Instrução processual; **20.11**. Da bilateralidade da audiência – **21**. Sentença: **21.1**. Sentença sem apreciação da defesa; **21.2**. Da sentença penal absolutória.

16. PROCESSO

A palavra processo, derivado do *latim processus*, de *procedere*, exprime a ordem ou a sequência dos atos para que cada um deles venha a seu devido tempo na forma prescrita pela norma de regência da atividade processual.

Assim, processo é a relação jurídica vinculada à natureza da decisão, as partes envolvidas ou protagonistas e o Estado-Juiz, constituindo-se numa ordem preestabelecida para a devida aplicação da lei na solução de uma pretensão submetida à tutela jurídica.

O regramento processual teve a sua relevância destacada quando a Constituição Federal inseriu no rol dos direitos fundamentais a garantia do devido processo legal, que vem a ser a observação plena de todas as formalidades processuais na oportunidade adequada nos termos da lei.

Com efeito, o desatendimento aos atos formais ou procedimentais que afetem ou tragam restrições ao direito de ampla defesa do agente, que possam refletir em prejuízo ao seu interesse no desenrolar do processo, são atingidos pelo vício da nulidade.

16.1. Competência

A competência é o tamanho da jurisdição que exprime a extensão e o limite do poder de um órgão julgador para poder legalmente processar e julgar as demandas judiciais. A Constituição e as leis, inclusive as de organização judiciária, fixam a jurisdição dos juízes e dos tribunais, que se distribuem pelo território brasileiro.

A competência pode ser estabelecida em razão do lugar onde ocorreu o fato delituoso ou em razão da matéria.

16.2. Conexão e continência

O Código de Processo Penal, no seu art. 76, estabelece que a competência será determinada pela conexão:

> I – se, ocorrendo duas ou mais infrações, houverem sido praticadas, ao mesmo tempo, por várias pessoas reunidas, ou por várias pessoas em concurso, embora diverso o tempo e o lugar, ou por várias pessoas, umas contra as outras;
>
> II – se, no mesmo caso, houverem sido umas praticadas para facilitar ou ocultar as outras, ou para conseguir impunidade ou vantagem relação a qualquer delas;
>
> III – quando a prova de uma infração ou de qualquer de suas circunstâncias elementares influir na prova de outra infração.

Portanto, o instituto da conexão objetiva a reunião de processos para a realização de um julgamento unitário, permitindo economia processual e maior segurança no deslinde da causa.

A conexão tem como características, entre outras, para sua configuração, quando se opera o concurso de pessoas em várias infrações ou haja uma causa comum e direta que vincula as infrações, como também quando a prova de uma infração ou de qualquer circunstância influir na prova de outra.

Já a continência configura-se quando uma situação processual se encontra contida em outra, de maior amplitude, não podendo, neste caso, haver separação do feito, podendo implicar a modificação da competência do juízo.

Mais adiante preconiza o art. 77 do Código de Processo Penal que a competência será determinada pela continência quando:

> I – duas ou mais pessoas forem acusadas pela mesma infração;
>
> II – no caso de infração cometida nas condições previstas nos arts. 70, 73 e 74 do Código Penal.

Institui-se o fenômeno da continência quando ocorre o concurso de pessoas na realização de crimes em localidades diversas ou, dentre esta pluralidade de agentes, um deles goza de foro por prerrogativa de função, por exemplo.

Outra hipótese é quando se tem o concurso formal de crimes.

Entretanto, a competência do tribunal do júri prevalece em relação aos outros tipos penais, porquanto, havendo tentativa de homicídio em concurso com o crime de estupro ou atentado violento ao pudor, é o sinédrio popular quem vai processar e julgar ambos os delitos.

Ressalte-se, por oportuno, mesmo havendo absolvição ou desclassificação no plenário do tribunal do júri da imputação do crime doloso contra a vida, é o júri popular decidirá sobre o delito de estupro ou atentado violento ao pudor.

Porém, prevalece a jurisdição especial diante da jurisdição comum; assim, concorrendo o crime de tráfico de drogas com qualquer outro, prevalece a competência do juízo especializado.

- **Juiz designado. Sentença proferida após cessada a designação para atuar na vara. Nulidade reconhecida.** Conclusão dos autos ainda no prazo da designação. Irrelevância. A jurisdição somente pode ser exercida por pessoa legalmente investida no poder de julgar como integrante de algum dos órgãos do Poder Judiciário, observados os limites legais definidos pelas regras de competência. O estabelecimento prévio das regras de competência representa o substrato do princípio do juiz natural. O juiz designado para atuar em determinada vara só pode legitimamente exercer seu poder jurisdicional no período da designação, desvinculando-se dos processos que ali tramitam ao se afastar daquela competência, admitindo-se a ressalva na hipótese prevista no art. 132 do CPC/1973. Irrelevante se mostra a circunstância de que a conclusão dos autos para sentença ocorreu durante o período da designação porquanto a competência do magistrado deve ser aferida no momento da prática do ato processual. (STJ – REsp 1502819/SP, Rel. Ministro JOÃO OTÁVIO DE NORONHA, TERCEIRA TURMA, julgado em 09/08/2016, DJe 19/08/2016)

Título III

- **Competência. Modificação. Validade dos atos processuais. Ratificação. Desnecessidade.** No caso em que, após iniciada a ação penal perante determinado juízo, ocorra modificação da competência em razão da investidura do réu em cargo que atraia foro por prerrogativa de função, serão válidos os atos processuais – inclusive o recebimento da denúncia – realizados antes da causa superveniente de modificação da competência, sendo desnecessária, no âmbito do novo juízo, qualquer ratificação desses atos, que, caso ocorra, não precisará seguir as regras que deveriam ser observadas para a prática, em ação originária, de atos equivalentes aos atos ratificados. Isso significa dizer que a ratificação do recebimento de denúncia ofertada em primeiro grau não precisaria ser apreciada pelo colegiado do Tribunal competente para o julgamento da ação originária, sendo possível ao relator realizar monocraticamente essa ratificação, conforme, aliás, já se manifestou o STF (RHC 120.356-DF, Primeira Turma, DJe de 30/10/2014). (STJ – 6ª Turma – HC 238.129-TO, Rel. originária Min. Maria Thereza de Assis Moura, Rel. para acórdão Min. Rogerio Schietti Cruz, julgado em 16/9/2014, DJe 25/2/2015.

- **Competência. Juízo. Verba pública. BNDEs. Estado.** O fato de licitação estadual envolver recursos repassados ao Estado-Membro pelo Banco Nacional de Desenvolvimento Econômico e Social (BNDES) por meio de empréstimo bancário (mútuo feneratício) não atrai a competência da Justiça Federal para processar e julgar crimes relacionados a suposto superfaturamento na licitação. Entretanto, se houve superfaturamento na licitação estadual, o prejuízo recairá sobre o erário estadual – e não o federal. Dessa maneira, o fato em análise não atrai a competência da Justiça Federal, incidindo, na hipótese, *mutatis mutandis*, a *ratio essendi* da Súmula 209 do STJ, segundo a qual *"compete à justiça estadual processar e julgar prefeito por desvio de verba transferida e incorporada ao patrimônio municipal"*. Precedente citado: HC 41.240-RJ, Quinta Turma, DJ 29/8/2005; e RHC 34.559-BA, Sexta Turma, DJe de 4/8/2014. (STJ – 5ª Turma – RHC 42.595-MT, Rel. Min. Felix Fischer, julgado em 16/12/2014, DJe 2/2/2015).

- **Competência. Justiça estadual. Militar de folga. Desacato.** Compete à Justiça Comum Estadual – e não à Justiça Militar Estadual – processar e julgar suposto crime de desacato praticado por policial militar de folga contra policial militar de serviço em local estranho à administração militar. Precedentes citados: RHC 33.361-SP, Sexta Turma, DJe 16/5/2014; CC 115.597-MG, Terceira Seção, DJe 11/4/2012; e CC 114.205-SP, Terceira Seção, DJe 9/11/2011. (STJ – 6ª Turma – REsp 1.320.129-DF, Rel. Min. Rogerio Schietti Cruz, julgado em 20/11/2014, DJe 11/12/2014.

- **Competência. Modificação. Validade dos atos processuais. Ratificação. Desnecessidade** "A modificação superveniente de competência não importa em nulidade dos atos processuais até então praticados. Precedentes. 2. Pelo princípio do tempus regit actum, são válidos os atos processuais praticados ao tempo em que o juízo de primeiro grau era competente, dentre os quais o recebimento da denúncia, prosseguindo-se a ação penal a partir da fase processual em que se encontra. 3. Agravo regimental ao qual se nega provimento. (STF – AP 914 AgR, Relator(a): Min. CÁRMEN LÚCIA, Segunda Turma, julgado em 08/03/2016, ACÓRDÃO ELETRÔNICO DJe-057 DIVULG 29-03-2016 PUBLIC 30-03-2016 REPUBLICAÇÃO: DJe-091 DIVULG 05-05-2016 PUBLIC 06-05-2016)
- **Competência. Foro privilegiado. Desmembramento.** "A existência de apenas um corréu com prerrogativa de foro não impede o desmembramento do processo, quando ausente motivo relevante para a preservação da unidade processual. Precedentes. 2. Prevalece, na espécie, a competência do Supremo Tribunal Federal para processar e julgar, originariamente, inquérito, na forma do art. 102, inc. I, al. b, da Constituição Federal. 3. Agravo regimental ao qual se nega provimento. (STF – Inq 4023 AgR, Relator(a): Min. CÁRMEN LÚCIA, Segunda Turma, julgado em 15/09/2015, ACÓRDÃO ELETRÔNICO DJe-193 DIVULG 25-09-2015 PUBLIC 28-09-2015)
- **Competência**. "Conquanto seja possível alterar a competência do juízo para a execução e fiscalização da pena, nas hipóteses em que houver a transferência legal do preso, o simples fato de o apenado ter informado que possui residência em comarca diversa não constitui causa legal de deslocamento da competência do Juízo da Execução Penal. Nada obsta, outrossim, que o Juízo determine a expedição de carta precatória àquela localidade para supervisão do desconto da reprimenda. Conflito conhecido para declarar a competência do Juízo Federal da 3ª Vara Criminal de Cachoeiro de Itapemirm – SJ/ES, o suscitante, determinando, outrossim, ao Juízo de Direito da 2ª Vara de Guaçuí o cumprimento da carta precatória expedida pelo Juízo competente. (STJ – CC 140.754/ES, Rel. Ministro REYNALDO SOARES DA FONSECA, TERCEIRA SEÇÃO, julgado em 10/06/2015, DJe 22/06/2015)
- **Competência**. "De ordinário, o crime do art. 273 do Código Penal não é cometido "em detrimento de bens, serviços ou interesse da União ou de suas entidades autárquicas ou empresas públicas". Salvo se houver provas ou fortes indícios da transnacionalidade da conduta delitiva ou de conexão instrumental ou probatória com crime da competência da Justiça Federal, a competência para processar e julgar a ação penal a

ele correspondente é da Justiça estadual. 2. Conflito conhecido para declarar a competência do Juízo de Direito da 2ª Vara Criminal da Comarca de Jaú/SP, ora suscitado. (STJ – CC 127.307/SP, Rel. Ministro NEWTON TRISOTTO (DESEMBARGADOR CONVOCADO DO TJ/SC), TERCEIRA SEÇÃO, julgado em 10/06/2015, DJe 15/06/2015)

- **Competência**. "A jurisprudência desta Corte já se assentou no sentido de que o julgamento dos delitos previstos no Estatuto do Desarmamento é da competência da Justiça estadual. Precedente: CC 98.787/RJ, Rel. Ministro ARNALDO ESTEVES LIMA, Terceira Seção, julgado em 26/8/2009, DJe 23/9/2009.
- **Competência**. "Compete à Justiça Federal processar e julgar prefeito municipal por desvio de verba sujeita a prestação de contas perante órgão federal" (Súmula 208/STJ)
- **Competência**. "Embora o art. 109 da Constituição Federal estabeleça a competência da Justiça Federal para processar e julgar as causas entre Estado estrangeiro ou organismo internacional e Município ou pessoa domiciliada ou residente no país, tem-se que mencionada competência não abrange os processos criminais, mas apenas cíveis. Nos crimes ambientais, a regra é que a competência é da Justiça estadual, ressalvados os casos em que o crime é praticado em detrimento de bens, serviços e interesse da União, ou de suas autarquias e empresas públicas, conforme disciplina o art. 109, inciso IV, da Constituição Federal. Portanto, a competência da Justiça Federal surge não em razão do autor da conduta delitiva, mas sim do bem jurídico tutelado. Agravo regimental a que se nega provimento, mantendo, dessa forma, o entendimento esposado na decisão monocrática, que declarou a competência do JUÍZO DE DIREITO DA 6ª VARA CRIMINAL DE BRASÍLIA/DF, o suscitado. (STJ – AgRg no CC 121.704/DF, Rel. Ministro LEOPOLDO DE ARRUDA RAPOSO (DESEMBARGADOR CONVOCADO DO TJ/PE), TERCEIRA SEÇÃO, julgado em 13/05/2015, DJe 18/05/2015)
- **Competência**. "Segundo iterativa jurisprudência desta Corte, não há falar em aplicação do princípio da consunção quando dos delitos de porte ilegal de arma e disparo de arma de fogo são praticados em momentos diversos, em contextos distintos" (HC 128.533/MG, Rel. Ministro Og Fernandes, Sexta Turma, julgado em 15/02/2011; AgRg no REsp 1.347.003/SC, Rel. Ministro Moura Ribeiro, Quinta Turma, julgado em 17/12/2013; HC 214.606/RJ, Rel. Ministro Jorge Mussi, Quinta Turma, julgado em 18/09/2012). A conexão ocorre quando a situação fática emoldurar quaisquer das hipóteses previstas no art. 76 do Código de Processo Penal. Na determinação da competência por conexão, devem ser observadas as regras do art. 78 do Código de

Processo Penal. Excluídas aquelas dos incisos I, III e IV, "no concurso de jurisdições da mesma categoria" (inciso II), a competência será determinada pelo "lugar da infração, à qual for cominada a pena mais grave" (alínea 'a'). Conflito conhecido para declarar competente o Juízo de Direito da Vara Criminal e Tribunal do Júri da Circunscrição Judiciária de Brazlândia/DF, ora suscitado. (CC 134.342/GO, Rel. Ministro NEWTON TRISOTTO (DESEMBARGADOR CONVOCADO DO TJ/SC), TERCEIRA SEÇÃO, julgado em 22/04/2015, DJe 05/05/2015).

- **Competência**. "Hipótese em que o Juízo Federal arquivou o inquérito policial que tinha por objetivo a investigação do crime que atraiu a sua competência por conexão (art. 1º da Lei n. 8.137/90 - sonegação fiscal). Inexistindo denúncia de crime federal, a competência para processar e julgar o delito remanescente (art. 312, § 1º, do Código Penal - peculato) é da Justiça Estadual. Não incide, pois, o disposto no art. 81, caput, do Código de Processo Penal - CPP. Agravo regimental desprovido. (STJ - AgRg no CC 128.011/AC, Rel. Ministro ERICSON MARANHO (DESEMBARGADOR CONVOCADO DO TJ/SP), TERCEIRA SEÇÃO, julgado em 08/04/2015, DJe 15/04/2015).
- **Competência**. "Compete à Justiça Federal processar e julgar ação penal na qual se imputa a gestor municipal o desvio de verbas federais repassadas a município, mediante convênio, quando a respectiva aplicação está sujeita à fiscalização do ente federal e prestação de contas perante o Tribunal de Contas da União. Incidência da súmula 208/STJ. Agravo regimental improvido. (STJ - AgRg no RHC 41.394/RN, Rel. Ministro REYNALDO SOARES DA FONSECA, QUINTA TURMA, julgado em 02/06/2015, DJe 09/06/2015).
- **Competência. *Rationae personae*. Competência da justiça estadual**. 1. Hipótese em que, malgrado se refira à ACP por ausência de prestação de contas a órgão do Governo Federal, tendo em vista recursos por ele providos através de Convênio, houve a incorporação da verba no patrimônio do Município, o que, em tese, implica em conflito entre as Súmulas 208 e 209/STJ. 2. Nos termos da jurisprudência desta Casa, caracteriza-se o interesse da União quando a verba objeto do litígio é oriunda do Erário Federal e sujeita à prestação de contas e fiscalização por órgão federal, nos termos da Súmula 208/STJ. 3. Deve-se, no entanto, observar uma distinção na aplicação das Súmulas 208 e 209 do STJ, no âmbito cível, visto que tais enunciados provêm da Terceira Seção deste Superior Tribunal, e versam hipóteses de fixação da competência em matéria penal, em que basta o interesse da União ou de suas autarquias para deslocar a competência para a Justiça Federal, nos termos do inciso IV do art. 109 da CF. 4. O art. 109 da

CF/88 elenca a competência da Justiça Federal em um rol taxativo que, em seu inciso I, menciona as causas a serem julgadas pelo juízo federal em razão da pessoa, competindo a este último decidir sobre a existência (ou não) de interesse jurídico que justifique, no processo, a presença da União, suas autarquias ou empresas públicas, conforme dispõe a Súmula 150 do STJ. 5. Hipótese em que não há nos autos manifestação de interesse na causa de qualquer um desses entes elencados no dispositivo constitucional. 6. Assim, a despeito da Súmula 208 do STJ, a competência absoluta enunciada no art. 109, I, da CF faz alusão, de forma clara e objetiva, às partes envolvidas no processo, tornando despicienda, dessa maneira, a análise da matéria discutida em juízo. 7. Conflito conhecido para declarar competente o JUÍZO DE DIREITO DA 1a. VARA CÍVEL DA COMARCA DE COLINAS DO TOCANTINS. (STJ – CC 131.323/TO, Rel. Ministro NAPOLEÃO NUNES MAIA FILHO, PRIMEIRA SEÇÃO, julgado em 25/03/2015, DJe 06/04/2015)

- **Conexão.** "A conexão não determina a reunião dos processos, se um deles já foi julgado" (Súmula 235/STJ).

- **Conexão. Competência**. "A conexão ocorre quando a situação fática emoldurar quaisquer das hipóteses previstas no art. 76 do Código de Processo Penal. Na determinação da competência por conexão, devem ser observadas as regras do art. 78 do Código de Processo Penal. Será definida pela "prevenção" se, "no concurso de jurisdições da mesma categoria", não ocorrer nenhuma das circunstâncias descritas nas alíneas "a" e "b" do seu inciso II. Conflito conhecido para declarar competente o Juízo de Direito da 3ª Vara Criminal da Comarca de União dos Palmares/AL, ora suscitado". (STJ – CC 127.219/PE, Rel. Ministro NEWTON TRISOTTO (DESEMBARGADOR CONVOCADO DO TJ/SC), TERCEIRA SEÇÃO, julgado em 08/04/2015, DJe 16/04/2015).

- **Justiça militar estadual.** A jurisprudência do STJ firmou-se no sentido de a competência da justiça militar estadual, definida na constituição (art. 125, § 4º). Restringir-se às "polícias militares e bombeiros militares definidas em lei". Não alcança os civis, ao contrário do que ocorre com a justiça militar federal a quem cabe "processar e julgar os crimes militares definidos em lei" (CF/88, art. 124). (STJ – 3ª S – Ac. CC 9.033/SP (1994/0015211-6) – Rel. Min. Luiz Vicente Cernicchiaro – DJ 09.12.1996 – p. 49.203)

- **Juiz natural.** CC. Constitucional. Lei 9.299/96. Juiz natural. O juiz natural é definido no dia do fato. Garantia constitucional não pode ser afetada por lei ordinária. A Lei 9.299/96 aplica-se aos fatos anteriores a sua vigência, com ressalva do entendimento pessoal. (STJ – Ac. CC

19.107/ SP (1997/0002829-1) – Rel. Min. Luiz Vicente Cernicchiaro – DJ 09.02.1998 – p. 7)

- **Competência.** "A paciente centrou toda sua defesa na inépcia da denúncia, que não descreve sua atividade delituosa. Foi condenada. Entrou com habeas corpus e, a seguir, com apelação. O tribunal a quo não conheceu do writ sob o fundamento de que a via da *appellatio*, por sua largueza, lhe é mais favorável. II – O habeas corpus, não importa se substituto de recurso, tem assento constitucional. como se trata de quaestio juris, o paciente/recorrente tem direito a exame de mérito. III – Recurso provido para que o tribunal recorrido aprecie o mérito. (STJ – 6ª T. – Ac. RHC 2.803/SP – Rel. Min. Adhemar Maciel – DJ 27.09.1993 – p. 19.833)

- **Detração da pena. Competência. Juízo das Execuções Penais.** "Inocorre ilegalidade, por parte do Juiz sentenciante, no fato de ser mantido o regime fechado em face da quantidade e qualidade da pena aplicada. II – Questões relacionadas com a detração e progressão de regime prisional, dada a necessidade do exame e cotejo das provas pertinentes, devem ser apresentadas ao Juízo das Execuções Criminais". (STJ – 5ª T. – Ac. HC 7.772/DF – Rel. Min. Félix Fischer – DJ 18.12.1998 – p. 368)

- **Execução penal.** "Esta Corte tem se posicionado no sentido de que a competência para apreciar pedidos incidentais na execução penal, estando o detento a cumprir pena em estabelecimento estadual, é do Juízo ao qual encontra-se vinculado o apenado, com recurso para o respectivo Tribunal, embora se cuide de sentença proferida pela Justiça Federal. Compete ao Tribunal Estadual conhecer e julgar habeas corpus impetrado contra ato de Juízo estadual da Vara das Execuções Criminais, ainda que a condenação seja proveniente da Justiça Federal. 3. Conflito conhecido para determinar competente o suscitado, Tribunal de Justiça do Estado de São Paulo. (STJ – CC 95575/SP – 3ª Seção – Rel. Min. Og Fernandes – DJ 21.10.2008)

17. DA PRISÃO E DA LIBERDADE PROVISÓRIA

17.1. Busca e apreensão

Estabelece o art. 245, § 7º, do Código de Processo Penal, que trata da busca e apreensão: "Finda a diligência, os executores lavrarão auto circunstanciado, assinando-o com duas testemunhas presenciais".

A respeito dessa formalidade essencial para a validade da busca e apreensão, tem-se como hipótese assemelhada a orientação jurisprudencial, a seguir, descrita:

O Código de Processo Penal exige, para a regularidade e validade da busca e apreensão que seja lavrado auto circunstanciado a respeito, sendo imprescindível, outrossim, que a diligência seja, toda ela, assistida por duas testemunhas que, juntamente com os executores do ato, lancem suas assinaturas no mesmo. (TJSP - Rev. - Rel. Alves Braga - RT 454/368 e RJTJSP 25/538)

"Não tendo havido testemunhas da busca e apreensão, realizada com violação da lei, fica a palavra da defesa, que nega a posse do tóxico, contra a da acusação. E como é esta que tem de provar, podendo a defesa limitar-se a negar e aguardar que contra ela se faça a prova, a conclusão é necessariamente a de iliquidez no caso, impondo-se a absolvição do réu" (TJSP - Ac - rel. Acácio Rebouça - RT 442/385)

Formalidades legais na busca e apreensão. Materialidade comprometida. Absolvição imperiosa. Decisão confirmada. (TJRS - Apelação Crime 684048671, Terceira Câmara Criminal, Tribunal de Justiça do RS, Relator: Roberto Nicolau Frantz, Julgado em 07/03/1985)

Vê-se, assim, que a falta de duas testemunhas presenciais ao ato de apreensão, na hora de apreensão de bens ou instrumentos do crime, como também a falta da lavratura de laudo circunstanciado, igualmente assinado por testemunhas presenciais, geram vícios insanáveis que invalidam os procedimentos administrativos na formação da culpabilidade a ser imputada aos acusados.

Com efeito, duas testemunhas presenciais no momento da apreensão e o laudo circunstanciado são formalidades essenciais para a convicção da certeza clara e induvidosa da responsabilidade criminal.

Logo, tem-se na hipótese apenas a imputação sumária e simplória do condutor, insuficiente, pois, sua prestabilidade para lastrear um decreto condenatório.

Cuida-se de um vício que afeta sua eficácia na origem coletora as provas coligidas.

- **Busca e apreensão** - "Legítimo o ingresso de policiais na residência do paciente, mesmo sem sua presença no local, pois havia prévia autorização judicial para busca e apreensão e testemunha presencial durante o cumprimento do mandado". (STJ - HC 289.280/SP, Rel. Ministro ROGERIO SCHIETTI CRUZ, SEXTA TURMA, julgado em 14/04/2015, DJe 22/04/2015)

- **Busca e apreensão** - "É dispensável o mandado de busca e apreensão nos casos de flagrância de delito cuja execução protrai-se no tempo, como na espécie, sendo, pois, lícito à autoridade policial ingressar no interior do domicílio, a qualquer hora do dia, para fazer cessar a prática criminosa". (STJ - AgRg no AREsp 409.904/SP, Rel. Ministro MARCO AURÉLIO BELLIZZE, QUINTA TURMA, julgado em 21/08/2014, DJe 29/08/2014)

- **Busca e apreensão** - "Vale destacar, ainda, que nos casos de flagrante delito (falsificação de documentos públicos) ou de crime permanente (formação de quadrilha), como no presente caso, torna-se dispensável a existência de Mandado de Busca e Apreensão, uma vez que está autorizado pelas normas legais e constitucionais o ingresso dos agentes públicos no domicílio, inclusive no período noturno, com a prisão dos envolvidos e apreensão dos objetos relacionados ao crime, sem se cogite de nulidade da prisão ou das provas apreendidas". (STJ - RHC 35.255/SP, Rel. Ministra MARILZA MAYNARD (DESEMBARGADORA CONVOCADA DO TJ/SE), SEXTA TURMA, julgado em 22/04/2014, DJe 05/05/2014)

- **Busca e apreensão** - "Na hipótese em apreço, os policiais possuíam autorização judicial para a realização de buscas na residência do recorrente, não havendo nos autos notícia de aqueles tenham extrapolado a ordem que lhes foi dada no respectivo mandado. Ainda que assim não fosse, não se pode olvidar que nos casos de flagrante de crimes permanentes, como o tratado no presente writ, é permitido o ingresso na residência do acusado sem ordem judicial, com ou sem o seu consentimento, não se vislumbrando, com tal procedimento, ofensa às normas constitucionais e infraconstitucionais pertinentes". (STJ - RHC 39.530/PR, Rel. Ministro JORGE MUSSI, QUINTA TURMA, julgado em 10/09/2013, DJe 18/09/2013)
- **Busca e Apreensão - Ordem Judicial - Cumprimento pela Polícia Militar**. Ante o disposto no art. 144 da Constituição Federal, a circunstância de haver atuado a polícia militar não contamina o flagrante e a busca e apreensão realizadas. AUTO CIRCUNSTANCIADO - § 7º DO ART. 245 DO CÓDIGO DE PROCESSO PENAL. Atende ao disposto no § 7º do art. 245 do Código de Processo Penal procedimento a revelar auto de prisão em flagrante assinado pela autoridade competente, do qual constam o condutor, o conduzido e as testemunhas; despacho ratificando a prisão em flagrante; nota de culpa e consciência das garantias constitucionais; comunicação do recolhimento do envolvido à autoridade judicial; lavratura do boletim de ocorrência; auto de apreensão e solicitação de perícia ao Instituto de Criminalística. (STF - HC 91481/MG - 1ª T. - Rel. Min. Marco Aurélio - DJ 202 23.10.2008 Public 24.10.2008)

17.2. Confissão extrajudicial

A confissão extrajudicial não dispõe de credibilidade probatória na fase inquisitorial, quando desacompanhada de outros elementos de prova, a exemplo da ocorrência da retratação do acusado em juízo, conforme os julgados a seguir reproduzidos:

> "A confissão no flagrante policial não repetida em juízo não faz prova, tampouco os depoimentos de integrantes da diligência que profissionalmente a realizaram, desacompanhados de outros elementos informativos que corroborem esses mesmos depoimentos, máxime ocorrendo irregularidades na ação dos policiais. (TJRJ - AC 7.004 - Rel. Osny Duarte Pereira - RT 546/408)
>
> Sendo absolutamente contraditórios os depoimentos prestados pelo policial-condutor e pela testemunha, reconhece-se como suficiente e convincente a retratação do réu, em juízo, relativamente a confissão extrajudicial acoimada de coativa. (TACRIM/SP - AC - Rel. Geraldo Ferrari - JUTACRIM 27/394)
>
> A prova do inquérito policial se destina, na sistemática processual vigen-te, a informar a denúncia. assim, a confissão extrajudicial, por si só, desacompanhada de prova segura produzida no contraditório, não justifica e nem legitima a prolação de decreto condenatório. (TACRIM/SP - Rev. - Rel. Weiss de Andrade - JUTACRIM 52/412)
>
> A confissão extrajudicial, para servir de fundamento para o decreto condenatório, deve ser harmônica com o conjunto probatório, caso contrário, a absolvição se torna imperativa. 2. A prova indiciária não autoriza a condenação, quando encontra-se isolada nos autos, ausentes outros elementos probatórios que pudessem indicar, com margem de segurança, a prática do ilícito pelo acusado, e que não permitissem uma explicação lógica diferente. 3. Recurso provido, absolvição decretada. (RT 779/698)

Ademais, defluindo dos autos que o depoimento extrajudicial do acusado não foi presenciado pelas testemunhas arroladas pelo Ministério Público e indicadas pela autoridade policial, não pode o mesmo ter valor jurídico para revestir uma acusação penal.

Sobreleva ressaltar, ainda, que as provas colhidas exclusivamente na fase inquisitorial são insuficientes para autorizar uma sentença condenatória.

A palavra exclusiva do condutor-policial no auto de flagrante se apresenta insuficiente para lastrear uma condenação, quando seu teor não encontra respaldo nas provas produzidas em juízo.

Nesse sentir:

> É nula a sentença baseada em prova exclusivamente produzida no inquérito. (TACRIM/SP - AC - Rel. Baptista Garcia - JUTACrim 60.325)

Ver seção PROVAS EM GERAL

17.3. Prisão em flagrante

A prisão em flagrante de que trata o inc. IV do mesmo art. 302 (presumido ou ficto) do Código de Processo Penal para sua própria caracterização é imperiosa que o aprisionamento ocorra na hora do acontecimento do fato delituoso ou logo após o seu cometimento na ardência dos seus vestígios materiais e diante da percepção dos circunstantes.

O acusado deverá ser feito prisioneiro imediatamente após o fato delituoso ou no momento da execução deste.

De acordo com os ensinamentos de Edgard Magalhães Noronha, segundo Delmanto Junior (1998, p.76), flagrante delito é a "ardência do crime", posto que o adjetivo flagrante vem do latim *flagrans, flagrantis*, ou seja, "ardente, brilhante e resplandecente".

Dentro destas denominações será o flagrante considerado como próprio, quando a pessoa é apanhada em flagrante delito cometendo a infração penal, ou quando acaba de cometê-la. Este flagrante também é denominado como flagrante real, flagrante verdadeiro ou propriamente dito.

Para efeitos práticos de caracterização do flagrante próprio, comete uma infração penal o delinquente que ainda é encontrado na prática de atos constitutivos da mesma, enquanto acaba de cometer a infração penal, o delinquente que é apanhado no momento em que acaba de praticar o crime, ou seja, cessam os atos de sua execução, permanecendo ainda no mesmo local do crime.

No que se refere a outra hipótese, a da perseguição, esta deverá ocorrer logo após o fato, pelo encalço da autoridade, pelo ofendido ou por qualquer outra pessoa do povo, cujas circunstâncias façam o perseguido ser o autor da infração penal na forma tentada ou consumida.

Quanto à última situação definidora de flagrante, temos aquela em que o acusado é encontrado, logo depois, com instrumentos, arma, objetos ou papéis que façam presumir ser ele o autor da infração. A expressão de tempo: logo depois, deve ser compreendida como uma derivação da perseguição à localização do acusado, isto porque a expressão legal contida no inc. IV do art. 302 do Código de Processo Penal menciona "é encontrado" e somente é encontrado quem é procurado, investigado ou diligenciado.

Porém, esse espaço de tempo de investigação ou perseguição policial deve ser concluído no dia do fato, visto que não há como admitir um lapso temporal "logo depois" superior a 24 (vinte e quatro) horas, já que seria logo após um dia.

Além do flagrante preparado, um crime treinado, evidenciado quando um terceiro provoca o agente à prática do delito, ao mesmo tempo em que age para impedir o resultado, temos também, o flagrante forçado, onde o agente é abordado em local distante da sua residência, mas é "convidado", ou melhor dizendo, coagido, sob ameaça, a se dirigir até sua residência, e na versão fantasiosa das autoridades policiais, franqueada de livre e espontânea vontade o seu acesso ao interior da casa, e lá encontrarem por acaso produtos ilícitos.

Essa é uma burla às garantias da inviolabilidade do domicílio do agente investigado, e sempre tolerado pelas autoridades judiciárias.

A casa é asilo inviolável do indivíduo, uma garantia fundamental prevista na Constituição Federal.

É, pois, a versão mais grosseira do flagrante preparado, assunto muito presente na doutrina jurídica brasileira. Também chamado de flagrante provocado, tem a seguinte definição, escrita por Guilherme de Souza Nucci:

> "Flagrante provocado ou preparado é o denominado crime de ensaio, ou seja, quando um terceiro provoca o agente à prática do delito, ao mesmo tempo em que age para impedir o resultado. Havendo eficácia na atuação do agente provocador, não responde pela tentativa quem a praticou. É o disposto na Súmula 145 do STF ('Não há crime quando a preparação do flagrante pela polícia torna impossível a sua consumação'). Embora a súmula faça referência somente à polícia, é natural que seja aplicável em outros casos". *(Guilherme de Souza Nucci, Manual de Direito Penal: parte geral: parte especial, 2 ed., São Paulo: Revista dos Tribunais, 2006, p. 324)*

De modo que, na suposição de constar dos autos de inquérito policial, o sugestivo convite para que o agente abordado em local distante da sua casa para levar os policiais até o interior da mesma, deve ser objeto de impugnação com a tomada de depoimentos de circunstantes ou até mesmo de prova pericial das portas do imóvel, a fim de verificar se houve atos de violência e danos materiais .

- **Prisão em flagrante. Apresentação. STF**: "Não tem cabimento prender em flagrante o agente que, horas depois do delito, entrega-se à Polícia, que o não perseguia, e confessa o crime. Ressalvada a hipótese de decretação da custódia preventiva, se presentes os seus pressupostos, concede-se a ordem de habeas corpus para invalidar o flagrante". (RT 584/447)
- **Flagrante preparado.** "No flagrante preparado, a polícia provoca o agente a praticar o delito e, ao mesmo tempo, impede a sua consumação, cuidando-se, assim, de crime impossível; ao passo que no flagrante forjado a conduta do agente é criada pela polícia, tratando-se de fato atípico. Hipótese totalmente diversa é a do flagrante esperado, em que a polícia tem notícias de que uma infração penal será cometida e aguarda o momento de sua consumação para executar a prisão. 2. No caso dos autos, a polícia não provocou o paciente a praticar o ilícito de receptação, tampouco criou a conduta por ele praticada, tendo apenas verificado a informação de que estaria negociando uma máquina que era objeto de delito anterior, ocasião em que o prendeu em flagrante delito. (STJ – HC 307.775/GO, Rel. Ministro JORGE MUSSI, QUINTA TURMA, julgado em 03/03/2015, DJe 11/03/2015)
- **Flagrante. Ausência de testemunhas.** "Prisão em flagrante. Nulidade. Audição apenas do condutor e dos acusados. Testemunhas meramente instrumentais. Inadmissibilidade. A lei exige no mínimo duas testemunhas da infração para a lavratura do flagrante, não subsistindo as

testemunhas instrumentárias do interrogatório do indiciado as testemunhas de sua apresentação". (RT 555/376)

- **Flagrante. Perseguição policial.** Inexistindo perseguição ao indiciado logo após o crime não se pode falar em flagrante presumido, notadamente se não foi ele encontrado com instrumentos ou objetos que fizessem presumir ser o autor do mesmo. (TJSP - HC 96.696 - Rel. Juiz Tomaz Rodrigues - RT 541/400)
- **Flagrante. Sem perseguição policial.** Não tendo havido perseguição imediata aos Pacientes, a prisão dos mesmos, máxime pelo fato de terem se apresentado espontaneamente perante a autoridade judiciária local, é irregular, não podendo subsistir o flagrante levado a efeito em tais condições, eis que não se caracterizou nenhuma das circunstâncias previstas no art. 302 do CPP. Concessão da ordem. (TJPB - HC 99.001687-0 - Rel. Des. Raiff Fernandes de Carvalho Júnior - DJ 19.05.1999)
- **Prisão em flagrante. Lavratura do auto. TJSP.** "Nulo é o auto de prisão em flagrante quando não lavrado por escrivão competente, ou, na hipótese do art. 305, do Código de Processo Penal, se a pessoa for designada para lavrá-lo não prestar compromisso legal". (RT 501/261)
- **Prisão em flagrante. Condutor e testemunha. TACRSP.** "À evidência, não poderá a autoridade cumular as posições de testemunhas e presidente do auto de flagrante". (JTACRESP 63/242)

17.4. Prisão preventiva

A prisão preventiva tem definição legal na expressa manifestação do art. 312 do Código de Processo Penal que estabelece para sua adequada aplicação a existência do pressuposto da materialidade do crime e indício suficiente da sua autoria.

A materialidade do crime é demonstrada com evidência manifestada do fato através do corpo de delito em qualquer de suas modalidades na expressão de um laudo de exame de corpo de delito, documentos, prova testemunhal, laudo de exame cadavérico etc. É a prova do crime.

Quanto ao requisito de indícios suficientes de autoria, são sinais, vestígios ou indicações razoáveis que apontam para o suspeito o cometimento de crime consumado ou tentado, cujos fatos convergem ou centram-se na autoria do delito, não sendo necessário que haja certeza, apenas elementos suficientes relacionando-os ao determinado episódio que autoriza por indução a responsabilidade penal.

Registre-se que o decreto de prisão preventiva é um instrumento processual que pode ser aplicado pelo juiz criminal durante um inquérito policial como medida acauteladora, ou já na ação penal, devendo, em ambos os casos, estarem atendidos os pressupostos legais para sua configuração, que são: a) garantia da ordem pública e da ordem econômica (impedir que o réu continue praticando crimes); b) conveniência da instrução criminal (evitar que o réu atrapalhe o andamento do processo, ameaçando testemunhas ou destruindo provas); c) assegurar a aplicação da lei penal (impossibilitar a fuga do réu, garantindo que a pena imposta pela sentença seja cumprida).

Para a garantia da ordem pública, significa que sua decretação evitará que o acusado volte a cometer delitos, ou porque é provável que seu comportamento sendo propenso às práticas delituosas retorne a incorrer em novos crimes devido a eventuais estímulos relacionados às infrações cometidas.

O decreto preventivo invocando a garantia da ordem pública visa afastar que o acusado possa causar perturbações de ordem social que gere insegurança à sociedade que se apresenta desprovida de garantias para sua tranquilidade.

A insegurança social ou a perturbação da paz e da tranquilidade é o que embasa a prisão preventiva visando à garantia da ordem pública.

No que alude à conveniência da instrução criminal objetiva afastar o risco do acusado fazer desaparecer provas do crime, apagar vestígios, subornar, aliciar ou ameaçar testemunhas ou qualquer outro fato que importe em intimidar vítimas, juízes, promotores de justiça ou servidores da justiça.

Em relação à prisão preventiva para garantir a aplicação da lei penal, almeja assegurar que o acusado, sendo ao final do processo condenado, possa efetivamente cumprir a pena, no sentido de que haja execução da sentença,

Assim, a sua prisão pode ocorrer em virtude da falta de profissão definida, não possuir endereço certo, não residir no distrito da culpa ou não ter laços familiares que lhe projete raízes na cidade do acusado. Também se considera no fato de fuga ou escusa em atender aos atos judiciais visando retardar ou tumultuar o andamento do processo.

- "**Prisão preventiva. Elementos concretos.** Para que o decreto de custódia cautelar seja idôneo, é necessário que o ato judicial constritivo da liberdade traga, fundamentadamente, elementos concretos aptos a justificar tal medida. Precedentes. É imprescindível apontar-se uma conduta dos réus que permita imputar-lhes a responsabilidade pela situação de perigo à genuinidade da prova. Na espécie, a prisão cautelar se lastreia no temor genérico das testemunhas em depor, sem individualizar uma conduta sequer imputável aos pacientes. É natural e compreensível que testemunhas de crimes violentos sintam medo em prestar depoimento, mas não basta indicar a existência desse temor: é preciso demonstrar que o acusado esteja a intimidar, por si ou por interposta pessoas, as testemunhas. A invocação da "possibilidade de ofensa à integridade física e psicológica das testemunhas" constitui mera suposição do juízo de primeiro grau, sem base em elementos fáticos concretos, o que não se admite. Precedentes". (HC 137066, Relator(a): Min. DIAS TOFFOLI, Segunda Turma, julgado em 21/02/2017, PROCESSO ELETRÔNICO DJe-047 DIVULG 10-03-2017 PUBLIC 13-03-2017)

- **Prisão preventiva. Fase investigatória. Decretação de ofício pelo juiz. Impossibilidade. Nova redação do art. 311 do CPP.** Conversão do flagrante em preventiva. Hipótese distinta. Agravo regimental a que se nega provimento. 1. A nova redação do art. 311 do Código de Processo Penal que teve acrescido ao seu texto a expressão "se no curso da ação penal" pela Lei n.º 12.403/11 impõe uma mudança interpretativa e jurisprudencial quanto aos poderes do Magistrado no que tange à decretação da prisão preventiva na fase investigatória. 2. Ao Juiz só é dado decretar de ofício a prisão preventiva quando no curso da ação penal, isto é, após o oferecimento da denúncia ou queixa-crime, sendo-lhe, vedado, todavia, decretá-la de ofício na fase investigativa. 3. Na fase investigativa da persecução penal o decreto de prisão preventiva não prescinde de requerimento do titular da ação penal - Ministério Público, querelante -, ou do assistente da acusação, ou, ainda, de representação do órgão responsável pela atividade investigatória para que possa ser efetivada pelo Magistrado, sob pena de violação à imparcialidade do Juiz, da inércia da Jurisdição e do sistema acusatório. 4. A impossibilidade de decretação da prisão preventiva pelo Juiz na fase investigativa não se confunde com a hipótese retratada no art. 310, II, do Código de Processo Penal que permite ao Magistrado, quando do recebimento do auto de prisão em flagrante e constatando ter sido esta formalizada nos termos legais, convertê-la em preventiva quando presentes os requisitos constantes do art. 312 do Código de Processo Penal. Isso porque a conversão da prisão em flagrante, nos termos já sedimentados no âmbito desta Corte Superior, pode ser realizada de ofício pelo Juiz tanto na fase inquisitorial quanto na fase processual. 5. *In casu*, inviável o restabelecimento da prisão preventiva eis que decretada de ofício pelo Juiz na fase de investigação policial sem que houvesse requerimento do Ministério Público ou representação pela Autoridade Policial. 6. Agravo regimental a que se nega provimento. (STJ - AgRg no REsp 1375198/PI, Rel. Ministra MARIA THEREZA DE ASSIS MOURA, SEXTA TURMA, julgado em 17/03/2015, DJe 24/03/2015)

- **Prisão preventiva. Garantia da ordem pública. Gravidade em abstrato do delito. Flagrante ilegalidade. Ordem concedida.** 1. Nos termos do art. 312 do Código de Processo Penal, a preventiva poderá ser decretada quando houver prova da existência do crime (materialidade) e indício suficiente de autoria, mais a demonstração de um elemento variável: (a) garantia da ordem pública; ou (b) garantia da ordem econômica; ou (c) por conveniência da instrução criminal; ou (d) para assegurar a aplicação da lei penal. Para quaisquer dessas hipóteses, é imperiosa a demonstração concreta e objetiva de que tais pressupostos incidem na espécie, assim como deve ser insuficiente o cabimento de outras medidas cautelares, nos termos do art. 282, § 6º, do Código de Processo Penal, pelo qual a prisão preventiva será determinada quando não for cabível a sua substituição por outra medida cautelar (art. 319 do CPP). 2. Hipótese em que o juízo de origem lastreou sua decisão tão somente na gravidade em abstrato do delito, circunstância categoricamente rechaçada pela jurisprudência da Suprema Corte. 3. A pequena quantidade da droga apreendida torna desproporcional a decretação da prisão preventiva. Precedentes. 4. Motivação que extrapola o conteúdo do decreto prisional não se presta a suprir a carência de fundamentação nele detectada. 5. Habeas corpus concedido. (STF: HC 135250, Relator(a): Min. TEORI ZAVASCKI, Segunda Turma, julgado em 13/09/2016, PROCESSO ELETRÔNICO DJe-208 DIVULG 28-09-2016 PUBLIC 29-09-2016)

- **Prisão preventiva. Fundamentação inidônea. Motivação genérica e abstrata. Medidas cautelares diversas da prisão. Concessão da ordem.** Extensão do benefício ao corréu. 1. Em casos excepcionais, viável a superação do óbice da Súmula 691 desta Suprema Corte. Precedentes. 2. O decreto de prisão cautelar há de se apoiar nas circunstâncias fáticas do caso concreto, evidenciando que a soltura ou a manutenção em liberdade do agente implicará risco à ordem pública, à ordem econômica, à instrução criminal ou à aplicação da lei penal (CPP, art. 312). 3. A motivação genérica e abstrata, sem elementos concretos ou base empírica idônea a amparar o decreto prisional, esbarra na jurisprudência consolidada deste Supremo Tribunal Federal, que não lhe reconhece validade. Precedentes. 4. Substituição da prisão preventiva por medidas cautelares previstas no art. 319 do Código de Processo Penal, a serem fixadas pelo juízo de primeiro grau. 5. Identidade de situações entre o paciente e o corréu enseja, na hipótese, a aplicação do art. 580 do Código de Processo Penal – "No concurso de agentes (Código Penal, art. 25), a decisão do recurso interposto por um dos réus, se fundado em motivos que não sejam de caráter exclusivamente pessoal, aproveitará outros". 6. Ordem de habeas corpus concedida para revogar a prisão preventiva do paciente, sem prejuízo da imposição, pelo magistrado de primeiro grau, se assim o entender, das medidas cautelares ao feitio legal, estendendo os efeitos desta decisão ao corréu.

(STF – HC 136296, Relator(a): Min. ROSA WEBER, Primeira Turma, julgado em 13/09/2016, PROCESSO ELETRÔNICO DJe-226 DIVULG 21-10-2016 PUBLIC 24-10-2016)

- **Prisão preventiva. Substituição por medidas cautelares diversas da prisão. Adequação às condições pessoais do acusado. Possibilidade.** Ordem concedida em parte, para substituir a prisão preventiva por medidas cautelares diversas, na forma do art. 319 do CPP. (HC 132229, Relator(a): Min. TEORI ZAVASCKI, Relator(a) p/ Acórdão: Min. GILMAR MENDES, Segunda Turma, julgado em 26/04/2016, PROCESSO ELETRÔNICO DJe-218 DIVULG 11-10-2016 PUBLIC 13-10-2016)
- **Prisão preventiva. Fundamentação inidônea. Motivação genérica e abstrata.** Concessão da ordem. Artigo 580 do Código de Processo Penal. 1. Em casos excepcionais, viável a superação do óbice da Súmula 691 desta Suprema Corte. Precedentes. 2. O decreto de prisão cautelar há de se apoiar nas circunstâncias fáticas do caso concreto, evidenciando que a soltura ou a manutenção em liberdade do agente implicará risco à ordem pública, à ordem econômica, à instrução criminal ou à aplicação da lei penal (CPP, art. 312). 3. A motivação genérica e abstrata, sem elementos concretos ou base empírica idônea a amparar o decreto prisional, esbarra na jurisprudência consolidada deste Supremo Tribunal Federal, que não lhe reconhece validade. Precedentes. 4. Identidade de situações entre o paciente e os corréus enseja, na hipótese, a aplicação do art. 580 do Código de Processo Penal – "No concurso de agentes (Código Penal, art. 25), a decisão do recurso interposto por um dos réus, se fundado em motivos que não sejam de caráter exclusivamente pessoal, aproveitará outros". 5. Ordem de habeas corpus concedida para, tornando definitiva a liminar anteriormente deferida, revogar a prisão preventiva do paciente, sem prejuízo da imposição, pelo magistrado de primeiro grau, se assim o entender, das medidas cautelares ao feitio legal, estendendo os efeitos desta decisão aos demais corréus. (STF – HC 129351, Relator(a): Min. ROSA WEBER, Primeira Turma, julgado em 01/03/2016, PROCESSO ELETRÔNICO DJe-050 DIVULG 16-03-2016 PUBLIC 17-03-2016).
- "**Prisão preventiva. Gravidade do crime**. Os requisitos autorizadores descritos no art. 312 do Código Processual Penal não foram concretamente demonstrados pelo magistrado de piso. III - Não bastam a gravidade do crime e a afirmação abstrata de que o réu oferece perigo à sociedade para justificar a imposição da prisão cautelar ou a conjectura de que, em tese, a ordem pública poderia ser abalada com a soltura do acusado. IV - Aplica-se a decisão proferida pela Segunda Turma do STF no julgamento do HC 115.613/SP, de relatoria do Ministro Celso

de Mello, que concedeu a ordem, dentre outros motivos, pela "ausência de demonstração, no caso, da necessidade concreta da prisão cautelar do paciente", cuja decisão que indeferiu o pedido de relaxamento da prisão é idêntica ao caso em tela. V - Ordem concedida". (STF - HC 136784, Relator(a): Min. RICARDO LEWANDOWSKI, Segunda Turma, julgado em 22/11/2016, PROCESSO ELETRÔNICO DJe-259 DIVULG 05-12-2016 PUBLIC 06-12-2016)

- **"Prisão preventiva. Base empírica.** A prisão cautelar – qualquer que seja a modalidade que ostente no ordenamento positivo brasileiro (prisão em flagrante, prisão temporária, prisão preventiva, prisão decorrente de decisão de pronúncia ou prisão motivada por condenação penal recorrível) – somente se legitima, se se comprovar, com apoio em base empírica idônea, a real necessidade da adoção, pelo Estado, dessa extraordinária medida de constrição do "*status libertatis*" do indiciado ou do réu. Precedentes. Constitui situação de injusto constrangimento ao "*status libertatis*" do indiciado ou do réu a decisão judicial que, sem indicar fatos concretos que demonstrem, objetivamente, a imprescindibilidade da manutenção da prisão em flagrante, denega, ao paciente, a liberdade provisória que lhe assegura o parágrafo único do art. 310 do CPP. Presunções arbitrárias, construídas a partir de juízos meramente conjecturais, porque formuladas à margem do sistema jurídico, não podem prevalecer sobre o princípio da liberdade, cuja precedência constitucional lhe confere posição eminente no domínio do processo penal." (STF – 2ª Turma - HC 94.157-SP – rel. Min. Celso de Mello, j. 10/06/2008 e publicado em 28/03/2011)

- **"Prisão preventiva. Juízos meramente conjecturais e mera suposição.** A prisão cautelar – que não deve ser confundida com prisão penal – não objetiva infligir punição àquele que sofre a sua decretação, mas destina-se, considerada a função cautelar que lhe é inerente, a atuar em benefício da atividade estatal desenvolvida no processo penal. A prisão cautelar não pode apoiar-se em juízos meramente conjecturais. A mera suposição, fundada em simples conjecturas, não pode autorizar a decretação da prisão cautelar de qualquer pessoa. A decisão que ordena a privação cautelar da liberdade não se legitima quando desacompanha de fatos concretos que lhe justifiquem a necessidade, não podendo apoiar-se, por isso mesmo, na avaliação puramente subjetiva do magistrado de que a pessoa investigada ou processada, se em liberdade, poderá delinquir, ou interferir na instrução probatória, ou evadir-se do distrito da culpa, ou, então, prevalecer-se de sua particular condição social, funcional ou econômico-financeira. Presunções arbitrárias construídas a partir de juízos meramente conjecturais, porque formuladas à margem do sistema jurídico, não podem prevalecer sobre o princípio da liberdade, cuja precedência constitucional lhe confere posição eminente no domínio do processo penal. Ausência de demonstração, no caso, da necessidade concreta de manter-se a prisão em flagrante do paciente. Sem que se caracterize situação de real necessidade, não se legitima a privação cautelar da liberdade individual do indiciado ou do réu. Ausentes razões de necessidade, revela-se incabível, ante a sua excepcionalidade, a decretação ou a subsistência da prisão cautelar". (STF – 2ª Turma – HC nº 92.801-SP – rel. Min. Celso de Mello – j. 18.12.2007).

- **"Prisão preventiva. O clamor público não basta para justificar a decretação ou a manutenção da prisão cautelar**. - O estado de comoção social e de eventual indignação popular, motivado pela repercussão da prática da infração penal, não pode justificar, só por si, a decretação ou a manutenção da prisão cautelar do suposto autor do comportamento delituoso, sob pena de completa e grave aniquilação do postulado fundamental da liberdade. - O clamor público - precisamente por não constituir causa legal de justificação da prisão processual - não se qualifica como fator de legitimação da privação cautelar da liberdade do réu. Precedentes. PRISÃO CAUTELAR E POSSIBILIDADE DE EVASÃO DO DISTRITO DA CULPA. - A mera possibilidade de evasão do distrito da culpa - seja para evitar a configuração do estado de flagrância, seja, ainda, para questionar a legalidade e/ou a validade da própria decisão de custódia cautelar - não basta, só por si, para justificar a decretação ou a manutenção da medida excepcional de privação cautelar da liberdade individual do indiciado ou do réu. - A prisão cautelar - qualquer que seja a modalidade que ostente no ordenamento positivo brasileiro (prisão em flagrante, prisão temporária, prisão preventiva, prisão decorrente de decisão de pronúncia ou prisão motivada por condenação penal recorrível) - somente se legitima, se se comprovar, com apoio em base empírica idônea, a real necessidade da adoção, pelo Estado, dessa extraordinária medida de constrição do "status libertatis" do indiciado ou do réu. Precedentes". (STF - HC 96483, Relator(a): Min. CELSO DE MELLO, Segunda Turma, julgado em 10/03/2009, DJe-064 DIVULG 02-04-2009 PUBLIC 03-04-2009 EMENT VOL-02355-04 PP-00737)
- **Prisão preventiva. Presunção de fuga.** "A jurisprudência desta Corte é firme no sentido da impossibilidade de decretação da prisão preventiva com base apenas em presunção de fuga. Precedentes. Ordem parcialmente concedida, nos termos da liminar deferida". (STF – HC 125555, Relator(a): Min. TEORI ZAVASCKI, Segunda Turma, julgado em 10/02/2015, PROCESSO ELETRÔNICO DJe-069 DIVULG 13-04-2015 PUBLIC 14-04-2015)

- **Prisão preventiva. Nulidade.** Mostra-se inidônea prisão preventiva, na hipótese de sua decretação estar fundada apenas no não comparecimento do réu em juízo, após a sua citação por edital, sem, contudo, apontar qualquer dos requisitos autorizadores da custódia cautelar, previstos no art. 312 do Código de Processo Penal. 2. Ordem de habeas corpus concedida. (STJ – HC 141.819/MG, Rel. Ministro NEFI CORDEIRO, SEXTA TURMA, julgado em 12/02/2015, DJe 25/02/2015)

- **Prisão preventiva. Opiniões pessoais.** "A prisão cautelar somente é devida se expressamente justificada sua real indispensabilidade para assegurar a ordem pública, a instrução criminal ou a aplicação da lei penal, ex vi do art. 312 do Código de Processo Penal, sob pena de conduzir à nulidade da decisão constritiva, que é excepcional. As instâncias ordinárias, julgando a partir de suas opiniões pessoais, e não por meio dos princípios que regem a matéria, inverteram a lógica da prisão preventiva, chegando ao ponto de consignar, expressamente, que a preservação da sociedade reclama que a liberdade provisória seja deferida "em casos muito excepcionais". Não bastasse, a decisão que converteu o flagrante em preventiva apontou que os Pacientes teriam, em tese, cometido o crime de roubo com emprego de arma, afirmação de todo alheia à realidade dos autos, o que reforça a ausência de cautela do juízo processante no exame dos requisitos do art. 312 do Código de Processo Penal. 4. Habeas corpus não conhecido. Ordem concedida de ofício para cassar as decisões que indeferiram a liberdade provisória aos Pacientes, sem prejuízo de que outras medidas cautelares sejam adotadas pelo Juízo condutor do processo, conforme ressaltado no voto". (STJ – HC 267.552/SP, Rel. Ministra LAURITA VAZ, QUINTA TURMA, julgado em 03/09/2013, DJe 11/09/2013)

- **Prisão preventiva. Demonstração concreta.** "Segundo o art. 312 do Código de Processo Penal, a preventiva poderá ser decretada quando houver prova da existência do crime (materialidade) e indício suficiente de autoria, mais a demonstração de um elemento variável: (a) garantia da ordem pública; ou (b) garantia da ordem econômica; ou (c) por conveniência da instrução criminal; ou (d) para assegurar a aplicação da lei penal. Para qualquer dessas hipóteses, é imperiosa a demonstração concreta e objetiva de que tais pressupostos incidem na espécie, assim como deve ser insuficiente o cabimento de outras medidas cautelares, nos termos do art. 282, § 6º, do Código de Processo Penal. O decreto prisional não descreve, com base em informações concretas, a necessidade de resguardar a ordem pública, não sendo suficiente, para esse fim, a invocação da gravidade abstrata do delito. Precedentes. As afirmações de possibilidade de reiteração delitiva e de interferência na instrução criminal não estão apoiadas em nenhum elemento dos autos, tratando-se, portanto, de meras presunções, o que é rechaçado categoricamente pela jurisprudência desta Corte. Ordem concedida para revogar a prisão preventiva imposta ao paciente, ressalvada a hipótese de o juízo competente impor, considerando as circunstâncias de fato e as condições pessoais do paciente, medidas cautelares diversas da prisão previstas no art. 319 do Código de Processo Penal. Ordem estendida aos demais corréus, nos termos do art. 580 do Código de Processo Penal. (STF – HC 126846, Relator(a): Min. TEORI ZAVASCKI, Segunda Turma, julgado em 17/03/2015, PROCESSO ELETRÔNICO DJe-063 DIVULG 31-03-2015 PUBLIC 06-04-2015).

- **Prisão preventiva. Demonstração concreta.** "A prisão cautelar deve ser considerada exceção, já que, por meio desta medida, priva-se o réu de seu *jus libertatis* antes do pronunciamento condenatório definitivo, consubstanciado na sentença transitada em julgado. É por isso que tal medida constritiva só se justifica caso demonstrada sua real indispensabilidade para assegurar a ordem pública, a instrução criminal ou a aplicação da lei penal, ex vi do artigo 312 do Código de Processo Penal. A prisão preventiva, portanto, enquanto medida de natureza cautelar, não pode ser utilizada como instrumento de punição antecipada do indiciado ou do réu, nem permite complementação pelas instâncias superiores (STF HC 93.498/MS, Segunda Turma, Rel. Min. Celso de Mello, DJe de 18/10/2012).
- **Prisão preventiva. Garantia da ordem pública. Ausência de fundamentação concreta da necessidade da prisão.** "No entendimento da maioria, a comoção popular não é, por si só, suficiente para demonstrar a necessidade da prisão. Poderes de investigação do Ministério Público. O Ministério Público pode realizar diligências investigatórias para complementar a prova produzida no inquérito policial. Maioria. Rejeitada a questão de ordem por maioria. Ordem concedida, por maioria, apenas para cassar o decreto de prisão preventiva".(STF – HC 84548, Relator(a): Min. MARCO AURÉLIO, Relator(a) p/ Acórdão: Min. GILMAR MENDES, Tribunal Pleno, julgado em 04/03/2015, DJe-067 DIVULG 09-04-2015)
- **Prisão preventiva. Nulidade.** "Existe constrangimento ilegal, a ser reparado pela via do habeas corpus, quando a decisão do Tribunal de Justiça, em apelação, determina a expedição de mandado de prisão, independente do trânsito em julgado da condenação, sem, contudo, explicitar os pressupostos justificadores da segregação cautelar. II – A afronta à jurisprudência firmada pelo Supremo Tribunal Federal permite a superação do teor da Súmula 691 desta Suprema Corte. III –

Título III

Ordem concedida". (STF - HC 91468/SP - 1ª T. - Rel. Min. Ricardo Lewandowski - DJ 074 DIVULG 24.04.2008 PUBLIC 25.04.2008)

- **Prisão preventiva. Nulidade.** Revelia do acusado citado por edital não basta a fundamentá-la: inteligência da nova redação do art. 366 do Código de Processo Penal. II - Fundamentação das decisões judiciais: sendo causa de nulidade de decisão de primeiro grau, não a podem suprir nem as informações nem o acórdão das instâncias superior ao negar o habeas corpus ou desprover recurso: precedentes. III - Prisão preventiva: ser o crime legalmente classificado de hediondo não é razão bastante para decretá-la: precedentes. (STF - HC 79.392/ES - 1ª T. - Rel. Min. Sepúlveda Pertence - RTJ 172/192)

- **Prisão preventiva. Nulidade. Existência de outros processos:** O simples fato de o réu estar sendo processado por outros crimes e respondendo a outros inquéritos policiais não é suficiente para justificar a manutenção da constrição cautelar. Precedentes citados: RHC 83.493-PR, Rel. Min. Marco Aurélio, Red. para o acórdão Min. Carlos Britto, DJ 13.2.2005; e RHC 84.652/RJ, de minha relatoria, 2ª Turma, unânime, DJ 23.3.2007. 8. Ordem deferida para que seja concedida a liberdade provisória ao paciente, lavrando-se o competente alvará de soltura, salvo se por outro motivo estiver preso. (STF - HC 86186/GO - 2ª Turma - DJ 17-08-2007 PP-00091 - rel. Min. Gilmar Mendes)

- **Prisão preventiva. Ordem de prisão. Carta precatória.** Cumprimento fora da comarca. Precatória. CPP, art. 289. Para o cumprimento de ordem de prisão em lugar fora da jurisdição, é imprescindível a expedição de carta precatória, contendo o inteiro teor do mandado, nos termos do preceito inscrito no art. 289, do Código de Processo Penal. Recurso ordinário provido. Habeas corpus concedido. (STJ - RHC 97.81696-6 - Rel. Min. Vicente Leal - DJ 19.12.1997)

- **Prisão. Algemas.** Súmula vinculante 11- STF – Só é lícito o uso de algemas em casos de resistência e de fundado receio de fuga ou de perigo à integridade física própria ou alheia, por parte do preso ou de terceiros, justificada a excepcionalidade por escrito, sob pena de responsabilidade disciplinar, civil e penal do agente ou da autoridade e de nulidade da prisão ou do ato processual a que se refere, sem prejuízo da responsabilidade civil do estado.

- **Prisão preventiva. Réu que não comparece à delegacia de policial.** Réu que não compareceu à delegacia de polícia para depoimento. Fato que lhe não autoriza a custódia cautelar decretada. Ofensa à garantia constitucional de não autoincriminação. Exercício do direito ao silêncio. Constrangimento ilegal caracterizado. HC concedido. Precedentes.

Inteligência do art. 5º, LXIII, da CF, e art. 312 do CPP. O só fato de o réu, quando indiciado ou investigado, não ter comparecido à delegacia de polícia para prestar depoimento, não lhe autoriza decreto da prisão preventiva. 2. AÇÃO PENAL. Prisão preventiva. Decreto fundado na gravidade do delito e consequente periculosidade presumida do réu. Inadmissibilidade. Razão que não autoriza a prisão cautelar. Precedentes. Inteligência do art. 312 do CPP. É ilegal o decreto de prisão preventiva que se funda na gravidade do delito e na consequente periculosidade presumida do réu. (STF – 2ª T. – HC 89.503/RS – Rel. Min. Cezar Peluso – DJ 08.06.2007)

17.5. Liberdade Provisória

A liberdade provisória é o instituto processual que confere ao agente preso em flagrante delito o benefício de responder ao processo em liberdade mediante, se preencher, determinados requisitos objetivos e outros, pessoais, previstos no art. 310 do Código de Processo Penal. Essa outorga judicial poderá ser revogada a qualquer tempo e perdurará até o trânsito em julgado da sentença final, se condenatória.

No termos da nossa legislação, a liberdade provisória poderá ser obrigatória nas hipóteses previstas pelo art. 321, I e II, do Código de Processo Penal, nos casos de infração não cominada com pena privativa de liberdade e quando esta não exceder a três meses.

Na verdade, essas situações estão derrogadas pela Lei dos Juizados Especiais Criminais, quando afasta aplicação da pena privativa de liberdade aos delitos cominados até com dois anos de detenção ou reclusão.

Outra modalidade é a liberdade provisória permitida, que é cabível em todas as hipóteses que não comportem as razões ensejadoras da prisão preventiva, de modo que, não estando presentes as condições para a decretação da prisão preventiva, é direito subjetivo do agente responder ao processo em liberdade até seu deslinde definitivo.

Há outras situações em que não vem sendo compreendido o benefício da liberdade provisória, a exemplo dos crimes hediondos, temática que vem sendo polemizada pela doutrina e pela jurisprudência, sem firmeza.

Essa divergência de entendimento ganhou maiores debates aguçados a partir da edição da Lei 11.646, de março de 2007, que exclui do art. 2º da Lei 8.072, de 25.07.1990, no seu item II, a expressão "liberdade provisória", deixando apenas "fiança".

A corrente prevalente compreende que, sendo o crime inafiançável e o acusado preso em flagrante, não há como medrar a aplicabilidade do instituto da liberdade provisória, isto porque a fiança é conceituada como uma garantia para a concessão da liberdade provisória. Se a lei veda a concessão de fiança, logo não cabe a liberdade provisória.

Anote-se que a prisão em flagrante atrai a incidência do disposto no inc. XLIII do art. 5º da Constituição da República, em relação aos crimes hediondos que são inafiançáveis.

- "**Liberdade provisória. Mulher. Filho menor de 12 anos de idade.** Caso em que o decreto que impôs a prisão preventiva à recorrente não apresentou motivação concreta, apta a justificar sua segregação, tendo se limitado a abordar, de modo genérico, termos da lei processual e a gravidade abstrata do delito de tráfico de drogas. O inciso V do art. 318 do Código de Processo Penal, incluído pela Lei n. 13.257/2016, determina que Poderá o juiz substituir a prisão preventiva pela domiciliar quando o agente for: V - mulher com filho de até 12 (doze) anos de idade incompletos. A prova documental juntada aos autos atesta que a recorrente possui uma filha de tenra idade (5 anos). Assim, a fim de proteger e resguardar a integridade física e emocional da criança e da mulher, considerando a necessidade e a adequação, em vista da natureza do crime imputado, das circunstâncias do flagrante, da ausência de indícios de que a recorrente se dedique à traficância ou que possua envolvimento com a criminalidade, é suficiente, na hipótese, a substituição da prisão preventiva por medidas alternativas, sobretudo a proibição de visitas a estabelecimentos prisionais, já que, aparentemente, a droga encontrada seria entregue a seu companheiro, que se encontra encarcerado. Recurso provido, confirmando-se a liminar, para deferir a liberdade provisória à paciente, mediante a proibição de visitas a estabelecimentos prisionais, sem prejuízo de outras medidas cautelares, previstas no art. 319 do CPP, à critério do juízo processante, ressalvada prisão por outro motivo. (STJ - RHC 77.009/SP, Rel. Ministro REYNALDO SOARES DA FONSECA, QUINTA TURMA, julgado em 09/03/2017, DJe 15/03/2017)
- " **Excesso de prazo.** Os prazos processuais não são peremptórios, bem como o constrangimento ilegal por excesso de prazo não resulta de um critério aritmético. Há de ser realizada pelo julgador uma aferição do caso concreto, de acordo com as suas peculiaridades, em atenção aos princípios da razoabilidade e da proporcionalidade. Caso em que a paciente foi presa em flagrante delito, após ter sido surpreendida portando 4 gramas de maconha, 25 pedras de crack e R$ 36,00. Ao final da instrução, foi condenada pelo Juízo singular por infração ao art. 33, caput, da Lei n. 11.343/2006, ao cumprimento de 5 anos de reclusão, inicialmente em regime fechado, e ao pagamento de 500 dias-multa, sendo-lhe negado o direito de recorrer em liberdade. Considerando o quantum da pena imposta à paciente pela sentença

condenatória recorrível (5 anos) e o tempo transcorrido de prisão provisória (3 anos e 8 meses), há, *in casu*, prisão por mais tempo do que determina a lei, em razão de desídia estatal e sem contribuição da defesa. Não é passível de dúvida que já houve condenação. Entretanto, não menos acertado é a circunstância de que o cárcere decorrente de sentença condenatória recorrível é espécie do gênero "cautelar". Tratando-se, pois, de prisão provisória, dela se exige dure um prazo razoável, sob pena de malferimento aos princípios constitucionais da proporcionalidade e da razoável duração do processo (Constituição da República, art. 5º, LXXVIII). Ordem concedida, a fim de permitir que a paciente permaneça em liberdade até o julgamento do recurso de apelação, sem prejuízo de que lhe sejam impostas pelo Juízo local outras medidas cautelares dentre as constantes do art. 319 do Código de Processo Penal, caso demonstrada a sua necessidade". (STJ - HC 358.177/CE, Rel. Ministro ANTONIO SALDANHA PALHEIRO, SEXTA TURMA, julgado em 09/03/2017, DJe 21/03/2017)

- "**Excesso de prazo.** Extrapola os limites da razoabilidade, havendo injustificada demora, se, como na espécie, não há qualquer perspectiva de que os recorrentes sejam submetidos a julgamento em prazo razoável. As imputações são dos crimes de organização criminosa e porte de arma de uso restrito, praticados no dia 24.03.2015. No que se refere ao recorrente Vanderluz, o feito aguarda o cumprimento de carta precatória expedida para oitiva de testemunhas, cuja audiência não foi designada, após o que haverá ainda que se proceder ao interrogatório dos acusados e eventuais diligências que poderão ser requeridas. Desmembrada em relação ao recorrente Valdemir, a nova ação penal não registra nenhuma tramitação relevante, sendo que a citação foi determinada por carta precatória e o ato ainda não se aperfeiçoou. Não obstante a gravidade do delito imputado aos réus, sobressai a delonga no encarceramento. Recurso ordinário a que se dá provimento para relaxar a prisão dos recorrentes. Encontrando-se o corréu em situação fático-processual idêntica, nos moldes do art. 580 do Código de Processo Penal, é de lhe ser estendido o benefício". (STJ - RHC 77.938/MA, Rel. Ministra MARIA THEREZA DE ASSIS MOURA, SEXTA TURMA, julgado em 21/02/2017, DJe 02/03/2017)
- "**Excesso de prazo.** Eventual constrangimento ilegal por excesso de prazo não resulta de um critério aritmético, mas de uma aferição realizada pelo julgador, à luz dos princípios da razoabilidade e proporcionalidade, levando em conta as peculiaridades do caso concreto, de modo a evitar retardo abusivo e injustificado na prestação jurisdicional. Caso em que a audiência de instrução foi sucessivamente remarcada pelo Juízo processante por razões alheias à atuação da defesa. Além disso, um dos

Título III

acusados não foi localizado (citado por edital), três foram libertados e o recorrente aguarda preso há mais de 2 anos e 7 meses o encerramento da instrução. Precedentes. Recurso ordinário em habeas corpus a que se dá provimento para relaxar a prisão preventiva do recorrente, ressalvada a possibilidade de aplicação de medidas cautelares previstas no art. 319 do CPP pelo Juízo de primeiro grau". (STJ - RHC 65.484/MA, Rel. Ministro REYNALDO SOARES DA FONSECA, QUINTA TURMA, julgado em 16/02/2017, DJe 22/02/2017)

- "**Excesso de prazo.** De acordo com reiteradas decisões da Sexta Turma desta Corte Superior, as prisões cautelares são medidas de índole excepcional, somente podendo ser decretadas ou mantidas caso demonstrada, com base em elementos concretos dos autos, a efetiva imprescindibilidade de restrição ao direito constitucional à liberdade de locomoção. Segundo pacífico entendimento doutrinário e jurisprudencial, a configuração de excesso de prazo não decorre da soma aritmética de prazos legais. A questão deve ser aferida segundo os critérios de razoabilidade, tendo em vista as peculiaridades do caso. Evidenciado que o paciente se encontra recolhido cautelarmente há mais de 2 anos e 6 meses sem que a fase processual nem sequer tenha se encerrado, não se deve imputar a desídia na condução do feito à defesa. Precedente. As peculiaridades do caso concreto, quando pertinentes, autorizam a aplicação de medidas cautelares diversas da prisão. Verificada a identidade de situações e que a decisão não se vincula a circunstâncias de caráter exclusivamente pessoal, devem ser estendidos seus efeitos, nos termos do art. 580 do Código de Processo Penal. Ordem concedida". (STJ - HC 352.142/PE, Rel. Ministro SEBASTIÃO REIS JÚNIOR, SEXTA TURMA, julgado em 16/02/2017, DJe 02/03/2017)

- "**Excesso de prazo.** Eventual constrangimento ilegal por excesso de prazo não resulta de um critério aritmético, mas de uma aferição realizada pelo julgador, à luz dos princípios da razoabilidade e proporcionalidade, levando em conta as peculiaridades do caso concreto, de modo a evitar retardo abusivo e injustificado na prestação jurisdicional. Caso em que o paciente se encontra preso desde 20/12/2015, há mais de 1 ano e 1 mês, sem qualquer dado indicativo de conclusão da instrução, com a sentença, porque teria sido flagrado com cerca de 1,6 g de cocaína e 0,88g de maconha. A ação penal conta com apenas dois réus, e não se identifica qualquer ato procrastinatório da defesa. Precedentes. O corréu encontra-se na mesma condição fático-processual do ora paciente. Extensão dos benefícios, nos termos do art. 580 do Código de Processo Penal. Ordem concedida de ofício". (STJ - HC 376.859/SP, Rel. Ministro REYNALDO SOARES DA FONSECA, QUINTA TURMA, julgado em 14/02/2017, DJe 17/02/2017)

- "Excesso de prazo. Eventual constrangimento ilegal por excesso de prazo não resulta de um critério aritmético, mas de uma aferição realizada pelo julgador, à luz dos princípios da razoabilidade e proporcionalidade, levando em conta as peculiaridades do caso concreto, de modo a evitar retardo abusivo e injustificado na prestação jurisdicional. Caso em que o paciente, acusado do crime de tentativa de homicídio qualificado, foi preso em 15/1/2014 e a primeira audiência foi designada para um ano após a sua prisão (8/1/2015) e redesignada para 19/7/2016. O último registro processual publicado no site do TJ/PE consta a informação adiando a data da audiência, mais uma vez, do dia 5/1/2017 para 6/4/2017. O tempo de prisão já supera 3 anos. Constrangimento ilegal evidenciado. Precedentes do STF e STJ. Ordem concedida de ofício". (STJ - HC 358.265/PE, Rel. Ministro REYNALDO SOARES DA FONSECA, QUINTA TURMA, julgado em 14/02/2017, DJe 17/02/2017)

- "**Excesso de prazo.** A prisão processual, por ser medida instrumental, e não antecipatória de pena, necessita reportar-se a dados concretos de cautelaridade, não servindo a mera alusão de que o acusado não comprovou a residência certa e a ocupação lícita e, ainda, de que as circunstâncias próprias do tipo penal seriam justificativas plausíveis. Não se afigura condizente com o estado de proteção social e com as garantias constitucionais considerar elementos sem qualquer indicação concreta desfavorável da pessoa do acusado, como determinantes da prisão preventiva, que é medida extrema de natureza exclusivamente cautelar. Ordem concedida para permitir ao paciente que aguarde o processo em liberdade, se por outra razão não estiver preso". (STJ - HC 376.650/SP, Rel. Ministra MARIA THEREZA DE ASSIS MOURA, SEXTA TURMA, julgado em 14/02/2017, DJe 22/02/2017)

- "**Excesso de prazo.** A segregação cautelar deve ser considerada exceção, já que tal medida constritiva só se justifica caso demonstrada sua real indispensabilidade para assegurar a ordem pública, a instrução criminal ou a aplicação da lei penal, ex vi do artigo 312 do Código de Processo Penal. O prazo para a conclusão da instrução criminal não tem as características de fatalidade e de improrrogabilidade, fazendo-se imprescindível raciocinar com o juízo de razoabilidade para definir o excesso de prazo (precedentes). Todavia, in casu, o paciente foi preso em 09/09/2015 e, em 23/01/2017, o d. magistrado de primeiro grau converteu o julgamento em diligência para verificar eventual divergência no conteúdo do laudo toxicológico. Desse modo, entendo que o prazo de prisão preventiva é extenso e desarrazoado, haja vista que a conversão do julgamento em diligência não decorreu de um pedido da defesa. Portanto, a demora na conclusão da instrução apenas pode ser imputada ao próprio Estado. Ordem concedida, de ofício, para relaxar a prisão preventiva.

(STJ - HC 380.490/SP, Rel. Ministro FELIX FISCHER, QUINTA TURMA, julgado em 14/02/2017, DJe 07/03/2017)

- "**Excesso de prazo.** Evidenciada a coação advinda de excesso de prazo porquanto o recorrente está preso preventivamente desde agosto de 2008, de forma que o prazo global de sua constrição resulta em mais de 8 (oito) anos, inexistindo previsão concreta quanto à data em que será realizado seu julgamento pelo Júri, até porque, se aguarda o julgamento do pedido ministerial pelo desaforamento da ação penal; não se vislumbrando, de igual forma, rápida resolução da lide que ainda se encontra na primeira fase. Demonstrado que o retardo ou a delonga ultrapassaram os limites da razoabilidade e podem ser atribuídos unicamente ao Estado e ao Judiciário, de ser reconhecido o constrangimento ilegal, sanável através da via eleita. Recurso parcialmente provido para substituir a custódia preventiva do recorrente, mediante a imposição das medidas alternativas à prisão previstas no art. 319, incisos I, II, III e IV, do Código de Processo Penal. (STJ - RHC 72.352/CE, Rel. Ministro JORGE MUSSI, QUINTA TURMA, julgado em 07/02/2017, DJe 22/02/2017)

- "**Excesso de prazo.** Eventual constrangimento ilegal por excesso de prazo não resulta de um critério aritmético, mas de uma aferição realizada pelo julgador, à luz dos princípios da razoabilidade e proporcionalidade, levando em conta as peculiaridades do caso concreto, de modo a evitar retardo abusivo e injustificado na prestação jurisdicional. Caso em que a audiência de instrução foi sucessivamente remarcada pelo Juízo processante. Um dos acusados encontra-se foragido e o recorrente, que responde pelos crimes de estelionato e associação criminosa, aguarda preso desde 6/2/2016 a conclusão do processo e sentença. Excessivo retardo ocorrido sem a contribuição da defesa. Constrangimento ilegal evidenciado. Precedentes. Recurso ordinário em habeas corpus a que se dá provimento para relaxar a prisão preventiva do recorrente, ressalvada a possibilidade de aplicação de medidas cautelares previstas no art. 319 do CPP pelo Juízo de primeiro grau. (STJ - RHC 64.880/SP, Rel. Ministro REYNALDO SOARES DA FONSECA, QUINTA TURMA, julgado em 02/02/2017, DJe 10/02/2017)

- **Liberdade provisória. Mulher com filho de até 12 anos de idade incompletos. Condições pessoais favoráveis. Fundamentação inidônea. Constrangimento ilegal configurado. Ordem concedida, de ofício.** - A privação antecipada da liberdade do cidadão acusado de crime reveste-se de caráter excepcional em nosso ordenamento jurídico, e a medida deve estar embasada em decisão judicial fundamentada (art. 93, IX, da CF), que demonstre a existência da prova da materialidade do crime e a presença de indícios suficientes da autoria, bem como a ocorrência de um ou mais pressupostos do artigo 312 do Código de Processo Penal. Exige-se, ainda, na linha perfilhada pela jurisprudência dominante deste Superior Tribunal de Justiça e do Supremo Tribunal Federal, que a decisão esteja pautada em motivação concreta, vedadas considerações abstratas sobre a gravidade do crime. - Caso em que nem o decreto que impôs a prisão preventiva à paciente, nem a sentença que negou o direito de apelar em liberdade apresentaram motivação concreta, apta a justificar a segregação, tendo se limitado a abordar, de modo genérico, termos da lei processual e a gravidade abstrata do delito de tráfico de drogas, pautando-se, ainda, no art. 44, caput, da Lei 11.343/2007, já declarado inconstitucional pelo STF. - A paciente possui condições pessoais favoráveis, é primária, e tem um filho menor de 4 anos de idade, o que lhe garantiria, de qualquer modo, o direito à prisão domiciliar (inciso V do art. 318 do Código de Processo Penal, incluído pela Lei 13.257/2016). - Ordem concedida de ofício. (STJ - HC 364.807/SP, Rel. Ministro REYNALDO SOARES DA FONSECA, QUINTA TURMA, julgado em 25/10/2016, DJe 08/11/2016)

- **Liberdade provisória. Prisão preventiva. Requisitos. Gravidade abstrata do delito. Condições pessoais favoráveis. Fundamentação inidônea. Mulher com filho de até 12 anos de idade incompletos. Constrangimento ilegal configurado. Recurso provido**. 1. É certo que a gravidade abstrata do delito de tráfico de entorpecentes não serve de fundamento para a negativa do benefício da liberdade provisória, tendo em vista a declaração de inconstitucionalidade de parte do art. 44 da Lei nº 11.343/2006 pelo Supremo Tribunal Federal. 2. Caso em que o decreto que impôs a prisão preventiva à recorrente não apresentou motivação concreta, apta a justificar a segregação cautelar, tendo-se valido de afirmação genérica e abstrata sobre a gravidade do delito, decorrente do quantum da pena em abstrato, deixando, contudo, de indicar elementos concretos e individualizados que evidenciassem a necessidade da rigorosa providência cautelar. 3. Nos autos constam os documentos de identidades de 4 filhos da ora recorrente, dois deles menores de 12 anos, situação fática que lhe assegurara o benefício da prisão domiciliar, nos termos do inciso V do art. 318 do Código de Processo Penal (inciso incluído pela Lei n. 13.257, de 9/3/2016). 4. Recurso provido, para, ratificando a liminar, determinar a soltura da recorrente, sob a imposição das medidas cautelares diversas da prisão previstas no art. 319, incisos I e II, do Código de Processo Penal. (STJ - RHC 71.384/SP, Rel. Ministro REYNALDO SOARES DA FONSECA, QUINTA TURMA, julgado em 06/10/2016, DJe 14/10/2016)

- **Liberdade provisória concedida pelo juízo singular. Interposição de recurso em sentido estrito. Mandado de segurança. Atribuição de efeito suspensivo pretendida pelo *parquet*.** Concessão da ordem pelo tribunal de origem. Descabimento da referida impetração. Ordem concedida. Concedida liberdade provisória, não se admite a impetração de mandado de segurança pelo Ministério Público para fins de atribuição de efeito suspensivo a Recurso em Sentido Estrito, que não o detém. Precedentes. Ordem concedida para confirmar a liminar deferida e afastar o efeito suspensivo deferido ao Recurso em Sentido Estrito interposto pelo Ministério Público. (STJ - HC 360.269/SP, Rel. Ministro JORGE MUSSI, QUINTA TURMA, julgado em 23/08/2016, DJe 08/09/2016)

- **Liberdade provisória deferida. Fiança não paga. Manutenção da custódia. Ilegalidade. Réu juridicamente pobre. Constrangimento ilegal evidenciado. Ordem concedida.** A apreciação de habeas corpus impetrado contra decisão que indeferiu a liminar em prévio writ se submete aos parâmetros do Enunciado n. 691 da Súmula do STF, somente afastado no caso de flagrante ilegalidade, o que se verifica na hipótese dos autos. O inadimplemento da fiança arbitrada, por si só, não é capaz de fundamentar a manutenção da custódia cautelar, nos termos do art. 350 do Código de Processo Penal. Caso em que o acusado se declara pobre, tendo sido assistido pela Defensoria Pública, e estando encarcerado há mais de seis meses apenas em razão de sua incapacidade financeira para arcar com o pagamento da fiança. Ordem concedida, confirmando a liminar deferida, a fim de garantir a liberdade provisória ao paciente, independentemente do pagamento de fiança, mantidas as cautelares anteriormente impostas, previstas no artigo 319, incisos I e II, do Código de Processo Penal, sem prejuízo de decretação de nova custódia, se efetivamente demonstrada a sua necessidade. (STJ - HC 349.233/SP, Rel. Ministro ANTONIO SALDANHA PALHEIRO, SEXTA TURMA, julgado em 23/08/2016, DJe 01/09/2016)

- **Liberdade provisória. Revogação. Descabimento.** "Tem prevalecido na jurisprudência do Superior Tribunal de justiça a orientação de que não se deve revogar decisão que há muito concedera liberdade provisória ao réu, sem que fato novo indique a sua imprescindibilidade, ante a manifesta ausência de *periculum in mora*". Precedentes: HC 214.921/PA, Rel. Ministro NEFI CORDEIRO, SEXTA TURMA, julgado em 17/03/2015, DJe 25/03/2015; HC 306.807/RJ, Rel. Ministra MARIA THEREZA DE ASSIS MOURA, SEXTA TURMA, julgado em 10/03/2015, DJe 17/03/2015.

- **Liberdade Provisória. Fiança não paga.** "Conforme reiterada jurisprudência desta Corte Superior de Justiça, toda custódia imposta antes do trânsito em julgado de sentença penal condenatória exige concreta fundamentação, nos termos do disposto no art. 312 do Código de Processo Penal. 2. A aplicação do enunciado sumular n.º 691 do Supremo Tribunal Federal pode ser excepcionada quando restar caracterizado manifesto constrangimento ilegal, o que se verifica na hipótese vertente, porquanto o não pagamento da fiança arbitrada, por si só, não justifica a preservação da custódia, além de tratar-se de réu juridicamente pobre. 3. Ordem concedida, confirmando a liminar, a fim de garantir a liberdade provisória ao paciente, independentemente do pagamento de fiança. Cumulativamente, fixo a medida cautelar prevista no artigo 319, inciso IV, do Código de Processo Penal, determinando a proibição do réu de ausentar-se da Comarca, sem prejuízo de outras medidas que o juízo de primeiro grau entenda pertinentes, de maneira fundamentada. (STJ - HC 317.175/DF, Rel. Ministra MARIA THEREZA DE ASSIS MOURA, SEXTA TURMA, julgado em 14/04/2015, DJe 29/04/2015)

- **Liberdade provisória. Crime hediondo. Cabimento.** Inconstitucionalidade do regime inicial fechado de cumprimento de pena para crimes hediondos e equiparados (art. 2º, § 1º, da lei nº 8.072/90). Precedentes. Recurso provido para conceder liberdade provisória ao recorrente; habeas corpus concedido, de ofício, para afastar o óbice previsto no art. 2º, § 1º, da Lei nº 8.072/90 à fixação de regime prisional inicial diverso do fechado, declarado inconstitucional por esta Corte, ficando a cargo do juízo processante a análise dos requisitos exigidos para o regime compatível com a pena aplicada. (STF - RHC 118200, Relator(a): Min. LUIZ FUX, Primeira Turma, julgado em 12/11/2013, PROCESSO ELETRÔNICO DJe-170 DIVULG 02-09-2014 PUBLIC 03-09-2014)

- **Liberdade provisória. Excesso de prazo.** PRISÃO PREVENTIVA - FUNDAMENTOS - IMPUTAÇÃO. A gravidade da imputação não respalda a prisão preventiva, sob pena de tornar-se, em certas situações, automática. PRISÃO PREVENTIVA - OCUPAÇÃO LÍCITA - AUSÊNCIA DE PROVA. A ausência de comprovação de ocupação lícita é desinfluente considerada a custódia provisória. PRISÃO PREVENTIVA - DISTRITO DA CULPA - ABANDONO. Conforme o disposto nos artigos 312 e 366 do Código de Processo Penal, mostra-se irrelevante quanto à prisão preventiva, não a fundamentando, o fato de o acusado deixar o distrito da culpa e não ser encontrado. PRISÃO PREVENTIVA - INSTRUÇÃO - RÉU PRESO. A circunstância de o acusado haver respondido ao processo preso não justifica, por si só, a continuidade da custódia. PRISÃO PREVENTIVA - EXCESSO DE PRAZO. Uma vez constatado o excesso de prazo, impõe-se o relaxamento da prisão.

(HC 118818, Relator(a): Min. MARCO AURÉLIO, Primeira Turma, julgado em 20/05/2014, PROCESSO ELETRÔNICO DJe-113 DIVULG 11-06-2014 PUBLIC 12-06-2014)

- **Liberdade provisória. Excesso de prazo.** "A celeridade processual é ideia-força imanente ao Estado Democrático de Direito com amparo na ordem constitucional. Hipótese em que a prisão processual se arrasta por mais de 2 anos aguardando a realização de exame toxicológico. Tendo a causa as particularidades comuns de exame, a deficiência do aparato estatal não é suficiente para justificar a delonga processual e o retardo no término da instrução criminal. Ordem concedida para relaxar a prisão do paciente. (STJ - HC 320.884/RJ, Rel. Ministra MARIA THEREZA DE ASSIS MOURA, SEXTA TURMA, julgado em 19/05/2015, DJe 27/05/2015)
- **Liberdade provisória. Excesso de prazo.** "O prazo para a conclusão da instrução criminal não tem as características de fatalidade e de improrrogabilidade, fazendo-se imprescindível raciocinar com o juízo de razoabilidade para definir o excesso de prazo, não se ponderando mera soma aritmética de tempo para os atos processuais (Precedentes do STF e do STJ). II - Dessa forma, o constrangimento ilegal por excesso de prazo só pode ser reconhecido quando houver demora injustificada (Precedentes). III - No caso em tela, as peculiaridades da causa - o número de acusados, os atos realizados por meio de carta precatória, a complexidade do feito etc. - tornam razoável e justificada a demora na formação da culpa, de modo a afastar, por ora, o alegado constrangimento ilegal (Precedentes). (STJ - HC 73413/SP - 5ª T. - Rel. Min. Félix Fischer - DJ 03.09.2007, p. 200)
- **Liberdade provisória. Excesso de prazo.** "Deve ser reconhecido o excesso de prazo na formação da culpa, se o recorrente está preso cautelarmente há um ano e onze meses e ainda será necessária a repetição de toda a instrução processual. Recurso provido". (STJ - RHC 20544/SP - 5ª T. - Rel. Min. Félix Fischer - DJ 10.09.2007 p. 244)

18. DAS PROVAS EM GERAL

O Código de Processo Penal dispõe de um alcance processual de adequação operacional aos postulados fundamentais delineados pela Constituição da República com o intuito de inserir maior agilidade na tramitação processual e procedimentos referentes à produção de provas.

O conjunto normativo inclui parâmetros para a observância do princípio do livre convencimento do juiz; a essencialidade jurídica das provas produzidas através do contraditório em juízo; disciplinamento para exclusão do uso das provas ilícitas e novos meios de obtenção de prova pericial e testemunhal, com melhor ajustamento às regras do contraditório, afora, importantes garantias e direitos em favor da vítima.

Pode-se afirmar que esses mecanismos processuais constituem instrumentos indispensáveis na constitucionalização do processo penal ao inferir expressamente a relevância da prova jurisdicionada com requisito essencial para fundar uma decisão judicial penal.

18.1. Provas jurisdicionais

A prova jurisdicionada teve sua valorização proclamada como critério objetivo para fundamentar as manifestações judiciosas definitivas pelo novo texto normativo. Agora, o art. 155 do Código de Processo Penal, conforme acima descrito, preceitua que a decisão judicial deve ser fundada nas prova produzida em contraditório judicial, aquela, gerada ou realizada em juízo, submetida a questionamento das partes integrantes do litígio de forma ampla, livre e sem restrições, para se colher o fruto natural da verdade real, que renderá crédito e valor de juízo para o seu destinatário, o juiz da causa, e instrumentalização do processo.

Este dispositivo afasta a possibilidade de as decisões judiciais, especialmente as desfavoráveis ao acusado, serem baseadas em informações ou provas apanhadas durante o inquérito policial, visto que, neste instrumento investigatório, não há a realização do contraditório, garantia constitucional exercida com exclusividade pelo Poder Judiciário no âmbito da atividade jurisdicional.

O contraditório se realiza com a manifestação técnica e liberdade profissional dos advogados e promotores de justiça, nos atos solenes e formais das audiências judiciais, presididas pelo juiz de Direito, este, por sua vez, assegurará todas as condições satisfatórias aos seus protagonistas, homenageando, desta forma, a garantia constitucional dos direitos fundamentais, para a realização do devido processo legal e do exercício da ampla defesa.

Com efeito, a decisão judicial condenatória calcada em peças obtidas na fase investigativa, sem alicerce suficiente na prova jurisdicionada para que se possa moldar um entendimento certo e seguro, resulta em nulidade absoluta por afrontar o princípio constitucional do contraditório, agora, melhor e especificamente normatizado pelo dispositivo elencado.

Essa conclusão se depreende da imperiosa necessidade legal e jurisprudencial da certeza para fins de condenação penal, que somente pode ser alcançada com a produção de provas provenientes da realização do seu contraditório e questionamento direto, que importará na expressão da verdade real dos fatos imputados ao acusado, revestindo-se intrinsecamente da realidade que autorizaria, com segurança, a persuasão íntima de uma conclusão categórica na formação de um juízo de valor.

Na ausência de aferição de clareza, certeza absoluta e segurança dessa ponderação de valoração da culpabilidade, aplica-se o princípio in dubio pro reo, porquanto é mais justo absolver um culpado do que condenar um inocente.

Nota-se que as provas autorizadas previamente pela autoridade judicial, de índole cautelar, que tenham observado os regramentos do devido processo legal, podem auxiliar, subsidiariamente, os elementos de convicção na percepção judicante decisória, tendo em vista a sua previsibilidade normativa no direito positivo.

Na parte final do dispositivo, a menção às provas cautelares, não repetíveis e antecipadas em razão de diversas situações que visam preservar a qualidade da prova ou afastar o risco de sua perda pela ação do tempo, que exigem o provimento judicial para assegurar a eficácia da função judiciária.

Assim é que haverá circunstâncias em que o depoimento de testemunhas deve ser antecipado por motivo de enfermidade ou necessidade de ausentar-se do estado ou do país; a expedição de ordem de busca e apreensão domiciliar de bens e/ou documentos; a realização de exame de corpo de delito ou ainda a interceptação telefônica, são algumas das hipóteses contemplativas da abrangência desta norma.

18.2. Atos de ofício do juiz

Reproduzindo o teor da norma anterior, este dispositivo, ao dar nova redação aos atos de ofício do juiz e apresentar de novo o ônus da prova ao acusador, desmembra as iniciativas probatórias, consideradas urgentes e relevantes, ao permitirem que as mesmas sejam implementadas antes da proposição da ação penal.

O art. 156 do Código de Processo Penal atribui ao juiz a prerrogativa de ordenar a realização da produção antecipada de provas consideradas imprescindíveis, objetivando preservar o valor, a utilidade e eficácia no desenvolvimento válido e regular do processo, quando do ajuizamento posterior da ação penal competente visando à aplicação eficiente da lei penal.

Dentre as medidas possíveis, são objetos da produção antecipada de provas as periciais, tais como: exame em veículos, objetos e cadáveres, a ouvida de testemunhas que tendem a estar ausentes ou fora do país, quando da instrução normal da ação principal, a interceptação telefônica, telemática, escuta ambiental ou acompanhamento de pessoa suspeita; nestes últimos casos, deverá haver fundamentação robusta e sufi-ciente à sua justificativa diante dos indícios fortes do cometimento de crimes ou que visem desmantelar organizações criminosas, bem ainda, a quebra do sigilo bancário e/ou fiscal, a busca e apreensão de produtos, objetos e utensílios em domicílio ou sede de empresas privadas ou entidades governamentais.

Anote-se, por relevante, que essas medidas cautelares devem observar na sua inteireza, as condições e formalidades preceituadas pelos seus diplomas normativos de regência, sob pena de nulidade das provas constituídas e de resultar em ato de improbidade administrativa e abuso de autoridade pelo agente público responsável.

18.3. Provas ilícitas

O art. 157 do Código de Processo Penal declara a inadmissibilidade de provas colhidas ou produzidas de forma ilícita, de continuarem encartadas no processo penal.

Sobre a matéria, a nossa Constituição dispõe expressamente que "são inadmissíveis, no processo, as provas obtidas por meios ilícitos" (art. 5º, LVI) e que "ninguém será privado da liberdade ou de seus bens sem o devido processo legal" (art. 5º, LIV), postulados que agora ganharam normatização ordinária.

Aqui o legislador prestigia a supremacia da garantia do devido processo legal ao exigir que somente as provas oriundas de fontes saudáveis do direito, e que tenham atendido aos procedimentos e condições de exigibilidade para sua produção, sejam manifestamente reconhecidos sua validade, eficácia e valor jurídico.

A prova lícita é produto de mecanismos processuais adequados e aplicáveis à hipótese pretendida de investigação criteriosa resultante de fatos suficientemente razoáveis a ensejarem a instauração de uma ação penal, fundada numa projeção de elementos informativos capazes de figurar um delito penal.

Com a normatização dessa matéria, a prova derivada da ilícita ou viciada, também não poderá ser aproveitada, nem permanecer inserida no processo devido a sua imprestabilidade jurídica, devendo, assim, ter o mesmo destino daquela.

A prova derivada é aquela extraída ou captada da fonte principal probatória ou do seu conjunto probatório, de forma parcial ou fracionada, gerando em rede seus subprodutos e resíduos informativos documentais.

Com efeito, sendo a prova originária viciada ou inidônea no seu nascedouro, a legitimidade da sua descendência exprime a teoria dos frutos da árvore envenenada para contaminar aquilo que restou da substância principal.

Pode-se assinalar, como exemplo, uma confissão obtida com tortura ou escuta telefônica não autorizada pela justiça, ou prova dela derivada, jamais seria admissível no processo, porque, neste caso, a mesma, provém de uma circunstância definida como crime pela Constituição Federal.

A teoria dos frutos da árvore envenenada só se aplica às provas decorrentes, direta ou indiretamente, da prova ilegal, não se aplicando às provas sem relação com a contaminação. A prova derivada sendo pontual e não alcançada nem corrompida pelo vício ou ilegalidade, não é afetada no seu valor probatório, de modo que a presença desta prova ilícita não impede o recebimento da denúncia por vício de nulidade, se houver outras provas independentes da contaminada. Também, não implica nulidade da condenação se esta tiver se dado com base em provas independentes da ilícita.

A prova derivada é distinta da prova emprestada. Aqui, é importante dizer que a prova derivada provém de uma matriz oriunda de uma investigação policial ou de um processo, extraindo-se uma parte ou um elemento informativo para ser inserido em outro processo, enquanto a prova emprestada consiste no transporte de produção probatória de um processo para outro.

A prova emprestada resulta no aproveitamento do conjunto probatório anterior para um posterior, mediante o traslado de reproduções de todos os elementos documentais em que se consignou a atividade probatória a ser reaproveitada em outro feito, que pode ser do mesmo juízo ou de juízo diverso.

Convém dizer que a prova emprestada é aquela produzida em processo de natureza jurisdicional para nele gerar efeitos e transportada para outro, na forma de documento, conservando o seu valor originário, pode-se, também, afirmar, que a permissibilidade pode ocorrer em razão do empréstimo da prova cuja repetição já não é mais possível ou é excessivamente onerosa e custosa, ou ainda, se veda à parte o direito de provar as suas alegações, mas desde que a mesma tenha sido submetida ao contraditório jurisdicional.

Quanto à conceituação de fonte independente, é aquela que, reunindo todas as qualidades e propriedades autônomas, produz o resultado jurídico capaz de conduzir por si só, ao fato objeto da prova, após observar os regramentos processuais, aplicáveis na sua inteireza, previstos para a realização dos atos investigatórios ou instrumentais no âmbito judicial.

O ato de desentranhamento das provas consideradas ilícitas insere-se naqueles do poder-dever do juiz nos termos do art. 251 do Código de Processo Penal, quando lhe confere a "incumbência de prover a regularidade do processo e manter a ordem no curso dos respectivos atos", cuja decisão de natureza interlocutória simples, após a sua preclusão, importará no desentranhamento da peças probatórias identificadas como imprestáveis.

Merece reflexão o recurso cabível contra a decisão monocrática do juiz singular que ordena o desentranhamento das provas ilícitas que, embora sendo uma decisão de natureza interlocutória simples, não é contemplada pelas situações descritas pelo art. 581 do Código de Processo Penal, que versa sobre o cabimento do recurso em sentido estrito.

Descabe, pois, o mandado de segurança por envolver dilação probatória.

De sorte que se vislumbra como alternativa para um eventual questionamento dessa decisão, a utilização, por analogia, do agravo de instrumento prescrito no Código de Processo Civil, pela sua adequação à impugnação de decisões interlocutórias. Vale assinalar que a norma explicita que "preclusa a decisão de desentranhamento" sugere que, se não for impugnada a matéria, ficará prejudicada para reapreciação em etapa posterior do processo, como, por exemplo, em sede de apelação.

Diante do exposto, pode-se concluir que, sendo matéria sujeita à preclusão, a perda da faculdade de agir ou impugnar o ato, terá de ser objeto de contestação, logo após a ciência da mesma.

- Requisição pelo MP de informações bancárias de ente da administração pública. Não são nulas as provas obtidas por meio de requisição do Ministério Público de informações bancárias de titularidade de prefeitura municipal para fins de apurar supostos crimes praticados por agentes públicos contra a Administração Pública. É pacífico na doutrina pátria e na jurisprudência dos Tribunais Superiores que o sigilo bancário constitui espécie do direito à intimidade/privacidade, consagrado no art. 5º, X e XII, da CF. No entanto, as contas públicas, ante os princípios da publicidade e da moralidade (art. 37 da CF), não possuem, em regra, proteção do direito à intimidade/privacidade e, em consequência, não são protegidas pelo sigilo bancário. Na verdade, a intimidade e a vida privada de que trata a Lei Maior referem-se à pessoa humana, aos indivíduos que compõem a sociedade e às pessoas jurídicas de direito privado, inaplicáveis tais conceitos aos entes públicos. Ademais, entendeu o STF que as «Operações financeiras que envolvam recursos públicos não estão abrangidas pelo sigilo bancário a que alude a Lei Complementar nº 105/2001, visto que as operações dessa espécie estão submetidas aos princípios da administração pública insculpidos no art. 37 da Constituição Federal» (MS 33.340-DF, Primeira Turma, DJe de 3/8/2015). Decisão monocrática citada: STJ, RCD no HC 301.719-CE, DJe 13/3/2015. (STJ - 5ª Turma - HC 308.493-CE, Rel. Min. Reynaldo Soares da Fonseca, julgado em 20/10/2015, DJe 26/10/2015).
- 'A teoria dos frutos da árvore envenenada (*fruits of the poisonous tree*) e a doutrina da fonte independente (*independent source doctrine*) são provenientes do mesmo berço, o direito norte-americano. Enquanto a primeira estabelece a contaminação das provas que sejam derivadas de evidências ilícitas, a segunda institui uma limitação à primeira, nos casos em que não há uma relação de subordinação causal ou temporal (v. Silverthorne Lumber Co v. United States, 251 US 385, 40 S Ct 182, 64 L.Ed. 319, 1920 e Bynum v. United States, 274, F.2d. 767, 107 U.S. App D.C 109, D.C.Cir.1960). Nesse sentido, tem decidido o Supremo

Título III

Tribunal Federal: "1. A prova tida como ilícita não contaminou os demais elementos do acervo probatório, que são autônomos, não havendo motivo para a anulação da sentença. [...] 5. Habeas corpus denegado e liminar cassada. (HC n. 89032/SP, Primeira Turma, Rel. Min. Menezes Direito, julgado em 9/10/2007, DJe de 23/11/2007,). (STJ – C 46.222/SP, Rel. Ministro FELIX FISCHER, QUINTA TURMA, julgado em 03/02/2015, DJe 24/02/2015)

18.4. Exame de corpo de delito

A prova pericial está disciplinada pelo art. 159 do Código de Processo Penal, cuja finalidade é trazer ao processo informações pertinentes que são baseadas em estudos científicos ou técnicos.

A exigência da presença de perito oficial, portador de diploma de curso superior, vem estabelecer uma condição essencial para a validade e eficácia do laudo pericial, como também definir a necessidade apenas de um, pois a norma menciona a subscrição do exame "por perito oficial". Antes, a lei estipulava "por dois peritos oficiais".

Entretanto, na ausência do perito oficial, o exame poderá ser realizado por 2 (duas) pessoas idôneas, portadoras de diploma de curso superior, mas com preferência na área específica com habilitação técnica relacionada à natureza daquele, mas, se a perícia envolver complexidade abrangendo mais de uma área técnica especializada, poderá o juiz designar mais de um perito oficial, cabendo a cada uma das partes indicar mais de um assistente técnico.

A designação dessas pessoas deverá ser feita pela autoridade policial ou judiciária, porquanto descabe a presença de serviço voluntário particular ou de assistência técnica por conta própria para esse fim.

Ressalte-se que a perícia é meio técnico de prova e objetiva a elucidação do fato a merecer estudo e avaliação de especialista ou técnico-profissional mediante a aplicação de métodos científicos ou técnicos, cujo resultado ou pesquisa auxiliará o julgador na decisão judicial.

Pela sistemática adotada fica facultado ao representante do Ministério Público, ao assistente de acusação, ao ofendido, ao querelante e ao acusado, o direito de formulação de quesitos e indicação de assistente técnico.

A indicação do assistente deverá ser objeto de intimação da parte ex-adversa, e posterior decisão de admissão ou não pelo juiz, da qual, elas deverão ser também intimadas. O assistente atuará após a conclusão do laudo pericial produzido pelo perito.

O perito indicado funcionará como auxiliar eventual da justiça contribuindo para o julgamento da causa ao transmitir ao juiz as suas impressões técnicas e científicas sobre os fatos avaliados e apreciados, como também, responderá aos quesitos preparados pelo representante do Ministério Público, do assistente da acusação, do ofendido, do querelante e do acusado, bem ainda, dos assistentes técnicos nomeados.

O laudo pericial é o instrumento escrito apresentado ao final pelo perito que conterá as respostas aos quesitos formulados, a metodologia aplicada e as suas conclusões de maneira objetiva e a dedução da causa examinada.

Durante o curso do processo, as partes poderão requerer a realização de audiência para a oitiva dos peritos para fins de esclarecimento a respeito da prova pericial ou a formulação dos quesitos, desde que, com a antecedência mínima de 10 (dez) dias da realização da audiência, ocasião em que poderão apresentar laudos complementares.

Como se vê, após a designação do perito oficial e este elaborar o seu laudo, os assistentes e as pessoas legitimadas poderão formular seus quesitos, ficando, porém, a permissibilidade para a realização de uma audiência durante a tramitação processual para a realização de questionamentos supervenientes na hipótese de dúvidas ou questões não esclarecidas suficientemente, que serão perquiridas com a ouvida dos peritos, que poderá redundar em laudo complementar.

Por ocasião dessa audiência, se necessário, além das questões a serem formuladas pelos assistentes e as pessoas legitimadas, os assistentes indicados poderão apresentar pareceres e serem inquiridos.

Outro aspecto digno de consideração é que o material probatório, objeto da perícia, ficará à disposição das partes no órgão oficial, sob sua guarda, designado para a sua realização, podendo ter acesso a este, os assistentes na presença do perito oficial incumbindo do referido exame.

- **Prova pericial. Formalidades. Nulidade.** "A prova pericial deve se revestir das formalidades previstas no art. 159, caput e § 1º, do Código de Processo Penal, que determina a realização do laudo técnico por perito oficial, ou, na sua ausência, por duas pessoas idôneas e portadoras de diploma de curso superior. No caso, sendo a perícia realizada por pessoas cuja capacitação acadêmica se desconhece, forçoso reconhecer a nulidade do laudo de constatação de rompimento de obstáculo, impondo-se, por conseguinte, a exclusão do acréscimo da referida majorante. Ordem concedida, de ofício, para, afastada a incidência da qualificadora do art. 155, § 4º, I, do CP, determinar o retorno dos autos ao Tribunal de origem a fim de redimensionar a pena do paciente". (STJ – HC 302.902/RS, Rel. Ministro GURGEL DE FARIA, QUINTA TURMA, julgado em 09/12/2014, DJe 17/12/2014)

- **Provas jurisdicionadas**. Processo inquérito policial. A Constituição da República distingue processo e inquérito policial. O primeiro obedece ao princípio do contraditório. O segundo é inquisitorial. A prova idônea para arrimar sentença condenatória deverá ser produzida em juízo. Impossível invocar os elementos colhidos no inquérito, se não forem confirmados na instrução criminal. (STJ - 6ª T. - Ac. REsp. 55.178/MG (1994/0030526-5) - Rel. Min. Luiz Vicente Cernicchiaro - DJ 19.12.1994 - p. 35.338)

- **Valoração da prova.** O erro na valoração da prova ocorre quando mal apreciado seu valor jurídico como meio de prova. (STJ - 4ª T. - Ag. 15.083/SP - Rel. Min Sálvio de Figueiredo - j. em 04.12.1991 - DJU 03.02.1992 - p. 472)

- **Valoração da prova.** A valorização da prova diz respeito ao valor jurídico desta, para admiti-la ou não em face da lei que a disciplina, razão por que é questão estritamente de direito. (RTJ 132/1.337)

- **Testemunhas arroladas pela defesa**, devidamente intimadas. Não pode o juiz determinar o prosseguimento do feito, a pretexto de que à defesa cabia trazê-las, sendo ele o detentor do poder de compeli-las a comparecer, ou sem que se faculte à defesa sua substituição. Recurso de habeas corpus provido, em parte, mantida a prisão do recorrente. (STF - 1ª T. - RHC 64.650/SP - Rel. Min. Oscar Correa - DJ 06.02.1987 - p. 1.027 - Ement. v. 1.447-01 - p. 112)

- **Testemunhas. Substituição.** "A substituição de testemunhas indicadas na denúncia por outras apresentadas pelo assistente da acusação, sem prévio conhecimento da defesa do acusado e sem a supressão das substituídas, ofende a garantia constitucional à ampla defesa. 2. Recurso conhecido e provido". (STJ - 5ª T. - Ac. REsp. 24.219/PB - Rel. Min. Assis Toledo - Rel. p/Acórdão Min. Edson Vidigal - DJ 24.05.1993 - p. 10.013 - RSTJ - v. 48 - p. 66)

- **Confissão. Retratação em juízo**. Estando comprovadas a materialidade e autoria do delito, reforçada a prova desta pela confissão do réu na fase policial diante de curador, posterior retratação em juízo, por desgarrada dos subsídios probatórios já definidos, não se presta para ensejar outra possibilidade que não a condenação. (RT 605/356)

- **Audiência da ofendida**. Na ação penal privada, visando à apuração de crime de atentado violento ao pudor, a audiência da ofendida, como meio de prova, tem sido considerada como facultativa e não obrigatória, razão pela qual a sua inexistência não pode redundar em nulidade, quer relativa ou absoluta, do processo, nos termos do art. 564 do CPP. (RT 759/610)

- **Lesão de natureza leve.** Se da violência empregada ao estupro resultaram lesões corporais de natureza leve na vítima, tem-se que o crime é perseqüível mediante ação penal pública incondicionada, consoante entendimento da Súmula 608 do STF, não revogada após a publicação da Lei 9.099/95. (RT 774/575)

- **Perícia.** Em crime contra os costumes não se caracteriza como inepta a denúncia que faz descrição suficiente do fato delituoso, nem que lhe impede o recebimento a ausência de perícia, se a peça acusatória é firmada em prova documental e testemunhal, remetendo para instrução processual o exame pericial. (STJ - 5ª T. - HC 7.659/GO - Rel. Min. Edson Vidigal - j. em 03.09.1998 - DJU 28.09.1998 - RT 759/566)

- **Prova emprestada** " A prova emprestada de outra ação penal somente pode ser valorada se ambas as partes tiveram integral ciência e a possibilidade do exercício do contraditório. 2. A vedação da presença de advogado não constituído ao interrogatório de corréu em ação conexa que corre sob sigilo não constitui cerceamento de defesa se não restou comprovado em que medida a prova influenciou no julgamento, não se evidenciando qualquer prejuízo". (STJ - RHC 20372/SP - 6ª T. - Rel. Min. Maria Thereza de Assis Moura - DJ 11.06.2007 p. 378)

18.5. Ônus da prova

O ônus da prova é a incumbência conferida ao órgão acusador de produzir todos os elementos informativos, materiais e indiciários daquilo que ateste a veracidade ou a autenticidade da imputação atribuída ao acusado ou réu no âmbito judicial. Esse órgão acusador é o Ministério Público, uma instituição permanente, essencial à função jurisdicional do Estado que tem a responsabilidade da defesa, da ordem jurídica e dos direitos indisponíveis consistentes no direito penal, cabendo-lhe a titularidade das ações públicas incondicionadas.

Esse encargo exprime o dever funcional do representante ministerial a obrigação de provar a autoria do fato delituoso e a sua realização material, perquirindo a reprovação da conduta ilícita com a procedência da sua denúncia para a obtenção da sanção penal para o denunciado.

- **Acusação.** Ao Ministério Público cabe o ônus da prova acusatória, ou seja, da materialidade do fato e sua autoria. Ao acusado tão só incumbe a prova de eventuais fatos impeditivos ou extintivos da imputação. (TACrimSP - EI 174.449 - Rel. Weiss de Andrade)

- As alegações relativas ao fato objeto da pretensão punitiva têm de ser provadas pelo acusador, incumbindo, ao acusado, demonstrar apenas os fatos impeditivos e extintivos. (JTACrim 72/243)

- **Acusação.** . O Ministério Público, como *dominus litis*, no desempenho das suas funções, deve comprovar o fato e a autoria do delito, não

Título III

competindo ao Poder Judiciário suprir as deficiências, quando subsiste anemia probatória, a qual acarreta a absolvição do réu. (JTACrim 71/336)

- **Defesa.** A favor do réu é presumida inocência, até que se demonstre o contrário. Assim, basta à acusação não promover prova capaz de infundir certeza moral no espírito do julgador para que obtenha o decreto absolutório. (TACrimSP - Ap. 197.889 - Rel. Weiss de Andrade)
- **Acusação.** Não é à defesa que incumbe demonstrar que o acusado não incidiu em crime e sim, à acusação provar que houve crime e que é o réu o seu autor. (TACrimSP - Ap. 91.015 - Rel. Azevedo Junior)
- **Defesa.** Quem invoca um álibi, para ser absolvido, carece demonstrá-lo cumpridamente. (TACrimSP - Ap. 188.923 - Rel. Albano Nogueira)
- **Acusação.** TJRS: Aplicação do princípio *in dubio pro reo.* Autoria pelo apelante sinalizada como mera possibilidade. Tal não é bastante para condenação criminal, exigente de certeza plena. Com afirmou CARRARA, "a prova, para condenar, deve ser certa como a lógica e exata como a matemática". Deram provimento parcial. Unânime. (RJTJERGS 177/136)

18.6. Reconhecimento de pessoas - formalidades

O reconhecimento é ato pelo qual uma pessoa admite e afirma como certa a identidade de outra. Significa a afirmação ou confirmação acerca de fatos ou de pessoas reconhecidas na ocorrência de determinado fato no tempo e no espaço na coincidência de um evento fático. No aspecto da investigação criminal seria o reconhecimento ou a identificação de uma pessoa acusada por uma testemunha ocular do episódio.

- **Reconhecimento de pessoas.** Prescreve o inc. I do art. 226 do CPP que a pessoa que tiver de fazer o reconhecimento será convidada a descrever a que deva ser reconhecida. Essa descrição prévia é para que a autoridade possa colocar o indigitado entre pessoas que com ele tiverem qualquer semelhança, a fim de que haja segurança no reconhecimento. Não tendo sido observadas essas formalidades, destituído de valor se torna esse meio de prova. (TJSP - Acrim 42.381 - Rel. Itagiba Porto - RT 242/63)
- **Reconhecimento de pessoas.** Indispensável, pena de precariedade da prova, observância rígida das cautelas dos arts. 226 e seguintes do CPP, quando se trata de reconhecimento do agente por fotografia. (TACrimSP - Crim. 39.322 - Rel. Roberto Martins)
- **Reconhecimento de pessoas.** As formalidades previstas no art. 226 do CPP são essenciais à valia do reconhecimento, que inicialmente, há de

ser feito por quem se apresente para a prática do ato, a ser iniciado com a descrição da pessoa a ser reconhecida. Em seguida, o suspeito deve ser colocado ao lado de outros que com ele guardem semelhança, a fim de que se confirme o reconhecimento. A cláusula "se for possível", constante do inc. II do artigo de regência, consubstância exceção, diante do princípio da razoabilidade. O vício não fica sonado pela corroboração do reconhecimento em juízo, também efetuado sem as formalidades referidas. (STF - 2ª T. - HC 75.331-1/SP - Rel. Min. Marco Aurélio - j. em 02.12.1997 - DJU 06.03.1998 - RT 752/516)

- **Reconhecimento de pessoas.** STJ: "Nulidade processual. Reconhecimento do acusado feito pela vítima, na Polícia e em Juízo, sem observância das cautelas determinadas pelo art. 226 do CPP. Influência desse reconhecimento na condenação que, em face das circunstâncias, pode ter sido fruto de equívoco causador de possível erro judiciário. Negativa de vigência aos arts. 266, I, e 566 do CPP". (RSTJ 88/229-30)

- **Reconhecimento fotográfico. Prova única.** O reconhecimento fotográfico, na Polícia, por si só não basta à prolação de decreto condenatório, máxime quando não roborado em Juízo. (TACrimSP - Ap. 181.467 Rel. Roberto Martins)

- **Reconhecimento fotográfico. Prova única.** "O reconhecimento fotográfico e pessoal, por si só, sem que tenha sido roborado na fase judicial, não tem o condão de lastrear um decreto condenatório, o mesmo acontecendo com a confissão extrajudicial, retratada em juízo, quando se encontrar isolada dos demais elementos probatórios na fase instrutória. III - Se pelos elementos e provas carreadas e que compõem a instrução probatória a culpabilidade do apelado no que tange aos autos delituosos imputados, não restou evidenciada, de forma indubitável nos autos, a ponto de justificar uma condenação, é de se aplicar ao caso o princípio do in dubio pro reo, insculpido no inc. VI do art. 386 do CPP. IV - Princípio do favor rei, além do preceito da verdade material, norteador do processo penal, bem como a garantia constitucional do estado de inocência, que devem ser reverenciados. V - Recurso a que se nega provimento. (TRF 3ª Região - 5ª T. - Ap. 1999. 03.99.003149-9/SP - Relª. Desª. Federal Suzana Camargo - j. em 14.12.1999 - DJU 29.02.2000)

- **Reconhecimento fotográfico. Exibição de foto.** "O Tribunal, por votação unânime, deferiu o pedido de HC e invalidou a condenação penal do paciente, por ausência de justa causa. I - Habeas corpus: cabimento: direito probatório. Não cabe o habeas corpus para solver controvérsia de fato dependente da ponderação de provas desencontradas; cabe, entretanto, para aferir a idoneidade jurídica ou não das provas onde

Título III

se fundou a decisão condenatória. II – Reconhecimento fotográfico e chamada de corréu, retratada: inidoneidade para lastrear condenação. III – O reconhecimento fotográfico à base da exibição da testemunha da foto do suspeito é meio extremamente precário de informação, ao qual a jurisprudência só confere valor ancilar de um conjunto de provas juridicamente idôneas no mesmo sentido; não basta para tanto a chamada de corréu colhida em investigações policiais e retratada em juízo. (STF – HC 74.368-4 – Rel. Min. Sepúlveda Pertence – j. em 01.07.1997).

- **Reconhecimento fotográfico. Réu presença.** "Em tema de nulidades no processo penal, é dogma fundamental a assertiva de que não se declara a nulidade de ato se dele não resulta prejuízo para a acusação ou para a defesa ou se não houver influído na apuração da verdade substancial ou na decisão da causa. – Ocorre cerceamento de defesa na hipótese em que, encontrando-se o réu custodiado em outro Estado, a audiência de inquirição da testemunha de acusação ocorre sem a presença do Defensor Dativo e sem que a requisição de apresentação do réu tivesse sido cumprida, tendo o depoimento influído, sobremodo, no decreto condenatório. – Evidenciado que o reconhecimento pessoal consubstancia providência que assegura a efetiva apuração da verdade real, deve o Juiz processante aguardar a apresentação do réu preso antes de deferir o reconhecimento fotográfico requerido na fase do art. 499, do CPC.– Habeas corpus parcialmente concedido. (STJ – 6ª T. – HC 9.842/SP – Rel. Min. Vicente Leal – DJ 12.06.2000 – p. 136)

19. NULIDADES PROCESSUAIS EM ESPÉCIE

O Código de Processo Penal menciona as situações fáticas no desenrolar de um processo que resultam em nulidades, quer relativas quer absolutas, sendo estas últimas não sujeitas ao fator temporal, podendo ser suscitadas em qualquer época.

A garantia do devido processo legal, que é a observância das formalidades exigidas para o regular desenvolvimento processual, assim como a ampla defesa e o contraditório são matrizes que, deixando de ser respeitadas, implicam nulidades absolutas.

As normas a respeito das nulidades estão expressas nos arts. 563 e ss. do Código de Processo Penal.

Ver seção 24.6.3 *Habeas Corpus* – Processo manifestamente nulo

- **Nulidade processual. Ausência de autorização judicial. Perícia. Celular.** Ilícita é a devassa de dados, bem como das conversas de whatsapp, obtidas diretamente pela polícia em celular apreendido no flagrante, sem prévia autorização judicial. Recurso ordinário em habeas corpus provido, para declarar a nulidade das provas obtidas no celular do paciente sem autorização judicial, cujo produto deve ser desentranhado dos autos. (STJ - RHC 51.531/RO, Rel. Ministro NEFI CORDEIRO, SEXTA TURMA, julgado em 19/04/2016, DJe 09/05/2016)

- **Nulidade processual. Atos realizados. Uso de algemas. Violação. Súmula Vinculante 11.** 1. A inobservância da Súmula Vinculante 11, por expressa previsão, acarreta a nulidade dos atos processuais produzidos em desacordo com sua enunciação. Acolhimento da irresignação para alcançar as provas testemunhais colhidas com a participação do acusado que, mesmo sem fundamentação adequada, permaneceu algemado durante toda a audiência de instrução. 2. Ausente a articulação de ilegalidade ou abuso de poder imputáveis, ao menos em tese, a autoridades sujeitas diretamente à jurisdição do Supremo Tribunal Federal, por evidente hipótese de incompetência, não há espaço para concessão da ordem de ofício sob argumento de desproporcionalidade ou excesso de prazo da prisão processual. A reclamação não se presta a figurar como sucedâneo recursal e, nessa perspectiva, incumbe ao interessado, querendo, valer-se das vias próprias ao combate dos atos que entende incompatíveis com a ordem jurídica. 3. Agravo regimental parcialmente provido. (STF - Rcl 22557 AgR, Relator(a): Min. EDSON FACHIN, Primeira Turma, julgado em 24/05/2016, PROCESSO ELETRÔNICO DJe-116 DIVULG 06-06-2016 PUBLIC 07-06-2016)
- **Nulidade processual. Pedido. Intimação exclusiva. Inobservância, Reiteração em grau recursal. Desnecessidade.** Se, quando da juntada do substabelecimento, houve expresso pedido de intimação exclusiva em nome dos advogados substabelecidos, embora não fosse necessário que na intimação constasse o nome de todos, ao menos o de um deles deveria ter figurado na publicação que intimou os causídicos da sessão em que foi julgada a apelação. Situação concreta em que, conforme afirmado pelo Tribunal de origem, na intimação não constou o nome de nenhum dos advogados substabelecidos, mas apenas o do advogado substabelecente, o que caracterizou nulidade, por cerceamento de defesa, sendo irrelevante, diante do pedido de intimação exclusiva, que o substabelecimento tenha sido com reserva de poderes. Realizado o pedido de intimação exclusiva durante a tramitação do processo em primeiro grau, não há necessidade de que seja reiterado ou ratificado quando os autos chegam ao Tribunal. Além disso, no caso, embora o processo estivesse em primeiro grau, já havia sido interposta a apelação quando houve o pedido de intimação exclusiva, razão pela qual, mais ainda, deveria ter sido observado. Anulado o julgamento dos embar-

gos de declaração, ficam prejudicados os demais temas suscitados no recurso especial. Recurso especial parcialmente conhecido e, nessa extensão, provido para anular o julgamento da apelação e determinar que outro seja proferido, com a devida intimação do recorrente. (STJ - REsp 1385536/PE, Rel. Ministro SEBASTIÃO REIS JÚNIOR, SEXTA TURMA, julgado em 26/04/2016, DJe 09/05/2016)

- **Nulidade processual. Falta de intimação pessoal. Defensor dativo. Memoriais finais.** O advogado dativo será intimado pessoalmente de todos os atos processuais, de modo que se revela ilegal a intimação na pessoa de outra advogada, ainda que sócia do impetrante, que não patrocina a defesa do paciente. 3. Sem a intimação pessoal do advogado dativo para oferecimento de alegações finais, resta configurado indevido cerceamento à defesa, de acordo com o art. 370, § 4º, do CPP e art. 5º, § 5º, da Lei 1.060/50. 4. Habeas corpus não conhecido, mas concedida a ordem de ofício para declarar a nulidade do processo a partir da nomeação de outro advogado dativo. (STJ - HC 353.875/GO, Rel. Ministro NEFI CORDEIRO, SEXTA TURMA, julgado em 09/08/2016, DJe 22/08/2016)
- **Nulidade processual. Interceptação telefônica. Prorrogações. Justificativa. Ausência de elementos concretos.** 1. Restou pacificado pelo Supremo Tribunal Federal, no julgamento do Recurso Extraordinário n. 593.727, submetido ao rito da repercussão geral, o entendimento de que o Ministério Público dispõe de atribuição para promover, por autoridade própria, e por prazo razoável, investigações de natureza penal. 2. É exigida da gravosa decisão de quebra do sigilo telefônico a concreta indicação dos requisitos legais de justa causa e imprescindibilidade dessa prova, que por outros meios não pudesse ser feita. 3. Diante da ausência de fundamentação casuística, em genérico decreto de quebra cabível a qualquer procedimento investigatório, é reconhecida a nulidade dessa decisão e das decisões subsequentes de prorrogação e de ampliação, assim como das provas derivadas, estas a serem aferidas pelo juiz do processo. 4. Calcando-se a decisão em questão de caráter objetivo, mister a extensão dos efeitos benéficos do julgado aos demais corréus atingidos pela decisão de quebra do sigilo telefônico ora anulada, nos moldes do art. 580 do CPP. 5. Recurso em habeas corpus parcialmente provido, para declarar nula a decisão inicial de quebra do sigilo telefônico na Ação Penal n. 3007643-17.2013.8.26.0320, assim como das prorrogações e ampliações subsequentes, bem assim das provas consequentes, estas a serem aferidas pelo magistrado na origem, devendo o material respectivo ser retirado dos autos, estendendo os efeitos dessa ordem aos demais corréus atingidos pela decisão de quebra do sigilo telefônico ora anulada. (STJ - RHC 58.972/SP, Rel.

Ministro NEFI CORDEIRO, SEXTA TURMA, julgado em 02/08/2016, DJe 18/08/2016)

- **Nulidade processual. Defensoria Pública instalada. Nomeação. Advogado *ad hoc*.** I – A Defensoria Pública é instituição permanente, essencial à função jurisdicional do Estado, incumbindo-lhe, como expressão e instrumento do regime democrático, fundamentalmente, a orientação jurídica, a promoção dos direitos humanos e a defesa, em todos os graus, judicial e extrajudicial, dos direitos individuais e coletivos, de forma integral e gratuita, aos necessitados, na forma do inciso LXXIV do art. 5º da Constituição Federal. II – São direitos dos assistidos da Defensoria Pública, além daqueles previstos na legislação estadual ou em atos normativos internos, o patrocínio de seus direitos e interesses pelo defensor natural (artigo 4º-A, IV, Lei Complementar nº 80/94). III – Os Defensores Públicos não são advogados públicos, possuem regime disciplinar próprio e têm sua capacidade postulatória decorrente diretamente da Constituição Federal. IV – Na linha da jurisprudência do eg. Supremo Tribunal Federal e desta eg. Corte, "O Supremo Tribunal Federal firmou o entendimento de que é nulo o processo quando há nomeação de defensor dativo em comarcas em que existe Defensoria Pública estruturada, só se admitindo a designação de advogado ad hoc para atuar no feito quando não há órgão de assistência judiciária na comarca, ou se este não está devidamente organizado na localidade, havendo desproporção entre os assistidos e os respectivos defensores. Precedente" (HC n. 337.754/SC, Quinta Turma, Rel. Min. Jorge Mussi, DJe de 26/11/2015). V – No caso dos autos há violação dos princípios da ampla defesa, do contraditório e do defensor público natural, tendo em vista a nomeação de defensor ad hoc para realizar audiência de instrução e julgamento ao invés do Defensor Público Federal que já patrocinava a causa. VI – As pessoas assistidas pela Defensoria Pública são vulneráveis e deve ser assegurado seu direito de realizar a audiência prévia, a orientação para o interrogatório e as perguntas que serão feitas para as testemunhas (realizadas pela defesa técnica) com seu Defensor Público natural. Recurso ordinário em habeas corpus provido. (STJ – RHC 61.848/PA, Rel. Ministro FELIX FISCHER, QUINTA TURMA, julgado em 04/08/2016, DJe 17/08/2016)

- **Nulidade processual. Renúncia. Defensor. Intimação. Réu. Necessidade.** Em respeito às garantias constitucionais ao contraditório e à ampla defesa, esta Corte Superior de Justiça tem decidido que "o réu deve ser intimado para constituir novo patrono, quando formalizada a renúncia do mandato judicial por ele anteriormente outorgado. Se assim não se procedeu, houve cerceamento de defesa e, consequente, nulidade dos atos processuais subsequentes a abdicação" (HC 215.134/

SP, Rel. Ministra LAURITA VAZ, Quinta Turma, julgado em 05/02/2013, DJe 15/02/2013). Como o paciente encontra-se segregado há mais de 2 (dois) anos, deve ser acolhido o pleito defensivo para aguardar em liberdade o rejulgamento da ação penal, em observância aos princípios da proporcionalidade/razoabilidade. Ordem concedida de ofício para declarar a nulidade da Ação Penal n.º 0018848-18.2014.8.19.0203, a partir da audiência realizada em 25/9/2014, permitindo ao paciente aguardar em liberdade o rejulgamento da ação penal. (STJ – HC 360.134/RJ, Rel. Ministro REYNALDO SOARES DA FONSECA, QUINTA TURMA, julgado em 04/08/2016, DJe 12/08/2016)

- **Nulidade processual. Renúncia. Defensor. Intimação. Réu. Necessidade.** 1. Em respeito às garantias constitucionais, ao contraditório e à ampla defesa, esta Corte Superior de Justiça tem decidido que "o réu deve ser intimado para constituir novo patrono, quando formalizada a renúncia do mandato judicial por ele anteriormente outorgado. Se assim não se procedeu, houve cerceamento de defesa e, consequente, nulidade dos atos processuais subsequentes a abdicação" (HC n. 215.134/SP, Rel. Min. LAURITA VAZ, Quinta Turma, Dje 15/2/2013). 2. No caso dos autos, embora constatada a renúncia ao mandato pelo advogado até então atuante no feito criminal, o Magistrado, sem antes proceder à intimação do réu para que, querendo, nomeasse outro advogado de sua confiança, remeteu, diretamente, os autos à Defensoria Pública, violando, assim, a garantia constitucional à ampla defesa. 3. Recurso Ordinário em Habeas corpus provido para anular o Processo n. 0001590.68.2011.8.03.0001 desde o oferecimento das alegações finais pela Defensoria Pública e todos os atos posteriores, desconstituindo-se o trânsito em julgado da sentença condenatória, determinando-se que seja o réu intimado para constituição de novo advogado nos autos a fim de prosseguir em sua defesa, sob pena de, não o fazendo, ser-lhe nomeado defensor dativo ou enviado os autos à Defensoria Pública, nos termos do artigo 263 do Código de Processo Penal. (STJ – RHC 71.406/AP, Rel. Ministro REYNALDO SOARES DA FONSECA, QUINTA TURMA, julgado em 04/08/2016, DJe 12/08/2016)

- **Nulidade processual. Interceptações telefônicas. Imprescindibilidade. Não demonstradas. Período longo**. 1. A prisão processual deve ser decretada no caso de situações extremas, em meio a dados sopesados da experiência concreta, porquanto o instrumento posto a cargo da jurisdição reclama, antes de tudo, o respeito à liberdade. *In casu*, o magistrado de primeiro grau não indicou qualquer fundamento concreto a demonstrar a presença dos requisitos da prisão preventiva. Limitou-se a afirmar que se trata de uma quadrilha e que "os autos falam por si sós", sem explicitar qual motivo autoriza a medida extrema. Afirmou, também, genericamente, que a instrução criminal não seria a mesma com os réus soltos, sem apontar concretamente o risco à instrução do feito. Extensão de ofício aos corréus. 2. São nulas as interceptações telefônicas deferidas em decisões carentes de fundamentação concreta, que não apontam a imprescindibilidade da medida. Hipótese em que a autoridade policial requereu a quebra de sigilo amparada apenas no tipo de crime supostamente cometido (tráfico de drogas), sem qualquer demonstração da inexistência de outros meios investigativos. E o magistrado a quo limitou-se a acolher o pedido policial e o parecer ministerial, que também não estava motivado, sem tecer qualquer mínima consideração, em violação à Lei 9.296/1996. Ademais, o ato, viciado em sua origem, perdurou por mais de 1 ano sem motivação. Embora esta Corte venha admitindo, na linha do que já decidiu o Supremo Tribunal Federal (HC 92.020/DF), a chamada fundamentação *per relationem*, não há como adotá-la na espécie, porquanto o próprio requerimento policial, acolhido pelo magistrado, carecia de motivação idônea. Extensão de ofício aos corréus. 3. Recurso ordinário provido a fim de revogar a prisão preventiva do recorrente na ação penal aqui tratada, bem como para declarar ilegais as interceptações telefônicas, determinando a exclusão das provas delas decorrentes. Em consequência, decretar a nulidade do processo, *ab initio*, inclusive da denúncia, ressalvando a possibilidade de outra ser oferecida, desde que baseada em elementos diversos. De ofício, estende-se essa decisão a todos os denunciados. (STJ – RHC 61.069/RJ, Rel. Ministra MARIA THEREZA DE ASSIS MOURA, SEXTA TURMA, julgado em 28/06/2016, DJe 03/08/2016)

- **Nulidade processual. Intimação. Advogado destituído. Novo causídico. Inocorrência.** Ocorre nulidade por cerceamento de defesa na hipótese em que, não obstante a expressa desconstituição do anterior advogado que patrocinava a defesa dos pacientes, bem como de requerimento no sentido de que todas as intimações e publicações fossem feitas em nome do novo patrono, a intimação da sentença efetivou-se na pessoa do advogado destituído. Writ não conhecido. Ordem concedida, de ofício, para reconhecer a nulidade processual e abrir novo prazo para a interposição da apelação, com a devida intimação do atual advogado dos réus ou outro que venha a ser constituído. (STJ – HC 335.099/MG, Rel. Ministra MARIA THEREZA DE ASSIS MOURA, SEXTA TURMA, julgado em 12/04/2016, DJe 22/04/2016)

- **Nulidade processual. Fato anterior. Lei processual antiga. Citação. Edital. Ciência pessoal do acusado. Necessidade.** 1. À época do fato, dispunha o art. 366 do Código de Processo Penal, em sua redação original, que o processo seguiria à revelia do acusado que, citado inicialmente ou intimado para qualquer ato do processo, deixasse de comparecer sem motivo justificado. 2. As alterações feitas pela Lei n. 9.271/1996 não atingiram os fatos ocorridos antes de sua vigência, especialmente porque, em geral, agravam a situação dos réus, nos termos da pacificada jurisprudência desta Corte. 3. Não obstante a regra inscrita no art. 420 do Código de Processo Penal, introduzida pela Lei n. 11.686/08, possuir aplicabilidade imediata aos feitos em que a instrução criminal se encontra em curso, a novel legislação não atende à situação reportada nos autos, uma vez que o acusado não teve sequer conhecimento da imputação penal, pois a citação pessoal foi frustrada e o réu, citado por edital, nunca foi localizado. 4. Habeas Corpus não conhecido. Ordem concedida, de ofício, para reconhecer a nulidade da intimação editalícia, obstando-se os atos processuais subsequentes ao decisum até que o paciente seja pessoalmente intimado da decisão de pronúncia. (STJ – HC 253.263/RJ, Rel. Ministro ROGERIO SCHIETTI CRUZ, SEXTA TURMA, julgado em 05/04/2016, DJe 18/04/2016)

- **Nulidade processual. Intimação. Defensor constituído. Oitiva da vítima e testemunhas. Inocorrência.** I – A jurisprudência do Superior Tribunal de Justiça consolidou-se no sentido de que é imperiosa a intimação da defesa constituída ou a nomeação de defensor dativo para a audiência de oitiva da vítima e das testemunhas de acusação. (Precedentes). II – In casu, não obstante o paciente ter advogado constituído nos autos, não foi ele intimado para a precitada audiência, o que configura claro e manifesto cerceamento de defesa, mormente quando tais testemunhos servem de base à condenação. Recurso ordinário provido. (STJ - RHC 62.524/CE, Rel. Ministro FELIX FISCHER, QUINTA TURMA, julgado em 23/02/2016, DJe 13/04/2016)

- **Nulidade processual. Réu preso. Citação por edital.** Preso o réu durante o curso do prazo da intimação por edital da sentença condenatória, essa intimação fica prejudicada e deve ser efetuada pessoalmente. Isso porque, de acordo com entendimento doutrinário e nos termos do HC 15.481 (Quinta Turma, DJ 10/9/2001), "preso o réu durante o prazo do edital, deverá ser intimado pessoalmente do r. decreto condenatório, na forma do art. 392, inciso I, CPP, restando prejudicada a intimação editalícia". (STJ - RHC 45.584/PR, Rel. Min. Nefi Cordeiro, julgado em 3/5/2016, DJe 12/5/2016).

- **Nulidade processual. Réu. Sem conhecimento da denúncia.** Ainda que o réu tenha constituído advogado antes do oferecimento da denúncia – na data da prisão em flagrante – e o patrono tenha atuado, por determinação do Juiz, durante toda a instrução criminal, é nula a ação penal que tenha condenado o réu sem a sua presença, o qual não foi citado nem compareceu pessoalmente a qualquer ato do processo, inexistindo prova inequívoca de que tomou conhecimento da denúncia. . (STJ - REsp 1.580.435-GO, 6ª Turma - Rel. Min. Rogerio Schietti Cruz, julgado em 17/3/2016, DJe 31/3/2016).

- **Nulidade processual. Defensor. Não inscrição. OAB.** 1. Nos termos do art. 4º da Lei 8.906/1994, são nulos todos os atos privativos de advogado praticados por pessoa não inscrita na Ordem dos Advogados do Brasil. Precedentes. 2. A decisão do Tribunal de Justiça que submeteu o recorrente a novo Júri baseou-se em elementos probantes colhidos em audiência em que o falso advogado atuara como defensor, o que demonstra o efetivo prejuízo causado à parte. 3. Recurso ordinário provido. (STF - RHC 119900, Relator(a): Min. TEORI ZAVASCKI, Segunda Turma, julgado em 05/05/2015, PROCESSO ELETRÔNICO DJe-093 DIVULG 19-05-2015 PUBLIC 20-05-2015)

- **Nulidade processual. Sessão de julgamento. Intimação. Defensor. Inocorrência.** Da leitura da Lei 8.038/1990, notadamente dos artigos 4º a 6º, observa-se que inexiste qualquer norma que determine a intimação pessoal do acusado para a realização da sessão de julgamento em que apreciada a denúncia oferecida nas ações penais originárias. Aliás, tal exigência é desprovida de qualquer justificativa lógica, já que a única providência que pode ser tomada em favor do acusado no referido ato processual é a realização de sustentação oral, que só pode ser efetivada por profissional da advocacia. Nas ações penais originárias, afigura-se indispensável apenas a cientificação da defesa técnica acerca da data em que a inicial será examinada pelo Tribunal, sendo prescindível a intimação do denunciado. Precedentes do STF. Nos termos do artigo 370, § 1º, do Código de Processo Penal, a intimação do defensor constituído é feita por publicação no órgão incumbido da publicidade dos autos judiciais da comarca, incluindo, sob pena de nulidade, o nome do acusado. Exige-se, ainda, que a intimação seja feita em nome de quem tenha poderes conferidos por instrumento de mandato para exercer em juízo a defesa do acusado, sob pena de se malferir a própria finalidade do ato, que é dar efetiva publicidade às decisões judiciais, para que delas as partes tenham conhecimento. 6. No caso dos autos, verifica-se, consoante cópia do diário de justiça, que o nome do advogado da paciente não constou da publicação da pauta da sessão de julgamento, circunstância que evidencia a nulidade do ato, já que foi privado de realizar sustentação oral. Ordem concedida para anular o recebimento da denúncia ofertada contra a paciente, determinando-se que outra sessão de julgamento seja realizada com a prévia intimação de seu advogado. (STJ - HC 355.190/SP, Rel. Ministro JORGE MUSSI, QUINTA TURMA, julgado em 28/06/2016, DJe 01/08/2016)

- **Nulidade processual. Produção antecipada de prova testemunhal. Necessidade. Indemonstrada.** Produção antecipada de prova testemunhal (art. 366, CPP). Inexistência de demonstração da necessidade concreta da medida. Invocação de fórmulas de estilo genéricas aplicáveis a todo e qualquer caso. Inadmissibilidade. Flagrante ilegalidade caracterizada. Writ concedido. 1. A decisão que determina a produção antecipada da prova testemunhal deve demonstrar a presença dos requisitos previstos no art. 225 do Código de Processo Penal. 2. Firme a jurisprudência deste Supremo Tribunal no sentido de que "[s]e o acusado, citado por edital, não comparece nem constitui advogado, pode o juiz, suspenso o processo, determinar produção antecipada de prova testemunhal, apenas quando esta seja urgente nos termos do art. 225 do Código de Processo Penal". Precedentes. 3. Na espécie, o juízo de primeiro grau valeu-se de fórmulas de estilo, genéricas, aplicáveis a todo e qualquer caso, sem indicar os elementos fáticos concretos que pudessem autorizar a medida. 4. Ausente a indicação de circunstância excepcional que justificasse a antecipação da produção da prova testemunhal, há que se reconhecer a ilegalidade da colheita antecipada da prova oral na hipótese em exame. 5. Ordem concedida. (STF – HC 130038, Relator(a): Min. DIAS TOFFOLI, Segunda Turma, julgado em 03/11/2015, PROCESSO ELETRÔNICO DJe-250 DIVULG 11-12-2015 PUBLIC 14-12-2015)
- **Nulidade processual. Interrogatório. Final da instrução. Inocorrência.** "A não realização do interrogatório ao final da instrução subtraiu ao réu a possibilidade de se manifestar pessoalmente sobre a prova acusatória coligida em seu desfavor e de, no exercício do direito de audiência, influir na formação do convencimento do julgador. Prejuízo evidente. Nulidade absoluta configurada. (STF – HC 121907, Relator(a): Min. DIAS TOFFOLI, Primeira Turma, julgado em 30/09/2014, PROCESSO ELETRÔNICO DJe-211 DIVULG 24-10-2014 PUBLIC 28-10-2014)
- **Nulidade processual. Acórdão. Exame. Teses. Defesa. Ratificação. Sentença. Parecer ministerial.** É nulo o acórdão que se limita a ratificar a sentença e a adotar o parecer ministerial, sem sequer transcrevê-los, deixando de afastar as teses defensivas ou de apresentar fundamento próprio. Isso porque, nessa hipótese, está caracterizada a nulidade absoluta do acórdão por falta de fundamentação. De fato, a jurisprudência tem admitido a chamada fundamentação *per relationem*, mas desde que o julgado faça referência concreta às peças que pretende encampar, transcrevendo delas partes que julgar interessantes para legitimar o raciocínio lógico que embasa a conclusão a que se quer chegar. Precedentes citados: HC 220.562-SP, Sexta Turma, DJe 25/2/2013; e HC 189.229-SP, Quinta Turma, DJe 17/12/2012. (STJ – 6ª Turma – HC

214.049-SP, Rel. originário Min. Nefi Cordeiro, Rel. para acórdão Min. Maria Thereza de Assis Moura, julgado em 5/2/2015, DJe 10/3/2015).

- **Ônus da nulidade.** "O ônus de provar que o vício formal do processo não trouxe prejuízos não é da parte a quem aproveita a declaração de nulidade, mas seu adversário". (STJ - 3ª T. - REsp. 806.266 - DJU 31.10.2007 - Rel. Min. Gomes de Barros)

- **Nulidade processual. Quebra de sigilo bancário. Ausência de autorização judicial.** Âmbito do processo penal. Nulidade da prova. 1. A quebra do sigilo bancário para investigação criminal deve ser necessariamente submetida à avaliação do magistrado competente, a quem cabe motivar concretamente seu decisum, em observância aos artigos 5º, XII e 93, IX, da Carta Magna. 2. Não cabe à Receita Federal, órgão interessado no processo administrativo tributário e sem competência constitucional específica, fornecer dados obtidos mediante requisição direta às instituições bancárias, sem prévia autorização do juízo criminal, para fins penais. (STJ - AgRg no REsp 1535884/RS, Rel. Ministra MARIA THEREZA DE ASSIS MOURA, SEXTA TURMA, julgado em 01/09/2015, DJe 17/09/2015)

- **Nulidade processual. Sigilo bancário. Prova ilegal.** "A quebra do sigilo bancário para investigação criminal deve ser necessariamente submetida à avaliação do magistrado competente, a quem cabe motivar concretamente seu decisum, em observância aos artigos 5º, XII e 93, IX, da Carta Magna. 2. Não cabe à Receita Federal, órgão interessado no processo administrativo tributário e sem competência constitucional específica, fornecer dados obtidos mediante requisição direta às instituições bancárias, sem prévia autorização do juízo criminal, para fins penais. 3. Recurso provido para, reconhecendo nula a prova decorrente da quebra de sigilo bancário aqui tratada, trancar o inquérito policial n.º 1231/2012 (e-proc n.º 5052423-29.2012.404.7000), ressalvando a possibilidade de nova persecução penal ser intentada, com base em elementos informativos lícitos. (STJ - RHC 42.332/PR, Rel. Ministro ERICSON MARANHO (DESEMBARGADOR CONVOCADO DO TJ/SP), Rel. p/ Acórdão Ministra MARIA THEREZA DE ASSIS MOURA, SEXTA TURMA, julgado em 21/05/2015, DJe 29/05/2015).

- **Nulidade processual. Sigilo bancário. Prova ilegal.** Caracterização. Quebra de sigilo bancário sem autorização judicial. Confissão obtida com base na prova ilegal. Contaminação. HC concedido para absolver a ré. Ofensa ao art. 5º, inc. LVI, da CF. Considera-se ilícita a prova criminal consistente em obtenção, sem mandado, de dados bancários da ré, e, como tal, contamina as demais provas produzidas com base nessa diligência ilegal. (STF - HC 90298, Relator(a): Min. CEZAR

Título III

PELUSO, Segunda Turma, julgado em 08/09/2009, DJe-195 DIVULG 15-10-2009 PUBLIC 16-10-2009 EMENT VOL-02378-02 PP-00353 RTJ VOL-00220- PP-00392 RB v. 21, n. 553, 2009, p. 35-36)

- **Nulidade processual. Defensor Público ou Dativo. Intimação. Inocorrência. Nulidade.** "É pacífico neste Superior Tribunal de Justiça o entendimento de que a ausência de intimação pessoal da Defensoria Pública ou do defensor dativo sobre os atos do processo, a teor do disposto no artigo 370 do Código de Processo Penal e do artigo 5º, § 5º, da Lei 1.060/1950, gera, via de regra, a sua nulidade. 2. No caso dos autos, consoante noticiado pela autoridade apontada como coatora, o defensor dativo foi intimado da pauta da sessão de julgamento do recurso por meio do Diário de Justiça Eletrônico, inexistindo nos autos a expedição de mandado para a sua cientificação pessoal. Ordem concedida para anular o julgamento da Apelação Criminal determinando-se que outro seja realizado com a prévia intimação pessoal a que faz jus o defensor dativo. (STJ – HC 317.039/SP, Rel. Ministro JORGE MUSSI, QUINTA TURMA, julgado em 19/05/2015, DJe 28/05/2015).

- **Intempestividade.** A intempestividade é questão de ordem pública e não está submetida à preclusão, uma vez que a extemporaneidade do recurso faz ocorrer o trânsito em julgado e torna imutável o comando judicial. O trânsito em julgado não necessita de nenhum ato judicial, bastando o transcurso do prazo recursal. Assim, em qualquer momento processual, pode ser reconhecida a sua ocorrência. A ausência de atribuição de efeito interruptivo aos embargos não decorreu de sua rejeição, mas de sua protocolização intempestiva. Agravo regimental improvido. (STJ – AgRg na RCDESP no Ag 1294866/SC, Rel. Ministro SEBASTIÃO REIS JÚNIOR, Sexta Turma, julgado em 26/02/2013, DJe 06/03/2013)

- **Nulidade. Oportunidade processual.** Este Tribunal sufragou o entendimento no sentido de que "a teor do art. 571, II, do CPP, as nulidades da instrução criminal, nos processos de competência do juiz singular, devem ser arguidas, em preliminar, na oportunidade do oferecimento das alegações finais, sob pena de preclusão" (HC 168.984/GO, Rel. Min. ASSUSETE MAGALHÃES, SEXTA TURMA, DJe 21/05/2013). (STJ – HC 297.632/SP, Rel. Ministra MARIA THEREZA DE ASSIS MOURA, SEXTA TURMA, julgado em 12/05/2015, DJe 21/05/2015).

- **Ausência de intimação pessoal da defensoria pública.** Cerceamento de defesa. Nulidade. Reconhecimento de ofício. Conforme o disposto no art. 128, inciso I, da Lei Complementar 80/94, art. 5º, § 5º, da Lei n. 10.060/50 e no art. 370, § 4º, do CPP, a ausência de intimação pessoal da Defensoria Pública, para a sessão de julgamento, configura nulidade do julgado, tendo em vista prejudicar a ampla defesa do acusado. (STJ - HC 305.881/SP, Rel. Ministro NEFI CORDEIRO, SEXTA TURMA, julgado em 13/10/2015, DJe 03/11/2015)

- **Defensor Público. Intimação. Pessoal.** "A lei exige que a intimação do Defensor Público seja pessoal. II - Mostra-se inválida a intimação por carta cujo aviso de recebimento foi subscrito por funcionário da Defensoria. III - Nulidade do ato reconhecida. IV - Ainda que cumprida a pena e extinta a punibilidade, remanesce a potencial ameaça à liberdade do paciente diante da possibilidade de eventual condenação futura. V - Ordem concedida. (STF - HC 92408/MG - 1ª T. - Rel. Min. Ricardo Lewandowski - DJ 55 27.03.2008 Public 28.03.2008)

- **Ouvida de testemunha. Ausência de Defensor do Acusado.** "A garantia ao contraditório, inerente ao devido processo legal implantado no seio de um Estado Democrático de Direito, deve ser respeitada durante toda a instrução criminal, já que se trata de uma forma de controle de legalidade da prova posta à disposição das partes, por meio da qual podem, inclusive, produzir elementos de convicção aptos a dar embasamento à tese sustentada em juízo, seja ela acusatória ou de defesa. A ampla defesa constitucionalmente garantida deve abranger tanto o direito do acusado ser assistido por profissional habilitado, conhecida por defesa técnica, como o direito de autodefesa. Doutrina. 3. Na hipótese, uma das vítimas foi ouvida em juízo sem que estivessem presentes ao ato a acusada ou a sua defesa técnica, para o qual sequer foram intimadas, e sem nomeação de defensor *ad hoc*. Embora o próprio órgão acusatório tenha proposto a nova realização do ato processual objurgado, visando restabelecer o contraditório, é certo que tal providência não foi concretizada, circunstância que evidencia o malferimento ao referido postulado que forma um dos pilares do devido processo legal. Ordem concedida de ofício para desconstituir o trânsito em julgado da sentença condenatória proferida em desfavor da paciente, anulando-se a ação penal desde a audiência na qual foi ouvida a vítima J. C. O., inclusive, observando-se, na renovação do ato, as garantias previstas na Constituição Federal. (STJ - HC 305.133/ES, Rel. Ministro JORGE MUSSI, QUINTA TURMA, julgado em 19/03/2015, DJe 30/03/2015)

- **Réu. Direito. Escolha. Defensor. Inocorrência. Nulidade.** O réu tem o direito de escolher o seu próprio defensor. Essa liberdade de escolha traduz, no plano da "*persecutio criminis*", específica projeção do postulado da amplitude de defesa proclamado pela Constituição. Cumpre ao magistrado processante, em não sendo possível ao defensor constituído assumir ou prosseguir no patrocínio da causa penal, ordenar a intimação do réu para que este, querendo, escolha outro Advogado. Antes

Título III

de realizada essa intimação – ou enquanto não exaurido o prazo nela assinalado – não é lícito ao juiz nomear defensor dativo (ou Defensor Público) sem expressa aquiescência do réu. Precedentes. (STF – HC 96905, Relator(a): Min. CELSO DE MELLO, Segunda Turma, julgado em 25/08/2009, DJe-146 DIVULG 29-07-2011 PUBLIC 01-08-2011 REPUBLICAÇÃO: DJe-160 DIVULG 19-08-2011 PUBLIC 22-08-2011 REPUBLICAÇÃO: DJe-189 DIVULG 30-09-2011 PUBLIC 03-10-2011 EMENT VOL-02599-02 PP-00155 RTJ VOL-00222-01 PP-00340)

- **Testemunhas. Dispensa pelo Juiz. Nulidade.** O direito à prova qualifica-se como prerrogativa jurídica de índole constitucional, intimamente vinculado ao direito do interessado de exigir, por parte do Estado, a estrita observância da fórmula inerente ao *"due process of law"*. – Os juízes e Tribunais têm o dever de assegurar, ao réu, o exercício pleno do direito de defesa, que compreende, dentre outros poderes processuais, a faculdade de produzir e de requerer a produção de provas, que somente poderão ser recusadas, mediante decisão judicial fundamentada, se e quando ilícitas, impertinentes, desnecessárias ou protelatórias. DISPENSA, POR INICIATIVA DO MAGISTRADO, SEM RAZÃO LEGÍTIMA, DE TESTEMUNHA QUE O ACUSADO ARROLOU, DE MODO REGULAR E TEMPESTIVO, COM A NOTA DE IMPRESCINDIBILIDADE: ATO JUDICIAL QUE OFENDE O DIREITO DE DEFESA CUJO EXERCÍCIO É ASSEGURADO, A QUALQUER RÉU, PELA CONSTITUIÇÃO DA REPÚBLICA. – O fato de o Poder Judiciário considerar suficientes os elementos de informação produzidos no procedimento penal não legitima nem autoriza a adoção, pelo magistrado competente, de medidas que, tomadas em detrimento daquele que sofre persecução penal, culminem por frustrar a possibilidade de o próprio acusado produzir as provas que repute indispensáveis à demonstração de suas alegações e que entenda essenciais à condução de sua defesa. – Mostra-se claramente lesiva à cláusula constitucional do *"due process"* a supressão ou a injusta denegação, por exclusiva deliberação judicial, do direito à prova, que, por compor o próprio estatuto constitucional do direito de defesa, deve ter o seu exercício plenamente respeitado por quaisquer autoridades e agentes públicos, que não podem impedir, sob pena de nulidade processual absoluta, que o réu, nos procedimentos de persecução contra ele instaurados, produza os elementos de informação por ele considerados imprescindíveis e que sejam eventualmente capazes, até mesmo, de infirmar a pretensão punitiva do Estado, ainda mais quando se tratar de testemunhas arroladas com a nota de imprescindibilidade (CPP, art. 461, "caput", na redação dada pela Lei nº 11.689/2008). Doutrina. Jurisprudência. (STF – HC 96905, Relator(a): Min. CELSO DE MELLO, Segunda Turma, julgado em 25/08/2009, DJe-146 DIVULG 29-07-2011 PUBLIC 01-08-2011 REPUBLICAÇÃO: DJe-160 DIVULG 19-08-2011 PUBLIC 22-08-2011 REPUBLICAÇÃO: DJe-189 DIVULG 30-09-2011 PUBLIC 03-10-2011 EMENT VOL-02599-02 PP-00155 RTJ VOL-00222-01 PP-00340)

- **Direito ao silêncio. Investigado. Advertência. Inocorrência.** 1. Os artigos 5º, inciso LXIII, da Constituição Federal e 186 do Código de Processo Penal conferem ao acusado o direito ao silêncio ou à não autoincriminação, permitindo que, por ocasião de seu interrogatório, cale acerca dos fatos criminosos que lhe são imputados, ou ainda, e via de consequência do sistema de garantias constitucionais, negue a autoria delitiva, sem que isso dê ensejo à apenação criminal ou mesmo valoração negativa dessas declarações pelo togado singular, que poderá, no máximo, desconsiderá-las quando do cotejo com os demais elementos probatórios colacionados. 2. No caso dos autos, verifica-se que o paciente foi intimado para prestar declarações nos autos do inquérito policial deflagrado com o objetivo de apurar os crimes de quadrilha e corrupção, sendo que após o indiciamento de outros acusados, e ainda no curso das investigações, o Ministério Público apresentou relatório noticiando fatos que revelariam a sua participação nos delitos em apuração, tendo ele sido posteriormente inquirido, por duas vezes, sem que fosse advertido de sua situação de investigado, tampouco informado do seu direito ao silêncio, o que revela o desrespeito à garantia prevista no artigo 5º, inciso LXIII, da Constituição Federal. Em que pese não ser lícita a prova obtida por meio dos depoimentos prestados pelo paciente com a inobservância do seu direito ao silêncio, não se mostra pertinente pedido de trancamento da ação penal, já que a denúncia lastreou-se em outros elementos probatórios que não possuem qualquer liame ou nexo de causalidade com as declarações nulas, de modo que não é possível considerar-se ausente a falta de justa causa para a persecução criminal em exame. A corroborar a validade das demais provas contidas nos autos e que dão sustentação à peça vestibular, o § 1º do artigo 157 do Código de Processo Penal, com a redação dada pela Lei 11.690/2008, excepciona, em matéria de provas ilícitas, a adoção da teoria dos frutos da árvore envenenada quando os demais elementos probatórios não estiverem vinculados àquele cuja ilicitude foi reconhecida. Ordem concedida de ofício apenas para determinar o desentranhamento dos autos dos depoimentos prestados pelo paciente perante a autoridade policial no dia 9.5.2012. (STJ - HC 249.330/PR, Rel. Ministro JORGE MUSSI, QUINTA TURMA, julgado em 12/02/2015, DJe 25/02/2015)

- **Acórdão. Motivação. Ausência. Nulidade.** "Requisito de legitimação, o dever de motivação das decisões judiciais possibilita, numa perspectiva interna do processo, o exercício do direito de se recorrer, e, em uma ótica externa, lastreia a fiscalização da atuação do Estado-juiz, que deverá demonstrar o seu convencimento de maneira fundamentada. Na espécie, além da ausência do tratamento dos termos das razões recursais, lacônico, o aresto guerreado simplesmente transplantou para a "nova decisão" o norte da sentença e o teor do parecer ministerial, sem empolgar a imprescindível dialeticidade, traço identificador da atividade judicante. Habeas corpus de ofício para reconhecer a nulidade do julgamento da apelação, que deverá ser refeito, com a apreciação das teses defensivas (com voto vencido). (STJ – HC 182.004/SP, Rel. Ministro NEFI CORDEIRO, Rel. p/ Acórdão Ministra MARIA THEREZA DE ASSIS MOURA, SEXTA TURMA, julgado em 06/11/2014, DJe 12/12/2014)

- **Acórdão. Motivação. Ausência. Nulidade.** Segundo entendimento deste Superior Tribunal de Justiça, inexiste nulidade na decisão que acolhe, como razão de decidir, os fundamentos da sentença condenatória ou do parecer ministerial, que, devidamente motivados, examinam todas as teses defensivas. Precedentes desta Corte e do Supremo Tribunal Federal. No caso específico dos autos, contudo, o Tribunal de origem não se desonerou do dever constitucional de fundamentação previsto no art. 93, inciso IX, da Constituição da República, pois se limitou a fazer referência aos argumentos da sentença condenatória e ao parecer ministerial, sem apontar os trechos cuja concordância permitia afastar as alegações defensivas e sem tampouco agregar fundamentos próprios que, ainda que concisos, justificassem o desprovimento do recurso, tornando impossível às partes e à sociedade como um todo avaliar as razões em tese incorporadas à decisão, com notória violação ao princípio do duplo grau de jurisdição. Precedentes desta Corte. Ordem de habeas corpus concedida para declarar a nulidade do acórdão impugnado e determinar que se proceda a novo julgamento do recurso, nos termos da fundamentação constante do voto, ficando suspensa a execução das penas aplicadas no caso.(STJ – HC 242.767/SP, Rel. Ministra LAURITA VAZ, QUINTA TURMA, julgado em 06/08/2013, DJe 13/08/2013).

- **Interrogatório. Realização ao final da instrução. Inobservância. Nulidade.** (art. 400, CPP). Obrigatoriedade. Aplicação às ações penais em trâmite na Justiça Militar dessa alteração introduzida pela Lei nº 11.719/08, em detrimento do art. 302 do Decreto-Lei nº 1.002/69. Precedentes. Nulidade absoluta. Prejuízo evidente. Subtração ao réu do direito de, ao final da instrução, manifestar-se pessoalmente sobre a prova acusatória desfavorável e de, no exercício do direito de audiência, influir na formação do convencimento do julgador. Condenação. Anulação em sede de habeas corpus. A Primeira Turma do Supremo

Tribunal Federal firmou o entendimento de que a realização do interrogatório ao final da instrução criminal, prevista no art. 400 do Código de Processo Penal, na redação dada pela Lei nº 11.719/2008, também se aplica às ações penais em trâmite na Justiça Militar, em detrimento do art. 302 do Decreto-Lei nº 1.002/69. Precedentes. A não realização do interrogatório ao final da instrução subtraiu ao réu a possibilidade de se manifestar pessoalmente sobre a prova acusatória coligida em seu desfavor e de, no exercício do direito de audiência, influir na formação do convencimento do julgador. Prejuízo evidente. Nulidade absoluta configurada. Ordem de habeas corpus concedida para anular a condenação do paciente e determinar sua submissão a novo interrogatório. (STF - HC 121907, Relator(a): Min. DIAS TOFFOLI, Primeira Turma, julgado em 30/09/2014, PROCESSO ELETRÔNICO DJe-211 DIVULG 24-10-2014 PUBLIC 28-10-2014)

- **Defesa prévia. Intimação. Inocorrência. Nulidade.** "A ausência de oportunidade para o oferecimento da defesa prévia na ocasião legalmente assinalada revela-se incompatível com a pureza do princípio constitucional da plenitude de defesa, mormente em matéria penal. A falta do alegado requisito da defesa prévia à decisão judicial quanto ao recebimento da denúncia, em processo penal constitucionalmente concebido como pleno, deixa de sê-lo. A ampla defesa é transformada em curta defesa, ainda que por um momento, e já não há como desconhecer o automático prejuízo para a parte processual acusada. Precedentes. 2. O Supremo Tribunal Federal tem se posicionado pela necessidade de demonstração do prejuízo para a defesa, mesmo nos casos de nulidade absoluta. Todavia, esse entendimento só se aplica quando é logicamente possível a prova do gravame. 3. Em casos como o presente, é muito difícil, senão impossível, a produção da prova do prejuízo. Pelo que o recebimento da denúncia e a condenação dos pacientes passam a operar como evidência de prejuízo à garantia da ampla defesa (HC 84.835, da relatoria do ministro Sepúlveda Pertence). No campo das nulidades processuais, a preclusão - forma de convalidação do ato praticado em desconformidade com o modelo legal - diz respeito propriamente às chamadas nulidades relativas, porque somente nestas o reconhecimento da invalidade depende de provocação do interessado. 5. Ordem concedida, com determinação de expedição de alvará de soltura dos pacientes. (STF - HC 103094, Relator(a): Min. AYRES BRITTO, Segunda Turma, julgado em 02/08/2011, ACÓRDÃO ELETRÔNICO DJe-028 DIVULG 08-02-2012 PUBLIC 09-02-2012)

- **Juiz. Atuação. Policial. Investigação. Nulidade.** Processo Penal. Magistrado que atuou como autoridade policial no procedimento preliminar de investigação de paternidade. Vedação ao exercício jurisdicional.

Título III

Impedimento. Art. 252, incisos I e II, do Código de Processo Penal. Ordem concedida para anular o processo desde o recebimento da denúncia. (STF – HC 94641, Relator(a): Min. ELLEN GRACIE, Relator(a) p/ Acórdão: Min. JOAQUIM BARBOSA, Segunda Turma, julgado em 11/11/2008, DJe-043 DIVULG 05-03-2009 PUBLIC 06-03-2009 EMENT VOL-02351-03 PP-00589).

- **Sustentação oral. Intimação. Inocorrência. Nulidade**. Requerida intimação ou ciência prévia para tanto, deve ser garantido à defesa, sob pena de nulidade, o exercício do ônus de comparecer à sessão de julgamento de habeas corpus e expor oralmente as razões da impetração. (STF – HC 91743/BA – 2ª T. – Rel. Min. Cezar Peluso – DJ 74 24.04.2008 Public 25.04.2008)

- **Sustentação oral. Intimação. Inocorrência. Nulidade.** "A mera intimação da inclusão do recurso em pauta não assegura a data exata em que ocorrerá o julgamento nem garante, então, ao representante legal do Paciente o direito de comparecer ao julgamento para efetivar a defesa oral, na forma dos arts. 554 e 565 do CPC. A ausência de intimação para a data da sessão de julgamento pode ser, assim, considerada causa de nulidade do ato praticado nessa condição, inclusive por ter sido frustrada eventual possibilidade de sustentação oral. Precedentes. Habeas corpus concedido. (STF – HC 91566/RJ – 1ª T. – Rel. Min. Cármen Lúcia – DJ 112 27.09.2007 Public 28.09.2007)

- **Originária. Prova. Testemunhas de acusação e da defesa**. Ordem de inquirição. Audiência prévia das testemunhas da acusação. HC concedido para esse fim. Aplicação do art. 396, caput, do CPP. Sob pena de nulidade do processo, as testemunhas da acusação devem ser ouvidas em primeiro lugar. (STF – HC 87297/MT – Pleno – Rel. Min. Cezar Peluso – DJ 10.08.2006 p. 20)

- **Intimação do acórdão. Ausência de Intimação do Defensor constituído.** I – Ocorre nulidade, por cerceamento de defesa, se o advogado constituído, por substabelecimento sem reservas, não foi intimado da publicação do acórdão proferido no julgamento de embargos de declaração (Precedentes). II – Na hipótese dos autos, constou da publicação no órgão oficial o nome de advogado que, por ter substabelecido sem reservas, não mais representava o réu. Ordem concedida. (STJ – HC 76008/MG – 5ª T. – Rel. Min. Félix Fischer – DJ 24.09.2007 p. 338)

- **Citação por edital**. "Esgotamento dos outros meios de citação legalmente previstos. Revelia. Advogado constituído na fase do inquérito policial. Intimação da Defensoria Pública para atuar na defesa do réu. Nulidade. Precedentes. 1. A citação ocorrida por edital, após diligências para localizar o réu no endereço fornecido por ele na fase do inquérito policial e nos presídios da respectiva unidade da Federação, não é nula. 2. A interpretação ampliativa do art. 266 do Código de Processo Penal autoriza concluir que antes de se confiar à Defensoria Pública o ônus de defender o réu, deve ser intimado a fazê-lo o advogado que o acompanhou durante o inquérito policial. 3. Concedida a ordem para anular o processo penal desde o oferecimento da defesa prévia". (STF - HC 93415/DF - 1ª T. - Rel. Min. Menezes Direito DJ 78 30.04.2008 Public 02.05.2008).

- **Citação por Edital. Exaurimento. Inocorrência. Nulidade.** "Só se justifica a intimação da sentença condenatória por edital quando, dentro dos limites razoáveis, se torna impossível a cientificação pessoal do réu. II - É evidentemente nula a intimação por edital calcada na informação de oficial de justiça que asseverara não ter conseguido localizar o endereço do acusado onde ele - o mesmo oficial de justiça - o intimara anteriormente. *Writ* concedido. (STJ - 5ª T. - HC 12.894/RJ - Rel. Min. Félix Fischer - DJ 21.08.2000 - p. 157)

- **Citação.** A citação por edital constitui ficção jurídica a que não é lícito recorrer, sem que tenham sido investigadas todas as fontes de referência existentes nos autos, sobre o paradeiro do citando. (RT 511/359)

- **Habeas Corpus. Decisão Monocrática. Nulidade.** Princípio da colegialidade - Habeas corpus. Decisão monocrática do Superior Tribunal de Justiça em recurso especial. Alegação de ofensa ao princípio da colegialidade. Decisão singular que dá provimento ao recurso, alterando a classificação da conduta, a partir de um juízo de mérito da causa, viola o princípio da colegialidade, nos termos da Lei 8.038/90 e do Regimento Interno do Superior Tribunal de Justiça. Habeas corpus deferido. (STF - HC 87163/MG - 1ª T. - Rel. Min. Carlos Britto - DJ 13.10.2006 PP-00050)

- **Habeas Corpus. Indeferimento. Ato Monocrático. Nulidade.** Nos habeas corpus de competência originária de Tribunal de Apelação, não cabe o indeferimento liminar da inicial, por decisão isolada do relator, frente o comando estatuído no art. 663, CPP, que determina que, neste caso, o pedido deverá ser submetido à apreciação do tribunal, câmara ou turma, para que delibere a respeito. Ordem concedida. (STJ - 5ª T. - Ac. HC 3.250/SP - Rel. Min. Cid Flaquer Scartezzini - DJ 07.08.1995 - p. 23.049 - RSTJ - v. 81 - p. 328)

- **Intimação irregular. Cerceamento de defesa.** Nulidade reconhecida. Verificando-se que foi equivocadamente declarada a revelia do paciente, o que se torna induvidoso ante as certidões concernentes a sua intimação, e de ser declarado nulo o processo a partir da audiência (a de 25.04.85), a que o réu não compareceu exatamente pela falta de sua regular intimação, ficando sem efeito, consequentemente, a decretação de revelia. (STF - 2ª T. - RHC 64.778/RJ - Rel. Min. Aldir Passarinho - DJ 03.04.1987 - p. 5.818 - Ement. v. 1.455-02 - p. 218)

- **Julgamento. Nomeação *ad hoc*. Inocorrência. Nulidade.** "Adiada a sessão para o exame da denúncia, o que se verificou na segunda sessão subsequente àquela de cuja pauta constou, inexiste necessidade de nova intimação das partes, não havendo de se falar em nulidade sob o argumento de irregularidade na intimação. Embora regular a intimação do indiciado e do seu advogado, a denúncia foi recebida sem que fosse nomeado defensor ad hoc, o que fere de nulidade absoluta o julgamento proferido, uma vez que fica caracterizado o cerceamento de defesa. 3. Habeas corpus concedido *ex officio* nos termos do voto. (STJ - HC 106833 / SE - 6ª T. - Rel. Min. Og Fernandes - DJ 08.09.2008)

- **Advogado. Intimação. Razões. Inocorrência. Nulidade.** "Se o Advogado constituído pelo réu é intimado para apresentar contrarrazões à apelação do Ministério Público, e não as apresenta, deve o juiz nomear Defensor dativo, para que o faça. 2. A partir desse instante, o Defensor constituído não precisa ser intimado dos demais atos do processo, mas, sim, o Defensor dativo. 3. Hipótese em que todas essas formalidades foram observadas. 4. Precedentes. 5. HC indeferido. (STF - 1ª T. - 73.087 - Rel. Min. Sydney Sanches - DJU 31.05.1996). No mesmo sentido: HC 52.823, RTJ 72/38, RHC 58.881, RTJ 99/144, HC 68.182.

- **Advogado. Intimação. Contrarrazões. Inocorrência. Nulidade.** "Em respeito às garantias constitucionais ao contraditório e à ampla defesa, é indispensável a intimação do acusado para apresentar contrarrazões ao recurso de apelação interposto pelos assistentes de acusação. Precedentes do STJ e do STF. Ordem concedida para anular o acórdão proferido no julgamento da Apelação n. 1.0024.03.889052-1/002, determinando-se novo julgamento da apelação interposta pelos assistentes de acusação, precedido da devida intimação da defesa do paciente para apresentar contrarrazões. (STJ - HC 236.292/MG, Rel. Ministro JORGE MUSSI, QUINTA TURMA, julgado em 09/12/2014, DJe 17/12/2014).

- **Advogado. Intimação. Contrarrazões. Inocorrência. Nulidade.** "É nulo o julgamento de apelação sem que se tenha providenciado a apresentação de contrarrazões defensivas, dada a patente violação dos cânones constitucionais da ampla defesa e do contraditório. Precedentes. 2. Ordem concedida para anular o aresto guerreado apenas em relação ao paciente, assegurando-se-lhe a apresentação de contrarrazões ao apelo ministerial. (STJ - HC 180.769/SP, Rel. Ministra MARIA THE-

REZA DE ASSIS MOURA, SEXTA TURMA, julgado em 06/03/2012, DJe 19/03/2012)

- **Advogado. Intimação. Contrarrazões. Inocorrência. Nulidade.** "A falta de intimação do defensor para apresentar as contrarrazões recursais enseja nulidade absoluta (Precedentes). II – In casu, não houve intimação para que a defesa apresentasse as contrarrazões ao recurso em sentido estrito interposto pelo parquet, o qual, a despeito disso, foi provido pela Corte a quo com a consequente pronúncia do paciente. Assim, resta evidenciado o prejuízo e configurada a nulidade do julgamento. *Writ* concedido. (STJ – HC 141.545/MT, Rel. Ministro FELIX FISCHER, QUINTA TURMA, julgado em 17/11/2009, DJe 01/02/2010)

- **Advogado. Intimação. Contrarrazões. Inocorrência. Nulidade.** "A ausência de intimação do advogado constituído pelo paciente para o oferecimento de contrarrazões ao recurso especial interposto importa violação aos princípios do contraditório, da ampla defesa e do devido processo legal. Ordem concedida, com expedição de alvará de soltura clausulado. (STF – HC 106833, Relator(a): Min. RICARDO LEWANDOWSKI, Primeira Turma, julgado em 12/04/2011, PROCESSO ELETRÔNICO DJe-084 DIVULG 05-05-2011 PUBLIC 06-05-2011 RB v. 23, n. 571, 2011, p. 45-48).

- **Defensor. Renúncia. Intimação. Réu. Inocorrência. Nulidade**. STF: "O réu tem o direito de escolher o seu próprio defensor. Essa liberdade de escolha traduz, no plano da *persecutio criminis*, específica projeção do postulado da amplitude de defesa proclamado pela Constituição. Cumpre ao Magistrado processante, em não sendo possível ao defensor constituído assumir ou prosseguir no patrocínio da causa penal, ordenar a intimação do réu para que este, querendo, escolha outro advogado". (RT 691/379)

- **Defensor. Renúncia. Intimação. Réu. Inocorrência. Nulidade.** TARS: "A escolha, pelo réu, de defensor de sua confiança, é uma das mais vigorosas colunas do instituto da ampla defesa. Não pode o magistrado, sem justo motivo, destituir o advogado constituído pelo acusado e nomear-lhe outro. Cerceamento caracterizado". (JATERGS 85/114).

- **Defensor. Renúncia. Intimação. Réu. Inocorrência. Nulidade.** Defensor público nomeado sem a oitiva do réu. Prejuízo à defesa demonstrado. Recurso provido. I – Reconhece-se como nulidade por cerceamento de defesa, a falta de intimação do réu para que constituísse outro defensor, face ao impedimento à atuação do anteriormente constituído, se a mesma acarretou prejuízo à defesa, eis que, sem que o réu fosse ouvido, o Juízo simplesmente nomeou defensor dativo que não procedeu a qualquer atividade efetiva, abstendo-se de diligenciar para a obtenção de nova perícia como suscitado em defesa prévia. II – Recurso provido para conceder a ordem, a fim de anular o processo a partir da nomeação do defensor público pelo Juízo, inclusive. (STJ – 5ª T. – RHC 8.703/SE – Rel. Min. Gilson Dipp – DJ 18.10.1999 – p. 239)

- **Defensor – Réu revel.** STF: "Revelia. Defensor constituído pelo acusado revel. Garantia da ampla defesa. O direito de o acusado constituir defensor de sua confiança para atuar no processo crime a que responde, ainda que nele seja revel, é um desdobramento da garantia constitucional da ampla defesa – portanto, impostergável". (RT 610/433). No mesmo sentido, STF – RT 541/475, 603/444; TJSP 402/67, 451/348, 483/266 e 568/376.

- **Advogado nomeado. Intimação pessoal**. Nomeado pelo juízo advogado ao paciente, ainda que não esclarecido o motivo nos autos, faz-se necessária a sua intimação pessoal em ambas as instâncias, porque é reconhecida a sua equivalência ao cargo de defensor público. Precedentes citados: HC 8.619/SP, DJ, 23.08.1999; REsp. 219.628/SP, DJ, 20.09.1999; HC 9.886/SP, DJ, 11.10.1999. (HC 10.639/SP – Rel. Min. Gilson Dipp – j. em 14.12.1999).

- **Defensor. Inércia. Defesa. Prejuízo. Nulidade.** Arguições de erro na dosimetria da pena e na aplicação do critério trifásico que não foram apreciadas pela Corte impetrada. Não conhecimento, sob pena de supressão de instância. "Se o defensor constituído, sem renúncia do mandado, se mostrar inerte, apesar de intimado, a nomeação do defensor dativo para substituí-lo na fase de alegações finais não acarreta, de pronto, nulidade" (HC 7.882/SP, Rel. Min. Félix Fischer, DJ de 16.08.1999). Entretanto, se o defensor constituído, intimado, deixa de apresentar as razões recursais, não cabe ao Tribunal julgar o apelo não-arrazoado. Nesse caso, faz-se imprescindível a intimação do réu para, cientificado da desídia do seu patrono, constituir novo defensor, se assim o desejar, ou, na impossibilidade de fazê-lo, nomeia-se defensor dativo para a apresentação das razões. Hipótese de nulidade absoluta por cerceamento de defesa, com evidente prejuízo para o acusado. Mantida incólume a condenação de primeiro grau, deve o paciente aguardar preso a realização de novo julgamento, tendo em vista a v. sentença consignar os seus péssimos antecedentes e condenação por crime de mesma natureza. Ordem parcialmente conhecida e, nesta parte, parcialmente deferida. (STJ – 5ª T. – HC 19.689/PE – Rel. Min. José Arnaldo da Fonseca – DJ 22.04.2002 – p. 228)

- **Advogado substabelecido. Falta de intimação. Nulidade.** A falta de intimação do advogado do réu, que antes da sessão de julgamento fora constituído por meio de substabelecimento do instrumento procuratório, configura cerceamento de defesa, importando em constrangimento ilegal, porque suficientemente demonstrada, com indicação objetiva do prejuízo. Assim, a Turma concedeu a ordem de habeas corpus para declarar nulo o julgamento da apelação interposta, ordenando que se realize novo julgamento, com observância do devido processo legal. (STJ – HC 11.933/PR – Rel. Min. Vicente Leal – j. em 03.08.2000)

- **Advogado. Processo. Promotor de Justiça aposentado. Nulidade.** "Constitui nulidade absoluta do processo, arguida a qualquer tempo, a defesa do réu realizada por advogado que já atuara nos autos na qualidade de Promotor de Justiça. O julgamento popular deste modo realizado traz em seu âmago visível nulidade (CPP, art. 563), pois, quando nada, causa perplexidade aos jurados, influenciando de modo negativo na decisão de cada um, com prejuízo flagrante e presumido para a acusação e, consequentemente, para a apuração da verdade dos fatos. 2. Recurso não conhecido. (STJ – 6ª T. – Ac. REsp. 136.062/MG – Rel. Min. Fernando Gonçalves – DJ 26.04.1999 – p. 130).

- **Advogado. Renúncia. Intimação posterior. Nulidade.** Forçoso reconhecer a nulidade de intimação efetuada, pois realizada em nome de advogado que já renunciara aos poderes que lhe tinham sido outorgados. Necessária a realização de novo julgamento, com a intimação no nome dos procuradores devidamente habilitados nos autos, reabrindo-se o prazo para eventuais recursos. 3. Habeas corpus concedido.(STF – HC 117446, Relator(a): Min. ROSA WEBER, Primeira Turma, julgado em 11/03/2014, PROCESSO ELETRÔNICO DJe-060 DIVULG 26-03-2014 PUBLIC 27-03-2014)

- **Assistente de Acusação. Direito. Réplica. Inocorrência. Nulidade.** "Os arts. 271 e 473 do Código de Processo Penal conferem ao Assistente da Acusação o direito à réplica, ainda que o Ministério Público tenha anuído à tese de legítima defesa do Réu e declinado do direito de replicar, razão pela qual deve ser anulado o julgamento. Recurso especial provido para determinar novo julgamento". (STJ – REsp 1343402/SP, Rel. Ministra LAURITA VAZ, QUINTA TURMA, julgado em 21/08/2014, DJe 03/09/2014)

- **Decisão desfundamentada. Nulidade.** Réu absolvido em primeira instância e condenado pelo tribunal. Acordão que, todavia, não examinou a prova nem fundamentou convenientemente a condenação. Negativa de vigência ao art. 381, II e III, do CPP, e 93, IX, da Constituição. Por mais repulsivo que tenha sido o crime, tem o acusado direito ao devido processo legal e a decisões fundamentadas. Recurso especial conhecido e provido para anular-se o acordão, a fim de que outro julgamento seja realizado. (STJ - 5ª T. - Ac. REsp. 20.191/RJ - Rel. Min. Assis Toledo - DJ 25.05.1992 - p. 7.403)

- **Decisão desfundamentada. Nulidade.** STF: quanto à preliminar de nulidade por falta de motivação, tem inteira procedência. Não é dado ao julgador apenas afirmar que existe prova suficiente da responsabilidade do acusado. Impõe-se demonstrar sua convicção mediante a análise da prova constante dos autos. O livre convencimento não significa falta de motivação legal. (RT 625/379-80). No mesmo sentido, TJMG - RT 610/412; RT 563/298, 589/325, 694/354, 684/302; TARS - RT 626/352; TACRSP - RT 537/311, 581/338-9 e 347, 604, 384, TA-CRESP 62/80, 76/133.
- **Decisão desfundamentada. Nulidade.** TJSP: "Ainda que se admita ao juiz, no relatório da sentença, mencionar de forma sucinta as razões de acusação e de defesa, na sua fundamentação deve, entretanto, abordar as questões relevantes trazidas pelas partes, enfrentando toda a matéria alegada e discutida. Ignorá-la ao omisso, constitui indubitável cerceamento de defesa e implica nulidade da mesma, por ausência de consideração do exame sobre os pontos debatidos nos autos". (RT 608/316). No mesmo sentido, TACRSP - RT 569/340-1, 580/373, 594/365, 600/369, 609/353, 612/348, RJDTACRIM 12/ 127, 13/136, 138, 140 e 142.
- **Decisão desfundamentada. Nulidade.** STF: Quanto à preliminar de nulidade por falta de motivação, tem inteira procedência. Não é dado ao julgador apenas afirmar que existe prova suficiente da responsabilidade do acusado. Impõe-se demonstrar sua convicção mediante a análise da prova constante dos autos. O livre convencimento não significa falta de motivação legal. (RT 625/379-80). No mesmo sentido, TJMG - RT 610/412; RT 563/298, 589/325, 694/354, 684/302; TARS - RT 626/352; TACRSP - RT 537/311, 581/338-9 e 347, 604, 384, TTA-CRESP 62/80, 76/133.
- **Sentença desmotivada. Contraditório e ampla defesa**: nulidade da sentença condenatória fundamentada exclusivamente em elementos colhidos em inquérito policial e em procedimento administrativo. IV. Sentença: motivação: incongruência lógico-jurídica. É nula a sentença condenatória por crime consumado se a sua motivação afirma a caracterização de tentativa: a incoerência lógico-jurídica da motivação da sentença equivale à carência dela. (STF - 1ª T. - HC 83.864/DF - Rel. Min.Sepúlveda Pertence - DJ 21.05.2004 - p. 43)
- **Recursos. Limites**. "Segundo pacífico entendimento pretoriano, "é nula a decisão do Tribunal que acolhe, contra o réu, nulidade não argüida

no recurso da acusação, ressalvados os casos de recurso de ofício (Súmula 160/STF). 2. Recurso especial conhecido e provido." (STJ – 6ª T. – Ac. REsp. 18.9697/RS – Rel. Min. Fernando Gonçalves – DJ 21.06.1999 – p. 208)

- **Recursos. Limites.** Súmula 160/STF. "É nula decisão do Tribunal que acolhe contra o réu nulidade não arguida no recurso da acusação, ressalvados os casos de recurso de ofício". (STJ – 5ª T. – Ac. REsp. 26.832/RJ – Rel. Min. José Dantas – DJ 07.03.1994 – p. 3.670)
- **Recursos. Limites.** É nula a decisão do Tribunal que acolhe, contra o réu, nulidade não arguida no recurso da acusação, ressalvados os casos de recurso de ofício (Súmula 160). Ordem concedida para anular o acórdão que mandou o paciente a novo júri, a fim de que outro acórdão seja proferido quanto ao mérito da apelação. (STF – 1ª T. – HC 49.733/CE – Rel. Min. Amaral Santos – DJ 11.08.72 – Ement. v. 880-03 – p. 878).
- **Dosimetria da pena. Circunstâncias Judiciais. Inocorrência. Nulidade.** Cabe analisar nesta sede apenas se há manifesta ilegalidade na fundamentação adotada na dosimetria da sanção, que deve observar o disposto no art. 59 do Código Penal. 2. Hipótese em que o magistrado assentou a "intenção de lesar terceiros, obtendo vantagem indevida" e "a ganância pelo locupletamento fácil", elementos do tipo penal de estelionato, o "pleno conhecimento do caráter ilícito", fundamento inidôneo, além do fato de a vítima não ter recuperado os valores, circunstância inerente ao crime consumado. Flagrante, pois, o constrangimento ilegal, sendo de rigor a redução da reprimenda, com a consequente fixação do regime aberto. 3. Ordem concedida para reduzir a sanção para 1 (um) ano e 2 (dois) meses de reclusão, a ser cumprida em regime aberto, e 11 (onze) dias-multa, mantidos os demais termos da sentença e do acórdão. (STJ – HC 146.379/PR, Rel. Ministra MARIA THEREZA DE ASSIS MOURA, SEXTA TURMA, julgado em 15/03/2012, DJe 02/04/2012).
- **Circunstâncias judiciais. Motivação. Inocorrência. Nulidade.** "Ao fixar a pena acima do mínimo legal, tem o juiz a obrigação de justificá-la convenientemente, não se permitindo a simples referência aos critérios genéricos do art. 59, como suficientes para esta fixação. (STJ – RHC – Rel.Min. Flaquer Scartezzini – BMJ 91/29)
- **Sentença. Individualização da pena. Inocorrência. Nulidade.** "Não serve a genérica alusão ao art. 59 do CP para fixar-se acima do mínimo a pena privativa de liberdade, pois ao juiz cabe especificar cada fato levado em conta na individualização, a fim de fundamentar adequa-

damente a exacerbação operada. (TACRIM/SP - AC - Rel. Haroldo Luz - RJD 1/125 e JUTACRIM 97/253)

- **Antecipação de provas. Formalidades. Inocorrência. Nulidade.** STF: Antecipação de prova testemunhal (CP, art. 225): imprescindível intimação do acusado, que, na hipótese de fazer-se por edital, impõe se aguarde a exaustão do prazo legal da citação ou, pelo menos, daquele menor, fixado por motivo de urgência no chamamento editalício: nulidade: desconsideração da prova antecipadamente colhida. Prova testemunhal: rol complementar ao que acompanhou a defesa prévia, apresentado no curso do tríduo legal: direito a inquirição indevidamente negado: cerceamento de defesa: nulidade (STF - 1ª T. - HC 76.049/SP - Rel. Min. Sepúlveda Pertence - DJ 19.12.1997 - p. 44 - Ement. v. 1.896-03 - p. 521)

- **Decisão *citra petita*. Nulidade.** Cerceamento de defesa idoneamente argüido mas não examinado nem no julgamento da apelação, nem no da correição parcial, equivocadamente tida por prejudicada, porque apensados os autos aos de outra apelação em que se manteve a absolvição do paciente: nulidade das decisões. (STF - 1ª T. - HC 76.365/SP - Rel. Min. Sepúlveda Pertence - DJ 13.11.1998 - p. 2 - Ement. v. 1.931-01 - p. 196)

- **Decisão *citra petita*. Nulidade.** TJRS: "Decisão que não examina defesa sustentada pelo acusado é radicalmente nula, por ser citra petita". (RJTJERGS 137/79)

- **Alegações finais. Inocorrência. Nulidade.** "As alegações finais do réu são peça essencial do processo-crime, e o Juiz não deve sentenciar antes de suprir a omissão do defensor. A omissão de apresentação das alegações finais, ainda que intimado o defensor constituído, configura ofensa ao direito de ampla defesa e ao princípio do contraditório, evidenciando-se prejuízo para o réu. Habeas corpus deferido. (STF - 2ª T. - HC 73.227/RS - Rel. Min. Maurício Correa - DJ 25.10.1996 - p. 41.028 Ement. v. 1.847-02 - p. 231)

- **Prisão. Averiguações. Ilegalidade.** É ilegal e inconstitucional a prisão para averiguações, constituindo abuso de autoridade, por mais que se queira justificar a sua aplicabilidade na repressão preventiva ao crime. (RT 425:352)

- **Antecedentes criminais. Juntada. Vista. Inocorrência. Nulidade.** Configura cerceamento de defesa a juntada no processo-crime de certidão de antecedentes criminais sem que se dê oportunidade para a defesa se manifestar. Com esse entendimento, a Turma deferiu, em parte, habeas corpus para reduzir a pena ao mínimo legal, já que a mesma fora majorada em seis meses em decorrência dos maus antecedentes. Precedentes citados: RE 87.394/RJ (RTJ 88/1018) e HC 63.775/RJ (RTJ 49/415). (STF – HC 76.985/SP – Rel. Min. Nelson Jobim – j. em 23.02.1999 – Informativo STF 139)

- **Provas. Defesa. Não avaliadas. Nulidade.** "Denotada a existência de prejuízo, pela não consideração de documentos protocolados pela defesa dos pacientes, antes da sentença, e que poderiam influenciar na dosimetria da pena, caracterizada está a nulidade. Ordem concedida em parte. (STJ – 6ª T. – HC 19.598/RS – Rel. Min. Fernando Gonçalves – DJ 06.05.2002 – p. 327)

- **Nulidade. Não apreciação pelo Tribunal *a quo*.** Havendo alegações de nulidades da sentença, passíveis, em tese, de análise em habeas corpus, estas devem ser apreciadas mesmo que exista apelação pendente de julgamento. Recurso provido, para que o e. Tribunal a quo aprecie as nulidades alegadas pelo impetrante. (STJ – 5ª T. – RHC 11.746/SP – Rel. Min. Félix Fischer – DJ 01.04.2002 – p. 188)

- **Advogado. Alegações finais. Reconhecimento. Culpa. Réu. Nulidade.** Princípio do contraditório e ampla defesa. Inobservância. Defesa técnica. Autodefesa. Alegações finais. Reconhecimento da existência do fato criminoso pelo advogado do réu. Inadmissibilidade. Contradição com o interrogatório, onde o réu negou o mesmo fato. Condenação baseada na admissão deste pelo patrono. Nulidade processual caracterizada. HC concedido. Aplicação do art. 5º, LV, da CF. É nulo o processo criminal desde as alegações finais em que o advogado do réu reconheceu a existência do fato delituoso negado no interrogatório, e em cujo reconhecimento se fundou a sentença de condenação. (STF – RE 592160/MG – 2ª T. – Rel. Min. Cezar Peluso – DJ 222 20.11.2008, Public 21.11.2008, v. 2.342-21, p. 4.137)

- **Estagiário de Direito. Atos de advogado. Nulidade.** É defeso ao estagiário de Direito a prática de ato privativo de advogado. 2. A denegação da sustentação oral do recurso viola o direito à ampla defesa, assegurado aos réus pela Constituição Federal. 3. Ordem concedida. (STJ – 6ª T. – HC 47.803/GO – Rel. Min. Hamilton Carvalhido – DJ 19.03.2007 – p. 395),

- **Razões de apelação. Segundo grau. Ausência. Nulidade**. Caracterização. Ordem concedida. 1. A jurisprudência desta Corte Superior de Justiça é firme em que as razões de recurso substanciam, à luz da nova ordem constitucional, ato essencial do processo, indispensável ao efetivo exercício da ampla defesa, assegurada na Constituição da República (art. 5º, inc. LV). 2. Não ofertadas as razões de recurso pelo patrono constituído, devidamente intimado para tanto, é obrigatório oportunizar ao réu, por intimação, a sua substituição, tanto quanto, permanecendo indiferente, que se lhe nomeie defensor dativo, pena de nulidade do processo. 3. Ordem concedida. (STJ – HC 50.175/PR – 6ª T. – Rel. Min. Hamilton Carvalhido – DJ 05.02.2007 – p. 391).

- **Razões de apelação. Segundo grau. Ausência. Nulidade.** Se o Advogado constituído pelo réu é intimado para apresentar contrarrazões à apelação do Ministério Público, e não as apresenta, deve o Juiz nomear Defensor dativo, para que o faça. 2. A partir desse instante, o Defensor constituído não precisa ser intimado dos demais atos do processo, mas, sim, o Defensor dativo. 3. Hipótese em que todas essas formalidades foram observadas. 4. Precedentes. 5. HC indeferido. (STF – 1ª T. – 73.087 – Rel. Min. Sydney Sanches – DJU 31.05.1996). No mesmo sentido: HC 52.823, RTJ 72/38, RHC 58.881, RTJ 99/144, HC 68.182.

- **Razões de apelação. Segundo grau. Ausência. Nulidade.** TACRSP: "ausência de razões em recurso não possibilita a subida deste à Instância Superior, devendo o réu constituir novo defensor, sob pena de se lhe nomear dativo, a fim de assegurar o direito à aplicação dos princípios constitucionais da ampla defesa e do contraditório". (RJDTACRIM 5/58). No mesmo sentido. TACRSP – RT 545/382)

- **Nulidade processual. Defesa colidente. Réu defendido pelo mesmo advogado que atuou na defesa de corréu.** Se um dos réus nega a sua participação no crime, enquanto outro o incrimina nas declarações prestadas, não poderia ter sido a defesa de ambos promovida pelo mesmo advogado, que assumiu indevidamente o patrocínio em comum. Evidenciado o prejuízo para o paciente, concede-se a ordem para anular o processo a partir do interrogatório, estendendo-se ao co-réu, que também teve sua defesa prejudicada (STF, 1ª T., HC 69.716-0-RS, Rel. Min. Ilmar Galvão, v.u., DJU, 18.12.1992, p. 24378).

20. DO PROCEDIMENTO PENAL

Procedimento, como ensina o festejado jurista João Mendes de Almeida Júnior, é o modo de mover e a forma em que é movido o ato, é a maneira pelo qual se desenvolve o processo com as suas sequências de atos articulados objetivando proporcionar ao julgador a aplicação da norma ao caso concreto.

Segundo Greco Filho, "não há processo sem procedimento e não há procedimento que não se refira a um processo. Mesmo nos casos de processo nulo ou procedimentos incidentais o procedimento não existe em si mesmo, mas para revelar um processo, ainda que falho". (Manual de processo penal, p. 345)

Já nas palavras de Borges da Rosa: o Processo diz-se um conjunto de atos, porque é da sua reunião e ordenação metódica, procedendo em íntima harmonia, em seguimento uns aos outros, que se pode tê-lo mesmo, segundo a sua etimologia: pro = diante, cedere = ir, marchar" (Nulidades do processo, p. 29).

A nova legislação penal definiu que os procedimentos poderão ser comum ou especial. Procedimento especial é aquele quando a norma específica adota uma forma própria de agir ou de aplicabilidade dos atos processuais por merecer maior atenção pela especialidade da matéria. É o caso da Lei de Tóxicos, onde há lei especial estabelecendo os ritos inerentes a sua hipótese. Há também o procedimento especial para os crimes falimentares estabelecidos nos arts. 503 a 512 do Código de Processo Penal e da Lei de Abuso de Autoridade (Lei 4.898/65), dentre outros.

Sumário e sumaríssimo. O procedimento comum ordinário está conjeturado nos arts. 395 a 405 do Código de Processo Penal. O procedimento comum sumário contempla os arts. 531 a 538 do aludido diploma processual. E o procedimento sumaríssimo é o previsto pela Lei 9.099/95, que disciplina o processo no âmbito dos Juizados Especiais Criminais.

A instrução criminal constitui-se na fase de reunião ou na procura de provas mediante a soma de atos e diligências na forma das regras processuais para que se esclareçam as questões fáticas que instrumentalizam o processo, cujo conjunto probante poderá ser proveniente da ouvida de testemunhas arroladas pelas partes, ou até mesmo pelo juízo, a realização de perícias, a juntada de documentos, debates, sustentações orais e outras providências necessárias à busca da verdade real, primazia do processo penal.

O Código de Processo Penal estabelece as categorias de procedimentos e as regras instrutórias a partir do seu art. 394, assim redigido:

> **Art. 394.** O procedimento será comum ou especial.
>
> § 1º O procedimento comum será ordinário, sumário ou sumaríssimo:
>
> I – ordinário, quando tiver por objeto crime cuja sanção máxima cominada for igual ou superior a 4 (quatro) anos de pena privativa de liberdade;
>
> II – sumário, quando tiver por objeto crime cuja sanção máxima cominada seja inferior a 4 (quatro) anos de pena privativa de liberdade;
>
> III – sumaríssimo, para as infrações penais de menor potencial ofensivo, na forma da lei.
>
> § 2º Aplica-se a todos os processos o procedimento comum, salvo disposições em contrário deste Código ou de lei especial.
>
> § 3º Nos processos de competência do Tribunal do Júri, o procedimento observará as disposições estabelecidas nos **arts. 406 a 497 deste Código**.

§ 4º As disposições dos **arts. 395 a 398 deste Código** aplicam-se a todos os procedimentos penais de primeiro grau, ainda que não regulados neste Código.

§ 5º Aplicam-se subsidiariamente aos procedimentos especial, sumário e sumaríssimo as disposições do procedimento ordinário.

Art. 394-A. Os processos que apurem a prática de crime hediondo terão prioridade de tramitação em todas as instâncias. (Incluído pela Lei nº 13.285, de 2016).

O procedimento comum ordinário será observado quando tiver por objeto crime cuja sanção máxima cominada for igual ou superior a 4(quatro) anos de pena privativa de liberdade. No caso dos crimes contra a administração pública, esse procedimento será aplicado nos casos dos crimes de peculato, peculato mediante erro de outrem, inserção de dados falsos em sistema de informações, extravio, sonegação ou inutilização de livro ou documento, concussão, excesso de exação, corrupção passiva, facilitação de contrabando ou descaminho. Nos crimes praticados por particular contra a administração em geral: usurpação de função pública, tráfico de influência, corrupção ativa, descaminho, contrabando, subtração ou inutilização de livro ou documento e sonegação de contribuição previdenciária. Nos crimes contra as finanças públicas: ordenação de despesa não autorizada, realização do aumento de despesa total com pessoal no último ano do mandato ou legislatura e oferta pública ou colocação de títulos no mercado. Nos crimes contra licitação: os crimes dos arts. 89, 90, 92, 95 e 96. Dos crimes contra prefeitos, os incisos I e II, do art. 1º do Decreto-lei nº 201/67.

O procedimento comum sumário, que tem como critério objetivo quando da aplicação de sanção máxima cominada esta for inferior a 4 (quatro) anos de pena privativa de liberdade, será adotado no caso de crimes contra a administração público, o delito de abandono de função. Dentre os crimes por particular contra a administração pública: o delito de resistência. Nos crimes contra licitação, apenas, o capitulado pelo art. 94. Em relação ao Decreto-lei nº 201/67, os crimes descritos nos incisos III a XXIII, do art. 1º.

O procedimento comum sumaríssimo abrange os delitos de menor potencial ofensivo que se enquadra nos limites e regramentos estabelecidos pela Lei 9.099/95, que disciplina o instituto do Juizado Especial Criminal, abrangendo os crimes que não foram apontados acima.

Registre-se que o procedimento padrão adotado pelo Código de Processo Penal é o comum, o ordinário pela sua natureza de amplitude na conjugação dos atos processuais que possibilitam maiores oportunidades para o exercício pleno da defesa, e deverá ser aplicado pelo julgador nas situações de lacunas procedimentais.

Assim é que, no que se refere à aplicação subsidiária do procedimento comum ordinário, salvo disposições em contrário deste Código ou de lei especial, a ensejar, pois, que a lei especial e os procedimentos especiais previstos pelo próprio Código têm prevalência sobre o procedimento comum por ele adotado.

A priorização na tramitação dos processos de crimes considerados hediondos é uma exigência normativa a ser observada pelo juiz, desembargador ou ministro, porquanto abrange todas as instâncias jurisdicionais.

20.1. Do processo e do julgamento dos crimes de responsabilidade dos funcionários públicos

> **Art. 513.** Os crimes de responsabilidade dos funcionários públicos, cujo processo e julgamento competirão aos juízes de direito, a queixa ou a denúncia será instruída com documentos ou justificação que façam presumir a existência do delito ou com declaração fundamentada da impossibilidade de apresentação de qualquer dessas provas.

A norma processual destinou um rito especial para os delitos cometidos pelos funcionários públicos no exercício de suas atividades funcionais diante de suas responsabilidades públicas no trato dos interesses da administração pública.

O aludido dispositivo processual refere-se aos crimes próprios e impróprios que estão previstos pelos artigos 312 a 326, do Código Penal, especificados no Título XI, da Parte Especial. São os crimes contra a Administração Pública.

Os crimes próprios são aqueles cometidos na condição de servidores públicos quando no exercício de cargo ou função pública, enquanto os impróprios são aqueles cujo sujeito ativo é o funcionário público, mas pode ser praticado por qualquer pessoa, assim como a apropriação indébita.

Cuidando-se de ilícito penal que pode ser praticado por quem não seja funcionário público, e ainda que esta qualidade constitua circunstância qualificadora ou causa especial de aumento de pena, não se configura crime funcional para fins de incidência do procedimento especial fixado regra processual penal especial, não havendo, portanto, nulidade proveniente da inaplicabilidade do procedimento previsto no artigo 514 do Código de Processo Penal.

Este entendimento é proclamado pela doutrina:

> "Ao mencionar os 'crimes de responsabilidade dos funcionários públicos', a lei processual está se referindo aos delitos próprios e impróprios previstos sob o título de 'Crimes praticados por funcionários públicos contra a Administração em Geral (arts. 312 a 326 do CP). São crimes em que a condição de funcionário público é inerente à prática do delito (delito próprio, portanto), não abrangendo, pois, outros ilícitos comuns, que podem ser cometidos por qualquer pessoa, ainda que a qualidade de funcionário público intervenha como qualificadora, como os referidos nos artigos 150, § 2º, 151, § 3º, 289, § 3º, 295, 351, §§ 3º e 4º. Tais ilícitos não são 'crimes de responsabilidade' e não basta que o agente seja funcionário para que ele se caracterize; é necessário que esteja incluído entre

Título III

> os crimes funcionais." (MIRABETE, Julio Fabbrini. Processo Penal. 18ª ed. São Paulo: Atlas, 2006, p.577).

Registre-se, por oportuno, que a norma ao mencionar crimes de responsabilidades, não está se referindo as infrações político-administrativas, que são de natureza política, civil e administrativa, mas às condutas típicas que são punidas com penas privativas de liberdade e/ou multa, razão pela qual o dispositivo confere competência ao Juiz de Direito para processar e julgar.

Merece relevo e registro, que o § 4º do art. 394 do Código de Processo Penal, unificou os procedimentos penais ao eleger o rito ordinário em substituição a todos outros no primeiro grau de jurisdição.

O dispositivo processual está assim redigido:

> Art. 394 [...]
>
> § 1º [...]
>
> § 4º As disposições dos arts. 395 a 398 deste Código aplicam-se a todos os procedimentos penais de primeiro grau, ainda que não regulados neste Código.

Depreende-se assim, que esse dispositivo abrange a todos os procedimentos penais no âmbito do primeiro grau.

Esta é a posição, também, de Gustavo Badaró, Professor Associado de Direito Processual Penal da Universidade de São Paulo:

> "A terceira posição, que merece acolhida, é no sentido de revogação do procedimento especial dos crimes praticados por funcionários públicos. Justamente diante da regra de extensão do § 4º do art. 394 do CPP, o procedimento especial dos arts. 513 a 518 do CPP foi revogado. O que o procedimento especial dos crimes praticados por funcionários públicos tinha de diverso ou especializante era, justamente, a possibilidade de uma resposta anterior ao recebimento da denúncia com aptidão de fazer coisa julgada material (CPP, art. 516). Ora, a resposta escrita do art. 514, caput, encontra correspondente na nova resposta escrita do art. 396-A do CPP, com a diferença de que o prazo foi reduzido de 15 para 10 dias. Por outro lado, a possibilidade de rejeição da denúncia, por 'inexistência do crime ou improcedência da ação' (art. 516), corresponde à nova absolvição sumária do art. 397. Em suma, com a reforma, o que era um procedimento especial passou a ser regra, isto é, o rito comum, pelo que o procedimento especial não tem mais razão para subsistir." (Processo Penal. 1ª ed. Elsevier: Rio de Janeiro, 2012. p. 527-528).

No mesmo sentido, são as lições de Eugênio Pacelli de Oliveira, ao se reportar ao procedimento dos crimes de responsabilidade de funcionários públicos:

> "O rito, agora, é o ordinário, em face do quanto previsto no art. 394, § 4º, CPP, que manda sejam aplicadas as disposições do art. 395 ao 397 a todos os procedimentos da primeira instância, em quaisquer ritos, salvo as exceções ali mencionadas (Júri, Juizados Especiais Criminais).
>
> (...)

> A nosso juízo, ficam também revogadas as disposições do art. 516, CPP, no qual se previa a possibilidade de rejeição da denúncia ou queixa ou a improcedência da ação. Impõe-se a uniformidade de decisões judiciais, na forma, então, do art. 395, art. 397, na fase preliminar, e, após a instrução, do art. 386, todos do CPP, quando se tratar, por óbvio de decisões absolutórias e ou de rejeição da peça acusatória." (Curso de Processo Penal. 13ª ed. Lumen Juris: Rio de Janeiro, 2010. p. 758.)

Com efeito, sendo adotado o procedimento ordinário que possibilita ao acusado a apresentação de resposta à acusação nos termos do artigo 396 e 396-A do Código de Processo Penal, não se verifica prejuízo algum pela não aplicabilidade do procedimento especial previsto no artigo 514 do mesmo Diploma Normativo.

Entretanto, esse alinhamento doutrinário não se apresenta pacífico em virtude do que preceitua o § 2º do citado dispositivo: *"Aplica-se a todos os processos o procedimento comum, salvo as disposições em contrário deste Código ou de lei especial"*.

Verifica-se, assim, que procedimentos especiais previstos no Código de Processo Penal e aqueles disciplinados por lei especial, não são alcançados pelo rito comum.

No que alude ao rito especial, o citado dispositivo estabelece que a queixa ou a denúncia, será instruída com documentos ou justificação que façam presumir a existência do delito, presume-se serem suficientes para a dispensabilidade de outras provas ou da procedibilidade da instauração de inquérito policial.

> **Art. 514.** Nos crimes afiançáveis, estando a denúncia ou queixa em devida forma, o juiz mandará autuá-la e ordenará a notificação do acusado, para responder por escrito, dentro do prazo de quinze dias.
>
> Parágrafo único. Se não for conhecida a residência do acusado, ou este se achar fora da jurisdição do juiz, ser-lhe-á nomeado defensor, a quem caberá apresentar a resposta preliminar.

Excluindo-se aqueles crimes considerados inafiançáveis especificados pelos artigos 323 e 324 do Código de Processo Penal, a ação penal por prática de crime de responsabilidade imputada a funcionário público observará o rito especial previsto neste dispositivo.

Deve-se observar que a notificação ao acusado somente deverá ser ordenada quando se tratar de crime próprio, aquele em decorrência do exercício da sua atividade funcional, pois, se com este houver incorrido em outras condutas típicas de natureza comum, fica afastado esse procedimento especial e, aplica-se o ordinário.

Do mesmo modo, o terceiro particular na condição de coautor ou partícipe, não tem essa prerrogativa de resposta preambular, visto que esse procedimento especial é privativo do funcionário público.

Por ser uma prerrogativa do funcionário público, esse procedimento especial, não se aplica ou se defere quando o mesmo já foi excluído do cargo ou função pública, perdendo assim a qualidade que lhe atribuía a prática de crime próprio.

Na hipótese da existência de inquérito policial, torna-se dispensável essa fase preliminar de notificação prévia, porquanto ele já tinha ciência e lhe foi oportunizado os meios de manifestação prévia.

Nesse sentido, o Superior Tribunal de Justiça editou a Súmula 330, que assim proclama: *"É desnecessária a resposta preliminar de que trata o artigo 514 do Código de Processo Penal, na ação penal instruída por inquérito policial"*.

No que diz respeito à observância dessa formalidade da notificação prévia, se não atendida, mas adotado o procedimento comum ordinário, não há de que se falar em nulidade absoluta ou prejuízo para o exercício de defesa.

No procedimento especial o acusado é notificado para ofertar resposta escrita, que poderá ser com instruída com documentos e justificações. Recebida a denúncia, adota-se a regra do procedimento comum, ordenando-se a citação para apresentação de toda a matéria proveitosa e útil à sua defesa. Em seguida, será programada audiência de instrução e julgamento.

Entretanto, no procedimento comum, o acusado será inicialmente citado, oportunidade própria para alegação de tudo que interesse à sua defesa, inclusive rol de testemunhas. Recebida a denúncia será designada audiência de instrução e julgamento.

Compreende-se assim, que a inobservância dessa formalidade prevista pelo procedimento especial importaria em uma nulidade relativa que, não impugnada no momento próprio, constitui-se em preclusão do ato.

Se o acusado residir em domicílio diverso de onde está sendo denunciado, deverá ser notificado mediante carta precatória.

- "É assegurado o direito de resposta preliminar, antes do oferecimento de denúncia com supedâneo no artigo 514 do Estatuto Processual, somente nos crimes de responsabilidade dos funcionários públicos, entendidos como os crimes funcionais próprios ou típicos, os quais estão descritos nos artigos 312 a 326 do Código Penal". (STJ – RHC 38.811/SP, Rel. Ministro Reynaldo Soares da Fonseca, Quinta Turma, julgado em 07/06/2016, DJe 13/06/2016)
- "Não é suficiente para a incidência das disposições do artigo 514 do CPP, que seja o delito praticado por agente público. 3. "[...] a notificação do servidor público não é necessária quando a ação penal foi precedida de procedimento investigatório criminal ou de inquérito policial"(RHC 43.978/SP, Rel. Ministro Jorge Mussi, Quinta Turma, julgado em 05/08/2014, DJe 14/08/2014). (STJ – RHC 38.811/SP, Rel.

Ministro Reynaldo Soares da Fonseca, Quinta Turma, julgado em 07/06/2016, DJe 13/06/2016).

- "A resposta preliminar, de que trata o artigo 514 do Código de Processo Penal, diz respeito aos crimes praticados por funcionário contra a Administração Pública em geral, i. e., aqueles previstos nos artigos 312 a 326 do Código Penal (precedentes). Não basta que o agente seja funcionário público para que tenha aplicação o art. 514 do Código de Processo Penal, pois exige-se, na verdade, que o delito por ele, em tese, praticado seja funcional em que a condição de funcionário público é inerente à prática do crime. Na espécie, consta dos autos que o recorrente não era mais titular de cargo público ao tempo do oferecimento da denúncia, razão pela qual não se aplica o rito especial previsto no art. 514 e seguintes do CPP (precedentes). Recurso ordinário desprovido. (STJ - RHC 63.624/DF, Rel. Ministro Felix Fischer, Quinta Turma, julgado em 15/12/2015, DJe 02/02/2016)

Art. 515. No caso previsto no artigo anterior, durante o prazo concedido para a resposta, os autos permanecerão em cartório, onde poderão ser examinados pelo acusado ou por seu defensor.

Parágrafo único. A resposta poderá ser instruída com documentos e justificações.

Depois de notificado, o acusado poderá responder no prazo de 15 (quinze) dias, apresentando a sua defesa prévia com a juntada de documentos e justificações, tratando-se de processo de competência de juízo do primeiro grau, pois, se for o acusado detentor de foro privilegiado, a ação tramitará na instância competente, mas se observará a lei e os regimentos dos tribunais que preveem uma notificação e resposta preliminar, em todas as ações penais originárias, nos termos do art. 4º da Lei nº 8.038/90, art. 233 do RISTF e art. 220 do RISTJ.

É importante assinalar que, durante o transcurso do prazo para apresentação da defesa escrita da notificação, os autos permanecerão em cartório. Atente-se que o art. 803 do Código de Processo Penal preceitua que *"salvo nos casos expressos em lei, é proibida a retirada de autos do cartório, ainda que em confiança, sob pena de responsabilidade do escrivão"*.

Art. 516. O juiz rejeitará a queixa ou denúncia, em despacho fundamentado, se convencido, pela resposta do acusado ou do seu defensor, da inexistência do crime ou da improcedência da ação.

Nos termos do art. 800, I, do Código de Processo Penal, o juiz tem o prazo de 10 (dez) dias para decidir sobre o recebimento ou rejeição da denúncia.

A primeira situação que permitirá ao juiz rejeitar a denúncia é a inexistência do crime, na justa compreensão de que o fato atribuído ao acusado não se constitua em crime, quer pela falta de tipicidade, antijuridicidade ou culpabilidade.

A segunda situação abrangeria a falta de provas da materialidade ou da autoria.

Como se vê, somente em circunstâncias especiais reveladoras do conjunto probatório formal, isto é, documentos hábeis e idôneos, autorizam ao juiz um julgamento sumário para rejeitar a denúncia.

Essas provas robustas e esclarecedoras, indene de dúvidas, é que possibilitam nessa fase preambular afastar a responsabilidade penal do acusado da prática de crimes contra a administração pública.

Nessa possibilidade de rejeição, tendo o acusado juntado novos documentos ou provas que autorizem repelir a denúncia, é imprescindível que o representante do Ministério Público seja ouvido para se pronunciar conforme seu entendimento.

Ressaltando-se que a rejeição exige que a decisão seja fundamentada explicitando as motivações, expondo as argumentações e indicando as provas autorizadoras do julgamento sumário.

No caso de incerteza, *in dubio pro societate,* recebe-se a denúncia.

> **Art. 517.** Recebida a denúncia ou a queixa, será o acusado citado, na forma estabelecida no Capítulo I do Título X do Livro I.

O despacho recebendo a denúncia deve ser motivado com aferição das provas juntadas, apontando que demonstram o mínimo suficiente para o prosseguimento do processo, por merecer maior aprofundamento e largueza na avaliação dos elementos informativos para elucidação dos fatos, congregando, assim, condições para o amplo exercício de defesa do denunciado.

A citação obedecerá as regras contidas no art. 351 e seguintes do Código de Processo Penal.

> **Art. 518.** Na instrução criminal e nos demais termos do processo, observar-se-á o disposto nos Capítulos I e III, Título I, deste Livro.

Superada essa etapa especial, será adotado o procedimento ordinário a partir do art. 399 do Código de Processo Penal, tratado mais adiante.

20.2. Denúncia

A promoção da ação penal, conferida ao representante do Ministério Público, é tratada nos arts. 41 do Código de Processo Penal, que contém a exigibilidade na sua elaboração da exposição do fato criminoso, com todas as suas circunstâncias, a qualificação do acusado ou esclarecimentos pelos quais se possa identificá-lo, a classificação do crime e o rol de testemunhas para embasamento da imputação apresentada. A denúncia é a petição inicial apresentada pelo Parquet iniciando a ação penal pública condicionada ou incondicional.

20.2.1. Descrição da conduta delitiva

A leitura do art. 41 do Código de Processo Penal impõe a admissão da indispensável exposição do fato criminoso com todas as circunstâncias e a classificação do crime, como também a descrição da conduta delitiva do denunciado, para assim mencionar se o seu comportamento ajusta-se à autoria, coautoria ou participação.

Depreende-se, assim, a imprescindibilidade de apontar o modus operandi do denunciado, expondo com clareza os fatos típicos, de forma pormenorizada, para possibilitar o exercício da ampla defesa, atendendo, desse modo os requisitos necessários para a sua eficácia e validade jurídica.

O fato de ocorrer capitulação diversa dos fatos narrados não induz à denúncia a condição de inepta, pois o denunciado se defende dos fatos da sua narrativa, não lhe proporcionando alguma surpresa ou omissão a afetar-lhe a possibilidade de exercitar com amplitude a sua defesa.

Além disso, verificando-se que a denúncia é, de forma genérica, sumária, vaga e imprecisa, a peça acusatória mostra-se eivada de vício que a torna inepta por desatender aos seus requisitos elementares normativos para o seu regular desenvolvimento processual, pois essa imperfeição formal atinge o direito sublime da ampla defesa do acusado.

A propósito, impende a transcrição dos seguintes Julgados:

> "A peça acusatória deve conter a exposição do fato delituoso em toda a sua essência e com todas as suas circunstâncias. (HC 73.271/SP, Primeira Turma, Rel. Min. Celso de Mello, DJU de 04/09/1996). Denúncias genéricas, que não descrevem os fatos na sua devida conformação, não se coadunam com os postulados básicos do Estado de Direito. (HC 86.000/PE, Segunda Turma, Rel. Min. Gilmar Mendes, DJU de 02/02/2007). A inépcia da denúncia caracteriza situação configuradora de desrespeito estatal ao postulado do devido processo legal". (STJ - HC 109775 / RJ - DJe 27/04/2009 - 5ª Turma - rel. Min. Félix Fischer)
>
> *"É inepta a denúncia que se mostra imprecisa quanto aos fatos típicos atribuídos ao paciente". (RT 543/419)*
>
> *"É inepta a denúncia que, imputando ao réu a prática de lesões corporais culposas, em acidente de veículo, causado por alegada imperícia, não descreve o fato em que teria esta consistido". (STF - HC 86.609-RJ, 1ª T., Boletim AASP 2.492, p. 1.258 - rel. Min. Cezar Peluso)*

Já foi dito que o denunciado se defende do fato que lhe é imputado. Mas, como poderá se defender sem lhe ser descrita a conduta típica que lhe é atribuída?

A vaga e imprecisa denúncia inviabiliza a plena defesa do agente. Destaque-se, ainda, a seguinte decisão do STJ:

> A denúncia deve necessariamente apresentar-se lastreada em elementos que evidenciem a viabilidade da acusação, sem o que se configura abuso do poder de denunciar, coarctável por meio de habeas corpus. (RSTJ 37/104)

A peça acusatória deve conter a exposição do fato delituoso em toda a sua essência com as suas circunstâncias fáticas e presenciais.

Essa narração, ainda que sucinta, impõe-se ao acusador como exigência derivada do postulado constitucional de asseverar ao denunciado o pleno exercício do direito de sua defesa. Denúncia que não descreve adequadamente o fato criminoso é inepta.

Quanto aos delitos coletivos, é necessário definir as condutas de autoria, coautoria e participação, de modo a identificar como cada agente concorreu para o resultado obtido.

A respeito do concurso de pessoas, é mister enfocar: "Não há participação sem adesão subjetiva de um na conduta do outro". (TACrSP - 82/155). "O concurso precisa ser voluntário e consciente". (TJSC - RF 256/389)

A respeito, ressalte-se que o Código Penal adotou o critério restritivo da autoria, uma vez que distingue o autor do partícipe.

Vale ressaltar, ainda, que o art. 41 do Código de Processo Penal exige o "dever de motivação" na redação da denúncia. Ressalte-se, também a garantia constitucional do "devido processo legal", exigências impostergáveis para o exercício de uma ação penal.

Pontifica Luiz Flávio Gomes, magistrado e mestre em Direito Penal pela USP, que;

> No âmbito do "dever ser normativo", impõe-se concluir, não existe o menor espaço para "acusações genéricas", ainda quando se trata de co-autoria ou crime coletivo (ou societário). Uma garantia fundamental (como a ser informado dos motivos da acusação) não perde eficácia nem importância pelo fato de estarmos diante de um crime coletivo. Cada acusado, individualmente considerado, tem o pleno direito de saber, previamente, os "motivos" da acusação, isto é, os fatos ensejadores do pedido de sua condenação penal. Como ensina o preclaro prof. Damásio E. de JESUS: "a co-autoria ou a participação exige liame subjetivo... que faz parte do tipo legal... é necessário que o Promotor de Justiça, na denúncia, descreva o fato constitutivo desse elemento subjetivo do tipo, sob pena de narrar um fato atípico sob a ótica do concurso de pessoas...

Carente desses requisitos, a denúncia é inepta. A prova da alegação incumbe a quem a fizer, é princípio dominante em nosso Código. Ao órgão ministerial, compete a demonstração do elemento subjetivo do dolo, tanto que é requisito da denúncia a especificação de sua forma.

Nesse sentir, julgados recentes vêm proclamando:

> Inepta é a denúncia que não expõe o fato tido como criminoso em todas as suas circunstâncias, apresentando-se de forma sumária, em caráter genérico, e em desacordo com o art. 41, do código de processo penal. Em se tratando de autoria coletiva, é indispensável que descreva, ainda que resumidamente, a conduta delituosa de cada participante, de modo a possibilitar o exercício do contraditório e da ampla defesa. (STJ – Ação Penal 58-4/DF – Rel. Min. Adhemar Maciel – j. em 26.05.1994 – DJU 06.03.1995 – p. 4.275). No mesmo sentido, v. ainda: STJ – RHC 4.214-1/DF – Rel. Min. Assis Toledo – j. em 22.02.1995 – DJU 27.03.1995 – p. 7.174 e STJ – RHC 4.000-9/RJ – Rel. Min. Edson Vidigal – j. em 14.12.1994 – DJU 20.02.1995 – p. 3.198).

- **Denúncia. Requisitos.** "A denúncia deve conter a exposição do fato criminoso, com todas as suas circunstâncias, a qualificação do acusado (ou esclarecimentos pelos quais se possa identificá-lo), a classificação do crime e, quando for o caso, o rol de testemunhas (CPP, art. 41), que se fundamentam na necessidade de precisar, com acuidade, os limites da imputação, viabilizando o exercício da ampla defesa e justeza na aplicação da lei penal. A verificação acerca da narração de fato típico, antijurídico e culpável, da inexistência de causa de extinção da punibilidade nas condições exigidas pela lei para o exercício da ação penal (aí incluída a justa causa), revelam-se fundamental para o juízo de admissibilidade de deflagração da ação penal, máxime em se tratando de crimes de competência originária do Supremo Tribunal Federal". (STF – Inq 3393, Relator(a): Min. LUIZ FUX, Primeira Turma, julgado em 23/09/2014, ACÓRDÃO ELETRÔNICO DJe-224 DIVULG 13-11-2014 PUBLIC 14-11-2014).

- **Denúncia inepta.** "Orienta-se a jurisprudência no sentido de que o trancamento da ação penal por falta de justa causa ou por inépcia formal da denúncia é medida de exceção. Não tendo se verificado na denúncia sequer a indicação, ainda que genérica, da conduta do paciente da qual se extrairia a prática de quaisquer dos delitos imputados, não se tem por atendidos os requisitos do art. 41 do CPP, com prejuízo direto ao exercício da defesa das recorrentes, sendo reconhecida a inépcia da inicial acusatória, com nulidade dos atos processuais subsequentes. Habeas corpus não conhecido, mas concedida a ordem de ofício para reconhecer a inépcia da denúncia e determinar o trancamento da ação penal em relação ao paciente, sempre ressalvada a possibilidade de oferecimento de outra denúncia, desde que preenchidas as exigências legais para tanto.(STJ – HC 21.901/SE, Rel. Ministro NEFI CORDEIRO, SEXTA TURMA, julgado em 18/11/2014, DJe 04/12/2014).

- **Denúncia inepta.** "Não preenchendo a denúncia minimamente o requisito de descrição circunstanciada do fato criminoso, com prejuízo direto ao exercício da defesa das pacientes, é reconhecida a inépcia da inicial acusatória, com nulidade dos atos processuais subsequentes. Habeas corpus não conhecido, mas concedida de ofício a ordem para reconhecer a nulidade da denúncia, por inépcia.(STJ - HC 49.232/ PA, Rel. Ministro NEFI CORDEIRO, SEXTA TURMA, julgado em 18/06/2014, DJe 04/08/2014).

- **Denúncia inepta** "Isso não significa que se deva aceitar descrição genérica baseada exclusivamente na posição de representante da empresa, porquanto a responsabilização por infrações penais deve levar em conta, qualquer que seja a natureza delituosa, sempre a subjetivação do ato e do agente do crime. Recurso provido e ordem concedida para trancar a ação penal em relação ao Recorrente, por inépcia formal da denúncia, sem prejuízo de que outra seja elaborada com o cumprimento dos ditames legais. (STJ - RHC 32.562/CE, Rel. Ministra MARIA THEREZA DE ASSIS MOURA, SEXTA TURMA, julgado em 27/06/2014, DJe 04/08/2014).

- **Denúncia inepta.** "A denúncia que descreve de forma genérica e que não narra satisfatoriamente quais seriam os atos praticados pelo paciente nos preparativos para as ações delitivas, implica a inobservância ao art. 41, do Código de Processo Penal, pois impossibilita o exercício da ampla defesa e do contraditório, impondo o trancamento do processo por inépcia da inicial. Ordem concedida de ofício para pronunciar a deficiência formal da denúncia e determinar o trancamento da Ação Penal, ressalvado, porém, o oferecimento de outra denúncia. (STJ - HC 278.101/DF, Rel. Ministro MOURA RIBEIRO, QUINTA TURMA, julgado em 17/12/2013, DJe 12/02/2014).

- **Denúncia inepta.** "A peça acusatória não observou os requisitos que poderiam oferecer substrato a uma persecução criminal minimamente aceitável. Precário atendimento dos requisitos do art. 41 do CPP. 4. Violação dos princípios constitucionais do contraditório, da ampla defesa e da dignidade da pessoa humana. Precedentes. 5. Ordem concedida para que seja trancada a ação penal instaurada contra o paciente, em face da manifesta inépcia da denúncia, somente quanto à conduta prevista no art. 171 do CP, ressalvando a possibilidade de o Parquet, se entender cabível, oferecer nova denúncia. (STF - HC 113007, Relator(a): Min. RICARDO LEWANDOWSKI, Relator(a) p/ Acórdão: Min. GILMAR MENDES, Segunda Turma, julgado em 04/12/2012, PROCESSO ELETRÔNICO DJe-054 DIVULG 20-03-2013 PUBLIC 21-03-2013)

- **Denúncia inepta.** O sistema jurídico vigente no Brasil – tendo presente a natureza dialógica do processo penal acusatório, hoje impregnado, em sua estrutura formal, de caráter essencialmente democrático - impõe, ao Ministério Público, notadamente no denominado *"reato societario"*, a obrigação de expor, na denúncia, de maneira precisa, objetiva e individualizada, a participação de cada acusado na suposta prática delituosa. - O ordenamento positivo brasileiro - cujos fundamentos repousam, dentre outros expressivos vetores condicionantes da atividade de persecução estatal, no postulado essencial do direito penal da culpa e no princípio constitucional do *"due process of law"* (com todos os consectários que dele resultam) - repudia as imputações criminais genéricas e não tolera, porque ineptas, as acusações que não individualizam nem especificam, de maneira concreta, a conduta penal atribuída ao denunciado. Precedentes. (STF - Habeas Corpus nº 84.580, rel. Min. Celso de Melo, j. 25/08/2009).

- **Denúncia inepta.** Em crime contra os costumes não se caracteriza como inepta a denúncia que faz descrição suficiente do fato delituoso, nem lhe impede o recebimento a ausência de perícia, se a peça acusatória é firmada em prova documental e testemunhal, remetendo para instrução processual o exame pericial. (RT 759/566)
- **Denúncia inepta.** A inicial de acusação que, sucinta e genérica, não descreve objetiva e concretamente conduta delitiva e a participação do denunciado é formalmente inepta, dada a inobservância do disposto no art. 41 do CPP. Recurso provido. (STJ - 5ª T. - RHC 18.771/PB - Rel. Min. Félix Fischer - DJ 12.02.2007 - p. 274)
- **Denúncia inepta.** Não se constata o atendimento dos requisitos do art. 41 do CPP, pois os fatos delituosos não se encontram devidamente expostos, com suas circunstâncias, de modo a permitir o exercício da ampla defesa. A despeito de não se exigir a descrição pormenorizada da conduta do agente, isso não significa que o órgão acusatório possa deixar de estabelecer qualquer vínculo entre o denunciado e a empreitada criminosa a ele atribuída. Se o crime foi genericamente descrito e, desta forma, atribuído à acusada, resta configurada ofensa ao princípio constitucional da ampla defesa, tornando inepta a denúncia. (STJ - 5ª T. - HC 59.312/PR - Rel. Min. Gilson Dipp - DJ 09.10.2006 - p. 329)
- **Denúncia inepta.** Persecução penal. Ministério Público. Aptidão da denúncia. O Ministério Público, para validamente formular a denúncia penal, deve ter por suporte uma necessária base empírica, a fim de que o exercício desse grave dever-poder não se transforme em instrumento de injusta persecução estatal. O ajuizamento da ação penal condenatória supõe a existência de justa causa, que se tem por inocorrente quando o comportamento atribuído ao réu "nem mesmo em tese constitui crime, ou quando, configurando uma infração penal, resulta de pura criação

mental da acusação" (RF 150/393, Rel. Min. Orozimbo Nonato). A peça acusatória deve conter a exposição do fato delituoso em toda a sua essência e com todas as suas circunstâncias. Essa narração, ainda que sucinta, impõe-se ao acusador como exigência derivada do postulado constitucional que assegura ao réu o pleno exercício do direito de defesa. Denúncia que não descreve adequadamente o fato criminoso é denúncia inepta. Precedente. (STF – HC 73.271 – Rel. Min. Celso de Mello – DJ 04.10.1996)

- **Denúncia inepta.** Denúncia. Requisitos legais. Indicação de elementos probatórios para a justa causa. A denúncia não deve limitar-se a expor os fatos criminosos e a indicar os seus autores, consoante dispõe o art. 41 do CPP, mas deve também indicar quais os elementos probatórios ou indiciários nos quais assentam-se a convicção do dominius litis da actio poenalis, sob pena de incorrer no vício insanável de inépcia. (RT 732/673)

- **Denúncia inepta.** Para exercitar seu controle de viabilidade da ação penal, o Judiciário pode e deve examinar a prova em que se sustente uma denúncia, para o reconhecimento da fumaça de bom direito, o mínimo demonstrador daquelas circunstâncias (existência do crime e da autoria). E isso é possível no âmbito do Habeas corpus, quando se evidenciar uma situação que dispense aprofundado exame das provas. (RT – 459/322)

- **Denúncia inepta.** Denúncia que bem individualiza as condutas, expondo de forma pormenorizada o fato criminoso, preenchendo, assim, os requisitos do art. 41 do CPP. Ademais, não se declara inepta a denúncia se o seu teor permitir o exercício do direito de defesa. II – O trancamento da ação penal, em habeas corpus, se apresenta como medida excepcional que só deve ser aplicada quando evidente a ausência de justa causa, o que não ocorre quando a denúncia descreve conduta que configura crime em tese. (STJ – 1ª T. – HC 86.622/SP – Rel. Ricardo Lewandowski – j. em 29.08.2006 – unânime – DJ 22.09.2006)

- **Denúncia. *Emendatio Libelli*.** "Surgindo do exame da denúncia e da sentença a indispensável correlação, presentes os fatos narrados pelo Estado-acusador, descabe cogitar de mutatio libelli, classificando-se o crime no âmbito da emendatio. (STF – HC 89268/AP – 1ª T. – Rel. Min. Marco Aurélio – DJ 22.06.2007 p. 39)

- ***Emendatio libelli*.** No julgamento da apelação criminal interposta pela defesa, admite-se que seja dada nova definição jurídica ao fato delituoso, desde que não seja agravada a pena do réu (CPP, arts. 617 e 383). Precedentes citados: HC 61.1/SP (RTJ 108/1.052); HC 63.040/SP

(**RTJ** 115/185). (STF - HC 78.373/PR - Rel. Min. Octávio Gallotti - j. em 11.12.1998 - Inform. STF 135)

- **Nova definição jurídica do delito: nulidade.** Por ofensa à Súmula 453 ("Não se aplicam à segunda instância o art. 384 e parágrafo único do CPP, que possibilitam dar nova definição jurídica ao fato delituoso, em virtude de circunstância elementar não contida explícita ou implicitamente na denúncia ou queixa."), a Turma, por maioria, deferiu em parte pedido de habeas corpus, impetrado em favor de paciente absolvido em primeira instância por insuficiência de provas, para cassar acórdão do Tribunal de Justiça de São Paulo que dera nova definição jurídica ao fato delituoso. Vencido o Min. Sepúlveda Pertence, relator, que o deferia em maior extensão. (STF - HC 77.139/SP - Rel. orig. Min. Sepúlveda Pertence - Rel. p/ acórdão Min. Ilmar Galvão - j. em 24.11.1998 - Informativo do STF 133)

- **Denúncia. Crime coletivo.** "A denúncia, à luz do disposto no art. 41 do Código de Processo Penal, deve conter a descrição do fato criminoso, com todas as suas circunstâncias e, por consequência, no caso de concurso de agentes, a definição da conduta de cada autor ou partícipe. É firme o entendimento doutrinário e jurisprudencial no sentido de que, em faltando à Acusação Pública, no ensejo do oferecimento da denúncia, elementos bastantes ao rigoroso atendimento do seu estatuto formal (Código de Processo Penal, art. 41), principalmente nos casos de crime coletivo ou societário, é válida a imputação genérica do fato-crime, sem a particularização das condutas dos agentes, coautores e partícipes, admitindo, como admite, a lei processual penal que as omissões da acusatória inicial possam ser supridas a todo tempo antes da sentença final (Código de Processo Penal, art. 569). (STJ - HC 31294/PR - 6ª T. - Rel. Min. Hamilton Carvalhido - DJ 09.10.2006 p. 362).

- **Denúncia. Crime coletivo.** "Há entendimento desta Corte no sentido de que a exordial acusatória não necessita narrar minuciosamente a conduta de cada um dos responsáveis quando se tratar de crime coletivo ou societário, pois dificílimo seria estabelecer, em compartimentos estanques, qual teria sido a contribuição de cada corréu. Contudo, não se admite que a narrativa criminosa seja resumida a simples condição de acionista, sócio, gerente ou representante legal de uma pessoa jurídica ligada à eventual prática criminosa, pois admitir a chamada denúncia genérica não é aceitar que a acusação deixe de correlacionar os fatos considerados criminosos com a atividade do acusado. (STJ - AgRg no REsp 1112786/MG, Rel. Ministro MARCO AURÉLIO BELLIZZE, QUINTA TURMA, julgado em 20/05/2014, DJe 28/05/2014)

20.3. Citação

Para a efetivação da garantia constitucional do exercício da ampla defesa, é imprescindível que os acusados tomem conhecimento da existência da ação penal que lhes é movida desde o início do seu ajuizamento, quando terão a oportunidade de promover a defesa escrita e requerer a produção de provas pertinentes do seu interesse, almejando a improcedência da imputação da respectiva responsabilidade penal.

Desse modo, a citação é a convocação do acusado para estar presente em juízo a fim de promover a sua defesa contra a imputação que lhe é feita.

As modalidades de citação previstas pelo Código de Processo Penal são através de mandado judicial, quando o acusado é domiciliado na circunscrição sujeita à jurisdição do juiz; por carta precatória, na hipótese do acusado residir em outra comarca e por carta rogatória, em caso do mesmo morar no exterior. Tratando-se de militar, a citação é feita mediante ofício endereçado ao comandante daquele.

Constatando-se que o réu se oculta de forma proposital para não ser citado ou está dificultando o trabalho do meirinho, ausentando-se de forma clara e momentânea, será feita a citação por hora certa, nos termos da legislação processual civil.

Assim prescreve o art. 362 do Código de Processo Penal:

> **Art. 362.** Verificando que o réu se oculta para não ser citado, o oficial de justiça certificará a ocorrência e procederá à citação com hora certa, na forma estabelecida nos arts. 227 a 229 da Lei no 5.869, de 11 de janeiro de 1973 – Código de Processo Civil. (252 a 254 do novo CPC).
>
> Parágrafo único. Completada a citação com hora certa, se o acusado não comparecer, ser-lhe-á nomeado defensor dativo.

Note-se que, observada na sua inteireza a citação com hora certa sem que o acusado compareça, o juiz nomeará defensor dativo ou um defensor público para promover a defesa escrita daquele.

Na hipótese de o réu se encontrar em lugar incerto e não sabido, de maneira duradoura e permanente, após o exaurimento de todos os meios possíveis para a sua localização, caberá a citação por edital, conforme dispõe o § 1º do art. 363 do Código de Processo Penal:

> **Art. 363.** O processo terá completada a sua formação quando realizada a citação do acusado.
>
> § 1º Não sendo encontrado o acusado, será procedida a citação por edital.
>
> § 2º [...]
>
> § 4º Comparecendo o acusado citado por edital, em qualquer tempo, o processo observará o disposto nos **arts. 394** e seguintes deste Código.

> **Art. 364.** No caso do artigo anterior, no I, o prazo será fixado pelo juiz entre 15 (quinze) e 90 (noventa) dias, de acordo com as circunstâncias, e, no caso de no II, o prazo será de trinta dias.

Como se vê pela nova redação da norma relativa à citação por edital, basta o acusado não ser encontrado, afastando desta maneira as circunstâncias anteriores de ocultação do réu, acusado em lugar inacessível, em virtude de epidemia, de força maior ou quando incerta a pessoa a ser citada. Porém, o fato revelador de o acusado não ser encontrado, deve ser compreendido de forma prudente e cautelosa, diante da premente necessidade de exaurimento das diligências nos endereços indicados no inquérito ou peças do processo, bem como buscas previsíveis de sua localização através de consultas a pessoas conhecidas ou familiares; é imprescindível o esgotamento desse ato investigatório do paradeiro do acusado.

Para ser válida a citação editalícia, torna-se forçoso o atendimento às formalidades preceituadas pelos arts. 365 e seguintes do Código de Processo Penal.

O § 4º do aludido dispositivo acima descrito menciona que, "comparecendo o acusado citado por edital, em qualquer tempo, o processo observará o disposto nos arts. 394 e seguintes deste Código", merecendo um esclarecimento quando refere-se que o "processo observará o disposto nos arts. 394 e seguintes deste Código".

Aqui, é imprescindível a conjugação do § 4º com o disposto pelo art. 366 do citado diploma processual assim escrito:

> **Art. 366.** Se o acusado, citado por edital, não comparecer, nem constituir advogado, ficarão suspensos o processo e o curso do prazo prescricional, podendo o juiz determinar a produção antecipada das provas consideradas urgentes e, se for o caso, decretar prisão preventiva, nos termos do disposto no art. 312.

Pode-se compreender que tendo o acusado sido citado por edital, a consequência primária é a suspensão do processo e do prazo prescricional, e aquele, comparecendo em juízo, o feito observará o rito processual estabelecido pelo art. 394, que vem a ser a instrução criminal. Se o processo estava suspenso por força de citação editalícia e o acusado comparece em juízo, logo ele receberá o processo no início da sua instrução para atender aos regramentos daquele dispositivo legal.

- **Citação por edital equivocada. Suspensão do prazo prescricional. Inadmissibilidade.** I – Consoante o princípio *pas de nullité sans grief*, evidenciado no art. 563 do CPP ("nenhum ato será declarado nulo, se da nulidade não resultar prejuízo para a acusação ou para a defesa"), não há se falar em declaração de nulidade de ato processual se dele não resultou qualquer prejuízo concreto para a defesa do paciente. II – Na hipótese, é indiscutível o prejuízo decorrente da suspensão do prazo prescricional realizada em virtude de equivocada citação por edital, determinada após a regular citação pessoal do réu, tendo em vista que entre o recebimento da denúncia e a pronúncia transcorreu o prazo prescricional aplicável à hipótese. Ordem concedida de ofício para reconhecer a nulidade citada e, consequentemente, declarar a prescrição da pretensão punitiva. (STJ - HC 336.535/MS, Rel. Ministro FELIX FISCHER, QUINTA TURMA, julgado em 18/08/2016, DJe 31/08/2016)

- **Citação por edital.** "Conforme reiterada jurisprudência desta Corte Superior de Justiça, toda custódia imposta antes do trânsito em julgado de sentença penal condenatória exige concreta fundamentação, nos termos do disposto no art. 312 do Código de Processo Penal. 2. Hipótese em que a prisão preventiva do recorrente foi decretada, vários anos após os fatos, porque ele não foi localizado para citação pessoal, sendo citado por edital, com a consequente suspensão do processo, nos termos do art. 366 do Código de Processo Penal. Tal fundamento é inidôneo para justificar a medida extrema. 3. Recurso provido para revogar a prisão preventiva imposta ao recorrente na ação penal aqui tratada, sem prejuízo da fixação de medida cautelar alternativa, ou, ainda, da decretação de nova custódia, caso demonstrada a necessidade. (STJ - RHC 36.642/RJ, Rel. Ministra MARIA THEREZA DE ASSIS MOURA, SEXTA TURMA, julgado em 19/08/2014, DJe 29/08/2014)

- **Citação por edital.** "Esta Corte possui entendimento de que a não localização do réu para citação, por si só, não constitui fundamento para a decretação da prisão preventiva, devendo a constrição ser baseada em elementos concretos que a justifiquem. 2. No caso, o Juízo de origem limitou-se a determinar a expedição de mandado de prisão, tendo em vista o não comparecimento do réu em juízo após a citação por edital, sem mencionar nenhum dos requisitos do art. 312 do Código de Processo Penal nem situação concreta alguma que justificasse a segregação cautelar. 3. Recurso provido para revogar a prisão preventiva. (STJ - RHC 34.094/RJ, Rel. Ministro SEBASTIÃO REIS JÚNIOR, SEXTA TURMA, julgado em 03/06/2014, DJe 20/06/2014)

- **Citação por edital.** "Esgotamento dos outros meios de citação legalmente previstos. Revelia. Advogado constituído na fase do inquérito policial. Intimação da Defensoria Pública para atuar na defesa do réu. Nulidade. Precedentes. 1. A citação ocorrida por edital, após diligências para localizar o réu no endereço fornecido por ele na fase do inquérito policial e nos presídios da respectiva unidade da Federação, não é nula. 2. A interpretação ampliativa do art. 266 do Código de Processo Penal autoriza concluir que antes de se confiar à Defensoria Pública o ônus de defender o réu, deve ser intimado a fazê-lo o advogado que o acompanhou durante o inquérito policial. 3. Concedida a ordem para anular o processo penal desde o oferecimento da defesa prévia. (STF - HC 93415/DF - 1ª T. - Rel. Min. Menezes Direito- DJ 078 30.04.2008 Public 02.05.2008)

- **Citação por edital.** "No processo penal, a citação pessoal é regra. Havendo falha na localização do endereço fornecido pelo réu, não há como atribuir-lhe tal erro, tampouco reconhecer como válida a citação por edital. Em termos tais, ao réu não foi dada a garantia do pleno conhecimento da existência da ação penal e dos crimes que lhe foram imputados. À vista disso, a citação por edital do denunciado para responder à acusação implica nulidade absoluta. Habeas corpus concedido para se proclamar a nulidade do processo relativamente ao paciente, desde, e inclusive, a sua citação por edital. (STJ - HC 91950 / SP - 6ª Turma - DJ 28.04.2008 p. 1 - rel. Min. Nilson Naves)

- **Citação por edital.** "A citação editalícia é providência excepcional que reclama redobrada prudência, só podendo ser adotada depois de esgotados todos os meios para a localização do acusado." (STF, RT 678/395). 2. Em se evidenciando precipitada a citação editalícia, eis que não esgotadas as diligências de localização do agente, forçoso o reconhecimento da nulidade do feito. 3. Ordem concedida. (STJ - 6ª T. - HC 26403/GO Rel. Min. Hamilton Carvalhido - DJ 05.02.2007 - p. 382)

- **Citação por edital.** "O acusado, ainda que possua defensor constituído, deve ser intimado pessoalmente da sentença condenatória, contando-se o prazo para a interposição de eventuais recursos a partir de sua intimação, sob pena de nulidade processual absoluta que mitiga o exercício do direito de ampla defesa. CPP, art. 564, III, "o". Precedentes. 2. Ordem concedida para, anulando o acórdão impugnado, determinar a intimação pessoal do Paciente da sentença condenatória e, consequentemente, a reabertura do prazo para que possa tomar as medidas que entender pertinentes. (STJ - HC 106766/SP - 5ª T. - Rel. Min. Laurita Vaz - DJ 06.10.2008)

- **Citação editalícia. Nulidade.** "A decisão que determina a produção antecipada de provas com base no art. 366 do CPP deve ser concretamente fundamentada, não a justificando unicamente o mero decurso do tempo (Súmula n. 455 do STJ). A legalidade da decisão que deferiu a prova deve ser aferida de acordo com a motivação do Juízo natural da causa, pois o Tribunal do habeas corpus originário não pode, em ação concebida para tutela da liberdade humana, suprir-lhe as deficiências. 3. Agravo regimental não provido." (STJ - AgRg no RHC 43.202/SP,

Título III

Rel. Ministro ROGERIO SCHIETTI CRUZ, SEXTA TURMA, julgado em 24/03/2015, DJe 06/04/2015)

- **Citação editalícia. Nulidade.** "O Superior Tribunal de Justiça – STJ, seguindo o entendimento da Primeira Turma do Supremo Tribunal Federal – STF, passou a inadmitir habeas corpus substitutivo de recurso próprio, ressalvando, porém, a possibilidade de concessão da ordem de ofício nos casos de flagrante ilegalidade. – A produção antecipada de provas com base no art. 366 do Código de Processo Penal não pode ser justificada unicamente no mero decurso do tempo, nos termos do enunciado n. 455 da Súmula do STJ. – Writ não conhecido. Ordem concedida, de ofício, para reformar a decisão que determinou a produção antecipada de provas no curso da Ação Penal n. 0919578-90.2012.8.26.0037, em trâmite no Juízo da 2ª Vara Criminal da Comarca de Araraquara/SP." (STJ – HC 289.173/SP, Rel. Ministro ERICSON MARANHO (DESEMBARGADOR CONVOCADO DO TJ/SP), SEXTA TURMA, julgado em 17/03/2015, DJe 25/03/2015)

- **Citação editalícia. Nulidade.** "Nos termos do art. 366 da Lei Processual Penal, a produção antecipada de provas está adstrita àquelas consideradas de natureza urgente pelo Juízo processante, consoante sua prudente avaliação, no caso concreto. 3. Não serve como justificativa a mera alusão a risco abstrato de que a prova possa se perder durante o tempo em que perdurar a suspensão do processo. 4. 'A decisão que determina a produção antecipada de provas com base no art. 366 do CPP deve ser concretamente fundamentada, não a justificando unicamente o mero decurso do tempo' – Súmula 455/STJ. 5. Ordem não conhecida. Habeas corpus concedido de ofício." (STJ – HC 227.029/DF, Rel. Ministro GURGEL DE FARIA, QUINTA TURMA, julgado em 11/11/2014, DJe 19/11/2014)

- **Citação. Nulidade.** A falta de citação é causa de nulidade absoluta porque viola os princípios constitucionais da ampla defesa e do contraditório. Por sua vez, a suspensão condicional do processo é ato que depende do prévio recebimento da denúncia e exige a intimação do réu para a audiência de proposição. Apesar da exigência de intimação para a concessão do benefício previsto no art. 89 da Lei 9.099/95, *in casu*, faz-se necessária a citação do réu para audiência em que se proporá a suspensão condicional do processo, em razão de sua ausência no feito, a fim de se evitar futura alegação de cerceamento de defesa por parte do réu e, em consequência, a nulidade do feito. 3. Recurso especial provido para determinar a citação do réu. (STJ – REsp 904649/RS – 5ª T. – Rel. Min. Arnaldo Esteves Lima – DJ 06.04.2009)

- **Citação. Nulidade.** "É nulo o processo em que não foram observadas as exigências da citação. Nulidade que se proclama, em homenagem ao devido processo legal. Decisão: por unanimidade, dar provimento ao recurso para cassar o acórdão e determinar a soltura do paciente, se por outro motivo não deva permanecer preso. (STJ - 6ª T. - RHC 5.990/AP - Rel. Min. Luiz Vicente Cernicchiaro - DJ 10.03.1997 - p. 6.001)
- **Citação. Nulidade.** Se a citação, como tal, não se realizou, o processo é nulo ab initio. II - Na contagem do prazo prescricional é de ser observado, em caso de crime continuado, o art. 119 do CP. Recurso provido. (STJ - 5ª T. - RHC 8.195/RJ - Rel. Min. Félix Fischer - DJ 10.05.1999 - p. 196)
- **Citação editalícia. Nulidade. Diligência. Endereço diverso.** "No processo penal, a citação do réu é ato processual de alta relevância, indispensável ao pleno exercício do direito de defesa e pressuposto essencial da observância do contraditório e do devido processo legal. Efetuada a diligência de citação em endereço diverso daquele indicado pelo réu no seu interrogatório no inquérito policial, é plenamente nula a posterior citação por edital, que ensejou a declaração de revelia. Recurso especial conhecido e provido. (STJ - 6ª T. - REsp. 39.289/MG - Rel. Min. Vicente Leal - DJ 16.06.1997 - p. 27.408).
- **Citação Edilatícia. Formalidades. Inobservância. Nulidade.** "A citação editalícia é providência excepcional que reclama redobrada prudência, só podendo ser adotada depois de esgotados todos os meios para a localização do acusado." (STF, RT 678/395). 2. Em se evidenciando precipitada a citação editalícia, eis que não esgotadas as diligências de localização do agente, forçoso o reconhecimento da nulidade do feito. 3. Ordem concedida. (STJ - 6ª T. - HC 26.403/GO - Rel. Min. Hamilton Carvalhido - DJ 05.02.2007 - p. 382)
- **Citação. Nulidade. Diligência feita por delegado de polícia**, e não por oficial de justiça: violação da cláusula do devido processo legal. Anulação dos atos processuais a partir da citação. Ressalva, porém, do decreto de prisão preventiva, uma vez que persistem os motivos ensejadores da custódia processual. Por unanimidade, conceder a ordem de habeas corpus em parte. (STJ - 6ª T. - HC 4.394/GO - Rel. Min. Adhemar Maciel - DJ 24.06.1996 - p. 22.810)
- **Citação Editalícia. Formalidades. Legalidade.** "Se foram envidados esforços para a localização do paciente, com diligências perante diversos órgãos estatais, todavia sem êxito, não há que se falar em nulidade da

Título III

citação por edital". (STJ – HC 51275/MG – 6ª T. – Rel. Min. Maria Thereza de Assis Moura – DJe 03.11.2008)

- **Citação. Questões processuais.** Fé pública e omissões na certidão. **STF**: "A fé pública abrange os fatos consignados na certidão, não aqueles em cuja menção se houver omitido o oficial de justiça, a despeito da clara exigência contida no art. 357, II, do CPP". (RT 637/328)
- **Citação. Questões processuais.** Citação edital de militar. **STF**: "É válida a citação por edital se, requisitado o réu militar, com prisão preventiva decretada, se evadiu ao ser transportado de uma unidade para outra, não sendo encontrado". (RT 576/457)
- **Citação. Questões processuais.** Citação editalícia. Excepcionalidade. STF: "A citação editalícia é providência excepcional que reclama redobrada prudência, só podendo ser adotada depois de esgotados todos os meios para localização do acusado". (RT 678/395)
- **Citação. Questões processuais.** Citação editalícia. Cautelas. STF: "Determinada a citação editalícia sem as cautelas inerentes a esse procedimento excepcional, anula-se o processo crime desde a citação irregular. Jurisprudência. Doutrina". (RT 658/369)
- **Citação. Questões processuais.** Citação editalícia. Ausência momentânea. TJSC: "O réu deverá ser citado no endereço fornecido. Eventual ausência momentânea, sem a certidão de estar em lugar não sabido ou demonstrativo da nítida intenção de escapar à ação da justiça, não autoriza a citação edital. A citação é o marco inicial da instrução penal. Sua irregularidade não é sanada com o interrogatório do acusado se ele somente se deu após a produção das provas". (JCAT 76/562)
- **Citação. Questões processuais.** Citação editalícia. Diligências. Endereços fornecidos. STF: "A citação edital realiza-se com infringência ao art. 361 do CPP se o réu não é procurado pelo oficial de justiça nos endereços da residência e do trabalho que indicou ao ser qualificado e ao prestar declarações perante a autoridade policial". (RT 564/427)
- **Citação. Questões processuais.** Citação editalícia. Diligências. Endereços fornecidos. STJ: "Reputa-se induvidosa comprovação factual da nulidade da citação editalícia, reparável por habeas corpus independentemente da pendência da apelação do revel, se do próprio mandado constou a dualidade de endereços e só num deles foi procurado o citando". (RSTJ 17/168)
- **Citação. Questões processuais.** Citação por edital de réu preso. Súmula 351/STF: "É nula a citação por edital de réu preso na mesma unidade da Federação em que o juiz exerce a jurisdição".

- **Citação. Questões processuais.** Citação editalícia. Prazo de publicação. STF: "A formalidade prevista no art. 361 do CPP revela-se indispensável à valia da citação por edital. Inobservado o espaço de tempo de quinze dias entre a publicação do edital e a audiência designada, conclui-se que a citação não ser perfaz. Trata-se de procedimento essencial, ligado ao próprio direito de defesa, em face ao disposto no inc. IV dos arts. 564 e 570 do CPP". (RT 685/399)

- **Citação. Questões processuais.** Publicação. Imprensa oficial. TACRSP: "O STF é de entendimento do sentido da exigência da publicação do edital em jornal local unicamente nas comarcas em que haja imprensa oficial". (**JTACREsp**. 76/222). No mesmo sentido: STF - RTJ 87/32 e STJ - JSTJ 28/228).

- **Citação. Questões processuais.** Citação editalícia. Exaurimento das referências. Efetivação antes de esgotados os meios para a citação pessoal do acusado - Revelia mal estabelecida - Concessão de habeas corpus. Inteligência do art. 365 do Código do Processo Penal. A citação por edital constitui ficção jurídica a que não é licito recorrer, sem que tenham sido investigadas todas as fontes de referência existentes nos autos, sobre o paradeiro do citando. (RT 511/359)

20.4. Suspensão do processo

O cabimento da suspensão do processo penal tem como pressuposto elementar a citação do acusado por edital por não ter sido o mesmo encontrado nos locais por ele indicado no transcurso do inquérito policial, entretanto, caberá ao juiz presidente do feito dispor do seu poder discricionário judicial ou por atender ao interesse e ao princípio da utilidade das provas visando assegurar uma sentença exitosa, poderá determinar a realização da produção antecipada das provas consideradas urgentes.

Noutra vertente, o juiz ao suspender o processo pela ausência do acusado que for citado por edital, se for o caso, poderá decretar a sua prisão preventiva se estiverem presentes os requisitos fixados pelo art. 312 do Código de Processo Penal. Diga-se que a segregação da liberdade do acusado não é ato contínuo e automático, porquanto devem estar presentes as condições delineadas no dispositivo referido, além de ser devidamente fundamentada essa manifestação judiciosa.

A revelia provém da citação por edital quando o acusado não atende ao chamamento para comparecer em juízo para a audiência de interrogatório, fato que resulta no ato de suspensão do processo.

Nessa suposição, o juiz de ofício ou a requerimento das partes, no caso da nomeação de um defensor público para o acusado ou dativo, poderá ordenar a produção antecipada de provas que se apresentem urgentes na sua realização, como, por exemplo, o risco de testemunhas mudarem de residências ou se fizer necessária uma perícia para evitar que os vestígios do crime sejam apagados com o passar do tempo.

Outra providência que poderá ser adotada é a decretação da prisão preventiva do acusado em razão da fuga do distrito da culpa, que poderá constituir-se em fator suficiente para revestir o decreto prisional, como meio eficaz da futura aplicação da lei penal, se presentes outras circunstâncias reunindo as condições para atendimento aos requisitos contidos na norma processual.

- **Suspensão do processo. Nulidade.** Nos termos do entendimento pacífico desta Corte, cristalizado no verbete sumular n.º 455, a produção antecipada de provas, com base no art. 366 do Código de Processo Penal, deve ser concretamente fundamentada, não bastando a mera alegação de que o decurso do tempo poderá levar as testemunhas ao esquecimento. *In casu*, existe manifesta ilegalidade pois, datado o fato de 22.6.2012, foi a providência cautelar determinada em 29.5.2014, sem qualquer motivação a ensejar a medida excepcional. 3. Recurso provido a fim de anular a colheita de prova antecipada, cujo produto deverá ser desentranhado dos autos. (STJ – RHC 56.406/SP, Rel. Ministra MARIA THEREZA DE ASSIS MOURA, SEXTA TURMA, julgado em 14/04/2015, DJe 23/04/2015)
- **Suspensão do processo.** Crimes anteriores à lei. STF: "O art. 366 do CPP, com a redação dada pela Lei 9.271/96, é uma disposição complexa, ou de natureza mista, porque traz norma de natureza processual, a suspensão do processo, que seria, em princípio, de aplicação imediata, e também norma de natureza material, suspensão da prescrição, que só pode ser aplicada aos atos praticados após a sua vigência, formando, assim, um todo indecomponível, sendo impossível criar um terceiro sistema, em que se suspende o processo sem se suspender o curso do prazo prescricional. (RT 762/493)
- **Suspensão do processo.** Prazo máximo de suspensão do curso da prescrição. STJ: "A suspensão do processo, prevista atualmente no art. 366 do CPP, só pode ser aplicada em conjunto com a suspensão do prazo prescricional. É inadmissível a cisão de texto legal que evidencia, claramente, sob pena de restar sem conteúdo e finalidade, a necessidade de sua obrigatória incidência unificada. Incabível sustentar conflito de leis no tempo entre texto revogado e texto posterior que já se encontrava em vigor quando da ocorrência do evento delituoso. O período máximo de suspensão da fluência do prazo prescricional, na hipótese do art. 366 do CPP, corresponde ao que está fixado no

art. 109 do CP, observada a pena máxima cominada para a infração penal". (RSTJ 106/384)

- **Suspensão do processo.** Produção antecipada de provas. Possibilidade. STJ: "Prova. Testemunha. Produção antecipada. Urgência na adoção da medida que é faculdade legal do Julgador. Inteligência do art. 366 do CPP (...) A determinação de produção antecipada de prova testemunhal oral, nos termos do art. 366 do CPP, é faculdade legal do Julgador, e medida que pode ser considerada urgente diante das peculiaridades do caso concreto". (RT 762/560)
- **Suspensão do processo.** A suspensão do processo autorizada pela nova redação do art. 366 do CPP não impede, antes aconselha, a prisão preventiva do revel evadido do distrito da culpa." (HC 6.798/SP - DJU 16.03.1998 - p. 189)
- **Suspensão do processo.** A simples revelia do réu não é motivo suficiente para embasar o decreto de prisão preventiva, se não demonstrada a presença do *periculum libertatis*, a justificar a necessidade da custódia antes de uma condenação definitiva." (RT 750/620)
- **Suspensão do processo.** Ausência do réu. Sanção. Revelia. TJSE: "O não-comparecimento do réu aos atos do processo implica, como sanção, a decretação da revelia, e não o decreto de prisão preventiva, mormente se ausentes os requisitos enumerados no art. 312 do CPP". (RT 754/710)
- **Suspensão do processo.** Prisão preventiva. Pressupostos. Necessidade. STJ: "A Lei 9.271/96 não fez ressurgir a figura da custódia cautelar obrigatória; o decreto de prisão preventiva do réu revel deve obedecer aos pressupostos do CPP, art. 312". (RSTJ 104/408)
- **Suspensão do processo.** Comparecimento. Interrogatório. Prisão preventiva. Descabimento. A prisão preventiva, como consabido, é medida extrema, de decretação limitada pela efetiva necessidade de proteção ao processo penal. Na hipótese, o fato de o réu não comparecer a seu interrogatório, sem outros dados concretos, não é motivo suficiente a autorizar seu recolhimento cautelar. A resistência do réu em comparecer a juízo, mesmo para ser ouvido, conquanto denote ao longe certo propósito de evasão do distrito da culpa, não pode confundir-se com real ato de fuga a ponto de desencadear a medida extrema. Precedentes citados: HC 30.629-SP, DJ 7/3/2005; HC 80.156-BA, DJe 25/8/2008, e HC 42.263-GO, DJ 07.05.2007. (STJ - HC 115.881/RS - 6ª T. - Relª. Minª. Maria Thereza de Assis Moura - j. em 13.08.2009 - 0402)

20.5. Das intimações

Intimação é efetuar ciência à parte, pessoalmente ou através do seu patrono constituído ou defensor designado, no processo, da prática de um ato, despacho ou sentença, assim como, para comparecimento, informando lugar, dia e hora, na realização de um ato processual, como uma audiência de instrução, por exemplo.

As formas de intimações estão prescritas no art. 370 e ss. do Código de Processo Penal.

- **Ausência de intimação pessoal da Defensoria pública. Ocorrência. Violação de prerrogativas.** Nos termos estabelecidos nos arts. 370, § 4º, do Código de Processo Penal e no art. 5º, § 5º, da Lei n. 1.060/50, constitui prerrogativa do defensor dativo e do defensor público a intimação pessoal de todos os atos do processo, dentre os quais se a decisão que negou seguimento a recurso especial. (Precedente). Ordem concedida. (STJ - HC 346.145/PR, Rel. Ministro FELIX FISCHER, QUINTA TURMA, julgado em 07/06/2016, DJe 16/06/2016)
- **Constituição. Novo advogado. Intimação.** "A constituição de novo advogado para atuar na causa, sem ressalva ou reserva de poderes, representa revogação tácita do mandato anteriormente concedido. Desse modo, é de se reconhecer a nulidade da intimação da sessão de julgamento da apelação, sobretudo se considerada a existência de pedido expresso para que as intimações fossem feitas em nome do novo causídico. Precedentes. Recurso ordinário provido, em parte". (STF - RHC 127258, Relator(a): Min. TEORI ZAVASCKI, Segunda Turma, julgado em 19/05/2015, PROCESSO ELETRÔNICO DJe-102 DIVULG 29-05-2015 PUBLIC 01-06-2015)
- **Defensor constituído. Intimação.** "No processo penal, a teor do art. 370, § 1°, do CPP, o defensor constituído não goza da prerrogativa de intimação pessoal. Por expressa previsão legal, a intimação do advogado, de livre escolha do acusado, far-se-á por publicação no órgão incumbido da publicidade dos atos judiciais da Comarca. Mesmo tendo o defensor constituído sido intimado pessoalmente em algumas oportunidades, mostra-se descabida a pretensão de que as intimações se procedessem sempre dessa forma, ante a inexistência de qualquer previsão legal nesse sentido. Alegação de cerceamento de defesa afastado, porquanto foi o defensor constituído intimado de todos os atos processuais, seja pela imprensa oficial, como determina a lei, seja pessoalmente. (STJ - HC 116.896/SP, Rel. Ministro NEFI CORDEIRO, SEXTA TURMA, julgado em 09/06/2015, DJe 18/06/2015)
- **Vários advogados. Intimação.** "Consoante pacífica jurisprudência do Superior Tribunal de Justiça, "estando o réu representado por mais de

um advogado, basta que a intimação seja realizada em nome de um deles para a validade dos atos processuais, salvo quando há pedido expresso no sentido de que as publicações sejam realizadas exclusivamente em nome de determinado patrono ou de todos os procuradores" (HC n. 241.208/PE, Rel. Ministra LAURITA VAZ, Quinta Turma, julgado em 5/8/2014, DJe 21/8/2014). Precedentes. No caso, com a juntada de substabelecimento, com reservas de poderes, para representação do apelante (ora paciente), requereu-se que as futuras intimações fossem feitas em nome de dois dos novos advogados, o que foi deferido pelo desembargador relator. Apesar disso, a intimação do julgamento dos embargos de declaração opostos do acórdão da apelação foi realizada em nome de um dos advogados junto com a expressão "e outros". Não constou da publicação o nome do advogado que assinou a petição dos aclaratórios, o que acarretou cerceamento do direito de defesa do apelante, pela ocorrência do trânsito em julgado da ação penal. Ordem concedida para declarar a nulidade da apelação criminal, a partir da intimação do julgamento dos Embargos de Declaração n. 2005.81.00.014852-5/01, inclusive. (STJ - HC 224.340/CE, Rel. Ministro GURGEL DE FARIA, QUINTA TURMA, julgado em 02/06/2015, DJe 15/06/2015).

- **Intimação. Réu. Sentença.** "Prevista no artigo 392 do Código de Processo Penal, a intimação pessoal do réu preso somente é exigida para a ciência do teor da sentença condenatória proferida em primeiro grau. Não se estende para as decisões de segunda instância, eis que os demais chamamentos processuais ocorrem em nome do defensor". (STJ - HC 286.515/SP, Rel. Ministra MARIA THEREZA DE ASSIS MOURA, SEXTA TURMA, julgado em 12/02/2015, DJe 25/02/2015)
- **Advogado constituído. Intimação.** "Vício procedimental na tramitação de recurso especial. Ausência de intimação de advogado constituído. Ordem concedida. É nula a publicação oficial sem a indicação do advogado do acusado. Ordem concedida. (STF - HC 118793, Relator(a): Min. ROBERTO BARROSO, Primeira Turma, julgado em 01/04/2014, PROCESSO ELETRÔNICO DJe-148 DIVULG 31-07-2014 PUBLIC 01-08-2014)
- **Intimação do acusado. Recebimento da denúncia.** "Tratando-se de ação penal da competência originária de tribunal, dispensável é a intimação do acusado para a sessão designada visando ao exame da denúncia. A ordem jurídica apenas impõe a intimação da defesa técnica, do profissional da advocacia constituído, o que ocorre mediante inclusão do processo em pauta - artigo 6º da Lei nº 8.038/90 (STF - HC 83595, Relator(a): Min. MARCO AURÉLIO, Primeira Turma,

Título III

julgado em 16/12/2003, DJ 30-04-2004 PP-00050 EMENT VOL-02149-09 PP-01623).

- **Intimação. Ministério Público. Protocolo. Secretaria administrativa.** A entrega de processo em setor administrativo do Ministério Público, formalizada a carga pelo servidor, configura intimação direta, pessoal, cabendo tomar a data em que ocorrida como a da ciência da decisão judicial. Imprópria é a prática da colocação do processo em prateleira e a retirada à livre discrição do membro do Ministério Público, oportunidade na qual, de forma juridicamente irrelevante, apõe o "ciente", com a finalidade de, somente então, considerar-se intimado e em curso o prazo recursal. Nova leitura do arcabouço normativo, revisando-se a jurisprudência predominante e observando-se princípios consagradores da paridade de armas (STF – HC 83917, Relator(a): Min. MARCO AURÉLIO, Primeira Turma, julgado em 27/04/2004, DJ 25-06-2004 PP-00029 EMENT VOL-02157-02 PP-00283).

- **Intimação. Ministério Público.** STF: "Ministério Público. Intimação da sentença. Em recentes julgados do E. Plenário do STF, ficou entendido que a intimação do Ministério Público deve ser pessoal, isto é, há de ser feita à pessoa de seu representante e o prazo para o respectivo recurso é de se contar da data em que lança o "ciente" do julgamento – e não aquela em que os autos são remetidos pelo Cartório ou Secretaria do Tribunal a uma repartição administrativa do Ministério Público, encarregada apenas de receber os autos, e não autorizada legalmente a receber intimações em nome deste". (RJDTACRIM 4/229). No mesmo sentido, STJ – RT 709/397.

- **Intimação. Carta Precatória. Oitiva de testemunhas.** "A ausência de intimação para oitiva de testemunha no juízo deprecado não consubstancia constrangimento ilegal. Havendo ciência da expedição da carta precatória, como no caso se deu, cabe ao paciente ou a seu defensor acompanhar o andamento do feito no juízo deprecado. 2. Peculiaridade do caso. Efetiva violação do princípio da ampla defesa resultante da impossibilidade de atuação da defesa técnica. O advogado do paciente teve, a partir da ciência da expedição da carta precatória, sete dias úteis para deslocar-se do Rio de Janeiro a Belém do Pará, o que, na prática, inviabilizou seu comparecimento. 3. Nomeação de defensor dativo para atuar em momento importante do processo, cuja inicial contém quatrocentas páginas. Satisfação apenas formal da exigência de defesa técnica ante a impossibilidade de atuação eficiente. Ordem concedida. (STF – HC 91501/RJ – 2ª T. – Rel. Min. Eros Grau – DJ 084 07.05.2009 Public 08.05.2009)

- **Intimação. Carta Precatória. Oitiva de testemunhas.** Este Tribunal possui jurisprudência reiterada no sentido da desnecessidade da intimação dos defensores do réu pelo juízo deprecado, quando da oitiva de testemunhas por carta precatória, bastando que a defesa seja intimada da expedição da carta. Precedentes citados. (STF – AP 470 AgR/MG – Pleno – Rel. Min. Joaquim Barbosa – DJ 047 13.03.2008 Public 14.03.2008)

- **Intimação. Carta Rogatória.** Em se tratando de processo que tramita em Justiça estrangeira, a intimação há de ser implementada mediante carta rogatória. (Rcl 1830, Relator(a): Min. MARCO AURÉLIO, Tribunal Pleno, julgado em 23/05/2002, DJ 02-08-2002 PP-00060 EMENT VOL-02076-02 PP-00214)

- **Intimação. Carta Rogatória.** TACRSP: "Em tema de prazo recursal, a certidão cartorária tem fé pública para testificar a realização de intimação e a data desta. Assim, não havendo o Promotor Público demonstrado a ocorrência de erro em relação à última, não pode a data da aposição de "ciente" prevalecer sobre a consignada em certidão". (JTACRESP 32/180). No mesmo sentido, TJSP – JTJ 167/292-3; TACRSP – RJDTACRIM – JTACRESP 33/286; TAMG – RT 535/353-4.

- **Intimação. Defensor Público.** "A teor do disposto no art. 5º, § 5º, da Lei n. 1.060/1950, a ausência de intimação pessoal do defensor público, para que tenha ciência inequívoca da data da sessão de julgamento, é causa de nulidade absoluta por cerceamento de defesa. Precedentes. 3. Nos termos do art. 552, § 1º, do Código de Processo Civil – aplicável ao processo penal, na forma do art. 3º do Código de Processo Penal -, a intimação da Defensoria Pública deve ocorrer com a antecedência mínima de 48 (quarenta e oito) horas à data da sessão de julgamento do recurso, conforme definido no enunciado da Súmula 117 do STJ. Precedentes. 4. *In casu*, os atos destinados à intimação da Defensoria Pública, além de não observarem a antecedência mínima de 48 horas prevista em lei, não demonstraram que o órgão de defesa teve ciência inequívoca acerca da data de julgamento do recurso em sentido estrito. (HC 289.157/SP, Rel. Ministro GURGEL DE FARIA, QUINTA TURMA, julgado em 19/03/2015, DJe 06/04/2015).

- **Intimação. Defensor Público.** "É prerrogativa do Defensor Público a intimação pessoal de todos os atos do processo, nos termos dos arts. 5º, § 5º, da Lei 1.060/50, e 128, I, da Lei Complementar 80/94, constituindo nulidade, em regra, por cerceamento do direito de defesa, a inobservância desse procedimento. Nulidade da decisão agravada, configurada, na medida em que a Defensoria Pública estadual não fora intimada pessoalmente para a apresentação de contrarrazões ao recurso especial

Título III

interposto pela acusação. 3. Agravo Regimental provido para anular a decisão agravada, bem como para determinar o retorno dos autos ao Tribunal a quo, a fim de que a Defensoria Pública seja pessoalmente intimada para a apresentação das contrarrazões ao recurso especial. (STJ - AgRg no REsp 1169198/CE, Rel. Ministro NEFI CORDEIRO, SEXTA TURMA, julgado em 14/04/2015, DJe 29/04/2015)

- **Intimação. Defensor Público.** Imperiosa a intimação pessoal da Defesa da data do julgamento da impetração quando há pedido expresso para a realização de sustentação oral. Precedentes. 3. À falta de intimação pessoal da Defensoria Pública para sustentação oral, forçoso reconhecer, de ofício, a nulidade do julgamento da impetração no Superior Tribunal de Justiça. 4. Recurso ordinário em habeas corpus não conhecido. Ordem concedida de ofício. (RHC 116691, Relator(a): Min. ROSA WEBER, Primeira Turma, julgado em 09/04/2014, ACÓRDÃO ELETRÔNICO DJe-148 DIVULG 31-07-2014 PUBLIC 01-08-2014)
- **Intimação. Defensor Público.** Na linha dos precedentes desta eg. Corte, "não se pode exigir que a intimação de Defensor Público tenha de ser feita por meio de mandado na pessoa do mesmo oficiante na causa. Mostra-se razoável proceder à inequívoca ciência da Instituição da Defensoria Pública, por intermédio de ofício ou mesmo de mandado, devidamente recebido, restando a ela o dever de organizar, com a presteza e a precisão devidas, a atuação de seus membros. A ocorrência de eventuais substituições no patrocínio do réu não implica nulidade, incidindo sobre a espécie o princípio da indivisibilidade" (HC 24.683/RS, Quinta Turma, Rel. Ministra Laurita Vaz, DJ de 7/3/05).
- **Intimação. Defensor Público.** Consoante preconiza o art. 5º, da Lei 1.060/50, com redação da Lei 7.871/89, a intimação do Defensor Público deve ser pessoal em ambas as instâncias. Logo, a falta de intimação pessoal do Defensor Público da inclusão em pauta e da data designada para o julgamento da apelação enseja nulidade absoluta. Vício não sanável com a simples presença em julgamento de defensor público outro que não o da causa. (STJ - RT 779/538)
- **Intimação. Defensor público.** Ausência de intimação pessoal da pauta de sessão de julgamento. Nulidade. 1. É prerrogativa do defensor dativo e do defensor público, ou de quem exerça cargo equivalente, a intimação pessoal de todos os atos e termos do processo, pena de nulidade (art. 5º, § 5º, da Lei 1.060/50, com a redação dada pela Lei 7.871/89 e art. 370, § 4º, do Código de Processo Penal, acrescentado pela Lei 9.271, de 17 de abril de 1996). Ordem parcialmente concedida. (STJ - 6ª T. - HC 54.058/SP - Rel. Min. Hamilton Carvalhido - DJ 05.02.2007 - p. 394)

- **Intimação. Defensor dativo.** Agravo regimental no recurso extraordinário com agravo. Matéria criminal. Defensor dativo. Prazo em dobro para recorrer. Não incidência. Precedentes. Regimental não provido. 1. É assente, na jurisprudência da Corte, o entendimento de que o defensor dativo possui a prerrogativa da intimação pessoal. Todavia, ele não faz jus ao prazo recursal em dobro. 2. Agravo a que se nega provimento. (STF – ARE 814800 AgR, Relator(a): Min. DIAS TOFFOLI, Primeira Turma, julgado em 30/09/2014, PROCESSO ELETRÔNICO DJe-225 DIVULG 14-11-2014 PUBLIC 17-11-2014).

- **Intimação. Defensor dativo.** Nomeação de defensor dativo para atuar em momento importante do processo, cuja inicial contém quatrocentas páginas. Satisfação apenas formal da exigência de defesa técnica ante a impossibilidade de atuação eficiente. Ordem concedida. (STF – HC 91501/RJ – 2ª T. – Rel. Min. Eros Grau – DJ 084 07.05.2009 Public 08.05.2009).

- **Intimação. Defensor dativo.** Defesa. Alegações finais. Não apresentação pelo patrono constituído. Intimação prévia regular. Nomeação de defensor dativo ou público para suprir a falta. Medida não providenciada pelo juízo. Julgamento subsequente da causa. Condenação do réu. Inadmissibilidade. Cerceamento de defesa caracterizado. Violação do devido processo legal. Nulidade processual absoluta. Pronúncia. HC concedido, em parte, para esse fim. Precedentes. Interpretação dos arts. 5º, LIV e LV, da CF, e 261, 499, 500 e 564 do CPP. Padece de nulidade absoluta o processo penal em que, devidamente intimado, o advogado constituído do réu deixa de apresentar alegações finais, sem que o juízo, antes de proferir sentença condenatória, lhe haja designado defensor dativo ou público para suprir a falta. (STF – HC 92680/SP – 2ª T. –- Rel. Min. Cezar Peluso DJ 074 24.04.2008 Public 25.04.2008)

- **Intimação. Defensor dativo.** Audiência de inquirição de testemunhas. Ausência do advogado constituído. Nomeação de defensor dativo. 1. O defensor dativo substitui o constituído no ato para o qual o advogado escolhido pelo réu, regularmente intimado, não se faz presente. Logo, se o advogado constituído não foi intimado para se manifestar sobre a necessidade da oitiva das testemunhas arroladas na defesa prévia, o defensor dativo nomeado para a audiência de inquirição de testemunhas não poderia delas desistir, sob pena de violar a ampla defesa e o direito do réu de ser defendido por advogado de sua livre escolha. 2. Recurso parcialmente provido para declarar a nulidade do processo a partir da dispensa da oitiva das testemunhas arroladas na defesa prévia pelo advogado constituído do Recorrente. (STJ – 5ª T. – REsp. 700.356/BA – Rel. Min. Laurita Vaz – DJ 26.03.2007 – p. 274)

- **Inquirição de testemunhas da acusação.** Não intimação do defensor constituído, nem de defensor público ou *ad hoc*. Caso de nulidade absoluta. Prejuízo inerente à condenação do réu. Precedentes. É, desde o ato viciado, absolutamente nulo o processo em que, inquiridas testemunhas da acusação sem prévia intimação do defensor constituído, tenha sido o réu condenado. (STF – HC 97427/MG – 2ª T. – Rel. Min. Cezar Peluso – DJ 118 25.06.2009 Public 26.06.2009)

- **Intimação. Vários advogados.** STJ: "Quando vários advogados constam da mesma procuração, a regra é bastar a intimação de um deles para validade dos atos e termos do processo. Ressalva-se a hipótese de designação expressa, de substabelecimento ou de requerimento para que as intimações se façam em nome de determinado advogado, o que não se deu na hipótese em exame". (RSTJ 56/47)

- **Intimação. Advogado. Formalidades.** Se o advogado do réu, devidamente intimado, não comparece à audiência de inquirição das testemunhas arroladas pela defesa, não há que se falar em nulidade processual se o ato foi realizado na presença de defensor ad hoc, nos termos do art. 265, parágrafo único, do CPP (Precedentes). (STJ – HC 62817/RN – 5ª T. – Rel. Min. Felix Fischer – DJ 26.02.2007 p. 623)

- **Ausência de intimação do réu.** "Constitui nulidade a falta de intimação do denunciado para oferecer contrarrazões ao recurso interposto da rejeição da denúncia, não a suprindo a nomeação de defensor dativo" (Súmula 707 do STF). 2. Ordem concedida para anular o julgamento do recurso em sentido estrito, e determinar seja o paciente devidamente intimado para oferecer as contrarrazões. (STJ – 5ª T. – HC 52.619/MA – Rel. Min. Arnaldo Esteves Lima – DJ 11.06.2007 – p. 336)

- **Intimação. Sessão de julgamento. Advogado. Inocorrência. Nulidade.** Sessão de julgamento realizada sem a intimação do defensor constituído. Nulidade. 1. A intimação para sessão de julgamento do apelo feita em nome diverso daquele pertencente ao patrono constituído do acusado não atende seu objetivo precípuo que é o de dar ciência às partes dos atos processuais, tornando nulo o julgamento do recurso, por omissão de formalidade essencial do ato. Precedentes. 2. Ordem concedida para, anulando o julgamento da Apelação Criminal, determinar que outro seja realizado com a prévia intimação do defensor constituído. (STJ – 5ª T. – HC 65.374/GO – Rel. Min. Laurita Vaz – DJ 05.02.2007 – p. 302)

- **Intimação. Sessão de julgamento. Advogado. Inocorrência. Nulidade.** "A ausência de intimação do advogado constituído para a sessão do julgamento e da decisão proferida gera sua nulidade, impondo-se novo pronunciamento judicial. II – Ordem concedida. (STF – 1ª T. – HC 89.108/RS – Rel. Min. Ricardo Lewandowski – DJ 25.08.2006 – p. 54)
- **Intimação. Recurso. Razões. Contrarrazões.** Recurso de apelação. Interposição pela defensoria pública em momento anterior à intimação pessoal do réu. Nulidade configurada. I – É pacífico o entendimento desta Corte no sentido de que devem ser intimados da sentença condenatória tanto o réu quanto seu defensor (Precedentes desta Corte). II – Nulidade configurada no presente caso, pois, muito embora tenha sido o réu intimado pessoalmente dos termos da sentença condenatória, o foi quando já interposto recurso de apelação pela Defensória Pública, portanto, sem a sua ciência. Ordem concedida. (STJ – 5ª T. – HC 55.268/MG – Rel. Min. Félix Fischer – DJ 12.03.2007 – p. 271)
- **Intimação. Prazo. Contagem.** "No processo penal, contam-se os prazos da data da intimação, e não da juntada aos autos do mandado ou da carta precatória ou de ordem." Enunciado da Súmula n.º 710 do Supremo Tribunal Federal". (STJ – HC 125112/MS – 5ª T. – Rel. Min. Laurita Vaz – DJe 01.06.2009)
- **Intimação. Férias.** TAMG: "Válida é a intimação feita no curso das férias". (RT 535/353-4)

20.5.1. Intimação do réu para escolher defensor

O direito que o acusado tem de escolher o seu próprio defensor é o exercício da amplitude de defesa, assegurado pela Constituição da República, possuindo assim advogado constituído, a renúncia deste do encargo de permanecer no ofício assumido implica o dever do magistrado em ordenar a intimação daquele para indicar um novo causídico.

Somente em razão do silêncio do acusado, no prazo estipulado para se pronunciar, é que o juiz pode designar um defensor para prosseguir no processo.

Essa exigência de intimação para informar um novo advogado é imprescindível mesmo na hipótese de réu revel.

A projeção do postulado da amplitude de defesa, proclamado pela Constituição da República, assegura ao acusado o direito da livre escolha de seu próprio defensor, como garantia inalienável de ver atuando, em favor da sua valiosa liberdade um profissional qualificado, da sua confiança, que lhe transmita esperança firme e segurança íntima.

- **Intimação. Réu. Advogado.** "Consoante entendimento jurisprudencial desta Corte Superior, constatada a inércia do advogado constituído, o réu deve ser intimado para indicar novo patrono de sua confiança, antes de proceder-se à nomeação da Defensoria Pública ou de defensor dativo para o exercício do contraditório. (STJ - HC 288.710/PE, Rel. Ministro ROGERIO SCHIETTI CRUZ, SEXTA TURMA, julgado em 24/03/2015, DJe 06/04/2015)

- **Intimação. Réu. Advogado.** "A escolha de defensor é um direito inafastável do acusado, em razão da relação de confiança que deve existir entre ele e o seu patrono. Assim, é de rigor que o advogado constituído seja intimado para apresentar contrarrazões ao recurso da acusação e, em caso de inércia, deve-se intimar o réu para que nomeie novo patrono, sob pena de nulidade, por cerceamento de defesa. Somente se inerte o acusado, proceder-se-á à nomeação da Defensoria Pública ou de defensor dativo. No caso, verifica-se a ocorrência de cerceamento de defesa, pois o Juízo da Vara de Execuções Penais, ao receber o agravo em execução interposto pelo Ministério Público, encaminhou os autos à Defensoria Pública, para que ela oferecesse contrarrazões ao recurso, em detrimento dos advogados constituídos pelo paciente para acompanhar sua execução penal. Ordem concedida de ofício, nos termos do dispositivo. (STJ - HC 249.445/RJ, Rel. Ministro SEBASTIÃO REIS JÚNIOR, SEXTA TURMA, julgado em 10/02/2015, DJe 23/02/2015)

- **Intimação. Réu. Advogado. Renúncia**. "A intimação do réu para que constitua outro defensor, querendo, só se exige quando ocorre a renúncia do defensor constituído. Não é, todavia, necessária quando o defensor falta ao dever de atuar". (HC 85.014/SP, Rel. Min. Carlos Velloso, DJ 11.03.2005). (STF - HC 97062/PE - 2ª T. - Rel. Min. Ellen Gracie - DJ 075 23.04.2009 Public 24.04.2009)

- **Intimação. Réu. Advogado. Renúncia.** STF: "O réu tem o direito de escolher o seu próprio defensor. Essa liberdade de escolha traduz, no plano da *persecutio criminis*, específica projeção do postulado da amplitude de defesa proclamado pela Constituição. Cumpre ao Magistrado processante, em não sendo possível ao defensor constituído assumir ou prosseguir no patrocínio da causa penal, ordenar a intimação do réu para que este, querendo, escolha outro advogado". (RT 691/379)

- **Intimação. Réu. Advogado. Renúncia.** "Antes de realizada essa intimação ou enquanto não exaurido o prazo nela assinalado, não é lícito ao juiz nomear defensor dativo sem expressa aquiescência do réu. Ordem deferida". (STF - 1ª T. - HC 67.755/ SP - Rel. Min. Celso de Mello - DJ 11.09.1992)

- **Intimação. Réu. Advogado. Renúncia.** Nomeado pelo juízo advogado ao paciente, ainda que não esclarecido o motivo nos autos, faz-se necessária a sua intimação pessoal em ambas as instâncias, porque é reconhecida a sua equivalência ao cargo de defensor público". Precedentes citados: HC 8.619/SP, DJ, 23.08.1999; REsp. 219.628/SP, DJ, 20.09.1999; HC 9.886/SP, DJ, 11.10.1999. (HC 10.639/ SP - Rel. Min. Gilson Dipp - j. em 14.12.1999)

- **Intimação. Réu. Advogado. Renúncia.** A falta de intimação do advogado do réu, que antes da sessão de julgamento fora constituído por meio de substabelecimento do instrumento procuratório, configura cerceamento de defesa, importando em constrangimento ilegal, porque suficientemente demonstrada, com indicação objetiva de prejuízo. Assim, a Turma concedeu ordem de habeas corpus para declarar nulo o julgamento da apelação interposta, ordenando que se realize novo julgamento, com observância do devido processo legal. (STJ - HC 11.933/PR - Rel. Min. Vicente Leal, j. em 03.08.2000)

- **Intimação. Réu revel. Advogado.** O direito de o acusado constituir defensor de sua confiança para atuar no processo crime a que responde, ainda que nele seja revel, é um desdobramento da garantia constitucional da ampla defesa - portanto, impostergável. (RT 610/433). No mesmo sentido, STF - RT 541/475, 603/444; TJSP 402/67, 451/348, 483/266 e 568/376.

- **Intimação. Réu revel. Advogado.** É um direito dele constituir defensor da sua confiança para atuar no processo crime a que responde, porquanto é um desdobramento da garantia constitucional da ampla defesa. (STF - RT 610/433, 541/475)

- **Intimação. Renúncia de mandato.** A jurisprudência desse Pretório tem entendimento firmado no sentido de que o réu deve ser cientificado da renúncia do mandato pelo advogado, para que constitua outro, sob pena de nulidade por cerceamento de defesa. Habeas corpus deferido. (STF - 1ª T. - HC 75.962 - Rel. Min. Ilmar Galvão - DJ 17.04.1998)

- **Intimação. Réu em liberdade.** "O réu que responde ao processo em liberdade e não possui defensor constituído deve ser intimado pessoalmente da sentença condenatória, contando-se o prazo para a interposição de eventuais recursos a partir de sua intimação, sob pena de nulidade processual absoluta que mitiga o exercício do direito de ampla defesa". Precedentes. (STJ - HC 124722/MG - 5ª T. - Rel. Min. Laurita Vaz - DJ 25.05.2009)

20.6. Defesa escrita

O acusado após ser citado, através do seu advogado, apresentará defesa escrita, ocasião singular e oportunidade única para o seu patrono promover na sua plenitude o exercício da ampla defesa, momento próprio para arrolar testemunhas necessárias à sua defesa visando desconstituir a imputação ministerial e também para demonstrar a sua idoneidade pessoal, no que se refere à boa conduta social, personalidade e antecedentes, e de requerer a produção de prova pericial, juntada de documentos e qualquer outra diligência que julgar importante para provar a inocência do acusado, afastando-lhe a responsabilidade penal imputada pelo órgão acusador.

Enfim, este é o momento mais importante para que a defesa esgote todos os meios probatórios visando a um resultado satisfatório para a situação criminal do acusado, salvo as circunstâncias supervenientes derivadas ou afloradas durante a instrução processual.

É, portanto, relevante que a defesa técnica aponte as provas imprescindíveis para concretizar os mecanismos na busca da verdade real em favor do acusado, produzindo, nesta fase, uma defesa vigorosa e robusta.

A preterição da produção de quaisquer provas pertinentes formuladas nessa fase implica cerceamento de defesa, conquanto o exercício desta é amplo no sentido de que sejam asseguradas todas as oportunidades para levar a juízo os elementos informativos e esclarecedores em favor do acusado na busca da sua absolvição.

Aqui, vale assinalar, que o parágrafo único do art. 261 do Código de Processo Penal reserva ao advogado habilitado o exercício da defesa escrita do acusado e declara a imprescindibilidade de a mesma ser devidamente fundamentada, o que somente será possível por um patrono reconhecidamente apto ao exercício da advocacia.

> **Art. 261.** Nenhum acusado, ainda que ausente ou foragido, será processado ou julgado sem defensor.
>
> Parágrafo único. A defesa técnica, quando realizada por defensor público ou dativo, será sempre exercida através de manifestação fundamentada

Assim é que, mesmo nas situações de ausência do réu ou este foragido, a sua defesa jurídica deverá ser substanciosa, e não apenas formal, sem conteúdo algum que lhe proporcione a prova de sua inocência, da aplicação de uma pena satisfatória ou reduzida, ou ainda, de benefícios penais previstos na legislação de regência.

Neste ponto, o legislador assegura a efetividade da defesa mediante a produção de fatos ou dedução de argumentos refutando a imputação da acusação.

Essa novidade processual mostra-se de grande valia para o destino penal da enorme clientela da Justiça, que é composta de pessoas pobres ou carentes que não dispõem de meios financeiros para a contratação de qualificados advogados para patrocinarem suas defesas em juízo.

A importância desse dispositivo vem afastar uma regra usual no cotidiano forense dos processos penais, envolvendo os indigentes da gratuidade judicial ou de dativos improvisados, que, de forma burocrática, simplória e vazia, sempre desperdiçavam a fase mais relevante para a defesa, que é a defesa escrita, com atos inócuos e ineficazes, apenas formais.

Agora, essa manifestação deve ser valorizada com a interação de todos os elementos informativos que venham consubstanciar a defesa do acusado, sob pena de cerceamento de defesa ou de defesa técnica imprestável, que equivale à falta de defesa.

Essa garantia processual está assim escrita:

> **Art. 396.** Nos procedimentos ordinário e sumário, oferecida a denúncia ou queixa, o juiz, se não a rejeitar liminarmente, recebê-la-á e ordenará a citação do acusado para responder à acusação, por escrito, no prazo de 10 (dez) dias.
>
> Parágrafo único. No caso de citação por edital, o prazo para a defesa começará a fluir a partir do comparecimento pessoal do acusado ou do defensor constituído.
>
> Art. 396-A. Na resposta, o acusado poderá arguir preliminares e alegar tudo o que interesse à sua defesa, oferecer documentos e justificações, especificar as provas pretendidas e arrolar testemunhas, qualificando-as e requerendo sua intimação, quando necessário.
>
> § 1º A exceção será processada em apartado, nos termos dos arts. 95 a 112 deste Código.
>
> § 2º Não apresentada a resposta no prazo legal, ou se o acusado, citado, não constituir defensor, o juiz nomeará defensor para oferecê-la, concedendo-lhe vista dos autos por 10 (dez) dias.

A luz do texto processual penal, a defesa escrita, que substitui a antiga defesa prévia, deverá ser apresentada em juízo no prazo de 10 (dez) dias a contar da data em que o acusado teve ciência na forma acima já exposta.

Entretanto, mesmo citado regularmente, se o acusado não apresentar defesa escrita através de seu patrono constituído, caberá ao juiz a nomeação de um defensor público para fazê-lo no prazo de 10 (dez) dias da sua intimação, lembrando, porém, que, tratando-se de defensor público, o prazo será em dobro.

É importante ressaltar que a designação de um defensor público ou dativo somente ocorrerá na suposição da citação pessoal feita ao acusado, e este deixe exaurir o prazo para apresentar sua defesa, ou ainda, quando citado por hora certa, não comparecer em juízo.

É imprescindível a nomeação de defensor para fins de apresentação da defesa escrita, sob pena de nulidade absoluta, conquanto o prejuízo seria a impossibilidade do exercício de defesa técnica ao acusado.

Também é essa a fase adequada para que seja arguida, sob pena de preclusão, a exceção de incompetência do juízo, prevista no art. 108 do Código de Processo Penal.

- **Defesa prévia. Rol de testemunhas a *posteriori*.** O magistrado pode, de forma motivada, deferir o pedido apresentado em resposta à acusação pela defensoria pública no sentido de lhe ser permitida a indicação do rol de testemunhas em momento posterior, tendo em vista que ainda não teria tido a oportunidade de contatar o réu. De fato, ultrapassado o prazo processual adequado, há preclusão do direito de se arrolar testemunha, em que pese ser possível a admissão da oitiva requerida a destempo como testemunha do juízo, nos termos do art. 209 do CPP, tendo em vista ser o magistrado o destinatário da prova. Na hipótese em foco, no momento da apresentação da defesa prévia, houve pedido de indicação de rol de testemunhas *a posteriori*. Assim, não há preclusão, pois não houve inércia da defesa, ficando ao prudente arbítrio do magistrado o deferimento do pedido formulado. (STJ – 6ª Turma – REsp 1.443.533-RS, Rel. Min. Maria Thereza de Assis Moura, julgado em 23/6/2015, DJe 3/8/2015).
- **Defesa técnica**. "Nos termos da Súmula n. 523 do Supremo Tribunal Federal, "no processo penal, a falta da defesa constitui nulidade absoluta, mas a sua deficiência só o anulará se houver prova de prejuízo para o réu". A alegação de deficiência da defesa deve vir acompanhada de prova de inércia ou desídia do defensor, causadora de prejuízo concreto à regular defesa do réu. Não está caracterizada a deficiência da defesa técnica pela ausência, por si só, de interposição de apelação criminal no prazo legal, pois, ante o princípio da voluntariedade recursal, previsto no art. 574 do CPP, o defensor constituído não está obrigado a recorrer e as partes, pessoalmente intimadas da sentença em audiência, mantiveram-se inertes, não manifestando qualquer inconformismo com a condenação. (STJ – RHC 39.788/SP, Rel. Ministro ROGERIO SCHIETTI CRUZ, SEXTA TURMA, julgado em 12/02/2015, DJe 25/02/2015)
- **Prazo para defesa técnica.**"O Supremo Tribunal Federal editou o enunciado sumular nº 710, no qual firmou-se o entendimento de que "no processo penal, contam-se os prazos da data da intimação, e não da juntada aos autos do mandado ou da carta precatória ou de ordem". Consoante jurisprudência firmada por esta Corte de Justiça, o prazo para o oferecimento da defesa prévia se inicia no momento da realização do interrogatório do paciente no juízo deprecado, oportunidade na qual a intimação é realizada, nos termos da redação do art. 395 do Código de Processo Penal em vigor na data da realização do

ato, sendo dispensável a intimação após a juntada da carta precatória cumprida aos autos. (STJ - HC 113.209/MT, Rel. Ministro JORGE MUSSI, QUINTA TURMA, julgado em 21/09/2010, DJe 16/11/2010)

- **Defesa técnica.** A ausência de apresentação de razões pela defesa, vindo a ser julgado o recurso, implica deixar o acusado sem a proteção técnica a que visa o art. 261 do Código de Processo Penal. (STF - HC 88409/SP - 1ª T. - Rel. Marco Aurélio - DJ 118 25.06.2009 Public 26.06.2009)

- **Defesa escrita. Provas.** Não há que se reconhecer ofensa ao princípio da ampla defesa pelo indeferimento de pedido de diligência à Polícia para localizar testemunha. Cabe à defesa obter e fornecer ao Juízo o endereço correto de suas testemunhas. Afastada também a alegada violação à ampla defesa, se a diligência requerida reporta-se à testemunha que nem sequer presenciou o fato-crime. (STF - HC 90144/BA - 1ª T. - Rel Min. Carlos Britto - DJ 072 02.08.2007 Public 03.08.2007)

- **Defesa escrita. Provas.** "Em sede de ação penal, é de rigor a observância dos princípios do contraditório e da ampla defesa, bem como da cláusula do *due process of law*, como preconizado na Carta Magna, no capítulo das garantias individuais (CF, art. 5º, LIV e LV). II - Constitui desrespeito a tais princípios o desentranhamento indevido da peça de defesa prévia, ao fundamento dúbio de intempestividade, disso resultando a nulidade do processo, em face do evidente cerceamento de defesa". (STJ - 6ª T. - Ac. REsp. 64.321/MG - Rel. Min. Vicente Leal - DJ 06.05.1996 - p. 14.479)

- **Defesa escrita. Provas.** "Testemunhas arroladas pela defesa a tempo e modo, o que foi reiterado, posteriormente: constitui cerceamento de defesa a decisão que indefere a audiência de tais testemunhas. II - HC deferido". (STF - 2ª T. - HC 73.977/PI - Habeas corpus - Rel. Min. Carlos Velloso - DJ 09.05.1997 - p. 18.128 - Ement., v. 1.868-02 - p. 307)

20.7. Das exceções de impedimento, competência e suspeição

O momento próprio para que a parte acusada promova as exceções de suspeição, incompetência de juízo, litispendência, ilegitimidade de parte e coisa julgada, cujos regramentos estão dispostos no Capítulo II do Título V do Livro I do Código de Processo Penal, é por ocasião da apresentação da defesa escrita.

Exceção é um instrumento processual que significa um meio de defesa indireta com a finalidade de extinguir a ação ou alargar temporariamente a sua tramitação por circunstâncias que envolvam o processo.

A suspeição qualquer do juiz, do promotor de Justiça ou de qualquer serventuário, poderá ser declarada na forma do art. 254 do Código de Processo Penal, por iniciativa daquele que se averbe suspeito e, não o fazendo, por qualquer das partes.

Dentre as modalidades de suspeição, assinale-se a de "foro íntimo" que possibilitará ao juiz ou promotor de justiça suscitar sem dar explicação alguma, ou sendo amigo íntimo ou inimigo capital do réu.

Nessa hipótese, o juiz que espontaneamente afirmar a suspeição, deverá fazê-lo por escrito com a motivação de sua manifestação e remeterá imediatamente o processo ao seu substituto, intimando as partes.

A exceção de suspeição (CPP, art. 95, I) precederá a qualquer outra, salvo quando fundada em motivo superveniente.

A exceção de suspeição contra o juiz exige a observância dos procedimentos previstos pelo art. 98 do Código de Processo Penal. Não a acatando, o juiz mandará autuar em apartado a petição, proferirá sua posição em três dias e encaminhará o incidente à Instância Superior (art. 100), que poderá ser rejeitada liminarmente.

Se for arguida a suspeição do representante do Ministério Público, o juiz, depois de ouvi-lo, decidirá. A decisão é irrecorrível (art. 104). Igual procedimento será adotado contra a suspeição dos peritos, intérpretes e serventuários da justiça.

A arguição de suspeição não resulta na suspensão do processo, salvo se o excepto acolhê-la, hipótese que a sustação do feito evitará a nulidade dos atos futuros.

A exceção de incompetência poderá ser arguida quando os vários critérios para a determinação da competência jurisdicional estabelecida, pelos arts. 69 a 91 do Código de Processo Penal, não forem observados. Trata-se de matéria de ordem pública quando afronta diretamente o princípio do juiz natural em atendimento aos preceitos contidos na Constituição Federal, nas leis complementares e ordinárias disciplinadoras definidores dos juízos para atuar em razão do lugar e da matéria nos processos levados à Justiça.

- **Exceção de suspeição. Procuração. Poderes especiais. Defensoria Pública. É exigível procuração com poderes especiais para que seja oposta exceção de suspeição por réu representado pela Defensoria Pública, mesmo que o acusado esteja ausente do distrito da culpa.** Segundo o art. 98 do CPP "Quando qualquer das partes pretender recusar o juiz, deverá fazê-lo em petição assinada por ela própria ou por procurador com poderes especiais, aduzindo as suas razões acompanhadas de prova documental ou do rol de testemunhas". Ademais, não pode ser confundida com substituição da parte que se encontra ausente (ou foragido). Com efeito, ainda que independa de mandato para o foro em geral (art. 128, XI, da LC 80/1994), o defensor público não atua na qualidade de substituto processual, mas de representante processual, devendo juntar procuração sempre que a lei exigir poderes especiais, não havendo falar em violação qualquer do direito de acesso ao Poder Judiciário. (STJ – 6ª Turma – REsp 1.431.043-MG, Rel. Min. Maria Thereza de Assis Moura, julgado em 16/4/2015, DJe 27/4/2015.

- **Suspeição de juiz.** O parentesco existente entre o cônjuge do magistrado e o advogado da parte não encontra previsão no art. 135 do CPC, cujas hipóteses devem ser interpretadas de forma restritiva. Para o acolhimento de suspeição fundada no inciso V do art. 135 do CPC, é necessária prova induvidosa da aventada parcialidade do juiz, não servindo a tanto a mera circunstância de ter havido julgamento antecipado da lide e o vulto da condenação. A ausência de indicação do dispositivo legal supostamente violado caracteriza deficiência na fundamentação do recurso especial, atraindo a incidência da Súmula n. 284 do STF. (STJ – REsp 1424164/SC, Rel. Ministro JOÃO OTÁVIO DE NORONHA, TERCEIRA TURMA, julgado em 07/04/2015, DJe 16/04/2015)

- **Suspeição de juiz.** "A alegada suspeição do Juízo deveria ter sido arguida oportunamente, por meio da exceção prevista nos artigos 98 e seguintes do Código de Processo Penal, a qual deve ser oposta no momento adequado, qual seja, no prazo para a defesa prévia, quando o motivo da recusa é conhecido pela parte antes mesmo da ação penal, ou na primeira oportunidade de manifestar-se nos autos, quando é descoberto posteriormente". (STJ – HC 152.113/SP, Rel. Ministro JORGE MUSSI, QUINTA TURMA, julgado em 06/09/2011, DJe 21/09/2011).

- **Suspeição de juiz.** "1. Hipótese em que o juiz, antes de haver, sequer, o oferecimento da denúncia, estando ainda no curso da investigação preliminar, se imiscuir nas atividades da polícia judiciária e realizar o interrogatório do réu, utilizando como fundamento o art 2º, § 3º, da Lei 7.960/89. 2. A lei da prisão temporária permite ao magistrado, de ofício, em relação ao preso, determinar que ele lhe seja apresentado e submetê-lo a exame de corpo de delito. Em relação à autoridade policial o Juiz pode solicitar informações e esclarecimentos. 3. A Lei 7.960/89 não disciplinou procedimento em que o Juiz pode, como inquisidor, interrogar o réu. 4. O magistrado que pratica atos típicos da polícia judiciária torna-se impedido para proceder ao julgamento e processamento da ação penal, eis que perdeu, com a prática dos atos investigatórios, a imparcialidade necessária ao exercício da atividade jurisdicional. 5. O sistema acusatório regido pelo princípio dispositivo e contemplado pela Constituição da República de 1988 diferencia-se do sistema inquisitório porque nesse a gestão da prova pertence ao Juiz e naquele às partes. 6. No Estado Democrático de Direito, as garantias processuais de julgamento por Juízo imparcial, obediência ao contraditório e à ampla defesa são indispensáveis à efetivação dos direitos fundamentais do homem. 7. Recurso provido". (STJ - RHC 23945/RJ - 6ª T. - Rel. Min. Jane Silva - DJe 16.03.2009 (Desembargadora convocada do TJ/MG)

- **Suspeição de juiz.** Magistrado que atuou como autoridade policial no procedimento preliminar de investigação de paternidade. Vedação ao exercício jurisdicional. Impedimento. Art. 252, incs. I e II, do Código de Processo Penal. Ordem concedida para anular o processo desde o recebimento da denúncia. (STF - HC 94641/BA - 2ª T. - Rel. p/acórdão - Min. Joaquim Barbosa - DJ 43 05.03.2009 Public 06.03.2009)

- **Suspeição de juiz.** A existência de processos na esfera cível e na criminal movidos pelo excipiente contra o excepto e deste contra aquele, configura inimizade capital entre eles, não caracterizando meras quizílias, antipatias, divergências, do excipiente contra o juiz e vice-versa, de molde, sem dúvida alguma, a afetar a isenção com que deve proceder o juiz. O juiz, antes de ser juiz, é um homem, sujeito aos caracteres específicos da vida afetiva, e, conseqüentemente, às paixões do amor e do ódio. 2. O juiz suspeito deve ser afastado da condução do processo. 3. Exceção de suspeição procedente. (TRF-1 - EXSUSP: 18047 MT 2005.36.00.018047-0, Relator: DESEMBARGADOR FEDERAL TOURINHO NETO, Data de Julgamento: 26/02/2007, TERCEIRA TURMA, Data de Publicação: 09/03/2007 DJ p.12)

- **Suspeição de juiz.** É de se rejeitar a exceção de suspeição de magistrado se o excipiente não indica alguma das causas configuradoras da parcialidade do excepto elencadas no art. 254 do CPP, cujo rol é taxativo, não comportando ampliação. (RT 693/328)

- **Suspeição de juiz.** Demonstrada a existência de amizade íntima entre o juiz e os réus do processo criminal, procede a exceção de suspeição arguida, devendo o magistrado ser afastado da causa. (RT 581/321)

- **Suspeição de juiz.** Inimizade capital é aquela que, com aspecto de gravidade evidente, arraigada, traduz ódio, rancor, desejo de vingança, a satisfação secreta ou declarada, com o mal que a outro advém. Não se confunde, pois, com o procedimento acaso enérgico do juiz. (RT 538/381)

- **Suspeição de juiz.** Muito embora a suspeição por motivo íntimo não esteja prevista no Código de Processo Penal, se o juiz criminal se sentir, em consciência, impedido de presidir determinado feito, poderá jurar suspeição por motivo íntimo. (JTAERGS 73/24 e RT 652/331)

- **Suspeição de juiz.** Sindicância. participação do juiz. Arguição de impedimento para recebimento da denúncia. Habeas corpus. Acerto de sua denegação, na origem, desde a conferida orientação jurisprudencial no sentido de que, pela natureza administrativa do procedimento, em tais casos não existe nenhum impedimento da autoridade judicial, para a ação penal que se seguir. (STJ - RHC 5.813/SP - Rel. Min José Dantas - j. em 17.09.1996)

- **Suspeição de juiz.** Reputa-se fundada a suspeição de parcialidade do juiz, quando este for amigo intimo ou inimigo capital de qualquer das partes (CPC, art. 135, I). II - A exceção há de ser rejeitada, se ou quando a suspeição for arguida com base em inimizade entre o magistrado e o advogado de uma das partes, a qual não é permitida, expressamente, por lei. (STJ - 3ª T. - REsp. 4.509/MG - Rel. Min. Waldemar Zveiter - DJ 26.11.1990 - p. 13.779)

- **Suspeição de juiz.** Erro processual. Exceção. Descabimento. Correição. TJSP: "Tratando-se de questão in procedendo, o meio indicado para soluciona-la é a correição parcial, e não a suspeição do juiz, máxime não demonstrada sua parcialidade". (RT 553/347)

- **Suspeição de juiz.** Exceção. Nulidade do processo. TACRSP: "Se a suspeição existe *ab nitio* e o juiz somente se abstém quando já praticou atos, todo o processo deve ser refeito". (RT 482/380)

- **Suspeição de juiz.** Juiz suspeito. TACRSP. "Deve ser considerado suspeito o juiz que, ainda que inconscientemente, faz colocações apriorísticas nos autos com relação às partes que, à evidência, denotam a falta de serenidade para decidir a causa, comprometendo a majestade da justiça, que deve presidir sempre qualquer julgamento". (RT 581/341)

- **Suspeição de juiz.** "A via do *mandamus é inadequada para a discussão acerca do vínculo* de amizade que envolveriam o Juiz e o réu, ainda mais quando a decisão constritiva por ele decretada foi tida por legal e em nada o beneficiou. Por outro lado, a lei processual prevê procedimento específico para tal aferição, com a amplitude probatória necessária." (STJ - HC 43.378/PE, Rel. Ministro JOSÉ ARNALDO DA FONSECA, QUINTA TURMA, julgado em 07/06/2005, DJ 01/08/2005, p. 503.)

- **Suspeição de delegado**. "A jurisprudência do Supremo Tribunal Federal estabelece que a suspeição de autoridade policial não é motivo de nulidade do processo, pois o inquérito é mera peça informativa, de que se serve o Ministério Público para o início da ação penal. Precedentes. É inviável anulação do processo penal por alegada irregularidade no inquérito, pois, segundo jurisprudência firmada neste Supremo Tribunal, as nulidades processuais concernem tão somente aos defeitos de ordem jurídica pelos quais afetados os atos praticados ao longo da ação penal condenatória. Precedentes. Recurso ordinário desprovido". (STF - RHC 131450, Relator(a): Min. CÁRMEN LÚCIA, Segunda Turma, julgado em 03/05/2016, PROCESSO ELETRÔNICO DJe-100 DIVULG 16-05-2016 PUBLIC 17-05-2016)

- **Impedimento de juiz.** A causa de impedimento do art. 252, III, do CPP (tiver funcionado como juiz de outra instância, pronunciando-se, de fato ou de direito, sobre a questão) incide na atuação no mesmo processo, em diferentes instâncias recursais, em homenagem ao princípio do duplo grau. A similaridade fática de origem dos processos administrativo e judicial não acarreta impedimento do juiz, por dar-se hipótese diversa da taxativamente indicada pelo art. 252, III, do CPP. (STJ - REsp 1171973/ES, Rel. Ministro NEFI CORDEIRO, SEXTA TURMA, julgado em 17/03/2015, DJe 25/03/2015)

- **Impedimento de juiz.** Nos termos do artigo 252, III, do Código de Processo Penal, ocorre impedimento nos casos em que o juiz já tenha se manifestado, em outra instância, sobre a mesma questão de fato ou de direito. O magistrado que participou do recebimento da denúncia na condição de Desembargador Federal Convocado perante a Corte Regional em face de prerrogativa de foro fica impedido de julgar a ação penal após a remessa ao primeiro grau em virtude da perda do cargo, por força da garantia dos princípios da imparcialidade e do duplo grau de jurisdição. (STJ - REsp 1456189/PE, Rel. Ministra MARIA THEREZA DE ASSIS MOURA, SEXTA TURMA, julgado em 12/02/2015, DJe 25/02/2015).

- **Impedimento de juiz.** "Nos termos do art. 252, III, do Código de Processo Penal, o magistrado não poderá exercer jurisdição no processo em que tiver funcionado como juiz de outra instância, pronunciando-se, de fato ou de direito, sobre a questão. No caso, inexiste impedimento de Desembargadora que participou da renovação do julgamento do Recurso de Apelação, mesmo que tenha participado do primeiro julgado, anteriormente anulado em sede revisional. Precedentes. (STJ - AgRg no AREsp 16.162/MS, Rel. Ministra MARILZA MAYNARD (DESEMBARGADORA CONVOCADA DO TJ/SE), SEXTA TURMA, julgado em 24/04/2014, DJe 05/05/2014)

- **Impedimento de juiz.** "É firme o entendimento deste Tribunal de que "as causas de impedimento e suspeição de magistrado estão dispostas taxativamente no Código de Processo Penal, não comportando interpretação ampliativa. O disposto no art. 252, III, do CPP aplica-se somente aos casos em que o juiz atuou no feito em outro grau de jurisdição como forma de evitar ofensa ao princípio do duplo grau.

Não há impedimento quando o magistrado exerce, na mesma instância, jurisdição criminal após ter atuado em processo administrativo disciplinar". (STJ - REsp 1177612/SP, Rel. Min. OG FERNANDES, SEXTA TURMA, DJe 17/10/2011)

- **Impedimento de juiz.** Não há impedimento do juiz prolator da decisão de pronúncia por ter um seu tio impetrado habeas corpus, no caso, ainda na fase do inquérito, em favor de pessoa suspeita da prática do crime, delito, esse, posteriormente atributo a outrem, notadamente se nenhum ato processual praticou causídico na ação penal intentada contra aquele. (TJSP - 2ª Câm. - Ap. 26.268-3 - Rel. Des. Welsa de Andrade - j. em 27.12.1984)

- **Impedimento de juiz.** Não se aplica o impedimento a que alude o inc. III do art. 252 do Código de Processo Penal a Desembargador que, depois de participar de julgamento de recurso em sentido estrito relativo a sentença de pronúncia, integra o julgamento da apelação contra a decisão do júri, em ambos os casos, ele exerce jurisdição na mesma instancia, e não como juiz de instancias diversas. Habeas corpus indeferido. (STF - 2ª T. - HC 57.530/ES - Rel. Min. Moreira Alves - DJ 29.02.1980 - p. 973 - Ement., v. 1.161-01 - p. 126 - RTJ - v. 96-03 - p. 1.047)

- **Impedimento de juiz.** Não configura causa para o impedimento de Magistrado, como previsto no art. 252, II, do CPP, se sua atuação no procedimento policial, sem estar no exercício jurisdicional, ficou limitada a atos administrativos ou meramente instrutórios, que não implicaram pronunciamento quantos às questões em apuração. (STF - 1ª T. - HC 75.678-5/MT - Rel. Min. Moreira Alves - DJU 06.08.1999)

- **Impedimento de juiz.** Só há impedimento do art. 252 do CPP, se o Juiz se pronunciou de fato e de direito, sobre a questão, o que não ocorre em simples atos de ordenação processual ou de produção de provas. (STF - HC 47.046/DF - Rel. Min. Aliomar Baleeiro - DJ 19.09.1965)

- **Impedimento de juiz.** Impedimento. Foro íntimo. Atuação no processo. TARS: "Impedimento por foro íntimo. Juiz que se declara impedido de atuar no processo por motivo de foro íntimo, nele, efetivamente, não poderá mais atuar". (JTAERGS 85/115)

- **Impedimento de juiz.** Efeitos do impedimento. STF: "Se o impedimento do juiz, consoante o art. 112 do CPP, susta o exercício jurisdicional, prescrevendo o citado dispositivo, a abstenção da prática de qualquer ato, fica claro que traduz, neste sentido, a realidade relativa e não absoluta, como a suspeição. Ou seja, o magistrado impedido passa a sê-lo quando revelado o motivo legal. Por isso se susta, e não se elimina a atuação jurisdicional". (RT 536/399)

- **Impedimento de juiz.** Jurisdição administrativa. Impedimento. Inocorrência. TJRS: "Impedimento ou suspeição. Magistrado. Desacompanhada de pronunciamento sobre a questão fática ou jurídica, a jurisdição administrativa não acarreta impedimento. Todavia, se um juízo de valor tiver sido emitido, o magistrado deverá afastar-se do processo-crime". (RJTJRG 185/158)

- **Incompetência de juízo.** "A exceção de incompetência do juízo poderá ser oposta, verbalmente ou por escrito, no prazo de defesa." (Código de Processo Penal, art. 108). 2. A incompetência ratione loci, de natureza relativa, exige argüição oportuna, é dizer, no prazo da defesa prévia, pena de preclusão, mormente em casos tais em que já do inquérito policial exsurgem elementos bastantes para a oposição da declinatória. 3. "Quando incerto o limite territorial entre duas ou mais jurisdições, ou quando incerta a jurisdição por ter sido a infração consumada ou tentada nas divisas de duas ou mais jurisdições, a competência firmar-se-á pela prevenção." (Código de Processo Penal, art. 70, parágrafo 3º). (STJ - RHC 16234/PE - 6ª T. - Rel. Min. Hamilton Carvalhido - DJ 06.08.2007 p. 693)

- **Incompetência de juízo.** A regra do art. 70 do Código de Processo Penal é de que a competência será determinada pelo lugar em que se consumou a infração. A competência territorial é matéria que gera nulidade relativa, não devendo ser reconhecida de ofício, mas argüida em momento oportuno, por meio de exceção de incompetência do Juízo, ou seja, no prazo de defesa. Tratando-se de incompetência relativa, não tendo a defesa oposto a devida exceção, no prazo legal, resta operada a preclusão, prorrogando-se a competência firmada. Precedentes. A incompetência relativa não pode ser declarada de ofício (Súmula 33/STJ). (STJ - HC 51101/GO - 5ª T. - Rel. Min. Gilson Dipp - DJ 29.05.2006 p. 277)

- **Incompetência de juízo.** "Em se tratando de incompetência relativa, deve a parte opor a devida exceção no momento oportuno, com a demonstração do efetivo prejuízo - tendo-se em vista o princípio *pas de nullité sans grief* - sob pena de preclusão. II - Sendo necessário ampla análise o material probatório até então colhido para se determinar a competência para processar e julgar o feito, o que é inviável na via eleita, se mostra por demais prematuro determinar a incompetência da Justiça Federal deste ou daquele Estado para processar e julgar o feito, mormente se tratando de nulidade que, se caso venha a ser reconhecida, seria apenas relativa, necessitando de prova do prejuízo sofrido pelo paciente. Além disso, tal questão poderá ser melhor apreciada pelo e. Tribunal a quo por meio de eventual exceção de incompetência interposta. III - A conexão (art. 76 do CPP), e também a continência (art. 77 do CPP) são ordinariamente, consideradas formas de fixação da competência (para alguns regras de modificação ou alteração da competência). IV - A união de processos em razão da conexão tem, entre outras, a finalidade de tornar melhor a apreciação da prova pelo juiz, evitando-se, por conseguinte, decisões conflitantes. Todavia, há casos em que essa reunião se torna inconveniente, razão pela qual faculta ao juiz o art. 80 do Código de Processo Penal a separação dos processos pelos motivos constantes neste dispositivo (v.g. circunstâncias de tempo e de lugar diferentes, excessivo número de acusados ou para não prolongar a prisão provisória) ou por outro motivo relevante. V - In casu, a unidade dos processos poderia eventualmente prejudicar o próprio paciente em termos de celeridade processual (que inclusive com a Emenda Constitucional 45 de 08 de dezembro de 2004 passou a constar no inc. LXXVIII da Constituição Federal como um direito e garantia fundamental). (STJ - HC 46633/PR - 5ª T. - Rel. Min. Felix Fischer - DJ 20.03.2006 p. 318)

- **Conflito entre juízes de tribunais diversos.** TJSP: "Tratando-se de conflito de jurisdição estabelecido entre juízes vinculados a tribunais diversos, competente para apreciá-lo e julgá-lo é o STJ, na forma do disposto no art. 105, I, "d", da CF". (RT 652/264)

- **Exceção de incompetência. Momento próprio.** TJSP: "O momento processual propício é o da defesa prévia, sob pena de preclusão". (RT 560/301)

- **Exceção ratione loci. Oportunidade.** TACRSP: "A incompetência ratione loci é matéria que deve ser levantada na primeira oportunidade em que o Defensor opera nos autos, por ocasião da defesa prévia, sendo certo que o silêncio no momento próprio torna a matéria preclusa". (RJDTACRim 23/248)

- **Exceção. Incompetência absoluta.** STF: "O habeas corpus é o meio judicial apto para suscitar a incompetência absoluta do juiz". (RT 532/439)

20.8. Absolvição sumária

Após a apresentação da defesa escrita, formulada pelo patrono constituído do acusado ou defensor público designado, refutando as imputações redigidas pelo representante ministerial, caberá ao juiz analisar a ausência de justa causa da ação proposta pela existência manifesta de excludência da ilicitude do fato ou da culpabilidade do agente, como também que o fato narrado não constitua crime e ocorrência da extinção da punibilidade do tipo penal.

A norma é imperativa quando confere ao julgador a incumbência de que *"deverá absolver sumariamente o acusado"*, quando presentes as hipóteses delineadas pelo art. 397 do Código de Processo Penal, assim escrito:

> "**Art. 397.** Após o cumprimento do disposto no art. 396-A, e parágrafos, deste Código, o juiz deverá absolver sumariamente o acusado quando verificar:
>
> I – a existência manifesta de causa excludente da ilicitude do fato;
>
> II – a existência manifesta de causa excludente da culpabilidade do agente, salvo inimputabilidade;
>
> III – que o fato narrado evidentemente não constitui crime; ou
>
> IV – extinta a punibilidade do agente."

Essa garantia processual atribui ao pretor realizar o julgamento sumário diante da precariedade de provas, inquisições conjeturais, imprecisas ou vagas, que projeta a inutilidade ao resultado final de um julgamento antevisto no seu nascedouro.

Constitui-se em abuso de poder alimentar uma acusação penal temerária no seu acervo indiciário sem provas razoáveis para o seu prosseguimento, apenas, para constar na estatística e causar constrangimento ilegal.

É fato comum em nosso país os inquéritos policiais serem forjados com intuito de arranjar um responsável qualquer por atos ou fatos ilícitos, como forma de dar satisfação à opinião pública ou tentar mostrar serviço aos órgãos superiores da segurança pública.

A comprovação dessa afirmação está nos milhares de processos indenizatórios contra a fazenda pública por erro judiciário que absorve os equívocos produzidos pelos diversos segmentos policiais, que, muitas vezes, induzem a Justiça cometer injustiças.

De modo que se cuida de uma ferramenta jurídica posta à disposição do juiz para filtrar nesse primeiro momento processual quando verificadas as situações descritas pelo aludido dispositivo.

O alcance desse dispositivo ganha contorno de importância porque nessa fase do processo o juiz dispõe dos elementos informativos colhidos pelo inquérito policial, a moldura arquitetada pelo ministério público e os argumentos e provas colacionadas pela defesa.

É verdade que não poderá o juiz contar com provas jurisdicionadas oriundas do contraditório, mas terá a chance de examinar com profundidade o conteúdo jurídico do apanhado preliminar, além de contar com dados ou documentos importantes que podem ser juntados pela defesa ou outros indicativos extraídos de órgãos públicos.

Enfim, é a primeira oportunidade para que a defesa exponha sua tese visando afastar a responsabilidade penal do agente.

É evidente que os argumentos tecidos com os documentos lastreadores sejam consistentes a ensejar um julgamento antecipado de absolvição.

Nessa ocasião, o juiz deverá considerar todo o conjunto de peças informativas e documentos anexados para seu juízo de delibação e, de forma devidamente fundamentada, proferir a sua manifestação judiciosa definitiva.

Anote-se que temos como cláusulas de excludentes de culpabilidade aquelas previstas nos arts. 21 (erro de proibição); 22 (coação moral irresistível e obediência hierárquica) e 28 § 1º (embriaguez acidental), todos do Código Penal.

Quando a norma referida menciona como hipótese "*fato narrado evidentemente não constitui crime*", quer dizer que se trata de atipicidade, que o fato é atípico, não está definido, por lei, que seja crime.

Quanto às situações de extinção da punibilidade estando quaisquer delas presentes e detectadas pelo magistrado, caberá de ofício a sua declaração e absolvição do agente, visto que, nos termos do art. 61 do Código de Processo Penal, "qualquer fase o juiz se reconhecer extinta a punibilidade, deverá declará-la de ofício".

Por derradeiro, diga-se que o próprio texto legal afasta o alcance da absolvição sumária nos casos de inimputabilidade, entretanto é oportuno assinalar, que havendo o exame de insanidade mental, produzido ainda na fase inquisitorial, que seja utilizado pela defesa postulando a sua absolvição, mostra-se adequado o juiz acolher o pedido de absolvição sumária e aplicar a medida de segurança cabível, porquanto seria inútil a instrução do feito para, ao final, chegar-se ao mesmo objetivo; é uma questão de economia processual e da observância do princípio constitucional da eficiência imposto a todos os agentes públicos e políticos.

- **Decisão que rejeita as hipóteses de absolvição sumária. Ausência de fundamentação, ainda que concisa, acerca das teses de absolvição sumária. Nulidade. Recurso provido em parte.** 1. Embora permaneça a jurisprudência considerando prescindível maior fundamentação no decisório de recebimento inicial da peça acusatória, passou a exigir motivação adequada para a denegação das teses de absolvição sumária. 2. Compreende esta Turma que o constitucional dever de motivação exige seja a denegação da absolvição sumária fundamentada, ainda que concisamente, apreciando as teses relevantes e urgentes apresentadas na resposta à acusação, consignando mesmo aquelas dependentes de instrução essa condição, o que não ocorreu na espécie. 3. Nota-se, pela decisão que rejeitou as teses de absolvição sumária, que o magistrado de piso sequer mencionou qualquer dos pontos aventados na peça defensiva de resposta à acusação. Nulidade configurada. Precedentes.

4. A análise das demais irresignações trazidas neste recurso resta prejudicada, porquanto, com a anulação do feito desde à rejeição à absolvição sumária, estas teses deverão ser enfrentadas pelo magistrado de piso quando da apreciação dos termos da resposta à acusação. 5. Recurso parcialmente provido a fim de anular o processo, a partir da decisão denegatória da absolvição sumária, devendo outra ser proferida, apreciando-se os termos da resposta à acusação. (STJ - RHC 56.835/SP, Rel. Ministro NEFI CORDEIRO, SEXTA TURMA, julgado em 09/08/2016, DJe 19/08/2016)

- **Decisão que rejeita as hipóteses de absolvição sumária. Nova sistemática. Imprescindibilidade de manifestação do magistrado. Ausência de fundamentação concreta. Nulidade configurada. Ordem concedida de ofício**. A Lei n. 11.719/2008 introduziu reforma legislativa, impondo ao defensor que, em sua defesa, não apenas rejeite genericamente a imputação e apresente o rol de testemunhas do acusado. Passou a ser este o momento adequado para o defensor "arguir preliminares e alegar tudo o que interesse à sua defesa, oferecer documentos e justificações, especificar as provas pretendidas e arrolar testemunhas, qualificando--as e requerendo sua intimação, quando necessário" (art. 396-A do Código de Processo Penal). Razão não haveria para tal alteração na lei processual penal, se não fosse esperado do magistrado a apreciação, ainda que sucinta e superficial, das questões suscitadas pela defesa na resposta à acusação. Caso em que o julgador proferiu mero despacho determinando a designação de audiência de instrução e julgamento e o prosseguimento do feito, sem a mínima manifestação sobre as teses defensivas, ensejando inarredável nulidade. Ordem concedida de ofício, para anular a ação penal a partir da decisão que apreciou a resposta à acusação, para que o Juízo de origem a aprecie de forma fundamentada, aos ditames do art. 397 do Código de Processo Penal. (STJ - HC 341.139/MA, Rel. Ministro ANTONIO SALDANHA PALHEIRO, SEXTA TURMA, julgado em 19/05/2016, DJe 31/05/2016)

- **Absolvição sumária. Falta de justa causa para a ação penal (art. 395, III, CPP). Questão de ordem que se resolve pela concessão de habeas corpus, de ofício, para se rejeitar a denúncia, por falta de justa causa**. De toda sorte, o Supremo Tribunal Federal não pode permitir que uma ação penal inviável prossiga, pelo só fato de recebê-la no estado em que se encontra, sob pena de manifesto constrangimento ilegal ao réu. Precedente. 3. Não bastasse isso, o prosseguimento do feito acarretaria a desnecessária prática de inúmeros atos de instrução, como a inquirição de testemunhas e a produção de perícias onerosas, relativamente a uma pretensão acusatória natimorta. A justa causa para a ação penal consiste na exigência de suporte probatório mínimo a indicar a legitimidade da imputação e se traduz na existência, no inquérito policial ou nas peças de informação que instruem a denúncia, de elementos sérios e idôneos que demonstrem a materialidade do crime, bem como de indícios razoáveis de autoria. Precedentes. À míngua de elementos probatórios concretos, constitui mera criação mental da acusação a pretensa relação de causalidade entre as doações eleitorais feitas ao réu e seu suposto concurso para a fraude à licitação e o desvio de recursos públicos. Questão de ordem que se resolve pela concessão de habeas corpus, de ofício, em favor do acusado, para rejeitar a denúncia, por falta de justa causa (art. 395, III, CPP). (STF - AP 913 QO, Relator(a): Min. DIAS TOFFOLI, Segunda Turma, julgado em 17/11/2015, ACÓRDÃO ELETRÔNICO DJe-251 DIVULG 14-12-2015 PUBLIC 15-12-2015)

20.9. Recebimento da denúncia integral ou parcial

O Código de Processo Penal refere-se ao recebimento da denúncia no primeiro momento no seu art. 396 estabelecendo que, *"oferecida a denúncia ou queixa, o juiz, se não a rejeitar liminarmente, recebê-la-á e ordenará a citação do acusado..."*. Aqui merece um exame mais completo a interpretação do ato e do momento do recebimento da denúncia apresentada, isso porque prescreve o artigo anterior, o arts. 395, que:

"Art. 395. A denúncia ou queixa será rejeitada quando:

I - for manifestamente inepta;

II - faltar pressuposto processual ou condição para o exercício da ação penal; ou

III - faltar justa causa para o exercício da ação penal.

Com efeito, cabe ao juiz, ao receber a propositura da ação penal, examinar nessa oportunidade a ausência de pressupostos processuais ou condição para o exercício daquela, verificando se estão presentes os requisitos de procedibilidades necessários para a existência e validade processual, tais como: condições da ação, interesse de agir, legitimidade de parte e possibilidade jurídica do pedido, como enquadramento do fato imputado ao agente como crime.

Logo, é dever do julgador verificar que a denúncia não é manifestamente inepta, se estão presentes os pressupostos processuais, as condições para o exercício da ação penal ou se falta justa causa para esta.

Por estas razões é que o art. 396 contém a disposição normativa de, "oferecida a denúncia ou queixa, o juiz, se não a rejeitar liminarmente, recebê-la-á e ordenará a citação do acusado..." conferindo-lhe a prerrogativa de se não rejeitar liminarmente, a mesma será recebida, logo, não sendo rejeitada, cabe ao juiz despachar mandando citar o acusado para que o mesmo apresente a sua defesa escrita.

Portanto, o recebimento técnico-jurisdicional ocorre formalmente com o provimento judicial verificando-se presente a viabilidade jurídica da denúncia, para ato contínuo, ordenar a citação do acusado, cuja etapa seguinte é a análise da defesa escrita onde poderá o juiz proceder à absolvição sumária, se presentes as hipóteses definidas pela norma acima explicitada.

O recebimento da denúncia poderá ser integral ou parcial, embora haja algumas divergências doutrinárias e até jurisprudenciais, mas é preciso analisar caso a caso, conquanto as peculiaridades é que são determinantes para o aprimoramento da propositura penal considerando-se os direitos fundamentais da pessoa humana.

Essa conclusão tem a sua consistência jurídica quando de forma inequívoca e clareza solar a *imputatio facti* não apresenta situação típica própria, mas uma ficção emanada do seu conteúdo artificial para projetar fatos inexistentes, cujo controle concentrado formal e jurisdicional, garantidor dos direitos fundamentais, alcança o oferecimento de denúncia pelo Ministério Público, que se apresente exasperada da realidade legal e processual, cabendo, assim, podar as extravagâncias em detrimento do excesso inquisitorial, afinal, cabe ao Poder Judiciário o controle jurisdicional concentrado.

Tanto é assim, que a Constituição da República no seu art. 5º, inc. XXXV, preceitua que "*a lei não excluirá da apreciação do Poder Judiciário lesão ou ameaça a direito*". Logo, todos os atos ou fatos estão sujeitos ao exame do Judiciário; ele que dá a última palavra e decisão.

Assim como as decisões dos juízes reclamam motivação para o reconhecimento da sua validade, cabe ao órgão inquisitorial demonstrar as fundadas razões da sua proposição denunciativa enquadrando-as nos tipos legais previstos, sob pena de merecer a devida adequação pelo controle judicial quando no exame do juízo de admissibilidade.

De tal modo, ocorrendo manifesto descomedimento ou o afastamento dos fatos descritos ao seu enquadramento jurídico-processual, é imperioso o exercício do controle referido para o ajustamento correto da peça denunciativa aos fatos imputados ao acusado com base nos elementos integrativos do inquérito policial.

É afirmável, por conseguinte, que a ideia geral, costumeira, comum, de o Ministério Público ser o dono da ação penal pública e que a imputação deve ser admitida para a devida comprovação instrutória, cede ao princípio superior que coíbe o abuso de poder quando a acusação se afasta da base objetiva que deve instruí-la, seja o inquérito policial ou outra peça.

Essa formulação irrecusável ganha corpo não só quando haja o divórcio completo entre a acusação e o inquérito policial (ou outra fonte de acusação), mas também, quando a falta de base for parcial – de resto, hipótese mais verificável.

Outra circunstância bem previsível é quando o juiz, a prima facie, constatar a existência de prova ilícita que dá suporte à peça acusatória, mormente deverá declará-la imprestável por vício insanável que poderá resultar na rejeição da integral ou parcial da denúncia, se não houver suporte em outras provas.

Esse também é o magistério de Benedito Roberto Garcia Pozzer: "Não procede o entendimento de que ao juiz é vedado determinar a emenda da denúncia, desde o início, para, de acordo com os fatos expostos, determinar-lhes a correção da classificação jurídica. Se o próprio representante do Ministério Público pode aditá-la, a qualquer tempo, com mais razão está autorizado o julgador determinar a correção, afastando-se sensíveis prejuízos à defesa e nulidades processuais". (In: Correlação entre acusação e sentença no processo penal brasileiro, p. 156)

- **Denúncia. Recebimento. Reconsideração.** "É possível ao Juiz reconsiderar a decisão de recebimento da denúncia, para rejeitá-la, quando acolhe matéria suscitada na resposta preliminar defensiva relativamente às hipóteses previstas nos incisos do art. 395 do Código de Processo Penal. Precedente. (STJ – AgRg no REsp 1291039/ES, Rel. Ministro MARCO AURÉLIO BELLIZZE, QUINTA TURMA, julgado em 24/09/2013, DJe 02/10/2013)
- **Denúncia. Recebimento. Reconsideração.** "O fato de a denúncia já ter sido recebida não impede o Juízo de primeiro grau de, logo após o oferecimento da resposta do acusado, prevista nos arts. 396 e 396-A do Código de Processo Penal, reconsiderar a anterior decisão e rejeitar a peça acusatória, ao constatar a presença de uma das hipóteses elencadas nos incisos do art. 395 do Código de Processo Penal, suscitada pela defesa. As matérias numeradas no art. 395 do Código de Processo Penal dizem respeito a condições da ação e pressupostos processuais, cuja aferição não está sujeita à preclusão (art. 267, § 3º, do CPC, c/c o art. 3º do CPP). Hipótese concreta em que, após o recebimento da denúncia, o Juízo de primeiro grau, ao analisar a resposta preliminar do acusado, reconheceu a ausência de justa causa para a ação penal, em razão da ilicitude da prova que lhe dera suporte. (STJ – REsp nº 1.318.180/DF, relator o Ministro SEBASTIÃO REIS JÚNIOR, DJe 29/05/2013)
- **Denúncia. Impugnação. Prazo.** A tese de inépcia da denúncia deve ser agitada até antes da prolação da sentença, sob pena de preclusão. Precedentes do STF. 2. O mesmo raciocínio é adotado em se tratando de decisão de pronúncia, posto que todas as nulidades ocorridas antes de sua prolação devem ser arguidas até as alegações finais. Inteligência do art. 571, I, do Código de Processo Penal. Precedentes. (STJ – HC

Título III

119797/PE - 6ª T. - Rel. Min. Jane Silva - DJe 02.03.2009 (desembargadora convocada do TJ/MG).

- **Denúncia. Aditamento. Citação.** "Não há que se declarar a nulidade do ato de recebimento da denúncia, tendo em vista que o juiz concedeu ao acusado a possibilidade de oferecimento de defesa preliminar, nos termos do art. 38 da Lei 10.409/02, após o oferecimento de aditamento à denúncia. II - A decretação da custódia preventiva do paciente encontra-se desprovida de fundamentação idônea. III - Embargos de declaração acolhidos, com efeitos modificativos, para que seja a presente ordem de habeas corpus deferida parcialmente, apenas para que seja cassado o decreto de prisão preventiva, mantido o recebimento da denúncia. (STF - HC-ED 87347/MS - 1ª T. - Rel. Min. Ricardo Lewandowski - DJ 13.04.2007 p. 101)

- **Denúncia. Recebimento parcial. Alteração. Juiz.** Exacerbação da denúncia. Lei dos crimes hediondos. I - A verificação da exacerbação na prefacial acusatória, com reflexos no *ius libertatis*, só pode ser feita se prescindir do cotejo analítico do material cognitivo. II - A vingança, por si, isoladamente, não é motivo torpe. III - A troca de tiros, em princípio, sem outros dados, afasta a qualificadora do inc. IV, do art. 121, § 2º, do Código Penal. IV - Se, inequivocamente, sem qualquer discussão, a *imputatio facti* não apresenta situação típica própria de homicídio qualificado, os efeitos processuais da Lei 8.072/90, devem ser, ainda que provisoriamente afastados. V - Consequentemente, inexistindo motivos para a segregação ad cautelam, deve o Acusado aguardar o julgamento em liberdade. VI - Habeas corpus deferido. (STJ- HC 96.78955-0 - Rel. Min. Félix Fischer - DJ 25.08.1997)

- **Denúncia. Recebimento parcial. Alteração. Juiz.** "O oferecimento da denúncia pelo Ministério Público submete-se, após a sua formalização a estrito controle jurisdicional. Essa atividade processual do poder judiciário, exercida liminarmente no âmbito processual condenatório, objetiva, em essência, a própria tutela da intangibilidade do *status libertatis* do imputado". (STF - HC 68.926-MG - DJU 28.08.1992, P. 13.453)

- **Denúncia. Recebimento parcial. Alteração. Juiz.** "Não é lícito ao Juiz, no ato de recebimento da denúncia, quando faz apenas juízo de admissibilidade da acusação, conferir definição jurídica aos fatos narrados na peça acusatória. Poderá fazê-lo adequadamente no momento da prolação da sentença, ocasião em que poderá haver a *emendatio libelli* ou a *mutatio libelli*, se a instrução criminal assim o indicar". (STF - HC 87324/SP -1ª T. - Rel. Min. Cármen Lúcia - DJ 018 17.05.2007 Public 18.05.2007)

- **Denúncia. Rejeição parcial.** "Denúncia: rejeição parcial admissível, quando cumula uma série de imputações de fatos distintos, atribuídos ao mesmo acusado em concurso material". (STJ - HC 69.578-PE - 1ª T - Rel. Min. Sepúlveda Pertence - DJ 18.06.1993, p. 12.111)
- **Denúncia. Rejeição parcial.** "A rejeição parcial da denúncia é admissível quando, imputando fatos diversos ao mesmo acusado, se verifica que um deles evidentemente não constitui crime, salvo por força de interpretação extensiva" (STJ - RE 89.631/PR - 6ª T. - Rel. Min. Fernando Gonçalves - DJU 10.12.1997)
- **Denúncia. Recebimento. Despacho.** O despacho de recebimento da denúncia não contém carga decisória, tendo a natureza de decisão interlocutória simples que, na sistemática processual vigente, dispensa fundamentação, não gerando preclusão quanto à regularidade da peça exordial. (STJ - 6ª T. - RHC 7.927/MG - Rel. Min. Vicente Leal - DJ 14.12.1998 - p. 304)
- **Denúncia anulada. Prescrição.** A denúncia anulada não serve como causa interruptiva do prazo prescricional. A ratificação dos seus termos equivale a uma nova denúncia, e, do seu recebimento, começa fluir o curso daquele prazo. Sentença declarada nula não se presta, também, para interromper a prescrição. (STJ - 6ª T. - RHC 6.488/GO - Rel. Min. William Patterson - DJ 23.03.1998 - p. 169)

20.9.1. Recebimento da denúncia: despacho fundamentado

Com a modificação da ritualística processual penal inferindo a apresentação da defesa escrita, ocasião de maior relevância para a defesa refutar as imputações da peça acusatória, inclusive com a juntada de provas e documentos, bem assim, requerimento de outras diligências que entender necessárias ao seu interesse e exercício pleno da ampla defesa, procedimento antecedente ao ato formal do recebimento da denúncia, esse provimento judicial reveste-se de caráter de conteúdo decisório a exigir motivação por força do art. 93, IX, da Constituição Federal.

Essa evolução processual merece maior atenção quando o art. 395 do Código de Processo Penal determina os pressupostos processuais negativos a ensejarem a rejeição da denúncia, decisão a reclamar, igualmente, a exposição de motivos que autorizem a sua prolação.

Mais ainda; em complemento a esse raciocínio referido no aludido dispositivo, o art. 396 do mesmo diploma refere: "*...oferecida a denúncia ou queixa, o juiz, se não a rejeitar liminarmente, recebê-la-á...*", de modo que, para rejeitá-la, deverá fundamenta-la, assim como, para recebê-la, porquanto terá de apreciar os argumentos expendidos na defesa escrita e as provas eventualmente coligidas para rebatê-las, sob pena de afronta ao princípio do contraditório e do devido processual, pois, a defesa escrita terá de ser enfrentada e ter justificada a sua rejeição, para, em consequência, acolher a denúncia de forma integral ou parcial, ou ainda, rejeitá-la.

Essa linha de raciocínio ganha substância quando o art. 397 do mesmo Código prescreve que "*o juiz deverá absolver sumariamente o acusado...*" nas hipóteses ali previstas, e, aqui, o julgador também terá que travejar mais uma vez os contrapontos à denúncia que resultará numa decisão a exigir motivação plausível porque terá que demonstrar as suas razões da rejeição da absolvição para, em consequência, decidir pelo recebimento da denúncia.

- "Não está caracterizada a inépcia da denúncia, quando se constata que houve a individualização dos denunciados, a descrição dos fatos delituosos, a classificação dos crimes e o rol de testemunhas, de acordo com os requisitos exigidos no art. 41 do CPP. II – Ademais, conforme entendimento desta eg. Corte Superior, não é imprescindível na denúncia a individualização da conduta de forma pormenorizada, nos casos de coautoria (precedentes). III – Acerca da decisão de recebimento da peça acusatória, é certo que "[...] o exame da admissibilidade da denúncia se limita à existência de substrato probatório mínimo e à validade formal da inicial acusatória" (Inq 3.113/DF, Primeira Turma, Rel. Min. Roberto Barroso, DJe de 6/2/2015). IV – Não há nulidade na fundamentação concisa sobre as teses apresentadas na resposta à acusação. Nessa fase, a fundamentação pode limitar-se à demonstração da admissibilidade da demanda instaurada. No caso concreto, a decisão de recebimento da denúncia está fundamentada, ainda que de forma sucinta. V – Tratando-se de processos conexos de jurisdição de mesma categoria, incide o disposto no art. 78, inciso II, alínea a, do CPP, ou seja, prevalece a competência do lugar do delito cuja pena seja mais gravosa (precedentes)". (STJ – RHC 35.219/PE, Rel. Ministro FELIX FISCHER, QUINTA TURMA, julgado em 19/03/2015, DJe 31/03/2015).
- " Este Superior Tribunal tem reiteradamente decidido que não configura nulidade a fundamentação concisa a respeito das teses apresentadas na resposta à acusação, principalmente quando dizem respeito ao mérito da ação penal. No caso, o magistrado singular, além de afirmar que a hipótese dos autos não se amolda a nenhuma das previstas no art. 397 do Código de Processo Penal, refutou a alegação de inépcia da denúncia e deixou as questões que se confundiam com o mérito da ação penal para o momento apropriado, fundamentação que, embora concisa, examinou o necessário e possível na fase processual. 8. Recurso em habeas corpus improvido" (STJ – RHC 45.636/PE, Sexta Turma, Rel. Min. Sebastião Reis Júnior, DJe de 16/12/2014).

- " A pretensão veiculada no presente recurso ordinário volta-se contra a ratificação do recebimento da denúncia sem a aprofundada análise das teses defensivas suscitadas por ocasião da apresentação da resposta à acusação. Na referida resposta, os acusados fizeram considerações sobre a inépcia da denúncia, ausência de dolo, inexistência de prática criminosa, aplicação do princípio da insignificância. 2. Este Superior Tribunal de Justiça, em harmonia com orientação adotada pelo Supremo Tribunal Federal, entende ser desnecessária fundamentação extensa ou complexa no despacho de recebimento da denúncia, pois este ostenta natureza interlocutória, dispensando, assim, aqueles requisitos próprios de uma decisão judicial. 3. A decisão que ratificou o recebimento da denúncia rejeitou de forma fundamentada a assertiva de inépcia da denúncia, bem como as demais questões suscitadas, pois concernentes ao próprio mérito acusatório, cuja apreciação, segundo o magistrado singular, deverá ocorrer no momento oportuno, mediante o devido contraditório, porque, ao contrário das afirmações contidas na peça defensiva, reclamam investigação mais aprofundada. 4. A decisão que afasta a possibilidade de absolvição sumária não precisa apreciar pormenorizadamente todas e cada uma das alegações dos acusados, sob pena de antecipação indevida do mérito da controvérsia. Precedentes. 5. Recurso ordinário improvido" (STJ - RHC 43.490/SP, Quinta Turma, Rel. Min. Walter de Almeida Guilherme - Desembargador Convocado do TJ/SP, DJe de 12/12/2014).
- "Na fase do art. 397 do Código de Processo Penal, nada impede que o juiz faça consignar fundamentação de forma não exauriente, sob pena de decidir o mérito da causa. Contudo, deve ao menos aludir o julgador aquilo que fora trazido na defesa preliminar. Incumbe-lhe enfrentar questões processuais relevantes e urgentes ao confirmar o aceite da exordial acusatória. 2. Hipótese em que o magistrado a quo, após a defesa preliminar, limitou-se a afirmar que as matérias alegadas seriam "defesa de mérito" e a designar audiência. Não fez qualquer menção acerca das teses elencadas no cerne da peça processual, que seriam relevantes, inclusive pela alegação de absoluta falta de prova da materialidade do crime ambiental, decorrente do laudo pericial inconclusivo. 3. Recurso provido a fim de anular o processo, a partir da segunda decisão de recebimento da denúncia, devendo outra ser proferida, apreciando-se os termos da resposta preliminar" (STJ - RHC 46.127/MG, Sexta Turma, Rel. Min. Maria Thereza de Assis Moura, DJe de 25/2/2015).
- Denúncia. Rejeição pelo juízo de primeiro grau. Recebimento em recurso em sentido estrito. Repúdio ao fundamento da decisão impugnada. Acórdão carente de fundamentação sobre outros aspectos da inicial. Nulidade processual caracterizada. Não conhecimento do recurso

extraordinário. Concessão, porém, de habeas corpus de ofício. É nula a decisão que recebe denúncia sem fundamentação suficiente sobre a admissibilidade da ação penal. (STF - RE 456673/CE - 2ª T. - Rel. Min. Cezar Peluso - DJe-094 21.05.2009 Public 22.05.2009)

- "A doutrina e a jurisprudência têm se manifestado no sentido de que, como regra, é dispensável a fundamentação quando do recebimento da peça exordial acusatória, vez que tal provimento jurisdicional não é classificado como decisão, mas sim, como despacho meramente ordinatório, não se submetendo, dessa forma, ao disposto no art. 93, IX da Constituição da República". (STJ - HC 113094/BA - 6ª T. - Rel. Min. Jane Silva - DJ 18.05.2009 (desembargadora convocada do TJ/MG)
- A doutrina e a jurisprudência têm se manifestado no sentido de que, como regra, é dispensável a fundamentação quando do recebimento da peça exordial acusatória, vez que tal provimento jurisdicional não é classificado como decisão, mas sim, como despacho meramente ordinatório, não se submetendo, dessa forma, ao disposto no art. 93, IX da Constituição da República, mormente antes da edição da Lei 11.719/2008, época em que não havia previsão de apresentação de defesa preliminar. Precedentes do STF. (STJ - HC 119797/PE - 6ª T. - Rel. Min. Jane Silva - DJ 02.03.2009 (desembargadora convocada do TJ/MG)
- "O recebimento da denúncia, estando claro o despacho, em verdade e de regra, não exige fundamentação maior. Tal só ocorre quando a lei explicita a exigência (Precedentes do STF e desta Corte)". (STJ - HC 106253/MG - 5ª T. - Rel. Min. Félix Fischer - DJ 09.03.2009)

20.10.Instrução processual

Superada a etapa de recebimento da denúncia pelo juiz, este designará dia e hora para a audiência de instrução e julgamento, além de ordenar a intimação do acusado, de seu advogado constituído ou do defensor público que assumiu a sua defesa, sendo esta intimação pessoal, se for o caso, assim como, de igual modo, a do representante do Ministério Público e, se for o caso, a do assistente.

Esses procedimentos estão contidos no art. 399 do Código de Processo Penal, assim redigido:

> "Art. 399. Recebida a denúncia ou queixa, o juiz designará dia e hora para a audiência, ordenando a intimação do acusado, de seu defensor, do Ministério Público e, se for o caso, do querelante e do assistente.
>
> § 1º O acusado preso será requisitado para comparecer ao interrogatório, devendo o poder público providenciar sua apresentação.
>
> § 2º O juiz que presidiu a instrução deverá proferir a sentença."

Determina a norma, no seu parágrafo primeiro, que o acusado preso será requisitado para comparecer ao interrogatório, devendo o poder público providenciar sua apresentação, pois com o desatendimento a este preceito e direito subjetivo do réu, a audiência será adiada, sob pena de nulidade, isso porque o interrogatório judicial é conceituado não só como uma peça de defesa, mas também, como um meio de prova, além do que é direito de o acusado prestar depoimento acompanhado de seu advogado ou de um defensor público, bem como, o de ter conversa reservada com o mesmo sobre assunto do seu interesse e da sua linha de defesa.

20.10.1. Da identidade física do juiz

O parágrafo segundo refere-se à identidade física do juiz ao estabelecer que o juiz da instrução deverá ser o julgador da demanda, de forma que o pretor que procedeu à colheita das provas, ouviu as testemunhas, tem muito mais conhecimento e condição de proferir um julgamento mais completo do que outro que venha a sucedê-lo para prolatar apenas a sentença.

Essa exigibilidade se tornou efetiva na medida, o atual procedimento instrutório preceitua a audiência una, na qual se colhem os depoimentos das testemunhas de acusação, defesa e o interrogatório do réu, e logo após, juiz abre vista as partes para apresentação das alegações meritórias.

Em princípio, esse é o procedimento normal, salvo a ouvida de testemunhas por carta precatória, a realização de perícias ou outras diligências, que possibilitem que a instrução não seja concluída naquela oportunidade, desta forma, a exigibilidade da presença do juiz que presidir e concluir a instrução criminal para sentenciar o processo, é implementada no âmbito processual penal visando maior garantia na segurança dos julgamentos penais.

A determinação contida no § 2º deste dispositivo almeja possibilitar conhecimento mais profundo do processo ao julgador que presenciou e acompanhou todo o desenrolar processual por ter participado da audiência das testemunhas, conhecimento das provas periciais e de outras diligências produzidas em juízo, além de colher informações sustentadas pelos debates orais e alegações meritórias, permite, assim, que o juiz tenha uma ampla e completa ciência de todos os atos produzidos pelas partes contendoras.

- "O princípio da identidade física do juiz coaduna-se com a ideia de concentração de atos processuais. Todavia, as diversas intercorrências que sobrevêm no curso do procedimento, por vezes, fazem com que o deslinde da ação penal não se efetue na audiência una. Desta forma, a fim de resguardar o sistema, é imperiosa aplicação analógica do artigo 132 do Código de Processo Civil, que autoriza, nos casos de afastamento (de que é exemplo a convocação do juiz titular para compor

Título III

quorum da Corte Estadual), que o magistrado substituto sentencie a ação penal, a despeito de não ter presidido a instrução". (STJ - RHC 44.943/RJ, Rel. Ministra MARIA THEREZA DE ASSIS MOURA, SEXTA TURMA, julgado em 18/12/2014, DJe 04/02/2015)

- "É possível a mitigação do princípio da identidade física do juiz nos casos de convocação, licença, promoção, aposentadoria ou afastamento por qualquer motivo que impeça o juiz que presidiu a instrução de sentenciar o feito, por aplicação analógica da regra contida no art. 132 do Código de Processo Civil". (STJ - AgRg no AREsp 596.078/SP, Rel. Ministro SEBASTIÃO REIS JÚNIOR, SEXTA TURMA, julgado em 02/12/2014, DJe 17/12/2014).
- "A prolação de sentença, por intermédio de mutirão judiciário, não ofende o princípio da identidade física do juízo, inserto no § 2.º do art. 399 do Código de Processo Penal, independentemente da previsão do art. 132 do Código de Processo Civil, mormente quando não demonstrado qualquer prejuízo à defesa. (STJ - HC 286.524/MG, Rel. Ministra LAURITA VAZ, QUINTA TURMA, julgado em 03/06/2014, DJe 11/06/2014).
- "O princípio da identidade física do juiz não é absoluto, sendo ultrapassado quando o juiz responsável pela instrução do feito for afastado por qualquer motivo. Em tal hipótese cabe a seu sucessor decidir sobre a repetição das provas colhidas em audiência caso não se sinta apto a julgar. (STJ - REsp 1093617/PE - 4ª T. - Rel. Min. João Otávio de Noronha - DJe 23.03.2009)

20.10.2. Audiência una de instrução e julgamento

Audiência é uma sessão solene, designada pelo magistrado para inquirição das testemunhas do órgão acusador e da defesa, a ouvida do acusado para o colhimento de revelações, informações e provas acerca dos fatos que estão sendo apurados na busca da verdade real de uma ocorrência ilícita.

O ato solene da audiência é revestido de requisitos formais e substantivo para a sua eficácia e validade, quer pela sua relevância para o desfecho do processo quer pela exigência de ordem legal, isto porque a Constituição da República no seu inciso LV, do art. 5º, assegura aos litigantes em processo judicial ou administrativo, e aos acusados em geral, a garantia do contraditório e o exercício da ampla defesa, com os meios e recursos a ela inerentes.

Assim é que o art. 400 do Código de Processo Penal traz a seguinte redação:

> "**Art. 400.** Na audiência de instrução e julgamento, a ser realizada no prazo máximo de 60 (sessenta) dias, proceder-se-á à tomada de declarações do ofendido, à

inquirição das testemunhas arroladas pela acusação e pela defesa, nesta ordem, ressalvado o disposto no art. 222 deste Código, bem como aos esclarecimentos dos peritos, às acareações e ao reconhecimento de pessoas e coisas, interrogando-se, em seguida, o acusado.

§ 1º As provas serão produzidas numa só audiência, podendo o juiz indeferir as consideradas irrelevantes, impertinentes ou protelatórias.

§ 2º Os esclarecimentos dos peritos dependerão de prévio requerimento das partes."

Deve-se atentar que o prazo referido de 60 (sessenta) dias para designação da audiência de instrução e julgamento deve ser contado a partir da decisão de rejeitar a absolvição sumária, quando, em consequência, deve o julgador dar prosseguimento à instrução processual.

Merece registro que a ordem dos trabalhos instituiu que primeiro serão ouvidas as declarações do(a) ofendido (a), seguido da oitiva das testemunhas arroladas pela acusação e, posteriormente, as que foram indicadas pela defesa.

Ao estabelecer na regra da audiência pela ordem inicial da ouvida do(a) ofendido(a), verifica-se que o legislador concedeu maior importância à sua participação no esclarecimento dos fatos que afetaram diretamente os seus direitos tutelados juridicamente.

A norma assegurou o direito de o acusado ser interrogado por último, como medida de lhe assegurar o exercício amplo da defesa, porque garante o direito de saber das acusações que lhe estão sendo imputadas e, assim, proceder melhor a sua linha de defesa.

Consigne-se igualmente, que a norma processual estabeleceu que a audiência é una, aplicando o princípio da concentração das provas de que todas devem ser produzidas em uma só assentada.

Note-se que esse prazo ganha destaque pela delimitação temporal para fins de excesso de prazo do processo. Isso porque os prazos implementados na legislação são para serem aplicados em respeito ao direito de o acusado ser processado em tempo razoável, evidentemente que somente a extrapolação desse prazo não enseja a morosidade capaz de configurar o excesso de prazo, mas, se somado a outros fatores de lentidão imposta pelo juiz, projetam a figura jurídica de constrangimento ilegal a merecer reparos pela via do habeas corpus.

- **Audiência de instrução. Inquirição de testemunhas pelo Juiz. Ausência do Ministério Público. Admissibilidade.** Não gera nulidade do processo o fato de, em audiência de instrução, o magistrado, após o registro da ausência do representante do MP (que, mesmo intimado, não compareceu), complementar a inquirição das testemunhas realizada pela defesa, sem que o defensor tenha se insurgido no momento oportuno nem demonstrado efetivo prejuízo. Destaca-se, inicialmente, que a ausência do representante do Ministério Público ao ato, se prejuízo acarretasse, seria ao próprio órgão acusatório, jamais à defesa, e, portanto, não poderia ser por esta invocado, porquanto, segundo o que dispõe o art. 565 do CPP, "Nenhuma das partes poderá arguir nulidade [...] referente a formalidade cuja observância só à parte contrária interesse". De mais a mais, as modificações introduzidas pela Lei n. 11.690/2008 ao art. 212 do CPP não retiraram do juiz a possibilidade de formular perguntas às testemunhas, a fim de complementar a inquirição, na medida em que a própria legislação adjetiva lhe incumbe do dever de se aproximar o máximo possível da realidade dos fatos (princípio da verdade real e do impulso oficial), o que afasta o argumento de violação ao sistema acusatório. Na hipótese em análise, a oitiva das testemunhas pelo magistrado, de fato, obedeceu à exigência de complementaridade, nos termos do que determina o art. 212 do CPP, pois somente ocorreu após ter sido registrada a ausência do *Parquet* e dada a palavra à defesa para a realização de seus questionamentos. Vale ressaltar, ainda, que a jurisprudência do STJ se posiciona no sentido de que eventual inobservância ao disposto no art. 212 do CPP gera nulidade meramente relativa, sendo necessário, para seu reconhecimento, a alegação no momento oportuno e a comprovação do efetivo prejuízo (HC 186.397-SP, Quinta Turma, DJe 28/6/2011; e HC 268.858-RS, Quinta Turma, DJe 3/9/2013). Precedentes citados: AgRg no REsp 1.491.961-RS, Quinta Turma, DJe 14/9/2015; e HC 312.668-RS, Quinta Turma, DJe 7/5/2015. (STJ – REsp 1.348.978-SC, 6ª Turma – Rel. Min. Rogerio Schietti Cruz, Rel. para acórdão Min. Nefi Cordeiro, julgado em 17/12/2015, DJe 17/2/2016.

- **Ausência do Ministério Público na audiência. Nulidade relativa. Preclusão. Ausência de demonstração de prejuízo. *Pas de nullité sans grief*.** Esta Corte sufragou entendimento de que "a ausência do Ministério Público na audiência de instrução constitui nulidade relativa que, para ser declarada, deve ser alegada em momento processual oportuno e demonstrado o efetivo prejuízo ao réu. Aplicação do princípio pas nullité sans grief." (REsp 174.290/RJ, Rel. Min. HÉLIO QUAGLIA BARBOSA, SEXTA TURMA, DJ 03/10/2005). Agravo regimental a que se nega provimento. (STJ – AgRg no AREsp 885.644/RS, Rel. Ministra MARIA THEREZA DE ASSIS MOURA, SEXTA TURMA, julgado em 02/06/2016, DJe 14/06/2016)

- **Advogado. Renúncia ao mandato. Permanência no processo por 10 dias**. Agravo regimental em recurso ordinário em habeas corpus. 2. Crime de apropriação indébita (art. 168 do CP). 3. Alegação de cerceamento de defesa. Suposta nulidade absoluta em razão da renúncia do causídico às vésperas da sessão de julgamento. Tese improcedente. 4. A jurisprudência desta Corte é no sentido de que o advogado que renunciar ao mandato continuará, durante os dez dias seguintes à notificação da renúncia, a representar o mandante, salvo se for substituído antes do término desse prazo. Indícios de litigância de má-fé. Estratégia utilizada pela defesa em diversos processos. 5. Agravo regimental a que se nega provimento. (STF - RHC 136419 AgR, Relator(a): Min. GILMAR MENDES, Segunda Turma, julgado em 18/11/2016, PROCESSO ELETRÔNICO DJe-256 DIVULG 30-11-2016 PUBLIC 01-12-2016)

- **Audiência de instrução. Intimação do Acusado. Inexistência.** Alegação de ausência de intimação pessoal do acusado para audiência de oitiva de testemunhas. Suposta irregularidade arguida apenas após o julgamento do recurso de apelação. Atuação da defesa técnica. Ausência de comprovação de prejuízo. Nulidade não proclamada. 1. A inexistência de argumentação apta a infirmar o julgamento monocrático conduz à manutenção da decisão recorrida. 2. As nulidades associadas à instrução processual devem ser arguidas até a fase de alegações finais, sob pena de preclusão. 3. Por força da Súmula 523/STF, "no processo penal, a falta da defesa constitui nulidade absoluta, mas a sua deficiência só o anulará se houver prova de prejuízo para o réu", sendo que referido gravame não decorre simplesmente da ocorrência de um juízo condenatório. Indispensável que o interessado ao menos sinalize nexo causal mínimo entre a irregularidade articulada e o resultado processual desfavorável, sob pena de adoção de exacerbado formalismo que não se conforma com o postulado *pas de nullité sans grief*, cristalizado no art. 563, CPP. 4. Agravo regimental desprovido. (STF - RHC 133530 AgR, Relator(a): Min. EDSON FACHIN, Primeira Turma, julgado em 02/09/2016, PROCESSO ELETRÔNICO DJe-215 DIVULG 06-10-2016 PUBLIC 07-10-2016).

- **Audiência de instrução. Presença do réu na audiência. Prova. Oitiva de testemunha. Carta precatória.** Réu preso. Requisição não solicitada. Ausência de nulidade. Jurisprudência reafirmada. Repercussão geral reconhecida. Recurso extraordinário improvido. Aplicação do art. 543-B, § 3º, do CPC. Não é nula a audiência de oitiva de testemunha realizada por carta precatória sem a presença do réu, se este, devidamente intimado da expedição, não requer o comparecimento. (STF - RE 602543 QO-RG, Relator(a): Min. CEZAR PELUSO, julgado em 19/11/2009, REPERCUSSÃO GERAL - MÉRITO DJe-035 DIVULG 25-02-2010 PUBLIC 26-02-2010 EMENT VOL-02391-10 PP-02166 LEXSTF v. 32, n. 376, 2010, p. 440-446)

- **Audiência. Ausência do réu.** "Descabe anular-se, pela não apresentação de réu preso, audiência de inquirição de testemunhas que nada de substancial trouxerem para a apuração da verdade processual. Inexistência de prejuízo à defesa, uma vez que a presença do paciente, no juízo deprecado, não teria o condão de influir nos depoimentos nem de alterar seu teor. Precedentes. (STF – HC 121907, Relator(a): Min.

DIAS TOFFOLI, Primeira Turma, julgado em 30/09/2014, PROCESSO ELETRÔNICO DJe-211 DIVULG 24-10-2014 PUBLIC 28-10-2014)

- **Falta de intimação da expedição de cartas precatórias. Não verificada. Ato realizado através de publicação em órgão oficial.** Não procede a alegação de nulidade por falta de intimação da expedição de cartas precatórias, uma vez realizado tal ato por meio de publicação em órgão oficial, conforme a certidão presente nos autos e em observância ao art. 370, § 1º do CPP. (STJ – RHC 72.344/SP, Rel. Ministro NEFI CORDEIRO, SEXTA TURMA, julgado em 23/08/2016, DJe 01/09/2016)

- **Precatória. Intimação da expedição. Desnecessidade quanto à data da audiência.** "Conforme entendimento firmado por esta Corte, "intimada a defesa da expedição da carta precatória, torna-se desnecessária intimação da data da audiência no juízo deprecado" (Súmula n. 273/STJ). No que diz respeito à alteração da ordem para inquirição das testemunhas, o Superior Tribunal de Justiça firmou o entendimento de que não há nulidade quando tal ato é realizado por meio de carta precatória, cuja expedição, como é cediço, não acarreta a suspensão da instrução criminal. Ademais, também na linha da jurisprudência desta Corte, dita inversão é passível de nulidade relativa, devendo ficar demonstrada a efetiva comprovação do prejuízo, o que não ocorreu in casu. (STJ – HC 331.748/SP, Rel. Ministro FELIX FISCHER, QUINTA TURMA, julgado em 10/05/2016, DJe 24/05/2016)

- **Intimação do advogado do acusado acerca da data da inquirição de uma das ofendidas no juízo deprecado. Suficiência da notificação acerca da expedição da carta precatória.** Ao interpretar o artigo 222 do Código de Processo Penal, este Sodalício pacificou o entendimento de que é desnecessária a intimação do acusado e do seu defensor acerca da data da audiência realizada no juízo deprecado, sendo suficiente que sejam cientificados acerca da expedição da carta precatória. Inteligência do enunciado 273 da Súmula desta Corte Superior de Justiça. Precedentes do Supremo Tribunal Federal. Habeas corpus não conhecido. (STJ – HC 336.864/SP, Rel. Ministro JORGE MUSSI, QUINTA TURMA, julgado em 23/02/2016, DJe 04/03/2016)

- **Inquirição de testemunha por carta precatória.** A jurisprudência desta Corte Superior de Justiça é no sentido de que "na hipótese de oitiva de testemunha que se encontra fora da jurisdição processante, a expedição da carta precatória não suspende a instrução criminal, razão pela qual o togado singular poderá dar prosseguimento ao feito, em respeito ao princípio da celeridade processual, procedendo à oitiva das demais testemunhas, ao interrogatório do acusado e, inclusive, ao julgamento da causa, ainda que pendente a devolução da carta pelo juízo deprecado" (AgRg no RMS 33361/ES, Rel. Ministro JORGE MUSSI, QUINTA

TURMA, julgado em 11/09/2012, DJe 18/09/2012). Assim, estando o acórdão recorrido em harmonia com a jurisprudência do Superior Tribunal de Justiça, incide a Súmula 83 desta Corte, aplicável por ambas as alíneas autorizadoras. A intimação é feita da expedição da carta precatória, competindo a parte acompanhar o seu cumprimento. Nesse sentido, a Súmula 273 desta Corte, segundo a qual intimada a defesa da expedição da carta precatória, torna-se desnecessária intimação da data da audiência no juízo deprecado. No processo penal, em obediência ao princípio *pas de nullité sans grief* (art. 563), não se declara a nulidade de ato sem a comprovação do prejuízo, e, no caso, o agravante não demonstra que prejuízo teria sofrido, limitando-se a assertivas vazias de descumprimento do rito processual, sem infirmar os fundamentos do acórdão recorrido quanto ao fato de que deixou de fornecer os endereços corretos das testemunhas de defesa que pretendia fossem ouvidas, por precatória, contribuindo para a sua não localização, bem como de que não suscitou a suposta nulidade no momento processual oportuno. Agravo Regimental não provido. (STJ – AgRg no AREsp 521.272/SC, Rel. Ministro REYNALDO SOARES DA FONSECA, QUINTA TURMA, julgado em 24/11/2015, DJe 01/12/2015)

- **Testemunha. Intimação. Carta precatória.** No que se refere especificamente à intimação da defesa quanto à data da audiência para oitiva de testemunha no juízo deprecado, registro que a jurisprudência consolidada desta Corte Suprema já assentou que "A ausência de intimação para a oitiva de testemunhas no juízo deprecado não consubstancia nulidade (precedentes). Havendo ciência da expedição da carta precatória, como no caso, cabe ao paciente ou a seu defensor acompanhar o andamento no juízo deprecado". (HC 89.159/SP, rel. Min. Eros Grau, 2ª Turma, DJ 13.10.2006). Precedentes: HC 87.027/RJ, rel. Min. Sepúlveda Pertence, 1ª Turma, DJ 03.02.2006; HC 84.655/RO, rel. Min. Carlos Velloso, 2ª Turma, DJ 04.02.2005; HC 82.888/SP, rel. Min. Gilmar Mendes, 2ª Turma, DJ 06.06.2003) – (STF – HC 96026/RJ – 2ª T. – Rel. Min. Ellen Gracie – DJ 025 05.02.2009 Public 06.02.2009)

- **Testemunha – Carta Precatória.** "A jurisprudência desta Corte Superior de Justiça é no sentido de que "na hipótese de oitiva de testemunha que se encontra fora da jurisdição processante, a expedição da carta precatória não suspende a instrução criminal, razão pela qual o togado singular poderá dar prosseguimento ao feito, em respeito ao princípio da celeridade processual, procedendo à oitiva das demais testemunhas, ao interrogatório do acusado e, inclusive, ao julgamento da causa, ainda que pendente a devolução da carta pelo juízo deprecado" (STJ – AgRg no RMS 33361/ES, Rel. Ministro JORGE MUSSI, QUINTA TURMA, julgado em 11/09/2012, DJe 18/09/2012).

Título III

20.10.3. Audiência do ofendido

A vítima ou o ofendido é o titular do bem jurídico lesado ou submetido a risco na sua integridade física ou moral, sendo, portanto, o sujeito passivo a pessoa natural, interessado direto na apuração da responsabilidade dos fatos, que lhe proporcionaram prejuízos em sua vida de cidadão e à sua dignidade.

Nos crimes contra a administração pública, a vítima poderá ser a União, os Estados, o Distrito Federal, os municípios, as suas empresas públicas, autarquias, fundações ou sociedades de economia mista. Essas entidades são representadas pelos seus representantes legais.

Pela nova sistemática normativa, sua participação no processo ganhou contornos de relevância com o direito de maior integração e acompanhamento no desenrolar da atividade judicante no curso processual.

> **Art. 201.** Sempre que possível, o ofendido será qualificado e perguntado sobre as circunstâncias da infração, quem seja ou presuma ser o seu autor, as provas que possa indicar, tomando-se por termo as suas declarações.
>
> § 1º Se, intimado para esse fim, deixar de comparecer sem motivo justo, o ofendido poderá ser conduzido à presença da autoridade.
>
> § 2º O ofendido será comunicado dos atos processuais relativos ao ingresso e à saída do acusado da prisão, à designação de data para audiência e à sentença e respectivos acórdãos que a mantenham ou modifiquem.
>
> § 3º As comunicações ao ofendido deverão ser feitas no endereço por ele indicado, admitindo-se, por opção do ofendido, o uso de meio eletrônico.
>
> § 4º Antes do início da audiência e durante a sua realização, será reservado espaço separado para o ofendido.
>
> § 5º Se o juiz entender necessário, poderá encaminhar o ofendido para atendimento multidisciplinar, especialmente nas áreas psicossocial, de assistência jurídica e de saúde, a expensas do ofensor ou do Estado.
>
> § 6º O juiz tomará as providências necessárias à preservação da intimidade, vida privada, honra e imagem do ofendido, podendo, inclusive, determinar o segredo de justiça em relação aos dados, depoimentos e outras informações constantes dos autos a seu respeito para evitar sua exposição aos meios de comunicação.

Constatada a ausência do ofendido, sem justificativa, à audiência para a qual fora intimado, poderá o juiz ordenar a sua condução para ouvida de suas declarações, na hipótese de ter sido arrolado por qualquer das partes. Diferentemente das testemunhas, o ofendido, nas suas declarações, não prestará compromisso.

Como novidade normativa sobre a participação do ofendido no processo, é importante destacar o seu direito subjetivo de ser intimado dos atos processuais referentes à data do recolhimento e à saída do acusado do presídio onde cumpre pena, à designação de data para as audiências a serem realizadas, possibilitando--lhe, assim, a oportunização de assistir aos referidos atos solenes, bem como da publicação da sentença proferida pelo juiz da causa, e no caso de interposição de recursos, dos acórdãos prolatados pelo tribunal de justiça ou dos tribunais superiores, na hipótese de apresentação recursos extremos, que mantenham ou modifiquem a decisão monocrática judicial.

Essas comunicações poderão ser feitas por mandado via oficial de justiça, por carta com aviso de recepção, via fax ou por meio eletrônico para o endereço indicado pelo ofendido.

Além desse direito, o ofendido ficará em lugar reservado e separado para assistir às audiências judiciais do processo, bem como poderá ser encaminhado para atendimento multidisciplinar, especialmente, nas áreas psicossocial, de assistência jurídica e de saúde, para receber o apoio necessário à sua recuperação do trauma sofrido, isso sob as expensas do Poder Público ou do responsável pelas ofensas efetivadas.

Outra valiosa inovação é o dever imposto ao juiz para preservar a intimidade, vida privada e imagem do ofendido, antes tão desprotegida, mediante a decretação do instituto do segredo de justiça em relação aos dados, depoimentos e outras informações constantes dos autos a seu respeito para evitar sua exposição aos meios de comunicação. Essa medida insere-se no poder-dever diante da redação do dispositivo quando preceitua, "*o juiz tomará as providências*", não sendo, portanto, uma faculdade do magistrado, mas, um direito subjetivo do ofendido.

20.10.4. Das testemunhas

Testemunha é a pessoa que atesta a veracidade de um ato ou um fato, que, prestando esclarecimentos dos detalhes e circunstâncias que lhe são perguntados, afirma o que presenciou e nega o que não aconteceu à vista dos seus olhos ou por ouvir dizer.

Toda pessoa pode ser testemunha, porém aquela que deve guardar sigilo em razão da função, ministério, ofício ou profissão, está desobrigada de prestar testemunho sobre fato relacionado com essas atividades.

A testemunha não poderá eximir-se da obrigação de depor. Poderão, entretanto, recusar-se a fazê-lo o ascendente ou descendente, o afim em linha reta, o cônjuge, ainda que separado judicialmente, o irmão e o pai, ou filho adotivo do acusado, salvo quando não for possível, por outro modo, obter-se ou integrar-se a prova do fato e de suas circunstâncias.

O testemunho é a mais antiga forma de obter-se elementos informativos para a formação da instrução processual em juízo e está baseada na capacidade natural do ser humano em relatar fatos que presenciou com seus próprios olhos e ouviu de terceiros.

> **Art. 210.** As testemunhas serão inquiridas cada uma de per si, de modo que umas não saibam nem ouçam os depoimentos das outras, devendo o juiz adverti-las das penas cominadas ao falso testemunho.
>
> Parágrafo único. Antes do início da audiência e durante a sua realização, serão reservados espaços separados para a garantia da incomunicabilidade das testemunhas.

A inserção do parágrafo único, apenas, descreve as condições do ambiente físico reservado às testemunhas, de modo que fiquem incomunicáveis, retratando mais um desdobramento do caput, forma especificada do local onde devam ficar para que não haja contato antes do início da tomada dos depoimentos.

> **Art. 212.** As perguntas serão formuladas pelas partes diretamente à testemunha, não admitindo o juiz aquelas que puderem induzir a resposta, não tiverem relação com a causa ou importarem na repetição de outra já respondida.
>
> Parágrafo único. Sobre os pontos não esclarecidos, o juiz poderá complementar a inquirição.

Agora, durante as audiências para a ouvida das testemunhas estas serão inquiridas diretamente pelo advogado e pelo promotor de justiça, cabendo ao juiz o direito de intervenção quando as perguntas formuladas pelos inquisidores puderem resultar na indução de respostas dirigida ao interesse pretendido, mas fora do quadro da realidade fática manifestada pelo inquirido a implicar distorção em desfavor da verdade real perquirida pelo processo.

Caberá, ainda, ao juiz, na qualidade de moderador e presidente dos trabalhos, intervir para que não haja repetição de perguntas já respondidas, bem como poderá o magistrado perguntar diretamente à testemunha inquirida sobre fatos não enfocados pelo advogado e pelo promotor de justiça, complementando, assim, a inquirição ou, ainda, sobre situação que considere importante ser melhor explorada para o esclarecimento dos fatos e melhor sedimentar a instrumentalização processual, visando decidir com maior segurança no momento oportuno, afinal, o destinatário das provas é o julgador.

O juiz procederá à inquirição das testemunhas, devendo as de acusação serem ouvidas primeiro e, posteriormente, as arroladas pela defesa, em consonância com a fidelidade do ritual fixado pela norma visando atender à garantia constitucional do devido processo legal, que vem a ser a observância de todas as formalidades legais na sua inteireza.

Mesmo em se tratando de ouvida de testemunhas domiciliadas em outra comarca, que não seja a do juízo processante, cabe ao juiz expedir, pela ordem, primeiro as cartas precatórias para inquirição das testemunhas de acusação, e somente após a sua realização, é que deve ouvir as indicadas pela defesa que também sejam ouvidas fora do juízo da culpa, ou seja, igualmente, pela via de carta precatória.

Saliente-se, por oportuno, tratando-se de nulidade relativa, que o momento adequado para a impugnação do ato judicial em desacordo com o referido dispositivo é logo após a sua edição, ou até antes da concretização dos atos das audiências dos juízos deprecados, sob pena de preclusão.

Isso porque a Constituição da República, no seu art. 5º, LV, diz que aos litigantes, em processo judicial ou administrativo, e aos acusados, em geral, são assegurados o contraditório e a ampla defesa, com os meios e recursos a ela inerentes.

- "**Testemunhas. Ratificação de depoimentos**. A ratificação dos depoimentos prestados na fase inquisitorial não nulificam o processo, se oportunizada à defesa a realização de reperguntas às testemunhas. Na espécie, à defesa foi conferida oportunidade para a realização de perguntas às testemunhas e, desta forma, restando assegurado o contraditório e a ampla defesa, não há motivos que sustentem a declaração de nulidade do ato, notadamente, em virtude da inocorrência de prejuízo à parte. (STJ - HC 269.944/MS, Rel. Ministro NEFI CORDEIRO, SEXTA TURMA, julgado em 12/04/2016, DJe 22/04/2016)
- **Testemunhas de acusação e defesa. Ordem de inquirição**. Audiência prévia das testemunhas da acusação. HC concedido para esse fim. Aplicação do art. 396, caput, do CPP. Sob pena de nulidade do processo, as testemunhas da acusação devem ser ouvidas em primeiro lugar. (STF – HC 87.297-2-MT – Rel. Min. Cezar Peluso – DJ 10.08.2006)
- **Testemunhas. Inquirição direta.** "A nova redação dada ao art. 212 do CPP, em vigor a partir de agosto de 2008, determina que as vítimas, testemunhas e o interrogado sejam perquiridos direta e primeiramente pela acusação e na sequência pela defesa, possibilitando ao magistrado complementar a inquirição quando entender necessários esclarecimentos. 2. Se o Tribunal admite que houve a inversão no mencionado ato, consignando que o Juízo Singular incorreu em error in procedendo, caracteriza constrangimento, por ofensa ao devido processo legal, sanável pela via do habeas corpus, o não acolhimento de reclamação referente à apontada nulidade. 3. A abolição do sistema presidencial, com a adoção do método acusatório, permite que a produção da prova oral seja realizada de maneira mais eficaz, diante da possibilidade do efetivo exame direto e cruzado do contexto das declarações colhidas, bem delineando as atividades de acusar, defender e julgar, razão pela qual é evidente o prejuízo quando o ato não é procedido da respectiva forma. 4. Ordem concedida para, confirmando a medida liminar, anular a audiência de instrução e julgamento reclamada e os demais atos subsequentes, determinando-se que outra seja realizada, nos moldes do contido no art. 212 do CPP. (STJ – HC 121216/DF – 5ª T. – Rel. Min. Jorge Mussi – DJe 01.06.2009)

- **Réu preso. Falta de requisição. Oitiva de testemunhas.** Em se tratando de réu preso, a falta de requisição para o comparecimento a audiência de oitiva de testemunhas realizada em outra comarca acarreta nulidade relativa, devendo ser arguida em momento oportuno e provado o prejuízo, o que não ocorreu nos autos (Precedentes). (STJ - HC 94747/MT - 5ª T. - Rel. Min. Felix Fischer - DJe 08.06.2009)
- **Testemunhas investigadas.** "Nesses termos, defiro a medida liminar, nos termos em que requerida, para que a Comissão Parlamentar de Inquérito do "Apagão Aéreo" conceda ao paciente o tratamento próprio à condição de "acusado" ou "investigado", assegurando-se-lhe o direito de: i) não assinar termo de compromisso na qualidade de testemunha; e ii) sobre os assuntos que não haja dever legal de sigilo, permanecer calado, em seu depoimento perante a CPI, sem que, por esse motivo específico, seja preso ou ameaçado de prisão. Ressalvo, porém, que, com relação aos fatos que não impliquem auto-incriminação, persiste a obrigação de o depoente prestar informações. Expeça-se o salvo conduto, nos termos do art. 191, IV, do RISTF, até decisão final do feito, tendo em vista o risco de consumação de constrangimento ilegal contra o paciente. Comunique-se, com urgência, ao Presidente da Comissão Parlamentar de Inquérito do "Apagão Aéreo". Após, requisitem-se informações à autoridade coatora e abra-se vista à Procuradoria-Geral da República, nos termos dos arts. 191 e 192, do RISTF. Brasília, 14 de agosto de 2007. Ministro GILMAR MENDES (Art. 38, I, RISTF) 1(STF - 92225 MC/DF - Rel. Min. Gilmar Mendes - DJ 20.08.2007 p. 23)
- **Testemunhas investigadas.** "...Logo, às Comissões Parlamentares de Inquérito poder-se-ão opor os mesmos limites formais e substanciais oponíveis aos juízes, dentre os quais os derivados da garantia constitucional da não-auto-incriminação, que tem sua manifestação mais eloquente no direito ao silêncio dos acusados (HC 79.812, Celso de Mello; HC 79.244, Sepúlveda Pertence; HC 84.335, Ellen Gracie; HC 83.775, Joaquim Barbosa; HC 85.836, Carlos Velloso). Assim, se a juízo do paciente, ou de seu advogado, alguma pergunta puder incriminá-lo, poderá recursar-se a respondê-la, com o respaldo da norma constitucional referida. 5 - Diante do exposto, defiro parcialmente a liminar, apenas para que o paciente seja dispensado de firmar termo de compromisso legal de testemunha, ficando-lhe assegurado o direito de se calar sempre que a resposta à pergunta, a critério dele, paciente, ou de seu advogado, possa atingir a garantia constitucional da não-auto-incriminação. 6 - Comunique-se com urgência. Expeça-se salvo-conduto. Publique-se. Brasília, 02 de janeiro de 2006. Ministra

Ellen Gracie Vice-Presidente (art. 37, I do RI/STF) (STF – HC 87687/DF – Rel. Min. Ellen Gracie – DJ 01.02.2006 p. 31)

- **Testemunhas investigadas.** "...Assim, se a juízo do paciente, ou de seu advogado, alguma pergunta puder incriminá-lo, poderá recursar-se a respondê-la, com o respaldo da norma constitucional referida. 5 – Diante do exposto, defiro parcialmente a liminar, apenas para que o paciente seja dispensado de firmar termo de compromisso legal de testemunha, ficando-lhe assegurado o direito de se calar sempre que a resposta à pergunta, a critério dele, paciente, ou de seu advogado, possa atingir a garantia constitucional da não-auto-incriminação. 6 – Comunique-se com urgência. Expeça-se salvo-conduto. Publique-se. Brasília, 02 de janeiro de 2006. Ministra Ellen Gracie Vice-Presidente (art. 37, I do RI/STF) (STF -- HC 87687/DF – Rel. Min. Ellen Gracie -- DJ 01.02.2006 p. 31)

- **Prova. Testemunha. Indeferimento.** Cerceamento de defesa. Testemunhas arroladas pela defesa a tempo e modo, o que foi reiterado, posteriormente: constitui cerceamento de defesa a decisão que indefere a audiência de tais testemunhas. HC deferido. (STF – HC 73.977/PI – Rel. Min. Carlos Velloso – DJ, 09.05.1997, p. 18.128 – Ement., v. 1.868-02, p. 307 – 2ª T.)

- **Testemunha principal. Reconhecimento vacilante**. Se a principal testemunha se mostra confusa ao reconhecimento do réu na fase policial e, durante a instrução judicial, afirma não ter o mesmo participado do evento criminoso, evidente que, no caso, o júri não se ateve a provas dos fatos. (STJ – REsp. 10.104/SP – 6ª T. –) Rel. Min. Anselmo Santiago – DJ 13.12.1993, p. 27.494 – RSTJ, v. 55, p. 96

- **Testemunha. Ratificação. Depoimento. Ilegalidade.** "STF: A simples ratificação de declarações prestadas na fase de inquérito, sem a efetiva inquirição de testemunhas pelo juiz, ofende o princípio constitucional do contraditório e prejudica a apuração da verdade substancial". (RTJ 78/131). No mesmo sentido, TJRJ: RT 373/312.

- **Testemunha. Ratificação. Depoimento. Ilegalidade.** "Prova. Matéria criminal. Testemunhas. Inquirição irregular das mesmas. Magistrado que apenas faz consignar que ratificavam os depoimentos prestados na polícia. Inobservância do disposto no art. 203 do Código de Processo Penal. Recomendação a respeito. É altamente irregular, fazer consignar o juiz que inquire as testemunhas que as mesmas ratificam os depoimentos prestados perante a autoridade policial. Trata-se de praxe abusiva, que não deve ser seguida". (RT 307/93)

- **Testemunha. Parentesco. Vítima. Réu.** "O parentesco das testemunhas com a vítima ou com o réu não invalida a prova testemunhal, pois, consoante se desprende dos arts. 202 e 214 do CPP, toda pessoa poderá depor, inclusive os parentes, ainda que contraditados". (RT 737/687)

- **Testemunha. Parentesco. Vítima. Réu.** "Ao cônjuge e ao descendente, ainda mesmo que adotivo, não se defere compromisso, consoante o art. 208 da lei processual penal, de sorte que não podem ser incluídas entre as testemunhas numerárias". (HC 18.748 – TACrimSP – Rel. Ferreira Leite – RT 417/251)

- **Testemunha. Parentesco. Vítima. Réu.** "A valoração jurídico-processual dos depoimentos tomados sem compromisso, nos termos dos arts. 203 e 208 do CPP, é relativa, dependendo de sua relação com outros elementos de provas. Assim, se aparecem no processo como fonte única probatória, carecem de condições subjetivas para informar a convicção condenatória". (Ap. 3.709 – TACrimSP – Rel. Marcondes Rangel – RT 391/316)

- **Testemunhas. Substituição. Intimação.** Testemunhas de acusação. "A substituição de testemunhas indicadas na Denúncia por outras apresentadas pelo Assistente da Acusação, sem prévio conhecimento da defesa do acusado e sem a supressão das substituídas, ofende a garantia constitucional à ampla defesa". (RSTJ 48/266)

- **Testemunha falecida. Ausência.** "A morte de pessoa arrolada como testemunha equivale à sua ausência, donde ser óbvio que, não sendo encontrável a pessoa morta poderá ser substituída por outra testemunha". (RT 541/397)

- **Testemunhas. Substituição. Intimação.** Defesa. Desconhecimento. Cerceamento. "A substituição de testemunhas indicadas na denuncia por outras apresentadas pelo assistente da acusação, sem prévio conhecimento da defesa do acusado e sem a supressão das substituídas, ofende a garantia constitucional a ampla defesa. Recurso conhecido e provido". (STJ – REsp. 24.219/PB – 5ª T.– Rel. Min. Assis Toledo – Rel. p/ Acórdão Min. Edson Vidigal – DJ, 24.05.1993, p. 10.013 – RSTJ, v. 48, p. 266)

- **Testemunhas. Substituição. Intimação.** Testemunhas. Substituição. Indeferimento. "O réu tem o direito de substituir testemunhas não localizadas, porém este direito não é absoluto, pois, verificando o Juiz o caráter protelatório das substituições, fruto da indicação de testemunhas residentes em outros Estados e sistematicamente não encontradas, cabe-lhe, velando pela regularidade do processo, indeferir a prova".

(TRF – 4ª Região – RSE 1998.04.01.03223-0/PR – 1ª T. – Rel. Juiz Vladimir Freitas – j. em 27.10.1998 – DJU 25.11.1998)

- **Testemunha. Dispensa. Ouvida da parte contrária.** "Não é lícito ao magistrado dispensar a ouvida de testemunha regularmente arrolada na denúncia, à revelia do Ministério Público, que insistira no depoimento". (RT 542/368)

- **Testemunha. Dispensa. Anuência tácita.** "Se a acusação, tacitamente, anuiu à dispensa das testemunhas requerida pela defesa, deixando de opor-se quando manifestada oralmente em plenário, inócuo é o seu protesto formulado quando concluído o julgamento". (RT 432/394)

- **Testemunha. Localização. Certidão incompleta.** "Comprovada a insubsistência da assertiva do oficial de justiça, no sentido de inexistir o logradouro indicado como residência da testemunha, impõe-se a declaração de nulidade do processo. TESTEMUNHA – AUDIÇÃO – NECESSIDADE. De início cumpre viabilizar, à exaustão, a defesa do acusado. Descabe empolgar prescindibilidade de certo testemunho, reclamado pela defesa, mormente quanto já definido, via substituição, e expedida carta precatória para implementá-lo". (STF – HC 73.822/PB – Rel. Min. Marco Aurélio – DJ, 31.10.1996)

- **Testemunha. Intimação da defesa**. "É nulo o depoimento testemunhal com a Defesa ausente e não intimada". (TJPB – AC 99.0576-2 – J. em 29.04.1999 – Rel. Des. Wilson Pessoa da Cunha)

- **Testemunha arrolada. Não ouvida. Nulidade.** "Testemunhas arroladas pela defesa a tempo e modo, o que foi reiterado, posteriormente: constitui cerceamento de defesa a decisão que indefere a audiência de tais testemunhas. HC deferido". (STF – HC 73.977/PI – Rel. Min. Carlos Veloso – DJ, 09.05.1997, p. 18.128 – Ement., v. 1.868-02, p. 307 – 2ª T.)

- **Testemunhas. Comparecimento. Juiz. Competência.** "Testemunhas arroladas pela defesa, devidamente intimadas. Não pode o juiz determinar o prosseguimento do feito, a pretexto de que a defesa cabia trazê-las, sendo ele o detentor do poder de compeli-las a comparecer, ou sem que se faculte a defesa sua substituição. Recurso de habeas corpus provido, em parte, mantida a prisão do recorrente". (STF – RHC 64.650/SP– Rel. Min. Oscar Correa – DJ, 06.02.1987, p. 1.027 – Ement., v. 1.447-01, p. 112 – 1ª T.)

- **Testemunha. Menor de idade**. "O testemunho de criança é precário, muito embora não deva ser sistematicamente recusado. Há que sujeitá--lo, sempre, a um meticuloso teste de sinceridade". (ACrim. 20.518 – TJSP – Rel. Sylos Cintra – RT 182/70)

- **Testemunha. Menor de idade** "Os psicólogos que estudam a personalidade da criança têm concluído, por forma unânime, que o testemunho infantil, de um modo geral, não merece crédito. A sugestionalidade, os lapsos de memória, o egocentrismo, a vaidade, o egoísmo viciam comumente o testemunho infantil, roubando-lhe a credibilidade e tornando-o insuficiente, para, por si só, fundamentar um juízo condenatório". (ACrim. 39.279 – TJSP – Rel. Cantidiano de Almeida – RT 218/94)

- **Testemunha. Policial.** "Os policiais militares não são impedidos de prestar depoimento e não são considerados, de per se, como suspeitos. Todavia, sua descrição do fato em juízo, por motivos óbvios, deve ser tomada sempre com cautela quando participam da ação que deu causa ao processo". (Ap. 127.760 – TACrim)

- **Testemunha. Policial.** "O valor informativo da confissão extrajudicial e a validade do depoimento de policiais são reconhecíveis somente enquanto se apresentam consoantes com outras fontes de informações mais valiosas que aquelas". (Ap. 292.231 – TACrim)

- **Testemunha. Policial.** O depoimento de agente policial, ainda que participante das diligências na fase investigatória, merece a normal credibilidade, que não lhe pode ser subtraída em razão do exercício de suas funções, máxime quando suas declarações se revelam seguras e coerentes com os demais elementos probatórios constantes dos autos. Estando a autoria e materialidade do delito induvidosamente comprovadas, mera alegação de ausência de provas não enseja absolvição". (TJMG – Ap Crim. 1.0194.02.019432-1/001 – 1ª CCrim.– j. 24.05.2005 – Publ. 01.06.2005 – Rel. Edelberto Santiago)

- **Testemunha. Policial** "O simples fato de as testemunhas serem policiais não invalida, por si só, seus depoimentos" (STF; RJTACRIM 30/533), sendo preconceituoso e destituído de senso negar-lhes crédito, quando os autos nada revelarem que atente contra a veracidade de suas afirmações (TACrimSP). – (TJMG – Proc. 1.0024.06.190149-2/001(1) – Rel. Desª. Beatriz Pinheiro Caíres – DJ 27.09.2007)

- **Testemunha única.** "Uma só testemunha faz prova bastante, quando seu depoimento se harmoniza com o mais que se apurar no processo". (Ap. 30.395 – TACrimSP – Rel. Rezende Junqueira)

- **Testemunha única.** "No sistema da livre apreciação das provas, no qual o juiz forma a sua convicção, já não vigora o velho brocardo "*testis unus, testis nullus*". Um só depoimento pode obstar ao esclarecimento da verdade e a certeza moral do julgador". (Acrim 9.756 – TJPR – Rel. Fabrício de Melo – RT 254/567)

20.10.4.1 Limite de testemunhas

O representante do Ministério Público, autor da ação penal pública, funcionando na acusação e a defesa poderão arrolar até 8 (oito) testemunhas, cada uma das partes, conforme estabelece o art. 401 do Código de Processo Penal, assim escrito:

> **Art. 401.** Na instrução poderão ser inquiridas até 8 (oito) testemunhas arroladas pela acusação e 8 (oito) pela defesa.
>
> § 1º Nesse número não se compreendem as que não prestem compromisso e as referidas.
>
> § 2º A parte poderá desistir da inquirição de qualquer das testemunhas arroladas, ressalvado o disposto no art. 209 deste Código.

O limite do número de testemunhas a serem arroladas pelas partes é limitado a 8 (oito), mas não se computa, neste número os declarantes, aquelas pessoas que são ouvidas sem prestarem o termo de compromisso de falar a verdade, quer por impedimento, quer por interesse pessoal ou por não terem o dever de testemunhar contra a pessoa acusada. As testemunhas que nada souberem não serão computadas nesse rol.

Fora desse limite também estão aquelas pessoas que foram mencionadas ou referidas durante a oitiva das testemunhas, que poderão ser ouvidas na qualidade de testemunhas se o julgador considerar relevante a citada audiência dessas pessoas.

É facultada às partes a desistência da ouvida de qualquer das testemunhas por ela arrolada, mas deve-se observar a regra do art. 209 do Código de Processo Penal.

Convém dizer que poderá o juiz ouvir outras testemunhas, além das indicadas pelas partes, na condição de testemunhas do juízo bem como também poderá o julgador ouvir pessoas que foram referidas pelas testemunhas, se assim entender necessário ao melhor esclarecimento dos fatos objetos do processo.

- "Testemunhas. Limite. Testemunhas pretendidas arroladas pelo Ministério Público. O art. 401 do Código de Processo Penal impõe como limite máximo o total de 8 testemunhas possíveis de serem arroladas, seja pela defesa, seja pela acusação, salvo em situações excepcionais, plenamente caracterizadas nas especificidades e fatos a provar, nas quais o rol poderá ser expandido, não sendo suficiente a simples afirmação de ligação das testemunhas aos fatos, comprometendo a marcha processual. (STJ - HC 256.421/MG, Rel. Ministro NEFI CORDEIRO, SEXTA TURMA, julgado em 08/03/2016, DJe 15/03/2016)
- "Testemunhas. Limite. Havendo vários réus, com advogados diferentes próprias, o número máximo de testemunhas previsto no art. 398 do

Código de Processo Penal - oito - é de ser observado em relação a cada um deles, sendo impertinente o rateio". (STF - HC 72.402-7/PA - 2ª T. - Rel. Min. Marco Aurélio - LEX 211/326- DJ, 29.09.1995)

20.10.5. Ato de interrogatório judicial

O acusado deverá ser interrogado na presença do seu advogado constituído ou nomeado pelo juiz, em razão do que dispõe o art. 185 do Código de Processo Penal, assim redigido: "O acusado que comparecer perante a autoridade judiciária, no curso do processo penal, será qualificado e interrogado, na presença de seu defensor, constituído ou nomeado".

Na hipótese de apresentação espontânea, o acusado normalmente se faz acompanhado do seu patrono, mas, se tiver sido preso e não dispuser de causídico, o juiz deverá nomear-lhe um defensor dativo.

A partir de agora, é indispensável a presença do advogado na sessão de interrogatório do acusado, esta imprescindibilidade resulta da prerrogativa de que o advogado e o promotor de justiça passaram a dispor no sentido de realizarem perguntas diretamente ao acusado, antes restritas ao juiz.

Agora, o advogado ou defensor e o promotor de justiça, se dirigem diretamente ao acusado, possibilitando maior amplitude no esclarecimento de fatos que interessam aos perquirentes.

É o que assegura o art. 188 do Código de Processo Penal, assim escrito: "após proceder ao interrogatório, o juiz indagará das partes se restou algum fato para ser esclarecido, formulando as perguntas correspondentes se o entender pertinente e relevante".

Com essa prerrogativa de perquirirem o acusado ou o(a) ofendido(a) diretamente, tanto acusação quanto defesa dispõem de condições de desenvolver formulações que beneficiarão a busca da verdade processual, para oferecer ao julgador ângulos diversos da questão.

Dessa forma, mais elementos informativos emergirão no sentido de contribuir para uma instrução robusta que ofertará maior segurança jurídica na aplicação da norma penal.

É um impulso na modernização do Código de Processo Penal que vem aperfeiçoar a realização de uma fase proeminente em torno da principal personagem que tem em jogo a sua liberdade e o dever de prestar contas à sociedade.

Como se vê, o comando do dispositivo impõe ao juiz indagar das partes se há necessidade de algum fato a ser esclarecido e, se qualquer delas assim entender, as perguntas pertinentes e relevantes ao episódio serão formuladas diretamente ao acusado da maneira que acharem conveniente e necessário.

A ordem das perguntas será primeira para a acusação e depois, para a defesa.

Mas essa prerrogativa outorgada ao órgão acusador e a defesa, não lhes dá o direito de causarem constrangimento ao acusado, no sentido de pretenderem que ele responda ao que lhes interessa e da forma como pretendem que sejam respondidas.

De modo que, excedendo-se algum dos protagonistas a ponto de causar desconforto ao acusado, caberá ao juiz, que tem a incumbência de prover a regularidade do processo e a ordem no curso dos respectivos atos, de intervir para assegurar a conveniência do interrogado ou o seu direito ao silêncio.

O interrogatório judicial é conceituado não só como peça de defesa, mas também, como meio de prova, daí o acusado não ter a obrigação de responder àquilo que ele considera em desfavor do seu interesse.

O acusado, ao se negar responder da forma como lhe foi perguntado ou manter-se em silêncio, não implicará esse comportamento prejuízo algum à sua defesa, porquanto a Constituição Federal no seu art. 5º, LXIII, prevê o direito de o réu permanecer calado, sem qualquer restrição, vedando, assim, que decorra do silêncio qualquer consequência que lhe seja desfavorável.

Ademais, ninguém pode ser constrangido a confessar a prática de um ilícito penal, e nesse direito ao silêncio, inclui-se até mesmo, por amplitude, o privilégio processual de o acusado negar, ainda que falsamente, tanto perante a autoridade policial quanto perante a judiciária, a prática de qualquer infração penal.

A lei não permite que sejam consignadas as perguntas a que o réu deixar de responder e as razões que invocar para não fazê-lo.

Também é direito do acusado de se reunir reservadamente com seu advogado para entrevista e conversa privada, sem a presença de pessoas ou ouvida por microfones de sistema de escuta.

A entrevista reservada, sendo um direito subjetivo do acusado, passa a ser uma obrigação funcional do juiz garantir a efetividade dessa prerrogativa que lhe é assegurada de forma cogente.

Essa garantia permitirá ao acusado a chance de obter uma orientação jurídica do seu procedimento durante o interrogatório, de forma a lhe assegurar plenitude na sua defesa.

O § 2º do art. 185 garante que: "antes da realização do interrogatório, o juiz assegurará o direito de entrevista reservada do acusado com seu defensor".

Trata-se de um avanço no aprimoramento e preservação das relações profissionais entre o acusado e o seu advogado, de maneira a assegurar-lhe conversar com intimidade sobre a verdade dos fatos para uma atuação segura e planejada do patrono da causa em defesa dos reais interesses de seu constituinte.

Merece realce a revogação do art. 194, que previa o interrogatório do menor de 21 (vinte e um) e maior de 18 (dezoito) anos de idade na presença do curador, em razão da alteração da menoridade relativa realizada pelo Código Civil, que passou a considerá-lo apto para a vida civil ao completar 18 (dezoito) anos de idade.

Também, impende destacar que a defesa técnica quando patrocinada por Defensor Público ou Dativo, deverá ser manifestamente fundamentada, afastando, assim, aquelas peças formais que servem apenas para adornar um processo sem conteúdo algum que efetive o exercício pleno da defesa e do contraditório. Cuida-se de uma medida em favor dos necessitados penais, usuários compulsórios de uma clínica jurídica que lhes dispensa tratamento indigente e ambulatorial neste país, onde o instituto da Defensoria Pública é desprezado pelo Poder Público, embora a Constituição Federal o considere essencial à Justiça.

- **Interrogatório. Depoimento. Final da instrução. Repetição. Descabimento.** À luz do princípio *tempus regit actum*, as normas de direito processual possuem aplicação imediata, razão pela qual a "superveniência da Lei n. 11.719/2008, que alterou alterar o art. 400 do Código de Processo Penal, para determinar a realização do interrogatório como último ato da instrução processual, não implica a repetição do ato, regularmente realizado sob a égide da legislação anterior. Aplicação do art. 2º do Código de Processo Penal e de precedentes desta Corte e do Supremo Tribunal Federal" (STJ – RHC n. 41.517/PI, Rel. Ministro ERICSON MARANHO (Desembargador convocado do TJ/SP), Sexta Turma, julgado em 02/06/2015, DJe 18/06/2015).
- **Interrogatório. Depoimento. Final da instrução.** "A Primeira Turma do Supremo Tribunal Federal firmou o entendimento de que a realização do interrogatório ao final da instrução criminal, prevista no art. 400 do Código de Processo Penal, na redação dada pela Lei nº 11.719/2008, também se aplica às ações penais em trâmite na Justiça Militar, em detrimento do art. 302 do Decreto-Lei nº 1.002/69. Precedentes. 6. A não realização do interrogatório ao final da instrução subtraiu ao réu a possibilidade de se manifestar pessoalmente sobre a prova acusatória coligida em seu desfavor e de, no exercício do direito de audiência, influir na formação do convencimento do julgador. Prejuízo evidente. Nulidade absoluta configurada. Ordem de habeas corpus concedida para anular a condenação do paciente e determinar sua submissão a novo interrogatório". (STF – HC 121907, Relator(a): Min. DIAS TOFFOLI, Primeira Turma, julgado em 30/09/2014, PROCESSO ELETRÔNICO DJe-211 DIVULG 24-10-2014 PUBLIC 28-10-2014)
- **Interrogatório. Depoimento. Final da instrução.** O direito do réu à observância, pelo Estado, da garantia pertinente ao "*due process of law*", além de traduzir expressão concreta do direito de defesa, também encontra suporte legitimador em convenções internacionais que proclamam a essencialidade dessa franquia processual, que compõe o

próprio estatuto constitucional do direito de defesa, enquanto complexo de princípios e de normas que amparam qualquer acusado em sede de persecução criminal. O INTERROGATÓRIO JUDICIAL COMO MEIO DE DEFESA DO RÉU. – Em sede de persecução penal, o interrogatório judicial – notadamente após o advento da Lei nº 10.792/2003, aplicável ao processo penal militar (CPPM, art. 3º, "a") – qualifica-se como ato de defesa do réu, que, além de não ser obrigado a responder a qualquer indagação feita pelo magistrado processante, também não pode sofrer qualquer restrição em sua esfera jurídica em virtude do exercício, sempre legítimo, dessa especial prerrogativa. Doutrina. Precedentes. (HC 111567 AgR, Relator(a): Min. CELSO DE MELLO, Segunda Turma, julgado em 05/08/2014, PROCESSO ELETRÔNICO DJe-213 DIVULG 29-10-2014 PUBLIC 30-10-2014).

- **Interrogatório. Depoimento. Final da instrução.** "A jurisprudência deste Superior Tribunal de Justiça, bem como do Supremo Tribunal Federal, firmou-se no sentido de que a Lei 10.792/03, ao mudar a sistemática do interrogatório, transformou-o em meio de defesa, garantindo ao réu a efetiva defesa técnica, inclusive o direito a entrevista reservada com seu defensor constituído ou nomeado. Dessarte, o descumprimento do disposto no art. 185 do Código Penal, com a redação dada pelo referido diploma legal, acarreta a nulidade absoluta do processo, por afronta ao princípio constitucional do contraditório e da ampla defesa. Ante o exposto, concedo o habeas corpus para anular a ação penal de que aqui se trata, a partir do interrogatório. (STJ - HC 50401/MS - 6ª T. - Rel. Min. Og Fernandes - DJ 01.06.2009)

- **Interrogatório. Prazo. Citação.** A inobservância de espaço de tempo razoável entre a citação do acusado e o interrogatório é conducente a concluir-se pela nulidade da sentença proferida. (HC 109611, Relator(a): Min. MARCO AURÉLIO, Primeira Turma, julgado em 04/06/2013, PROCESSO ELETRÔNICO DJe-168 DIVULG 27-08-2013 PUBLIC 28-08-2013)

- **Audiência. Ausência do réu.** "A ausência do acusado na audiência de instrução não constitui vício insanável apto a ensejar a nulidade absoluta do processo, posto tratar-se de nulidade relativa, exigindo-se, para o seu reconhecimento, a demonstração de prejuízo à defesa". Precedentes: HC 68.436, Primeira Turma, Relator o Ministro Celso de Mello, DJ de 27.03.92; HC 95.654, Segunda Turma, Relator o Ministro Gilmar Mendes, DJe de 15.10.10; HC 84.442, Primeira Turma, Relator o Ministro Carlos Britto, DJe de 25.02.05; HC 75.225, Primeira Turma, Relator o Ministro Sepúlveda Pertence, DJ de 19.12.97; RHC 110.056, Primeira Turma, Relator o Ministro Luiz Fux, DJ de 09.05.12.

- **Entrevista. Réu e Advogado.** Direito processual penal. Entrevista pessoal entre defensor e acusado antes da realização da audiência de instrução e julgamento. Inobservância. nulidade em razão de cerceamento do direito de defesa. Alegação insubsistente. 1. O direito de entrevista reservada do defensor com o acusado em momento que antecede ao interrogatório (artigo 185, § 2º. do Código de Processo Penal) tem como escopo facultar à defesa a possibilidade de orientar o réu a respeito das consequências das declarações que vier a proferir. A previsão legal, por conseguinte, não está direcionada à fase da realização da audiência de instrução e julgamento. Precedente: HC nº 99.684, relatora ministra Ellen Gracie, publicado no DJ de 24 de novembro de 2009. 2. In casu, apesar de silente a legislação processual penal a respeito do direito de entrevista entre defensor e acusado antes da audiência designada para a oitiva de testemunha, há registro na ata da referida sessão do fato de o defensor ter conversado com o réu antes da realização do ato. 3. O sistema de nulidade previsto no Código de Processo Penal, em que vigora o princípio *pas de nullité san grief*, dispõe que somente se proclama a nulidade de um ato processual quando houver efetivo prejuízo à defesa, devidamente demonstrado, o que não se dá na espécie. 4. Ordem de habeas corpus extinta, por inadequação da via processual. (HC 112225, Relator(a): Min. LUIZ FUX, Primeira Turma, julgado em 18/06/2013, PROCESSO ELETRÔNICO DJe-165 DIVULG 22-08-2013 PUBLIC 23-08-2013).
- **Entrevista. Réu e Advogado.** "A nova redação do art. 360 do Código de Processo Penal, introduzida pela Lei 10.792/03, passou a exigir a citação pessoal do réu preso para o interrogatório judicial, sendo incabível a simples requisição do réu, sob pena de nulidade absoluta. A alteração do citado dispositivo processual teve por objetivo dar maior ênfase ao princípio constitucional da ampla defesa, nas modalidades autodefesa e defesa técnica, possibilitando ao acusado tomar conhecimento da acusação com tempo suficiente para preparar sua defesa, bem como entrevistar-se reservadamente com seu advogado nos termos do art. 185, § 2º, do CPP. 3. Ordem concedida para declarar a nulidade do interrogatório judicial do paciente e dos atos processuais subsequentes, estendendo os efeitos da concessão, nos termos do art. 580 do CPP, ao corréu". (STJ - HC 69838/PI - 5ª T. - Rel. Min. Arnaldo Esteves Lima - DJ 04.08.2008).
- **Audiência. Ausência do réu.** "A Suprema Corte firmou o entendimento de que a ausência do réu, preso em outra localidade, à audiência de inquirição de testemunha por carta precatória não gera nulidade absoluta, máxime quando a defesa, apesar de intimada do ato, não

requer expressamente sua participação na audiência" (RE nº 602.543/RS-RG-QO, Relator o Ministro Cezar Peluso, DJe de 26/2/10).

- **Audiência. Ausência. Réu. Prisão preventiva. Descabimento.** Garantia de aplicação da pena. Decreto fundado em não ter o réu comparecido ao interrogatório. Inadmissibilidade. Fato que não autoriza a prisão cautelar. Réu que, com defensor constituído, permaneceu solto durante o processo. Inexistência de fuga. HC concedido. O só fato de o réu, com defensor constituído e presente no distrito da culpa, não ter comparecido ao interrogatório, não lhe autoriza a decretação da prisão preventiva na sentença, sob pretexto de necessidade de garantia aplicação da pena imposta. (STF – HC 91781/PE – 2ª T. – Rel. Min. Cezar Peluso – DJe-117 26.06.2008 Public 27.06.2008)

- **Audiência. Ausência. Réu. Prisão preventiva. Descabimento.** Prisão preventiva. Garantia de aplicação da pena. Decreto fundado em não ter o réu comparecido ao interrogatório. Inadmissibilidade. Fato que não autoriza a prisão cautelar. Réu que, com defensor constituído, permaneceu solto durante o processo. Inexistência de fuga. HC concedido. O só fato de o réu, com defensor constituído e presente no distrito da culpa, não ter comparecido ao interrogatório, não lhe autoriza a decretação da prisão preventiva na sentença, sob pretexto de necessidade de garantia aplicação da pena imposta. (STF – HC 91781/PE – 2ª T. – Rel. Min. Cezar Peluso – DJ 117 26.06.2008 Public 27.06.2008)

- **Interrogatório. Advogado. Ausente. Cerceamento caracterizado.** Ré interrogada sem a presença de defensor, no dia de início de vigência da Lei 10.792, de 2003, que deu nova redação ao art. 185 do Código de Processo Penal. Sentença que, para a condenação, se valeu do teor desse interrogatório. Prejuízo manifesto. Nulidade absoluta reconhecida. Provimento ao recurso, com extensão da ordem a corréu na mesma situação processual. É causa de nulidade processual absoluta ter sido o réu qualificado e interrogado sem a presença de defensor, sobretudo quando sobrevém sentença que, para o condenar, se vale do teor desse interrogatório. (STF – RHC 87172/GO – 1ª T. – Rel. Min. Cezar Peluso – DJ 03.02.2006 p. 32 v. 02219-5 p. 1.035)

- **Interrogatórios dos corréus. Defensor. Presença. Inocorrência.** Nulidade. Interrogatórios dos corréus, nos quais o paciente teria sido delatado. Atos realizados sem presença do defensor do paciente. Aplicação retroativa da lei n. 10.792/03: impossibilidade. Vícios não reconhecidos. Condenação amparada exclusivamente na delação dos corréus: impossibilidade. Ordem concedida. (STF – HC 94034/SP – 1ª T. – Rel. Min. Cármen Lúcia – DJ 167 04.09.2008 Public 05.09.2008)

20.10.5.1. Do interrogatório pelo sistema de videoconferência

A modernização na efetivação dos atos judiciais culminou com a edição da Lei 11.900, de 08.01.2009, que prevê a possibilidade de realização de interrogatório e outros atos processuais através do sistema de videoconferência.

Por esse sistema que agrega a transmissão de dados eletrônicos com emissor e receptor de vídeo, em tempo real com ampla cobertura dos fatos nos ambientes interligados, é possível um juiz da sala de audiência do fórum interrogar, a distância, um acusado que se encontra em uma penitenciária ou presídio.

Anote-se que a percepção de áudio e a imagem de fina sintonia se manifestam com os menores ruídos ou suspiros para captar o som direcionado pela câmara no foco do acontecimento provocado por humanos ou outros mecanismos que se instalem naquele ambiente.

Essa inovação tecnológica traz alguns benefícios de ordem material ao contribuir para a redução de custos operacionais com o deslocamento de presos dos estabelecimentos penais até o fórum, evitando assim gastos com pessoal/hora, transporte, combustível e segurança.

Também se deve dizer que presos considerados de alta periculosidade, por integrarem organizações criminosas, terão por este sistema um obstáculo maior para protagonizarem fugas e interceptações nos percursos penitenciária-fórum-penitenciária, conquanto não terão a oportunidade de serem transportados em viaturas policiais para transitar em vias públicas, o que proporciona risco para os resgates que sempre ilustram as páginas policiais dos jornais.

A norma disciplinadora dessa matéria ficou assim redigida:

> **Art. 185.** [...]
>
> § 2º Excepcionalmente, o juiz, por decisão fundamentada, de ofício ou a requerimento das partes, poderá realizar o interrogatório do réu preso por sistema de videoconferência ou outro recurso tecnológico de transmissão de sons e imagens em tempo real, desde que a medida seja necessária para atender a uma das seguintes finalidades:
>
> I – prevenir risco à segurança pública, quando exista fundada suspeita de que o preso integre organização criminosa ou de que, por outra razão, possa fugir durante o deslocamento;
>
> II – viabilizar a participação do réu no referido ato processual, quando haja relevante dificuldade para seu comparecimento em juízo, por enfermidade ou outra circunstância pessoal;
>
> III – impedir a influência do réu no ânimo de testemunha ou da vítima, desde que não seja possível colher o depoimento destas por videoconferência, nos termos do art. 217 deste Código;
>
> IV – responder à gravíssima questão de ordem pública.

§ 3º Da decisão que determinar a realização de interrogatório por videoconferência, as partes serão intimadas com 10 (dez) dias de antecedência.

§ 4º Antes do interrogatório por videoconferência, o preso poderá acompanhar, pelo mesmo sistema tecnológico, a realização de todos os atos da audiência única de instrução e julgamento de que tratam os arts. 400, 411 e 531 deste Código.

§ 5º Em qualquer modalidade de interrogatório, o juiz garantirá ao réu o direito de entrevista prévia e reservada com o seu defensor; se realizado por videoconferência, fica também garantido o acesso a canais telefônicos reservados para comunicação entre o defensor que esteja no presídio e o advogado presente na sala de audiência do Fórum, e entre este e o preso.

§ 6º A sala reservada no estabelecimento prisional para a realização de atos processuais por sistema de videoconferência será fiscalizada pelos corregedores e pelo juiz de cada causa, como também pelo Ministério Público e pela Ordem dos Advogados do Brasil.

§ 7º Será requisitada a apresentação do réu preso em juízo nas hipóteses em que o interrogatório não se realizar na forma prevista nos §§ 1º e 2º deste artigo.

§ 8º Aplica-se o disposto nos §§ 2º, 3º, 4º e 5º deste artigo, no que couber, à realização de outros atos processuais que dependam da participação de pessoa que esteja presa, como acareação, reconhecimento de pessoas e coisas, e inquirição de testemunha ou tomada de declarações do ofendido.

§ 9º Na hipótese do § 8º deste artigo, fica garantido o acompanhamento do ato processual pelo acusado e seu defensor.

Art. 186. Depois de devidamente qualificado e cientificado do inteiro teor da acusação, o acusado será informado pelo juiz, antes de iniciar o interrogatório, do seu direito de permanecer calado e de não responder perguntas que lhe forem formuladas.

Parágrafo único. O silêncio, que não importará em confissão, não poderá ser interpretado em prejuízo da defesa.

Além dessas vantagens mencionadas relativamente à economia dos serviços penitenciários e à segurança dos presos, há outros questionamentos que merecem uma melhor reflexão.

Há de entender-se que este sistema de videoconferência afeta o amplo direito de defesa e de participar e estar presente, pessoalmente, ao ato de interrogatório, que vem a ser uma ocasião importante para o exercício pleno da defesa do acusado.

Esses que se alinham a esse entendimento acham insuficientes as garantias previstas pela novel norma que assegurar canal reservado de comunicação entre o advogado ou defensor público e o acusado, porquanto compreendem que a presença do acusado e diante do juiz é um momento de relevância da defesa que não pode ser tolhido ou reduzido a comunicações eletrônicas a distância.

Entrementes, o avanço tecnológico que possibilita esse diálogo a distância é uma ferramenta moderna que vem incorporando-se aos procedimentos na justiça brasileira, numa trilha de mão única que irá cada vez mais ampliar as condições do trabalho judicante.

20.11. Da bilateralidade da audiência

A Constituição da República, no seu art. 5º, LV, assegura que aos litigantes, em processo judicial ou administrativo, e aos acusados em geral são assegurados o contraditório e a ampla defesa, com os meios e recursos a ela inerentes.

Depreende-se, assim, que a garantia da ampla defesa, seja qual for a natureza do objeto do processo, compreende: a) o direito de ser informado; b) bilateralidade da audiência (contraditoriedade); e c) o direito à prova legitimamente obtida ou produzida.

Preleciona Rogério Lauria Tucci: "a bilateralidade da audiência, ou contraditoriedade, assenta-se num importantíssimo regramento, dito princípio de justiça, e determinante da exigência de tratamento paritário das partes".

No próprio Paraíso, Jeová não puniu Adão pelo "pecado original", sem antes apregoar: "Adão, onde estás?". E, no Evangelho de São João, adverte-se: "*Nemo inauditus debet damnari*" (ninguém deve ser condenado sem ser ouvido).

Revelando-se, enfim, no direito de audiência, a regra do contraditório faz-se ínsita, na expressiva asserção de Robert Wyness Millar, à administração de uma justiça bem organizada, *verbis*:

> A mais destacada das concepções analisadas é aquela pela qual devem ser ouvidas ambas as partes: o princípio da audiência bilateral (*grundsatz des beideseitingem gehors*). Absolutamente inseparável da administração da justiça organizada, encontra igualmente expressão no preceito romano: audiatur et altera pars e no provérbio alemão de época medieval: '*Eines mannes red ist keine red, der richter soll die deel verhoeren beed*' (A alegação de um só homem não é alegação; o juiz deve ouvir ambas as partes).

A autoridade judiciária não pode restringir-se a dar crédito ao que foi anotado pela autoridade policial em ambiente desfavorável ao depoente ante a presença dos condutores deste. Quantos inquéritos policiais neste País são forjados nessas circunstâncias e graças ao trabalho percuciente, isento e equilibrado dos agentes do Poder Judiciário são desprezados, renegados e rejeitados.

Assim é que o art. 203 do Código de Processo Penal estabelece que "a testemunha fará, sob palavra de honra, a promessa de dizer a verdade do que souber e lhe for perguntado... e relatar o que souber, explicando sempre as razões de sua ciência ou as circunstâncias pelas quais possa avaliar-se sua credibilidade".

Doutrina Julio Fabbrini Mirabete: "*condena-se a prática de simplesmente perguntar à testemunha se confirma o depoimento prestado no inquérito, reportando-se o juiz ao depoimento prestado anteriormente. Nessa hipótese, desobedecido o princípio do contraditório, haverá nulidade*".

A propósito dessa nulidade, que nega o princípio do contraditório, destacam-se os seguintes julgados:

STF: A simples ratificação de declarações prestadas na fase de inquérito, sem a efetiva inquirição de testemunhas pelo juiz, ofende o princípio constitucional do contraditório e prejudica a apuração da verdade substancial (RTJ 78/131). No mesmo sentido, TJRJ: RT 373/312.

Prova. Matéria criminal. Testemunhas. Inquirição irregular das mesmas. Magistrado que apenas faz consignar que ratificavam os depoimentos prestados na polícia – Inobservância do disposto no art. 203 do Código de Processo Penal – Recomendação a respeito.

É altamente irregular, fazer consignar o juiz que inquire as testemunhas que as mesmas ratificam os depoimentos prestados perante a autoridade policial. Trata-se de praxe abusiva, que não deve ser seguida. (RT 307/93)

A exigência de que sejam reproduzidos literalmente os depoimentos das testemunhas é do art. 215 do Código de Processo Penal; tanto é assim, que preceitua: "na redação do depoimento, o juiz deverá cingir-se, tanto quanto possível, às expressões usadas pelas testemunhas, reproduzindo fielmente as suas frases".

Como se vê, na hipótese de o pretor optar no sentido de que as testemunhas confirmem seus depoimentos na fase inquisitorial, desprovidos de qualquer segurança processual para se apurar a verdade real, estará negando vigência ao Código de Processo Penal nos mencionados dispositivos legais.

Outra garantia constitucional implícita no arrazoado supra é que "ninguém será privado da liberdade ou de seus bens sem o devido processo legal".

Tem-se, por resultado, que "a garantia constitucional do devido processo legal deve ser uma realidade em todo o desenrolar do processo judicial, de sorte que ninguém seja privado de seus direitos, a não ser que no procedimento em que este se materializa, se verifiquem todas as formalidades e exigências em lei previstas", assevera José Rogério Cruz e Tucci, na obra já citada.

Como precisa Couture, "impõe-se assegurar a todos os membros da coletividade o livre acesso ao juiz natural, com o direito de participar em contraditório e com igualdade de condições, institucionalizando-se os mecanismos de controle e exatidão do desfecho do processo".

Com efeito, se o magistrado negar o exercício do contraditório na audiência de instrução e julgamento que presidir, afetará a regularidade do "devido processo legal", ao desprezar os dispositivos enumerados acima, do Código de Processo Penal.

Quanto às testemunhas, as partes podem desistir da oitiva das que foram por elas arroladas, mas depende da concordância da parte contrária. Porém, a testemunha dispensada por uma das partes poderá ser ouvida pelo juiz se este entender necessário, em face do princípio da busca da verdade real que inspira o processo criminal cuja prerrogativa é conferida ao magistrado presidente do feito.

Assinale-se que, havendo a dispensa, sem a consulta à parte ex adversa, mas esta silenciou, a nulidade se encontra sanada.

As testemunhas também poderão ser substituídas se ocorrerem as hipóteses previstas pelo art. 408 do Código de Processo Civil, por inspiração analógica, quando a testemunha vier a falecer, se encontrar enferma, sem condições de depor ou, tendo mudado de residência, não for encontrada pelo oficial de justiça.

Saliente-se, por oportuno, que é admissível a realização de acareação diante da ocorrência de divergência sobre pontos essenciais da causa, em cuja hipótese observar-se-á o disposto no art. 229, parágrafo único, do Código de Processo Penal.

Ressalte-se que a acareação cinge-se às testemunhas, não alcançando declarantes, réu ou vítima.

- **Audiência – Ausência do Réu.** "A oitiva de testemunhas sem a presença do réu constitui nulidade relativa, que somente pode ser reconhecida em caso de demonstração do efetivo prejuízo (*pas de nullité sans grief*), o que não ocorreu *in casu.* (STJ – HC 292.650/CE, Rel. Ministro FELIX FISCHER, QUINTA TURMA, julgado em 20/10/2015, DJe 06/11/2015)
- **Audiência. Testemunha. Inexistência de inquirição. Nulidade.** "A simples ratificação de declarações prestadas na fase de inquérito, sem a efetiva inquirição de testemunhas pelo juiz, ofende o princípio constitucional do contraditório e prejudica a apuração da verdade substancial. Recurso de habeas corpus provido". (STF – RHC 54.161/RJ – 1ª T. – Rel. Min. Cunha Peixoto – RTJ 78/131)
- **Audiência. Testemunha. Falta de inquirição pelo juiz. Nulidade.** "Limitando-se ao juiz, na inquirição das testemunhas, a indagar destas, após a leitura, se confirmam ou não o depoimento prestado no inquérito policial, prejudica a apuração da verdade substancial e ofende o princípio constitucional do contraditório. Recurso provido". (STF – RHC 51.476/PE – RTJ 69/61 – Rel. Min. Bilack Pinto)
- **Audiência. Testemunha. Inquirição irregular. Nulidade.** "É altamente irregular, fazer consignar o juiz que inquire as testemunhas que as mesmas ratificam os depoimentos prestados perante a autoridade policial. Trata-se de praxe abusiva, que não deve ser seguida". (RT 307/93).

20.11.1. juízo de instrução

Na busca da verdade real, é facultado ao juiz que preside a instrução processual ordenar a produção de provas que se apresentam pertinentes em decorrência do conjunto probatório produzido pelas partes. Assim é que, mesmo concluída a fase instrutória, é permitido ao juiz, ao tomar conhecimento de fatos relevantes que emergiram do que foi apurado nos autos ou lhe venham ser trazidos pelas partes, deliberar a realização de diligências que julgar convenientes para a melhor instrumentalização do feito.

É poder-dever do juiz prover a regularidade do processo adotando as medidas que assegurem a justa aplicação da lei penal, de modo que lhe cabe, de ofício ou a requerimento das partes, determinar as provas necessárias à instrução processual e indeferir as diligências inúteis ou meramente protelatórias.

Sendo o juiz o destinatário da prova, somente a ele cumpre aferir a necessidade da sua produção ou não, na busca da verdade real que é imposta pelo sentido de justiça no âmbito do Direito Penal.

E mais, o Código de Processo Penal no seu art. 502 estabelece que no processo em fase de conclusão para sentença, poderá "o juiz ordenar diligências para sanar qualquer nulidade ou suprir falta que prejudique o esclarecimento da verdade", outorgando-lhe em última etapa processual a prerrogativa de afastar nulidades ou suprir carência que venha assegurar a busca da verdade real, objeto maior do processo penal.

A esse propósito, é importante assinalar que o art. 234 do Código de Processo Penal estabelece que, "se o juiz tiver notícia da existência de documento relativo a ponto relevante da acusação ou defesa, providenciará, independentemente de requerimento de qualquer das partes, para sua juntada aos autos, se possível".

Esse dispositivo vem consubstanciar a iniciativa jurisdicional na perquirição da verdade, dado relevante de todo processo penal.

Também o art. 156 do Código de Processo Penal outorga ao juiz o poder de agir de ofício para ordenar a produção antecipada de provas consideradas urgentes e relevantes, assim como realizar diligências para dirimir dúvidas sobre questão importante do processo.

Essa prerrogativa conferida ao juiz criminal é alargada com o dispositivo previsto no art. 251 do Código de Processo Penal, quando lhe incumbe o poder-dever de prover a regularidade do processo e manter a ordem no curso dos respectivos atos, assim como ouvir outras testemunhas quando julgar necessário, além das indicadas pelas partes (CPP, art. 209).

Ademais, o art. 240, § 1º, "h", do Código de Processo Penal prevê a busca domiciliar quando fundadas razões a autorizem para "colher qualquer elementos de convicção", salientando, neste contexto, que o destinatário do conjunto probatório é o julgador que se pronunciará sobre a necessidade de elementos informativos para firmar com segurança jurídica a certeza do seu entendimento a respeito do processo.

Acresça-se, ainda, a prerrogativa inferida ao juiz quando da realização da audiência de instrução e julgamento, ao ser-lhe conferido o poder discricionário de complementar a inquirição das testemunhas sobre pontos não esclarecidos, como previsto pelo parágrafo único do art. 212 do Código de Processual Penal, com a sua nova redação dada pela Lei 11.690/08.

- **Diligência do juízo**. "Mesmo depois de ultimada a instrução, poderá o juiz, na forma do art. 502 do CPP, converter o julgamento em diligência, para reunir outros fatores que favoreçam o esclarecimento da verdade substancial. (RT 535/322). No mesmo sentido, STF – RTJ 53/78)
- **Diligência do juízo.** "Não há falar, à luz das normas insertas nos arts. 156 e 502, parágrafo único, do Código de Processo Penal, em impedimento de magistrado que, na busca da verdade real, determina, *ex officio*, a oitiva de testemunhas. (STJ – HC 31294 / PR – 6ª T. – Rel. Min. Hamilton Carvalhido – DJ 09.10.2006 p. 362)
- **Juiz. Produção de prova.** TJSP: "A intervenção do juiz na atividade processual é permitida não somente para dirigir a marcha da ação penal e julgar a final, mas, também, para ordenar, de ofício, as provas que lhe parecem úteis ao esclarecimento da verdade". (JTJ 186/330)
- **Juiz. Busca e apreensão**. STJ: "A teor do art. 6º, II, do CPP, pode a autoridade judicial, ao tomar conhecimento de fato delituoso, determinar a busca e a apreensão de objetos relacionados com o mesmo, antes da instauração do respectivo inquérito". (RT 665/333)
- **Juiz. Julgamento. Conversão. Diligência.** "Mesmo depois de ultimada a instrução, poderá o juiz, na forma do art. 502 do CPP, converter o julgamento em diligência, para reunir outros fatores que favoreçam o esclarecimento da verdade substancial". (RT 535/322). No mesmo sentido, STF: RTJ 53/78).
- **Juiz. Prova acrescida. Vista. Parte contrária**. "Contraria flagrantemente o princípio constitucional da plenitude de defesa a prolação de sentença sem manifestação das partes sobre a prova acrescida depois de apresentadas às alegações finais". (RT 585/313)

20.11.2. *Indeferimento de provas*

Art. 400

§ 1º As provas serão produzidas numa só audiência, podendo o juiz indeferir as consideradas irrelevantes, impertinentes ou protelatórias.

Este dispositivo confere ao juiz a prerrogativa de indeferir os requerimentos de provas que considere irrelevantes, impertinentes ou protelatórias, ou seja, aquelas sem utilidades para os esclarecimentos dos fatos, objeto da ação penal.

Saliente-se, por oportuno, que sendo o juiz o destinatário da prova, somente a ele cumpre aferir sobre a necessidade ou não de sua realização.

O Código de Processo Penal ao incumbir o juiz de prover à regularidade do processo e manter a ordem no curso dos respectivos atos (art. 251, do CPP), conferiu-lhe a prerrogativa de presidir o processo penal visando à aplicação do direito ao caso concreto, provido que é do poder jurisdicional.

O juiz é sujeito do processo, mas não é parte. Logo, não tem interesse no seu resultado final.

Verifica-se, portanto, que o juiz tem o poder-dever de conduzir a realização dos atos processuais na forma preconizada pela legislação e orientação jurisprudencial durante toda a sua instrumentalização até o final com a prolatação da sentença.

Esse poder-dever de velar pela normalidade processual abrange assegurar às partes igualdade de tratamento, prevenir ou reprimir qualquer ato atentatório à dignidade da justiça, bem como refutar a prática de atos e provas inúteis ou desnecessários à declaração ou defesa do direito de alguma das partes.

De forma que caberá ao juiz, destinatário das provas, a prerrogativa do seu poder discricionário de aferir e avaliar a pertinência das provas requeridas pelas partes, para deferir as que forem necessárias e úteis à instrução do processo, e também indeferir as diligências inúteis ou meramente protelatórias ou com outros objetivos que não atendam a garantia constitucional da razoável duração do processo e os meios que garantam a celeridade de sua tramitação.

Deve-se assinalar que o exercício desse poder discricionário do juiz exige fundamentação, exteriorizando a inutilidade da prova indeferida, cuja produção não iria agregar valor ao juízo decisório, seja porque existam provas mais robustas ou melhores adequadas, como também pela desinfluência ao juízo de certeza sobre a responsabilização criminal.

Deve o julgador demonstrar que se cuida de uma diligência inócua sem repercussão na definição da conduta típica apurada, para preservar a rapidez na conclusão do processo e afastar chicana processual com fins de eternizar a sua tramitação para alcançar objetivos diversos daqueles da reprovação criminal ou absolvição penal.

- **Indeferimento. Provas. Poder discricionário. Juiz.** "O art. 400, § 1º, do Código de Processo Penal, confere ao juiz do processo, destinatário final das provas, avaliar a necessidade e a conveniência da realização das diligências requeridas pelas partes, indeferindo aquelas que se revelem protelatórias ou impertinentes, ou seja, que no seu entender se mostrem irrelevantes para o deslinde da controvérsia. No caso, não se vislumbra, *primo ictu oculi*, nenhuma ilegalidade, nem cerceamento de defesa no indeferimento do pedido da defesa, formulado às vésperas do julgamento do apelo, de conversão do feito em diligência para realização de exame toxicológico no paciente, a fim de mitigar-lhe a culpabilidade, porquanto devidamente motivada a rejeição do pleito.

Ainda que houvesse elementos específicos, trazidos para comprovar a imprescindibilidade da diligência requerida, sua apreciação seria incabível nos estreitos limites do habeas corpus, visto ser evidente a inadequação da via eleita para a satisfação da pretensão deduzida. (STJ - HC 306.886/SP, Rel. Ministro GURGEL DE FARIA, QUINTA TURMA, julgado em 19/03/2015, DJe 06/04/2015).

- **Indeferimento. Provas. Poder discricionário. Juiz.** "O não acolhimento das provas complementares requestadas pela defesa, relativas a documentos atinentes à internação da vítima na Santa Casa de Dracena, não acarreta nulidade, eis que não é o magistrado obrigado, se não provocado por fundamentos necessários, a realizar todo e qualquer tipo de prova para a averiguação do nexo causal entre a conduta do agente e o resultado morte, em especial se os demais elementos carreados aos autos conduzem para a condenação do increpado. 3. É assente neste Tribunal Superior o entendimento de que "o indeferimento de produção de provas é ato norteado pela discricionariedade regrada do julgador, podendo ele, portanto, soberano que é na análise dos fatos e das provas, indeferir, motivadamente, as diligências que considerar protelatórias e/ou desnecessárias, nos termos preconizados pelo § 1º do art. 400 do Código de Processo Penal" (HC 180.249/SP, Rel. Min. MARCO AURÉLIO BELLIZZE, QUINTA TURMA, DJe 04/12/2012). 4. Não foi demonstrado o eventual prejuízo concreto sofrido pela defesa, sendo inviável, pois, o reconhecimento de qualquer nulidade processual, em atenção ao princípio do *pas de nullité sans grief*. (STJ – HC 269.061/SP, Rel. Ministra MARIA THEREZA DE ASSIS MOURA, SEXTA TURMA, julgado em 14/10/2014, DJe 29/10/2014)
- **Indeferimento. Provas. Poder discricionário. Juiz.** "É assente nesta Corte Superior o entendimento de que "o indeferimento de produção de provas é ato norteado pela discricionariedade regrada do julgador, podendo ele, portanto, soberano que é na análise dos fatos e das provas, indeferir, motivadamente, as diligências que considerar protelatórias e/ou desnecessárias, nos termos preconizados pelo § 1º do art. 400 do Código de Processo Penal" (HC 180.249/SP, Rel. Min. MARCO AURÉLIO BELLIZZE, QUINTA TURMA, DJe 04/12/2012). Recurso ordinário, na parte não prejudicada, improvido. (RHC 36.894/RJ, Rel. Ministra MARIA THEREZA DE ASSIS MOURA, SEXTA TURMA, julgado em 11/11/2014, DJe 27/11/2014).
- **Indeferimento. Provas. Poder discricionário. Juiz.** "O indeferimento da diligência pelo magistrado de primeiro grau não configura cerceamento de defesa, uma vez que o próprio Código de Processo Penal prevê, no § 1º do art. 400, a possibilidade de o juiz indeferir as provas

consideradas irrelevantes, impertinentes ou protelatórias, sem que isso implique em nulidade da respectiva ação penal. (STF - RHC 120551, Relator(a): Min. RICARDO LEWANDOWSKI, Segunda Turma, julgado em 08/04/2014, ACÓRDÃO ELETRÔNICO DJe-079 DIVULG 25-04-2014 PUBLIC 28-04-2014).

- **Indeferimento. Provas. Poder discricionário. Juiz.** "Não há cerceamento de defesa pelo indeferimento de diligências requeridas pela defesa, mormente se foram elas consideradas descabidas pelo órgão julgador a quem compete a avaliação da necessidade ou conveniência da prova. Precedentes. (STF – AP 465, Relator (a): Min. CÁRMEN LÚCIA, Tribunal Pleno, julgado em 24/04/2014, ACÓRDÃO ELETRÔNICO DJe-213 DIVULG 29-10-2014 PUBLIC 30-10-2014).

- **Indeferimento. Provas. Poder discricionário. Juiz.** "Por um lado, ao acusado no processo penal é assegurado o direito de produção de provas necessárias a dar embasamento à tese defensiva; não obstante, por outro, é-lhe exigida a devida justificação acerca da imprescindibilidade da providência requerida, sendo, portanto, facultado ao magistrado o indeferimento, de forma devidamente fundamentada, das diligências que julgar protelatórias, irrelevantes ou impertinentes ao deslinde da causa. Ao julgador, que é o destinatário das provas, é conferido poder discricionário para, fundamentadamente, indeferir diligências que considere infundadas, protelatórias ou desnecessárias à instrução criminal, levando-se em conta a imprescindibilidade de sua realização. Não se vislumbra constrangimento ilegal quando verificado que o Juiz singular indeferiu a realização de determinadas diligências de forma devidamente motivada, seja porque seriam meramente procrastinatórias, seja porque não teriam pertinência com o deslinde da causa. (STJ - HC 166115/RJ, Relator Ministro SEBASTIÃO REIS JÚNIOR, Órgão Julgador T6 - SEXTA TURMA, DJe 15/08/2013)

- **Indeferimento. Provas. Poder discricionário. Juiz.** "O indeferimento fundamentado de pedido de realização de prova não caracteriza constrangimento ilegal, pois cabe ao juiz, na esfera de sua discricionariedade, negar motivadamente as diligências que considerar desnecessárias ou protelatórias. Doutrina. Precedentes do STJ e do STF". 2. [...] (STJ - HC 196.780/RS, Relator o Ministro JORGE MUSSI, DJe de 29/08/2011.)

- **Indeferimento. Provas. Poder discricionário. Juiz.** "A produção de provas é ato norteado pela discricionariedade regrada do julgador, podendo ele, portanto, soberano que é na análise dos fatos e das provas, indeferir motivadamente as diligências que considerar protelatórias e/ou desnecessárias. In casu, o Juiz de primeiro grau indeferiu o requerimento de produção de provas, registrando, expressamente, que a mera insatisfação com o resultado da perícia não era motivo suficiente para determinar nova diligência. Agravo regimental a que se nega provimento". (AgRg no AREsp 186.346/SP, Rel. Ministro MARCO AURÉLIO BELLIZZE, QUINTA TURMA, julgado em 18/09/2012, DJe 21/09/2012)

- **Indeferimento. Provas. Poder discricionário. Juiz.** "É uníssono, nesta Corte, o entendimento de que **é possível o indeferimento de produção de prova testemunhal, desde que a decisão se mostra suficientemente motivada.** *In casu*, tendo o magistrado negado, fundamentadamente, a realização de oitiva de pessoa sequer identificada, descabe falar em processo írrito. 3. Recurso a que se nega provimento. (STJ – RHC 26.410/SP, Rel. Ministra MARIA THEREZA DE ASSIS MOURA, SEXTA TURMA, julgado em 12/06/2012, DJe 27/06/2012)
- **Indeferimento. Provas. Poder discricionário. Juiz.** "Não implica cerceamento de defesa o indeferimento de produção de provas, visto que cabe ao magistrado, como destinatário da prova, decidir sobre o necessário à formação do próprio convencimento. (STJ – REsp 1211407/SP, Rel. Ministro JOÃO OTÁVIO DE NORONHA, TERCEIRA TURMA, julgado em 20/02/2014, DJe 07/03/2014)
- **Indeferimento. Perícia. Poder discricionário. Juiz.** PROVA PERICIAL – DESNECESSIDADE. "Como o destinatário natural da prova é o juiz, tem ele o poder de decidir acerca da conveniência e da oportunidade de sua produção, visando obstar a prática de atos inúteis ou protelatórios (art. 130 do CPC), desnecessários à solução da causa. Não há que se falar em cerceamento de defesa pelo indeferimento de prova pericial, vês que, a par de oportunizados outro meios de prova, aquela não se mostre imprescindível ao deslinde do litígio" (AI n. 2003.010696-0, Des, Alcides Aguiar).(STF – AI 830300 AgR-segundo, Relator(a): Min. LUIZ FUX, Primeira Turma, julgado em 06/12/2011, ACÓRDÃO ELETRÔNICO DJe-036 DIVULG 17-02-2012 PUBLIC 22-02-2012 RDDT n. 200, 2012, p. 167-170)
- **Indeferimento. Perícia. Poder discricionário. Juiz.** DIREITO PROCESSUAL CIVIL. INDEFERIMENTO DE PERÍCIA REQUERIDA PELA PARTE. O magistrado pode negar a realização de perícia requerida pela parte sem que isso importe, necessariamente, cerceamento de defesa. De fato, o magistrado não está obrigado a realizar todas as perícias requeridas pelas partes. Ao revés, dentro do livre convencimento motivado, pode dispensar exames que repute desnecessários ou protelatórios. Precedente citado: AgRg no AREsp 336.893-SC, Primeira Turma, DJe 25/9/2013.(STJ – REsp 1.352.497-DF, 2ª Turma Rel. Min. Og Fernandes, julgado em 4/2/2014 – Informativo 0535 do STJ)

- **Indeferimento. Perícia. Poder discricionário. Juiz.** "A jurisprudência predominante desta Suprema Corte é no sentido de que não constitui constrangimento ilegal a prolação de decisão de primeiro grau que, de maneira fundamentada, indefere pedido de produção de prova pericial. 3. Agravo regimental desprovido". (STF – AI 728267 AgR, Relator(a): Min. DIAS TOFFOLI, Primeira Turma, julgado em 01/06/2010, DJe-159 DIVULG 26-08-2010 PUBLIC 27-08-2010 EMENT VOL-02412-06 PP-01327)

20.11.3. presença do réu na audiência

> **Art. 217.** Se o juiz verificar que a presença do réu poderá causar humilhação, temor, ou sério constrangimento à testemunha ou ao ofendido, de modo que prejudique a verdade do depoimento, fará a inquirição por videoconferência e, somente na impossibilidade dessa forma, determinará a retirada do réu, prosseguindo na inquirição, com a presença do seu efensor.
>
> Parágrafo único. A adoção de qualquer das medidas previstas no caput deste artigo deverá constar do termo, assim como os motivos que a determinaram.

O afastamento da presença do acusado da sala de audiência para oitiva de testemunhas e do ofendido, é medida objetiva para evitar o reiterativo constrangimento a estas pessoas, devendo ser adotada pelo juiz ao verificar a sua necessidade em proteção ao bem-estar e dar tranquilidade aos depoentes, quando da convivência temporária no mesmo ambiente, importar em humilhação, temor ou embaraço emocional para aqueles.

Essa garantia deve-se ao direito de a testemunha gozar de inteira liberdade e segurança pessoal para se pronunciar com naturalidade diante do juiz e poder relatar o que conhece do fato com mais exatidão, o que ficaria afetado pelo seu nervosismo, se a presença indesejável lhe causar desequilíbrio ou perturbação psíquica.

No entanto, na hipótese de retirada do acusado do recinto da audiência, permanecerá o seu patrono, e a ocorrência deverá constar do termo de audiência com devida justificativa exposta pelo juiz.

- A teor da jurisprudência desta Corte, a realização de ato da instrução criminal sem a presença do réu não é causa de nulidade absoluta, já que seu comparecimento, conquanto conveniente, não é indispensável, devendo eventual nulidade relativa ser arguida pela parte em momento oportuno, sob pena de preclusão. (STJ – HC 106704/SP – 6ª T. – Rel. Min. Paulo Gallotti – DJe 02.03.2009)

- Processo-crime – Audiência – Oitiva de Testemunhas – Presença do Acusado – Custódia do Estado – Requisição. Estando preso o acusado, cumpre requisitá-lo para a audiência de oitiva de testemunhas, pouco importando encontrar-se em unidade da Federação diversa daquela na qual tramita o processo. PROCESSO - NULIDADE - CUSTÓDIA PROVISÓRIA - PROJEÇÃO NO TEMPO. Uma vez anulado o processo e verificada a projeção no tempo de custódia do acusado, impõe-se o relaxamento da prisão. (STF - HC 94216/RJ - 1ª T. - Rel. Min. Marco Aurélio - DJ-113 18.06.2009 Public 19.06.2009)

- Em se tratando de réu preso, a falta de requisição para o comparecimento a audiência de oitiva de testemunhas realizada em outra comarca acarreta nulidade relativa, devendo ser arguida em momento oportuno e provado o prejuízo, o que não ocorreu nos autos (Precedentes). (STJ - HC 94747/MT - 5ª T. - Rel. Min. Felix Fischer - DJ 08.06.2009)

20.11.4. Confissão judicial

A confissão judicial pode ser de forma espontânea, com observância dos princípios do contraditório e do devido processual legal, cujo juízo valorativo se apresenta idôneo com relevante reflexo na apreciação da culpabilidade dos fatos descritos no processo.

Assinale-se, por valiosa oportunidade, que só há confissão quando o fato for desfavorável ao confidente.

O fato confessado deve ser contrário a quem confessou, adverso aos seus interesses.

É um princípio de direito: "*ninguém pode criar prova em seu favor, em seu próprio benefício; contudo, a razão admite e o direito ampara que alguém fale contra si mesmo, que sua palavra lhe seja desfavorável*".

A esse respeito, segundo Mittermayer, o precursor no estudo das provas no processo penal ensinava em doutrina mais que centenária:

> "desde que o crime foi consumado trava-se uma luta interior no espírito do culpado. A sua consciência fala tão alto como o seu interesse, e ele não pode mais encontrar repouso interior sem alijar o fardo do remorso; confessa, então, para obedecer às vozes da verdade que o guiam e prefere expor-se à pena do seu crime, a prolongar por mais tempo um martírio insuportável"

E que "o corpo de delito pode muito bem ser provado pela confissão do indiciado";

Sobre o valor da confissão impende a transcrição dos seguintes julgados:

- **Interrogatório. Confissão.** STF: "As confissões judiciais ou extrajudiciais valem pela sinceridade com que são feitas ou verdade nelas contidas, desde que corroboradas por outros elementos de prova inclusive circunstâncias". (RT 88/371)

- **Interrogatório. Meio de prova.** TJMG: "O interrogatório judicial é hoje conceituado não só como uma peça de defesa, mas também como um meio de prova". (RT 491/362)
- **Interrogatório. Autodefesa.** TACRSP: "A autodefesa prevalece no ato do interrogatório (art. 188) e, somada à defesa técnica, formam a unidade defensiva. A não realização do ato implica, pois, falta de pressupostos de validade do processo (CF/88, art. 5º, LIV e LV), não provocando tão-só presunção de prejuízo, mas séria vacilação quanto à justeza da condenação. A nulidade aflora absoluta e, portanto, insanável (art. 564, III, 'e')". (RT 667/288)
- **Interrogatório. Confissão. Atenuante obrigatória.** "A turma deferiu em parte habeas corpus contra acórdão do Tribunal de Justiça do Estado do Mato Grosso do Sul que deixara de aplicar a circunstância atenuante relativa à confissão espontânea do réu por ter sido o mesmo preso em flagrante. Entendeu-se que, para a concessão da referida atenuante, pouco importa a prisão em flagrante, bastando tão-somente o cumprimento da exigência legal (CP, art. 65, III, "d": "são circunstâncias que sempre atenuam a pena: [...] III - ter o agente: [...] d) confessado espontaneamente, perante a autoridade, a autoria do crime;"). Habeas corpus deferido em parte para que seja observada a circunstância da confissão espontânea na fixação da pena do paciente. Precedentes citados: HC 69.479/RJ - DJ, 18.12.1998 e HC 68.641/DF - RTJ 139/885. (HC 77.653/MS - STF 132 - Rel. Min. Ilmar Galvão, 17.11.1998)
- **Interrogatório. Juízo incompetente.** "Atos decisórios, citação e interrogatório. Tratando-se de nulidade por incompetência do juízo, configura cerceamento de defesa a não renovação dos atos decisórios perante o juízo competente (CPP, art. 567). Com esse entendimento, a Turma, por ofensa aos princípios do contraditório e da ampla defesa (CF, art. 5º, LV), deferiu habeas corpus para anular o processo a que submetido o paciente, uma vez que o juízo federal competente, após receber a ratificação da denúncia pelo Ministério Público federal, ratificara todos os atos do juízo estadual incompetente, inclusive a citação e o interrogatório do réu. Habeas corpus deferido a fim de que seja o paciente citado e interrogado no juízo competente, prosseguindo-se, a seguir, na forma de direito. (HC 77.022/SP - STF 133 - Rel. Min. Néri da Silveira, 24.11.1998)
- **Interrogatório. Processo criminal. Defesa. Cerceamento caracterizado.** Ré interrogada sem a presença de defensor, no dia de início de vigência da Lei 10.792, de 2003, que deu nova redação ao art. 185 do Código de Processo Penal. Sentença que, para a condenação, se valeu do teor desse interrogatório. Prejuízo manifesto. Nulidade absoluta

Título III

reconhecida. Provimento ao recurso, com extensão da ordem a corréu na mesma situação processual. É causa de nulidade processual absoluta ter sido o réu qualificado e interrogado sem a presença de defensor, sobretudo quando sobrevém sentença que, para o condenar, se vale do teor desse interrogatório. (STF - RHC 87172/GO - 1ª T. - Rel. Min. Cezar Peluso - DJ 03.02.2006 p. 32)

20.11.5. Retratação em juízo

Retratação quer exprimir o sentido de retirada, revogação, desfeitura ou arrependimento, depois de o depoente haver dito ou feito alguma coisa, declara que retira ou revoga o que dissera ou fizera, com a intenção de destruir ou anular os efeitos jurídicos que a manifestação voluntária de sua vontade ou a prática de seu ato poderá produzir.

Magalhães Noronha. (In: Curso de Direito Processual Penal, Editora Saraiva. 15. ed. 1983. p. 110), discorrendo a respeito da retratação da confissão, judicial ou extrajudicial, leciona:

> "Contudo, a retratação tem efeitos relativos; ela não prevalece sempre contra a confissão, pois o juiz formará sua convicção através do conjunto da prova. A regra no procedimento penal, entre nós, é o acusado confessar o delito na polícia e retratar-se no interrogatório judicial, alegando sempre ter sido vítima de violências daquela. Entretanto, essa retratação, desacompanhada de elementos que a corroborem, não desfará os efeitos da confissão extrajudicial, se harmônica e coincidente com os outros elementos probatórios".

A esse respeito, como todo o acerto, já escrevia Mittermayer: "Além disso, qualquer que seja o motivo em que se apoia a retratação, é necessário, de um lado, demonstrar a sua verdade, e de outro, verificar bem qual influência que este motivo pode exercer sobre a fé que precedentemente obteve a confissão".

É também este o entendimento de Júlio Fabbrini Mirabete, segundo o qual, "A retratação em juízo da confissão policial ou judicial tem efeitos relativos" (Processo Penal. Atlas. 1. ed. p. 275).

Paulo Lúcio Nogueira, por sua vez, conclui não ser conveniente ao julgador se deixar impressionar pela retratação da confissão extrajudicial - prática comum por quem comete um delito - mas sim, ... "*através do livre convencimento e da prova que for apurada, verificar a validade da confissão extrajudicial*"... (Questões Processuais Controvertidas, 2. ed. 1979. p. 16-17).

Quanto ao tema, também é neste sentido que decidem os Tribunais:

- "Se, a despeito da retratação formulada em juízo, a confissão prestada perante a autoridade policial estiver em consonância com as demais provas dos autos, pode o magistrado, usando do princípio do livre convencimento, a este acolher, validamente, para condenar o réu. A retratação em juízo só pode ser levada em consideração se harmônica com os demais elementos probatórios emergentes do processo." (Tribunal de Justiça do Estado do Paraná, Primeira Câmara Criminal Rel. Des. Eros Gradowski, decisão, 21.12.1984)

- "Não basta para elidir confissão policial mera retratação em juízo do confitente, desacompanhada de qualquer elemento de convicção que a prestigie"; (Tribunal de Justiça do Estado do Paraná, Primeira Câmara Criminal, Rel. Des. Adolpho Pereira, decisão, 09.05.1991)
- "Mesmo ocorrendo a retratação em juízo, a confissão perante a autoridade policial constitui sustentação convincente para a condenação ante a compatibilidade com os elementos probantes produzidos no curso da instrução". (TAP - 3ª CCrim. - Rel. Juiz Otávio Valeixo - 18.08.1992)

20.11.6. Produção de provas em audiência

Após a realização da audiência de instrução e julgamento, com o exaurimento das provas de ouvida de testemunhas, esclarecimentos dos peritos, se for o caso, e o interrogatório do acusado, poderão surgir fatos supervenientes ou decorrentes da colheita de provas apuradas, diligências potencialmente pertinentes à complementação ou melhor esclarecimento da busca da verdade real.

O atual art. 402 do Código de Processo Penal assemelha-se ao revogado art. 499, que possibilita a realização de diligências complementares a partir dos fatos apurados durante a instrução processual, mas caberá ao juiz no uso do seu poder decisório aferir a conveniência, imprescindibilidade e pertinência da sua realização, a fim de afastar que uma nova instrução seja revolvida em afetação a tramitação normal do processo; caberá ao julgador impedir qualquer manobra de cunho protelatório.

O dispositivo legal está assim redigido:

> **Art. 402.** Produzidas as provas, ao final da audiência, o Ministério Público, o querelante e o assistente e, a seguir, o acusado poderão requerer diligências cuja necessidade se origine de circunstâncias ou fatos apurados na instrução.

A novidade neste dispositivo é a inclusão no rol de legitimidade do assistente de acusação para proceder a requerimento de diligências cuja necessidade se origine de circunstâncias ou fatos apurados na instrução, conferindo, assim, maior importância ao interesse da vítima que se habilita nos autos para prestar assistência ao órgão acusador.

Esse procedimento probatório requerido será apreciado pelo Juiz que aferirá a sua necessidade ou utilidade na apuração do fato investigado.

20.11.7. Alegações finais

Superada a fase anterior, quer pela ausência de requerimento de diligências quer pelo indeferimento, a instrução processual se encontra pronta e acabada, prosseguindo desta forma para as manifestações das partes sobre o conjunto probatório.

Em seguida, na audiência, o juiz procederá à abertura de vista dos autos para que as partes, a Acusação, Assistência de Acusação, se for o caso, e a Defesa, apresentem, pela ordem, na forma sucessiva, pelo prazo de 20 (vinte) minutos, para cada um, prorrogável, por mais 10 (dez), as suas alegações meritórias, quando se manifestarão sobre o conjunto probatório produzido nos autos e deduzirão suas linhas de atuação para almejarem suas pretensões na conformidade com seus interesses processuais calcados na realização do ideal de justiça.

Os procedimentos das alegações finais estão contidos no art. 403 do Código de Processo Penal, assim redigido:

> **Art. 403.** Não havendo requerimento de diligências, ou sendo indeferido, serão oferecidas alegações finais orais por 20 (vinte) minutos, respectivamente, pela acusação e pela defesa, prorrogáveis por mais 10 (dez), proferindo o juiz, a seguir, sentença.
>
> § 1º Havendo mais de um acusado, o tempo previsto para a defesa de cada um será individual.
>
> § 2º Ao assistente do Ministério Público, após a manifestação desse, serão concedidos 10 (dez) minutos, prorrogando-se por igual período o tempo de manifestação da defesa.
>
> § 3º O juiz poderá, considerada a complexidade do caso ou o número de acusados, conceder às partes o prazo de 5 (cinco) dias sucessivamente para a apresentação de memoriais. Nesse caso, terá o prazo de 10 (dez) dias para proferir a sentença.

É importante observar que cabe às partes, nessa oportunidade, produzirem todas as suas argumentações pertinentes ao mérito, às preliminares e as nulidades ocorridas no processo, bem como quanto a questionamentos referentes ao indeferimento de provas e diligências, sob pena de preclusão.

Considerando as peculiaridades do processo, o juiz poderá conceder às partes que produzam suas alegações conclusivas em forma de memoriais, procedimento este admitido pela jurisprudência (RT 547/396).

Desse modo, o juiz verificando a pluralidade de denunciados, ao final da audiência de instrução, poderá conceder "*o prazo sucessivo de 5 (cinco) dias, iniciando pelo Ministério Público, para apresentação de alegações finais em memoriais*".

Como se vê, essa sucessividade de prazo compreende que, após o Ministério Público apresentar suas alegações, começa a fluir prazo comum para todos os réus, com patronos diferentes, ofertarem suas razões derradeiras.

Nesse caso, a sucessividade não quer dizer um prazo de cinco dias para cada réu, mas que depois da acusação começa o prazo comum para todos os denunciados.

Com efeito, cuidando-se de diferentes patronos constituídos pelos réus, o prazo para oferecimento de alegações finais é comum, e não sucessivo.

Resta demonstrado assim, que se tratando de prazo comum concedido aos diversos denunciados, os autos devem permanecer em cartório para que todos possam consultá-los, não privilegiando a defesa de um deles em prejuízo dos demais, nem afetando a própria celeridade processual e a garantia da razoável duração do processo.

- **Inércia do advogado constituído devidamente intimado. Nomeação de defensor público para apresentação de alegações finais. Nulidade inexistente.** Como é cediço, o princípio do *pas de nullité sans grief* requer a demonstração de prejuízo concreto à parte que suscita o vício, independentemente da sanção prevista para o ato, pois não se declara nulidade por mera presunção. Precedentes. 2. A providência de nomear Defensor Público ao réu, cujo advogado não apresentou alegações finais, a despeito da sua regular intimação, afasta a alegação de nulidade do processo penal. Precedente. 3. A intimação do réu para constituir novo procurador, em razão da omissão de seu advogado, somente é exigida quando ocorre a renúncia do defensor constituído. Precedente. 4. Ordem denegada. (STF - HC 134217, Relator(a): Min. CÁRMEN LÚCIA, Segunda Turma, julgado em 31/05/2016, PROCESSO ELETRÔNICO DJe-119 DIVULG 09-06-2016 PUBLIC 10-06-2016)

- **Prazo. Alegações finais.** Deve ser refutada a alegação de cerceamento de defesa pela exiguidade do prazo concedido ao acusado para oferecimento de alegações finais. Isso porque o prazo previsto no artigo 403, parágrafo 3º, do CPP é de 5 (cinco) dias, sendo certo que o magistrado não cometeu nenhuma ilegalidade ao não atender o requerimento de ampliação do prazo legal, máxime no caso presente quando o advogado subscritor da apelação tem conhecimento das acusações sofridas pelo denunciado há pelo menos 6 (seis) anos, pois, pelo que consta da resposta prévia à acusação, ela foi protocolada em 20/05/2008, o que demonstra a inequívoca fragilidade da alegação. (TRF - 5ª Região - PROCESSO: 200505000485275 11, ACR11713/11/PE, DESEMBARGADOR FEDERAL PAULO MACHADO CORDEIRO, Terceira Turma, JULGAMENTO: 09/06/2016, PUBLICAÇÃO: DJE 20/06/2016 - Página 27).

- **Prazo de alegações finais. Impossibilidade de ampliação de prazo legal. Inadmissibilidade de retirada dos autos do cartório. Oferecimento de alegações finais.** Pedido de vista dos autos fora do cartório. Diferentes patronos constituídos pelos réus. Prazo comum. Cerceamento de defesa. Inocorrência. Duração razoável do processo. Princípio da cooperação no processo criminal. Defesa. Requerimentos protelatórios. Afastamento. Possibilidade. O simples fato de ter sido concedido prazo comum e em secretaria para apresentação de alegações finais, não contraria, por si só, os princípios do contraditório e da ampla defesa, tampouco ocasiona o cerceamento do direito de defesa. Aliás, o próprio diploma processual penal, especificamente em seu art. 403, § 3º, considera a complexidade do caso e/ou número de réus como motivos aptos a autorizarem tratamento diferenciado por parte do magistrado no que toca ao prazo das alegações finais. Em poucas palavras, o número de réus – que, no caso, é bastante elevado – permitiria, de forma plenamente legal, ao juízo conceder vista às partes em prazo comum e em secretaria. Aliás, a concessão de prazo comum, na realidade, até prestigia os primados do contraditório e da ampla defesa, na medida em que a retirada dos autos de cartório poderia, isto sim, procrastinar e tumultuar ainda mais o direito de defesa por parte dos vários advogados. Não é demais ressaltar que fora dada às partes plena possibilidade de retirarem cópia dos autos, evento que só vem a fortalecer a ausência de mácula aos primados do direito processual penal, sobretudo os do contraditório e da ampla defesa. Enfim, não restou configurado – quiçá demonstrado – qualquer prejuízo hábil a propiciar a nulidade da decisão. (TRF – 5ª Região – PROCESSO: 200882020026234, ACR8947/PB, DESEMBARGADOR FEDERAL CESAR CARVALHO (CONVOCADO), Primeira Turma, JULGAMENTO: 19/07/2012, PUBLICAÇÃO: DJE 27/07/2012 – Página 123).

- **Pedido de vista dos autos fora de cartório. Prazo comum para nove réus. Cerceamento do direito de defesa. Inexistência. Decisão devidamente fundamentada. Ausência de demonstração de prejuízo.** Ordem denegada. Tratando-se de prazo comum concedido a nove réus, os autos devem permanecer em cartório para que todos possam consultá-los, não privilegiando a defesa de um deles em prejuízo dos demais e da própria celeridade processual e razoável duração do processo. Ademais, não ficou demonstrado prejuízo específico para a defesa do paciente decorrente da decisão impugnada, inexistindo razão para a decretação de nulidade, nos termos do art. 563 do Código de Processo Penal, que agrega a máxima *pas de nullité sans grief*. Habeas corpus denegado. (STJ – HC 113655/MT, Relator o Ministro Marco Aurélio Bellizze, DJe de 23.4.2012)

- **Oferecimento de alegações finais. Pedido de vista dos autos fora do cartório. Diferentes patronos constituídos pelos réus. Prazo comum. Cerceamento de defesa. Inocorrência.** Na dicção do art. 40, § 2º do Código de Processo Civil (redação original), de aplicação subsidiária ao processo penal, sendo comum às partes o prazo, apenas em conjunto ou mediante prévio ajuste poderão os procuradores retirar os autos do cartório, circunstância não observada na espécie. Destarte, não consubstancia cerceamento de defesa a r. decisão que, face a inexistência de acordo entre os defensores, indefere pedido de vista dos autos fora de cartório para apresentação das alegações finais (Precedente) mas, não obstante, disponibiliza ao patrono do recorrente o acesso aos autos em cartório e a obtenção de cópias do processo. Recurso desprovido. (STJ - RHC 26911/MG, Relator o Ministro Felix Fischer, DJe de 3.5.2010)

- **Defesa: devido processo legal e contraditório** (CF, art. 5º, LIV e LV): manifesta nulidade recorrente da abertura de prazo para alegações finais antes de encerrada a instrução, tendo sido, após a apresentação delas, inquiridas outras testemunhas, sobre as quais, por isso não foi dada oportunidade à Defesa para manifestar-se: demonstração de prejuízo concreto: prova impossível. Consequente anulação do processo a partir da audiência em que inquirida a última das testemunhas, abrindo-se novo prazo para requerimento de diligências e alegações finais (L. 8.038/90, art. 10 e seg.). (STF - RE 467658/MG - 1ª T. - Rel. Min. Sepúlveda Pertence - DJ 25.08.2006 p. 54 v. 2.244-06 p. 1.082)

- **Alegações finais. Intimação. Advogado constituído. Omissão.** "1. As alegações finais do réu são peça essencial do processo-crime, e o Juiz não deve sentenciar antes de suprir a omissão do defensor. 2. A omissão de apresentação das alegações finais, ainda que intimado o defensor constituído, configura ofensa ao direito de ampla defesa e ao princípio do contraditório, evidenciando-se prejuízo para o réu. Habeas corpus deferido". (STF - HC 73.227/RS - 2ª T. - Rel. Min. Maurício Correa - DJ 25.10.1996, p. 41.028 - Ement., v. 1847-02, p. 231)

- **Alegações finais. Deficiência jurídica. Nulidade.** "A deficiência das alegações finais, se prejudica a defesa do réu, é causa de nulidade do processo criminal. Com esse entendimento, deferiu-se habeas corpus para anular o processo a partir da fase das alegações finais, a fim de que outras fossem apresentadas por novo defensor". Vencidos os Ministros Maurício Corrêa e Carlos Velloso; ausente o Min. Néri da Silveira. Precedente: HC 72.629/SP (DJ de 22.09.1995). (HC 72.573/RJ, Rel. Min. Marco Aurélio, 26.09.1995 - Informativo STF 21)

- **Alegações finais. Ausência. Nulidade.** STF. "Nulidade. Falta de defesa. Inércia do defensor do acusado. Alegações finais não apresentadas. Inegável prejuízo para defesa. Inteligência e aplicação do art. 5º, LV, da CF/88, e arts. 261 e 564, III, "c", do CPP". (RT 687/372)

Título III

- **Alegações finais. Ausência. Nulidade.** STF. "Alegações finais. Advogado constituído. Sentença. Alegações finais do réu são peça essencial do processo crime, e o juiz não deve sentenciar antes de suprir a omissão do defensor". (RT 623/375)

- **Alegações finais. Advogado silente. Omissão. Nulidade.** "Alegações finais. Advogado que não dedicou uma palavra sequer quanto a uma das imputações. Ofensa ao princípio da ampla defesa. Processo anulado parcialmente a partir das referidas alegações. Súmula 523 do Supremo Tribunal Federal. Recurso provido para esse fim". (TJSP – JTJ 182/304)

- **Alegações finais. Intimação. Ausência. Validade.** STF. "Razões finais, no processo penal. Nulidade só pode resultar de não terem sido facultadas ao réu, não ter o defensor deixado de oferecê-las, apesar de intimado". (RTJ 52/462)

- **Alegações finais. Ministério Público. Intimação. Silêncio. Nulidade. Inocorrência**. "Inocorre nulidade insanável do processo quando, apesar de concedido o prazo para a produção de alegações finais, com regular abertura de vista e remessa dos autos ao Promotor, este se omite, deixando de oferecê-las, sem motivo justificado". (RT 716/457)

- **Alegações finais. Defesa. Fora de prazo. Mera irregularidade**. "A apresentação das alegações finais, pela defesa, fora do prazo legal constitui mera irregularidade, nada autorizando seu desentranhamento". (TJSP – JTJ 169/331-2)

- **Alegações finais. Intimação irregular. Nulidade.** STF. "Intimação irregular do advogado para oferecimento de alegações finais. Realização por carta. Modo não contemplado na lei processual penal. Feito anulado." (RT 604/460)

- **Alegações finais. Defensor *ad hoc*. Omissão do constituído.** STJ. "Nomeação de defensor ad hoc para alegações finais ante omissão do defensor constituído. Legalidade. Ausência de nulidade. Precedentes do Supremo Tribunal Federal e desta Corte". (RT 730/485)

- **Alegações finais. Inversão. Ordem. Nulidade.** "Alegações finais ofertadas pela defesa antes do Ministério Público. Inadmissibilidade. Cerceamento caracterizado". (RT 587/350). No mesmo sentido: RT 615/349).

20.11.8. Conclusão da audiência sem alegações finais

A audiência de instrução e julgamento será concluída sem as alegações finais se for deferido o requerimento de diligência proveniente de fatos conhecidos e surgidos durante a instrução criminal.

Caberá ao juiz, o destinatário das provas, avaliando os requerimentos, devidamente motivados, aferir a sua necessidade para complementar outras provas ou a sua utilidade para amparar fatos apurados, decidir, de forma fundamentada, o seu deferimento ou indeferimento, ficando todos os fatos registrados na Ata da Audiência.

Na hipótese de acolhimento da diligência, o Juiz ordenará a sua realização nos moldes requeridos e no prazo que estipular para sua conclusão.

Realizada a referida diligência, o juiz abrirá vista para ciência da parte contrária da prova produzida ou documento juntado.

Entretanto, se a diligência for a ouvida de alguma testemunha, será designada audiência de instrução e julgamento.

Concluída a manifestação das partes sobre a diligência produzida, o Juiz mandará intimar a Acusação e a Assistência de Acusação para suas razões finais, e, em seguida, a Defesa para o mesmo fim.

O prazo para apresentação das razões finais é de cinco dias.

Esses procedimentos estão inseridos nos dispositivos abaixo transcritos do Código de Processo Penal:

> **Art. 404.** Ordenado diligência considerada imprescindível, de ofício ou a requerimento da parte, a audiência será concluída sem as alegações finais.
>
> Parágrafo único. Realizada, em seguida, a diligência determinada, as partes apresentarão, no prazo sucessivo de 5 (cinco) dias, suas alegações finais, por memorial, e, no prazo de 10 (dez) dias, o juiz proferirá a sentença.
>
> **Art. 405.** Do ocorrido em audiência será lavrado termo em livro próprio, assinado pelo juiz e pelas partes, contendo breve resumo dos fatos relevantes nela ocorridos.
>
> § 1º Sempre que possível, o registro dos depoimentos do investigado, indiciado, ofendido e testemunhas será feito pelos meios ou recursos de gravação magnética, estenotipia, digital ou técnica similar, inclusive audiovisual, destinada a obter maior fidelidade das informações.
>
> § 2º No caso de registro por meio audiovisual, será encaminhado às partes cópia do registro original, sem necessidade de transcrição.

A norma se refere à existência de um livro próprio para o registro de forma sucinta, mas que possa retratar de forma condensada com fidelidade a ocorrência inteireza dos fatos verificados na audiência.

20.11.9. prazo para encerramento da instrução penal

A lei, ao estabelecer prazos para a realização dos atos judiciais no processo criminal, vislumbrou a imperiosa necessidade de atender ao princípio da razoável duração do processo dentro das garantias fundamentais asseguradas ao agente, conforme preceitua o art. 5º, inc. LXXVIII, da Carta Política.

Com efeito, incorre em ilegalidade quando ultrapassado o conjunto de prazos estipulados pela norma, quando a defesa não tenha concorrido para o retardamento da tramitação processual, mas que tenha havido inércia ou morosidade da máquina judiciária.

Esse constrangimento ilegal fica mais evidente quando um processo de réu preso supera mais de 150 (cento e cinquenta) dias, passando a se constituir de abusivo o excesso de prazo. Afinal, os prazos foram estipulados para serem respeitados visando à efetividade do processo e à sua utilidade funcional.

- "Se a instrução já está concluída há mais de 10 (dez) meses com a apresentação, inclusive, das alegações finais, sem que tenha sido prolatada a decisão da fase de pronúncia, o constrangimento é, em princípio, ilegal pelo excesso de prazo em processo do réu preso. Tópico não apreciado no v. acórdão reprochado desmerece exame, aqui, por esta Corte. Recurso parcialmente conhecido e provido. (STJ - RHC 7.562/SE, Rel. Ministro FELIX FISCHER, QUINTA TURMA, julgado em 04/08/1998, DJ 08/09/1998, p. 77)

21. SENTENÇA

Sentença é a conclusão de uma controvérsia jurídica proferida pelo julgador investido das funções jurisdicionais, considerando a vontade concreta da lei em respeito ao direito positivo ou negativo dos litigantes. Assim, toda sentença importa num julgamento da questão suscitada, de modo que se trata de uma manifestação judiciosa definitiva solucionando a causa que pode ser condenatória, absolutória ou terminativa de mérito. A sentença exige um ritual processualístico formal que engloba o relatório ou histórico do fato; a motivação ou fundamentação jurídica; e a conclusão ou decisão.

O relatório é a primeira etapa na elaboração de uma sentença que deve conter um histórico sucinto dos fatos colacionados no processo, tais como os nomes das partes, o fato objeto da ação penal com sua descrição temporal e geográfica, as fases processuais com a identificação das páginas, a capitulação das condutas típicas e uma síntese da tese esposada pelas partes.

A respeito da importância do relatório na sentença, merece exame os seguintes julgados:

> Sentença. Relatório. Nulidades. "É nula a sentença que em seu relatório não contém os fatos pelos quais o sentenciado está sendo condenado, bem como o dia, o local e hora em que ocorreram, vez que deste modo o réu não poderá saber qual o evento que ensejou sua condenação". (RJDTACRim 13/144)
>
> Sentença. Nome do réu. Ausência. "Nula é a sentença que não consiga o nome do interessado". (JTACCREsp. 41/33)

Também como elemento da decisão judicial, está a legitimação da atividade jurisdicional com a motivação expondo os conhecimentos fáticos e jurídicos que formam o convencimento do juiz, o que permitirá um controle por meio dos recursos adequados à parte vencida e à sua melhor aplicabilidade em favor do vencedor.

A observância das exigências legais para que uma manifestação judiciosa definitiva reúna a condições de eficácia e validade necessita que o magistrado aprecie e resolva todas as questões de fato e de direito que lhe são submetidas à análise.

A garantia constitucional de que "*todos os julgamentos dos órgãos do Poder Judiciário serão públicos e fundamentadas todas as decisões*" (CF/88, art. 93, IX), assume expressiva conotação racionalizadora na valoração dos elementos de convicção, à medida que a liberdade de tal exame não exclua, e sim imponha que este seja adequadamente justificado.

A exteriorização das razões explicitadas de decidir deve revelar o prisma pelo qual o órgão julgador interpretou a lei e apreendeu os fatos da causa, de sorte que sua exposição, dotada de clareza, lógica e precisão, propicie perfeita compreensão de todos os pontos controvertidos, bem como da conclusão atingida, consubstanciada no julgamento da causa.

Esse é um princípio elementar que permite estabelecer a exata dimensão do conteúdo da vontade do julgador e a verificação nos limites objetivos do julgado, de modo que o juiz, ao proferir manifestação judiciosa definitiva, deve pronunciar-se com a clareza recomendada pela boa doutrina mediante uma linguagem acessível e direta que possibilite uma fácil compreensão das argumentações que o conduziram a decidir em determinado sentido, de modo que, afastada dessa senda, está sujeita a embargos declaratórios (art. 619 do CPP).

Esse é um princípio elementar que permite estabelecer a exata dimensão do conteúdo da vontade do julgador e a verificação nos limites objetivos do julgado.

Dessa forma, ao proferir manifestação judiciosa definitiva, o juiz considerará as agravantes ou atenuantes, como também, mencionará as circunstâncias judiciais, as qualificadoras e os casos de aumento e diminuição de pena, nos termos preceituados pelos arts. 59 e seguintes do Código Penal, para a fixação da pena, observando os critérios especiais da pena de multa, da multa substitutiva, a ocorrência de concurso de pessoas, do instituto da reincidência, bem como, a modalidade de concurso, se material, formal ou crime continuado, para sopesar ao final objetivando o cálculo da pena.

Na sentença o juiz também poderá fixar valor mínimo para a reparação dos danos causados pela infração cometida pelo acusado. Seria cobrir as despesas mais urgentes e imediatas de que necessitariam o ofendido, tais como, aquisição de remédio, tratamento médico e os numerários necessários ao seu sustento pessoal ou familiar, na hipótese de pessoa que arca com as despesas da sua família.

Com efeito, esse mínimo não inibe o ofendido de postular no juízo cível a reparação por danos morais, material e lucro cessante, que traduzam com realismo as perdas sofridas em decorrência do ato antijurídico promovido pelo acusado. Esta decisão tem a natureza de título executivo judicial que será executado no juízo cível, na forma da legislação processual civil.

Note-se que o parágrafo único do art. 387 do Código de Processo Penal, que preceitua os requisitos essenciais para o reconhecimento eficaz de uma sentença penal, também, se refere à necessária inserção de manifestação fundamentada do juiz com relação à manutenção da prisão do acusado ou da imposição de decretação da prisão preventiva ou outra medida cautelar.

Aqui é importante anotar que a decretação da prisão preventiva somente poderá prosperar se presentes os requisitos autorizativos para sua edição, nos termos da legislação processual inferida no art. 312 e seguintes do Código de Processo Penal, ou a ocorrência de fatos supervenientes extraordinários à instrução processual que venham justificar essa medida de exceção, conquanto a regra é o réu responder o processo em liberdade.

No que se refere ao acusado que respondeu todo o processo com sua liberdade segregada por força de flagrante delito ou decretação de prisão preventiva, caberá ao juiz, considerando a primariedade do réu, seus antecedentes, a sua conduta social, a natureza da infração cometida, a dosimetria da pena imposta e a que já foi cumprida, bem como o regime prisional, poderá relaxar a prisão ou revogá-la, no caso de interposição de apelação por qualquer das partes, para que o mesmo aguarde em liberdade o julgamento recursal até o seu final.

- **Sentença. Fundamentação.** É pacífico nesta Corte o entendimento da possibilidade da fundamentação *per relationem* ou *aliunde*, não se cogitando nulidade ou ofensa ao artigo 93, inciso IX, da Constituição Federal, se o julgador, ao fundamentar o decisum, para além de sua própria fundamentação, reporta-se a trechos da sentença condenatória. A ausência de análise, pelo Tribunal de origem, das teses defensivas expostas no recurso de apelação quanto à dosimetria penal viola o artigo 93, IX, da Constituição Federal. Ordem concedida de ofício para decretar a nulidade do acórdão proferido nos autos da Apelação Criminal. (STJ - HC 363.757/RS, Rel. Ministro REYNALDO SOARES DA FONSECA, QUINTA TURMA, julgado em 14/03/2017, DJe 17/03/2017)

- "**Sentença. Nulidade**. Deve ser considerada inexistente a sentença juntada aos autos em fotocópia não autenticada, na medida em que falta-lhe requisito essencial, qual seja, a assinatura original do Juiz que a prolatou, o que lhe confere autenticidade e demonstra-lhe a existência jurídica, tudo conforme o art. 381, VI, do CPP. A importância de uma sentença condenatória não permite flexibilizar a regra destacada alhures, na medida em que a existência de assinatura, inequivocamente aposta pelas mãos de agente investido de jurisdição, demonstra a obediência ao princípio do juiz natural. Sentença anulada em preliminar de ofício. (TJMG - Apelação Criminal 1.0363.15.004088-1/001, Relator(a): Des.(a) Corrêa Camargo , 4ª CÂMARA CRIMINAL, julgamento em 15/03/2017, publicação da súmula em 23/03/2017)

- **Réu denunciado por delito na forma consumada e posteriormente condenado na forma tentada.** O réu denunciado por crime na forma consumada pode ser condenado em sua forma tentada, mesmo que não tenha havido aditamento à denúncia. Inicialmente, vale ressaltar que a tentativa não é uma figura autônoma, pois a vontade contrária ao direito existente na tentativa é igual à do delito consumado. Também segundo a doutrina, o delito pleno e a tentativa não são duas diferentes modalidades de delito, mas somente uma diferente manifestação de um único delito. Como o réu não se defende da capitulação da denúncia, mas do fato descrito na exordial acusatória, não há a nulidade por ofensa ao art. 384 do CPP, quando o magistrado limita-se a dar definição jurídica diversa (crime tentado) da que constou na denúncia (crime consumado), inclusive aplicando pena menos grave. (STJ - 6ª Turma - HC 297.551-MG, Rel. Min. Rogerio Schietti Cruz, julgado em 5/3/2015, DJe 12/3/2015).

- ***Emendatio libelli* antes da sentença.** O juiz pode, mesmo antes da sentença, proceder à correta adequação típica dos fatos narrados na denúncia para viabilizar, desde logo, o reconhecimento de direitos do réu caracterizados como temas de ordem pública decorrentes da reclassificação do crime. Assim, há direito do acusado a ver reconhecida a incompetência, a prescrição, o direito à transação, a inexistência de justa causa, e, se isso pode reconhecer o magistrado sem dilação probatória, pela mera aplicação do direito aos fatos denunciados, pode e deve essa decisão dar-se durante a ação penal, como temas de ordem pública, mesmo antes da sentença. Se a solução do direito ao caso penal dá-se em regra pela sentença - daí os arts. 383 e 384 do CPP – temas de ordem pública podem ser previamente solvidos. (STJ - 6ª Turma - HC 241.206-SP, Rel. Min. Nefi Cordeiro, julgado em 11/11/2014, DJe 11/12/2014)

- **Sentença. Fundamentação.** STF: "Quanto à preliminar de nulidade por falta de motivação, tem inteira procedência. Não é dado ao julgador apenas afirmar que existe prova suficiente da responsabilidade do acusado. Impõe-se demonstrar sua convicção mediante a análise da prova constante dos autos. O livre convencimento não significa falta de motivação legal". (RT 625/379-80). No mesmo sentido, TJMG: RT 610/412; RT 563/298, 589/325, 694/354, 684/302; TARS: RT 626/352;

TACRSP: RT 537/311, 581/338-9 e 347, 604, 384, TA-CREsp. 62/80, 76/133)

- **Sentença. Fundamentação.** A fundamentação das decisões do Poder Judiciário, tal como resulta da letra do inc. IX do art. 93 da Constituição da República, é condição absoluta de sua validade e, portanto, pressuposto da sua eficácia, substanciando-se na definição suficiente dos fatos e do direito que a sustentam, de modo a certificar a realização da hipótese de incidência da norma e os efeitos dela resultantes. 2 Tal fundamentação, para mais, deve ser deduzida em relação necessária com as questões de direito e de fato postas na pretensão e na sua resistência, dentro dos limites do pedido, não se confundindo, de modo algum, com a simples reprodução de expressões ou termos legais, postos em relação não raramente com fatos e juízos abstratos, inidôneos à incidência da norma invocada. 6. Ordem parcialmente concedida. (STJ - HC 36962/PI - 6ª T. - Rel. Min. Hamilton Carvalhido - DJ 29.11.2004 p. 416)

- **Sentença. Fundamentação.** Matéria de defesa. Omissão. Nulidade. TJSP: "Ainda que se admita ao juiz, no relatório da sentença, mencionar de forma sucinta as razões de acusação e de defesa, na sua fundamentação deve entretanto, abordar as questões relevantes trazidas pelas partes, enfrentado toda a matéria alegada e discutida, ignorá-la ao omisso, constitui indubitável cerceamento de defesa e implica nulidade da mesma., por ausência de consideração do exame sobre os pontos debatidos nos autos." (RT 6081316). No mesmo sentido, TACRSP: RT 569/340-1, 580/373, 594/365, 600/369 609/353, 612/348, RJDTACRim 12/127, 13/136,138,140 e 142.

- **Sentença. Prova. Condenação.** Prova indiciária. Descabimento. "1. A confissão extrajudicial, para servir de fundamento para o decreto condenatório, deve ser harmônica com o conjunto probatório, caso contrário, a absolvição se torna imperativa. 2. A prova indiciária não autoriza a condenação, quando encontra-se isolada nos autos, ausentes outros elementos probatórios que pudessem indicar, com margem de segurança, a prática do ilícito pelo acusado, e que não permitissem uma explicação lógica diferente. 3. Recurso provido, absolvição decretada". (RT 779/698)

- **Sentença. Prova. Condenação.** Prova indiciária. Descabimento. "A confissão no flagrante policial não repetida em juízo não faz prova. tampouco os depoimentos de integrantes da diligência que profissionalmente a realizaram, desacompanhados de outros elementos informativos que corroborem esses mesmos depoimentos, máxime ocorrendo irregularidades na ação dos policiais". (TJRJ - AC 7.004 - Rel. Osny Duarte Pereira - RT 546/408)

- **Sentença. Prova. Condenação.** Prova indiciária. Descabimento. REsp. Constitucional. Processual penal. Prova. Processo inquérito policial. "A Constituição da República distingue processo e inquérito policial. O primeiro obedece ao princípio do contraditório. O segundo é inquisitorial. A prova idônea para arrimar sentença condenatória deverá ser produzida em juízo. Impossível invocar os elementos colhidos no inquérito, se não forem confirmados na instrução criminal". (STJ - Acórdão - REsp. 55.178/MG - REsp. (1994/0030526-5) - 6a T. - Rel. Min. Luiz Vicente Cernicchiaro - DJ 19.12.1994, p. 35.338).

21.1. Sentença sem apreciação da defesa

A sentença penal é nula ao desprezar o mérito expendido nas alegações finais formuladas pela Defesa; assim é que ensina Julio Fabbrini Mirabete: "como a sentença deve ser completa, é nula se o juiz deixar de examinar toda a matéria articulada ou de considerar todos os fatos articulados na denúncia contra o réu (sentença citra petita) da mesma forma, é eivada de nulidade a sentença que não responde às alegações da defesa, seja de mérito, seja de preliminares arguidas oportunamente"[1].

De modo que o arrazoado articulado pela Defesa nas suas alegações meritórias quando disseca as provas coligidas e as suas contradições, as imprecisões e alusões em favor da posição esposada na sua tese calcada nos autos, deve ser enfrentado, sopesado e deve-se conferir-lhe a valoração jurídica dos fatos e de direito que emolduram o processo.

A sentença penal para ser válida, é preciso que retrate um julgamento no confronto de provas que foram colacionadas na instrução criminal, sob pena de revestir-se de uma denunciação inquisitorial ante a preferência exclusiva pela versão ministerial.

Ademais, as alegações finais estão previstas no art. 403 do Código de Processo Penal, cuja falta resulta em cerceamento de defesa. Portanto, revela-se uma nulidade absoluta fazê-lo letra morta ou fazer de conta a sua apresentação, afetando, assim, o devido processo legal e a garantia constitucional do contraditório.

- **Nulidade. Tese defensiva não analisada.** No caso, constata-se que o juízo singular deixou de analisar as teses defensivas, contrariando o disposto no art. 93, inciso IX, da Constituição Federal, segundo o qual as decisões do Poder Judiciário devem ser motivadas, a ponto

1. **Código de Processo Penal Interpretado**. São Paulo, 1999. P. 484

de conter o substrato da causa e as particularidades defendidas pelas partes. Ordem concedida, de ofício, para anular a decisão singular e determinar que outra seja prolatada, com a devida apreciação das teses expostas na peça defensiva. (STJ - HC 354.640/SC, Rel. Ministra MARIA THEREZA DE ASSIS MOURA, SEXTA TURMA, julgado em 14/06/2016, DJe 23/06/2016)

- **Nulidade processual. Decisão. Teses. Defesa preliminar. Não apreciadas.** Após a fase de apresentação de resposta à acusação, o magistrado, ao proferir decisão que determina o prosseguimento do processo, deverá ao menos aludir àquilo que fora trazido na defesa preliminar, não se eximindo também da incumbência de enfrentar questões processuais relevantes e urgentes. Incumbe-lhe, ainda, enfrentar questões processuais relevantes e urgentes ao confirmar o aceite da exordial acusatória. Com efeito, a inauguração do processo penal, por representar significativo gravame ao *status dignitatis*, deve, sim, ser motivada. Dessa maneira, suprimida tão importante fase procedimental, preciosa conquista democrática do Processo Penal pátrio, de rigor é o reconhecimento da nulidade. (STJ – 6ª Turma – RHC 46.127-MG, Rel. Min. Maria Thereza de Assis Moura, julgado em 12/2/2015, DJe 25/2/2015).

- **Sentença. Tese da defesa não enfrentada. Decisão. Nulidade**. TJRS: "Decisão que não examina defesa sustentada pelo acusado é radicalmente nula, por ser citra petita". (RJTJERGS 137179)

- **Sentença. Decisão que não examinou argumentos da defesa. Nulidade.** "Decisão que não examinou defesa sustentada pelo acusado – Nulidade – Recurso provido. Deixando a decisão de pronúncia de apreciar fundamentada tese sustentada pela parte, a entrega da prestação jurisdicional não se completou e outra deverá ser prolatada com observância das formalidades legais". (RT 511/359)

- **Sentença. Questões relevantes. Omissão. Nulidade.** TJSP: "Ainda que se admita ao juiz, no relatório da sentença, mencionar de forma sucinta as razões de acusação e de defesa, na sua fundamentação deve, entretanto, abordar as questões relevantes trazidas pelas partes, enfrentado toda a matéria alegada e discutida. Ignorá-la ao omisso, constitui indubitável cerceamento de defesa e implica nulidade da mesma, por ausência de consideração do exame sobre os pontos debatidos nos autos". (RT 608/316). No mesmo sentido, TACRSP: RT 569/340-1, 580/373, 594/365, 600/369, 609/353, 612/348, RJDTACRim 12/127, 13/136, 138, 140 e 142.

- **Sentença. Pedido alternativo não examinado. Nulidade**. A sentença que não enfrenta pedido de desclassificação formulado pela defesa, ofende a CF, art. 93, IX. É citra petita. Constrangimento ilegal configurado. Ordem concedida em parte, para anular a sentença e o acórdão, determinando que outra sentença seja proferida com análise das teses em sua totalidade. (STF - HC 77.824/SP - 2ª T. - Rel. Min. Nelson Jobim - DJ 27.04.2001)

- **Sentença. Não apreciação da tese da defesa. Nulidade.** "Deixando a decisão de apreciar fundamentada tese sustentada pela parte, a entrega da prestação jurisdicional não se completou e outra deverá ser prolatada com observância das formalidades legais. (RT 511/359).
- **Decisão *citra petita*: Cerceamento de defesa** idoneamente arguido mas não examinado nem no julgamento da apelação, nem no da correição parcial, equivocadamente tida por prejudicada, porque apensados os autos aos de outra apelação em que se manteve a absolvição do paciente: nulidade das decisões. (STF - HC 76.365/SP - Rel. Min. Sepúlveda Pertence - DJ, 13.11.1998, p. 2 - Ement., v. 1.931-01, p. 196 - 1ª T.)

21.2. Da sentença penal absolutória

As regras para a prolatação de uma sentença penal absolutória estão expressas no art. 386 do Código de Processo Penal ao estabelecer quais as motivações que autorizam a declaração infundada da acusação para julgar improcedido o pedido da ação penal.

O primeiro efeito da sentença absolutória é colocar o acusado imediatamente em liberdade, se por "al" não estiver preso, isto é, se por algum outro motivo não deve continuar preso, por exemplo, em razão de prisão preventiva decretada em outro processo.

Já após o trânsito em julgado, a medida assecuratória do sequestro de bens do indiciado (CPP, art. 125) e na hipoteca legal (CPP, art. 141), deve ser levantada, assim como restituída a fiança (art. 337), se for o caso. Resulta, ainda, na retirada de anotações das folhas de antecedentes criminais do inquérito policial e da ação penal.

Na hipótese de absolvição imprópria, ou seja, medida de segurança, em articulação com os termos do art. 26 do Código Penal (imputabilidade penal), cabe ao juiz aplicar a medida de segurança de internação em hospital de custódia e tratamento psiquiátrico ou, em sua falta, em estabelecimento adequado.

A medida de segurança para os penalmente inimputáveis é relativamente indeterminada, perdurando a execução enquanto permanecer a periculosidade do agente, ocorrendo perícia médica no prazo mínimo a ser fixado, que varia entre um a três anos.

A competência para a aplicação da medida de segurança é do juiz sentenciante. Ao juiz da execução penal, em que pese a leitura do art. 66, V, "d", da Lei 7.210/84 (Lei de Execução Penal), a sua competência somente se opera após o trânsito em julgado da sentença condenatória; logo, lhe refoge atribuição jurisdicional para tal fim.

Merece análise como motivo de absolvição expressa no inciso IV – "estar provado que o réu não concorreu para a infração penal" – que traz de forma expressa a premência da evidência probatória de que o réu não concorreu, não contribuiu nem cooperou para a ocorrência do fato delituoso. Aqui, o legislador enfoca que, mesmo tendo existido o crime, ficou demonstrado, de forma cabal, que o réu em nada ajudou na sua realização. Há uma evidência positiva da sua ausência no cenário do crime.

Essa classificação, aparentemente, similar à classificação contida no inc. V – " não existir prova de ter o réu concorrido para a infração penal", revela uma distinção de condutas concluídas ao final do processo, pois, nesta não há existência de provas da participação do réu, ou seja, a instrução criminal não encontrou a presença de provas de que o réu tenha concorrido para o evento delituoso capitulado, de modo a ensejar a sua responsabilização penal no fato apurado. Há uma evidência negativa de sua presença no cenário do crime.

Com moldura jurídica de enquadramento da absolvição, tem-se como requisito para sua aplicabilidade a confirmação de provas da ausência de concorrência do réu para o *iter criminis*, desde a sua preparação até a consumação do crime. Aqui, é a ausência de provas que leva o acusado à absolvição. Naquela é a demonstração com provas de que o réu não concorreu para o fato.

Com efeito, nas duas motivações se configura a negativa de autoria cujo enquadramento tem efeito jurídico no campo civil e administrativo para afastar a responsabilização do acusado nesses campos.

A absolvição do acusado, sendo este funcionário público, em qualquer das duas modalidades, importa na sua reintegração de posse no cargo, se demitido por força de inquérito administrativo, bem ainda, ao pagamento, a título de indenização, relativo ao período do seu desligamento compulsório.

Na área civil, também tem reflexos relevantes, visto que também imuniza o acusado de responsabilidade civil por danos materiais, morais ou de lucro cessante.

Entretanto, ocorrendo a absolvição por força da insuficiência de provas (inc. VII), não afasta a responsabilidade administrativa nem civil, prevalecendo os efeitos jurídicos do inquérito administrativo no tocante à sanção aplicada e permitindo a perquirição de reparação por danos morais, materiais e de lucro cessante. Aqui não há como o agente, sendo servidor público, ser reintegrado no cargo.

Nos termos do art. 66 do Código de Processo Penal, entendido pela orientação doutrinária como parcialmente revogado pelo Código Civil de 2002, considera que a sentença absolutória, quando reconhecida categoricamente a inexistência material do fato, não cabe reparação civil porque ele não ocorreu.

Esse dispositivo conflita com o art. 935 do Código Civil quando este declara a independência da esfera civil, mas exige a declaração judicial criminal de fato existente com o seu respectivo autor. É preciso o reconhecimento judicial da existência do fato e seu autor, ou a negativa de um ou de outro. O dispositivo está assim redigido:

> **Art. 935.** A responsabilidade civil é independente da criminal, não se podendo questionar mais sobre a existência do fato, ou sobre quem seja o seu autor, quando estas questões se acharem decididas no juízo criminal.

Denota-se que o mesmo fato jurídico pode dar origem a sanções civis, penais e administrativas. Assim, se o réu vier a ser absolvido no processo penal por falta ou insuficiência de provas (art. 386, VII, do CPP), poderá responder à ação civil e ser condenado a indenizar pelo mesmo fato. Aqui o fato criminoso foi reconhecido pela justiça penal, mas não havia provas suficientes da autoria imputada.

Ocorre que, quando as questões da existência do fato criminoso (materialidade) e a autoria estiverem sido decididos no processo penal, há reflexos no processo civil. A existência de coisa julgada penal influencia o processo civil. O julgamento positivo ou negativo no processo penal projeta esse resultado para o processo civil.

Nesse sentir:

> "Vigora em nosso direito o princípio da independência da responsabilidade civil em relação à penal, porém não se poderá questionar mais sobre a existência do fato (isto é, do crime e suas consequências) ou sobre quem seja o seu autor, quando estas questões se encontrarem decididas no juízo criminal". (RT 647:129; 629:140)

Agora, quando ficar provado que o réu não concorreu para a infração penal, ficando expresso que há prova positiva nos autos de que o mesmo não é autor, coautor ou partícipe do evento criminoso, não há alcance jurídico para a sua responsabilização civil.

Antes, somente com o encaixe no dispositivo da "negativa de autoria" impunha a sua exclusão do rol da responsabilidade civil; mas se fosse sob a etiqueta da "inexistência de prova suficiente para a condenação", não havia a excludente da sua responsabilização civil, nem geraria direito no campo administrativo.

Anote-se que o crime exige vontade, conduta e resultado, cujos requisitos são excluídos do contexto fático pela ausência destes requisitos, adequando-se ao novo dispositivo enquadrador da absolvição, ou seja nos incs. IV ou V do aludido dispositivo.

Com efeito, emergindo dos autos provas que indiquem "IV - estar provado que o réu não concorreu para a infração penal" ou "V – não existir prova de ter o réu concorrido para a infração penal", cabe ao pretor na sentença absolutória enquadrar a hipótese em qualquer destes dispositivos que afastarão qualquer encargo ou responsabilidade no campo civil, e sendo o agente servidor público, produzirá direitos no âmbito da Administração pública.

A nova modalidade de enquadramento da absolvição tem como requisito para sua aplicabilidade a confirmação de provas da ausência de concorrência do réu para o iter criminis, desde a sua preparação até a consumação do crime. Aqui, é a ausência de provas que leva o acusado à absolvição.

Com se vê, nas duas modalidades se configura a negativa de autoria cujo enquadramento tem efeito jurídico no campo civil e administrativo para afastar a responsabilização do acusado nesses campos.

Arrematando: se o conjunto probatório revelar "estar provado que o réu não concorreu para a infração penal"; ou seja, ficou demonstrada a sua inocência, ou "não exista prova de ter concorrido para a infração penal", melhor dizendo, não se constituíram provas da sua participação do evento criminoso, não resultará este enquadramento na responsabilização civil por danos sofridos pela vítima do fato delituoso.

A absolvição do acusado, sendo este funcionário público, em qualquer das duas modalidades enfocadas (IV e V), importa na sua reintegração de posse no cargo, se demitido por força de inquérito administrativo, bem ainda, no pagamento, a título de indenização, relativo ao período do seu desligamento compulsório.

Na área civil, também tem reflexos relevantes, visto que também imuniza o acusado de responsabilidade civil por danos materiais, morais ou de lucro cessante.

Entretanto, a absolvição, ocorrendo por força da insuficiência de provas, não afasta a responsabilidade administrativa nem civil, prevalecendo os efeitos jurídicos do inquérito administrativo no tocante à sanção aplicada e permitindo a perquirição de reparação por danos morais, materiais e de lucro cessante.

Quanto à nova redação do inc. II do parágrafo único – "ordenará a cessação das medidas cautelares e provisoriamente aplicadas", o que se vê é uma especificidade dos procedimentos ao denominar de forma apropriada as medidas cautelares e provisórias, aplicadas antes ou no curso do processo, tais como apreensão de documentos, indisponibilidade de bens, restrições de direitos ou créditos, enfim, qualquer instrumento objeto da investigação ou da tramitação criminal.

- **Sentença absolutória. Repercussão jurídica.** "A sentença absolutória que reconhece a prescrição da pretensão punitiva do Estado não produz efeitos sobre a decisão administrativa que excluiu o autor das fileiras da Corporação Militar. (STJ - AR 3.694/SP, Rel. Ministro ROGERIO SCHIETTI CRUZ, TERCEIRA SEÇÃO, julgado em 27/05/2015, DJe 10/06/2015)

- **Sentença absolutória. Repercussão jurídica.** "É pacífico no âmbito desta Corte o entendimento de que, devido à relativa independência entre as instâncias, a absolvição no juízo criminal somente vincula o cível quando reconhecida a inexistência do fato ou declarada a negativa de autoria, o que não é o caso dos autos. (STJ - AgRg no AREsp 518.502/SC, Rel. Ministro ANTONIO CARLOS FERREIRA, QUARTA TURMA, julgado em 19/03/2015, DJe 27/03/2015)

- **Sentença absolutória. Repercussão jurídica.** "É cediço que a sentença penal absolutória pela ausência de provas somente vincula a seara administrativa quando houver reconhecimento da negativa do fato ou da inexistência de autoria". (STJ - AR 4.235/PR, Rel. Ministro SEBASTIÃO REIS JÚNIOR, TERCEIRA SEÇÃO, julgado em 10/12/2014, DJe 18/12/2014)

- **Sentença absolutória. Repercussão jurídica.** "O Superior Tribunal de Justiça já decidiu que "a sentença penal absolutória faz coisa julgada no juízo cível, nos casos em que o juízo criminal afirma a inexistência material do fato típico ou exclui sua autoria, tornando preclusa a responsabilização civil, bem como na hipótese de reconhecida ocorrência de alguma das causas excludentes de antijuridicidade. Interpretação dos arts. 65, 66 e 67, do Código de Processo Penal" (REsp 645.496/RS, Primeira Turma, Rel. Min. LUIZ FUX, DJ 14/11/05). (STJ - AgRg no REsp 1130746/RS, Rel. Ministro ARNALDO ESTEVES LIMA, PRIMEIRA TURMA, julgado em 06/06/2013, DJe 01/07/2013)

- **Sentença absolutória. Excludentes.** "Não podem sofrer interpretação extensiva as excludentes de criminalidade contempladas no art. 386, V do CPP, porque a doutrina as considera *numerus clausus*". (JSTJ 31/416)

- **Sentença absolutória. Razões extrajurídicos.** "Absolvição fundada em argumentos extrajurídicos. Negativa de vigência aos arts. 129 e 61, "e", do Código Penal. Recurso especial conhecido e provido". (RSTJ 22/233)

- **Sentença absolutória. Inimputabilidade.** "A comprovada inimputabilidade do agente não dispensa o magistrado de analisar detalhadamente, na sentença, a existência ou não dos delitos apontados na denúncia e os argumentos do acusado. Assim, a ausência da necessária fundamentação invalida a sentença". (RT 666/329). No mesmo sentido: RT 565/345.

- **Sentença absolutória. Ausência de provas.** "Aplicação do princípio in dubio pro reo. Autoria pelo apelante sinalizada como mera possibilidade. Tal não é bastante para condenação criminal, exigente de certeza plena. Como afirmou Carrara, "a prova, para condenar, deve ser certa como a lógica e exata como a matemática". Provimento parcial. (RJTJERGS 177/136)

- **Sentença absolutória. Excludente.** "Se a prova se divide se o réu agiu ao abrigo de uma excludente de culpabilidade, a absolvição deverá fundar-se com fulcro não no inc. V, mas no item VI, do art. 386 da lei adjetiva". (JTACREsp. 56/395)

- **Sentença absolutória. Prova imprecisa.** "Se o fato existiu, mas a prova não pode precisar o que realmente ocorreu, o réu deve ser absolvido com fundamento no art. 386, VI, do CPP, e não no inc. I, do mesmo dispositivo". (RJDTACRim 22/395)

Capítulo II
Da aplicação da pena

sumário • **22**. Fixação da pena: **22.1**. Aplicação da pena pelo critério trifásico; **22.2**. Circunstâncias judiciais; **22.3**. Individualização da pena; **22.4**. Dosimetria da pena; **22.5**. Requisitos da culpabilidade; **22.6**. Reincidência criminal; **22.7**. Antecedentes criminais; **22.8**. Substituição da pena privativa de liberdade; **22.9**. Perda de cargo, função pública ou mandato eletivo.

22. FIXAÇÃO DA PENA

Nos termos do art. 68 do Código Penal estabeleceu-se o sistema trifásico, no qual, na primeira etapa da composição do cálculo da pena, o juiz atenderá para sua fixação na pena-base às circunstâncias judiciais que são elementos informativos ou acontecimentos que estão ao redor da cena do crime, mas cuja ausência deste cenário não exclui o tipo penal, visto que não lhe são essenciais, mas interferem na formação da pena.

As circunstâncias judiciais estão elencadas no art. 59 do Código Penal.

É importante assinalar que, tratando-se de réu primário, com bons antecedentes e boa conduta social, a fixação da pena-base acima do mínimo legal, exige, sob pena de nulidade, consistente fundamentação do convencimento do julgador.

Depois de considerar todos os pormenores circunstanciais relativamente ao evento delituoso e à vida pregressa do réu, segue-se para a segunda fase da construção da pena, quando são consideradas as agravantes (CP, arts. 61, 62, 63) e as atenuantes legais (CP, arts. 65 e 66) na composição da quantidade da pena a ser estipulada.

A terceira parte do agregamento de elementos formadores no processo de individualização da pena leva em conta as causas de diminuição de pena previstas na Parte Geral ou Especial do Código Penal.

São exemplos das causas de aumento ou diminuição da pena:

a) de aumento da Parte Geral: arts. 70 e 71;

b) de aumento da Parte Especial: arts. 121, § 4º, 129, § 7º, 141 e parágrafo único, 157, § 2º, 158, § 1º, 168, § 1º;

c) de diminuição da Parte Geral: arts. 14, parágrafo único, 16, 24, 2º, 26, parágrafo único, 28, II, § 2º;

d) de diminuição da Parte Especial: arts. 121, § 1º, 129, § 4º, 155, § 2º, 170, 171, § 1º, 221 etc.

Existe uma quarta etapa na constituição do cálculo da pena, que vem a ser a da substituição da pena privativa de liberdade pela pena restritiva de direitos ou pela pena pecuniária (CP, arts. 44, 59, IV, e 60, § 2º, da Parte Geral).

22.1. Aplicação da pena pelo critério trifásico

Na aplicação da pena, é imperioso o juiz observar o estatuído pelo art. 68 do Código Penal, que institui o sistema trifásico para o cálculo que apura a dosimetria da pena.

O renomado Nelson Hungria[2], na tese adotada pelo legislador na reforma de 1984, afirma que o processo individualizador da pena deveria tresdobrar-se: Na primeira etapa, o juiz atenderia às circunstâncias judiciais; na segunda, levaria em conta as agravantes e as atenuantes legais, e, na última, teria em vista as causas de aumento ou de diminuição de pena.

É do interesse do acusado saber de todas as etapas da individualização da pena que lhe é imposta, para, assim, ter conhecimento da quantidade da pena-base, o peso atribuído às circunstâncias legais (agravantes e atenuantes).

Nesse entendimento, preleciona o jurista Heleno Claudio Fragoso: "O réu tem direito de saber que valor atribui o juiz às circunstâncias legais que reconheceu presentes, como expressão de seu direito de saber por que recebe esta pena e não outra qualquer". (Lições de Direito Penal, 1987. p. 340)

Observam Ada Pellegrini, Scarence e Antônio Magalhães: o "Supremo Tribunal Federal vem anulando sentenças que não seguiram o critério trifásico da lei. RTJ 117/589, 118, 483, RT 606/420, 607/396, LEX Jur.". Mesma orienta-

2. Alberto Silva Franco, **Código Penal e sua Interpretação jurisprudencial**. São Paulo: Editora RT, 1993. p. 422

ção encontra-se também no Tribunal de São Paulo – RJTJSP, LEX, v. 109/402, 117/455, 118/526. (As Nulidades no Processo Penal. 2. ed. p. 164).

- "**Aplicação da pena. Critério trifásico.** É indispensável o arbitramento das frações das causas de diminuição e de aumento, dentre as mínimas e máximas previstas em lei, as quais devem ser aplicadas de forma individualizada e sucessiva, em observância ao critério trifásico previsto no art. 68 do Código Penal. Precedentes". (STJ - HC 367.894/SP, Rel. Ministro REYNALDO SOARES DA FONSECA, QUINTA TURMA, julgado em 16/02/2017, DJe 21/02/2017)
- "**Aplicação da pena. Critério trifásico.** No que se refere à segunda fase do critério trifásico, a atenuante da confissão espontânea deve ser reconhecida, ainda que tenha sido parcial ou qualificada, quando a manifestação do réu for utilizada para fundamentar a sua condenação, o que se infere na hipótese dos autos, conforme a dicção da Súmula/ STJ 545. Precedentes". (STJ - HC 374.675/SP, Rel. Ministro RIBEIRO DANTAS, QUINTA TURMA, julgado em 13/12/2016, DJe 19/12/2016)
- **Aplicação da pena. Critério trifásico. Exasperação da pena-base.** - Em relação à dosimetria realizada, cabe ressaltar que o julgador possui discricionariedade vinculada para fixar a pena-base, devendo observar o critério trifásico (art. 68 do Código Penal), e as circunstâncias delimitadoras dos arts. 59 do Código Penal, em decisão concretamente motivada e atrelada às particularidades fáticas do caso concreto e subjetiva dos agentes. Assim, a revisão desse processo de dosimetria da pena somente pode ser feita, por esta Corte, mormente no âmbito do habeas corpus, em situações excepcionais. (STJ - HC 369.202/SC, Rel. Ministro REYNALDO SOARES DA FONSECA, QUINTA TURMA, julgado em 25/10/2016, DJe 08/11/2016)
- "Aplicação da pena. Critério trifáscio. A aplicação da pena, em face do sistema normativo brasileiro, não pode converter-se em instrumento de opressão judicial nem traduzir exercício arbitrário de poder, eis que o magistrado sentenciante, em seu processo decisório, está necessariamente vinculado aos fatores e aos critérios, que, em matéria de dosimetria penal, limitam-lhe a prerrogativa de definir a pena aplicável ao condenado. – Não se revela legítima, por isso mesmo, a operação judicial de dosimetria penal, quando o magistrado, na sentença, sem nela revelar a necessária base empírica eventualmente justificadora de suas conclusões, vem a definir, mediante fixação puramente arbitrária, a pena-base, exasperando-a de modo evidentemente excessivo, sem apoiar-se em fundamentação juridicamente idônea e que atenda à exigência imposta pelo art. 93, IX, da Constituição Federal". (STF - RHC 122469, Relator(a): Min. CÁRMEN LÚCIA, Relator(a) p/ Acórdão:

Título III

Min. CELSO DE MELLO, Segunda Turma, julgado em 16/09/2014, PROCESSO ELETRÔNICO DJe-213 DIVULG 29-10-2014 PUBLIC 30-10-2014)

- **Sentença. Sistema trifásico. Inobservância. Nulidade.** "Hipótese em que há ilegalidade manifesta a ser reconhecida. O Magistrado sentenciante não logrou fundamentar de maneira idônea a dosimetria da pena, porquanto não procedeu à análise das circunstâncias judiciais do art. 59, nem analisou a existência de atenuantes, agravantes, causas de diminuição e de aumento de pena, consoante determina o art. 68 do Código Penal, em patente inobservância ao sistema trifásico, ao princípio da individualização da pena, e ao art. 93, inciso IX, da Constituição Federal de 1988. Ordem concedida, de ofício, para, mantida a condenação, anular a sentença e, por conseguinte, o acórdão guerreado, no tocante à dosimetria da pena, a fim de que seja proferida nova sentença, de forma fundamentada. (STJ - HC 215.680/SP, Rel. Ministra MARIA THEREZA DE ASSIS MOURA, SEXTA TURMA, julgado em 18/04/2013, DJe 29/04/2013)

- **Sentença. Critério trifásico** "O julgador deve, ao individualizar a pena, examinar com acuidade os elementos que dizem respeito ao fato, para aplicar, de forma justa e fundamentada - observado o critério trifásico -, a reprimenda que seja necessária e suficiente para reprovação do crime. *In casu*, o juízo da condenação fixou as reprimendas bem acima dos mínimos legais, fundamento-as em fases aleatórias, de forma desordenada, com considerações genéricas - dados integrantes da própria conduta tipificada -, em sua maioria, sem detalhar a dosimetria segundo o critério trifásico, incorrendo, assim, em manifesta inobservância do princípio da individualização da pena. Precedentes. Ordem concedida para, mantida a condenação, anular a sentença na parte relativa à dosimetria da pena e, por conseguinte, ao regime prisional, para que outra seja prolatada. (STJ - HC 55.840/SP, Rel. Ministra LAURITA VAZ, QUINTA TURMA, julgado em 19/09/2006, DJ 30/10/2006, p. 346)

- **Sentença. Critério trifásico** Dosimetria da pena. Inobservância do critério trifásico. Pena-base e agravante. Desproporcionalidade. A teor do art. 61, inc. I, do Código Penal, a reincidência consubstancia circunstância legal agravante, não podendo ser considerada como critério para a fixação da pena-base. Ofende o princípio da proporcionalidade entre a agravante e a pena aplicada, bem assim, o critério trifásico previsto no art. 68 do Código Penal, a sentença que na primeira etapa da individualização da pena fixa o seu *quantum* no limite máximo previsto para o tipo penal. Habeas corpus deferido, em parte. (STF - HC 75.889/MT - Rel. Min. Maurício Corrêa - DJ 19.06.1998)

- **Sentença. Pena. Critério trifásico. Imprescindibilidade.** "Na fixação da pena final, descabe considerar, a um só tempo, os antecedentes (circunstância judicial), e a reincidência (agravante), disciplinados, respectivamente, nos arts. 59 e 61 do Código Penal. O vício de procedimento não é afastado pelo fato de a pena final haver ficado acima, em apenas um ano, da mínima prevista para o tipo. O preceito do art. 68 do Código Penal tem como escopo maior viabilizar o exercício do direito de defesa pelo condenado, consubstanciando, assim, princípio a ser observado. "Violar um princípio é muito mais grave que transgredir uma norma qualquer" (Celso Antônio Bandeira de Mello - Curso de Direito Administrativo, 5. ed., p. 451). (STF - HC 72.107-9/SP - 2ª Turma - Rel. Min. Marco Aurélio - DJ, 10.08.1995)

22.2. Circunstâncias judiciais

A elaboração da composição do cálculo da pena deve observar integralmente as regras contidas no art. 59 do Código Penal[3], que estabelecem os critérios para sua formação ao definir os parâmetros sancionatórios que são necessários e suficientes para exprimir a manifestação judicante de reprovação e prevenção do crime, assim como possibilitar a ressocialização do réu. Cuida-se de uma combinação que envolve a complexa somatização de todos os elementos informativos historiados no processo cujo personagem central é o réu.

Na análise das circunstâncias judiciais, não pode o juiz sentenciante, sob pena de nulidade, relegar a motivação delas com especificidade dos fatos apurados em relação à conduta, comportamento e os atributos pessoais do réu, bem ainda, tudo que ocorreu ao redor dos acontecimentos objeto do processo, para cingir-se tão somente a uma "estreita síntese" de situações, que não se mostram vinculadas às ocorrências apuradas no conjunto probatório.

Supostas, vazias e subjetivas apreciações abstratas do empirismo processual, não articulada com as circunstâncias exigidas pelo aludido dispositivo a fatos

3. **Art. 59.** O juiz, atendendo à culpabilidade, aos antecedentes, à conduta social, à personalidade do agente, aos motivos, às circunstâncias e consequências do crime, bem como ao comportamento da vítima, estabelecerá, conforme seja necessário e suficiente para reprovação e prevenção do crime:

I - as penas aplicáveis dentre as cominadas;

II - a quantidade de pena aplicável, dentro dos limites previstos;

III - o regime inicial de cumprimento da pena privativa de liberdade;

IV - a substituição da pena privativa da liberdade aplicada, por outra espécie de pena, se cabível.

Título III

concretos, precisos e objetivos, reveste o decisum de vício sanável pelo remédio heróico do habeas corpus ou através da revisão criminal para alguns Tribunais.

Pela relevância na formação do cálculo da pena, descrevemos as circunstâncias enumeradas pelo referido dispositivo penal:

22.2.1. Culpabilidade

Ensina Celso Delmanto[4] sobre a culpabilidade do agente:

> "Deve aferir o maior ou menor índice de reprovabilidade do agente, não só em razão de suas condições pessoais, como também em vista da situação de fato em que ocorreu sua conduta. Os antigos fatores da intensidade do dolo ou do grau da culpa, que eram considerados antes da vigência da Lei 7.209/84, também servem para sopesar a quantidade da censura (reprovação) que merece o sujeito por seu comportamento doloso ou culposo".

Cabe à sentença analisar a culpabilidade do agente, o seu grau de reprovabilidade à luz do que foi produzido nos autos. Não apenas, uma singela e genérica alusão aos autos, sem apontar este ou aquele fato que pudesse avaliar o seu grau de culpa.

22.2.2. Antecedentes do agente

Recorrendo ao autor acima citado, doutrina o renomado jurista sobre os antecedentes criminais: "São os fatos anteriores de sua vida, incluindo-se tanto os antecedentes bons como os maus. Serve este componente especialmente para verificar se o delito foi um episódio esporádico na vida do sujeito ou se ele, com frequência ou mesmo habitualidade, infringe a lei".

Comporta o exame da vida pregressa do agente, como também a existência de reincidência no cometimento de outros delitos. Se tiver sido condenado por algum outro fato, verificar se operou ou não a extinção da punibilidade ou se a condenação foi após o crime sob exame.

O fato de uma condenação em si pode revelar uma situação de réu tecnicamente primário, se a decisão estiver em grau de recurso.

22.2.3. Conduta social

Mais uma vez, citando Celso Delmanto, conduta social "*abrange seu comportamento no trabalho e na vida familiar, ou seja, seu relacionamento no meio*

4. **Código Penal Comentado**. 6ª edição. São Paulo: Renovar, p. 110

onde vive", portanto, deve o juiz sentenciante descrever fatos da vida perante a sociedade, sua atividade profissional e o relacionamento na vida familiar.

22.2.4. Personalidade do agente

Deve ser retratado o modo de sua atuação que exprima seus sentimentos diante das situações vividas, com vistas a extrair-se a natureza de sua índole e a postura do seu caráter. Busca-se identificar se há sintonia entre a sua conduta e o crime praticado, além do que se o agente tem sua personalidade inclinada à vida delituosa.

22.2.5. Motivos do crime

É preciso demonstrarem os fatos que impulsionaram o agente ao cometimento do crime imputado para uma avaliação que represente uma maior ou menor reprovação do fato praticado, cuja avaliação irá apontar se decorreu de uma tendência delituosa do agente ou se foi circunstancial.

22.2.6. Circunstâncias do crime

Tratam de todos os fatos envolvendo o crime praticado, são todas aquelas ocorrências que circundam o núcleo dos acontecimentos que são sempre relevantes para determinar o nível de conduta desenvolvida para o resultado alcançado.

22.2.7. Consequências do crime

Dizem respeito ao resultado da gravidade que produziram na vítima, de modo a indicar a potencialidade dos danos causados nela ou para a coletividade.

A propósito da indispensabilidade da fundamentação da pena, ressaltem-se os seguintes julgados:

a) O juiz deve demonstrar como chegou à pena que impôs e explicar como a individualizou. (TACRSP 85/9; 85/343; TRF - Ap. 6.823, DJU 30.10.1986 - p. 20.776)

b) Não basta enumerar as circunstâncias judiciais, sem especificá-las. (STF - RTJ 120/1088)

c) Não serve a genérica alusão ao art. 59 do CP para fixar-se acima do mínimo a pena privativa de liberdade, pois ao juiz cabe especificar cada fato levado em conta na individualização, a fim de fundamentar adequadamente a exacerbação operada. (TACrimSP– AC – Rel. Haroldo Luz – RJD 1/125 e JUTACRim 97/253)

d) Bem explica o insigne Fernando da Costa Tourinho Filho: "tanto a individualização da pena, contida na parte dispositiva, como a fundamentação, constituem os pontos altos da sentença". (TJSP – AC – Rel. Gentil Leite – RJTJSP 119/476)

Como se observa, a sentença que deixar de dispor de fatores objetivos inerentes às circunstâncias judiciais e a considerações subjetivas em relação à pessoa do agente, pressupostos autorizativos na promoção da individualização da pena, é infectada pelo vício da nulidade absoluta, por atingir garantias constitucionais e legais, ainda mais, se a pena for estipulada acima do mínimo legal.

A esse respeito, impende-se a transcrição do seguinte julgado:

> STF: Ao fixar a pena acima do mínimo legal, tem o juiz a obrigação de justificá-la convenientemente, não se permitindo a simples referência aos critérios genéricos do art. 59 do código penal como suficientes para esta fixação. (RJDTACRim 8/280). No mesmo sentido, STF – RTJ 70/660, 80/15, RT 591/432, 597/399, 620/379.

- "Circunstâncias judiciais. Hipótese em que o Tribunal de origem, na análise de apelo exclusivo da defesa, desconsiderou a valoração negativa de duas circunstâncias judiciais operada em primeiro grau (maus antecedentes e motivos do delito), sem qualquer reflexo na pena-base do paciente, o que configura manifesta ilegalidade por ofensa ao princípio da proporcionalidade. Precedente". (STJ - HC 338.182/RS, Rel. Ministro RIBEIRO DANTAS, QUINTA TURMA, julgado em 09/03/2017, DJe 16/03/2017)
- "Circunstâncias judiciais. Com efeito, a jurisprudência desta Corte entende que a gravidade concreta da conduta pode ser considerada na primeira fase da dosimetria para elevar a pena-base acima do mínimo, realizando o julgador, assim, a necessária dosimetria e individualização da pena. No caso, a pena-base foi exasperada em razão da consideração negativa das circunstâncias do delito, em que os agentes planejaram previamente toda a ação delitiva, inclusive, havendo distribuição específica de tarefas a cada um dos envolvidos. Contudo, não obstante os argumentos apresentados se prestem a exasperar a pena-base, o aumento não pode ser desarrazoado, há que se guardar proporcionalidade entre as circunstâncias judicias e o quantum de aumento. Nos autos, pode-se dizer que a majoração da pena foi desproporcional, devendo ser redimensionada a pena-base. Ordem concedida de ofício, para redimensionar a pena do paciente. (STJ - HC 382.834/SP, Rel. Ministro REYNALDO SOARES DA FONSECA, QUINTA TURMA, julgado em 09/03/2017, DJe 14/03/2017)

- **Exclusão de circunstância judicial e reformatio *in pejus*.** Caso o Tribunal, na análise de apelação exclusiva da defesa, afaste uma das circunstâncias judiciais (art. 59 do CP) valoradas de maneira negativa na sentença, a pena base imposta ao réu deverá, como consectário lógico, ser reduzida, e não mantida inalterada. A proibição da *reformatio in pejus*, derivação da regra mais ampla do *favor rei*, traduz-se na vedação a que, em recurso interposto exclusivamente pelo acusado, o Tribunal agrave a situação do recorrente, em relação à decisão impugnada, aceita pelo acusador. Proíbe-se, outrossim, a *reformatio in pejus indireta*, para impedir que, nos casos em que a decisão impugnada pelo acusado seja anulada pelo tribunal, a nova decisão venha a ser mais gravosa aos interesses da defesa. Sem embargo, não há impedimento a que, mantida a situação penal do réu, o tribunal a quem se devolveu o conhecimento da causa, por força de recurso (apelação ou recurso em sentido estrito) manejado tão somente pela defesa, possa emitir sua própria e mais apurada fundamentação sobre as questões jurídicas ampla e dialeticamente debatidas no juízo *a quo*, as quais foram objeto da sentença impugnada no recurso. A proibição de reforma para pior garante ao recorrente o direito de não ter sua situação agravada, direta ou indiretamente. Não obsta, entretanto, que o Tribunal, para dizer o direito - ao exercer, portanto, sua soberana função de *juris dictio* -, encontre motivação própria, respeitadas, obrigatoriamente, a imputação deduzida pelo órgão de acusação, a extensão cognitiva da sentença impugnada e os limites da condenação impostos no juízo de origem. Dessa forma, para o exame das fronteiras que delimitam a proibição de reforma para pior, deve ser analisado cada item do dispositivo da pena, e não apenas a quantidade total da reprimenda. Assim, havendo a exclusão de alguma circunstância judicial, não deve a pena ser mantida inalterada, pois, do contrário, estar-se-ia agravando o*quantum* atribuído anteriormente a cada uma das vetoriais. Ilustrativamente: "a pena fixada não é o único efeito que baliza a condenação, devendo ser consideradas outras circunstâncias para a verificação de existência de *reformatioin pejus*" (STF, HC 103.310, Segunda Turma, DJe 7/5/2015). HC 251.417-MG, Rel. Min. Rogerio Schietti Cruz, julgado em 3/11/2015, DJe 19/11/2015. 6ª Turma - STJ)

- **Circunstâncias judiciais na pena** "A fixação da pena-base deve contar com fundamentação concreta, idônea e individualizada, nos termos do artigo 59 do Código Penal e da norma constitucional expressa no artigo 93, inciso IX da Constituição Federal, não bastando, para tanto, meras referências a termos genéricos como 'culpabilidade intensa' ou a 'exigibilidade de conduta diversa', 'lucro fácil', 'causando prejuízo à vítima', quando tais circunstâncias constituem elementares do próprio tipo penal. Considerando a gravidade concreta do delito e a norma do artigo 59 do Código Penal, que faz menção à necessidade de se atender a reprovação e a prevenção do delito para a imposição do regime carcerário, a existência de circunstâncias judiciais negativas justificam a imposição de regime prisional mais gravoso que o previsto na legislação para o cumprimento da pena que, sendo inferior a 4 anos, é o semiaberto, afigurando-se desarrazoada a fixação, per saltum, do regime fechado. Este Superior Tribunal de Justiça firmou sua jurisprudência no sentido de que a perda do cargo público não é efeito automático da condenação ainda quando a pena é superior a quatro anos, requisitando motivação expressa nos termos do parágrafo único do art. 92 do Código Penal, existente no presente caso. Recurso parcialmente provido. (STJ – REsp 1383921/RN, Rel. Ministra MARIA THEREZA DE ASSIS MOURA, SEXTA TURMA, julgado em 16/06/2015, DJe 25/06/2015)

- **Circunstâncias judiciais na pena** – Não caracteriza circunstância relevante anterior ao crime (art. 66 do CP) o fato de o condenado possuir bons antecedentes criminais. A atenuante inominada é entendida como uma circunstância relevante, anterior ou posterior ao delito, não disposta em lei, mas que influencia no juízo de reprovação do autor. Excluem-se, portanto, os antecedentes criminais, que já são avaliados na fixação da pena-base e expressamente previstos como circunstância judicial do art. 59 do CP. (STJ – 6ª Turma – REsp 1.405.989-SP, Rel. para o acórdão Min. Nefi Cordeiro, julgado em 18/8/2015, DJe 23/9/2015).
- **Circunstâncias judiciais na pena** – Aplicação da pena. Circunstâncias. 1. A valoração negativa de cada uma das circunstâncias judiciais deve estar apoiada em elementos concretos, sob pena de ofensa aos critérios legais que regem a dosimetria da resposta penal. 2. Considerações abstratas, ou inerentes ao elemento volitivo necessário à própria realização dos tipos penais, são impróprias para ensejar o aumento da pena-base. A fração de aumento máxima estabelecida pelo § 2º do art. 157 do Código Penal exige a demonstração do maior grau de reprovabilidade da conduta do agente. Ordem parcialmente concedida para, anulando o acórdão e a sentença condenatória no tocante à dosimetria da pena, afastar as circunstâncias judiciais relativas aos motivos e às consequências do crime, bem como reduzir o aumento decorrente da majorante de emprego de arma para o mínimo legal, determinando ao Tribunal de Justiça do Distrito Federal e Territórios que proceda ao redimensionamento da pena. (STJ – 5ª T. – HC 70.593/DF – Rel. Min. Arnaldo Esteves Lima – DJ 11.06.2007 – p. 339)

- **Circunstâncias judiciais na pena** – "A pena deve ser fixada com fundamentação concreta e vinculada, tal como exige o próprio princípio do livre convencimento fundamentado (arts. 157, 381 e 387 do CPP c/c o art. 93, inciso IX, segunda parte da *Lex Maxima*). *In casu*, verifica-se que o v. acórdão objurgado carece, na fixação da resposta penal, de fundamentação objetiva imprescindível, não existindo argumentos aptos a justificar a fixação da pena-base no patamar indicado. Com efeito, não havendo elementos suficientes para a aferição da personalidade do agente, mostra-se incorreta sua valoração negativa a fim de supedanear o aumento da pena-base (Precedentes). Condenação por crime diverso, posterior aos fatos descritos na denúncia, não pode ser considerada como indicativo de má conduta social. Habeas corpus concedido." (STJ – HC 136.685/RS, 5.ª Turma, Rel. Min. FELIX FISCHER, DJe de 07/12/2009.)

- **Circunstâncias judiciais na pena** – "Constitui evidente constrangimento ilegal a consideração de uma das circunstâncias judiciais desfavoráveis – no caso a personalidade do agente – tida como desvirtuada sem a devida indicação dos fundamentos que levaram à essa conclusão". (STJ – HC 109.051/SC, Rel. Ministro JORGE MUSSI, QUINTA TURMA, julgado em 14/05/2009, DJe 15/06/2009)

- **Circunstâncias judiciais na pena** – Pena-base. O édito condenatório deve ser concretamente fundamentado, com a exposição dos elementos reais e justificadores de que a pena-base aplicada no mínimo legal se mostra insuficiente ante os fatos expostos no processo. Não pode servir de fundamento para aumento da pena-base as circunstâncias que, apesar de reputadas desfavoráveis, não foram fundamentadas com base em elementos concretos dos autos. Inexiste ilegalidade na dosimetria da pena na parte em que, de maneira fundamentada, considera negativamente as consequências e circunstâncias do delito, para exacerbar, de maneira razoável, a pena-base acima do mínimo legal. Os motivos da infração, do mesmo modo que as demais circunstâncias judiciais, não podem ser negativamente valorados quando já integrem a definição típica, pois já vêm censurado pela norma incriminadora, e sua punição vem prevista na pena abstratamente cominada. Habeas corpus concedido, em parte. (STJ – 6ª T. – HC 50.672/RJ – Rel. Min. Paulo Medina – DJ 23.04.2007 – p. 313)

- **Circunstâncias judiciais na pena** – A imposição desmotivada da pena se traduz em condenação injusta, mormente se os argumentos judiciais apresentados ao fixar o quantum da reprimenda são insuficientes para amparar tamanha exasperação na fixação da pena-base, acarretando flagrante desproporcionalidade entre a sua aplicação e as circunstâncias expostas, com ofensa ao princípio da individualização da pena. (STJ – 5ª T. – HC 71.818/BA – Rel. Min. Laurita Vaz – DJ 23.04.2007 – p. 285)

- **Circunstâncias judiciais na pena** – Pena-base. Circunstâncias judiciais. Réu primário e de bons antecedentes. Diante de vida pregressa irreprovável, o juiz deve tanto quanto possível e quase sempre o será, fixar pena – base no mínimo previsto para o tipo, contribuindo, com isso, para a desejável ressocialização do condenado. Pena-base – exacerbação – revelia. O comparecimento em juízo, ônus processual mitigado quando em questão a liberdade, é desinfluente a determinação da pena-base. (STF – 2ª T. – HC 72.842 – Rel. Min. Marco Aurélio – j. em 18.12.1995 – DJ 22.03.1996)

- **Circunstâncias judiciais na pena** – Não tem sentido a aplicação da pena, além do mínimo legal, a indivíduo primário e de bons antecedentes, que vai cumpri-la depois de tantos anos após o fato criminoso. Na aplicação da pena o juiz há que buscar o equilíbrio necessário entre o máximo interesse social e o mínimo de expiação do réu. (TJMG – Ac – Rel. José Arthur –RT 519/425)

- **Circunstâncias judiciais na pena** – Réu primário e de bons antecedentes. Não justificou o juiz a pena-base estabelecida em dez anos de reclusão. Sentença anulada, determinando-se que o juiz outra prolate, justificando, devidamente, a pena-base, que estabelecer, bem assim conferindo aplicação ao disposto no § 1º, do art. 121, do Código Penal, com a redução da pena, dentro dos limites aí previstos. Recurso provido. (STF – 1ª T. – RHC 63.531/ES – Rel. Min. Néri da Silveira – DJ 07.03.1986 – p. 2.839 – Ement. v. 1410-01 – p. 189)

- **Circunstâncias judiciais na pena** – Aplicação da pena. Circunstâncias. Procedência da impetração quanto à fixação da pena-base acima do mínimo legal, porquanto o aumento decorrente das circunstâncias do crime são anteriores e as contemporâneas deste e não as que a ele são posteriores na tentativa de eliminação de provas que incriminem o réu. Precedente do STF: HC 72.815. Habeas corpus deferido em parte. (STF – 1ª T. – HC 76.092/RJ – Rel. Min. Moreira Alves – DJ 08.05.1998)

- **Circunstâncias judiciais na pena** – Pena-base. Dosimetria. Ao fixar a pena acima do mínimo legal, tem o juiz a obrigação de justificá-la convenientemente, não se permitindo a simples referência aos critérios genéricos do art. 59, como suficientes para esta fixação. (STJ – RHC – Rel. Min. Flaquer Scartezzini – BMJ 91/29)

- **Circunstâncias judiciais na pena** – Não basta enumerar as circunstâncias judiciais, sem especificá-las. (STF – RTJ 120/1088)
- **Circunstâncias judiciais na pena** – Não serve a genérica alusão ao art. 59 do CP para fixar-se acima do mínimo a pena privativa de liberdade, pois ao juiz cabe especificar cada fato levado em conta na individualização, a fim de fundamentar adequadamente a exacerbação operada. (TACrimSP – AC – Rel. Haroldo Luz – RJD 1/125 e JUTACRim 97/253)

22.3. Individualização da pena

A individualização da pena vem a ser um processo que se estabelece na sentença criminal condenatória, particularizando as condições próprias do acusado diante das circunstâncias judiciais que envolvem o ato antijurídico que lhe foi imputado e produziu efeitos jurídicos afetando direitos tutelados de terceiros, no caso o ofendido ou a vítima do crime.

A Constituição Federal no seu art. 5º, XLVI, preceitua que "a lei regulará a individualização da pena e adotará, entre outras, as seguintes: a) privação ou restrição da liberdade; b) perda de bens: c) multa; d) prestação social alternativa e e) suspensão ou interdição de direitos.

A individualização da pena consiste nos métodos de valoração dos critérios das circunstâncias judiciais para a fixação da pena-base, o grau de culpabilidade do acusado, considerando as características pessoais do agente dentro do exato contexto de circunstâncias fáticas em que o crime ocorreu.

Diga-se, por bem, que a culpabilidade não é critério para medir o juízo de reprovação e, sim, é o próprio juízo de reprovação. A culpabilidade vai revelar o grau de intensidade da conduta do agente.

A marca própria da individualização quando da aplicação da pena é o conhecimento dos antecedentes do acusado, para se saber o seu histórico de vida no mundo do crime ou se o mesmo não tem laços com a criminalidade e sua conduta não revela atos desabonadores que possam configurar um status desfavorável à sua vida pregressa.

A sua conduta social deve ser apurada para que haja uma circunstancialização visando compreender e conhecer a forma como o acusado se comporta em seu meio social, na sua comunidade e perante a sociedade, assim como o seu relacionamento pessoal no ciclo de amizades e no ambiente de trabalho.

No que se refere à personalidade do sentenciado, cumpre apontar a sua característica individual, sem que haja comparação com terceiros, com igual forma e intensidade. Assim, é temerário considerar a personalidade de corréus como idênticas.

A realidade, no Brasil, conforme assevera Gilberto Ferreira, é a de que o juiz não tem condições de avaliar cientificamente a personalidade do criminoso, por quatro principais motivos:

> "Primeiro, porque ele não tem um preparo técnico em caráter institucional. As noções sobre psicologia e psiquiatria as adquire como autodidata. Segundo, porque não dispõe de tempo para se dedicar a tão profundo estudo. Como se sabe, o juiz brasileiro vive assoberbado de trabalho. Terceiro, porque como não vige no processo penal a identidade física, muitas vezes a sentença é dada sem ter o juiz qualquer contato com o réu. Quarto, porque em razão das deficiências materiais do Poder Judiciário e da polícia, o processo nunca vem suficientemente instruído de modo a permitir uma rigorosa análise da personalidade".

Quanto à aferição dos motivos da infração penal, deve-se considerar os fatores impulsionadores da iniciativa e ação do sentenciado objetivando a perpetração do crime cometido, quais as razões que lhe proporcionou a tomar a medida antijurídica de forma tão primitiva diante dos padrões de costumes da civilização moderna.

Nélson Hungria, citado por Gilberto Ferreira, indica alguns dos motivos que devem ser sopesados nesta fase dosimétrica: "Motivos imorais ou antissociais e motivos morais ou sociais, conforme sejam, ou não, contrários às condições ético-jurídicas da vida em sociedade. O amor à família, o sentimento de honra, a gratidão, a revolta contra a injustiça, as paixões nobres em geral podem levar ao crime; mas o juiz terá de distinguir entre esses casos e aqueles outros em que o '*movens*' é o egoísmo feroz, a cólera má, a prepotência, a malvadez, a improbidade, a luxúria, a cobiça, a '*auri sacra fames*', o espírito de vingança, a empolgadura de vícios".

As circunstâncias da infração penal compreendem "as singularidades propriamente ditas do fato e que ao juiz cabe ponderar".

Alberto Silva Franco sugere que, na análise das circunstâncias do delito, o juiz analise "o lugar do crime, o tempo de sua duração, o relacionamento existente entre autor e vítima, a atitude assumida pelo delinquente no decorrer da realização do fato criminoso" e Gilberto Ferreira acrescenta a esses fatores a maior ou menor insensibilidade do agente e o seu arrependimento.

Com relação às consequências da infração penal, deve-se proceder nesse exame a maior ou menor intensidade da lesão jurídica causada à vítima ou a seus familiares.

No entanto, cumpre lembrar o ensinamento de Paganella Boschi de que devem ser sopesadas apenas as consequências que se projetam "*para além do fato típico*", sob pena de incorrer-se em dupla valoração.

Por derradeiro, é de observar com criteriosa atenção o comportamento da vítima para se verificar até onde ela concorreu de alguma forma, direta ou indireta, para a produção do resultado penal atribuído ao sentenciado.

Nessa valoração dessa circunstância judicial, "é preciso perquirir em que medida a vítima, com a sua atuação, contribuiu para a ação delituosa. Muito embora o crime não possa de modo algum ser justificado, não há dúvida de que em alguns casos a vítima, com o seu agir, contribui ou facilita o agir criminoso, devendo esta circunstância refletir favoravelmente ao agente na dosimetria da pena" .

- "**Individualização da pena.** A individualização da pena, como atividade discricionária do julgador, está sujeita à revisão apenas nas hipóteses de flagrante ilegalidade ou teratologia, quando não observados os parâmetros legais estabelecidos ou o princípio da proporcionalidade. Hipótese em que o Tribunal de origem, na análise de apelo exclusivo da defesa, desconsiderou a valoração negativa de duas circunstâncias judiciais operada em primeiro grau (maus antecedentes e motivos do delito), sem qualquer reflexo na pena-base do paciente, o que configura manifesta ilegalidade por ofensa ao princípio da proporcionalidade. Precedente. Ordem concedida, de ofício, para reduzir as penas-bases impostas ao paciente. (STJ - HC 338.182/RS, Rel. Ministro RIBEIRO DANTAS, QUINTA TURMA, julgado em 09/03/2017, DJe 16/03/2017)

- "**A individualização da pena.** A individualização da pena é submetida aos elementos de convicção judiciais acerca das circunstâncias do crime, cabendo às Cortes Superiores apenas o controle da legalidade e da constitucionalidade dos critérios empregados, a fim de evitar eventuais arbitrariedades. Hipótese na qual a pena-base foi exasperada em virtude da valoração negativa dos vetores da culpabilidade, antecedentes, motivos, circunstâncias e consequências do crime. O Julgador de 1º grau entendeu ser o grau de censura da conduta superior à própria ao crime de peculato, por ter o réu agido enquanto chefe do executivo municipal, tendo apresentado comportamento ímprobo e inadequado, em que pese o seu dever de zelar pela correta aplicação dos recursos públicos destinados aos pequenos municípios brasileiros. Com efeito, embora se trate de crime funcional, praticado por funcionários públicos em sentido lato, deve ser reconhecida a reprovabilidade superior da conduta, não havendo se falar em flagrante ilegalidade quanto ao ponto. No que tange aos motivos, foi afirmado que a conduta do réu é injustificável e estão relacionados ao desprezo à coisa pública. Tal fundamentação, por certo, não pode ter tida por idônea, pois nada de concreto foi deduzido, sendo tais motivos inerentes ao crime de peculato. No que se refere às circunstâncias e consequências do crime, restou consignado que a conduta terminou por impedir a expansão e melhoria da rede escolar municipal, com a criação de novas vagas, tendo, ainda, causado grave prejuízo ao erário. Por certo, tal motivação, embora idônea, não pode servir para exasperação da pena-base por

Título III

duas vezes, razão pela qual deve ser decotado o aumento relativo às circunstâncias do crime. Oportuno destacar, ainda, que nada obstante o fato de ser o dano ao erário inerente ao tipo penal imputado ao réu, o prejuízo suportado pela municipalidade e por sua população refoge do peculiar ao delito de peculato. Em relação ao aumento pela agravante do art. 61, II , "g", do Código Penal, verifica-se que a violação do dever funcional configura elementar do tipo previsto art. 312 do Código Penal, crime classificado como próprio, no qual o agente se assenhora de bem que detinha a posse em razão do cargo por ele exercido. Assim, não se mostra razoável o incremento da reprimenda na segunda fase da dosimetria consubstanciado em elemento do delito funcional, sob pena de incorrer *in bis in idem*. (STJ - HC 300.214/RR, Rel. Ministro RIBEIRO DANTAS, QUINTA TURMA, julgado em 14/02/2017, DJe 17/02/2017)

- **Individualização da pena.** 1. A individualização da pena é submetida aos elementos de convicção judiciais acerca das circunstâncias do crime, cabendo às Cortes Superiores apenas o controle da legalidade e da constitucionalidade dos critérios empregados, a fim de evitar eventuais arbitrariedades. 2. A jurisprudência desta Corte Superior de Justiça e do Supremo Tribunal Federal consolidou-se no sentido de que inquéritos e processos penais em andamento, ou mesmo condenações ainda não transitadas em julgado, não podem ser negativamente valorados para fins de elevação da reprimenda-base, sob pena de malferirem o princípio constitucional da presunção de não culpabilidade. A propósito, esta é a orientação trazida pelo enunciado na Súmula 444 desta Corte: "É vedada a utilização de inquéritos policiais e de ações penais em curso para agravar a pena-base." 3. Considerando ter sido consignado pelas instâncias ordinárias que inexistia condenação transitada em julgado em desfavor do réu, em que pese o fato dele responder a outras ações penais, o aumento da pena-base a título de maus antecedentes carece de fundamentação idônea. Diante disso, deve a pena-base ser estabelecida no piso legal, pois as demais circunstâncias judicias foram favoravelmente valoradas. 4. Os fundamentos genéricos utilizados do decreto condenatório não constituem motivação suficiente para justificar a imposição de regime prisional mais gravoso que o estabelecido em lei (art. 33, §§ 2º e 3º, do Código Penal), contrariando a Súmula 440 deste Superior Tribunal. 5. Habeas corpus não conhecido. Ordem concedida, de ofício. (STJ - HC 365.268/SP, Rel. Ministro RIBEIRO DANTAS, QUINTA TURMA, julgado em 22/11/2016, DJe 25/11/2016)

- **Individualização da pena.** "O julgador deve, ao individualizar a pena, examinar com acuidade os elementos que dizem respeito ao fato, para aplicar, de forma justa e fundamentada, a reprimenda que seja necessária e suficiente para reprovação do crime. Inquéritos policiais ou ações penais em andamento não podem ser levados em consideração para fixação da pena-base, em respeito ao princípio constitucional do estado presumido de inocência. Incidência do enunciado n.º 444 da Súmula desta Corte. Esta Corte de Justiça já se posicionou no sentido de que a personalidade do criminoso não pode ser valorada negativamente se não existirem, nos autos, elementos suficientes para sua efetiva e segura aferição pelo julgador. Precedentes. Também com relação aos motivos do crime, não se verifica fundamentação idônea no decisum condenatório, já que elementos inerentes à própria configuração do delito não podem ser considerados para a exasperação da pena-base. A decisão não demonstrou, ainda, a existência de consequências geradas pelo delito que teriam extrapolado o resultado típico esperado, limitando-se a citar a falta de recomposição do patrimônio da vítima. A reincidência, nos termos do art. 67 do Código Penal, é circunstância preponderante, que prevalece sobre a confissão espontânea no momento da fixação da pena. Precedentes. Ordem parcialmente concedida para, mantida a condenação do Paciente, reformar a sentença de primeiro grau e o acórdão impugnados, no tocante à dosimetria da pena e ao correspondente regime prisional, nos termos explicitados. (STJ – HC 179.107/MG, Rel. Ministra LAURITA VAZ, QUINTA TURMA, julgado em 28/02/2012, DJe 07/03/2012)

- **Individualização da pena.** A gravidade do tipo incidente, para todos os efeitos legais, traduz-se na escala penal cominada. Se, nos limites dela, a pena imposta comporta determinado regime de execução, não cabe, para impor outro, mais severo, considerar novamente, e como única razão determinante, a gravidade em abstrato da infração cometida: o regime de estrita legalidade que rege o Direito Penal não admite que, à categoria legal dos crimes hediondos, o juiz acrescente, segundo a sua avaliação subjetiva ditada por seus preconceitos, a categoria dos crimes repugnantes, de modo a negar ao condenado o que lhe assegura a lei. Precedentes do Tribunal. (STF – HC 75.695 – Rel. Min. Sepúlveda Pertence)

- **Individualização da pena.** Sentença. Pena. Individualização. Necessidade. "Nula é a sentença que, admitindo o concurso material, não individualiza as penas impostas. Cabe ao juiz, no processo de aplicação, motivar a pena, em sua medida". (RTJ 551/417)

- **Individualização da pena.** Condenações anteriores. Dupla consideração. Antecedentes criminais. Reincidência. Nulidades. I – A dupla consideração da reincidência na dosimetria da pena, vale dizer, como circunstância judicial desfavorável e como agravante genérica, importa em violação ao princípio non bis in idem. II – A pena-base fixada acima do mínimo exige individualização fundamentada, não podendo, genericamente, ser realizada da forma englobada, nivelando situações distintas. Ordem concedida. Extensão, de ofício, ao coautor. (STJ – 5ª T. – RHC 13.896/SP – Rel. Min. Félix Fischer – DJ 22.09.2003 – p. 343).

- **Sentença. Pena. Individualização. Ausência. Nulidade.** "A falta de individualização da pena acarreta a nulidade da sentença, bem como do acórdão que a confirmar". (STF – RT 585/423)
- **Sentença. Pena. Individualização. Requisito.** "A consideração da circunstância atenuante é indeclinável na individualização da pena, sendo causa nulificante da sentença sua desconsideração". (STF – RT 620/395)

22.4. Dosimetria da pena

Quando a pena aplicada é acima do mínimo legal, é imperioso que o julgador justifique motivadamente as razões que o fizeram concluir pelo balizamento do quantum da sanção expressa.

A ausência dessa justificação resulta em nulidade da sentença, porquanto é direito do réu conhecer a motivação do tamanho da pena que lhe é aplicada, visto que o discricionarismo na fixação da pena-base não se confunde com arbítrio do juiz, segundo sua apreciação subjetiva pura e simples.

- **Dosimetria. Circunstâncias judiciais. Exasperação da pena-base. Culpabilidade. Fundamentação genérica e comum do próprio tipo penal. Impossibilidade.** A jurisprudência pátria, em obediência aos ditames do art. 59 do Código Penal e do art. 93, IX da Constituição Federal, é firme no sentido de que a fixação da pena-base deve ser fundamentada de forma concreta, idônea e individualizada, não sendo suficiente referência a conceitos vagos e genéricos, máxime ínsitos ao próprio tipo penal. Assim, a culpabilidade não deve ser considerada de forma desfavorável para a elevação da pena-base. Inquéritos e ações penais em andamento, sem notícia de trânsito em julgado, não justificam o aumento da pena-base, seja como maus antecedentes, ou como personalidade voltada à prática de delitos. Inteligência da Súmula 444/STJ. 6. A exasperação da pena-base em razão do elevado prejuízo ao erário constitui fundamento idôneo apto a justificar diante das consequências do delito. 7. Redimensionada a pena, resta caracterizada a prescrição da pretensão punitiva retroativa, pela pena concreta, entre a data do fato e do recebimento da denúncia de crime praticado anteriormente à Lei 12.234/2010. 8. Habeas corpus não conhecido, mas concedida a ordem, de ofício, para reduzir a pena do paciente a 3 anos de reclusão, com efeitos extensivos ao corréu, declarando, por consequência, a prescrição da pretensão punitiva estatal, nos termos do art. 107, IV, do CP. (STJ – HC 335.512/SP, Rel. Ministro NEFI CORDEIRO, SEXTA TURMA, julgado em 17/05/2016, DJe 25/05/2016)

- **Dosimetria. Circunstâncias judiciais.** Maus antecedentes. Pena-base. Redução. Segunda fase. [...] 2. Na fixação da pena-base, o magistrado sentenciante entendeu que o réu tinha personalidade "comprometida com o mundo do crime" (fl. 26). Todavia, não fez nenhuma menção a fato concreto que embasasse tais conclusões acerca da referida circunstância judicial, o que impõe seu afastamento. 3. O Tribunal local afastou a agravante da reincidência, porque o trânsito em julgado da condenação que ensejou a incidência de tal instituto deu-se posteriormente ao delito ora em análise. Embora correta a posição da Corte a quo no que se refere a reincidência, não se descura que há precedente desta Corte no sentido de que essa condenação pode ser utilizada para configurar os maus antecedentes (HC 153.123/RJ, 5.ª Turma, Rel. Min. FELIX FISCHER, DJe de 06/09/2010). No entanto, não se pode fazê-lo, prestigiando o princípio do *non reformatio in pejus*. (STJ – HC 163.436/DF, Rel. Ministra LAURITA VAZ, QUINTA TURMA, julgado em 06/03/2012, DJe 19/03/2012).

- **Dosimetria. Circunstâncias judiciais.** "Na exasperação da pena-base com fundamento na culpabilidade, para a demonstração de maior ou menor censurabilidade da conduta, deve o magistrado enfatizar a realidade concreta em que esta ocorreu, bem como a intensidade do dolo do agente, o que, no caso dos autos, não ocorreu. Em relação aos motivos, circunstâncias e consequências do crime, também não logrou êxito o Juízo de primeiro grau em justificá-los, tendo se limitado a afirmações genéricas de que o motivo do crime foi "uma desavença", "a vítima estava desarmada" e "as consequências são graves, consistentes na subtração da vida de um jovem de 24 anos", eventualidades, em geral, existentes em crime de homicídio, podendo ser consideradas inerentes ao próprio tipo do delito em questão e, portanto, inidôneas para justificar o aumento da pena. [...] 5. Ordem parcialmente concedida para reduzir a pena-base imposta ao paciente para 7 anos, resultando a pena definitiva em 8 anos e 2 meses de reclusão, no regime inicial fechado. (HC 171.395/RS, Rel. Ministro SEBASTIÃO REIS JÚNIOR, SEXTA TURMA, julgado em 15/12/2011, DJe 01/02/2012).

- **Dosimetria. Circunstâncias judiciais.** "A existência de inquéritos e processos anteriores, sem trânsito em julgado, não legitima o aumento da pena-base pelos antecedentes. Aplicação da Súmula n.º 444 deste

Superior Tribunal de Justiça. Inquéritos e processos em curso não podem ser considerados para se firmar um juízo negativo sobre as circunstâncias da conduta social e da personalidade, pois se não o são para a circunstância que lhes é própria, antecedentes, ainda com mais razão não poderiam ser para as que não são pertinentes ao exame de dada matéria, sob pena de violação ao princípio constitucional da não-culpabilidade. Com relação ao motivo do crime, o Juízo a quo considerou-o como negativo, salientando que o acusado "visava amealhar bens materiais sem a consequente contrapartida laboral, de forma ilícita e em detrimento do patrimônio de terceiros". Contudo, nos termos em que considerado, confunde-se com o conceito do próprio tipo penal, visto ser requisito que lho integra, não ensejando, pois, aumento da pena-base. Outrossim, não se reportou o magistrado à fundamentação adequada para considerar as circunstâncias do delito como desfavoráveis apenas fazendo menção aos elementos dos autos que serão objeto de apreciação por ocasião da análise das causas de aumento de pena do roubo triplamente circunstanciado, devendo-se expurgar o acréscimo decorrente do exame inapropriado feito pelo julgador, pois consideração contrária ao exposto incidiria em indevido bis in idem. Não constitui fundamentação idônea para o acréscimo da pena-base considerar as consequências do delito como desfavoráveis apenas declinando elementares do tipo. Ordem concedida para reduzir a reprimenda imposta ao paciente". (STJ - HC 175.638/AC, Rel. Ministra MARIA THEREZA DE ASSIS MOURA, SEXTA TURMA, julgado em 01/03/2012, DJe 19/03/2012)

- **Dosimetria. Circunstâncias judiciais.** A presença de três causas de aumento pode ensejar a majoração da reprimenda além de 1/3, devido ao maior grau de reprovabilidade da conduta do agente, contudo, tal orientação não implica em dizer que a simples presença de tais circunstâncias, isoladamente, justifica a exasperação da pena acima do mínimo previsto, em virtude da necessidade de devida fundamentação. O critério para a majoração da pena não é a quantidade de causas de aumento incidentes na espécie, mas circunstâncias relacionadas ao caso, sendo que, na hipótese, verifica-se a falta de qualquer dado concreto na sentença sobre o *quantum* a ser majorado, devendo ela ser reformada e uma nova decisão ser proferida com adequada fundamentação. Ordem concedida para reformar a sentença condenatória, e o acórdão que a confirmou [...]" (STJ - HC n.º 72.359/SP, Rel. Desembargadora Convocada JANE SILVA, DJ 15/10/2007)

- **Dosimetria. Circunstâncias judiciais.** Resta caracterizado o constrangimento ilegal decorrente da fixação da pena-base acima do mínimo previsto em lei, pois todos os aspetos considerados pelo juiz singular estão, de um modo ou de outro, inseridos no próprio tipo penal pelo qual o paciente foi condenado. Carece de fundamentação adequada o quantum fixado pelo Magistrado singular quando da imposição da prestação pecuniária, pois se limitou a referir que a quantia a ser paga pelo réu seria equivalente à majoração da compra paga à empresa beneficiada. Ordem Concedida. (STJ - 5ª T. - HC 49770/AP - Rel. p/ acórdão Min. Gilson Dipp - DJ 29.06.2007 - p. 669)

- **Dosimetria. Circunstâncias judiciais.** "Não pode o magistrado sentenciante majorar a pena-base fundando-se, tão-somente, em referências vagas, sem a indicação de qualquer circunstância concreta que justifique o aumento, além das próprias elementares comuns ao tipo. 2. Precedentes do STJ e do STF. 3. Recurso provido para, fixada a pena-base no mínimo legal. (STJ - 5ª T. - REsp. 705.921/RS - Rel. Min. Laurita Vaz - DJ 29.06.2007 - p. 693)

- **Dosimetria. Circunstâncias judiciais.** Concurso material. Pedido de aplicação do disposto no art. 71 do Código Penal. Fundamentação deficiente da dosimetria da pena. Viabilidade, em tese, de se analisar em sede de habeas corpus a correção de decisão que entendeu configurado o concurso material em face de alegação de configuração da continuidade delitiva. Sentença deficientemente fundamentada, sem indicação específica das circunstâncias e fatos que caracterizariam o concurso material, nem referência às razões a justificar a não-aplicação do disposto no art. 71 do Código Penal. Ordem deferida parcialmente, apenas para determinar nova dosimetria da pena, devidamente justificada. (STF - 2ª T. - HC 89.786/RJ - Rel. Min. Joaquim Barbosa - DJ 08.06.2007 - p. 47)

- **Dosimetria. Circunstâncias judiciais.** Se o magistrado aplica a pena acima do mínimo legal, está obrigado a justificar o quantum, posto que é direito que assiste ao acusado reconhecer as operações mentais que redundaram no total da pena imposta. (TJPB - AC 84.211.285 - Rel. Des. Miguel Levino Ramos - j. em 28.11.1984)

- **Dosimetria. Circunstâncias judiciais.** Réu primário e de bons antecedentes. Não justificou o juiz a pena-base estabelecida em dez anos de reclusão. Sentença anulada, determinando-se que o juiz outra prolate, justificando, devidamente, a pena-base, que estabelecer, bem assim conferindo aplicação ao disposto no § 1º do art. 121, do Código Penal, com a redução da pena, dentro dos limites aí previstos. Recurso provido. (STF - 1ª T. - RHC 63.531/ES - Rel. Min. Néri da Silveira - j. em 29.11.1985 - DJ 07.03.1986 - p. 2.839 - Ement. v. 1.410-01 - p. 189)

- **Dosimetria. Circunstâncias judiciais.** Procedência da impetração quanto à fixação da pena-base acima do mínimo legal, porquanto o aumento decorrente das circunstâncias do crime são anteriores e as contemporâneas deste e não as que a ele são posteriores na tentativa de eliminação de provas que incriminem o réu. Precedente do STF: HC 72.815. Habeas corpus deferido em parte. (STF – 1ª T. – HC 76.092/RJ – Rel. Min. Moreira Alves – DJ 08.05.1998)

- **Dosimetria. Circunstâncias judiciais.** Sentença do juiz fixando a pena. Falta de fundamentação na fixação da pena-base. Código Penal, art. 59. É o habeas corpus via idônea para anular sentença, ainda que, transita em julgado, desde que manifestamente contrária à lei. Sendo a pena mínima cominada ao crime do art. 121, do Código Penal, de seis anos, sem explícita motivação, estabeleceu a sentença a pena-base em nove anos, embora expressamente reconhecendo a primariedade e bons antecedentes do réu. Ofensa ao art. 59, do Código Penal. Recurso provido, para, desde logo, conceder habeas corpus e anular a sentença, na parte em que fixou a pena, devendo o juiz prolatar nova decisão, devidamente motivada, à vista do art. 59, do Código Penal, e tendo em conta o pronunciamento do júri (STF – RHC 64.947/MS – 1ª T. Rel. Min. Néri da Silveira – DJ 19.06.1987, p. 12.450 – Ement. v. 1.466-02, p. 287 – j. em 22.05.1987)

- **Dosimetria. Circunstâncias judiciais.** Se todas as circunstâncias judiciais são favoráveis ao réu, deve a apenação fixar-se no mínimo cominado na norma incriminadora (CP, art. 121, § 2º) à míngua de circunstâncias genéricas e de causas especiais, razão porque é de se conceder a presente impetração. (TJPB – HC 97.4481-4 – Rel. Des. José Martinho Lisboa – j. em 06.08.1998)

- **Dosimetria. Circunstâncias judiciais.** A jurisprudência do STF acolhe a tese de que a condenação de primário a pena superior ao mínimo, sem maus antecedentes nem circunstâncias graves, deve ser expressamente motivada na sentença, porque o discricionarismo na fixação da pena-base não se confunde com arbítrio do juiz, segundo sua apreciação subjetiva pura e simples. (STF – RHC – Rel. Aliomar Baleeiro – DJU 10.09.1973 – p. 6.517)

- **Dosimetria. Circunstâncias judiciais.** Inexistindo motivos que justificassem a sanção privativa da liberdade além do mínimo legal, é de conceder-se o habeas corpus para reduzi-la a tal mínimo, não havendo cabida para a anulação da sentença. (STF – HC – Rel. Min. Aldir Passarinho – RT 586/431)

- **Dosimetria. Circunstâncias judiciais.** Sentença. Pena-base. Aumento. Agravante. Nulidade. "É nula a sentença que engloba a fixação da pena-base com aumento resultante de agravante legal e, de resto, queda saliente quanto a análise das circunstâncias judiciais (art. 59)". (JCAT 70/420)
- **Dosimetria. Circunstâncias judiciais.** Sentença. Primariedade. Pena-base acima do mínimo. Fundamentação. Necessidade. "Havendo sido omitido, entre outras razões apreciadas, o exame sobre a falta de fundamentação da pena-base, aplicada acima do mínimo legal, e sendo o réu primário e de bons antecedentes, julga-se procedente a arguição, a fim de que o Tribunal a quo examine a alegada omissão". (STJ - RSTJ 26/134)
- **Dosimetria. Circunstâncias judiciais.** Sentença. Pena-base. Dosimetria. Justificação. "Ao fixar a pena acima do mínimo legal, tem o juiz a obrigação de justificá-la convenientemente, não se permitindo a simples referência aos critérios genéricos do art. 59, como suficientes para esta fixação". (STJ – RHO – Rel. Min. Flaquer Scartezzini - BMJ 91/29)
- **Atenuantes. Não tendo sido pleiteada pelo Ministério Público a aplicação da agravante da dissimulação (CP, art. 61, "c"), é de ser ela excluída.** Havendo sido indevidamente reconhecida a existência de maus antecedentes, a pena-base, à falta de outra agravante, há de ser reduzida ao mínimo legal (CP, art. 59). A redução da pena, quando reconhecida a tentativa (CP, art. 14, II), deve levar em conta, também, o disposto no art. 59 do Código Penal e fundamentar-se expressamente. Habeas corpus deferido em parte: 1° – para se excluir a agravante da dissimulação (CP, art. 61, II, "c"); 2° – para se afastar o reconhecimento dos maus antecedentes; 3° – para que o Tribunal prolator do acórdão impugnado, prosseguindo no julgamento, e levando em conta essas exclusões, fixe a pena-base e a redução pela tentativa, fundamentalmente, com observância dos arts. 59 e 14, II, do CP, e delibere, em seguida e em consequência, sobre o regime a ser observado no cumprimento da pena. (STF – 1ª T. – HC 70.407-7/RJ – Rel. Min. Sydney Sanches – DJ 10.06.1994 – Lex 192/289)
- **Dosimetria. Circunstâncias judiciais.** Confissão espontânea. Atenuante. Hipótese em que o paciente foi condenado pela prática de delito de estupro. II. A confissão extrajudicial, ainda que retratada em juízo, deve ser reconhecida como circunstância atenuante pelo julgador se serviu de fundamento para sustentar a condenação. III. Deve ser concedida ordem para anular a sentença de 1° grau, bem como o acórdão impugnado, tão somente na parte relativa à dosimetria da pena, a fim de que seja reconhecida a atenuante da confissão espontânea ao paciente. (STJ – 5ª T. – HC 51.427/MS – Rel. Min. Gilson Dipp – DJ 05.06.2006 – p. 304)

22.5. Requisitos da culpabilidade

A propósito desse tema, é importante ressaltar que a culpabilidade exige certeza absoluta para lastrear uma sentença condenatória, além do que não pode haver presunção de culpa, como bem têm delineado os nossos Tribunais em todos os seus graus.

Sobreleva ressaltar que a condenação exige certeza, e certeza absoluta, quer do crime quer da autoria. Não basta a alta probabilidade desta ou daquele.

A certeza é aqui a *conscientia dubitandi* secura de que falava Vico e que não admite graus. Tem de fundar-se em dados objetivos indiscutíveis, de caráter geral, evidenciadores do delito e da autoria[5], sob pena de conduzir tão-somente à íntima convicção insuficiente[6].

Preleciona o Jurista Silva Leme:

> "a íntima convicção, sem apoio em dados ou elementos subjetivos indiscutíveis, leva à simples crença e não àquela certeza necessária e indispensável à condenação. Essa certeza não pode ser, igualmente, a certeza subjetiva, formada na consciência do julgador, sob pena de se transformar o princípio do livre convencimento em arbítrio. A certeza que pode e deve levar à condenação é aquela de que todos devem participar, alcançada sub specie universalis".

Como diz Jean Patarin, citado por Heleno Fragoso, no trabalho acima referido, "*a procura da certeza prefeita revela-se uma exigência particularmente imperiosa do direito penal*"[7].

Certeza é sinônimo manifesto de evidente, de indiscutível, como o magistério do insigne Jurisconsulto Carrara: "*no processo criminal máxime para condenar, tudo deve ser claro como a luz, certo como a evidência, positivo como qualquer expressão algébrica*". Não se vislumbrando a certeza exigida para a aplicação de uma sentença condenatória, quer pela fragilidade das provas, quer pela coerência da sua versão, corroborada com o conjunto probatório, impõe-se a absolvição do agente.

Compete à acusação demonstrar o elemento subjetivo da culpa, plena e convincente, ao passo que, para o acusado, basta a dúvida.

É a consagração do *in dubio pro reo* ou *actore non probante absolvitur reus*. Há prevenção legal da inocência do acusado. É o que o Código expressamente consagra no art. 386, VI: "absolve-se o réu quando não existir prova suficiente para a condenação".

5. SAUER. **Grundelagem des Prozesserechtsm**, 1929. p. 75.
6. FRAGOSO, Heleno Cláudio. **Revista de Direito Penal**. Borsói. v. 5.148.
7. *Idem*, p. 149.

- **Culpabilidade.** Não se pode presumir a culpa. Ela precisa ficar provada acima de qualquer dúvida, baseada em prova concreta e induvidosa, não podendo o agente ser condenado por deduções, ilações ou presunções. (TACrSP 73/274; RT 504/381)
- **Culpabilidade.** Presunção de coautoria ou participação. Inadmissibilidade (TJSC, JC, 56:558). Deve ser provada a conduta objetiva e subjetiva que constitui o concurso de pessoas. Portanto, não havendo provas suficientes que autorizem a condenação do acusado, impõe-se-lhe a absolvição.
- **Culpabilidade.** Condenação baseada exclusivamente na acusação de corréus. Não se admite condenar o agente com fundamento na simples chamada de corréus. (TJSP – Acrim. 10.323 – RT 556/300). No mesmo sentido: RT 569/291.
- **Culpabilidade.** Princípio do favor rei. A dúvida não deve informar um decreto condenatório, não devendo se sustentar o convencimento em meras ilações ou presunções, visto que o juízo culpável deve abrigar-se em amparos firmes de certeza, sobretudo pelo imperativo do favor *inocentiae ou favor libertatis*, devendo prevalecer, no conflito entre o direito de punir e o direito à liberdade, o favorecimento ao acusado. (TJPB – Ap. Crim. 99.0479-1 – Rel. Des. Júlio Aurélio Moreira Coutinho – j. em 19.08.1999)
- **Culpabilidade.** TJRS: "Aplicação do princípio in dubio pro reo. Autoria pelo apelante sinalizada como mera possibilidade. Tal não é bastante para condenação criminal, exigente de certeza plena. Como afirmou CARRARA, "a prova, para condenar, deve ser certa como a lógica e exata como a matemática". Deram provimento parcial. Unânime". (RJTJERGS 177/136)

22.6. Reincidência criminal

A reincidência exprime a repetição de um ato ou acontecimento já praticado, que na significação penal entende-se a realização de novo ou outro crime, quando já se é agente de crime anteriormente praticado em que tenha sido condenado com decisão transitada em julgado.

Um requisito para a configuração da reincidência é que seja específica, que o crime mais moderno seja idêntico ao anterior. Essa especificidade está expressa pela nova redação do art. 44, § 3º, do Código Penal e pelo acréscimo ao art. 83 do Código Penal do seu inc. V, pela Lei 8.072/90.

- "**Reincidência**. Para efeito de reincidência não prevalece a condenação anterior, se entre a data do cumprimento ou extinção da pena e a infração posterior tiver decorrido período de tempo superior a 5 (cinco) anos, computado o período de prova da suspensão ou do livramento condicional, se não ocorrer revogação" (art. 64, I, do CP). Hipótese em que a condenação utilizada para efeito de reincidência, embora tenha transitado em julgado em data anterior aos fatos tratados nestes autos, encontrava-se com o período depurador expirado, sendo imperativo decotar a agravante da reincidência da dosimetria da pena do paciente. Nos termos da jurisprudência desta Corte Superior, as condenações criminais alcançadas pelo período depurador de 5 anos, previsto no art. 64, inciso I, do Código Penal, afastam os efeitos da reincidência, contudo, não impedem a configuração de maus antecedentes. Ordem concedida, de ofício, para reduzir a pena do paciente. (STJ - HC 382.910/SP, Rel. Ministro REYNALDO SOARES DA FONSECA, QUINTA TURMA, julgado em 14/03/2017, DJe 17/03/2017)

- **Reincidência.** "Súmula 241/STJ: "A reincidência penal não pode ser considerada como circunstância agravante e, simultaneamente, como circunstância judicial".
- **Reincidência.** "A agravante da reincidência deve ser considerada como circunstância preponderante, atendendo ao disposto no art. 67 do Código Penal, quando em concurso com a atenuante da confissão espontânea. Precedentes do STJ." (HC 143.699/MS, 5.ª Turma, Rel. Min. ARNALDO ESTEVES LIMA, DJe de 01/02/2010).
- **Reincidência.** Pena. Reincidência e sursis. A circunstância de ser o condenado reincidente não impede a concessão do sursis, se ao crime anterior foi aplicada pena de multa (CP, art. 77, § 1º). Com esse entendimento, afastou-se a tese do acórdão impetrado, no sentido de que "a pena de multa não impede a concessão do sursis, mas não retira a reincidência. (STF - HC 72.605/SP - Rel. Min. Néri da Silveira - j. em 17.10.1995 - Informativo STF 21)
- **Reincidência.** Ausente a data do trânsito em julgado da sentença, desconsidera-se a circunstância da reincidência como agravante. (TJPB - AC 97.4151-3 - Rel. Des. Júlio Aurélio Moreira Coutinho - j. em 12.05.1998)
- **Reincidência.** A Lei 6.416, de 1977, não aboliu a reincidência genérica. Eliminou apenas a específica. Permanece, portanto, a reincidência como circunstância agravante, com a única restrição de que não prevalece a condenação anterior se, entre a data do cumprimento ou extinção da pena e a infração posterior, tiver decorrido período de tempo superior a cinco anos. (RT 511/359).

- **Antecedentes.** "Não se vislumbra qualquer ilegalidade no reconhecimento da reincidência do paciente, porquanto devidamente demonstrada por intermédio de folha de antecedentes criminais expedida pela Superintendência Regional do Departamento de Polícia Federal em Mato Grosso do Sul, documento que, consoante precedentes desta Corte, possui valor probante para o reconhecimento da agravante. A circunstância agravante da reincidência prepondera sobre a atenuante da confissão espontânea, a teor do art. 67 do CPB. Precedentes do STJ." (STJ - HC 132.251/MS, 5.ª Turma, Rel. Min. NAPOLEÃO NUNES MAIA FILHO, DJe de 07/12/2009)
- **Antecedentes.** Reincidência e maus antecedentes: *bis in idem*. O fato que serve para justificar a agravante da reincidência (CP, art. 61, I) não pode ser levado à conta de maus antecedentes para fundamentar a fixação da pena-base acima do mínimo legal (CP, art. 59). Reconhecendo a ocorrência *de bis in idem*, a Turma deferiu habeas corpus a fim de excluir da pena-base o aumento decorrente da circunstância judicial desfavorável. Precedentes citados: HC 74.023/RJ (DJU, de 20.09.1996), HC 76.285/SP (DJU, de 19.11.1999), HC 75.889/MT (DJU, de 19.06.1998). (HC 80.066/MG - Rel. Min. Ilmar Galvão - j. em 13.06.2000)
- **Reincidência.** Reincidência específica. Inexistência. Livramento condicional. Possibilidade. Poder-se-á conceder livramento condicional ao réu condenado por crime hediondo, que houver cumprido mais de 2/3 (dois terços) da reprimenda corporal e não é reincidente específico em crimes da mesma natureza. Delitos cometidos antes da vigência da Lei 8.072/90 não servem à configuração da reincidência específica em crime hediondo, ante a irretroatividade da *lex gravior* (CF/88, art. 5º, inc. XL). Na espécie, os delitos que estão a impedir o livramento condicional foram praticados em 23.03.1989, ao tempo em que inexistia, no ordenamento jurídico pátrio, a Lei 8.072/90. Ordem concedida, para garantir ao paciente o direito ao livramento condicional, observados todos os pressupostos e requisitos legais. (STJ - 6ª T. - HC 28.808/RJ - Rel. Min. Paulo Medina - DJ 13.10.2003)
- **Reincidência.** A reincidência penal não pode ser considerada como circunstância agravante e, simultaneamente, como circunstância judicial. (Súmula 241/STJ)
- **Reincidência.** A reincidência, como agravante, é ponderada para o estabelecimento da pena-base, não podendo, de modo algum, influir no cômputo da reprimenda como se tratasse de causa de aumento especial. (TACrimSP- Rev - Rel. Valentim Silva - JTACRIM 41/87)

- **Reincidência.** Ausente a data do trânsito em julgado da sentença, desconsidera-se a circunstância da reincidência como agravante. (TJPB – AC 97.4151-3 – Rel. Des. Júlio Aurélio Moreira Coutinho – j. em 12.05.1998)

- **Prescrição.** A reincidência não influi no prazo da prescrição da pretensão punitiva. (Súmula 220/STJ)

22.7. Antecedentes criminais

Antecedentes são os dados de vida ou os dados sobre a atuação de uma pessoa durante a sua vida, pelos quais se conclui de seu conceito social. Os antecedentes criminais revelam a existência da prática de delitos ou a conduta criminosa do agente em seu passado, informando se são bons ou maus.

De posse dessas informações sobre a vida pregressa do agente é que se pode avaliar se os seus antecedentes são bons, maus ou péssimos cujo conteúdo irá influenciar na análise conjuntural das circunstâncias judiciais no arbitramento da pena-base.

Em julgamento recente, o Supremo Tribunal Federal julgando os habeas corpus, por maioria de votos, decidiu conceder Habeas Corpus (HC 94620 e 94680) para réus que fosse afastado o aumento de suas penas aumentadas com base na existência de procedimentos criminais em curso contra eles.

Nos dois casos, as defesas pediam a concessão da ordem para que fossem recalculadas as penas, por entenderem que as sanções aplicadas foram aumentadas indevidamente. Para os defensores, os magistrados levaram em conta, no momento do cálculo da dosimetria, os processos criminais existentes contra os réus.

O relator do HCs, ministro Lewandowski, reforçou sua convicção de que de a situação de réus com extensa lista de passagens pela polícia, incluindo sentenças condenatórias – ainda que não transitadas em julgado –, deve ser levada em consideração no momento do cálculo da dosimetria da pena. O presidente salientou, contudo, que em respeito ao princípio da colegialidade, reformava seu voto de forma a ajustá-lo ao entendimento do Pleno e determinar aos juízes da primeira instância, nos dois casos, que procedam a novo cálculo da pena, sem levar em consideração a existência de antecedentes criminais que não transitaram em julgado.

Ficaram vencidos o ministro Luiz Fux e a ministra Cármen Lúcia, que votaram pelo indeferimento dos habeas. Para a ministra, o princípio da colegialidade obriga os ministros a aplicar o entendimento nas Turmas e em decisões individuais. Contudo, voltando o tema ao Pleno, os ministros podem manifestar seus entendimentos pessoais. E, de acordo com a ministra, à luz da

Constituição Federal, que determina a individualização das penas, é possível levar em consideração, no momento da dosimetria, a existência de antecedentes criminais em tais hipóteses.

- **Maus antecedentes.** 1. Mostra-se legítima a valoração negativa dos antecedentes do réu com base na existência de uma condenação definitiva em seu desfavor, não obstante sua primariedade. 2. O conceito de maus antecedentes, por ser mais amplo, abrange não apenas as condenações definitivas por fatos anteriores cujo trânsito em julgado ocorreu antes da prática do delito em apuração, mas também aquelas transitadas em julgado no curso da respectiva ação penal, além das condenações transitadas em julgado há mais de cinco anos, as quais também não induzem reincidência, mas servem como maus antecedentes. 3. Anotações constantes na folha de antecedentes criminais, sem notícia de trânsito em julgado, não se prestam a fundamentar a valoração negativa da personalidade. Inteligência da Súmula 444/STJ. 4. A presença de circunstância judicial desfavorável constitui fundamento concreto para a imposição do regime prisional mais gravoso, qual seja, o semiaberto - por se tratar de réu primário, condenado à pena reclusiva inferior a quatro anos de reclusão - e não o fechado. Ordem concedida de ofício para redução da pena. (STJ - HC 356.084/SP, Rel. Ministro NEFI CORDEIRO, SEXTA TURMA, julgado em 10/11/2016, DJe 24/11/2016)

- **Antecedentes criminais.** "No âmbito do Superior Tribunal de Justiça, é pacífico o entendimento de que inquéritos em andamento e ações penais sem trânsito em julgado não podem ser utilizadas para valorar negativamente os antecedentes, a conduta social nem a personalidade, em outras palavras, é vedada a sua utilização para agravar a pena-base (Súmula 444/STJ). É indevida a aplicação da reincidência como agravante genérica quando ausente o trânsito em julgado da outra condenação. Na hipótese, afastadas a circunstância judicial tida como desfavorável (conduta social) e a agravante da reincidência, porquanto evidente o constrangimento ilegal, a pena definitiva deve ficar em 1 ano de reclusão, em regime aberto, e pagamento de 10 dias-multa. Ordem concedida de ofício para reduzir a pena do paciente, alterar o regime e determinar que o Juízo da execução reavalie a possibilidade de conversão da privativa de liberdade em penas restritivas de direitos". (STJ – HC 210.260/RJ, Rel. Ministro OG FERNANDES, Rel. p/ Acórdão Ministro SEBASTIÃO REIS JÚNIOR, SEXTA TURMA, julgado em 15/10/2013, DJe 04/08/2014)

- **Antecedentes criminais.** A existência de inquéritos ou ações penais em andamento não maculam o réu como portador de maus antecedentes, suficientes para, na análise das circunstâncias do art. 59 do CP, isoladamente, aumentar a pena-base acima do mínimo legal (Precedentes). Hipótese em que se verificou a ocorrência de equívoco na dosimetria da pena, porque restaram consideradas como maus antecedentes criminais os inquéritos e ações penais em andamento, e porque foi dosada, a título de reincidência a condenação com trânsito em julgado ocorrida há mais de cinco anos na data da sentença, que deveria permanecer, em verdade, como circunstância judicial. (STJ - 5ª T. - REsp. 908.366/DF - Rel. Min. Gilson Dipp - DJ 29.06.2007 - p. 716)

- **Antecedentes criminais.** Inquérito policial. Sentença penal absolutória. Antecedentes criminais. Inquérito policial arquivado significa não haver sido coligidos elementos mínimos para justificar oferecimento de denúncia. Acrescente-se, tal arquivamento decorre de decisão judicial, ouvido o ministério público. Inquérito policial em andamento, por si só, não indica infração penal. É mera proposta de trabalho. Precipitado, por isso, tomá-lo como antecedente criminal negativo. Sentença absolutória e declaração solene de inexistência de infração penal, ou que, através da garantia constitucional e jurisdicional, não foram colhidos elementos para imputar o delito ao réu. Assim, os três institutos não podem conduzir à conclusão de, antes, o indiciado, ou réu haver praticado crime. Precedente do STF, HCN. 68.641/DF, (Rel. Min. Celso de Mello). (STJ - 6ª T. - HC 2.222/SP - Rel. Min. Luiz Vicente Cernicchiaro - DJ 13.06.1994, p. 15.119)

- **Antecedentes criminais.** Pena-base. Circunstâncias judiciais. Réu primário e de bons antecedentes. Diante de vida pregressa irreprovável, o juiz deve, tanto quanto possível e quase sempre o será, fixar a pena-base no mínimo previsto para o tipo, contribuindo, com isso, para a desejável ressocialização do condenado. Habeas corpus deferido. (STF - HC 72.842-1/MG - Rel. Min. Marco Aurélio - DJU 22.03.1996 - votação unân. - p. 8.207)

- **Antecedentes criminais.** Pena. Aplicação. Maus antecedentes. A generalidade com que tratou a questão não despertou o MM Juiz de que "inquéritos ou processos em curso, assim como condenação ainda não confirmada, não devem pesar como maus antecedentes" (TACrSP 78/14). "Só o indiciamento, sem posterior condenação, não comprova maus antecedentes, pois há presunção de inocência". (RT 586/338)

- **Antecedentes criminais.** Presunção de inocência e maus antecedentes. O art. 5º, LVII, da CF ("ninguém será considerado culpado até o trânsito em julgado de sentença penal condenatória") não desqualifica, como índice de maus antecedentes do acusado (CP, art. 59), o fato de o mesmo haver sido processado e absolvido, noutra ação penal, pelo reconhecimento da prescrição da pretensão punitiva. Precedente: HC 72.664/SP. (1ª T., 08.08.1995; v. Informativo n. 1). (STF – HC 72.643/SP – Rel. orig. Min. Celso de Mello – Rel. p/ac. Min. Ilmar Galvão – Informativo STF 14)

- **Antecedentes criminais.** Processual. Pena-base. Exacerbação. Antecedentes criminais. Provado que em ações anteriores o réu foi absolvido, bem como o arquivamento de outro processo, ao que tudo indica concernente a inquérito, insubsistente exsurge provimento judicial baseado nos maus antecedentes criminais, cuja inexistência revela-se nas absolvições. (STF – 2ª T. – HC 72.041-2/RJ – DJ 08.09.1995 – Rel. Min. Marco Aurélio – Lex 205/328)
- **Antecedentes criminais.** A reincidência, como agravante, é ponderada para o estabelecimento da pena-base, não podendo, de modo algum, influir no cômputo da reprimenda como se tratasse de causa de aumento especial. (TACRIM/SP – Rev – Rel. Valentim Silva – JTACRIM 41/87)
- **Antecedentes criminais.** Reincidência e maus antecedentes: *bis in idem*. O fato que serve para justificar a agravante da reincidência (CP, art. 61, I) não pode ser levado à conta de maus antecedentes para fundamentar a fixação da pena-base acima do mínimo legal (CP, art.59). Reconhecendo a ocorrência de *bis in idem*, a Turma deferiu habeas corpus a fim de excluir da pena-base o aumento decorrente da circunstância judicial desfavorável. Precedentes citados: HC 74.023/RJ (DJU, de 20.09.1996), HC 76.285/SP (DJU, de 19.11.1999), HC 75.889-MT (DJU, de 19.06.1998). (STF – HC 80.066/MG – Rel. Min. Ilmar Galvão – j. em 13.06.2000)

22.8. Substituição da pena privativa de liberdade

É condição objetiva estabelecida pelo art. 44 do Código Penal para a substituição das penas privativas de liberdade pelas restritivas de direitos que a sanção aplicada não seja superior a quatro anos de reclusão, afora outros requisitos relacionados à vida do réu.

Dependendo da dosimetria da pena imposta nos crimes contra os costumes, poderá comportar a substituição da pena privativa de liberdade quando atendidos no caso concreto da aplicação da pena preencher os pressupostos legais objetivos e subjetivos preceituados pelo art. 44 do Código Penal, de modo que, por ocasião da fixação da pena, deverá o juiz avaliar e decidir sobre a possibilidade de substituí-la por restritivas de direitos ou multa.

Cumpre dizer que não é direito subjetivo do sentenciado, é necessário ao julgador na função individualizadora por ocasião de atribuir a dosimetria da pena as motivações da concessão desse benefício penal ou da sua inaplicabilidade, entretanto, estando presentes os requisitos objetivos e subjetivos favoráveis ao réu, é imperiosa a sua aplicabilidade, sob pena de constituir-se em constrangimento ilegal a configurar o cabimento dos pressupostos de recorribilidade ou a ensejar petição de habeas corpus.

- **Substituição da pena privativa de liberdade.** "No caso dos autos, após a pena-base ter sido fixada no mínimo legal, em razão da ausência de circunstâncias judiciais desfavoráveis, o regime inicial mais gravoso foi fixado sem fundamentação idônea, a atrair a incidência dos referidos enunciados sumulares. Concessão da ordem, de ofício, para fixar o regime inicial semiaberto. (STJ – HC 310.880/SP, Rel. Ministro REYNALDO SOARES DA FONSECA, QUINTA TURMA, julgado em 18/06/2015, DJe 25/06/2015)

- **Substituição da pena privativa de liberdade.** "O benefício da substituição da pena privativa de liberdade por restritiva de direito é concedido quando atendidos os requisitos legais do art. 44 do Código Penal. Na espécie, o paciente atende às exigências legais, porquanto é primário, com todas as circunstâncias judiciais consideradas favoráveis na sentença e foi condenado à pena inferior a 4 (quatro) anos por crime cometido sem violência ou grave ameaça. Ordem concedida de ofício a fim de fixar o regime inicial aberto para o cumprimento da sanção imposta ao paciente. (STJ – HC 311.696/SP, Rel. Ministro REYNALDO SOARES DA FONSECA, QUINTA TURMA, julgado em 18/06/2015, DJe 25/06/2015)

- **Substituição da pena privativa de liberdade.** "O Superior Tribunal de Justiça possui o entendimento de que o condenado não reincidente, cuja pena seja igual ou inferior a 4 anos, poderá cumpri-la, desde o início, em regime aberto, conforme preconiza o art. 33, § 2º, c, do Código Penal. Preenchidos os requisitos objetivos e subjetivos do art. 44, I a III, do Código Penal, deve ser aplicada a substituição da pena privativa de liberdade por restritivas de direitos. Ordem concedida de ofício. (STJ – HC n. 304.801/SP, Relator Ministro GURGEL DE FARIA, Quinta Turma, julgado em 11/11/2014, DJe 19/11/2014)

- **Substituição da pena privativa de liberdade.** "Redimensionada a pena para o mínimo legal, faz-se necessário readequar o regime prisional inicial para o aberto, nos termos do art. 33, §§ 2º e 3º do CP. Pelas mesmas razões (quantum da pena e existência de circunstâncias judiciais favoráveis) aliado ao fato do crime ter sido praticado sem violência ou grave ameaça, autoriza-se a substituição da pena privativa de liberdade por restritiva de direitos. Habeas Corpus concedido de ofício para reduzir a pena ao mínimo legal (três anos de reclusão), alterar o regime para o inicial aberto e possibilitar a substituição da pena. (STJ - HC n. 281.202/SP, Relator Ministro FELIX FISCHER, Quinta Turma, julgado em 6/11/2014, DJe 18/11/2014)

- **Substituição da pena privativa de liberdade.** "Preenchendo a sentenciada os requisitos do art. 44 do Código Penal, é possível a substituição da pena privativa de liberdade que lhe foi imposta por restritiva de direitos, ainda que se trate de crime de tráfico, tendo em vista o afastamento do óbice à progressão de regime prisional. (TJMG - Proc. 1.0145.06.309699-7/001(1) - Rel. Desª. Beatriz Pinheiro Caíres - DJ: 15.08.2007)

- **Substituição da pena privativa de liberdade.** "O condenado por crime hediondo ou a ele equiparado, pode obter o direito à progressão de regime prisional, desde que preenchidos os demais requisitos. Tendo em vista o entendimento acima, não mais subsiste razão para que não se aplique aos condenados por crimes hediondos ou a ele equiparados, a substituição da pena privativa de liberdade por restritivas de direitos, desde que preenchidos os requisitos do art. 44 do Código Penal. Writ concedido. (STJ - HC 46764/SC; 2005/0131950-0 - 5ª T. - Rel. Min. Félix Fischer - DJ 14.08.2006 p. 305)

- **Substituição da pena privativa de liberdade.** "O Pretório Excelso, em sua composição plenária, no julgamento do HC n.º 82.959/SP, em 23 de fevereiro de 2006, declarou, em sede de controle difuso, inconstitucional o óbice contido na Lei dos Crimes Hediondos que veda a possibilidade de progressão do regime prisional aos condenados pela prática dos delitos nela elencados. Tal entendimento, firmou-se na interpretação sistêmica dos princípios constitucionais da individualização, da isonomia e da humanidade da pena. Afastou-se, assim, a proibição legal quanto à impossibilidade de progressão carcerária aos condenados pela prática de crimes hediondos e equiparados, tendo sido, todavia, ressalvado pelo Supremo Tribunal Federal, no mencionado precedente, que caberá ao juízo da execução penal analisar os pedidos de progressão considerando o comportamento de cada condenado e o preenchimento dos requisitos necessários a concessão do benefício. Recurso desprovido. Ordem concedida, contudo, de ofício, para afastar o óbice legal contido no dispositivo da sentença condenatória que negava ao paciente o direito à eventual progressão carcerária, ressalvando que competirá ao juízo das execuções criminais, atendidos os requisitos subjetivos e objetivos, decidir sobre o deferimento do benefício da progressão de regime prisional. (STJ - RHC 18432/RJ; 2005/0161531-7 - 5ª T. - Rel. Min. Laurita Vaz - DJ 01.08.2006 p. 458)

- **Substituição da pena privativa de liberdade.** "O Plenário do Supremo Tribunal Federal, no julgamento do HC 82.959, afastou a proibição da progressão do regime de cumprimento da pena aos réus condenados pela prática de crimes hediondos; 2. Recurso provido, para que o juízo da execução penal, afastando o óbice à progressão de regime, analise a presença dos requisitos necessários à concessão do benefício pleiteado. (STJ - RHC 18515/DF; 2005/0170788-0 - 6ª T. - Rel. Min. Hélio Quaglia - DJ 01.08.2006 p. 545)
- **Substituição da pena privativa de liberdade.** "A previsão legal de regime integralmente fechado, em caso de crime hediondo, para cumprimento de pena privativa de liberdade, não impede seja esta substituída por restritiva de direitos". (STF - HC 84.928-8/MG - 1ª T. - Rel. Min. Cezar Peluso - j. 27.09.2005)

22.9. Perda de cargo, função pública ou mandato eletivo

O art. 92, I, do Código Penal, define as situações em que o agente público pode perder o cargo ou função pública, e o agente político o mandato eletivo, em decorrência de sentença condenatória penal.

Os efeitos extrapenais secundários específicos estabelecem duas situações jurídicas que possam enquadrar o acusado de crimes contra o erário, que não são automáticas, uma vez que necessitam de motivação plausível para reconhecimento de sua legitimidade.

A primeira circunstância para aplicação dessa sanção acessória, contida na letra "a", tem dois requisitos cumulativos: primeiro, que o agente seja condenado a pena privativa de liberdade por tempo igual ou superior a 1 (um) ano, e, segundo, que os crimes praticados sejam com abuso de poder ou violação de dever para com a administração.

Abuso de poder significa exceder as atribuições, competências ou poderes inerentes ao cargo ou função pública que exerce o agente público. É o ato eivado de arbitrariedade consistente na atuação além dos limites estabelecidos pela atribuição funcional e pela regra de competência, ou se há desvio de finalidade na sua execução.

No que diz respeito à violação de dever para com a administração, compreende-se aqueles atos que atentam contra a lealdade administrativa, o cumprimento de normas legais, o atendimento ao destinatário do serviço com presteza e o zelo, pela economia do material e a conservação do patrimônio público, a guarda de sigilo e a conduta que preserve a moralidade pública.

Com efeito, além do requisito objetivo de aplicação de pena privativa de liberdade igual ou superior a (1) um ano, deverá o agente incorrer em qualquer uma dessas circunstâncias acima descrita, mas que deverá ser devidamente fundamentada, sob pena de nulidade, visto que se trata de pena acessória a ensejar justa motivação no seu enquadramento ao princípio da proporcionalidade da conduta penal reprovada.

A respeito da outra hipótese prevista na alínea "b", do mencionado artigo, da perda de cargo, função pública ou mandato eletivo, ocorrerá quando a pena privativa de liberdade for igual ou superior a 4 (quatro) anos de reclusão. É apenas o requisito da dosimetria da pena.

Neste cenário o critério é exclusivamente objetivo, mas, também, deverá ser motivado na sentença condenatória para que seja legitimada a sua aplicação na execução penal.

Registre-se, por oportuno, que em qualquer das hipóteses preceituadas pelo art. 92, I, letras "a" e "b", o julgador deverá indicar na sentença a motivação suficiente a justificar a perda do cargo, da função pública ou do mandato eletivo, com exame da conveniência no caso concreto à prevenção do cometimento de novos delitos, considerando a extensão do dano causado, a natureza do fato, as condições pessoais do agente e o grau de culpabilidade, a fim de concluir pela necessidade da medida a demonstrar a sua proporcionalidade ao caso em julgamento.

Destaque-se que a motivação dos atos jurisdicionais é condição de eficácia imposta pelo art. 93, IX, da Carta Política, que funciona como segurança da atuação imparcial do juiz, uma garantia processual que serve de controle social para aferição da aplicação adequada do direito.

O dever de motivação é uma garantia instrumental, garantia de segundo grau, ou *garantia das garantias*, como acentua Luigi Ferrajoli (*Direito e Razão*. Teoria do garantismo penal. Tradução coletiva. São Paulo: RT, 2002. p. 492), porquanto permite saber, pelo exame das razões indicadas na decisão, se os demais direitos e garantias do acusado (as *garantias primárias*, que seriam o contraditório, o ônus da prova da acusação e a defesa) foram observadas, até para que se viabilize o controle recursal do ato supressor da liberdade, quer por meio de *habeas corpus*, quer por meio de recurso previsto na legislação processual.

Nos termos do parágrafo único do art. 92, o dispositivo é expresso ao afirmar que *"os efeitos não são automáticos, devendo ser motivadamente declarados na sentença"*. Portanto, não depende só dos elementos objetivos, mas da fundamentação exposta com base no conjunto probatório e das condições apresentadas pelo agente.

Convém destacar que a normatividade deste dispositivo penal é destinada a perda de cargo, função pública ou mandato eletivo, pressupondo assim, aquele agente público que se encontra na ativa, não sendo aplicada ao servidor público já aposentado, de modo que é inviável ter-se como efeito da condenação penal a perda da aposentadoria, em razão de inexistente previsão legal.

- "**Perda de cargo público.** A imposição da pena de perda do cargo, emprego ou função pública deve ser adequadamente fundamentada, sendo uma consequência administrativa da condenação imposta, exigindo-se, para tanto, apenas o preenchimento de requisitos objetivos para sua aplicação, quais sejam: pena privativa de liberdade igual ou superior a 1 (um) ano, nos casos de crimes praticados com abuso de poder ou violação de dever para com a administração pública ou pena privativa de liberdade igual ou superior a 4 (quatro) anos, nos demais crimes, tendo sido tais parâmetros observados na hipótese vertente. Precedentes). (STJ - HC 350.661/MG, Rel. Ministro FELIX FISCHER, QUINTA TURMA, julgado em 21/02/2017, DJe 14/03/2017)

- "**Perda de cargo público.** Conforme entendimento pacificado nesta Corte Superior, a perda de cargo, função pública ou mandato eletivo, prevista no art. 92, I, do Código Penal, não é efeito automático da condenação, de forma que a sua incidência demanda fundamentação expressa e específica, à exceção do crime de tortura, o que não é o caso dos autos". (STJ - AgRg no REsp 1459396/MG, Rel. Ministro FELIX FISCHER, QUINTA TURMA, julgado em 11/10/2016, DJe 21/10/2016)

- **Violação de dever para com a administração pública. Efeito da condenação. Legalidade.** 1. Segundo o art. 92, inciso I, alínea "a", do CP, sendo a pena privativa de liberdade inferior a quatro anos, a decretação de perda do cargo público só pode ocorrer na hipótese em que o crime tenha sido cometido com abuso de poder ou com a violação de dever para com a Administração Pública. 2. Da análise dos elementos apresentados pela Corte de origem, verifica-se que o crime, embora não tenha sido praticado com abuso de poder, uma vez que o policial militar não estava de serviço, nem se valeu do cargo, foi executado com evidente violação de dever para com a Administração Pública. 3. O réu, ora recorrido, é policial militar e, embora não estivesse no exercício de sua função, violou dever inerente a suas funções como policial, bem como para com a administração pública, uma vez que encontra-se vinculado a esta no exercício de suas atividades diárias. 4. O roubo por policial militar deve ser caracterizado como uma infração gravíssima para com a Administração, a uma, em razão da relação de subordinação do policial àquela, a duas, porque é inerente às funções do policial militar coibir o roubo e reprimir a prática de crimes. Assim, correta a decisão de afastar dos quadros da polícia pessoa envolvida no crime de roubo, por ferir dever inerente à função de policial militar, pago pelo Estado justamente para combater o crime e resguardar a população. Precedente: REsp 665.472/MS, Rel. Ministra LAURITA VAZ, QUINTA TURMA, julgado em 04/12/2009, DJe 08/02/2010. 5. Recurso especial provido. (STJ – REsp 1561248/GO, Rel. Ministro REYNALDO SOARES DA FONSECA, QUINTA TURMA, julgado em 24/11/2015, DJe 01/12/2015)

- **Crimes contra a administração pública. Fundamentação idônea. Abuso de poder ou violação de dever com a administração pública. Perda do cargo público.** A jurisprudência deste Superior Tribunal de Justiça firmou entendimento no sentido de a determinação da perda do cargo ou da função pública em razão de condenação criminal, com exceções feitas quanto ao crime de tortura, não é automática, demanda fundamentação específica. Portanto, nos termos do art. 92, I, do Código Penal, considerando que o cargo funcionou como veículo fundamental para a perpetração do ilícito em tela, a perda do mesmo se impõe como necessária medida de prevenção e de reprovação do crime. Agravo regimental improvido. (STJ – AgRg no AREsp 651.360/RJ, Rel. Ministro REYNALDO SOARES DA FONSECA, QUINTA TURMA, julgado em 05/11/2015, DJe 11/11/2015)
- **Perda do cargo público. Art. 92, I, "a", do Código Penal. Possibilidade. Efeito da condenação. Fundamentação idônea.** O Tribunal local expressamente ressaltou que a conduta de supressão de documentos públicos, no exercício de função pública, inclusive de chefia, amolda-se à figura de abuso de poder ou violação de dever para com a Administração Pública. A declaração da perda do cargo público, nestes termos, está fundamentada no reconhecimento da presença dos requisitos subjetivos e objetivos previstos no art. 92, I, "a", do Código Penal. Agravo regimental improvido. (STJ – AgRg no AREsp 526.332/MS, Rel. Ministro LEOPOLDO DE ARRUDA RAPOSO (DESEMBARGADOR CONVOCADO DO TJ/PE), QUINTA TURMA, julgado em 16/04/2015, DJe 08/05/2015)
- **Prescrição da pena privativa de liberdade com a consequente extinção das penas acessórias de perda do cargo e de inabilitação para o exercício de função ou cargo público.** A decisão agravada está na mais absoluta consonância com a jurisprudência desta Corte, firmada no sentido de que a sanção de perda do cargo público e a de inabilitação para o exercício de cargo ou função pública são meros efeitos acessórios da condenação, prescrevendo juntamente com a punição corporal. (STJ – AgRg no AREsp 277.372/RN, Rel. Ministro WALTER DE ALMEIDA GUILHERME (DESEMBARGADOR CONVOCADO DO TJ/SP), QUINTA TURMA, julgado em 18/11/2014, DJe 26/11/2014)

- **Perda do cargo público. Fundamentação. Necessidade. Inocorrência. Nulidade. Recurso provido.** 1. Para que seja declarada a perda do cargo público, na hipótese descrita no art. 92, inciso I, alínea "b", do Código Penal, são necessários dois requisitos: a) que o *quantum* da sanção penal privativa de liberdade seja superior a 4 anos; e b) que a decisão proferida apresente-se de forma motivada, com a explicitação das razões que ensejaram o cabimento da medida. 2. Embora o artigo 92, inciso I, alínea "b", do Código Penal, não exija, para a perda do cargo público, que o crime praticado afete bem jurídico que envolva a Administração Pública, a sentença condenatória deve deduzir, de forma fundamentada e concreta, a necessidade de sua destituição, notadamente quando o agente, ao praticar o delito, não se encontra no exercício das atribuições que o cargo lhe conferia. 3. No caso em exame, o juiz de origem, a despeito de considerar todas as circunstâncias favoráveis ao réu, não ofertou motivação suficiente para justificar a necessidade da perda do cargo público, uma vez que se limitou a dizer que "Por fim, nos termos do art. 92, I, letra 'b', do CP, determino, como efeito da condenação, a perda da função pública por parte do réu Wallace." 5. Recurso especial provido, para excluir a perda do cargo público, determinada na sentença condenatória. (STJ – REsp 1044866/MG, Rel. Ministro ROGERIO SCHIETTI CRUZ, SEXTA TURMA, julgado em 02/10/2014, DJe 13/10/2014)

- **Perda da função pública. Efeito não automático.** A perda da função pública não é efeito automático da condenação, segundo disposto no art. 92, parágrafo único, do Código Penal. Assim, conforme entendimento deste Tribunal, exige-se que a declaração de perda da função pública se faça mediante decisão fundamentada, de forma concreta e vinculada (art. 93, IX, da CF). (STJ – AgRg no RESP. n. 1.207.006/RS, rel. Ministro Sebastião Reis Júnior, 6ª T., DJe 9/4/2012).

- **A perda de cargo ou a inabilitação para o exercício de cargo ou função pública, eletivo ou de nomeação** "*não é automático, nem depende tão-só* desses elementos objetivos; ao motivar a imposição da perda de cargo, função ou mandato, o juiz deve levar em consideração o alcance do dano causado, a natureza do fato, as condições pessoais do agente, o grau de sua culpa, etc., para *concluir sobre a necessidade da medida no caso concreto*". Doutrina. (STF/AP 441/SP, rel. Ministro Dias Toffoli, rev. Ministro Luiz Fux, Tribunal Pleno, DJe 8/6/2012).

- "Cassação de aposentadoria. A perda do cargo público somente pode ser declarada nas hipóteses restritas e taxativamente previstas na lei, vedada a interpretação extensiva ou analógica em desfavor do réu, sob pena de afronta ao princípio da legalidade. A previsão legal é dirigida para a perda de cargo, função pública ou mandato efetivo, o que não é a hipótese dos autos, considerando que o agravado, no decorrer da ação penal, aposentou-se. Consubstanciando a aposentadoria um ato jurídico perfeito, com preenchimento de requisitos legalmente exigidos, não se pode desconstituí-la como efeito extrapenal específico da sentença condenatória, mesmo que o fato apurado tenha sido cometido quando o funcionário ainda estava ativo. A cassação da aposentadoria tem previsão legal, mas no âmbito administrativo, não na esfera penal. (STJ - AgRg no REsp 1447549/GO, Rel. Ministro REYNALDO SOARES DA FONSECA, QUINTA TURMA, julgado em 03/03/2016, DJe 09/03/2016)

- "Cassação de aposentadoria. Condenado por crime funcional praticado em atividade, anteriormente à aposentaria, que se deu no curso da ação penal, não é possível declarar a perda do cargo e da função pública de servidor inativo, como efeito específico da condenação. A cassação da aposentadoria, com lastro no art. 92, I, alínea "a", do Código Penal, é ilegítima, tendo em vista a falta de previsão legal e a impossibilidade de ampliar essas hipóteses em prejuízo do condenado." (STJ - REsp 1416477/SP, Rel. Ministro WALTER DE ALMEIDA GUILHERME (DESEMBARGADOR CONVOCADO DO TJ/SP), QUINTA TURMA, julgado em 18/11/2014, DJe 26/11/2014)

Capítulo III
Execução Penal

Sumário • **23**. Execução da pena: **23.1**. Progressão de regime; **23.2**. Regressão; **23.3**. Trabalho externo; **23.4**. Suspensão condicional da pena – Sursis; **23.5**. Livramento condicional; **23.6**. Indulto e comutação da pena; **23.7**. Detração da pena; **23.8.** Unificação das penas; **23.9**. Remição; **23.10**. Prisão domiciliar.

23. EXECUÇÃO DA PENA

Operado o trânsito em julgado da sentença penal condenatória, inicia-se o processo de sua execução com o objetivo do réu cumprir a pena imposta pela reprovação da sua conduta antijurídica.

Com a expedição da guia de recolhimento, o condenado é encaminhado ao estabelecimento penal indicado na sentença onde será classificado, segundo os seus antecedentes e personalidade, mediante exames previstos na legislação pela Comissão Técnica de Classificação.

Ao reeducando, é assegurado o direito à assistência à saúde, médica, farmacêutica e odontológica, bem ainda, a instalações médico-sanitárias.

O direito à saúde, à integridade física e à vida são garantias fundamentais que são asseguradas ao reeducando, de modo que o Estado tendo o preso sob sua custódia tem a responsabilidade e o dever de proteger a sua vida.

É assegurado ao preso, cumprindo pena privativa de liberdade, o direito ao trabalho interno, e poderá ter acesso ao trabalho externo mediante autorização da direção do estabelecimento penal (art. 37), mas dependerá de aptidão, disciplina e responsabilidade, além do cumprimento mínimo de um sexto da pena.

O regime prisional fechado será cumprido em penitenciária, o semiaberto em Colônia Agrícola, Industrial ou Similar e o aberto, em Casa de Albergado.

23.1. Progressão de regime

O regime fechado prisional é o primeiro estágio da progressão do sistema verticalizado para o cumprimento da reprimenda penal, visando atender ao processo de ressocialização do reeducando ao convívio em sociedade e sua recuperação para o desenvolvimento intelectual e profissional.

Esse procedimento é precedido do exame criminológico e a realização de uma classificação penitenciária e, como critério temporal e objetivo, ter o reeducando cumprido um sexto da pena para os crimes comuns, e para os crimes considerados hediondos a progressão dar-se-á após o cumprimento de 2/5 (dois quintos) da pena, se o apenado for primário, e de 3/5 (três quintos), se for reincidente.

O mérito do reeducando que compreende o seu comportamento, a sua aptidão e valor moral, no curso da execução do cumprimento da pena indicará se atende aos requisitos desse progressivo benefício pela sua conduta na avaliação em todos os sentidos comportamentais.

Se preenchidos os critérios de avaliação e formais, o juiz estabelecerá um programa e condições a serem desempenhadas pelo reeducando.

Para o regime aberto, o reeducando deverá exercer atividade laboral e demonstrar que irá ajustar-se a autodisciplina e senso de responsabilidade pelos exames a que for submetido.

A prisão domiciliar somente poderá ser concedida em situações excepcionais, tais como: preso com maior de setenta anos, acometido de doença grave, presa com filho menor ou deficiente físico ou mental, ou ainda, a apenada gestante.

Ressalte-se que o condenado pelo cometimento de crime considerado hediondo tem direito à progressão de regime prisional, conforme Súmula Vinculante nº 26, editada pelo Supremo Tribunal Federal.

- **Exame Criminológico.** "O art. 112 da Lei de Execuções Penais – na redação dada pela Lei 10.792/03 – não mais considera indispensável a realização do exame criminológico para fins de progressão de regime. A inovação legal tem o condão de auxiliar o juiz a avaliar o pedido do benefício executório. 3. Os laudos dos exames criminológicos possuem caráter meramente opinativo, não vinculando o juízo, cuja convicção pode se formar com base também em outros elementos constantes dos autos. Precedentes. (STF – HC 123025, Relator(a): Min. ROSA WEBER, Primeira Turma, julgado em 03/03/2015, PROCESSO ELETRÔNICO DJe-055 DIVULG 19-03-2015 PUBLIC 20-03-2015)
- **Exame Criminológico.** "A Lei 10.792/03 deu nova redação ao artigo 112 da Lei de Execuções Penais (Lei n. 7.210/84), excluindo a previsão de exame criminológico para a obtenção da progressão de regime, livramento condicional, indulto e comutação de penas. O silêncio da

Lei a respeito da obrigatoriedade do exame criminológico, contudo, não inibe o juízo da execução do poder de determiná-lo, desde que fundamentadamente. Isso porque a análise do requisito subjetivo pressupõe a verificação do mérito do condenado, que não está adstrito ao "bom comportamento carcerário", como faz parecer a literalidade da lei, sob pena de concretizar-se o absurdo de transformar o diretor do presídio no verdadeiro concedente do benefício e o juiz em simples homologador, como assentado na ementa do Tribunal a quo. Precedentes. (STF – RHC 121851, Relator(a): Min. LUIZ FUX, Primeira Turma, julgado em 13/05/2014, PROCESSO ELETRÔNICO DJe-116 DIVULG 16-06-2014 PUBLIC 17-06-2014)

- **Exame Criminológico.** "A Lei n. 10.792/2003, ao alterar a redação do art. 112 da Lei de Execução Penal, afastou a exigência do exame criminológico para fins de progressão de regime. Contudo, o Superior Tribunal de Justiça firmou compreensão de que o magistrado de primeiro grau, ou mesmo a Corte estadual, diante das circunstâncias do caso concreto e adequada motivação, pode determinar a realização da referida prova técnica para a formação de seu convencimento. Esse entendimento acabou se consolidando no enunciado da Súmula 439 desta Corte: "Admite-se o exame criminológico pelas peculiaridades do caso, desde que em decisão motivada." (STJ – HC 309.622/SP, Rel. Ministro GURGEL DE FARIA, QUINTA TURMA, julgado em 19/05/2015, DJe 01/06/2015)
- **Exame Criminológico.** "O art. 112 da Lei de Execução Penal – LEP, alterado pela Lei n. 10.792/2003, não aboliu a realização do exame criminológico para avaliar o requisito subjetivo do apenado, sendo permitida sua realização, desde que haja fundamentação concreta demonstrando a necessidade da avaliação. Entendimento da Súmula n. 439/STJ. A gravidade abstrata do delito praticado e a longevidade da pena a cumprir não servem, por si só, como fundamento para a realização do exame criminológico, tendo em vista que a exigência da perícia técnica deve ser fundamentada com base em algum elemento concreto, constante da execução da pena, que ateste o demérito do apenado. Na hipótese, o acórdão recorrido fundamentou a necessidade de realização do exame criminológico, ante a gravidade do delito perpetrado pelo apenado, crime doloso contra a vida, a longa pena que lhe foi imposta, bem como seu histórico prisional conturbado, com registro de uma falta disciplinar de natureza grave, praticada em 12/11/2009, o que constitui fundamento inidôneo para se exigir a perícia técnica. Ordem concedida de ofício, para restabelecer a decisão do Juízo das Execuções, que concedeu ao paciente a progressão ao regime semiaberto. (STJ – HC 309.609/SP, Rel. Ministro ERICSON

MARANHO (DESEMBARGADOR CONVOCADO DO TJ/SP), SEXTA TURMA, julgado em 24/02/2015, DJe 05/03/2015).

- **Exame Criminológico.** "Quanto à progressão de regime, apesar do percentual de pena cumprido, o Juízo da Execução Penal, mais perto dos fatos, entendeu pela inviabilidade da progressão ao semiaberto, em virtude do não preenchimento do requisito subjetivo, decisão esta mantida pelo Tribunal Estadual, conclusão que, salvo demonstração de ilegalidade ou manifesto desacerto, deve ser prestigiada". (STF – HC 116432, Relator(a): Min. ROSA WEBER, Primeira Turma, julgado em 25/02/2014, PROCESSO ELETRÔNICO DJe-070 DIVULG 08-04-2014 PUBLIC 09-04-2014).
- **Falta de vagas estabelecimento penal adequado. Benefício penal.** A falta de estabelecimento penal adequado não autoriza a manutenção do condenado em regime prisional mais gravoso. Havendo déficit de vagas, deverão ser determinados: (I) a saída antecipada de sentenciado no regime com falta de vagas; (II) a liberdade eletronicamente monitorada ao sentenciado que sai antecipadamente ou é posto em prisão domiciliar por falta de vagas; (III) o cumprimento de penas restritivas de direito e/ou estudo ao sentenciado que progride ao regime aberto. Até que sejam estruturadas as medidas alternativas propostas, poderá ser deferida a prisão domiciliar ao sentenciado. Recurso extraordinário provido em parte, apenas para determinar que, havendo viabilidade, ao invés da prisão domiciliar, sejam observados (I) a saída antecipada de sentenciado no regime com falta de vagas; (II) a liberdade eletronicamente monitorada do recorrido, enquanto em regime semiaberto; (III) o cumprimento de penas restritivas de direito e/ou estudo ao sentenciado após progressão ao regime aberto. (STF – RE 641320, Relator(a): Min. GILMAR MENDES, Tribunal Pleno, julgado em 11/05/2016, ACÓRDÃO ELETRÔNICO DJe-159 DIVULG 29-07-2016 PUBLIC 01-08-2016)
- **Falta de vagas estabelecimento penal adequado. Benefício penal.** "É direito do apenado o cumprimento da pena imposta em unidade prisional compatível com o regime fixado no decreto condenatório. Diante da inexistência de vaga em estabelecimento adequado, é assegurado ao condenado o cumprimento da pena em regime mais benéfico até que surja a disponibilidade em unidade compatível com a sua condenação. Há evidente constrangimento ilegal quando, justificada na ausência de vaga coadunável, o apenado é encaminhado para cumprimento da pena em regime mais gravoso que aquele fixado no édito condenatório. Writ não conhecido, mas com concessão da ordem, de ofício, para assegurar ao paciente o direito de cumprir a pena no regime inicial semiaberto, ao qual foi condenado, e, na falta de vaga, sucessivamente, no regime

aberto ou em prisão domiciliar, até o surgimento da disponibilidade em unidade compatível com o intermediário. (STF – HC 122313, Relator(a): Min. MARCO AURÉLIO, Relator(a) p/ Acórdão: Min. EDSON FACHIN, Primeira Turma, julgado em 23/02/2016, PROCESSO ELETRÔNICO DJe-085 DIVULG 29-04-2016 PUBLIC 02-05-2016)

- **Regime. Direito menos gravoso. Falta de vagas.** "Segundo entendimento consolidado nesta Corte de Justiça, configura constrangimento ilegal a submissão do apenado a regime mais rigoroso do que aquele fixado na sentença condenatória ou em sede de execução penal, não podendo o réu ser prejudicado pela precariedade do sistema prisional, sob pena de violação aos princípios da dignidade da pessoa humana e da individualização da pena. Caso em que o penado teve deferido pedido de progressão ao regime semiaberto e permanece recolhido no regime mais gravoso por ausência de vagas em estabelecimento compatível ao cumprimento da reprimenda. Ordem concedida, de ofício, para determinar a imediata transferência do paciente para estabelecimento penal compatível com o regime semiaberto e, na falta de vaga, seja ele colocado em regime aberto ou prisão domiciliar, com monitoramento eletrônico, sob as cautelas do Juízo das Execuções, até que surja vaga no estabelecimento prisional adequado, salvo se por outro motivo não estiver preso ou dever cumprir a pena em regime mais severo". (STJ – HC 300.786/SP, Rel. Ministro GURGEL DE FARIA, QUINTA TURMA, julgado em 19/05/2015, DJe 01/06/2015).

- **Regime. Direito menos gravoso. Falta de vagas.** "Na linha de precedentes desta Corte, constitui constrangimento ilegal submeter o apenado a regime mais rigoroso do que aquele para o qual obteve a progressão. Vale dizer, é flagrante a ilegalidade se o condenado cumpre pena em condições mais rigorosas que aquelas estabelecidas no regime para o qual progrediu. Se o caótico sistema prisional estatal não possui meios para manter os detentos em estabelecimento apropriado, é de se autorizar, excepcionalmente, que a pena seja cumprida em regime mais benéfico. O que é inadmissível é impor ao apenado, progredido ao regime semiaberto, o cumprimento da pena em regime fechado, por falta de vagas em estabelecimento adequado. (Precedentes). Recurso ordinário provido para, confirmando a liminar, determinar a imediata transferência do recorrente para estabelecimento adequado ao regime semiaberto ou, persistindo a falta de vaga, assegurar- lhe, em caráter excepcional, o cumprimento da pena em regime aberto, sob as cautelas do Juízo das Execuções, até que surja vaga no estabelecimento prisional adequado". (STJ – RHC 54.438/SP, Rel. Ministro FELIX FISCHER, QUINTA TURMA, julgado em 19/03/2015, DJe 10/04/2015).

- **Regime. Direito menos gravoso. Falta de vagas.** "Hipótese em que existe manifesta ilegalidade pois, se por culpa do Estado, o condenado não vem cumprindo a pena no regime fixado na decisão judicial (semiaberto), resta caracterizado o constrangimento ilegal. A permanência do sentenciado que obteve a progressão de regime em uma penitenciária configura desvio de finalidade da pretensão executória". (STJ – AgRg no HC 298.254/RS, Rel. Ministra MARIA THEREZA DE ASSIS MOURA, SEXTA TURMA, julgado em 18/11/2014, DJe 03/12/2014).

- **Regime. Direito menos gravoso. Falta de vagas.** "Não constitui fundamento idôneo a justificar a manutenção do apenado em situação prisional mais gravosa – impedindo que lhe seja concedida prisão domiciliar, ante a falta de vagas em estabelecimento prisional adequado – a gravidade abstrata do crime praticado, bem como a longa pena a ser cumprida. (STJ – AgRg no HC 310.139/RS, Rel. Ministro NEFI CORDEIRO, SEXTA TURMA, julgado em 05/05/2015, DJe 14/05/2015)

- **Legitimidade do Ministério Público. Cobrança. Multa.** O Ministério Público tem legitimidade para promover medida assecuratória que vise à garantia do pagamento de multa imposta por sentença penal condenatória. Todavia, na hipótese em análise, discute-se a legitimidade do MP não para cobrança de pena de multa – esta sim de legitimidade da Fazenda Pública –, mas para promover medida assecuratória, a qual está assegurada tanto pelos termos do art. 142 do CPP quanto pela própria titularidade da ação penal, conferida pela Constituição Federal. Precedentes citados: Resp 1.115.275-PR, Quinta Turma, DJe 4/11/2011); e RMS 21.967-PR, Quinta Turma, DJe 2/3/2009. (STJ – 6ª Turma – REsp 1.275.834-PR, Rel. Min. Ericson Maranho (Desembargador convocado do TJ-SP), julgado em 17/3/2015, DJe 25/3/2015).

- **Pagamento de multa.** "O Plenário do Supremo Tribunal Federal firmou orientação no sentido de que o inadimplemento deliberado da pena de multa cumulativamente aplicada ao sentenciado impede a progressão no regime prisional. Precedente: EP 12-AgR, Rel. Min. Luís Roberto Barroso. Tal regra somente é excepcionada pela comprovação da absoluta impossibilidade econômica do apenado em pagar a multa, ainda que parceladamente. Agravo regimental desprovido. (STF – EP 16 ProgReg-AgR, Relator(a): Min. ROBERTO BARROSO, Tribunal Pleno, julgado em 15/04/2015, PROCESSO ELETRÔNICO DJe-093 DIVULG 19-05-2015 PUBLIC 20-05-2015).

- **Não pagamento da multa.** Extinção da punibilidade independentemente do adimplemento da pena de multa. Recurso repetitivo (art. 543-c do CPC e res. 8/2008-STJ). Nos casos em que haja condenação a pena privativa de liberdade e multa, cumprida a primeira (ou a restritiva de direitos que eventualmente a tenha substituído), o inadimplemento da sanção pecuniária não obsta o reconhecimento da extinção da punibilidade. A Lei 9.268/1996 deu nova redação ao art. 51 do CP e extirpou do diploma jurídico a possibilidade de conversão da pena de multa em detenção, no caso de inadimplemento da sanção pecuniária. Após a alteração legislativa, o mencionado artigo passou a vigorar com a seguinte redação: "Transitada em julgado a sentença condenatória, a multa será considerada dívida de valor, aplicando-se-lhes as normas da legislação relativa à dívida ativa da Fazenda Pública, inclusive no que concerne às causas interruptivas e suspensivas da prescrição". Portanto, diante da nova redação dada ao CP, a pena de multa não mais possui o condão de constranger o direito à locomoção do sentenciado (STF: AgRg no HC 81.480-SP, Primeira Turma, DJ 5/4/2002; e HC 73.758-SP, Segunda Turma, DJ 24/9/1999). É imperioso frisar que a nova redação do art. 51 do CP trata da pena de multa como dívida de valor já a partir do trânsito em julgado da sentença penal condenatória, ou seja, em momento, inclusive, anterior ao próprio cumprimento da pena privativa de liberdade ou da restritiva de direitos. Isso implica afirmar que o *jus puniendi* do Estado exaure-se ao fim da execução da pena privativa de liberdade ou da restritiva de direitos, porquanto, em nenhum momento, engloba a pena de multa, considerada dívida de valor a partir do trânsito em julgado da sentença penal condenatória. Entendimento oposto, ou seja, a possibilidade de constrição da liberdade daquele que é apenado somente em razão de sanção pecuniária, consistiria em legitimação da prisão por dívida, em afronta, portanto, ao disposto no art. 5º, LXVII, da CF e, ainda, no art. 7º, 7, da Convenção Americana sobre Direitos Humanos (Pacto de San José da Costa Rica), cujo texto estabelece que "ninguém deve ser detido por dívida". Dessa forma, o reconhecimento da pena de multa como dívida de valor atribui à sanção pecuniária caráter extrapenal. Se a natureza da multa, após o trânsito em julgado da condenação, fosse compreendida como de caráter penal, mesmo diante da extinção da pena privativa de liberdade ou da restritiva de direitos pelo cumprimento, os efeitos da sentença se conservariam até o adimplemento da pena pecuniária, porquanto não reconhecida a extinção da punibilidade do apenado. Após a alteração legislativa que considerou a pena de multa como dívida de valor, deve-se assinalar também a alteração da competência para a execução da sanção, exclusiva, então, da Fazenda Pública, conforme disposto no enunciado da Súmula 521 do STJ: "A legitimidade para a execução fiscal de multa pendente de pagamento imposta em sentença condenatória é exclusiva da Fazenda Pública". Portanto, extinta a pena privativa de liberdade (ou restritiva de direitos) pelo seu cumprimento, o inadimplemento da pena de multa não obsta a extinção da punibilidade do apenado, porquanto, após a nova redação do art. 51 do CP, dada pela Lei 9.268/1996, a pena pecuniária é considerada dívida de valor e, desse modo, possui caráter extrapenal, de forma que sua execução é de competência exclusiva da Procuradoria da Fazenda Pública. (STJ – 1ª Turma – REsp 1.519.777-SP, Rel. Min. Rogerio Schietti Cruz, Terceira Seção, julgado em 26/8/2015, DJe 10/9/2015).

- **Competência do Juízo da execução.** "Se o condenado tiver de cumprir a sanção penal em estabelecimento prisional sob a jurisdição de Juízo das execuções estadual, este é o competente para o respectivo processo de execução penal, decidindo os incidentes de tal etapa processual. O fato de não mais se encontrar custodiado, em virtude de haver obtido a progressão para o regime aberto, não torna incompetente o Juízo estadual para continuar a presidir sua execução. Incidência da Súmula n. 192 do STJ. (STJ – AgRg no CC 136.666/PR, Rel. Ministro ROGERIO SCHIETTI CRUZ, TERCEIRA SEÇÃO, julgado em 08/04/2015, DJe 14/04/2015).
- **Execução processual.** "A imposição do regime de cumprimento mais severo do que a pena aplicada permitir exige motivação idônea". (Súmula 719/STF)
- **Execução processual.** "É admissível a adoção do regime prisional semiaberto aos reincidentes condenados a pena igual ou inferior a quatro anos se favoráveis as circunstâncias judiciais". (Súmula 269/STJ)
- **Execução processual.** "O paciente foi condenado à pena de quatro anos, transitada em julgado para o Ministério Público, e já está preso há mais de dois anos. Cumprimento do requisito objetivo para a progressão de regime. Ordem concedida, de ofício, para determinar que o juízo das execuções criminais analise se o paciente preenche o requisito subjetivo para a progressão de regime, facultada a realização de exame criminológico. Precedentes". (STF – HC 92506/PE – 2ª T. – Rel. Min. Joaquim Barbosa – DJ 177 18.09.2008 Public 19.09.2008)
- **Execução processual.** "A gravidade dos crimes e a extensão das penas não impedem a progressão prisional, posto que não previstas, como óbices, pelo art. 112 da Lei de Execução Penal". (RT 750/615)

23.2. Regressão

Se de um lado a legislação consagra um regime de progressão da pena para o reeducando, objetivando a sua reinserção gradual no âmbito da sociedade, considerando o seu mérito penal que consiste na sua aptidão, bom comportamento, moral e sua personalidade, do outro prevê a sua transferência para o regime mais rigoroso, quando ocorrer fatos previstos no art. 118 da Lei de Execução Penal.

Essa transferência do regime, do mais brando ao mais severo, poderá ocorrer nos casos da prática de crime doloso ou falta grave, e também, se vier sofrer condenação, por crime anterior, cuja pena somada ao restante da pena em execução, torne incabível o regime que se encontra.

A inadimplência com o valor de multa imposta também é outra hipótese da regressão de regime.

A ocorrência de falta grave gera vários efeitos, dentre outras, a regressão para o regime mais severo.

- **Perda dos dias em razão de cometimento de falta grave.** Reconhecida falta grave, a perda de até 1/3 do tempo remido (art. 127 da LEP) pode alcançar dias de trabalho anteriores à infração disciplinar e que ainda não tenham sido declarados pelo juízo da execução no cômputo da remição. A remição na execução da pena constitui benefício submetido à cláusula *rebus sic stantibus.* Assim, o condenado possui apenas a expectativa do direito de abater os dias trabalhados do restante da pena a cumprir, desde que não venha a ser punido com falta grave. Precedente citado: HC 286.791-RS, Quinta Turma, DJe 6/6/2014. (STJ – 6ª Turma – REsp 1.517.936-RS, Rel. Min. Maria Thereza de Assis Moura, julgado em 1º/10/2015, DJe 23/10/2015)

- **Falta grave.** A prática de falta grave impõe a decretação da perda de até 1/3 dos dias remidos, devendo a expressão "poderá" contida no art. 127 da Lei 7.210/1984, com a redação que lhe foi conferida pela Lei 12.432/2011, ser interpretada como verdadeiro poder-dever do magistrado, ficando no juízo de discricionariedade do julgador apenas a fração da perda, que terá como limite máximo 1/3 dos dias remidos. Precedentes citados: AgRg no REsp 1.424.583-PR, Sexta Turma, DJe 18/6/2014; e REsp 1.417.326-RS, Sexta Turma, DJe 14/3/2014. (STJ – 5ª Turma – AgRg no REsp 1.430.097-PR, Rel. Min. Felix Fischer, julgado em 19/3/2015, DJe 6/4/2015.

- **Recusa injustificada do apenado ao trabalho constitui falta grave.** Constitui falta grave na execução penal a recusa injustificada do condenado ao exercício de trabalho interno. O art. 31 da Lei 7.210/1984 (LEP) determina a obrigatoriedade do trabalho ao apenado condenado à pena privativa de liberdade, na medida de suas aptidões e capacidades, sendo sua execução, nos termos do art. 39, V, da referida Lei, um dever do apenado. O art. 50, VI, da LEP, por sua vez, classifica como falta grave a inobservância do dever de execução do trabalho.

Título III

(STJ - 6ª Turma - HC 264.989-SP, Rel. Min. Ericson Maranho, julgado em 4/8/2015, DJe 19/8/2015).

- **Falta grave não configurada. Posse. Cabo USB. Fone de ouvido e um microfone.** No âmbito da execução penal, não configura falta grave a posse, em estabelecimento prisional, de um cabo USB, um fone de ouvido e um microfone por visitante de preso. Primeiramente, os referidos componentes eletrônicos não se amoldam às hipóteses previstas no art. 50, VII, da Lei 7.210/1984 porque, embora sejam considerados acessórios eletrônicos, não são essenciais ao funcionamento de aparelho de telefonia celular ou de rádio de comunicação e, por isso, não se enquadram na finalidade da norma proibitiva que é a de impedir a comunicação *intra* e extramuros. Além disso, também não há como falar em configuração de falta grave, pois a conduta praticada por visitante não pode alcançar a pessoa do preso, tendo em vista que os componentes eletrônicos não foram apreendidos com o detento, mas com seu visitante.(STJ - HC 255.569-SP, Rel. Min. Marco Aurélio Bellizze, julgado em 21/3/2013).
- **Fuga do presídio.** "A configuração da falta de natureza grave enseja vários efeitos, entre eles: a possibilidade de colocação do sentenciado em regime disciplinar diferenciado; a interrupção do lapso para a aquisição de outros instrumentos ressocializantes, como, por exemplo, a progressão para regime menos gravoso; a regressão no caso do cumprimento da pena em regime diverso do fechado, além da revogação em até 1/3 do tempo remido. Para o reconhecimento da prática de falta disciplinar no âmbito da execução penal - no caso, fuga do estabelecimento prisional -, é imprescindível a instauração de procedimento administrativo pelo diretor do estabelecimento prisional, assegurado o direito de defesa, a ser realizado por advogado constituído ou defensor público nomeado. (STJ - AgRg no HC 299.897/RS, Rel. Ministro ROGERIO SCHIETTI CRUZ, SEXTA TURMA, julgado em 12/05/2015, DJe 21/05/2015)
- **Falta disciplinar.** "A Terceira Seção do Superior Tribunal de Justiça, no julgamento dos Embargos de Divergência em Recurso Especial n. 1.176.486, pacificou o entendimento de que a prática de falta disciplinar de natureza grave interrompe o prazo para concessão da progressão de regime prisional, salvo para obtenção do livramento condicional ou para concessão de indulto e comutação da pena, desde que o requisito esteja expressamente previsto no próprio decreto presidencial. (STJ - HC 305.697/RS, Rel. Ministro LEOPOLDO DE ARRUDA RAPOSO (DESEMBARGADOR CONVOCADO DO TJ/PE), QUINTA TURMA, julgado em 05/03/2015, DJe 12/03/2015)

- **Falta disciplinar.** "A Terceira Seção do Superior Tribunal de Justiça, ao apreciar os Embargos de Divergência no Recurso Especial n. 1.176.486/SP, da Relatoria do Ministro Napoleão Nunes Maia Filho, em 28/3/2012, uniformizou o entendimento no sentido de que a prática de falta grave representa marco interruptivo para obtenção de progressão de regime. Todavia, a regra não se aplica ao livramento condicional, nos termos da Súm. 441 do STJ, nem tampouco para fins de concessão de indulto e comutação de penas, cujos requisitos devem vir expressos no Decreto Presidencial. Concedida a ordem de ofício para excetuar do efeito interruptivo, decorrente da prática da falta grave, o livramento condicional, o indulto e a comutação de penas, mantida, porém, a interrupção para fins progressão de regime prisional". (STJ – HC 297.154/SP, Rel. Ministro NEFI CORDEIRO, SEXTA TURMA, julgado em 04/12/2014, DJe 18/12/2014).

- **Formalidades.** "Execução penal. Recurso ordinário de habeas corpus. LEP, art. 118, § 2°. No procedimento de regressão, o sentenciado deve ser ouvido, pessoalmente, desde que possível, pelo Juiz, nos termos do art. 118, § 2°, da LEP. Recurso reconhecido e provido". Na 6ª T. a matéria encontra idêntica solução, como se pode observar do julgamento do RHC 7.020/RO, Rel. Min. William Patterson (DJU, de 02.02.1998) e RHC 6.138/SP – Rel. Min. Luiz Vicente Cernicchiaro (RSTJ 102/467), assim ementado: "Recurso em habeas corpus. Execução penal. Regime. Regressão. O regime de execução da pena, aspecto da individualização, resulta do título executório. A regressão é admissível, obediente ao devido processo legal. Não pode ser determinada a título cautelar. Comando do disposto no art. 118, § 2°, da LEP, devendo ser ouvido, previamente, o condenado. Olvidado o rito, resta caracterizado o constrangimento ilegal". Também no STF, no julgamento do HC 76.270/SP, pelo voto do Min. Marco Aurélio restou assentado, no essencial, verbis: "Medida cautelar. Liberdade. Ausência de previsão legal. Ao contrário do que ocorre no âmbito instrumental civil, o poder de cautela, no campo penal, em jogo a liberdade do cidadão, há de estar previsto na lei. Descabe implementá-lo, tendo em conta a regressão a regime de cumprimento mais rigoroso, prevista no inc. I do art. 118 da LEP, no período que antecede a audição do condenado, formalidade essencial imposta pelo § 2° do aludido artigo. Precedente: HC 75.662-0/SP, por mim relatado, perante a 2ª T. e julgado na sessão de 03.03.1998". (RT 759/562-563)

- **Formalidades.** "Obrigatória, sob pena de anulação do processo executório, a oitiva do condenado no caso de regressão de regime prisional fundamentada nas hipóteses do inc. I e do § 1° do art. 118 da Lei 7.210:84, como previsto no § 2°, a razão da obrigatoriedade prende-

-se à possibilidade de o sentenciado justificar o fato provocador da regressão". (RT 666/302)

- **Formalidades.** "Regressão de regime prisional e audiência. Tendo em vista que a regressão do réu a regime de cumprimento de pena mais gravoso (LEP, art. 118) tem como formalidade essencial a audiência prévia do condenado (LEP, art. 118, § 2º), a Turma deferiu habeas corpus – reformando decisão que, em face da fuga do paciente, implementou medida cautelar de regressão provisória ao regime fechado – a fim de que seja o paciente mantido na situação anterior, quanto ao regime de cumprimento da pena, até que se processe regularmente o pedido de regressão feito pelo Ministério Público". (HC 76.270/SP – Rel. Min. Marco Aurélio – j. em 17.03.1998 – Informe STF 103).

23.3. Trabalho externo

A busca da ressocialização do reeducando tem no trabalho externo uma alternativa que lhe possibilita o exercício da cidadania ao seu desenvolvimento educacional e profissional de se mostrar útil à sociedade, à medida que estará produzindo com seu esforço pessoal as condições de sustentar a sua família.

Para dispor desse direito, é necessário que revele aptidão, disciplina e responsabilidade de sua reinserção na sociedade.

O STF já decidiu que pode o juiz sentenciante, ao estabelecer o regime de cumprimento da pena, admitir o trabalho externo (HC nº 4.566-6-RJ, 1ª Turma, rel. Min. Oscar Corrêa, DJU, 10.04.87, p. 6.417, RT 618/388).

É importante assinalar que a designação do local de trabalho do reeducando que esteja cumprindo pena do regime fechado é de natureza administrativa, e não jurisdicional.

- **Trabalho externo em empresa da família.** O fato de o irmão do apenado ser um dos sócios da empresa empregadora não constitui óbice à concessão do benefício do trabalho externo, ainda que se argumente sobre o risco de ineficácia da realização do trabalho externo devido à fragilidade na fiscalização. Ademais, o Estado possui a atribuição de fiscalizar o efetivo cumprimento do trabalho extramuros, estando autorizado a revogar a benesse nas hipóteses elencadas no parágrafo único do art. 37 da LEP. Além disso, não há qualquer vedação na LEP quanto à concessão de trabalho externo em empresa da família do sentenciado. (STJ – 5ª Turma – HC 310.515-RS, Rel. Min. Felix Fischer, julgado em 17/9/2015, DJe 25/9/2015).

- **Trabalho externo. Regime fechado. Admissibilidade.** "A permissão para trabalho externo, aos reeducandos do regime fechado de cumprimento de pena, está subordinada à capacidade e à disponibilidade de vigilância do Poder Público, considerada a possibilidade de fuga, e, ainda, à fiscalização estatal, no exercício do poder disciplinar sobre os apenados em cumprimento de pena. Precedentes. Hipótese em que foi negado o trabalho externo à reeducando do regime fechado de cumprimento de pena, em razão da indisponibilidade de escolta policial para o devido acompanhamento. (STJ – AgRg no AREsp 492.982/MG, Rel. Ministro ROGERIO SCHIETTI CRUZ, SEXTA TURMA, julgado em 05/06/2014, DJe 25/06/2014).

- **Trabalho externo. Regime fechado. Admissibilidade.** "O regime fechado de cumprimento de pena não é incompatível com o trabalho do condenado, inclusive o externo, nos termos dos artigos 36 e 37 da LEP, sendo imprescindível, por óbvio, o atendimento dos requisitos objetivos e subjetivos a serem avaliados pelo Juízo da Execução. Recurso conhecido e provido. (STJ - REsp 183.075/MG, Rel. Ministro JOSÉ ARNALDO DA FONSECA, QUINTA TURMA, julgado em 18/03/1999, DJ 03/05/1999, p. 166)
- **Trabalho externo. Regime fechado. Admissibilidade.** "A invocação imposta pelo art. 1°, § 7°, da Lei 9.455/97, que permite o cumprimento da pena em regime inicialmente fechado para o crime de tortura, aplica-se aos delitos mencionados na Lei 8.072/90, isto é, reinstala no ordenamento jurídico a regra da progressividade do regime prisional, sendo admissível, portanto, a concessão do trabalho externo ao condenado por crime hediondo (TJMG - 2ª Câm. - Ag. 105.381/8 - Rel. Des. Alves de Andrade - j. em 11.12.1997 - DO/MG 13.03.1998 - RT 752/652)
- **Trabalho externo. Crime hediondo. Inaplicável.** "A característica básica do criminoso que sofre condenação por crime classificado como hediondo é a periculosidade, logo, em tais casos, não pode exercer trabalho extramuros, visto que tais favores legais são aplicáveis aos não perigosos". (RT 707/340)
- **Trabalho externo. Crime hediondo. Admissibilidade.** "A Constituição Federal, o Código Penal e a Lei de Execução Penal garantem ao preso o direito de trabalhar; O condenado por crime hediondo, por força dos arts. 6º, CR, 34, § 3º, CP e 36, LEP, pode exercer atividade laboral externa, não havendo qualquer incompatibilidade desses dispositivos com o art. 2º, § 1º, Lei 8.072/90; Ordem parcialmente concedida para que o Juízo da execução analise os requisitos legais para deferimento do pedido de trabalho extramuros. (STJ - HC 35.004/DF, Rel. Ministro PAULO MEDINA, SEXTA TURMA, julgado em 24/02/2005, DJ 18/04/2005, p. 395).

- **Trabalho externo. Falta grave. Revogação.** "A prática de falta grave autoriza a regressão de regime prisional e a revogação do benefício do trabalho externo, ex vi do art. 37, da LEP. (STJ – HC 142.777/RS, Rel. Ministro ADILSON VIEIRA MACABU (DESEMBARGADOR CONVOCADO DO TJ/RJ), QUINTA TURMA, julgado em 08/05/2012, DJe 04/06/2012)

- **Regime semiaberto. Curso. Atividade autorizada.** "O condenado ao regime aberto poderá frequentar curso ou exercer atividade autorizada, permanecendo recolhido no período noturno e nos dias de folga. Hipótese em que o condenado que cumpre pena em regime semiaberto, foi beneficiado com a possibilidade de realização de trabalho externo, com a apresentação ao presídio às quartas e sábados. Necessidade de recolhimento noturno do recorrido, pois se existe regra mais rígida para o regime aberto, a mesma se aplica aos regimes mais rigorosos. A individualização da pena não pode significar a dispensa ao cumprimento dos requisitos legais. Recurso provido, nos termos do voto do Relator. (STJ – REsp 564.961/RS, Rel. Ministro GILSON DIPP, QUINTA TURMA, julgado em 15/06/2004, DJ 02/08/2004, p. 512)

- **Regime aberto. Curso. Atividade autorizada.** "O condenado ao regime aberto poderá frequentar curso ou exercer atividade autorizada, permanecendo recolhido no período noturno e nos dias de folga. II – Hipótese em que o condenado que cumpre pena em regime aberto, foi beneficiado com a possibilidade de realização de trabalho externo, sem recolhimento à prisão no período de segunda à quinta-feira. III – Necessidade de recolhimento noturno do recorrido, pois a individualização da pena não pode significar a dispensa ao cumprimento dos requisitos legais. IV – Recurso provido, nos termos do voto do Relator. (STJ – 5ª T. – REsp. 840.532/RS –Rel. Min. Gilson Dipp – DJ 16.10.2006 – p. 429)

- **Trabalho externo. Computação. Cumprimento da pena.** Súmula 40 do STJ – Para obtenção dos benefícios de saída temporária e trabalho externo, considera-se o tempo de cumprimento da pena no regime fechado"

- "**Trabalho externo. Condições.** A pena privativa de liberdade será executada em forma progressiva. Assim, a autorização para trabalho externo só poderá ser concedida após o cumprimento mínimo de 1/6 da pena imposta, ex vi do art. 37 da Lei 7.210/84. Em se tratando de autorização para trabalho externo, e não houver o entendimento comum entre os que cuidam da Justiça e da execução, deverá prevalecer o ordenamento legal, imperando o cumprimento do estágio probatório, que a nova lei determina. (RT 619/344)

- **Trabalho externo. Apelo em liberdade.** "Hipótese em que o paciente, beneficiado com o trabalho externo pelo Juízo das Execuções Penais, foi novamente condenado por fato anterior à concessão do benefício, oportunidade em que lhe foi negado o direito de apelar em liberdade, com a consequente expedição de mandado de prisão em seu desfavor. Esta Corte Superior de Justiça, no HC 54490/MG, concedeu a ordem em favor do recorrente para que lhe fosse permitido aguardar em liberdade o julgamento do recurso de apelação. Verificada a efetiva interposição do recurso de apelação em favor do ora recorrente, não mais subsiste o óbice apontado pelo Tribunal a quo para impedi-lo de exercer o trabalho externo na forma determinada pelo Juízo da Vara de Execuções Penais de Belo Horizonte/MG, comarca onde cumpria pena à época da concessão do benefício. Deve ser cassado o acórdão impugnado, a fim de se conceder ao recorrente o direito ao trabalho externo, na forma já estabelecida pelo Juízo das Execuções Penais, até o julgamento do mérito do recurso de apelação pelo Tribunal a quo. Recurso provido, nos termos do voto do Relator". (STJ – RHC 19567/MG – 5ª T. – Rel. Min. Gilson Dipp – DJ 11.09.2006 p. 315)

23.4. Suspensão condicional da pena – Sursis

A suspensão condicional da pena, denominada de sursis, é um benefício para o réu, que preencha os requisitos estabelecidos pelo art. 77 e seguintes do Código Penal, tenha suspensa a execução da sua pena privativa de liberdade mediante certas condições impostas na lei ou pelo juiz, por certo tempo, que, se não cumpridas, podem revogar o sursis.

O sursis é direito subjetivo do condenado quando este preenche os requisitos objetivos e subjetivos prescritos na lei, de modo que a sua negação, satisfeitas essas condições, resulta em constrangimento ilegal, autorizando a impetração de habeas corpus.

a) Requisitos da suspensão da pena (Código Penal)[8]

8. ***Art. 77.*** *A execução da pena privativa de liberdade, não superior a 2 (dois) anos, poderá ser suspensa, por 2 (dois) a 4 (quatro) anos, desde que:*
I – o condenado não seja reincidente em crime doloso;
II – a culpabilidade, os antecedentes, a conduta social e personalidade do agente, bem como os motivos e as circunstâncias autorizem a concessão do benefício;
III – Não seja indicada ou cabível a substituição prevista no art. 44 deste Código.
*§ **1º** A condenação anterior a pena de multa não impede a concessão do benefício.*
*§ **2º** A execução da pena privativa de liberdade, não superior a 4 (quatro) anos, poderá ser suspensa, por 4 (quatro) a 6 (seis) anos, desde que o condenado seja maior de 70 (setenta) anos de idade.*

b) Revogação obrigatória (Código Penal)[9]

c) Revogação facultativa (Código Penal)[10]

d) Prorrogação do período de prova (Código Penal)[11]

e) Cumprimento das condições (Código Penal)[12]

O sursis é uma oportunidade ofertada ao réu primário que não tenha sofrido condenação anterior e sua personalidade, seus antecedentes, bem como os motivos e circunstância do crime, autorizam ao juiz a presumir que não voltará a incorrer em atos criminosos.

A suspensão condicional da pena, também, está inserida na Lei de Execução Penal, seu art. 156, ao conferir ao juiz da execução a prerrogativa para o deferimento deste benefício penal.

Tratando-se de quantidade da pena, o sursis somente beneficia ao réu com pena até dois anos privativa de liberdade, exceto nos crimes contra o meio ambiente (art. 16, da Lei nº 9. 605/98), que estende até três anos de prisão.

Art. 78. *Durante o prazo da suspensão, o condenado ficará sujeito à observação e ao cumprimento das condições estabelecidas pelo juiz.*

§ ***1º*** *No primeiro ano do prazo, deverá o condenado prestar serviços à comunidade (art. 46) ou submeter-se à limitação de fim de semana (art. 48).*

§ ***2º*** *Se o condenado houver reparado o dano, salvo impossibilidade de fazê-lo, e se as circunstâncias do art. 59 deste Código lhe forem inteiramente favoráveis, o juiz poderá substituir a exigência do parágrafo anterior pelas seguintes condições, aplicadas cumulativamente:*

a) proibição de frequentar determinados lugares;

b) proibição de ausentar-se da comarca onde reside, sem autorização do juiz;

c) comparecimento pessoal e obrigatório a juízo, mensalmente, para informar e justificar suas atividades.

Art. 79. *A sentença poderá especificar outras condições a que fica subordinada a suspensão, desde que adequadas ao fato e à situação pessoal do condenado.*

Art. 80. *A suspensão não se estende às penas restritivas de direitos nem à multa.*

9. ***Art. 81***. *A suspensão será revogada se, no curso do prazo, o beneficiário:*

I – é condenado, em sentença irrecorrível, por crime doloso;

II – frustra, embora solvente, a execução de pena de multa ou não efetua, sem motivo justificado, a reparação do dano;

III – descumpre a condição do § 1º do art. 78 deste Código.

10. *§* ***1º*** *A suspensão poderá ser revogada se o condenado descumpre qualquer outra condição imposta ou é irrecorrivelmente condenado, por crime culposo ou por contravenção, a pena privativa de liberdade ou restritiva de direitos.*

11. *§* ***2º*** *Se o beneficiário está sendo processado por outro crime ou contravenção, considera-se prorrogado o prazo da suspensão até o julgamento definitivo.*

§ ***3º*** *Quando facultativa a revogação, o juiz pode, ao invés de decretá-la, prorrogar o período de prova até o máximo, se este não foi o fixado.*

12. Art. 82. Expirado o prazo sem que tenha havido revogação, considera-se extinta a pena privativa de liberdade.

Há também, o sursis etário, quando o réu atinge 70 (setenta) anos de idade ou, o humanitário, em razão do seu estado de saúde grave ou terminal, mas que a pena privativa de liberdade não seja superior a quatros anos, em ambas as situações.

É importante afirmar que somente a pena privativa de liberdade admite a aplicação do sursis, não contemplando as condenações com penas restritivas de direito.

Se for cabível a substituição da pena privativa de liberdade pela restritiva de direitos, não se admite o sursis, conquanto a substituição tem prevalência sobre a suspensão da pena.

Saliente-se, por oportuno, da possibilidade do sursis simultâneo em virtude da aplicação do critério da pluralidade para o efeito da reincidência, decorridos mais de cinco anos entre o cumprimento ou a extinção da pena (art.64, I do CP).

No que se refere a revogação do sursis, a primeira causa obrigatória se opera quando o réu, no curso do prazo da suspensão é condenado, em sentença irrecorrível, por crime doloso. A segunda, o beneficiário, embora solvente, frustra o pagamento da pena de multa, sem motivo justificável. Outra hipótese de revogação é o descumprimento das condições estipuladas pelo § 1º do art. 78 do Código Penal.

A revogação facultativa poderá ocorrer nas situações de descumprimento, como previstas pelo § 1º do art. 81 do Código Penal.

Quanto aos efeitos da revogação, imputará ao beneficiário retornar a situação anterior para cumprir por inteiro a pena privativa de liberdade.

- **Recurso da acusação. Limites. *Tantum devolutum quantum appelatum*. Imposição de outras condições à suspensão condicional da pena. Ausência de requerimento do Ministério Público. Constrangimento ilegal verificado. Ordem concedida de ofício.** O efeito devolutivo da apelação é total ou parcial quanto à extensão e sempre integral quanto à profundidade. O Tribunal poderá analisar, com ampla profundidade, a pretensão recursal que lhe foi submetida, não ficando adstrito aos fundamentos adotados em primeiro grau, desde que respeitada a extensão objetiva do recurso. Respeitados os limites objetivos da apelação, era inviável a imposição, e em desfavor do réu, de outras condições à suspensão condicional da pena, diante da ausência de requerimento do Ministério Público estadual no recurso interposto. Habeas corpus não conhecido. Ordem concedida, de ofício, para afastar, das condições da suspensão condicional da pena concedida ao paciente, aquelas previstas nas alíneas "a" e "b" do § 2º do art. 78 do Código Penal. (STJ - HC 209.266/SP, Rel. Ministro ROGERIO SCHIETTI CRUZ, SEXTA TURMA, julgado em 17/03/2016, DJe 31/03/2016)

Título III

- **Sursis etário. Compatibilidade com a lei dos crimes hediondos. Precedentes. Recurso provido.** Esta Corte Superior de Justiça se posicionou no sentido da possibilidade de conceder a suspensão condicional da pena a condenado por crime hediondo, desde que preenchidos os requisitos do art. 77, § 2º, do Código Penal. Declarada, pelo Supremo Tribunal Federal, a inconstitucionalidade do § 1º do artigo 2º da Lei n. 8.072/90, não é mais obrigatório o cumprimento da pena em regime fechado, seja integral, seja inicialmente, aos condenados pela prática de crimes hediondos. Por consequência, o sursis passou a ser aplicável, por falta de vedação expressa na lei especial. Recurso especial provido. (STJ - REsp 1320387/SP, Rel. Ministro NEFI CORDEIRO, SEXTA TURMA, julgado em 18/02/2016, DJe 09/03/2016)
- **Sursis. Requisitos. Preenchimento.** "A imposição do regime inicial fechado ou do impedimento à substituição por penas restritivas de direitos, por vedação legal, encontra óbice no princípio constitucional da individualização da pena. "É desproporcional e carece de razoabilidade a negativa de concessão de sursis se já resta superada a própria vedação legal à conversão da pena, mormente porque inexiste óbice à concessão dos benefícios na conduta do parágrafo 2º do art. 33 da Lei nº 11.343/06, que pode até ser sancionada com reprimenda mais severa que a do *caput* quando concedido o benefício do parágrafo 4º do mesmo artigo" (REsp 1287561, Rel. Ministra MARIA THEREZA DE ASSIS MOURA). (REsp 1466069/RS, Rel. Ministro ROGERIO SCHIETTI CRUZ, Rel. p/ Acórdão Ministro NEFI CORDEIRO, SEXTA TURMA, julgado em 06/11/2014, DJe 12/12/2014)
- **Transação penal. Existência de procedimentos penais.** "A existência de inquéritos, ações penais em curso ou processo em que foi aceita a proposta de transação penal, por si só, não autoriza o indeferimento da suspensão condicional da pena. Inquéritos e ações penais em curso não se prestam para caracterizar maus antecedentes, má conduta social ou personalidade desajustada. Precedentes. Os requisitos subjetivos, previstos no art. 77, II, do Código Penal, exigidos para a concessão do sursis, coincidem com as circunstâncias judiciais previstas no art. 59 do mesmo diploma, cuja análise é necessária quando da fixação da pena-base. Assim, é perfeitamente aplicável ao caso, por analogia, o entendimento consubstanciado na Súmula 444/STJ. Precedente. O feito em que há aceitação de proposta de transação penal não pode constar de certidão de antecedentes criminais, em função do que dispõe o art. 76, § 6º, da Lei n. 9.099/1995. Recurso especial provido. (STJ - REsp 1262591/MG, Rel. Ministro SEBASTIÃO REIS JÚNIOR, SEXTA TURMA, julgado em 07/03/2013, DJe 18/03/2013).

- **Prestação pecuniária. Requisito. Possibilidade.** "A jurisprudência da Quinta Turma firmou entendimento no sentido de que a imposição de prestação pecuniária - *in casu*, a doação de R$ 620,00 à Conta Única Remunerada das Penas Alternativas da comarca de origem - como condição para a concessão do sursis processual tem amparo no art. 89, § 2º, da Lei n. 9.099/95, em que se faculta ao juiz a especificação de outras condições, além das enumeradas na lei, desde que proporcionais ao fato e compatíveis com a situação pessoal do acusado. Precedentes". (STJ - RHC 34.332/RS, Rel. Ministra MARILZA MAYNARD (DESEMBARGADORA CONVOCADA DO TJ/SE), QUINTA TURMA, julgado em 19/02/2013, DJe 25/02/2013)

- **Indeferimento. Falta de fundamentação.** "Caracteriza constrangimento ilegal a valoração negativa da conduta social do paciente, quando desacompanhada de fundamentação concreta que justifique o juízo negativo de valor. Presentes os requisitos do art. 77 do Código Penal, impõe-se a concessão do benefício da suspensão condicional da pena (sursis). Ordem concedida". (STJ - HC 192.292/MG, Rel. Ministro SEBASTIÃO REIS JÚNIOR, SEXTA TURMA, julgado em 28/08/2012, DJe 12/09/2012)

- **Requisitos. Preenchimento. Direito subjetivo.** "Diante da pena aplicada e em se tratando de réu primário, que confessou o delito em juízo, e considerando, ainda, as demais circunstâncias judiciais favoráveis, como ausência de emprego de violência qualquer contra as vítimas, mas tão somente ameaça implícita de estar armado, tudo a revelar menor periculosidade do agente, entendo que não há circunstância especial apta a exigir maior rigor na resposta penal, sendo suficiente a fixação de regime aberto para o início do cumprimento da pena. O paciente preenche os requisitos autorizadores da suspensão condicional da pena, conforme elencados nos incisos I a III do art. 77 do Código Penal, tendo em vista que a pena imposta foi estabelecida em patamar inferior a 2 (dois) anos, foram consideradas favoráveis todas as circunstâncias judiciais, além de não ser aplicável, no caso, a substituição da pena por medidas restritivas de direito, em razão de tratar-se de delito cometido com o emprego de ameaça. Habeas corpus concedido para restabelecer a sentença de primeirograu".STJ - HC 224.190/SP, Rel. Ministro MARCO AURÉLIO BELLIZZE, QUINTA TURMA, julgado em 26/06/2012, DJe 09/08/2012)

- **Novo delito. Prorrogação automática**. "Se o beneficiário está sendo processado por outro delito, o sursis é automaticamente prorrogado até o julgamento definitivo do feito, *ex vi* do art. 81, § 2º, do CP". (STJ - REsp 1107269/MG - 5ª T. - Rel. Min. Félix Fischer - DJe 03.08.2009)

Título III

- **Novo delito. Revogação.** "Uma vez constatado o envolvimento do beneficiário do sursis processual em outro delito, de rigor a revogação do benefício, sob pena de infringência ao disposto no § 3º do art. 89 da Lei 9.099/90 caso o magistrado autorize o prosseguimento da suspensão. Precedentes do Superior Tribunal de Justiça. (STJ – HC 111977/SP – 5ª T. – Rel. Min. Napoleão Nunes Maia Filho – DJe 02.03.2009)

- **Antecedentes criminais. Indeferimento.** "A existência de antecedentes criminais constitui fundamentação idônea para justificar a fixação de regime prisional mais gravoso do que o previsto pela cominada *in* concreto, o indeferimento da substituição da pena e o do SURSIS. Aplicação dos arts. 33, § 3º, 44, inc. III, 77 e 59, todos do Código Penal. (STJ – HC 91549/DF – 5ª T. – Rel. Min. Arnaldo Esteves Lima – DJe 02.03.2009)

- "**Reincidência e sursis.** A circunstância de ser o condenado reincidente não impede a concessão do sursis, se ao crime anterior foi aplicada pena de multa (CP, art. 77, § 1º). Com esse entendimento, afastou-se a tese do acórdão impetrado, no sentido de que "a pena de multa não impede a concessão do sursis, mas não retira a reincidência". (STF – HC 72.605/SP – Rel. Min. Néri da Silveira – j. em 17.10.1995 – Informativo STF 21)

- "**Sursis. Revelia. Expedição de mandado de prisão.** Ainda recentemente, esta Primeira Turma, ao julgar o HC 68.664, de que foi relator o Sr. Min. Celso de Mello, decidiu que não pode o Tribunal, por ser o réu revel, ordenar desde logo a expedição de mandado de prisão, tendo ele direito ao sursis. E isso porque a revelia não dispensa a observância do procedimento dos arts. 160 e 161 da Lei 7.210, de 11.07.1984. Habeas corpus deferido, estendida a concessão ao corréu que se encontra na mesma situação do ora paciente. (STF – HC 69.175/PE – Rel. Min. Moreira Alves – Informativo STF 51, 06.11.1996, p. 3)

- "**Sursis. Absolvição. Antecedentes.** A existência de processo criminal, no qual o acusado foi absolvido, não pode ser levada em conta para a caracterização de maus antecedentes. Afastando essa circunstância judicial – que motivara o indeferimento do sursis –, a Turma deferiu em parte habeas corpus para que o Tribunal de Justiça de Mato Grosso do Sul se pronuncie novamente sobre a concessão, ou não, daquele benefício". (STF – HC 74.977/MS – Rel. Min. Ilmar Galvão – j. em 08.04.1997 – Informativo do STF 66)

- **Audiência de advertência.** "A audiência de advertência do sursis, mesmo realizada após a expedição da carta de guia, é ato que, por sua índole, precede a execução propriamente dita. Assim, concedida a suspensão condicional da pena pelo Juiz da Condenação, por ele deve ser presidida a audiência admonitória. (TJPB – CNC 98.5791-6 – Rel. Des. Raphael Carneiro Arnaud – j. em 13.04.1999)

- "**Pena. Detenção. Restritiva de direito. Substituição. Atuação de ofício.** Estabelecida pena privativa de liberdade inferior a um ano ou sendo o crime culposo, incumbe ao juízo o exame, de ofício, dos demais pressupostos autorizadores da substituição pela restritiva de direitos – CP, art. 44. Sursis. Pena restritiva de direitos. Impropriedade. O instituto da suspensão condicional da pena é incompatível com a pena privativa de direitos – inteligência dos arts. 44, 77 e 80 do Código Penal. (STF – 2ª T. – HC 72.842 – Rel. Min. Marco Aurélio – j. em 18.12.1995 – DJ de 22.03.1996)

23.5. Livramento condicional

O livramento condicional é a concessão antecipada da liberdade ao condenado, mediante o preenchimento de determinados requisitos legais, ficando aquele sujeito a certas condições de conduta durante o restante da pena que deveria cumprir o preso.

O livramento condicional é direito subjetivo do condenado quando ele preenche os requisitos objetivos e subjetivos prescritos na lei, de modo que a sua negação, satisfeitas essas condições, resulta em constrangimento ilegal, autorizando a impetração de habeas corpus.

Regramento do livramento condicional (Código Penal)[13]

---

13. ***Art. 83.*** *O juiz poderá conceder livramento condicional ao condenado a pena privativa de liberdade igual ou superior a 2 (dois) anos, desde que:*

I – cumprida mais de um terço da pena se o condenado não for reincidente em crime doloso e tiver bons antecedentes;

II – cumprida mais da metade se o condenado for reincidente em crime doloso;

III – comprovado comportamento satisfatório durante a execução da pena, bom desempenho no trabalho que lhe foi atribuído e aptidão para prover à própria subsistência mediante trabalho honesto;

IV – tenha reparado, salvo efetiva impossibilidade de fazê-lo, o dano causado pela infração;

V – cumprido mais de dois terços da pena, nos casos de condenação por crime hediondo, prática da tortura, tráfico ilícito de entorpecentes e drogas afins, e terrorismo, se o apenado não for reincidente específico em crimes dessa natureza.

Parágrafo único. *Para o condenado por crime doloso, cometido com violência ou grave ameaça à pessoa, a concessão do livramento ficará também subordinada à constatação de condições pessoais que façam presumir que o liberado não voltará a delinqüir.*

Art. 84. *As penas que correspondem a infrações diversas devem somar-se para efeito do livramento.*

Art. 85. *A sentença especificará as condições a que fica subordinado o livramento.*

Art. 86. *Revoga-se o livramento, se o liberado vem a ser condenado a pena privativa de liberdade, em sentença irrecorrível:*

I – por crime cometido durante a vigência do benefício;

• **Livramento condicional. Revogação facultativa do benefício. Fundamentação.** Durante a execução da pena, concedido o benefício do livramento condicional, a sua eventual revogação somente pode ocorrer nas hipóteses previstas nos arts. 86 e 87 do Código Penal. Ao apenado beneficiado com o livramento condicional que vem a ser condenado pela prática de novo delito com pena que não seja privativa de liberdade, a revogação do benefício é facultativa, nos termos do art. 87, do CP. Antes de decidir pela revogação do livramento condicional respaldada no art. 87 do CP, é dever do juiz da execução, em observância ao art. 93, IX, da CF, combinado com o art. 140, parágrafo único, da LEP, a apresentação de fundamentação calcada em elementos concretos que justifiquem não ser o caso de apenas advertir ou então agravar as condições anteriormente fixadas. Concessão da ordem, de ofício, confirmando-se a liminar anteriormente deferida, para determinar o restabelecimento do livramento condicional, assegurando ao Juiz da Execução a faculdade de advertir o apenado ou agravar as condições de seu benefício, conforme disposto no art. 140, parágrafo único, da Lei de Execuções Penais. (STF - HC 127709, Relator(a): Min. MARCO AURÉLIO, Relator(a) p/ Acórdão: Min. EDSON FACHIN, Primeira Turma, julgado em 29/03/2016, PROCESSO ELETRÔNICO DJe-125 DIVULG 16-06-2016 PUBLIC 17-06-2016)

- **Livramento condicional. Cometimento de novos delitos no curso do benefício. Suspensão cautelar. Ausência de instauração de procedimento administrativo disciplinar. Imprescindibilidade.** Súmula 533/STJ. Constrangimento ilegal caracterizado. Ordem concedida, de ofício. ... De todo modo, cabe ao juízo da Vara de Execuções Penais, nos termos do art. 145 da Lei n. 7.210/84, quando da notícia do cometimento de novo delito no período do livramento condicional, suspender cautelarmente a benesse, durante o período de prova, para, posteriormente, revogá-la, em caso de condenação com trânsito em julgado. A Terceira Seção desta Corte, ao julgar, em recurso representativo da controvérsia, o REsp n. 1.378.557/RS, revendo anterior posicionamento, passou a entender que: "[...] Para o reconhecimento da prática de falta disciplinar, no âmbito da execução penal, é imprescindível a instauração de procedimento

---

II – por crime anterior, observado o disposto no art. 84 deste Código.

Art. 87. *O juiz poderá, também, revogar o livramento, se o liberado deixar de cumprir qualquer das obrigações constantes da sentença, ou for irrecorrivelmente condenado, por crime ou contravenção, a pena que não seja privativa de liberdade.*

Art. 88. *Revogado o livramento, não poderá ser novamente concedido, e, salvo quando a revogação resulta de condenação por outro crime anterior àquele benefício, não se desconta na pena o tempo em que esteve solto o condenado.*

Art. 89. *O juiz não poderá declarar extinta a pena, enquanto não passar em julgado a sentença em processo a que responde o liberado, por crime cometido na vigência do livramento.*

Art. 90. *Se até o seu término o livramento não é revogado, considera-se extinta a pena privativa de liberdade.*

administrativo pelo diretor do estabelecimento prisional, assegurado o direito de defesa, a ser realizado por advogado constituído ou defensor público nomeado" (REsp n. 1.378.557/RS, Terceira Seção, Rel. Min. Marco Aurélio Bellizze, DJe de 21/3/2014, grifei). (Súmula n. 533/STJ). *In casu,* portanto, o reconhecimento das faltas graves, com base, exclusivamente, em procedimento de justificação judicial, dispensando-se a prévia instauração de procedimento administrativo, não se ajusta à orientação jurisprudencial desta Corte Superior de Justiça. Ordem concedida. (STJ – HC 357.477/RS, Rel. Ministro FELIX FISCHER, QUINTA TURMA, julgado em 18/08/2016, DJe 26/08/2016)

- **Falta disciplinar de natureza grave. Prática de novo crime durante o desconto da pena. Interrupção do prazo na progressão de regime.** Livramento condicional, indulto e comutação. Ausência de previsão legal. Súmulas/STJ 441 e 535. Constrangimento ilegal evidenciado. Habeas corpus não conhecido. Ordem concedida de ofício. A prática de falta grave interrompe o prazo para a progressão de regime, acarretando a modificação da data-base e o início de nova contagem do lapso necessário para o preenchimento do requisito objetivo (Súmula 534/STJ). As Súmulas 441 e 535 do STJ dispõem que a falta grave não interrompe o prazo para obtenção de livramento condicional, da comutação de pena e do indulto (Precedente). É pacífico o entendimento neste Superior Tribunal de Justiça no sentido de que a superveniência de nova condenação no curso da execução implica unificação das penas e interrupção do lapso temporal para obtenção de benefícios, sendo despiciendo o trânsito em julgado da sentença, a teor da Súmula 526/STJ, devendo, contudo, tal data ser considerada como termo *a quo* para a contagem do prazo aquisitivo (Precedentes). Hipótese na qual o Tribunal de origem considerou que a falta disciplinar de natureza grave, caracterizada pela prática de novo crime, redunda em interrupção do prazo necessário para a percepção dos benefícios prisionais, sem ter excluído o livramento condicional, o indulto e a comutação, o que evidencia a ocorrência de flagrante ilegalidade passível de ser sanada mediante a concessão de habeas corpus, de ofício. Habeas Corpus concedido, de ofício, para cassar o acórdão impugnado, restabelecendo a decisão de primeiro grau que indeferiu ao Ministério Público o pedido de alteração da data-base do benefício do livramento condicional. (STJ – HC 353.682/PR, Rel. Ministro RIBEIRO DANTAS, QUINTA TURMA, julgado em 04/08/2016, DJe 15/08/2016)

- **Acórdão que cassa a decisão concessiva de livramento condicional e a condiciona** à **realização de exame criminológico. Súmula 439/STJ. Ausência de fundamentação concreta.** Gravidade do próprio tipo penal. Necessidade de passagem por regime intermediário. Requisito não previsto em lei. Constrangimento ilegal caracterizado. Ordem concedida, de ofício. De acordo com a Súmula 439/STJ, "admite-se o exame criminológico pelas peculiaridades do caso, desde que em decisão motivada". No caso dos autos, verifica-se que foram devidamente preenchidos os requisitos legais, tanto objetivos como subjetivos, e que o acórdão impugnado utilizou-se de argumento inidôneo para cassar a decisão que deferiu o benefício do livramento condicional para determinar a recondução do paciente ao regime semiaberto e à realização de exame criminológico, baseando-se tão somente na gravidade do delito e na impossibilidade da chamada progressão per saltum de regime prisional. Esta Corte de Justiça possui entendimento de que não há obrigatoriedade de o sentenciado passar por regime intermediário para que obtenha o benefício do livramento condicional, ante a inexistência de tal previsão no art. 83 do Código Penal. Ordem concedida, de ofício, para cassar o acórdão impugnado e restabelecer a decisão que deferiu ao paciente o benefício do livramento condicional. (STJ – HC 341.779/SP, Rel. Ministro RIBEIRO DANTAS, QUINTA TURMA, julgado em 28/06/2016, DJe 03/08/2016)

- **Livramento condicional. Prévia oitiva do conselho penitenciário. Desnecessidade.** Art. 112 da lei de execução penal, com nova redação dada pela lei n. 10.792/2003. Constrangimento ilegal evidenciado. Ordem concedida de ofício. O Superior Tribunal de Justiça tem entendimento reiterado de que não se exige a prévia oitiva do Conselho Penitenciário para fins de concessão do livramento condicional, segundo a nova redação do art. 112 da LEP dada pela Lei n. 10.792/2003. Precedentes. Ordem concedida de ofício para cassar o acórdão impugnado, restabelecendo a decisão de primeiro grau que deferiu ao paciente o benefício do livramento condicional. (STJ – HC 350.902/SP, Rel. Ministro RIBEIRO DANTAS, QUINTA TURMA, julgado em 21/06/2016, DJe 28/06/2016)

- **Reincidência. Cálculo de benefícios.** Na definição do requisito objetivo para a concessão de livramento condicional, a condição de reincidente em crime doloso deve incidir sobre a somatória das penas impostas ao condenado, ainda que a agravante da reincidência não tenha sido reconhecida pelo juízo sentenciante em algumas das condenações. Isso porque a reincidência é circunstância pessoal que interfere na execução como um todo, e não somente nas penas em que ela foi reconhecida. Precedentes citados: HC 95.505-RS, Quinta Turma, DJe 1º/2/2010; e EDcl no HC 267.328-MG, Quinta Turma, DJe de 6/6/2014. HC 307.180-RS, Rel. Min. Felix Fischer, julgado em 16/4/2015, DJe 13/5/2015.

- **Direito subjetivo. Preenchimento. Requisitos.** "O que caracteriza o livramento condicional é a possibilidade de o condenado ser liberado sob certas condições depois de cumprir efetivamente parte da pena de prisão. O transcurso demais de 01 (um) ano entre a última falta grave e a decisão concedeu o benefício, somado ao bom comportamento carcerário do preso, no período, é suficiente ao preenchimento do requisito subjetivo previsto do artigo 83, III, do Código Penal. Inexistem, portanto, justos motivos para se cassar a progressão de regime prisional deferida ao agravante, devendo ser mantido o acórdão proferido pelo Tribunal de origem. Agravo regimental improvido". (STJ – AgRg no AREsp 226.006/DF, Rel. Ministro LEOPOLDO DE ARRUDA RAPOSO (DESEMBARGADOR CONVOCADO DO TJ/PE), QUINTA TURMA, julgado em 07/04/2015, DJe 13/04/2015).

- **Direito subjetivo.** "O livramento condicional é medida de fundo não institucional, restritiva de liberdade de locomoção. É forma de execução da pena privativa de liberdade. Por ser forma mais branda de cumprimento da sanção penal, constitui-se em direito subjetivo público do agente". (RT 705/367).

- **Livramento condicional. Prática de novo crime durante o período de provas do benefício. Prazo não prorrogado ou suspenso.** Flagrante ilegalidade evidenciada. Recurso provido. 1. Esta Corte firmou o entendimento de que "cabe ao Juízo da Vara de Execuções Penais, nos termos do art. 145 da LEP, quando do cometimento de novo delito no período do livramento condicional, suspender cautelarmente a benesse, durante o período de prova, para, posteriormente, revogá-la, em caso de condenação com trânsito em julgado. Expirado o prazo do livramento condicional sem a sua suspensão ou prorrogação (art. 90 do CP), a pena é automaticamente extinta, sendo flagrantemente ilegal a sua revogação posterior ante a constatação do cometimento de delito durante o período de prova" (HC 279.405/SP, Rel. Ministro FELIX FISCHER, QUINTA TURMA, DJe 27/11/2014). 2. Recurso ordinário em habeas corpus provido para declarar extinta a punibilidade do paciente no que se refere à Execução Penal n. 500.042.(STJ – RHC 54.612/SP, Rel. Ministro RIBEIRO DANTAS, QUINTA TURMA, julgado em 24/11/2015, DJe 01/12/2015)

- **Falta grave. Interrupção. Prazo. Inocorrência.** "Em se tratando de livramento condicional, não ocorre a interrupção do prazo pela prática de falta grave. Aplicação da Súmula 441/STJ. Também não é interrompido automaticamente o prazo pela falta grave no que diz respeito à comutação de pena ou indulto, mas a sua concessão deverá observar o cumprimento dos requisitos previstos no decreto presidencial pelo qual foram instituídos" (REsp n. 1.364.192/RS, Terceira Seção, Rel. Min. Sebastião Reis júnior, DJe de 17/9/2014). No tocante à alteração da data-base para obtenção de todos os benefícios prisionais, a Terceira Seção deste eg. Superior Tribunal de Justiça, no julgamento dos Embargos de Divergência em Recurso Especial n. 1.176.486/SP, pacificou o entendimento de que o cometimento de falta grave no curso da execução enseja a interrupção do lapso temporal para a progressão de regime prisional, com exceção aos casos de livramento condicional e comutação de pena. Ordem concedida de ofício para reconhecer que a falta grave praticada pelo paciente no curso da execução da pena não acarreta a interrupção do lapso temporal para a obtenção de livramento condicional, indulto e comutação de penas, salvo se o requisito for expressamente previsto no Decreto Presidencial". (STJ – HC 296.764/RS, Rel. Ministro FELIX FISCHER, QUINTA TURMA, julgado em 18/12/2014, DJe 04/02/2015).

- **Falta grave. Interrupção. Prazo. Inocorrência**. "A Terceira Seção do Superior Tribunal de Justiça, no julgamento dos Embargos de Divergência em Recurso Especial n. 1.176.486, pacificou o entendimento de que a prática de falta disciplinar de natureza grave interrompe o prazo para concessão da progressão de regime prisional, salvo para obtenção do livramento condicional ou para concessão de indulto e comutação da pena, desde que o requisito esteja expressamente previsto no próprio decreto presidencial. (STJ – HC 305.697/RS, Rel. Ministro LEOPOLDO DE ARRUDA RAPOSO (DESEMBARGADOR CONVOCADO DO TJ/PE), QUINTA TURMA, julgado em 05/03/2015, DJe 12/03/2015)
- **Falta grave. Interrupção. Prazo. Inocorrência**. "A Terceira Seção do Superior Tribunal de Justiça, ao apreciar os Embargos de Divergência no Recurso Especial n. 1.176.486/SP, da Relatoria do Ministro Napoleão Nunes Maia Filho, em 28/3/2012, uniformizou o entendimento no sentido de que a prática de falta grave representa marco interruptivo para obtenção de progressão de regime. Todavia, a regra não se aplica ao livramento condicional, nos termos da Súm. 441 do STJ, nem tampouco para fins de concessão de indulto e comutação de penas, cujos requisitos devem vir expressos no Decreto Presidencial. Concedida a ordem de ofício para excetuar do efeito interruptivo, decorrente da prática da falta grave, o livramento condicional, o indulto e a comutação de penas, mantida, porém, a interrupção para fins progressão de regime prisional". (STJ – HC 297.154/SP, Rel. Ministro NEFI CORDEIRO, SEXTA TURMA, julgado em 04/12/2014, DJe 18/12/2014).
- **Falta grave. Interrupção. Prazo. Inocorrência.** "Na espécie, o Tribunal de origem negou provimento ao agravo em execução interposto pelo Ministério Público contra decisão do Juízo das Execuções Criminais que, diante da configuração de falta grave, determinou a perda da

fração máxima dos dias remidos e o reinício da contagem dos prazos permissivos de benefícios. Inconformada, a defesa impetrou o presente writ, especificamente no que tange ao reinício do prazo para fins de concessão do livramento condicional, indulto e comutação de penas. Segundo a Súmula 535 desta Corte: "A prática de falta grave não interrompe o prazo para fim de comutação de pena ou indulto". Por outro lado, a Súmula 441 deste Tribunal estabelece que: "A falta grave não interrompe o prazo para obtenção de livramento condicional." 5. Cumpre salientar que esta Corte Superior de Justiça sedimentou a orientação de que a prática de falta grave resulta em novo marco interruptivo para concessão de novos benefícios, exceto indulto, comutação e livramento condicional. Habeas Corpus não conhecido. Contudo, ordem concedida de ofício, para afastar a interrupção da contagem do lapso temporal em relação ao livramento condicional, ao indulto e à comutação de penas. (STJ – HC 301.995/SP, Rel. Ministro REYNALDO SOARES DA FONSECA, QUINTA TURMA, julgado em 01/12/2015, DJe 09/12/2015).

- **Prazo expirado. Pena extinta.** "Uma vez cumpridas as condições e expirado o prazo do livramento condicional sem revogação (art. 90 do CP), a pena é automaticamente extinta, sendo flagrantemente ilegal a subordinação da declaração de extinção à constatação da prática de eventuais delitos durante o período de prova" (Precedentes desta Corte e do Pretório Excelso). Recurso ordinário provido. (STJ - 5ª T. - RHC 19.805/RJ - Rel. Min. Félix Fischer - DJ 20.11.2006 - p. 343)
- "**Livramento condicional. Expiração do prazo.** Prática de delito durante o período de prova. Extinção automática da pena. Uma vez cumpridas as condições e expirado o prazo do livramento condicional sem revogação (art. 90 do CP), a pena é automaticamente extinta, sendo flagrantemente ilegal a subordinação da declaração de extinção à constatação da prática de eventuais delitos durante o período de prova. (Precedentes desta Corte e do Pretório Excelso) Recurso desprovido. (STJ - 5ª T. - REsp. 828.264/DF - Rel. Min. Félix Fischer - DJ 06.11.2006 - p. 368)
- **Pena. Aplicação. Sem transito em julgado.** "Não é possível que pena aplicada por sentença penal condenatória não transitada em julgado venha a integrar cálculo do total da pena a ser cumprida, para efeito de concessão de livramento condicional. A via estreita do habeas corpus não se presta a analisar a presença de requisitos subjetivos para a concessão de livramento condicional. Ordem concedida, em parte, para determinar à Vara de Execuções Penais que se manifesta sobre o pedido de livramento condicional desconsiderando, para tanto, a pena

aplicada por sentença recorrível que foi, inclusive, anulada". (STJ - 6ª T. - HC 48.269/RS - Rel. Min. Maria Thereza de Assis Moura - DJ 14.05.2007 - p. 399)

- **Maus antecedentes. Condicional simples.** "Ao condenado primário, com maus antecedentes, incide o inc. I do art. 83 do Código Penal, razão pela qual sobressai o direito do paciente ao livramento condicional simples, exigindo-se, além dos requisitos objetivos e subjetivos, o cumprimento de 1/3 da pena. Precedentes. A limitação à liberdade do cidadão deve vir sempre expressa em lei, não se podendo dar interpretação ampla às regras restritivas de direitos, em detrimento do réu. Deve ser cassado o acórdão a fim de conceder ao paciente o benefício do livramento condicional, mediante as condições previstas na Lei de Execuções Penais, a serem estabelecidas pelo Juízo de 1º grau. Ordem concedida, nos termos do voto do Relator". (STJ - 5ª T. - HC 57.300/SP - Rel. Min. Gilson Dipp - DJ 05.02.2007 - p. 275)

- **Contagem. Pena aplicada.** "Considera-se, para fins de concessão de livramento condicional (CP, art. 83), a pena efetivamente imposta ao condenado, não o limite previsto no art. 75 do CP ("O tempo de cumprimento das penas privativas de liberdade não pode ser superior a trinta anos"). Precedente citado: HC 69.423/SP (RTJ 149/129). (STF - HC 73.599/SP - Rel. Min. Sidney Sanches - j. em 17.04.1996 - Informativo STF 21)

- **Parecer ministerial prévio. Imprescindível.** "Exige-se, antes da concessão do livramento condicional, a oitiva do Ministério Público que é o fiscal da execução da pena. Não havendo sua prévia participação, a decisão monocrática está maculada e não pode subsistir. (TJPB - Ag. Crim. 97.002716-2 - Rel. Des. Otacílio Cordeiro da Silva - j. em 12.02.1998).

- "**Maus antecedentes.** Art. 83, I, do Código Penal. O parecer favorável do Conselho Penitenciário, aliado à satisfação pelo sentenciado dos requisitos de ordem objetiva e subjetiva, autoriza o deferimento do pedido de livramento condicional que não deve ser simplesmente afastado sob o fundamento da ausência de bons antecedentes, circunstância já sopesada na fixação da pena, acima do mínimo legal. Não se pode equiparar o tecnicamente primário ao reincidente, com a exigência de cumprimento de mais da metade da pena. Ordem concedida para deferir o benefício, mediante as condições de (1) recolher-se até às 22 horas, (2) não se ausentar da comarca sem autorização do juiz, a quem (3) deverá apresentar-se trimestralmente para informar sobre suas atividades. (STJ - HC 97/25708-8 - Rel. Min. Fernando Gonçalves - DJ 04.08.1997)

- **"Livramento condicional. Agravo em execução. Benefício revogado.** Requisitos objetivo e subjetivo satisfeitos. Constrangimento ilegal caracterizado em virtude da alteração promovida pela Lei 10.792/03. Ordem concedida. 1. O advento da Lei 10.792/03 tornou prescindíveis os exames periciais antes exigidos para a concessão da progressão de regime prisional e do livramento condicional, bastando, para os aludidos benefícios, a satisfação dos requisitos objetivo – temporal – e subjetivo – atestado de bom comportamento carcerário, firmado pelo diretor do estabelecimento prisional. 2. O Supremo Tribunal Federal, todavia, em recente julgamento (HC 88.052/DF, Rel. Min. CELSO DE MELLO, DJ de 28/4/2006), afirmou que "Não constitui demasia assinalar, neste ponto, não obstante o advento da Lei 10.792/03, que alterou o art. 112 da LEP – para dele excluir a referência ao exame criminológico –, que nada impede que os magistrados determinem a realização de mencionado exame, quando o entenderem necessário, consideradas as eventuais peculiaridades do caso, desde que o façam, contudo, em decisão adequadamente motivada" (sem grifos no original). 3. No caso dos autos, corretamente decidiu o Juízo executor da sentença, que entendeu pela desnecessidade da realização do exame criminológico, em face do atestado de boa conduta carcerária firmado pelo diretor do estabelecimento prisional, não havendo no acórdão proferido pela Corte a quo fundamentação idônea a respaldar entendimento diverso. 4. Ordem concedida para, anulando o acórdão ora atacado, restabelecer a progressão ao regime semiaberto preteritamente concedida ao paciente. (STJ – 5ª T. – HC 61.203/SP – Rel. Min. Arnaldo Esteves Lima – DJ 04.12.2006 – p. 347)

- **Suspensão cautelar.** "A suspensão do curso do livramento condicional até a decisão definitiva do processo resultante da imputação da prática do crime durante a sua vigência é medida cautelar, dependente de decisão judicial específica. Não tendo havido a suspensão cautelar, corre sem óbice o prazo do livramento, cujo termo, sem revogação, implica extinção da pena." (STF, HC 81879-0/SP, Rel. Min. Sepúlveda Pertence, DJ de 06.08.2002). 2. A suspensão e/ou a revogação do livramento condicional em período posterior a seu término é, em regra, constrangimento ilegal, ainda que seu pedido tenha sido efetivado pelo órgão ministerial em período anterior (art. 90 do Código Penal). 3. A decisão de extinção da pena é ato meramente declaratório, ainda que prolatado em data ulterior, tendo-se por extinta a punibilidade na efetiva data do término do período de prova. Precedentes deste STJ. 4. Ordem concedida". (STJ – 6ª T. – HC 33.752/RJ – Rel. Min. Hélio Quaglia Barbosa – DJ 23.10.2006 – p. 356)

- **Requisito. Vida carcerária.** "As características do instituto, no lastro da escola do fim utilitário da pena, adotada no nosso país, indicam que o importante a verificar, quanto à presença ou à ausência dos requisitos para sua concessão, é a vida carcerária do condenado, não seu passado ou suas características psicológicas decorrentes de sua natureza, preexistentes ao início da execução da pena". (RT 705/367)
- **Livramento condicional. Remição. Admissibilidade.** O direito público subjetivo do apenado previsto no art. 126 da Lei de Execução Penal é extensivo também àqueles que, mesmo estando sob o benefício do livramento condicional, comprovem que tenham prestado serviço antes, ou seja, quando cumpriam pena em regime fechado ou semiaberto. Não há como indeferir pedido de remição de período de trabalho prestado pelo apenado, sob regime prisional fechado, e antes da concessão do livramento condicional, razão por que se dá provimento parcial ao recurso. (TJPB – CC – Ag. Crim. 97.4280-3 – Rel. Des. José Martinho Lisboa – j. em 24.03.1998)
- **Sentença. Trânsito em julgado. Acusação.** "É irrelevante, para efeito de livramento condicional, que, ao estabelecer o regime inicial fechado para o cumprimento da pena, tenha o juiz deixado de aplicar o art. 2º, § 1º, da Lei 8.072/90, vigente à época dos fatos. O trânsito em julgado para o Ministério Público pode ensejar ao condenado a progressão de regime, porém não o livramento condicional antes de cumprir mais de 2/3 (dois terços) da pena, a teor do art. 83, inc. V, do Código Penal. 3. Habeas corpus indeferido. (STF – 2ª T. – HC 77.503/MS – Rel. Min. Maurício Correa – DJ 30.10.1998 – j. em 22.09.1998 – p. 4 – Ement. v. 1.929-02 – p. 365)

23.6. Indulto e comutação da pena

Indulto é o ato presidencial que se concede ao condenado, diminuindo--lhe a pena imposta ou o isentando do cumprimento, de forma total ou parcial, através de decreto presidencial destinado à toda população carcerária do país que cumpre pena definitiva.

O indulto pode ser individual na forma de pedido de clemência que pode ser provocado mediante petição ao Presidente da República enfocando motivos humanitários.

Na modalidade coletiva, o indulto contempla a todos os condenados cujos destinatários que se enquadrem dentro das condições e requisitos fixados, poderão ser suas penas diminuídas ou extintas.

A Lei nº 8.072/1990 veda a concessão de indulto para os condenados por crimes considerados hediondos.

Trata-se de um gesto de indulgência isentando o condenado do cumprimento da pena.

A comutação da pena é a graça consistente na mudança de uma pena por outra, é uma espécie do gênero indulto.

A diferença entre indulto e comutação da pena é que esta significa a troca de uma pena por outra, é a substituição da pena original mais gravosa por outra mais branda ou menos grave, mais suave.

- "**Falta grave. Sem interrupção para indulto ou comutação de pena.** O cometimento de falta grave no curso da execução penal importa na alteração da data-base do prazo para a concessão de benefícios executórios, salvo para fins de livramento condicional (Súmula n. 441/STJ), comutação de pena ou indulto (Súmula n. 535/STJ). Precedentes. Ordem concedida de ofício para que as faltas graves praticadas pelo não interrompam o lapso temporal para fins de livramento condicional e de comutação de pena ou indulto. (STJ - HC 365.150/SP, Rel. Ministro FELIX FISCHER, QUINTA TURMA, julgado em 21/02/2017, DJe 15/03/2017)
- **Publicação do indulto. Decisão. Benefício. Período a ser computado.** O período compreendido entre a publicação do decreto concessivo de indulto pleno e a decisão judicial que reconheça o benefício não pode ser subtraído na conta de liquidação das novas execuções penais, mesmo que estas se refiram a condenações por fatos anteriores ao decreto indulgente. Nessa medida, esse trâmite processual certamente levará um espaço de tempo para ser cumprido, o que afasta a possibilidade de publicação do decreto concessivo do benefício em um dia e, já no dia seguinte, a sua aplicação no caso concreto. Assim, o instituto da detração não pode tangenciar o benefício do indulto porque, enquanto o período compreendido entre a publicação do Decreto Presidencial e a decisão que reconhece o indulto, decretando-se a extinção da punibilidade do agente, refere-se a uma prisão pena, a detração somente se opera em relação à medida cautelar, o que impede a sua aplicação no referido período. (STJ – 6ª Turma – REsp 1.557.408-DF, Rel. Min. Maria Thereza de Assis Moura, julgado em 16/2/2016, DJe 24/2/2016).
- **Indulto. Oitiva do conselho penitenciário para a concessão do benefício. Hipótese não prevista no decreto presidencial** n. 8.172/2013. Habeas corpus não conhecido. Ordem concedida de ofício. O Decreto n. 8.172/13, em seu art. 1º, XIII, concede indulto aos condenados, não reincidentes, beneficiados com sursis, que tenham cumprido 1/4 (um quarto) da pena. Não há previsão para se condicionar o indulto a requisitos não previstos

Título III

no decreto presidencial, como a manifestação prévia do Conselho Penitenciário. É competência privativa do Presidente da República definir quais os requisitos para a concessão da benesse, não podendo o julgador criar novos, sob pena de afronta aos princípios da legalidade e da separação dos poderes. Precedentes. Habeas corpus não conhecido. Ordem concedida de ofício, para restabelecer a decisão do Juízo das Execuções, que, com fundamento no Decreto 8.172/2013, concedeu o indulto ao paciente. (STJ – HC 341.875/SP, Rel. Ministro RIBEIRO DANTAS, QUINTA TURMA, julgado em 14/06/2016, DJe 21/06/2016)

- **Indulto de penas. Decreto presidencial n. 8.172/2013. Medida de segurança. Benefício cassado pelo Tribunal de Justiça. Determinação de realização de perícia médica para averiguar a cessação de periculosidade do agente. Ausência de previsão expressa no decreto presidencial. Ilegalidade.** Constrangimento ilegal demonstrado. Ordem de habeas corpus concedida de ofício. 1. O Supremo Tribunal Federal, no julgamento do Recurso Extraordinário n. 628658, em repercussão geral, firmou entendimento de que "Reveste-se de legitimidade jurídica a concessão, pelo Presidente da República, do benefício constitucional do indulto (CF, art. 84, XII), que traduz expressão do poder de graça do Estado, mesmo se se tratar de indulgência destinada a favorecer pessoa que, em razão de sua inimputabilidade ou semi-imputabilidade, sofre medida de segurança, ainda que de caráter pessoal e detentivo". 2. No caso dos autos, o Juízo da execução, uma vez preenchidos os requisitos do Decreto Presidencial n. 8.172/2013, deferiu ao paciente o indulto. Todavia, o Tribunal de origem anulou a decisão de primeiro grau, ao entendimento de que a medida de segurança possui natureza diversa da pena, restando incompatível o benefício do indulto com a medida de segurança, determinando, de ofício, a realização de perícia médica para averiguar a cessação de periculosidade do agente, vinculando ao resultado do exame técnico eventual declaração de extinção de punibilidade do agente. 3. Consoante entendimento firmado neste Superior Tribunal, não é possível condicionar a concessão de indulto a requisitos não previstos no decreto de regência, cuja elaboração é da competência discricionária e exclusiva do Presidente da República, a teor do art. 84, XII, da Constituição Federal. 4. Habeas corpus não conhecido. Ordem concedida, de ofício, para cassar o acórdão impugnado e restabelecer a decisão do Juízo da execução, que deferiu ao paciente o pedido de indulto, com base no Decreto n. 8.172/2013. (STJ – HC 321.432/MG, Rel. Ministro RIBEIRO DANTAS, QUINTA TURMA, julgado em 23/08/2016, DJe 29/08/2016)
- **Prática de novo crime durante o desconto da pena.** 1. A prática de falta grave interrompe o prazo para a progressão de regime, acarretando

a modificação da data-base e o início de nova contagem do lapso necessário para o preenchimento do requisito objetivo (Súmula/STJ 534). 2. As Súmulas/STJ 441 e 535 dispõem que a falta grave não interrompe o prazo para obtenção de livramento condicional, da comutação de pena e do indulto (Precedente). 3. É pacífico o entendimento neste Superior Tribunal de Justiça no sentido de que a superveniência de nova condenação no curso da execução implica unificação das penas e interrupção do lapso temporal para obtenção de benefícios, sendo despiciendo o trânsito em julgado da sentença, a teor da Súmula/STJ 526, devendo, contudo, tal data ser considerada como termo a quo para a contagem do prazo aquisitivo (Precedentes). 4. Hipótese na qual o Juízo das Execuções considerou que a falta disciplinar de natureza grave, caracterizada pela prática de novo crime, redunda em interrupção do prazo necessário para a percepção dos benefícios prisionais, sem ter excluído o livramento condicional, o indulto e a comutação, tendo, ainda, o que evidencia a ocorrência de flagrante ilegalidade passível de ser sanada mediante a concessão de habeas corpus, de ofício. 5. Writ não conhecido. Habeas Corpus concedido, de ofício, para afastar a interrupção da contagem do lapso temporal em relação ao livramento condicional, ao indulto e à comutação de pena. (STJ – HC 300.167/SP, Rel. Ministro RIBEIRO DANTAS, QUINTA TURMA, julgado em 19/11/2015, DJe 25/11/2015).

- **Concurso entre crimes. Necessidade de cumprimento de 2/3 da pena referente aos delitos hediondos.** 1. Conforme previsto no art. 7º, parágrafo único, do Decreto n. 7.873/2012, no caso de concurso entre crimes descritos no art. 8º do mesmo Diploma legal com outra infração passível de comutação ou indulto, o apenado necessita cumprir, no mínimo, 2/3 do crime impeditivo para que faça jus à concessão das benesses instituídas no decreto presidencial. 2. O art. 76 do Código Penal, que impõe somente uma ordem cronológica para a execução das penas, nas hipóteses de concurso de crimes, não possui o condão de disciplinar os critérios estabelecidos no Decreto Presidencial. 3. A concessão da comutação não pode ser vedada se preenchidos os requisitos estabelecidos no decreto presidencial, não cabendo a interpretação extensiva na hipótese, sob pena de violação do princípio constitucional da legalidade. 4. Agravo regimental ministerial não provido. (STJ – AgRg no AREsp 721.412/RJ, Rel. Ministro ROGERIO SCHIETTI CRUZ, SEXTA TURMA, julgado em 05/11/2015, DJe 23/11/2015)

- **Falta grave dentro do lapso temporal previsto no decreto.** Descumprimento das condições impostas no livramento condicional. Conduta não prevista no art. 50 da lep. Ordem concedida de ofício. Nos termos da jurisprudência deste Superior Tribunal de Justiça, a interpretação extensiva das restrições contidas no decreto concessivo de comutação de penas consiste, nos termos do art. 84, XII, da Constituição Federal, em invasão à competência exclusiva do Presidente da República, motivo pelo qual, preenchidos os requisitos estabelecidos na norma legal para a concessão da comutação, o benefício deve ser concedido por meio de sentença – a qual possui natureza meramente declaratória -, sob pena de ofensa ao princípio da legalidade. Precedentes. A conduta do paciente, consistente no descumprimento de uma das condições impostas na decisão que lhe concedeu o livramento condicional, não está prevista no rol taxativo do art. 50 da Lei de Execução Penal (HC 312.030/RJ, Rel. Ministra MARIA THEREZA DE ASSIS MOURA, SEXTA TURMA, DJe 27/03/2015). Tendo em vista que o benefício foi indeferido em virtude de haver sido considerada falta de natureza grave o descumprimento das condições para a liberdade condicional, cometido dentro do prazo previsto pela norma legal, fica evidenciado o constrangimento ilegal. Ordem concedida de ofício para, cassando o acórdão impugnando, determinar que o juízo das execuções prossiga no exame dos demais requisitos previstos expressamente no Decreto Presidencial 7.420/2010. (STJ – HC 248.498/SP, Rel. Ministro NEFI CORDEIRO, SEXTA TURMA, julgado em 20/10/2015, DJe 06/11/2015)

- **Indulto humanitário. Decreto n. 7.873/2012. Sentenciado acometido por doença grave** que exige cuidados contínuos que não podem ser prestados no estabelecimento penal, comprovação mediante laudo médico. Ordem concedida de ofício. 1. A concessão de indulto ou comutação da pena é ato de indulgência do Presidente da República, condicionado ao cumprimento, pelo apenado, das exigências taxativas previstas no decreto de regência. 2. O parágrafo único do art. 8º do Decreto n. 7.873/2012 estatui que "[a]s restrições deste artigo e dos incisos I e II do caput do art. 1º não se aplicam às hipóteses previstas nos incisos IX, X, XI e XII do caput do art. 1º", de forma que é possível a concessão de indulto humanitário àqueles condenados pela prática do delito de tráfico de drogas. 3. Consoante o laudo médico pericial, o paciente foi acometido de doença grave que exige cuidados contínuos que não podem ser prestados no estabelecimento penal, portanto, é forçoso o reconhecimento do direito ao indulto do remanescente das penas a ele impostas. 4. Habeas Corpus não conhecido. Ordem concedida, de ofício, para deferir o pedido de indulto humanitário, uma vez que preenchidos os requisitos estatuídos no decreto presidencial em questão. (STJ – HC 328.996/SP, Rel. Ministro ROGERIO SCHIETTI CRUZ, SEXTA TURMA, julgado em 15/10/2015, DJe 06/11/2015)

- **Comutação da pena. Falta disciplinar de natureza grave.** Gravidade do crime e quantidade restante da pena a ser cumprida. Requisito subjetivo. Hipóteses não previstas no decreto presidencial n. 7.873/2012. Ordem concedida de ofício. Em 12/02/2014, ao julgar, sob o rito de recurso repetitivo (CPC, art. 543-C), o Recurso Especial 1.364.192/RS, decidiu a Terceira Seção desta Corte que "não é interrompido automaticamente o prazo pela falta grave no que diz respeito à comutação de pena ou indulto, mas a sua concessão deverá observar o cumprimento dos requisitos previstos no decreto presidencial pelo qual foram instituídos" (Rel. Ministro Sebastião Reis Júnior). Entendimento sedimentado na Súmula 535/STJ: "A prática de falta grave não interrompe o prazo para fim de comutação de pena ou indulto". *In casu*, se o Tribunal de origem, ao revogar a comutação da pena, se utilizou de requisito subjetivo – falta disciplinar grave praticada fora do período estipulado, gravidade dos crimes praticados e longa pena a ser cumprida – não constante do Decreto n. 7.873/2012, conclui-se pela violação do princípio da legalidade Ordem concedida, de ofício, para cassar o acórdão impugnado e restabelecer a decisão que deferiu ao paciente a comutação da pena. (HC 308.107/SP, Rel. Ministro RIBEIRO DANTAS, QUINTA TURMA, julgado em 13/10/2015, DJe 21/10/2015)

- **Falta grave. Fora do prazo.** "Nos termos da jurisprudência deste Superior Tribunal de Justiça, a interpretação extensiva das restrições contidas no decreto concessivo de comutação de penas consiste, nos termos do art. 84, XII, da Constituição Federal, em invasão à competência exclusiva do Presidente da República, motivo pelo qual, preenchidos os requisitos estabelecidos na norma legal para a concessão da comutação, o benefício deve ser concedido por meio de sentença – a qual possui natureza meramente declaratória -, sob pena de ofensa ao princípio da legalidade. Precedentes. Tendo em vista que o benefício foi cassado pela Corte a quo em virtude da existência de falta disciplinar de natureza grave, cometida fora do prazo previsto pela norma legal, fica evidenciado o constrangimento ilegal. Agravo Regimental provido. Ordem concedida de ofício, nos termos do art. 557, § 1º-A do CPC c/c os arts. 3º e 654, § 2º, do CPP, para, cassando o acórdão impugnado e a decisão do juízo das execuções – afastado o efeito interruptivo decorrente da prática de faltas graves, bem como sua utilização para outros fins -, determinar que o juízo das execuções prossiga no exame dos demais requisitos previstos expressamente no Decreto Presidencial 7.873/2012". (STJ – AgRg no HC 312.734/SP, Rel. Ministro NEFI CORDEIRO, SEXTA TURMA, julgado em 14/04/2015, DJe 24/04/2015).

- **Falta grave. Interrupção. Prazo. Automático. Inocorrência. Formalidades.** "A Terceira Seção desta Corte, no julgamento do REsp

Título III

n. 1.364.192/RS, representativo de controvérsia, da relatoria do Min. SEBASTIÃO REIS JÚNIOR, firmou o entendimento de que a falta grave, no tocante à comutação de pena ou ao indulto, não interrompe automaticamente o prazo para a concessão dos benefícios, devendo, nesses casos, ser observados os requisitos previstos no Decreto Presidencial através do qual foram instituídas tais benesses. Nos termos do Decreto n. 7.873/2012, a comutação da pena é concedida aos condenados a pena privativa de liberdade que, até 25/12/2012, tenham cumprido 1/4 (um quarto) da reprimenda, se não reincidentes, ou 1/3 (um terço), se reincidentes, e desde que o sentenciado não tenha sofrido sanção disciplinar por falta grave, praticada nos últimos 12 meses do cumprimento da pena, contados retroativamente a partir da publicação do referido Decreto. A proibição prevista no dispositivo legal refere-se apenas a sanção disciplinar por falta grave praticada nos últimos 12 meses do cumprimento da pena, contados retroativamente a partir da publicação do Decreto. A própria norma, no art. 3º, parágrafo único, afasta a interrupção do prazo para a contagem do lapso temporal para a obtenção dos benefícios nela previstos, em decorrência da prática de falta grave. Ordem concedida, de ofício, para, afastando a interrupção automática do prazo por falta grave cometida há mais de 12 meses do advento do Decreto n. 7.873/2012, determinar que o Juízo da Vara de Execuções Criminais reaprecie o cumprimento dos requisitos para a concessão do benefício da comutação, nos termos do referido Decreto. (STJ – HC 296.433/SP, Rel. Ministro GURGEL DE FARIA, QUINTA TURMA, julgado em 26/05/2015, DJe 09/06/2015)

- **Falta grave. Interrupção. Prazo. Inaplicável.** "A caracterização da falta grave justifica a regressão de regime prisional, a interrupção do lapso temporal para obtenção de benefícios, exceto para o livramento condicional, o indulto e a comutação de pena, bem como a perda dos dias remidos. Precedentes". (HC 320.003/RS, Rel. Ministra MARIA THEREZA DE ASSIS MOURA, SEXTA TURMA, julgado em 19/05/2015, DJe 27/05/2015)

- **Falta grave. Prazo. Doze meses.** "A proibição prevista no dispositivo legal para a comutação refere-se apenas à sanção disciplinar por falta grave praticada nos últimos 12 meses do cumprimento da pena, contados retroativamente a partir da publicação do Decreto n. 7.648/2011. Verifica-se que a cassação do benefício se deu com base no histórico carcerário, hipótese não aventada pela Chefe do Poder Executivo, sendo que a última falta grave ocorreu há mais de 9 anos da data estipulada no decreto presidencial. Logo, o julgado impugnado inobservou a determinação expressamente prevista na legislação de regência, o que impõe sua revisão. Ordem concedida, de ofício, para determinar que o Juízo da Vara de Execuções Criminais reaprecie o cumprimento dos requisitos para a concessão do benefício da comutação nos termos do referido Decreto". (STJ – HC 313.896/SP, Rel. Ministro GURGEL DE FARIA, QUINTA TURMA, julgado em 21/05/2015, DJe 02/06/2015).

- **Falta grave. Prazo. Doze meses.** "O art. 2º do Decreto 7.873/12 exige, para fins de atendimento de requisito objetivo para obtenção do benefício de comutação da pena, o cumprimento de 1/4 (um quarto) da reprimenda total imposta ao sentenciado, não-reincidente, e 1/3 (um terço), se reincidente. Entender-se que a prática de falta grave obriga o sentenciado ao cumprimento de novo lapso da pena restante, para fins de concessão da comutação, é criar requisito objetivo não previsto em lei (precedentes). Por absoluta disposição literal do art. 4º do Decreto 7.873/12, apenas as faltas graves praticadas pelo sentenciado nos últimos 12 (doze) meses que antecederam a publicação do ato presidencial impossibilitam a concessão da comutação da pena. Assim, é irrelevante a falta grave cometida em período diverso do estabelecido no decreto concessivo (precedentes). Ordem concedida de ofício para restabelecer a r. decisão do Juízo de primeiro grau que concedeu ao paciente a comutação de suas penas, nos termos do Decreto Presidencial nº 7.873/2012". (STJ – HC 314.914/SP, Rel. Ministro FELIX FISCHER, QUINTA TURMA, julgado em 28/04/2015, DJe 06/05/2015).
- **Falta grave. Prazo. Doze meses.** "Conforme disposição literal do art. 4º do Decreto 7.873/12, apenas falta grave praticada pelo sentenciado nos últimos 12 (doze) meses que antecederam a publicação do ato presidencial impossibilita a concessão da comutação da pena, e desde que devidamente homologada pelo Juízo competente, assegurando-se ao apenado o direito ao contraditório e à ampla defesa. Ordem concedida de ofício para determinar que o d. Juízo das Execuções Criminais proceda à análise do pedido de comutação de pena do paciente à luz do que determina o Decreto Presidencial 7.873/2012". (STJ – HC 309.267/RJ, Rel. Ministro FELIX FISCHER, QUINTA TURMA, julgado em 28/04/2015, DJe 06/05/2015)
- **Falta grave. Prazo. Doze meses.** "A falta grave (fuga) fora do período previsto no Decreto n. 7.648/2011 não justifica o indeferimento da comutação da pena por ausência dos requisitos subjetivo e objetivo, mesmo que tenha sido cometido novo delito durante o período em que o apenado esteve foragido. Ordem concedida, de ofício, para determinar que o Juízo da Vara das Execuções Criminais da Comarca de São Paulo/SP examine a comutação de pena com base apenas nos requisitos previstos no Decreto n. 7.648/2011". (STJ – HC 281.375/SP, Rel. Ministro ERICSON MARANHO (DESEMBARGADOR CON-

VOCADO DO TJ/SP), SEXTA TURMA, julgado em 14/04/2015, DJe 24/04/2015).

- **Antes da lei de crimes hediondos.** "Não há como indeferir os pleitos de comutação das penas com base na existência de condenação por crimes hediondos praticados antes da edição da Lei n. 8.072/90 - Lei dos Crimes Hediondos - e da Lei n. 8.930/94, que incluiu os referidos delitos no rol dos crimes hediondos, sob pena de ofensa aos princípios constitucionais da anterioridade, da irretroatividade da lei penal mais gravosa e da legalidade. Precedentes. Concedida a ordem de ofício para, cassando o acórdão impugnando, determinar ao juízo das execuções que, afastado o óbice - decorrente da hediondez do delito -, prossiga no exame dos demais requisitos previstos expressamente no Decreto Presidencial n. 5.295/2004". (STJ - HC 116.668/SP, Rel. Ministro NEFI CORDEIRO, SEXTA TURMA, julgado em 26/05/2015, DJe 02/06/2015)
- **Antes da lei de crimes hediondos.** "Praticado o delito antes da entrada em vigor da lei de crimes hediondos (Lei n.º 8.072/90), não é possível seja ele assim considerado para efeito de verificação do preenchimento dos requisitos relativos à comutação, sob pena de violação aos princípios constitucionais da legalidade, da anterioridade e da irretroatividade da lei penal mais severa". (STJ - REsp 764769/SP - 6ª T. - Rel. Min. Paulo Medina - DJ 19.06.2006 p. 219)
- **Formalidades. "É assente nesta Corte Superior o entendimento segundo o qual a concessão dos benefícios do indulto e da comutação de pena observa o regime jurídico imposto pelo Decreto Presidencial concessivo. O Decreto Presidencial n.º 7.873/2012, em seu art. 10, §** 3º, determina que o juízo da execução proferirá decisão após ouvir o Conselho Penitenciário, o Ministério Público e a defesa, excetuado o primeiro nas hipóteses contempladas nos incisos IX, X e XI do caput do art. 1º. *In casu*, o paciente requereu o indulto com fulcro no art. 1º, inciso XIII, que não se insere no rol das exceções, sendo, pois, necessária, no caso, a prévia manifestação do Conselho Penitenciário". (STJ - HC 315.002/SP, Rel. Ministra MARIA THEREZA DE ASSIS MOURA, SEXTA TURMA, julgado em 12/05/2015, DJe 21/05/2015).
- **Crimes com violência.** "O Decreto 4.495/2002 admite a concessão de indulto e comutação de penas aos autores de crimes praticados com violência ou grave ameaça contra pessoa, desde que não possua as restrições previstas em seu art. 3º e preencha os requisitos estipulados no art. 1º, § 1º, do aludido diploma normativo. Ordem concedida". (STJ - HC 39421/SP - 5ª T. - Rel. Min. Félix Fischer - DJ 05.09.2005 p. 442)

23.7. Detração da pena

Detração da pena é o ato de abater no período da pena privativa de liberdade e na medida de segurança, o tempo de prisão provisória, cautelar, administrativa e o de internação em estabelecimento psiquiátrico, no Brasil ou estrangeiro.

Trata-se de computar, na pena privativa de liberdade e na medida de segurança, o tempo da prisão provisória ou cautelar no Brasil ou estrangeiro, isto é, diminuindo o tempo desta daquela.

É um processo de liquidação das penas objetivando a definição do *quatum* da pena para fins de aplicação da norma de execução penal.

- **Detração da pena.** Com o advento da Lei n. 12.736/2012, o Juiz processante, ao proferir sentença condenatória, deverá detrair o período de custódia cautelar para fins de fixação do regime prisional. Mister se faz destacar que o § 2º do art. 387 do Código de Processo Penal não versa sobre progressão de regime prisional, instituto próprio da execução penal, mas, sim, acerca da possibilidade de se estabelecer regime inicial menos severo, descontando-se da pena aplicada o tempo de prisão cautelar do acusado. Ainda, tem-se que as alterações trazidas pelo diploma legal supramencionado não afastaram a competência concorrente do Juízo das Execuções para a detração, nos termos do art. 66 da Lei n. 7.210/1984, sempre que o Magistrado sentenciante não houver adotado tal providência. Tratando-se de decreto condenatório já transitado em julgado, deve o Juízo das Execuções verificar a possibilidade de fixação de regime de cumprimento da pena mais brando. Ordem concedida, de ofício. (STJ - HC 356.899/SP, Rel. Ministro RIBEIRO DANTAS, QUINTA TURMA, julgado em 09/03/2017, DJe 16/03/2017)
- **Detração de período de prisão preventiva com base no próprio delito. Obrigatoriedade. Trânsito em julgado da sentença condenatória.** Ocorrência. Compete ao juiz da execução decidir sobre detração e remição da pena (art. 66, iii, "c", da lep). Omissão. Manifesta ilegalidade verificada. Ordem concedida de ofício. Com o advento da Lei n. 12.736/2012, o Juiz processante, ao proferir sentença condenatória, deverá detrair o período de custódia cautelar para fins de fixação do regime prisional. Ocorrendo o trânsito em julgado da sentença condenatória, eventual abatimento do período em que o réu permaneceu preso cautelarmente será realizado pelo Juízo das execuções, a quem compete proferir decisão sobre detração e remição da penal (art. 66, III, "c", da Lei n. 7.210/1984) . Habeas corpus não conhecido. Ordem concedida, de ofício, para determinar que o Juízo da execução retifique o atestado de cumprimento

de pena do paciente, fazendo constar do seu espelho de cumprimento o período de prisão cautelar, compreendido entre 1°/5/2008 a 11/12/2008, no Presídio Argolas. (STJ – HC 331.595/ES, Rel. Ministro RIBEIRO DANTAS, QUINTA TURMA, julgado em 21/06/2016, DJe 28/06/2016)

- **Detração prevista no art. 387, § 2º, do CPP. Instituto do processo de conhecimento. Fixação do regime inicial.** Ordem concedida de ofício. Nos termos do entendimento firmado pelo STJ, a natureza, a variedade e a quantidade da substância entorpecente constituem fundamento idôneo para justificar a fixação da minorante do § 4º do art. 33 da Lei n. 11.343/2006 em patamar inferior ao máximo legal, constituindo, outrossim, justificativa para a imposição do regime mais severo e para o indeferimento da substituição das penas. Precedentes. Desde o julgamento do HC 111.840/ES (Rel. Min. DIAS TOFFOLI) foi declarada inconstitucional, *incidenter tantum*, pelo Plenário do STF a previsão legal (art. 2º, § 1º da Lei n. 8.072/90, na redação da Lei n. 11.464/2007) que determinava a obrigatoriedade de imposição de regime inicial fechado aos condenados por crimes hediondos ou equiparados, devendo as regras do art. 33 do CP ser utilizadas também na fixação do regime prisional inicial dos crimes hediondos e equiparados. A detração prevista no art. 387, § 2º, do CPP, se refere à fixação de regime inicial de cumprimento de pena, a ser imposto pelo Juízo da condenação por ocasião da sentença, oportunidade na qual se computará o período em que o condenado permaneceu preso provisoriamente para fins de escolha do modo inicial de execução da sanção privativa de liberdade, por intenção e determinação do legislador (AgRg no AREsp 652.915/DF, Rel. Ministro JORGE MUSSI, QUINTA TURMA, julgado em 01/03/2016, DJe 09/03/2016), não se tratando, portanto, de progressão de regime, instituto da execução da pena. Habeas corpus não conhecido mas ordem concedida, de ofício, para fixar o regime semiaberto de cumprimento de pena e para determinar que o Tribunal de origem proceda à avaliação do pedido de detração, nos termos do 387, § 2º, do CPP. (STJ – HC 354.788/SP, Rel. Ministro NEFI CORDEIRO, SEXTA TURMA, julgado em 09/08/2016, DJe 22/08/2016)

- **Pleito de detração nos termos do art. 387, § 2º, do CPP. Fixação de regime inicial.** Matéria de competência do juízo de conhecimento. Omissão. Ilegalidade. Indeferimento da substituição das penas. Fundamento concreto. Habeas corpus não conhecido. Ordem concedida de ofício. Embora não possam caracterizar a reincidência, as condenações definitivas que já ultrapassaram o período depurador do art. 64, I, do Código Penal, podem ser utilizadas como maus antecedentes, na primeira fase da dosimetria. Precedentes. É legítima a fixação de regime inicial semiaberto a réu primário condenado a pena inferior a 4 anos, se a pena-base ficou acima do mínimo legal. Precedentes. A detração prevista no art. 387, § 2º, do CPP, se refere à fixação de regime inicial de cumprimento de pena, a ser imposto pelo Juízo da condenação por ocasião da sentença, oportunidade na qual se computará o período em que o condenado permaneceu preso provisoriamente para fins de escolha do modo inicial de execução da sanção privativa de liberdade, por intenção e determinação do legislador (AgRg no AREsp 652.915/DF, Rel. Ministro JORGE MUSSI, QUINTA TURMA, julgado em 01/03/2016, DJe 09/03/2016), não se tratando, portanto, de progressão de regime, instituto cuja análise compete ao juízo da execução da pena. Habeas corpus não conhecido, mas, concedida a ordem, de ofício, para que o juízo das execuções proceda à nova fixação do regime inicial de cumprimento da pena, com observância às regras do art. 387, § 2º, do Código de Processo Penal. (STJ – HC 338.560/SP, Rel. Ministro NEFI CORDEIRO, SEXTA TURMA, julgado em 02/08/2016, DJe 15/08/2016)

- **Competência. Juízo da Execução.** "Tendo sido proferida a sentença condenatória antes da entrada em vigor da Lei n. 12.736, de 30/12/2012, que alterou o art. 387, § 2º, do Código de Processo Penal, cabe ao Juiz da Execução a análise do desconto de tempo de prisão provisória para o estabelecimento do regime inicial de cumprimento da pena, nos termos dos arts. 65 e 66, I, III, alíneas b e c, da Lei de Execuções Penais". (STJ – AgRg no REsp 1525766/SP, Rel. Ministro ERICSON MARANHO (DESEMBARGADOR CONVOCADO DO TJ/SP), SEXTA TURMA, julgado em 21/05/2015, DJe 29/05/2015).

- **Competência. Juízo sentenciante.** "O disposto no § 2º do art. 387 do Código de Processo Penal, com redação dada pela Lei nº 12.736/2012, não guarda relação com o instituto da progressão de regime, revelado na execução penal, eis que o legislador cuidou de abranger o referido dispositivo no Título XII – Da Sentença. Diante de tal fato e em razão do próprio teor do dispositivo, que se refere a regime inicial de cumprimento de pena, incumbe ao juiz sentenciante a verificação da possibilidade de se estabelecer um regime inicial mais brando, tendo em vista a detração no caso concreto. Recurso parcialmente provido a fim de determinar ao Juízo da 1ª Vara Criminal – Regional de Jacarepaguá – Comarca do Rio de Janeiro/RJ (Processo nº 2009.203.001019-0) que, antes que seja determinado o início da fase de execução das penas impostas ao recorrente, proceda à análise do pleito de detração do lapso temporal em que ficou custodiado cautelarmente, considerando o novo quantum estabelecido por este Superior Tribunal nos autos do HC nº 296.047/RJ". (STJ – RHC 54.485/RJ, Rel. Ministra MARIA THEREZA DE ASSIS MOURA, SEXTA TURMA, julgado em 05/03/2015, DJe 11/03/2015).

- **Computação. Novo delito.** "Todo o tempo transcorrido desde o início da execução até o fim do período de prova do livramento condicional é computado como tempo de cumprimento de pena. Não é possível deduzir o tempo de prisão pela prática de novo delito durante livramento condicional não revogado da nova pena a cumprir, dada a impossibilidade de cumprimento simultâneo de duas penas não unificadas. Recurso provido". (STJ – REsp 1432192/RJ, Rel. Ministra MARIA THEREZA DE ASSIS MOURA, SEXTA TURMA, julgado em 28/04/2015, DJe 01/06/2015).

- **Regime prisional. Detração. Restabelecimento ao regime semiaberto.** Art. 387, § 2º, do Código de Processo Penal. Consideração pelo magistrado, que fixou o regime semiaberto. Modificação pelo Tribunal de origem sem motivação idônea. Ausência de relação com o instituto da progressão de regime. Análise que deve ser feita pelo juízo sentenciante. Ordem de ofício. 1. O § 2.º do art. 387 do CPP, com redação dada pela Lei n.º 12.736/12, não guarda relação com o instituto da progressão de regime, próprio da execução penal, tendo em vista que o legislador cuidou de abranger o referido dispositivo no Título XII – Da Sentença. Diante de tal fato e em razão do próprio teor do dispositivo, que se refere a regime inicial de cumprimento de pena, incumbe ao juízo sentenciante a verificação da possibilidade de se estabelecer regime inicial mais brando, tendo em vista a aplicação da detração no caso concreto. Notabiliza-se, pois, que o mencionado artigo não diz respeito à progressão de regime, motivo pelo qual não há falar em exame dos critérios objetivo (lapso temporal) e subjetivo (comportamento carcerário), até porque tal avaliação invadiria a competência do Juízo das Execuções prevista no art. 66, III, b, da Lei de Execuções Penais. 2. Hipótese em que o Juiz de primeiro grau entendeu aplicável o regime prisional fechado, diante das circunstâncias concretas do crime. Contudo, dada a detração, estabeleceu o regime inicial intermediário. O Tribunal de origem desconsiderou a detração e fixou o regime mais gravoso, sem fundamentação idônea, confundindo o instituto da detração com a progressão de regime. 3. Ordem concedida, de ofício, a fim de restabelecer o regime inicial semiaberto fixado pelo Juiz a *quo*, dada a detração, nos termos do art. 387, § 2º, do Código de Processo Penal. (STJ – HC 332.043/SP, Rel. Ministra MARIA THEREZA DE ASSIS MOURA, SEXTA TURMA, julgado em 17/11/2015, DJe 30/11/2015)

- **Detração penal. Regime inicial de cumprimento de pena. Análise dos requisitos objetivos e subjetivos. Desnecessidade.** Aplicação do art. 387, § 2º, do CPP. 1. O Superior Tribunal de Justiça possui o entendimento de que o art. 387, § 2º, do Código de Processo Penal se refere ao regime inicial de cumprimento de pena e não possui relação com o instituto da progressão de regime, devendo o juiz sentenciante verificar a possibilidade de se fixar um regime mais brando de acordo com a detração no caso concreto. Sendo assim, não há falar em análise dos requisitos objetivos e subjetivos, até porque tal exame implicaria invasão da competência do Juízo de Execuções, prevista no art. 66, III, b, da Lei n. 7.210/1984. 2. Agravo regimental ministerial improvido. (STJ - AgRg no REsp 1540451/DF, Rel. Ministro SEBASTIÃO REIS JÚNIOR, SEXTA TURMA, julgado em 13/10/2015, DJe 05/11/2015)

- **Regime prisional.** "Somente quando favoráveis as circunstâncias judiciais, admite-se a fixação de regime prisional menos gravoso ao reincidente condenado à pena inferior a 4 (quatro) anos (Súmula 269 do STJ). Na hipótese, embora fixado o regime fechado em face das circunstâncias judiciais desfavoráveis e da reincidência delitiva, a quantidade de pena aplicada (1 ano, 11 meses e 10 dias) e o fato de o paciente achar-se custodiado desde 16/05/2014 permitem seja avaliada a possibilidade de início do cumprimento da pena em regime mais brando, em atenção ao instituto da detração (CPP, art. 387, § 2º). Ordem concedida de ofício". (STJ - HC 309.543/SP, Rel. Ministro GURGEL DE FARIA, QUINTA TURMA, julgado em 16/04/2015, DJe 04/05/2015).

- **Preventiva. Crime diverso.** "A detração do tempo de segregação preventiva efetivada em processo diverso somente pode ocorrer se o crime pelo qual se cumpre pena atualmente for anterior ao período pleiteado. Na espécie, o período de prisão processual que se pretende descontar se refere ao ano de 2010, ao passo que o crime pelo qual o recorrido cumpre pena atualmente foi praticado somente em 29-11-2011. Ausência de direito ao benefício. Precedentes de ambas as Turma da 3ª Seção do STJ. Recurso especial a que se dá provimento para restabelecer a decisão de piso que indeferiu o pedido de detração". (STJ - REsp 1493990/RS, Rel. Ministro JORGE MUSSI, QUINTA TURMA, julgado em 04/12/2014, DJe 15/12/2014)

- **Contagem. Prisão provisória. Administrativa. Internação.** "Nos termos da nova redação do artigo 387, § 2º, do Código de Processo Penal, dada pela Lei 12.736/2012, o tempo de prisão provisória, de prisão administrativa ou de internação, no Brasil ou no estrangeiro, será computado para fins de determinação do regime inicial de pena privativa de liberdade. Assim, ao final da dosimetria da pena, o juiz deve descontar da pena privativa de liberdade imposta ao condenado o período de prisão provisória, de prisão administrativa ou de internação. Se, com o tempo descontado, à luz do art. 33, § 2º, do Código Penal, for possível a alteração do regime, poderá o juiz estabelecer novo regime inicial de cumprimento, se as circunstâncias do art. 59 do Código Penal assim recomendarem. No caso concreto, considerando que a escolha do regime prisional pautou-se na gravidade abstrata do delito, bem como que as circunstâncias do art. 59 do Código Penal foram favoráveis ao paciente, em tese, é possível o início do cumprimento da pena no regime aberto, pois a prisão data de 17.11.2012 e, à época da prolação da sentença condenatória (04.09.2013), o paciente já havia cumprido mais de 1/6 da pena. Ordem concedida, de ofício, para estabelecer o regime inicial aberto para o início do cumprimento da pena do paciente em virtude da detração". (STJ - HC 307.521/SP, Rel. Ministro WALTER DE ALMEIDA GUILHERME (DESEMBARGADOR CONVOCADO DO TJ/SP), QUINTA TURMA, julgado em 25/11/2014, DJe 03/12/2014)

- **Cálculo. Metodologia.** "Hipótese em que a Corte de origem, ao calcular a detração, considerou que cada dia de prisão provisória corresponderia a 3 jornadas de 8 horas de trabalho comunitário, de maneira que bastariam 26 dias de custódia preventiva para que se pudesse considerar cumpridas as 605 horas a que equivaleria a pena de 1 ano e 8 anos de reclusão substituída. Conforme se extrai do art. 42 do Código Penal, o período de pena cautelar deve ser descontado do total da pena privativa, e não computado com base no total obtido da conversão integral do tempo de segregação provisória em horas de prestação de serviços à comunidade. Precedentes do STJ. Recurso especial provido para determinar que a substituição da pena privativa por prestação de serviços à comunidade seja feita à razão de 1 hora de tarefa por cada dia do remanescente da condenação, a ser obtido após a detração de todo o período de prisão cautelar, nos termos dos arts. 42 e 46, § 3º, do CP". (STJ - REsp 1332686/SP, Rel. Ministro JORGE MUSSI, QUINTA TURMA, julgado em 20/11/2014, DJe 27/11/2014)

- **Prisão provisória. Desconto penal.** "Não é possível a aplicação extensiva ou analógica do art. 113 do Código Penal, uma vez que o referido artigo especifica as situações de cabimento (evasão de condenado ou revogação de livramento condicional). Assim, o período de prisão provisória do réu é considerado somente para o desconto da pena a ser cumprida e não para contagem do prazo prescricional, o qual será analisado a partir da pena definitiva aplicada, não sendo cabível a detração para fins prescricionais. (Precedentes). (STJ - AgRg no REsp 1474294/SC, Rel. Ministra MARIA THEREZA DE ASSIS MOURA, SEXTA TURMA, julgado em 02/10/2014, DJe 13/10/2014)

- **Juízo incompetente. Período cumprido. Direito reconhecido.** "Não obstante tenha sido concedida à agravante prisão domiciliar por juízo incompetente, tal período, se efetivamente cumprido, deve ser contado para fins de detração em reverência ao princípio da segurança jurídica". (TJ-MG - AGEPN: 10525120009093002 MG , Relator: Matheus Chaves Jardim, Data de Julgamento: 10/10/2013, Câmaras Criminais / 2ª CÂMARA CRIMINAL, Data de Publicação: 21/10/2013)

- **Detração. Outro processo. Absolvição.** "É admissível a detração do tempo de prisão processual ordenada em outro processo em que o sentenciado foi absolvido ou declarada a extinção da sua punibilidade, desde que a data do cometimento do crime de que se trata a execução seja anterior ao período pleiteado. 2. Recurso especial conhecido e provido". (STJ - REsp 711054/RS - 5ª T. - Rel. Min. Arnaldo Esteves Lima - DJ 14.05.2007 p. 375)

- **Detração. Processos distintos. Admissibilidade.** "É possível aplicar a detração penal em processos distintos desde que o delito pelo qual o sentenciado cumpre pena tenha sido praticado antes daquele em que foi decretada a sua segregação cautelar. Precedentes desta Corte. 2. Recurso conhecido e provido para cassar o acórdão recorrido, restabelecendo a decisão monocrática que negou a possibilidade de detração ao ora Recorrido, diante da inaplicabilidade, na espécie, do art. 42 do Código Penal. (STJ - REsp 687428/RS - 5ª T. - Rel. MIn. Laurita Vaz - DJ 05.03.2007 p. 313)

- **Detração. Processos. Anteriores à prisão provisória.** "O instituto da detração penal somente é possível em processos relativos a crimes cometidos anteriormente ao período de prisão provisória a ser computado. Outro entendimento conduziria à esdrúxula hipótese "(...) de 'conta corrente' em favor do réu, que, absolvido no primeiro processo, ficaria com um 'crédito' contra o Estado, a ser usado para a impunidade de posteriores infrações penais." (in Luiz Régis Prado, Curso de Direito Penal Brasileiro, 3ª ed., Editora Revista dos Tribunais, São Paulo, 2002. v. 1, p. 470)". (STJ - REsp 650405/RS - 6ª T. - Rel. Min. Hamilton Carvalhido - DJ 29.08.2005 p. 455)

- **Detração. Processos. Anteriores à prisão provisória.** "Somente é possível a detração na hipótese de crimes anteriormente cometidos à custódia cautelar. Essa interpretação é coerente com o que dispõe a Constituição Federal, que prevê a indenização ao condenado por erro judiciário, assim como àquele que ficar preso além do tempo fixado na sentença (art. 5º, LXXV), pois não há indenização mais adequada para o tratamento de prisão provisória que se julgou indevida pela absolvição do que ser ele computado no tempo da pena imposta por outro delito. Evidentemente, deve-se negar à detração a contagem de tempo de recolhimento quando o crime é praticado posteriormente à prisão provisória, não se admitindo que se estabeleça uma espécie de "conta corrente" de créditos e débitos do criminoso (Julio Fabbrini Mirabete, Código Penal Interpretado, 3. ed. Atlas, p. 329). (STJ – REsp 666822/RS – 5ª T. – Rel. Min. José Arnaldo da Fonseca – DJ 23.05.2005 p. 335)

- **Detração. Desconto da pena.** "A aplicação do art. 113 do Código Penal é restrita às situações por ele especificadas, quais sejam, evasão de condenado ou revogação de livramento condicional. Impossibilidade de aplicação extensiva ou analógica. O período de prisão provisória do réu é levado em conta apenas para o desconto da pena a ser cumprida, sendo irrelevante para fins de contagem do prazo prescricional, que deve ser analisado a partir da pena concretamente imposta pelo julgador e, não, do restante da reprimenda a ser executada pelo Estado. Precedentes do STJ e do STF". (STJ – HC 33842/SP – 5ª T. – Rel. Min. Gilson Dipp – DJ 20.09.2004 p. 312)

23.8. Unificação das penas

Havendo diversas sentenças condenatórias contra a mesma pessoa, ocorre a expedição de várias guias de recolhimento destinadas ao juiz das execuções penais a quem competirá a execução das penas aplicadas, de modo que haverá a necessidade da promoção da unificação dessas penas visando à unidade penal estabelecida pela Lei de Execuções Penais.

Assim é que essa multiplicidade de penas observará o regramento previsto pelos arts. 69, 70 e 71 do Código Penal, na hipótese de quaisquer dos concursos que estejam em mais de uma das sentenças de condenação do réu.

Ao proferir despacho homologatório do cálculo das penas, que é ato jurisdicional, conquanto resultará na data do término da execução da pena privativa de liberdade, está sujeito ao duplo grau de jurisdição do qual caberá recurso de agravo em execução, nos termos do art. 197 da LEP.

- **Superveniência de nova condenação no curso da execução da pena.** O termo inicial para a aquisição dos benefícios da execução da pena, na hipótese de sobrevir nova condenação ao apenado - seja por delito anterior ou posterior ao seu início -, é a data do trânsito em julgado da última condenação. Assim, o período aquisitivo se reinicia com a nova condenação e tem por base o somatório do prazo que resta a ser cumprido, decorrente da unificação das penas. Precedentes. (STJ - AgRg no HC 369.854/ES, Rel. Ministro JORGE MUSSI, QUINTA TURMA, julgado em 14/02/2017, DJe 21/02/2017)

- **Superveniência de nova condenação. Unificação das penas.** Alteração da data-base para fins de benefícios. Termo inicial. Data do trânsito em julgado da última condenação. Exceção. Livramento condicional. Súmula 441/STJ. Indulto ou comutação de pena. Súmula 535/stj. Precedentes. Habeas corpus não conhecido. Ordem concedida de ofício. A jurisprudência deste Tribunal Superior firmou-se no sentido de que a superveniência de nova condenação no curso da execução, seja por fato anterior ou posterior ao início do cumprimento da pena, enseja a unificação das penas e a alteração da data-base para fins de benefícios, passando o termo inicial a ser a data do trânsito em julgado da última condenação. Precedentes. Referida regra, contudo, não se aplica para fins de livramento condicional (Súmula 441/STJ) ou indulto e comutação de pena (Súmula 535/STJ) (precedentes). Ordem concedida de ofício para que os efeitos da unificação das penas não interrompam o prazo para fins de livramento condicional, comutação de penas ou indulto. (STJ - HC 348.114/PR, Rel. Ministro FELIX FISCHER, QUINTA TURMA, julgado em 09/08/2016, DJe 25/08/2016)
- **Pluralidade de condenações.** "Havendo pluralidade de condenações, as penas devem ser unificadas, realizando-se o cálculo do livramento condicional sobre o montante obtido, nos termos do art. 84 do CP. Reconhecida a reincidência, o apenado passa a ostentar a condição de reincidente, gerando efeitos, de imediato, no cálculo dos futuros benefícios da execução criminal, inclusive quanto à incidência da fração de 1/2 para a concessão do livramento condicional (art. 83, II, do CP). Não há falar na aplicação concomitante do patamar de 1/3 para a execução de pena aplicada ao tempo em que era primário e de 1/2 para as demais execuções. Recurso especial provido. (STJ - REsp 1492726/RS, Rel. Ministro NEFI CORDEIRO, SEXTA TURMA, julgado em 14/04/2015, DJe 24/04/2015)
- **Condenação superveniente. Contagem.** "Sobrevindo nova condenação no curso da execução, seja por fato anterior ou posterior, o prazo para concessão de benefícios fica interrompido, devendo o novo cálculo ter por base a unificação das penas, sendo certo que o termo '*a quo*' para a contagem do período aquisitivo é o trânsito em julgado da nova condenação". (STJ, AgRg no REsp 1.424.194/SC, Rel. Ministro Moura Ribeiro, Quinta Turma, julgado em 01/04/2014, HC 260.950/MG, Rel. Ministro Nefi Cordeiro, Sexta Turma, julgado em 03/02/2015).
- **Unificação das penas. Superveniência de nova condenação. Alteração da data-base para fins de concessão de benefícios, exceto indulto, comutação da pena e livramento condicional.** 1. O Supremo Tribunal Federal, por sua Primeira Turma, e a Terceira Seção deste Superior

Título III

Tribunal de Justiça, diante da utilização crescente e sucessiva do habeas corpus, passaram a restringir a sua admissibilidade quando o ato ilegal for passível de impugnação pela via recursal própria, sem olvidar a possibilidade de concessão da ordem, de ofício, nos casos de flagrante ilegalidade. Esse entendimento objetivou preservar a utilidade e a eficácia do *mandamus*, que é o instrumento constitucional mais importante de proteção à liberdade individual do cidadão ameaçada por ato ilegal ou abuso de poder, garantindo a celeridade que o seu julgamento requer. 2. Firmou-se nesta Corte Superior de Justiça entendimento de que a superveniência de nova condenação no curso da execução penal acarreta a unificação das penas e a interrupção do prazo para obtenção de novos benefícios, exceto indulto, comutação da pena e livramento condicional. 3. Contudo, ordem concedida, de ofício, para determinar que a data-base para a concessão do livramento condicional à paciente não se altere em decorrência da unificação das penas. (STJ – HC 338.689/PR, Rel. Ministro REYNALDO SOARES DA FONSECA, QUINTA TURMA, julgado em 19/11/2015, DJe 25/11/2015)

- **Unificação das penas. Superveniência de nova condenação. Alteração da data-base para fins de concessão de benefícios**. Termo inicial. Trânsito em julgado da nova condenação. 1. Firmou-se nesta Corte o entendimento de que sobrevindo nova condenação no curso da execução penal, seja por fato anterior ou posterior, o prazo para concessão de benefícios fica interrompido, devendo o novo cálculo ter por base a unificação das penas, sendo certo que o termo a quo para a contagem do período aquisitivo é o trânsito em julgado da nova condenação. (STJ – AgRg no HC 338.403/MG, Rel. Ministro REYNALDO SOARES DA FONSECA, QUINTA TURMA, julgado em 19/11/2015, DJe 25/11/2015)

- **Marco inicial. Unificação. Trânsito em julgado. Condenação superveniente.** "Consoante entendimento desta Corte, o marco inicial para a concessão de novos benefícios na execução penal, após a unificação das penas, é a data do trânsito em julgado da nova sentença condenatória. Precedentes. (STJ – HC 308.195/MG, Rel. Ministro LEOPOLDO DE ARRUDA RAPOSO (DESEMBARGADOR CONVOCADO DO TJ/PE), QUINTA TURMA, julgado em 05/03/2015, DJe 12/03/2015)

- **Marco inicial. Unificação. Trânsito em julgado. Condenação superveniente.** "Consoante entendimento firmado por esta Corte, a data-base a ser considerada, para fins de aquisição de benefícios da execução penal, em razão da unificação de penas, é o dia do trânsito em julgado da nova condenação, sendo irrelevante ser a condenação por fato anterior ou posterior ao início da execução penal". (STJ – HC

281.663/RS, Rel. Ministro NEFI CORDEIRO, SEXTA TURMA, julgado em 10/02/2015, DJe 23/02/2015).

- **Marco inicial. Unificação. Trânsito em julgado. Condenação superveniente.** "Sobrevindo nova condenação ao apenado no curso da execução da pena, a contagem do prazo para concessão de benefícios deve ser feita a partir de novo cálculo, com base no somatório das penas, tendo como termo a quo o trânsito em julgado da superveniente sentença condenatória. *In casu*, a Magistrada singular considerou como dia inicial a data da decisão que unificou as penas do recorrente; o decisum, assim, contrariou a orientação jurisprudencial desta Corte. Recurso provido a fim de determinar ao Juízo da Vara de Execuções Criminais e de Precatórias Criminais da Comarca de Ipatinga/MG que, diante da unificação das penas do recorrente, estabeleça como termo a quo para a contagem do lapso temporal para a concessão de benefícios da execução penal a data do trânsito em julgado da última condenação. (STJ – RHC 54.421/MG, Rel. Ministra MARIA THEREZA DE ASSIS MOURA, SEXTA TURMA, julgado em 10/02/2015, DJe 23/02/2015)
- **Marco inicial. Unificação. Trânsito em julgado. Condenação superveniente.** "Operada a unificação de penas, considera-se o termo *a quo* para contagem do novo período aquisitivo de benefícios executórios o trânsito em julgado da sentença condenatória superveniente. Precedentes. As decisões proferidas pelas instâncias ordinárias, que fixaram o regime fechado após a unificação das reprimendas do paciente, estão em consonância com a Lei de Execução Penal vigente, em especial, os arts. 111, parágrafo único, e 118, inciso II, da Lei de Execução Penal. Precedente. A verificação dos cálculos de penas realizados pelo Juízo das Execuções e ratificados pela Corte estadual implicará em incursão aprofundada no conjunto fático-probatório dos autos da execução, inviável em sede de habeas corpus. Precedente. (STJ – HC 263.969/SP, Rel. Ministra MARIA THEREZA DE ASSIS MOURA, SEXTA TURMA, julgado em 20/11/2014, DJe 12/12/2014).
- **Pluralidade. Condenação. Crime hediondo e não hediondo.** "Existindo mais de uma condenação, sendo uma por crime hediondo e outras por delito que não têm esta natureza, não pode o Juízo da Execução, ao unificar as penas, impor o regime integralmente fechado para todos os crimes. II – *In casu*, foi corretamente determinado o início do cumprimento das penas somadas em regime fechado, sendo incabível a progressão em relação ao crime hediondo e possível quanto aos demais. Ordem denegada. (STJ – HC 39728/SC – 5ª T. – Rel. Min. Félix Fischer – DJ 10.10.2005 p. 401)

- **Conversão. Pena restritiva de direitos.** "A conversão da pena restritiva de direitos em privativa de liberdade deve ocorrer se, no curso da execução, em razão da unificação das penas e, com o nova faixa de penamento, exsurge a incompatibilidade de seu cumprimento na forma anteriormente determinada (Precedente desta Corte). Recurso especial provido". (STJ - REsp 848990/RS - 5ª Turma - DJ 29.06.2007 p. 701- rel. Min. Félix Fischer)
- **Mudança de regime.** "Determinada a transferência do apenado para regime mais rigoroso, em virtude de nova condenação por crime anterior, reinicia-se a contagem do prazo para a concessão do benefício da progressão de regime, tendo como base a soma das penas restantes a serem cumpridas. Recurso provido". (STJ - REsp 871710/RS - 5ª T. - Rel. Min. Félix Fischer - DJ 14.05.2007 p. 390)
- **Pluralidade. Condenações. Unificação. Regime.** "A existência de várias condenações a penas privativas de liberdade determina a soma ou a unificação das penas para o fim do estabelecimento do regime inicial de cumprimento de pena. A Lei das Execuções Penais não trata especificamente da hipótese da soma de penas privativas de liberdade de modalidades distintas. 3. De acordo com os arts. 69 e 76 do Código Penal e 681 do Código de Processo Penal, no concurso de infrações, executar-se-á primeiramente a mais grave, devendo a pena de reclusão ser cumprida antes da pena de detenção. 4. Concorrendo penas de reclusão e detenção, ambas com regime inicial aberto, se do somatório ultrapassar quatro anos, há a possibilidade de fixação do regime inicial semi-aberto. 5. Recurso improvido, recomendando-se celeridade ao Juízo das Execuções para apreciar eventual direito de progressão para o regime semi-aberto". (STJ - RHC 18664/RJ - 6ª T. - Rel. Min. p/ Acórdão Nilson Naves - DJ 26.03.2007 p. 283)
- **Juízo da Execução. Competência. Detração.** "A execução penal submete-se à ordem do projeto ressocializante, que traduz a exigência de acomodar o condenado no estabelecimento mais adequado ao cumprimento da pena e na localidade que melhor garanta o seu retorno ao convívio social. Se o apenado cumpre pena em estabelecimento da competência do Juízo das Execuções do Estado, cabe a este decidir sobre o incidente de unificação de penas, mesmo que a nova condenação sobrevenha de Juízo Federal. (Precedentes). 3. Conflito conhecido para declarar competente o Juízo de Direito da Vara de Execuções Criminais do Amazonas, o suscitante". (STJ - CC 38920/AM - 3ª Seção -- Rel. Min. Thereza de Assis Moura DJ 26.03.2007 p. 195)
- **Condenações distintas. Substituição da pena. Unificação. Revogação. Descabimento.** "Se o réu obteve condenações distintas, onde, em

qualquer delas foi determinada a substituição da pena corporal por pena restritiva de direitos, não pode o juiz da execução, no momento da unificação, revogar a pena restritiva transformando-a em pena prisional. Recurso desprovido". (STJ - REsp 680663/RS - 6ª T. - Rel. Min. Paulo Medina - DJ 24.04.2006 p. 475)

- **Base de cálculo.** "Considerando que na fixação do regime inicial de cumprimento de penas aplicadas cumulativamente é de se observar a soma ou unificação das penas que sejam de igual qualidade (LEP, art. 111 c/c CP, art. 69) e que, para se optar por um regime penal mais gravoso, é necessário que haja fundamentação jurídica idônea, a Turma concedeu de ofício habeas corpus em favor do paciente - condenado à pena de 5 anos e 4 meses de reclusão por roubo duplamente qualificado cumulativamente com a pena de 6 meses de detenção por posse de entorpecentes para uso próprio, com a fixação do regime aberto para o cumprimento de ambas as penas - a fim de assegurar-lhe o direito de cumprir, em regime aberto, a pena de detenção, cujo regime semiaberto que lhe foi imposto sem qualquer fundamentação, tendo sido reconhecida na sentença a sua primariedade e bons antecedentes. (CP, art. 33, § 2ºm: o condenado não reincidente, cuja pena seja igual ou inferior a quatro anos, poderá, desde o início, cumpri-la em regime aberto"). (STF - RHC 80.803-GO- Rel. Min. Celso de Mello - 28.05.2002)
- **Base de cálculo.** "A pena unificada para atender ao limite de trinta anos de cumprimento, determinado pelo art. 75 do Código Penal, não é considerada para a concessão de outros benefícios, como o livramento condicional ou regime mais favorável de execução". (Súmula 715 do STF).

Título III

23.9. Remição

Remissão é o abatimento dos dias e horas trabalhadas do reeducando que cumpre pena em penitenciária de regime fechado ou semiaberto, mediante a contagem do tempo de um dia de pena por três dias trabalhados.

É o resgate parcial da pena pelo desempenho da atividade laboral do reeducando em virtude da contagem dos dias remidos como cumprimento da execução da pena privativa de liberdade.

> "*A frequência a curso de ensino formal é causa de remição de parte do tempo de execução de pena sob regime fechado ou semiaberto*" (Súmula 341 do STJ).

Enquanto na detração é computado o período de prisão provisória ou cautelar para abater da pena imposta, na remição os dias trabalhados são considerados cumprimento da pena.

- **Remição no regime semiaberto. Trabalho externo. Possibilidade. Ausência de vedação legal. Concessão da ordem de ofício.** O Supremo Tribunal Federal, por sua Primeira Turma, e a Terceira Seção deste Superior Tribunal de Justiça, diante da utilização crescente e sucessiva do habeas corpus, passaram a restringir a sua admissibilidade quando o ato ilegal for passível de impugnação pela via recursal própria, sem olvidar a possibilidade de concessão da ordem, de ofício, nos casos de flagrante ilegalidade. Esse entendimento objetivou preservar a utilidade e a eficácia do mandamus, que é o instrumento constitucional mais importante de proteção à liberdade individual do cidadão ameaçada por ato ilegal ou abuso de poder, garantindo a celeridade que o seu julgamento requer. A Jurisprudência desta Corte Superior já firmou entendimento de que, "nos termos do art. 126 da Lei de Execuções Penais, inexiste qualquer vedação ou impedimento para que a remição seja concedida aos apenados que exercerem trabalho externo no cumprimento da pena no regime semiaberto" (HC 184.501/RJ, Quinta Turma, Rel. Min. Marco Aurélio Bellizze, DJe de 25/05/2012). Ordem não conhecida. Concessão de habeas corpus de ofício para determinar ao Juízo das Execuções Criminais que reaprecie o pedido de remição da pena formulado pelo paciente, afastando o entendimento de que não é possível, no regime semiaberto, a remição pelo trabalho realizado fora do estabelecimento prisional. (STJ – HC 239.028/RJ, Rel. Ministro ANTONIO SALDANHA PALHEIRO, SEXTA TURMA, julgado em 02/08/2016, DJe 16/08/2016)
- **Remição da pena pelo trabalho. Arts. 33 e 126 da LEP. Atestado do diretor do estabelecimento prisional no sentido de que o paciente trabalhou aos domingos e feriados. Direito ao benefício.** Constrangimento ilegal evidenciado. Ordem de ofício concedida. A remição da pena pelo trabalho, nos termos do art. 33, c/c 126, § 1º, da LEP, é realizada à razão de um dia de pena a cada três dias de trabalho, cuja jornada diária não seja inferior a 6 nem superior a 8 horas, o que impõe, para fins de cálculo, a consideração dos dias efetivamente trabalhados, incluídos os domingos e feriados. Na espécie, de acordo com o Relatório emitido pela Diretora do estabelecimento prisional, o paciente trabalhou, ininterruptamente, por 97 (noventa e sete) dias, incluídos os domingos e feriados, fazendo, portanto, jus ao direito à remição da pena pelo trabalho em todo o período assinalado. Habeas corpus não conhecido. Ordem concedida de ofício para restabelecer a decisão do Juízo das Execuções Penais. (STJ – HC 346.948/RS, Rel. Ministro REYNALDO SOARES DA FONSECA, QUINTA TURMA, julgado em 21/06/2016, DJe 29/06/2016)

- **Condenado em regime aberto. Remição pelo trabalho. Inadmissibilidade.** Esta Corte e o Supremo Tribunal Federal pacificaram orientação no sentido de que não cabe habeas corpus substitutivo do recurso legalmente previsto para a hipótese, impondo-se o não conhecimento da impetração, salvo quando constatada a existência de flagrante ilegalidade no ato judicial impugnado, a justificar a concessão da ordem, de ofício. A jurisprudência do Superior Tribunal de Justiça é firme no sentido de que os sentenciados que cumprem pena em regime aberto não têm direito à remição da pena pelo trabalho, porquanto, segundo previsão legal (art. 126 da Lei 7.210/84), tal benefício deve ser deferido apenas aos que se encontrem no regime fechado ou semiaberto. (STJ - HC 359.072/RS, Rel. Ministro RIBEIRO DANTAS, QUINTA TURMA, julgado em 16/08/2016, DJe 23/08/2016)
- **Remição da pena pelo estudo em dias não úteis.** A remição da pena pelo estudo deve ocorrer independentemente de a atividade estudantil ser desenvolvida em dia não útil. O art. 126 da Lei 7.210/1984 dispõe que a contagem de tempo para remição da pena pelo estudo deve ocorrer à razão de 1 dia de pena para cada 12 horas de frequência escolar, não havendo qualquer ressalva sobre a consideração apenas dos dias úteis para realização da referida contagem, sendo, inclusive, expressamente mencionada a possibilidade de ensino a distância. (STJ - AgRg no REsp 1.487.218-DF, Rel. Min. Ericson Maranho (Desembargador convocado do TJ/SP), julgado em 5/2/2015, DJe 24/2/2015.
- **Remição da pena. Inaplicabilidade do art. 112 da LEP.** Observância dos arts. 126 e 127 da lei de execução penal. Princípio da legalidade. Constrangimento ilegal configurado. Ordem concedida de ofício. 1. O atestado de conduta carcerária desfavorável, por si só, não impede a concessão da remição, devendo ser observada a legislação de regência (artigos 126 e 127 da Lei de Execução Penal). 2. Writ não conhecido. Ordem concedida de ofício, para determinar que o juízo da execução reexamine o pedido de remição da pena, relativo ao período compreendido entre 3.1.2011 a 29.4.2011, limitando, de forma fundamentada, a perda dos dias eventualmente remidos, em razão da falta grave praticada em 23.9.2011, a até 1/3 (um terço) dos dias remidos. (STJ - HC 312.873/SP, Rel. Ministra MARIA THEREZA DE ASSIS MOURA, SEXTA TURMA, julgado em 01/10/2015, DJe 22/10/2015)
- **Remição da pena pela leitura. Possibilidade.** 1. A jurisprudência da Sexta Turma é firme quanto a admitir a remição da pena pela leitura nos termos da Portaria conjunta n. 276/2012, do Departamento Penitenciário Nacional/MJ e do Conselho da Justiça Federal, bem como da Recomendação n. 44/2013 do Conselho Nacional de Justiça. 2. A

norma do art. 126 da LEP, ao possibilitar a abreviação da pena, tem por objetivo a ressocialização do condenado, sendo possível o uso da analogia *in bonam partem*, que admita o benefício em comento, em razão de atividades que não estejam expressas no texto legal (REsp n. 744.032/SP, Ministro Felix Fischer, Quinta Turma, DJe 5/6/2006). 3. Sendo um dos objetivos da Lei de Execução Penal, ao instituir a remição, incentivar o bom comportamento do sentenciado e sua readaptação ao convívio social, a interpretação extensiva do mencionado dispositivo impõe-se nessas circunstâncias, o que revela, inclusive, a crença do Poder Judiciário na leitura como método factível para o alcance da harmônica reintegração à vida em sociedade. 4. Na espécie, embora não fosse cabível o habeas corpus no lugar do recurso especial, diante dos precedentes a respeito do tema, ficou caracterizada a existência de manifesto constrangimento ilegal a ser reparado, justificando-se, assim, a concessão, de ofício, da ordem para restabelecer o decisum do Juízo da execução que declarou remidos 8 dias da pena do paciente. 5. Agravo regimental ministerial improvido. (STJ – AgRg no HC 323.766/SP, Rel. Ministro SEBASTIÃO REIS JÚNIOR, SEXTA TURMA, julgado em 17/09/2015, DJe 09/10/2015)

- **Atividade laboral ou curso.** "A remição da pena, a teor do art. 126 da Lei de Execução Penal, exige a efetiva realização da atividade laboral ou a frequência em curso (estudo), nos termos do art. 126 da LEP. "Não pode a suposta omissão Estatal ser utilizada como causa a ensejar a concessão ficta de um benefício que depende de um real envolvimento da pessoa do apenado em seu progresso educativo e ressocializador" (agRg no HC 208.619/RO, Relator Ministro JORGE MUSSI, Quinta Turma, DJe de 14/8/2014). (STJ - AgRg no RHC 35.833/MS, Rel. Ministro LEOPOLDO DE ARRUDA RAPOSO (DESEMBARGADOR CONVOCADO DO TJ/PE), QUINTA TURMA, julgado em 05/05/2015, DJe 13/05/2015)
- **Atividade laboral dentro ou fora do presídio. "É possível a remição de parte do tempo de execução da pena quando o condenado, em regime fechado ou semiaberto, desempenha atividade laborativa extramuros.** O art. 126 da Lei de Execução Penal não fez nenhuma distinção ou referência, para fins de remição de parte do tempo de execução da pena, quanto ao local em que deve ser desempenhada a atividade laborativa, de modo que se mostra indiferente o fato de o trabalho ser exercido dentro ou fora do ambiente carcerário. Na verdade, a lei exige apenas que o condenado esteja cumprindo a pena em regime fechado ou semiaberto. Se o condenado que cumpre pena em regime aberto ou semiaberto pode remir parte da reprimenda pela frequência a curso de ensino regular ou de educação profissional, não

há razões para não considerar o trabalho extramuros de quem cumpre pena em regime semiaberto, como fator de contagem do tempo para fins de remição. Em homenagem, sobretudo, ao princípio da legalidade, não cabe restringir a futura concessão de remição da pena somente àqueles que prestam serviço nas dependências do estabelecimento prisional, tampouco deixar de recompensar o apenado que, cumprindo a pena no regime semiaberto, exerça atividade laborativa, ainda que extramuros. A inteligência da Lei de Execução Penal direciona-se a premiar o apenado que demonstra esforço em se ressocializar e que busca, na atividade laboral, um incentivo maior à reintegração social ("a execução penal tem por objetivo efetivar as disposições de sentença ou decisão criminal e proporcionar condições para a harmônica integração social do condenado e do internado" - art. 1º). A ausência de distinção pela lei, para fins de remição, quanto à espécie ou ao local em que o trabalho é realizado, espelha a própria função ressocializadora da pena, inserindo o condenado no mercado de trabalho e no próprio meio social, minimizando suas chances de recidiva delitiva. Ausentes, por deficiência estrutural ou funcional do Sistema Penitenciário, as condições que permitam a oferta de trabalho digno para todos os apenados aptos à atividade laborativa, não se há de impor ao condenado que exerce trabalho extramuros os ônus decorrentes dessa ineficiência. A supervisão direta do próprio trabalho deve ficar a cargo do patrão do apenado, cumprindo à administração carcerária a supervisão sobre a regularidade do trabalho. Uma vez que o Juízo das Execuções Criminais concedeu ao recorrido a possibilidade de realização de trabalho extramuros, mostra-se, no mínimo, contraditório o Estado-Juiz permitir a realização dessa atividade fora do estabelecimento prisional, com vistas à ressocialização do apenado, e, ao mesmo tempo, ilidir o benefício da remição. (STJ – REsp 1381315/RJ, Rel. Ministro ROGERIO SCHIETTI CRUZ, TERCEIRA SEÇÃO, julgado em 13/05/2015, DJe 19/05/2015)

- **Atividade laboral dentro ou fora do presídio.** "A única imposição contida no art. 126 da Lei de Execuções, para a concessão da remição, é a de que o condenado cumpra pena em regime fechado ou semiaberto, nada explicitando acerca do local desse trabalho. Logo, possível a remição da pena naqueles casos em que o preso trabalha fora do estabelecimento prisional. Precedentes. Ordem concedida de ofício para possibilitar a remição da pena. (STJ – HC 205.592/RJ, Rel. Ministro OG FERNANDES, SEXTA TURMA, julgado em 19/02/2013, DJe 27/02/2013)
- **Remição. Contagem. Dias trabalhados.** "A remição se dá por dias trabalhados, e não por horas, sendo que a contagem de tempo será feita à razão de um dia de pena a cada 3 dias trabalhados, exigindo-se,

Título III

para cada dia a ser remido, o labor de no mínimo 6 e no máximo 8 horas. Não obstante a remição da pena pelo trabalho seja um direito do condenado, é necessário que sejam observados os parâmetros fixados na norma, vale dizer, máximo de 8 horas diárias e remição de 1 dia a cada 3 de trabalho. Ainda que o condenado trabalhe mais de 6 horas por dia, não é possível que sejam utilizadas as horas excedentes para contar um novo período de remição". (STJ – AgRg no HC 289.635/MG, Rel. Ministro ROGERIO SCHIETTI CRUZ, SEXTA TURMA, julgado em 16/12/2014, DJe 03/02/2015)

- **Aproveitamento escolar satisfatório.** "Esta Corte tem entendido que inexiste na norma de regência a exigência de frequência mínima obrigatória e de aproveitamento escolar satisfatório, não cabendo ao intérprete estabelecer ressalvas relativas à assiduidade e ao aproveitamento do estudo como sendo requisitos necessários para o deferimento da remição (HC n. 289.382/RJ, de minha relatoria, Sexta Turma, DJe 28/4/2014). No mesmo sentido, confiram-se: AgRg no AREsp n. 426.479/MS, Ministra Marilza Maynard (Desembargadora convocada do TJ/SE), Sexta Turma, DJe 2/9/2014; e AREsp n. 426.280/MS, Ministro Marco Aurélio Bellizze, DJe 27/6/2014. Incidência da Súmula 83/STJ". (STJ – AgRg no AREsp 560.652/MS, Rel. Ministro SEBASTIÃO REIS JÚNIOR, SEXTA TURMA, julgado em 16/09/2014, DJe 01/10/2014).

- **Atividade estudantil.** "Já é firme, nesta Corte, o entendimento segundo o qual a remição de pena pelo trabalho, prevista no art. 126 da Lei de Execução Penal, pode ser estendida, em aplicação analógica *in bonan partem*, para abranger a atividade estudantil do apenado, realizada no estabelecimento prisional". (STJ – AgRg no REsp 803996/SP – 5ª T. – Rel. Min. Arnaldo Esteves Lima – DJ 23.04.2007 p. 300)

- **Atividade estudantil** "As duas turmas que compõem a Terceira Seção desta Corte entendem que o desenvolvimento de atividade intelectual pode servir para remir a pena privativa de liberdade, sendo possível interpretar-se analogicamente o disposto no art. 126 da Lei 7.210/84 (Lei de Execução Penal)". (STJ – REsp 508923/RS – 6ª T. – Rel. Min. Paulo Gallotti – DJ 02.04.2007 p. 312).

- **Regime aberto. Descabimento.** "As Turmas especializadas em direito penal desta Corte possuem entendimentos convergentes no sentido de que não é possível a remição da pena pelo trabalho exercido por réu em regime aberto. Não há que se falar em violação ao art. 5º, caput, da Constituição Federal, pois, por opção do legislador, o instituto da remição é um benefício destinado aos apenados em regime carcerário fechado ou semiaberto, somente sendo possível remir a pena cumprida em regime aberto, nos termos da Lei nº 12.433/2011, pela frequência do condenado a curso de ensino regular ou de educação profissional, o que não é o caso dos autos. (STJ - AgRg no REsp 1354316/RS, Rel. Ministro MARCO AURÉLIO BELLIZZE, QUINTA TURMA, julgado em 07/03/2013, DJe 13/03/2013).

- **Cumprimento efetivo da pena.** "A interpretação mais benéfica do art. 126 da Lei de Execuções Penais confere aos dias trabalhados pelo apenado o caráter de pena efetivamente executada, devendo ser acrescidos, portanto, ao tempo de pena já cumprido pelo réu. Precedentes desta Corte. Ordem concedida para que os dias remidos pelo Paciente sejam considerados como dias de efetivo cumprimento de pena e, nessa condição, sejam computados no *quantum* já cumprido da pena, para fins de obtenção de benefícios no curso da execução". (STJ - HC 73667/SP - 5ª T. - Rel. Min. Laurita Vaz - DJ 25.06.2007 p. 272).

23.10. Prisão domiciliar

A prisão domiciliar no Brasil foi instituída pela Lei Federal nº 5.256/1967, com o objetivo de recolher o preso provisório na sua própria residência nas localidades em que não houver estabelecimentos adequados ao recolhimento dos que tenham direito à prisão especial.

O texto legal assenta que o benefício da prisão domiciliar destina-se ao preso que tenha direito à prisão especial quando os estabelecimentos penais não disponham de ambiente que reúna as condições de atender ao requisito para a prisão especial.

A prisão especial consiste, exclusivamente, no recolhimento em local distinto da prisão comum, mas não estabelecimento específico para o preso especial, pois este poderá ser recolhido em cela distinta no mesmo estabelecimento.

É direito do preso especial não ser transportado juntamente com o preso comum.

São beneficiários de prisão especial aquelas autoridades indicadas nos incisos I a XI do art. 295 do Código Penal.

Já o advogado, nos termos do Estatuto da Advocacia, em seu art. 7º, inciso V, tem a prerrogativa de não ser recolhido preso, antes de sentença transitada em julgado, senão em sala de Estado Maior, com instalações e comodidades condignas, assim reconhecidas pela OAB, e, na sua falta, em prisão domiciliar.

A prisão domiciliar, nos termos do art. 117 da Lei de Execução Penal é direito assegurado somente ao condenado maior de setenta anos; condenado acometido de doença grave; condenado com filho menor ou deficiente físico ou mental; ou a condenada gestante.

A concessão do direito à prisão domiciliar considerará a gravidade e as circunstâncias do crime, ouvido o representante do Ministério Público, poderá autorizar a prisão do réu ou indiciado na própria residência, de onde o mesmo não poderá afastar-se sem prévio consentimento judicial.

A prisão domiciliar não exonera o réu ou indiciado da obrigação de comparecer aos atos policiais ou judiciais para os quais for convocado, ficando ainda sujeito a outras limitações que o juiz considerar indispensáveis à investigação policial e à instrução criminal.

- "**Prisão domiciliar.** Nos termos do artigo 318, inciso II e parágrafo único, do CPP, somente é possível a substituição da prisão preventiva por prisão domiciliar se houver demonstração de que o agente se encontra extremamente debilitado por motivo de doença grave e não houver a possibilidade de o custodiado receber tratamento adequado no estabelecimento prisional em que se encontra. (STJ - RHC 67.982/RJ, Rel. Ministro NEFI CORDEIRO, SEXTA TURMA, julgado em 07/03/2017, DJe 15/03/2017)

- "**Prisão domiciliar. Mulher. Filho menor de 12 anos.** Caso em que o decreto que impôs a prisão preventiva à recorrente não apresentou motivação concreta, apta a justificar sua segregação, tendo se limitado a abordar, de modo genérico, termos da lei processual e a gravidade abstrata do delito de tráfico de drogas. O inciso V do art. 318 do Código de Processo Penal, incluído pela Lei n. 13.257/2016, determina que Poderá o juiz substituir a prisão preventiva pela domiciliar quando o agente for: V - mulher com filho de até 12 (doze) anos de idade incompletos. A prova documental juntada aos autos atesta que a recorrente possui uma filha de tenra idade (5 anos). Assim, a fim de proteger e resguardar a integridade física e emocional da criança e da mulher, considerando a necessidade e a adequação, em vista da natureza do crime imputado, das circunstâncias do flagrante, da ausência de indícios de que a recorrente se dedique à traficância ou que possua envolvimento com a criminalidade, é suficiente, na hipótese, a substituição da prisão preventiva por medidas alternativas, sobretudo a proibição de visitas a estabelecimentos prisionais, já que, aparentemente, a droga encontrada seria entregue a seu companheiro, que se encontra encarcerado. Recurso provido. (STJ - RHC 77.009/SP, Rel. Ministro REYNALDO SOARES DA FONSECA, QUINTA TURMA, julgado em 09/03/2017, DJe 15/03/2017)

- **Prisão preventiva. Paciente gestante. Pleito de concessão da prisão domiciliar. Possibilidade.** Garantia do princípio da proteção à maternidade e à infância e do melhor interesse do menor. Preenchimento dos requisitos do art. 318 do CPP. Segregação cautelar mantida com base apenas na gravidade abstrata do crime. Ausência de fundamentação idônea. Decisão contrária à jurisprudência dominante desta Corte. Constrangimento ilegal configurado. 8. Súmula 691 do STF. Manifesto constrangimento ilegal. Superação. Ordem concedida de ofício para substituir a prisão preventiva da paciente por prisão domiciliar. (STF – HC 134104, Relator(a): Min. GILMAR MENDES, Segunda Turma, julgado em 02/08/2016, PROCESSO ELETRÔNICO DJe-176 DIVULG 18-08-2016 PUBLIC 19-08-2016)

- **Prisão domiciliar. Tornozeleira eletrônica.** Em nosso sistema, notadamente a partir da Lei 12.403/2011, que deu nova redação ao art. 319 do Código de Processo Penal, o juiz tem não só o poder, mas o dever de substituir a prisão cautelar por outras medidas sempre que essas se revestirem de aptidão processual semelhante. Impõe-se ao julgador, assim, não perder de vista a proporcionalidade da medida cautelar a ser aplicada no caso, levando em conta, conforme reiteradamente enfatizado pela jurisprudência desta Corte, que a prisão preventiva é medida extrema que somente se legitima quando ineficazes todas as demais (HC 106446, Rel. Min. DIAS TOFFOLI, Primeira Turma, DJe de 20/9/2011; HC 114098 Rel. Min. RICARDO LEWANDOWSKI, Segunda Turma, DJe de 12/12/2012). 6. Ordem parcialmente concedida, para substituir a prisão preventiva do paciente por medidas cautelares específicas. A Turma, por maioria, concedeu, em parte, a ordem, para, se por outro motivo não estiver preso, substituir a prisão preventiva do paciente pelas seguintes medidas cautelares: a) afastamento da direção e da administração das empresas envolvidas nas investigações, ficando proibido de ingressar em quaisquer de seus estabelecimentos, e suspensão do exercício profissional de atividade de natureza empresarial, financeira e econômica; b) recolhimento domiciliar integral até que demonstre ocupação lícita, quando fará jus ao recolhimento domiciliar apenas em período noturno e nos dias de folga; c) comparecimento quinzenal em juízo, para informar e justificar atividades, com proibição de mudar de endereço sem autorização; d) obrigação de comparecimento a todos os atos do processo, sempre que intimado; e) proibição de manter contato com os demais investigados, por qualquer meio; f) proibição de deixar o país, devendo entregar passaporte em até 48 (quarenta e oito) horas; g) monitoração por meio da utilização de tornozeleira eletrônica; destacando-se que o descumprimento injustificado de quaisquer dessas medidas ensejará, naturalmente, decreto de restabelecimento da ordem de prisão (art. 282, § 4º, do CPP). (STF – HC 132233, Relator(a): Min. TEORI ZAVASCKI, Segunda Turma, julgado em 26/04/2016, PROCESSO ELETRÔNICO DJe-101 DIVULG 17-05-2016 PUBLIC 18-05-2016).

- **Pedido de prisão domiciliar. Inviabilidade. Grave estado de saúde do apenado.** Não comprovação. Excepcionalidade. Inexistência de ilegalidade. 1. Não se admite habeas corpus substitutivo de recurso ordinário, sob pena de ofensa ao regramento do sistema recursal previsto na Constituição Federal. 2. A concessão de prisão domiciliar quando o apenado cumpre pena em regime mais gravoso depende da comprovação inquestionável de grave estado de saúde do paciente. 3. Writ não conhecido, mas com concessão da ordem de ofício para que o Juízo da Execução examine a viabilidade da concessão do regime semiaberto ao paciente. (STF – HC 112412, Relator(a): Min. MARCO AURÉLIO, Relator(a) p/ Acórdão: Min. EDSON FACHIN, Primeira Turma, julgado em 10/11/2015, PROCESSO ELETRÔNICO DJe-249 DIVULG 10-12-2015 PUBLIC 11-12-2015).
- "**Deferimento. Ausência de vagas.** "É assente nesta Corte o entendimento que, em caso de falta de vagas em estabelecimento prisional adequado ao cumprimento da pena no regime semiaberto, deve-se conceder ao apenado, em caráter excepcional, o cumprimento da pena em regime aberto, ou, na falta de vaga em casa de albergado, em regime domiciliar, até o surgimento de vagas no regime apropriado. Habeas Corpus não conhecido. Ordem, no entanto, concedida de ofício, confirmando a liminar deferida, para restabelecer a decisão do Juízo de Execuções Penais que deferiu ao paciente o direito de aguardar, em prisão domiciliar com monitoramento eletrônico, o surgimento de vaga em estabelecimento prisional destinado ao regime semiaberto". (STJ – HC 318.752/AC, Rel. Ministro REYNALDO SOARES DA FONSECA, QUINTA TURMA, julgado em 02/06/2015, DJe 09/06/2015)
- **Deferimento. Ausência de vagas.** "A jurisprudência deste Superior Tribunal possui entendimento consolidado de que, quando o apenado submetido a regime semiaberto estiver cumprindo pena em estabelecimento prisional em regime mais gravoso, por inexistência de vaga em local próprio, é permitida, excepcionalmente, a concessão de prisão em regime aberto ou domiciliar. A ineficiência do Estado em disponibilizar vagas ou assegurar instituições adequadas ao cumprimento da pena em regime semiaberto autoriza, ainda que em caráter excepcional, o cumprimento da reprimenda em regime aberto ou em prisão domiciliar". (STJ – AgRg no REsp 1505698/RS, Rel. Ministro ROGERIO SCHIETTI CRUZ, SEXTA TURMA, julgado em 26/05/2015, DJe 02/06/2015)
- **Deferimento. Assistência médica."** A jurisprudência tem admitido a concessão da prisão domiciliar, em situações excepcionalíssimas, como no caso de portadores de doença grave, desde que comprovada a impossibilidade da assistência médica no estabelecimento prisional em

que se encontra o paciente. *In casu*, foi demonstrada a possibilidade pelo juízo a *quo* de tratamento médico do paciente no estabelecimento prisional concomitantemente com o cárcere". (STJ - HC 317.383/CE, Rel. Ministra MARIA THEREZA DE ASSIS MOURA, SEXTA TURMA, julgado em 12/05/2015, DJe 21/05/2015)

- **Deferimento. Assistência familiar.** "Não obstante, revela-se viável a concessão da ordem de habeas corpus de ofício, para substituir a custódia preventiva da paciente pela domiciliar, pois suas condições pessoais (primariedade, ausência de registros de outros delitos, a anterior concessão da liberdade no mesmo processo), aliadas ao fato de ser pessoa indispensável aos cuidados de filho menor de 6 (seis) anos de idade (CPP, art. 318, III), indicam a suficiência da medida. Precedente: STJ - RHC n. 49.537/CE, Quinta Turma, Rel. Min. Jorge Mussi, DJe de 23/10/2014).

- **Deferimento. Ausência de vagas.** "Impossibilidade de o apenado cumprir pena em regime semiaberto por absoluta ineficiência estatal em prover vagas em Colônias Agrícolas ou Casas do Albergado. Circunstância que, a par de buscar fundamento de validade da realidade dos estabelecimentos prisionais brasileiros, não autoriza a substituição pela prisão domiciliar. Inafastabilidade da observância ao princípio da legalidade e aos postulados informadores do sistema progressivo de cumprimento das penas privativas de liberdade impostas pelo Estado, especialmente no que pertine à finalidade pedagógico-ressocializadora da pena. Atenção, ainda, à necessidade de se evitar a utilização abusiva do benefício da prisão domiciliar como meio de manutenção e progressão do "Estado" paralelo criado no interior dos estabelecimentos prisionais gaúchos. Entendimento jurisprudencial modificado no sentido de revogar a colocação do apenado em prisão domiciliar, determinando sua imediata transferência a estabelecimento prisional compatível com o regime de cumprimento de pena que lhe é adequado com expedição de mandado de prisão. AGRAVO PROVIDO. UNÂNIME". (Agravo Nº 70058907411, Sexta Câmara Criminal, Tribunal de Justiça do RS, Relator: Bernadete Coutinho Friedrich, Julgado em 28/08/2014). (TJ-RS - AGV: 70058907411 RS , Relator: Bernadete Coutinho Friedrich, Data de Julgamento: 28/08/2014, Sexta Câmara Criminal, Data de Publicação: Diário da Justiça do dia 08/10/2014)

- **Deferimento. Assistência familiar** "Com o advento da Lei 12.403/2011, permitiu-se ao juiz a substituição da prisão cautelar pela domiciliar quando o agente for imprescindível aos cuidados especiais de pessoa menor de 6 (seis) anos de idade ou com deficiência. A excepcionalidade da situação em que se encontra a paciente e seus dois filhos, menores de 6 (seis) anos, sendo um deles portador de doença congênita em estado avançado, justifica que, por razões humanitárias, pelo bem das crianças que merecem os cuidados da mãe, se permita que aguarde em prisão domiciliar o julgamento da ação penal a que responde perante o Juízo singular, até seu trânsito em julgado. Ordem concedida para, confirmando a liminar anteriormente deferida, determinar que, nos termos do art. 318, III, do CPP, a paciente aguarde em prisão domiciliar o julgamento da ação penal a que responde, até o seu trânsito em julgado". (STJ -HC 288.752/TO, Rel. Ministro JORGE MUSSI, QUINTA TURMA, julgado em 05/06/2014, DJe 18/06/2014).

- **Deferimento. Ausência de vagas.** Agravo em execução penal. Progressão de regime. Deferimento. Regime aberto. Inexistência de casa de albergado. Falta de vagas em estabelecimento adequado ou adaptação de local no presídio local. Prisão domiciliar deferida. Possibilidade. Precedentes jurisprudenciais - peculiaridades do caso concreto. O direito do reeducando não pode ser desrespeitado em virtude da falta de vagas em estabelecimento prisional adequado ao regime prisional que se encontra, sob pena de lhe ser imposto um regime mais gravoso, em afronta ao princípio da individualização da pena e da proporcionalidade". (TJ-MG - AGEPN: 10351130018556001 MG , Relator: Sálvio Chaves, Data de Julgamento: 09/10/2014, Câmaras Criminais / 7ª CÂMARA CRIMINAL, Data de Publicação: 17/10/2014).

- **Deferimento. Ausência de vagas.** "Ao apenado em regime aberto é possível a concessão da prisão domiciliar em caráter excepcional no caso de inexistir casa de albergado ou lugar vago na dita instituição enquanto se aguarda surgimento de vaga em estabelecimento prisional adequado, competindo ao juízo das execuções decidir acerca do cabimento da prisão domiciliar no caso concreto após o início da execução penal, a teor do que dispõe o inciso IV do art. 66 da LEP". (STJ - AgRg no REsp 1422183/RS, Rel. Ministra MARIA THEREZA DE ASSIS MOURA, SEXTA TURMA, julgado em 16/04/2015, DJe 27/04/2015)

- **Deferimento. Ausência de vagas.** Prisão domiciliar até o trânsito em julgado da decisão condenatória. A prerrogativa do advogado, de ser recolhido à prisão especial, inscrita em lei (Estatuto da OAB, art. 89, V), tem a finalidade de evitar-se sua convivência com presos comuns, em cela coletiva, em homenagem a relevância de sua atividade profissional. Em se tratando de condenação por tráfico entorpecentes, em que não lhe é permitido apelar em liberdade, aconselha-se a prisão do bacharel em cela especial individual, a salvo do contato com outros presos, se inexistente a sala de Estado Maior. A concessão da prisão domiciliar é mera faculdade do juiz (Lei 256/67), que não se recomenda em casos que tais. Recurso improvido. (STJ – RHC 674/90 – Rel. Min. Carlos Thibau – DJ, 13.08.90)

- **Deferimento. Ausência de vagas.** "Advogado. Processo Penal. Condenação. A teor do art. 105 da Lei de Execuções penais (Lei 7.210/84) o juiz só ordenará a expedição de guia de recolhimento do réu depois de transitada em julgado a sentença que aplicar a pena privativa de liberdade. Sendo o réu advogado, goza de prerrogativa do art. 84, V, da Lei 4.215/63, não podendo ser recolhido preso antes da sentença transitada em julgado, senão em sala de Estado Maior. Medida cautelar concedida até a apreciação do recurso interposto pelo réu. (STJ – 2ª T. – Pet. HC 166-4/SP – Rel. Min. Carlos Madeira – j. em 04.04.1986 – DJU 02.05.1986).

- **"Advogado.** "Condenação. Recurso. Prisão obrigatória. Prisão especial. Sobre assegurar-se legalmente esse favorecimento (CPP, art. 295 e Lei 5.256/67, art. 1º), não há objetar a pretensão o fato de ainda não se encontrarem presos os pacientes. Ordem concedida para que o juiz da condenação decida o pedido pelas razões de mérito. Por maioria, dar provimento ao recurso, para conceder parcialmente a ordem, de forma a que o juiz da condenação decida o requerimento de prisão especial, independentemente do cumprimento do respectivo mandado expedido contra os pacientes. (STJ – RHC 530/90 – Rel. Min. José Dantas – j. em 18.04.1990 – DJ 18.06.1990).

- **Advogado.** Advogado recolhido em sala especial de Estado Maior (Lei 4.215, de 27.04.64, art. 89, inc. V) aguardando julgamento do recurso. Condenação decorrente de tráfico de entorpecente. Nenhum amparo jurídico merece a conversão em prisão domiciliar. Recurso improvido. Concessão de habeas corpus, de ofício, para garantir ao recorrente tratamento ambulatorial, por tratar-se também de viciado em cocaína. Por unanimidade, negar provimento ao recurso e deferir, de ofício, a ordem de habeas corpus, para assegurar ao paciente, o direito de tratamento ambulatorial, nos termos do laudo do instituto médico legal constante dos autos, nos termos do voto do sr. Ministro Relator. (STJ – RHC 817/90 – Rel. Min. José Cândido de Carvalho Filho – j. em 06.11.1990 – DJ 04.02.1991)

- "**Prisão para mulheres**. O inc. L do art. 5º, da CF garante às presidiárias condições para que possam permanecer com os filhos no período de aleitamento. Tal direito subjetivo próprio, líquido e certo, deve ser amparado por mandado de segurança, como tal devendo ser conhecido o habeas corpus impetrado, remédio inadequado, eis que a prisão em consequência de sentença condenatória não se erige em ilegal restrição à liberdade de locomoção, não importando que o direito não tenha sido reclamado em 1ª instância. Provado o nascimento da criança, ora sob guarda e responsabilidade de terceiro, deve o juízo de 1º grau, do processo de conhecimento e da execução, tomar as providências cabíveis e necessárias para garantia do direito reconhecido". (RT 659/278)

TÍTULO IV

Capítulo I
Ações de impugnação

24. AÇÃO DE *HABEAS CORPUS*

Toda a matéria que implica questão de direito na aplicação adequada dos institutos do "devido processo legal", do "amplo exercício da defesa" e do "contraditório", garantias constitucionais inerentes a qualquer pessoa, está tutelada pela ação constitucional do habeas corpus, instrumento processual idôneo para afastar constrangimentos, atos abusivos e violadores das normas jurídicas que impliquem o direito à liberdade ou de ir e vir.

O desatendimento das formalidades essenciais à validade à eficácia das disposições legais, consoante as manifestações doutrinárias e orientações jurisprudenciais, resultam, de forma induvidosa, na negação das garantias constitucionais aludidas.

A garantia do "devido processo legal", leciona Rogério Lauria Tucci, "deve ser uma realidade em todo o desenrolar do processo judicial, de sorte que ninguém seja privado de seus direitos, a não ser que no procedimento em que este se materializa se verifiquem todas as formalidades e exigências em lei previstas".

Para Eduardo J. Couture, "consiste em estabelecer, no ordenamento hierárquico das normas jurídicas, o primado da constituição sobre as formas legais ou regulamentadoras do processo..."

Já o supremo direito do exercício da ampla defesa e os recursos a ela inerentes estão aferrados na Constituição Brasileira, no seu art. 5º, LV, assim redigido: "Aos litigantes, em processo judicial ou administrativo, e aos acusados em geral são assegurados o contraditório e a ampla defesa, com os meios e recursos a ela inerentes".

A garantia da plenitude de defesa, por um lado, está inserida pelo direito na prova legitimamente obtida ou produzida, do qual emerge o fundamento prático do contraditório, conferindo atuação inquisitiva ao órgão jurisdicional em prover a realização das provas indispensáveis ao esclarecimento da verdade, por outro lado, o direito à prova implica a liberdade das partes de produzir provas sem sofrer em quaisquer óbices injustificados.

A Constituição da República, no seu art. 5º, LV, assegura aos litigantes, em processo judicial ou administrativo, e aos acusados em geral o contraditório e a ampla defesa, com os meios e recursos a ela inerentes.

Depreende-se, assim, que a garantia da ampla defesa, seja qual for a natureza do objeto do processo, compreende: a) o direito de ser informado; b) bilateralidade da audiência (contraditoriedade); e c) o direito à prova legitimamente obtida ou produzida.

Preleciona Rogério Lauria Tucci: "a bilateralidade da audiência, ou contraditoriedade, assenta-se num importantíssimo regramento, dito princípio de justiça, e determinante da exigência de tratamento paritário das partes"[1].

No próprio Paraíso, Jeová não puniu Adão pelo "pecado original", sem antes apregoar: "Adão, onde estás?" E, no Evangelho de São João, adverte-se: "*Nemo inauditus debet damnari*" (ninguém deve ser condenado sem ser ouvido).

Revelando-se, enfim, no direito de audiência, a regra do contraditório faz-se ínsita, na expressiva asserção de Robert Wyness Millar, à administração de uma justiça bem organizada; *verbis:*

> A mais destacada das concepções analisadas é aquela pela qual devem ser ouvidas ambas as partes: o princípio da audiência bilateral (Grundsatz des Beideseitin--Gem Gehors). Absolutamente inseparável da administração da justiça organizada, encontra igualmente expressão no preceito romano: audiatur et altera pars e no provérbio alemão de época medieval: "Eines mannes red ist keine red, der richter soll die deel verhoeren beed" (A alegação de um só homem não é alegação; o juiz deve ouvir ambas as partes).
>
> *O direito a concessão de habeas corpus é assegurado pela Constituição da República (art. 5º, LXVIII) sempre que alguém sofrer coação em sua liberdade de*

1. Tucci, Rogério Lauria. Constituição de 1988 e Processo. São Paulo: Saraiva.

locomoção por ilegalidade ou abuso de poder. Trata-se de um instrumento tutelar da liberdade, inatacável no alcance pela sua supremacia diante dos procedimentos processuais comuns.

Aliás, o Superior Tribunal de Justiça vem se pronunciando a respeito dos parâmetros da idoneidade do cabimento da ação constitucional do habeas corpus. Senão, vejamos:

> STJ: O habeas corpus é instrumento tutelar da liberdade. No seu exame, o Juiz não pode criar obstáculos tais que venha a tornar letra morta a garantia constitucional. Daí que, superado o entendimento de, a priori, não se examinar prova. Como, sem vencer esse obstáculo, se poderá afastar o abuso de poder ou ilegalidade da coação? Para se poder concluir sobre a tipicidade ou não do fato é, em certa medida, indispensável examinar a prova em que se baseia a acusação. (RSTJ 26/95)

O habeas corpus é disciplinado pelo art. 647 e ss. do Código de Processo Penal[2].

- Rito processual. "O rito do habeas corpus pressupõe prova pré-constituída do direito alegado, devendo a parte demonstrar, de maneira inequívoca, por meio de documentos que evidenciem a pretensão aduzida, a existência do aventado constrangimento ilegal suportado pelo acusado, ônus do qual não se desincumbiu a defesa". (STJ – HC 314.492/RJ, Rel. Ministro JORGE MUSSI, QUINTA TURMA, julgado em 12/05/2015, DJe 20/05/2015)

---

2. ***Art. 647***. *Dar-se-á habeas corpus sempre que alguém sofrer ou se achar na iminência de sofrer violência ou coação ilegal na sua liberdade de ir e vir, salvo nos casos de punição disciplinar.*

Art. 648. *A coação considerar-se-á ilegal:*

I – quando não houver justa causa;

II – quando alguém estiver preso por mais tempo do que determina a lei;

III – quando quem ordenar a coação não tiver competência para fazê-lo;

IV – quando houver cessado o motivo que autorizou a coação;

V – quando não for alguém admitido a prestar fiança, nos casos em que a lei a autoriza;

VI – quando o processo for manifestamente nulo;

VII– quando extinta a punibilidade.

Art. 649. *O juiz ou o tribunal, dentro dos limites da sua jurisdição, fará passar imediatamente a ordem impetrada, nos casos em que tenha cabimento, seja qual for a autoridade coatora.*

Art. 650. *Competirá conhecer, originariamente, do pedido de habeas corpus:*

I – ao Supremo Tribunal Federal, nos casos previstos no art. 101, I, g, da Constituição;

II – aos Tribunais de Apelação, sempre que os atos de violência ou coação forem atribuídos aos governadores ou interventores dos Estados ou Territórios e ao prefeito do Distrito Federal, ou a seus secretários, ou aos chefes de Polícia.

§ 1º A competência do juiz cessará sempre que a violência ou coação provier de autoridade judiciária de igual ou superior jurisdição.

§ 2º Não cabe o habeas corpus contra a prisão administrativa, atual ou iminente, dos responsáveis por dinheiro ou valor pertencente à Fazenda Pública, alcançados ou omissos em fazer o seu recolhimento nos prazos legais, salvo se o pedido for acompanhado de prova de quitação ou de depósito do alcance verificado, ou se a prisão exceder o prazo legal.

24.1. Conceito

O habeas corpus é uma ação constitucional de natureza mandamental, destinada à proteção do direito à liberdade de locomoção, para atacar qualquer espécie de ilegalidade ou constrangimento ao cidadão.

Devido a sua supremacia, emanada do Poder constitucional, predomina a sua aplicação vertical para decretar a nulidade de atos ou procedimentos eivados de vícios, caracterizados de índole absoluta, mesmo após a ocorrência da coisa julgada formal ou material.

A ordem de habeas corpus pode ser de caráter preventivo, quando se configura uma ameaça evidente, ou liberatório, quando busca afastar constrangimento ilegal ao direito do paciente, denominação para o beneficiário.

O magistrado ou o tribunal, quando competente, ao se deparar com uma ilegalidade no exame de um processo dessa natureza, pode conceder o habeas corpus de ofício.

24.2. Legitimidade

Quanto à legitimidade para impetrá-lo, qualquer pessoa, mesmo que não seja advogado inscrito na OAB, pode funcionar na qualidade de impetrante, sendo, porém essencial que o pedido esteja fundamentado juridicamente.

Dentre os requisitos básicos da sua viabilidade processual, há o dever de ser formulado por escrito na língua portuguesa, devendo o impetrante assiná-la e fazer constar nele a sua qualificação, bem como a do paciente.

A impetração se encontra isenta de qualquer ônus processual ou financeiro.

É importante destacar que o habeas corpus não tem cabimento nos casos de transgressões disciplinares, como também nos casos que resultem da apreciação aprofundada de provas.

24.3. Competência

Figurando na qualidade de autoridade coatora, o juiz de 1º grau, a competência para processar e julgar o habeas corpus é, por sua vez, a do juízo de 2º grau a quem está subordinado aquele, ou seja, o Tribunal de Justiça, se for juiz estadual, ou o Tribunal Regional Federal, se tratar de Juiz Federal.

A competência é do juiz de Direito, se a coação for atribuída à autoridade policial.

As questões de nulidades que não foram enfrentadas na sentença ou na apelação dela interposta podem ser objeto de apreciação pela via do habeas corpus no próprio tribunal que julgou o referido recurso.

O fato de haver recurso pendente não provoca empeço para a impetração de habeas corpus, se a matéria versada no writ for apenas de direito e diversa da que motivou a apelação da sentença condenatória.

Outra hipótese de cabimento do *mandamus* é a apelação contra a sentença condenatória não ter sido conhecida pelo Tribunal, quando o fundamento do HC invoca nulidade por ele não apreciada.

Também será do Tribunal de Justiça quando este, julgando revisão criminal, não apreciou nulidade não alegada pelo requerente. Neste caso, não se pode considerar o Tribunal autoridade coatora.

Tratando-se de qualquer decisão proveniente das Câmaras ou do Plenário dos Tribunais Estaduais ou Federais, o Supremo Tribunal Federal vinha admitindo a sua competência para processar e julgar habeas corpus onde figurem estes órgãos como autoridades coatoras.

24.4. Competência do STF

A competência do Supremo Tribunal Federal, para processar e julgar petição de habeas corpus, restringe-se quando for coator os tribunais superiores ou quando o coator ou paciente for autoridade ou funcionário cujos atos estejam sujeitos diretamente à jurisdição da Corte constitucional, ou se trate de crime sujeito à mesma jurisdição em uma única instância.

A respeito dessa temática o Supremo Tribunal Federal, já decidiu:

> "O STF deixou de ser competente para julgar pedido de habeas corpus contra ato de Tribunal de Justiça, tendo em vista a promulgação da EC 22/99, que altera a alínea "i" do inc. I do art. 102 da CF, restringindo a competência do STF aos atos emanados de Tribunais Superiores (CF, art. 102: "Compete ao Supremo Tribunal Federal, precipuamente, a guarda da Constituição, cabendo-lhe: I – processar e julgar, originariamente: (...) i) o habeas corpus, quando o coator for Tribunal Superior ou quando o coator ou paciente for autoridade ou funcionário cujos atos estejam sujeitos diretamente à jurisdição do Supremo Tribunal Federal, ou se trate de crime sujeito à mesma jurisdição em uma única instância."). Considerando que as normas constitucionais que alteram a competência dos tribunais têm aplicação imediata, a Turma, resolvendo questão de ordem, determinou a remessa de habeas corpus ao STJ, que passou a ser competente para tanto. (STF – HC 78.261/PA (QO) e HC 78.284-MS (QO) – Rel. Min. Moreira Alves; HC 78.301/SP (QO) e HC 78.996/SP – Rel. Min. Octávio Gallotti – j. em 23.03.1999 – Informativo STF 143)

E ainda:

> Tratando-se de pedido de extensão de habeas corpus concedido pelo STF antes da promulgação da EC 22/99, esta Corte continua competente para examinar tal pedido. Com esse entendimento, a Turma, resolvendo questão de ordem, examinou pedido de extensão em habeas corpus, mas o indeferiu por não serem idênticas as situações do corréu e do paradigma invocado. (STF – Pedido de Extensão em

Habeas corpus 77.760/AL (QO) - Rel. Min. Octávio Gallotti - j. em 23.03.1999 Informativo STF 143).

Preleciona Ada Pellegrini Grinover[3] que dois critérios básicos orientam a determinação da competência para o processo de habeas corpus: territorialidade e hierarquia.

Em primeiro lugar, a competência para processar e julgar o pedido será do juiz em cuja comarca ou circunscrição judiciária estiver ocorrendo a coação ou ameaça, e o segundo critério que orienta a matéria é o da hierarquia, consagrado pelo art. 650, parágrafo primeiro, do CPP.

Pontifica que, para determinação da competência do STF em habeas corpus, é preciso distinguir as hipóteses em que a coação resulta efetivamente de pronunciamento do Tribunal daquelas outras em que, mesmo proferindo decisão no processo, o Tribunal não chega a assumir a posição de coator.

Assim, ao proferir uma condenação em processo de competência originária ou, ainda, em recurso da acusação contra sentença absolutória de primeiro grau, o Tribunal torna-se, induvidosamente, responsável pela coação.

O mesmo ocorre quando já havia uma condenação em primeiro grau, e o Tribunal, julgando recurso da defesa, confirma a sentença, pois nesse caso, ainda que a matéria suscitada no pedido de habeas corpus não tenha sido expressamente decidida no julgamento do recurso, o coator será o Tribunal, que deveria tê-la apreciado, mesmo sem provocação, tratando-se de questão cognoscível de ofício.

O STF vem assim decidindo:

> "A confirmação de sentença penal condenatória pelo Tribunal inferior constitui fato processual suficientemente idôneo a convertê-lo em órgão coator. Tratando-se de matéria de ordem pública, impunha-se o seu exame ex officio pelo órgão judiciário de 2º Grau, independentemente de expressa provocação formal do paciente". (STf - HC - Rel. Celso de Mello - DJU 08.03.1991 - p. 2.202). No mesmo sentido, STF - RT 648/355; STJ - RT 708/371; TJSP - RT 565/343.

Mas, sendo julgada pelo Tribunal apelação exclusiva do MP, a qual se circunscreveu a tema alheio à impetração, a competência para o julgamento do habeas corpus será do próprio Tribunal (STF - HC 70.700-9 - DJU 01.07.1994 - p. 17.497; HC 70.393-3 - DJU 20.05.1994 - p. 12.248).

Não conhecida a apelação, o Tribunal não se torna autoridade coatora no habeas corpus, invocando nulidade do processo-crime por ele não apreciada (STJ - RHC 4.124-2 - DJU 06.02.1995 - p. 1.361). Tratando-se de matéria que não poderia ser conhecida, o Tribunal também não se torna coator; assim, havendo prova de álibi superveniente à condenação de 2º grau (STF - RT

3. *In*: **Recursos no Processo Penal**, 2. ed. Revistas dos Tribunais, São Paulo. 1997. p. 363.

650/360) de matéria absolutamente nova, como a menoridade do réu à época do fato (TJSC – RT 613/363).

No caso de ter havido julgamento de revisão criminal por Tribunal de 2º grau, a competência para eventual habeas corpus continua a ser do mesmo órgão.

Ao contrário do que sucede na apelação, a revisão criminal não devolve ao Tribunal competente o conhecimento integral do processo; por isso, não se considera autoridade coatora o Tribunal que, no julgamento de revisão, não se ocupou de nulidade não alegada pelo requerente. (STF – RTJ 144/872). No mesmo sentido, (RTJ 152/554).

Mas, se a mesma questão deduzida no pedido de habeas corpus tiver sido tratada em revisão julgada pelo próprio Tribunal, este será o coator e, portanto, a competência será do STF.

Nesse sentido: "*ao rejeitar pedido de revisão, de caráter restrito, o TJSP somente responderá como coator em relação ao fundamento por ele examinado. É que o pedido revisional pode ser reiterado por outro fundamento, o que não acontece com a apelação*". (STF – RT 599/446).

Finalmente, ensina a renomada jurista, se o habeas corpus aponta ilegalidade resultante da denegação de outro habeas corpus por Tribunal de 2º grau, a competência será do STJ, por se tratar de pedido substitutivo de recurso ordinário.

- **Competência do Supremo Tribunal Federal para julgar habeas corpus:** CRFB/88, ART. 102, I, "d" e "i" competência originária do Supremo Tribunal Federal para conhecer e julgar habeas corpus está definida, exaustivamente, no artigo 102, inciso I, alíneas d e i, da Constituição da República, sendo certo que o paciente não está arrolado em qualquer das hipóteses sujeitas à jurisdição desta Corte. 6. Agravo regimental desprovido. (STF – HC 129382 AgR, Relator(a): Min. LUIZ FUX, Primeira Turma, julgado em 23/08/2016, PROCESSO ELETRÔNICO DJe-198 DIVULG 15-09-2016 PUBLIC 16-09-2016)
- **Competência do Supremo Tribunal Federal para julgar habeas corpus:** A jurisprudência do Supremo Tribunal Federal é no sentido de que a competência prevista no art. 102, I, r, da Constituição deve ser interpretada de forma estrita, alcançando apenas os casos em que o CNJ tenha personalidade judiciária para figurar no feito (i.e., em mandados de segurança, de injunção, habeas corpus e habeas data). Precedentes. 4. Embargos de declaração desprovidos. (STF – ACO 1801 AgR-ED, Relator(a): Min. ROBERTO BARROSO, Primeira Turma, julgado em 09/08/2016, PROCESSO ELETRÔNICO DJe-182 DIVULG 26-08-2016 PUBLIC 29-08-2016)
- **Descabimento de impetração contra decisão monocrática do Superior Tribunal de Justiça**. A presente impetração tem como objeto decisão

monocrática do Ministro Lázaro Guimarães, do Superior Tribunal de Justiça, no Habeas Corpus n. 351.477. A não interposição de agravo regimental dessa decisão torna incabível este habeas corpus. Precedentes. (STF - HC 133867, Relator(a): Min. CÁRMEN LÚCIA, Segunda Turma, julgado em 21/06/2016, PROCESSO ELETRÔNICO DJe-136 DIVULG 29-06-2016 PUBLIC 30-06-2016)

- **Descabimento. Decisão. Ministro do STF. Órgão fracionário** - "Não cabe pedido de habeas corpus originário para o Tribunal Pleno contra ato de ministro ou outro órgão fracionário da Corte. Writ não conhecido". (STF - HC 105959, Relator(a): Min. MARCO AURÉLIO, Relator(a) p/ Acórdão: Min. EDSON FACHIN, Tribunal Pleno, julgado em 17/02/2016, PROCESSO ELETRÔNICO DJe-123 DIVULG 14-06-2016 PUBLIC 15-06-2016)
- **Competência. Ação de natureza mandamental.** "A jurisprudência prevalecente do STF está orientada no sentido de que a competência prevista no art. 102, inciso I, alínea r, da Constituição Federal alcança apenas as demandas manejadas por meio de ações de natureza mandamental (mandado de segurança, mandado de injunção, habeas data e habeas corpus). Tratando-se de demanda em face do Conselho Nacional de Justiça (CNJ) manejada pela via ordinária, sua apreciação compete à Justiça Federal de primeira instância, e não ao Supremo Tribunal Federal". (STF - AO 1874 AgR, Relator(a): Min. DIAS TOFFOLI, Segunda Turma, julgado em 24/03/2015, PROCESSO ELETRÔNICO DJe-078 DIVULG 27-04-2015 PUBLIC 28-04-2015).
- **Competência. Ação de natureza mandamental.** Com"A jurisprudência do Supremo Tribunal Federal, afirmada inclusive por decisão unânime do Plenário, é no sentido de que as "ações" a que se refere o art. 102, I, "r", da Constituição, são apenas as ações constitucionais de mandado de segurança, mandado de injunção, habeas data e habeas corpus (AO 1706 AgR/DF, Min. Celso de Mello, Dje de 18.02.2014). As demais ações em que se questionam atos do Conselho Nacional de Justiça - CNJ ou do Conselho Nacional do Ministério Público - CNMP submetem-se, consequentemente, ao regime de competência estabelecido pelas normas comuns de direito processual, com as restrições e limitações previstas nos artigos 1º, 3º e 4º da Lei 8.347/92 e art. 1º da Lei 9.494/97". (STF - AO 1679 AgR-ED, Relator(a): Min. TEORI ZAVASCKI, Segunda Turma, julgado em 02/12/2014, ACÓRDÃO ELETRÔNICO DJe-248 DIVULG 16-12-2014 PUBLIC 17-12-2014)
- **Competência. Decisão monocrática. Tribunal superior.** "À vista da Súmula 691 do STF, de regra, não cabe ao Supremo Tribunal Federal conhecer de habeas corpus impetrado contra decisão do relator pela

qual, em habeas corpus requerido a tribunal superior, não se obteve a liminar, sob pena de indevida – e, no caso, dupla – supressão de instância, ressalvadas situações em que a decisão impugnada é teratológica, manifestamente ilegal ou abusiva. Precedentes". (STF - HC 125555, Relator(a): Min. TEORI ZAVASCKI, Segunda Turma, julgado em 10/02/2015, PROCESSO ELETRÔNICO DJe-069 DIVULG 13-04-2015 PUBLIC 14-04-2015).

- **Competência. Decisão monocrática. Tribunal superior.** "É inviável habeas corpus em face de indeferimento de liminar por relator de outro habeas corpus impetrado a tribunal superior, sob pena de supressão de instância e violação das regras de competência. Assim é a orientação da Súmula 691 do Supremo Tribunal Federal. Precedentes". 2. Ordem denegada. (STF - HC 95214/SP - 2ª T. - Rel. Min. Ellen Gracie - DJ 202 23.10.2008 Public 24.10.2008)
- **Competência. Decisão monocrática. Tribunal superior.** "Não se conferiu competência constitucional ao Supremo Tribunal para processar e julgar recurso ordinário em habeas corpus contra decisão monocrática proferida por Ministro do Superior Tribunal de Justiça conclusiva no sentido do prejuízo de impetração originária". (STF - RHC 122961, Relator(a): Min. CÁRMEN LÚCIA, Segunda Turma, julgado em 16/09/2014, PROCESSO ELETRÔNICO DJe-203 DIVULG 16-10-2014 PUBLIC 17-10-2014).
- **Competência. Decisão monocrática. Tribunal superior.** "Em princípio, não compete ao Supremo Tribunal Federal conhecer de habeas corpus contra decisão do relator que, em habeas corpus requerido a Tribunal Superior, indefere liminar, se o caso não é de flagrante constrangimento ilegal". (STF - HC 96911/CE - 2ª T. - Rel. Min. Cezar Peluso - DJ 64 02.04.2009 Public 03.04.2009).
- **Competência em razão da autoridade.** "A competência originária do Supremo Tribunal Federal para conhecer e julgar habeas corpus está definida, taxativamente, no artigo 102, inciso I, alíneas "d" e "i", da Constituição Federal, sendo certo que a presente impetração não está arrolada em nenhuma das hipóteses sujeitas à jurisdição desta Corte". (STF - HC 124132, Relator(a): Min. LUIZ FUX, Primeira Turma, julgado em 28/10/2014, PROCESSO ELETRÔNICO DJe-225 DIVULG 14-11-2014 PUBLIC 17-11-2014).
- **Competência. Ação de rito ordinário. Descabimento.** "Não se enquadra na competência originária do Supremo Tribunal Federal, de que trata o art. 102, I, r, da CF, ação de rito comum ordinário, promovida por detentores de delegação provisória de serviços notariais, visando

à anulação de atos do Conselho Nacional de Justiça – CNJ sobre o regime dos serviços das serventias (relação de vacâncias, apresentação de balancetes de emolumentos e submissão a teto remuneratório)". (STF - ACO 1680 AgR, Relator(a): Min. TEORI ZAVASCKI, Tribunal Pleno, julgado em 24/09/2014, PROCESSO ELETRÔNICO DJe-235 DIVULG 28-11-2014 PUBLIC 01-12-2014).

- **Supressão de instância.** "Este Supremo Tribunal Federal não pode conhecer e julgar pedido de habeas corpus cuja causa de pedir ainda não tenha sido objeto de apreciação pelas Cortes ordinárias e pelo STJ, sob pena de supressão de instância, em afronta às normas constitucionais de competência". (STF – HC 92173 AgR/RJ – 2ª T. – Rel. Min. Ellen Gracie – DJ 64 02.04.2009 Public 03.04.2009)

- **Autoridade coatora. Presidente de Tribunal de Justiça. Competência. Descabimento.** "A autoridade indicada como coatora, Tribunal de Justiça do Estado de Minas Gerias, não tem seus atos sujeitos ao controle direto desta Suprema Corte, sendo este da competência do Superior Tribunal de Justiça. Agravo regimental provido para remeter os autos ao Superior Tribunal de Justiça. (STF – HC 96889 AgR/MG – 1ª T. – Rel. Min. Menezes Direito – DJ 53 19.03.2009 Public 20.03.2009)

- **Autoridade coatora. Juiz de Direito. Competência. Descabimento.** "A autoridade indicada como coatora, Juiz de Direito da 1ª Vara Cível da Comarca de Cabo Frio/RJ, não tem seus atos sujeitos ao controle direto desta Suprema Corte, sendo este da competência do Tribunal de Justiça do Estado do Rio de Janeiro." (STF – HC 95556 AgR/RJ – 1ª T. – Rel. Min. Menezes Direito – DJ 30 12.02.2009 Public 13.02.2009)

- **Competência. Progressão. Regime prisional. Descabimento.** "O Supremo Tribunal Federal não é competente para examinar a presença, ou não, dos requisitos objetivo e subjetivos da progressão de regime prisional. Os fundamentos da impetração ensejam a concessão da ordem de ofício. A Lei 11.464/2007 é de ser aplicada apenas a fatos praticados após a sua vigência. Quanto aos crimes hediondos cometidos antes da entrada em vigor da Lei 11.464/2007, a progressão de regime está condicionada ao preenchimento dos requisitos do art. 112 da LEP. Precedentes. Ordem concedida de ofício para determinar ao Juízo da Execução Criminal que proceda a novo exame dos requisitos para a progressão, embasado no art. 112 da LEP". (STF – HC 94258/SP – 1ª T. – Rel. Min. Carlos Britto – DJ 71 16.04.2009 Public 17.04.2009)

24.5. Competência do STJ

A Constituição Federal especifica a competência do Superior Tribunal de Justiça para processar e julgar, originariamente nos crimes comuns, os Governadores dos Estados e do Distrito Federal e, nestes e nos de responsabilidade, os desembargadores dos Tribunais de Justiça dos Estados e do Distrito Federal, os membros dos Tribunais de Contas dos Estados e do Distrito Federal, os dos Tribunais Regionais Federais, dos Tribunais Regionais Eleitorais e do Trabalho, os membros dos Conselhos ou Tribunais de Contas dos Municípios e os do Ministério Público da União que oficiem perante tribunais.

É, também, competência do STJ, as ações constitucionais do mandado de segurança e dos habeas corpus, quando se tratar de atos proferidos pelo Ministro de Estado, dos Comandantes da Marinha, do Exército e da Aeronáutica ou do próprio Tribunal, objetos da impugnação.

Igualmente, terá competência, para processar e julgar as petições habeas corpus quando o coator ou paciente for qualquer das pessoas que o STJ tem competência para processar e julgar pelo cometimento de crimes comuns e de responsabilidade, ou quando o coator for tribunal sujeito à sua jurisdição, Ministro de Estado ou Comandante da Marinha, do Exército ou da Aeronáutica, ressalvada a competência da Justiça Eleitoral.

O STJ também tem competência para julgar em grau de recurso ordinário os *habeas corpus* decididos em única ou última instância pelos Tribunais Regionais Federais ou pelos tribunais dos Estados, do Distrito Federal e Territórios, quando a decisão for denegatória; e, ainda, os mandados de segurança decididos em única instância pelos Tribunais Regionais Federais ou pelos tribunais dos Estados, do Distrito Federal e Territórios, quando denegatória a decisão;

Na modalidade de recurso especial é conferida competência ao STJ para julgar as causas decididas, em única ou última instância, pelos Tribunais Regionais Federais ou pelos tribunais dos Estados, do Distrito Federal e Territórios, quando a decisão recorrida: a) contrariar tratado ou lei federal, ou negar-lhes vigência; b) julgar válido ato de governo local contestado em face de lei federal; e, c) der a lei federal interpretação divergente da que lhe haja atribuído outro tribunal.

- **Suposto *error in procedendo* cometido pelo tribunal de origem. Competência originária do Superior Tribunal de Justiça.** Em situações em que a suposta ilegalidade consistiria em *error in procedendo* cometido originariamente pela Corte estadual, e não de *error in judicando* na sua atuação, como revisora, em sentido lato, da legalidade de atos praticados por Juiz de primeiro grau, a competência para julgar habeas corpus é do próprio Superior Tribunal de Justiça, em caráter originário, por força do art. 105, I, d, da Constituição da República. Por não se tratar de habeas corpus com natureza substitutiva de recurso, a ausência de prévio debate, pela autoridade coatora, acerca da existência da suposta ilegalidade por ela praticada, não constitui empeço à apreciação do tema por esta Corte Superior, sem que, com isso se incorra em indevida supressão de instância. (STJ – HC 281.263/SP, Rel. Ministro SEBASTIÃO REIS JÚNIOR, SEXTA TURMA, julgado em 23/08/2016, DJe 08/09/2016)

- **Habeas corpus. Inconstitucionalidade. Multa. Idoneidade processual.** O habeas corpus não é via idônea à discussão acerca da alegada inconstitucionalidade da pena de multa, ante a ausência de ameaça/violação à liberdade de locomoção. (STJ – HC 321.206/SP, Rel. Ministra MARIA THEREZA DE ASSIS MOURA, SEXTA TURMA, julgado em 06/10/2015, DJe 27/10/2015).
- **Agravo regimental nos embargos de divergência em recurso especial. Acórdão proferido em habeas corpus.** Divergência não configurada. É assente o entendimento desta Corte no sentido de que não se admite como paradigma para comprovar a divergência acórdão proferido em habeas corpus, mandado de segurança, recurso ordinário em habeas corpus, recurso ordinário em mandado de segurança e conflito de competência. No âmbito dos embargos de divergência é inviável a análise de questão que não tenha sido objeto de dissídio entre os acórdãos em cotejo. (STJ – AgRg nos EREsp 1213653/SC, Rel. Ministro RIBEIRO DANTAS, TERCEIRA SEÇÃO, julgado em 24/08/2016, DJe 29/08/2016)
- **Habeas corpus substitutivo de revisão criminal. Impugnação direta de sentença transitada em julgado. Impossibilidade.** Constata-se que a impetrante impugna capítulos de sentença transitados em julgado em primeiro grau, que sequer foram apreciados pelo Tribunal a quo. Nesse caso, seria necessário impugnar essa sentença por meio de revisão criminal perante o Tribunal a quo, para que desse acórdão fosse impetrado habeas corpus perante esta Corte. Portanto, inviável a apreciação desses temas, sob pena de indevida supressão de instância e alargamento inconstitucional da hipótese de competência do Superior Tribunal de Justiça para julgamento de habeas corpus, constante no art. 105, I, 'c', da Constituição da República, que exige decisão de Tribunal. Habeas corpus não conhecido. (STJ – HC 298.291/SP, Rel. Ministro RIBEIRO DANTAS, QUINTA TURMA, julgado em 23/08/2016, DJe 29/08/2016)
- **Falta de manifestação do Tribunal de origem. Supressão de instância. Vedação ao habeas corpus *per saltum*.** Writ não conhecido. A única manifestação levada a efeito pelo Tribunal local diz respeito à prejudicialidade da impetração, pela concessão de liberdade provisória ao paciente. Fica impossibilitada a manifestação deste Sodalício, sobre-

pujando a competência da Corte Estadual, sob pena de configuração do chamado habeas corpus *per saltum*, a ensejar verdadeira supressão de instância e violação aos princípios do duplo grau de jurisdição e do devido processo legal substancial. Ante a falta de manifestação do Colegiado Estadual, percebe-se a incompetência desta Corte Superior para o processamento e julgamento deste writ, já que inexiste ato a ser imputado à autoridade coatora, nos termos do art. 105, I, alínea "c", da Constituição Federal, bem como do art. 13, I, alínea "b", do Regimento Interno do Superior Tribunal de Justiça. Habeas corpus não conhecido. (STJ - HC 360.513/TO, Rel. Ministro ANTONIO SALDANHA PALHEIRO, SEXTA TURMA, julgado em 23/08/2016, DJe 01/09/2016)

- **Recurso ordinário. Acórdão. Habeas Corpus.** "A competência deste Superior Tribunal de Justiça para julgamento do recurso ordinário, conforme previsão do art. 105, II, "a", da Constituição Federal, reclama a forma de procedimento estatuída em lei, a qual submete a interposição perante o próprio Tribunal no qual a ordem de habeas corpus foi denegada. No caso em exame não é possível a superação da referida irregularidade procedimental, pois não há nos autos sequer a cópia do inteiro teor do acórdão ora impugnado, o que torna inviável a aferição do alegado constrangimento ilegal sofrido, sendo dever da parte instruir devidamente o feito. (STJ – AgRg no RHC 57.871/RJ, Rel. Ministra MARIA THEREZA DE ASSIS MOURA, SEXTA TURMA, julgado em 28/04/2015, DJe 06/05/2015).

- **Recurso ordinário. Substituto do Habeas Corpus. Inadmissibilidade.** "O Superior Tribunal de Justiça, seguindo o entendimento firmado pela Primeira Turma do Supremo Tribunal Federal, não tem admitido a impetração de habeas corpus em substituição ao recurso próprio, prestigiando o sistema recursal ao tempo que preserva a importância e a utilidade do habeas corpus, visto permitir a concessão da ordem, de ofício, nos casos de flagrante ilegalidade. Em habeas corpus, para que se verifique a existência de eventual constrangimento ilegal é necessária a prévia submissão das alegações à apreciação da Corte de origem, de modo a atrair a competência do Superior Tribunal de Justiça, nos termos do art. 105, II, a, da Constituição Federal, o que não ocorreu na espécie". (STJ - HC 307.505/ES, Rel. Ministro LEOPOLDO DE ARRUDA RAPOSO (DESEMBARGADOR CONVOCADO DO TJ/PE), QUINTA TURMA, julgado em 28/04/2015, DJe 13/05/2015)

- **Competência. Habeas Corpus. Turma do próprio tribunal. Inadmissibilidade.** "A Terceira Seção não possui competência para conceder habeas corpus em face de acórdão prolatado por Turma do próprio

Tribunal". (STJ – EDcl nos EDcl no AgRg nos EREsp 1451856/RN, Rel. Ministro NEFI CORDEIRO, TERCEIRA SEÇÃO, julgado em 11/03/2015, DJe 19/03/2015)

- **Competência. Conflito de competência. Juízes de tribunais diversos.** "A competência para julgamento dos conflitos entre Juízes vinculados a Tribunais diversos, nos termos do art. 105, I, "d", da Constituição Federal, é desta egrégia Corte. Reconhecida a nulidade do julgamento de conflito de competência realizado pelo Tribunal de Justiça, por violação a regra de competência firmada pela Constituição Federal (art. 105, inc. I, alínea "d"). Ordem concedida de ofício para anular o julgamento do CC nº 88/2005, proferido pela 6ª Câmara Criminal do TJRJ, e determinar que o Juiz de Direito da Comarca de Nova Friburgo, envie a esta Corte o feito nº 2005.037.002275-0 para julgamento do conflito negativo de competência". (STJ – HC 67.084/RJ, Rel. Ministro NEFI CORDEIRO, SEXTA TURMA, julgado em 19/05/2015, DJe 28/05/2015)

24.6. HIPÓTESES DE CABIMENTO

24.6.1. Falta de justa causa

Justa causa é a razão motivada a ensejar respaldo jurídico que viabilize uma providência administrativa ou jurisdicional que demonstre conter legitimidade da autoridade prolatora, cujo conteúdo se enquadre dentro do permissivo constitucional.

De modo que a falta de justa causa a reclamar sua correção, pela via do habeas corpus, é a ausência de fundamento legal em virtude do ato não se ajustar simetricamente às garantias constitucionais que assegurem ao paciente o direito da sua liberdade ou de locomoção.

Essa ausência de justa causa pode revelar-se na ilegitimidade da autoridade apontada como coatora, no fato da imputação não constituir crime, a aplicação exacerbada da pena de privação de liberdade em virtude da lei prever outras alternativas, carência de elementos informativos que atribua ao paciente a sua responsabilidade penal ou, ainda, havendo a conjuração de evidências induvidosas de clareza solar de que a pessoa agiu sob a proteção de uma excludente da ilicitude.

A falta de justa causa é a ausência de motivação jurídica para imputar responsabilidade penal a alguém, fato que se constitui afronta a direito e garantia individual, configurando-se em constrangimento ilegal.

Assim, a situação de embaraço que afete o direito de locomoção ou compressão moral oriunda de ilegalidade, comporta o exame pela via mandamental.

Entrementes, situações que exijam o exame aprofundado e valorativo da prova afastam o cabimento do *mandamus* que não se presta a essa modalidade de larga apreciação da causa.

- **Afastamento de cargo de prefeito. É cabível impetração de habeas corpus para que seja analisada a legalidade de decisão que determina o afastamento de prefeito do cargo, quando a medida for imposta conjuntamente com a prisão.** Precedente citado: AgRg no HC 316.286-SP, Primeira Turma, DJe de 14/4/2015. HC 312.016-SC, Rel. Min. Felix Fischer, julgado em 16/4/2015, DJe 5/5/2015.
- **Crime tributário. Procedimento prévio.** "A Súmula Vinculante 24 estabelece que "Não se tipifica crime material contra a ordem tributária, previsto no art. 1º, incisos I a IV, da Lei nº 8.137/90, antes do lançamento definitivo do tributo". Instaurada a persecução penal em momento anterior ao lançamento definitivo do débito tributário, não há como deixar de reconhecer a falta de justa causa para a ação penal. Circunstância que a jurisprudência majoritária do Supremo Tribunal Federal tem como "vício processual que não é passível de convalidação" (HC 100.333, Rel. Min. Ayres Britto, Segunda Turma). Precedentes: HC 97.118, Rel. Min. Ricardo Lewandowski, Primeira Turma; HC 105.197, Rel. Min. Ayres Britto. 4. Superação da Súmula 691/STF. Ordem concedida, ratificada a liminar deferida, para anular o processo-crime instaurado contra o paciente". (STF – HC 97854, Relator(a): Min. ROBERTO BARROSO, Primeira Turma, julgado em 11/03/2014, ACÓRDÃO ELETRÔNICO DJe-064 DIVULG 31-03-2014 PUBLIC 01-04-2014)
- **Atipicidade de conduta.** "Falta de justa causa à ação penal iniciada antes de encerradas as investigações em sede de inquérito instaurado para apurar os mesmos fatos e arquivado por decisão judicial, ante a constatação de atipicidade da conduta do paciente. O trancamento da ação penal, em habeas corpus, constitui medida excepcional que só deve ser aplicada nos casos de manifesta atipicidade de conduta, presença de causa de extinção da punibilidade ou ausência de indícios mínimos de autoria e materialidade delitivas. Na situação sob exame, verifica-se a atipicidade da conduta do paciente, constatada no Inquérito 333, que tramitou o Superior Tribunal de Justiça. IV – Ordem concedida para trancar a ação penal. (STF – HC 108748, Relator(a): Min. RICARDO LEWANDOWSKI, Segunda Turma, julgado em 10/12/2013, PROCESSO ELETRÔNICO DJe-100 DIVULG 26-05-2014 PUBLIC 27-05-2014)
- **Atipicidade de conduta.** "O crime de denunciação caluniosa tem como elemento objetivo do tipo a efetiva instauração de procedimento investigatório, seja em sede judicial, policial ou administrativa, e que

tenha sido causada, provocada, motivada e/ou originada pelo denunciante, porquanto o seu objeto jurídico é, primeiramente, o interesse da justiça e, de forma secundária, a honra da pessoa eventualmente ofendida. Verificado que o registro de boletim de ocorrência não deu causa à deflagração de inquérito policial ou de qualquer outro procedimento criminal, falta o elemento objetivo do tipo para configurar o crime do art. 339 do CP, e se evidenciada, em um exame perfunctório do apresentado ao *mandamus*, a carência de justa causa a legitimar a coarctação da *actio poenalis* promovida, ante a atipicidade da conduta irrogada, ex vi do art. 648, I, do CPP, impõe-se o seu trancamento e o restabelecimento da dignidade do cidadão, sob pena de conferir-lhe constrangimento ilegal, pelos gravames e prejuízos a quem desnecessariamente responde a processo criminal. 3. Ordem concedida. (STJ – HC 115935/DF – 5ª T. – Rel. Min. Jorge Mussi – DJe 15.06.2009)

- **Ilegalidade flagrante.** "Ressalvada pessoal compreensão diversa, uniformizou o Superior Tribunal de Justiça ser inadequado o *writ* em substituição a recursos especial e ordinário, ou de revisão criminal, admitindo-se, de ofício, a concessão da ordem ante a constatação de ilegalidade flagrante, abuso de poder ou teratologia". (STJ – AgRg no HC 211.288/MS, Rel. Ministro NEFI CORDEIRO, SEXTA TURMA, julgado em 12/05/2015, DJe 26/05/2015)

- **Ilegalidade flagrante.** "A Primeira Turma do col. Pretório Excelso firmou orientação no sentido de não admitir a impetração de habeas corpus substitutivo ante a previsão legal de cabimento de recurso ordinário (v.g.: HC 109.956/PR, Rel. Min. Marco Aurélio, DJe de 11/9/2012; RHC 121.399/SP, Rel. Min. Dias Toffoli, DJe de 1º/8/2014 e RHC 117.268/SP, Rel. Min. Rosa Weber, DJe de 13/5/2014). As Turmas que integram a Terceira Seção desta Corte alinharam-se a esta dicção, e, desse modo, também passaram a repudiar a utilização desmedida do writ substitutivo em detrimento do recurso adequado (v.g.: HC 284.176/RJ, Quinta Turma, Rel. Min. Laurita Vaz, DJe de 2/9/2014; HC 297.931/MG, Quinta Turma, Rel. Min. Marco Aurélio Bellizze, DJe de 28/8/2014; HC 293.528/SP, Sexta Turma, Rel. Min. Nefi Cordeiro, DJe de 4/9/2014 e HC 253.802/MG, Sexta Turma, Rel. Min. Maria Thereza de Assis Moura, DJe de 4/6/2014). Portanto, não se admite mais, perfilhando esse entendimento, a utilização de habeas corpus substitutivo quando cabível o recurso próprio, situação que implica o não conhecimento da impetração. Contudo, no caso de se verificar configurada flagrante ilegalidade apta a gerar constrangimento ilegal, recomenda a jurisprudência a concessão da ordem de ofício. (STJ – HC 300.826/SP, Rel. Ministro FELIX FISCHER, QUINTA TURMA, julgado em 07/04/2015, DJe 22/04/2015)

- **Extinção da ação penal.** 1. A jurisprudência desta Corte firmou entendimento no sentido de que a extinção da ação penal, de forma prematura, pela via do habeas corpus, somente se dá em hipóteses excepcionais, nas quais seja patente (a) a atipicidade da conduta; (b) a ausência de indícios mínimos de autoria e materialidade delitivas; ou (c) a presença de alguma causa extintiva da punibilidade, o que não ocorreu no caso. 2. Evidenciada, pela instância ordinária, a ausência de nexo de causalidade, não há falar que a prova declarada ilícita contaminou o suporte probatório embasador da sentença condenatória (CPP, art. 157, § 1º). Ademais, não sendo perceptível prima facie a derivação da prova, torna-se inviável, ao menos na via do habeas corpus, cotejar os inúmeros elementos de convicção trazidos aos autos e modificar a conclusão exarada pelo juízo sentenciante. 3. Ordem denegada.(HC 116931, Relator(a): Min. TEORI ZAVASCKI, Segunda Turma, julgado em 03/03/2015, PROCESSO ELETRÔNICO DJe-085 DIVULG 07-05-2015 PUBLIC 08-05-2015)

- **Causa de extinção da punibilidade**. "O trancamento da ação penal por meio do habeas corpus se situa no campo da excepcionalidade (HC 901.320/MG, Primeira Turma, Rel. Min. Marco Aurélio, DJU de 25/05/2007), sendo medida que somente deve ser adotada quando houver comprovação, de plano, da atipicidade da conduta, da incidência de causa de extinção da punibilidade ou da ausência de indícios de autoria ou de prova sobre a materialidade do delito" (HC 87.324/SP, Primeira Turma, Relª. Minª. Cármen Lúcia, DJU de 18/05/2007).

- **Proteção judicial.** "Resultando inegável que a conduta atribuída ao recorrente estava amparada em decisão judicial e que o seu imóvel não mais encontra-se localizado em área de proteção ambiental, forçoso reconhecer a inexistência de justa causa para o prosseguimento da ação penal. Habeas corpus concedido de ofício para trancar a ação penal por falta de justa causa, prejudicado o recurso especial. (STJ - REsp 804497/SC - 6ª T. - Rel. Min. Paulo Gallotti - DJe 03.08.2009)

- **Fatos inexistentes.** "STF: "Constitui constrangimento ilegal a instauração de inquérito para a apuração de fatos que desde logo se evidenciem inexistentes ou não configurantes, em tese, de infração penal". (RT 620/368). No mesmo sentido, TJMS - RT 619/351.

- **Ausência de queixa privada**. "TACRSP: "É ilegal constrangimento resultante da instauração de inquérito policial para apuração do delito de exercício arbitrário das próprias razões, inexistindo violência física contra a pessoa, hipótese em que só se procede mediante queixa privada". (RT 577/385)

- **Fato que não constitui crime.** "STJ: "Justifica-se concessão do writ requerido sob alegação de falta de justa causa, se nem mesmo em tese, o fato imputado constitui crime, ou então, quando se verifica, *prima facie* não configura a participação delituosa do paciente". (JSTJ 33/341)
- **Denúncia sem esteio nas provas do inquérito**. "Denúncia. Justa causa. Inexistência para ação penal. Denúncia sem esteio nas provas do inquérito. Possibilidade de seu exame perfunctório no âmbito do habeas corpus. Concessão deste, para o trancamento da ação penal. Inteligência do art. 648, I, do Código de Processo Penal. Para exercitar seu controle de viabilidade da ação penal, o Judiciário pode e deve examinar a prova em que se sustente uma denúncia, para o reconhecimento da fumaça do bom direito, o mínimo demonstrador daquelas circunstâncias (existência do crime e da autoria). E isso é possível no âmbito do habeas corpus, quando se evidenciar uma situação que dispense aprofundado exame das provas. (TJSP - HC 121.586 - Rel. Des. Tomaz Rodrigues - j. em 11.12.1973)

24.6.2. Excesso de prazo

Configura-se o excesso de prazo quando a segregação da liberdade supera lapso temporal relativo ao período do encerramento do processo penal, visto que a instrução criminal é disciplinada pela legislação processual para se alcançar a formação da culpa em determinado espaço temporal.

O excesso de prazo focado na instrução processual deve ser atribuído à morosidade judicial ou de atos provocados pela acusação para sua evidência.

O direito fundamental à liberdade não pode ser afetado pela inércia ou inoperância dos órgãos judiciários.

Excesso é evidenciado também quando o réu permanece mais tempo na prisão além do que foi estabelecido na sentença, excedendo o cumprimento de pena em regime mais gravoso quando já reúne e tem direito ao regime mais suave.

Exaurida a delimitação prevista pela norma regedora do procedimento aplicado à matéria, sem que para ela tenha concorrido a defesa, o habeas corpus se mostra o instrumento idôneo para o restabelecimento da liberdade segregada.

Destaque-se, por oportuno, que, encerrada a instrução criminal, inexiste constrangimento ilegal proveniente do excesso de prazo.

Também não há excesso de prazo processual em decorrência de diligência requerida pela defesa.

Ver seção 20.11.9 - Prazo para encerramento da instrução penal

- **Advogada. Segregação em local não compatível com a sala de estado maior. Excesso de prazo. Ordem concedida.** 1. O recolhimento da paciente em local não condizente com as características de sala de Estado Maior, previstas no art. 7º, inc. V, da Lei 8.906/1994, está em descompasso com a jurisprudência desta Suprema Corte, que autoriza, à sua falta, a adoção de medida cautelar diversa. 2. No caso, a manutenção da paciente há quase dois anos em local inadequado, sem as condições básicas de assistência à pessoa encarcerada, conforme reiteradamente informado pelo Comandante Geral do Corpo de Bombeiros de Alagoas, traduz verdadeiro excesso de prazo da segregação cautelar. 3. Ordem concedida com fixação de medidas cautelares diversas da prisão. (STF – HC 131555, Relator(a): Min. TEORI ZAVASCKI, Segunda Turma, julgado em 08/03/2016, PROCESSO ELETRÔNICO DJe-054 DIVULG 22-03-2016 PUBLIC 28-03-2016)

- **Excesso de prazo**. Decurso de aproximadamente quatro anos sem que tenha havido sentença de pronúncia. Ausência de participação da defesa. Constrangimento ilegal evidenciado. Recurso provido. O excesso de prazo não resulta de um critério aritmético, mas de uma aferição realizada pelo julgador, à luz dos princípios da razoabilidade e proporcionalidade, levando em conta as peculiaridades do caso concreto, de modo a evitar retardo abusivo e injustificado na prestação jurisdicional. Hipótese na qual a prisão já dura aproximadamente 4 anos, estando a audiência de instrução e julgamento marcada somente para dezembro de 2016, quando o recorrente terá cumprido 4 anos e 2 meses de prisão. Não tendo havido participação da defesa na morosidade do julgamento, e tratando-se de processo sem especial complexidade, que possui apenas três réus, e cuja única expedição de carta precatória ocorreu em 2012, constata-se a existência de constrangimento ilegal a ser sanado. Recurso provido para determinar a soltura do recorrente, se por outro motivo não estiver preso, mediante imposição de medidas cautelares diversas da prisão. (STJ – RHC 57.612/ES, Rel. Ministro REYNALDO SOARES DA FONSECA, QUINTA TURMA, julgado em 01/09/2016, DJe 06/09/2016)

- **Excesso de prazo. Ordem concedida.** Não se pode olvidar que os prazos indicados na legislação processual penal para a conclusão dos atos processuais não são peremptórios, de maneira que eventual demora no término da instrução criminal deve ser aferida dentro dos critérios da razoabilidade, levando-se em conta as peculiaridades do caso concreto. O paciente foi preso preventivamente em 25/9/2015, de modo que não justifica a manutenção da sua custódia após passados quase 11 meses sem que haja sido oferecida denúncia, elaborado relatório minucioso pela autoridade policial (art. 10, § 1º, do CPP) ou mesmo concluídas as investigações criminais. Não obstante os fatos apurados sejam dotados de especial gravidade – homicídio qualificado tentado em contexto de brigas entre torcidas organizadas de times de futebol -, certo é que tal circunstância, embora seja hábil a demonstrar a necessidade de um cuidado maior na condução dos trabalhos investigativos e a justificar a ausência de conclusão do inquérito policial, não autoriza a manutenção da custódia preventiva do paciente, que, conforme já mencionado, foi decretada há praticamente 11 meses. Ordem concedida para, confirmada a liminar – que assegurou ao paciente o direito de aguardar em liberdade o julgamento final deste habeas corpus -, reconhecer o excesso de prazo e determinar a sua imediata soltura, se por outro motivo não estiver preso, sem prejuízo de continuidade das investigações policiais. (STJ – HC 343.951/MG, Rel. Ministro ROGERIO SCHIETTI CRUZ, SEXTA TURMA, julgado em 16/08/2016, DJe 29/08/2016)

- **Excesso de prazo para encerramento da instrução. Delonga não justificada. Ordem concedida.** 1. É direito do preso, acusado em processo penal, ser julgado em prazo razoável, sem dilações indevidas, em conformidade com a Constituição da República (art. 5º, LXVIII) e com o Decreto n. 678/1992 (Convenção Americana sobre Direitos Humanos, art. 7º, item 5). 2. Está evidenciada a demora não razoável e injustificada para a conclusão do processo, pois a paciente está segregada cautelarmente desde 30/3/2013 e, apesar de a decisão de pronúncia afastar a alegação de excesso de prazo – porquanto, além da incidência da Súmula n. 21 deste Tribunal Superior, há novo juízo de valor sobre a prisão preventiva -, a audiência de instrução foi remarcada várias vezes para oitiva de testemunhas, o interrogatório da paciente também foi remarcado em face de sua não apresentação ao Juízo e, mesmo com a interposição e julgamento de recurso em sentido estrito interposto pela defesa nesse ínterim, o feito ainda se encontra na fase do art. 422 do CPP, sem previsão sequer de data para julgamento da ré pelo Conselho de Sentença. 3. Ordem concedida para assegurar à paciente o direito de responder à ação penal em liberdade, ressalvada a possibilidade de nova decretação da custódia cautelar, caso efetivamente demonstrada a superveniência de fatos novos que indiquem a sua necessidade, sem prejuízo de fixação de medida cautelar alternativa, nos termos do art. 319 do CPP. (STJ – HC 331.308/PE, Rel. Ministro ROGERIO SCHIETTI CRUZ, SEXTA TURMA, julgado em 18/08/2016, DJe 30/08/2016)
- **Excesso de prazo no julgamento do recurso de apelação defensivo. Delonga não justificada. Habeas corpus concedido.** Está evidenciada a demora não razoável e injustificada para o julgamento do recurso

de apelação defensivo, pois os pacientes estão cautelarmente privados da sua liberdade há mais de 3 anos. Recurso pendente de exame de mérito desde 17/7/2013 – data da distribuição no Tribunal de origem. Concedida a ordem para, confirmada a liminar que determinou a soltura dos pacientes, assegurar-lhes o direito de responder à ação penal em liberdade, ressalvada a possibilidade de nova decretação da custódia cautelar se efetivamente demonstrada a sua necessidade, sem prejuízo de fixação de medida cautelar alternativa, nos termos do art. 319 do CPP. (STJ – HC 360.973/SP, Rel. Ministro ROGERIO SCHIETTI CRUZ, SEXTA TURMA, julgado em 18/08/2016, DJe 30/08/2016)

- **Excesso de prazo na formação da culpa. Prisão que perdura quase dois anos. Ausência de perspectiva objetiva do término da instrução processual. Mora que não pode ser atribuída à defesa.** Constrangimento ilegal evidenciado. Ordem concedida de ofício. Constitui entendimento consolidado do Superior Tribunal de Justiça que somente configura constrangimento ilegal por excesso de prazo na formação da culpa, apto a ensejar o relaxamento da prisão cautelar, a mora que decorra de ofensa ao princípio da razoabilidade, consubstanciada em desídia do Poder Judiciário ou da acusação, jamais sendo aferível apenas a partir da mera soma aritmética dos prazos processuais. *In casu*, tem-se que a denúncia foi recebida em 13.12.2013, ocasião em que foi decretada a prisão preventiva do paciente, cumprida em 3.12.2014. De fato, trata-se de delito cuja apuração detém alguma complexidade, diante da pluralidade de réus e da necessidade de expedição de cartas precatórias. Todavia, do que se extrai do andamento processual da ação penal no Tribunal de origem, sequer foi realizado o interrogatório de todos os acusados até o momento, prosseguindo-se do aguardo do cumprimento de carta precatória referente a um dos réus, que se encontra recolhido em unidade prisional em comarca diversa. Houve, ainda, diversas redesignações de data de audiência de instrução e julgamento e, conforme assinalado pelo próprio Magistrado condutor nas informações prestadas, somente foi arrolada uma testemunha pela acusação. Malgrado determinadas peculiaridades do caso que justificariam alguma extrapolação dos prazos ideais, afigura-se irrazoável e desproporcional a manutenção da constrição cautelar do paciente por quase dois anos sem que se possa atribuir a sua defesa qualquer responsabilidade pela delonga na instrução processual, que já perdura quase três anos e ainda não possui perspectiva objetiva de ultimação. Assim, resulta evidenciado o constrangimento ilegal pelo prolongamento injustificado da prisão cautelar do paciente, que impõe ser relaxada. Habeas corpus não conhecido. Ordem concedida de ofício para relaxar a prisão preventiva em discussão, determinando a expedição de alvará de soltura se por outro motivo o paciente não estiver preso, sem prejuízo da possibilidade da fixação de outras medidas cautelares pelo Magistrado de primeiro grau. (STJ - HC 344.038/SP, Rel. Ministro JOEL ILAN PACIORNIK, QUINTA TURMA, julgado em 23/08/2016, DJe 02/09/2016)

- **Excesso de prazo para julgamento da apelação. Erro de autuação do recurso. Demora injustificada.** Regularidade processual do apelo comprometida. Constrangimento ilegal. Verificado. Habeas corpus concedido. Configurada desarrazoada mora processual no julgamento de apelação criminal, uma vez que, interposto o recurso, apenas o apelo de corréu restou autuado, sendo a regularidade do processamento da apelação do recorrente retomada com mais de um ano de sua interposição e, mesmo após decorridos cerca de seis meses para apresentação de razões, parecer e conclusão, ainda segue o feito sem previsão de julgamento. Habeas corpus concedido, para a soltura do paciente, o que não impede nova e fundamentada medida cautelar penal, inclusive menos grave que a prisão preventiva, esta última fundamentada somente em fatos novos. (STJ - HC 356.515/CE, Rel. Ministro NEFI CORDEIRO, SEXTA TURMA, julgado em 18/08/2016, DJe 29/08/2016)

- **Excesso de prazo. Constrangimento ilegal. Verificado. Habeas corpus concedido**. 1. Não é razoável o paciente aguardar preso há aproximadamente 3 (três) anos o julgamento do mérito da ação penal perante o Conselho de Sentença, sendo pronunciado há mais de 2 (dois) anos, não havendo nenhuma circunstância excepcional a justificar o elastério nos prazos. 2. Habeas corpus concedido, para a soltura do paciente, sem prejuízo de nova medida cautelar decretada por decisão fundamentada, inclusive menos grave que a prisão processual, esta ultima decretada com fundamento somente em fatos novos. (STJ - HC 359.509/PE, Rel. Ministro NEFI CORDEIRO, SEXTA TURMA, julgado em 18/08/2016, DJe 29/08/2016)

- **Prisão preventiva. Excesso de prazo. Ordem concedida de ofício.** A aferição de eventual excesso depende das condições objetivas da causa e deve ser orientada por uma análise circunstanciada do grau de complexidade da ação penal, da quantidade de acusados e da atuação das partes e do Estado-Juiz. As peculiaridades do caso concreto evidenciam que o excesso de prazo da prisão preventiva (superior a cinco anos) não pode ser imputado exclusivamente à defesa, notadamente em se tratando de processo-crime com um único acusado. Precedentes. Ordem concedida de ofício. (STF - HC 131390 AgR, Relator(a): Min. ROBERTO BARROSO, Primeira Turma, julgado em 01/03/2016, PROCESSO ELETRÔNICO DJe-177 DIVULG 19-08-2016 PUBLIC 22-08-2016)

- **Prisão cautelar. Prazo excessivo.** "O excesso de prazo na duração da prisão cautelar – tratando-se, ou não, de delito hediondo – não pode ser tolerado, impondo-se, ao Poder Judiciário, em obséquio aos princípios consagrados na Constituição da República, a imediata devolução do "*status libertatis*" ao indiciado ou ao réu. – A duração prolongada, abusiva e irrazoável da prisão cautelar de alguém ofende, de modo frontal, o postulado da dignidade da pessoa humana, que representa – considerada a centralidade desse princípio essencial (CF, art. 1º, III) – significativo vetor interpretativo, verdadeiro valor-fonte que conforma e inspira todo o ordenamento constitucional vigente em nosso País e que traduz, de modo expressivo, um dos fundamentos em que se assenta, entre nós, a ordem republicana e democrática consagrada pelo sistema de direito constitucional positivo. Constituição Federal (Art. 5º, incisos LIV e LXXVIII). EC 45/2004. Convenção Americana sobre Direitos Humanos (Art. 7º, ns. 5 e 6). Doutrina. Jurisprudência". (STF -HC 105437, Relator(a): Min. CELSO DE MELLO, Segunda Turma, julgado em 30/10/2012, PROCESSO ELETRÔNICO DJe-054 DIVULG 20-03-2013 PUBLIC 21-03-2013).

- **Prisão cautelar. Prazo excessivo.** "O excesso de prazo, mesmo tratando-se de delito hediondo (ou a este equiparado), não pode ser tolerado, impondo-se, ao Poder Judiciário, em obséquio aos princípios consagrados na Constituição da República, a imediata revogação da prisão cautelar do indiciado ou do réu. – A duração prolongada, abusiva e irrazoável da prisão cautelar de alguém ofende, de modo frontal, o postulado da dignidade da pessoa humana, que representa – considerada a centralidade desse princípio essencial (CF, art. 1º, III) – significativo vetor interpretativo, verdadeiro valor-fonte que conforma e inspira todo o ordenamento constitucional vigente em nosso País e que traduz, de modo expressivo, um dos fundamentos em que se assenta, entre nós, a ordem republicana e democrática consagrada pelo sistema de direito constitucional positivo. Constituição Federal (Art. 5º, incisos LIV e LXXVIII). EC 45/2004. Convenção Americana sobre Direitos Humanos (Art. 7º, ns. 5 e 6). Doutrina. Jurisprudência. – O direito de recorrer representa prerrogativa legítima do acusado (de qualquer acusado), não se qualificando, por isso mesmo, como ato caracterizador de conduta processual procrastinatória. – Na realidade, a utilização, pelo réu, dos recursos penais cabíveis, além de constituir prerrogativa que lhe não pode ser negada, traduz exercício regular de um direito, cuja prática não autoriza seja ela invocada, pelos órgãos da persecução penal, como fator de legitimação do abusivo prolongamento da prisão cautelar do acusado". (STF – HC 106435, Relator(a): Min. CELSO DE MELLO,

Segunda Turma, julgado em 01/02/2011, PROCESSO ELETRÔNICO DJe-097 DIVULG 23-05-2011 PUBLIC 24-05-2011)

- **Prisão cautelar. Prazo excessivo.** "Quanto à alegação de excesso de prazo na custódia cautelar dos pacientes, verifica-se o transcurso de considerável lapso temporal desde a decretação da prisão preventiva dos pacientes [4 (quatro) anos e 6 (seis) meses], e também, desde a prolação da sentença de pronúncia [3 (três) anos e 6 (seis) meses]. Na espécie, as razões motivadoras da excessiva mora processual são atribuíveis à atuação da acusação (MP F) e ao próprio aparato jurisdicional (Justiça Federal). Precedentes do STF. Ordem deferida neste ponto. 7. Ordem deferida sob duplo fundamento: falta de fundamentação da custódia cautelar e excesso de prazo desde o decreto de prisão preventiva. (STF – HC 91121, Relator(a): Min. GILMAR MENDES, Segunda Turma, julgado em 06/11/2007, DJe-018 DIVULG 31-01-2008 PUBLIC 01-02-2008 EMENT VOL-02305-03 PP-00505 REPUBLICAÇÃO: DJe-055 DIVULG 27-03-2008 PUBLIC 28-03-2008 RTJ VOL-00205-01 PP-00284)

- **Prisão cautelar. Prazo excessivo.** "Ultrapassado, em muito, o prazo previsto nos artigos 10, *caput*, e 46, ambos do CPP, é de se reconhecer o constrangimento ilegal para o réu cautelarmente preso, advindo do excesso de prazo para a formação da culpa. Ordem concedida, de ofício, para confirmar a liminar de soltura do paciente anteriormente deferida, salvo se por outro motivo estiver preso". (STJ – HC 297.458/AM, Rel. Ministro FELIX FISCHER, QUINTA TURMA, julgado em 07/10/2014, DJe 03/11/2014)

- **Prisão cautelar. Prazo excessivo.** "A prisão cautelar é medida reservada para os casos de absoluta imprescindibilidade, demonstrados os pressupostos e requisitos de cautelaridade, respeitada a homogeneidade, proporcionalidade e adequação (HC n. 286.366/GO, Ministra Maria Thereza de Assis Moura, Sexta Turma, DJe 10/11/2014). Relaxada a prisão por excesso de prazo injustificado na formação da culpa, cabe ao magistrado, na sentença condenatória, apresentar motivação idônea para negar ao réu o direito de recorrer em liberdade, demonstrando a proporcionalidade e a necessidade da medida no momento em que examinada (precedente). Em casos que tais, há que se levar em consideração o fato de o paciente ter-se mantido solto, como na espécie, por quase quatro anos, sem gerar riscos ao processo nem à sociedade. Ordem concedida, confirmando a liminar deferida". (STJ – HC 296.641/MG, Rel. Ministro SEBASTIÃO REIS JÚNIOR, SEXTA TURMA, julgado em 04/12/2014, DJe 18/12/2014).

- **Instrução processual. Prazo excessivo.** "Segundo pacífico entendimento doutrinário e jurisprudencial, a configuração de excesso de prazo não decorre da soma aritmética de prazos legais. A questão deve ser aferida segundo critérios de razoabilidade, tendo em vista as peculiaridades do caso. O caso dos autos é marcado pela complexidade, pois os envolvidos, num total de dez, seriam integrantes de organização voltada à prática de diversos crimes relacionados com clonagens de cartões de crédito, falsificação de documentos e receptação, com atuação em mais de um estado da Federação. Embora existam particularidades, elas não servem para justificar o tempo desarrazoado em que o processo se vem prolongando (mais de 4 anos). Habeas corpus não conhecido. Ordem concedida de ofício, para, tornando definitivos os efeitos da liminar anteriormente deferida, assegurar ao paciente o direito de aguardar em liberdade o julgamento da Ação Penal n. 001.2009.107092-0 (107092-74.2009.8.17.0001), salvo se por outro motivo estiver preso". (STJ – HC 175.704/PE, Rel. Ministro SEBASTIÃO REIS JÚNIOR, SEXTA TURMA, julgado em 18/06/2014, DJe 04/08/2014).

- **Instrução processual. Prazo excessivo.** "Os prazos para a finalização dos atos processuais não são peremptórios, podendo ser flexibilizados diante das peculiaridades do caso concreto, em atenção e dentro dos limites da razoabilidade. Embora o paciente já tenha sido pronunciado, deve ser mitigada a incidência do enunciado sumular 21 desta Corte de Justiça em atendimento ao princípio da razoabilidade, porquanto o prazo global de sua constrição – 3 (três) anos – e a desclassificação do delito para sua forma simples, sem que haja previsão concreta quanto à realização do novo Júri, afastam qualquer justificativa no tocante à sua manutenção em prisão provisória, o que evidencia o constrangimento ilegal, sanável através da via eleita. Writ não conhecido, concedendo-se, contudo, a ordem de ofício para, confirmando-se a liminar anteriormente deferida, relaxar a custódia preventiva do paciente". (STJ – HC 256.082/MG, Rel. Ministro JORGE MUSSI, QUINTA TURMA, julgado em 28/05/2013, DJe 13/06/2013).
- **Instrução processual. Prazo excessivo.** "Paciente preso há um ano e nove meses sem que haja sido sequer designada audiência para ouvida de testemunhas de acusação, configura excesso de prazo. Mera vedação legal de liberdade provisória não impede o reconhecimento do excesso de prazo. Precedentes. Súmula 697. Fundamentos do decreto prisional que devem fazer referência ao caso concreto, e não à simples gravidade genérica do delito. Art. 93, IX, da CF, e 315 do CPP. IV – Ordem concedida". (STF – HC 93361/BA – 1ª T. – Rel. Min. Ricardo Lewandowski – DJ 88 15.05.2008 Public 16.05.2008)
- **Instrução processual. Prazo excessivo.** "Cumprimento de três anos e um mês de prisão sem culpa formada. Ausência de previsão quanto

ao julgamento de recurso em sentido estrito, no qual a defesa visa à reforma da decisão que operou a desclassificação dos crimes de tentativa de roubo qualificado e homicídio para o delito de latrocínio tentado. Excesso de prazo caracterizado. Hipótese em que não se pode afirmar ser o excesso atribuível a comportamento protelatório da defesa, em razão do fato de ter recorrido, porquanto não se pode exigir que o réu renuncie a essa garantia constitucional. Ordem concedida. (STF – HC 93688/SP – 2ª T. – Rel. Min. Eros Grau – DJ 152 14.08.2008 Public 15.08.2008)

- **Instrução processual. Prazo excessivo.** "A jurisprudência deste Supremo Tribunal firmou o entendimento segundo o qual o encerramento da instrução criminal afasta a alegação de excesso de prazo. Todavia, aquela inteligência haverá de ser tomada com o temperamento jurídico necessário para atender aos princípios constitucionais e infraconstitucionais, especialmente quando o caso evidencia flagrante ilegalidade decorrente do excesso de prazo não imputável ao acusado. Precedentes das Turmas". (STF – HC 87913/PI – 1ª T. – Rel. Min. Cármen Lúcia – DJ 07.12.2006 p. 52, v. 2.259-03, p. 431)

- **Instrução processual. Prazo excessivo.** "Prisão processual: inequívoco excesso de prazo, sem o encerramento da instrução criminal, que não pode ser atribuído aos recorrentes e que sobrepuja os temperamentos admissíveis à luz do juízo de razoabilidade e prejudica eventual fundamento cautelar da prisão. Liberdade provisória concedida aos recorrentes, mas não estendida ao corréu em razão de cuja defesa a instrução não se findou". (STF – RHC 88339/ES – 1ª T. – Rel. Min. Sepúlveda Pertence – DJ 06.10.2006 p. 50)

- **Instrução processual demorada.** "Deve ser reconhecido o excesso de prazo quando o agente aguarda o encerramento da instrução criminal constrito há mais de um ano em feito de pouca complexidade. Sendo a demora imputável unicamente à inércia do Juízo, pois a única carta Precatória para a citação, interrogatório e colheita da defesa prévia dos acusados já retornou, e, ainda assim, a instrução criminal vem sofrendo excessiva demora para seu encerramento (apenas a audiência de inquirição das testemunhas arroladas pela acusação foi designada), o princípio da razoabilidade milita em prol do acusado. Precedentes". (STJ – RHC 24928/CE – 6ª T. – Rel. Min. Jane Silva – DJ 02.02.2009 (desembargadora convocada do TJ/MG)

- **Instrução processual demorada.** STJ: "A instrução criminal obedece a rito e cronograma determinados na lei processual. Excesso de prazo injustificável para o término constitui constrangimento ilegal". (RT 695/388)

- **Demora no julgamento da apelação criminal.** "Demora no julgamento da apelação criminal. Constrangimento ilegal configurado. Ordem concedida. A demora injustificada de mais de cinco anos para o julgamento da apelação criminal configura constrangimento ilegal sanável pela via do remédio heróico (Precedentes). Ordem concedida para determinar a imediata soltura do paciente, se por outro motivo não estiver preso, em virtude do excesso de prazo não-razoável de sua custódia provisória". (STJ – 5ª T. – HC 67.031/BA – Rel. Min. Arnaldo Esteves Lima – DJ 10.12.2007 – p. 403)

- "**Demora. Julgamento. Apelação.** Inexistência de justificativa plausível para a excessiva demora no julgamento de mérito da apelação no Tribunal de Justiça do Ceará: constrangimento ilegal por descumprimento da norma constitucional da razoável duração do processo (art. 5º, inc. LXXVIII, da Constituição da República). Recurso provido. Ordem concedida, cabendo ao juízo de origem analisar se por outro motivo o Recorrente não está preso". (STF - RHC 124194, Relator(a): Min. CÁRMEN LÚCIA, Segunda Turma, julgado em 11/11/2014, PROCESSO ELETRÔNICO DJe-245 DIVULG 12-12-2014 PUBLIC 15-12-2014)

- "**Demora. Julgamento. Apelação.** Paciente preso há quase 4 anos. Apelo julgado depois de quase 2 anos. Embargos de declaração pendente. Carga Ministério Público por mais de 7 meses. O excesso de prazo da prisão em razão da demora no julgamento dos recursos criminais interpostos pela defesa, sem que a ela possa ser imputada a desídia, configura constrangimento ilegal à liberdade de locomoção. Ordem concedida. (STF - HC 96651, Relator(a): Min. CÁRMEN LÚCIA, Primeira Turma, julgado em 14/04/2009, DJe-113 DIVULG 18-06-2009 PUBLIC 19-06-2009 EMENT VOL-02365-02 PP-00383 LEXSTF v. 31, n. 366, 2009, p. 358-370)

- **Réu. Fuga do distrito da culpa. Excesso. Inocorrência.** "Conforme remansosa jurisprudência desta Suprema Corte, a fuga do réu do distrito da culpa justifica o decreto ou a manutenção da prisão preventiva. II – Não se configura o excesso de prazo quando o encerramento da instrução protrai-se no tempo na dependência de cumprimento de carta rogatória requerida pela defesa. III – Ordem denegada". (STF – HC 90967/PR – 1ª T. – Rel. Min. Ricardo Lewandowski – DJe-131 Divulg 25.10.2007 Public 26.10.2007)

24.6.3. Processo manifestamente nulo

Cabe a impetração de habeas corpus para o reconhecimento de nulidades processuais que vão desde a inépcia da inicial, contanto que se não tenha operado o trânsito em julgado da sentença condenatória, ausência de citação ou falhas de intimação, até qualquer ato que implique cerceamento de defesa ou afete o devido processo legal, negue o contraditório ou se verifique a incompetência do juízo. Alcança ainda decisões desfundamentadas, *citra petita* ou *extra petita*.

Deve-se observar, ainda, que a falta de intimação do acusado quando o seu advogado constituído abandona ou renuncia o seu patrocínio, enseja nulidade por ser-lhe garantia constitucional a escolha do seu defensor. Assim é que a designação imediata de defensor público para assunção da causa constitui um meio de lhe cercear esse direito.

Outras situações também podem ser apontadas no rol das nulidades. Dizem respeito à falta de intimação do réu ou do seu defensor para audiência para a outiva das testemunhas arroladas por quaisquer das partes.

Outro aspecto bastante comum, no que diz respeito à nulidade, é referente à dosimetria da pena quando não estão fundamentadas as circunstâncias judiciais e/ou a observância da sua composição trifásica, cuja aplicação do *quantum* se afasta do mínimo legal.

Também se pode atacar pela via do *writ* a falta de enfrentamento pelo juiz das alegações de mérito na sentença condenatória ou questões relevantes suscitadas pelo denunciado ignoradas pelo pretor na sua manifestação judiciosa, assim como em qualquer indeferimento de produção de provas ou diligências requeridas na defesa prévia ou etapa própria do processo, o que caracterizaria o cerceamento de defesa, visto que esta deve ser ampla, plena e geral.

Enfim, nas diversas situações de mera aparência formal que redundam em afetação ao direito do agente no final das conclusões do processo, podem ser, portanto, objeto de nulidade desde os atos subsequentes ao que for considerado imprestável para a observância da garantia do devido processo legal e do exercício da ampla defesa.

Ver seção 19 – Nulidades processuais em espécie.

- **Falta de fundamentação. Nulidade.** "No caso, valeu-se o Tribunal de origem de fundamentação inidônea para cassar a progressão de regime concedida pelo Juízo das Execuções Penais, pois utilizou-se apenas de ilações genéricas acerca da imprescindibilidade da perícia, sem apontar, contudo, em que consistia o demérito do paciente na obtenção da benesse, fundamentos estes tidos por inidôneos pela uníssona jurisprudência desta Corte, de forma que fica evidenciado o constrangimento ilegal ocasionado ao paciente. Habeas corpus concedido de ofício para cassar o acórdão proferido no Agravo de Execução Penal e restabelecer a decisão do Juízo da Execução Penal que concedeu ao paciente a progressão para o regime aberto. (STJ – HC 295.250/SP, Rel. Ministro MARCO AURÉLIO BELLIZZE, QUINTA TURMA, julgado em 07/08/2014, DJe 21/08/2014)

- **Intimação. Defensor constituído. Inocorrência. Nulidade.** "A intimação do defensor constituído é feita, via de regra, pela imprensa oficial, nos termos do artigo 370, § 1º, do Código de Processo Penal. Ausência de intimação do defensor constituído pelo acusado sobre a data do julgamento do recurso de apelação, a teor do disposto no artigo 370, § 1º, do Código de Processo Penal, gera nulidade do processo, tendo em vista que a ausência de publicidade do ato viola o princípio da ampla defesa. Precedentes do STJ. Inteligência do enunciado 431 da Súmula do Supremo Tribunal Federal. Na hipótese, as publicações acerca da inclusão do apelo em pauta de julgamento, bem como do respectivo acórdão, foram realizadas em nome do causídico constituído pelo paciente, mas já falecido, fato anteriormente comunicado nos autos, não obstante a existência de substabelecimento conferindo poderes à atuação de outro profissional da advocacia. São evidentes os prejuízos suportados pelo paciente, que não teve a oportunidade de ter as suas razões recursais sustentadas oralmente, tampouco de fazer uso dos meios de impugnação colocados à sua disposição, sobrevindo, consequentemente, o trânsito em julgado da sua condenação. Ordem concedida para anular o processo a partir da intimação da defesa acerca da inclusão do recurso de apelação na pauta de julgamentos.(STJ – HC 287.824/SP, Rel. Ministro JORGE MUSSI, QUINTA TURMA, julgado em 12/08/2014, DJe 21/08/2014)
- **Publicação. Nome de advogado. Inocorrência. Nulidade.** Publicação de decisão que inadmitiu os recursos especial e extraordinário sem o nome do advogado. Nulidade da intimação e desconstituição do trânsito em julgado. Constrangimento ilegal configurado. Ordem concedida, confirmando a liminar. (STF – HC 124052, Relator(a): Min. GILMAR MENDES, Segunda Turma, julgado em 11/11/2014, PROCESSO ELETRÔNICO DJe-230 DIVULG 21-11-2014 PUBLIC 24-11-2014)
- **Falta de fundamentação. Alegação. Gravidade abstrata. Nulidade.** "O Plenário do Supremo Tribunal Federal, no HC 104.339/SP (Min. GILMAR MENDES, DJe de 06.12.2012), em evolução jurisprudencial, declarou a inconstitucionalidade da vedação à liberdade provisória prevista no art. 44 da Lei 11.343/2006. Entendeu-se que (a) a mera inafiançabilidade do delito (CF, art. 5º, XLIII) não impede a concessão da liberdade provisória; (b) sua vedação apriorística é incompatível com os princípios constitucionais da presunção de inocência e do devido processo legal, bem assim com o mandamento constitucional que exige a fundamentação para todo e qualquer tipo de prisão. A gravidade abstrata do delito não constitui fundamento idôneo para a decretação da custódia cautelar. Precedentes. Ordem concedida. (STF – HC 113945, Relator(a): Min. TEORI ZAVASCKI, Segunda Turma,

julgado em 29/10/2013, PROCESSO ELETRÔNICO DJe-223 DIVULG 11-11-2013 PUBLIC 12-11-2013).

- **Intimação. Defesa. Sustentação oral. Inocorrência. Nulidade.** "Nulidade do julgamento em razão da falta de intimação da defesa para realização de sustentação oral. Constrangimento ilegal verificado. Ordem deferida para que seja renovado o julgamento da correição parcial, possibilitando à defesa a apresentação de razões escritas e a sustentação oral. (STF – HC 112839, Relator(a): Min. GILMAR MENDES, Segunda Turma, julgado em 28/08/2012, PROCESSO ELETRÔNICO DJe-182 DIVULG 14-09-2012 PUBLIC 17-09-2012)

- **Inversão. Ordem processual. Nulidade.** "Quando a inversão implica nulidade absoluta, descabe transportar para a fase prevista no artigo 396 do Código de Processo Penal a ordem alusiva às alegações finais. Apresentada defesa prévia em que são articuladas, até mesmo, preliminares, é cabível a audição do Estado-acusador, para haver definição quanto à sequência, ou não, da ação penal. (STF – HC 105739, Relator(a): Min. MARCO AURÉLIO, Primeira Turma, julgado em 07/02/2012, PROCESSO ELETRÔNICO DJe-041 DIVULG 27-02-2012 PUBLIC 28-02-2012)

- **Intimação pessoal. Defensor dativo. Inocorrência. Nulidade.** "Alegação de nulidade de julgamento dos embargos de declaração, ante a ausência de intimação pessoal do defensor dativo. Informações prestadas pela autoridade coatora confirmando a alegação. Constrangimento ilegal evidenciado. Ordem concedida. (STF – HC 104810, Relator(a): Min. GILMAR MENDES, Segunda Turma, julgado em 15/02/2011, DJe-040 DIVULG 28-02-2011 PUBLIC 01-03-2011 EMENT VOL-02473-01 PP-00090).

- **Falta de citação. Nulidade.** "A falta de citação é causa de nulidade absoluta porque viola os princípios constitucionais da ampla defesa e do contraditório. Por sua vez, a suspensão condicional do processo é ato que depende do prévio recebimento da denúncia e exige a intimação do réu para a audiência de proposição. Apesar da exigência de intimação para a concessão do benefício previsto no art. 89 da Lei 9.099/95, *in casu*, faz-se necessária a citação do réu para audiência em que se proporá a suspensão condicional do processo, em razão de sua ausência no feito, a fim de se evitar futura alegação de cerceamento de defesa por parte do réu e, em consequência, a nulidade do feito. 3. Recurso especial provido para determinar a citação do réu. (STJ – REsp 904649/RS – 5ª T. – Rel. Min. Arnaldo Esteves Lima – DJ 06.04.2009)

- **Intimação. Defensor Dativo. Pauta de julgamento. Inocorrência. Nulidade.** "A nulidade por falta de intimação do defensor dativo da pauta de julgamento da apelação torna nulo o acórdão se a mácula foi anunciada em tempo razoável, conforme o caso dos autos. Uma vez anulado o acórdão e não havendo possibilidade de se delinear pena superior ao que dele se extrai, resta configurado o fenômeno prescritivo, razão por que se reclama o reconhecimento da extinção da punibilidade. Ordem concedida para anular o julgamento da apelação e, na sequência, reconhecer a prescrição da pretensão punitiva". (STJ – HC 106724 / SC – 6ª Turma – DJe 16/03/2009 – rel. Min. Maria Thereza de Assis Moura)

- **Falta de alegações finais defensivas. Nulidade**. "A falta das alegações finais defensivas torna nula a sentença proferida ante ausência de defesa, conforme preceituam os princípios da ampla defesa e do contraditório. Precedentes. 2. Ordem concedida para, declarada a nulidade da sentença, anular o processo 2008.028.005087-7 desde a decisão proferida, devendo ser reaberto o prazo para efetivar a apresentação de alegações finais pela Defensoria Pública, ou, se assim não o fizer, o Juízo a quo deverá nomear defensor dativo". (STJ – HC 120231/RJ – 6ª T. – Relª. Minª. Maria Thereza de Assis Moura – DJ 04.05.2009)

- **Inversão. Ordem. Interrogatório. Nulidade.** "A jurisprudência deste Superior Tribunal de Justiça, bem como do Supremo Tribunal Federal, firmou-se no sentido de que a Lei 10.792/03, ao mudar a sistemática do interrogatório, transformou-o em meio de defesa, garantindo ao réu a efetiva defesa técnica, inclusive o direito a entrevista reservada com seu defensor constituído ou nomeado. Dessarte, o descumprimento do disposto no art. 185 do Código Penal, com a redação dada pelo referido diploma legal, acarreta a nulidade absoluta do processo, por afronta ao princípio constitucional do contraditório e da ampla defesa. Ante o exposto, concedo o habeas corpus para anular a ação penal de que aqui se trata, a partir do interrogatório, conferindo ao paciente o direito à liberdade provisória, mediante assinatura de termo de compromisso de comparecimento a todos os atos do processo, ficando prejudicadas as demais alegações". (STJ – HC 50401/MS – 6ª T. – Rel. Min. Og Fernandes – DJ 01.06.2009)

- **Réu. Processo. Liberdade. Sem defensor constituído. Intimação pessoal. Inocorrência. Nulidade.** "O réu que responde ao processo em liberdade e não possui defensor constituído deve ser intimado pessoalmente da sentença condenatória, contando-se o prazo para a interposição de eventuais recursos a partir de sua intimação, sob pena de nulidade processual absoluta que mitiga o exercício do direito de ampla defesa. Precedentes. Mormente quando o acusado responde em liberdade a todo o processo criminal, eventual custódia cautelar após o decreto condenatório e sem trânsito em julgado somente pode ser implementada com a devida fundamentação, nos termos do art. 312 do Código de Processo Penal, conforme recente orientação do Supremo Tribunal Federal. Ordem concedida para determinar a intimação pessoal da Paciente e, consequentemente, a reabertura do prazo para que possa tomar as medidas que entender pertinentes, assegurando-lhe o direito de permanecer em liberdade até o trânsito em julgado da condenação". (STJ – HC 124722/MG – 5ª T. – Rel. Min. Laurita Vaz – DJ 25.05.2009)

- **Intimação. Advogados constituídos. Sessão de julgamento. Inocorrência. Nulidade.** "Conforme orientação desta Corte Superior, a falta de intimação do advogado constituído da pauta da sessão de julgamento do recurso de apelação e do respectivo acórdão caracteriza o cerceamento de defesa. 2. Ordem concedida". (STJ – HC 58299/PE – 6ª T. – Relª. Minª. Maria Thereza de Assis Moura – DJ 18.05.2009)

- **Julgamento. Desembargador. Parecer como Procurador. Nulidade.** "Com a participação de Desembargador em julgamento de embargos infringentes, como revisor, no qual, na qualidade de Procurador de Justiça, já havia emitido parecer, resta configurado a nulidade absoluta do julgado, a teor do disposto no art. 252, II, do Código de Processo Penal: Ordem concedida para anular o acórdão proferido em sede de embargos infringentes na apelação criminal n.º 2007.016212-9, determinando que novo julgamento seja realizado, com a convocação de Desembargador desimpedido". (STJ – HC 116933/MS – 5ª T. – Relª. Minª. Laurita Vaz – DJ 13.04.2009)

- **Falta de motivação legal. Nulidade.** STF: "Quanto à preliminar de nulidade por falta de motivação, tem inteira procedência. Não é dado ao julgador apenas afirmar que existe prova suficiente da responsabilidade do acusado. Impõe-se demonstrar sua convicção mediante a análise da prova constante dos autos. O livre convencimento não significa falta de motivação legal". (RT 625/379-80). No mesmo sentido, TJMG – RT 610/412; RT 563/298, 589/325, 694/354, 684/302; TARS – RT 626/352; TACRSP – RT 537/311, 581/338-9 e 347, 604, 384, TTA-CRESP 62/80, 76/133.

- **Julgamento incompleto** – "A sentença deve examinar toda a acusação, e não apenas parte desta. Se o julgamento é incompleto, por não se ter atendido a todas as infrações deduzidas pelo órgão da acusação, incide no vício de *citra petita*". (RT 607/336).

- **Nulidades. Cerceamento de defesa. Não objeto da apelação. Cabimento. Habeas corpus.** "A alegação de nulidades e de cerceamento de defesa no curso da instrução, não agitadas nem decididas no âmbito da apelação, podem ser objeto de habeas corpus impetrado perante o segundo grau de jurisdição. Ao Supremo Tribunal Federal compete conhecer de habeas corpus contra decisão de tribunal, proferida em sede de recursos ou de revisão criminal, *ex vi* do art. 102, I "i", da Constituição Federal. Habeas corpus parcialmente conhecido e, nesta extensão concedido". (STJ - 6ª T. - HC 3.313/SC (1995/0011436-4) - Rel. Min. Vicente Leal - DJ 29.05.1995 - p. 15.558 - RSTJ - v. 74 - p. 60)

- **Sentença. Falta de fundamentação. Razões. Defesa. Acusação. Nulidade.** "Ainda que se admita ao juiz, no relatório da sentença, mencionar de forma sucinta as razões de acusação e de defesa, na sua fundamentação deve, entretanto, abordar as questões relevantes trazidas pelas partes, enfrentando toda a matéria alegada e discutida. Ignorá-la, relegá-la ao omisso, constitui indubitável cerceamento de defesa e implica nulidade da mesma, por ausência de consideração do exame sobre os pontos debatidos nos autos. (RT 608/316). No mesmo sentido, TACRSP - RT 569/340-1, 580/373, 594/365, 600/369, 609/353 e 612/348.

- **Aplicação da pena. Justificação. Inocorrência. Nulidade.** "STF: 'Ao fixar a pena acima do mínimo legal, tem o juiz a obrigação de justificá-la convenientemente, não se permitindo a simples referência aos critérios genéricos do art. 59 do Código Penal como suficientes para esta fixação'. (RJDTACRIM 8/280). No mesmo sentido, STF - RTJ 70/660, 80/15, RT 591/432, 597/399, 620/379.

- **Perícia complementar. Indeferimento. Nulidade**. "A recusa do Juiz ao pedido de perícia complementar, com desprezo às alegações de lacunas no laudo pericial, constitui ofensa à garantia do julgamento *iuxta, allegata et probata*. Recurso de Habeas corpus provido. (STF - 2ª T. - RHC 65.435/RJ - Rel. Min. Carlos Madeira - dec. unân)

- **Ausência recursais. Remessa. Tribunal. Intimação. Réu. Novo patrono.** TACRSP: "Ausência de razões em recurso não possibilita a subida deste à Instância Superior, devendo o réu constituir novo defensor, sob pena de se lhe nomear dativo, a fim de assegurar o direito à aplicação dos princípios constitucionais da ampla defesa e do contraditório". (RJDTACRIM 5/58). No mesmo sentido. TACRSP - RT 545/382)

- **Ausência de contrarrazões. Acusação. Nulidade.** "A ausência de contrarrazões ao recurso do ministério público, do qual resultou sensível agravamento da pena imposta ao paciente", constitui "cerceamento de defesa", devendo ser anulado o "julgamento da apelação". (STF - HC 68.885-3/RS - DJU 13.12.1991 - p. 18.354)

- **Ciência da sentença. Réu preso. Necessidade de intimação do advogado constituído.** Não obstante o art. 392, I, do Código de Processo Penal disponha que a intimação da sentença deve ser pessoal ao réu, quando estiver preso, o advogado constituído e o defensor dativo também devem ser intimados, para que seja obedecido o princípio constitucional da ampla defesa, com os recursos a ele inerentes, começando o prazo para recurso a fluir a partir da intimação do patrono. Entretanto, a ciência não necessita ser no mesmo dia e horário. (TJDF - HC 2.274-8/98 - Rel. Desa. Sandra de Santis - DJU 02.09.1998 - p. 25)

- **Decisão. Motivação insuficiente. Aplicação da pena.** "Tem-se como insuficientemente motivada a fixação da reprimenda, se não houve a devida apreciação e fundamentação de todas as circunstâncias judiciais, com algumas negativamente consideradas de forma errônea ou, ainda, duplamente valoradas. Tratando-se de nulidade prontamente verificada, tem-se como cabível o seu conhecimento no âmbito restrito do *writ*. Deve ser reconhecida a nulidade do acórdão impugnado, por falta de fundamentação, se o mesmo, ao apreciar e negar provimento ao apelo interposto sob o fundamento de falta de justa causa para a condenação, apenas faz referência aos elementos indiciários colhidos na fase policial e aos depoimentos das testemunhas anteriormente anulados. IV. Ordem parcialmente conhecida e concedida em parte para anular o acórdão impugnado, a fim de que seja renovado o julgamento da apelação da defesa. (STJ - 5ª T. - HC 8570/PB - Rel. Min. Gilson Dipp - DJ 14.02.2000 - p. 46)

- **Processo Criminal. Defesa. Cerceamento caracterizado.** Ré interrogada sem a presença de defensor, no dia de início de vigência da Lei 10.792, de 2003, que deu nova redação ao art. 185 do Código de Processo Penal. Sentença que, para a condenação, se valeu do teor desse interrogatório. Prejuízo manifesto. Nulidade absoluta reconhecida. Provimento ao recurso, com extensão da ordem a corréu na mesma situação processual. É causa de nulidade processual absoluta ter sido o réu qualificado e interrogado sem a presença de defensor, sobretudo quando sobrevém sentença que, para o condenar, se vale do teor desse interrogatório. (STF - 1ª T. - RHC 87.172/GO - Rel. Min. Cezar Peluso - DJ 03.02.2006 - p. 32)

- **Apelação. Exame. Peça estranha. Recurso. Acusação.** Naqueles casos em que a peça de interposição recursal é vaga, genérica, os limites de atuação da Corte de segunda instância hão de ser dimensionados pelas razões de apelação, desde que tempestivamente apresentadas. É ilegítima a atuação do Tribunal de segunda instância que, baseado em proposição estranha à peça recursal-acusatória, declara nulidades desfavoráveis ao acusado. IV – Ordem concedida. (STF – 1ª T. – HC 85.609/MS – Rel. Min. Carlos Britto – DJ 20.04.2006 – p. 14)

Ver a seção 19 – nulidades processuais em espécie

24.6.4. Autoridade incompetente, fiança e extinção da punibilidade

O habeas corpus é cabível quando ocorre fato que afeta o direito de liberdade do indivíduo provocado por autoridade judiciária incompetente para proceder às medidas legais, porquanto assegura a Constituição Federal no seu art. 5º, LIII – "*ninguém será processado nem sentenciado senão pela autoridade competente*".

Também estará configurada a coação ilegal com a negação de fiança em casos autorizados pela lei. Equivale à negativa a fixação de um valor desproporcional à capacidade financeira do agente, que implica sua impossibilidade de prestá-la.

Comporta o exame do habeas corpus para obter a declaração da extinção da punibilidade de fato criminoso em virtude da prescrição, quer ela se refira à pretensão punitiva ou à executória.

- **Autoridade incompetente. Nulidade.** "Deve ser mantida por seus próprios fundamentos a decisão monocrática em que se concede a ordem de habeas corpus em favor do paciente, a fim de revogar a prisão cautelar imposta a ele pelo relator do recurso de apelação, que fundamentou a imposição da custódia apenas no fato de que a liberdade provisória foi deferida por autoridade absolutamente incompetente, sem apontar elemento concreto que justificasse a medida excepcional". (STJ – AgRg no HC 302.537/RS, Rel. Ministro SEBASTIÃO REIS JÚNIOR, SEXTA TURMA, julgado em 18/11/2014, DJe 09/12/2014)
- **Autoridade incompetente. Nulidade**. "Configura evidente constrangimento ilegal, ante a nulidade absoluta, independentemente da motivação, a manutenção de segregação corporal fundada em prisão preventiva decretada por autoridade incompetente". (STJ – HC 103134/MT – 5ª T. – Rel. Min. Jorge Mussi – DJ 15.09.2008)
- **Cautelar. Juiz incompetente. Nulidade.** "Recurso em Habeas Corpus. Porte ilegal de arma. Derrogação tácita do art. 61, da Lei nº 9.099/95 pela Lei nº 10.259/01. Competência dos Juizados Especiais. Nulidade Absoluta. Matéria de ordem pública. Preventiva decretada por juiz absolutamente incompetente. Impossibilidade." Tratando-se de conduta sujeita à competência dos Juizados Especiais, a custódia preventiva se

mostra desnecessária, sobretudo diante das implicações ideológicas dos chamados tipos de menor potencial ofensivo. Recurso provido para revogar a prisão preventiva". (STJ – RHC 14.949/RJ, Rel. Ministro JOSÉ ARNALDO DA FONSECA, QUINTA TURMA, julgado em 16/12/2003, DJ 16/02/2004, p. 274)

- **Autoridade federal. Processo. Juiz estadual. Incompetência.** "Competência para processar e julgar originariamente "habeas corpus" de autoridade federal contra ato de Juiz de Direito estadual sem estar no exercício de jurisdição federal constitucionalmente delegada. – O Juiz de Direito da Vara da Infância e da Juventude atuou, no caso, como Juiz estadual que é, e não como investido constitucionalmente de jurisdição federal delegada, por não ocorrer qualquer das hipóteses previstas no § 3º do artigo 109 da Constituição. – E, em assim sendo, é incompetente para julgar o "habeas corpus" em causa o Tribunal Regional Federal da 5ª Região, por se tratar de "writ" contra Juiz de Direito estadual e não de Juiz de Direito com jurisdição federal (artigo 108, I, "d", da Carta Magna). – Concessão de "habeas corpus" de ofício. Recurso extraordinário conhecido e provido. Concede-se outrossim, "habeas corpus" de ofício". (STF – RE 299601, Relator(a): Min. MOREIRA ALVES, Primeira Turma, julgado em 20/11/2001, DJ 08-02-2002 PP-00266 EMENT VOL-02056-01 PP-00168)

24.6.5. Recurso pendente

Na hipótese da existência de sentença criminal proferida pelo juízo do primeiro grau que se encontra em grau de apelação para o tribunal, não há impedimento para a impetração de habeas corpus quando a sua motivação for diversa ou pontual, o que se refere a questões processuais relativas à nulidade.

A via estreita do habeas corpus pode cingir-se a nulidades processuais fundadas nas garantias fundamentais do devido processo legal, do contraditório ou da ampla defesa, enquanto o apelo busca revolver matéria fática e de prova.

Também, na possibilidade de pendência de recursos de natureza extrema, tais como o recurso especial e o extraordinário, não há óbice processual para a impetração de habeas corpus, evidentemente, observando-se as regras de cabimento de ordem processual, isto porque, na via estreita do *writ*, o seu alcance se restringe às questões de direito e ordem processual, enquanto a via larga do apelo abrange aspectos fáticos.

Entretanto, a petição de habeas corpus deve cingir-se as questões de direito ou nulidades processuais de natureza absoluta que reflitam ilegalidades ou abuso de poder que se constituam em constrangimento ilegal, margeando matérias fáticas que repelem o exame pelas Cortes superiores.

Essa estratégia de utilização concomitante desses dois procedimentos mostra-se interessante porque, no caso do processo de habeas corpus, se denegado, cabe recurso ordinário, cuja subida para o STJ independe de juízo de admissibilidade pelo tribunal local.

- **Cabimento. Habeas corpus. Recurso especial em curso.** "É pacífico o entendimento da Primeira Turma do Supremo Tribunal Federal de que a interposição de recurso especial contra acórdão de tribunal local não constitui óbice processual ao manejo concomitante do habeas corpus. Precedentes. A apreciação, de forma originária, pelo Supremo Tribunal Federal, de matéria não debatida ou analisada pelo Superior Tribunal de Justiça, configura inadmissível supressão de instância. Precedentes. Uma vez que não cabe, em sede de habeas corpus, agregar fundamentos inovadores para complementar deficiência de fundamentação na dosimetria da pena, sua legalidade deve ser aferida, estritamente, à luz da motivação empregada pelas instâncias ordinárias. Recurso provido, desde logo, em caráter excepcional, com ordem de habeas corpus para o fim de se reduzirem as penas impostas ao recorrente ao mínimo legal, se fixar o regime inicial aberto e se determinar a substituição da pena privativa de liberdade por penas restritivas de direito". (STF – RHC 123711, Relator(a): Min. DIAS TOFFOLI, Primeira Turma, julgado em 07/10/2014, PROCESSO ELETRÔNICO DJe-225 DIVULG 14-11-2014 PUBLIC 17-11-2014)

- **Cabimento. Habeas corpus. Recurso especial em curso.** "Esta Primeira Turma já decidiu que a "interposição de recurso especial contra acórdão proferido pelo Tribunal de Justiça ou pelo Tribunal Regional Federal não constitui pressuposto ou requisito de admissibilidade à impetração, bem assim ao conhecimento de habeas corpus pelo Superior Tribunal de Justiça, sendo insubsistente o argumento de haver sido utilizada, de modo inadequado, a via do writ em substituição aos recursos previstos nas leis processuais" (RHC 110.710/DF, Rel. Min .Luiz Fux). Precedentes. Agravo regimental provido para determinar que a Quinta Turma do STJ examine, como entender de direito, o mérito do HC 271.480/SP. (STJ – HC 110935 AgR, Relator(a): Min. ROBERTO BARROSO, Primeira Turma, julgado em 22/04/2014, PROCESSO ELETRÔNICO DJe-088 DIVULG 09-05-2014 PUBLIC 12-05-2014)

- **Habeas corpus. Simultâneo. Apelação. Possibilidade.** "É possível a impetração concomitante de habeas corpus e do recurso de apelação. Todavia, se o alegado equívoco na fixação da pena não se mostra de evidente ilegalidade e nem que tenha ocorrido erro grosseiro, convém que a matéria seja apreciada no recurso próprio, já interposto com os elementos probatórios existentes nos autos tendo em conta o interesse da defesa". (STJ - 5ª T. - Rel. Min. Jesus Costa Lima - DJU 13.12.1993 - p. 27.476)

- **Habeas corpus. Simultâneo. Apelação. Possibilidade.** "RHC. Constitucional. Processual penal. Habeas corpus. Apelação. Impetração de habeas corpus e interposição de apelação são conciliáveis, ainda que articulem os mesmos fatos e busquem a mesma situação jurídica. A ação constitucional não encontra obstáculo na legislação ordinária, em homenagem a liberdade de locomoção. A doutrina e a jurisprudência referem-se ao habeas corpus substitutivo (denominação imprópria, embora consagrada). A ação e o recurso devem ser apreciados, embora, eventualmente, um julgamento fosse repercutir no outro". (STJ - 6ª T. - Rel. Min. Vicente Cernicchiaro - DJU 14.09.1992)
- **Habeas corpus. Simultâneo. Apelação. Possibilidade.** "A pendência de apelação no Tribunal não impede de ser examinado, em habeas corpus, eventual *error in procedendo*. Precedentes. Recurso provido". (STJ - 5ª T. - RHC 7.970/SP (1998/0072700-0) - Rel. Min. Félix Fischer - DJ 18.12.1998 - p. 370)
- **Habeas corpus. Substitutivo de recurso ordinário. Conhecimento. Matéria não decidida na apelação.** Nulidades no curso da instrução. Exame do writ pelo segundo grau de jurisdição. A alegação de nulidade e de cerceamento de defesa no curso da instrução, não agitadas nem decididas no âmbito da apelação, podem ser objeto de habeas corpus impetrado perante o segundo grau de jurisdição. (STJ - HC 95.11436-4 - Rel. Min. Vicente Leal - DJ de 29.05.1995)
- **Decisão monocrática. Óbice. HC.** "Há óbice ao conhecimento de habeas corpus impetrado contra decisão monocrática - em que não conhecido anterior habeas corpus-, do Superior Tribunal de Justiça, cuja jurisdição não se esgotou. Precedentes. Não evidenciada flagrante ilegalidade ou abuso de poder no ato apontado como coator a justificar a excepcional concessão da ordem de ofício. Inviável a análise do pedido pelo Supremo Tribunal Federal, sob pena de indevida supressão de instância. Precedentes. 4. Habeas corpus extinto sem resolução de mérito. (STF - HC 122718, Relator(a): Min. ROSA WEBER, Primeira Turma, julgado em 19/08/2014, PROCESSO ELETRÔNICO DJe-170 DIVULG 02-09-2014 PUBLIC 03-09-2014)
- **Pendência. Apelo. Outras teses defensivas.** "Pendentes de apreciação pela Corte de Apelação outras teses defensivas - inexistência da prova qualificadora, reconhecimento do delito na forma tentada, alteração da pena-base e abrandamento do regime inicial de cumprimento da pena. Ordem denegada, com concessão de habeas corpus, de ofício, para a

remessa da ação penal de origem ao Tribunal de Justiça do Estado de Minas Gerais para complementação do julgamento do recurso de apelação". (STJ – HC 118514, Relator(a): Min. ROSA WEBER, Primeira Turma, julgado em 19/11/2013, PROCESSO ELETRÔNICO DJe-238 DIVULG 03-12-2013 PUBLIC 04-12-2013)

- **Apelação. Habeas Corpus.** "Embora o habeas corpus constitua ação constitucional da máxima relevância, não é a única garantia pertinente ao Estado de Direito. Pode-se confiar no devido processo legal para prevenir de forma suficiente eventuais ilegalidades ou abusos no processo penal, reservando-se o habeas corpus para impugnação de efetivas ou ameaças senão iminentes, pelo menos próximas de prisões ilegais ou abusivas. Se a mesma questão que é objeto do writ também constitui tema de apelação pendente, deve-se deixar a resolução ao remédio de cognição mais ampla, no caso a apelação, máxime quando o acusado não está preso e tem condições de aguardar o julgamento do recurso. Habeas corpus não conhecido". (STJ – HC 106159, Relator(a): Min. ROSA WEBER, Primeira Turma, julgado em 08/05/2012, PROCESSO ELETRÔNICO DJe-101 DIVULG 23-05-2012 PUBLIC 24-05-2012).

- **Habeas corpus. Substituto. Vias ordinárias.** "Ao habeas corpus, cujos limites instrutórios são estreitos, não se pode conferir a função de substituir as vias ordinárias, cumprindo um papel reservado aos recursos ordinários, exceto em situações excepcionais, quando houver flagrante nulidade do processo, da sentença ou do acórdão. Precedentes. A aferição de prejuízo eventualmente suportado pelo erário, a pesquisa sobre o elemento subjetivo que pautou o comportamento delituoso e o posicionamento da conduta imputada ao Paciente no iter criminis reclamam análise probatória, inviável em habeas corpus. Precedentes. (STF – HC 109093, Relator(a): Min. CÁRMEN LÚCIA, Primeira Turma, julgado em 07/02/2012, PROCESSO ELETRÔNICO DJe-053 DIVULG 13-03-2012 PUBLIC 14-03-2012).

- **Matéria não apreciada. Tribunal.** "Se a controvérsia suscitada no presente Habeas corpus não foi apreciada pelo Tribunal de origem, ao julgar o Habeas corpus ali impetrado, uma vez que pendente o recurso de apelação defensivo, a análise de tais questões não encontra espaço na via eleita, sob pena de indevida supressão de instância. Precedentes do STJ" (STJ – HC 249.068/SP, Rel. Ministra ASSUSETE MAGALHÃES, SEXTA TURMA, julgado em 19/11/2012, DJe 29/11/2012).

- **Recursos pendentes.** "Ainda que estejam pendentes de apreciação recursos de índole excepcional – especial e extraordinário – interpostos contra a decisão que confirma a pronúncia, não há impedimento a que se passe à segunda fase do procedimento escalonado do júri, uma vez que esses recursos não são dotados de efeito suspensivo". (STJ – RHC 22317/PR – 6ª T. – Rel. Min. Og Fernandes – DJe 15.06.2009)

- **Sentença. Recurso. Acusação. Inocorrência. Cabimento. Habeas Corpus.** "Se a sentença condenatória condicionou a prisão do paciente ao trânsito em julgado da decisão repressiva e se, quanto a este aspecto, não houve recurso do Ministério Público e o decisum encontra-se *sub judice*, ante o ajuizamento de recurso especial pendente de processamento, é cabível impetração de habeas corpus, com o fim de garantir que o paciente permaneça em liberdade enquanto não houver apreciação do reclamo recursal. Ordem concedida para garantir ao paciente o direito de permanecer em liberdade até o trânsito em julgado da sentença condenatória. (STJ – HC 103320/SP – 5ª T. – Rel. Min. Jorge Mussi – DJ 02.02.2009)

- **Matéria de direito. Habeas Corpus. Apelação em curso. Impedimento. Inocorrência.** "STF: Não há impedimento em que seja impetrado habeas corpus, embora tenha sido interposta apelação da sentença condenatória, se a matéria versada no *writ* for apenas de direito, não havendo dúvidas quanto aos fatos". (RT 599/448). No mesmo sentido, STF – RT 547/414, 574/460, RTJ 123/104; STJ – RSTJ 46/454-5, JSTJ 33/307, 38/264, RT 691/372; TJSP – RT 623/296, 649/272, RTTJESP 116/530)

24.6.6. Generalidades

- **Dupla condenação. Fato único. Hipótese de relativização da coisa julgada.** Constatado o trânsito em julgado de duas decisões condenando o agente pela prática de um único crime – a primeira proferida por juízo estadual absolutamente incompetente e a segunda proferida pelo juízo federal constitucionalmente competente -, a condenação anterior deve ser anulada caso se verifique que nela fora imposta pena maior do que a fixada posteriormente. Em primeiro lugar, faz-se necessário asseverar que o STJ já se pronunciou no sentido de que "A sentença proferida por juízo absolutamente incompetente impede o exame dos mesmos fatos ainda que pela justiça constitucionalmente competente, pois, ao contrário, estar-se-ia não só diante de vedado *bis in idem* como também na contramão da necessária segurança jurídica que a imutabilidade da coisa julgada visa garantir" (RHC 29.775-PI, Quinta Turma, DJe 25/6/2013). Com efeito, sopesando a garantia do juiz natural em face do princípio do *ne bis in idem*, deve preponderar este último como decorrência do princípio fundamental da dignidade da pessoa humana, princípio basilar do Estado Democrático de Direito, consoante explicita o inciso III do art. 1º da CF. Dessa forma, nessa hipótese, considerando a situação mais favorável ao réu, bem como a existência de trânsito em julgado perante a justiça competente para análise do feito, deve ser relativizada a coisa julgada, de modo a tornar possível a prevalência do princípio fundamental da dignidade da pessoa humana. (STJ - 5ª Turma - HC 297.482-CE, Rel. Min. Felix Fischer, julgado em 12/5/2015, DJe 21/5/2015).

- **Fundamentação *per relationem*. Aplicação de medida cautelar. Proibição de ausentar-se da comarca. Ausência de transcrição. Impossibilidade.** 1. É pacífico nesta Corte o entendimento da possibilidade da fundamentação *per relationem ou aliunde*, não se cogitando nulidade ou ofensa ao artigo 93, inciso IX, da Constituição Federal, se o julgador, ao fundamentar o decisum, para além de sua própria fundamentação, reporta-se ao parecer do Ministério Público. 2. O que não se pode admitir, entretanto, sob pena de violação do postulado de obrigatoriedade das motivações das decisões judiciais, é que o Órgão Julgador se limite a remeter-se, por ocasião da decisão, aos fundamentos constantes de outra peça processual, sem trazer em seu bojo a transcrição dos trechos que utiliza como motivação de seu decisum, impossibilitando o conhecimento do que fora valorado pela peça referida. 3. Recurso provido para revogar a medida cautelar imposta, sem prejuízo de que novas sejam aplicadas com a devida fundamentação. (STJ - RHC 52.404/RJ, Rel. Ministro REYNALDO SOARES DA FONSECA, QUINTA TURMA, julgado em 14/06/2016, DJe 22/06/2016)

- **"Exame de provas.** STJ: "O habeas corpus é instrumento tutelar de liberdade. No seu exame, o juiz não pode criar obstáculos tais que venham tornar letra morta a garantia constitucional. Daí que, superado o entendimento de, a priori, não se examinar prova. Como, sem vencer esse obstáculo, se poderá afastar o abuso de poder ou ilegalidade da coação? Para se poder concluir sobre a tipicidade ou não do fato é, em certa medida, indispensável examinar a prova em que se baseia a acusação". (RSTJ 26/95)

- **"Exame de provas**. A assertiva de que em sede habeas corpus não se admite o exame de prova mostra-se inconciliável com essa garantia constitucional, na sua inatacável dimensão (art. 5º, LXVII). A ilegalidade ou abuso de poder passíveis de serem colhidos pelo writ não admitem essa restrição, autêntico amesquinhamento da garantia constitucional essencial a um Estado de Direito. O que não tem pertinência no âmbito mais restrito do procedimento de habeas corpus é a reabertura de um contraditório de provas, a valoração, o cotejo, o balanço da prova. Não, porém, o exame destinado à apuração da inexistência de justa causa para a submissão de alguém à instância penal, sempre constrangedora. Denúncia. Requisitos legais. Indicação de elementos probatórios para a justa causa. A denúncia não deve limitar-se a expor os fatos criminosos e a indicar os seus autores, consoante dispõe o art. 41 do CPP, mas deve também indicar quais os elementos probatórios ou indiciários nos quais assentam-se a convicção do dominus litis da actio poenalis, sob pena de incorrer no vício insanável de inépcia". (TJSP – 2ª Câm. – HC 3.343/95 – Rel. Des. Flávio José Bertin – j. em 13.03.1996)

- "**Exame de provas.** O Supremo Tribunal não examina provas no sentido de que não as submete a uma reapreciação subjetiva. Mas como verificar se houve ou não abuso de poder, sem levar em conta, em certa medida, as provas em que se baseia a acusação ou a condenação? Ficaria letra morta a cláusula constitucional, que dá habeas corpus em caso de abuso de poder, se o supremo tribunal se impusesse uma vedação absoluta nessa matéria". (STF – Rel. Victor Nunes Leal – RTJ 35/517)

- **Exame de provas**. Enquanto a falta de justa causa for justificativa de permissibilidade do pedido de habeas corpus, sou obrigado a examinar provas. Não farei reexame de contraditório, não abrirei instância probatória no processo sumário do habeas corpus. Mas não posso examinar esse pedido sem examinar a prova produzida". (STF – Rel. Pedro Chaves – RF 212/241)

- **Extensão aos corréus.** Pedido de extensão dos efeitos do julgado do HC 74.11 6/SP aos demais corréus, protocolizado após o seu julgamento e, por esta razão, autuado como habeas corpus originário. Não há, no direito legislado brasileiro, previsão de extensão de julgado em habeas corpus aos demais corréus, eis que o art. 580 do CPP contempla esta hipótese, apenas, para as decisões tomadas em "recursos". Entretanto, por construção pretoriana, esta extensão vem sendo admitida tanto no caso de habeas corpus como no de revisão criminal, desde que atendidos os dois requisitos previstos no art. 580 do CPP: 1) existência de concurso de agentes, e 2) concessão da ordem por motivos que não são de caráter exclusivamente pessoal. Precedente. Ordem de Habeas corpus conhecida e deferida para anular o processo-crime a partir da denúncia, inclusive, com relação aos demais corréus. (STF – HC 75.039-7 – Rel. Min. Maurício Corrêa – j. em 01.04.1997 – DJ 23.05.1997)

- "**Extensão aos corréus.** "É admissível a extensão do provimento judicial que haja benefíciado corréu considerando o vício no reconhecimento, pouco importando haver a decisão decorrido de julgamento de habeas corpus, conforme interpretação teleológica e sistemática dos arts. 580 e

654, § 2º do CPP. (STF – 2ª T. – HC 75.331-1/SP – Rel. Min. Marco Aurélio – j. em 02.12.1997 – DJU 06.03.1998)

- **Indeferimento liminar. Decisão monocrática. Descabimento.** Competência originária de tribunal de apelação. Indeferimento da inicial. Aplicação do art. 663, CPP. Nos habeas corpus de competência originária de Tribunal de Apelação, não cabe o indeferimento liminar da inicial, por decisão isolada do relator, frente ao comando estatuído no art. 663, CPP, que determina que, neste caso, o pedido deverá ser submetido à apreciação do Tribunal, Câmara ou Turma, para que delibere a respeito. Ordem concedida. (STJ – 5ª T. – Ac. HC 3.250/SP (1995/0004026-3) – Rel. Min. Cid Flaquer Scartezzini – DJ 07.08.1995 – p. 23.049 – RSTJ – v. 81 – p. 328)

- **Impetração. Promotor de Justiça.** Habeas corpus impetrado por promotor perante tribunal de justiça. Não conhecimento do pedido por este, ao fundamento de que tal representante do ministério só pode atuar perante juízo monocrático (1º grau) e não perante órgão colegiado (tribunal) (exceto o do júri), mesmo em sua competência originária. Recurso ordinário interposto pelo impetrante, não admitido pela presidência do tribunal, pela mesma razão (já que não oferecido pela procuradoria geral da justiça). Agravo de instrumento apresentado pelo recorrente. Decisão do relator, no STF, que, considerando como impetrante, recorrente e agravante a pessoa física, enquanto cidadão, e não como promotor de justiça, manda subir o recurso de habeas corpus. Provimento deste, pela Turma do STF, para que o habeas corpus seja examinado na instância de origem como impetrado por 'qualquer pessoa' (CPP, art. 654). (STF – 1ª T. – RHC 65.649/GO – Rel. Min. Sydney Sanches – DJ 11.12.1987 – p. 28.274 Ement. v. 1.486-01 – p. 184)

- "**Habeas corpus. Efeito suspensivo.** Nos termos do art. 186, c.c. o art. 22, IV do Regimento Interno do STF, é de se conceder a medida liminar solicitada pelo paciente, no sentido de se sobrestar seu julgamento pelo Júri, até que seja apreciado o habeas corpus por ele impetrado". (RT 548/417)

- "**Habeas corpus. Efeito suspensivo a recurso.** A competência para o habeas corpus, no que ganha contornos de verdadeira demanda cautelar, é do tribunal competente para julgar o recurso". (HC 68.547/SP – Rel. Min. Néri da Silveira – DJ 11.10.1991 – p. 14.249 – Lex 194/358)

- "**Habeas corpus. Paciente não advogado. Recurso.** Habeas corpus impetrado pelo próprio paciente não advogado. Embargos declaratórios também por ele apresentados: admissibilidade. 1. Se o próprio paciente pode impetrar habeas corpus em seu favor, é de admitir que possa, também, apresentar Embargos Declaratórios para que o julgamento do pedido se faça completo. 2. Desnecessária, pois, em tal circunstância, a nomeação de Defensor Dativo para apresentação do recurso 2. Recurso conhecido. (STF - ED 76.371-0/SP - Rel. Min. Sydney Sanches - DJ 11.06.1999)

- "**Habeas corpus. Revisão de pena. Admissibilidade.** Impetração visando à revisão da dosimetria. Admissibilidade, se o ato de fixação levado a efeito pela sentença não resultou de valoração probatória no tocante às circunstâncias judiciais do art. 59 do CP, mas de simples equívoco ou extrema severidade que ocasionou acréscimo indevido. Voto vencido. A revisão da dosimetria da pena, em sede de habeas corpus, sem se afastar da ocorrência lógico-jurídica que o informa, tem cabimento quando o ato de fixação levado a efeito pela sentença não resultar de valoração probatória no tocante às circunstâncias judiciais do art. 59 do CP, mas de simples equívoco ou extrema severidade, traduzidos no modo de cálculo da san**ção no acréscimo indevido". (STJ - 6ª T. - HC 9.932/MA - Rel. Min. Fernando Gonçalves** - j. em 05.10.1999 - DJU 03.11.1999)
- "**Habeas corpus. Nulidades. Sentença. Matéria de direito.** "O habeas corpus, instrumento processual de magnitude constitucional destinada a assegurar o direito de liberdade, não deve ser concebido com restrições, sendo remédio próprio para expungir nulidades de sentenças condenatórias que não envolvem questões de fato controvertidas. Recurso provido. Habeas corpus parcialmente concedido". (STJ - 6ª T. - RHC 10.731/RJ (2000.0125704-8) - Rel. p/ acórdão Min. Vicente Leal - DJ 13.05.2002 - p. 232)
- "**Precariedade das informações da autoridade coatora**. O fato de que incompletas ou precárias as informações da autoridade coatora não pode ensejar, por si, o indeferimento da ordem de habeas corpus. Recurso ordinário provido. (STF - 2ª T. - RHC 64.462/RJ - Rel. Min. Francisco Rezek - DJ 13.02.1987- p. 1.535 - Ement. v. 1.448-01 - p. 129)
- "**Habeas corpus. Coisa julgada. Cabimento**. O cabimento do habeas corpus quando há coisa julgada é perfeitamente aceitável desde que atendidos os pressupostos do art. 5º, LXVIII, da CF/88 e arts. 647 e 648 do CPP". (STJ - HC 11.309/MG - Rel. Min. Félix Fischer - j. em 06.06.2000)
- "**Habeas corpus. Desistência.** A Turma julgou prejudicada a ordem, ficando assentado, contudo, que o habeas corpus pode ser requerido por qualquer pessoa em benefício de outrem, mas quem o tenha requerido

não pode pedir desistência, porque ninguém pode desistir de direito alheio. (STJ – HC 11.920/MG – Rel. Min. Fontes de Alencar – j. em 03.08.2000)

- "**Habeas corpus. Ordem de prisão. Fora da comarca**. Precatória. CPP, art. 289. Para o cumprimento de ordem de prisão em lugar fora da jurisdição, é imprescindível a expedição de carta precatória, contendo o inteiro teor do mandado, nos termos do preceito inscrito no art. 289, do Código de Processo Penal. Recurso ordinário provido. Habeas corpus concedido. (STJ – RHC 97.81696-6 – Rel. Min. Vicente Leal – DJ 19.12.1997)
- "**Habeas corpus. Impetrante. Comunicação. Julgamento**. Configura cerceamento de defesa a circunstância de não ser conferida ao advogado--impetrante a oportunidade de fazer sustentação oral em habeas corpus quando, por falha no serviço burocrático, sua petição requerendo a comunicação da data de julgamento do feito, embora deferida, não é juntada oportunamente aos autos, ocasionando o julgamento do writ sem a pretendida sustentação oral. Com base nesse entendimento, a Turma deu provimento a recurso em habeas corpus para cassar acórdão do STJ, e determinar que novo julgamento se realize, assegurada à defesa a oportunidade de sustentação oral. (STF – RHC 79.783/RJ – Rel. Min. Maurício Corrêa – j. em 04.04.2000)
- "**Habeas corpus. Ameaça indireta**. É possível discutir a tempestividade de recurso mediante habeas corpus porque, de forma indireta, poderá ser atingida a liberdade de ir e vir do paciente. Trata-se, na espécie, de habeas corpus contra decisão de Ministro do STJ que não conhecera de habeas corpus em que se sustentava a tempestividade de recurso especial cujo seguimento fora negado na origem. Com esse entendimento, a Turma deferiu o writ para considerar cabível o habeas corpus impetrado perante o STJ e para que este o examine como de direito". (STF – HC 79.356/RJ – Rel. Min. Sydney Sanches – j. em 04.04.2000).

25. AÇÃO DE REVISÃO CRIMINAL

A ação de revisão criminal é meio jurídico para desconstituição de sentenças penais que operaram coisa julgada material ou formal, nos casos previstos em lei de caráter excepcional visando à reparação de erro judiciário na busca da verdade real pela via cognitiva e de caráter constitutivo.

De tal modo, a revisão criminal é a ação penal constitutiva de natureza complementar, destinada a rescindir sentença condenatória com a finalidade de desfazer ou anular os efeitos jurídicos da sentença condenatória.

A rescindibilidade da sentença condenatória na sua totalidade ou de forma parcial, é a qualidade própria da revisão criminal visando à reparação ou correção de erros judiciários provenientes de matéria fática ou de direito no transcurso da tramitação dos processos findos, que já tenham operado coisa julgada formal ou material.

O afloramento de novas provas ou de circunstâncias judiciais relevantes que pudessem influenciar na manifestação judiciosa definitiva mediante o reconhecimento da culpabilidade ou não do agente, da sua responsabilidade penal ou no tamanho da pena imposta, seriam pressupostos processuais para o cabimento da revisão criminal.

A ação de revisão criminal é disciplinada pelo art. 621 e ss. do Código de Processo Penal[4].

---

4. ***Art. 621***. *A revisão dos processos findos será admitida:*

I – quando a sentença condenatória for contrária ao texto expresso da lei penal ou à evidência dos autos;

II – quando a sentença condenatória se fundar em depoimentos, exames ou documentos comprovadamente falsos;

III – quando, após a sentença, se descobrirem novas provas de inocência do condenado ou de circunstância que determine ou autorize diminuição especial da pena.

Art. 622. *A revisão poderá ser requerida em qualquer tempo, antes da extinção da pena ou após.*

Parágrafo único. *Não será admissível a reiteração do pedido, salvo se fundado em novas provas.*

Art. 623. *A revisão poderá ser pedida pelo próprio réu ou por procurador legalmente habilitado ou, no caso de morte do réu, pelo cônjuge, ascendente, descendente ou irmão.*

Art. 625. *O requerimento será distribuído a um relator e a um revisor, devendo funcionar como relator um desembargador que não tenha pronunciado decisão em qualquer fase do processo.*

*§ **1º** O requerimento será instruído com a certidão de haver passado em julgado a sentença condenatória e com as peças necessárias à comprovação dos fatos argüidos.*

*§ **2º** O relator poderá determinar que se apensem os autos originais, se daí não advier dificuldade à execução normal da sentença.*

*§ **3º** Se o relator julgar insuficientemente instruído o pedido e inconveniente ao interesse da justiça que se apensem os autos originais, indeferi-lo-á in limine, dando recurso para as câmaras reunidas ou para o tribunal, conforme o caso (art. 624, parágrafo único).*

*§ **4º** Interposto o recurso por petição e independentemente de termo, o relator apresentará o processo em mesa para o julgamento e o relatará, sem tomar parte na discussão.*

*§ **5º** Se o requerimento não for indeferido in limine, abrir-se-á vista dos autos ao procurador-geral, que dará parecer no prazo de 10 (dez) dias. Em seguida, examinados os autos, sucessivamente, em igual prazo, pelo relator e revisor, julgar-se-á o pedido na sessão que o presidente designar.*

Art. 626. *Julgando procedente a revisão, o tribunal poderá alterar a classificação da infração, absolver o réu, modificar a pena ou anular o processo.*

Parágrafo único. *De qualquer maneira, não poderá ser agravada a pena imposta pela decisão revista.*

Art. 627. *A absolvição implicará o restabelecimento de todos os direitos perdidos em virtude da condenação, devendo o tribunal, se for caso, impor a medida de segurança cabível.*

Art. 630. *O tribunal, se o interessado o requerer, poderá reconhecer o direito a uma justa indenização pelos prejuízos sofridos.*

25.1. Conceito, pressupostos e legitimidade

A revisão criminal é a ação penal constitutiva, de natureza complementar, destinada a rescindir total ou parcialmente sentença condenatória, porquanto visa desfazer os efeitos da manifestação judiciosa definitiva.

A revisão tem como pressuposto básico para a sua impetração, a ocorrência do trânsito em julgado da sentença, que deverá ser comprovada mediante certidão do cartório nesse sentido.

Para o ajuizamento desta ação tem legitimidade o réu, ou no caso de morte deste, o seu cônjuge, ascendente, descendente ou irmão, através de procurador legalmente constituído, conforme preceitua o art. 623 do Código de Processo Penal.

As hipóteses previstas para admissibilidade do pedido revisional, expressas pelo art. 621 do Código de Processo Penal, são as seguintes:

25.2. Sentença contra a evidência dos autos

a) **Inc. I** – quando a sentença condenatória for contrária ao texto expresso da lei penal ou à evidência dos autos.

A contrariedade ao texto da lei significa que aquela decisão ignora a sua existência, provocando, por conseguinte, manifestação judiciosa definitiva diversa do que a norma estabelece.

Esse confronto da sentença com a lei tem de ser direto. Com a inexistência de reserva legal, autorizando a condenação do agente, além de outras que possam ter sido reconhecidas como causas de aumento de pena ou circunstâncias agravantes que não estejam contempladas na lei. Também pode ocorrer na fixação da pena sem observância do critério trifásico ao atribuíra uma pena acima do mínimo legal. Deixar de considerar circunstância atenuante, como a confissão espontânea, para minorar a pena imposta.

A não unificação das penas, em caso de crime continuado, também se insere no rol de confronto à lei (RT 305/326).

---

§ *1º Por essa indenização, que será liquidada no juízo cível, responderá a União, se a condenação tiver sido proferida pela justiça do Distrito Federal ou de Território, ou o Estado, se o tiver sido pela respectiva justiça.*

§ *2º A indenização não será devida:*

a) se o erro ou a injustiça da condenação proceder de ato ou falta imputável ao próprio impetrante, como a confissão ou a ocultação de prova em seu poder;

b) se a acusação houver sido meramente privada.

Art. 631. *Quando, no curso da revisão, falecer a pessoa, cuja condenação tiver de ser revista, o presidente do tribunal nomeará curador para a defesa.*

Com efeito, os desacertos da sentença na aplicação da pena e do regime de cumprimento, por exigirem apreciação de circunstâncias fáticas, podem ser aferidos através de revisão criminal com fulcro no aludido dispositivo.

Nesse sentir, apontam os seguintes Julgados:

> Eventual erro da sentença na fixação da pena não pode ser corrigido através de habeas corpus, mas, sim, em apelação ou revisão. (TJSP - HC - Rel. Gonçalves Sobrinho - RT 579/291)
>
> Se o defeito da sentença criminal diz respeito com a fixação da quantidade de pena, pode ele ser consertado em revisão, como preveem os arts. 621, I, e 626 do Código de Processo Penal. (STF - RHC - Rel. Min. Antônio Neder - DJU 04.05.1973 - p. 2.903)

Este dispositivo não abrange aferição interpretativa, nem invocação de divergência jurisprudencial.

No que se refere à decisão contrária à evidência dos autos, esta tem-se configurado quando o conjunto probatório apurado na instrução processual não autoriza a condenação do réu, por se mostrar inconsistente de valor jurídico probante.

Dá-se quando ocorre conflito frontal entre o decisum e os elementos de provas, coligidos no caderno processual que se apresenta como uma excrescência jurídica. É a condenação sem lastro probatório.

No dizer de Magalhães Noronha, *"a revisão criminal é o remédio que a lei dispõe contra coisa julgada no crime. Tem o fim de reparar injustiças ou erros judiciários livrando o réu da decisão injusta"*.

A verdade real tem de se impor a despeito das exigências do formalismo.

É como diz Manzini: *"o justo substancial há de prevalecer sobre o justo formal"*.

A revisão, assim, é *pro reo*.

A decisão contrária à evidência dos autos é penalidade conferida ao réu que não encontra respaldo no que foi coletado pelo contraditório, garantia constitucional inerente a todo o cidadão. O que o contraditório apurou não foi considerado.

A aplicação de uma pena por conta das qualificações inexistentes não tem embasamento legal e constitucional que permita o seu reconhecimento em um Estado Democrático de Direito, face à afronta ao contraditório e o desprezo a outra garantia constitucional: "a do devido processo legal". Isto porque não se materializou a verificação de todas as formalidades e exigências previstas em lei.

Ao desconhecer que não estavam presentes os elementos caracterizadores da conduta do réu, para atribuir-lhe uma postura criminosa divorciada da realidade e da verdade processual, o órgão julgador estaria se comportando como o Tribunal do Santo Ofício, onde as condutas típicas e as provas apuradas não eram consideradas. Prevaleciam o dogma e o terror.

Por isso, o art. 5º, inc. LIV, da Constituição da República assegura que "ninguém será privado da liberdade ou de seus bens sem o devido processo legal" e, no inciso seguinte LV, "aos litigantes, em processo judicial ou administrativo, e aos acusados em geral são assegurados o contraditório e a ampla defesa, com os meios e recursos a ela inerentes".

O que for apurado no contraditório não pode deixar de ser considerado para o embasamento da decisão judicial.

Essas salvaguardas constitucionais são para estabelecer a promoção da verdadeira justiça. Estar-se-ia consagrando um erro judiciário não reconhecendo a inadequação de provas jurisdicionadas demonstrativas do erro judiciário. Seria um atentado ao princípio do contraditório.

Aliás, a título de ilustração, merece descrição o acórdão abaixo selecionado:

> Cabimento revisional. TACRSP: A revisão criminal só pode prosperar havendo nulidade insanável no processo ou erro judiciário. E por tal erro a lei compreende a sentença baseada em prova falsa, a desautorizada por prova nova, a que afronta texto expresso da lei e a contrária à evidência dos autos. Só nesses casos a estabilidade da coisa julgada, fator de tranquilidade social, cede passo ao direito de liberdade pessoal. (RT 534/378)

É como escreve Alimena: "*O juiz da segunda instância diz ao da primeira; "erraste e por isso eu te corrijo; julgo como teria julgado se houvesse conhecido o que agora sei*".

A sentença condenatória é contrária à lei quando não encontra apoio em alguma prova existente no processo, abrangendo fatos não apurados no contraditório, configurando-se, assim, a hipótese proclamada pelo inc. II, parte final, do aludido dispositivo processual penal.

Constata-se o erro da 1ª instância. Cabe ao 2º grau corrigi-lo, promovendo, assim, uma decisão justa e calcada nas provas jurisdicionadas, dando-lhe a moldura que o Direito positivo lhe estabelece na correspondente conduta típica.

Vê-se, assim, que "o meio e recurso a ela inerentes", no caso vertente é a revisão criminal, remédio idôneo para atacar erros judiciários provenientes de decisões afastadas da verdade processual.

- **Revisão criminal. Competência.** A revisão criminal é ação autônoma de impugnação cujo objetivo é desconstituir sentença condenatória ou absolutória imprópria transitada em julgado (*iudicium rescindens*), para, eventualmente, substituí-la por outra (*iudicium rescissorium*). O cabimento do juízo rescindendo está adstrito às hipóteses de violação ao texto expresso de lei penal, contrariedade à evidência dos autos, sentença fundada em prova falsa, prova nova e benéfica à situação do réu e nulidade do processo (CPP, art. 621 c/c art. 626), não havendo falar em juízo rescisório nesta última hipótese. Tanto o *iudicium rescindens* quanto o *iudicium rescissorium* são realizados pelo próprio tribunal que proferiu os julgados, bem como aqueles pertinentes a juízes a ele vinculados. (STJ – HC 298.291/SP, Rel. Ministro RIBEIRO DANTAS, QUINTA TURMA, julgado em 23/08/2016, DJe 29/08/2016)

- **Revisão criminal – uso indevido do nome do peticionário para identificar autor de delito** – ilegitimidade da parte para propositura da ação revisional – pedido não conhecido – alegações nele contidas, no entanto, devidamente comprovadas – constrangimento ilegal caracterizado – concessão de habeas corpus de ofício – Sendo a revisão criminal proposta por parte manifestamente ilegítima,. Já que efetivamente não se trata do real condenado e nem mesmo das pessoas enumeradas no aludido art. 623 do CPP, não se mostra possível dela conhecer. – Tendo restado devidamente comprovado que o nome do peticionário foi utilizado indevidamente pelo verdadeiro autor do delito, o que ensejou sentença condenatória, a medida que se impõe é o deferimento do pedido revisional, nos moldes do que preconiza o art. 621, inciso III, do Código de Processo Penal. (TJMG – Revisão Criminal 1.0000.15.025617-0/000, Relator(a): Des.(a) Beatriz Pinheiro Caires , 1º GRUPO DE CÂMARAS CRIMINAIS, julgamento em 31/05/2016, publicação da súmula em 02/06/2016)
- **Erro no cálculo da pena**. A ação revisional não se presta ao reexame de fatos e provas já submetidos à apreciação do julgador originário e do órgão colegiado, mas apenas a sanar eventuais erros judiciários, uma vez que não pode ser utilizada como segunda apelação. 2. Em se tratando de erro material, admissível é a sua correção em sede revisional após o trânsito em julgado da condenação, razão pela qual se deve readequar a pena do requerente. 3. Revisão criminal conhecida e parcialmente procedente para corrigir erro material. (TJ-DF – RVC: 20150020074528 , Relator: JOÃO BATISTA TEIXEIRA, Data de Julgamento: 27/04/2015, Câmara Criminal, Data de Publicação: Publicado no DJE : 18/05/2015 . Pág.: 103)
- **Revisão criminal. Peculato. Apropriação de arma de fogo por policial civil. Perda da função pública.** A perda da função ou do cargo público é efeito secundário e não automático da sentença penal condenatória, possível quando devidamente fundamentada, e nas hipóteses de sentença penal condenatória por crime praticado com violação de dever para com a administração pública, quando imposta pena superior a um ano. Sua aplicação, porém, depende do exame da proporcionalidade da medida. No caso concreto, consideradas as circunstâncias do fato e

o fato de ser o requerente policial em exercício há vinte anos, e ainda a perpetuidade da medida imposta, afigura-se desproporcional a perda da função pública. REVISÃO PROCEDENTE EM PARTE. (Revisão Criminal Nº 70054047386, Segundo Grupo de Câmaras Criminais, Tribunal de Justiça do RS, Relator: Nereu José Giacomolli, Julgado em 08/11/2013) (TJ-RS – RVCR: 70054047386 RS, Relator: Nereu José Giacomolli, Data de Julgamento: 08/11/2013, Segundo Grupo de Câmaras Criminais, Data de Publicação: Diário da Justiça do dia 25/11/2013)

- **Revisão criminal. Âmbito de cabimento. Nulidade.** 1. É cabível o ajuizamento de revisão criminal para anular condenação penal transitada em julgado quando a sentença for contrária ao texto expresso da lei penal ou à evidência dos autos, fundada em depoimentos, exames ou documentos falsos, ou se descobrirem provas novas da inocência ou de circunstância de autorize a diminuição da pena. (STJ – REsp 1371229/SE, Rel. Ministra MARIA THEREZA DE ASSIS MOURA, SEXTA TURMA, julgado em 20/10/2015, DJe 06/11/2015)

- **Desconstituição de sentença.** "É possível a desconstituição das sentenças penais condenatórias transitadas em julgado, por via do instituto da revisão criminal, que será admitida se presente uma das hipóteses previstas no art. 621 do Código de Processo Penal. Agravo regimental improvido" (STJ – AgRg no AREsp 538.603/PR, Rel. Min. Sebastião Reis Júnior, Sexta Turma, j. 9-9-2014, v.u.).

- **Dosimetria da pena.** "A lei penal não estabelece fração específica de aumento/diminuição nas duas primeiras etapas da dosimetria. É necessário, contudo, que Magistrado adote parâmetros simétricos e proporcionais à majoração/redução. Parecer da PGJ pelo conhecimento e o deferimento do pedido revisional. Revisão criminal conhecida e deferida". (TJSC, Revisão Criminal n. 2015.008991-6, de Concórdia, rel. Des. Carlos Alberto Civinski, j. 27-05-2015).

- **Erro técnico.** "As hipóteses que admitem a propositura da revisão criminal estão expressamente previstas nos incisos do artigo 621 do Código de Processo Penal, entre as quais não se prevê a possibilidade de reavaliação da dosimetria da pena. Porém, a jurisprudência passou a admitir excepcionalmente o seu cabimento, também quando ocorrer erro técnico ou explícita injustiça da decisão. Assim, a consideração de circunstâncias judiciais desfavoráveis sem elementos idôneos impõe o deferimento do pedido". (TJSC, Revisão Criminal n. 2013.047895-9, de São Lourenço do Oeste, rel. Des. Jorge Schaefer Martins, j. 11-12-2013).

- **Substituição da pena**. "A revisão criminal não é uma segunda apelação, somente sendo admitida quando presente ao menos uma das hipóteses previstas nos incisos do art. 621 do CPP, quais sejam, patente erro judiciário com manifesta valoração equivocada do panorama probatório coligido ou da lei penal, sentença condenatória fundada em indícios falsos, e, presença de novas provas que comprovem a inocência ou autorizem à redução a pena do acusado. Reconhecida a inconstitucionalidade do art. 2º, § 1º, da Lei de Crimes Hediondos, possível se faz a fixação de regime prisional aberto desde que o réu obedeça aos requisitos do art. 33, § 2º, 'c' do Código Penal. Consoante entendimento esposado no Habeas Corpus nº 97.256/RS, e com base na inconstitucionalidade recentemente declarada pelo Supremo Tribunal Federal no que diz respeito à vedação da substituição da pena para o crime de tráfico, cabível se faz a concessão da referida benesse, se o réu apresenta bons antecedentes e a pena restou fixada abaixo de 04 (quatro) anos, conforme art. 33, § 2º, 'c' do CP. (TJMG – Revisão Criminal 1.0000.13.064893-4/000, Relator(a): Des.(a) Jaubert Carneiro Jaques, 1º GRUPO DE CÂMARAS CRIMINAIS, julgamento em 17/04/2015, publicação da súmula em 08/05/2015)

- **Individualização da pena.** "A revisão criminal não é uma segunda apelação, somente sendo admitida quando presente ao menos uma das hipóteses previstas nos incisos do art. 621 do CPP. – Para a procedência do pleito revisional, com fulcro no art. 621, incisos II ou III, do CPP, é de rigor a comprovação, estreme de dúvida, da falsidade do depoimento ou a produção, em expediente próprio, de prova nova. v. v. 1- A existência de duas ou mais qualificadoras não autoriza o julgador a adotar as demais como circunstâncias agravantes genéricas, devendo esse aumento ser decotado, pois o legislador não conferiu ao magistrado essa discricionariedade, devendo a gradação da pena-base ser fixada entre o limite mínimo e máximo estabelecido para cada delito com uma ou mais qualificadoras, pois estas integram o tipo penal. Pedido revisional parcialmente deferido". (TJ-MG – RVCR: 10000121237127000 MG, Relator: Furtado de Mendonça, Data de Julgamento: 14/07/2014, Grupo de Câmaras Criminais / 1º GRUPO DE CÂMARAS CRIMINAIS, Data de Publicação: 25/07/2014).

- **Reavaliação fática da prova.** "A revisão criminal, apesar de não ter a amplitude da apelação, quando ajuizada com fundamento no art. 621, I do Código de Processo Penal, requer se proceda à reavaliação, e não ao reexame, do contexto fático-probatório. Não fosse assim, seria impossível chegar-se à conclusão de que a condenação fora, ou não, proferida contrariamente "à evidência dos autos". O Tribunal de Justiça de São Paulo não reexaminou o conjunto fático-probatório; apenas o reavaliou para concluir pela inexistência de provas aptas a embasar a sentença condenatória. Ordem concedida". (STF - HC 92341/SP - 2ª T. - Rel. Min. Eros Grau - DJ 31 21.02.2008 Public 22.02.2008)

- **Adequação da pena**. "Revisão criminal. Arguição de violação a texto expresso de lei ou à evidência dos autos (art. 621, inc. I, do CPP). Pleiteada redução das reprimendas, sob a alegação de que houve equívocos na avaliação das circunstâncias presentes no art. 59 do código penal. Deferimento parcial do pedido. Inexistência de *bis in idem* na aplicação das penas-base. Culpabilidade reprovável, má conduta social e personalidade voltada à prática delituosa devidamente evidenciadas. Adequação das penas ante a ausência de antecedentes criminais. Revisão parcialmente deferida. (TJSC - RC 2009.005463-9 - seção criminal - Rel. Des. Alexandre d'Ivanenko - j. 31.07.2009)

- **Decisão excepcional.** "[...] O acolhimento de pretensão revisional, na esfera criminal, há de ser excepcional, pois o que se pretende é alterar a coisa julgada. Assim, eventual contradição à evidência dos autos deve exsurgir cristalina nos autos, sem a necessidade de interpretação duvidosa ou análise puramente subjetiva das provas. (Código de processo penal comentado. 6. ed. rev., atual. e ampl., 2. tir., São Paulo: Revista dos Tribunais, 2007, p. 962). (TJSC - RC 2008.077348-2 - Seção Criminal - Rel. Des. Marli Mosimann - j 16.04.2009)

- **Redução da pena.** "A redução da pena em revisão criminal está condicionada ao comprovado erro técnico ou à injustiça explícita do julgado, caracterizadores, sempre, ainda que indiretamente, de violação do texto e/ou vontade da lei. (RJDTACrimSP 6/250)

- **Nulidade ou erro judiciário.** "A revisão criminal só pode prosperar havendo nulidade insanável no processo ou erro judiciário. E por tal erro a lei compreende a sentença baseada em prova física, desautorizada por prova nova, a que afronta texto expresso de lei e a contrária à evidência dos autos. Só nesses casos a estabilidade da coisa julgada, fator de tranquilidade social, cede passo ao direito de liberdade pessoal. (RT 534/378)

- **Decisão contrária à prova dos autos.** "Revisão criminal. Sentença condenatória. Alegação contrária à evidência dos autos. Homicídio qualificado. Deferimento do pedido. Quando o decreto condenatório conflita, de maneira irrefutável, com os elementos de prova existentes no processo, a decisão é acoimada de contrária à evidência dos autos" (TJPB - Pleno - RC 92.3554-8 - Rel. Juiz Convocado Hitler de Siqueira Campos Cantalice - unânime)

- **Ausência de provas.** "Julga-se procedente a Revisão Criminal quando em autos da Apelação foi reconhecida inexistência de provas que autorizem a condenação do Revisionando". (TJPB – RC 98.3999-3 – Rel. Des. Wilson Pessoa da Cunha – DJ 11.02.1999)

25.3. Sentença – provas falsas

b) **Inc. II** – quando a sentença condenatória se fundar em depoimentos, exames ou documentos comprovadamente falsos.

Destina-se a acolher pedido revisional calcado em provas forjadas que foram utilizadas para encimar manifestação judiciosa condenatória, mas que, com o decorrer do tempo, aflorou ou emergiu a falsidade embasadora da aludida decisão.

De tal modo, este é dos permissivos abrangidos pela revisão criminal para atingir falsos testemunhos, perícias ou documentos que não retratem a verdade real envolvendo os fatos constitutivos embasadores da sentença condenatória.

A comprovação deve ser produzida mediante ação penal cautelar preparatória de justificação, com a realização do contraditório, que, segundo algumas decisões, deve ser processada e julgada no juízo da condenação. Na Paraíba, o E. Tribunal de Justiça vem decidindo que a competência é da vara privativa para processar e julgar os procedimentos de jurisdição voluntária.

Além da permanente busca da verdade real nos processos criminais, este dispositivo objetiva prestigiar as provas lícitas, porquanto as ilícitas são inadmissíveis em juízo, conforme garantia constitucional (art. 5º, LVI).

É preciso, entretanto, que a prova falsa que autoriza a revisão seja relevante para definição da inculpabilidade do réu.

- **Garantias do processo.** "A desconstituição do acórdão falso não significa que houve rejulgamento da revisão criminal, muito menos se está a admitir uma revisão criminal *pro societate*. Trata-se de simples decisão interlocutória por meio da qual o Judiciário, dada a constatação de flagrante ilegalidade na proclamação do resultado de seu julgado, porquanto sedimentado em realidade fática inexistente e em correspondente documentação fraudada, corrige o ato e proclama o resultado verdadeiro (veredicto). Pensar de modo diverso (é que) ensejaria ofensa ao princípio do devido processo legal, aqui analisado sob o prisma dos deveres de lealdade, cooperação, probidade e confiança, que constituem pilares de sustentação do sistema jurídico-processual. O processo, sob a ótica de qualquer de seus escopos, não pode tolerar o abuso do direito ou qualquer outra forma de atuação que dê azo à litigância de má-fé. Logo, condutas contrárias à verdade, fraudulentas ou procrastinatórias conspurcam o objetivo publicístico e social do processo, a merecer uma resposta inibitória exemplar do Judiciário. Portanto, visto sob esse prisma, não há como se tolerar, como argumento de defesa, suposta inobservância à segurança jurídica quando a estabilidade da decisão que se pretende seja obedecida é assentada justamente em situação de fato e em comportamento processual que o ordenamento jurídico visa coibir. (STJ – REsp 1324760/SP, Rel. Ministro SEBASTIÃO REIS JÚNIOR, Rel. p/ Acórdão Ministro ROGERIO SCHIETTI CRUZ, SEXTA TURMA, julgado em 16/12/2014, DJe 18/02/2015)

- **Certidão. Pessoa homônima.** "Tendo em vista que a certidão acostada aos autos é de outra pessoa homônima, dá-se parcial provimento ao presente pedido revisional para reduzir a pena para 08 (oito) meses de detenção. Outrossim, nega-se provimento ao pedido de reconhecimento da extinção da punibilidade quanto à nova pena imposta ao requerente. PEDIDO REVISIONAL PARCIALMENTE PROVIDO. DECISÃO UNÂNIME." (TJRS – Revisão Criminal 70028664811, Segundo Grupo de Câmaras Criminais, Tribunal de Justiça do RS, Rel. Des.: José Antônio Hirt Preiss, Julgado em 10/07/2009)

25.4. Sentença – Produção de novas provas

c) **Inc. III** – quando, após a sentença, se descobrirem novas provas de inocência do condenado ou de circunstância que determine ou autorize diminuição da pena.

Ocorrendo a descoberta de novas provas que venham favorecer a situação processual do réu ou até mesmo demonstrar a sua inocência, cabe o pedido revisional fundamentado neste dispositivo legal.

Nessa modalidade, a prova idônea é a prova inédita, até então desconhecida.

Com efeito, as provas que possibilitam a revisão de processos encerrados são as inéditas, desconhecidas das partes, que seja robusta e consistentes, e não aquelas que já eram conhecidas, mas que apenas ganham nova versão ou novo formato de novas, e que sejam previamente produzidas jurisdicionalizadas, por meio do procedimento da justificação criminal.

Aqui é o caso de surgirem novas provas que desconstituam situações de circunstâncias agravantes, qualificadoras ou causas de aumento de pena, indevidamente declaradas, que foram motivações em desfavor do réu na sentença condenatória.

Contempla, também, se for o caso, até a absolvição do condenado, desde que as novas provas, virgens por não terem sido utilizadas nos autos, imprimam novo conceito processual de retratação dos fatos inerentes ao feito de que não foram cogitadas nem debatidas na decisão revisanda, posto que, na via revisional, é inidôneo o reexame de matérias já apreciadas. Aqui, cuida-se de novas provas, mesmo que tenham surgido antes ou subsequentes à sentença. Além disso, a nova prova tem de ser produzida previamente, através de ação penal cautelar preparatória de justificação, observando-se o contraditório. A nova prova deve estar pré-constituída para fundamentar o pedido revisional.

Portanto, evidenciando-se qualquer das situações prescritas no referido dispositivo do diploma processual penal, cabe a pretensão desconstitutiva para moldar a situação jurídica do condenado à realidade fática produzida nos autos.

- **Revisão criminal. Condenação pela prática de atentado violento ao pudor com violência presumida, baseada principalmente na palavra da vítima. Nova prova.** Retratação da ofendida, isentando o condenado de culpa, firmada em procedimento de justificação judicial. Idoneidade. A sentença e o acórdão decidiram, admitindo a autoria do acusado, com base na prova oral, não existindo outros elementos para afirmar a convicção do juízo condenatório, sendo devidamente proposta ação cautelar de justificação, para demonstrar a falsidade do testemunho da vítima. A retratação da vítima em juízo, afirmando não ter sido o requerente o autor do fato a ele imputado, é nova prova da inocência do condenado, sendo procedente a ação revisional para absolvê-lo com base nos art. 621, incs. II e III, e art. 386, inc. IV, todos do CPP. REVISÃO CRIMINAL PROCEDENTE POR MAIORIA. (TJRS – Revisão Criminal nº 70003251873, Primeiro Grupo de Câmaras Reunidas, Relator: Silvestre Jasson Ayres Torres, Julgado em 05/04/2002). (TJ-RN – RVC: 35798 RN 2010.003579-8, Relator: Desª. Judite Nunes, Data de Julgamento: 28/07/2010, Tribunal Pleno)
- **Revisão judicial. Prova nova. Seu valor, para reversão da condenação. Cotejo com a prova em que fundada a condenação.** Se a condenação criminal se funda na certeza moral do julgador, que, posto diante de alternativas probatórias não uníssonas, faz sua escolha, curial que do julgamento da revisão criminal não se exija também mais do que essa certeza moral, só que, aí, certeza da inviabilidade de sustentação do juízo condenatório pelo aporte de elementos que, analisados conjuntamente com o que produzido na ação penal, galgaram o juízo de reprovação penal à condição de solução não mais, por critérios racionais, minimamente aceitável. Condenação, no caso, por tentativa de estupro de enteada, então com 11 anos de idade, cuja prova se viu restrita, basicamente, ao relato da própria, não absolutamente coerente, tudo emergindo de comunicado à polícia cerca de dois anos após o fato, tempo em que a mãe da ofendida e o acusado estavam separados, fruto do flagrar deste na companhia de outra mulher. Vítima e sua mãe que, ouvidas em justificação judicial, admitiram que tudo não teria passado de armação que teriam urdido, movida por vingança e/ou despeito. Elementos que, se não definitivos para marcar que a

verdade somente agora apareceu, e não antes, ao menos têm aptidão de remeter a solução condenatória – já suportada, na ação penal, pelo que se poderia ter como grau mínimo de certeza – a algo despido das mínimas condições de segurança. Revisão procedente. (Revisão Criminal Nº 70022589964, Quarto Grupo de Câmaras Criminais, Tribunal de Justiça do RS, Relator: Marcelo Bandeira Pereira, Julgado em 22/02/2008) (TJ-RS – RVC: 70022589964 RS, Relator: Marcelo Bandeira Pereira, Data de Julgamento: 22/02/2008, Quarto Grupo de Câmaras Criminais, Data de Publicação: Diário da Justiça do dia 14/03/2008)

- **Cancelamento de cobrança.** "A prova nova, constituída pelo cancelamento do processo de cobrança de possível irregularidade pela CEMIG, está a revelar a inocência do peticionário. Procedência do pedido que se impõe". (TJMG – Revisão Criminal 1.0000.13.096705-2/000, Relator(a): Des.(a) Antônio Carlos Cruvinel , 1º GRUPO DE CÂMARAS CRIMINAIS, julgamento em 09/02/2015, publicação da súmula em 11/02/2015)
- **Prova nova.** "A finalidade da revisão é corrigir erros de fato ou de direito ocorridos em processos findos, quando se encontrem provas da inocência ou de circunstância que devesse ter influído no andamento da reprimenda. Hipótese em que o requerente demonstrou não ser o administrador da empresa responsável pelo não recolhimento das contribuições sociais devidas, na época dos fatos descritos na denúncia". (TRF-4 – RVCR: 20866 SC 2009.04.00.020866-0, Relator: MARCELO MALUCELLI, Data de Julgamento: 19/11/2009, QUARTA SEÇÃO, Data de Publicação: D.E. 27/11/2009)
- **Provas novas. Provas inéditas.** "As provas que admitem a revisão de processos findos são as inéditas, desconhecidas das partes (substancialmente novas), e não aquelas que já eram conhecidas, mas que apenas ganham nova versão ou roupagem (formalmente novas), sem contar que devem ser previamente produzidas sob o manto do contraditório e da ampla defesa, por meio do procedimento da justificação criminal, nos termos do artigo 861 e seguintes do Código de Processo Civil, aplicável subsidiariamente conforme o disposto no artigo 3º do Código de Processo Penal". (TJ-PR 8111717 PR 811171-7 (Acórdão), Relator: Miguel Pessoa, Data de Julgamento: 08/03/2012, 4ª Câmara Criminal em Composição Integral)
- **Prova jurisdicionalizada.** "Para a revisão, quando se trata de apresentação de 'provas novas', é necessário que seja ela produzida judicialmente, no juízo de 1º grau, obedecendo-se ao princípio do contraditório, com a exigência, portanto da participação do Ministério Público. Sendo inadmissível a produção de provas durante a ação revisional, para ser

ela obtida necessária se torna a justificação criminal. Tal justificação criminal, verdadeira ação penal cautelar preparatória, deve ser processada perante o juízo da condenação" (Julio Fabrini Mirabete, in Processo Penal, 8ª Ed. Atlas, São Paulo, 1998, p. 679). (TJ-PR – RVCR: 3719671 PR 0371967-1, Relator: Raul Vaz da Silva Portugal, Data de Julgamento: 30/04/2009, 5ª Câmara Criminal em Composição Integral, Data de Publicação: DJ: 138)

- **Retratação.** "A simples retratação da ofendida, em audiência de justificação judicial, não se mostra suficiente para o desfazimento da condenação criminal de seu padrasto por atentado violento ao pudor. Necessário, também, avaliar as razões dessa nova postura, cotejando-se-as com máximas de experiência. Razões expressas pela vítima para ter faltado com a verdade que não consoam com o que normalmente acontece. Mero desejo de residir com a avó que não justificaria a sustentação de tão pesadas acusações por menina então com apenas 13 anos de idade, e muito menos sua confirmação, quase três anos após, em juízo, quando já com sua situação consolidada, residindo há muito tempo fora do jugo da mãe e do requerente. Retratação que muito mais se afeiçoa a espécie de resposta ao apelo familiar, provocado pela prisão do réu, do que propriamente ao propósito de reparar inverdade contida no depoimento retratado. Falsidade da prova em que fundada a condenação não demonstrada. Ação improcedente. Por maioria". (TJRS – 70029439247/RS – 4º CCrim. – Rel. Des. : Marcelo Bandeira Pereira – j. em 26.06.2009)

- **Prova judicial. Robustez.** "O conteúdo da nova prova produzida em justificação judicial deve ser substancialmente robusto, capaz de enfraquecer todo o acervo probatório até então produzido. Se o novel elemento modifica em parte a situação fática, mas sem refutar cabalmente o substrato probante, descabe o acolhimento da revisão criminal. Demonstrada a finalidade inerente ao delito de atentado violento ao pudor, qual seja, de saciar a lascívia do agente, inadmissível a desclassificação para a contravenção de perturbação da tranquilidade, prevista no art. 65 da Lei de Contravenções Penais. (TJSC – RC 2008.079231-0 – Seção Criminal – Rel. Des. Salete Silva Sommariva – j. 29.05.2009)

- **Produção da nova prova.** TJSP: "No juízo da revisão não se admite a fase instrutória. Se inexistente a prova da inocência alegada pelo sentenciado, cabe obtê-la através de justificação". (RT 622/259).

- **Documento novo.** TARS: "Documento não produzido na instrução do processo onde condenado o revisando é nova prova, segundo entendimento doutrinário". (JTAERGS 72/17)

- **Retratação. Prova nova.** TJRJ: "Revisão criminal. Novas provas. A estas se equipara a retratação das vítimas, tomadas em justificação judicial, com a observância das cautelas legais". (RT 553/424).

- **Prova nova. Requisitos.** "A prova nova, indicada no inciso III do artigo 621 do Código de Processo Penal, deve ser obtida em estrita observância ao contraditório, adotando-se o procedimento da justificação judicial, disposto nos artigos 861 a 866, do Código de Processo Civil, razão pela qual a prova trazida unilateralmente pela defesa não pode ensejar a absolvição do peticionário" (TJMG -Revisão Criminal 1.0000.13.039150-1/000, Relator(a): Des.(a) Marcílio Eustáquio Santos , 3º GRUPO DE CÂMARAS CRIMINAIS, julgamento em 21/07/2014, publicação da súmula em 01/08/2014)

25.5. Generalidades

- **Revisão criminal erro material no cálculo da pena. Correção. Possibilidade. Readequação.** Em se tratando de erro material, admissível é a sua correção em sede revisional após o trânsito em julgado da condenação, razão pela qual se deve readequar a pena do requerente. 3. Revisão criminal conhecida e parcialmente procedente para corrigir erro material. (TJ-DF – RVC: 20150020074528, Relator: JOÃO BATISTA TEIXEIRA, Data de Julgamento: 27/04/2015, Câmara Criminal, Data de Publicação: Publicado no DJE: 18/05/2015 . Pág.: 103)

- **Nulidade.** "Admite-se a revisão criminal não só nas hipóteses previstas no art. 621 do CPP, mas também com fundamento em nulidade absoluta do processo, como decorre do art. 626 do mesmo Código. A jurisprudência assim o tem entendido, visto que as nulidades viciam o julgamento, tirando da sentença sua força e autoridade" (RT 534/407)

- **Provas não analisadas** (1). TACRSP: "Conhece-se do pedido revisional quando existe no pedido matéria ainda virgem, não cogitada nas decisões revisandas, inclusive na referente à revisão anterior". (JTACRESP 69/52)

- **Provas não analisadas** (2). TACRSP: "Para conhecimento da revisão, ex vi do disposto no n. III, do art. 621, do Código de Processo Penal, é indiferente que a "nova prova" preexista ou seja subsequente à sentença. O imprescindível é que seja pela primeira vez apresentada à aferição judicial, isto é, que o juiz da decisão revidenda não tenha, qualquer que seja a causa, "descoberto" tais elementos de prova, ainda que presentes nos autos, no momento da entrega da prestação jurisdicional". (RT 593/ 368-9)

- **Revisão. Diminuição de pena**. STF: "É possível, em revisão criminal, rever e reduzir a pena imposta. Nesse sentido é a jurisprudência do STF". (RT 558/424)
- **Revisão. Reconhecimento de atenuante**. TACRSP: "Em sede de revisão criminal é possível o reconhecimento, caso não tenha sido feito antes, nas vias recursais, da menoridade e da confissão espontânea do condenado, a fim de reduzir a reprimenda imposta, uma vez que tais circunstâncias devem ser levadas em conta na aplicação da pena, quando presentes". (RJDTACRIM 9/264)
- **Juiz singular.** TACRSP: "É admissível a aplicação analógica do art. 423 do CPP, justificação criminal, a processos de competência do juiz singular, também com base nos arts. 861 e 866 do CPC". (JTACRESP 6/ 143)
- **Revisão criminal. Revisor e relator**. Tratando-se de julgamento de revisão criminal, configura nulidade a participação, como relator, de desembargador que presidira o julgamento da apelação criminal do condenado, e a participação, como revisor, de desembargador que fora o relator do acórdão da apelação, por contrariedade ao art. 625, do CPP ("O requerimento será distribuído a um relator e a um revisor, devendo funcionar como relator um desembargador que não tenha pronunciado decisão em qualquer fase do processo."). (STF - HC 78.396/MG - Rel. Min. Ilmar Galvão - j. em 23.02.1999 - Informativo STF 139)
- **Tribunal do júri.** "Os juízes togados, podem validamente, no processo de revisão criminal reexaminar os veredictos do Tribunal do júri, pela prevalência do interesse social do *status libertatis*". (TJRJ - RT 594/372)
- **"Revisão Criminal. Provas novas.** Surgindo novas provas de inocência do condenado é de ser conceder a revisão da sentença para cassar a condenação". (TJPB - RC 98.3171-2 - Rel. Des. Wilson Pessoa da Cunha)
- **Retratação em justificação judicial.** "TJRS: "Retratação em justificação judicial, produzida sob o crivo do contraditório. Absolvição do requerente com fundamento nos arts. 621, III, 626 e 386, I, todos do CPP. Extensão do decisum ao corréu, nos termos do art. 580 do mesmo diploma. Voto vencido". (RJTJERGS 179/47)
- **Qualificadora.** "Revisão. Homicídio. Delito duplamente qualificado. Sentenciado, menor de 21 anos, que não teve a Segunda qualificadora

compensada com a menoridade. Possibilidade, em sede revisional, de reduzir a pena imposta quando verificado equívoco ou exasperação da reprimenda. Em sede de revisão criminal é possível rever e reduzir a pena imposta, quando se verificar a ocorrência de equívoco na fixação da reprimenda e exasperação na sua dosimetria, como no caso de sentenciado, menor de 21 anos, que praticou homicídio duplamente qualificado, que não teve a Segunda qualificadora compensada com a menoridade, atenuante que tem preponderância sobre outras circunstâncias. (RT 773/561)

- **Decisão *citra petita*.** "Criminal. REsp. Revisão criminal apontando a existência de fato novo. Argumento não analisado. Embargo declaratório rejeitado. Omissão no julgado configurada. Recurso conhecido e provido. Evidencia-se deficiência de prestação jurisdicional quando o Tribunal a quo, no julgamento dos embargos de declaração, deixa de analisar as teses lançadas pela defesa e que, se aceitas, poderiam ocasionar a absolvição do réu. Nulidade do acórdão recorrido, por apresentar relevante omissão, devendo ser devolvido ao Tribunal a quo, para que se proceda à apreciação das questões levantadas nos embargos de declaração. III – Recurso conhecido e provido, nos termos do voto do Relator. (STJ - 5ª T. - REsp. 785.659/ES - Rel. Min. Gilson Dipp - DJ 18.12.2006 - p. 485)

- **Cabimento.** "É cabível a via da Revisão Criminal para rever sentença proferida contra pessoa que, em um segundo momento, se sabe não ter cometido o crime objeto da condenação, sendo evidentemente legítima para ajuizá-la a parte que tem seu nome lançado como réu na sentença condenatória proferida com erro na identificação do agente do delito. Inteligência do art. 621, incs. II e III, do Código de Processo Penal. Recurso Especial conhecido e provido para, reformando o acórdão recorrido, conhecer da Revisão Criminal ajuizada e julgar procedente o pedido revisional, a fim de absolver o ora Recorrente da condenação que lhe foi indevidamente imposta. (STJ - 5ª T. - REsp. 645.582/PR - Rel. Min. Laurita Vaz - DJ 06.11.2006 - p. 361)

- **Dosimetria. Pena fixada no mínimo legal.** Consideração das circunstâncias judiciais. Contradição. Necessidade de revisão da reprimenda. Recurso provido. I. Hipótese em que o réu, condenado pela prática de tentativa de roubo com resultado lesão corporal de natureza grave, teve sua pena-base fixada no mínimo legal. II. Juízo monocrático que, sem realização de análise pormenorizada das circunstâncias judiciais, considerou-as favoráveis ao réu, em contradição com o Tribunal a quo que, apesar de reconhecer a existência de circunstâncias desfavoráveis, deixou de considerá-las para efeito de dosimetria da pena. III. Não obstante reconhecer-se a existência de discricionariedade na dosimetria da pena, a contradição entre a sentença e o acórdão demonstra a necessidade de revisão da reprimenda, com análise mais detida das circunstâncias judiciais. IV. Recurso provido, nos termos do voto do Relator. (STJ - 5ª T. - REsp. 832.916/MT - Rel. Min. Gilson Dipp - DJ 30.10.2006 - p. 404)

- **Anulação do processo**. "Pode parecer que o pedido de revisão deva assentar-se exclusivamente nas hipóteses do art. 621 do CPP. Entretanto, o art. 626, prevendo a possibilidade de anulação do processo, dá margem à admissão também do ingresso do peticionário no juízo revisional com esse objetivo" (RT 593/368)
- **Prescrição.** "A prescrição retroativa pode ser decretada em sede de revisão" (RT 546/367)

25.6. Das diligências

A revisão criminal é recurso privativo do réu contra sentença condenatória já transitada em julgado, a qual é admissível em casos taxativamente expressos em lei, e visando obter a anulação da sentença recorrida, a diminuição especial da pena que lhe foi imposta, ou a sua absolvição.

É o meio jurídico para a reparação de erro judiciário cristalizado na decisão que for contrária à evidência dos autos, calcada em provas falsas ou em razão do surgimento de novas provas.

O STF julgando o HC 76.874-1/DF, relatado pelo Min. Maurício Corrêa, deferiu habeas corpus "*determinando que o Tribunal coator prossiga no julgamento da revisão criminal para examinar o pedido de reinquirição de testemunhas e o de requisição de cópia do relatório da Comissão de Sindicância, como requerido na inicial*".

Esse entendimento já vinha sendo adotado pelo Tribunal de Justiça de São Paulo quando decidiu:

> "Autorizado o processamento de revisão, cabem na ação todas as providências de instrução que assegurem o conhecimento da verdade real, a serem tomadas pelo relator, como preparador do processo, ou pelo órgão judicante, que para tal poderá converter o julgamento em diligência" (RT 448/408). No mesmo sentido: TJACRIMSP - RC 4.038 e RT 191/126.

O Des. Ítalo Galli concluiu "em pesquisa histórico-legislativa que demonstra ser saciedade índole da revisão criminal no Brasil o seu julgamento 'como nas apelações'; e nestas, razoavelmente, jamais se duvidou da faculdade dos julgadores de Segunda instância de mandar proceder às diligências que se mostrarem necessárias à justa decisão da causa".

Tratando de uma ação da competência originária do Tribunal perante o qual é aforada, a aplicação analógica dos dispositivos da lei processual (CPP, art. 3º) logo sugere a utilização, no que for adequado, das providências de instrução que assegurem o conhecimento da verdade real, a serem tomadas pelo relator, como preparador do processo, ou pelo órgão judicante, que para tal poderá converter o julgamento em diligência.

No magistério do Des. Ítalo Galli: *"está ínsita na própria natureza do instituto revisional a faculdade de exigir o Tribunal, dada sua excepcional competência instrutória, os documentos, informações e mais diligências necessárias ao descobrimento da verdade, como nas apelações, uma vez que se trata, excepcionalmente, de corrigir um erro judiciário, fulminando a própria res judicata".*

Para o Des. Azevedo Franceschini, *"a razão é patente: ou existe o erro judiciário prejudicial ao réu e todos os esforços devem envidados para ser posto à mostra, para se eliminado, ou a coisa julgada efetivamente corresponde às exigências da verdade e da justiça real; e a evidenciação do acerto do veredicto há de majorar a pública confiança no bom funcionamento da Justiça do País".*

Nesse sentir, merece registro a manifestação do Min. Moreira Alves, no HC 68.088-7, quando afirma que *"o princípio da busca da verdade real que existe no sistema de nosso Código de Processo Penal, como acentua sua Exposição de Motivos, permite que, ainda quando em revisão, se promovam diligências para a apuração da verdade ou não do que alega o requerente em seu favor".*

Acrescente-se, ainda, que a Lei 8.038/90, disciplinadora dos processos originários perante os Tribunais, estabelece no seu art. 9º, de forma imperativa: *"a instrução obedecerá, no que couber, ao procedimento comum do CPP e (art. 2º) que o relator terá as atribuições que a legislação processual confere aos juízes singulares".*

Nesse figurino de juiz da instrução criminal, o CPP, no seu art. 156, confere ao magistrado no curso dela ou antes de proferir sentença, determinar, de ofício, diligências para dirimir dúvida sobre ponto relevante, assim como, poderá (art. 209), quando julgar necessário, ouvir outras testemunhas, além das indicadas pelas partes, pois, desta forma, deve prover à regularidade do processo (art. 251) para promover as medidas que assegurem a justa aplicação da lei penal no processo.

E mais, no seu art. 502, o CPP assenta que o juiz poderá ordenar diligências para sanar qualquer nulidade ou suprir falta que prejudique o esclarecimento da verdade.

Como se vê, o princípio superior da lei processual é a busca da verdade real ancorada pela garantia constitucional da ampla defesa com os recursos a ela inerentes.

Depreende-se, assim, que é direito subjetivo do autor revisional a realização de diligências, a reinquirição de testemunhas ou outras provas que se apresentem relevantes para demonstrar a sua alegação, quando fulcradas nas hipóteses dos incs. I (contrária à evidência dos autos) e II (provas falsas) do art. 621 do CPP, mais notadamente na hipótese de "valoração da prova quanto ao seu valor jurídico", envolvendo assim, a teoria de erro na valoração da prova, que ocorre quando mal apreciado seu valor jurídico como meio de prova". Portanto, a preterição desse direito incorre em cerceamento de defesa.

Com relação à descoberta de "novas provas", o procedimento mais adequado é a produção delas por meio de "justificação criminal" (CPC, arts. 861 e 866), típica medida cautelar preparatória para instrução do pedido revisional, sem restrições quanto à efetivação de outras diligências complementares.

O pedido revisional deverá ser instruído com a certidão de trânsito em julgado, pressuposto processual básico de admissibilidade dessa ação.

26. AÇÃO DE JUSTIFICAÇÃO CRIMINAL

O processamento da justificação para instruir futura ação de revisão criminal é de competência do juízo da ação ou da condenação. Esta é a conclusão de julgamento realizado pelo Tribunal de Justiça do Estado de São Paulo, cujo acórdão ficou assim lavrado:

> Competência criminal. Justificação. Prova tendente a instruir pedido de revisão. Medida que é de ser processada perante o Juízo da condenação e não sob livre distribuição. Conflito negativo de jurisdição procedente. Voto vencido. (RT 535/316)

Do voto do Relator, pinçamos os seguintes trechos:

> Como posta a questão, quanto à eficácia vinculatória ou não da justificação, positivamente não serve para deslinde da controvérsia. Não se trata, à evidência, de justificação antecedente da ação penal; mas sim, de providência subseqüente ao julgamento definitivo e com pretensão à desconstituição da eficácia material do julgado.
>
> Por essa singela exposição já se alteia, no senso comum, a estranheza de uma prova, em um juízo, tendente a contrariar o julgado de outro juízo, ambos de mesmo grau jurisdicional. Esse apelo ao normal, ao natural das coisas, embora não veja casuísmo na lei processual (a justificação é desconhecida na via criminal), encontra entre outros dispositivos, na harmonia exegética, respostas amplas, a dispensarem gratuitas elucubrações.
>
> [...] Não existe, mesmo, motivo para que se posterguem as regras de competência criminal, preconizadas para a ação penal, apenas porque o CPP não previu as justificações. Se a aceitação nesta esfera se faz pelo bafejo prolífico da analogia, com maior razão as regras concernentes ao juízo adequado devem tomar-se analogicamente. Afora isso, tudo tresandará em mero arbítrio do condenado, com uma liberdade processual que a lei não outorgou em caso nenhum, nem a si, nem ao órgão acusatório.

> [...] Sabe-se que as medidas judiciais em causa, ainda que se não possa falar em contraditório pleno (ao Ministério Público) seria de todo duvidoso o direito de produzir a contraprova), devem desenvolver-se perante o representante daquele junto a quem deverão produzir resultados: o Ministério Público, representante do Estado, nesse âmbito. Para poder avaliar a prova, pronunciar-se cabalmente, até para efeito de reperguntas, claro que deverá ter em mãos os autos principais originários da condenação. Sem isso, a nada se restringiria em termos práticos sua presença, além da formalização do ato. A nada, ainda, o poder de direção cometido ao juiz, impotente para apartar do útil o supérfluo, até o maroto propositadamente ausente da inicial, mas sub-repticiamente encartado no curso da justificação.
>
> Assim, seja sob o enfoque do juízo natural, seja no da adoção extensiva das regras previstas para a ação penal, seja no das consequências periclitantes que o entendimento contrário pode acarretar, inculca-se seletivo o entendimento pelo qual é ao juízo da ação (e da condenação) que incumbe processar as justificações elisivas das condenações.

Ainda, com relação à competência para processar a justificação criminal, que é de natureza cautelar, processando-se na forma do art. 861 e seguintes do Código de Processo Civil, é importante salientar que onde não houver juízo único, a Lei de Organização Judiciária local confere atribuição a Juízo de procedimentos especiais de jurisdição voluntária, sendo-lhe também atribuída a competência para o processamento da justificação criminal.

Concluída a justificação criminal, esta servirá de fundamento para o ajuizamento da ação revisional perante o Tribunal competente.

O pedido de revisão criminal não comporta fundamentação em provas de natureza extrajudicial, de modo que o revisando deverá promover a produção dos elementos probantes da sua tese calcado em depoimentos prestados perante a autoridade judicial.

Assim, o meio idôneo para a produção dessas provas é o ajuizamento da ação cautelar preparatória de justificação criminal, que deverá ser processada perante o juízo da condenação, aquele que proferiu a sentença condenatória, com a observância da garantia do contraditório, intimando-se o representante do Ministério Público, assim como a dos corréus, se houver, por serem partes interessadas, pois poderá o conteúdo das novas provas alcançá-los desfavoravelmente.

- **Ação de justificação criminal.** Deve-se admitir e processar a justificação criminal do condenado que busca judicializar novas provas a fim de propor ação de revisão criminal, sendo que o mérito dos aludidos elementos probatórios só deve ser examinado quando da análise da ação revisional. 2. Recurso provido. (TJMG - Apelação Criminal 1.0297.16.000691-4/002, Relator(a): Des.(a) Eduardo Brum , 4ª CÂMARA CRIMINAL, julgamento em 08/03/2017, publicação da súmula em 15/03/2017)

- **Justificação criminal para nova oitiva da vítima.** A via adequada para nova tomada de declarações da vítima com vistas à possibilidade de sua retratação é o pedido de justificação (art. 861 do CPC), ainda que ela já tenha se retratado por escritura pública. A justificação é o único meio que se presta para concretizar essa nova prova a fim de instruir pedido de revisão criminal, pois não serve para a ação revisional prova produzida unilateralmente, como a juntada da declaração da vítima firmada em cartório no sentido de que o condenado não foi o autor do crime. Tal prova só é válida se, necessariamente, for produzida na justificação judicial com as cautelas legais (RvCr 177-DF, Terceira Seção, DJ 4/8/1997). Ademais, a retratação da vítima nada mais é do que uma prova substancialmente nova. Desse modo, não há razão para não garantir ao condenado, diante do princípio da verdade real, a possibilidade de, na ação revisional, confrontar essa retratação – se confirmada em juízo – com os demais elementos de convicção coligidos na instrução criminal. (STJ – 6ª Turma – RHC 58.442-SP, Rel. Min. Sebastião Reis Júnior, julgado em 25/8/2015, DJe 15/9/2015).
- **Justificação judicial. Revisão criminal**. "Transitada em julgado a decisão condenatória para a defesa, o exame de novas provas somente pode ocorrer em sede de revisão criminal, desde que elas tenham sido produzidas mediante ação cautelar de justificação, sob pena de ser afrontada a garantia constitucional do contraditório." (STJ, HC 31.977/RS)
- **Justificação judicial. Revisão criminal**. Código Penal. Art. 121, § 2°, III do CP. Apelação de decisão que extinguiu ação de justificação. A pretensão de ouvir testemunha, em justificação judicial, não deve ser indeferida de pronto, sob o argumento de que se trata de prova inútil. Ademais, o exame da qualidade desta prova cabe, em um primeiro momento, ao juízo da Revisão Criminal e, se for o caso, ao Tribunal do Júri. (TJRS – Proc. 70028708535 – 3ª Câm. Criminal – Diário da Justiça do dia 21.07.2009 – Rel. Des. Ivan Leomar Bruxel)
- **Competência criminal.** Prova tendente a instruir pedido de revisão. Medida que deve ser processada perante o juízo da condenação e não sob livre distribuição. Conflito negativo de jurisdição procedente. Voto vencido. O juízo da ação (e da condenação) é o competente para processar a justificação tendente a instruir pedido revisional, não prevalecendo, pois, o critério da livre distribuição. (TJSP – RT 535/316)
- **Competência**: TACRESP: "O juízo da ação (e da condenação) é o competente para processar a justificação tendente a instruir pedido revisional, não prevalecendo, pois, o critério da livre distribuição". (RT 535/316)

- **Contraditório**: TJSC: "As provas novas, para justificar a revisão, devem ser feitas em juízo, obedecido o princípio do contraditório. Sem isso, nada valem". (RT 615/323)
- **Indeferimento do pedido**. Inadmissibilidade sob pena de ferir a garantia constitucional da ampla defesa. Matéria que embora não regulamentada em sede processual penal é admitida. Aplicação subsidiária dos arts. 861 a 866 do CPC. Inteligência do art. 423 do CPP. É defeso ao juiz indeferir pedido de justificação formulado pelo réu, sob pena de ferir a garantia constitucional da ampla defesa, pois, embora não regulamente a matéria, o art. 423 do CPP o admite em sede processual penal, devendo o interessado buscar, subsidiariamente, as disposições orientadas do assunto, contidas nos arts 861 a 866 do CPC. (TJRJ/700 – 2ª Câm. – Ap. 2.065/97 – Rel. Des. José Lucas Alves de Brito – j. em 17.03.1998)
- **Apelação.** "A decisão que indefere justificação, por ser definitiva, é apelável. (RT 469/339).

27. JUDICIALIZAÇÃO DAS DECISÕES DOS TRIBUNAIS DE CONTAS

Deve-se atentar que as demandas dos crimes contra o erário têm como fundamento, em geral, as decisões dos Tribunais de Contas se apresentam, no inicio, imutáveis quando transitado em julgado na sua esfera administrativa.

Entretanto, não estão imunes ao exame judicial, especialmente durante a tramitação até a última instância recursal no âmbito dessas Cortes de Contas.

Há um espaço jurídico para atuação da defesa na origem das tomadas ou prestações de contas, oportunidade em que não vem sendo utilizada, mas poderá proporcionar situações satisfatórias em eventuais ações penais relativas a essas questões afloradas nas auditorias, câmaras ou pleno dos Tribunais de Contas.

A judicialização de manifestações dos Tribunais de Contas na etapa administrativa é um instrumento jurídico ainda pouco explorado, mas pode proporcionar o exercício da defesa oportuna a ensejar resultados positivos em favor do agente público.

O princípio do amplo acesso ao Judiciário, expressamente previsto no atual texto constitucional (art. 5º, XXXV), inserido nos Direitos e Garantias Fundamentais, mostra com clareza a exclusividade do controle jurisdicional dos direitos individuais coletivos das pessoas.

No que se refere à coisa julgada administrativa verifica-se que é apenas uma preclusão de efeitos internos, e não tem o alcance de coisa julgada judicial.

Exauridos os meios de impugnação administrativa, torna-se irretratável, administrativamente, a última decisão, mas nem por isso deixar de ser atacável por via judicial, leciona Hely Lopes Meirelles[5].

Assim, as decisões definitivas concernentes a uma controvérsia jurídica só podem ser julgadas pelo Poder Judiciário, visto que, fora dele não há jurisdição.

O direito à jurisdição é uma prerrogativa subjetiva do cidadão que se julga lesado, ou ameaçado, nas suas garantias ou direitos legitimamente protegidos.

Os atos, procedimentos e decisões dos Tribunais de Contas são de natureza administrativa e estão sujeitos ao exame pelos órgãos do Poder Judiciário, mesmo aquelas devido à preclusão, que operaram coisa julgada administrativa.

Nessa linha de entendimento, o Superior Tribunal de Justiça já decidiu: "*A decisão que aprecia as contas dos administradores de valores públicos faz coisa julgada administrativa no sentido de exaurir as instâncias administrativas, não sendo mais suscetível de revisão naquele âmbito. Não fica, no entanto, excluída de apreciação pelo Poder Judiciário, porquanto nenhuma lesão de direito pode dele ser subtraída. 6. O art. 5º, inc. XXXV da CF/88, dispõe que "a lei não excluirá da apreciação do Poder Judiciário lesão ou ameaça a direito". 7. A apreciação pelo Poder Judiciário de questões que foram objeto de pronunciamento pelo TCU coaduna-se com a garantia constitucional do devido processo legal, porquanto a via judicial é a única capaz de assegurar ao cidadão todas as garantias necessárias a um pronunciamento imparcial.* (STJ – REsp. 472.399/AL – 1ª Turma – DJ 19.12.2002 – p. 00351 – Rel. Min. José Delgado).

Mais recentemente, o STJ foi mais pontual ao proferir o seguinte julgamento:

> "O míster desempenhado pelos Tribunais de Contas, no sentido de auxiliar os respectivos Poderes Legislativos em fiscalizar, encerra decisões de cunho técnico-administrativo e suas decisões não fazem coisa julgada, justamente por não praticarem atividade judicante. Logo, sua atuação não vincula o funcionamento do Poder Judiciário, o qual pode, inclusive, revisar as suas decisões por força Princípio Constitucional da Inafastabilidade do Controle Jurisdicional (art. 5º, XXXV, da Constituição). (REsp 1032732/CE, Rel. Ministro BENEDITO GONÇALVES, PRIMEIRA TURMA, julgado em 25/08/2015, DJe 08/09/2015)

Outros tribunais já vinham adotando a mesma posição:

> "A lei não excluirá da apreciação do Poder Judiciário lesão ou ameaça a direito", nos termos do disposto no art. 5º, XXXV, da CF/88. II – A decisão do Tribunal de Contas da União que aprecia as contas de Prefeitos faz coisa julgada na esfera administrativa, mas está sujeita à apreciação do Poder Judiciário, eis que o direito de ação é público e subjetivo. III – Apelação provida, com o retorno dos autos ao Juízo de origem para regular processamento do feito. TRF-1 – APELAÇÃO CIVEL AC 11112 MG 2000.38.00.011112-7 (TRF-1),

5. Direito Administrativo Brasileiro, 27ª Ed., Malheiros Editores: São Paulo, 2001, p. 649.

"Os atos do Tribunal de Contas, mesmo os julgamentos, não são discricionários, mas vinculados. Os primeiros possuem mérito – que é insindicável, consoante o entendimento (ainda) dominante -, sendo que os segundos são plenamente vinculados e questionáveis, nos limites admitidos por tal categoria de atos administrativos. O que ora importa sublinhar, de forma clara – já que é esse o preciso objeto da pretensão recursal -, é a efetiva possibilidade de revisão das decisões administrativas prolatadas pelo Tribunal de Contas da União, pelo Poder Judiciário, ao qual compete o controle e a tutela jurisdicionais, nos termos dos balizamentos supra delineados" (art. 5º, XXXV da CF; e art. 745, V, do CPC). Dou provimento ao recurso, para anular a sentença recorrida. (TRF2 – APELAÇÃO CIVEL: AC 340934 RJ 2000.51.01.016320-5 Relator(a): Desembargador Federal POUL ERIK DYRLUND Julgamento: 12/06/2007 Órgão Julgador: OITAVA TURMA ESPECIALIZADA Publicação: DJU – Data::15/06/2007 – Página::381

No decorrer da tramitação da tomada de contas ou prestação de contas, quando citado, o interessado apresenta sua defesa escrita com os esclarecimentos devidos e juntada de documentos, que são analisados pela Auditoria que pode acolher ou rejeitá-las. Em seguida, o feito é encaminhado para o Ministério Público que emite parecer favorável ou não, ou parcial, conforme seja o caso.

Sobreleva ressaltar que em sendo o conteúdo do exame da defesa rejeitado pela Auditoria e parecer ministerial no mesmo sentido, restará evidenciada a potencialidade de ser adotado pelo voto do Relator, seja na Câmara ou no Pleno, de ser mantido aquele entendimento, e com maior probabilidade de ser referendado pelos demais Julgadores.

De modo que, na hipótese de avaliação da defesa de que a interpretação racional de normas foram desprezadas ou provas desconsideradas, afetando a sua valoração no contexto jurídico, surge a oportunidade da propositura de uma demanda judicial de natureza declaratória ou anulatória.

Essa ação deverá pleitear o deferimento de antecipação de tutela para que suspenda aquele processo administrativo até decisão definitiva pelo órgão jurisdicional. A petição inicial deverá figurar no polo passivo a União, o Estado ou o Município, mas deverá requerer a citação da Corte de Contas.

A propositura deverá vindicar o provimento judicial que reconheça a eficácia e legitimidade dos elementos probatórios não valorizados, pelo Tribunal de Contas, na dimensão de suas relevâncias ou com a interpretação jurídica racional e condizente com os fatos defensivos expostos à luz da normatividade de regência.

Se, ao final, a demanda for julgada procedente, o Tribunal de Contas, sob pena de nulidade, deverá considerar o que foi decidido judiciosamente pelo órgão judicante.

O outro momento apropriado é após o julgamento pela Câmara ou Plenário do tribunal de contas.

Aqui é importante ressaltar que o interessado deverá apresentar recurso de reconsideração, no prazo de 15 (quinze) dias, que tem efeito suspensivo, conforme preceitua o art. 32 da Lei Orgânica do Tribunal de Contas da União cujo dispositivo é reproduzido pelos demais Tribunais de Contas, sejam estaduais ou municipais, e dentro deste mesmo prazo, de forma simultânea, ingressar com a ação judicial própria com pedido de antecipação de tutela para suspender o julgamento até decisão definitiva no âmbito do Poder Judiciário.

O recurso de reconsideração já deverá ser instruído com a petição inicial endereçada à vara fazendária.

A postulação judicial deverá estar focada na proteção dos direitos e garantias fundamentais do devido processo legal, do exercício da ampla defesa e do contraditório.

A garantia do devido processo legal deve retratar a realidade procedimental do desenrolar de todo o processo a ser materializado pela verificação de todas as formalidades e exigências normativas.

O exercício da ampla defesa é o direito à prova lícita, à paridade de tratamento, à presença em todos os atos do processo e a oportunidade de questionar e impugnar.

Já o contraditório é a garantia de bilateralidade de audiência e que do confronto de provas, estas sejam consideradas e valorizadas na importância do seu conjunto. O desvalor de provas ou seu menosprezo ensejará na manifesta negação do direito de defesa.

É condição de validade os julgamentos a manifestação do julgador pelo livre convencimento, mas motivado e vinculado às alegações elaboradas e as provas produzidas, circunstâncias que afastam o ato de julgar em ato de vontade.

O julgador ao ignorar a valoração de provas ou incorrer em interpretações impróprias, sem respaldo no ordenamento jurídico ou dissociado do valor das provas manifesta-se por um ato de vontade, numa posição de arbitrariedade inquisitorial.

Se, por um lado a garantia do exercício da ampla defesa é assegurar o direito de prova ao acusado, por outro, a prova juntada ou produzida não poderá ser desconsiderada ou menosprezada pelo entendimento voluntário, sob o pretexto do livre convencimento, sob pena de substituir um julgamento administrativo arbitrário, em virtude de ser dissociado da realidade processual e desprovido de base legal.

Extrai-se desse contexto a possibilidade de erro de valoração da prova ou aplicação de normas com a largueza que não contempla os julgamentos jurisdicionais ao caso concreto, que se limitam as tipificações taxativas, sem adoção de interpretação analógica que agravem a situação do agente.

A respeito do valor da prova, merecem destaques os seguintes julgados: "Valoração da prova. Erro. O erro na valoração da prova ocorre quando mal apreciado seu valor jurídico como meio de prova". (STJ - 4ª Turma - Ag. 15.083/SP - Rel. Min. Sálvio de Figueiredo - j. em 04.12.1991 - DJU 03.02.1992, p. 472). "Valoração da prova. A valorização da prova diz respeito ao valor jurídico desta, para admiti-la ou não em face da lei que a disciplina, razão por que é questão estritamente de direito". (RTJ 132/1.337).

Quando a Carta Política condiciona a legitimidade dos julgamentos à sua necessária fundamentação, é porque não admite que se releve o valor da prova produzida pelo agente, sem a indispensável motivação plausível, para que assim, se conheça as suas razões.

Se a motivação não for justa e razoável, equivale a negar o direito de prova.

Assim, a valorização de prova diz respeito ao valor jurídico desta no contexto da defesa invocada em razão de disposição legal em favor de quem a produziu. Sendo esta desprezada ou de forma desproporcional, na sua importância para a apuração da verdade e resultado do julgamento, esse comportamento do julgador redunda no desprestígio do valor legal da prova, implicando, assim, a negação do contraditório cuja essência é o direito de ser ouvido, compreendido e considerado no processo com as provas produzidas.

Configura, portanto, no exame da qualificação jurídica dos fatos, a reclamação de apreciação e pronunciamento de aspectos que não são analisados, mas pertinentes à prova, tais como: perícias, documentos públicos ou privados, ouvida de testemunhas, pareceres, decisões judiciais etc., que mereçam manifestação explícita porque estariam relacionados com o resultado influente do deslinde.

A propósito do erro de julgar, veja-se a lição de José Afonso da Silva:

> [...] os erros do juiz podem derivar de uma má interpretação das questões de fato ou da má compreensão de direito. Significa dizer que o juiz, por qualquer circunstância, não compreende o sentido das condutas (fatos) sob seu conhecimento (erro de fato), ou não compreende o sentido dos esquemas genéricos, o Direito escrito, invocado, no processo, e que orienta aquelas condutas, e lhes serve de guia na interpretação das várias intencionalidades objeto do seu juízo (erro de direito).

E José Miguel García Medina, depois de examinar no corpo de sua monografia, de modo percuciente, a matéria, "*excluem-se das questões de fato a qualificação jurídica dos fatos, pois quando se qualifica erroneamente um fato há, em consequência, aplicação incorreta da lei*".

Por oportuno, impede-se a transcrição do seguinte julgado:

- Valoração da prova. Relativa. Ato jurídico perfeito. Adequação à lei. A valoração da prova é relativa ao ato jurídico perfeito. Adequação da prova Constituição e à lei ordinária. Compreende admissibilidade e formação consoante o ordenamento jurídico. A primeira é consentimento, constatável em plano meramente normativo. A segunda, porque relacionada com os princípios de realização, própria também da experiência jurídica, não se confunde com a interpretação da prova, ou seja, avaliação dos dados fáticos elaborada pelo magistrado. (STJ – REsp. 112087/DF – 6ª Turma – DJ 27.10.1997 – p. 54.843 – Rel. Min. Luiz Vicente Cernicchiaro)

A pertinência temática se apresenta oportuna diante da algumas posições adotada pelas auditorias, pareceres ministeriais e decisões de natureza administrativa que se imiscuem nos limites da garantia do poder discricionário dos gestores públicos, repelem a ilegitimidade ativa de atos e competência da responsabilidade de ordenação de despesas, assim como, atribuem responsabilidade de ressarcimento de despesas cujos serviços foram prestados ou produtos fornecidos, numa sugestão de enriquecimento sem causa para o erário.

Por fim, recomenda-se que a ação judicial seja proposta contra a Entidade Pública (União, Estado ou Município) porque "*na ação em que um particular argúi a nulidade de ato administrativo emanado pelo Tribunal de Contas estadual, é o próprio Estado, dotado de personalidade jurídica, quem deve ser arrolado como legitimado passivo, porquanto, como regra geral, referido órgão não possui capacidade processual*". (TJ-PR – AI: 5125431 PR 0512543-1, Relator: Abraham Lincoln Calixto, Data de Julgamento: 26/05/2009, 4ª Câmara Cível, Data de Publicação: DJ: 192)

Capítulo II
Dos recursos em geral

Sumário • 28. Pressupostos: **28.1**. Tempestividade; **28.2**. Razões recursais; **29**. Do recurso em sentido estrito – **30**. Da apelação; **30.1**. Ausência de contrarrazões; **30.2**. Execução provisória da pena – **31**. Embargos declaratórios – **32**. Carta testemunhável – **33**. Do processo e recursos nos tribunais.

28. PRESSUPOSTOS

O recurso é meio jurídico processual razão por que é possível a parte vencida, o terceiro interessado ou o órgão ministerial impugnarem decisões judiciais visando à sua reforma ou invalidação, como também almejar sua revisão para fins de esclarecimentos ou integração.

As regras para processamentos dos recursos estão expressos no art. 574 e ss. do Código de Processo Penal[6].

28.1. Tempestividade

Tempestivo significa que o ato processual foi realizado ao seu tempo, no momento oportuno, aquele que foi efetivado no limite do prazo estabelecido

---

6. ***Art. 574***. *Os recursos serão voluntários, excetuando-se os seguintes casos, em que deverão ser interpostos, de ofício, pelo juiz:*
I– da sentença que conceder habeas corpus;
II – da que absolver desde logo o réu com fundamento na existência de circunstância que exclua o crime ou isente o réu de pena, nos termos do art. 411.

pelo regramento normativo mediante o procedimento previsto, que revela a sua exatidão e certeza.

No âmbito judicial, o encaminhamento de peças processuais ou instrumentos recursais, deve ser dirigido ao setor de protocolo para identificação inequívoca da sua tempestividade, um pressuposto processual objetivo para seu conhecimento pela autoridade judiciária.

O requisito formal de protocolo para os recursos está preceituado no parágrafo único do art. 506 do Código de Processo Civil, assim redigido:

> **Art. 506.** O prazo para a interposição do recurso [...]
>
> Parágrafo único. No prazo para a interposição do recurso, a petição será protocolada em cartório ou segundo a norma de organização judiciária, ressalvado o disposto no § 2º do art. 525 desta Lei.

A redação da norma processual é clara: *"quando o ato tiver que ser praticado em determinado prazo, por meio de petição, esta deverá ser apresentada no protocolo, dentro do horário de expediente, nos termos da lei de organização judiciária local."*

> Nesse particular, o egrégio Superior Tribunal de Justiça há muito vem entendendo que: "A contagem do prazo se faz com observância da data do protocolo, e não da juntada da petição" (STJ-5ª Turma, REsp. 34.288-4PR, rel. Min. Flaquer Scartezzini, j. 1.9.93, deram provimento, v.u., DJU 27.9.93, p. 19.826).

O protocolo eletrônico ou mecânico, registra hora e dia da apresentação da peça recursal.

Registre-se, por oportuno, que é obrigação do juiz *"assegurar às partes igualdade de tratamento"* (art. 125, I, do CPC).

E o art. 4º da Lei nº 8.429/92 estabelece que *"os agentes públicos de qualquer nível ou hierarquia são obrigados a velar pela estrita observância dos princípios de legalidade, impessoalidade e moralidade no trato dos assuntos que lhe são afetos"*.

De forma que, o Ministério Público atuando na condição de autor da demanda deverá ter o mesmo tratamento dispensado ao réu/promovido, sob pena de clara violação aos princípios da isonomia e segurança jurídica.

Se ao advogado do réu/promovido não é conferido o direito de juntar petição recursal nos autos, também não há como ser deferido ao Ministério Público esse privilégio processual de peticionar à margem do protocolo geral do fórum ou tribunal.

Logo, vê-se que as prerrogativas das partes devem ser plenamente respeitadas e, ao promotor de justiça-parte não deve ser dispensado qualquer tratamento processual diferenciado, porquanto jamais seria admitida a apelação do advogado que, com carga do processo para a elaboração de seu apelo, limita-se a juntar a peça nos autos, devolvendo-os à serventia.

Sobreleva proclamar, que a autenticação mecânica do protocolo disponibilizada às partes, de forma equânime e impessoal, assegura ao litigante adversário a legitimidade do ato praticado, afastando a possibilidade de indevida intervenção humana com a aposição do carimbo de devolução dos autos ao alvedrio do servidor cartorário.

De modo que, havendo somente a informação oficial do cartório da aferição de tempestividade do recurso: o carimbo de recebimento dos autos em cartório, não atende às disposições legais de regência, podendo o servidor do Poder Judiciário, inclusive em prejuízo ao direito da parte, certificar o recebimento dos autos em data posterior. Clara, portanto, é a falta de segurança.

Nesse sentido, o Superior Tribunal de Justiça (AgRg no AI 817.096/SP) entendeu ser insuficiente a devolução dos autos pela Procuradoria Regional da República ao competente Tribunal Regional Federal, ainda que contendo em seu bojo o recurso especial e respeitado o interregno de interposição, posto que, no entender de sua remansosa jurisprudência, a tempestividade somente é aferida pelo registro no protocolo.

Desta forma, considerando ser dever da parte diligenciar no sentido de garantir o regular processamento de seu recurso, deve o advogado ou o representante do Ministério Público, providenciar o protocolo apelatório ou recursal, e não simplesmente juntá-lo nos autos.

A parte que não protocola a sua peça recursal assume o risco da sua intempestividade, pois *"A petição recursal não entregue ao serviço de protocolo mecânico existente na comarca é tida como intempestiva" (TAMG – Agravo de Instrumento n. 312.230-5, 2ª Câmara Cível, rel. Juiz Caetano Levi Lopes, deram provimento, v.u., j. em 12.9.2000).*

Outrossim, em face do princípio da publicidade dos atos processuais, a parte contrária tem o direito de fiscalizar a tempestividade dos mesmos. Tratando-se de recurso, a fiscalização é exercida através do sistema mecânico de protocolo, quando existente. Nem mesmo o despacho anterior lançado pelo juiz é suficiente para assegurar a publicidade, conforme decidiu o egrégio Supremo Tribunal Federal:

> "Recurso. Apelação. Petição protocolada fora do prazo. Intempestividade. Ementa oficial: Apelação. Prazo. Local de interposição. Embargos de divergência conhecidos e rejeitados para adotar-se a orientação do acórdão embargado, segundo a qual a entrega da petição no protocolo é que fixa a tempestividade da apelação. A petição despachada dentro do prazo, mas não entregue no protocolo dentro dos 15 dias, tem-se como intempestiva. Com essa tese se afina o requisito da publicidade dos atos processuais, sem o qual as partes ficam cerceadas do direito de fiscalizar o regular andamento do processo" (Ac. no ERE 91.339-4 – MG, Pleno, rel. Min. Soares Muñoz, j. em 10.2.82, RT 569/246).

Como se vê, é dever da parte utilizar o protocolo eletrônico ou mecânico para registrar o ingresso de suas peças processuais, sob pena de ser considerada intempestiva.

- **Aferição da tempestividade do recurso. Data da entrada da petição no Protocolo do Tribunal. Irrelevância da data da postagem nos Correios.** Precedentes do STF. 4. Mandado de segurança contra ato judicial. Ausência de teratologia ou abuso de poder. Não cabimento. Precedentes. 5. Agravo regimental ao qual se nega provimento. (STF – RMS 32932 AgR, Relator(a): Min. GILMAR MENDES, Segunda Turma, julgado em 02/02/2016, PROCESSO ELETRÔNICO DJe-035 DIVULG 24-02-2016 PUBLIC 25-02-2016)

- **Intempestividade. Recurso protocolado em Tribunal diverso.** A jurisprudência do Supremo Tribunal Federal fixou entendimento no sentido de que é intempestivo o recurso protocolado por equívoco em tribunal diverso e recebido somente após o trânsito em julgado da decisão recorrida. Precedentes. (STF – AI 710068 AgR, Relator(a): Min. ROBERTO BARROSO, Primeira Turma, julgado em 17/11/2015, ACÓRDÃO ELETRÔNICO DJe-058 DIVULG 30-03-2016 PUBLIC 31-03-2016)

- **Recurso interposto por *fac-símile* após o horário de expediente do tribunal.** Protocolo. Dia seguinte ao término do prazo. Intempestividade. Artigo 4º da Lei nº 9.800/99. 1. A Lei n.º 9.800/99, faculta "às partes a utilização de sistema de transmissão de dados e imagens tipo fac-símile ou outro similar, para a prática de atos processuais que dependem de petição escrita", determinando, em seu artigo 4º, que "quem fizer uso de sistema de transmissão torna-se responsável pela qualidade e fidelidade do material transmitido, e por sua entrega ao órgão judiciário." 2. Considera-se intempestivo o recurso transmitido por fac-símile que, embora interposto no último dia do prazo recursal, é recebido após o expediente forense, pois o protocolo só poderá ser efetivado no dia seguinte ao término do prazo recursal. 3. Agravo regimental provido. (STJ – AgRg no AgRg no REsp: 1050282 RJ 2008/0085633-6, Relator: Ministro LUIZ FUX, Data de Julgamento: 18/06/2009, T1 – PRIMEIRA TURMA, Data de Publicação: <!-- DTPB: 20090806
 --> DJe 06/08/2009)

- **Ausência de protocolo. Regularidade formal. Intempestividade.** Considerando ser dever da parte diligenciar no sentido de garantir o regular processamento de seu recurso, exige-se a existência do respectivo protocolo e não a sua simples juntada aos autos. Do contrário, o recorrente assume o risco de subsistir dúvida sobre a sua interposição no prazo legal, gerando o seu não conhecimento. RECURSO NÃO CONHECIDO. (TJ-SC – APR: 20110982782 SC 2011.098278-2 (Acórdão), Relator: Newton Varella Júnior, Data de Julgamento: 02/10/2013, Quarta Câmara Criminal Julgado)

- **Ausência de protocolo. Regularidade formal. Intempestividade.** O Superior Tribunal de Justiça (AgRg no AI 817.096/SP) entendeu ser insuficiente a devolução dos autos pela Procuradoria Regional da República ao competente Tribunal Regional Federal, ainda que contendo em seu bojo o recurso especial e respeitado o interregno de interposição, posto que, no entender de sua remansosa jurisprudência, a tempestividade somente é aferida pelo registro no protocolo. Em harmonia vêm decidindo os Tribunais pátrios: AGRAVO INTERNO - APELAÇÃO - AUSÊNCIA DE PROTOCOLO DE INTERPOSIÇÃO - MERA JUNTADA AOS AUTOS PELO ÓRGÃO MINISTERIAL - FALTA DE PRESSUPOSTO DE REGULARIDADE FORMAL - NEGATIVA DE SEGUIMENTO - DECISÃO MANTIDA - AGRAVO DESPROVIDO. - Em que pese a lei permita aos membros do Ministério Público a juntada de manifestações aos autos, independentemente de protocolo, mediante recibo da respectiva secretaria, tal prerrogativa não pode ser estendida à interposição recursal, porquanto, ato postulatório que é, deve revestir-se dos requisitos formais específicos previstos em lei (art. 506, parágrafo único, CPC), não podendo ser dito simples manifestação. A se admitir o recurso irregularmente interposto pelo Parquet, ter-se-ão comprometidos os princípios da publicidade dos atos processuais - que viabiliza à parte contrária o direito de fiscalizar, por meio idôneo, o regular andamento do processo - e da igualdade de tratamento das partes. - Recurso desprovido. (TJ-MG - AGT: 10153100004164002 MG , Relator: Eduardo Andrade, Data de Julgamento: 11/06/2013, Câmaras Cíveis / 1ª CÂMARA CÍVEL, Data de Publicação: 20/06/2013)

- **Prazo. Contagem. Ministério Público. Protocolo administrativo. Sede. Instituição.** Insertos nos pressupostos objetivos dos Recursos têm-se a previsão legal e a tempestividade, cabendo consignar que o prazo para a interposição de recurso criminal segue a norma do artigo 593, I c/c artigo 798 do Código de Processo Penal, ou seja, a apelação criminal cabível contra sentença definitiva de condenação deverá ser interposta no prazo de 05 (cinco) dias, contado a partir da data da intimação da parte. 2. O termo inicial da contagem do prazo para o d. Ministério Público corresponde ao da entrega dos autos no serviço de protocolo administrativo da instituição, ainda que outro seja o momento da ciência da r. sentença. 3. Ante a ausência de protocolo ou carimbo na peça recursal ou de certidão cartorária acusando o recebimento dos autos no d. Juízo a quo, evidenciando a possibilidade de a apelação ter sido interposta em data posterior ao quinquídio legal (art. 593 do CPP), não há outra solução a não ser atender ao pleito preliminar de intempestividade recursal arguido pela d.

Defesa em sede de contrarrazões, à luz do in dubio pro reo. 4. Preliminar acolhida. Recurso não conhecido. (Acórdão n.561445, 20110910005142APR, Relator: SILVÂNIO BARBOSA DOS SANTOS, 2ª Turma Criminal, Data de Julgamento: 19/01/2012, Publicado no DJE: 30/01/2012. Pág.: 229)

- **Recurso. Contagem. Data do protocolo mecânico.** Em face do princípio da publicidade dos atos processuais, a parte contrária tem o direito de fiscalizar a tempestividade dos mesmos. Tratando-se de recurso, a fiscalização é exercida através do sistema mecânico de protocolo, quando existente. – A contagem do prazo se faz com observância da data do protocolo, e não da juntada da petição, sendo que há precedente deste Sodalício no sentido de que a petição recursal, não entregue ao serviço de protocolo mecânico existente na comarca, é tida como intempestiva. (TJMG – Apelação Cível 2.0000.00.438014-3/000, Relator(a): Des.(a) Mauro Soares de Freitas , Relator(a) para o acórdão: Des.(a) , julgamento em 08/10/2004, publicação da súmula em 28/10/2004)

- **Protocolo em data posterior ao termo final do prazo. Intempestividade. Súmula 216/STJ.** É intempestivo o recurso especial que, remetido via Correios ao Tribunal recorrido, foi protocolado em data posterior ao termo final do prazo recursal. Incidência da Súmula 216/ STJ. . Consoante iterativa jurisprudência, a tempestividade dos recursos dirigidos a esta Corte é aferida pela data do protocolo estampada na petição e não pela data da postagem no correio ou do recebimento da petição por serventuário do Tribunal. Precedentes. 3. O dever de levar aprotocolo, no tempo devido, a petição do recurso especial compete à parte insatisfeita com o provimento jurisdicional prestado, não ao funcionário do Tribunal encarregado do recebimento da correspondência. Precedentes. 4. Agravo regimental desprovido." (AgRg no Ag 851.503/SP, Rel. Ministro FERNANDO GONÇALVES, QUARTA TURMA, julgado em 18/09/2007, DJ 01/10/2007 p. 284).

- **Protocolo em data posterior ao termo final do prazo. Agravo improvido.** "Inviável o agravo de instrumento ante a intempestividade do Recurso Especial. A tempestividade do recurso é aferida pela data em que efetivamente ocorreu o protocolo e não pelo recebimento dos autos no Tribunal. Precedentes. É ônus do recorrente zelar pelo encaminhamento em tempo da petição do recurso ao setor de protocolo do Tribunal. Agravo regimental improvido. (AgRg no Ag 817.096/SP, Rel. Ministra MARIA THEREZA DE ASSIS MOURA, SEXTA TURMA, julgado em 03/02/2009, DJe 16/02/2009)

- **Protocolo ilegível. Suprimento. Certidão. Inviabilidade.** "Conforme entendimento pacífico, a certidão expedida pelo tribunal a quo, afirmando a tempestividade do recurso especial, não supre a ausência de qualquer dos elementos indispensáveis para aferição desse requisito recursal por esta Corte, dentre eles, a data legível da protocolização do apelo excepcional. Agravo regimental não provido. (AgRg no Ag 1.041.719/SP, Rel. Min. CASTRO MEIRA, SEGUNDA TURMA, DJe 09/10/2008)

- **Tempestividade.** STF: "Esta Corte firmou o entendimento de que, mesmo no processo penal, a apelação é tempestiva ainda quando, entregue em cartório no prazo legal, tenha sido despachada tardiamente". (RT 648/337)
- **Tempestividade.** TJSP: O protocolo é medida instituída em benefício das partes, mas não impõe obrigatoriedade na sua utilização. Assim, despachada a petição de recurso dentro do prazo, é de se presumir que sua entrega em cartório também tenha se verificado antes de seu esgotamento. (RT 573/366)
- **Tempestividade.** TJRS: "A petição do recurso deve obter o despacho do magistrado até a meia-noite do último dia do prazo, na própria casa do juiz, devendo o recorrente ter o cuidado de, no dia seguinte ao último do prazo, efetuar a juntada dos autos da petição com o despacho do magistrado. A juntada aos autos, sim, obedece ao horário de expediente forense. Daí a importância fundamental da presença do magistrado na comarca. Por petição o recurso é tempestivo quando na derradeira oportunidade contém os dois pressupostos: despacho do magistrado na petição e juntada aos autos pelo Escrivão". (RJTJERGS 153/82)
- **Recurso. Ministério Público. Desistência.** TAMG: "Conforme preceitua o art. 576 do CPP, ao Ministério Público é vedado desistir de recurso que haja interposto, já que não tem disponibilidade da ação penal pública. Assim, nessas condições, face à inexistência de processo findo, não há que se conhecer de pedido revisional, posto que um dos pressupostos essenciais de sua admissibilidade é estar-se diante de decisão transita em julgado". (RT 620/346-7)
- **Recurso. Procuração.** TJMT: "Deparando-se com situação processual sui generis, onde se colhe que o patrono do réu participou do sumário sem exibir procuração e, após a sentença protestando pela entrega do respectivo instrumento, mas não fê-la, situação admitida pelo próprio Judiciário, a amplitude de defesa é o paradigma para que se conheça do recurso". (RT 618/346)
- **Defensor dativo.** TJPR: "O recurso interposto por defensor dativo independe de expressa anuência ou concordância do réu, quando este se encontra recolhido à prisão". (RT 537/370)

- **Defensor Público.** STF: "Apelação criminal de réu revel, interposta pela Defensoria Pública. Deve ser conhecida e julgada, independentemente de ratificação do próprio acusado". (RTJ 88/317)
- **Curador.** TACRSP: "De nada adiantaria a exigência da lei de se dar curador a menor de 21 anos, para completar-lhe a capacidade processual, se o nomeado ficasse jungido á vontade da pessoa que lhe cabe assistir e não pudesse exercer a defesa fora dos limites por ela fixados". (RT 531/364)
- **Interesse processual.** TJSP: "Dispõe expressamente o parágrafo único do art. 577 do CPP que "não se admitirá recurso da parte que não tiver interesse na reforma ou modificação da decisão". (RT 547/317)
- **Princípio da fungibilidade.** STF: "O CPP, em seu art. 579, consagra o princípio da fungibilidade dos recursos. Esta norma confere ao juiz amplos poderes para fazer a conversão do recurso, independentemente de proposição da parte, desde que interposto dentro do prazo legal". (RT 598/427)

28.2. Razões recursais

A garantia de que todos os litígios observem para sua eficácia e validade, os pressupostos assecuratórios de condições amplas de defesa, está inserta na Constituição Federal, quando estabelece o seu art. 5º, LV: *"aos litigantes, em processo judicial ou administrativo, e aos acusados em geral são assegurados o contraditório e ampla defesa, com os meios e recursos a ela inerentes"*.

Assim, a ausência das razões meritórias de uma apelação implica o afastamento da garantia do exercício da ampla defesa, mesmo que o defensor tenha sido intimado, mas não atendido para apresentá-las.

É a própria Constituição Federal que assegura a ampla defesa com os meios e recursos a ela inerentes, de modo que este direito na jurisdição superior deve ser assegurado para expor as razões do seu recurso.

É importante assinalar que o advogado é indispensável à administração da justiça, conforme preceitua o art. 133 da Carta Constitucional, não sendo legítima a sua supressão numa fase que requer conhecimentos profissionais.

Ademais, não se pode compreender que o direito de defesa da liberdade de uma pessoa seja afetado pela negligência profissional de um advogado, cuja participação do processo é uma exigência constitucional.

O Estado de direito resguarda o "devido processo legal" e a "ampla defesa com os meios e recursos a ela inerentes", como garantia primordial de uma boa justiça.

Destaque-se, por oportuno, a largueza cognitiva da jurisdição superior em rever e reapreciar todas as questões de fato e de direito julgadas pelo órgão a quo.

O duplo grau de jurisdição se caracteriza exatamente por essa ampla devolução cognitiva, tanto que as apelações não estão restringidas por fundamentação vinculada as suas razões.

A propósito da temática da ausência de razões recursais, impende-se a transcrição dos seguintes julgados; senão vejamos:

> Se o Advogado constituído pelo réu é intimado para apresentar contrarrazões à apelação do Ministério Público, e não as apresenta, deve o Juiz nomear Defensor dativo, para que o faça. A partir desse instante, o Defensor constituído não precisa ser intimado dos demais atos do processo, mas, sim, o Defensor dativo. 3. Hipótese em que todas essas formalidades foram observadas. Precedentes. (STF - 1ª T. - 73087 - DJU 31.05.1996 - Rel. Min. Sidney Sanches). No mesmo sentido HC-52823, RTJ 72/38, RHC 58881, RTJ 99/144, HC 68182.

Nesse sentir, outro julgado:

> TACRSP: Ausência de razões em recurso não possibilita a subida deste à Instância Superior, devendo o réu constituir novo defensor, sob pena de se lhe nomear dativo, a fim de assegurar o direito à aplicação dos princípios constitucionais da ampla defesa e do contraditório. (RJDTACRIM 5/58). No mesmo sentido. TACRSP - RT 545/382)

As decisões que ilustram este arrazoado demonstram a indispensabilidade das razões recursais, por constarem a motivação, argumentação e visão fundamentada da irresignação perquirida, condição essencial para garantir-lhe o exercício da ampla defesa na jurisdição superior.

Aliás, sobre essa temática impende a lição de insculpida no livro de Ada Pellegrini Grinover: "*Se o defensor constituído não apresentar as razões ou contrarrazões, deve o juiz intimar o acusado a constituir outro defensor para formulá-las; em caso de defensor dativo, o juiz deve substituí-lo*"[7].

Sobre a nulidade decorrente da falta das razões da defesa, ver Grinover, Sacarance e Magalhães. Recentemente, acentuou o STF que "*a ausência de contrarrazões ao recurso do Ministério Público, do qual resultou sensível agravamento da pena imposta ao paciente*", constitui "*cerceamento de defesa*", devendo ser anulado o "*julgamento da apelação*". (HC 68.885-3/RS - DJU 13.12.1991 - p. 18.354).

7. Grinover, Ada Pellegrini. Recursos no Processo Penal. 2. ed. São Paulo: RT, 1996. p. 150.

29. DO RECURSO EM SENTIDO ESTRITO[8]

O recurso em sentido estrito é instrumento processual para atacar as decisões interlocutórias de natureza incidental no curso de uma ação nas matérias especificadas no art. 581 do Código de Processo Penal. A sua aplicação é taxativa nas hipóteses enumeradas pelo mencionado dispositivo legal.

- **Indeferimento. Pedido. Produção antecipada de prova. Cabimento.** "Não obstante predomine o entendimento de ser taxativo o rol de hipóteses de utilização do recurso em sentido estrito, esse rigor vem sendo abrandado, porque não se revela razoável sua estagnação, notadamente diante de constantes mudanças na legislação processual, sendo prudente, em determinadas situações, permitir que a ele se recorra.

8. **Art. 581**. Caberá recurso, no sentido estrito, da decisão, despacho ou sentença:
I – que não receber a denúncia ou a queixa;
II – que concluir pela incompetência do juízo;
III – que julgar procedentes as exceções, salvo a de suspeição;
IV – que pronunciar;
V – que conceder, negar, arbitrar, cassar ou julgar inidônea a fiança, indeferir requerimento de prisão preventiva ou revogá-la, conceder liberdade provisória ou relaxar a prisão em flagrante;
VI – (revogado)
VII – que julgar quebrada a fiança ou perdido o seu valor;
VIII – que decretar a prescrição ou julgar, por outro modo, extinta a punibilidade;
IX – que indeferir o pedido de reconhecimento da prescrição ou de outra causa extintiva da punibilidade;
X – que conceder ou negar a ordem de habeas corpus;
XI – que conceder, negar ou revogar a suspensão condicional da pena;
XII – que conceder, negar ou revogar livramento condicional;
XIII – que anular o processo da instrução criminal, no todo ou em parte;
XIV – que incluir jurado na lista geral ou desta o excluir;
XV – que denegar a apelação ou a julgar deserta;
XVI – que ordenar a suspensão do processo, em virtude de questão prejudicial;
XVII – que decidir sobre a unificação de penas;
XVIII – que decidir o incidente de falsidade;
XIX – que decretar medida de segurança, depois de transitar a sentença em julgado;
XX – que impuser medida de segurança por transgressão de outra;
XXI – que mantiver ou substituir a medida de segurança, nos casos do art. 774;
XXII – que revogar a medida de segurança;
XXIII – que deixar de revogar a medida de segurança, nos casos em que a lei admita a revogação;
XXIV – que converter a multa em detenção ou em prisão simples.
Art. 582. Os recursos serão sempre para o Tribunal de Apelação, salvo nos casos dos ns. V, X e XIV.
Parágrafo único. O recurso, no caso do n. XIV, será para o presidente do Tribunal de Apelação.
Art. 583. Subirão nos próprios autos os recursos:
I – quando interpostos de ofício;
II – nos casos do art. 581, I, III, IV, VI, VIII e X;
III – quando o recurso não prejudicar o andamento do processo.
Parágrafo único. O recurso da pronúncia subirá em traslado, quando, havendo dois ou mais réus, qualquer deles se conformar com a decisão ou todos não tiverem sido ainda intimados da pronúncia.

Mostra-se possível a interposição de recurso em sentido estrito contra a decisão que indefere o pedido de produção antecipada de prova, para que, em cada caso concreto, se identifique ou não a necessidade dessa providência processual. Recurso especial provido". (STJ - RECURSO ESPECIAL Nº 504.789-GO (2003/0038598-4) - rel. Min. Paulo Gallotti - DJU — Seção 1 — pág. 363 de 17.09.2007).

- **Despacho de juiz. Aditamento de denúncia**. "Fora das hipóteses elencadas no art. 581 do Código de Processo Penal, não é possível admitir-se recurso em sentido estrito. Não há previsão legal para recurso, de despacho de magistrado que encaminha ao Representante do Ministério Público para aditamento de denúncia se assim entender, ou remessa ao Procurador-Geral de Justiça (art. 28 do CPP) para as providências que aquela autoridade achar de acerto. Por isso não se

---

Art. 584. Os recursos terão efeito suspensivo nos casos de perda da fiança, de concessão de livramento condicional e dos ns. XV, XVII e XXIV do art. 581.

§ **1º** Ao recurso interposto de sentença de impronúncia ou no caso do n. VIII do art. 581, aplicar-se-á o disposto nos arts. 596 e 598.

§ **2º** O recurso da pronúncia suspenderá tão-somente o julgamento.

§ **3º** O recurso do despacho que julgar quebrada a fiança suspenderá unicamente o efeito de perda da metade do seu valor.

Art. 585. O réu não poderá recorrer da pronúncia senão depois de preso, salvo se prestar fiança, nos casos em que a lei a admitir.

Art. 586. O recurso voluntário poderá ser interposto no prazo de 5 (cinco) dias.

Parágrafo único. No caso do art. 581, XIV, o prazo será de 20 (vinte) dias, contado da data da publicação definitiva da lista de jurados.

Art. 587. Quando o recurso houver de subir por instrumento, a parte indicará, no respectivo termo, ou em requerimento avulso, as peças dos autos de que pretenda traslado.

Parágrafo único. O traslado será extraído, conferido e concertado no prazo de 5 (cinco) dias, e dele constarão sempre a decisão recorrida, a certidão de sua intimação, se por outra forma não for possível verificar-se a oportunidade do recurso, e o termo de interposição.

Art. 588. Dentro de 2 (dois) dias, contados da interposição do recurso, ou do dia em que o escrivão, extraído o traslado, o fizer com vista ao recorrente, este oferecerá as razões e, em seguida, será aberta vista ao recorrido por igual prazo.

Parágrafo único. Se o recorrido for o réu, será intimado do prazo na pessoa do defensor.

Art. 589. Com a resposta do recorrido ou sem ela, será o recurso concluso ao juiz, que, dentro de 2 (dois) dias, reformará ou sustentará o seu despacho, mandando instruir o recurso com os traslados que lhe parecerem necessários.

Parágrafo único. Se o juiz reformar o despacho recorrido, a parte contrária, por simples petição, poderá recorrer da nova decisão, se couber recurso, não sendo mais lícito ao juiz modificá-la. Neste caso, independentemente de novos arrazoados, subirá o recurso nos próprios autos ou em traslado.

Art. 590. Quando for impossível ao escrivão extrair o traslado no prazo da lei, poderá o juiz prorrogá-lo até o dobro.

Art. 591. Os recursos serão apresentados ao juiz ou tribunal ad quem, dentro de 5 (cinco) dias da publicação da resposta do juiz a quo, ou entregues ao Correio dentro do mesmo prazo.

Art. 592. Publicada a decisão do juiz ou do tribunal ad quem, deverão os autos ser devolvidos, dentro de 5 (cinco) dias, ao juiz *a quo*.

conhece do recurso". (TJPB – RCSE 97.0873-7 – Rel. Des. José Martinho Lisboa – j. em 27.06.1997)

- **Denúncia. Rejeição.** TJSP: Equivale à rejeição da denúncia a decisão que só a admite com capitulação diversas, pois nessa hipótese não é recebida como foi apresentada". (RT 577/344)
- **Denúncia. Recebimento.** TJMG: Não cabe recurso em sentido estrito contra despacho que recebe denúncia, em resultado da reforma do anterior despacho que a rejeitara". (RT 540/353)
- **Contrarrazões.** "Não é exigível a abertura de vista ao indiciado para contra-arrazoar o recurso em sentido estrito, interposto pelo acusado do despacho que rejeitara a denúncia (art. 588 do CPP)". (STF – RT 636/370)
- **Arrazoar. Instância superior.** "O art. 600, § 4º, do CPP assegura a faculdade de arrazoar na instância superior em caso de apelação, não se referindo ao recurso em sentido estrito". (STF – RT 605/413)
- **Intimação. Contrarrazões.** "Constitui nulidade a falta de intimação do denunciado para oferecer contrarrazões ao recurso interposto da rejeição da denúncia, não a suprindo a nomeação de defensor dativo. (Súmula 707/STF)
- **Juízo de retração.** O art. 589 do CPP. A norma do artigo, garantia de defesa, deve ser cumprida, sustentando o juiz, ou reformando o despacho, oposto o recurso em sentido estrito. A falta de manifestação, nesse sentido, importa em nulidade, a partir do despacho". (STF – RT 569/430)
- **Intempestividade. Razões.** "Recurso em sentido estrito. Não oferecimento ou intempestividade das razões recursais. Circunstância que não impede o Tribunal de conhecer e julgar o recurso. O não oferecimento ou a intempestividade das razões recursais não impede que o Tribunal conheça do recurso em sentido estrito e o julgue. (RT 771/690)
- **Decisão interlocutória.** "TJSP: O recurso em sentido estrito tem por finalidade a irresignação em face de uma decisão interlocutória, de natureza incidental. Não atinge, nunca, o mérito da causa. A própria redação da norma do art. 581 do CPP é taxativa, não admitindo ampliação. Assim, não cabe tal recurso contra decisão que recebe libelo crime acusatório. (RT 632/295)
- **Ausência de recurso específico. Cabimento.** "TJSP: Diferentemente do que acontece na lei substantiva penal, admite-se no processo a interpretação analógica, porque, não havendo na sistemática criminal o agravo, outro recurso não cabe senão o em sentido estrito para corrigir

imperfeições, vícios, erros ou irregularidades que possam ocorrer das decisões interlocutórias ou outras que tais. (RT 551:332; STF – RT 588:425)

- **Decisão interlocutória mista.** "TJSP: Das decisões com força de definitivas, denominadas "interlocutórias mistas", cabe apelação se para elas não estiver previsto o recurso *stricto sensu*". (RT 612/287)
- **Indeferimento. Relaxamento de prisão.** "Incabível o recurso em sentido estrito da decisão que indefere pedido de relaxamento de prisão em flagrante; por não se enquadrar na previsão legal do art. 581, V, do CPP, dele não se conhece" (RT 588/352)
- **Unificação das penas.** "O recurso cabível nos casos de unificação de penas por força dos crimes continuados que foram objeto de processos autônomos é o em sentido estrito, com base no art. 581, XVII, do CPP, e não o agravo. Assim também se entende para as hipóteses de aplicação da *lex mitior*, por força do art. 13, § 1º, da LICPP. O uso de tal recurso possibilita a sustentação oral e a interposição de embargos infringentes ou de nulidade, o que favorece o recorrente, dando maior elasticidade ao princípio da ampla defesa. (RT 625/271)
- **Rejeição. Despacho. Incidente de falsidade.** "Interposição do despacho que rejeita in limine incidente de falsidade documental. Conhecimento. Voto vencido. Improvimento. Inteligência dos arts. 145 e 581, XVIII, do CPP. (RT 576/355)

30. DA APELAÇÃO[9]

Apelação é termo originado do latim *appellatio* que tem o significado de a pessoa vencida numa causa judicial dela utilizar-se para que a instância superior reapreciando-a promova uma nova decisão, confirmando ou modificando total ou parcialmente a que foi proferida em jurisdição de grau inferior.

---

9. **Art. 593**. Caberá apelação no prazo de 5 (cinco) dias:

I – das sentenças definitivas de condenação ou absolvição proferidas por juiz singular;

II – das decisões definitivas, ou com força de definitivas, proferidas por juiz singular nos casos não previstos no Capítulo anterior;

III – das decisões do Tribunal do Júri, quando:

a) ocorrer nulidade posterior à pronúncia;

b) for a sentença do juiz-presidente contrária à lei expressa ou à decisão dos jurados;

c) houver erro ou injustiça no tocante à aplicação da pena ou da medida de segurança;

d) for a decisão dos jurados manifestamente contrária à prova dos autos.

§ **1º** Se a sentença do juiz-presidente for contrária à lei expressa ou divergir das respostas dos jurados aos quesitos, o tribunal *ad quem* fará a devida retificação.

É ato processual posto à disposição da parte vencida no âmbito do juízo do primeiro grau, que, não se conformando com a decisão desta, apela para o tribunal, submetendo-o à devolução de toda a matéria objeto do julgamento.

Se a sentença julgar e decidir parcialmente a causa, ambos os litigantes detêm pressuposto processual do interesse jurídico para apelar.

Com efeito, a apelação é o recurso cabível para impugnar a sentença, ato judicial que põe fim sobre a controvérsia da manifestação judiciosa definitiva, é dirigida ao tribunal com o objetivo de provocar o reexame do julgado, cuja reforma poderá ser total, parcial ou de anulação da sentença.

Cuida-se de um recurso ordinário de ampla devolução cognitiva ao órgão ad quem que possibilita a concretização do princípio do duplo grau de jurisdição.

É vedado ao tribunal agravar a situação do recorrente pelos motivos e fundamentos por ele utilizados.

- **Legitimidade.** Esta Corte tem entendido que a apelação criminal de réu revel que possa recorrer solto e que foi interposta pelo defensor dativo deve ser conhecida independentemente de ratificação pelo acusado. (STF – RT 654/382)

- **Legitimidade.** "O Ministério Público, como custos legis, tem legitimidade para recorrer em favor do réu, sobretudo quando se trata de pessoa pobre, beneficiária da assistência judiciária". (STF – RT 552/431)

- **Legitimidade.** Alegação de falta de interesse do MP para recorrer da sentença absolutória, porque, nas alegações finais, o Promotor de Justiça que interveio pedira a absolvição. Recurso interposto por outro membro do Ministério Público, que foi provido, com a condenação do ora paciente, em fundamentado aresto. Hipótese em que não cabe ver violação ao parágrafo único do art. 577 do CPP. Independência funcional dos membros do Ministério Público. Funções de custos legis e dominus litis. Manifestação do MP, em alegações finais, não vincula o julgador, tal como sucede com o pedido de arquivamento de inquérito policial, nos termos e nos limites do art. 28 do CPP. HC indeferido". (STF – RT 710/377)

---

§ **2º** Interposta a apelação com fundamento no n. III, "c", deste artigo, o tribunal ad quem, se lhe der provimento, retificará a aplicação da pena ou da medida de segurança.

§ **3º** Se a apelação se fundar no n. III, "d", deste artigo, e o tribunal ad quem se convencer de que a decisão dos jurados é manifestamente contrária à prova dos autos, dar-lhe-á provimento para sujeitar o réu a novo julgamento; não se admite, porém, pelo mesmo motivo, segunda apelação.

§ **4º** Quando cabível a apelação, não poderá ser usado o recurso em sentido estrito, ainda que somente de parte da decisão se recorra.

- **Absolvição. Apelo. Acusação. Retorno dos autos. Descabe condenação no 2º Grau.** No julgamento de apelação interposta pelo Ministério Público contra sentença de absolvição sumária, o Tribunal não poderá analisar o mérito da ação penal para condenar o réu, podendo, entretanto, prover o recurso para determinar o retorno dos autos ao juízo de primeiro grau, a fim de viabilizar o prosseguimento do processo. (STJ – HC 299.605-ES, Sexta Turma, DJe 1º/7/2015). 5ª Turma – HC 260.188-AC, Rel. Min. Nefi Cordeiro, julgado em 8/3/2016, DJe 15/3/2016.

- **Recebimento do apelo. Recolhimento do réu. Condição. Inadmissibilidade.** 3ª Seção deste Superior Tribunal de Justiça, após inúmeros julgados, editou o enunciado sumular n. 347/STJ: "O conhecimento de recurso de apelação do réu independe de sua prisão". Assim, não se pode exigir, como requisito de admissibilidade do recurso de apelação, o recolhimento do réu à prisão, em respeito à garantia constitucional da ampla defesa. Ordem concedida, de ofício, para, ratificando a liminar deferida, desconstituir a decisão que impediu o processamento do recurso de apelação. (STJ – HC 258.954/RJ, Rel. Ministra MARILZA MAYNARD (DESEMBARGADORA CONVOCADA DO TJ/SE), SEXTA TURMA, julgado em 27/05/2014, DJe 10/11/2014)

- **Direito de apelar em liberdade. Sentença. Mantença. Prisão Cautelar.** A prisão processual deve ser configurada no caso de situações extremas, em meio a dados sopesados da experiência concreta, porquanto o instrumento posto a cargo da jurisdição reclama, antes de tudo, o respeito à liberdade. Dispõe o art. 387, § 1.º, do CPP, que, na sentença, "o juiz decidirá, fundamentadamente, sobre a manutenção ou, se for o caso, a imposição de prisão preventiva ou de outra medida cautelar, sem prejuízo do conhecimento de apelação que vier a ser interposta". In casu, o encarceramento cautelar, medida extrema cujo traço marcante é a excepcionalidade, foi mantido, na sentença (negativa do apelo em liberdade), sem respaldo em quaisquer circunstâncias colhidas do caso concreto. Ordem concedida para que o paciente possa aguardar em liberdade o julgamento da apelação, se por outro motivo não estiver preso. (STJ - HC 387.362/SP, Rel. Ministra MARIA THEREZA DE ASSIS MOURA, SEXTA TURMA, julgado em 14/03/2017, DJe 22/03/2017)

- **Réu que responde solto. Apelo. Acórdão. Prisão cautelar. Direito de apelar em liberdade.** Consoante entendimento firmado pelo Supremo Tribunal Federal no julgamento do ARE n. 964.246/SP, sob a sistemática da repercussão geral, é possível a execução da pena depois da prolação de acórdão em segundo grau de jurisdição e antes do trânsito em julgado da condenação, para garantir a efetividade do direito penal e dos bens jurídicos constitucionais por ele tutelados. Como ainda não houve pronunciamento definitivo do Tribunal de Justiça passível de ser impugnado por meio de recurso especial e/ou de recurso extraordinário, deve ser afastada a possibilidade de execução imediata da pena, notadamente quando verificado que o paciente respondeu a todo o processo em liberdade e teve negado o direito de recorrer em liberdade sem nenhum fundamento concreto que, à luz do art. 312 do Código de Processo Penal, evidenciasse poder ele, em liberdade, colocar em risco a ordem pública ou a ordem econômica, ou mesmo se furtar à aplicação da lei penal. Ordem concedida para, confirmada a liminar, suspender os efeitos do acórdão proferido nos autos da Apelação Criminal n. 0000044-74.2014.8.26.0019, na parte em que determinou a expedição de mandado de prisão para execução provisória da pena imposta ao paciente, que deverá permanecer em liberdade até o prévio esgotamento das instâncias ordinárias, se por outro motivo não houver necessidade de ser preso. (STJ - HC 381.830/SP, Rel. Ministro ROGERIO SCHIETTI CRUZ, SEXTA TURMA, julgado em 09/03/2017, DJe 16/03/2017)

- **Direito de apelar. Liberdade.** Hipótese na qual a custódia da paciente foi revogada no decorrer do processo, sob o argumento de não mais subsistirem os motivos ensejadores da segregação cautelar, sendo que, proferida sentença condenatória, foi-lhe negado o direito de recorrer em liberdade, em razão do risco ao cumprimento da lei penal e da recomposição ao erário, bem como da concreta possibilidade de reiteração criminosa. Tendo a acusada respondido a parte do processo em liberdade, a fundamentação apresentada na sentença e preservada pelo Tribunal a quo não trouxe nenhum fato novo apto a comprovar a necessidade de recolhimento da mesma à prisão antes do julgamento do recurso de apelação defensivo. Precedentes desse Superior Tribunal de Justiça. Ordem concedida, de ofício, para cassar o acórdão recorrido e a sentença condenatória, somente na parte em que indeferiu o recurso em liberdade". (STJ – HC 290.880/MG, Rel. Ministro ERICSON MARANHO (DESEMBARGADOR CONVOCADO DO TJ/SP), SEXTA TURMA, julgado em 10/02/2015, DJe 26/02/2015)

- **Direito de apelar. Liberdade.** "Se o réu permaneceu solto ao longo do processo, sem que de tal status resultasse prejuízo à ordem pública, à instrução criminal ou à aplicação da lei penal, é natural que assim continue até o trânsito em julgado da condenação, salvo se o julgador – em relação a quem não preclui o poder de analisar a adequação e a necessidade de imposição de medida cautelar durante toda a persecução penal - indicar motivos bastantes para, ainda que em decisão aparentemente tardia, exercer seu ius coercendi. Ordem concedida para, confirmando a liminar deferida, relaxar a prisão cautelar do paciente, decretada na Apelação. (STJ – HC 291.593/SP, Rel. Ministro ROGERIO SCHIETTI CRUZ, SEXTA TURMA, julgado em 07/10/2014, DJe 19/11/2014)

- **Direito de apelar. Liberdade.** "A jurisprudência desta Corte Superior é remansosa no sentido de que a determinação de segregação do réu, antes de transitada em julgado a condenação, deve efetivar-se apenas se indicada, em dados concretos dos autos, a necessidade da cautela (*periculum libertatis*), à luz do disposto no art. 312 do CPP. Assim, a prisão provisória se mostra legítima e compatível com a presunção de inocência somente se adotada, em caráter excepcional, mediante decisão suficientemente motivada. Não basta invocar, para tanto, aspectos genéricos, posto que relevantes, relativos à modalidade criminosa atribuída ao acusado ou às expectativas sociais em relação ao Poder Judiciário, decorrentes dos elevados índices de violência urbana. Na espécie, o juiz singular apontou genericamente a presença dos vetores contidos no art. 312 do Código de Processo Penal, sem indicar motivação suficiente para justificar a necessidade de colocar o recorrente cautelarmente privado de sua liberdade, uma vez que se limitou a afirmar que "o crime perpetrado pelo agente é dos mais gravosos, equiparado a hediondo e, sobretudo, fomentador de centenas de homicídios anualmente nesta Comarca [...]", que "[...] as circunstâncias descortinadas na instrução enunciam que o agente está envolvido com o transporte de grandes quantidades de drogas [...], e que "[...] formada a culpa – inclusive com a confissão espontânea do réu – nada justifica o retardamento da execução da pena." O recorrente respondeu ao processo solto, pois foi a ele concedido o benefício da liberdade provisória e, desde então, não há notícia nos autos de que tenha se envolvido em outra prática delitiva ou procurado obstar a produção probatória da ação penal a que responde no Juízo de origem. Recurso provido para que o recorrente possa aguardar em liberdade o trânsito em julgado da ação penal". (STJ – RHC 41.585/RS, Rel. Ministro ROGERIO SCHIETTI CRUZ, SEXTA TURMA, julgado em 16/09/2014, DJe 29/09/2014)

- **Direito de apelar. Liberdade.** Se o paciente permaneceu solto durante toda a instrução do processo, não criando qualquer obstáculo ao regular andamento do feito, e diante da inexistência de suficiente fundamentação quanto à necessidade da custódia, deve ser reconhecido o seu direito de apelar em liberdade. Exige-se concreta e adequada motivação para a negativa de o réu solto apelar em liberdade, mesmo em se tratando de delito equiparado a hediondo e ainda que se tratando de réu reincidente e possuidor de maus antecedentes, tendo em vista a excepcionalidade da custódia cautelar e diante das próprias peculiaridades da hipótese

– réu solto durante parte da instrução. Deve ser cassado o acórdão recorrido, para reconhecer o direito do paciente ao apelo em liberdade. Ordem concedida, nos termos do voto do Relator. (STJ – 6ª T. – HC 58.156/SP – Rel. Min. Gilson Dipp – DJ 09.10.2006 – p. 326)

- **Direito de apelar. Liberdade.** "Tendo a ré respondido a maior parte do processo em liberdade, o seu direito de apelar nesta condição somente lhe pode ser negado se evidenciadas quaisquer hipóteses previstas no art. 312 do CPP, quando da prolação da sentença. (Precedentes). Na linha de precedentes desta Corte, a reincidência, por si só, não justifica a imposição da prisão para apelar. (Precedentes). Se, na r. sentença condenatória, foi fixado o regime semiaberto como o inicial de cumprimento da pena, deverá, em princípio, a ré aguardar o julgamento do recurso de apelação em liberdade, se por outro motivo não estiver presa. (Precedentes)". (STJ – 5ª T. – RHC 20.225/MG – Rel. Min. Félix Fischer – DJ 12.02.2007 – p. 276)
- **Direito de apelar. Liberdade.** "Tendo o réu respondido ao processo em liberdade, o seu direito de apelar nesta condição somente lhe pode ser denegado se evidenciadas quaisquer hipóteses previstas no art. 312 do CPP, quando da prolação da sentença (Precedentes). II – Inexiste motivação convincente se não foi indicado qualquer fato novo que justificasse a constrição cautelar (Precedentes). Writ concedido". (STJ – 5ª T. – HC 67.846/MG – Rel. Min. Félix Fischer – DJ 26.02.2007 – p. 628)
- **Direito de apelar. Liberdade.** A prisão processual é medida odiosa, cabível apenas quando imprescindível para a escorreita prestação jurisdicional, ou seja, quando presente alguma das hipóteses do art. 312 do Código de Processo Penal, mesmo que o caso se refira à crime equiparado a hediondo. Uma vez inidôneos os fundamento de indeferimento da liberdade provisória, a tão só indicação de que o réu permaneceu preso durante a instrução não é motivo hábil para impedi-lo de apelar em liberdade. A reincidência, por si só, é indicação vaga e que não se presta a justificar a manutenção da prisão cautelar. 3. Recurso provido e ordem concedida, para que a Recorrente aguarde em liberdade o trânsito da condenação, se por outro motivo não estiver presa. (STJ – RHC 19123/SP – 6ª T. – Rel. Min. Maria Thereza de Moura Assis – DJe 03.11.2008)
- **Direito de apelar. Liberdade.** Se o réu foi beneficiado com o sursis é porque o juiz reconheceu a sua primariedade e os seus bons antecedentes. Desta forma, o deferimento da suspensão condicional da pena significa que o condenado reúne também todos os requisitos exigíveis para o exercício do direito de apelar livre. A concessão de um bene-

fício e a denegação do outro revela-se um contrassenso, que onera indevidamente o apenado, desestimulando-o, inclusive, à interpretação do regular recurso de apelação. (TJSC - JCAT 74/512)

- **Renúncia. Resistência.** Ordem concedida de ofício para o fim de assegurar o processamento e julgamento do recurso interposto, em atenção ao magistério do STF no sentido de que cabe ao defensor, dativo ou constituído, decidir sobre a conveniência ou não do exercício da faculdade de apelar" (RHC 60.161 e 62.737). (STF - RT 629/391)

- **Renúncia. Resistência. Assistência.** - A manifestação do réu no sentido de não recorrer da sentença condenatória deve ser assistida por seu defensor. Com esse entendimento, a Turma deferiu habeas corpus - impetrado em favor de réu analfabeto que, intimado da sentença condenatória sem a presença de seu defensor, manifestou o desejo de não recorrer - para cassar acórdão que não conhecera da apelação criminal interposta pelo defensor público e determinar que o tribunal de origem prossiga no julgamento do recurso, como entender de direito. (STF - RECr. 107.726-SP - Rel. Min. Maurício Corrêa - j. em 17.03.1998 - DJU 11.04.1986 - Informativo STF 103)

- **Réu preso. Apelo.** É orientação consolidada no STF que, se o réu está preso - por força de flagrante ou preventiva - ao momento da sentença condenatória, não se lhe aplica o benefício do art. 594 do CPP. (STF - RT 639/379)

- **Apelação em liberdade. Sentença.** Lei n. 8.072/90, art. 35. O juiz, na sentença, ao proferir decisão condenatória, deverá, fundamentalmente, decidir se o réu poderá apelar em liberdade, ou não. As partes (Ministério Público e réu) tem o direito de conhecer as razões de decidir". (STJ - 6ª T. - RHC 4.625/RS - Rel. Min. Luiz Vicente Cernicchiaro - DJ 06.05.1996 - p. 14.474)

- **Apelação em julgamento. Ré presa.** Sentença que, sem fundamentação cautelar, cingindo-se a invocar o art. 2º, § 2º, da Lei dos Crimes Hediondos, ordenou a prisão imediata da paciente - que é primária e a quem não se atribuem maus antecedentes: questão pendente de decisão do Plenário, no qual já conta com diversos votos favoráveis à tese da impetração: "inadmissibilidade da execução provisória da pena privativa de liberdade" (Rcl. 2391, Inf./STF 334): deferimento da liberdade provisória da paciente, até que se complete a decisão plenária da questão constitucional. (STF - 1ª T. - HC QO 83.173/SP - Rel. Min. Sepúlveda Pertence - DJ 02.04.2004 - p. 17)

- **Apelação. Limites.** Mesmo nos crimes reconhecidos como praticados em concurso material, nos quais as ações foram autônomas, mas resultantes de iguais desígnios, é possível o julgamento em apelação, de cada veredicto do Júri e, se provido o recurso parcial, repete-se o plenário tão-somente em relação à decisão reconhecida contrária à prova dos autos. É o que resulta da inteligência do art. 599 do CPP, regra especial relativa a apelação e que prevalece sobre a regra geral da competência por conexão (art. 79 do mesmo diploma)". (RT 609/406)

- **Apelação. Limites.** Nulidade não deduzida pelo ministério público no recurso interposto. Reconhecimento de ofício pelo tribunal. Aplicação da Súmula 160/STF e da orientação do STJ. Nulo, portanto, o acordão do segundo grau que proclama nulidade não arguida na apelação. Recurso conhecido e provido". (STJ – 5ª T. – Ac. REsp. 127.165/MG (1997/0024634-5) – Rel. Min. José Arnaldo da Fonseca – DJ 06.10.1997 – p. 50.034)
- **Apelação. Limites. Erro. Aplicação da pena. Descabe. Reformatio in pejus.** No âmbito de recurso exclusivo da defesa, o Tribunal não pode agravar a reprimenda imposta ao condenado, ainda que reconheça equívoco aritmético ocorrido no somatório das penas aplicadas. Isso porque, não tendo o Ministério Público se insurgido contra o referido erro material, o Tribunal não pode conhecê-lo de ofício, sob pena de configuração de *reformatio in pejus*. Precedentes citados: HC 115.501-MG, Sexta Turma, DJe 3/8/2015; e AgRg no HC 264.579-RS, Sexta Turma, DJe 1º/8/2013. (STJ – HC 250.455-RJ, 6ª Turma – Rel. Min. Nefi Cordeiro, julgado em 17/12/2015, DJe 5/2/2016.
- **Apelação. Limites. Circunstâncias judiciais. Exclusão. Descabe. *Reformatio in pejus.*** Caso o Tribunal, na análise de apelação exclusiva da defesa, afaste uma das circunstâncias judiciais (art. 59 do CP) valoradas de maneira negativa na sentença, a pena base imposta ao réu deverá, como consectário lógico, ser reduzida, e não mantida inalterada. A proibição da *reformatio in pejus*, derivação da regra mais ampla do *favor rei*, traduz-se na vedação a que, em recurso interposto exclusivamente pelo acusado, o Tribunal agrave a situação do recorrente, em relação à decisão impugnada, aceita pelo acusador. Proíbe-se, outrossim, a *reformatio in pejus indireta*, para impedir que, nos casos em que a decisão impugnada pelo acusado seja anulada pelo tribunal, a nova decisão venha a ser mais gravosa aos interesses da defesa. Assim, havendo a exclusão de alguma circunstância judicial, não deve a pena ser mantida inalterada, pois, do contrário, estar-se-ia agravando o *quantum* atribuído anteriormente a cada uma das vetoriais. Ilustrativamente: "a pena fixada não é o único efeito que baliza a condenação, devendo ser consideradas outras circunstâncias para a verificação de existência de *reformatio in pejus*" (STF, HC 103.310, Segunda Turma, DJe 7/5/2015).

(STJ – HC 251.417-MG, 6ª Turma – Rel. Min. Rogerio Schietti Cruz, julgado em 3/11/2015, DJe 19/11/2015)

- **Apelação. Razões do réu.** Se o Advogado constituído pelo réu é intimado para apresentar contrarrazões à apelação do Ministério Público, e não as apresenta, deve o Juiz nomear Defensor dativo, para que o faça. A partir desse instante, o Defensor constituído não precisa ser intimado dos demais atos do processo, mas, sim, o Defensor dativo. Hipótese em que todas essas formalidades foram observadas". (STF – 1ª T. – 73.087 – Rel. Min. Sidney Sanches – DJU 31.05.1996)

- **Apelação. Razões do réu.** A ausência de contrarrazões ao recurso do Ministério Público, do qual resultou sensível agravamento da pena imposta ao paciente", constitui "cerceamento de defesa", devendo ser anulado o "julgamento da apelação". (STF – HC 68.885-3/RS – DJU 13.12.1991 – p. 18.354)

- **Apelação. Razões do réu**. Com relação à falta de razões da apelação e de contrarrazões à apelação do Ministério Público, não há se falar em nulidade por cerceamento de defesa se o advogado constituído pelo réu foi devidamente intimado para apresentá-las, depreendendo-se do art. 601 do CPP a não-essencialidade das razões". (STF – RT 730/442)

- **Apelação. Razões do réu.** Diante da garantia constitucional da ampla defesa (art. 5. LV, da CF) não prepondera o art. 601 do CPP, que possibilita o conhecimento e o julgamento da apelação desacompanhada de razões. Como o juiz não tem o poder de obrigar o defensor constituído a oferecê-las deve nomear advogado para esse fim, antes de ordenar a abertura de vista ao Ministério Público para contrarrazões". (RT 725/671)

- **Apelação. Petição. Razões recursais.** A matéria suscitada em apelação criminal interposta pelo Ministério Público deve ser apreciada quando, embora não tenha sido especificada na petição de interposição, fora explicitamente delimitada e debatida nas razões recursais. De fato, já firmou a jurisprudência do STF e do STJ entendimento no sentido de que a extensão da apelação se mede pela petição de sua interposição e não pelas razões de recurso. Em outros termos, são as razões recursais que corporificam e delimitam o inconformismo, e não a petição de interposição do recurso, considerando a função precípua de esta cumprir o requisito formal de apresentação da insurgência recursal. Precedentes citados: HC 139.335-DF, Quinta Turma, DJe 3/11/2011; e REsp 503.128-SP, Quinta Turma, DJ 22/9/2003. HC 263.087-SP, Rel. Min. Nefi Cordeiro, julgado em 17/3/2016, DJe 5/4/2016.

Título IV

- **Apelação. Contrarrazões. Defensor dativo.** É indispensável o oferecimento de contrarrazões, pelo defensor dativo, ao recurso do Ministério Público que almeja condenação mais gravosa do réu. Cerceamento de defesa caracterizado. Ordem concedida para o efeito de, anulado o processo a partir do despacho que remeteu os autos à instância superior, devolver-se o prazo para a apresentação de contrarrazões, intimado o defensor do paciente. (STF - RT 633/347)

- **Apelação. Prazo. Contagem.** O prazo para recurso, quando intimado o réu por precatória, inicia-se na data da juntada aos autos daquela peça, devidamente cumprida". (STF - RTJ 59/366)

- **Apelação. Prazo. Contagem.** A sentença proferida pelo Tribunal do Júri é publicada em sessão na presença do réu e do seu defensor. O prazo recursal começa a fluir a partir do dia dessa publicação, inclusive para o defensor dativo. Se não interpõe apelação ou o faz a destempo, a sentença transita em julgado". (STF - RT 551/411)

- **Apelação. Prazo. Contagem.** A jurisprudência desta Corte já se firmou no sentido de que para a tempestividade do recurso o que importa é a data de ingresso no Protocolo da corte perante a qual ele deve ser interposto". (STF - RT 629/417)

- **Apelação. Deserção.** Nos termos do art. 595 do CPP, a deserção ocorre quando o réu, após ter apelado, empreende fuga. Na hipótese dos autos, não houve fuga propriamente dita, e sim, não recolhimento ao cárcere para apelar, conforme determinado pela r. sentença penal condenatória. Desta forma, não há que se falar em deserção (Precedentes). Writ parcialmente concedido". (STJ - 5ª T. - HC 55.861/RJ - Rel. Min. Félix Fischer - DJ 12.02.2007 - p. 280)

- **Apelação. Deserção.** Nossa legislação formal penal, em seu art. 595, prevê que será declarada deserta a apelação de o réu fugir após tê-la interposto". (RT 568/335)

- **Apelação. Deserção.** Não é de ser aplicada a *sanctio juris* do art. 595 do CPP na hipótese de fuga do réu preso quando a apelação é interposta a seu favor pelo Ministério Público, como custos legis. A deserção ocorre quando o apelo é interposto pelo próprio réu". (RT 557/355)

- **Apelação. Deserção.** Acusado que não se encontrava preso quando da interposição. Desaparecimento verificado após a prolação da sentença. Afastamento da hipótese de fuga. Preliminar de não conhecimento repelida. Inteligência do art. 565 do CPP". (RT 577/355)

- **Apelação. Deserção.** Fuga do réu. Circunstância que não acarreta deserção. Inteligência do art. 595 do CPP". (RT 613/288-9)
- **Apelação. Deserção.** No tocante à deserção da apelação, esta Corte tem decidido no sentido de que, verificada a fuga do preso depois de haver apelado, a apelação será declarada deserta, ainda que o réu, antes do julgamento, se apresente ou seja recapturado, porquanto essa deserção tem caráter definitivo e irrevogável". (STF – RT 726/581)
- **Apelação. Assistente de acusação.** Sendo parcial o apelo do Ministério Público, tem seu assistente legitimidade recursal, para, por apelação própria, levar ao segundo grau a matéria que, sem esta, ficaria preclusa". (RT 503/416)
- **Apelação. Assistente de acusação.** Assistente do Ministério Público é parte legítima para interpor Recurso Especial, ainda que o Ministério Público, recuando na acusação, passe a atuar consoante a defesa". (**RSTJ** 45/181)
- **Apelação. Assistente de acusação.** Após intimado da sentença, o prazo para o assistente da acusação já habilitado nos autos apelar é de cinco dias, findo o prazo conferido ao Ministério Público para recorrer. Precedentes do STF". (STF – RT 630/392)
- **Apelação. Assistente de acusação.** Não obstante jurisprudência recente, a partir do HC 59.688-STF, que distingue entre assistente habilitado, ou não, na concessão de prazos diferenciados de quinze dias ou de cinco dias para a apelação, deve-se modificar esse entendimento, concedendo-se ao assistente, em qualquer hipótese, o prazo único do art. 598, já que a lei não distingue e, por outro lado, pode haver dificuldades de constatação imediata da omissão do Ministério Público ensejadora do recurso substitutivo". (STJ – REsp. 22.809-1/RJ – DJU 28.09.1992 – p. 16.436)
- **Apelação. Assistente de acusação.** Não é lícito ao assistente de acusação, em recurso exclusivo do parquet, ampliar o elenco das nulidades". (TJSP – 4ª C – Ap. 38.534-3/São Pedro – Rel. Des. Gonçalves Sobrinho – j. 04.11.1985)
- **Prescrição e recurso de ofício.** Não cabe a interposição de recurso de ofício, previsto no art. 574, II, do CPP, contra a sentença que declara a extinção da punibilidade do réu ante a prescrição da ação penal já que esta não se confunde com a hipótese de absolvição sumária. Com base nesse entendimento, a 1ª Turma do STF deferiu habeas corpus para anular acórdão do Tribunal de Justiça do Distrito Federal e Territórios – que, mediante recurso de ofício, determinara o prosseguimento do processo penal contra o paciente – e restabelecer a sentença de 1. Grau". (STF – HC 75.417-DF – Rel. Min. Octávio Galloti – j. em 12.08.97 – DJ 20.03.1998)

- **Apelo. Indeferimento de Justificação.** A decisão que indefere justificação, por ser definitiva, é apelável". (RT 469/339)
- **Apelo. Restituição de coisa. Indeferimento.** É apelável a decisão que indefere pedido de restituição de coisa apreendida, pois segundo o art. 593 do CPP, cabe apelação das decisões definitivas, ou com força de definitivas, proferidas pelo Juiz singular, ressalvadas aquelas a que se refere o art. 581 do mesmo estatuto". (RJDTACRIM 8/75)
- **Apelo. Aditamento de libelo. Indeferimento.** Interposição do despacho que indefere aditamento ao libelo em que se pretendia arrolar testemunhas. Decisão interlocutória mista terminativa. Conhecimento. Inteligência do art. 593 do CPP". (RT 612/287)
- **Apelação. Diversos procuradores. Autos. Cartório.** Contando com diversos litigantes e diferentes seus procuradores, não pode advogado retirar os autos do cartório, *ex vi* dos arts. 600, § 3º do CPP e 89, XVI do Estatuto da Ordem dos Advogados do Brasil". (RT 698/332)
- **Apelação. Razões. Omissão. Nulidade.** Omitida a oportunidade para o oferecimento de razões de apelação, nos termos do art. 600, § 4º, do CPP, ocorre cerceamento de defesa, impondo-se o restabelecimento do prazo, nulos os atos subsequentes ao momento processual". (RT 558/420)
- **Apelação. Razões. Omissão. Nulidade.** Ocorrência da nulidade prevista no art. 564, III, e, in fine, do CPP, por falta da intimação do patrono do paciente para arrazoar na hipótese prevista no § 4º. Do art. 600 do mesmo Código". (RT 721/571).
- **Apelação. Razões. Tribunal.** Oferecendo o réu razões de apelação no Tribunal ad quem, que devem os autos retornar ao Juízo de origem, para o recebimento das contrarrazões do MP, pois, além de claro o texto do § 4º, do art. 600, do CPP, no sentido inverso, determinando inclusive, no aspecto e com nítido objetivo plural, a abertura de vistas às partes e as suas notificações pela publicação oficial no referido grau superior de jurisdição, o c. STF, através de precedentes, endossa tal entendimento". (RT 720/530)
- **Apelação. Razões. Atraso.** O atraso das razões constitui mera irregularidade, não causando o não conhecimento do recurso". (RT 641/324)

30.1. Ausência de contrarrazões

A propósito da temática da ausência de razões recursais, a jurisprudência superior já balizou os procedimentos adequados a assegurar a ampla defesa do recorrente.

Os tribunais superiores, de forma reiterada, vêm decidindo a respeito da indispensabilidade das razões recursais, por constarem a motivação, argumentação e visão fundamentada da irresignação perquirida, condições essenciais para garantir-lhe o exercício da ampla defesa na jurisdição superior.

Aliás, sobre essa temática impende a lição insculpida no livro de Ada Pellegrini Grinover: "Se o defensor constituído não apresentar as razões ou contrarrazões, deve o juiz intimar o acusado a constituir outro defensor para formulá-las; em caso de defensor dativo, o juiz deve substituí-lo"[10].

Sobre a nulidade decorrente da falta das razões da defesa, ver Grinover, Scarance e Magalhães.

O STF já assentou que "a ausência de contrarrazões ao recurso do Ministério Público, do qual resultou sensível agravamento da pena imposta ao paciente", constitui "cerceamento de defesa", devendo ser anulado o "julgamento da apelação". (StF – HC 68.885-3/RS – DJU 13.12.1991 – p. 18.354)

- **Defesa. Defensor constituído. Abandono do processo. Nomeação de defensor dativo.** Contrarrazões de apelação. Intimação. CPP, arts. 261, 263, 265 e 600. 1. Se o Advogado constituído pelo réu é intimado para apresentar contra-razões à apelação do Ministério Público, e não as apresenta, deve o Juiz nomear Defensor dativo, para que o faça. 2. A partir desse instante, o Defensor constituído não precisa ser intimado dos demais atos do processo, mas, sim, o Defensor dativo. 3. Hipótese em que todas essas formalidades foram observadas. 4. Precedentes. 5. HC indeferido. (STF – 1ª T. – 73.087 – Rel. Min. Sidney Sanches – DJU 31.05.1996). No mesmo sentido: HC-52.823, RTJ 72/38, RHC 58.881, RTJ 99/144, HC 68.182.
- **Apelação. Subida. Contrarrazões. Impossibilidade.** TACRSP: Ausência de razões em recurso não possibilita a subida deste à instância superior, devendo o réu constituir novo defensor, sob pena de se lhe nomear dativo, a fim de assegurar o direito à aplicação dos princípios constitucionais da ampla defesa e do contraditório. (RJDTACRIM 5/58). No mesmo sentido. TACRSP – RT 545/382).

30.2. Execução provisória da pena

O Supremo Tribunal Federal modificando entendimento até então vigente, decidiu, por ocasião do julgamento do habeas corpus nº 126.292, em data de 16.02.2016, a possibilidade de início da execução da pena condenatória após a confirmação da sentença em segundo grau, visto que não ofende o princípio constitucional da presunção da inocência.

10. Grinover, Ada Pellegrini. **Recursos no Processo Penal**. 2. ed. São Paulo: RT, 1996. p. 150.

O relator do caso, ministro Teori Zavascki, ressaltou em seu voto que, até que seja prolatada a sentença penal, confirmada em segundo grau, deve-se presumir a inocência do réu. Mas, após esse momento, exaure-se o princípio da não culpabilidade, até porque os recursos cabíveis da decisão de segundo grau, ao STJ ou STF, não se prestam a discutir fatos e provas, mas apenas matéria de direito. *"Ressalvada a estreita via da revisão criminal, é no âmbito das instâncias ordinárias que se exaure a possibilidade de exame dos fatos e das provas, e, sob esse aspecto, a própria fixação da responsabilidade criminal do acusado"*, afirmou.

Como exemplo, o ministro lembrou que a Lei Complementar 135/2010, conhecida como Lei da Ficha Limpa, expressamente consagra como causa de inelegibilidade a existência de sentença condenatória proferida por órgão colegiado. *"A presunção da inocência não impede que, mesmo antes do trânsito em julgado, o acórdão condenatório produza efeitos contra o acusado"*.

No tocante ao direito internacional, o ministro citou manifestação da ministra Ellen Gracie (aposentada) no julgamento do HC 85886, quando salientou que *"em país nenhum do mundo, depois de observado o duplo grau de jurisdição, a execução de uma condenação fica suspensa aguardando referendo da Suprema Corte"*.

Sobre a possibilidade de se cometerem equívocos, o ministro lembrou que existem instrumentos possíveis, como medidas cautelares e mesmo o habeas corpus. Além disso, depois da entrada em vigor da Emenda Constitucional 45/2004, os recursos extraordinários só podem ser conhecidos e julgados pelo STF se, além de tratarem de matéria eminentemente constitucional, apresentarem repercussão geral, extrapolando os interesses das partes.

Cuida-se de uma nova realidade processual que afasta os recursos protelatórios para permitir a execução da pena após a manifestação judiciosa dos tribunais de 2º Grau, que exaure o exame dos fatos e das provas que autorizam a configuração da culpa ou da responsabilidade penal do agente.

Os recursos extremos (especial e extraordinário) não reexaminam provas e, só podem ser conhecidos quando versarem sobre questões que extrapolem o teor de repercussão geral, no caso do STF, ou matéria de direito ou nulidade, no âmbito do STJ.

A culpabilidade penal é aferida ou avaliada pelo primeiro e segundo graus dos órgãos judicantes ao exaurirem o exame das matérias de fatos e provas, e não pelas Cortes Superiores, salvo nas hipóteses de foro privilegiado.

- "A execução provisória de acórdão penal condenatório proferido em grau de apelação, ainda que sujeito a recurso especial ou extraordinário, não compromete o princípio constitucional da presunção de inocência afirmado pelo artigo 5º, inciso LVII da Constituição Federal" (STF – HC n. 126.292/SP, Tribunal Pleno, Rel. Min. Teori Zavascki, DJe de 17/5/2016).

31. EMBARGOS DECLARATÓRIOS

O embargo declaratório é um instrumento processual cabível quando a decisão se apresente imperfeita por ambiguidade, obscuridade, contradição ou omissão, bem ainda na hipótese de incorrer em erro material, para assim proceder à correção, ou ainda, naquelas situações de prequestionamento para fins de reunir pressupostos à admissibilidade de recursos especiais e/ou extraordinário.

O seu regramento está inserido no art. 619 e ss. do Código de Processo Penal.

- **Embargos declaração. Criminal. Prazo.** O prazo para oposição de embargos declaratórios, em feitos criminais, é de 2 (dois) dias, nos termos dos arts. 619 do CP e 263 do RISTJ. "É intempestivo o recurso protocolado após o prazo de dois dias de que tratam os arts. 263 do Regimento Interno do Superior Tribunal de Justiça - RISTJ e 619 do Código de Processo Penal - CPP, não tendo aplicação o novo Código de Processo Civil, uma vez que o prazo no processo penal possui disciplina própria" (EDcl no AgRg nos EAREsp n. 843.777/MG, Terceira Seção, Rel. Min. Joel Ilan Paciornik, DJe de 30/11/2016). (STJ - EDcl no AgRg no AgRg no REsp 1412522/RS, Rel. Ministro FELIX FISCHER, QUINTA TURMA, julgado em 16/02/2017, DJe 06/03/2017)

- **prazo**. "Em matéria criminal são intempestivos os embargos de declaração opostos após o prazo de 2 (dois) dias, a teor dos arts. 619 do CPP e 263 do RISTJ". (STJ – 3ª Seção – EDcl no AgRg na Rcl 2.203/PI – Rel. Min. Félix Fischer – DJ 21.05.2007 – p. 537)
- **Prazo**. É de cinco dias, mesmo quando opostos embargos de declaração contra decisão proferida em mandado de segurança. (TACrimSP – ED 171.716 – RJDTACrimSP 2/177)

- **Prazo. Contagem**. "O mandado de segurança não perde a natureza de ação civil, ainda que impetrado no âmbito do processo penal (Precedentes do STF e STJ). Devem ser considerados tempestivos os embargos de declaração opostos contra julgamento em mandado de segurança no prazo previsto no art. 537 do Código de Processo Civil. Recurso provido". (STJ – 5ª T. – REsp. 299.684/SC – Rel. Min. Félix Fischer – DJ 19.11.2001 – p. 308)

- **Prazo. Suspensão. Recurso**. Os embargos de declaração, embora não disponha expressamente o CPP, suspendem o prazo de outro recurso, aplicando-se, analogicamente (art. 3º do mesmo Estatuto), o disposto no art. 538, caput, do CPC, modificado pela Lei 8.950, de 13.12.1994. (RT 508/347 e 597/424)

- **Erro material**. Simples erro material do acórdão. Pode ser corrigido pelo relator, sem necessidade de embargos, por aplicação analógica do art. 463, I, do CPC". (TJSP – ES 7.093 – RT 621/287)
- **Ministério Público**. Pode opor embargos de declaração em favor do réu. (STF – EDecl. no RHC 66.492 – RT 646/338)
- **Decisão de primeiro grau**. Os embargos declaratórios podem ser opostos de decisão de primeiro grau" (CPP, art. 382).
- **Decisão *citra petita*.** Se não foi apreciado integralmente pedido formulado, qualquer das partes pode embargar de declaração". (TFR – 6. T. – Ag. 57.702/RJ – Rel. Min. Eduardo Ribeiro – j. em 26.10.1988)
- **Omissão.** É omisso o acórdão que deixa de abordar as questões apresentadas por inteiro, sem solucionar os temas necessários ao completo deslinde da controvérsia, gerando dificuldade no cumprimento da decisão judicial". (RSTJ 139/37)
- **Efeito modificativo. STJ**: Embargos de declaração. Podem ter efeito modificativo, em casos excepcionais, quando, por exemplo, houver erro material no exame dos autos. Existência, no caso, de tal erro, na origem. Precedentes. Recurso especial conhecido e provido". (RSTJ 47/275)
- **Omissão. Acórdão embargado.** Havendo erro de fato na premissa estabelecida no acórdão embargado, a Corte Especial do Superior Tribunal de Justiça admite excepcionalmente a concessão de efeito infringente aos embargos declaratórios. Tratando-se de reversão de pensão por morte, o termo inicial do pagamento do benefício é a data do óbito do instituidor (ED nos ED no REsp n. 905.429/SC, Ministra Laurita Vaz). Embargos de declaração acolhidos com efeito modificativo. (EDcl nos EDcl no AgRg no AgRg no REsp n. 912.620/SC, Ministro Jorge Mussi, Quinta Turma, DJe 26/5/2014)
- **Premissa equivocada**. "O Superior Tribunal de Justiça admite, em hipóteses excepcionais, a atribuição de efeitos infringentes aos embargos de declaração, em especial para corrigir premissa equivocada no julgamento, bem como nos casos em que, sanada a omissão, a contradição ou a obscuridade, a alteração da decisão surja como consequência necessária. Precedentes. Embargos de declaração acolhidos com efeitos modificativos". (STJ – EDcl no AgRg no REsp 1026422/SC, Rel. Ministro SEBASTIÃO REIS JÚNIOR, SEXTA TURMA, julgado em 27/06/2014, DJe 05/08/2014)

32. CARTA TESTEMUNHÁVEL

Trata-se de recurso específico através do qual o recorrente reclama na instância superior o entrave no seguimento de recurso, que tenha sido denegada a sua subida ou que, sendo acolhida, sofra algum empecilho para sua chegada àquele pretório. Note-se que a sua utilização é de natureza subsidiária, só comportando a sua utilização quando não houver recurso específico previsto no ordenamento jurídico.

Na hipótese de negação de seguimento de subida do recurso, o prazo para interposição da carta testemunhável é de 48 (quarenta e oito) horas (art. 640, do CPP).

Com isso, é descabida a sua aplicação, por ocasião do não recebimento da apelação, cujo recurso próprio é o recurso em sentido estrito (CPP, art. 581, XV). Também descabida em casos de negação de admissibilidade dos recursos especiais e extraordinários, porque contra esta decisão é cabível o agravo de instrumento.

O regramento da carta testemunhável está contido no art. 639 e ss. do Código de Processo Penal[11].

---

11. **Art. 639**. Dar-se-á carta testemunhável:

I – da decisão que denegar o recurso;

II – da que, admitindo embora o recurso, obstar à sua expedição e seguimento para o juízo *ad quem*.

Art. 640. A carta testemunhável será requerida ao escrivão, ou ao secretário do tribunal, conforme o caso, nas 48 (quarenta e oito) horas seguintes ao despacho que denegar o recurso, indicando o requerente as peças do processo que deverão ser trasladadas.

Art. 641. O escrivão, ou o secretário do tribunal, dará recibo da petição à parte e, no prazo máximo de 5 (cinco) dias, no caso de recurso no sentido estrito, ou de 60 (sessenta) dias, no caso de recurso extraordinário, fará entrega da carta, devidamente conferida e concertada.

Art. 642. O escrivão, ou o secretário do tribunal, que se negar a dar o recibo, ou deixar de entregar, sob qualquer pretexto, o instrumento, será suspenso por 30 (trinta) dias. O juiz, ou o presidente do Tribunal de Apelação, em face de representação do testemunhante, imporá a pena e mandará que seja extraído o instrumento, sob a mesma sanção, pelo substituto do escrivão ou do secretário do tribunal. Se o testemunhante não for atendido, poderá reclamar ao presidente do tribunal ad quem, que avocará os autos, para o efeito do julgamento do recurso e imposição da pena.

Art. 643. Extraído e autuado o instrumento, observar-se-á o disposto nos arts. 588 a 592, no caso de recurso em sentido estrito, ou o processo estabelecido para o recurso extraordinário, se deste se tratar.

Art. 644. O tribunal, câmara ou turma a que competir o julgamento da carta, se desta tomar conhecimento, mandará processar o recurso, ou, se estiver suficientemente instruída, decidirá logo, de meritis.

Art. 645. O processo da carta testemunhável na instância superior seguirá o processo do recurso denegado.

Art. 646. A carta testemunhável não terá efeito suspensivo.

- **Cabimento.** A decisão denegatória da interposição do protesto por novo júri pode ser examinada tanto através da carta testemunhável quanto do habeas corpus". (STJ - 5ª T. - RHC 2.212/RJ - Rel. Min. Jesus Costa Lima - DJ 26.10.1992 - p. 19.063)
- **Cabimento.** Despacho que nega seguimento ao agravo em execução. Cabe carta testemunhável". (In: Damásio E. de Jesus[12])
- **Descabimento.** Da rejeição liminar de recurso extraordinário não é cabível carta testemunhável, mas agravo de instrumento. (RI do STF, art. 313, II)
- **Descabimento.** Embargos infringentes. Não cabe carta testemunhável da decisão que denega Seguimento de embargos infringentes. É caso de agravo regimental, de acordo com o regimento interno do respectivo Tribunal". (In: Damásio E. de Jesus)
- **Descabimento.** Denegação de apelação. Não cabe carta testemunhável, mas recurso em sentido estrito (art. 581, XV, deste Código)". (In: Damásio E. de Jesus)
- **Descabimento.** Denegação de revisão. Cabe agravo regimental (art. 625, § 3º, deste Código; vide RI do respectivo Tribunal)". (In: Damásio E. de Jesus)
- **Descabimento.** Decisão denegatória de recebimento de correição parcial. Não cabe carta testemunhável". (TACrimSP - CT 695.073 - 1ª Câm. - RT 677/375)
- **tribunal.** já se decidiu que se a carta está suficientemente instruída, o tribunal deve, sem mais e desde logo, solucionar a questão referente ao recurso não recebido" (rt 440/445).

33. DO PROCESSO E RECURSOS NOS TRIBUNAIS

As decisões proferidas pelo juízo de primeiro grau são susceptíveis de reexame pelos tribunais nas modalidades dos recursos especificados pelo Código de Processo Penal.

A tramitação desses recursos é disciplinado pelo Código de Processo Penal, e seus procedimentos estabelecidos pela Lei de Organização Judiciária local.

O art. 609[13] e seguintes, do Código de Processo Penal, que disciplina o regramento dos recursos em sentido estrito e das apelações, que se referem apenas aos tribunais de justiça.

---

12. Damásio de Jesus. Código de Processo Penal anotado.
13. ***Art. 609****. Os recursos, apelações e embargos serão julgados pelos Tribunais de Justiça, câmaras ou turmas criminais, de acordo com a competência estabelecida nas leis de organização judiciária.*

- **Embargos infringentes e de nulidade.** Os embargos infringentes são recursos de pressuposto especial que só se admitem quando a decisão que causa gravame sucumbente, foi proferida no Juízo *ad quem*, por maioria de votos, e não por unanimidade. (TACRSP - JTACRESP 70/83)
- **Embargos infringentes e de nulidade.** É de cediça ciência que a revisão criminal não se compatibiliza com os embargos infringentes. Estes pressupõem um julgado não unânime proferido em grau de apelação ou de recurso em sentido estrito. Jamais em grau revisional". (TJSP - RT 561/332)
- **Embargos infringentes e de nulidade.** Tal como a revisão, é o habeas corpus verdadeira ação, e não recurso. A decisão que o denega não é passível, pois, de embargos infringentes. Todavia, em face do princípio da fungibilidade dos recursos, consagrado no art. 579 do CPP, podem os embargos ser conhecidos como recurso ordinário, se apresentados tempestivamente" (Regimento Interno do STF, art. 310). (STF - RT 584/469)
- **Embargos infringentes e de nulidade.** "Os embargos infringentes ou de nulidades só podem ser opostos ao acórdão unânime, desfavorável ao réu, em grau de apelação ou recurso em sentido estrito, o que exclui seu cabimento na hipótese de agravo em execução, previsto no art. 197 da LEP". (RT 670/272)
- **Embargos infringentes criminais**. Art. 609, parágrafo único, do CPP. Não obsta a seu conhecimento a falta de fundamentação do voto vencido desde que por seus termos se patenteie o dissenso entre a maioria e o voto vencido". (STF - RT 554/431 e RTJ 98/123)
- "**Embargos infringentes criminais**. Os embargos serão restritos à matéria objeto de divergência". (STF - RT 554/431)
- **Embargos infringentes criminais.** Não cabem embargos de divergência, quando a jurisprudência do tribunal se firmou no mesmo sentido do acórdão embargado". (Súmula 168/STJ)

Parágrafo único. *Quando não for unânime a decisão de segunda instância, desfavorável ao réu, admitem-se embargos infringentes e de nulidade, que poderão ser opostos dentro de 10 (dez) dias, a contar da publicação de acórdão, na forma do art. 613. Se o desacordo for parcial, os embargos serão restritos à matéria objeto de divergência.*

Art. 617. *O tribunal, câmara ou turma atenderá nas suas decisões ao disposto nos arts. 383, 386 e 387, no que for aplicável, não podendo, porém, ser agravada a pena, quando somente o réu houver apelado da sentença.*

Art. 618. *Os regimentos dos Tribunais de Apelação estabelecerão as normas complementares para o processo e julgamento dos recursos e apelações.*

- ***Reformatio in pejus.*** Réu condenado em sentença transitada em julgado para a acusação e que obteve a declaração de nulidade do processo através de habeas corpus. Impossibilidade de nova sentença aplicar pena mais grave do que a fixada na sentença anulada. Incidência do princípio que proíbe a reformatio in pejus, regra integrada em nosso sistema processual. Aplicação dos arts. 3º, 617 e 626, parágrafo único, do CPP". (STF – RTJ 74/654)

- ***Reformatio in pejus.*** Pena mais grave em nova sentença. Inexiste reformatio in pejus, uma vez anulada a primeira condenatória, em razão do provimento da apelação do réu quanto à questão preliminar, ficou prejudicada a apelação do Ministério Público, vindo o juiz a aplicar pena mais grave em nova sentença". (STJ – RT 656/350)

- ***Reformatio in pejus.*** É defeso ao Tribunal de apelação, em recurso exclusivo da defesa, justificar a exasperação da pena-base em circunstância judicial desfavorável não-reconhecida pela sentença, sob pena de ofensa ao princípio da *ne reformatio in pejus.* (...) 4. Ordem parcialmente concedida para, mantendo a condenação imposta, determinar ao Tribunal de origem que refaça a dosimetria, afastando-se, para fins de fixação da pena-base, a circunstância judicial relativa à personalidade como desfavorável ao paciente." (HC 112.770/DF, Relator Ministro Arnaldo Esteves Lima, Quinta Turma, DJe de 03.11.2008)

- ***Reformatio in pejus.*** Resta configurada a *reformatio in pejus*, quando o Tribunal, em julgamento de recurso de apelação exclusivo da defesa, reconhece circunstância judicial desfavorável não considerada na sentença de primeiro grau, ainda que tenha reduzido o quantum total da pena imposta ao paciente. Não há mero redimensionamento de circunstância judicial desfavorável para o reconhecimento de outra, quando, na apelação, o Tribunal inova, levando em consideração fato não reconhecido na sentença proferida em primeira instância. Ordem concedida." (STF – HC 98.307/MG, Relator Ministro Ricardo Lewandowski, Primeira Turma, DJe 23.04.2010.)

- ***Reformatio in pejus.*** Se a sentença condenatória é anulada em virtude de recurso do réu, a nova sentença não lhe pode impor pena superior àquela anteriormente fixada. Precedentes". (RT 607/416)

- ***Reformatio in pejus.*** "Em recurso exclusivo da defesa é vedado, porquanto reformatio in pejus, que se altere a estrutura da resposta penal mantendo-a no mesmo nível. Excluída a majorante indevidamente aplicada (Lei 8.072/90, art. 9º), a compensação se mostra incabível (CPP, art. 617). Estando a pena-base fixada no mínimo legal, inexistindo outras circunstâncias ou limitações legais a merecer destaque, o regime inicial deve ser o mais favorável possível. III – Não sendo o estupro ficto – por falta de previsão acerca do art. 224 do CP no art. 1º da Lei 8.072/90 – Crime Hediondo, é possível a aplicação do disposto no art. 44 do CP. Writ concedido". (STJ – 5ª T. – HC 12.888/ MA– Rel. Min. Félix Fischer – DJ 14.08.2000 – p. 186)

- ***Reformatio in melius***. O recurso de apelação do Ministério Público devolve ao Tribunal o exame de mérito e da prova. Nessa circunstância, se o Tribunal verifica que houve erro na condenação ou na dosimetria da pena, não está impedido de corrigi-lo, em favor do réu, ante o que dispõe art. 617 do CPP, que somente veda a *reformatio in pejus*, e não *reformatio in melius*. Argumentos de lógica formal não devem ser utilizados na Justiça Criminal, para homologar erros ou excessos. E não é razoável remeter-se na hipótese, o interessado para uma revisão criminal de desfecho provavelmente tardio, após cumprida a pena, com prejuízos para o indivíduo e para o Estado; àquele pela perda da liberdade, a este pela obrigação de reparar o dano" (CPP, art. 630). (STJ – JSTJ 17/217 e 17/415; RT 659/335)

- **Embargos infringentes. Cabimento**. Embargável o acórdão, a oposição deste recurso possui efeito suspensivo quanto à prisão. Aplica-se essa regra ao paciente a quem se reconheceu o direito de apelar sem recolher-se à prisão, visto preencher os requisitos do art. 594 do CPP, com sua atual redação" (STF – RTJ 75/102). No mesmo sentido. STF: RT 83/760.

- **Embargos infringentes. Cabimento.** Ainda que se trate de defesa dativa, não tem ela o dever de apelar, por prevalecer no Direito Processual Penal o princípio da voluntariedade do recurso, salvo se a lei o tem como obrigatório. Se assim é com a apelação, o mesmo se dá, por identidade de razão, com os embargos infringentes. (STF – RT 599/416)

- **Agravo em execução penal. Rito.** A Turma deu provimento ao recurso especial, entendendo que o agravo em execução previsto no art. 197 da LEP deve seguir o rito do recurso em sentido estrito, em conformidade com a melhor doutrina e com o art. 2º da mesma Lei". (STJ – 6ª T. – REsp. 171.301/DF – Rel. Min. Vicente Leal – j. em 29.06.2000)

Capítulo III
Súmulas dos tribunais superiores

Sumário • 34. Súmulas do Superior Tribunal de Justiça – **35**. Súmulas do Supremo Tribunal Federal – **36**. Súmulas Vinculantes do Supremo Tribunal Federal – **37**. Legislação Complementar: **37.1**. Lei 7.960, de 21.12.1989; **37.2**. Lei 8.072, de 25.07.1990.

34. SÚMULAS DO SUPERIOR TRIBUNAL DE JUSTIÇA

562 – É possível a remição de parte do tempo de execução da pena quando o condenado, em regime fechado ou semiaberto, desempenha atividade laborativa, ainda que extramuros.

546 – A competência para processar e julgar o crime de uso de documento falso é firmada em razão da entidade ou órgão ao qual foi apresentado o documento público, não importando a qualificação do órgão expedidor.

545 – Quando a confissão for utilizada para a formação do convencimento do julgador, o réu fará jus à atenuante prevista no art. 65, III, d, do Código Penal.

535 – A prática de falta grave não interrompe o prazo para fim de comutação de pena ou indulto.

536 – A suspensão condicional do processo e a transação penal não se aplicam na hipótese de delitos sujeitos ao rito da Lei Maria da Penha.

534 – A prática de falta grave interrompe a contagem do prazo para a progressão de regime de cumprimento de pena, o qual se reinicia a partir do cometimento dessa infração.

533 – Para o reconhecimento da prática de falta disciplinar no âmbito da execução penal, é imprescindível a instauração de procedimento administrativo pelo diretor do estabelecimento prisional, assegurado o direito de defesa, a ser realizado por advogado constituído ou defensor público nomeado.

528 – Compete ao juiz federal do local da apreensão da droga remetida do exterior pela via postal processar e julgar o crime de tráfico internacional.

527 – O tempo de duração da medida de segurança não deve ultrapassar o limite máximo da pena abstratamente cominada ao delito praticado.

522 – A conduta de atribuir-se falsa identidade perante autoridade policial é típica, ainda que em situação de alegada autodefesa.

513 – A 'abolitio criminis' temporária prevista na Lei n. 10.826/2003 aplica-se ao crime de posse de arma de fogo de uso permitido com numeração, marca ou qualquer outro sinal de identificação raspado, suprimido ou adulterado, praticado somente até 23/10/2005.

512 – A aplicação da causa de diminuição de pena prevista no art. 33,§ 4º, da Lei n. 11.343/2006 não afasta a hediondez do crime de tráfico de drogas.

511 – É possível o reconhecimento do privilégio previsto no § 2º do art. 155 do CP nos casos de crime de furto qualificado, se estiverem presentes a primariedade do agente, o pequeno valorda coisa e a qualificadora for de ordem objetiva.

502 – Presentes a materialidade e a autoria, afigura-se típica, em relação ao crime previsto no art. 184, § 2º, do CP, a conduta de expor à venda CDs e DVDs piratas.

500 – A configuração do crime do art. 244-B do ECA independe da prova da efetiva corrupção do menor, por se tratar de delito formal.

492 – O ato infracional análogo ao tráfico de drogas, por si só, não conduz obrigatoriamente à imposição de medida socioeducativa de internação do adolescente.

491 – É inadmissível a chamada progressão *per saltum* de regime prisional.

471 – Os condenados por crimes hediondos ou assemelhados cometidos antes da vigência da Lei n. 11.464/2007 sujeitam-se ao disposto no art. 112 da Lei n. 7.210/1984 (Lei de Execução Penal) paraa progressão de regime prisional.

442 – É inadmissível aplicar, no furto qualificado, pelo concurso de agentes, a majorante do roubo.

441 – A falta grave não interrompe o prazo para obtenção de livramento condicional.

440 – Fixada a pena-base no mínimo legal, é vedado o estabelecimento de regime prisional mais gravoso do que o cabível em razão da sanção imposta, com base apenas na gravidade abstrata do delito.

439 – Admite-se o exame criminológico pelas peculiaridades do caso, desde que em decisão motivada.

438 – É inadmissível a extinção da punibilidade pela prescrição da pretensão punitiva com fundamento em pena hipotética, independentemente da existência ou sorte do processo penal.

367 – A competência estabelecida pela EC n. 45/2004 não alcança os processos já sentenciados

347 – O conhecimento de recurso de apelação do réu independe de sua prisão

342 – No procedimento para aplicação de medida socioeducativa, é nula a desistência de outras provas em face da confissão do adolescente.

341 – A frequência a curso de ensino formal é causa de remição de parte do tempo de execução de pena sob regime fechado ou semiaberto.

338 – A prescrição penal é aplicável nas medidas socioeducativas.

337 – É cabível a suspensão condicional do processo na desclassificação do crime e na procedência parcial da pretensão punitiva.

330 – É desnecessária a resposta preliminar de que trata o art. 514 do Código de Processo Penal, na ação penal instruída por inquérito policial.

269 – É admissível a adoção do regime prisional semiaberto aos reincidentes condenados a pena igual ou inferior a quatro anos se favoráveis as circunstâncias judiciais.

243 – O benefício da suspensão do processo não é aplicável em relação às infrações penais cometidas em concurso material, concurso formal ou continuidade delitiva, quando a pena mínima cominada, seja pelo somatório, seja pela incidência da majorante, ultrapassar o limite.

241 – A reincidência penal não pode ser considerada como circunstância agravante e, simultaneamente, como circunstância judicial.

235 – A conexão não determina a reunião dos processos, se um deles já foi julgado.

234 – A participação de membro do ministério público na fase investigatória criminal não acarreta o seu impedimento ou suspeição para o oferecimento da denúncia.

231 – A incidência da circunstância atenuante não pode conduzir à redução da pena abaixo do mínimo legal.

220 – A reincidência não influi no prazo da prescrição da pretensão punitiva.

216 – A tempestividade de recurso interposto no Superior Tribunal de Justiça é aferida pelo registro no protocolo da secretaria e não pela data da entrega na agência do correio.

211 – Inadmissível recurso especial quanto à questão que, a despeito da oposição de embargos declaratórios, não foi apreciada pelo tribunal a quo.

207 – É inadmissível recurso especial quando cabíveis embargos infringentes contra o acordão proferido no tribunal de origem.

206 – A existência de vara privativa, instituída por lei estadual, não altera a competência territorial resultante das leis de processo.

192 – Compete ao juízo das execuções penais do Estado a execução das penas impostas a sentenciados pela Justiça Federal, militar ou eleitoral, quando recolhidos a estabelecimentos sujeitos a administração estadual.

191 – A pronúncia e causa interruptiva da prescrição, ainda que o tribunal do júri venha a desclassificar o crime.

174 – No crime de roubo, a intimidação feita com arma de brinquedo autoriza o aumento da pena.

172 – Compete à justiça comum processar e julgar militar por crime de abuso de autoridade, ainda que praticado em serviço.

171 – Cominadas cumulativamente, em lei especial, penas privativa de liberdade e pecuniária, é defesa a substituição da prisão por multa.

168 – Não cabem embargos de divergência, quando a jurisprudência do tribunal se firmou no mesmo sentido do acordão embargado.

151 – A competência para o processo e julgamento por crime de contrabando ou descaminho define-se pela prevenção do juízo federal do lugar da apreensão dos bens.

147 – Compete à justiça federal processar e julgar os crimes praticados contra funcionário público federal, quando relacionados com o exercício da função.

140 – Compete à justiça comum estadual processar e julgar crime em que o indígena figure como autor ou vítima.

126 – É inadmissível recurso especial, quando o acordão recorrido assenta em fundamentos constitucional e infraconstitucional, qualquer deles suficiente, por si só, para mantê-lo, e a parte vencida não manifesta recurso extraordinário.

123 – A decisão que admite, ou não, o recurso especial deve ser fundamentada, com o exame dos seus pressupostos gerais e constitucionais.

122 – Compete à justiça federal o processo e julgamento unificado dos crimes conexos de competência federal e estadual, não se aplicando a regra do art. 78, II, "a", do Código de Processo Penal.

117 – A inobservância do prazo de 48 horas, entre a publicação de pauta e o julgamento sem a presença das partes, acarreta nulidade.

115 – Na instância especial é inexistente recurso interposto por advogado sem procuração nos autos.

108 – A aplicação de medidas socioeducativas ao adolescente, pela prática de ato infracional, é da competência exclusiva do juiz.

107 – Compete à justiça comum estadual processar e julgar crime de estelionato praticado mediante falsificação das guias de recolhimento das contribuições previdenciárias, quando não ocorrente lesão à autarquia federal.

104 – Compete à justiça estadual o processo e julgamento dos crimes de falsificação e uso de documento falso relativo a estabelecimento particular de ensino.

99 – O Ministério Público tem legitimidade para recorrer no processo em que oficiou como fiscal da lei, ainda que não haja recurso da parte.

98 – Embargos de declaração manifestados com notório propósito de prequestionamento não tem caráter protelatório.

96 – O crime de extorsão consuma-se independentemente da obtenção da vantagem indevida.

91 – Compete à Justiça Federal processar e julgar os crimes praticados contra a fauna.

90 – Compete à Justiça estadual militar processar e julgar o policial militar pela prática do crime militar, e a comum pela prática do crime comum simultâneo aquele.

81 – Não se concede fiança quando, em concurso material, a soma das penas mínimas cominadas for superior a dois anos de reclusão.

78 – Compete à Justiça Militar processar e julgar policial de corporação estadual, ainda que o delito tenha sido praticado em outra unidade federativa.

75 – Compete à Justiça comum estadual processar e julgar o policial militar por crime de promover ou facilitar a fuga de preso de estabelecimento penal.

74 – Para efeitos penais, o reconhecimento da menoridade do réu requer prova por documento hábil.

73 – A utilização de papel-moeda grosseiramente falsificado configura, em tese, o crime de estelionato, da competência da justiça estadual.

64 – Não constitui constrangimento ilegal o excesso de prazo na instrução, provocado pela defesa.

62 – Compete à Justiça estadual processar e julgar o crime de falsa anotação na carteira de trabalho e previdência social, atribuído à empresa privada.

59 – Não há conflito de competência se já existe sentença com trânsito em julgado, proferida por um dos juízos conflitantes.

53 – Compete à justiça comum estadual processar e julgar civil acusado de prática de crime contra instituições militares estaduais.

52 – Encerrada a instrução criminal, fica superada a alegação de constrangimento por excesso de prazo.

48 – Compete ao juízo do local da obtenção da vantagem ilícita processar e julgar crime de estelionato cometido mediante falsificação de cheque.

47 – Compete à Justiça Militar processar e julgar crime cometido por militar contra civil, com emprego de arma pertencente à corporação, mesmo não estando em serviço.

42 – Compete à Justiça comum estadual processar e julgar as causas cíveis em que é parte sociedade de economia mista e os crimes praticados em seu detrimento.

38 – Compete à Justiça estadual comum, na vigência da Constituição de 1988, o processo por contravenção penal, ainda que praticada em detrimento de bens, serviços ou interesse da União ou de suas entidades.

33 – A incompetência relativa não pode ser declarada de ofício.

24 – Aplica-se ao crime de estelionato, em que figure como vítima entidade autárquica da previdência social, a qualificadora do § 3º do art. 171 do Código Penal.

21 – Pronunciado o réu, fica superada a alegação do constrangimento ilegal da prisão por excesso de prazo na instrução.

18 – A sentença concessiva do perdão judicial e declaratória da extinção da punibilidade, não subsistindo qualquer efeito condenatório.

17 – Quando o falso se exaure no estelionato, sem mais potencialidade lesiva, e por este absorvido.

13 – A divergência entre julgados do mesmo tribunal não enseja recurso especial.

9 – A exigência da prisão provisória, para apelar, não ofende a garantia constitucional da presunção de inocência.

7 – A pretensão de simples reexame de prova não enseja recurso especial.

3 – Compete ao Tribunal Regional Federal dirimir conflito de competência verificado, na respectiva região, entre juiz federal e juiz estadual investido de jurisdição federal.

35. SÚMULAS DO SUPREMO TRIBUNAL FEDERAL

723 – Não se admite a suspensão condicional do processo por crime continuado, se a soma da pena mínima da infração mais grave com o aumento mínimo de um sexto for superior a um ano.

722 – São da competência legislativa da união a definição dos crimes de responsabilidade e o estabelecimento das respectivas normas de processo e julgamento.

721 – A competência constitucional do tribunal do júri prevalece sobre o foro por prerrogativa de função estabelecido exclusivamente pela constituição estadual.

720 – O art. 309 do Código de Trânsito Brasileiro, que reclama decorra do fato perigo de dano, derrogou o art. 32 da Lei das Contravenções Penais no tocante à direção sem habilitação em vias terrestres.

719 – A imposição do regime de cumprimento mais severo do que a pena aplicada permitir exige motivação idônea.

718 – A opinião do julgador sobre a gravidade em abstrato do crime não constitui motivação idônea para a imposição de regime mais severo do que o permitido segundo a pena aplicada.

717 – Não impede a progressão de regime de execução da pena, fixada em sentença não transitada em julgado, o fato de o réu se encontrar em prisão especial.

716 – Admite-se a progressão de regime de cumprimento da pena ou a aplicação imediata de regime menos severo nela determinada, antes do trânsito em julgado da sentença condenatória.

715 – A pena unificada para atender ao limite de trinta anos de cumprimento, determinado pelo art. 75 do Código Penal, não é considerada para a concessão de outros benefícios, como o livramento condicional ou regime mais favorável de execução.

714 – É concorrente a legitimidade do ofendido, mediante queixa, e do Ministério Público, condicionada à representação do ofendido, para a ação penal por crime contra a honra de servidor público em razão do exercício de suas funções.

713 – O efeito devolutivo da apelação contra decisões do júri é adstrito aos fundamentos da sua interposição.

712 – É nula a decisão que determina o desaforamento de processo da competência do Júri sem audiência da defesa.

711 – A lei penal mais grave aplica-se ao crime continuado ou ao crime permanente, se a sua vigência é anterior à cessação da continuidade ou da permanência.

710 – No processo penal, contam-se os prazos da data da intimação, e não da juntada aos autos do mandado ou da carta precatória ou de ordem.

709 – Salvo quando nula a decisão de primeiro grau, o acórdão que provê o recurso contra a rejeição da denúncia vale, desde logo, pelo recebimento dela.

708 – É nulo o julgamento da apelação se, após a manifestação nos autos da renúncia do único defensor, o réu não foi previamente intimado para constituir outro.

707 – Constitui nulidade a falta de intimação do denunciado para oferecer contrarrazões ao recurso interposto da rejeição da denúncia, não a suprindo a nomeação de defensor dativo.

706 – É relativa a nulidade decorrente da inobservância da competência penal por prevenção.

705 – A renúncia do réu ao direito de apelação, manifestada sem a assistência do defensor, não impede o conhecimento da apelação por este interposta.

704 – Não viola as garantias do juiz natural, da ampla defesa e do devido processo legal a atração por continência ou conexão do processo do corréu ao foro por prerrogativa de função de um dos denunciados.

703 – A extinção do mandato do prefeito não impede a instauração de processo pela prática dos crimes previstos no art. 1º do decreto-lei 201/1967.

702 – A competência do tribunal de justiça para julgar prefeitos restringe-se aos crimes de competência da justiça comum estadual; nos demais casos, a competência originária caberá ao respectivo tribunal de segundo grau.

701 – No mandado de segurança impetrado pelo Ministério Público contra decisão proferida em processo penal, é obrigatória a citação do réu como litisconsorte passivo.

700 – É de cinco dias o prazo para interposição de agravo contra decisão do juiz da execução penal.

699 – O prazo para interposição de agravo, em processo penal, é de cinco dias, de acordo com a Lei 8.038/90, não se aplicando o disposto a respeito nas alterações da Lei 8.950/94 ao Código de Processo Civil.

696 – Reunidos os pressupostos legais permissivos da suspensão condicional do processo, mas se recusando o Promotor de Justiça a propô-la, o Juiz , dissentindo, remeterá a questão ao Procurador-Geral, aplicando-se por analogia o art. 28 do Código de Processo Penal.

695 – Não cabe habeas corpus quando já extinta a pena privativa de liberdade.

694 – Não cabe habeas corpus contra a imposição da pena de exclusão de militar ou de perda de patente ou de função pública.

693 – Não cabe habeas corpus contra decisão condenatória a pena de multa, ou relativo a processo em curso por infração penal a que a pena pecuniária seja a única cominada.

611 – Transitada em julgado a sentença condenatória, compete ao juízo das execuções a aplicação de lei mais benigna.

610 – Há crime de latrocínio, quando o homicídio se consuma, ainda que não realize o agente a subtração de bens da vítima.

605 – Não se admite continuidade delitiva nos crimes contra a vida.

604 – A prescrição pela pena em concreto e somente da pretensão executória da pena privativa de liberdade.

603 – A competência para o processo e julgamento de latrocínio é do juiz singular e não do tribunal do júri.

36. SÚMULAS VINCULANTES DO SUPREMO TRIBUNAL FEDERAL

9 – O disposto no art. 127 da Lei 7.210/1984 (Lei de Execução Penal) foi recebido pela ordem constitucional vigente, e não se lhe aplica o limite temporal previsto no caput do art. 58.

11 – Só é lícito o uso de algemas em casos de resistência e de fundado receio de fuga ou de perigo à integridade física própria ou alheia, por parte do preso ou de terceiros, justificada a excepcionalidade por escrito, sob pena de responsabilidade disciplinar, civil e penal do agente ou da autoridade e de nulidade da prisão ou do ato processual a que se refere, sem prejuízo da responsabilidade civil do Estado.

14 – É direito do defensor, no interesse do representado, ter acesso amplo aos elementos de prova que, já documentados em procedimento investigatório realizado por órgão com competência de polícia judiciária, digam respeito ao exercício do direito de defesa.

24 – Não se tipifica crime material contra a ordem tributária, previsto no art. 1º, incisos I a IV, da Lei nº 8.137/90, antes do lançamento definitivo do tributo.

26 – Para efeito de progressão de regime no cumprimento de pena por crime hediondo, ou equiparado, o juízo da execução observará a inconstitucionalidade do art. 2º da Lei n. 8.072, de 25 de julho de 1990, sem prejuízo de avaliar se o condenado preenche, ou não, os requisitos objetivos e subjetivos do benefício, podendo determinar, para tal fim, de modo fundamentado, a realização de exame criminológico.

35 – A homologação da transação penal prevista no artigo 76 da Lei 9.099/1995 não faz coisa julgada material e, descumpridas suas cláusulas, retoma-se a situação anterior, possibilitando-se ao Ministério Público a continuidade da persecução penal mediante oferecimento de renúncia ou requisição de inquérito policial.

36 – Compete à Justiça Federal comum processar e julgar civil denunciado pelos crimes de falsificação e de uso de documento falso quando se tratar de falsificação da Caderneta de Inscrição e Registro (CIR) ou de Carteira de Habilitação de Amador (CHA), ainda que expedidas pela Marinha do Brasil.

45 – A competência constitucional do Tribunal do Júri prevalece sobre o foro por prerrogativa de função estabelecido exclusivamente pela constituição estadual.

46 – A definição dos crimes de responsabilidade e o estabelecimento das respectivas normas de processo e julgamento são da competência legislativa privativa da União.

56 – A falta de estabelecimento penal adequado não autoriza a manutenção do condenado em regime prisional mais gravoso, devendo-se observar, nessa hipótese, os parâmetros fixados no RE 641.320/RS.

37. LEGISLAÇÃO COMPLEMENTAR

37.1. Lei 7.960, de 21.12.1989

Dispõe sobre prisão temporária.

O PRESIDENTE DA REPÚBLICA, faço saber que o Congresso Nacional decreta e eu sanciono a seguinte Lei:

Art. 1º. Caberá prisão temporária:

I – quando imprescindível para as investigações do inquérito policial;

II – quando o indiciado não tiver residência fixa ou não fornecer elementos necessários ao esclarecimento de sua identidade;

III – quando houver fundadas razões, de acordo com qualquer prova admitida na legislação penal, de autoria ou participação do indiciado nos seguintes crimes:

a) homicídio doloso (art. 121, caput, e seu § 2º);

b) sequestro ou cárcere privado (art. 148, caput, e seus §§ 1º e 2º);

c) roubo (art. 157, caput, e seus §§ 1º, 2º e 3º);

d) extorsão (art. 158, caput, e seus §§ 1º e 2º);

e) extorsão mediante sequestro (art. 159, caput, e seus §§ 1º, 2º e 3º);

f) estupro (art. 213, caput, e sua combinação com o art. 223, caput, e parágrafo único);

g) atentado violento ao pudor (art. 214, caput, e sua combinação com o art. 223, caput, e parágrafo único);

h) rapto violento (art. 219, e sua combinação com o art. 223, caput, e parágrafo único);

i) epidemia com resultado de morte (art. 267, § 1º);

j) envenenamento de água potável ou substância alimentícia ou medicinal qualificado pela morte (art. 270, caput, combinado com o art. 285);

l) quadrilha ou bando (art. 288), todos do Código Penal;

m) genocídio (Lei 2.889, de 01.10.1956, arts. 1º, 2º e 3º), em qualquer de suas formas típicas;

n) tráfico de drogas

o) crimes contra o sistema financeiro

p) crimes previstos na Lei de Terrorismo.

Art. 2º. A prisão temporária será decretada pelo Juiz, em face da representação da autoridade policial ou de requerimento do Ministério Público, e terá o prazo de 5 (cinco) dias, prorrogável por igual período em caso de extrema e comprovada necessidade.

§ **1º** Na hipótese de representação da autoridade policial, o Juiz, antes de decidir, ouvirá o Ministério Público.

§ **2º** O despacho que decretar a prisão temporária deverá ser fundamentado e prolatado dentro do prazo de 24 (vinte e quatro) horas, contadas a partir do recebimento da representação ou do requerimento.

§ **3º** O Juiz poderá, de ofício, ou a requerimento do Ministério Público e do Advogado, determinar que o preso lhe seja apresentado, solicitar informações e esclarecimentos da autoridade policial e submetê-lo a exame de corpo de delito.

§ **4º** Decretada a prisão temporária, expedir-se-á mandado de prisão, em duas vias, uma das quais será entregue ao indiciado e servirá como nota de culpa.

§ **5º** A prisão somente poderá ser executada depois da expedição de mandado judicial.

§ **6º** Efetuada a prisão, a autoridade policial informará o preso dos direitos previstos no art. 5º da Constituição Federal.

§ 7º Decorrido o prazo de 5 (cinco) dias de detenção, o preso deverá ser posto imediatamente em liberdade, salvo se já tiver sido decretada sua prisão preventiva.

Art. 3º. Os presos temporários deverão permanecer, obrigatoriamente, separados dos demais detentos.

Art. 4º. O art. 4º da Lei 4.898, de 09.12.1965, fica acrescido da alínea "i", com a seguinte redação:

(...) Art. 4º (...).

i) prolongar a execução de prisão temporária, de pena ou de medida de segurança, deixando de expedir em tempo oportuno ou de cumprir imediatamente ordem de liberdade;"

Art. 5º. Em todas as comarcas e seções judiciárias haverá um plantão permanente de 24 (vinte e quatro) horas do Poder Judiciário e do Ministério Público para apreciação dos pedidos de prisão temporária.

Art. 6º. Esta Lei entra em vigor na data de sua publicação.

Art. 7º. Revogam-se as disposições em contrário.

Brasília, em 21.12.1989; 168º da Independência e 101º da República.

José Sarney

37.2. Lei 8.072, de 25.07.1990

Dispõe sobre os crimes hediondos, nos termos do art. 5º, inc. XLIII, da Constituição Federal, e determina outras providências.

O PRESIDENTE DA REPÚBLICA, faço saber que o Congresso Nacional decreta e eu sanciono a seguinte lei:

Art. 1º. São considerados hediondos os seguintes crimes, todos tipificados no Decreto-Lei no 2.848, de 7 de dezembro de 1940 – Código Penal, consumados ou tentados: (Redação dada pela Lei n. 8.930, de 6.9.1994)

I – homicídio (art. 121), quando praticado em atividade típica de grupo de extermínio, ainda que cometido por um só agente, e homicídio qualificado (art. 121, § 2º, incisos I, II, III, IV, V, VI e VII);

I-A – lesão corporal dolosa de natureza gravíssima (art. 129, § 2º) e lesão corporal seguida de morte (art. 129, § 3º), quando praticadas contra autoridade ou agente descrito nos arts. 142 e 144 da Constituição Federal, integrantes do sistema prisional e da Força Nacional de Segurança Pública, no exercício da função ou em decorrência dela, ou contra seu cônjuge, companheiro ou parente consanguíneo até terceiro grau, em razão dessa condição; (Incluído pela Lei nº 13.142, de 2015)

II – latrocínio (art. 157, § 3º, in fine); (Inciso incluído pela Lei nº 8.930, de 1994)

III – extorsão qualificada pela morte (art. 158, § 2º); (Inciso incluído pela Lei nº 8.930, de 1994)

IV – extorsão mediante seqüestro e na forma qualificada (art. 159, *caput*, e §§ lo, 2º e 3º); (Inciso incluído pela Lei nº 8.930, de 1994)

V – estupro (art. 213, *caput* e §§ 1º e 2º); (Redação dada pela Lei nº 12.015, de 2009)

VI – estupro de vulnerável (art. 217-A, caput e §§ 1º, 2º, 3º e 4º); (Redação dada pela Lei nº 12.015, de 2009)

VII – epidemia com resultado morte (art. 267, § 1º). (Inciso incluído pela Lei nº 8.930, de 1994)

VII-A – (VETADO) (Inciso incluído pela Lei nº 9.695, de 1998)

VII-B – falsificação, corrupção, adulteração ou alteração de produto destinado a fins terapêuticos ou medicinais (art. 273, *caput* e § 1º, § 1º-A e § 1º-B, com a redação dada pela Lei no 9.677, de 2 de julho de 1998). (Inciso incluído pela Lei nº 9.695, de 1998)

VIII – favorecimento da prostituição ou de outra forma de exploração sexual de criança ou adolescente ou de vulnerável (art. 218-B, caput, e §§ 1º e 2º). (Incluído pela Lei nº 12.978, de 2014)

Parágrafo único. Considera-se também hediondo o crime de genocídio previsto nos arts. 1º, 2º e 3º da Lei no 2.889, de 1º de outubro de 1956, tentado ou consumado. (Parágrafo incluído pela Lei nº 8.930, de 1994)

Art. 2º. Os crimes hediondos, a prática da tortura, o tráfico ilícito de entorpecentes e drogas afins e o terrorismo são insuscetíveis de:

I – anistia, graça e indulto;

II – fiança. (Redação dada pela Lei n. 11.464, de 2007)

§ **1º** A pena por crime previsto neste artigo será cumprida inicialmente em regime fechado. (Redação dada pela Lei n. 11.464, de 2007)

§ **2º** A progressão de regime, no caso dos condenados aos crimes previstos neste artigo, dar-se-á após o cumprimento de 2/5 (dois quintos) da pena, se o apenado for primário, e de 3/5 (três quintos), se reincidente. (Redação dada pela Lei n. 11.464, de 2007)

§ **3º** Em caso de sentença condenatória, o juiz decidirá fundamentadamente se o réu poderá apelar em liberdade. (Redação dada pela Lei n. 11.464, de 2007)

§ **4º** A prisão temporária, sobre a qual dispõe a Lei no 7.960, de 21 de dezembro de 1989, nos crimes previstos neste artigo, terá o prazo de 30 (trinta) dias, prorrogável por igual período em caso de extrema e comprovada necessidade. (Incluído pela Lei n. 11.464, de 2007)

Art. 3º. A União manterá estabelecimentos penais, de segurança máxima, destinados ao cumprimento de penas impostas a condenados de alta periculosidade, cuja permanência em presídios estaduais ponha em risco a ordem ou incolumidade pública.

Art. 4º. (Vetado).

Art. 5º. Ao art. 83 do Código Penal é acrescido o seguinte inciso:

"**Art. 83.** (...)

(...)

V – cumprido mais de dois terços da pena, nos casos de condenação por crime hediondo, prática da tortura, tráfico ilícito de entorpecentes e drogas afins, e terrorismo, se o apenado não for reincidente específico em crimes dessa natureza."

Art. 6º. Os arts. 157, § 3º; 159, caput e seus §§ 1º, 2º e 3º; 213; 214; 223, caput e seu parágrafo único; 267, caput e 270; caput, todos do Código Penal, passam a vigorar com a seguinte redação:

"**Art. 157.** (...)

§ **3º** Se da violência resulta lesão corporal grave, a pena é de reclusão, de cinco a quinze anos, além da multa; se resulta morte, a reclusão é de vinte a trinta anos, sem prejuízo da multa.

"(...)

Art. 159. (...)

Pena – reclusão, de oito a quinze anos.

§ **1º** (...)

Pena – reclusão, de doze a vinte anos.

§ **2º** (...)

Pena – reclusão, de dezesseis a vinte e quatro anos.

§ **3º** (...)

Pena – reclusão, de vinte e quatro a trinta anos.

(...)

Art. 213. (...)

Pena – reclusão, de seis a dez anos.

Art. 214. (...)

Pena – reclusão, de seis a dez anos.

(...)

Art. 223. (...)

Pena – reclusão, de oito a doze anos.

Parágrafo único. (...)

Pena – reclusão, de doze a vinte e cinco anos.

(...)

Art. 267. (...)

Pena – reclusão, de dez a quinze anos.

(...)

Art. 270. (...)

Pena – reclusão, de dez a quinze anos.

(...)"

Art. 7º. Ao art. 159 do Código Penal fica acrescido o seguinte parágrafo:

"**Art. 159.** (...)

(...)

§ **4º** Se o crime é cometido por quadrilha ou bando, o co-autor que denunciá-lo à autoridade, facilitando a libertação do seqüestrado, terá sua pena reduzida de um a dois terços."

Art. 8º. Será de três a seis anos de reclusão a pena prevista no art. 288 do Código Penal, quando se tratar de crimes hediondos, prática da tortura, tráfico ilícito de entorpecentes e drogas afins ou terrorismo.

Parágrafo único. O participante e o associado que denunciar à autoridade o bando ou quadrilha, possibilitando seu desmantelamento, terá a pena reduzida de um a dois terços.

Art. 9º. As penas fixadas no art. 6º para os crimes capitulados nos arts. 157, § 3º, 158, § 2º, 159, caput e seus §§ 1º, 2º e 3º, 213, caput e sua combinação com o art. 223, caput e parágrafo único, 214 e sua combinação com o art. 223, caput e parágrafo único, todos do Código Penal, são acrescidas de metade, respeitado o limite superior de trinta anos de reclusão, estando a vítima em qualquer das hipóteses referidas no art. 224 também do Código Penal.

Art. 10. O art. 35 da Lei 6.368, de 21 de outubro de 1976, passa a vigorar acrescido de parágrafo único, com a seguinte redação:

"**Art. 35.** (...)

Parágrafo único. Os prazos procedimentais deste capítulo serão contados em dobro quando se tratar dos crimes previstos nos arts. 12, 13 e 14."

Art. 11. (Vetado).

Art. 12. Esta lei entra em vigor na data de sua publicação.

Art. 13. Revogam-se as disposições em contrário.

Brasília, 25 de julho de 1990; 169º da Independência e 102º da República.

Fernando Collor

Bernardo Cabral

Este texto não substitui o publicado no D.O.U. de 26.7.1990.

REFERÊNCIAS

ANTÔNIO VIEIRA. **Sermões: obras completas**. Erechim, Edelbra, 1998.

ARISTÓTELES. **A Política**. Coleção Universidade, Edições Edìouro. Rio de Janeiro.

BACIGALUPO, Enrique. **Manual de Derecho Penal**, 1984. p. 103.

BANDEIRA DE MELLO, Celso Antônio. **Direito Administrativo na Constituição de 1988**. São Paulo: Revista dos Tribunais, 1991. p. 37.

BECCARIA, Cesare. **Dos delitos e das penas**, 2. ed., trad. de J. Cretella Júnior e Agnes Cretella, São Paulo: Revista dos Tribunais.

BENITEZ, Gómez: Teoría Jurídica del Delito, 1984. p. 220.

BEZERRA FILHO, Aluízio. **Correio Forense, Coletânea de Doutrina e Jurisprudência**. A União: João Pessoa, 1998.

____________. **Lei de Tóxicos Anotada e Interpretada pelos Tribunais**. Curitiba: Juruá, 1999.

____________. **Tribunal do Júri – Homicídios**. Curitiba: Juruá, 2001.

____________. **Crimes Sexuais – Anotados e Comentados.** 2ª ed. Curitiba: Juruá, 2010.

____________. **Lei Antidrogas – Aplicada e Comentada.** 3ª ed. Curitiba: Juruá, 2010

____________. **Atos de Improbidade Administrativa – Anotada e Comentada.** 2ª edição. Curitiba: Juruá, 2014

BEZERRA, Marcos Otávio. **Corrupção: um estudo sobre poder público e relações pessoais no Brasil**. Rio de Janeiro: Relume-Dumará, 1995

BÍBLIA. Português. **Bíblia sagrada**. Tradução: Centro Bíblico Católico. 34. ed rev. São Paulo: Ave Maria, 1982.

BIDINO, Cláudio; MELO, Thaís de; SANTOS, Cláudia Cruz dos – **A corrupção:** Ed. Coimbra, 2009.

BITTAR, Carlos Alberto. **Curso de Direito Civil**. 1. ed. Rio de Janeiro: Forense Universitária, 1994. v. 1, p. 46.

BITTENCOURT, Cezar. **Tratado de Direito Penal**. 2. ed. São Paulo: Saraiva, 2008. P. 13.

___________. **Tratado de Direito Penal.** 5 ed. parte especial: dos crimes contra a administração pública e dos crimes praticados por prefeitos (Lei 10.028/2000). São Paulo: Saraiva, 2007, p. 15/16

___________. **Código penal comentado**. 7. ed. – São Paulo: Saraiva, 2012, p. 1196.

___________. **Código penal comentado**. 6. ed., São Paulo: Saraiva, 2010, p. 1187.

BRUNO, Aníbal. **Direito Penal**. Forense, 1967. v. 3, p. 195.

_____________. **Direito Penal. Parte Geral**. 4. ed. 1984. t. II, p. 254.

CAPEZ, Fernando. **Curso de direito penal: parte especial**. 4 ed. rev. e atual. São Paulo: Saraiva, 2006. v.3, p. 420.

CARVALHO, Aloysio de. **Comentários ao Código Penal**. 2. ed. Forense, 1944. v. IV, p. 216.

Citadini, Antônio Roque. **Comentários e Jurisprudência sobre a Lei de Licitações Públicas**, p. 103.

DA CUNHA, Rogério Sanches. **Crimes Funcionais**, (2ª ed. Salvador: Juspodivm, 2005, p. 19).

DELMANTO, Celso. **Código Penal Comentado**. 4. ed. Rio de Janeiro: Renovar, 2002.

______. **Código Penal Comentado.** Ed. Renovar, 3.ª ed., pp. 492/493

DINIZ, Maria Helena Diniz. **Código Civil Anotado.** 5ª ed. Atualizada, Ed. Saraiva, São Paulo, 1999.

FERNANDES, Paulo Sérgio; BAJER, Geórgia. **Nulidades no Processo Penal**. 4. ed. São Paulo: RT, 1994

FERRAZ, Sérgio e FIGUEIREDO, Lúcia Valle. **Dispensa e inexigibilidade de licitação**. 3. ed. São Paulo: Malheiros. p. 107-108.

FERRAZ, Sérgio. **Improbidade Administrativa – Questões Polêmicas e Atuais.** 2. ed. São Paulo: Malheiros, p. 408.

FIGUEIREDO, Marcelo. Probidade administrativa. 4. ed. São Paulo: Malheiros, 2000. p. 34-35.

FRAGOSO, Heleno Cláudio. **Lições de Direito Penal**. A Nova Parte Geral. 1987. p. 168..

____________. **Lições de Direito Penal - Parte Especial**, 1965, v. IV, p. 1087.

____________. **Jurisprudência Criminal.** 1979, II/n.º 250.

____________. **Lições de Direito Penal.** A Nova Parte Geral. Forense, 1986. p. 427.

____________. **Lições de direito penal: a nova parte geral**, Rio de Janeiro: Forense, 1985.

FRANCO SOBRINHO, Manoel de Oliveira. **O Controle da Moralidade Administrativa.** São Paulo: Saraiva, 1974.

FRANCO, Alberto Silva. **Código Penal e sua Interpretação Jurisprudencial**. 4. ed. São Paulo: RT, 1993.

____________. **Código Penal e sua Interpretação jurisprudencial**, 3. ed, 1993. p. 129.

____________. **Código Penal e sua Interpretação**. ed. RT, 8ª ed., p. 1524.

GARCIA, Emerson. **Probidade Administrativa**, São Paulo: Saraiva, 2001, p. 270; Em idêntico sentido, , et al. **Improbidade Administrativa**, 3ª Ed., Lúmen Júris Ltda: 2005, p. 261.

GRECO, Rogério. **Direito Penal - Lições**, Ed. Impetus, 2000, pág. 68.

____________. **Código Penal Comentado**. Rio de Janeiro: Impetus, 2008, p.1227.

GRINOVER, Ada Pellegrini. **As Nulidades no Processo Penal**. 6. ed. São Paulo: RT, 1999.

____________. **Recursos no Processo Penal**. 2. ed. São Paulo: RT, 1996.

____________. **Recursos no Processo Penal**. 2. ed. Revistas dos Tribunais, São Paulo. 1997. p. 363.

HUNGRIA, Nelson. **Comentário ao Código Penal.** vol. 5/36, Forense, 1958, p. 349.

____________. **Comentários ao Código Penal**. Rio de Janeiro: Forense, 1959, 582p. - p. 361).

____________. **Comentários ao Código Penal.** Forense, 1958, vol. IX/376.

____________. **Comentários ao Código Penal.** v. IX/397-400, Forense, 1958.

JESUS, Damásio E. de. **Lei dos Juizados Especiais Criminais Anotada**. São Paulo: Saraiva, 1995.

____________. **Código de Processo Penal anotado**. Editora Saraiva, 2012

JÚNIOR, Waldo Fazzio. **Corrupção no Poder Público** (São Paulo: Atlas, 2002, p. 103).

JUSTEN FILHO, Marçal. **Comentários à Lei de Licitações e Contratos Administrativos.** 9. ed. São Paulo: Dialética, 2002. p. 151.

MAÑAS. Carlos Vico. **O princípio da insignificância como excludente da tipicidade no direito penal.** Ed. Saraiva, 1994, pág. 56.

MAQUIAVEL, Nicolai. **O Príncipe.** Tradução de Maria Lúcia Cumo. 2 ed. Rio de Janeiro: Paz e Terra.

MARQUES, José Frederico. **Tratado de Direito Penal**. vol. II/236, 1965.

MARREY, Adriano; FRANCO, Alberto Silva; STOCO, Ruy. **Teoria e Prática do Júri**. 5. ed. São Paulo: RT, 1993.

MAZZILLI, Hugo Nigro. **A defesa dos interesses difusos em juízo**. 15 ed. São Paulo: Saraiva, 2002. p. 171.

MEIRELLES, Hely Lopes. **Direito Administrativo Brasileiro**. 27. ed. São Paulo: Malheiros, 2002. p. 87-88.

MIRABETE, Júlio Fabbrini. **Processo Penal**. São Paulo: Atlas, 1995.

____________. **Código de Processo Penal Interpretado**. 8. ed. São Paulo: Atlas, 2000.

____________. **Execução Penal**. 5. ed. São Paulo: Atlas, 1993.

____________. **Código Penal Comentado**. 2. ed. São Paulo: Atlas, 2001.

____________. **Código penal interpretado**. 6. ed. 3. reimpr. – São Paulo: Atlas, 2008, p. 2394-2395).

MIRANDA, Pontes de. **Comentários à Constituição de 1934**. 1936. v. 2, p. 689) e Sady de Gusmão (Recursos Civis e criminais: estudos sobre reformatio *in pejus* e *in melius ultra petita*. 1936, notas 129, 167. p. 199) .

MUNHOZ NETTO, Alcides. **O Título II do Anteprojeto do Código Penal**. Ver. Fac. Dir. UFG, 5(1-2), p.67, 1981)

NOGUEIRA, Paulo Lúcio. **Questões Processuais Controvertidas**. 2. ed. 1979. p. 16-17).

NORONHA, E. Magalhães. **Direito Penal.** vol. 2/15, Saraiva, 1991, p. 238.

____________. **Direito Penal.** 8ª ed., vol. 4º/289, Saraiva, 1976.

____________. **Direito Penal**. 23. ed. Saraiva, 1985. v. I, p. 346.

____________. **Direito Penal.** Vol. 4, Editora Saraiva, 19ª ed., São Paulo, 1992.

NUCCI, Guilherme de Souza, **Código Penal Comentado**. São Paulo: RT, 2005, pp. 977-978.

______________. **Código Penal comentado**. 11ª ed. São Paulo: Editora Revista dos Tribunais, 2012, p. 1152.

PARIZATTO, João Roberto. **Comentário à Lei dos Juizados Especiais**. Brasília: Brasília Jurídica, 1996.

PAZZAGLINI FILHO, Marino. **Improbidade** Administrativa. São Paulo: Atlas, 1996. p. 50.

Pereira Júnior, Jessê Torres. **Comentários à Lei das Licitações e Contratações da Administração Pública**. 2. ed. São Paulo: Renovar, p. 555.

PRADO, Luiz Regis. **Curso de Direito Penal Brasileiro**. volume 3: parte especial: arts. 250 a 359-H. 6. ed., São Paulo: Revista dos Tribunais, 2010, p. 442).

PUIG, Santiago Mir. **Derecho penal**: parte general, 3. ed., Barcelona: PPU, 1995.

ROXIN, Claus. **Política Criminal e Sistema Jurídico-Penal**. Tradução Luís Greco. Rio de Janeiro: Renovar, 2000, p. 47.

SILVA, Marcos Fernandes Gonçalves de. **A economia política da corrupção no Brasil**. São Paulo: Senac, 2001, p. 44.

SILVA, Plácido e. **Dicionário Jurídico**. Rio de Janeiro: Forense, 2003, p. 494.

SIQUEIRA *in* Alberto Silva Franco, in Galdino. **Curso de Processo Criminal**. 2. ed. 1930. p. 370.

STOCO, Rui. **Código Penal e sua interpretação jurisprudencial**. Vol 02, parte especial, RT, 7ª ed., 2001, SP, pg. 3.861.

SUNDFELD, Carlos Ari. **Fundamentos de Direito Público**. 3. ed. São Paulo: Malheiros, 1998. p. 136.

TOLEDO, Francisco de Assis. **Princípios básicos de direito penal**. Ed. Saraiva, 1994, pág. 133)

TOLEDO, Francisco de Assis. **Princípios básicos de direito penal**. Ed. Saraiva, 1994, pág. 133)

TOURINHO FILHO, Fernando Costa**.** **Processo Penal.** 9. ed. Saraiva. v. 4, p. 460-461.

TUCCI, Rogério Lauria Tucci – Rogério Lauria. **Constituição de 1988 e Processo**. São Paulo: Saraiva.

URZÚA, Enrique Cury. **Derecho Penal**. vol. II/57, 1958).

EDITORA
*Jus*PODIVM
www.editorajuspodivm.com.br

Impressão e acabamento:
Intergraf Indústria Gráfica Eireli